谨以此书献给为重庆高速公路发展事业作出贡献的决策者、建设者、管理者

Record of Expressway Construction in
Chongqing

图1 时任市委书记黄镇东（前排右二）视察万开高速公路

图2 时任市长蒲海清（前排右二）视察渝长高速公路

图3　时任市长包叙定（前排左一）视察渝邻高速公路

图4 时任市长王鸿举（前排右一）视察内环高速公路南山立交

图5 时任市长黄奇帆出席三环高速公路开工典礼

图6　市长张国清（左一）调研重庆高速公路集团有限公司

图7 时任市交委主任胡振业（前排左二）检查渝黔高速公路

图8 时任市交委主任丁纯（前排右三）检查渝武高速公路

图9 时任市交委主任滕宏伟（前排右二）检查奉溪高速公路

重庆
高速公路建设实录

图10 市交委主任乔墩（前排右三）检查渝长扩能高速公路

图11 1990年5月9日，成渝高速公路重庆段开工仪式

图12 1994年4月28日，成渝高速公路陈家坪至上桥段通车仪式

图13　渝湘高速公路武隆至白马隧道群

图14　黔恩高速公路

Record of Expressway Construction in
Chongqing

图15 丰石高速公路龙河特大桥

图16 渝湘高速公路杉木洞大桥

图17 渝湘高速公路彭水段

图18 绕城高速公路施家梁互通、水土嘉陵江大桥

重庆
高速公路建设实录

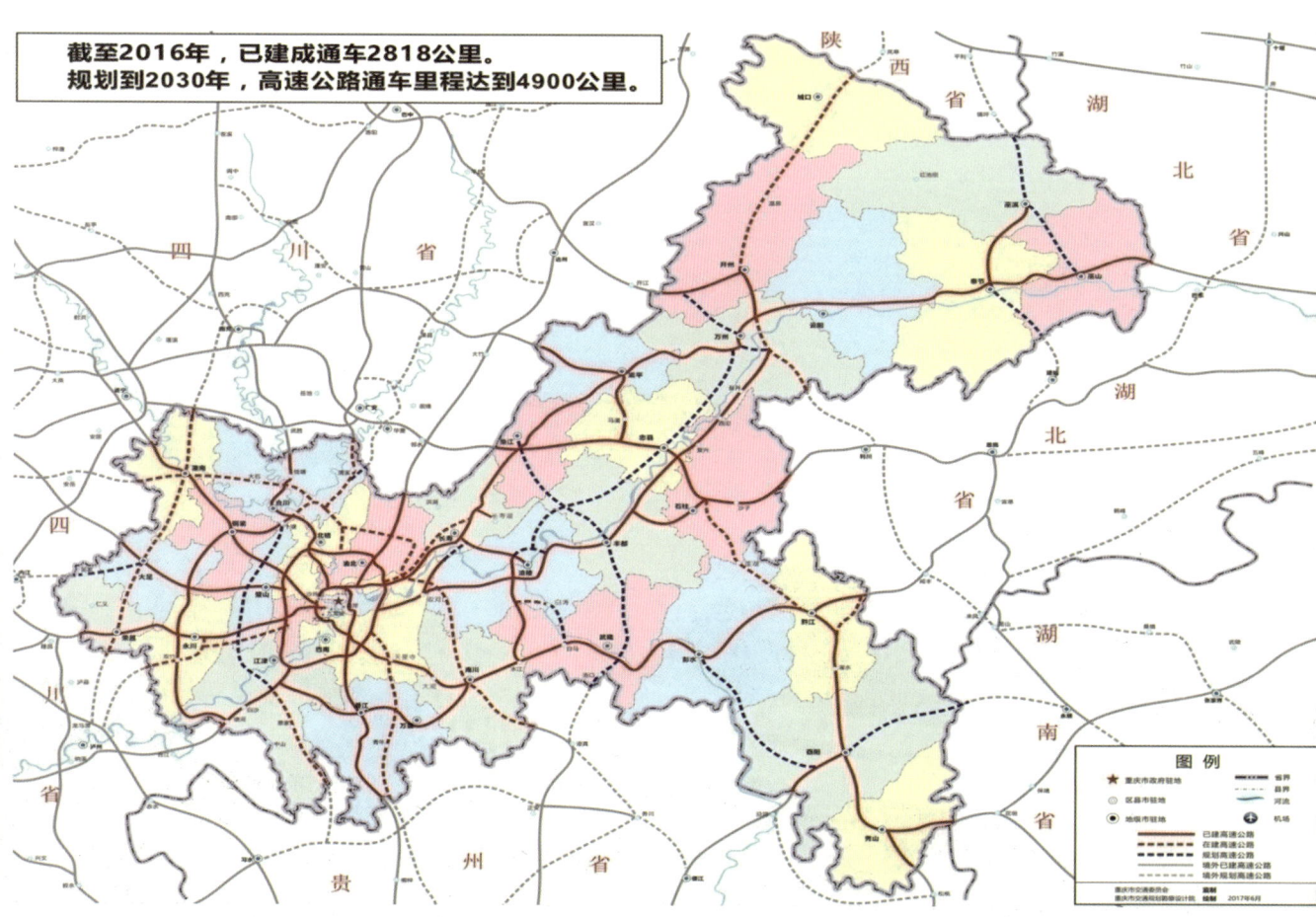

图19 重庆市高速公路规划建设示意图

"十三五"国家重点图书出版规划项目

中国高速公路建设实录

Record of Expressway Construction in
Chongqing

重庆高速公路建设实录

重庆市交通委员会

人民交通出版社股份有限公司
China Communications Press Co.,Ltd.

内 容 提 要

本书是《中国高速公路建设实录》系列丛书之重庆卷,全书分为九篇五十二章,内容包括重庆高速公路综述、发展规划、投融资与建设管理模式、技术创新与典型工程、运营养护管理体制、文化建设、经济社会效益、国家高速公路项目、地方高速公路项目以及重庆高速公路建设大事记、高速公路建设项目信息附表等附录。

本书主要记载了重庆高速公路快速发展的奋斗历程,展现了高速公路规划建设与时俱进、技术难题不断突破、交通条件日新月异的辉煌成就,具有很强的史料价值。本书可供交通运输建设行业相关人员阅读、学习与查询参考。

图书在版编目(CIP)数据

重庆高速公路建设实录 / 重庆市交通委员会组织编写. — 北京:人民交通出版社股份有限公司,2018.1
ISBN 978-7-114-14163-8

Ⅰ.①重… Ⅱ.①重… Ⅲ.①高速公路—道路建设—重庆 Ⅳ.①U412.36

中国版本图书馆 CIP 数据核字(2017)第 222927 号

"十三五"国家重点图书出版规划项目
中国高速公路建设实录

书　　名:	重庆高速公路建设实录
著 作 者:	重庆市交通委员会
责任编辑:	吴有铭　刘永超　周　宇　牛家鸣
出版发行:	人民交通出版社股份有限公司
地　　址:	(100011)北京市朝阳区安定门外外馆斜街3号
网　　址:	http://www.ccpress.com.cn
销售电话:	(010)59757973
总 经 销:	人民交通出版社股份有限公司发行部
经　　销:	各地新华书店
印　　刷:	北京盛通印刷股份有限公司
开　　本:	787×1092　1/16
印　　张:	57.25
字　　数:	1146 千
版　　次:	2018年1月　第1版
印　　次:	2018年1月　第1次印刷
书　　号:	ISBN 978-7-114-14163-8
定　　价:	380.00元

(有印刷、装订质量问题的图书,由本公司负责调换)

《重庆高速公路建设实录》
编审委员会

顾　问：胡振业　丁　纯　滕宏伟
主　任：乔　墩
委　员：王和平　梁雄耀　冉凤莲　滕英明　岳　顺
　　　　汪钦琳　李关寿　杜　昆　陈孝来　贺自力
　　　　滕西全　蒙进礼　徐　谋

编写委员会

主　任：乔　墩
副主任：李关寿
委　员：许仁安　田世茂　刘　峰　朱　文　任洪涛
　　　　郝　祎　蒙　华　阎　勇　罗立翔　王维定
　　　　郑小平　郑　宁　陈永忠　陈伯奎　卢　涛
　　　　钟　芸　明　萌　周　竹　敬世红　郭建伟
　　　　彭兴国　汤乾忠

《重庆高速公路建设实录》
主要编写人员

谢劲松	汤乾忠	李关寿	朱　文	晏胜波	邱小勇	刘小辉
周　竹	敬世红	郝　祎	任洪涛	蒙　华	蒋江松	胡旭辉
彭兴国	胡免缢	张大启	唐热情	陈　怡	蒲德红	肖　刚
苏小军	杜国平	邱　娟	胡江东	李嘉靖	赵　辉	孙立东
冯　畅	梁　宏	熊　欣	刘　亮	曹正洲	李信臻	谭　琪
李文广	席长城	秦瑜廷	吴　欢	刘　彪	宿大亮	黄昌顿
王　智	石　光	赵喜峰	刘正林	向　虹	何德云	潘震宇
曹　海	肖开国	万　涛	文　力	廖善奎	胡　勇	张显波
李　海	吴清高	向天斌	郑国徽	王文广	彭小强	袁小冬
张　锐	林　霞	卢卫忠	曲美燕	张乐华	郑　熙	黄定勇
温　泉	曾德云	段永胜	简隆飞	李　征	杜小平	黄龙显
谭　华	王德坤					

《重庆高速公路建设实录》
主要参编单位

重庆市交通规划勘察设计院
重庆高速公路集团有限公司
重庆市交通行政执法总队
重庆市交通委员会工程质量安全监督局
重庆渝蓉高速公路有限公司
重庆万利万达高速公路有限公司
重庆铜永高速公路有限公司
重庆江綦高速公路有限公司
重庆忠都高速公路有限公司
重庆忠万高速公路有限公司
重庆渝广梁忠高速公路有限公司
重庆通粤高速公路有限公司
重庆铁发秀松高速公路有限公司
重庆垫忠高速公路有限公司
重庆铁发遂渝高速公路有限公司
重庆四航铜合高速公路投资有限公司
重庆中信沪渝高速公路有限公司
重庆渝邻高速公路有限公司
路桥建设重庆丰涪丰石高速公路发展有限公司
中交一公局重庆永江高速公路投资建设公司

重庆高速公路,承载着巴渝大地人民群众渴望改变落后交通条件的强烈期盼和梦想,见证着这座城市社会经济快速发展的奋斗历程和突飞猛进。

"蜀道难,难于上青天"。重庆地形山高谷深、江河纵横,建设高速公路技术难度极高、资金投入极大,实现对内互联互通、对外通江达海的愿景任务艰巨、使命崇高。重庆交通人逢山开路、遇水架桥,困难再大,也阻止不了巴渝人民发展高速公路的坚定决心,难度再高,也隔挡不住这座城市驶入发展快车道的坚定步伐。

历届重庆市委、市政府始终坚持交通先行的发展理念,高度重视以高速公路为骨架的综合交通运输体系建设,把加快高速公路建设作为突破基础瓶颈、激活资源要素、助推经济发展的着力点和发力点。在交通运输部的指导支持下,抢抓直辖、西部大开发、三峡移民、城乡统筹等诸多机遇,大胆超前谋规划,快马加鞭搞建设,开拓创新抓管理,高速公路发展不断取得新的突破。特别是党的十八大以来,重庆以习近平总书记系列重要讲话为指引,认真贯彻落实"创新、协调、绿色、开放、共享"五大发展理念,积极探索投融资、建设管理新模式,实现了生态高速、平安高速、人文高速、智慧高速的深度融合,成就了重庆发展的脱贫路、致富路、幸福路,为实现全面建成小康社会奠定了坚实的基础。

在重庆高速公路发展历史上,无数交通人勇于担当、甘于奉献、攻坚克难,展示了智慧、胆略和远见。从"一环五射""二环八射"到"三环十射三联线",再到"三环十二射多联线",高速公路规划建设与时俱进;从利用银行贷款、转让经营权到BOT,再到BOT+EPC、PPP,高速公路融资难题不断破解;从高速公路隧道纵向式通风、双环线过境,到区域联网监控,再到长大桥隧成套技术、山区高速公路系列规范,重庆高速公路建设技术全面成熟;从1994年建成"西南第一路"成渝高速公路114公里,到2010年建成"二环八射"2000公里,再到2017年建成"三环十射"3000公里,高速公路路网密度稳居西部前列,得到全市人民交口称赞。

在重庆高速公路建设征程中，无数交通人辛勤付出、奉献青春，创造了无数工程奇迹，收获了许多创新成果，成功打造了渝湘七彩路、绕城科技路、渝蓉低碳路，让钢筋水泥铺筑的大道变得智慧灵动、深情款款。无数交通人迎难而上，几多坎坷、几多艰辛，全力攻克了标准之争、技术之困、融资之难、管理之惑等诸多挑战，相继实现了"五年变样、八年变畅""八小时重庆""四小时重庆、八小时周边"等阶段目标，谱写了重庆高速公路可歌可泣的奋斗历程，留下了催人奋进的华彩篇章。

重庆作为西部地区高速公路建设的排头兵、先行者，敢于开创行业先河、勇于突破诸多难题、善于总结经验教训、乐于凝聚智慧共识。交通运输部2014年启动了《中国高速公路建设实录》丛书编撰工作，《重庆高速公路建设实录》作为《中国高速公路建设实录》丛书重要组成部分，旨在记载历史，总结经验，启迪未来，不仅是为了铭记前人功绩，更是为了鼓励后者继往开来。

2016年初，习近平总书记视察重庆，站在全局和战略高度为重庆发展定向导航，明确重庆处在"一带一路"和长江经济带的联结点上，是国家实施西部大开发的重要战略支点，这是对重庆的战略定位。重庆市第五次党代会提出了建设"国际性综合交通枢纽"的宏伟战略目标。"长风破浪会有时，直挂云帆济沧海"，重庆如一艘扬帆破浪的巨轮，承载着跨越发展、崛起腾飞的新希望、新梦想，必将在国家区域发展和对外开放格局中凸显出独特优势、发挥出重要作用。放眼未来，在新一轮交通发展黄金期，重庆高速公路也必将继续发挥先导性、基础性、服务性作用，顺势而为，乘势而上，再上新台阶，再展新风采，再创新辉煌！

重庆市政府党组成员
重庆市交通规划建设领导小组组长

2017年8月

第一篇 综　　述

第一章　基本市情 ·· 3
第一节　历史沿革 ·· 3
第二节　地形地貌 ·· 3
第三节　社会经济 ·· 4
第二章　综合交通 ·· 5
第一节　基础设施 ·· 5
第二节　综合运输 ·· 6
第三章　公路建设 ·· 7
第一节　古老驿道 ·· 7
第二节　民国马路 ·· 7
第三节　新中国公路 ·· 8
第四节　高速公路 ·· 9

第二篇 规　　划

第一章　发展起步（一环五射）··· 13
第一节　"西南第一路"诞生 ··· 13
第二节　"一环五射"规划 ·· 16
第二章　稳步推进（二环八射）··· 19
第一节　"五年变样、八年变畅" ·· 19
第二节　"二环八射"规划 ·· 21
第三章　历史跨越（三环十射三联线）·· 24
第一节　"二环八射"提速十年 ··· 24

第二节 "三环十射三联线"规划 …………………………………………… 27

第四章 创新突破（三环十二射多联线） …………………………………… 31
第一节 第三、第四个千公里高速公路建设 ………………………………… 31
第二节 "三环十二射七联线"新蓝图 ……………………………………… 33
第三节 新时期高速公路展望 ………………………………………………… 36

第三篇 建 设

第一章 建管模式 …………………………………………………………… 39
第一节 事业单位管理（1985—1998 年） …………………………………… 39
第二节 企业化管理（1998—2002 年） ……………………………………… 41
第三节 集团化管理（2003—2009 年） ……………………………………… 43
第四节 多元化管理（2010—2016 年） ……………………………………… 46

第二章 理念发展 …………………………………………………………… 48
第一节 注重经济实用 ………………………………………………………… 48
第二节 坚持生态环保 ………………………………………………………… 49
第三节 倡导绿色智慧 ………………………………………………………… 51

第三章 提速十年 …………………………………………………………… 55
第一节 打捆审批赢时间 ……………………………………………………… 55
第二节 全体动员保目标 ……………………………………………………… 57
第三节 众志成城破瓶颈 ……………………………………………………… 58
第四节 征地征心赢民意 ……………………………………………………… 62

第四章 投资融资 …………………………………………………………… 64
第一节 政府投资模式 ………………………………………………………… 64
第二节 平台公司融资模式 …………………………………………………… 65
第三节 BOT + EPC 模式 …………………………………………………… 66
第四节 PPP 模式 ……………………………………………………………… 73

第五章 招标投标 …………………………………………………………… 74
第一节 尝试阶段（1989—2000 年） ………………………………………… 74
第二节 规范阶段（2001—2010 年） ………………………………………… 76
第三节 深化阶段（2011 年以后） …………………………………………… 77

第六章 质量安全 …………………………………………………………… 79
第一节 监督体制变迁 ………………………………………………………… 79
第二节 监督管理工作 ………………………………………………………… 81

| 第三节 | 质量安全成效 | 87 |

第七章 征地拆迁 — 89
- 第一节 征迁机制 — 89
- 第二节 征迁政策 — 90
- 第三节 征迁模式 — 93

第八章 法规制度 — 97
- 第一节 信用体系 — 97
- 第二节 招标投标 — 99
- 第三节 勘察设计 — 100
- 第四节 质量安全 — 102
- 第五节 综合管理 — 104

第四篇 技 术

第一章 路线技术 — 109
- 第一节 路线技术发展 — 109
- 第二节 典型路线工程 — 111

第二章 路基工程 — 113
- 第一节 技术发展历程 — 113
- 第二节 典型路基工程 — 114

第三章 路面工程 — 117
- 第一节 技术发展历程 — 117
- 第二节 典型路面工程 — 118

第四章 桥梁工程 — 120
- 第一节 技术发展历程 — 120
- 第二节 典型桥梁工程 — 121

第五章 隧道工程 — 128
- 第一节 技术发展历程 — 128
- 第二节 典型隧道工程 — 129

第六章 交通工程 — 133
- 第一节 交通安全设施 — 133
- 第二节 服务设施 — 133
- 第三节 管理设施 — 136

第七章　科技创新 ··· 138
　　第一节　创新成果 ·· 138
　　第二节　能力建设 ·· 161
　　第三节　标准规范 ·· 168
　　第四节　专利专著 ·· 171

第五篇　运　营

第一章　管养体制 ··· 177
　　第一节　事业化管养体制 ··· 177
　　第二节　公司化管养体制 ··· 178
　　第三节　"统一领导、分级管理"养护体制 ································· 178
第二章　收费管理 ··· 180
　　第一节　收费变迁 ·· 180
　　第二节　收费标准 ·· 181
　　第三节　年票改革 ·· 182
　　第四节　优惠政策 ·· 183
第三章　养护管理 ··· 185
　　第一节　工程管理 ·· 185
　　第二节　养护技术 ·· 186
　　第三节　养护成效 ·· 187
第四章　运行管理 ··· 189
　　第一节　应急管理 ·· 189
　　第二节　路网监控 ·· 191
第五章　公众服务 ··· 193
　　第一节　服务区管理 ·· 193
　　第二节　公众出行服务 ·· 198
第六章　综合执法 ··· 200
　　第一节　执法模式 ·· 200
　　第二节　发展历程 ·· 202
　　第三节　主要成效 ·· 204

第六篇　文　化

第一章　文化特质 ··· 211
　　第一节　文化源流 ·· 211

第二节	"担当"文化	213
第三节	"奉献"精神	216
第四节	人物故事	221

第二章　文化呈现 ·· 229
 第一节　桥梁文化 ·· 229
 第二节　景观文化 ·· 232
 第三节　生态文化 ·· 234
 第四节　地域文化 ·· 238
 第五节　文艺作品 ·· 240

第七篇　效　　益

第一章　枢纽功能 ·· 247
 第一节　省际通道 ·· 247
 第二节　出海通道 ·· 248
 第三节　枢纽格局 ·· 249

第二章　城市空间 ·· 251
 第一节　内环外移 ·· 251
 第二节　二环扩容 ·· 252
 第三节　三环时代 ·· 253

第三章　运输服务 ·· 254
 第一节　缩短时空距离 ·· 254
 第二节　降低运输成本 ·· 255

第四章　经济社会 ·· 257
 第一节　助力经济增长 ·· 257
 第二节　优化产业布局 ·· 259
 第三节　催生新型工业 ·· 259
 第四节　促进农业生产 ·· 261
 第五节　带动旅游发展 ·· 262
 第六节　加快开发步伐 ·· 264
 第七节　增进民生福祉 ·· 265

第八篇　国家高速公路

第一章　G85 银昆高速公路 ·· 275
 第一节　成渝高速公路 ·· 276

第二节	渝广高速公路	290

第二章　G50 沪渝高速公路　291

第一节	渝长高速公路	292
第二节	长垫高速公路	297
第三节	垫忠高速公路	297
第四节	石忠高速公路	300

第三章　G75 兰海高速公路　312

第一节	渝黔高速公路	313
第二节	上界高速公路	320
第三节	渝武高速公路	323

第四章　G42 沪蓉高速公路　328

第一节	长万高速公路	329
第二节	万巫高速公路	336

第五章　G65 包茂高速公路　348

第一节	渝邻高速公路	349
第二节	渝湘高速公路	353

第六章　G69 银百高速公路　381

第一节	城开高速公路	382
第二节	万开高速公路	382
第三节	忠万高速公路	388
第四节	丰忠高速公路	396
第五节	南涪高速公路	399
第六节	南道高速公路	404

第七章　G93 成渝环线高速公路　405

第一节	渝遂高速公路	406
第二节	渝泸高速公路	410

第八章　G5001 绕城高速公路　412

第一节	项目概况	413
第二节	统筹城乡的决策与规划	414
第三节	高标准路面典型示范	415
第四节	典型跨江大桥技术特点	416
第五节	典型特长隧道技术特点	421
第六节	生态恢复与绿化工程	422
第七节	科技与智慧之路	425

第八节　助推重庆迈入"二环时代" ·· 429
第九章　G6911 安来高速公路 ··· 430
　　第一节　奉溪高速公路 ·· 431
　　第二节　巫镇高速公路 ·· 437
　　第三节　奉建高速公路 ·· 437
第十章　G50S 石渝高速公路 ·· 438
　　第一节　沿江高速公路 ·· 439
　　第二节　涪丰石高速公路 ·· 444
第十一章　G5013 渝蓉高速公路 ·· 454
第十二章　G5515 张南高速公路 ·· 459
　　第一节　黔恩高速公路 ·· 460
　　第二节　石黔高速公路 ·· 466
　　第三节　梁忠高速公路 ·· 467
第十三章　G8515 广泸高速公路 ·· 476
　　第一节　铜合高速公路 ·· 477
　　第二节　铜永高速公路 ·· 478
第十四章　G5012 恩广高速公路 ·· 483
　　万利高速公路 ·· 484

第九篇　地方高速公路

第一章　环线高速公路 ·· 488
　　第一节　长涪高速公路 ·· 489
　　第二节　南万高速公路 ·· 492
　　第三节　綦万高速公路 ·· 494
　　第四节　江綦高速公路 ·· 496
　　第五节　永江高速公路 ·· 502
　　第六节　合长高速公路 ·· 505
第二章　射线高速公路 ·· 507
　　第一节　渝习高速公路 ·· 508
　　第二节　成渝高速公路扩能线 ·· 510
　　第三节　渝长高速公路扩能线 ·· 510
　　第四节　渝黔高速公路扩能线 ·· 511
第三章　联线高速公路 ·· 512
　　第一节　南两高速公路 ·· 513

第二节　潼荣高速公路 ………………………………………………………………… 513
第四章　支线高速公路 ………………………………………………………………… 515
  第一节　长寿湖旅游高速公路 ……………………………………………………… 515
  第二节　沿江高速公路长寿支线 …………………………………………………… 516
  第三节　开开高速公路 ……………………………………………………………… 516
  第四节　西沿高速公路 ……………………………………………………………… 520
  第五节　秀松高速公路 ……………………………………………………………… 521

附　录

附件1　重庆高速公路大事记 ……………………………………………………… 533
附件2　重庆高速公路之"最" ……………………………………………………… 555
附表1　重庆市高速公路主管领导及部门负责人信息采集表 …………………… 557
附表2　重庆市高速公路总体情况表 ……………………………………………… 559
  2-1　G85 成渝高速公路相关附表 ………………………………………………… 563
  2-2　G50 沪渝高速公路相关附表 ………………………………………………… 569
  2-3　G75 兰海高速公路相关附表 ………………………………………………… 594
  2-4　G42 沪蓉高速公路相关附表 ………………………………………………… 616
  2-5　G65 包茂高速公路相关附表 ………………………………………………… 661
  2-6　G69 银百高速公路相关附表 ………………………………………………… 707
  2-7　G93 成渝环线高速公路相关附表 …………………………………………… 740
  2-8　G5001 重庆绕城高速公路相关附表 ………………………………………… 751
  2-9　G6911 安来高速公路相关附表 ……………………………………………… 774
  2-10　G50S 沪渝南线高速公路相关附表 ………………………………………… 786
  2-11　G5013 渝蓉高速公路相关附表 …………………………………………… 805
  2-12　G5515 张南高速公路相关附表 …………………………………………… 812
  2-13　G8515 广沪高速公路相关附表 …………………………………………… 819
  2-14　G5012 恩广高速公路相关附表 …………………………………………… 828
  2-15　重庆三环高速公路相关附表 ……………………………………………… 829
  2-16　长寿湖旅游专用高速公路相关附表 ……………………………………… 856
  2-17　沿江高速公路长寿支线相关附表 ………………………………………… 859
  2-18　开开高速公路相关附表 …………………………………………………… 862
  2-19　西沿高速公路相关附表 …………………………………………………… 871
  2-20　秀松高速公路相关附表 …………………………………………………… 876

Record of Expressway Construction in
Chongqing
重庆高速公路建设实录

第一篇
综　述

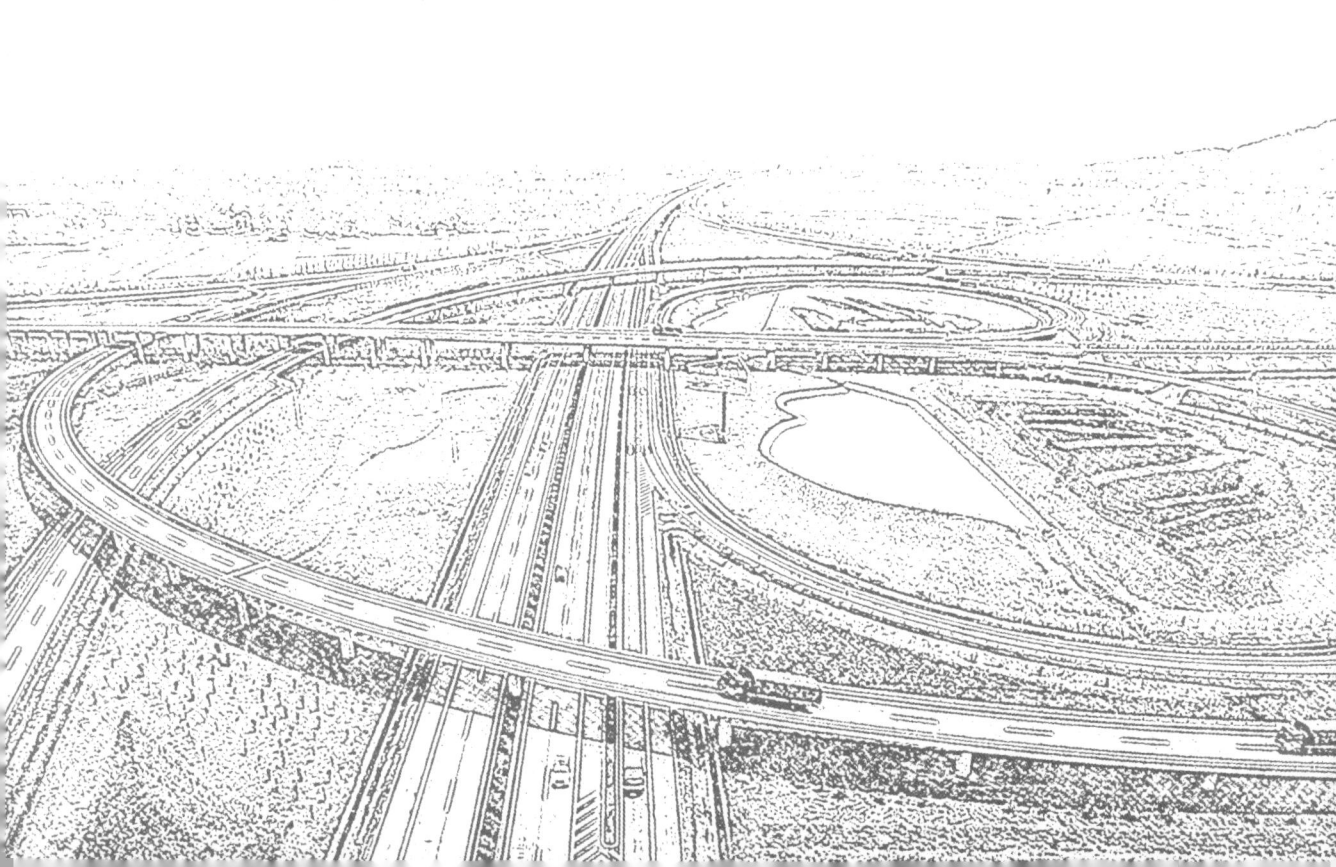

篇 首 语

重庆地处长江上游,是中国第四、西部唯一的直辖市,是国家确定的全国11个中心城市之一,是西部大开发的重要战略支点、"一带一路"和长江经济带的联结点,是西部地区的重要增长极。重庆东邻湖北宜昌和恩施、湖南湘西,南靠贵州遵义、铜仁,西联四川泸州、内江、遂宁,北接四川广安、达州和陕西安康,全市南北长450km,东西宽470km,国土面积8.24km^2,在全国各省(自治区、直辖市)中居第26位,为北京、天津、上海三市总面积的2.39倍,下辖26个区,12个县(自治县)。截至2016年年底,全市常住人口3016.55万人,其中城镇人口1908.45万人,占常住人口的比重为62.60%。

重庆"水、陆、空"综合交通方式齐全,拥有长江上游规模最大的内河港——果园港,是内陆地区唯一拥有"水、陆、空"国家一类口岸的城市。近年来,重庆的铁路、公路、水路、航空等运输方式发展快速,截至2016年年底,全市铁路营业里程2231km,公路通车里程14.3万km,内河航道里程4472km,建成江北、万州、黔江"一大两小"3个机场,基本形成"铁、公、水、空"综合立体交通网络。

第一篇
综 述

第一章
基本市情

第一节 历史沿革

重庆是中国著名历史文化名城,距今2万~3万年的旧石器时代已有人类活动,重庆有文字记载的历史达3000多年,是巴渝文化的发祥地。公元581年,隋文帝改楚州为渝州,始简称"渝"。北宋崇宁元年(1102年),改渝州为恭州。公元1189年,宋光宗先封恭王后即帝位,取"双重喜庆"之意,升恭州为重庆府,"重庆"由此得名。1929年重庆正式建市,抗战时期成为国民政府战时首都,是世界反法西斯战争的中心之一。新中国初期作为中共中央西南局和西南军政委员会驻地,是中央直辖市,1954年改为四川省辖市,1983年率先成为全国经济体制综合改革试点城市,实行计划单列,赋予省级经济管理权限。1997年,第八届全国人大五次会议决定设立重庆直辖市,继京、沪、津之后成为第四个中央直辖市,也是目前中国面积最大、人口最多的直辖市。

第二节 地形地貌

重庆地势由南北向长江河谷逐级降低,西北部和中部以丘陵、低山为主,东南部靠大巴山和武陵山两座大山脉,山地丘陵占地面积97.6%,平坦面积只占2.4%。重庆地域内江河众多,主要河流有长江、嘉陵江、乌江、涪江、綦江、大宁河、阿蓬江、酉水河等。重庆市的地貌可分为以下四大单元:

西部盆中丘陵区。包括江津、荣昌、大足、铜梁、潼南、合川、璧山及北碚西部地区,地形地貌为盆中丘陵,多为浅丘和缓丘地形,丘陵间呈沟槽、山间平地分布,呈方山丘陵和部分低山。

中部平行岭谷低山丘陵区。包括主城区、长寿、梁平、万州、垫江、忠县等地区,呈平行岭谷地形地貌特征,总体北高南低。

东北部大巴山中山区。包括城口、开州、巫溪、奉节、巫山等地区,为盆周山地,处于大巴山南缘,区属大巴山台缘皱带,多峡谷、狭长小平坝,地表和地下喀斯特地貌发育。

东南部大娄山、七曜山中山区。包括南川、涪陵、武隆、彭水、黔江、酉阳、秀山等地区，峡谷多而深邃，以喀斯特地貌为主，峰林、峰丛、残丘、洼地、槽谷、落水洞、溶洞等发育。

第三节 社 会 经 济

1983年重庆计划单列到1997年直辖前，是重庆经济社会发展的基础夯实期。1996年，重庆地区生产总值为857亿元，在四川省位列成都之后，排名第二位，家庭人均收入为5322.6元，处于全国中下水平。1996年三大直辖市上海、北京、天津的人均生产总值分别比重庆高5倍、3倍、2.9倍。

1997年到2002年，重庆经济进入了快速发展时期。直辖后重庆的潜力和活力被大大激发出来，特别是三峡移民、直辖效应和西部大开发等优势政策叠加，重庆发生了翻天覆地的变化。2002年全市生产总值为1971.1亿元，比1996年增长53.1%，年均增长8.9%。

2003年到2010年，重庆经济延续快速增长势头。在"314"总体部署、统筹城乡改革发展等政策利好的带动下，交通、能源、水利、市政、生态环保等基础设施建设取得重大进展，重庆站在了一个新的历史起点上，2010年全市生产总值为7598.4亿元，比2002年增长了3倍。

2011年以来，重庆经济发展速度继续保持全国前列。国家批准在重庆相继设立两路寸滩保税港区、两江新区、自由贸易区，重庆依然保持了稳中有进、稳中向好的良好态势，全市生产总值增速始终保持在10%以上，位居全国前列。2016年全市生产总值为17558.76亿元，同比增速10.7%，人均生产总值为57902元，同比增长9.6%。城镇常住居民人均可支配收入为29610元，同比增长8.7%，排名全国第九。

第二章
综合交通

重庆依山傍水,长江、嘉陵江带来的"舟楫之便",促进了重庆最早的航运发展。重庆的交通从航运兴起,逐步形成了铁路、公路、水路、航空齐头并进的局面。特别是重庆直辖后,交通运输建设步伐明显加快,进入了前所未有的快速发展时期。直辖20年后,交通运输瓶颈制约初步缓解,基本形成了由铁路、公路、水路、民航组成的综合立体交通体系,在西部地区独树一帜,交通运输保障能力和服务水平不断提高,有力支撑和引导了重庆市经济社会的快速发展。

第一节 基础设施

铁路网络初具形态。铁路网络基本完善,对外辐射能力明显增强。截至2016年年底,全市铁路营业里程2231km,以主城为中心,"一枢纽九干线两支线"的铁路网络基本形成(一枢纽为重庆铁路枢纽;九干线为成渝高铁、渝万高铁、成渝铁路、遂渝铁路、兰渝铁路、襄渝铁路、渝利铁路、渝怀铁路、川黔铁路;两支线为三万南涪铁路、达万宜铁路)。铁路路网面积密度达到271km/km^2,复线率达到44.8%,电气化率达到97%。

公路发展实现跨越。国家公路运输枢纽建设高效推进。截至2016年年底,全市公路总里程达到14.3万km,其中高速公路达到2818km,面积密度达到3.42km/100km^2,面积密度居西部第一。在重庆交通建设中,公路是投资最多、发展最快的基础设施之一,在重庆综合交通运输中有着极其重要的地位和举足轻重的作用。

航运中心已具雏形。水运建设取得突破性进展,长江上游航运中心初具雏形。截至2016年年底,全市航道总里程4472km,覆盖全市70%以上的区县。以长江、嘉陵江、乌江为主的"一干两支"通江达海的航道体系基本建成,成为长江上游最大的主枢纽港口城市和西南地区水陆换装、江海联运的重要枢纽、外贸口岸。

航空枢纽基本形成。截至2016年年底,江北国际机场、万州五桥机场和黔江武陵山机场组成的"一大两小"机场格局基本形成。江北国际机场是国际枢纽机场,共有3条跑道,其中第一、二跑道分别为长3200m、3600m的4E级,第三跑道为长3800m、宽75m的4F级,可以起降A380等大型客机。T1、T2A、T2B三个候机航站楼已建成,T3A航站楼即将建成投用。

第二节 综合运输

铁路运输增效显著。2016年,完成铁路客运量4911万人次,占全市综合运输客运量的7.75%。铁路旅客周转量160.22亿人公里,平均运距326km。完成铁路货运量1789万吨,占全市综合运输货运总量的1.66%。铁路货物周转量151.23亿吨公里,平均运距846km。

公路运输主体作用突出。2016年,完成公路客运量5.566亿人次,占综合运输客运总量的87.7%;完成公路旅客周转量336.7亿人公里,公路旅客周转量占综合运输旅客周转总量的41.8%;公路客运平均运距达61km。完成公路货运量8.94亿吨,占全市综合运输货运总量的82.89%。完成公路货物周转量935.4亿吨公里,公路货物周转量占全市综合运输货物周转总量的31.6%。公路货运平均运距105km。

水路运输平稳发展。2016年,完成水路客运量750万人次,占全市综合运输客运量的1.18%;客运周转量5.1亿人公里;水路客运平均运距68km。完成水路货运量1.66亿吨,占全市综合运输货运总量的15.44%;货物周转量1876.1亿吨公里;水路货物周转量占全市综合运输货物周转总量的63.3%。水路货运平均运距1127km,在长距离货物运输中居主导地位。

航空枢纽地位不断提升。2016年,完成民航客运量2147万人次,占全市综合运输客运量的3.39%;"一大两小"机场完成旅客吞吐量3659.3万人次,其中江北国际机场3588.88万人次,占比98.1%,旅客吞吐量排全国机场第九位。完成民航货运量13万吨,占全市综合运输货运总量的0.01%;完成货邮吞吐量36.34万吨,其中江北国际机场36.109万吨,占比99.36%。

第三章
公路建设

重庆公路已有近百年历史,20世纪20年代,军阀割据时期的防区修路,成为重庆公路建设的起点;抗日战争时期,作为"陪都"的重庆,经历了公路运输的兴盛;新中国成立后,重庆在恢复国民经济的第一个五年计划中,公路建设得到蓬勃发展。1949年,重庆公路仅有836.5km;1978年,重庆公路里程增至5690km。2016年,重庆公路通车里程达到14.3万km,是1978年的25倍。重庆高速公路也从0km一步一步迈上近3000km的新台阶。回顾既往,重庆公路建设的历史,既是一面政治、军事、经济发展的镜子,也是一部科技进步、经济繁荣、社会发展的历史。

第一节 古老驿道

重庆主城位于嘉陵江与长江交汇处,凭借长江黄金水道和陆上交通,西连三蜀,北通汉沔,南达滇黔,东接荆襄,自古以来就是中国西南地区水陆交通的重要城市。《重庆公路志》中记载,"重庆有悠久的历史,五千多年前旧石器时期,先民的生产生活活动,已踏出了原始的道路"。可以想象,我们的祖先或从三峡溯江而上,或从秦岭顺坡而下,长途迁徙,来到长江和嘉陵江汇合的这块土地上,在长江两岸形成比较稠密的原始村落。先民凭借"舟楫之便",开创了最早的水上交通。同时凭借原始的生产工具,在崇山峻岭之间开辟了最早的用于交通联系的民路驿道。

经过漫长的修筑和完善,到清朝光绪年间,重庆已形成正东、正南、正西、正北和东北5条驿道,并连接各条支线,构成了密如蛛网通往周边的通衢大道。为加强驿道管理,清政府设置了邮传部,重庆府设置了劝业道,各县设置劝业员,对各条驿道进行管理。重庆在公路出现之前,陆上交通全赖民路驿道维系,在崎岖的巴渝古道上,重庆先民经历了肩挑、驮运的漫长历史。民路驿道的修筑为后来的公路建设奠定了基础,在民国期间开始兴建的公路,多沿民路驿道的路线,在原有路基上拓宽改造而成。

第二节 民国马路

重庆最早的公路建设始于1928年,刘湘驻防重庆,为实施"新政",令各地驻军组建马路分局自筹修建公路,开创了重庆有史以来第一次建路高潮。1930年,重庆至简阳公路巴县段建成,这段公路自重庆通远门起,经牛角沱、小龙坎、新桥、歌乐山、陈家桥至青木关,长63km。按双车道标准建设,路基宽8.5m,采用泥结碎石路面,最大纵坡7%,平曲线最小半径30m。渝简公路有三个划时代的创举:一是传承中国古代筑路技术,在原成渝古驿道基础上选线,并部分利用驿道原有结构物,如宋代建成长110.3m的七孔石拱桥施济桥(图1-3-1);二是在歌乐山的盘山路段,巧妙地利用地形修筑的老鹰岩螺旋展线跨线桥,被誉为桥梁设计经典传世于人,至今仍在使用;三是在歌乐山青龙嘴开凿长62.6m的山洞隧道(图1-3-2),是重庆公路建设史上的第一座公路隧道。

图1-3-1　成渝古驿道施济桥　　　　　　　　图1-3-2　歌乐山青龙嘴隧道

1937年抗日战争爆发,重庆作为国民政府陪都和大后方政治、军事、经济中心,成为联系西南、西北各省和国际通道的枢纽。由于水上运输和铁路运输被日军切断,援华物资的输入,出口物资的输出,战区兵员、粮秣、弹械的补给,主要依靠公路交通,这大大促进了重庆公路建设的发展。抗战期间,国民政府全线整治了川黔、川湘公路,并开辟了西南、西北公路交通网,与中缅、中印、中苏等国际公路相通,抗战后期,重庆公路总长达到836.5km。抗战时期形成的重庆公路,为中国抗日战争取得伟大胜利,做出了不可磨灭的历史贡献。

第三节　新中国公路

1949年11月30日,重庆解放。在恢复国民经济的第一个五年计划建设阶段,重庆公路得到蓬勃发展。1953年建成重庆至南充公路,全长216km,其中重庆段长131km,是重庆市解放后建成的第一条公路。此后,重庆各区、县、乡齐头并进,修建公路,到1957年,重庆公路总里程从解放初的836.5km发展到2236km。1958年至1978年,重庆至长寿、江北土沱至偏岩、綦江至隆盛、白市驿至帽合山、北碚至岳池等公路相继建成,公路里程增至5690km。

1978年党的十一届三中全会后,为发展农村经济再度掀起修路热潮,重庆各区县通过民办公助、民工建勤等办法,分期修筑公路逐步形成公路网络。截至1985年年底,重庆市公路里程达7634km,形成一个以包头经重庆至南宁的G210线,兰州至重庆的G212线,厦门至重庆、成都的G319线等国道和八条省道为骨架的内联外通的公路网,但无一级公路,更无高速公路。

经过多年建设,尤其是重庆直辖后的快速发展,截至2016年,重庆逐渐形成以高速公路为骨架、国省干线为支撑、农村公路为补充的层次分明、结构合理的公路网络体系,公路通车里程达到14.3万km,其中高速公路2818km,普通国道5410km,普通省道9669km,农村公路约12.5万km。

第四节　高速公路

在新中国成立后漫长的公路建设史上,重庆公路一直以一般公路的新建和改造为主。直到1995年成渝高速公路重庆段114km通车,重庆才揭开了高速公路建设的序幕。直辖前后,陆续开工了渝长、渝黔、渝合等高速公路;从1997年直辖到2002年,陆续开工了长万、渝邻、万开等高速公路;从2003年到2010年,陆续开工了渝湘、渝宜、渝泸等高速公路;2011年以来,又先后开工了渝蓉、沿江、江习等高速公路。2007年,重庆高速公路通车里程达到1000km(图1-3-3);2010年,达到2000km;2017年末将突破3000km。

图1-3-3　2007年重庆高速公路通车1000km纪念碑揭幕仪式

近30年来,重庆高速公路经历了从无到有、从少到多的发展历程,高速公路里程的增加,彰显了重庆高速公路发展起步、稳步推进、历史跨越、创新突破的发展轨迹。

Record of Expressway Construction in
Chongqing
重庆高速公路建设实录

第二篇
规　划

篇 首 语

重庆市高速公路网规划,大体经历了发展起步、稳步推进、历史跨越和创新突破四个阶段,根据经济社会发展需要和人民群众出行需求,分别提出了"一环五射""二环八射""三环十射三联线"和"三环十二射多联线"高速公路网规划方案,规划里程从720km到2000km、3600km和4900km,高速公路规划的实施,支撑和引导了地方资源开发、产业集聚和城镇化进程,方便了群众出行。高速公路成为综合交通中贡献最突出、成效最显著、百姓最满意的交通方式。

第一章
发展起步（一环五射）

从1983年重庆成为计划单列城市，到1997年重庆直辖之前，是重庆高速公路的发展起步阶段。在此阶段，规划了"一环五射"高速公路，里程约720km，同期建成西部第一条高速，即成渝高速公路重庆段114km。

第一节 "西南第一路"诞生

1983年2月，重庆市获准国家计划单列，原永川地区8个县整体划入重庆市，辖9区12县。在行政建制不变的情况下，被赋予了相当于省一级的经济管理权限，率先在全国大城市中进行经济体制综合改革试点。从1984年起，重庆市在工农业生产、交通运输、邮电、固定资产投资、主要商品购销和分配调拨、能源和主要物资分配调拨、外贸进出口、劳动工资、财政信贷等领域实行单列户头，享有省级机构的权限。重庆交通也得到了中央更多支持，逐步走上了快速发展的道路。

在国家改革开放大背景下，1987年，交通部提出了"两纵两横三条重要路段"的国家公路主干线规划，主要由高速公路和一、二级汽车专用路组成。成渝高速公路属于规划"两横"中上海至成都公路"一横线"的西段，重庆高速公路建设终于提上了国家议事日程。但各方对路线走向、公路等级、技术标准等重大问题存在很大的争议，从启动规划到开工建设，可谓一波三折，整整经历了7年之久。

一、温江会议

1983年，重庆成为计划单列市时，全市公路里程仅为7492km，且全部为三级及以下低等级公路。由于公路建设发展滞后，远不能适应重庆经济发展需要，交通部1982年提出的"要想富，先修路"已成为各级领导和广大群众的共识。

1984年5月，国家计委在"对关于解决四川交通紧张状况的意见的复函"中，首次提及"将成渝公路改建工程列入国家重点建设项目"，要求四川省"先做前期工作，待编制'七五'计划时，再作进一步研究"。当这个信息传达到重庆后，重庆交通人无不振奋。8月，四川省交通厅在温江县组织召开成渝公路改建工程可行性研究初审会议，会议涉及三个重大议题。

议题之一是改建还是新建。1984年3月的成渝公路改建工程项目建议书提出了一个改造方案，将原来的四级路改造为三级路。1984年5月，国家计委（84）1001号文批准列入国家重点项目。许多与会专家认为，原路改建不能根本解决成渝交通现状，建议脱离原来的路线，重新选线新建。对这个议题，当时存在两种不同意见：一种意见认为，四川是农业大省，土地金贵，人均耕地少，重新选线势必占用大量农田，不太适合地方情况，成渝之间已经有了成渝铁路，成渝公路只是铁路运输的补充，四川省资金困难，新建可以缓行。

但是，更多人认为，原成渝公路是民国时期刘湘修的老路，标准低、质量差，新中国成立后虽经多次改造、只是局部截弯取直和路面沥青表处，运输能力没有得到根本提高。最后，会议达成共识，必须破除盆地意识，转变观念，把改建转变为新建。一字之改，改变了成渝公路的路线走向，也改变了重庆公路建设的发展方向。

议题之二是采用"宽马路"还是"窄马路"。温江会议之前，有一位高层领导，曾经发表过四川省建设公路要少占地的观点。1984年1月，时任中共中央总书记胡耀邦来到四川视察公路建设，做了重要指示："我们长时期忽视公路，而且忽视宽公路。公路不换车，直到家，我的观点是修大公路，农民富得快，这是非常重要的战略思想"。在胡耀邦总书记的战略思想指导下，温江会议达成以下共识：根据今后15～20年的交通量预测，必须按一级公路标准修建。鉴于国家财力尚有困难，建议分段、分期修建，第一期除成渝两市近郊按一级公路标准一次建成外，其余路段按一级公路标准一次测设，原则上先修一半路基宽度12m，"七五"以后再视资金情况修建另一半幅。

议题之三是修建"南线"还是"北线"。成渝公路当时拟定有"南线"和"北线"两个方案。南线方案为成渝公路原走廊方案，由成都出发，经简阳、资阳、资中、内江、隆昌、荣昌、永川、璧山至重庆，对应原成渝公路长438km。北线方案由简阳起离开原成渝公路，经乐至、安岳、潼南、铜梁、合川、北碚至重庆，对应原成渝公路长368km，是成渝城市之间最短的走廊。一种观点认为，"北线"是成渝城市间的最短线路，工期短，投资小。另一种观点认为，"南线"是四川省的腹心地区，人口近千万，是全省主要商品粮、油、食糖、棉花的基地，全省机械、电子仪表、食品、纺织、造纸、皮革等产业绝大多数分布在公路两侧，其工农业总产值占全省的45.7%，选"南线"更有利于沿线经济发展。专家们经过反复论证，建议选择"南线"。决策者综合两种意见，认为从长远看，这两条路都值得修，限于人力、物力、财力当前只能修一条，公路建设首先要促进经济发展，"南线"的城市群更集中，经济基础更好，因此先修"南线"。时至今日，当年参加"温江会议"的重庆专家蒙进礼（图2-1-1），曾担任市交通局总工程师，这位年过八旬的老人谈起"温江会议"情景至今记忆犹新，他说：

我是从永川交通局合并到重庆市交通局的，在永川生活多年，深受永川到重庆交通不便之苦。确定新建成渝公路的路线走向,重庆代表十分坚决,重庆段选择穿越中梁山隧道和缙云山隧道,将路线缩短至357km,重庆段一下就比老成渝路缩短了30多km。

图 2-1-1 时任市交通局总工程师蒙进礼(右一)出席成渝公路重庆段初设评审

根据会议决定,四川省交通厅向交通部提交了《成渝公路建设项目可行性研究报告》,将"改建"改成"建设"。1987年,国家计划委员会在委托中国国际工程咨询公司对《成都至重庆公路可行性研究报告》进行评估后,向国务院提交了《关于审批成渝公路设计任务书的请示》,对新建成渝公路路线的主要控制点和规模、技术标准、投资及资金来源以及工程工期均提出了具体意见。对新建成渝公路的路线和技术标准明确为:"新线起自成都市五桂桥,经简阳、资阳、资中、内江、隆昌、荣昌、永川,终点为重庆市陈家坪,全长345.8km。其中:成都市五桂桥至简阳58.8km及重庆市陈家坪至来凤驿30.5km,为两市的近郊,车流量大,按一级公路标准进行建设;简阳至来凤驿256.5km,按二级公路标准进行建设。"至此,建设成渝高等级公路的重大决策尘埃落定。

二、从高等级公路到高速公路

成渝公路于1985年完成工程可行性报告,1988年完成初步勘察设计,1990年完成国际招标,同年开工建设。施工图设计重庆段全长114km,其中一期工程从重庆陈家坪至来凤驿29km为一级公路标准,二期工程从来凤驿到荣昌桑家坡85km为二级路标准。1990年成渝公路重庆段开工之初,重庆市交通局在重庆市政府支持下,酝酿将成渝公路重庆段全部按一级公路标准建设,为今后提升为高速公路打下基础。

20世纪90年代初期,在西部建设高速公路特别需要决策者转变观念,解放思想。1988年10月,中国第一条高速公路沪嘉高速公路通车,实现中国高速公路零的突破;随着京津塘高速公路、沈大高速公路通车在即,全国各地修建高速公路的愿望愈发强烈。1989年7月,交通部在辽宁省沈阳市召开了第一次全国高等级公路建设经验交流现场会。沈阳会议明确了中国必须发展高速公路,我国长时间以来要不要修建高速公路的争论有了结果,为高速公路大规模发展打下了坚实的基础,使我国公路建设走进了发展高速公路的新时期。

沈阳会议对即将开工建设的成渝公路的等级定位产生了巨大影响。沈阳会议后,重庆决定将成渝公路重庆段全面提升为高速公路。按照当时的《公路工程技术标准》,一级公路和二级公路均属于"汽车专用公路",但不属于高速公路。一级公路的主要技术指标与高速公路基本相同,在实施全封闭、全立交后,就可达到高速公路标准;然而二级公路的平曲线半径、最大纵坡、路基宽度等主要技术指标与高速公路标准相差较大。重庆市交通局决策层会同全国专家对此进行了反复论证后,来凤驿至荣昌路段,在设计之初采用了高速公路的平、纵面指标,只要把12m的路基宽度扩大为23m,即可达到一级公路技术标准,再通过完善标志标线、护栏隔离栏,增设互通立交等设施,即可达到高速公路标准。修建高速公路的趋势已定,技术可行。但对于重庆市交通局的决策层来说,依然存在许多困难和压力,时任重庆市交通局局长的胡振业,回顾当时这一重大决策时说:

成渝高速公路当初并非按高速公路标准建设,开始是二级公路,后来升格为汽车专用一级公路,再后来干脆按高速公路标准建设。这是随着经济发展和观念改变而逐步变更升格的。当时也不是没有压力,审批问题、资金问题、招标问题、施工管理问题等等,可以说问题成堆!第一次修高速公路,没经验啊。我1985年就去了日本,日本地少人多,可路修得特别规范,我们得学习人家啊!我们不能再走弯路,我们耽误不起了啊!

1990年5月,成渝公路顺利开工。在成渝公路重庆段建设中,重庆市采用"二改一"(即利用二级路的弃方将二级路改为一级路)的方案,并在建设中采用"全封闭、全立交"的设计方案,将成渝公路成功由高等级公路升级为"高速公路"。经四川省政府研究并向国家计委提出申请,1992年12月,国家计委正式批准成渝公路二级路段变更设计为一级公路标准。随之,四川亦决定将原设计简阳至来凤驿252km二级公路双车道改为一级公路四车道。1995年,成渝高速公路全线通车,一条达到高速公路技术标准的"西南第一路"终于诞生。

第二节 "一环五射"规划

1983年之前,重庆公路建设规划统一由四川省交通厅负责编制。重庆计划单列后,在四川省统筹之下,完成了成渝公路的建设规划,并开始着手重庆公路建设规划。1992年,交通部正式提出"五纵七横"《国道主干线系统规划》,其中包括重庆—成都、重庆—贵阳、重庆—长寿—垫江—梁平—万县—湖北利川—恩施的线路。在国家主干线规划基础上,重庆开始大胆构思自身的高速路网系统。

1993年6月,为贯彻邓小平同志南方谈话精神,解决全国高速公路怎样建的问题,交通部、全国各省市政府分管领导、交通厅局长齐聚山东召开了全国公路建设工作会议,明确了2000年前集中力量重点完成国道主干线"两纵两横和三条重要路段"的建设目标。其中一横线是上海—南京—武汉—重庆—成都的高等级公路干线通道,它与长江航道一起成为东、中、西三大经济带梯度开发的综合运输大通道,全长2770km。这条横贯中国的干线,重庆境内主城至万州段采用高速公路标准,万州至湖北利川段采用二级路标准。1995年底,重庆市交通局组织编制《重庆市干线公路网规划》,1996年9月重庆开始代管万州、涪陵、黔江两市一地,重庆市交通局提出了重庆市2020年前形成主骨架公路网的发展目标,结合重庆市、万州、涪陵、黔江地区发展需要,编制完成《重庆市骨架公路网规划(1997—2020)》。说到为何叫骨架公路网规划,作为当时规划编制人员之一、现任市交委总工李关寿做过如下解释:

由于当时的公路网规划只按行政等级编制,分成国道规划、省道规划和县道规划,无高速公路专项规划,高速公路规划一般纳入国道主干线规划中,只是技术等级明确为高速公路,所以重庆市参照国家相关规划,把重庆市的国道主干线规划叫作骨架公路网规划,主要规划内容就是"一环五射"高速公路网。

规划提出的"一环五射"高速公路网(图2-1-2),总里程约720km,包括一条高速公路过境环线和五条射线(表2-1-1)。其中"一环"为内环高速公路,由渝长、渝黔高速公路主城附近路段和上界高速公路围合而成;"五射"依次为成渝高速公路、渝武高速公路、渝邻高速公路、渝万高速公路和渝黔高速公路。按照规划,在已建成成渝高速公路的基础上,建设重庆至万州(包括重庆—长寿、长寿—涪陵、长寿—梁平、梁平—万州)、重庆至武胜(包括重庆—合川、合川—武胜)、重庆至贵州(包括渝黔一期童家院子至雷神店段、渝黔二期雷神店至崇溪河段)、重庆至邻水和上界高速,最终形成"一环五射"高速公路主骨架。

"一环五射"高速公路规划表　　　　　　表2-1-1

类　型		路　线　名　称	途　经　区　县	规划里程(km)
环线	一环	内环高速公路	江北、渝北、南岸、巴南、大渡口、九龙坡、沙坪坝、江北	74
射线	一射	成渝高速公路	九龙坡、沙坪坝、璧山、永川、大足、荣昌	74
	二射	渝武高速公路	渝北、北碚、合川	114
	三射	渝邻高速公路	江北、渝北	92
	四射	渝万高速公路 (含长涪支线)	渝北、江北、长寿、垫江、梁平、万州、涪陵	53
	五射	渝黔高速公路	渝北、江北、南岸、巴南、綦江	252
合计			720	

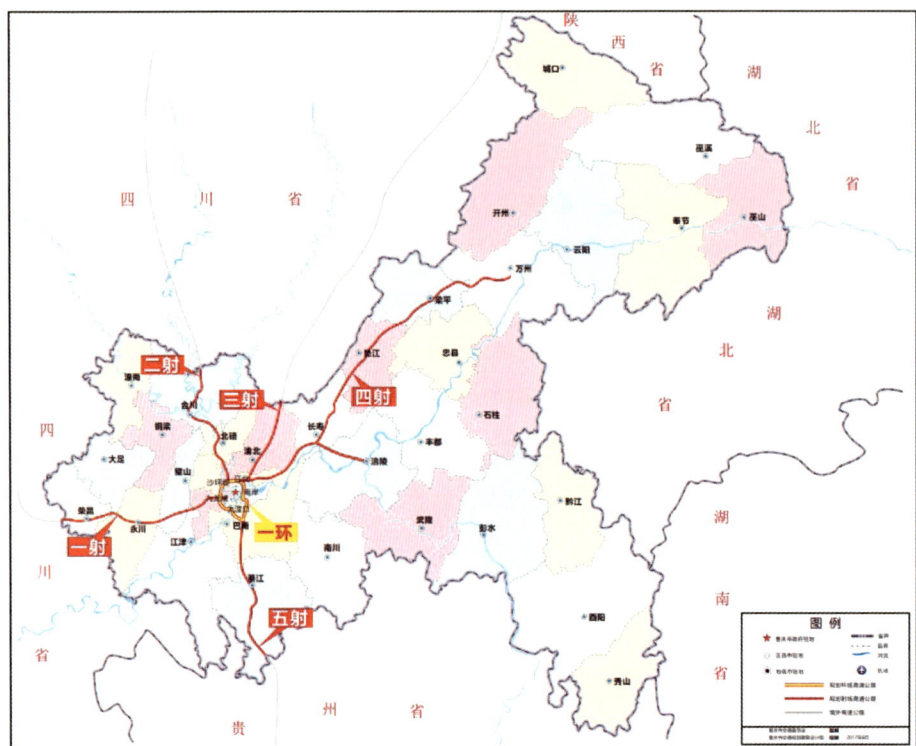

图 2-1-2 "一环五射"高速公路规划示意图

第二章
稳步推进（二环八射）

1997年直辖至2002年，重庆提出了"二环八射"高速公路规划，高速公路进入稳步推进期。期间西部大开发、三峡移民、直辖效应等优势政策叠加。重庆市有了更大的财政能力和决策自主权，开始站在一个新起点全面谋划高速公路的规划，提出"二环八射"高速公路规划，总里程1948km。在此时期，重庆市"一环五射"骨架高速公路网基本形成。

第一节 "五年变样、八年变畅"

1997年，重庆升为直辖市，这给重庆经济发展带来前所未有的历史机遇。正如时任第一任重庆市委书记张德邻所说："机遇与困难并存，压力与喜悦同在！""振兴重庆经济，以交通为切入点。"这是重庆市直辖后第一届人民政府提出的工作重点。直辖后的重庆，一个重大的举措，就是时任重庆市市长蒲海清亲自兼任重庆高等级公路建设领导小组组长，负责统一指挥全市高速公路建设。直辖后的重庆，高速公路建设成了重庆市高层领导亲自过问亲自管的大事。

1997年2月17日，重庆市交通工作会议在重庆渝通宾馆召开。这是重庆代管涪陵、万州和黔江召开的全市交通工作会，市委、市人大、市政府、市政协主要领导全部参会。会议将1997年确定为"交通建设年"，提出重庆交通要实现"五年变样、八年变畅""一年起步打基础，十年渝州变通途"的发展目标，优先建设国家主干道"两纵两横三条线"在重庆境内的主骨架公路。

直辖后的重庆在迎来发展机遇的同时，也面临不少困难和挑战。一方面，1997年下半年，东南亚地区发生了金融危机。党中央为应对金融危机对我国经济改革和发展的影响，果断提出采取积极的财政政策，加强基础设施建设，扩大内需，保持经济的增长势头。加快高速公路建设担负着拉动经济增长、增强经济发展后劲的双重任务。另一方面，重庆作为"面积最大、人口最多、经济最穷"的直辖市，修建高速公路最大的困难还是资金短缺。对于当时的资金困难，时任重庆市市长蒲海清说：

难，不是一般的难：40万下岗职工、103万移民、300万贫困人口；与三大直辖市上海、北京、天津相比,重庆面积最大、人口最多、经济最穷。但是,最欣慰的就是遇到了许许多多勤劳耿直、富有创新精神的重庆人。当时市里决定拆除大礼堂的围墙建广场,以改善城市环境,提升全市人民精气神。当时预算要3000多万元,可财力紧张的市政府拿不出钱,就发动群众捐款。不少孩子拿来了存钱罐,一些市民甚至全家来捐款。

蒲海清市长内心明白,群众捐款,表达了群众支持政府的精神;修高速公路显然不能靠群众捐款。为了筹资,蒲海清市长曾经亲自上下奔波。时任重庆市交通局副局长滕西全(图2-2-1)记得:

1997年9月,蒲海清当选为中共十五届中央委员。中共十五大会议期间,我们和交通部同志在北京重庆饭店开会,晚上碰巧遇到蒲海清市长。蒲海清听说有交通部的同志在,一定要去给他们汇报。蒲市长真诚地说:"我们重庆还不富裕,总想少花钱多办事,请你们多多关照重庆,我代表重庆父老,感谢你们对重庆高速公路建设的关照和支持。"

图2-2-1　时任市交通局副局长滕西全在G42万梁高速公路癞子坝特大桥合龙现场

直辖后的重庆,担负了中国有史以来最伟大的工程——三峡工程百万移民。直辖后的重庆,修建的第一条通往库区腹心之城万州的高速公路是长寿至万州的"长万高速公路"。长万高速公路原定1997年完成国内招标。1997年6月,项目已完成立项审批程序,万州和梁平相继成立指挥部,征地拆迁、施工便道等前期工作已基本就绪,按照国内招标程序,已进入施工招标阶段。但直到开标前两个小时,自筹资金不足2亿元,重庆市交通局、指挥部,上上下下心急如焚。

1997年11月27日,原定开标日前一天,突然从北京传来消息:国家计委将万梁公路纳入日元贷款项目。这是一个振奋人心的好消息,但是这样重大的决策必须请示市长。可是恰好蒲海清市长正在国外出访,怎么办? 滕西全回忆说:

27号晚上,我们一直守在电话旁,等蒲海清市长的消息。当晚深夜,蒲市长一下飞机,就同我们联系。蒲市长立即拍板,说推迟开标,采用比较优惠的日元贷款修万梁公路。

为此,工程虽然推迟了1年多,但获得了宝贵的外资,而且日元贷款相当优惠,30年贷款期,年息2.3%,前10年只付利息不还本。在当时资金匮乏的情况下,440亿日元,相当于31亿元人民币,算是解了燃眉之急。因为是日元贷款项目,重庆市交通局酝酿成立一个独立的建设公司成为项目业主。

在交通部指导下,在重庆市委、市政府高度重视下,重庆市交通局上下一心,克服了一系列资金困难,终使得一批高速公路项目相继开工建设。1997年至1999年的3年时间内,重庆相继开工建设了重庆至贵阳(一期)、长寿至涪陵、重庆至合川、上桥至界石、万州至梁平等5条高速公路,总投资125亿元,总里程约270km。随着2001年9月渝邻高速公路的开工建设,重庆市"一环五射"高速公路全部开工建设。

第二节 "二环八射"规划

1998年6月,交通部在福州召开全国加快高速公路建设工作会议。"福州会议"确立了1998年到2000年的公路建设发展目标:快干七条线,建设主骨架,改善公路网,扩大覆盖面,力争全国公路总量、质量和管理水平实现新的突破;到2002年,"两纵两横和三条重要路段"基本建成。"福州会议"促进了中国高速公路迈出快速发展的步伐。

同一历史时期,重庆市委、市政府听取了重庆市"一环五射"高速公路规划的建设情况,认为这个规划已经不能适应直辖市的发展需求。为此,重庆市委常委会专门召开了重庆交通发展专题研究会,重新确立"2020年重庆市骨架公路网规划"方案。

按照重庆市委要求,重庆市交通局对1997年的高速公路发展规划作了重大调整,开始着手研究"二环八射"2000km高速公路网的长远规划(图2-2-2、表2-2-1)。"二环"即内环高速公路和绕城高速公路;"八射"指从重庆主城向八个方向辐射出去的高速公路。"二环八射"中除已建的"一环五射"(渝万延伸至宜昌,为"渝宜高速公路")之外,还包括:重庆绕城高速公路,重庆至遂宁高速公路,重庆至长沙高速公路,重庆至泸州高速公路;以及区域连接线:重庆垫江—忠县—石柱—湖北恩施高速公路,重庆万州至开县高速公路,总里程约1156km,与已建的"一环五射"共同构成重庆"二环八射"高速公路网。

关于这次规划的调整,时任重庆市交通局局长胡振业(图2-2-3)记忆犹新:

那是2000年春天,贺国强书记在小泉宾馆召开一次会议。会议期间,市委书记召见我,要我向他汇报一年的交通建设目标。我汇报到重庆高速公路的规划时说:"从时间概念上说,我们将实现最远的区县乘车在当日到达主城。"

"当日?是什么概念?你们能不能量化?"贺书记听得很认真,打断我的话说。我明白,市委书记要的是时间,要的是速度。这是重庆交通规划第一次强调时间距离的概念。

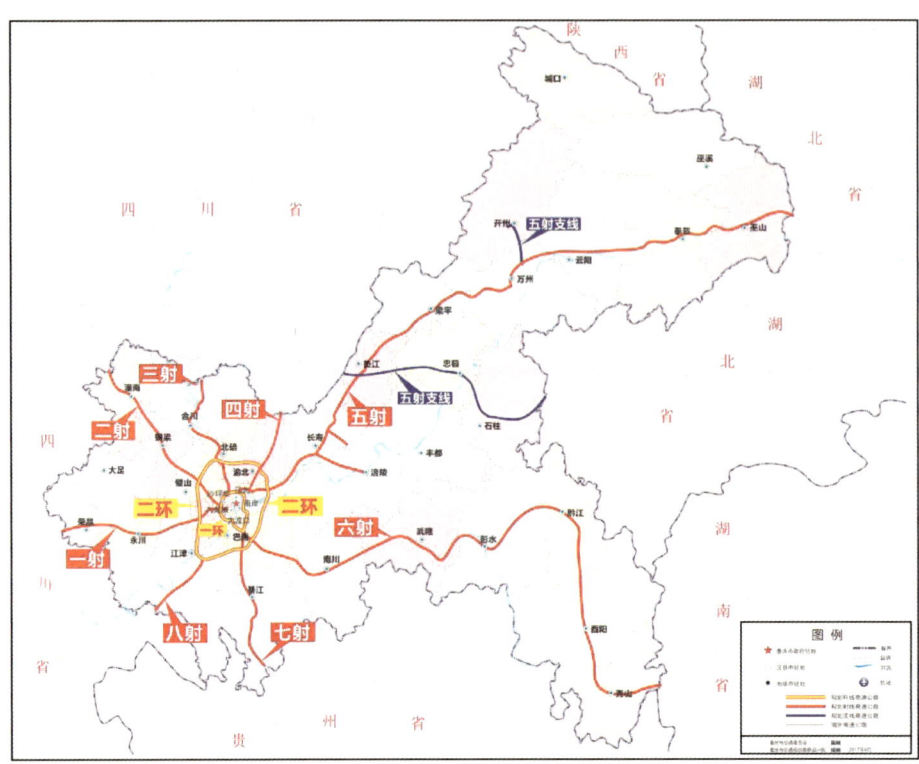

图 2-2-2 "二环八射"高速公路规划示意图

"二环八射"高速公路规划表　　　　　　　　　　　　　　表 2-2-1

类型		路线名称	途经区县	规划里程（km）
环线	一环	内环高速公路	江北、渝北、南岸、巴南、大渡口、九龙坡、沙坪坝、江北	74
	二环	绕城高速公路	北碚、沙坪坝、九龙坡、江津、巴南、南岸、江北、渝北、北碚	186
射线	一射	成渝高速公路	沙坪坝、九龙坡、永川、荣昌	114
	二射	渝遂高速公路	沙坪坝、铜梁、潼南	111
	三射	渝武高速公路	江北、北碚、合川	92
	四射	渝邻高速公路	江北、渝北	53
	五射	主线：渝宜高速公路	江北、长寿、垫江、梁平、万州、云阳、奉节、巫山	458
		支线一：垫江至利川高速公路	垫江、忠县、石柱	166
		支线二：万州至达州高速公路	万州、开县	50
	六射	渝湘高速公路	巴南、南川、武隆、彭水、黔江、酉阳、秀山	426
	七射	渝黔高速公路	江北、南岸、巴南、綦江	135
	八射	渝泸高速公路	大渡口、九龙坡、江津	83
			合计	1948

图 2-2-3　时任市交通局局长胡振业(左三)调研 G75 渝黔高速公路

2000 年 8 月,重庆市一届人大五次会议审议通过了《重庆市国民经济和社会发展第十个五年计划纲要》,时任市委书记贺国强对重庆公路建设提出了一个明确的目标,在 2004 年前实现"8 小时重庆",其具体含义为:建立一个以高速公路为主骨架,由高速公路、高等级公路和一般公路共同构成,纵贯东西、沟通南北的快速公路网,实现从重庆辖区内任何一个区县的政府所在地,能够在 8 小时内到达主城区。

第三章
历史跨越(三环十射三联线)

从2003年到2010年是重庆高速公路发展的历史跨越期。期间重庆市高速公路按照时任中共中央总书记胡锦涛"314"总体部署,积极加快高速公路建设。截至2007年年底,重庆市高速公路通车里程突破1000km;到2010年,重庆市高速公路通车里程已接近2000km。为适应新形势、新要求,重庆交通人研究提出了"三环十射三联线"高速公路规划,规划总里程为3600km。

第一节 "二环八射"提速十年

2002年11月,党的十六大报告指出:"积极推进西部大开发,促进区域经济协调发展。实施西部大开发战略,关系全国发展的大局,关系民族团结和边疆稳定。要打好基础,扎实推进,重点抓好基础设施和生态环境建设,争取十年内取得突破性进展。"2002年12月,时任重庆市委书记黄镇东在听取重庆市交通委员会汇报2020年重庆交通发展规划后指出:

这是十六大以前的规划,到2020年才建成"二环八射"高速公路,速度太慢了。人家走一步,我们重庆要走一步半、两步,才能赶上别人,否则就越差越多,总也赶不上。

在2003年初召开的重庆交通工作会上,时任市长王鸿举说:

我们问老百姓,直辖后重庆变化最大的是什么,他说是交通。我们又问,现在不满意的是什么,他仍然说是交通。我们一定要加快发展交通。

2003年4月22日,在重庆市交通工作座谈会上,黄镇东书记作出重庆市交通公路和水路建设全面提速的战略性部署,要求重庆交通发展规划提速十年。关于"二环八射"提速十年的决策,原重庆市交委主任滕宏伟(图2-3-1)讲过这样一个细节:

2002年12月,刚到重庆赴任的市委书记黄镇东在重庆召见市交委有关负责人,听取重新编制的重庆交通发展规划。我当时是计划处处长,陪胡振业主任带着《重庆市2003年至2020年的高速公路网规划》急切赶到黄书记办公室。胡主任展开规划图,指点着围绕重庆主城区的两条环形彩带和从市中心向外延伸的八条射线介绍到:"重庆交通发展规划的总体思路是建成以两条环线和八条射线组成的'二环八射'高速公路网,总里程

2000km,连接重庆绝大部分区县,并打通与周边省市的出口通道……"

镇东书记用心看了一下这张规划图,"二环八射"中大约400km是实线,围绕在主城之外的环线,以及伸向渝东北巫山和渝东南秀山的,却是长长的虚线。镇东书记若有所思,继续听取胡主任介绍。

"这是我们在2000年制定的规划,预计2020年完成这一规划的建设。"

这时,镇东书记插了句话:"你们读了胡锦涛总书记十六大报告了吗?报告里说,要打好基础,扎实推进,重点抓好基础设施和生态环境建设,争取十年内取得突破性进展。你们要注意这两句话:抓好基础设施建设,争取十年内取得突破性进展。这些话对你们就没有触动?'二环八射'2020年完工,符合十六大精神吗?能不能把2020后面的这个2改为1,到2010年全部建成?这需要解放思想。"

正是重庆市委对"二环八射"提速十年的重大决策,重庆高速公路建设在此后10年间有了突破性的发展。2010年6月,黄镇东在北京接待记者时,提到此事,强调是党的十六大精神给了他启发,引起了共鸣。黄镇东说:

党的十六大文件很丰富,主要是围绕小康社会的建设提出了一系列的战略目标和战略措施,来实现整个国家进程当中的一些目标。给我印象最深,或者触动最大的是这么一句话:"打好基础,扎实推进,重点抓好基础设施、生态环境建设,争取十年内取得突破性进展。"这句话对"二环八射"的规划形成可以说起着关键性的作用,也是说服交委同志提前十年建成的依据,因为党的文件里说的是"打好基础",你要想发展这是没问题的。这个大家都能取得共识,但是你基础能不能打好,所以十六大就是"打好基础,扎实推进",你打好了基础才能扎实推进,你打不好基础要想推进也推进不了。

图2-3-1 时任市交委主任滕宏伟在G65渝湘高速公路通车现场

关于"提速十年"对重庆高速公路发展的影响,已故重庆市交委总工张太雄,曾经对采访者这样说:

"提速十年"的决策影响最大的是三个项目的提前完成。第一个项目是渝宜高速公路的万州至巫山段,第二个项目是重庆绕城高速公路,第三个项目是渝湘高速公路。在渝湘高速初步设计的选线方案中,有两个方案,其中一个方案是从彭水直奔酉阳,这是路线最短的方案,缩短里程、节约投资、通达快速、降低运行成本,是这个方案的优势,但是却把黔江区丢在了高速公路的外面。对于黔江人来说,如果渝湘高速公路一旦甩掉黔江,将是黔江人心中"永远的痛"。得知消息后,黔江区委、区政府立即召开紧急会议研究,形成共识——黔江不能失去这个千载难逢的历史机遇,一定要想方设法争取渝湘高速公路经过黔江! 2003年5月,"第二次渝东南少数民族地区经济社会发展现场办公会"在黔江召开。得知黄镇东书记参加,黔江领导们商定,在汇报请求市委、市政府解决的问题时,只提了一个问题以表明黔江的决心:渝湘高速公路一定要靠近黔江主城。

黄镇东书记听取了汇报后说:"黔江提出的问题有道理,市委、市政府将考虑,并尽快与交通部研究协商。"在黄镇东书记的关注下,通过专家重新论证,选定了现在修建的路线:渝湘高速公路从彭水向东直达黔江,然后拐弯向南到酉阳。这样线路虽然比原方案长了几十公里,但黔江终于搭上"提速十年"的渝湘高速公路,30万黔江人民成为"二环八射"高速公路的受益者。

2005年年底,时任重庆市委书记汪洋提出了"一圈两翼"发展战略,即以主城为核心、以大约1小时通行距离为半径范围的城市经济区为"一圈",建设以万州为中心的三峡库区城镇群(渝东北翼)和以黔江为中心的渝东南城镇群(渝东南翼)。"一圈两翼"发展格局引导了重庆的交通,尤其是高速公路规划的编制。

2006年,《重庆市公路水路交通"十一五"规划》由市政府发布实施。规划明确了"二环八射"高速公路建设时序,即到2010年基本建成"二环八射"高速公路骨架网,高速公路里程达到2000km,比"十五"末748km增加1252km。对外出口的高速公路通道达到10条,比"十五"末增加6条。通达高速公路的区县达到38个,比"十五"末增加16个。此后在规划的指引下,重庆高速公路的建设驶入了快车道。

2007年5月23日,重庆市第三次党代会对重庆的交通建设又有了全新的表述:"围绕构建城市群和推进城镇化,加快建设和完善贯通城乡、连接周边的网络化基础设施体系;完成'二环八射'高速公路建设任务,实现'4小时重庆、8小时周边'快速贯通。"2008年7月,重庆市委三届三次全委会提出"将重庆加快建设成为大西南综合交通枢纽"。关于"4小时重庆、8小时周边",时任重庆市交委主任丁纯(图2-3-2)讲到:

会议要求,重庆要在2012年前建成高速公路2100公里,密度达到2.55公里/百平方公里,居西部第一位,实现"4小时重庆、8小时周边"。何谓4小时重庆? 4小时重庆即重庆主城区到任一区县实现公路交通4小时内到达。何谓8小时周边? 8小时周边就是重庆到成都、贵阳、昆明、西安、武汉、长沙六个周边省会城市实现公路交通8小时内到达。

图 2-3-2　时任市交委主任丁纯(前排右三)检查高速公路施工现场

第二节　"三环十射三联线"规划

2002年底,时任重庆市委书记黄镇东在提出"二环八射"高速公路提速十年的目标时还指出,既有的"二环八射"高速公路网尚不完善,高速公路布局西密东疏,各区域中心城市之间、部分相邻城市节点之间还未形成快速、便捷的通道。重庆要在新的形势下,高层次、高起点、更长远的角度通盘考虑重庆高速公路建设,优化高速公路网布局,进一步强化对外高速公路通道能力,全面提升重庆作为直辖市对周边省市的经济辐射带动能力。为此,重庆市交通委员会启动了重庆市高速公路网规划的修编工作,2005年1月6日,重庆市政府第47次常务会审议通过了《重庆市高速公路网规划(2003—2020年)》(图2-3-3、表2-3-1)。时任重庆市交委规划处处长、现任重庆市交委副主任岳顺介绍说:

新《规划》到2020年,重庆市高速公路网总规模约3600km,形成"三环十射三联线"的高速公路网络布局;全面实现县县(区)通高速公路目标,基本实现重要的相邻县(区、市)之间的高速公路直达,重庆市到周边各省的主要出口通道均达到高速公路标准,重庆主城区至所有县(区、市)由早期的8小时到达缩减至4小时到达,这就是"4小时重庆"的由来。

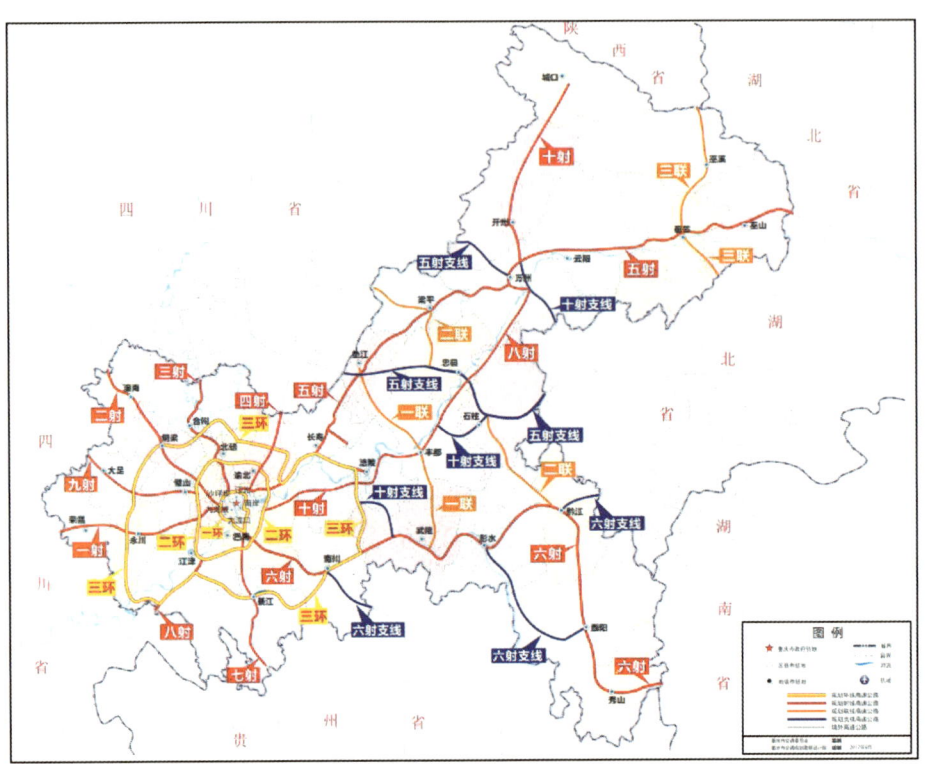

图 2-3-3 "三环十射三联线"高速公路规划示意图

"三环十射三联线"高速公路规划表　　　　　　　　　表 2-3-1

类型	路线名称	途经区县	里程（km）	备注
环线	一环	主线:内环高速公路(内环路)	江北、渝北、南岸、巴南、大渡口、九龙坡、沙坪坝、江北	74	
	二环	主线:绕城高速公路	北碚、沙坪坝、九龙坡、江津、巴南、南岸、江北、渝北、北碚	186	
	三环	主线:三环高速公路	渝北、北碚、合川、铜梁、永川、江津、綦江、南川、武隆、涪陵、长寿、渝北	473	
射线	一射	主线:重庆至成都高速公路	沙坪坝、九龙坡、永川、荣昌	114	
	二射	主线:重庆至遂宁高速公路	沙坪坝、铜梁、潼南	111	
	三射	主线:重庆至南充高速公路	江北、北碚、合川	92	与三环重合19km
	四射	主线:重庆至西安高速公路	江北、渝北	61	
		支线:重庆至机场高速公路	江北、渝北	23	

续上表

类型	路线名称	途经区县	里程（km）	备注
射线	五射	主线:重庆至武汉高速公路	江北、长寿、垫江、梁平、万州、云阳、奉节、巫山	458	与三环重合10km，与四射重合8km
		支线一:垫江至利川高速公路	垫江、忠县、石柱	166	
		支线二:万州至达州高速公路	万州、开县	50	
	六射	主线:重庆至长沙高速公路	巴南、南川、武隆、彭水、黔江、酉阳、秀山	426	与三环重合43km
		支线一:南川至道真高速公路	南川	35	与三环重合8km
		支线二:彭水至酉阳高速公路	彭水、酉阳	109	
		支线三:黔江至张家界高速公路	黔江	25	
	七射	主线:重庆至贵阳高速公路	江北、南岸、巴南、綦江	101	
	八射	主线:重庆至泸州高速公路	大渡口、九龙坡、江津	83	与二环重合10km
	九射	主线:成渝辅助通道	大渡口、璧山、铜梁、大足	95	
	十射	主线:重庆至安康高速公路	南岸、涪陵、丰都、忠县、万州、开县、城口	475	与三环重合2km，与五射重合8km，与五射支线重合11km
		支线一:涪陵至武隆高速公路	涪陵、武隆	74	与三环重合21km，与六射重合33km
		支线二:涪陵北环高速公路	涪陵	15	
		支线三:丰都至石柱高速公路	丰都、石柱	50	与主线重合14km
		支线四:万州至利川高速公路	万州	31	

续上表

类型		路线名称	途经区县	里程(km)	备注
联线	一联	主线:垫江至武隆高速公路	垫江、丰都、武隆	183	与六射重合10km,与十射重合8km
	二联	主线:梁平至黔江高速公路	梁平、忠县、石柱、彭水、黔江	227	与五射支线、十射和七射重合71km
	三联	主线:巫溪至建始高速公路	巫溪、奉节	151	与五射重合12km
合计				3600	扣除重复里程

第四章
创新突破（三环十二射多联线）

从 2011 年至今,是重庆市高速公路发展创新突破期。在此时期,重庆紧紧抓住西部大开发和重庆内陆开放高地建设的历史机遇,特别是党的十八大以来,"一带一路"和长江经济带战略给予重庆新的定位所带来的政策红利,支撑重庆经济社会发展速度持续保持在全国前列。这一时期,重庆全面建成第三个千公里高速公路,修编形成"三环十二射多联线"高速公路网规划,加紧推进第四个千公里高速公路的建设,高速公路持续先行引领重庆经济社会的快速发展,为全面建成小康社会、开启社会主义建设新征程奠定了坚实基础。

第一节　第三、第四个千公里高速公路建设

一、第三个千公里高速公路基本建成

随着"二环八射"高速公路网提前十年建成,重庆落后的交通面貌发生了巨大变化,高速公路通车里程达到近 2000km,基本实现"4 小时重庆、8 小时周边"。但随着重庆战略定位的不断提升和社会经济发展的全面提速,对交通,尤其是对高速公路提出更高、更全面的要求。于是提出了"新千公里"即第三个千公里高速公路建设目标,"新千公里"建设主要是在"二环八射"基础上,新增加"一环三射多联线"等重点项目,重点打通与四川、贵州、湖北、湖南、陕西等周边省的出口通道,完善内部路网结构,形成"内畅外联"公路网结构,为经济社会发展奠定坚实基础。

第三个千公里高速公路建设时期,是高速公路建设模式的创新时期,"BOT + EPC"新型模式第一次在涪陵至石柱高速公路上成功应用后,后续项目大量采用 BOT + EPC 模式,相继与中铁建、中信、中交建、中电建、葛洲坝集团、重庆建工等大型央企和市属企业实现成功合作,筹集项目建设资金 500 多亿元,大大缓解了重庆高速公路的快速发展所面临的资金难题。

2013 年年底,随着渝蓉高速重庆段、万盛至南川、南川至涪陵、奉节至巫溪、主城至涪陵、涪陵至丰都、丰都至石柱 7 个项目如期建成,重庆高速公路通车里程超过 2300km,省际高速公路通道增加至 11 个,基本打通了重庆对内对外"经脉"。预计到 2017 年年底,随

着渝广（重庆渝北至四川广安）、万利（重庆万州至湖北利川）、南道（重庆南川至贵州道真）高速公路的建成通车，第三个千公里高速公路将全面建成，重庆高速公路通车里程突破3000km，基本实现每万人1km高速公路的目标，达到欧洲发达国家水平。

二、第四个千公里高速公路启动建设

"十二五"后期，广东、四川、贵州等省的高速公路建设大幅提速，各省相继下发了加快高速公路建设的实施意见。其中，广东省提出在已通车5524km的基础上，至2017年年底通车里程将达到8140km；四川省在5000km的基础上，2017年年底通车里程将达到7000km；云南省在2943km的基础上，2017年年底通车里程将达到6000km。

党的十八大以来，"一带一路"和长江经济带战略的实施给重庆提出了新要求，重庆要加快构建西南地区综合交通枢纽和内陆国际物流枢纽，需要高速公路继续发挥骨干支撑作用。对照国家要求和周边省份突飞猛进的发展趋势，重庆市政府提出再建1000km高速公路（即第四个千公里高速公路）的构想。时任重庆市交委副主任陈孝来（图2-4-1）说：

"第四个千公里"高速公路项目建设，重点要着力提升高速公路出口通道能力、加强省际联系、优化高速公路网络衔接，优先推进射线高速公路的扩能通道和渝东北、渝东南之间的连接通道及省际出口建设，逐步构建起"规模适当、布局合理、能力充分、衔接顺畅"的高速公路网络结构，实现"主城辐射区县、区县便捷互联、对外直达周边"的格局，充分发挥交通运输特别是高速公路通道在国民经济和社会发展中的基础性、先导性作用。

图2-4-1 时任市交委副主任陈孝来（前排中）检查G5013渝蓉高速公路

经梳理，第四个千公里高速公路项目库共22个总里程1378km，总投资1700亿元，平均造价约1.24亿元/公里，出口通道共8个。其中，国家高速公路项目4个长325km，总投资493亿元；射线高速扩能项目5个长238公里，投资263亿元；国家高速项目2个长213km，总投资207亿元；地方高速公路项目7个长526km，总投资562亿元；城市环线高速项目4个长77km，投资79亿元。

2014年开工的秀山至松桃、江津至习水和九龙坡至永川（成渝路扩能改造）等高速公路项目，拉开了第四个千公里高速公路的建设序幕。

第二节 "三环十二射七联线"新蓝图

2013年，国务院正式批准了《国家公路网规划（2013年—2030年）》。在此背景下，重庆必须从全国高速公路网和重庆综合交通发展的高度，重新审视重庆高速公路的发展需求，优化和完善网络布局，进一步增强高速公路对重庆构建西南地区综合交通枢纽地位的支撑作用，适应率先全面建成小康社会和社会主义现代化建设的需要。

为更好地融入国家高速公路网，针对重庆高速公路存在的不足，即：布局欠完善，省际通道数量偏少，与周边省份路网衔接有待提高，部分重要城市之间缺少便捷联系通道，迂回绕行较多；路网覆盖范围不全面，部分重要景区、港口未能实现有效连接；通道能力不足，成渝、渝长等早期修建的射线高速公路运能不足，交通拥堵日益严重，不能适应交通量快速增长的需要；网络效率不高，部分中心城市缺乏绕城环线，路线衔接转换不顺畅，高速公路与其他运输方式之间、高速公路与普通公路之间衔接协调亟须加强。重庆市交通委员会再次启动了重庆市高速公路网规划的修编工作。

2014年1月29日，重庆市政府第37次常务会议审议通过了《重庆市高速公路网规划（2013—2030年）》。规划提出"三环十二射七联线"高速公路布局方案（图2-4-2，表2-4-1），总里程4600km，另规划展望线300km。规划到2030年，建成"规模适当、布局合理、能力充分、衔接顺畅"的高速公路网络，主城区对外高速公路通道多路放射，相邻区县全面实现高速直连，渝东北、渝东南县县通高速，高速公路网覆盖重要的产业基地、交通枢纽和旅游景区，对外出口通道达到28个，基本实现主城辐射区县、区县便捷互联、对外直达周边地市的高速公路路网格局。

"三环十二射七联线"高速公路规划表　　　　　表2-4-1

序　号	路线名称及编号	规划里程（km）
总计	所有项目	4900
一	环线高速公路	688
1	【一环】内环高速公路	74
2	【二环】绕城高速公路	187
3	【三环】三环高速公路	427
二	射线高速公路	2007
1	【一射】重庆至成都高速公路	114

续上表

序　号	路线名称及编号	规划里程(km)
2	【二射】重庆至成都高速公路复线	79
3	【三射】重庆至遂宁高速公路	112
4	【四射】重庆至南充高速公路	93
5	【五射】重庆至广安高速公路	69
6	【六射】重庆至邻水高速公路	53
7	【七射】重庆至宜昌高速公路	456
8	【八射】重庆至安康高速公路	398
9	【九射】重庆至长沙高速公路	414
10	【十射】重庆至贵阳高速公路	101
11	【十一射】重庆至习水高速公路	70
12	【十二射】重庆至泸州高速公路	49
三	射线高速公路扩能	250
1	成渝高速公路	60
2	渝遂高速公路	45
3	渝合高速公路	50
4	渝长高速公路	45
5	渝黔高速公路	50
四	联线高速公路	1043
1	【一联】镇坪至巫溪至建始	155
2	【二联】达州至万州至利川	100
3	【三联】梁平至黔江	178
4	【四联】垫江至丰都至道真	179
5	【五联】安岳至合川至南川至道真	187
6	【六联】合川至璧山至江津	105
7	【七联】南充至大足至泸州	139
五	环线、射线的支线高速公路	526
1	(三环支线)梓里至白涛	10
2	(三射支线)北碚至璧山	15
3	(四射支线)北碚至合川(清平)	15
4	(五射支线)合川(三汇)至华蓥	10
5	(七射支线一)长寿湖旅游公路	10
6	(七射支线二)垫江至利川	149
7	(八射支线一)沿江高速公路长寿支线	34

续上表

序 号	路线名称及编号	规划里程(km)
8	(八射支线二)丰都至石柱	53
9	(八射支线三)开县至开江	41
10	(九射支线一)彭水至酉阳	90
11	(九射支线二)酉阳至沿河	31
12	(九射支线四)秀山至松桃	31
13	(十射支线)万盛至赶水	37
六	城市过境环线高速公路	85
1	涪陵过境北环线	25
2	黔江过境东南环线	21
3	永川过境东南环线	19
4	江津过境北环线	20
七	展望线	300
1	(展望线一)大足至内江	30
2	(展望线二)酉阳至永顺	53
3	(展望线三)涪陵—丰都—忠县—万州	160
4	(展望线四)巫溪至巫山	57

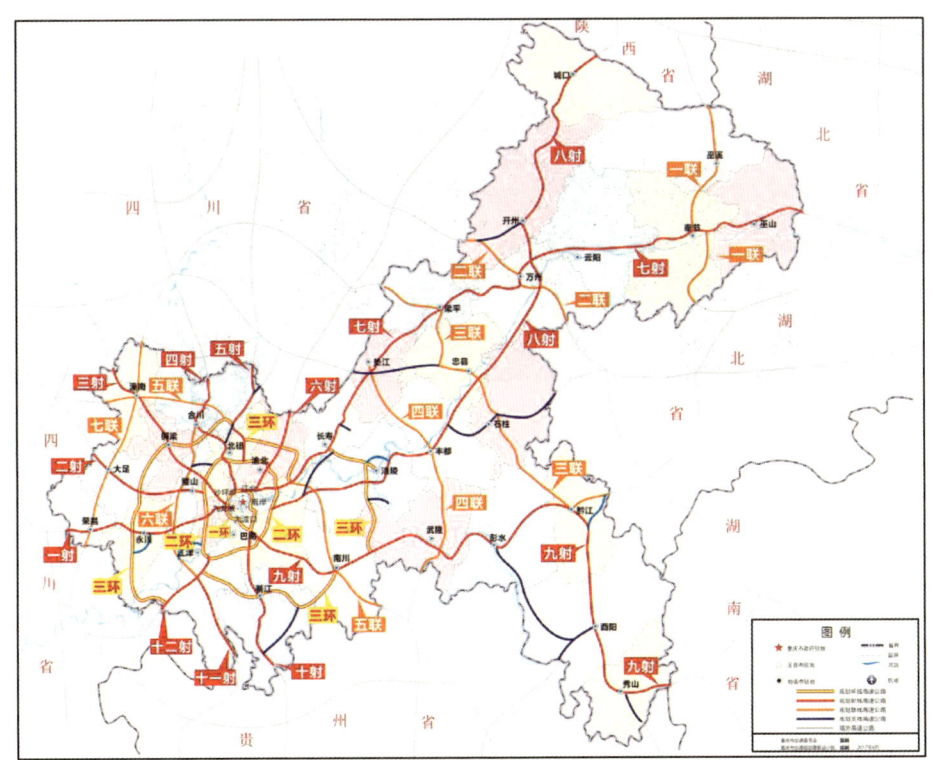

图2-4-2 "三环十二射多联线"高速公路规划示意图

第三节　新时期高速公路展望

党的十八大提出了"创新、协调、绿色、开放、共享"的五大发展理念,在国家大力推进供给侧结构性改革和深入实施"一带一路"、长江经济带战略的背景下,为支撑重庆构建内畅外联互通、智慧绿色高效的现代综合立体交通体系,加快建设国际性综合交通枢纽,全面建成小康社会,开启社会主义现代化建设新征程总目标,高速公路需要发挥更大作用,已有规划4900km已不适应发展需要,市交委启动了规划评估和调整工作。现任重庆市交委主任乔墩(图2-4-3)对重庆高速公路的未来发展提出要求:

按照供给侧改革的要求,高速公路将继续保持一定的发展节奏,在原"三环十二射七联线"规划的基础上,市交委已经启动了高速公路规划修编的研究工作,着力解决既有高速公路网部分路段通行能力不足、互联互通水平不高、总体规模偏低等问题,特别要着力提高高速公路的服务水平,满足日益增长的公众出行需求,预计新的路网总规模在6000~7000公里。

图2-4-3　市交委主任乔墩(前排左三)检查G5515梁忠高速公路

Record of Expressway Construction in
Chongqing
重庆高速公路建设实录

第三篇
建 设

篇首语

重庆高速公路建设的发展历程,经历了建设管理模式的变革、设计建设理念的转变、投资融资模式的演变,及以招标投标制、项目法人制、工程监理制、合同管理制为核心的建设管理制度的不断完善。重庆高速公路建设管理体制及其规章制度的发展与完善,对加速重庆高速公路建设,确保质量安全及环境保护,起了非常大的保障作用。

第一章
建 管 模 式

重庆高速公路建设的管理模式,与重庆高速公路的规划建设进程、投融资模式的发展密不可分。近30年的重庆高速公路建设发展过程,也是重庆高速公路建设管理模式顺应形势发展不断改革创新的过程。

重庆高速公路建设管理历来实行"业主"负责制。作为重庆高速公路建设的主体,即现在的重庆高速集团,经历了从事业单位向企业化改制的变革,从建设公司向融资平台的变革,从融资公司"去平台化"向建设、营运、养护、融资集团化的变革,重庆高速集团的发展史就是重庆高速公路建设管理模式的发展史。

第一节 事业单位管理(1985—1998年)

20世纪80年代,是中国正从计划经济向社会主义市场经济转轨的时期。1985年开始筹建的成渝高速公路建设管理机构,就是典型的以政府行为为主导的管理模式,史称"指挥部"模式。

成渝高速公路作为世行贷款项目,采用国际通用的"菲迪克条款"管理模式,为了符合世行要求,早在1985年成渝公路前期筹备阶段,重庆市交通局就着手筹建"五大局外处":一是成立"重庆市公路建设工程管理处",作为高速公路的建设业主单位,承担高速公路的设计、招标、征地拆迁等建设管理工作;二是成立"重庆市公路工程监理处",担任施工监理职能;三是成立"重庆市公路工程处"等施工单位,为参与高速公路施工做准备;四是成立"重庆市公路勘察设计所"(重庆市交通规划勘察设计院的前身),为重庆高速公路建设配备勘察设计队伍;五是成立"重庆市公路工程质量检测中心",作为高速公路建设的质量监督专门机构。

重庆市交通局作为政府部门,负责项目的重大决策、前期工作、资金筹集、监督管理等。"五大局外处"均为事业单位编制,在重庆市交通局的领导下,对高速公路的建设、监理、施工、设计和质量监督实行全方位管理,体现了以政府为主导的事业单位管理的特点。

1987年5月21日,"四川省重点公路建设指挥部"成立,时任副省长蒲海清亲自担任指挥长,时任交通厅副厅长马明典任常务副指挥长。1988年4月14日,重庆市政府成立

"重庆市重点公路建设指挥部"（图 3-1-1），由时任重庆市交通局副局长郑道访兼任指挥长，在四川省的统一领导下作为重庆段的业主负责成渝公路重庆段的建设管理，下设总工办、工程处、综合处、财务处等主要职能部门，负责项目的招标采购、合同管理、技术管理、项目管理、征地拆迁、资金管理等。这就是所谓的"指挥部"管理模式。

图 3-1-1　大坪九坑子重庆市重点公路建设指挥部旧址

当初世行的代表雷甘比先生对成渝高速公路指挥部的称谓很好奇，他曾问过时任四川省交通厅副厅长马明典："中国的指挥部不是指挥打仗的吗？"马明典回答："我们中国就是把一场大规模的工程当作一场战役。我们的建设者是战士，我们的政府官员就是指挥长。"

马明典的话说明了两点：修建成渝高速公路是政府行为，指挥部是政府行为执行者；指挥部是一个临时机构，成渝高速公路修完了就等于一场战役结束了，指挥部也就解散了。在当时的体制下，由重庆市交通局及其下属的事业单位领导组成的"指挥部"，尚未真正做到"业主、监理、承包人"的"三足鼎立"，而实质上是一个"三位一体"的临时组建的工程管理机构（图 3-1-2）。

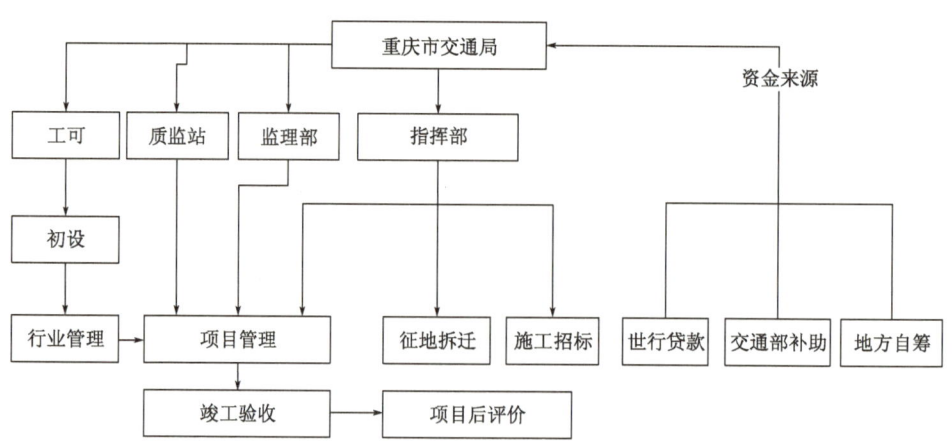

图 3-1-2　事业单位管理构架图

第二节 企业化管理(1998—2002年)

1997年重庆直辖之后,陆续启动了"一环五射"高速公路建设,原有的事业单位管理体制已经不能适应高速公路建设发展的需要。为适应发展新要求,重庆高速公路的融资和建设分别由交通局下属的两个不同机构负责:一个是"重庆高速公路发展有限公司",负责高速公路融资工作;另一个是"重庆高速公路建设有限公司",负责高速公路建设工作,建设公司的另一个牌子是"重庆高等级公路建设指挥部",即原来的重庆市重点公路建设指挥部,负责高速公路征地拆迁工作。

一、融资公司发展沿革

1994年8月,重庆市交通局着手成立"重庆高速公路开发总公司"(简称"高开司"),"高开司"的牌子挂在"重庆市公路建设工程管理处"(简称"建设处"),其职能是为成渝公路建设发行债券,筹集社会资金。1997年8月,重庆市交通局将"高开司"与"建设处"分开独立运作,日常业务由交通局外事外经处归口管理,专门负责高速公路建设融资工作。1998年5月,重庆市交通局对"重庆高速公路开发总公司"进行重组,实行独立运作,更名为"重庆高速公路发展有限公司"(简称"高发司")。

二、建设公司发展沿革

成渝公路建设完成后,重庆高速公路建设开始了多项目管理时代。1995年5月,"重庆市重点公路建设指挥部"更名为"重庆高等级公路建设指挥部",负责各项目的建设管理工作。重庆直辖后,为适应多项目管理,重庆高速公路建设管理体制进行了重要变革。1998年12月,"建设处"撤销,取消事业单位编制,正式成立"重庆高速公路建设有限公司"(简称"高建司")。同时,保留"重庆高等级公路建设指挥部"牌子,其职能为协调各区县指挥部开展征地拆迁工作。

三、融资与建设公司合并

随着高速公路建设快速发展,"一环五射"建设资金需求巨大,融资任务艰巨,迫切需要向市场化转轨,重庆高速公路建设管理体制改革已经势在必行。

首先是原有管理体制存在融资与建设的脱节。建设公司只负责建设,不负责融资和还贷,不是真正意义的项目法人,时任交通局局长胡振业说:

当时的建设与融资,两者没有理顺。在成渝高速公路建设时代,管建设的班子是指挥部,融资是交通局的事。后来搞"一环五射",指挥部的模式不能适应了;交通局是政府部门,搞融资还贷也不合适。直辖后,在新的形势面前,我们也在思索改革方案。指挥部的体制要改,融资公司也要成立。

第二,"指挥部"的计划经济管理模式不能适应市场经济发展的需求。成渝高速公路是指挥部单一项目管理,而"一环五射"建设是多项目管理,对项目管理人员的数量和素质要求也急剧增大,仅靠事业单位编制内的人员已经不能满足多项目管理的需求。当时的指挥部副指挥长徐谋认为:

指挥部结束了只建成渝高速一条路的时代,进入多项目管理时代。项目越来越多,面临巨大的建设任务,过去计划经济的事业单位编制限制,显然不能适应形势发展的要求,高速公路建设管理体制改革已经迫在眉睫。怎么改?将事业单位编制改制为企业,取消铁交椅,打破铁饭碗!将"指挥部"改为"建设公司",并打破指挥部内部"正式职工"和"招聘职工"的界限。这样改革的目的一是实行企业化管理,引入激励机制和竞争机制,最大限度发挥员工的工作积极性;二是在公司的统一管理下,逐步组建建设分公司,有利于多项目管理。

第三,多个项目公司的管理分散,不集约。重庆高速公路发展有限公司多年来只管融资,重庆高速公路建设有限公司多年来只管建设,下设无独立法人资格的渝黔、渝合和渝长三个分公司。此外,重庆市交通局另外还成立了具有独立法人的"重庆成渝高速公路有限公司""重庆上界高速公路有限公司""重庆渝东高速公路有限公司"等7个公司,这种各自为政的局面,没有集中统一管理,既浪费资源,又难以统筹资金。

2000年11月,重庆市交委做出了重庆高速公路建设史上具有重大历史意义的决定:将原来的高建司与高发司合并成新的"重庆高速公路发展有限公司"。于是,一个集建设、管理、融资、还贷为一体的高速公路管理机构从此诞生(图3-1-3)。

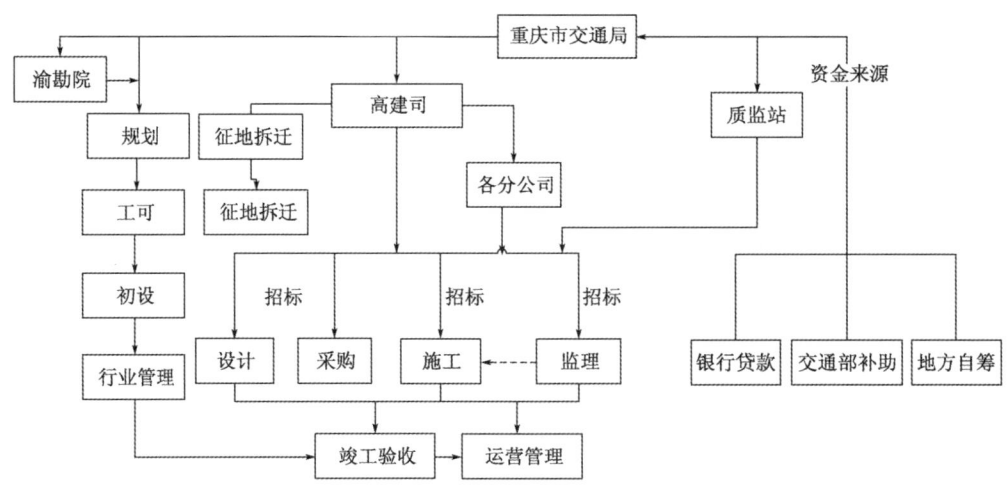

图3-1-3　企业化管理构架图

第三节　集团化管理(2003—2009年)

"十五""十一五"是重庆规划建设"二环八射"高速公路建设的高速发展期。由于"二环八射"提前十年实施,资金需求巨大、技术管理任务艰巨。巧妇难为无米之炊,缺乏资金,高速公路建设就难以为继,建立一个集建设和融资为一体的公司来完成高速公路建设任务,势在必行。

一、建管合一阶段

2000年,体制完善后的新高发司,解决了长期以来与各项目公司和运营公司间的职能重叠、职责交叉、各自为政带来的问题。这次改革的最大特点就是将每条高速公路的建设、运营、养护、还贷的任务都落实给了建设这条高速公路的项目业主公司,高发司则发挥集中统一管理的作用,除了负责项目的前期准备和融资,还负责系统内的规范管理、指导监督及协调服务工作,这一管理体制就是通常所说的"建管合一"。

2003年初,重庆高速公路建设全面提速,市委、市政府在全市交通工作会上提出了提前10年在2010年建成"二环八射"2000km高速公路的宏伟目标;4月17日,市委常委、市政府常务副市长黄奇帆亲临高发司召开领导班子任命大会,正式宣布高发司升格为由市交委和国资委双重管理的大型国有企业。会上,黄奇帆提出高发司要抓住当前难得的历史机遇,充分利用自己集中统一的信誉,在确保政府"二环八射"2000km高速公路建设目标完成的同时,发展多元经济,进行资本运作,把自己打造成为一个拥有千亿资产百亿投资能力的投融资集团。自此,高发司作为市政府"八大投"之一,成为重庆市基础设施建设重要的投融资平台。

然而,要完成如此繁重的建设和营运管理任务,高发司旧有的管理体制是根本不可能实现的。2000年体制改革后,高发司在体制上实行的是母、子公司两级法人制,高发司作为一级法人,配合市交委负责项目前期工作和资金筹集;各子公司(即项目建设公司)作为二级法人,负责项目建设和建成后的运营管理以及还贷。虽然还贷责任明确给了项目公司,但实际上融资还贷风险仍在高发司,这就造成一、二级法人间责权利不明确,高发司集中统一协调管理的作用不能充分发挥和体现出来,往往集中统一不足,各自为政有余。尤其是部分项目公司建管合一,既要承担繁重的建设任务,又要负责通车路段的运营管理,不但机构庞大,成本较高,且项目资金沉淀,技术力量分散,两头都难以兼顾,弊端凸显。同时,在这种两级法人体制下,高发司也难以进行有效的资本运作和资产经营,因此必须再次对高发司既有管理体制进行改革。

二、建管分离阶段

2003年8月,高发司再次进行体制调整,对下属建管合一的公司实行建管分离。建管分离以后,取消二级法人制,将子公司改为分公司,不再具有法人资格。这次以"建管分离"为主题的体制调整,在分时序按片区组建专业化的建设、运营、养护公司的同时,取消二级公司的法人资格,使公司运作更加规范,更加专业,为2005年掀起"二环八射"建设高潮奠定了坚实的管理基础。

2003年的这一次体制变革,可以说有着划时代的意义。高发司成为一个真正意义上的整体,不再是各自为政的体制。而作为一个整体的高发司拥有更雄厚的资本,拥有更集中的信誉,这以后高发司着力打造具有良好信用的投融资主体,把效益好与效益差的项目打捆向银行申请贷款,实行统贷统还,先获得授信贷款额度,然后分期调拨。这一举措充分发挥了整体效益,提高了资金使用效率,降低了融资成本,为"二环八射"的顺利建设奠定了坚实的资金基础。

三、集团化管理阶段

2007年,时任高发司董事长李祖伟向重庆市政府提交了题为"高发司未来发展思考"的万字报告,受到重庆市政府决策层的关注。报告由三大部分组成:对过去高速公路建设经验的总结,对高速公路可持续发展问题的探讨,对高速公路未来发展的思考。报告说:

高发司未来几年的主要任务,一是加快"二环八射"剩余项目建设,为重庆经济发展构建快捷的交通平台;二是抓好2000km高速公路的运营、养护管理,保证其"安全、畅通、舒适、美观",使之真正成为重庆经济腾飞的快车道;三是根据国家相关规定,管理、经营好超过千亿的资产,把资产真正转化为实际财富,实现保值增值并做大做强,把公司打造成具有百亿投融资能力的大型投融资集团。

高发司未来的六大职能:由高发司继续作为建设管理主体承担新的建设项目;加大对公司资产重组和上市工作的协调支持力度,更大、更好地发挥高发司作为投融资平台的作用;赋予高发司土地储备职能;加大土地出让金对高速公路建设的补贴;建议对我市投资回收期较长的高速公路项目,适当延长收费年限;给予人才倾斜政策,随着高发司工作重心的转移,需要大批精通企业管理、擅长金融和资本运作的经营管理人才。

时任重庆市市长黄奇帆读了这份报告,亲笔批示:

这是近期我看到集团老总最有深度的思考性文章。既务实地总结了发展情况,又具体分析了实际困难,明确了未来重点任务,提出了政府应给予的政策支持要求。文字尽管长,几乎没套话空话,是认真思考、务实想大事的结果。

2008年初,高发司起草了《新形势下完善高发司体制实施方案》,指出高发司未来发展的方向是从在建和拟建项目的资金需求入手,以"二环八射"高速公路网的可持续发展为主线,盘活千亿存量资产、发掘资产增量形成百亿投融资能力的集团公司。2008年9月再次得到时任重庆市市长黄奇帆的亲笔批示:

思路合理,与时俱进,市政府将支持高发司的体制改革方案,希望抓紧实施,精心运作,在2010年前取得实效。

经过近一年的反复酝酿、研讨,2009年5月,重庆高速公路发展有限公司正式改名为"重庆高速公路集团有限公司"(图3-1-4、图3-1-5),重庆高速公路迈入"集团化"管理时期。

图 3-1-4　重庆高速公路集团办公大楼

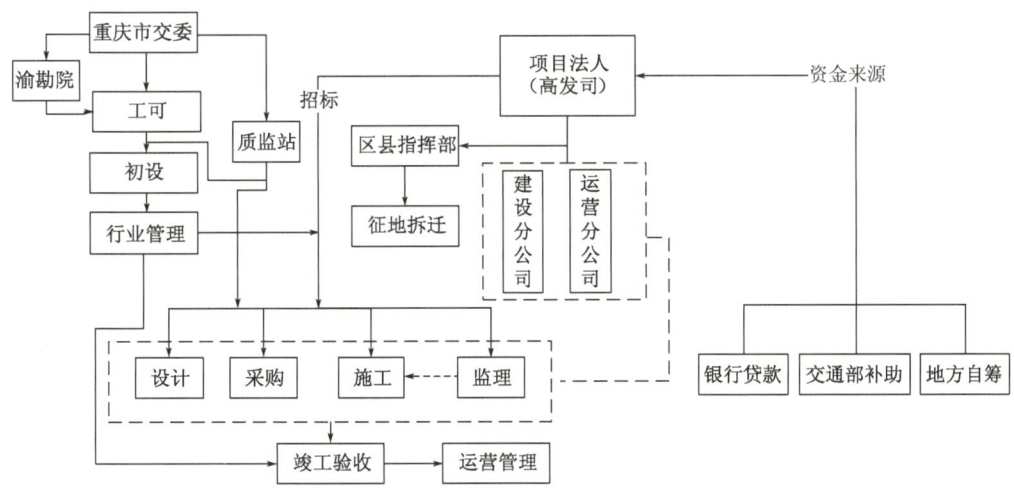

图 3-1-5　集团化管理构架图

第四节　多元化管理（2010—2016年）

重庆高速公路集团独家融资建设一体化时期，重庆顺利完成了"二环八射"2000km高速公路的建设任务。这一时期采用重庆高速集团融资建设、"统贷统还"的方式，由于重庆高速集团作为政府投资平台，依然存在由政府借贷、由财政兜底的问题。为适应形势发展需要，高速集团启动"去平台化"工作，即由过去政府投资平台，逐步转变为具有市场主体的以市场为导向的大型国有企业。通过深化投融资体制改革、海外投资平台、优质资产再融资等多种手段，截至2014年年底，总资产达到1480亿元，成为具有百亿投资能力的投融资集团，继续以参股或控股等形式与央企合作，参与重庆市高速公路建设。

2010年之后，重庆市启动了"三环十二射多联线"的建设，重庆市政府先后给市交委下达了"第三个千公里""第四个千公里"高速公路建设任务，建设规模不断扩大，而高速集团负债率接近70%，通过银行贷款评估的难度很大，新的第三个千公里高速公路建设面临严重的融资难题。在此形势逼迫下，重庆市交委不得不创新思维，探索新的融资渠道，在全国率先推出BOT+EPC融资建设模式，先后吸引中交集团、中电建、葛洲坝、中铁建等大型央企投资建设，建设运营管理呈现多元化的局面（图3-1-6）。

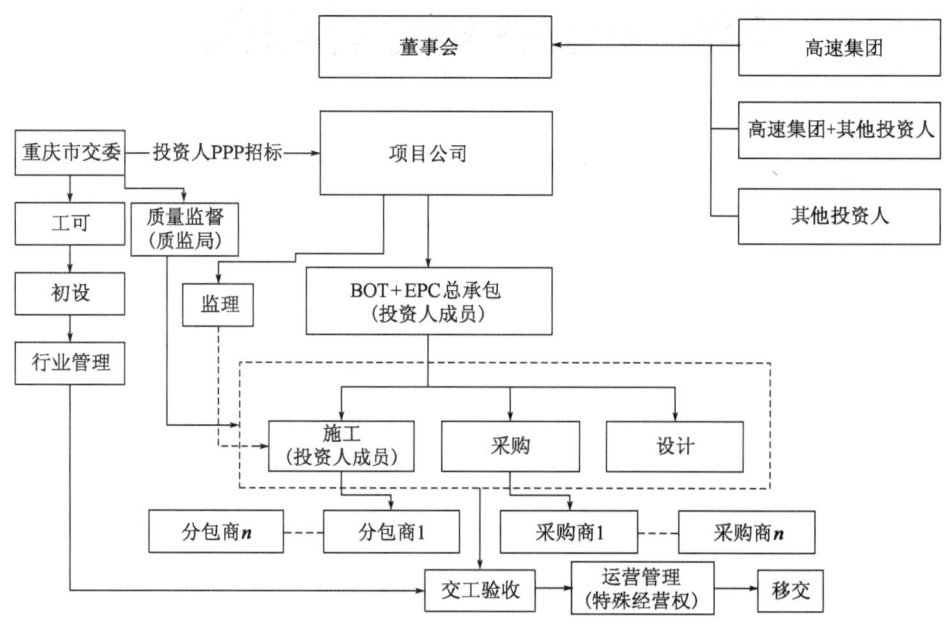

图3-1-6　"多元化"管理构架图

现任市交委主任乔墩(图3-1-7)说：

这种多元化发展引进社会资本金超过150亿元,解决了第三和第四个千公里高速公路的建设资金问题,但也给质量安全管理带来新课题。新的形势下,我们提出全市高速公路的质量安全只能比以前提高,不能降低。如渝广高速公路华蓥山隧道属高瓦斯隧道,瓦斯压力为全国之最,风险极高,我多次去现场,在投资者、业主和监管部门共同努力下,目前已安全贯通,确保了渝广高速公路2017年全线通车,为重庆高速公路突破3000km做出了贡献。

图3-1-7　市交委主任乔墩(前排中)检查G85渝广高速公路

第二章
理 念 发 展

在重庆高速公路建设近30年的进程中,设计与建设理念在不断发展和演进,从最初的以节省造价为目的的经济实用型、到追求人与自然和谐相处的生态环保型、再到提升服务品质的绿色智能型三个阶段,每个阶段均有其各自特点和亮点。

第一节 注重经济实用

按照交通部1989年颁发的《公路工程技术标准》(JTJ 01—88),在重庆山岭重丘地区,达到23m路基宽度、250m半径、5%以下纵坡等主要指标,全封闭,全立交,即可称为高速公路。重庆初期建设的成渝、渝长、渝黔等高速公路,都属于这种仅满足基本实用功能的高速公路,追求少桥、少隧、少防护、薄路面(图3-2-1)。

图3-2-1 早期高速公路未防护绿化的边坡

高速公路建设初始阶段,决策、设计、施工基本上是以节省投资为追求目标,满足基本的通行功能即可的建设理念。由于对环境危害认识不足,设计理念存在"经济思维"的惯性,在重庆多山的地形条件下,为了节省投资,采用了较多的高填深挖,以减少桥梁和隧道,成渝公路采用大量的桥改填方优化设计,如缙云山隧道口三星沟大填方。对挖方边坡一般不进行专门防护,只在坡底设2m矮墙,渝长高速公路专门优化设计,取消了大量挖方边坡护面墙和桥改填方,并获得重庆市总工会优化一等奖。早期的沥青混凝土路面一般采用12cm厚度,远低于目前采用的18cm厚度。

成渝高速公路重庆段由铁道部第二勘察设计院(简称"铁二院")设计。重庆段114km中,除陈家坪至来凤驿29km按一级公路标准设计外,其余均按二级公路标准设计。时任成渝高速公路重庆段技术指导徐宝贤这样评价成渝公路的设计思路:

我们当时是借鉴铁路设计理念,采用平曲半径400m,纵坡在5%以下。重庆段的设计理念是比较超前的,为后来成渝公路提升为高速公路打下了基础。但是,当时设计上还有个重要的指导思想,就是尽量省钱。比如,把原设计为高架桥的地方改为高填方,把原设计为短隧道的地方改为深挖方。现在看来,高填深挖对环境生态还是造成了一些不利影响。

第二节　坚持生态环保

在重庆高速公路建设进入稳步发展阶段,建设理念在吸取前期高速建设经验教训的基础上,发展为注重使用功能的同时,也比较注重其环境的审美功能,注重生态环保,注重景观建设。2001年,作为城市环线的内环高速公路建成后,高边坡开挖对主城城市景观的影响引起了交通建设者的反思,分管领导专门在解放碑高楼上请相关人员看内环南岸高速公路挖方边坡对山体的破坏,专门委托厦门一家景观艺术公司对内环绿化和景观进行改造。2004年交通行业提出了"六个坚持六个树立"的公路设计建设新理念。2009年,公路建设全面推行现代工程管理理念,提出人本化、专业化、标准化、信息化、精细化的"五化"管理要求。"十二五"以来,以绿色循环低碳公路为代表的节能减排示范项目和科技示范工程的相继实施,使公路设计新理念内容不断丰富,节地节水、节能减排、低碳环保等举措得到有效落实。在修建"二环八射"高速公路时期,重庆高速公路建设者提出了"将高速公路轻轻放进大自然"的建设理念。这与后来交通部提出的"坚持人与自然相和谐,树立尊重自然、保护环境的理念"不谋而合。"不但要高速,还要赏心悦目。"时任重庆高速集团董事长许仁安如此评说当时修建的"一环五射"高速公路:

如果说最早修的成渝高速公路只是满足使用功能的话,后来我们修的绕城、渝宜和渝湘高速公路,已经开始注重它的审美和生态环保功能。

绕城高速公路是交通运输部全国首批四条科技示范路之一、重庆市科技示范工程,也是践行"城乡交通统筹、安全节约环保"的建设理念,展示交通发展新的科技成果,让老百姓充分感受交通科技对公众出行带来的便捷、舒适与安全的一条高速公路。该高速公路处处融入"生态环保智能"的元素,推广应用了聚合物路面、路侧振动带等17项新技术,攻克了观音岩和鱼嘴长江大桥等3项技术难题，并形成组团城市绕城高速公路规划与管理技术、交通安全保障技术、城乡结合高速公路资源节约与环保技术、复杂结构物建造技术等4大技术。重庆绕城高速公路"以人为本"的服务理念在2009年年底交通运输部在重庆召开的现场经验交流会上，得到时任交通运输部副部长高宏峰的充分肯定。

渝宜高速公路和渝湘高速公路重庆段，自重庆主城至巫山长达424km，穿越大巴山区和三峡库区；渝湘高速公路重庆段，自重庆主城至秀山长达413km，穿越重庆东南部的武陵山区，是重庆"二环八射"最主要的两条高速公路干线，是典型的山区高速公路。在建设中，重庆确立将"生态、环保、景观、旅游"集于一体的新型高速公路建设目标。

在规划决策中，时任重庆市委书记黄镇东在强调"提速十年"的同时，也特别强调环境保护。他曾对建设单位指示：

往秀山、巫山方向去，高速公路基本上都是在山上，所以讲生态环境也要在十年有所突破，提出在高速公路上一个比较带有指导意义的思想，就是"少修坡，多打洞"，就是说能从洞里走就从洞里走，不要走山坡，这个思想实际上是党的十六大建设生态保护的思想，这个造价要高。但是回过头来说，打洞也有打洞的好处，一是不破坏生态，二是既不占用耕地，又不占用农田，回过头来说还可以造地，因为打出来的石头还可以用，弃掉的地方还可以造地，这应当是"二环八射"的一个亮点。

在渝宜高速公路和渝湘高速公路设计中，设计者一开始就把"将高速公路轻轻放进大自然"的设计理念贯彻在他们的设计蓝图中。在白云隧道、羊角隧道等20余座特长隧道的勘察设计中，设计者以标准化的设计理念，推行环保型设计与施工技术，成为"将高速公路轻轻放进大自然"的经典作品。

在渝宜高速公路建设中，对穿行于三峡库区的高速公路，为保护自然环境，减少生态破坏，路基、桥梁和隧道结构形式大量采用了分离式设计。奉节至巫山段的大宁河大桥横跨国家5A级景区小三峡腹地的大宁河，大桥在高约200m的半空施工，如果大量弃土弃渣落入大宁河，将影响航道，造成生态灾难。同时，江面上不时有游船经过，"半空中就是落下一颗小小的螺丝钉，也会击破游客的脑袋，相当危险"。因此，大桥施工时，工人们小心又小心。负责渝宜高速公路的渝东公司总经理杜国平说："为了保证大宁河不受污染，我们在运载弃土弃渣时，要求就是用人背，也不能让弃土弃渣掉入大宁河。"

承担渝湘高速公路（图3-2-2）酉阳秀山路段设计任务的重庆交通科研设计院，积极践行北方公司提出的以"秀山酉水新高速"的建设理念，提出对自然环境"不破坏就是最大的保护"，坚持最大限度地保护、最低程度地破坏、最强力度地恢复，使工程建设顺应自然、融入自然。按照这一设计理念，他们对隧道洞口高边坡山段采用了环保型"棚洞结构"设计，以保护植被，稳定山体；对隧道洞门采用"前置式洞口工法"，以减少洞口边仰坡开挖，保护洞口植被；对峡谷桥梁采用沿沟展线、错幅布设的方式，最大限度地减少两侧山体开挖。在秀山大董岭隧道口,一棵挺拔的枫树夹在路中绿化带内。这是一棵有300多年树龄的古树,是当地村民心中的吉祥树。按原规划,该树地处路中,必须移走。但此树主根发达,成年树一旦移植,很难成活。"那是一颗好树啊,两个人也抱不住,这样的树在全市也找不到几颗了,必须保护好。"建设者仰望这颗笔直挺拔的枫树,决定为树让路,调整设计,拉开大董岭隧道左右洞间距,加宽公路中央分隔带,把古树安置于中央分隔带,成功实现保护,这样增加了几十万投资。"高速公路为大树让路",一时间传为佳话。

图3-2-2　渝湘高速公路日照引隧

第三节　倡导绿色智慧

随着时代的进步,重庆高速公路建设理念发展到全新的第三个阶段:形成网络体系的智能绿色时代,期间低碳高速、智能控制技术、隧道LED照明技术、联网ETC技术和建筑信息模型BIM技术逐步得到推广应用。

一、低碳高速——渝蓉高速公路

全长251km的渝蓉高速公路(即成渝高速公路复线,图3-2-3),起于重庆市沙坪坝区的青木关镇,经璧山、铜梁、大足和四川省的安岳、资阳,直抵成都。其中,重庆段全长78.6km,总投资约86亿元,采用设计速度120km/h的双向六车道标准,由重庆高速集团和中国铁建共同出资修建,是连接成渝之间里程最短、标准最高、行车速度最快的便捷大通道。

渝蓉高速公路在建设初期就提出了"成渝新干线、低碳新高速"的建设理念,2013年被确定为全国首批六条"绿色低碳公路"主题性试点项目之一、也是全国第一条建成通车的绿色低碳高速公路。作为绿色低碳试点工程,渝蓉高速公路的低碳设计体现在建设过程中的多个方面。为减少碳排放,渝蓉高速公路从前期设计、建设施工到后期管理运营,一直将低碳理念贯穿全过程,从而产生了卓有成效的节能减排效果。

图 3-2-3　车辆行驶在 G5013 渝蓉高速公路上

如在路面沥青方面,采用了温拌沥青和橡胶沥青,不仅实现了把废旧轮胎变废为宝,而且较传统技术节能达 40%,温室气体及有害气体减少排放 50%。在施工过程中,全面采用"黑匣子"进行路面施工监控,对每个拌和站进行远程监控,确保混合料严格按照设计配合比进行拌和。每个路面标段配备上面层料水洗设备,对所有上面层料全部进行水洗,确保集料质量。在中面层施工完后,在路面两侧按上面层高程、宽度施工临时砂浆带,并提前进行边坡和土路肩绿化。在服务区建设方面,引进了中水处理设备用于服务区的污水处理。通过污水处理设备将污水改造成"中水",达到排放标准,再利用这些"中水"冲厕所、绿化浇花,给汽车加水、降温等。这样一个服务区每天产生的污水不但不用排放污染环境,还可以再利用,既节约了新水的使用,实现可观的经济效益,更起到了节能减排的效果。在高速公路外场设备方面采用太阳能设备,包括摄像机、微波车辆检测器等;全程隧道、收费广场均采用 LED 照明,是全国首条全线采用 LED 照明技术的项目,部分采用太阳能发电替代电网供电,实现节约用电。

二、智能控制技术——联网监控屏

"二环八射"网络形成后,重庆高速公路采取先布点,然后将点连成线,把线织成网,实施"联网监控、区域管理"。实现对全重庆市范围内高速公路交通信息的及时、跨区域采集与发布,为全路网的安全、可靠运行提供坚强保证。在重庆高速集团监控总中心,有一面巨幅的电视屏幕,包括 60 个不同路段的实时监控画面和一张"二环八射"高速公路的电子地图。提到这张监控网,时任市交委副主任章勇武(图 3-2-4)回忆说:

重庆交通机电规划将全市高速公路网划分为中西部、东北部、东南部三个区域,分别设立了主城、万州、黔江三个分中心,并在高速集团设置监控总中心,进行分级管理。全市高速公路连成一张网,实现实时监控运行管理,在全国率先建成统一监控调度指挥平台。在监控中心,鼠标一点,高速公路的运行状况一目了然。

图 3-2-4　时任市交委副主任章勇武(前排右二)检查 G6911 奉溪高速公路

在重庆"三环十二射"第四个千公里高速公路运营中,已经采用"高速公路运行状态监控"的互联网技术。建设单位对渝合高速公路 60km 做示范性研发,在该路段平均每 3km 设置一个采集器,将路面的动态信息,比如交通流量、气候环境等信息实时采集,并同步传输到后台处理。高速公路的使用者只需在手机上下载 APP 软件,即可全程了解高速公路行车动态。

在当今"互联网+时代",重庆在已通车的 2000 多公里高速公路上已经建立健全了区域联网智能监控系统,对已联网高速公路进行实时监控,确保重庆高速公路的安全畅通。

三、隧道照明——LED 技术

LED 节能照明灯具有降低运营成本、提高收益的作用。通过对隧道 LED 灯具进行改造,可达到降低能耗、节约电费开支、提高社会经济效益的目的。因此重庆高速公路针对路网隧道基本段照明,以 50W LED 灯替换 100W 高压钠灯,在新建路段和老路段同时推广 LED 应用,从而达到节约路网照明用电的目的。具体措施是根据节能效益分析,隧道 LED 照明节能改造按照合同能源管理(EMC)模式,整个合同期内,支付项目的费用全部来自项目节能效益。

自 2012 年开始,新通车隧道基本照明/应急照明已采用了 LED;对已通车路段,LED 节能改造循序渐进地开展,以通车 5 年(5 年为机电设备报废年限)为评判标准制订改造计划并实施。按照建设期 5 年为改造依据,2013 年、2014 年、2015 年分三批对路网运营隧道照明基本段全面实施 LED 灯具改造计划。

改造计划共计更换59956盏LED节能灯具,每年节约用电2134万kW·h,折算减少7722t标准煤消耗,减少二氧化碳排放量20462t,积极响应了国家节能减排的号召。按照国家节能目标:2015年实现单位国内生产总值能耗比2010年下降16%要求,项目实施范围内路段隧道照明节能达到50%以上,实现隧道总体节能下降31.4%,相当于国家节能指标的近2倍。

四、区域联网——ETC技术

2012年10月15日,重庆市政府下发《重庆市高速公路联网电子不停车收费通行管理办法(试行)的通知》后,重庆高速公路逐步启动了ETC网点建设、方案制定、银行协作、OBU物价文件申请等工作,重庆高速公路ETC推广工作正式启动。

2014年3月,交通运输部下发了《关于开展全国高速公路电子不停车收费联网工作的通知》,文件提出了在2015年前ETC全国联网的目标,并对ETC车道覆盖率、非现金支付率、拓展应用方面提出了具体的要求。按照ETC全国联网工作要求,收费公路客车车型分类需在全国范围内保持一致,重庆为第二批全国ETC联网省市,于2015年9月并入全国ETC联网系统。

五、绿色新高度——BIM技术

在智能技术应用中,作为一种管理理念的BIM技术,目前主要应用于重庆高速公路春天门隧道、城开隧道、鸡鸣隧道等设计中,以城开隧道为试点项目,正在分阶段逐步解决隧道BIM设计的各环节技术。

第三章
提速十年

2002年11月中国共产党的第十六次全国代表大会召开以后,重庆市委、市政府作出加速重庆高速公路建设,提前十年实现"二环八射"2000km高速公路通车目标的重大决策。这项重大决策的目标是将原规划在2020年完成的"二环八射"高速公路,提前到2010年完成。2003年2月,按照重庆市委的决策,重庆市交通委员会重新部署《重庆市骨架公路建设规划(2003—2010)》,明确将"二环八射"高速公路建设"提速十年"。在2月20日召开的重庆市2003年交通建设工作会议上,市委书记黄镇东、副市长黄奇帆、副市长赵公卿出席大会并讲话。会议首次明确提出交通发展的奋斗目标是:投资1500亿元,十年基本建成重庆交通枢纽,基本形成以"二环八射"高速公路为主骨架的高等级公路国省干线网和四通八达的农村公路网。

重庆高速公路建设从1990年成渝高速公路起步,到2002年完成"一环五射"390km高速公路,历时13年。而"提速十年"的决策,意味着将用7年的时间完成1600km高速公路建设的艰巨任务。而且"二环八射"高速公路将环绕重庆周边的崇山峻岭、大江峡谷,穿越大三峡和莽莽武陵山,地质条件异常复杂。4倍的公路里程、一半的修建时间和难以估量的技术难度,给重庆高速公路建设者提出了前所未有的挑战。

提速十年,意味着要以超乎常规的工作效率完成一大批项目的工可、初设审批程序,完成近1000km的工可编制和勘察设计工作,完成200余个标段工程招标,完成近1200亿元资金筹集,完成10万多亩征地拆迁。重庆市交通委员会和高速集团面对"提速十年"的挑战,与时间赛跑,在项目审批、工程管理、资金筹措、科技创新等方面采取多种措施,最终圆满实现"提速十年"的历史重任。

第一节 打捆审批赢时间

"二环八射"共30个项目近2000km,每一个项目建设周期为4~5年。为争取建设时间,重庆人解放思想,超常规推进前期工作,由市交委牵头,国土、规划、环保、水利、高发司等部门组成的工作组,每周碰头,开会研究前期工作,采取驻地工作、打捆审批等方式,短短两年多的时间就全面完成了"二环八射"剩余18个项目的规划、工可、勘察、设计、审

批、土地征用等前期任务。对于打捆审批,原市交委主任、时任高发司董事长胡振业回忆说:

要想在2010年前全面建成"二环八射",按照交通部审批的4年工期来倒推,2006年所有项目必须全面开工。然而到了2004年,重庆"二环八射"高速公路尚有7个项目可研都还未批,这可急坏了我们。要说重庆高速公路的快速发展,全市人民都应该特别感谢一个人,他就是时任重庆市委书记、原交通部部长黄镇东。正是他的关心支持,多次出面协调,交通部专门为重庆开了"绿灯",交委规划处的同志守在北京,2004年12月,交通部在审批政策调整至国家发改委之前对重庆这7个项目打捆进行了批复。

时任交委分管副主任滕宏伟也深有感慨,他说:

以前地方到发改委审批项目,是相当难的。每次只能审批一个,全国各地的项目都在排队等着批复,很多地方交通部门的一把手在北京一蹲点就是好几个月。如果要走国家发改委审批程序,不知道排到"猴年马月"去了。我们将项目拆分成50km以下,走交通部审批程序,集中"打捆",2004年审批工可,为我市交通大提速节约了不少时间。也正因为此,2005年底"二环八射"高速公路项目全面开工,为2010年全面建成"二环八射"2000km高速公路打下了基础。

时任交委计划处副处长、现任交委副主任岳顺(图3-3-1)也提到:

重庆至湖南的公路是319国道,原来未纳入国家高速公路网规划;黄镇东书记向交通部提议,319国道为山岭重丘区三级公路,制约重庆西部大开发建设,应当将重庆至湖南的省际通道纳入国家高速公路网络。2004年,在国务院审议通过的《国家高速公路网规划》中,渝湘高速公路重庆段成为国家高速公路网包头至茂名高速公路的一段,是国家高速公路网"7918"规划的第7纵线,也是我市规划的"二环八射"主骨架高速公路网中重要的射线之一。

图3-3-1　时任市交委副主任岳顺(左三)调研G85渝广高速公路

绕城高速公路分为东南西北4个段。4个项目采取同步报审,在2004年年底交通部作出工可批复后,不到一年时间完成了初步设计批复,紧接着重庆市交委在2006年作出施工图设计批复。审批周期的缩短,促进了工程的进度,2009年12月,绕城高速公路建成通车。

渝宜高速公路的万州至巫山分为万州—云阳、云阳—奉节、奉节—巫山3个项目报审。3个项目从2004年7月交通部作出工可批复,到2005年6月交通部作出初步设计批复,前后不到一年时间。2008年12月,万州—云阳率先通车;2010年12月,云阳—奉节—巫山也先后建成通车。

渝湘高速公路从水江至洪安共有7个建设项目,为提高审批效率,采取了高效的"打捆"方式集中审批。2004年11月,交通部集中批复渝湘高速公路7个项目工可;2005年2月,交通部集中批复上述7个项目的初步设计;2005年12月,上述7个项目同步开工。

2005年年底,"二环八射"所有项目全面实现开工,18个项目同时在建,速度之快,规模之大,全国罕见。各级主管部门对"二环八射"的审批采取"特事特办",为2010年"二环八射"提速建设赢得了宝贵的时间。

第二节　全体动员保目标

"二环八射"项目分布于数十个区县,地质条件复杂,施工难度大,建设规模大、项目分布广、资金投入量大,在同时间多项目管理的现实状况下,要确保每一个项目都安全有序、优质高效地推进,管理任务异常繁重。为此,2006年5月25日,时任市委常委、常务副市长黄奇帆在南岸会展中心主持召开重庆市重点公路建设工作会,来自市级相关部门、区县政府业主、勘察、设计、监理、施工等高速公路参建各方近千人参会。除会展中心主会场外,还在高速公路沿线区县设立了23个分会场,规模空前。会议对全市重点公路工作进行总体安排部署,动员广大干部群众和建设者统一思想,统一认识,抓住机遇,奋力拼搏,吹响了2010年建成"二环八射"高速公路网的集结号。说到全体动员保目标,时任分管建设的市交委副主任彭建康(图3-3-2)回忆说:

"二环八射"项目的初步设计、施工图设计、招投标任务繁重、时间紧迫,为了确保开工目标,当时大家真的没有星期六、星期天,跑北京的跑北京,到现场的到现场,只要高速公路项目有需求,大家都自觉加班加点,加快推进,毫无怨言。

面对"提速十年"的建设任务,原有的建设管理体制显然不能适应要求。承担"二环八射"建设主要任务的高发司立即进行公司改制,迅速按区位改建成5个专业化建公司,分别承担新建高速公路项目的设计、征地、施工招标及合同管理,最大限度地发挥工程技术人员的经验优势。

图 3-3-2　时任市交委副主任彭建康(前排右二)检查 G93 渝遂高速公路

作为"二环八射"的建设业主单位,高发司于 2006—2010 年开展了为期 5 年的"建设管理年"活动,活动以管理为主线、以质量为中心、以安全为保障、以科技为支撑,要求通过完善制度、规范程序、明晰责任、严格履约、控制造价,将建设项目打造成为优质、环保、生态高速公路。在工程质量方面,狠抓设计变更、原材料和施工工艺控制等关键环节,确保工程建设没有发生重大质量问题;在安全方面,严格落实主体责任,推进规范施工,严格排查整治,没有发生重大安全事故;在廉政方面,与市检察院联合开展"人民满意工程、人民满意建设者"的两满意活动,狠抓信用体系建立,建立严格的考核体系,牢牢把握工程招投标、资金使用、违法分包、材料采购等关键环节和重点部位,加大突出问题专项治理和腐败案件查处力度,有效防范了重大违法违纪行为发生。通过活动的开展,最终顺利实现"提前十年"建成"二环八射"高速公路网的目标。

第三节　众志成城破瓶颈

2005 年 11 月,"二环八射"剩余 8 个项目同时开工,加上之前已开工在建的 10 个项目,共 18 个项目同时在建,一场史无前例的高速公路建设大会战全面铺开:一年之间新开工 8 个项目,共 478km;续建项目 10 个,共 682km。总里程近 1200km,其中桥梁 792 座、隧道 146 座。面对巨大的任务,需众志成城破解人才、技术和资金三大瓶颈。

一、突破人才瓶颈

重庆市交委和高发司采取的办法是大举走市场化道路,借势借力;业主代表不够,各大院校"招";技术人才不够,兄弟单位"挖";专家教授不够,各科研院所"请";施工单位不够,招标通告全国"发"。高发司从交通设计院、交通大学、招商设计院等单位借用了近百名技术骨干,作为业主建设管理人员,充实现场技术管理力量,仅交通设计院就派出20余人给予支持。全国各地的公路甲级设计单位来到重庆参加设计投标,数百家施工单位参加重庆施工投标。中铁集团、中交集团、武警交通部队、中建集团、中港集团……几乎全国各大系统施工单位,汇集十万建设大军奔赴重庆,奔向三峡库区,奔向武陵山区,掀起一浪声势浩大的高速公路建设热潮。

二、解决技术难题

"二环八射"中的渝宜高速公路和渝湘高速公路,沿线山岭重丘云集,地质条件异常复杂,溶洞、涌水、断层、塌方、突泥、高地应力等,成为高速公路建设的"拦路虎"。工程技术难度异常巨大,需要大量高精技术人员协助科技攻关。面对技术人员不足的困难,重庆市交委和高发司,采取"借脑"的举措,请来国内高速公路顶尖专家和业内施工"高手",包括工程院院士王梦恕、郑颖人、郑皆连、聂建国、沙庆林等人,国内滑坡治理专家王恭先等。同时根据项目需要开展联合科技攻关近百项,如高温多雨陡坡路面耐久性研究。通过这一举措,解决了一系列技术难题。

例如,共和隧道施工中遭遇的地应力达到了33MPa,比原设计的16MPa增加了一倍!经过专家们的多次会诊,提出了解决方案,终于解决了隧道施工中遇到的问题。其他如中兴隧道的突水问题,长滩隧道的突泥问题,方斗山隧道的涌水、突泥、溶洞、岩爆等施工难点,都在专家们的帮助下一一化解。

面对众多桥梁的世界级攻关课题,高发司与国内著名桥梁大师杨高中等专家联合开展了连续刚构桥梁关键技术的科技攻关,较好地解决大跨径连续刚构跨中下挠和梁体开裂、养护费用大幅增加等难题。

在渝宜高速公路上,无论是同类桥梁中跨径当时位居亚洲第一、世界第三的大宁河大桥,还是桥墩高达157m、被誉为"三峡库区第一高桥"的汤溪河特大桥,建设者都在不断地填补着桥梁建设的空白。中国工程院院士郑皆连(图3-3-3)考察渝宜高速公路后说:

海拔落差无论是几十米或是几百米,每2m岩层的构造都有可能不同,70%的桥隧比例,这些诸多难点无疑使建设困难重重,建设者攻克了许多世界级难题,为我国山区高速公路建设积累了宝贵经验。

"二环八射"能够提速十年完成,来自全国各地的专家学者和本地技术人员对重庆高速公路的贡献功不可没。

图 3-3-3　中国工程院院士郑皆连考察渝宜高速公路后发表致辞

三、攻克资金堡垒

2003年后,随着重庆市"二环八射"高速公路网建设的全面铺开和提速,一个资金总需求为1200亿元的难题摆在了人们面前。"钱从何而来?"时任交委主任胡振业提到:

实施投融资体制改革和机制创新,转变政府管理职能,确立企业的投资主体地位,成了市委、市政府的破题思路。作为政府着力打造的投融资平台,高发司加大筹融资力度,在合作建设、经营和银行贷款方面取得了突破性进展。

(1)银行融资。重庆高速公路建设资金筹集最多的还得益于各大银行的支持。按照"借得巧,用得好,还得起"的筹资原则,重庆高速公路在2003年项目建管分离后,高发司着力打造具有良好信用的投融资主体,集中信用,发挥整体效益。按照这一思路,高发司与国家开发银行等金融单位建立长期友好的银企合作关系,实行统贷统还,加强资金监管,提高了资金使用效率,节约了利息,降低了融资成本,当年共有6家银行向高发司授信738亿元。到2007年年底,高发司累计使用外资银行贷款49.6亿元、累计使用国内银行贷款478亿元。

2008年,受国内宏观经济波动,高速公路建设水泥、钢材、柴油等建材暴涨,让在建的15个高速公路项目需增加数十亿元投资。当年计划建设资金是270亿元,8月份的时候,到位150多亿元,还差120亿元。重庆高速集团董事长许仁安(图3-3-4)回忆:

当时重庆在建的15个高速公路项目,大多数穿山跨河,桥隧比例高、建设难度大、投资金额高,集团每月存在近10亿元资金缺口。加快项目建设,破解资金难题是关键。对此,我们一方面加强"开源",采用股权融资、存量资产转让等多种形式引进境内外战略投资者;尝试挖掘路域附属产业的发展潜力,努力自我平衡,保障了资金不断链,同时积极探索海外融资、上市融资等方式,利用资本市场融资,弥补现金流缺口;另一方面从"节流"

上下功夫,在确保工程质量和安全的前提下,通过优化设计、严控变更等措施,尽量节约投资。

图 3-3-4　高速集团董事长许仁安(前排右二)调研高速公路建设

对高速公路出现的资金问题,黄奇帆等市领导非常关心和重视,在专门听取高发司关于资金问题的汇报后,就如何应对当前高速公路建设面临的资金困难做出了重要指示,要求高发司必须守住"资本金不低于30%,负债率控制在70%以内"的两个基本面,并提出了确保"两个基本面"的3条保障措施,确保重庆高速公路又好又快、可持续健康发展。为此,市政府在税收返还、土地储备等方面给予了优惠政策支持。危急关头,市交委高度重视,立即主持召开了专门的协调会。时任市交委主任丁纯回忆到:

为确保"二环八射"2000km高速公路继续推进,市交委把所有可用资金全部向高速公路建设倾斜。同时也采取了一个重大举措,为降低高发司负债率,确保能够继续从银行融资,决定将高发司的国开行61亿元贷款转到市交委名下,由市交委进行还款付息,对高发司来说,贷款变为拨款,负债率立刻大幅下降。

与此同时,高发司与各家银行反复协商,并派专人蹲点各家银行,督促上贷,9月共筹集了22亿元资金,解了燃眉之急。通过多方争取和努力,国家开发银行确保了当年到位银行贷款约127.6亿元,进而确保了工程建设的顺利进行。

2008年年底高发司又与金融机构签订了战略合作协议,共获得了来自工行、农行、交行、开行、中行、建行、兴业银行7家金融机构共计676亿元的授信额度,极大地缓解了资金筹措压力,为2000km高速公路建设提供了资金保障。

(2)BOT方式融资(表3-3-1)。渝遂高速公路项目就是高发司与中铁建筑总公司合作的第一个BOT项目。据测算,渝遂路总投资47.46亿元,需要资本金约17亿元。合资后,中铁占80%的股份,为高发司减少了资本金压力13亿元;修路需要的贷款约30亿元,按照债务共担原则,中铁又分担了24亿元左右负债,降低了高发司的负债率。对急需资金的高发司来说,这笔钱无疑是雪中送炭。同样的方式,渝邻高速公路、垫忠高速公路也在之前与中国铁路工程总公司两度牵手成功。

BOT方式融资情况统计表　　表3-3-1

合作方式	合作路段名称	项目公司	合作对象及对方持股比例	合资年度	高速集团持股比例	里程（km）	投资（亿元）	融入资本金（亿元）	减少或释放负债（亿元）
BOT	渝邻高速公路	渝邻公司	中铁西南49%	2001年	0.51	53.00	19.14	3.50	12.50
	垫忠高速公路	垫忠公司	中铁西南80%	2004年	0.20	73.90	43.90	12.24	28.50
	渝遂高速公路	铁发遂渝公司	中铁建80%	2004年	0.20	111.00	44.80	12.55	29.10
合计			—			237.9	107.84	28.29	70.1

注：上界高速公路建设期按BOT由渝通公司和高速集团组建股份公司进行建设,后高速集团对渝通公司股份进行了回购。万开高速公路建设期由万州、开县政府、高速集团各按4%、16%、80%组成股份进行建设,后高速集团对万州、开县股份进行了回购。

（3）经营权转让融资(表3-3-2)。除了BOT,重庆高速公路建设还采取了另外一种融资方式——经营权转让,这种"不求所有、但求所用"的融资方式,极大地缓解了当时的资金压力。成渝高速公路是重庆转让的第一条高速公路。当年修成渝高速公路花了18.5亿元,通过转让给中信基建投资有限公司,拿进来现金13.2亿元。融进来的资金投向了那些短期内效益不好、招商困难的高速公路,极大地缓解了资金压力。2003年,渝涪高速公路采取类似融资方式与重庆国际信托投资有限公司合作,融入了资本金18.55亿元,成为当年资本运作的一个成功案例。2007年,中信基建公司又和高发司合作经营渝黔高速公路,为高发司融入资本金9.9亿元。

经营权转让方式融资情况统计表　　表3-3-2

合作方式	合作路段名称	项目公司	合作对象及对方持股比例	合资年度	高速集团持股比例	里程（km）	投资（亿元）	融入资本金（亿元）	减少或释放负债（亿元）
转让经营权	成渝高速公路	成渝公司	中信基建49%	1999年	0.51	114.00	32.30	13.20	5.40
	渝长高速公路	渝涪公司	重庆国投53.5%,重庆路桥17.5%	2003年	0.30	118.00	58.50	18.55	32.00
	渝黔高速公路界崇段	中信渝黔公司	中信基建40%、中信兴业(宁波)20%	2007年	0.40	90.00	40.86	9.90	24.60
合计			—			322.00	131.66	41.65	62.00

第四节　征地征心赢民意

提速十年,征地拆迁刻不容缓。高发司曾经统计过一组数据:"二环八射"2000km高速公路,总用地近20万亩,拆迁房屋5万余户,征地拆迁遍及重庆36个区县,涉及被征地群众10万余人;而待建的1200km高速公路占地12万多亩。这样庞大的拆迁任务必须在一年之内完成,简直是世界难题。

为"二环八射"顺利开工,时任市长王鸿举亲自主持召开高速公路征地拆迁专题工作会议,要求"特事特办,高速公路等重点工程先行"。各区县指挥部闻风而动,跋山涉水,进村进户,充分组织发动群众,唤起千家万户群众齐心协力支持高速公路建设。在一年之内完成征地拆迁任务,为正线按时开工打下坚实基础,实现征地拆迁"无事故、无强拆、无信访"的目标。

征地拆迁工作重点就是要做好人的工作,做好被征地群众的工作,重庆高速公路征地拆迁一直坚持"以人为本,开拓创新"的原则,切实为征地群众的生产生活和长远发展考虑,将征地拆迁工作与促进地方经济社会发展相结合,将征地拆迁工作与不降低老百姓原有生活水平相结合,站在被拆迁的角度帮助他们解决一些实际困难、一点合理要求,群众就会从内心支持拆迁和建设。

为了施工单位顺利进场,各区县指挥部征地拆迁干部跋山涉水、走乡串户,耐心开展宣传、动员工作。区县政府通过发放宣传资料、悬挂标语、召开法制宣传大会等多种方式,大力宣传高速公路建设的意义、征地拆迁政策,不断统一思想,提高沿线群众对高速公路建设的认识。同时通过召开群众会、院坝会等进村入户的方式给群众讲解政策,晓之以理,动之以情,教育引导群众理解并支持高速公路建设。区县电视台和报纸等媒体还开辟专题栏目,对支持高速公路征地拆迁的先进典型和如火如荼的工程建设场面进行专题报道。如渝湘高速公路沿线的彭水县,在2006、2007两年,就累计发放宣传资料4万余份、悬挂宣传标语98幅、召开群众会250多次,使渝湘高速公路建设的重要意义、征地拆迁补偿政策家喻户晓,妇孺皆知。高速公路宣传声势越大,工作阻力越小。通过声势浩大的宣传工作,沟通了群众思想,促进了征地拆迁工作的顺利进行,为工程建设营造了良好的外部环境。

"二环八射"高速公路建设得到了广大群众的支持。一位搞征地拆迁的干部回忆:

2005年5月在巫山骡坪镇先峰村搞征地拆迁,先锋村在高速公路拆迁的红线之内,有25户人家,112人搬迁,3000多平方米房屋需要拆除。房屋拆了一半,村民们暂时没有去处,就住在半边屋子里。有的群众为高速公路让路,在新居落成之前,搬进岩洞临时居住。

在各地区县指挥部和人民群众的支持下,在2003—2004年一年之间完成征地5万多亩,沿线人民为高速公路腾地让路的故事一直成为人们的美谈。

第四章
投 资 融 资

高速公路建设是一项耗资十分巨大的工程。重庆属于山岭重丘地区，造价远高于平原地区。融资与还贷，投入与产出，资本运作，破解资金瓶颈，建设资金的筹集一直是高速公路建设的重点和难点。在近30年的建设史中，重庆高速公路经历了从计划经济环境下的国家投资，到国有高速集团平台融资，再到市场经济环境下的多元化投资。从第一条成渝高速公路到现在的第四个千公里高速公路建设，重庆高速公路的决策层、管理层、执行层顺应时势变化，经历了从政府投资到平台公司融资，再到 BOT + EPC 融资等投融资理念的蜕变过程。

第一节　政府投资模式

成渝公路建设基本采用指挥部管理模式，建设资金主要来源于政府资本金支持和银行贷款。其中资本金主要来源于国有资金，包括交通部补助和重庆市地方自筹，一般交通部补助资金占比10%左右，重庆市自筹20%左右，其余资金通过银行贷款。在重庆高速公路建设历史上，向国际金融组织贷款的项目包括：向世界银行贷款的成渝公路项目、向亚洲开发银行贷款的渝黔高速公路项目、向日本国际协力银行贷款的长万高速公路项目，以及利用西班牙贷款的渝长高速公路隧道机电工程项目。

成渝公路重庆段工程总概算184639万元，资金来源于世界银行贷款和国内配套资金，其中世行贷款5000万美元。交通部补助和地方自筹占58.82%。重庆市交通局在当时资金极其困难的条件下，采取了发行企业债券等办法筹措资金。时任重庆市交通局计划处处长朱世奇回顾当时情况时说：

1983年之前的重庆交通很穷，每年就靠四川省交通厅划拨几百万元维持，不可能修路，高速公路连想都不敢想。1983年重庆实行计划单列，交通体制开始改革，重庆的养路费从原先的几百万元上升到几千万、上亿，有了钱，重庆才萌发了修高速公路的梦想。

成渝公路重庆段114km最初预算为5.47亿元，但由于技术标准提升为高速公路，最终造价是18亿多。如果没有改革开放，钱从哪来？除交通部补助的1.7亿元外，重庆还将部分车辆购置费、养路费、能交基金及银行贷款都用了上去。钱还是不够,就借、就向外资想办法。

成渝公路的资金筹措基本上是成功的。2000年12月,重庆市交委在《成渝高速公路后评价报告》中对成渝公路资金筹措方式作出如下评价:

该项目的各种资金筹措方式还是较为科学合理的。无论是世界银行贷款筹资,还是利用各种国内配套资金筹资,都较符合当地建设资金的实际需要。在资金筹措方面满足适时原则,资金成本也较低,但将其5.8亿元的负债与18亿元的总投资相比,并结合本项目的财务效益来看,其负债规模较小,可适度提高负债规模,从而提高自有资金收益率。

该报告针对制约高速公路发展的资金不足问题,还提出了几点建议:积极引进外资、发行债券向社会筹资、采用股份制经营模式发行股票筹资等(图3-4-1)。成渝公路投融资的实践经验,为日后重庆高速公路多元化投资理念拓宽了思路。

图3-4-1　与工商银行重庆市分行签订股本融资合作协议

第二节　平台公司融资模式

1999—2010年,重庆高速集团积极发挥企业主体作用,采用间接融资模式筹集资金。按照"不求所有,但求所在"的融资思路,通过BOT、转让经营权等方式,吸引社会资本以合资、合作等方式参与建设和经营管理;同时和多家金融机构建立长期友好的银企合作关系,集中信誉,统贷统还,并对资金加强监管,提高使用效率,从而节约了利息,降低了融资成本。这些举措基本确保了"二环八射"2000km高速公路的资金需求。

2000年,重庆市政府决定将重庆高速公路最主要的建设单位"重庆高速公路建设公司"整合为"重庆高速公路发展有限公司"(简称高发司),负责高速公路融资、建设、运营、收费、还贷工作。为解决重庆公共设施投资、国有企业破产安置等事宜,重庆市政府专门成立了八大投资集团,其中"八大投"之首,就是"重庆高速公路发展有限公司"。此后,高发司不仅是重庆高速公路的主要建设单位,也是重庆高速公路融资的主要平台。2003年,重庆市决策层作出"提速十年"建成2000km高速公路的目标。2003年4月17日,时任副市长黄奇帆来到高发司对员工提到:

  高发司要建立现代企业制度和规范的法人治理结构,加强高速公路建设管理体制和管理模式研究,理顺内部管理层次,在财务管理上通过更加灵活的融资手段,达到各项目之间还贷平衡,形成高发司稳定的现金流和良好的财务状况,保持良好国有资产的保值增值,在高速公路建设管理经营中降低成本,使高发司的债务下降到较好的状况。高发司在提前10年建成2000km高速公路的同时,自身也发展成为重庆举足轻重的优质高效的投资集团。

实现"提速十年"建成"二环八射"这一目标,需要的资金高达1200亿元。按照黄市长设计的融资模式,高发司充分运用政府"有形的手"和市场"无形的手"筹集资金。累计使用外资银行贷款47.64亿元、累计使用国内银行贷款725亿元,合作建设高速5条,融入资本金47.14亿元,经营权转让高速公路3条,融入资本金41.55亿元。

1999年,渝长、渝合、渝黔、梁万、上界等在建高速公路项目急需资本金,国道319线黔江境内二级公路改造工程也缺建设资金,重庆市交通局决定将成渝高速公路重庆段49%的经营权转让给中信基建投资有限公司,转让价为13.2亿元。成渝高速公路是重庆转让的第一条高速公路,也是重庆高速公路经营权转让方式的最初尝试。经交通部和重庆市政府同意,转让金中的3亿元用于国道319线黔江境内二级路的改造工程,其余部分作为渝合、渝黔等在建高速公路的资本金。早期高速公路贷款一直遵循"借得巧,用得好,还得起"的原则,高速公路的转让市里也提出了"不求所有,但求所在"的指导思想。

2003年9月,高发司通过与重庆国投公司合作转让渝长和长涪高速公路70%的经营权,公司融入资金18.55亿元。2007年3月,高发司与中信集团再次合作,实现了对渝黔路段约90km的合资经营,引入资本金9.9亿元。除此之外,亚行贷款主体转移后还释放了公司负债约25亿元。

第三节 BOT + EPC 模式

  从2008年起,融资模式开始由间接融资向直接融资转变。通过发行债券、中票、境外引资等方式实现自我平衡,保证了资金不断链,同时采用股权融资、存量资产转让等多种形式引进境内外战略投资者优化集团资本、资产结构,利用资本市场融资弥补现金流缺口。此时,最主要的投融资模式是 BOT + EPC 模式。BOT(Build-Operate-Transfer)即建设—经营—转让,是企业参与基础设施建设,向社会提供公共服务的一种方式。EPC(Engineering-Procurement-Construction)是指公司受业主委托,按照合同约定对工程建设项目的设计、采购、施工、试运行等实行总承包的模式。2008年春,市交委组织规划处、建管处、养护处、财务处、质监局、高速集团以及相关专家,连续数日在北碚召开专题会议,编制投资协议、特许权协议、总承包协议和投资人招标文件范本,为开展BOT+EPC奠定了基础。

正当"二环八射"建设如火如荼之际,一场金融风暴席卷而来。2008下半年,西方金融危机的"蝴蝶效应"产生的飓风卷入中国。我国沿海的一些外贸企业在风暴掀起的惊涛骇浪中危机四伏,纷纷破产。金融风暴吹到重庆,重庆一些造船企业、集装箱生产企业已相继遭遇弃单,面临停产。

这个阶段正值重庆高速公路建设高潮期,每年需要投资近两百亿的资金;2008年建设资金计划为170亿元,上半年上贷正常,但从6月起,因国家政策调整,一些金融机构相继出现难以履约现象,资金一时紧张,工程支付出现困难。至9月下旬,已濒临断链的危险。时任高发司董事长李祖伟(图3-4-2)回顾当年的困境,记忆犹新:

以前是银行主动请我们去贷款;转眼间,就变成了我们求他们放贷。我们与多家银行签订的贷款迟迟不能到账,在建工程面临前所未有的资金困难,一方面是水泥、钢材、柴油等建材暴涨,在建的14个高速公路项目需增加数十亿元投资;另一方面是庞大投资带来的巨额利息必须偿还。我们当时真可谓心急如焚,如坐针毡。

图3-4-2　时任高发司董事长李祖伟(前排左二)调研G6911奉溪高速公路

危急关头,市交委、市国资委、市财政局、市海关均高度重视高发司面临的困境,共同协调帮助解决困难,对高速公路建设使用的进口沥青采购实行全免关税。在"二环八射"建设时期,高发司采购的大约18万t进口沥青,免去了大约720万美元进口关税,同时与银行合作,以解燃眉之急。经过紧急应对,高发司资金问题得到了暂时的缓解,但面对巨大的资金需求,必须寻求新的融资出路。

"不求所有,但求所用""以优补差,以时间换空间"。除了银行贷款,高发司根据2001年渝邻高速公路BOT融资和2003年转让渝涪高速公路的经验,继续加大招商引资和筹融资力度。一是积极包装近期成长性好的高速公路项目,通过转让经营权筹集资金;二是充分发挥高发司投融资集团的平台作用,积极推进新建1000km高速公路项目的招商引资工作。通过BOT+EPC投资建设模式,吸引中铁建、中信、中交等国内有实力的大集团参与重庆高速公路建设。

2009年2月,重庆高速集团与中国中信集团公司商议,以BOT+EPC工程总承包方式实施沿江高速项目。成立项目公司"重庆中信沪渝高速公路有限公司"。通过该项目合作,高速集团成功引入资本金11.01亿元。

2010年4月,重庆市交委与重庆高速集团、中国铁建签署了《成渝高速公路复线重庆段项目投资协议》;同时,重庆高速集团与中国铁建签署了《成渝高速公路复线项目合资协议》。随之成立项目公司"重庆渝蓉高速公路有限公司"。项目成功引进资本金7.84亿元。

2010—2013年,重庆进入"第三个千公里"建设时期,重庆市交委和重庆高速集团采取BOT或BOT+EPC方式,先后与中信基建、中国铁建、中交、中水、葛洲坝集团等央企成功合作了沿江高速、成渝复线、万利、万达、丰忠、忠万、铜永、渝广、梁忠、江綦等高速公路项目,总共引进资本金将近90亿元。

重庆高速集团与央企的合作采取"BOT+EPC"模式,合作方作为项目施工总承包方兼项目公司股东,高速集团实现了由政府投融资平台向合作投资者的转变。正如2011年12月黄奇帆市长在重庆"第三个千公里"高速公路建设全面启动仪式上说的:

过去,由于重庆城市规模不大、工商经济不发达,车流量较少,另一方面,重庆的山地条件,使高速公路的建设成本是平原地区的一倍以上。面对这样的高投入低产出,没有企业愿意出资在重庆建高速公路。目前重庆建成的2000km高速公路,主要是由重庆政府主导的高速公路集团筹资建设的,高速公路运行三五年,车流量增长到一定程度后,再将高速公路转让给国内外的公司,实现融资的良性循环。最近一两年,随着国家中心城市建设加快推进、工商经济的快速发展,重庆汽车保有量也以每年百分之二十几的速度快速增长,高速公路的收费也逐年大幅递增,如今在重庆建设高速公路,不再需要完全由政府投资修建了,市场平台完全可以实现良性循环。

在国内融资同时,高速集团开始瞄准海外融资市场。2010年初,重庆高速集团对渝合高速公路进行境外融资。经过两年融资谈判。2011年12月,重庆高速集团成功将渝合高速公路49%股权转让给印度ITNL公司,转让对价为10.16亿元人民币,释放负债17.2亿元,实现了重庆高速公路项目通过股权转让方式引进外资的突破。

"第三个千公里"高速公路中的第一条通车公路"南川—涪陵"高速公路项目,就是重庆建工集团的BOT+EPC项目。项目100%由重庆建工集团投资修建。"第三个千公里"中的另一个BOT+EPC项目是中交路桥100%投资建设的"涪陵—丰都—石柱"高速公路项目,分别于2008年8月6日和2009年5月13日签署投资协议和特许权协议。这是重庆市招商引资投资规模最大、里程最长的高速公路项目,也是央企在重庆独资建设的第一条高速公路。来自五湖四海的大型企业投资建设重庆的高速公路,大大减轻了重庆政府的负担,为重庆基础设施建设注入新的活力(表3-4-1)。BOT+EPC模式的成功实施,时任市交委主任滕宏伟(图3-4-3)深有感慨:

通过引进中国交通建设集团、中信集团、中铁集团、中国水电集团、葛洲坝集团、重庆建工等大型企业,一是提高了项目投资的收益能力,降低投资风险,有利于项目投资的市场化运作,提高招商引资工作的成功率;二是投资人和工程设计、施工单位双位一体,投资人和工程设计、施工单位在项目的投资效益和工程设计施工质量、安全、进度目标上趋于一致,有利于质量管理;三是通过充分发挥设计、施工、管理经验,增强对成本的精细化和科学化管理,强化投资控制,减少建设成本;四是因为减少招标环节、缩小权利介入空间、切断权钱交易通道,因而规范市场秩序,降低廉政风险。

图3-4-3 时任市交委主任滕宏伟(前排右二)检查渝宜高速公路建设情况

2014年9月28日,重庆市交委与中交第一公路工程局有限公司、贵州交通建设集团有限公司、中交隧道工程局有限公司,分别签署九龙坡—永川、南川—两江新区、合川—长寿3条高速公路投资协议。全部由市外企业独资或控股,没有增加任何政府性债务。

2015年12月30日,重庆高速集团与中国铁建股份有限公司又成功签订了渝黔高速公路重庆段扩能、黔江—石柱、南充—大足—泸州重庆段3条高速公路合作协议。通过上述项目合作,重庆高速集团在引入约65亿元项目资本金的同时,为重庆高速集团释放负债约255亿元。

重 庆

BOT+EPC模式融资情况统计表
表 3-4-1

合作单位	项目名称	建设里程（km）	估算总投资（亿元）	资本金比例（%）	认缴投资比例（%）	认缴估算投资额（亿元）	认缴资本金（亿元）	合作时间	协议文件签署进展情况
中交第四航务工程局有限公司	三环高速公路铜梁至合川段	29	18	25	100	18	4.5	2011年	签署投资协议、特许权协议
	重庆忠县至万州高速公路	82	77	25	15	11.6	2.9	2011年	签署投资协议、特许权协议
中交第一公路工程局有限公司	三环高速公路永川至江津段	59	56	25	100	56	14.0	2010年	签署投资协议、特许权协议
	重庆万州至四川达州高速公路（重庆段）	41	32	25	40	12.8	3.2	2010年	签署投资协议、特许权协议
	重庆万州至湖北利川高速公路（重庆段）	53	66	25	40	26.4	6.6	2010年	签署投资协议、特许权协议
	重庆酉阳至贵州沿河高速公路（重庆段）	31	39	25	40	15.6	3.9	2011年	签署投资协议、特许权协议
	九龙坡至永川高速公路	42.9	58.6	25	100	58.6	14.7	2014年	签署投资协议、特许权协议
	万州环线高速公路	22.7	41.5	50	100	41.5	20.8	2016年	
中交第三公路工程局有限公司	重庆丰都至忠县高速公路	32	32	25	40	12.8	3.2	2010年	签署投资协议、特许权协议
路桥集团国际建设股份有限公司	重庆忠县至万州高速公路	82	77	25	45	34.7	8.7	2011年	签署投资协议、特许权协议
	涪陵至丰都高速公路	46.5	41.8	35	100	41.8	10.5	2008年	签署投资协议、特许权协议
	丰都至石柱高速公路	52.9	47.4	35	100	47.4	11.9	2008年	签署投资协议、特许权协议

续上表

合作单位	项目名称	建设里程（km）	估算总投资（亿元）	资本金比例（%）	认缴投资比例（%）	认缴估算投资额（亿元）	认缴资本金（亿元）	合作时间	协议文件签署进展情况
中交第四公路工程局有限公司	三环高速公路铜梁至永川段	65	41	25	40	16.4	4.1	2011年	签署投资协议、特许权协议
重庆建工集团有限公司	重庆南川至贵州道真高速公路（重庆段）	31	41.7	25	43	17.9	4.5	2011年	签署投资协议、特许权协议
	重庆涪陵至南川高速公路	55.3	47	35	100	47	11.8	2009年	签署投资协议、特许权协议
葛洲坝集团第五工程有限公司	三环高速公路江津至綦江段	48	47	25	40	18.8	4.7	2011年	签署投资协议、特许权协议
中国铁建股份有限公司	成渝高速公路复线（重庆段）	79.9	78.4	25	40	31.4	7.9	2010年	签署投资协议、特许权协议
	重庆秀山至贵州松桃高速公路（重庆段）	30	22	25	100	22	5.5	2014年	签署投资协议、特许权协议
	南大泸高速公路（重庆境）	139.1	117.5	20	80	94	18.8	2015年	签署投资协议、特许权协议
	渝黔高速公路扩能（重庆境）	99.5	162.5	20	80	130	26.0	2015年	签署投资协议、特许权协议
	重庆黔江至石柱高速公路	91.7	124.6	20	80	99.7	19.9	2015年	签署投资协议、特许权协议
	重庆潼南至四川安岳高速公路	95	93	20	80	74.4	14.9	2016年	签署投资协议、特许权协议
	重庆合川至璧山至江津高速公路	97	127	20	80	101.6	20.3	2016年	签署投资协议、特许权协议

重庆

续上表

合作单位	项目名称	建设里程（km）	估算总投资（亿元）	资本金比例（%）	认缴投资比例（%）	认缴估算投资额（亿元）	认缴资本金（亿元）	合作时间	协议文件签署进展情况
中国铁建股份有限公司	黔江环线高速公路	20.6	26.8	25	100	26.8	6.7	2016年	签署投资协议、特许权协议
	重庆永川至四川泸州高速公路	21.5	22	20	100	22	4.4	2016年	签署投资协议、特许权协议
中国水电集团路桥建设有限公司	重庆梁平至忠县高速公路	72	69.5	25	40	27.8	7.0	2011年	签署投资协议、特许权协议
	重庆渝北至四川广安高速公路（重庆段）	68.4	78.1	25	40	31.2	7.8		签署投资协议、特许权协议
	重庆江津至习水高速公路（重庆段）	69.8	80.7	25	100	80.7	20.2	2014年	签署投资协议、特许权协议
中信基建投资有限公司	沿江高速公路主城至涪陵段	95.9	84.3	25	60	50.6	12.6	2009年	签署投资协议、特许权协议
中交隧道局有限公司	三环高速公路合川至长寿段	75.8	100.8	25	51	51.4	12.9	2014年	签署投资协议、特许权协议
贵州交通建设集团有限公司	南川至两江新区高速公路	73.5	108.2	25	100	108.2	27.1	2014年	签署投资协议、特许权协议
新疆生产建设兵团建设工程（集团）有限责任公司	渝长高速公路扩能改造工程	52.6	87.2	20	100	87.2	17.4	2015年	签署投资协议、特许权协议
	巫山至大昌白泉隧道工程	14.9	24.5	30	100	24.5	1.6	2017年	
合计	32个	1970.5	2170.1			1540.8	361.0		

第四节 PPP 模 式

启动"第四个千公里"以来,重庆高速公路投融资模式再次出现新的变化,进入了全新的 PPP 模式时代。PPP 是"Public – Private – Partnership"的字母缩写,指政府与社会资本之间形成一种伙伴式的合作关系。目前,重庆高速公路建设融资还没有纯粹的社会资本投资,但合作对象已经从中央企业扩展到地方企业,并向其他形式的组织发展。

PPP 模式主要有 BOT + EPC + 建设期补贴、BOT + EPC + 运营期补贴、BOT + EPC + 回购以及 BOT + EPC + 政府补助等组合模式。目前正在实施的黔江环线高速公路是 BOT + EPC + 建设期补贴的代表,正在探索巫镇高速公路(巫溪至陕西镇坪)和彭酉(彭水至酉阳)高速公路建设期补贴。

目前,通过 BOT + EPC 和 PPP 合作模式进行招商引资,成功引入了中铁建、中信、中交、葛洲坝、中电建集团等央企进行项目合作,成功合作了万州至利川、铜梁至永川、江津至綦江、长寿至合川、南大泸(铜梁至荣昌)、渝黔扩能、黔江至石柱、合川至安岳、合川至璧山至江津等 18 个高速公路项目,总投资规模超过 1300 亿元,共计引入资本金近 200 亿元,释放高速集团名义负债近千亿元。

从此,重庆高速公路进入融资建设一个新的阶段。

|第五章|
招 标 投 标

招投标是公路建设四项制度中重要一制。重庆高速公路建设市场是中国最早开放的建设市场之一,也是重庆建筑市场最早实行公开招标的。从成渝高速公路建设实行国际招标以来,结合投融资理念的转变,建设管理模式的变化,重庆高速公路在招标投标的理念、方法、制度等方面,与时俱进,改革创新,不断总结经验,健全完善公路建设招标投标制度,营造公平、公正、公开的市场竞争环境。招标投标改革主要经历了尝试、规范和深化三个重要阶段,提供了有益的经验。

第一节　尝试阶段(1989—2000年)

1989—2000年,是重庆高速公路建设迅速发展的时期。在此期间,重庆高速公路完成了渝长、长涪、渝合、万梁、渝黔高速公路等重大项目的招标工作。国家没有出台统一的招标投标法律法规,也无其他要求或规则可寻,重庆高速公路借鉴外国招标要求作了许多探索和改革尝试。

高速公路是重庆最早进行公开招标探索的建设领域。1989年重庆市交通局按照世行采购指南,对成渝公路进行了第一次国际招标(图3-5-1、图3-5-2)。1996年渝长高速公路首次采用国内招标,1997年亚行贷款项目渝黔高速公路采用国际招标,2000年日元贷款项目万梁高速公路采用国际招标,1998—1999年渝合高速公路进行了两期国内招标。通过这些项目招标,重庆市交通局和高速公路建设指挥部积累了许多经验,在招标工作中,不断尝试,不断改进,取得很好的效果。关于公开招标,时任重庆高速集团总工办主任汤乾忠认为有三点值得肯定:

一是筛选出比较优秀的施工队伍,为工程顺利实施奠定了基础;二是获得了合理的报价,成渝高速公路重庆段114km的路基工程标价仅6.71亿元,大大节省了工程投资;三是与国际接轨,创造了重庆公路市场公平、公正、公开的竞争环境。此后,重庆所有高速公路项目无一例外地实行公开招标。

在国际招标的项目中,按照国际惯例,对所有成员国进行国际招标,评标办法一般采用"最低投标价"法,其优点是可以获得最低的报价,降低建设成本;但是,在当时的国内建设市场不成熟的情况下,也容易出现"低价抢标"的恶性竞争现象。这种国际招标评审程序比较复杂,一般经过中央相关部委组成的评委会评审,并需获得相关国际贷款金融组织机构的批准。

图 3-5-1　成渝公路一期国际招标签约仪式

图 3-5-2　成渝公路二期国际招标开标仪式

国内招标项目的评标委员会一般是由重庆市交通局、市财政局等相关委局、建设业主和贷款银行代表组成,体现了行政主导的特点。

在评标办法采用上,重庆对多种评标办法作了探索和尝试。渝黔高速公路二期工程招标时,按亚行规则依然采用"最低评标价法",为了遏制"低于成本价抢标",采用"对过低投标价提高现金担保的制约方法";对同一个大项目下不同类型的合同段采用不同的评标办法(对其中路基工程合同段采用"最低评标价法",对结构物较复杂的合同段经与亚行艰苦谈判,采用"综合评分法"),对技术特别复杂的特大桥和特长隧道采用"双信封评标法"。在采取"最低评标价法"招标中,虽然遏制了部分投标人的低价抢标,但是也出现某些企业不惜高额保证金取得中标的情况,为后来的合同管理带来困难。

第二节　规范阶段(2001—2010 年)

2000 年我国出台了《中华人民共和国招标投标法》,2003 年交通部出台了《公路工程国内招标范本》《公路工程招标评标办法》《公路工程施工招标资格预审办法》等一系列指导性文件。此时期,评标办法经过多次变迁,评标专家在专家库中随机抽取,市场也完全对全国开放,期间还有检察机关参与监督,参与开展建设人民满意工程和建设者"两满意"活动,是重庆高速公路招标投标进入规范的一个时期。

从 2000 年开始,在重庆高速公路建设进一步提速的背景下,对重庆高速公路招标工作的规范化和法制化,提出了严峻考验。在重庆市交通委员会的领导下,编制招标文件实行了分级审查制度;评标委员会由各级主管部门从专家库中随机抽取专家组成;在整个招标评标过程中,不仅行政部门参与监督,而且邀请了检察机关参与全过程监督。在此阶段,招标范围更加宽泛,招投标行为更加规范,招投标监督力度更大,招标工作更趋于公开和透明。

在信用体系不健全的情况下,为遏制低价抢标后偷工减料对工程质量安全造成隐患,大量变更给廉政建设带来的风险,交通部出台了《关于改进公路工程招标评标办法的指导意见》,提出了以投标基准价为核心的"合理低价法"。根据交通部的"指导意见",招标时,在完成资格预审的基础上,仅对标价评分,以最接近"基准价"的投标价排序评分。重庆高发司首创了一种"基准价"确定办法:为了防止哄抬标价,招标人设定最高投标限价;将所有投标价在开标现场随机抽取下浮值后,与上限价复合平均后作为"基准价"。这种评标办法,最大程度控制了人为因素,在投标人满足资格的前提下,在投标价合理的基础上,增大了投标人中标的随机性和偶然性。这种评标办法迅速在全国同行中得到认可和推行。

为了防止投标人弄虚作假,串标围标,行贿舞弊,招标工作中制定了一系列制度,如查询制度和公示制度。在资格预审阶段,通过检察院查询投标人是否因行贿受贿等重大违法违纪行为被列入检察院行贿受贿名单且目前正处于处罚期内。在资格审查阶段,公示投标人所报业绩及人员是否真实,在评标结束后面向社会公示评标结果。在公示期间,接受社会监督,如有投诉,纪检部门立即介入调查取证,一经查实,即对有上述劣迹的投标人进行处理，包括取消投标资格、中标资格和没收投标保证金等。

通过招标，重庆高速公路节省投资的效果非常明显。以2009年招标的52个工程合同为例，投标上限价为69.6亿元，中标价67亿元，节省投资2.6亿元。在货物采购中，高速公路最大宗的货物就是沥青。建设单位改变过去各个项目各自为政分散招标的做法，实行大宗货物集中招标统一采购，大大节省了工程投资。2007—2009年间集中招标约35万t，高发司巧妙地掌握世界原油行情，在沥青价格较低时统一招标，不到半年，沥青价格飞涨，结果仅沥青采购就节省投资2亿多元。

第三节 深化阶段（2011年以后）

2010年之后，重庆高速公路建设步入"第三个千公里"建设时期。作为商品经济高度发展的产物，我国招标工作经过多年社会主义市场经济的演练，已经趋于更加规范和成熟。2012年开始实施的《中华人民共和国招标投标法实施条例》，对2000年实施的《中华人民共和国招标投标法》作了细化和补充。2007年出版的中华人民共和国《标准施工招标文件》和2009年出版的交通运输部《公路工程标准施工招标文件》，规范了高速公路工程招标文件的编制工作。此时，重庆高速公路招标投标市场进入了全面深化阶段。市交委充分发挥行业监督管理作用，推动所有高速公路招标项目全部进入重庆市工程建设交易中心，改变了以前无固定场所，由业主组织招标的方式，制定了交通建设项目的履约管理制度，建立健公路工程信用体系，完善了公路招标投标投诉处理和公示制度。

在此期间，重庆高速公路招标更加公开透明。首先是采用最高投标限价的方式，对投标人投标报价达到了有效的控制。此外，在评标环节，重庆高速招标项目完全进入重庆市工程建设交易中心平台。在评标方法上，尽可能采用"合理低价法"评审，除了标价评分之外，增加了"信用评价"的一定分值，鼓励信用评价较高的投标人取得适当的竞争优势。即市交委一年一度对公路从业单位的信用评价分成AA、A、B、C、D 5个等级。获得AA级的企业加2分，A级加1分，B级不加不减，C级扣1分，受过处罚的扣1~2分，D级企业则禁止进入重庆公路建设市场。这样，投标人的评标得分等于评标价得分加上信用分值，优劣胜负，就泾渭分明了。重庆招标的"游戏规则"得到投标人的认可，也得到交通部的首肯，为后来交通部编制"标准文件"提供了实践的依据。

"第三个千公里"高速公路项目大多是BOT + EPC总承包模式等，招标工作从而大大简化。由于将投资与施工相结合，提高了市场的准入标准，避免了无序竞争，净化了市场；相对传统的分段分项工程招标，工程总承包一次性招标减少了招标环节，缩小了权力对工程建设市场介入的空间,切断权钱交易的通道,有利于降低工程建设领域的腐败风险,加强交通廉政建设。

当前,高速公路招标工作主要包括初步设计招标、BOT+EPC项目的投资人和工程总承包招标,以及施工监理的招标。随着高速建设项目完成后,转入运营管理,养护工程招标开始增多。总而言之,重庆高速公路招标,从招标主体、招标内容、招标方式,与过去相比都发生了较大变化。

2016年2月,交通部出台《公路工程建设项目招标投标管理办法》,2016年9月《重庆市招标投标条例(修订稿)》施行,重庆市交委以《中华人民共和国招标投标法》《中华人民共和国招标投标法实施条例》为法律法规依据,以《公路工程建设项目招标投标法管理办法》为行业规范,相继出台了《重庆市交通建设项目招标投标交易监督管理实施细则》和《重庆市非必须招标固有投资交通建设项目随机抽取承包商管理办法》,不断规范重庆高速公路建设市场的招投标行为。高速公路建设招投标法规汇编如图3-5-3、图3-5-4所示。

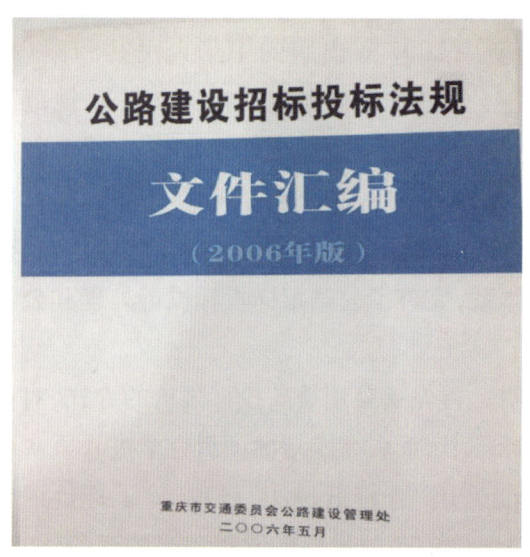

图3-5-3 高速公路招投标法规汇编(2006版)

图3-5-4 高速公路招投标法规汇编(2010版)

第六章
质量安全

重庆高速公路起步时期,主要的技术规范从国外引进并加以消化吸收,政府监管的制度不健全,监管机构未成立,质量安全管理参照"菲迪克"合同条款进行,主要靠建设、设计、施工、监理等参建各方内部约束机制进行管控。经过近30年的发展,高速公路质量安全监管队伍和监管体制经历了从无到有、从小到大,再到逐步规范的过程,实现了大跨越,成功地构建起了重庆交通建设工程监督管理的新格局。

第一节　监督体制变迁

重庆高速公路的质量安全监督机构,直辖前弱小,工作开展比较少,主要靠建设、设计、施工等企业自身自觉维护;直辖后质量安全机构开始独立运行,力量逐步壮大,职能逐步增强,制度逐步完善,工作开展得有声有色。

一、直辖前的监督体制(1997年以前)

1988年7月,根据《交通部基本建设工程质量监督管理暂行办法》的要求,重庆市交通局发文设立重庆市公路工程质量监督站,由于机构设置限制,当时没有成立专门的质监机构,也没有专职质监人员,由市交通局公路处履行政府质量监督职责,站长由蒙进礼处长兼任。

1990年,重庆首条高速公路成渝高速公路开始建设,该项目利用世界银行贷款,管理采用世界通用的"菲迪克"合同条款,在重庆首次引入项目监理制度,质量管理日常工作主要依托市交通局组建的成渝公路东段监理处实施。

1992年6月交通部发布了《公路工程质量监督暂行规定》,提出公路工程实行"政府监督、施工监理、企业自检"的质量保证体系,要求各省、自治区、直辖市设立质量监督的专职机构,并视工程情况设立地、市级质量监督分站。随着重庆公路建设规模的不断扩大,为适应交通部公路建设质量保证体系的要求,承担政府质量监督职能的重庆公路质监机构应运而生。1994年,重庆市公路工程质量监督站在重庆市公路工程质量检测中心(前身为重庆市公路工程中心试验室)正式挂牌,与检测中心合署办公。1995年,重庆市公路工程质量监督站通过交通部质监总站和四川省交通厅公路工程质监站的联合考核验收。独立设置后的第一任质量监督站站长蒲培成回忆说：

> 建站初期，质监机构的主要工作还是承担在建高速公路项目监理试验检测，质量监督专职人员只有几个人，且交通工具、工作经费均不足，工地现场检查以参与交通主管部门或建设单位（指挥部）组织的检查方式为主，质量监督管理的相关法规制度尚不健全，质量监督工作的覆盖面、检查深度等都存在较大的局限性，质量监督工作在艰难中起步，在摸索中前行。

二、直辖后的监督体制（1998年以后）

1997年重庆直辖后，重庆市委、市政府把公路建设作为经济发展的突破口和切入点，提出了重庆交通"五年变样、八年变畅"的工作要求，并将"8小时重庆"建设目标正式纳入市一届人大五次会议审议通过的《重庆市国民经济和社会发展第十个五年计划纲要》。为实现公路交通由滞后型向基本适应型的转变，重庆市相继开工建设了渝长、渝合、渝黔二期、长万、渝邻等十余个高速公路项目，在"十五"末基本建成首个千公里高速公路。2001年9月，重庆市公路工程质量监督站更名为重庆市交通委员会基本建设工程质量监督站，与重庆市公路工程质量检测中心、重庆市交通工程造价管理站按照"三块牌子、一套班子"的管理方式运行，并通过"三定"方案进一步强化质监机构的政府监督职能。2001年以后，重庆交通着手构建市、区（县）两级监管体系，重庆市40个区（县）中有34个相继成立了交通质监机构，初步形成较为完备的交通基础设施建设工程质量监督网络。为加强此时期质量监督站的职能，时任质监站站长彭兴国（图3-6-1）还提到：

> 2005年12月，为适应国务院《建设工程安全生产管理条例》的要求和"二环八射"高速公路建设安全监管工作的需要，重庆市交通委员会按照"精简、统一、效率"的原则，将施工现场安全监督检查职责委托重庆市交通委员会基本建设工程质量监督站实施。2007

图3-6-1　时任质监站站长彭兴国（前排左三）带队检查高速公路

年10月,重庆市交通委员会基本建设工程质量监督站更名为重庆市交通委员会基本建设工程质量和安全监督站,市编办明确了其依法具体实施交通工程质量监督和施工现场的安全监督检查职责,新增了6个安全监督岗位编制。

2012年8月,为进一步深化交通行政体制改革和依法行政,适应重庆市交通建设大发展和"第三个千公里"高速公路建设全面推进形势下提高监督效能和更好履行各项管理职能的需要,重庆市交通委员会基本建设工程质量和安全监督站正式更名为重庆市交通委员会工程质量安全监督局(简称市交委质监局)。9月19日,重庆市交通委员会工程质量安全监督局正式挂牌,交通运输部副部长冯正霖、总工程师徐光,市人大副主任余远牧、交通运输部工程质量监督局局长李彦武等领导出席揭牌仪式(图3-6-2)。

图3-6-2　冯正霖副部长(右二)和余远牧副主任(左二)为市交委质监局揭牌

2015年3月,依照《安全生产法》等法规要求,重庆市交通委员会以渝交委法〔2015〕17号文进一步明确了重庆市交通委员会工程质量安全监督局的行政执法职权,并制定印发了《重庆市交通行政处罚裁量基准》。截至2016年年底,交通质监系统共有473人通过培训考试取得行政执法资格,高速公路质量安全监督及属地安全监管执法体系基本形成。

第二节　监督管理工作

从1990年首条高速公路的艰难起步,到2016年全市高速公路通车里程接近3000km,重庆交通建设行业监管部门始终将高速公路建设置于构建全市综合交通体系的重中之重,将持续提高高速公路建设质量安全管理水平作为监管工作的主题,无论市委、市政府下达的建设目标任务有多繁重,也无论高速公路建设投融资模式如何变迁,不断完善质量安全监管制度体系、强化监管队伍建设、改进监管措施手段、提高监管工作实效的步伐一刻也没有停滞。

一、完善制度体系,落实各方责任

直辖之前,重庆市公路建设质量安全管理缺乏完善的制度,质量监管体系不健全,责任不落实,安全监管更是无据可依。从2001年9月我市首个公路工程质量监督管理的地方规范性文件《重庆市公路工程质量监督实施细则》的发布实施以来,经过15年的努力,先后出台了《重庆市公路水运工程质量监督管理办法》《公路水运工程安全生产监督管理工作细则》《公路工程质量控制强制性要求》《公路水运工程安全生产强制性要求》《重庆市公路水运工程危险性较大分部分项工程安全管理办法(试行)》《重庆市重点公路水运工程质量安全问题整改复查工作暂行规定》等数十个规范性文件,涵盖工程质量安全监督管理、试验检测、从业单位和人员信用管理。

与此同时,高速公路参建各方的质量安全责任逐步得到落实。1999—2001年开展了公路建设质量年活动,开始建立质量责任卡;2008年,推出了质量责任登记制度;2011年,重庆在全国率先推出了主要岗位人员信用管理制度;2015年又制定了规范权力运行的"责任清单"和"权力清单"。

二、强化行业管理,营造共管氛围

历年来,市交委每年召开专题会议研究部署质量安全监管工作,主要领导和相关分管领导不定期带队对在建高速公路项目进行检查、调研,及时解决项目建设质量安全工作中的突出问题。

从"二环八射"高速公路建设以来,市交委每年制订督查工作计划,组织委质监局等单位对在建高速公路项目进行全面督查,并建立了每年不少于一次的全市高速公路质量安全分析会议制度,定期通报全市高速公路质量安全状况及突出问题,提出相关工作要求(图3-6-3);2008年,重庆市交通委员会印发了《关于开展高速公路项目建设单位评价工作的通知》,正式将高速公路项目建设单位每半年一次的评价纳入常态化管理工作,紧紧抓住项目业主这个核心的责任主体,促进项目建设质量安全管理工作的提升;2011年,随着"第三个千公里"高速公路建设全面引入BOT+EPC的投融资建设管理模式,市交委及时组织相关单位研究完善监管措施,并将质量安全控制的具体指标细化纳入高速公路特许经营权投资协议条款,通过合同约束手段促使投资主体强化工程质量安全管理工作;此外,市交委和市交委质监局还先后与市安监局、市质量技术监督局、市公安局等建立了相应的联合检查、问题移送处理等工作机制。通过一系列的举措,高速公路建设项目质量安全齐抓共管的良好氛围逐步形成。

图 3-6-3　全市高速公路施工安全工作会议

三、加强队伍建设，提升监管能力

市交委质监局始终致力于强化监督队伍建设和监管能力提升工作。质监队伍从直辖初期总人数不足 30 人，中、高级专业技术职称人员比例不足 50%，到 2015 年拥有取得行政执法资格的监督人员 76 人，中、高级专业技术职称人员比例达到 87%。市交委质监局所属检测中心还先后购置了桥梁、隧道检测设备和路面自动化检测设备，投入资金 3000 余万元，检测能力不断增强，先后取得公路工程综合甲级检测资质、桥隧专项检测资质和市质量技术监督局公路产品监督检验资格。

为全面提升质监人员监管能力，市交委质监局局长陈伯奎（图 3-6-4）特别强调：

市交委质监局在 2014 年全面启动了监督人员能力提升工程，先后组织开展了"施工临时用电安全""桥梁支架与模板施工安全""连续刚构悬臂浇筑以及 T 梁预制、运输与架

图 3-6-4　市交委质监局局长陈伯奎（左二）检查高速公路

设安全""钢围堰、深基坑、高桥墩翻模、滑模、爬模施工安全""隧道施工安全""沥青混凝土路面质量控制"等十多个专题培训,提升监督人员"看得出问题、找得出原因、抓得住重点、提得出措施、落得到实处"的能力。

2015年,市交委质监局以正式实施行政执法为契机,进一步完善执法制度,制定执法手册,统一执法文书,配备必要的执法记录、执法终端、现场监督检测和防爆取证等执法装备,建立健全安全生产行政行为合法性审查和法律顾问制度,积极推行执法信息化,着装用语规范(图3-6-5)。

图3-6-5 市交委质监局执法人员宣誓仪式

四、创新监督模式,提高监管实效

"8小时重庆"公路建设之初,市交委质监局对受监的每个高速公路建设项目组建了项目监督组,落实了项目质量监督的负责人,建立了项目每两月一次的定期检查工作制度和检查情况汇报制度,监督检查方式逐步由参与主管部门或建设单位组织的检查向独立组织开展监督检查的方式转变。

"二环八射"高速公路建设期间,按照把好"三关"(开工关、施工关、竣工关),用好"三权"(监督权、仲裁权、否决权),抓好"三重"(重点单位、重点工程、重点环节),体现质监工作"三性"(科学性、公正性、权威性)的工作要求,市交委质监局在项目开工时对施工、监理单位进行人员履约和质量保证体系专项检查,对设立的工地试验室审查并核发临时资质,定期开展对监理工作的考核,建立了质量监督专家库,发挥社会专家在监督检查中的技术支撑作用,探索建立了片区驻点监督模式,分别在黔江、奉节设立了两个驻地监督组负责片区日常监督检查工作,监督检查由以工程实体质量检查为主逐步向实体质量监督与管理行为监督并重的方式转化。

"第三个千公里"高速公路建设时期,为提高BOT+EPC建设模式下质量安全监督工作效能,市交委质监局在监督组织方式、监督方法、工作流程、处理力度等方面进行了大刀阔斧的改革创新和规范强化。一是优化完善片区监督管理组织模式,全面落实片区分管领导、分管处长、项目联系人三级责任制度。二是进一步整合内部力量,强化项目监督组人员架构,2014年质监局在原公路质监处、安全监督处、水运质监处基础上进行了内设机构和人员调整,成立了监督一处、监督二处和安全管理处,落实质量安全监督一岗双责,并在既有分片区监督模式下,调整充实了实体检测技术力量。三是推行监督工作标准化,修改统一了监督检查用表,所有内外业检查情况记录均由检查人员和被检查单位当场签字确认,通过细化行前方案、规范现场检查方式及记录、检查后PPT交流、发出监督意见书等标准化方式,切实做到监督工作标准化、检查内容标准化、书面反馈内容格式标准化,使得监督检查情况记录和反馈更加规范、及时和有效。四是在定期的质量安全综合督查、安全专项督查的基础上,针对高速公路项目重要合同段、重要工点和重要工序,采取"四不两直"暗访巡查方式,力求掌握工程现场质量安全真实状况。五是加大处理、处罚力度,针对质量安全监督检查中发现的突出质量问题和重大安全隐患,及时发出停(返)工通知书、责令改正通知书等监督文书,对重大事故隐患实行挂牌督办,对存在突出问题的单位或人员采取通报批评、约谈法人、行政处罚、信用扣分等措施。2016年,对4家施工单位、34个从业人员实施行政处罚,累计处罚金额约106万元。

五、强化风险管理,治理重大隐患

针对在建高速公路的深基坑、高边坡、桥梁、长大隧道等大型构造物工程,市交委质监局强力推进项目安全风险管理工作,将项目总体风险评估和建设过程中的专项评估落实情况纳入监管内容,从源头强化风险管控。2013年,市交委质监局组织编制了《山区高速公路高边坡深基坑工程施工安全风险评估技术指南》,指导项目风险评估工作规范开展;2014年,市交委组织召开公路工程安全生产监督会议,要求重点公路建设施工单位建立重点部位视频监控监测系统,实现对施工重大危险区域全过程监控。2015年,市交委组织对存在极高风险的桥梁工程双壁钢围堰施工安全管理进行专题研究,印发了《关于加强桥梁工程双壁钢围堰施工安全管理工作的通知》,交通运输部在全国进行了转发。2016年,市交委组织制定了公路工程重大事故隐患清单,市交委质监局以此为依据,将项目参建各方开展安全隐患排查治理情况作为季度安全专项检查的重要内容,并对现场督查发现的重大事故隐患问题及时采取责令停工、责令撤离人员、挂牌督办等措施。

六、规范行政执法,推进信息化建设

制定执法手册,统一执法文书,配备必需的执法记录、执法终端、现场监督检测和防爆取证等执法装备,建立健全安全生产行政行为合法性审查和法律顾问制度,积极推行执法

信息化。加强执法人员能力建设。组织开展监督业务培训和执法人员轮训,使执法人员熟悉法律法规,熟知执法程序,熟记裁量基准,熟用标准规范,着装用语规范。设立执纪执法监督室,加强对执法形象、执法程序和执法行为的监督检查。加强基层执法工作指导。选择成熟和具备条件的区县质监机构开展"三基三化"试点工作。2016年7月22日,监督人员对南道高速公路马嘴隧道进口右洞检查时发现,马嘴隧道右洞下导坑左侧一次开挖7榀钢架间距,开挖后未及时喷射混凝土封闭,上台阶Ⅳ级围岩一次开挖3榀钢架间距,局部拱顶未及时施作锚杆,违反了《公路工程施工安全技术规范》。经调查,证实施工单位工区项目负责人、专职安全员、专业监理工程师分别存在失职行为,依据《重庆市建设工程安全生产管理办法》规定,对他们分别处以数额不等的罚款。

推进安全生产风险管理、隐患排查治理、安全诚信管理、在线教育培训等信息化建设,建立安全生产基本情况、安全检查、重大危险源、重大事故隐患、应急救援、事故档案等数据化管理,实现市级重点公路水运项目全面实施突发事件风险管理,重要施工工点视频监控安装率达100%。

七、推行首件认可制度,开展"平安工地"活动

在1999—2001年全国公路建设质量年活动期间,开展现场施工质量联合检查和评比,落实奖罚措施,有力促进了早期高速公路建设质量的提高。2006年,开始推行首件工程认可制度,以符合质量标准的首件工程作为后续相同单位工程的标准,以点带面,强化工程质量管理,提高整体质量水平。2009年,开展公路工程混凝土质量通病治理专项活动,使混凝土集中拌和、构件集中预制等管理要求逐步得到推广和落实,混凝土工程施工作业更趋规范。

2010年以来,市交委、市交委质监局启动了"平安工地"和施工标准化活动,组织制定了高速公路施工标准化建设指南和考评标准,考核结果作为企业信用评价、评优评先的重要依据指标。2017年,市交委出台了《重庆市"创建绿色公路、打造品质工程"实施意见》,针对5个方面的目标任务,制定了51条具体措施,在全市在建和新建高速公路项目中全面推行。对每个建设项目均制定《安全生产投入及安全费用提取制度》,严格加强管理,并有专人负责落实,确保1.5%以上的安全生产经费落实到位,并保证安全生产经费全部做到专款专用。

八、构建诚信体系,维护市场秩序

市交委自2007年起,开始着力推动公路建设市场信用体系建设,先后制定印发了《高速公路项目建设单位评价细则》《公路施工企业信用评价实施细则》《重点公路建设项目主要岗位人员信用管理办法》《公路设计企业信用评价实施细则》等多项制度。同时,注

重信用评价结果的运用和动态管理,通过建立对从业单位或人员相应的激励、惩戒、退出等机制,充分发挥信用管理手段在高速公路建设项目质量安全监管工作中的积极作用。

第三节 质量安全成效

重庆市交通主管部门在强力推进高速公路建设,服务地方经济社会发展的同时,始终将工程建设的质量安全置于行业监管工作的中心,经过20多年的努力,质监队伍建设得到长足发展,监管执法技术力量不断增强,监管工作规范性和管理力度明显提升,高速公路的质量安全监督工作取得明显成效。

(1)施工标准化管理水平明显提高。通过持续推动施工标准化工作的开展,科学系统的施工标准化体系正在逐步形成,工地标准化、施工标准化和管理标准化的要求在工程施工各个环节逐步得到落实,施工场站建设、现场管理更加规范,工厂化生产、装配化施工、自动化设备及信息化技术等新工艺、新技术得到广泛应用,高速公路工程建设管理的精细化、规范化、信息化水平上了一个台阶(图3-6-6)。

图3-6-6 标准化的隧道施工钢筋加工厂

(2)工程质量水平明显提升。高速公路混凝土质量通病问题得到有效遏制,混凝土强度、隧道衬砌厚度、沥青路面压实度、厚度、平整度等重要质量指标得到有效保证,自2012年至2016年,重庆高速公路工程实体一次抽检质量监督合格率连续5年保持在92%以上,并呈稳步上升态势,2016年达到94.7%;内环快速公路马桑溪大桥、渝合高速公路北碚隧道、石忠高速公路方斗山隧道、永江高速公路永川长江大桥等工程先后荣获国家工程建设质量最高奖"鲁班奖";渝武高速公路渝合段和渝湘高速公路武隆至水江段分获2006年交通部优质工程一等奖、2016年李春奖(图3-6-7、表3-6-1)。已开展竣工验收的高速公路31项,获评优良工程25项,优良率达到81%。

图 3-6-7　部分工程获奖证书

工程质量奖汇总表　　　　　　　　　　　　　　表 3-6-1

序号	项目名称	获奖年份	获奖类别
1	马桑溪长江大桥	2004 年	国家工程建设质量最高奖"鲁班奖"
2	北碚隧道	2005 年	
3	方斗山隧道	2009 年	
4	永川长江大桥	2015 年	
5	渝武高速公路渝合段	2006 年	交通部优质工程一等奖
6	渝湘高速公路武隆至水江段	2016 年	李春奖

（3）施工安全得到有效管控。通过"平安工地"建设常态化管理及一系列安全专项行动的开展，高速公路项目从业单位和人员安全风险意识明显增强，安全保证体系日趋完善，现场安全防护措施更加规范。自 2005 年市交委质监局开始承担施工安全监管职责以来，全市高速公路建设项目未发生一起重特大安全事故，2012—2016 年的 5 年间，全市高速公路生产事故起数和死亡人数总体呈下降趋势，安全生产形势稳定向好（图 3-6-8）。

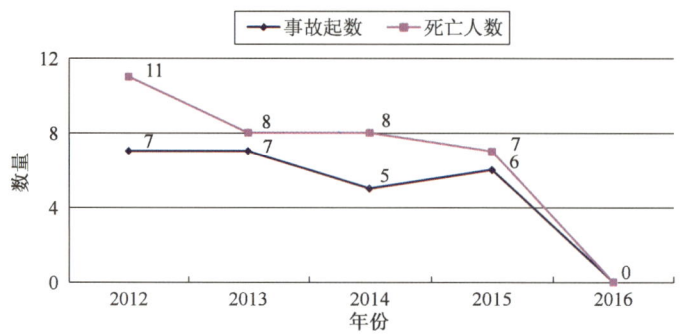

图 3-6-8　2012—2016 年高速公路年度生产事故统计图

第七章
征地拆迁

回顾30年重庆高速公路建设发展历程，征地拆迁工作是工程建设中非常重要的一个环节，是保障工程建设顺利进行的前提条件。随着重庆高速公路不同时期建设任务的要求及征迁政策和环境不断地变化、调整，征地拆迁工作经历了不断规范完善、不断与时俱进的过程。征地拆迁克服了征地政策多次调整、工程用地量大、交地时间紧、环境复杂、矛盾突出等重重困难，切实保证了高速公路项目建设用地需要，营造了良好施工环境，为工程建设的顺利推进作出了卓越贡献。

重庆高速公路建设征地拆迁工作从成渝高速公路项目、"二环八射"项目、3000km项目建成通车到目前正在施工建设的4000km项目，共涉及区县约30多个，总用地约30多万亩，拆迁房屋20万余户，涉及被征地群众约40万余人。在市委、市政府的正确领导和各区县的大力支持下，征迁工作实施了分级责任制，在征迁工作模式上先后经历了"实报实销""小包干"和"大包干"三个阶段。

目前，新的第四个千公里高速公路正按计划建设推进，伴随工程同步开展的征地拆迁工作也在实践中进一步摸索完善，探索和实践适合新形势下高速公路建设的征地拆迁工作模式和工作方法更显得迫切和重要。

第一节 征迁机制

重庆高速公路建设征地拆迁工作实行分级管理责任制，机制构建如下：

重庆市人民政府及重庆市高等级公路建设领导小组是重庆高速公路建设的最高领导机构。市交委是市政府领导和管理高速公路建设的职能部门。重庆高等级公路建设指挥部为高速公路建设的最高执行机构，负责指导、检查和督促各建设项目的征地拆迁工作。重庆高等级公路建设指挥部根据各项目具体情况组建项目建设指挥部，项目建设指挥部为高速公路各项目的具体执行机构，负责征迁计划的制订并监督实施。区县（自治县、市）人民政府及其领导下的各区县（自治县、市）高等级公路建设指挥部具体负责征地拆迁补偿安置工作，并作为政府工作任务组织完成。各乡镇（街道、居委会）政府协助本区县（自治县、市）高等级公路建设指挥部完成征地拆迁及补偿安置工作。市国土资源和房屋管理局及其相关区县(自治县、市)的国土管理部门依法行使高速公路建设用地的管理职能,并对建设用地工作进行业务指导和政策监督;市审计局及其相关区县(自治县、市)的审计部门依法对高速公路各项目征地拆迁资金进行审计和监督,使整个征地拆迁工作纳入依法管理范围,同时形成有效的监督管理体系,保证此项工作具有公正性;市发改委、规划局、水利局、林业局等分别依照各自管理职能对重庆高速公路建设用地手续办理要件进行审批,并对高速公路建设工作进行业务指导和政策监督。

征地拆迁工作能顺利开展,除了有好的拆迁机制外,被征拆老百姓的配合也是非常重要。在渝湘高速公路通过的武陵山区,有的地方甚至是三次搬迁。在彭水至武隆高速公路长滩立交桥附近,要拆掉许多民房。当初修建渝怀铁路时,他们已经拆迁过一次;这次高速公路建设需要,他们又要拆掉刚建好的房子搬到新的地方安置;刚安定下来,又遇到城乡统筹发展建设,需要把这里扩建为通往火车站的专用通道,他们又得再次搬迁。"屁股还没有坐热,又要搬迁。"群众唉声叹气不绝。我们理解,一次又一次的搬迁,群众抱怨,情在理中;很担心群众不支持这次拆迁。但出乎意料的是,当地村民尽管边拆边哭,还是忍痛拆掉新盖的房子。他们说:"为高速公路建设让路,只能为大家,舍小家。"

第二节 征迁政策

1990年第一条高速公路——成渝高速公路开工建设至今,重庆高速公路征地拆迁政策也进行了多次重大调整,对征地拆迁工作推动及征地拆迁成本控制带来了重大影响。

1995年12月30日前,执行的主要征地拆迁政策有:

《中华人民共和国土地管理法》,重府发〔1989〕104号文,渝办发〔1994〕92号文。其中,重府发〔1989〕104号文是针对成渝高速公路征地拆迁出台的专项文件,渝办发〔1994〕92号文是针对全市高速公路出台的专项优惠补偿文件。

1996年1月1日至1998年12月30日期间,执行的主要征地拆迁政策文件有:

《中华人民共和国土地管理法》《重庆市征地拆迁补偿安置办法》(重庆市人民政府64号令)《重庆市人民政府关于发布〈重庆市征用土地青苗、附着物补偿规定〉的通知》(重府发〔1995〕171号)《重庆市人民政府关于印发重庆市高等级公路建设征用土地分级责任制暂行办法的通知》(重府发〔1996〕154号),相关区县颁布实施的补偿文件。其中,重府发〔1996〕154号文是针对高速公路出台的专项征迁补偿文件。

1999年1月1日至2004年12月30日期间,执行的主要征地拆迁政策文件有:

《中华人民共和国土地管理法》《重庆市土地管理规定》(重庆市人民政府令53号)《重庆市耕地开垦费、耕地闲置费、土地复垦费收取与使用管理办法》(重庆市人民政府令

54号)《重庆市征地补偿安置办法》(重庆市人民政府令55号)《重庆市人民政府关于印发重庆市高等级公路、铁路建设征用土地补偿安置规定的通知》(渝府发〔2000〕84号文)、相关区县颁布实施的补偿文件。其中,渝府发〔2000〕84号文是针对高速公路、铁路建设出台的专项征迁补偿文件,是原重府发〔1996〕154号文的替代文件,该文件仍坚持体现了高速公路基础性、公益性的特点,征地拆迁补偿标准低于商业开发用地等,有效地控制了高速公路建设用地成本。此期间高速公路每亩征地成本约2.6万元。

2005年1月1日至2007年12月30日期间,执行的主要征地拆迁政策文件有:

《中华人民共和国土地管理法》《重庆市土地管理规定》(重庆市人民政府令53号)《重庆市耕地开垦费、耕地闲置费、土地复垦费收取与使用管理办法》(重庆市人民政府令54号)《重庆市征地补偿安置办法》(重庆市人民政府令55号)《重庆市人民政府关于调整征地补偿安置标准 做好征地补偿安置工作的通知》(渝府发〔2005〕67号文)《重庆市人民政府关于高速公路征地拆迁有关政策的通知》(渝府发〔2005〕98号文)、相关区县颁布实施的补偿文件。其中,渝府发〔2005〕98号文是针对高速公路建设出台的专项文件,主要是再次明确了高速公路征地拆迁工作由区县政府具体组织实施,并对征地拆迁中的行政事业性收费予以减免。与2005年前征地拆迁政策相比,此期间市政府未针对高速公路出台专门的征地拆迁补偿政策,高速公路征地拆迁与全市各类性质用地执行同一补偿文件。由于征地拆迁补偿标准的提高且未针对高速公路出台专项文件,高速公路征地拆迁成本大幅上扬,此期间高速公路每亩征地成本约7.5万元。

2008年1月1日至2012年12月30日,执行的主要征地拆迁政策文件有:

《中华人民共和国土地管理法》《重庆市土地管理规定》(重庆市人民政府令53号)《重庆市耕地开垦费、耕地闲置费、土地复垦费收取与使用管理办法》(重庆市人民政府令54号)《重庆市征地补偿安置办法》(重庆市人民政府令55号)《重庆市人民政府关于调整征地补偿安置标准 做好征地补偿安置工作的通知》(渝府发〔2005〕67号文)《重庆市人民政府关于高速公路征地拆迁有关政策的通知》(渝府发〔2005〕98号文)、相关区县颁布实施的补偿文件。此期间市政府进一步提出"同地同价"的理念,未针对高速公路出台专项征迁政策,高速公路征地拆迁成本进一步攀升,部分项目实际成本已达20万元左右,高速公路建设融资遇到巨大困难。《重庆市人民政府关于征地补偿安置有关事项的通知》(渝府发〔2008〕45号)是在《重庆市征地补偿安置办法》(重庆市人民政府令55号)基础上,对征地补偿安置标准做出调整和相关问题进行补充。拆迁补偿也是形式多样,不完全采取货币化补偿的方式,这方面高速集团总经理田世茂(图3-7-1)深有体会:

南万路南川段需拆迁农房322户,在房屋管网密集和人多地少的背景下,指挥部没有简单地实行直接补偿费用实行自建房的安置,而是在广泛征求意见的基础上,采取自建房安置、货币安置和还建安置的灵活安置方案让拆迁户自主选择。南川指挥部以鼓励还建房安置为主,广泛征求拆迁户意见,统一规划了22个实施安置点供拆迁户选择。为鼓励拆迁,指挥部制订了提前拆迁奖励、巴渝新居补贴、基础设施补助、拆迁还建手续免费办理等拆迁激励措施,使得房屋拆迁进展大大加快。

图3-7-1　高速集团总经理田世茂(前排右二)视察高速公路

2013年1月1日至2016年底,执行的主要征地拆迁政策文件有:

《中华人民共和国土地管理法》《重庆市土地管理规定》(重庆市人民政府令53号)《重庆市耕地开垦费、耕地闲置费、土地复垦费收取与使用管理办法》(重庆市人民政府令54号)《重庆市征地补偿安置办法》(重庆市人民政府令55号)《关于进一步调整征地补偿安置标准有关事项的通知》(渝府发〔2013〕58号)、市国土房管局出台的其他关于征地报件工作相关规定和政策、相关区县颁布实施的补偿文件。此期间重庆高速公路受政策调整影响较大,主要表现在两个方面:一是《关于进一步调整征地补偿安置标准有关事项的通知》(渝府发〔2013〕58号)对补偿标准调整幅度较大,原适用于"大包干"征迁标准的《重庆市人民政府关于调整征地补偿安置标准　做好征地补偿安置工作的通知》(渝府发〔2005〕67号文)被废止,区县拆迁资金缺口增加,项目业主与区县政府之间征地包干协议签订困难,项目开工建设推进困难;二是《重庆市人民政府关于高速公路征地拆迁有关政策的通知》(渝府发〔2005〕98号文)被废止,之前高速公路执行各项优惠专项费用减免政策被取消,高速公路项目征地拆迁成本进一步增加,影响了投资方积极性,也影响了区县政府的积极性。从目前实际情况看,为适应新形势下高速公路征地拆迁工作需要,全市第四个千公里高速公路征地拆迁工作仍然采用"大包干"模式,但在包干标准和包干范围做了一定的调整。提到补偿标准计量科学合理操作的问题,高速集团副总工程师敬世红(图3-7-2)说:

在征地拆迁实施中,实际计量补偿经常会引发争议,比如农民土地的测量究竟按实际面积,还是按投影面积,常常争论不休。区县政府拿到的红线图是投影面积,而重庆地形多数是山地,土地在斜坡上,实际面积比投影面积大。为了尽量不让农民吃亏,我们用一个折中办法,面积按投影算,农作物损失按实际算,这一措施得到了群众支持,被征地群众也通情达理,问题就解决了。

图3-7-2　高速集团副总工程师敬世红(右三)检查江綦高速公路

第三节　征迁模式

从成渝高速公路建设至今,重庆高速公路征地拆迁管理工作在实践中不断摸索完善,建设业主与区县的征迁费用结算经历了"实报实销""小包干"和"大包干"三个阶段。"实报实销"阶段征地拆迁资金全部由建设业主筹集,"小包干""大包干"阶段征地拆迁资金主要由建设业主筹集,包干不足部分资金由地方政府负责筹措。

一、第一阶段:实报实销阶段

1990年成渝高速公路建设时期,高速公路征地拆迁安置补偿工作主要采取实报实销方式,即区县根据项目勘界和实物清理情况,按当时的征地补偿政策,据实进行征地拆迁安置补偿。项目业主对区县指挥部上报的征迁补偿事项审核后,逐一拨付征迁补偿资金。对于管线和企事业单位的拆迁,由项目业主与相关产权单位进行协商,落实拆迁方案和补偿金额后据实进行补偿。按此方式,区县不存在结余资金的问题。

"实报实销"的工作方式从表面上看能够很好地控制征迁成本,但从实际工作效果来看,它不仅不能控制成本,而且还存在诸多弊端:

一是征地拆迁安置补偿工作需要项目业主逐一对每个项目进行审核及协商,投入大量人力,工作量较大。由于项目业主人手有限,顾此失彼的现象时有发生,对于征迁补偿的详细情况很难准确掌握。

二是各区县在每次实施征地拆迁补偿前均需上报补偿方案及费用,待建设业主审核通过后方能实施补偿,导致工作效率低下。

三是"实报实销"的方式无法调动区县工作的积极性,区县普遍存在畏难情绪及"等靠要"现象,工作推进缓慢,效率较低。

四是采取"实报实销"的方式,项目业主工作人员在征迁补偿过程中权力较大,容易滋生腐败,引发廉政问题。

二、第二阶段:小包干阶段

正是看到了"实报实销"的方式存在的问题,从1997年渝长高速路建设开始,重庆市高等级公路建设指挥部(市高指部)在多次调研的基础上,决定对原征地拆迁工作方式进行改革,采取单亩包干方式,也就是现在所说的"小包干"方式。即项目业主和区县指挥部进行协商,将征地拆迁中常见的且工作量大的补偿项目,如土地补偿、青苗补偿、构附着物补偿、房屋补偿、人员安置补偿、低压电力线补偿等以亩为单位确定一个结算价格,由区县包干使用,包干范围内的补偿项目由区县根据当时的征地政策,实事求是地补偿。单亩包干价由区县在项目开工前,根据包干范围和现场清理丈量的基础数据,按照当时的征地拆迁政策进行测算上报,经建设业主核实后共同协商确定,最后按照实际征地面积进行结算,双方以协议的方式对上述问题进行明确。其中10kV及以上的电力线路、跨境的管线和国有土地上的企事业单位拆迁未纳入包干范围,上述拆迁工作仍是由项目业主与区县指挥部进行协商,落实拆迁方案和补偿金额后据实进行补偿,同时征地拆迁相关税费也未纳入包干范围。

随着"小包干"的执行,征地拆迁资金的拨付方式也发生了巨大变化,结合实际情况,市高等级公路建设指挥部于2006年出台了《征地拆迁资金管理办法》,对于高速公路征迁资金的使用、拨付和日常管理进行了明确,同时明确了征迁结余资金的使用:"经国家审计机关竣工决算审计后确认的包干征地拆迁结余资金,首先必须用于征地拆迁遗留问题的解决,区县指挥部工作经费确实不足或在征地拆迁工作中成绩显著的,经项目指挥部同意后可以用于弥补工作经费不足及奖励有关单位。""小包干"与"实报实销"相比主要存在以下方面的优点:

一是充分调动区县的工作积极性,提高工作效率。由于包干范围的征地拆迁资金是包干使用的,区县可在包干总额内平衡调剂使用,区县对包干项目资金使用拥有更大自主权,工作积极性得到充分发挥,同时市高指部出台了区县工作考核奖惩办法,强化了对区县的年度考核,加强了对征地拆迁资金的拨付管理,严格按征地拆迁工作的进度拨付征地拆迁资金,各区县加大了征地拆迁工作的推进力度,工作效率明显提高。

二是有利于征迁成本的控制。由于征地拆迁资金是包干使用,各区县主动控制征地拆迁成本，拆迁补偿严格按市政府给予高速公路的专项政策执行，补偿标准按相关政策的下限执行，主动协调企事业单位拆迁工作，对区县直管的企事业单位充分利用行政等手段解决。正是由于上述原因，在最终结算时区县指挥部往往会产生结余资金。

除了上述优点，"小包干"执行过程中也存在一定困难：单亩包干价的科学确定在于对各类征地拆迁数据的准确把握，但由于高速公路是线形征地，具有征地面积大、拆迁数量大、涉及面广、用地时间急等特点，因此对征地拆迁基本数据收集难度大，工作量很大，特别是对包干单价有重大影响的房屋拆迁数量、土地类别、农转非人员数量等数据，建设业主要准确掌握难度很大，若区县不配合难度就更大。初步单价确定后双方分歧很大，往往需无数次的比对和沟通后才能达成一致，工作难度和付出可想而知。

三、第三阶段：大包干阶段

2008年，市政府要求加快推进"三环十射三联线"新1000km高速公路建设，即第三个千公里高速公路建设。鉴于新1000km高速公路未纳入"国家高速公路网"，项目建设无国家补助，同时征地拆迁成本也在不断攀升，高速公路建设面临巨大的资金压力，为此市政府出台了高速公路片区包干政策，也就是现在所说的"大包干"。"大包干"的工作开展方式与"小包干"类似，但包干范围扩大：除国有土地上的拆迁安置补偿外，所有管线、企事业单位和征迁税费全部纳入了包干范围，国有土地上的拆迁安置补偿由业主与产权单位协商确定。片区包干政策对包干标准也进行了明确：项目业主按"主城区13万元/亩、中心城区11万元/亩、远郊区县9万元/亩"支付征地拆迁补偿费用，征地拆迁安置补偿资金的不足部分由区县政府自行筹集解决。"大包干"是"小包干"的发展与深化，拥有与"小包干"一样的优点，并更加容易预防"腐败"产生。

由于"大包干"单亩标准是市政府基于高速公路地方受益、地方财政应适当承担的思路确定的，因此大部分区县征地拆迁资金都存在缺口，需要区县财政补贴。为保障包干征迁资金外的缺口资金及时到位，各区县积极想办法筹措资金，多种措施保障征迁资金到位，或直接从财政拨款补贴征迁缺口资金，或向项目业主提供储备土地获取缺口资金等等，保障了征地拆迁补偿工作的执行到位。

四、第四阶段：新形势下的挑战

第四个千公里高速公路建设正在全面有序推进，在新形势下也面临诸多挑战，主要表现为：2013年7月26日市政府出台了《关于进一步调整征地补偿安置标准有关事项的通知》（渝府发〔2013〕58号）文，并追溯至2013年1月1日起实施，原适用于"大包干"征迁标准的《重庆市人民政府关于调整征地补偿安置标准 做好征地补偿安置工作的通知》（渝府发〔2005〕67号文）被废止，由此带来一系列新的挑战和问题，主要表现为"大包干"

执行原包干标准参照的补偿文件调整,包干外征迁缺口资金进一步扩大,区县面临的压力进一步扩大。

面对这些问题和困难,市高指部协同市交委、市国土局等市级有关部门多次调研并组织有关区县、项目业主等召开相关会议,在上下保持统一共识前提下,明确重庆高速公路征地拆迁工作仍然采用"大包干"工作模式,区别项目具体情况和实际征地现状,适当调整包干标准或将某些重难点拆迁工作不纳入包干范围,具体由项目业主与区县政府协商谈判解决,市交委、市高指部对重难点问题进行协调指导。"第四个千公里"高速公路建设时期,土地征迁包干费用一般达到主城(25~30)万元/亩,渝西及中心城区(14~16)万元/亩,远郊区县(10~13)万元/亩的标准。

第八章
法规制度

高速公路建设管理制度由法律、法规、规章和规范性文件组成：法律主要包括《招标投标法》《公路法》等；法规包括国家层面（国务院发布的《招标投标法实施条例》《建设工程质量管理条例》等）和地方层面（市人大常委会发布的《重庆市投标招标条例》等）；规章包括行业层面（交通运输部颁布的《公路建设市场管理办法》等）和地方层面（市政府发布的《重庆市政府投资项目管理办法》《重庆市工程建设招标投标交易监督管理办法》等）；规范性文件由部级层面（交通运输部制定的《公路施工企业信用评价规则》等）和市级层面（市交委颁布实施的各项制度）组成。市交委制定的公路建设市场管理制度主要包括信用管理、招投标管理、设计管理、质量安全管理和综合管理等内容。

第一节 信用体系

2003年重庆市交通委员会出台《重庆市公路建设市场从业单位管理暂行办法》，将13类从业行为与市场准入挂钩，并开始着手研究信用管理工作。2006年，根据交通部《关于建立公路建设市场信用体系的指导意见》精神，出台了《重庆市公路建设市场信用管理暂行办法》，并开展了"年度十佳诚信施工单位"评选等相关信用评价工作。随后，《重庆市高速公路工程监理机构考核评价办法》《重庆市高速公路项目建设单位评价细则》相继出台，逐步将监理单位和建设单位一并纳入了信用评价范围。

2009年交通运输部发布《公路施工企业信用评价规则》后，重庆市交通委员会结合实际情况，一方面按照交通运输部的统一部署，以从业单位信用管理为主要抓手。在2011年年初，制定了《重庆市公路建设市场信用信息管理实施细则（试行）》和《重庆市公路施工企业信用评价实施细则》，随即市交委组织了施工企业试评价工作，在当年年底对评价工作进行了全面评估，及时修订了该细则。2014年推出《重庆市公路设计企业信用评价实施细则》，和交通运输部已颁布的监理、试验检测企业信用评价办法，共同构成重庆公路建设市场主要从业单位的信用评价体系，基本涵盖了目前公路建设市场的主要从业单位。

另一方面探索从业人员信用管理。组织开展了"交通建设市场从业单位和人员现状调查和管理对策研究",对重庆公路建设市场从业单位和人员的基本状况和存在问题进行了全面调研,在此基础上尝试建立从业人员信用评价体系。2011年出台了《重庆市重点公路水运建设项目主要岗位人员信用管理办法》,并开展了试点工作。结合试点和运用情况,年底对其进行了修订完善,使重庆公路建设市场信用体系突破性地从管理单位发展到管理单位和人员并重的阶段。相对于从业单位信用管理而言,个人的信用管理具有管理单元更细、管理重心更下沉、准入退出和处罚机制更加简化等特点。现行信用管理规范性文件见表3-8-1。

现行信用管理规范性文件一览表　　　　　　　　表3-8-1

制度名称	文号	主要内容
《重庆市公路建设市场信用信息管理实施细则》	渝交委路〔2010〕135号	此文件是规范重庆公路建设市场信用信息管理的基础,适用于公路建设市场从业单位及从业人员信用信息的征集、更新、发布、管理,核心是按照交通运输部的要求建立省级信用信息管理平台,与部级平台互连互通,通过该平台发布信息,促进信息公开透明,构筑全覆盖的无缝隙市场监管体系
《重庆市公路施工企业信用评价实施细则》	渝交委路〔2011〕106号	一是确定"分级评价"的评价模式。二是明确评价范围和对象。三是调整AA级的条件,增设了"具有良好行为记录"的要求。四是针对BOT+EPC建设模式的出现,增加对总承包单位和合作单位的评价。五是明确要求履约行为检查的频率、组织方式及检查情况发布方式。六是加强与公路建设市场信用体系建设其他法规的衔接
《重庆市公路设计企业信用评价实施细则》	渝交委路〔2014〕45号	一是确定"分级评价"的评价模式。二是明确评价范围和对象。三是在交通运输部规则的基础上做了四个方面的调整:1.对各单位的职责进行了细化和明确;2.AA级条件增设了"具有良好行为记录"的要求,充分体现"好中选优";3.增加了信用等级在招投标活动中应用的相关规定;4.增加了对设计咨询(含设计监理和代委审查单位)企业从业行为的信用评定标准
《重庆市重点公路水运建设项目主要岗位人员信用管理办法》	渝交委路〔2011〕40号	一是突出对重点项目和关键岗位人员的管理。二是规定了主要岗位人员任职的基本条件。三是明确将岗位能力测试结果作为上岗条件,对通过岗位能力测试的人员发放"从业信息卡"。四是建立了人员的信用评价标准体系,并建立了相应的退出机制。五是将个人信用评价与单位信用评价挂钩

第二节 招标投标

公路建设行业是最早全面开放的建设市场，最先实行招标投标制度的行业之一。1989年，交通部首次发布了《公路工程施工招标投标管理办法》。自2000年1月1日起《招标投标法》实施以来，先后制定颁发了一系列规范公路工程建设项目招标投标活动的部门规章和规范性文件，涵盖了公路工程施工、勘察设计、监理、设备材料招标、评标专家管理等内容，对于维护公开、公平、公正的公路建设市场竞争秩序发挥了重要作用。

重庆从第一条高速公路——成渝高速公路的建设开始，每一条高速公路的从业单位都进行了公开招标。2001年重庆市交通委员会发布《关于规范我市公路建设秩序简化公路建设项目审批程序的通知》和《关于简化和下放高速公路建设审批程序的通知》，其中对公路建设项目的招投标程序进行了规范和明确。此外，2005年在《关于规范和加强公路建设项目前期工作管理有关要求的通知》中，为加强招标投标管理，明确了重点工作内容。随后，为进一步完善货物招投标监管，2006年出台《关于加强公路建设项目货物招投标管理工作的通知》。

2011年，重庆市交通委员会以重点交通建设项目招投标活动统一进入重庆市工程建设招投标交易中心为契机，根据《重庆市工程建设招标投标交易监督管理办法》（渝府发〔2011〕29号），结合重庆交通实际以及行业管理的特点，拟定了《重庆市交通建设工程招标投标交易监督管理实施细则》，并报市政府法制办和重庆市工程建设招标投标交易监督管理委员会审查。之后两年中，市交委结合审查部门多次提出的不尽相同的意见，按照既要不违背招投标相关法规要求，又要有利于行业监管的原则，反复修改细则，并积极与审查部门沟通，于2014年正式发布了细则。

2016年，修订后的《重庆市招标投标条例》正式发布，交通运输部也推出《公路工程建设项目招标投标管理办法》（交通运输部令〔2015〕第24号）。为清理与之不一致的内容，更好地规范重庆招投标活动，重庆市交通委员会在总结细则实施情况的基础上，结合重庆交通实际，组织修订该细则：一是扩大适用范围，不只针对市交委监督的项目，包括本市全部交通建设项目；二是增加市交委和区（县）交通委（局）招投标监管的权限划分；三是取消资格预审，删去资格预审方面的条款；四是增加行贿犯罪档案查询及合同备案等内容。现行招投标管理规范性文件见表3-8-2。

现行招标投标管理规范性文件一览表　　　　表3-8-2

制 度 名 称	文　号	主 要 内 容
《重庆市交通委员会招标投标交易监督管理实施细则》	渝交委路〔2014〕39号	一是突出对重点交通建设项目的监管；二是强化近年出台招投标法规中的部分要求；三是响应招投标入场交易后的监管新规；四是明确信用信息在招投标交易中"奖优罚劣"的应用原则
《关于规范公路建设市场从业单位信用记录应用的通知》	渝交委路〔2014〕42号	该文件为统一规范重庆公路建设市场从业单位信用应用提供了制度保障，并明确可应用的信用记录范围，除信用评价结果之外，还涵盖行政处罚结果和通报批评（表彰）情况，弥补了信用评价结果为定期评价导致实时性不足的缺点；此外，排名在前的投标人进行信用分值的叠加应用，体现了既要保障投标人公平竞争又要体现诚信效益的不同和奖优罚劣的差异

第三节　勘　察　设　计

勘察设计是高速公路建设的灵魂，是提高工程建设质量的源头保障。为保证勘察设计的质量，市交委出台了一系列措施。

（1）首先是规范重庆公路工程设计变更管理。为合理控制工程造价，确保工程质量，保护人民生命及财产安全，根据《中华人民共和国公路法》《建设工程质量管理条例》《建设工程勘察设计管理条例》和交通部《公路工程设计变更管理办法》（交通部令〔2005〕第5号）等有关规定，结合重庆公路建设实际情况，在《重庆市公路建设变更管理暂行办法》（渝交委党〔2000〕26号）的基础上，多次组织相关单位讨论并反复修改后，印发了《重庆市公路工程设计变更管理办法》（渝交委路〔2006〕183号）。

随着重庆公路建设过程的不断推进，公路建设过程中出现了一些新情况：一是市高投司退出了地方重点公路建设领域，地方公路建设由区县具体实施，建设业主发生变化，审批程序需进行调整；二是在"二环八射"高速公路审计过程中，发现部分设计变更造价控制不严，具体执行不规范。结合重庆"二环八射"高速公路的建设管理经验及地方公路建设业主的变化情况，"第三个千公里"高速公路建设对公路工程设计变更管理提出了更高的要求。为进一步加强公路工程设计变更管理的科学性、适用性和可操作性，更加规范"第三个千公里"高速公路及地方公路工程设计变更的管理工作，2012年交委建管处组织修订了《重庆市公路工程设计变更管理办法》，出台了《重庆市公路工程设计变更管理办法》修订版（渝交委路〔2012〕32号）。调整设计变更的分级、设计变更审批程序及权限，加强设计变更造价管理，对紧急抢险的公路工程设计变更提出了新的要求，规范项目法人对设计变更的管理,增加违规行为内容。

(2)其次是推进设计标准化。为进一步提升高速公路建设水平,重庆不断探索,提升标准,加快完善标准化设计,提升设计水平。市交委先后编制了《重庆高速公路房屋建筑工程标准化设计图》《重庆"三环十射多联线"高速公路交通工程总体方案设计》《重庆市高速公路执法服务站、交通量调查站、气象监测站、固定测速系统、超限检测系统总体方案设计》《重庆市高速公路限速标志设置指导意见》《重庆市高速公路旅游区标志设置规定》等设计标准图,促进了各新建高速公路房屋建筑工程设计及建设的统一协调,发挥了交通工程作为一个系统工程,保障了高速公路整体效益,完善了高速公路交通管理,提升了高速公路服务水平。

(3)再次是重视具体工点及专项工程管控。为加强重庆高速公路弃(取)土场的管理,进一步规范施工行为,防止弃(取)土场发生次生灾害引发事故,威胁人民群众的生命财产安全,2012年市交委专项制定并印发了《加强高速公路弃(取)土场管理的通知》,分别从精细设计,确保弃(取)土场的勘察设计质量、规范施工,保障弃(取)土场的安全稳定、落实责任,加强弃(取)土场的全过程管理等方面对高速公路弃(取)土场提出了明确要求,提前体现了绿色公路建设理念。

结合石忠高速公路、彭武高速公路部分先简支后结构连续桥梁的交接墩出现了支座滑移量偏大、墩柱偏位等病害,威胁桥梁结构安全的情况,为加强高速公路桥梁支座设计及施工质量控制,防止此类病害再次发生,2012年专项制定了《进一步加强高速公路桥梁支座设计及施工质量控制的通知》,从桥梁交接墩支座的受力验算、支座预埋钢板和支座安装的细部设计、相关单位严把支座采购及进货关、严格控制垫石及梁底预埋钢板的施工质量、加强桥梁支座施工的日常监管及检查验收工作等方面提出了具体要求,保证了高速公路桥梁安全。现行设计管理规范性文件见表3-8-3。

现行设计管理规范性文件一览表 表3-8-3

制度名称	文号	主要内容
《重庆市公路工程设计变更管理办法》	渝交委路〔2006〕183号,渝交委路〔2012〕32号修订	交通部颁发的变更管理办法适用范围为交通部批复初步设计的公路工程的设计变更,本办法将适用范围扩大为交通部或重庆市交通行政主管部门批准设计的新建、改建公路工程的设计变更。其他新建、改建公路工程的设计变更可参照执行。2012年修订调整设计变更的分级、设计变更审批程序及权限,加强设计变更造价管理,对紧急抢险的公路工程设计变更提出了新的要求,规范项目法人对设计变更的管理,增加违规行为内容
《重庆高速公路房屋建筑工程标准化设计图》	渝交委路〔2012〕63号	对高速公路服务区、收费站管理用房等从结构、建筑等方面统一标准

续上表

制度名称	文号	主要内容
《重庆"三环十射多联线"高速公路交通工程总体方案设计》	渝交委路〔2012〕114号	制定了高速公路全路网的交通工程总体设计方案及设计标准
《重庆市高速公路执法服务站、交通量调查站、气象监测站、固定测速系统、超限检测系统总体方案设计》	渝交委路〔2013〕52号	为进一步加强高速公路交通管理,强化应急管理能力,提升高速公路服务水平,更好地服务社会公众,编制了重庆市高速公路执法服务站、交通量调查站、气象监测站、固定测速系统、超限检测系统等五大系统的总体方案设计
《加强高速公路弃(取)土场管理的通知》	渝交委路〔2012〕117号	从以下三个方面提出了具体要求:一是精细设计,确保弃(取)土场的勘察设计质量;二是规范施工,保障弃(取)土场的安全稳定;三是落实责任,加强弃(取)土场的全过程管理
《进一步加强高速公路桥梁支座设计及施工质量控制的通知》	渝交委路〔2012〕103号	从桥梁交接墩支座的受力验算、支座预埋钢板和支座安装的细部设计、相关单位严把支座采购及进货关、严格控制垫石及梁底预埋钢板的施工质量、加强桥梁支座施工的日常监管及检查验收工作等方面提出了具体要求
《重庆市高速公路限速标志设置指导意见》	渝交管养〔2013〕97号	一是统一高速公路限速标志;二是规范路段限速标准
《重庆市高速公路旅游区标志设置规定》	渝交管养〔2013〕63号	一是加强高速公路旅游区标志设置管理;二是规范高速公路旅游区标志设置

第四节　质　量　安　全

质量安全管理是高速公路建设管理中的核心,是其他一切工作的基础。早在2001年,市交委就出台了《关于加强高速公路桥梁伸缩缝质量管理的通知》(渝交委路〔2001〕112号),对已通车运营和在建的高速公路明确提出了确保桥梁质量的要求。同年,根据部《公路工程质量监督暂行规定》等研究制定了《重庆市公路工程质量监督实施细则(试行)》。2004年,出台了《关于进一步加强公路工程重要构造物质量监督工作的通知》(渝交委路〔2004〕62号),细化到构造物均要符合质量安全要求,同时出台了《关于加强公路工程建设施工安全管理的通知》(渝交委路〔2004〕60号),加强施工全员、全过程管理。

2008年,市交委对细则进行了修订,并出台了《重庆市公路工程质量监督实施细则》。随着"二环八射"高速公路提前建成,"第三个千公里"高速公路建设投融资环境及建设模式发生了较大的变化,需要质量监督职责及管理体系进行调整。为此,2014年,市交委再次对原有制度进行了修订,出台了《重庆市公路工程质量监督管理办法》,形成了严谨规范、职责明确的质量监督管理体系。

2011年,根据交通运输部统一部署,市交委出台了《重庆市高速公路施工标准化活动实施方案》,全力推进高速公路施工标准化活动。随后,在总结重庆试点经验的基础上,编制了《重庆市高速公路施工标准化指南》,并围绕施工标准化指南,出台了《重庆市公路水运工程安全生产强制性要求》《重庆市公路工程质量控制强制性要求》等两项强制性要求(曾于2015年进行修订)以及《重庆市重点公路水运工程质量安全问题整改复查工作暂行规定》《重庆市重点公路水运工程质量安全监督重要信息告知制度》等系列配套制度。现行质量安全管理规范性文件见表3-8-4。

现行质量安全管理规范性文件一览表　　　　表3-8-4

制度名称	文号	主要内容
《重庆市公路水运工程质量监督管理办法》	渝交委法〔2014〕24号	一是进一步明确了各级交通主管部门和质量监督机构的质量监督主要工作和管理职责;二是明确了质量监督管理机构基本条件;三是明确了质量报监基本条件、要件及程序;四是工程交工质量检测和竣工质量鉴定有关程序及要求;五是明确了有关罚则
《关于加强高速公路桥梁伸缩缝质量管理的通知》	渝交委路〔2001〕112号	一是由高发司牵头,业主、监理、质监等单位参与,对渝涪、渝黔、上界、渝合高速公路的桥梁伸缩缝进行质量大检查,对已安装但存在安全隐患的伸缩缝限期更换,及时清退已进场的不合格产品;二是重庆公路工程质量监督站立即着手制定桥梁伸缩缝产品质量检评标准,供现场监理和质监人员检测到场的伸缩缝产品使用;三是对梁万、长梁、渝邻及以后的高速公路项目,要求采取对桥梁伸缩缝产品和安装统一进行招标的方式,并延长其缺陷责任期
《关于进一步加强公路工程重要构造物质量监督工作的通知》	渝交委路〔2004〕62号	一是进一步完善质量监督机构,落实质量监督人员;二是明确职责分工;三是各级质量监督机构应加强对公路工程重要构造物施工、监理单位和人员的资质监督,加强对参建单位工程质量保证体系运行状况、执行公路工程强制性标准情况的监督;四是各级质量监督机构应加强对公路工程重要构造物试验检测工作规范性、准确性、客观性的监督;五是各级质量监督机构应配备必要的试验检测仪器设备,加强对公路工程重要构造物使用的原料、半成品、施工工艺的监督
《关于贯彻实施交通部公路工程竣(交)工验收办法的通知》	渝交委路〔2005〕139号	一是明确竣(交)工验收工作主体;二是明确交工验收工作的组织机构;三是明确竣(交)工验收程序

续上表

制度名称	文号	主要内容
《关于推行首件工程认可制度的通知》	渝交委路〔2005〕246号	一是明确推行范围,即全市高速公路、县级公路、重点航电枢纽和水运工程项目必须实行首件工程认可指导,其他交通建设项目根据自身实际情况参照执行;二是明确要求各项目建设业主牵头,结合项目实际情况认真研究各分项、分部和单位工程情况,确定首件单位工程目录等
《关于加强公路工程建设施工安全管理的通知》	渝交委路〔2004〕60号	一是各区县交通主管部门和建设业主要切实加强公路建设安全监督管理,全面落实安全生产责任制;二是重视地质勘察工作,加大前期工作深度;三是做好施工组织计划,避免盲目施工;四是制订抢险预案,做好抢险工作
《重庆市公路工程质量控制强制性要求》	渝交委路〔2015〕79号	除项目通用要求外,还从桥梁、隧道、路基路面等专业方面,提出了32条质量方面的强制性要求。明确提出了混凝土集中拌和、钢筋集中加工和构件集中预制"三集中"等具体要求,进一步加强了对施工标准化的指导
《重庆市公路水运工程安全生产强制性要求》	渝交委路〔2015〕81号	结合日常监管情况和典型事故案例,针对安全隐患较为突出的风险点,明确提出了24条强制性要求,以加强工程建设一线的安全生产工作

第五节 综合管理

2000年,为加强重庆交通建设市场综合管理,市交委出台了《重庆市交通建设工程施工分包管理暂行规定》(渝交委党〔2000〕20号),明确分包范围和职责;出台了《关于简化和下放高速公路建设审批程序的通知》(渝交委路〔2001〕317号),简化和下放了高速公路建设工可、初设和施工图设计等审批程序;出台了《关于加强公路建设项目施工图设计管理的通知》(渝交委路〔2002〕167号),加强公路建设项目施工图设计、前期工作管理等。这些措施的出台已逐步规范重庆高速公路建设市场。

自2008年以来,建设单位考核评价工作已逐步成为规范重庆高速公路建设市场的重要手段之一。随着"第三个千公里"高速公路项目建设的全面展开,为进一步加强建设单位管理力量、加快投融资及项目推进,按照"对高速公路建设单位评价应在质量安全基础上,加强进度和投资管理评价的精神",市交委于2013年出台了《重庆市高速公路项目建设单位评价细则》(渝交委路〔2013〕81号)。

2012年，市交委印发了《关于进一步加强公路建设项目民工工资发放管理的通知》（渝交委路〔2012〕1号），进一步建立和完善了工资支付保障金、用工管理、支付公示、承包单位负总责、实名制等"五项制度"。2016年，根据国务院和市政府有关精神，印发了《关于贯彻落实全面治理拖欠农民工工资问题有关意见的通知》，进一步完善以"两金三制"为核心的预防拖欠长效机制。提到农民工工资问题，市交委建管处处长朱文说：

2006年，市交委就与劳动保障等市级有关部门联合印发了《关于在建设领域推行农民工工资支付保障金制度的通知》（渝劳社发〔2006〕51号），建立了农民工工资保障金制度，并对保障金缴纳比例、方式等进行了明确。

2015年，按照中央全面深化改革要求，交通运输部出台了《关于深化公路建设管理体制改革的若干意见》（交公路发〔2015〕54号）。根据交通部改革思路，结合重庆实际，市交委研究印发了《重庆市贯彻落实交通运输部深化公路建设管理体制改革若干意见的试行方案》，明确了建设管理法人机构、人员配置及建设管理模式的审核标准及程序，进一步强化了对建设管理法人的考评运用。

现行综合管理规范性文件见表3-8-5。

现行综合管理规范性文件一览表　　　　表3-8-5

制度名称	文号	主要内容
《重庆市交通建设工程施工分包管理暂行规定》	渝交委党〔2000〕20号	一是明确分包条件和范围，即承担分包工程的施工单位，必须具有交通建设工程相应的施工资质，具有相应的施工业绩与能力等；二是明确分包管理责权利等各事项，即承包单位必须对所承建的工程施工过程负统一管理责任，分包单位必须服从承包单位的统一管理等
《关于简化和下放高速公路建设审批程序的通知》	渝交委路〔2001〕317号	一是明确可研及设计审批，即工可及初步设计由国家计委或交通部组织审批，市交委组织预审，施工图设计由项目业主报市交委审批；二是招标审批，内资项目主体工程施工及监理招标文件由项目业主报市交委审批，报交通部核备；三是明确车辆购置审批，高发司及其子公司购置车辆，应纳入年度资金预算计划，并明确资金渠道，子分公司购置车辆报高发司审批，高发司购置车辆报市交委审批
《关于加强公路建设项目施工图设计管理的通知》	渝交委路〔2002〕167号	一是各区县交通主管部门必须对市交委下放审批权限的项目以及自行审批项目的施工图设计文件进行审查批复；二是各项目业主在向主管部门报送施工图设计文件时，应同时将施工图预算送审；三是项目建设中应按审批的施工图设计预算进行投资管理和控制，审批的施工图设计预算不得随意突破

续上表

制 度 名 称	文 号	主 要 内 容
《关于规范和加强公路建设项目前期工作管理有关要求的通知》	渝交委路〔2005〕160号	一是加强勘察设计管理,重点抓好现场调查、测量、地质和水文勘察、内业设计和设计预审五大环节;二是加强招标投标管理;三是加强征地拆迁工作的管理;四是加强开工前的各项准备工作
《关于进一步加强公路建设项目民工工资发放管理的通知》	渝交委法〔2012〕1号	建立和完善了工资支付保障金、用工管理、支付公示、承包单位负总责、实名制等"五项制度"

Record of Expressway Construction in
Chongqing
重 庆 高 速 公 路 建 设 实 录

第四篇
技 术

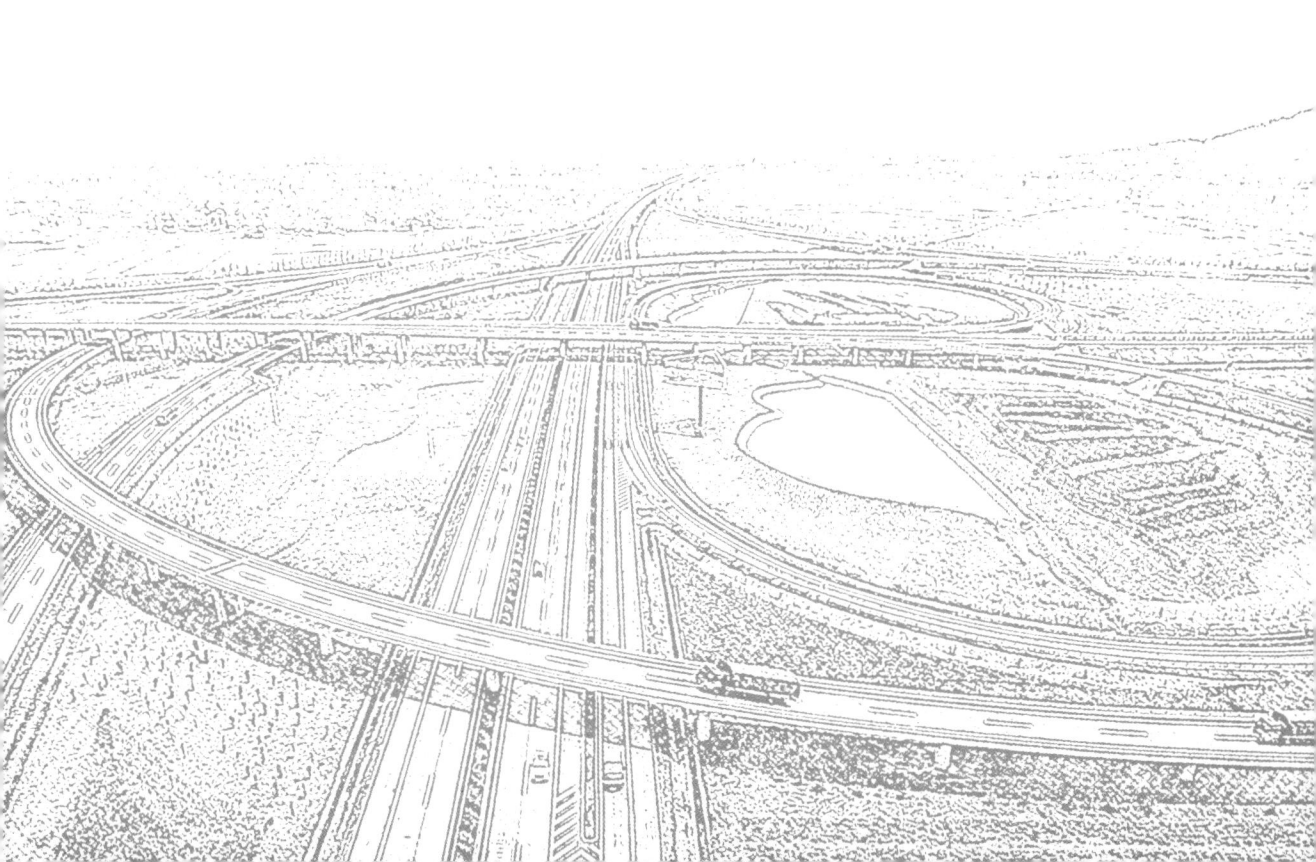

篇 首 语

　　由于重庆特殊的地形地质条件,高速公路沿线断层、溶洞、涌水、突泥、瓦斯、滑坡、泥石流、崩塌等不良地质多,气象气候条件多变,这些不利的自然条件给高速公路的建设造成了重重困难。重庆高速公路建设者以科学求实的态度,用智慧和辛劳跨越条条沟壑,穿越重重大山,攻克个个难题,绘出道道彩虹。在山区特大滑坡防治、钢管混凝土拱桥、结合梁斜拉桥、特长隧道技术以及通风照明、智能控制、防灾减灾及路网区域管理和联网监控技术等方面,创造出一个又一个山区高速公路建设的新纪录。

第一章
路 线 技 术

早期建设的成渝、渝合、渝黔高速公路等因地形条件较好、地质条件相对简单,路线选线主要考虑的是合理利用地形确保经济适用,总体上路线平纵指标的运用相对于周边四川、贵州的要高;但随着高速公路逐渐进入渝东北、渝东南山区,地质条件和环境条件逐渐成为线路选择的主要考虑因素甚至是控制因素,如何灵活采用平纵面指标,如何合理控制桥隧比例与规模,走高线还是走低线,穿隧道还是做挖方,架桥梁还是筑路堤,路线总体设计的难度越来越大,要考虑的因素越来越多。

第一节 路线技术发展

重庆西北部和中部以丘陵、低山为主,山丘连绵,岗坳交错,山坡较缓,丘谷相对高差不大,具备鲜明的丘陵特征;渝东北和渝东南处于山岭地区,往往是山高谷深,地形复杂,但山脉水系分明,是典型的山岭区。

公路测设紧跟科技发展步伐,各种新技术应用越来越普及。选线经历了从现场定线、纸上定线,再到CAD辅助定线三个阶段;内业设计经历了纯手工、计算机辅助,再到BIM技术协同设计的转变;外业测设经历了从花杆皮尺+经纬仪水准仪,到全站仪,再到GPS的进化,路线测设的工作场地经历了从全室外到室内室外结合的转变。目前正在朝大数据和"3S"(GPS+RS+GIS)等云端技术的全自动化路线设计迈进。

重庆市交通规划勘察设计院院长钟芸(图4-1-1)提到勘察设计工作的重要性时说道:

勘察设计在高速公路建设中起到龙头作用,是高速公路建设的重要环节。勘察设计的优劣不仅影响工程项目的质量安全和投资效益,其技术水平对经济社会发展和生态环境都会产生重大影响。为此,渝勘院针对勘察设计建立了'准确勘察、精心设计、科学管理、持续改进、优质服务、顾客满意'的质量管理方针。

一、选线技术

(1)现场定线。20世纪80年代,由于地形图和资料缺乏,有的高速公路困难段落选线需要通过现场勘察地形、地物和水文、地质等建设条件,实地调整确定线路走向和具体位置,并根据现场位置敷设转角和线位。

图4-1-1 重庆市交通规划勘察设计院院长钟芸(前排左一)检查江习高速公路外业

(2)纸上定线。20世纪80年代后期开始,随着地形图的获取越来越容易,高速公路一般依靠1∶10000~1∶2000的比例尺地形图,逐步精准选取线位,再实地放线。该技术普遍应用于重庆高速公路选线。

(3)CAD辅助定线。2000年以来,随着计算机存储、计算和图像处理技术的发展,利用DTM数据可实现计算机上自动选线,获取纵横断面地面线数据,完成纵断面设计和横断面的戴帽子设计,进行多方案优选,如沪蓉、垫忠、沿江高速公路等。

二、内业设计

(1)纯手工阶段。20世纪80年代至90年代初,设计普遍采用绘图工具(图4-1-2)手工绘图、描图、晒图,成渝、渝长、渝黔高速公路都是如此操作出图。

(2)计算机辅助阶段。20世纪90年代后期,计算机CAD辅助设计技术开始出现,通过人工读取平纵横数据后,输入电脑由计算机自动进行平纵横设计,结构物通过CAD等设计软件出图。从渝合高速公路开始,所有的高速公路均采用计算机辅助技术。

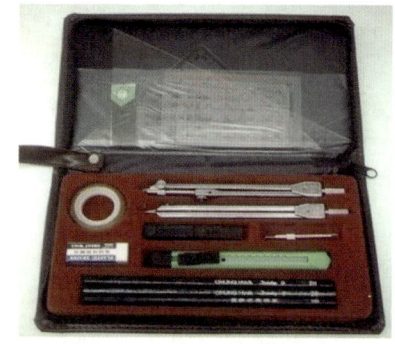

图4-1-2 纯手工阶段的绘图工具

(3)BIM技术协同设计。随着计算机信息技术的发展,在高速公路设计中采用BIM技术实现协同设计,建立三维数字可视化信息模型,贯穿于方案研究、工程设计、施工、运维全生命周期。目前,南两高速公路太洪长江大桥、城开高速公路城开隧道等工程设计已开始运用BIM技术。

三、外业测量

(1)经纬仪水准仪阶段。高速公路启动初期,就采用经纬仪、水准仪进行测设。中线组利用经纬仪、钢尺,采用交点法结合支距法、拨角法等进行路中线的放线,现场埋设曲线要素桩、交点桩、桥位桩、隧道桩和中桩;水平组采用水准仪进行逐桩施测高程;横断面组采用花杆、皮尺、方向架等工具施测横断面地面线;其他专业组根据中桩开展调查工作,搜集相关资料。

(2)全站仪阶段。20世纪90年代开始,随着激光测距仪的出现,公路外业放线工作发生了根本性变化。中线组利用全站仪(或经纬仪+测距仪),采用坐标法或极坐标法直接施测各要素桩,同时利用三角高程法获取桩位的高程数据,取代了水平组施测中桩高程的工作;重要的横断面也采用全站仪施测,省时省力,精度得到大幅度提升(图4-1-3)。

(3)GPS阶段。2000年开始,以全站仪为主要测量工具的外业放线工作被GPS-RTK技术所取代,要素桩、中桩、纵横断面地面线和其他重要数据的获取均可在实地适时获取(图4-1-4)。测量数据的精度越来越高,外业放线工作耗时越来越短,投入到测量工作的人员配置越来越少。

图4-1-3　全站仪外业测设图

图4-1-4　GPS外业测设

第二节　典型路线工程

一、地质选线——渝湘高速公路水武段隧道群

水武段地形陡峻、岩体破碎、整体稳定性差、滑坡、崩坡积层、危岩等不良地质现象普遍,在羊角镇乌江南岸,分布有杨家湾滑坡、秦家院子滑坡、羊角大滑坡等滑坡群,路堤加载或路堑开挖将造成滑坡复活。根据沿线的这些地形条件,如果在乌江峡谷的河道边缘附近布线,工程建设对乌江河道的破坏将是灾难性的,该段必须远离乌江且以桥、隧方式通过。基于此,在距离羊角滑坡群后缘650m处,修建羊角特长隧道(长6600m)的方式通过,隧道顶与羊角滑坡底最小距离400m,全部为桥隧相连(图4-1-5)。该项目于2011年

荣获中国工程勘察设计协会优秀勘察一等奖和优秀设计一等奖,2015年全国公路交通优质工程一等奖(首届李春奖)。2016年羊角镇因滑坡而整体搬迁,幸亏当时采用长隧道绕避方案,如果采用路基或短隧道方案,高速公路也将面临整体改线的命运。

图4-1-5　渝湘高速公路水武段隧道群

二、环保选线——渝合高速公路三跨嘉陵江

在渝合高速公路建设过程中,把环保放在重要位置,在设计阶段就严把设计关,优选路线,切实保护环境敏感点。为了保护北温泉、缙云山国家级风景名胜区,同时减少对现有地下温泉、耕地、植被的破坏,在设计中,业主通过了5个方案比选,坚持修路不能牺牲风景区为代价的原则,修改了原设计方案,采用过江架桥穿山打隧道方式,改变路线,三跨嘉陵江,新建跨江特大桥3座,绕过缙云山风景区。这个改动,再加上对西南农业大学稀有蚕桑树种保护区的绕道,渝合高速公路新设计方案比最短方案总里程增加了7km,资金增加了上亿元。但以上措施的采用,在注重对沿线经济带动作用的同时,有效地保护了生态环境,提高了交通建设的整体形象,从而受到了国家环保总局的嘉奖。

三、经济选线——成渝高速公路

成渝高速公路在最初选线时拟定有438km"南线"和368km"北线"两个方案。"北线"方案经乐至、安岳、潼南、铜梁、合川、北碚至重庆,路程短、工期短、投资小;"南线"方案途经简阳、资阳、资中、内江、隆昌、荣昌、大足、永川、璧山、九龙坡、沙坪坝,止于重庆陈家坪,相对路程长、工期长、投资大,但途经的地区均是四川腹地,人口众多,经济也较发达,是全省主要商品粮、棉花基地和机械、电子、皮革等产业密集地。考虑到其对城市群的集聚作用、对经济的带动作用,最终选择了"南线"。

第二章
路 基 工 程

受地形地貌、地层岩性、地质构造等因素影响,加上特殊的气象水文条件,重庆高速公路工程沿线存在大量的不良地质和特殊岩土,公路路基的工程地质问题特别突出。高填方、深挖方、滑坡、软基等特殊路基处治技术要求很高,这给重庆高速公路的建设者提出了一个又一个挑战。

第一节 技术发展历程

由于重庆独有的地理环境特点,使得在重庆建设高速公路,路基技术特点主要表现为高填方路堤、深挖路堑、泥石流、滑坡灾害、岩溶及岩溶水病害、采空区、溶洞、水库塌岸、路基沉陷、滑移、开裂变形、顺层边坡不稳定、危岩崩塌与落石、软弱地基、半填半挖的不均匀沉降等。针对路基不同特点,路基技术发展主要经历了天然地基处理、综合处理、全面加固等历程,技术不断全面、不断进步,实现路基技术对不同路基病变的改造和提升。

(1)天然路基处治技术阶段。早期一般是通过改变地基土的性质对天然地基进行处理。对于饱和度较高的软弱天然地基,通过改善地基土的变形特性和渗透性以提高地基的抗剪和抗液化能力。软土地基处理的方法主要包括表层处理以及深层处理两种方式。表层处理主要适合于软土层较浅的情况,常用的处理方法包括表层排水法、铺砂垫层法、添加剂法等。深度处理则针对软土较深、分布较广的情况,主要有竖向排水固结、CFG碎石桩以及振冲挤密等处理方式。

(2)路堤路基综合处治技术阶段。经过多年高速公路建设发现,仅仅对地基进行处理往往具有很大的局限性,而且并不是所有的地基处理技术都是适宜的,一般要对路堤和路基进行综合分析。在高速公路建设中,天然地基病害常用的加固技术有干拌水泥混凝土夯扩桩法、压力注(灌)浆法、碎石桩法和单管高压旋喷法等。对于已经处理过的人工地基,一般要对其承载能力和变形特性进行评估再进行补强,常用的加固技术包括无砂混凝土小桩压密注浆法、钢花管注浆法和袖阀管注浆法。早期的路基沉陷病害一般是压实度不足造成的,因此在路基施工中要严格按照施工规范进行路基填筑的碾压作业,确保路基压实度符合设计要求,以避免压实度不足而造成路基沉陷。

（3）路基边坡全面加固技术阶段。由于路基在施工过程中改变了原有植被和土层地理地质情况，再加上外界降雨和荷载等因素的作用，路基边坡可能会出现滑塌灾害。在对高速公路路基边坡防护进行选择时，早期基本上是利用挡土墙作为坡面支挡防护的一种重要手段。随着边坡加固技术的发展，抗滑桩、锚杆预应力锚索被大量运用到滑坡的支挡防护中。在后期建设过程中发现，单一的坡面防护措施并不能保证路基边坡长期处于稳定状态。通过在路基边坡防护中引入植被防护和冲刷防护，并将这些防护措施进行组合优化，以达到对路基边坡全面加固的目的。此外，在高速公路路基建设过程中尽量使用透水性良好的砂砾，并与良好的排水设施结合，可以有效避免路基翻浆病害的发生。

（4）强调排水系统设计技术阶段。虽然在后期重庆高速公路施工中压实度满足要求，但由于忽略了排水系统或排水系统设计不合理导致路基范围内积水，使积水浸泡路基而变形。鉴于此，重庆高速公路在建设过程中，通过对排水系统进行合理设计，当出现沟谷和坡度较大的横坡时，除了满足规范要求外，还通过设置纵向台阶和放缓坡度，确保填筑路基和地面之间合理衔接，以便于积水排出。对于已经出现路基沉陷的高速公路，一般采取换土回填、固化剂处理粉喷法或者灌浆处理等方法进行整治，以避免病害进一步发展。

第二节　典型路基工程

一、高填方路堤处治——成渝高速公路三星沟高填方

成渝高速公路上的三星沟地处重庆近郊九龙坡走马镇，三星沟是一条宽300m、约50m的沟壑，有小溪流过，原设计为3孔70m钢筋混凝土箱形拱高架桥。为了及早给缙云山隧道提供进场通道，并节约造价，将其变更为高路堤填方。填筑高度30多米，是20世纪90年代初期重庆第一高路堤填方。交通部重庆公路科学研究所协同施工单位采用塑料板排水及竹筋网加固路堤等综合处理技术，获得了成功，节约了400多万元投资。这项技术填补了西南地区超过30m高填方应用塑料板与植物竹筋网加固处治技术空白，丰富了公路路基设计和施工技术规范。

二、煤矸石路基处治——南万高速公路砚石台煤矸石路段

南川、万盛地区是重庆盛产煤炭的矿区，在南万高速公路全长约30km的路程中，有20km处于煤炭矿藏之上。其中芭蕉湾工点因选线走廊狭窄，不得不以路堑穿越300万t煤矸石堆积体。煤矸石山为南桐矿务局砚石台煤矿堆放矸石形成，最大厚度43m，占地0.09km^2，总方量300万m^3（图4-2-1）。矸石山堆积体由煤渣、矸石、泥岩、灰岩碎块石构

成,由于没有经过碾压,填筑结构疏松,路基通过后如不处理容易造成不均匀沉降;煤矸石中含煤屑、煤粉及黄铁矿,由于在密闭环境中黄铁矿产生氧化发热,使矸石山中的煤屑、炭质含量较高的页岩产生自燃,矸石山上部分路段有烟冒出(图4-2-2)。自燃产生较高的温度及有害气体,影响高速公路行车安全,且长时间燃烧容易形成空洞,造成路基不均匀沉降。为保证路基安全,采用对矸石进行强夯与路基下注浆相结合进行治理,对挖方边坡表层覆土进行封闭。为将矸石中的热量散发出来,降低矸石温度,在路基左侧设一排散热棒。注浆材料采用石灰黏土浆,主要考虑石灰可以与矸石中的硫发生化学反应,而硫是煤矸石燃烧的重要原因,同时石灰浆失水后硬化,可增强基础的承载性能,减小沉降。对填方边坡经过矸石山段,局部场地整平后,进行了分层强夯处理,实现路基安全可靠。

图4-2-1　煤矸石路段全景图　　　　　图4-2-2　还在燃烧的煤矸石

三、滑坡路基处治——梁万高速公路张家坪滑坡带

在梁万高速公路路线上,有近10km的顺层滑坡地段,这个地段共治理滑坡80多处。按梁万高速公路长度算,平均每公里就有一个滑坡出现。其中有个叫"张家坪"的地方,是当时全国最大的滑坡带;因其历史上多次发生大规模滑坡位移,老百姓把它叫作"走山"。2001年5月1日,施工正在紧张进行中,200多万立方米山体突然下滑。滑体长达1000多米,最宽处达332m,堆积物最厚处达40m。滑坡把已现雏形的路基弄得面目全非。

为治理滑坡,全国各地专家云集于此,多次考察、研究、反复论证,最后确定了用支挡结构护住滑体,结合排泄地下水的治理方案:在深层滑动面底部针对堆积层、流沙层等不同地层,采取了超前锚杆、格栅拱架、超前管棚注浆、板桩法等支护措施;此外,修建了渗水隧道、仰斜排水孔、支撑泄水沟来排除地下水。同时,在挖抗滑桩基坑的过程中,为防止因过多开挖形成新的临空面过大引起滑动,采取了"跳二挖一,分批开挖"的方法。即在第一批抗滑桩达到抗滑能力后,再进行第二批抗滑桩施工,以便最大限度降低施工队滑体的扰动。此外,还采取了预应力锚索、锚索抗滑桩、锚索框架等措施治理滑体。在张家坪滑坡治理中,一共使用了528根锚索、60根抗滑桩,修建了1座196m长的渗水隧道。抗滑桩最深的一根插进岩体46m,最粗的抗滑桩直径达2.4m。就是这些锚索与抗滑桩连成一个整体,把古滑坡紧紧地锁住,牢牢地钉在山体上。

四、滑坡路基处治——奉溪高速公路大坪滑坡

奉溪高速公路在46km路段中,大幅滑坡点就有28处,全线约四分之三路段出现滑坡,是重庆唯一一条滑坡长度超过路基长度的高速公路。其中大坪滑坡是2009年开工以来,所遭遇的面积最大的滑坡体。大坪滑坡段宽约365m,垂直线路长480m,滑坡面积近18万m^2。专家分析:大坪滑坡为中型牵引式工程复活古滑坡,滑坡受三峡大坝蓄水产生的库岸再造、水位升降影响存在复活失稳的可能。结合稳定性计算结果,拟采用抗滑桩+坡面截排水等综合治理方案。

除了常规的挂网、锚杆和植被防护外,大坪滑坡治理设计抗滑桩92根。为确保山体稳定,采用了大直径抗滑桩,并加深桩基深度。由2.0m×2.6m、2m×3.4m、2.4m×3.6m、3.0m×4.0m等4种截面形式组成的抗滑桩,一根抗滑桩重达千吨,桩身开挖深度为42~71m。直插地心深处的抗滑桩,就像一颗颗巨大的"锚杆"插入滑坡处固定山体。为防止再次滑坡,抗滑桩开挖时,不允许采用爆破施工,施工时只能用钻机一点点钻,多数情况采用人工开挖,每天开挖深度仅0.5m。在大坪滑坡治理中,解决了超深人工开挖抗滑桩世界级施工难题的处治技术,并获得《超深孔护壁加固结构》《护壁钢筋的连接方式》《特殊挖孔桩施工方法》等专利。

第三章
路面工程

重庆夏季高温多雨、冬季气候温暖,局部高山、高海拔地区存在季节性冰冻和雨雾天气。受地形影响,重庆高速公路的长大纵坡路段较多。这些自然条件给重庆高速公路的路面设计、施工、养护带来很大挑战。

第一节 技术发展历程

重庆高速公路路面的设计与施工技术,从成渝高速公路开始已有30年的发展历史。在这30年的发展过程中,针对重庆高温、多雨、山区的地理气候条件,高速公路建设者们潜心钻研,学习借鉴国内外先进材料、工艺,抓好材料质量,严控施工工艺,不断提升路面设计、施工技术水平。

重庆高速公路普遍采用沥青混凝土路面,随着公路车辆设计荷载的不断提升,路面厚度从早期的12cm逐渐增加到16cm,如今已基本采用18cm厚度;为增加路面的抗滑性能、抗车辙和推移、拥包,沥青面层粗集料从轧制卵石到花岗岩(石灰岩)再到玄武岩,沥青混合料也从普通沥青到改性沥青,从上面层改性到中面层也改性等等,沥青路面层的结构类型和结构厚度逐渐规范、科学。

水泥混凝土路面在重庆高速公路中使用并不普遍,早期建设的内环高速公路曾采用水泥混凝土路面,但随着城市的快速拓展,内环高速周边布满了工厂、企业、小区、学校,为了降噪、环保,目前均已改成了沥青混凝土路面。早期规范规定隧道路面应采用水泥混凝土结构,由于重庆多雨,隧道洞口路段湿滑,摩擦系数下降很快,常常导致交通事故频发。为改变这一现状,重庆在隧道路面方案中大胆突破,通过科学研究,采用阻燃沥青提高了隧道行驶安全性,并因此推动了隧道路面规范的修改。

在"二环八射"高速公路建设中,开展了"高温多雨山区高速公路沥青路面关键技术"研究,提出了适合重庆高温多雨山区的路面结构方案,能有效减少反射裂缝等路面早期病害,延长路面使用寿命,减小后期养护费用。编制了《重庆高速公路沥青路面技术规范》,为重庆高速公路及其他高温多雨山区高速公路路面建设提供了示范。

第二节 典型路面工程

(1)成渝高速公路路面技术。成渝高速公路是重庆第一次采用高速公路标准设计施工"高级路面",也是最早使用改性沥青技术的高速公路项目。按照当时各个路段的车流量大小和使用功能,近郊14km设计为水泥混凝土路面,80km设计为沥青混凝土路面(其中,39km采用了改性沥青)。沥青混凝土路面分为5cm中粗式沥青混凝土+7cm粗粒式沥青混凝土。

成渝高速公路路面施工首次使用德国进口的ABG沥青混凝土摊铺机,自动找平调整路拱,一次性摊铺10.38m宽,而且平整度良好。1995年进行路面施工时,采用了从奥地利引进的改性沥青设备,试摊铺了39km路面,改性剂采用聚乙烯,掺配量为沥青用量5.8%~6%,改性后的沥青技术指标有所提高,路面质量高于普通沥青混凝土路面。

提及成渝高速路面技术,原重庆交通行政执法总队副总队长、重庆市交通规划勘察设计院党委书记明萌(图4-3-1)就"缙云山隧道白改黑"一事说:

成渝路走马至缙云山隧道口是个长下坡,下雨天积水严重,由于是水泥混凝土路面,形成平、光、滑的"镜面效应",事故多发。为此当时的"高管处"对进口处300m进行白改黑改造。改造后事故少了,但是在300m往前又开始出现事故,所以半年后对整个隧道进行白改黑,就很少出现事故,受此启发,对另一幅路面也进行了白改黑。

图4-3-1 重庆市交通规划勘察设计院党委书记明萌(右一)检查外业勘察

(2)渝邻高速公路沥青面层排水技术。渝邻高速公路对沥青混凝土面层排水技术进行了探索,设计采用了较大的孔隙率,起到增强路面排水作用,增加了驾乘人员的安全度、舒适感。渝邻高速公路在路面施工中,按计划共进行了4种类型的试验路段:试验路段1长度为800m,采用高黏性SK改性沥青,设计孔隙率20%;试验路段2长度为900m,采用高黏性SK改性沥青,设计孔隙率23%;试验路段3长度为1120m,采用TPS改性,设计孔隙率20%;试验路段4长度为100m,采用SBS改性沥青,设计孔隙率17%。

实际观测结果表明,排水沥青路面在雨天表面不积水,车辆行驶时不会产生溅水和水雾现象,车辆行驶视线好,排水沥青路面表面粗糙,构造深度大,抗滑性能高,大大提高雨天行车的安全性。

(3)绕城高速公路路面技术。绕城高速公路是重庆迄今为止路面最宽、路基最厚、线形最优、行车安全性和舒适性最高的高速公路。绕城高速公路全长187km,均为双向六车道,沥青混凝土路面厚度一般为18cm,部分路段达26cm。绕城高速公路路面工程的特点是应用了大量新技术、新材料。

绕城高速公路路面采用试验骨架密实型的基垫层结构,实施"ATB + SUP + SMA"的新型沥青混凝土结构,厚度增至26cm,同时在上面层中大规模使用矿物纤维,使路面工程的技术含量较高。试验段主要结构为:20cm厚的水泥稳定碎石垫层;18cm厚的水泥稳定碎石底基层;19cm厚的水泥稳定碎石基层;8cm厚ATB-25型沥青混凝土联结层;8cm厚ATB-25型沥青混凝土下结层;Sup-19型厚6cm改性沥青混凝土中面层;SMA-13型4cm玄武岩改性沥青混凝土上面层。

西南段沥青路面中,首次大规模使用矿物纤维沥青,总里程达到45km。该沥青与传统的木质纤维沥青相比,能降低沥青用量,提高行车舒适度,延长道路使用寿命,同时在今后的道路维护中还可再生利用。南段还在环山坪隧道和老房子大桥上铺装了3km重庆交通大学研究的聚合物改性水泥混凝土路面。

东北段的路面工程也集中了3种新工艺:一种是复合式路面,在铺筑完沥青路面后,对路面进行喷砂打磨,再加铺10cm混凝土;第二种是环氧沥青的使用,主要使用在鱼嘴长江大桥上;第三种是聚合物改性水泥混凝土及橡胶沥青的采用。

第四章
桥 梁 工 程

重庆,因其江流纵横,重峦叠峰,而成就其"桥都"美誉。重庆桥梁众多,在成千上万座公路桥梁中,高速公路桥梁以数量多、结构多、科技新而独树一帜。截至2016年年底,重庆高速公路桥梁已建成通车1947座,总长度已达415km,占通车里程的14.7%。

第一节 技术发展历程

重庆高速公路桥梁建设经过实践的不断总结,桥梁类型从最早的石拱桥、箱形拱桥、空心板桥,逐渐采用T梁桥、连续刚构桥、大跨径钢结构拱桥、斜拉桥、钢—混凝土组合梁桥、悬索吊桥等。从早期较多采用石料和钢筋混凝土材料到预应力钢筋混凝土和钢结构材料。

(1)早期建设的桥梁。早期建设的桥梁,大多采用传统的石拱桥、箱形拱桥、T梁桥、空心板桥,斜拉桥、连续刚构桥、连续梁桥采用相对较少,但在跨越长江、嘉陵江时建设了一批大跨径桥梁。代表性斜拉桥有上界高速公路马桑溪长江大桥、渝黔高速公路大佛寺长江大桥、渝合高速公路沙溪庙嘉陵江大桥;连续刚构桥有渝长高速公路高家花园嘉陵江大桥,渝合高速公路马鞍石嘉陵江大桥、东阳嘉陵江大桥、合阳嘉陵江大桥,长涪高速公路龙溪河电站大桥;比较复杂线形的弯坡斜桥梁结构,有杨公桥立交桥、桃花街立交桥。

(2)后期建设的桥梁。石拱桥由于采用条石材料,施工工艺要求高、施工周期要求长、风险大,在成渝高速公路和渝长高速公路后的高速公路上就被淘汰,已成为重庆高速桥梁建筑史上的记忆。空心板桥由于整体性较差、开裂较多,在新的高速公路上应用较少,逐渐被T梁取代。随着高速公路向三峡库区、武陵山区和周边省市的不断延伸,需要新建大量桥梁跨越江河和沟谷。重庆高速公路特大跨桥梁的数量开始增多。随着建筑材料和国产高强钢丝的质量不断提升,悬臂施工等技术得到运用,涌现了如真空吸浆等施工工艺,使得桥梁设计和施工水平有大幅提高,桥梁结构跨径和种类也有很大突破。比较有代表性的拱桥有渝宜高速公路上的大宁河大桥、梁桥有渝湘高速公路跨越深山峡谷间呈S形的杉木洞大桥、连续刚构桥有渝湘高速公路上桥面与谷底垂直高度为280m的沿溪沟大桥等;斜拉桥有渝湘高速公路上主跨360m的武陵山特大桥、绕城高速公路江津观音岩长江大桥等;悬索桥有绕城高速公路鱼嘴长江特大桥、三环高速公路青草背长江大桥以及入选2016年中央电视台《超级工程》节目的驸马长江大桥等。

第二节 典型桥梁工程

一、拱桥

1. 赖溪河大桥

位于荣昌境内的赖溪河大桥(图4-4-1),是一座净跨80m的钢筋混凝土肋拱桥,采用桥面板横铺形式,是那个时期最先进的桥型结构。该桥结构为双幅拱桥,主孔跨径80m,钢筋混凝土箱形悬链拱肋,拱系数1.756,引桥为两跨跨径20m的钢筋混凝土矩形圆弧肋拱。大桥全长147.8m,宽23m。大桥的大型拱架采用了整体横移新工艺。将木拱架改为由脚手架与万能杆件组合的新型拱架,首次在国内采用大型拱架的整体横移新工艺。该项工程荣获了施工单位所在地攀枝花市科技进步一等奖。

2. 清便河大桥

位于成渝高速公路永川境内的清便河大桥(图4-4-2),桥型结构为两孔50m石拱及一孔13m的预应力空心板桥,桥面宽23m,全长156.62m。该桥的特点是:桥梁主孔置于逐渐加宽的缓和曲线上,纵坡为1.15%;主拱圈及腹拱各自的起拱线均不在一个水平线上。1993年3月,世界银行官员对成渝高速公路进行实地检查,对重庆石拱桥给予了极大的赞誉,认为这是高速公路大桥与民族风格、传统工艺完美结合的典范。

图4-4-1 成渝高速公路赖溪河大桥

图4-4-2 成渝高速公路清便河大桥

3. 大宁河大桥

大宁河大桥(图4-4-3)位于渝宜高速公路奉节至巫山段,处于长江小三峡风景名胜区内。大桥全长682m,主桥为净跨径400m的钢桁上承式拱桥,矢跨比1/5,拱脚固接,为固端拱体系,跨径规模居建设时同类型拱桥世界第二、中国第一。大桥主拱肋采用3片桁架结构,桁高10m;桥面行车道结构采用16×27m钢—混凝土组合连续梁;拱上立柱采用钢排架结构,设横向交叉提高立柱稳定性。依托本工程的"特大跨度多肋钢桁拱桥设计与施工关键技术研究"项目荣获2011年重庆市科技进步二等奖。

图4-4-3 渝宜高速公路大宁河大桥

二、梁桥

2005年开工建设的杉木洞大桥(图4-4-4)是渝湘高速公路跨越深山峡谷间的"S"线桥。该桥位于重庆酉阳境内。大桥一端连着寨上隧道,一端接着葡萄山隧道,桥身沿沟而走,顺山蜿蜒,呈S状穿行于青山翠谷间。左线长1448m,右线长1446m,左右幅分离,单幅净宽11.25m,最高桥墩达60余米。该桥于2008年竣工通车。为加强桥梁的美观效果,大桥左右幅按不等高设计左右高低错落。该大桥的设计和施工,充分体现"把高速公路轻轻放进大自然"理念。采用高架桥方式,既不扰动原有自然风貌,也不降低高速公路技术标准,成为渝湘高速公路上一道美丽的风景线。

图4-4-4 渝湘高速公路杉木洞大桥

三、连续刚构

1. 马鞍石嘉陵江大桥

1998年开工建设的马鞍石嘉陵江大桥(图4-4-5)是重庆至武胜高速公路跨越嘉陵江的一座特大桥。该桥位于重庆北碚境内。主桥为146m+3×250m+146m连续刚构,全桥长1237m,为当时已建成高速公路连续刚构桥型中,全国同类桥型联长最长的桥梁。大桥于2001年竣工通车,该桥在梁底曲线中,首次采用半立方抛物线,很好地解决了1/4跨附近受压区高度不足的问题。

图4-4-5 渝合高速公路马鞍石嘉陵江大桥

2. 沿溪沟大桥

2006年年底开工建设的沿溪沟大桥(图4-4-6)位于重庆黔江区水田乡农桥村与正阳镇之间,分左右两幅,单幅全长560m,其中主桥长310m,主跨150m,桥面与谷底垂直高度为280m。大桥于2009年竣工通车。比2004年通车、号称"世界之最"的法国米洛大桥还高10m。

图4-4-6 渝湘高速公路沿溪沟大桥

四、斜拉桥

1. 大佛寺大桥

大佛寺大桥(图4-4-7)是内环高速公路上跨长江的钢筋混凝土斜拉桥,主跨450m,2001年建成。根据该桥主塔高、桥面高、跨度大的特点,主塔和梁体采用灰白色,拉索采用黑色,以斜拉桥特有的刚性美展现了重庆地方的文化特色,突出其刚性和伟岸,表现出山城人民"刚毅、直爽"的个性。

图4-4-7　内环高速公路大佛寺大桥

2. 武陵山大桥

位于渝湘高速公路上的武陵山大桥(图4-4-8),主桥为155m+360m+155m三跨连续漂浮体系双塔双索面PC斜拉桥。大桥横跨干溪沟大峡谷,桥面距谷底363m,其高度在全世界已建成的桥梁中居前列。大桥主墩地处悬崖绝壁边,施工难度大,技术含量高。在悬崖上的桩基处,最深的桩52m,桩径2.8m,一个主墩由24根桩组成。"武陵山大桥"原名"干溪沟大桥",因峡谷的溪沟常年干涸得名;建成后,更名为"武陵山大桥"。该桥因其雄美壮观,已成为重庆渝东南高速公路上的标志性建筑。

3. 观音岩长江大桥

观音岩长江大桥(图4-4-9)位于重庆市绕城高速公路(外环)南段,是我国首座跨长江的叠合梁斜拉桥。大桥主跨436m,桥梁宽度36.4m,主梁采用高3.2m双工字形截面的钢—混组合梁,标准节段主梁长12m,在边跨端部逐渐缩短为8m和4m。全桥纵向不设固定支座,在索塔下横梁与梁体间设置油压阻尼器,横向采用限位支座。斜拉索全桥共68对,按双索面扇形布置。依托本桥开展的"大跨度宽桥面结合梁斜拉桥设计施工关键技术研究"获2011年重庆市科技进步二等奖。该桥于2015年获重庆十大最美桥梁称号。

图4-4-8 渝湘高速公路武陵山特大桥

图4-4-9 绕城高速公路观音岩长江大桥

五、悬索桥

1. 鱼嘴长江大桥

鱼嘴长江大桥(现名为"两江长江大桥")(图4-4-10)位于重庆绕城高速公路北段。大桥全长1440m,跨径布置为180m+616m+205m,为单跨双铰简支钢箱梁悬索桥,南北边跨为无吊索区。大桥主缆中心距为34.8m,吊索间距12.0m,垂跨比为1∶10。桥塔采用钢筋混凝土多层门式框架,塔柱为变壁厚矩形单箱单室结构。主缆采用预制平行钢丝股法(PPWS)。南引桥上部为两联6×35m等截面预应力混凝土连续箱梁。北引桥上部为两联 4×56m、3×56m 等截面预应力混凝土连续刚构桥。

图 4-4-10　绕城高速公路鱼嘴长江大桥

2. 青草背长江大桥

青草背长江大桥（图 4-4-11）是三环高速公路在涪陵李渡跨越长江的一座特大型桥梁。主桥跨径布置为 240m+788m+240m，为单跨悬索桥。全桥长 1652m，是当时重庆跨径的最大桥梁，也是国内首座采用全焊接钢箱作为加劲梁的悬索桥，具有自重轻、气动性能好等特点。

图 4-4-11　G69 南涪高速公路青草背长江大桥

3. 驸马长江大桥

驸马长江大桥（图 4-4-12）位于万州至利川高速公路，大桥全长 2030m，为主跨 1050m

的单跨简支钢箱梁悬索桥。主桥净宽32m,主缆矢跨比为1/10,主缆横桥向中心间距为28.0m,加劲梁为扁平钢箱梁结构。北岸主塔高210.5m,南岸主塔高166.57m;大桥南岸为隧道式锚碇,北岸为重力式锚碇。该桥是目前重庆地区唯一主跨超1000m的桥梁,并入选2016年中央电视台《超级工程》节目。

图4-4-12　万利高速公路驸马长江大桥

第五章
隧 道 工 程

重庆特殊的自然地理环境,使得重庆高速公路隧道众多,其中不乏特长隧道,特别是重庆至巫山的渝宜高速公路和重庆至秀山的渝湘高速公路。为了更好地保护自然环境,在路线选择上,更多地采用长隧道。截至2016年年底,重庆高速公路已建成通车隧道310座,长度达511km,占通车里程的18.1%。

第一节　技术发展历程

1995年,在重庆第一条高速公路——成渝高速公路上,建成了当时全国公路最长的中梁山隧道和缙云山隧道,从而开创了中国高速公路特长隧道建设的先河,并且创立了特长隧道使用纵向通风的先例。从长度3000~7600m的特长隧道均采用纵向通风,也为全国高速公路特长隧道采用纵向通风树立了标杆。

随后在渝黔高速公路建设的真武山隧道、渝长高速公路建设的铁山坪隧道和渝合高速公路建设的北碚隧道,采用了扁坦形大断面形态。隧道断面形态选型经历了由双车道断面到三车道断面、由直墙到曲墙断面形态过程。

在隧道施工技术方面,虽然都采用钻爆法掘进施工,但在施工进度、防灾减灾和施工质量管理等方面取得了显著进步;在隧道运营管理方面经历了由独立单个隧道到隧道群的运管过程,且在隧道安全运营管理、防灾与救援等方面积累了丰富经验。基本解决了隧道勘察设计,隧道安全快速施工,特长隧道通风、照明、运营安全控制和隧道建设对地下环境的影响等一系列问题。

依托重庆的隧道勘察设计、建设施工和养护管理,取得了一定的技术成果与突破,为国家重点工程项目建设、隧道行业的整体技术进步发挥了重要的、积极的作用,尤其是编制完成了全国交通行业的隧道技术规范6本。

第二节 典型隧道工程

一、中梁山隧道

1990年开工建设的成渝高速公路中梁山隧道（图4-5-1）是成渝高速公路上的控制性工程，也是当时国内最长的高速公路特长隧道，被誉为"华夏第一洞"，左线全长3165m，右线全长3103m，单洞结构净宽9.66m，净高6.55m。隧道于1995年建成通车，是国内首次采用竖井分段射流纵向通风技术的特长隧道，1999年荣获全国第八届优质工程设计铜奖。

图4-5-1　成渝高速公路中梁山隧道

中梁山隧道原设计为半横向通风方式，施工过程中变为纵向通风方式。左洞为上坡隧道，设有通风竖井一座，经建设者反复论证，优化的纵向式通风方案比原设计工期提前了半年，节省投资4500万元左右，每年可节电430万kW·h，经济效益非常显著。

中梁山隧道通风方式的优化设计方案，经过十分复杂。由于成渝高速公路是世界银行贷款项目，世行要求咨询公司对通风优化方案可行性进行审查。咨询公司施密斯公司请来的德国通风专家认为中国车况差，废气排放严重，采用纵向通风方式，在中国是不可行的。从1991年年初到1992年2月，在长达1年多的期间，中国专家同外国专家进行了多次技术辩论，外国专家最终接受了纵向通风方案；后来世界银行聘请了曾为英吉利海峡隧道做过通风设计的英国专家朗兹先生再次审查。朗兹先生经过反复验算，肯定了中国人的通风计算和设计。经过旷日持久的不懈努力，世行最终确认了重庆的设计变更。关于中梁山隧道通风方式的变更，中国公路学会隧道工程分会理事长、招商局重庆交科院首席专家蒋树屏认为：

中梁山隧道,不仅是长度第一,而且是中国第一次在长隧道采用纵向通风。长大公路隧道设计,首先考虑的是运营安全可靠;在当时的条件下,节省造价也是一个重要因素。在20世纪80年代,中国没有自己的特长公路隧道设计规范,重庆借鉴欧美的经验,最初将中梁山隧道和缙云山隧道设计为横向通风。但是在隧道施工前夕,重庆的决策者作了一个十分大胆的决定:把横向通风变更为纵向通风。采用纵向通风,开挖断面小、土建结构简单、工期缩短,投入使用后每年的运营成本大大减少,当然最省钱啊!

二、北碚隧道

2001年12月贯通的北碚隧道(图4-5-2)是渝武高速公路上的控制性工程。左线全长4002m,右线全长4011m,采用双向四车道,设计速度80km/h,隧道净高5m,净宽10.5m,高宽比0.48,断面净面积达136m^2,是当时断面最大的特长隧道之一。隧道内路面采用高性能沥青铺装,通过材料开发、混合料设计、结构组合及施工技术等研究工作,解决了隧道内铺装的抗滑、降低噪声、耐油、抗水损害、耐久等使用性问题。

图4-5-2 渝武高速公路北碚隧道

北碚隧道首次采用长大公路隧道智能前馈式通风控制技术,是国内4000m以上公路隧道中首次取消通风斜井的隧道,也是国内首次采用阻燃改性沥青混合料铺装技术,成为我国第一座铺装阻燃材料的特长隧道。2005年北碚隧道荣获中国建筑工程鲁班奖。

三、铁峰山2号隧道

铁峰山2号隧道(图4-5-3)是万开高速公路上的特长隧道,左线全长6010m,右线全长6020m。隧道净宽9.25m,净高5m,高宽比0.54,隧道最大埋深750m。该隧道是当时我国西南地区洞身最长、埋深最大的公路隧道之一,是当时国内第一座超过6000m且不设通风竖井的隧道。该隧道内通风、照明、火灾报警等都实现了智能化控制,是当时重庆科技含量最高的高速公路隧道。施工过程中依靠科研攻关,克服了瓦斯、膏岩、涌水、岩爆等技术难关。

在最早的设计方案中,铁峰山隧道总长为9280m,后来通过优化方案,调整纵坡,增加露头,变为2318m和6020m两座隧道,降低了隧洞施工难度,节省了投资,而且大大改善了运营通风条件和安全环保。

图 4-5-3　万开高速公路铁峰山 2 号隧道

四、方斗山隧道

方斗山隧道(图 4-5-4)是石忠高速公路的控制性工程,左线全长7590m,右线全长7790m,是当时西南地区最长、全国第三高速公路隧道。方斗山隧道创建了中国高速公路隧道的几个第一:一是隧道斜井断面为 $42\sim72m^2$,属于全国最大;二是隧道斜井 $24°$ 的坡度属于全国最陡;三是隧道斜井的曲线单一绞车提升运输技术属于全国首创。

图 4-5-4　石忠高速公路方斗山隧道

隧道斜井穿越地层地质条件复杂,且处于富水区,最大涌水量每天达 $10000m^3$,存在坍塌、涌水等工程灾害隐患的地段占斜井总长度的 46.8%。方斗山隧道因其先进施工技术,获得2009年度火车头优质工程一等奖和中国建设工程鲁班奖。

方斗山隧道另一特点是注重环保。隧道专家肖了林说:

方斗山隧道是环保典范。隧道挖掘出的洞渣经过处理,都用作了建筑材料。方斗山隧道采用了公路隧道智能通风控制技术,专门针对特长隧道设计,地下风机房总占地680m^2,规模属全国之最。这套通风系统能根据洞内车辆多少自动调节,车多时自动全部开启通风排风设备,车少时关闭一部分,达到节能环保。

第六章
交通工程

高速公路交通工程及沿线设施包括交通安全设施、服务设施和管理设施。重庆高速公路网从建设初期到"三环十二射七联线"四千公里,交通工程及沿线设施也由人工半自动模式向智能化、信息化方向转变,形成全市联网监控、管理的交通工程管理体系。

第一节 交通安全设施

重庆高速公路交通安全设施由原先的单一路段交通诱导到全路网综合交通诱导,由根据规范规矩布设到复杂、特殊路段(长大下坡、桥梁、隧道、互通立交等)针对性专项布设,努力减少安全隐患,保障公众安全出行。

(1)绕城高速公路保税区专用通道交通工程。为解决西永保税区到空港保税区保税运输通道,满足海关监管需要,需要在绕城高速公路曾家至空港之间增设专用监管通道。通过增加设置警告标志、指示标志、限速标志等,对前方专用车道信息进行预告、警告,使主线正常行驶车辆减速行驶,并提示车辆进行合流。

(2)梁平至忠县高速公路南华山长下坡路段交通工程专项设计。为实现南华山长下坡路段营运安全,降低交通事故发生率,对重庆梁平至忠县高速公路南华山西翼 K33+160~K43+400 左幅(10.79km,平均纵坡2.77%,最大纵坡4.3%),南华山东翼 K43+950~K48+254 右幅(4.304km,平均纵坡2.77%,最大纵坡4.7%),南华山东翼 K49+210~K53+561 右幅(4.351km,平均纵坡2.99%,最大纵坡4.8%)三段连续长下坡路段交通工程专项设计。通过新增全程视频监控、可变情报板、固定测速设备等交通工程设施,对行车环境、行车速度进行点、线管控。通过增设纵向视错觉减速标线、彩色抗滑薄层铺装路面、提高护栏等级、护栏立柱间距及避险车道内轮廓标加密、标志提前预告等交通安全措施,为梁忠路南华山长下坡路段的安全通行保驾护航。

第二节 服务设施

高速公路服务区为连续行驶的用路者提供缓解疲劳、提供服务的场所,高速公路服务区经历了建设规模从小到大、间距日趋合理、服务功能从弱到强、服务品质从低到高的逐渐提升过程。

（1）建设规模从小到大。早期一般服务区占地40~60亩，如渝邻高速公路的古路服务区（50.2亩）、渝武高速公路的钱塘服务区（54亩）、渝宜高速公路的梁平服务区（52.32亩）等，以满足基本的餐饮、超市、加油、加水等服务。由于社会经济水平提高，驾乘人员对高速公路服务需求的提升以及运营管理单位对服务区适应未来发展的要求，结合《重庆市"二环八射"高速公路网服务设施规划》的具体要求，后期服务区大多占地80~160亩，如绕城高速公路的曾家服务区（120.6亩）等，停车区占地为40~80亩，如垫忠高速公路的忠州停车区（56.5亩）等；发展到后来有的服务区占地更大，达160~200亩，如渝宜高速公路的巫山服务区、渝黔高速公路的东溪服务区等。

（2）服务区间距日趋合理。从行车安全角度考虑，规划标准要求服务区（含停车区）平均间距宜为15~25km。2010年年底，重庆高速路通车里程约2000km，建成投入使用35处服务区，平均间距（含停车区）为57km。2012年年底，重庆"二环八射"高速公路已建成营运39处服务区，平均间距（含停车区）为51km。2015年年底，全市高速公路通车里程为2525km，高速公路服务区共建成55处，平均间距（含停车区）为45km。逐步缩小的服务区间距正改善着高速公路运营的安全性。

（3）服务功能从弱到强。早期服务区设置停车场、公共厕所、加油站、车辆维修、餐饮与小卖部等配套设施。后期部分服务区新增对充电桩、客房、综合服务、出行信息等服务质量的要求。有的根据地域文化特色，打造民族特色服务区，如黔江、酉阳等少数民族主要聚集区的特色服务区。有的设置服务区特产专柜便于用路者品尝当地美食，如奉节服务区设置脐橙直销平台、万州服务区引入老川江牛肉干、鱼泉榨菜等（图4-6-1）。

图4-6-1 服务区设置物品直销平台

（4）服务品质从低到高。为增强人性化服务设施，服务区增设室内休息走廊、母婴室、免费药品提供处、汽车修理、充电等服务设施。服务区标志、标识齐全、清晰,大小车分区停放,车辆各行其道,各停其位,配套交通工程设施,监控区域无盲区覆盖、录像快捷查询,并建立火灾、治安事件、客流高峰期、特殊天气等预案管理体系,确保事件的及时响应,问题的及时处理,避免二次事故的发生。出行信息及时准确。现重庆很多服务区都设置了WIFI全覆盖,便于驾乘人员及时了解路况信息;服务区增设停车位检测系统,并及时通过LED显示屏告知道路使用者,如冷水服务区、大路服务区等(图4-6-2)。

图4-6-2 人性化规划的服务设施

提到服务区的升级过程,重庆市交委总工李关寿(图4-6-3)说:

以前重庆高速公路服务区没有统一的标准要求,早期建设的服务区规模小、外观差、档次低等现象较普遍。后来在"二环八射"建设时期,我们改变封闭思维,引进东部设计单位,对新的高速公路服务区规模、功能、风格、服务等进行统一规划设计,从而提升了我市服务区的档次。比如服务区的厕所,设计充分体现人性化,按两辆大巴车同时到达,能够不排队为原则,对厕所的规模、站位蹲位个数、男女厕所比例、通风排气设施等指标进行细化规范。

图4-6-3 市交委总工李关寿(前排左二)视察高速公路

第三节 管理设施

高速公路管理设施为用路者提供清晰、完整、准确的公路信息,也为公路管理者提供科学、先进的技术手段,保障高速公路运行的安全、舒适与高效。管理模式采用了建管一体、建管分离和委托管理等,初期多采用建管一体,后逐渐采用建管分离,有的合资项目采取委托管理模式。建管一体模式是工程建设、养护和运营管理由同一单位负责。这种模式符合项目法人制权责一致的原则,早期的高速公路和部分合资公司普遍采用此方式。随着建成的高速公路越来越多,建管一体的项目公司也越来越多,为了集约管理,提升效能,重庆高速集团采用"统贷统还、建管分开"的方式,即由高速集团统一融资贷款、统一收费还贷,下设若干个独资的建设管理分公司和运营管理分公司,按区域分别负责若干个项目的建设和运营。委托管理模式,即建设由项目公司负责,建成后委托另外专业的运营公司负责养护运营管理。采用这个模式的主要是规模不大的合资项目,如上界路曾经就采用此管理模式。

一、监控系统

重庆高速公路交通监控技术的发展分为现场监控、路段监控、区域监控三个阶段,在技术手段和管理水平上都有较大幅度的提升。

(1)现场监控。早期成渝高速公路建设时,采用"一隧道一监控站"的监控方式。监控站设置在隧道口,各隧道监控站之间数据不互通,监控和应急救援工作由各隧道自行完成。由于每个隧道都需要设置监控站、应急救援点,并配置相应的人员和工作设施,建设以及后期维护管理的费用非常庞大。

(2)路段监控。重庆"二环八射"高速公路开建时,从万开高速公路开始进行路段监控应用,将路段监控中心、通信中心、应急指挥中心、收费中心合址建设,在一个监控中心完成对一个路段包括隧道的交通监控管理,大大降低建设和管理难度。

(3)区域监控。2004年重庆出台了高速公路网交通工程总体规划,制定了联网监控、区域管理总体思路。"二环八射"高速公路项目即按此原则进行监控系统建设,在原有路段监控站的基础上成立3个区域中心、1个监控总中心,负责统筹协调各路段、各区域之间的交通监控和交通流控制。在区域监控模式下,各路段内发生的交通事件由各路段负责处置;当事件扩大影响到相邻路段时,由区域中心负责协调相邻路段加强监控和交通控制;当事件扩大到相邻区域时,由总中心负责协调各区域的交通控制。在联网监控、区域管理模式下,监控和应急资源能够得到最大限度的合理利用,对路网及时掌握道路运行状况,统筹各路段协调处置重特大事件起到了良好的作用。

二、收费系统

重庆高速公路收费系统的发展经历了手工撕票、人工半自动收费、ETC不停车收费三种收费方式,不断降低收费车道的服务时间,提高了收费服务水平。

(1)手工撕票。成渝高速公路建成初期采用手工撕票方式,对过往车辆进行定额收取通行费。

(2)人工半自动收费方式(MTC)。2000年年底重庆高速公路实现全网联网收费,收费方式由原来的手工撕票/单机收费方式转变为人工半自动收费方式(MTC),即由人工进行收费操作,计算机系统进行收费控制和管理,并对收费全过程实行视频监控的收费方式,在高速公路的建设中沿用至今。

(3)ETC不停车收费方式。ETC不停车收费方式是在不停车条件下,应用无线电射频识别及计算机等技术自动完成对通过车辆的识别判定、收费操作、车道设备控制和收费数据处理的收费方式。重庆于2012年开始推广ETC,截至2016年年底,路网已开通210个收费站,ETC车道449条,覆盖196个收费站,ETC车道覆盖率达到93%,主线收费站全覆盖,ETC用户超过100万。

三、通信系统

通信系统的发展经历了从单路段到全路网联网的转变,传输方式从SDH光纤传输方式发展为双平面光纤传输。

(1)SDH光纤传输方式。自成渝高速公路建成以来,通信业务以收费数据、监控图像、语音通话业务为主,干线传输等级为STM-4,接入网传输等级为STM-1。渝黔高速公路从建设到运营至今仍沿用SDH光纤传输方式。

(2)双平面光纤传输方式。2014年出台了《重庆三环十射多连线高速公路交通工程总体设计方案》。重庆新建高速公路和部分改造高速公路采用双平面光纤传输方式,骨干节点采用STM-16和GE两种路线连接,增加了网络容量,减少了网络中断的风险。

第七章
科技创新

重庆高速公路建设近30年来，以建设项目为依托，积极开展科学研究与创新，在重庆高速公路的重大科技攻关中取得了大量有影响的成果。据不完全统计，重庆高速先后开展了国家级科技项目近60项，交通运输部科技项目100余项，重庆市科技攻关项目近200项和重庆市交通科技计划200多项，累计投入科研经费逾亿元，产生了数十亿元的直接经济效益和巨大的社会效益。以重庆高速公路为依托的科研成果多次获得了国家和省部级科研进步奖；伴随重庆高速公路科研成果的丰收，一大批中青年科技人才迅速成长，成为高速公路科技创新的骨干。

第一节 创新成果

重庆高速公路于20世纪90年代初成渝高速公路开始就高度重视科技创新工作。在行业主管单位的统筹协调下，高速公路建设单位联合本地两大交通人才培养和技术创新基地——重庆交通大学和招商局重庆交通科研设计院有限公司，借助清华大学和交通运输部公路科学研究院等科研院所，建立了"以企业为主体，产学研结合"的技术创新模式。针对重庆山区高速公路建设的技术难题开展了一系列攻关，以万县长江大桥为代表的特大跨钢管混凝土劲性骨架拱桥，创造出多个中国之最的纪录，钢管混凝土拱桥"劲性骨架施工"方法全国首创，形成了一套完整的山区高速公路建设技术；在山区高速公路隧道通风照明、隧道路网区域联动控制、特大桥建设和路面结构形式等方面取得了创新性成果，其中国内公路第一隧——中梁山隧道中率先采用的纵向通风技术，引领了国内公路隧道通风技术，有力推动了重庆交通科技发展和全国交通行业技术进步。

据统计，依托高速公路建设开展的各种科技项目，分别获得了国家级、省市级、部（学会）级和其他等级的奖项多达349项（表4-7-1），其中"万县长江大桥特大跨（420m）钢筋混凝土拱桥设计施工技术研究"获"国家科技进步一等奖"、钢管混凝土拱桥建设成套技术获"国家科技进步二等奖"，马桑溪长江大桥、北碚隧道、方斗山隧道和永川江津长江大桥获"鲁班奖"。

一、桥梁工程

高速公路桥梁有关科研项目中近50项获得省部级奖项。以下选取重点项目从项目的研究背景及主要的研究成果方面进行介绍。

创新成果获奖情况统计　　　　　　　表 4-7-1

获奖类别	获奖级别	数量
国家级	鲁班奖	4
	科技进步一等奖	1
	科技进步二等奖	2
	科技进步三等奖	1
省市级	特等奖	10
	一等奖	35
	二等奖	73
	三等奖	114
部(学会)级	一等奖	23
	二等奖	31
	三等奖	52
其他	一等奖	1
	二等奖	1
	三等奖	1
合计		349

1. 万县长江大桥特大跨(420m)钢筋混凝土拱桥设计施工技术研究

针对万县长江大桥施工过程中碰到"跨度大、一跨过长江、中间不能设支架"等技术难题,重庆交通学院和四川省交通厅公路规划勘察设计研究院等开展了"万县长江大桥特大跨钢筋混凝土拱桥设计施工技术研究",取得了一系列创新性成果。

在设计计算方法方面,提出了拱圈强度验算的非线性综合分析法;建立了施工过程非线性稳定分析方法;提出两级控制的施工控制方法;提出变截面空心薄壁高墩稳定计算的解析公式。

在施工工艺技术方面:提出钢管混凝土劲性骨架成拱方法,发展了大跨混凝土拱桥建造技术;发展了大吨位、多节段缆索吊装、悬拼技术;发展了桥用高强混凝土配制、生产、输送、工艺技术;提出"六工作面"对称同步浇筑法,不需压重,变形及应力均衡,发展了拱圈混凝土浇筑技术。

在新材料应用和新结构措施方面,首次采用钢管混凝土 C60 高强度混凝土为拱圈材料,并形成新的复合结构;提出了新型组合式刚架桥台的创新设计;通过大悬臂的桥道结构、变截面空心薄壁高墩和轻型桥道系三条措施,实现拱上结构轻型化。

该设计施工技术研究成果获 2000 年度国家科技进步一等奖,被中国科学发展基金会授予"第二届詹天佑土木工程科学技术大奖(工程大奖)"。该桥是当时世界最大跨径的混凝土拱桥,使我国的拱桥建设水平处于世界领先地位。重庆交通大学教授、博士生导师顾安邦在这方面做出了创新性工作。作为大桥的负责人,考虑到不能影响长江通航,顾安邦设计了一跨就跨越长江的无支架、无拱架的钢筋混凝土桥,提出了"劲性骨架施工法",首先架设空的钢管作为支架面,之后在空的钢管中灌入混凝土,最后在最外边再包混凝土。此方法后来又成功推广到跨度为 250m 以上的拱桥,此方法还获得了"国家科技进步奖"和"李国豪原创奖"。

万县长江大桥实景图如图 4-7-1 所示。

图 4-7-1　万县长江大桥

2. 钢管混凝土拱桥建设成套技术

由国家自然科学基金、交通部、重庆市、湖南省等设立专项,投入经费 2000 余万元,来自重庆交通大学、湖南省交通规划勘察设计院等 10 家高校、科研院所及设计、施工企业近 150 人参与,对钢管混凝土拱桥结构体系与构造、设计理论与方法、施工工艺与控制技术以及养护检测技术等开展系统研究。经过 7 年的研究与工程实践,取得了以下创新性成果:

在国际上率先开展了钢管混凝土哑铃型、桁式构件以及肋拱多点加载的试验研究,揭示了钢管混凝土拱受力特性及破坏机理;为设计理论奠定了基础,首次提出了修正格构式法、等效长细比法、等效梁柱法的极限承载力计算方法以及钢管混凝土节点应力集中系数确定和疲劳寿命预估方法,为设计规范制定提供了理论依据。

首次系统开展了钢管混凝土收缩、徐变试验,揭示了收缩、徐变长期发展规律,完善了收缩、徐变计算理论和方法;建立了单肢、哑铃型和格构型钢管混凝土拱桥考虑钢管初应力的承载力影响系数计算公式;提出了钢管混凝土拱肋截面温度模型、刚度设计方法;提出了大直径钢管混凝土本构关系修正计算方法及公式。

在国际上率先形成了钢管混凝土拱桥建设成套技术。编制了钢管混凝土拱桥设计、施工及养护技术指南。

研究成果已成功应用于重庆巫山长江大桥、渝湘高速公路细沙河大桥（图4-7-2）等100多座桥梁建设中，填补了国内外桥梁建设技术空白，社会与经济效益显著，推动了钢管混凝土拱桥建设与我国桥梁的发展，在国内外产生了巨大影响。经鉴定，研究成果总体上达到了国际领先水平，项目获2009年国家科技进步二等奖。

图4-7-2 渝湘高速公路细沙河大桥

3. 横张预应力混凝土梁工艺及性能试验研究

重庆交通大学周志祥教授于1994年提出"横张预应力混凝土梁"的构思，1995年由重庆交通大学、重庆高等级公路建设指挥部等四家单位联合承担了国家科委下达的国家级地方重点攻关计划"横张预应力混凝土梁工艺及性能试验研究（95-5A-03）"。

与常规预应力混凝土梁比较，横张预应力混凝土梁有三大特点：一是改传统的预留孔道为预留明槽，节省了成孔、穿束、灌浆等工序和材料，尤其避免了灌浆质量不定性引起结构耐久性病害的世界难题；二是改传统的专用锚具锚固为黏结力自锚，节省了锚具、锚下加强钢筋及预应力筋的张拉操作长度；三是改传统的沿力筋纵向逐束张拉为沿垂直于力筋的一次性横向张拉，使所需横张力仅为常规纵张力的1/5~1/7即可达到同等的预应力效果，降低了对张拉设备的技术要求，尤其避免了管道摩阻及分批张拉引起的预应力损失，显著提高了预应力施工的有效性和安全度。集现有的先张法与后张法、有黏结与无黏结、体内束与体外束预应力技术的优点于一体。

项目组先后完成了一片30m跨径足尺横张预应力混凝土T形梁和多片横张预应力混凝土小梁的制作和静力即疲劳加载试验研究，论证了横张预应力混凝土在施工技术的切实可行及其在力学性能上的合理可靠性；研发了横张预应力混凝土梁的成套施工技术，提出了利于保证力学性能的构造措施，建立了横张预应力混凝土梁的设计计算方法；经中国工程院院士赵国藩教授等12位专家鉴定，横张预应力混凝土梁的研制成功是预应力混凝土技术的一大改革，属国际首创，达到国际领先水平。本项目于1998年列为"交通部科技成果推广应用推荐项目",2000年获得重庆市科技进步一等奖。

项目研究成果先后成功应用于G50渝长高速公路红槽房大桥(图4-7-3)等7座桥梁中,实践表明横张预应力混凝土技术可节省材料费10%~20%,提高工效20%~30%。先后获得相关发明专利3项,在Journal of Bridge Engineering、Structural Engineering International等国内外期刊发表论文20余篇,正式出版专著《预应力混凝土桥梁新技术探索与实践》,编制出版了《横张预应力混凝土桥梁设计与施工规范》(CQJTG/T D65—2010)。

图4-7-3　渝长高速公路红槽房大桥

4. 三峡库区船桥碰撞规律、防撞措施设计与预警系统研究

我国曾连续发生了几起重大的船撞桥事故,不但威胁船舶的通行安全,还严重影响桥梁的运营安全,常常带来巨大的生命和财产损失。如2007年7月15日的嘉陵江黄花园大桥船撞事故,2008年7月21日的嘉陵江东阳大桥船撞事故,2007年6月22日的遂渝铁路草街大桥船撞事故等,都对桥梁的船撞问题敲响了警钟。与成库前相比,三峡库区内的河流水文、航运以及桥梁等还呈现库区跨江桥梁建设迅猛、桥梁密度大,库区水位落差大、高水位持续时间长,库区水位的抬升还将影响到桥梁的通航净空,导致船舶撞击点位置升高,库区航道等级提高、通航船舶的尺度、吨位加大,通航密度升高,水位变幅大,航线管理复杂等特点。针对三峡库区大水位落差的特殊情况,交通部于2006年批准"三峡库区船桥碰撞规律、防撞措施设计与预警系统研究",经项目组4年多的攻关,主要取得以下创新性成果:

针对三峡库区大水位落差特点,创建了系统的桥梁船撞风险评估及防撞体系。

针对库区水位落差大、汛期水流急、撞击点高差分布范围大等特点,项目组在总结目前国内外现有模型的基础上,提出了三概率参数积分路径模型,采用船舶横向分布、船舶过桥偏航角分布和船舶停船距离分布来计算桥梁的船撞概率。

为了得到桥梁遭受船舶撞击后的倒塌概率,项目组对影响船撞力及抗力的各因素进行了概率特性研究,并提出了基于可靠度的桥梁船撞倒塌概率计算方法。

针对目前国内外船撞力简化计算公式计算差异大的情况,项目组对影响船撞力的主要因素,如撞击角度、被撞击物形状等进行深入研究,提出了基于动力数值模拟的桥梁船撞力简化计算方法,并对其进行了试验验证。

从船舶驾驶与避碰的角度,利用计算机模拟船舶在库区典型桥区河道内的航行状态,研究桥区水域风、水流、能见度等影响参数对船舶航迹的影响,提出不同气候条件下船舶过桥的优化航迹。

针对三峡库区水位落差大的特点,提出了滚动摩擦式浮式消能防撞装置,并完成了相关的施工图设计和数值模拟验证,以及成果推广应用到实际工程。

针对三峡库区通航船舶,采用了 GPS 实时定位技术,建立了三峡库区船桥碰撞实时监控及预警平台,实现了航行船舶、航道状况、桥梁数据、桥区预警等信息的有效集成,提高了三峡库区现有水上安全管理程度,对预防水上船桥碰撞安全事故、提高安全预控能力起到了很大的作用。

开发了三峡库区桥梁船撞风险评估软件,编写了《重庆市三峡库区跨江桥梁船撞设计指南》(DBJ/T 50-106—2010),填补了国内空白。项目出版专著 2 本,编制地方标准 1 本,发表论文 35 篇,获得国家授权专利 7 项,软件著作权 1 项。

交通部鉴定专家委员会认为,项目研究成果对长江船撞桥的预警研究有重要作用。项目获得 2012 年中国公路学会科学技术一等奖和 2012 年重庆市科技进步二等奖。

项目成果已成功应用于重庆忠州、菜园坝、观音岩、东水门、寸滩、粉房湾、黄花园、千厮门、红岩村、高家花园等跨江大桥的船撞风险评估、防撞设计及预警中,并推广应用到福建厦漳跨海大桥,为新建桥梁和已建桥梁的船撞风险评估与防撞设计提供了有力的技术支撑。

5. 超大吨位钢绞线斜拉索制造与施工技术

针对长大桥梁制造与施工技术方面的难题,招商局重庆交科院开展了超大吨位钢绞线索缆制造与施工技术,取得了一系列创新性成果。

开发了钢绞线斜拉索索力均匀度控制软件系统。该系统为自主开发,利用该系统进行索缆均匀度控制,可实现单根索力满足国际结构混凝土协会规范要求,且最终应力控制在可接受的容许偏差范围内。

创新了斜拉索超大吨位整体张拉技术(图 4-7-4)。填补了国内空白,实现高达 1600t 超大吨位钢绞线斜拉索自动整体张拉或整体放张要求,同时满足施工条件的要求。

设计了钢绞线索缆换索技术。在国内首次实现钢绞线斜拉索针对索体内某一根钢绞线进行任意单根换索,大大提高了换索效率,降低了换索成本。

应用了钢绞线斜拉索过渡段熔焊防护技术和锚具防护长效观察装置。应用该技术可监测防护油脂的实时状态,便于及时更换,有效保证钢绞线拉索的耐久性。

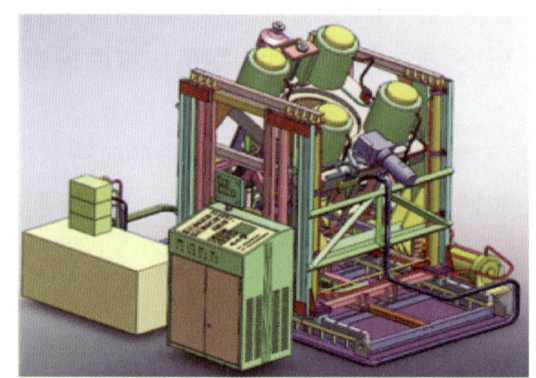 

图 4-7-4 钢绞线斜拉索整体张拉

表 4-7-2 为桥梁相关研究科研项目获奖情况。

桥梁相关科研项目获奖情况统计表 表 4-7-2

序号	项 目 名 称	获 奖 年 份	获 奖 等 级
1	旧危桥加固补强新技术研究	1990 年	重庆市科技进步二等奖
2	奉节永安镇梅溪河大桥	1991 年	交通部优秀工程奖
3	复合(纤维)混凝土在拱式桥梁中的应用	1992 年	交通部科技进步三等奖
4	桥梁诊断机理及承载测试研究	1993 年	重庆市科技进步二等奖
5	复合材料加固梅溪桥	1994 年	重庆市科技进步二等奖
6	丰都长江大桥	1994 年	重庆市科技进步二等奖
7	部分预应力混凝土公路桥截面设计原理的研究	1995 年	交通部科技进步二等奖
8	重庆旧桥承载力及加固增强决策研究	1995 年	重庆市科技进步二等奖
9	预弯预应力钢筋混凝土梁可行性研究	1996 年	交通部科技进步三等奖
10	复合材料加固简支桥梁	1996 年	四川省科技进步三等奖
11	大跨径钢管混凝土劲性骨架收缩徐变及几何、材料、温度非线性因素影响研究	1997 年	交通部科技进步二等奖
12	大跨径钢管混凝土劲性骨架混凝土拱桥收缩徐变等非线性影响因素研究	1998 年	国家科技进步三等奖
13	公路桥梁可靠度研究	1998 年	交通部科技进步二等奖
14	高大轻型桥台设计和施工方法研究	1999 年	重庆市科技进步三等奖
15	万县长江大桥特大跨(420m)钢筋混凝土拱桥设计施工技术研究	2000 年	国家科技进步一等奖
16	横张预应力混凝土梁工艺及性能试验研究	2000 年	重庆市科技进步奖一等奖
17	桥梁大体积混凝土基础结构施工问题的研究	2000 年	重庆市科技进步三等奖
18	长涪高等级公路斜阳溪大桥吊装技术研究	2000 年	中国公路学会科学技术二等奖
19	低预应力度三钢混凝土连续钢梁研究	2001 年	重庆市科技进步二等奖

第四篇 技 术

续上表

序号	项目名称	获奖年份	获奖等级
20	长涪高等级公路龙溪河特大桥深水基础处治方案及施工工艺研究	2001年	重庆市科技进步三等奖
21	特大跨径桥梁铺装层与正交异性钢桥面板的受力分析和理论研究	2002年	重庆市科技进步三等奖
22	特大跨径桥梁结构动力分析与实验研究	2002年	中国公路学会科学技术三等奖
23	斜阳溪大桥吊装技术研究	2002年	中国公路学会科学技术三等奖
24	钢筋混凝土套箍封闭主拱加固拱桥成套技术研究	2003年	中国学会科学技术三等奖
25	横张预应力混凝土连续桥梁研究	2003年	重庆市科技进步三等奖
26	大跨径斜拉桥抗震、抗风与稳定性研究（大佛寺长江大桥）	2003年	中国公路学会科学技术二等奖
27	大跨径斜拉桥稳定性研究	2003年	中国公路学会科学技术二等奖
28	桥梁承载力演变理论及其应用技术	2004年	重庆市科技进步三等奖
29	桥梁振动故障诊断的理论与应用研究	2004年	中国公路学会科学技术三等奖
30	大佛寺长江大桥安全检测系统研究	2004年	中国公路学会科学技术奖三等奖
31	重庆马桑溪长江大桥	2004年	国家工程建设质量最高奖"鲁班奖"
32	混凝土桥梁工程抗震能力和承载力测评方法研究	2005年	重庆市科技进步二等奖
33	高速公路桥（涵）台背跳车处理新技术应用研究	2005年	重庆市科技进步三等奖
34	巫山长江公路大桥特大跨钢筋混凝土拱桥设计施工技术研究	2006年	重庆市科技进步一等奖
35	桥梁安全远程智能集群监测系统技术研究	2006年	重庆市科技技术发明二等奖
36	桥面铺装材料与技术研究	2007年	重庆市科技进步三等奖
37	大跨径拱桥地震反应特性与减震控制研究	2007年	重庆市科技进步三等奖
38	钢—混凝土组合桥梁建设成套技术研究	2007年	重庆市科技进步三等奖
39	大中型桥梁加固修复处治系列新技术开发与工程示范	2008年	重庆市科技进步一等奖
40	重庆长江大桥（石板坡长江大桥）复线桥特大跨径连续钢构桥梁建设技术	2008年	重庆市科技进步二等奖
41	钢—混凝土组合技术在旧桥加宽中的应用研究	2010年	重庆市科技进步二等奖
42	钢管混凝土拱桥设计、施工及养护关键技术研究	2008年	中国公路学会科学技术一等奖

续上表

序号	项目名称	获奖年份	获奖等级
43	柔性纤维混凝土材料在桥面铺装层中的应用技术研究	2009年	重庆市科技进步三等奖
44	高速公路斜拉桥拉索腐蚀状态评价与处治技术研究	2010年	重庆市科技进步三等奖/中国公路学会三等奖
45	特大跨度多肋钢桁拱桥设计与施工关键技术研究	2011年	重庆市科技进步二等奖
46	大跨度宽桥面结合梁斜拉桥设计与施工关键技术研究	2011年	重庆市科技进步二等奖
47	三峡库区船桥碰撞规律、防撞措施设计与预警系统研究	2012年	中国公路学会一等奖
48	《公路桥涵施工技术规范》(JTG/T F50—2011)	2012年	中国公路学会三等奖
49	连续刚构桥梁(高墩弯)设计、施工、养护关键技术研究	2012年	中国公路学会三等奖

二、隧道工程

重庆地区地形陡峭,地貌奇特,重庆高速公路不仅桥梁密布,而且隧道众多,修建形式多样;近年来,围绕隧道通风、照明、智能控制、防灾减灾方面开展了多项研究,提高了隧道建造技术,有效节约了能源和资源。其多项研究成果,已成功解决了我国长大高速公路隧道的智能型节能控制、核心监控软件国产化、重大灾害事故防止等重大关键技术,并荣获了重庆市科技进步奖、中国公路学会、重庆交通科技等奖项共38项之多。

1. 以"成渝高速公路重庆段中梁山隧道、缙云山隧道"为依托的"公路长隧道纵向通风研究"

位于重庆近郊的成渝高速公路上的中梁山隧道和缙云山隧道(图4-7-5),是当时国内最长的公路隧道。当时,中国没有自己的特长公路隧道设计规范,设计者借鉴欧美的经验,最初将中梁山隧道和缙云山隧道设计为半横向通风,这种通风方式的特点是隧道土建结构复杂、工程造价较高、工期较长,投入使用后每年的运营成本较大。1989年秋,重庆市交通局组团东赴日本考察,发现日本这个多山的国家,在许多特长公路隧道中,已经运用先进的射流风机纵向通风技术取代了横向通风。于是重庆市交通局果断作出了变更隧道通风方案的重大决策。

1990—1995年,重庆市交通局和重庆市重点公路建设指挥部以"成渝高速公路重庆段中梁山隧道、缙云山隧道"为依托,开展了"中梁山、缙云山隧道纵向通风方案研究",并在此研究的基础上,联合西南交通大学开展了"公路长隧道纵向通风研究",取得了以下主要成果:

(1)纵向通风模拟试验模型构建。研究应用模型试验的相似律原理,考虑通风气流的动力相似和射流的动力相似,按照中梁山隧道的纵向通风系统建立模拟系统。隧道模型全长30.6m,纵向布置20个测速断面和45个测压断面。分别作了动力射流试验、阻力射流试验、隧道与风道连接三通的汇流试验,以及通风系统各种工况下的通风模拟试验。模拟结果表明,该系统对实行运营通风具有良好适应性。

图4-7-5 成渝高速公路缙云山隧道

（2）纵向通风数值模拟研究。数值模拟是直接模拟各种工况下的通风特性,通过计算机数值模拟试验,可以提高效率,降低科研成本。课题组以两条隧道为模拟对象,进行了各种工况的数值模拟。比如,对缙云山隧道的竖井风机吸出、竖井风机吸出加自然风、自然风三种工况,选取隧道中心线的竖向剖面,采用了108个8节点四边形单元共389个节点的数值模拟,找到隧道风速气压分布规律,得出射流风机设置的合理位置。

（3）纵向通风效果实地测试研究。在中梁山隧道投入运营之后,课题组到现场对其通风功能进行了实地测试。对中梁山隧道的左线和右线,进行了各种工况下的自然风速、隧道内风速、透过率、烟尘浓度、CO浓度实测。实测证明,中梁山隧道各项考核指标达到规范要求,并且有一定的安全储备;各项实测值与设计所取的各类阻力参数相当;隧道设置的射流风机的增压系数与模拟试验结果相当。

（4）纵向通风的技术经济比较。通过经济比较:第一,由于减少了开挖断面,两座隧道减少开挖达26.4万m^3,混凝土数量减少约13万m^3,工期缩短半年以上;第二,节约大量原材料,两座隧道节约钢材2200t,水泥4万t,还节约大量砂石材料及防水板等;第三,节约建设投资,通过比较核实,两座隧道共节省投资4535万元;第四,节省运营能源,与半横向通风相比,两座隧道节省运营耗电15%~20%,每年可节电432万kW·h。

该项目曾获得重庆市1995年度科技进步二等奖、1997年度国家科技进步三等奖。

2. 长大公路隧道智能控制系统及防灾新技术研究

"长大公路隧道智能控制系统及防灾新技术研究"是重庆市科委2002年立项的科研项目。项目以提升我国长大高速公路隧道营运节能及防灾控制技术、摆脱核心监控设备长期依赖进口的不利局面为目标,解决了隧道智能型节能控制方法、核心监控软硬件系统全国产化、重大灾害事故防救三大类关键技术难题。

(1)确定了全射流通风最大适应长度。研究了公路隧道全射流通风最大适应长度的影响因素,提出了全射流通风最大适应长度的理论确定方法,以此为依据,结合本项目在长大公路隧道通风照明控制、智能监控软硬件系统、防灾和控制预案体系等方面的研究成果,对长度4000～6000m公路隧道根据各自的具体情况,采用了不设竖(斜)井的全射流通风方案,从而大量节省工程建设费用。

(2)实施了前馈式智能通风控制技术。首次提出了适用于特长高速公路隧道非稳态交通流的前馈式智能模糊通风控制方法,研制开发了公路隧道前馈式智能模糊通风控制系统,并在特长公路隧道首次实施。与传统通风控制方法相比,前馈式智能模糊通风控制系统可以节约电力消耗20%～30%,延长设备使用寿命并获得更加舒适的营运环境。

(3)引入了智能照明控制技术。基于人机工程学原理,综合考虑行车速度、交通流量、周围环境、洞口建筑形式等因素的影响,首次引入虚拟现实技术对与隧道照明相关的各种因素进行主观和客观综合评价,根据研究成果对隧道照明进行实时控制。

(4)研究开发了机电智能监控软件系统技术。研究开发了具有自主知识产权的网络化、智能化、组态化和综合化的"公路隧道智能机电监控软件系统(JS-SH米2.0)"。该软件系统创建了集中化的监控管理模式和简约化的营运管理模式,实现了对多座公路隧道的集中监控。

项目研究成果全部应用于研究依托示范工程及推广应用示范工程中,并进一步在重庆、云南、贵州、浙江、福建、广州等我国隧道最集中省市的高速公路隧道中得到大量推广应用,项目研究成果在这些单位中的应用产生了重大经济效益和社会效益,并具有广阔的推广应用前景。

3. 隧道与路网区域联动监控研究

针对隧道通风方式、照明技术、联动控制和路网区域联动控制等方面开展研究,并取得了多项创新性成果。

(1)构建了高速公路隧道群及路段整体式智能联动监控体系。提出了隧道群及毗邻隧道前馈式智能模糊通风控制方法,建立了基于虚拟现实仿真测试技术的隧道群智能照明控制方法以及考虑隧道间相互影响的隧道群防灾救援控制方法;建立了隧道群交通事件安全预警及运营状态自动检测模型,提出了火灾、交通事故等各种工况联动控制预案的控制原理、控制基准和控制顺序,构建了包含路段、单体隧道、隧道群及毗邻隧道的动态数据库式营运控制预案体系,实现了路段与隧道的整体联动。

(2)自主开发了高速公路隧道群及路网区域联动监控统一平台。提出了隧道群及路网区域联动监控平台的软件流程及设备综合配置技术;自主研发了具有标准化、组态化、综合化和网络化等特点且适应于高速公路隧道群及路网区域联动与联网控制软件平台；自主研发了可完全取代进口同类产品、具有开放接口和组网功能的新一代公路隧道群智能区域控制器。

(3) 建立了高速公路路网多级联动监控及应急预案体系。提出了高速公路路网"联网监控、区域管理"的监控技术模式，建立了高速公路区域信息管理体系和接口标准，构建了路网多级联动监控应急预案体系，实现了总中心、区域中心、路段监控站多级联动监控与应急救援。

项目研究填补了多项国内外技术空白，核心研究成果具有完全自主知识产权，取得国家发明专利4件、实用新型专利2件、软件著作权13件。其中"长大公路隧道智能控制系统及防灾新技术研究"获2007年重庆市科技进步一等奖，"高速公路隧道智能监控技术及工程应用研究"获2007年中国公路学会科学技术一等奖和2014年教育部二等奖。

4. 大涌水量与复杂地质条件下特长公路隧道修筑关键技术

针对白云隧道[位于渝湘高速公路武隆至水江段，长7098 m（左洞）/7120 m（右洞），最大埋深约800 m，是当时（2003年）重庆最长的公路隧道]，着重从岩溶隧道综合超前地质预报技术、安全环保的隧道岩溶处治技术，以及承水压支护结构设计技术等方面开展研究，取得如下创新性成果：

(1) 形成了复杂长大岩溶隧道的综合超前地质预报技术。通过进行宏观地质预报，继而再采用分距离、多方法的综合预报技术：长期预报技术（以TSP法、高密度电阻率法为主，以地质构造分析法为辅）、短期预报技术（以地质雷达法、红外探水法为主，以掌子面编录预测为辅）、临近预报技术（以超前钻孔为主，以实时监测为辅）等手段。

(2) 形成了安全环保的隧道岩溶处治技术。针对隧道岩溶不良地质，强调保障施工安全和结构运营安全，以及保护环境的多重原则；针对复杂岩溶，分为"溶洞或管道""溶蚀带"和"岩溶水"等三类形态建立处治方案；针对富水洞穴，提出"级配回填"的综合处治理念与具体措施；针对涌水处治，提出控制排放的隧道防排水原则与注浆方案制定标准及措施。

(3) 开发了隧道承水压支护结构设计技术。建立了基于"G-C-ADS"观点的承水压支护结构的设计理论与技术，包括隧道外水压力折减机理、外水压力确定方法、承水压支护结构优化指标与设计理念以及考虑外水压力的计算方法等。

项目中关于涌水处治的相关研究成果，已被纳入交通运输部2009年颁布的《公路隧道施工技术规范》和《公路隧道施工技术细则》中。项目已获2009年重庆市科技进步奖一等奖，白云隧道工程设计获重庆市优秀勘察设计奖一等奖，并成为"新中国成立60周年公路交通勘察设计经典工程"的12座隧道工程之一。

5. 公路隧道单层衬砌结构关键技术研究

以较低等级公路隧道或长大隧道辅助巷道为研究对象,通过采用纤维混凝土材料和混凝土湿喷技术,以获得喷射混凝土自防水衬砌结构为技术重点,主要取得了以下创新性成果:

提出了适合单层衬砌结构围岩稳定性的分级方法,即在预设计阶段采用塑性区进行分级,在施工阶段按实测围岩松动圈进行分级。

试验研究了喷射聚丙烯纤维混凝土、喷射钢纤维混凝土的各项力学指标,提出了用作单层衬砌的喷射纤维混凝土各项力学性能控制指标。

结合依托工程,系统研究了隧道光面爆破施工、喷射混凝土作业、格栅钢架施工、锚杆施工、信息化施工等施工工艺及流程,提出了单层衬砌的施工质量控制技术、施工机械配套技术、质量检验及评定标准以及单层衬砌的防排水技术。

项目研究成果已在巫奉高速公路摩天岭隧道通风斜井工程和南涪二级公路关长山隧道正洞得到成功应用,依托工程和推广应用工程直接节省工程投资约3556万元,取得了显著的社会经济效益,可在类似工程中推广应用。项目已获得2013年中国公路学会科学技术一等奖和2013年度重庆市科技进步二等奖。

表4-7-3为隧道相关科研项目获奖情况。

隧道相关科研项目获奖情况统计表　　　　表4-7-3

序号	项目名称	获奖年份	获奖等级
1	成渝高速公路重庆段中梁山隧道、缙云山隧道半横向式通风变为纵向通风方案研究	1995年	重庆市科技进步二等奖
2	高等级公路隧道结构可靠度的评价及应用研究	1995年	重庆市科技进步一等奖
3	中梁山、缙云山隧道纵向通风方案研究	1995年	重庆市科技进步二等奖
4	公路长大隧道纵向通风研究	1996年	重庆市科技进步一等奖
5	公路隧道施工技术规范	1996年	交通部科技进步二等奖
6	公路隧道新奥法施工监测技术应用研究	1997年	重庆市科技进步三等奖
7	公路隧道通风照明设计规范	2000年	重庆市科技进步二等奖
8	用扩张卡尔曼滤波器有限元法反分析隧道围岩非确定性动态的研究	2001年	重庆市科技进步一等奖
9	高等级公路大断面低扁平率长隧道修建新技术研究	2001年	重庆市科技进步二等奖
10	公路隧道送排式纵向通风、照明技术研究及控制系统及开发	2002年	重庆市科技进步三等奖
11	岩溶地区大断面隧道围岩稳定性及控制技术研究	2003年	中国公路学会二等奖
12	公路隧道结构与围岩稳定试验系统的开发及工程应用	2004年	重庆市技术发明二等奖

续上表

序号	项 目 名 称	获奖年份	获 奖 等 级
13	隧道内沥青路面铺张技术研究	2004年	中国公路学会三等奖
14	超大跨度多变断面燕尾式隧道综合施工技术研究	2005年	重庆市科技进步三等奖
15	通渝深埋特长隧道高地应力与围岩稳定相研究	2005年	中国公路学会三等奖
16	公路隧道养护技术规范	2006年	重庆市科技进步三等奖
17	高速公路隧道长期安全性评价与维护加固研究	2006年	重庆市科技进步三等奖
18	高速公路隧道长期安全性评价及维护加固研究	2006年	重庆市科技进步三等奖
19	长大公路隧道智能控制系统及防灾新技术研究	2007年	重庆市科技进步奖一等奖
20	高速公路隧道智能监控技术及工程应用研究	2007年	中国公路学会一等奖
21	高速公路特长隧道组合式通风及机电设备配置优化研究	2008年	重庆市科技进步二等奖
22	大涌水量与复杂地质条件下特长公路隧道修筑关键技术研究	2009年	中国公路学会二等奖
23	山岭隧道衬砌结构长期安全性预警与保障技术	2009年	重庆市科技进步二等奖
24	高速公路隧道沥青复合式路面结构防排水综合技术研究	2009年	重庆市科技进步三等奖
25	山区高速公路隧道节能型照明系统研究与应用	2009年	重庆市科技进步三等奖
26	大涌水量与复杂地质条件下特长公路隧道修筑关键技术研究	2009年	中国公路学会二等奖
27	高速公路隧道沥青复合式路面结构防排水综合技术研究	2009年	中国公路学会三等奖
28	公路隧道松弛荷载预测理论与预警系统及设计方法研究	2010年	中国公路学会二等奖
29	长大隧道低温阻燃沥青混凝土应用研究	2011年	重庆市交通科技二等奖
30	三峡库区公路隧道结构安全与健康状态标识系统研究	2011年	重庆市交通科技二等奖
31	奉云路分界梁隧道出口滑坡埋入式抗滑桩设计计算方法及现场监测	2012年	中国公路学会三等奖
32	公路隧道单层衬砌结构关键技术研究	2013年	中国公路学会一等奖
33	公路支持结构隐蔽工程施工质量与运行状况快速检测技术研究	2013年	重庆市交通科技一等奖
34	隧道纤维喷射混凝土单层衬砌技术及应用研究/公路隧道单层衬砌结构关键技术研究与应用	2013年	中国公路学会一等奖

续上表

序号	项目名称	获奖年份	获奖等级
35	高速公路隧道群与路网区域联动监控技术及应用	2014年	教育部科学技术进步二等奖
36	山区公路隧道群运营安全保障技术研究	2015年	重庆市交通科技一等奖
37	基于公路隧道照明规范节能型系统设计及管理技术推广应用	2015年	重庆市交通科技三等奖

三、路基路面工程

针对高速公路建设中的路基、路面技术难题，广大科研人员积极开展了大粒径碎石、土石混填、新老路基接合部处治、路桥过渡段等路基技术研究，攻克了一批制约工程建设的技术难题，提出了高速公路早期病害的预防措施，形成了多套先进、实用的道路建设、养护、管理新技术，保证了高速公路建设的质量，有效地提高了高速公路的服务性能，并在此过程中获得各级各类奖项40多项（图4-7-6、图4-7-7）。

图4-7-6 奉溪高速公路上的高边坡

图4-7-7 路基处治技术会

1. 高温多雨山区高速公路沥青路面关键技术研究

对高温多雨山区高速公路沥青路面的结构、材料、预估模型、试验方法、评价指标、施工工艺等关键技术开展了针对性研究，并取得多项创新性成果：

提出了反映沥青路面车辙病害特征的长大纵坡路段界定标准，开发了界定长大纵坡路段的软件，提出了减少长大纵坡沥青路面车辙的综合技术措施。长大纵坡路段的科学界定为高速公路沥青路面长大坡路段的科学划分和专项设计提供了基本依据。

研发出"高温水煮仪"，提出了可定性评价改性沥青与石料黏附性的"高温水煮法"；研发出"气压式动水压力冲刷试验系统"，提出了沥青混合料动水压力试验方法及评价指标，为沥青混合料水稳定性的评价提供了新方法和新设备。

研发出适用于沥青路面层间压缩变形测量的传感器，填补了国内空白。

项目研究成果已在重庆"二环八射"高速公路后期全面应用，同时在重庆新千公里高速公路和第四个千公里高速公路路面工程中推广,项目已获 2012 年中国公路学会科学技术一等奖和 2012 年重庆市科技进步二等奖。

图 4-7-8 为大型环道试验,图 4-7-9 为耐久性路面结构示意图。

图 4-7-8　大型环道试验

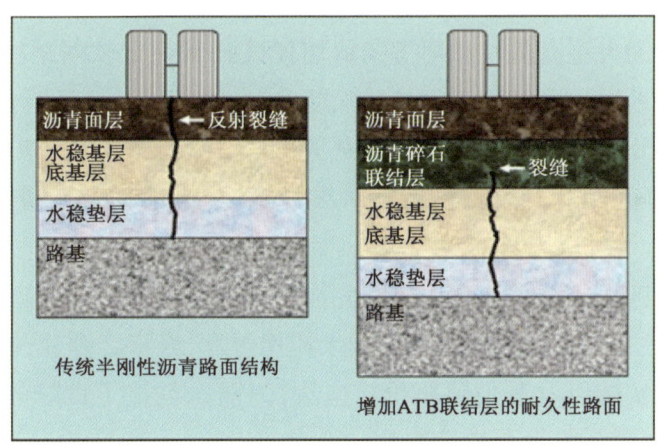

图 4-7-9　耐久性路面结构

2. 水泥混凝土路面破坏防治技术与路面新结构

针对水泥混凝土路面早期破坏这一长期未能有效解决的世界性难题,开展理论分析、试验研究和现场考证,取得了以下创新性成果:

提出了消除或克服普通路面"层间过渡层"和"三种层间基本破坏"以解决路面早期破坏的思想。

发明了消除层间"过渡层"弱连接和"三种层间基本破坏"、设置隔离层的水泥混凝土路面结构;发明了针对路面层间水损坏和改善层间支承状况的防水路面结构及防水减振路面结构;发明了克服"过渡层"和"三种层间基本破坏",保证界面强连接、设置黏结层的多孔混凝土特殊铺装形式。

首次提出了纤维混凝土裂尖闭合力阻裂模型,揭示了纤维在混凝土中的"阻裂墙"效应,填补了柔性纤维混凝土阻裂增韧机理的空白;首次提出以单位体积混凝土中纤维总黏结力为核心的纤维混凝土抗裂配合比设计思想,突破了仅以体积率为参数的柔性纤维混凝土设计方法的局限;首次提出了"柔性纤维混凝土"+"隔离层"的路面材料和结构新形式,实现了路面材料增韧与路面结构抗裂的有机结合。

研究取得了9项发明专利和8项实用新型专利,出版专著1部,制定了重庆市公路行业标准《水泥混凝土路面隔离封层应用技术规范》(CQJTG/T D41—2010),设置隔离层的路面技术已被纳入国家行业标准《公路水泥混凝土路面施工技术细则》(JTG/T F30—2014)。项目获得了2007年度重庆市科技进步一等奖,成果的相关项目或衍生项目还获得省部级科技进步二等奖1项,三等奖2项。

3. 三峡地区易滑地层路基安全评价、预测预报及防治技术研究

重庆三峡地区易滑地层之上修筑的公路路基,边坡易于发生大变形甚至失稳破坏,给高速公路的建设和运营安全带来极大隐患。通过大量的现场调查和分析,取得了如下创新性成果:

采用自主研发的大型直剪仪和便携式剪切仪试验研究了软弱结构面的抗剪强度,得到了饱和工况易滑地层软弱结构面的抗剪强度参数,验证了巴顿经验公式的适用性。

研发了h形抗滑桩支挡技术,提出了荷载分析与结构设计计算方法,给出了h形抗滑桩的最优排距、合理桩间距和悬臂段长度比等设计参数,为治理大型滑坡提供了新的技术措施。

在重庆三峡库区奉节至巫山高速公路完成实体示范工点3处,应用结果表明项目研究成果紧扣易滑地层公路路基工程实际,成果应用可靠,经济合理,防治或加固措施得当。通过项目示范工程实施以及其他路段推广应用,为国家创造了良好的经济和社会效益。项目已获2014年中国公路学会科学技术一等奖。

图4-7-10为三峡地区公路锚杆技术,图4-7-11为三峡地区公路预防技术研讨会。

图4-7-10　三峡地区公路锚杆技术

图4-7-11　三峡地区公路预防技术研讨会

4. 公路边坡稳定成套技术

针对公路建设中遇到的大量路基边坡稳定性问题开展系统研究,取得了以下创新性成果,形成了较为系统完善的公路边坡稳定成套技术。

首次开发了多孔植被混凝土、用于锚固工程的聚丙烯纤维砂浆、预应力抗滑桩、土工合成材料加筋生态路堑墙、土工合成材料喷射混凝土、土工格室全路堤加筋等边坡加固与防护的新材料与新技术,为边坡的加固与防护提供了新的技术途径,促进了工程质量的提高、建设资金的节约和生态环境的保护。

建立了从总体到细节的全过程边坡支护方案优化设计方法,开发出基于GIS的优化设计系统软件,改变了只注意单一工点具体措施比选的传统思想,为公路边坡设计、施工、造价控制等全过程优化提供了有力的技术支持。

揭示了高填路基沉降变形规律,建立了高填路堤堤身压缩变形预估方法,首次提出了山区高填路基工后沉降控制标准、压实技术和沉降控制措施,形成了高填路基沉降控制技术,为路基处治方法和压实方法的合理选择提供了依据。

研究成果获2006年中国公路学会科技一等奖,同时被《公路路基设计规范》(JTG D30—2004)、《公路软土地基路堤设计与施工技术指南》所采用,并成功应用于渝黔、渝邻等10多条山区高速公路建设中,有力推动了行业技术进步,有效解决了工程中所面临的复杂技术难题,获得了显著的经济和环境效益。

表4-7-4为路基路面相关科研项目获奖情况。

路基路面相关科研项目获奖情况统计表 表4-7-4

序号	项目名称	获奖年份	获奖等级
1	DM-55G型笔录强制循环导热油加热沥青系统	1991年	重庆市科技进步二等奖
2	特细砂钢纤维混凝土薄层路面结构及性能研究	1992年	四川省科技进步三等奖
3	预应力锚索抗滑桩	1992年	重庆市科技进步三等奖
4	成渝高速公路桑家坡至青杠路段85km二改一设计方案研究	1993年	重庆市科技进步特等奖
5	成渝高速公路重庆段三星沟原大桥设计方案变更为高路堤的设计方案	1993年	重庆市科技进步一等奖
6	插入式不饱和石灰分层消解筛分系统研究	1993年	重庆市科技进步三等奖
7	推力桩计算方法的研究	1994年	重庆市科技进步三等奖
8	高等级公路(沥青混凝土路面)机械化施工组织与机械综合作用定额应用研究	1995年	重庆市科技进步一等奖
9	山丘高等级公路后评价综合指标体系研究	1995年	重庆市科技进步二等奖
10	成渝高速公路沥青路面抗车辙技术研究	1995年	重庆市科技进步二等奖

续上表

序号	项目名称	获奖年份	获奖等级
11	成渝高速公路抗滑磨耗层的应用研究	1995年	重庆市科技进步二等奖
12	成渝高速公路重庆段湿软土处治新技术	1995年	重庆市科技进步三等奖
13	钢纤维混凝土薄层路面结构性能及机理研究	1997年	重庆市科技进步二等奖
14	重庆地区公路水毁机理及防御系统对策研究	1997年	交通部科技进步三等奖
15	乳化沥青稀浆封层新技术新工艺推广	1997年	重庆市科技进步三等奖
16	山区高等级公路加筋高路堤陡边坡研究	1999年	重庆市科技进步二等奖
17	硅粉混凝土在路面上的应用	2001年	重庆市科技进步三等奖
18	公路土工合成材料应用技术规范及公路土工合成材料试验规程	2001年	重庆市科技进步三等奖
19	重庆库区松散土体吸水强度衰减过程、阈值及滑坡启动预警研究	2001年	重庆市科技进步三等奖
20	《公路工程结构可靠度设计统一标准》（GB/T 50283—1999）	2002年	中国公路学会科学技术二等奖
21	重庆公路路面典型结构研究	2002年	中国公路学会科学技术三等奖
22	重庆市地方标准 DB 50/5018—2001《建筑边坡支护技术规范》	2002年	重庆市科技进步三等奖
23	土锚钉加固路堑高边坡应用技术研究	2002年	中国公路学会科学技术三等奖
24	高等级公路采用半刚性路面基层施工质量控制方法研究	2003年	重庆市科技进步三等奖
25	路面不平整引起的动荷载及其对路面破坏作用研究	2004年	中国公路学会科学技术三等奖
26	聚合物改性路用水泥混凝土研究	2004年	中国公路学会科学技术三等奖
27	公路岩石路堑边坡锚固设计与施工技术	2004年	重庆市科技进步三等奖
28	冲淤变动型沟谷泥石流治理与路基抗毁结构设计一体化模式研究	2004年	重庆市科技进步三等奖
29	公路厚层土石路堤压实速度快速波动检测技术研究	2005年	重庆市科技进步二等奖
30	山区特殊工程条件下的高填方涵洞合理结构及施工控制研究	2005年	重庆市科技进步三等奖
31	新型柔性纤维混凝土薄层路面性能及应用研究	2005年	中国公路学会科学技术三等奖

续上表

序号	项目名称	获奖年份	获奖等级
32	新型纤维混凝土薄层路面性能及应用研究	2005 年	重庆市科技进步三等奖
33	水泥—乳化沥青混合料路面的力学特征及其应用研究	2005 年	重庆市科技进步三等奖
34	新老路基接合部处置技术	2005 年	中国公路学会科学技术一等奖
35	山区高等级公路修筑关键技术与示范工程	2005 年	中国公路学会科学技术二等奖
36	深挖高填边坡破坏机理与稳定性评价方法研究	2005 年	重庆市科技进步二等奖
37	边坡支护方案优化设计	2005 年	重庆市科技进步三等奖
38	路用沥青改性技术研究	2006 年	重庆市科技进步二等奖
39	高性能路面沥青技术研究	2006 年	重庆市科技进步三等奖
40	山区高速公路线形安全性评价研究	2006 年	重庆市科技进步三等奖
41	公路边坡稳定成套技术研究	2006 年	中国公路学会科学技术一等奖
42	水泥混凝土路面破坏防治技术与路面新结构	2007 年	重庆市科技进步一等奖
43	高等级沥青路面柔性基层研究	2007 年	重庆市科技进步二等奖
44	三峡库区蓄水初期公路病害防治对策研究	2007 年	重庆市科技进步二等奖
45	道路路面废料再生激活机理与微观结构分析研究	2007 年	重庆交通科技进步二等奖
46	声波技术在地基工程评价中的应用	2007 年	重庆市科技进步三等奖
47	水泥混凝土路面断板分析及防治技术研究	2007 年	中国公路学会科学技术二等奖
48	山区公路沥青面层排水技术的研究	2007 年	中国公路学会科学技术三等奖
49	重庆万梁高速公路沿线高边坡病害和大型滑坡发生机理及防治技术研究	2007 年	重庆市科技进步三等奖
50	三峡库区危岩灾害发育机理、防治研究与工程实践	2007 年	重庆市科技进步二等奖
51	路侧振动带提高高速公路行车安全中的应用研究	2008 年	重庆市交通科学技术一等奖
52	公路水毁防治技术研究	2008 年	重庆市科技进步二等奖
53	砂砾基层材料的非线性承力特性研究	2008 年	重庆市科技进步二等奖
54	道路路面废料再生激活激励与微观结构分析研究	2008 年	重庆市科技进步三等奖
55	水泥混凝土路面再生利用关键技术研究	2008 年	中国公路学会科学技术一等奖
56	山区高速公路填石路堤应用技术研究	2008 年	中国公路学会科学技术三等奖
57	土石混填路基修筑技术研究	2009 年	重庆市科技进步三等奖
58	高模量沥青混凝土路面新结构及应用研究	2010 年	重庆市科技进步二等奖

续上表

序号	项目名称	获奖年份	获奖等级
59	Superpave 沥青路面技术集成研究	2010 年	中国公路学会一等奖
60	公路非饱和路基土的力学特性研究	2011 年	中国公路学会二等奖
61	重庆高温多雨山区高速公路沥青路面关键技术研究	2012 年	中国公路学会一等奖
62	重庆绕城高速公路关键技术研究及推广示范应用	2012 年	中国公路学会一等奖
63	矿物纤维在 SMA-13 中的适应性研究	2012 年	中国公路学会三等奖
64	重庆山区高速公路安全性评价研究	2012 年	中国公路学会三等奖
65	奉云路分界梁隧道出口滑坡埋入式抗滑桩设计计算方法及现场监测	2012 年	中国公路学会三等奖
66	以巴东组为主的地质条件下多向荷载超高路堤稳定性及支护形式研究	2012 年	重庆市科技进步三等奖
67	半刚性基层沥青路面结构转换与性能恢复关键技术研究	2014 年	重庆市科技进步三等奖
68	重庆三峡地区易滑底层路基安全评价、预测预报及防治技术研究	2014 年	中国公路学会科学技术一等奖

四、示范工程

交通运输部科技示范工程由于在设计、施工、运营等方面具有理念先进、技术领先、安全高效、节能环保等显著特点,并在全国范围内具有典型示范作用,所以得到各省市交通运输主管部门的广泛关注,也是各地积极争取的重点工作之一。20 多年来,重庆市决策者、建设者和科技工作者通过努力,争取到了 1 个科技示范工程——绕城高速公路科技示范工程,1 个重大专项——物联网重大专项,1 个部西部项目示范工程——大水位差防撞示范工程,其中大水位差防撞示范工程达到国际领先水平。对于绕城高速公路科技示范工程,时任重庆高速集团副总钟宁回忆道:

"交通运输部首批'科技示范路'只有 4 条,重庆的绕城高速公路列入后,我们在思考,示范什么?后来终于想到示范'城乡交通统筹安全节约环保',这很是符合重庆特色。因为从一开始我们就想到了重庆发展肯定从内环走向外环,以后绕城高速公路跟内环高速公路一样,将变成城市快速路。所以为了考虑怎么融入城市,我们对绕城高速公路设计布局了大量立交,路基宽度西段达到 33.5m,中央分隔带也做得很宽,就是为后面发展预留空间,可以把行车道扩展为八车道。"

1. 绕城高速公路科技示范工程

以绕城高速公路为依托,开展了西部交通建设科技项目"重庆绕城高速公路关键技术研究及推广应用示范"和重庆市重大科技攻关项目"重庆绕城高速公路安全、快捷、节能科技示范工程"研究,取得如下示范成果:

开发实施了高速公路路网智能联动监控技术。提出了公路隧道群智能通风、照明及防灾救援控制方法,构建了公路隧道群智能联动及联网监控软件平台,研发了自主知识产权的智能控制器,开发实施了以绕城高速公路为核心的重庆市高速公路路网智能联动监控体系。

研发了高温多雨山区高速公路沥青路面建设成套技术。提出了高温多雨山区高速公路沥青路面合理结构和沥青混合料抗剪强度永久变形预估模型,研发了沥青混合料动水压力试验方法及评价指标,提出了长大纵坡界定标准与路面抗车辙对策。

形成了钢混组合斜拉桥、体外预应力刚构桥和大跨度悬索桥设计与施工技术。解决了大跨度宽桥面组合梁斜拉桥设计与施工关键技术问题,形成了大跨度体外预应力混凝土现浇连续刚构桥设计与施工技术,研发了复杂环境条件下大跨度悬索桥主缆温度场一线总线式自动同步采集系统及温度场分析技术。

图4-7-12为交通运输部科技示范工程交流会与启动仪式。

图4-7-12　交通运输部科技示范工程交流会与启动仪式

交通运输部鉴定专家认为项目研究成果总体达到世界先进水平,部分达到世界领先水平,并获2011年中国公路学会科技一等奖。研究成果支撑了绕城高速公路建设和运营管理,增强了行车舒适性和安全性,使绕城高速公路成为智慧之路和生态之路,累计节约工程建设资金2.88亿元,节省公路营运维护、降低安全事故损失等间接费用10.09亿元,取得了显著的社会经济和环境效益,显著提高了重庆公路建设管理水平,达到了科技示范的效果。同时,部分研究成果已在重庆新千公里及江苏、四川和贵州等省高速公路中推广应用,增强了重庆高速在全国交通运输行业的影响力,有力推动了交通运输行业的技术进步。

重庆绕城高速公路建成通车使重庆迅速迈入了"外环时代",有效提升了重庆交通形象,为加快构建长江经济带综合立体交通走廊、推动城乡统筹和经济社会发展做出了巨大贡献。

2. 物联网重大专项

"重庆公路运行状态监测与效率提升技术研究及示范应用"是交通运输部重大科技专项"基于物联网的公路网运行状态监测与效率提升技术"的示范工程,围绕路网的广泛感知、状态分析、协同管控、信息发布四方面开展重庆市公路网运行管理机制和运行效率评价研究,并在重庆示范工程将科技创新与体制机制创新有机结合,主要取得以下成果:

实现路网广泛感知的技术突破——自主研发、成本低廉、高效节能。在国内路网监控管理领域,首次开展集道路、桥梁、边坡基础设施运行状态及养护工况感知、路段交通气象和路面环境感知、交通事件感知,新一代宽带无线传输与有线传输融合,新型智能交通预警、控制和信息发布处理等成套技术的集成应用创新。

实现评价与路网日常管理有机融合。首次研究提出了基于物联网的公路网运行效率评价方法并实施应用。评价指标和基础数据采集方法与物联网感知体系建设紧密衔接,实现了评价与路网日常管理有机融合。

实现服务手段的全面升级——人性便捷、实时准确、多样丰富。首次提出基于物联网的集路网监管、运营、出行服务于一体的公路网监管及服务顶层设计方案。实现人、车、路、环境四方面交通要素静态、动态信息资源在高速公路运营企业、执法大队、公路局、交委信息中心的深度融合应用。

经过2013年和2014年项目实施前后的数据对比分析,示范路段(渝武路、石忠路)速度—流量关系同比平均相对提升8.33%,事件监测响应率平均相对提升11.32%。物联网重大专项的实施和运行有效地提高了重庆高速公路的交通流运行效率和交通事件监测响应能力,从而提升了高速公路的运行效率。

3. 大水位差防撞示范工程

为支撑万州大桥防撞设施建设,开展了防撞设施受力特性、运行可靠性及对通航影响等方面的研究,提出了"拱形自浮式水上升降防撞设施"的先进方法,构建了世界上第一个大水位差拱桥桥台防撞带。具体有以下主要创新成果:

项目授权日本发明专利1项、中国发明专利7项、实用新型专利3项,已公示法国发明专利1项,发表学术论文14篇。主研人员晋升正高3名、副高4名,培养博士研究生3名、硕士研究生5名,依托本项目研究成果,获批国家、省部级科研项目7项。研究成果被评为2014交通运输科技十大重点推进方向,中央电视台央视新闻网、人民网、新华网、华龙网等众多媒体均进行了专题报道,引起了社会各界和行业的高度关注。

图4-7-13为专家实地考察万州大桥防撞装置,图4-7-14为防撞验收暨鉴定专家评审会。

图 4-7-13　专家实地考察万州大桥防撞装置

图 4-7-14　防撞验收暨鉴定专家评审会

第二节　能力建设

随着重庆高速公路的建设与发展,特大桥梁、特长隧道不断出现,建设难度也逐步提高,为克服建设难题,重庆高速集团联合重庆交通大学、重庆交通科研设计院等单位,产学研相结合,培养了一大批具有高水平的人才队伍,催生了一批重点实验室,有力促进了重庆高速公路平台建设、产学研发展和人才队伍建设。

一、平台建设

平台建设主要在重庆交通大学、重庆交通科研设计院得到快速发展。在重庆交通大学建立了国家重点、国家与地方联合、行业重点和市重点实验室共11个,其中国家重点实验室1个,为"重庆市山区桥梁与隧道工程实验室—省部共建国家重点实验室培育基地",国地联合国家工程实验室(国家发改委)1个,为"交通土建工程材料国家地方联合工程实验室"。在招商局重庆交通科研设计院建有国家级、省部级等各类研究开发平台15个,其中国家级研发平台4个,分别为"国家山区公路工程技术研究中心""山区道路工程与防灾减灾国家地方联合工程实验室""桥梁工程结构动力学国家重点实验室""公路隧道建设技术国家工程实验室",省部级平台8个。通过实验室所开展的高水平研究成果,反过来服务于高速公路的建设,进一步促进重庆高速公路的发展。

1. 重庆交通大学实验室建设

重庆交通大学科技平台具备国内一流的工程试验条件。在科研办公基础设施方面,依托土木工程学院等学院建成国内一流的科研办公大楼和学术交流中心;在科学实验室建设方面,已具备国际先进水平的试验条件,有效提升行业内开展技术研发和工程试验的能力。在重庆交通大学建立的多个实验室中,重点建设"山区桥梁与隧道工程国家重点实验室"和"交通土建工程材料国家地方联合工程实验室"。表4-7-5重庆交通大学高速公路重点实验室汇总情况。

重庆交通大学高速公路重点实验室汇总表　　　　　　　　　　表4-7-5

序　号	平　台　名　称	级　别
1	重庆市山区桥梁与隧道工程实验室—省部共建国家重点实验室培育基地	国家级
2	交通土建工程材料国家地方联合工程实验室	国家级
3	桥梁结构工程交通行业重点实验室	省部级
4	山区桥梁结构与材料教育部工程研究中心	省部级
5	山区道路建设与维护技术教育部工程研究中心	省部级
6	重庆市交通运输工程重点实验室	省部级
7	西部交通与经济社会发展研究中心	省部级
8	重庆市桥梁通航安全与防撞工程技术研究中心	省部级
9	重庆市公共交通运营大数据工程技术研究中心	省部级
10	山区桥隧长期性能与安全交通运输行业协同创新平台	省部级
11	重庆市智能物流网络重点实验室	省部级

2. 招商局重庆交通科研设计院实验室建设

招商局重庆交通科研设计院是国家级交通运输行业创新创业基地。除建有多个国家级、省部级等各类研究开发平台外,还培育形成了包括道路、桥梁、隧道、交通工程、环境、景观、建筑、汽车、信息等10余个专业,涉及领域数十个,技术集群上百个。在招商局重庆交通科研设计院建立的重点实验室中,重点建设了"国家山区公路工程技术研究中心"和"桥梁工程结构动力学国家重点实验室"两个国家级实验室。表4-7-6为重庆交通科研设计院高速公路重点实验室汇总情况。

重庆交通科研设计院高速公路重点实验室汇总表　　　　　　　　　　表4-7-6

序　号	平　台　名　称	级　别
1	国家山区公路工程技术研究中心	国家级
2	桥梁工程结构动力学国家重点实验室	国家级
3	公路隧道建设技术国家工程实验室	国家级
4	山区道路工程与防灾减灾技术国家地方联合工程实验室	国家级
5	隧道建设与养护技术交通行业重点实验室	省部级
6	桥梁结构抗震技术交通行业重点实验室	省部级
7	"长大隧道建设与养护技术"协同创新平台	省部级
8	重庆市交通隧道工程技术工程实验室	省部级
9	重庆市山区道路工程与防灾减灾工程实验室	省部级
10	重庆市土壤污染控制与修复工程技术研究中心	省部级
11	重庆市大型科学仪器资源共享服务分中心	省部级
12	重庆市科技成果转化示范中心	省部级

二、产学研发展

重庆产学研发展是一种"以企业为主体,产学研结合"的技术创新模式,通过承担科研课题与攻关项目、国内外合作研究项目、依托单位自主创新项目以及通过技术引进消化吸收并二次开发的国外新技术成果,经科技平台工程化研究成熟后向下游企业进行转化和推广;与国内有关的科研院所、高校及企业紧密合作,共同进行技术开发工作。通过共同研究、联合承担项目、产学研结合、上下游协作等方式,实现技术成果的聚集、辐射和扩散。在这样一种创新模式之下,重庆高速公路走出了一条独具特色的发展之路,"彩色高速""聪明的棚洞""观景的大桥"等层出不穷。

图 4-7-15 为绕城高速公路观音岩长江大桥,图 4-7-16 为产学研共建纪念碑。

图 4-7-15　绕城高速公路观音岩长江大桥　　　　图 4-7-16　产学研共建纪念碑

1. 彩色高速公路

2006 年 11 月 4 日,内环高速公路界石—上桥方向的吉庆隧道和小泉隧道完成路面改造,成为国内首段通车的彩色高速公路。

"彩色只是副产品,更重要的是,它是混凝土路面的一次革命。"由高发司和重庆交通大学自主研制的此种路面材料,既不同于传统的水泥,也不是普通的沥青,而是综合了水泥的高强度、沥青的高柔性研制而成的新型路面材料——聚合物柔性水泥混凝土透水降噪路面。这种路面透水、降噪、强度高、耐磨性强,可使路面使用年限大幅提高。

2. "开窗"的隧道——棚洞

这就是"开窗"的隧道! 渝湘高速公路重庆秀山洪安至酉阳段出现的这一奇景,也是科技的创新之花。这种美观又环保的新工艺首次出现在重庆高速公路建设中。图 4-7-17 为渝湘高速公路棚洞。

棚洞在洪酉段共有 6 个,全都处在迤逦的峡谷中,其中最长的一个有 300 多米。渝湘高速公路洪酉段多风化石地质,削坡范围过大,不但对生态环境破坏大,而且极易出现山体掉石、滑坡,影响安全营运。经多次论证,渝湘高速公路洪酉段的部分边坡、隧道设计采用了棚洞工艺,在削山筑路后,在公路上方搭建拱棚,拱棚上方依山填土,恢复自然坡度和植被,还原山体本色,能最大限度保护环境。建成后,公路不会因掉石滑坡造成影响,隧道也不需要照明,乘客还能在洞中欣赏路边美景。

图 4-7-17　渝湘高速公路棚洞

全国工程勘察设计大师蒋树屏博士对棚洞设计有自己的独到见解,为不破坏重庆丰富的自然植被,以保护环境为原则,设计了半隧道—棚洞的形式,不仅工程造价较低,而且保护了植被,避免了坍塌事故,实现了既保护自然又能安全运营的目的。

3."能观景"的大桥

观音岩长江大桥"能观景",绕城高速公路上的观音岩长江大桥,从设计之初就提出了设计"观景台"的方案,并将其打造成为重庆市科学与人文教育基地,同时形成绕城高速公路"产学研"教育基地。

观景台位于观音岩长江大桥北岸(西彭岸),依托观音岩长江大桥实体工程,满足人们(包括学生科普教学)现场参观目的,建设以观景台为依托的桥梁博物馆,通过简单模型和图片展示观音岩长江大桥设计、建设概况及其他桥型模型和图片。

三、人才建设

1. 交委系统

重庆市交通委员会是属于重庆市政府的职能部门,内设综合规划处、公路建设管理处、综合运输管理处等委属机关处室,外设重庆市公路局、重庆市交通行政执法总队、重庆市交通规划勘察设计院、重庆高速集团等委属单位。1997 年重庆直辖之前,从事高速公路建设的专业技术人员无人具有正高级职称。下面以委属重庆市交通规划勘察设计院、重庆高速公路集团和重庆市交委质监局为例做简要介绍。

(1)重庆市交通规划勘察设计院。重庆市交通规划勘察设计院现有职工400余名,专业技术人员占员工总数超过92%,其中具有正高级职称人员30人、高级职称人员116人、中级职称人员100人,具有博士、硕士学位人员超过100人,各类注册资格人员超过50人。多人荣获全国劳动模范、重庆市劳动模范、全国交通系统劳动模范、中国公路百名优秀工程师、重庆市勘察设计大师、重庆市有突出贡献的中青年专家、科青联重庆首届十佳工程师、重庆交通十名优秀工程师、重庆市勘察设计协会优秀青年设计师等荣誉称号。单位科研成果获奖69项,其中省部级科技奖一等奖3项、二等奖2项、三等奖16项,重庆交通科学技术奖特等奖1项、一等奖7项、二等奖12项、三等奖28项。依托科研项目获得发明专利、实用新型专利、工法共9项,编写出版技术著作6部;编制行业标准5部、重庆市行业标准8部。

图4-7-18为重庆市交通规划勘察设计院旧址、新址。

图4-7-18 重庆市交通规划勘察设计院旧址、新址

(2)重庆高速公路集团有限公司(图4-7-19)。重庆高速公路集团有限公司是负责全市高速公路筹融资、建设和经营管理的投融资企业,总部设有9个部门、2个管理中心,下辖4个分公司、11个全资子公司、18个主业控(参)股子公司和18个非主业控(参)股公司。截至2016年12月底,资产总额约1705亿元。重庆高速集团高度重视人才培养,关心科技人员的工作和生活。目前,重庆高速公路集团具有教授级职称人员26人、高级职称人员145人、中级职称人员251人,有博士生10多人、研究生学历156人,本科学历1300多人,大专学历2200多人,学术团队人才结构合理,分布均匀。拥有院士专家工作站、博士后科研工作站等高端科研工作平台。先后获得省部级科技进步一等奖12项、二等奖21项、三等奖38项,先后出版专著,主编(修)各类行业规范近20部。近年来,数十人次获得了国务院政府特殊津贴、全国优秀科技工作者、全国"讲比"科技标兵、全国劳动模范、交通部和重庆市学术带头人、新世纪十百千人才工程人选、中国公路学会百名优秀工程师、交通青年科技英才、全国公路优秀科技工作者和重庆市优秀专业技术人才等荣誉称号。

图 4-7-19 重庆高速公路集团有限公司

（3）重庆市交通委员会工程质量安全监督局（图 4-7-20）。重庆市交通委员会工程质量安全监督局受重庆市交通委员会委托，依法具体实施全市高速公路建设项目的质量监督和施工现场的安全监督检查。现有在编职工 77 人，其中，高级职称人员 50 人、中级职称人员 17 人，专业技术人员占职工人数 94% 以上。单位获奖科研成果项目 40 个，获得各级科技奖励证书 36 项，其中省部级科技进步奖一等奖 1 项、二等奖 5 项、三等奖 9 项，省部级自然科学学术成果二等奖 1 项，重庆交通科学技术奖一等奖 2 项、二等奖 5 项、三等奖 9 项，其他科技奖项 4 项；获得发明专利 7 项、实用新型专利 12 项；编制出版国家标准 2 部、行业标准 7 部、重庆市地方标准 6 部、重庆市行业标准 2 部；编写出版技术著作 15 部。

图 4-7-20 重庆市交通委员会工程质量安全监督局

2. 支撑单位

（1）重庆交通大学（图 4-7-21）。重庆交通大学是一所具有"学士—硕士—博士"多层次人才培养体系,交通特色与优势明显,以工为主,工、管、理、经、文、艺、法等学科协调发展的教学研究型大学,交通运输部与重庆市部市共建。现有教职工2000余人,专任教师1500余人,其中"百千万人才工程"国家级人选7人,"国家级有突出贡献的中青年专家"2人,交通运输部"十百千人才工程"第一层次人选、交通部科技英才、重庆市首批学术技术带头人以及享受国务院政府特殊津贴者等省部级专家120余人次;聘请了包括中科院院士和工程院院士、外籍院士在内的150余位国内外知名专家学者担任兼职教授。

图4-7-21　重庆交通大学

（2）招商局重庆交通科研设计院（图4-7-22）。招商局重庆交通科研设计院现有员工人数1850余人。正高职称人数95人,副高职称人数364人,博士以上的高学历人员40余人。培养汇聚了一批享誉业内的国家级和省部级专家,有60余人次。如国务院政府特殊津贴专家19人;国家级勘察设计大师1人;交通青年科技英才4人;交通运输部"十百千人才工程"第一层次人选5人;中国公路百名优秀工程师8人;重庆市勘察设计大师4人;重庆市两江学者2人;重庆市"百千万工程"领军人才1人;重庆市百名高端工程师2人;重庆市"322重点人才工程"一二层次人选5人,重庆市首届学术带头人及后备11人次。

图4-7-22　招商局重庆交通科研设计院

第三节 标 准 规 范

重庆高速公路建设者们在高速公路各个时期,发挥集体智慧的优势,根据各个高速公路的特点、难点,把相关标准规范灵活应用于实践中。为指导山岭公路路面设计、隧道设计、桥梁设计,使工程符合技术先进、安全可靠、使用耐久和经济合理的要求,结合工程实践编制了行业标准、地方标准和地方行业规范等三类标准规范,共计23项。

一、行业标准

结合重庆高速公路建设管理经验和科研成果,由重庆市交通委员会、招商局重庆交通科研设计院有限公司、重庆交通大学等单位,积极承担交通运输行业的技术规范编制工作,先后主编或参编了《公路隧道养护技术规范》《公路隧道设计规范》《公路桥梁加固设计规范》等10余部交通运输行业技术规范(表4-7-7),较好地指导重庆山区公路路面、桥梁和隧道的设计与施工。

行业标准汇总表　　　　表4-7-7

序号	名　称	颁布单位	参编单位	颁布时间
1	公路土工合成材料试验规程	交通部	交通部重庆公路科学研究所、江苏省交通科学研究所、长沙交通学院、河南省交通厅	1998年
2	斜拉桥热挤聚乙烯高强度钢丝拉索技术条件	国家质监总局	交通部重庆公路科学研究所	2001年
3	公路隧道设计规范	交通部	招商局重庆交通科研设计院有限公司等	2004年
4	公路斜拉桥设计细则	交通部	招商局重庆交通科研设计院有限公司、湖北省交通规划设计院等	2007年
5	公路桥梁加固设计规范	交通运输部	中交第一公路勘察设计研究院有限公司、重庆交通大学等	2008年
6	公路隧道施工技术规范	交通运输部	中交第一公路工程局有限公司、招商局重庆交通科研设计院有限公司、重庆交通大学等	2009年
7	公路土工合成材料应用技术规范	交通运输部	招商局重庆交通科研设计院有限公司、长沙理工大学等	2012年

续上表

序号	名 称	颁布单位	参 编 单 位	颁布时间
8	公路桥涵施工技术规范	交通运输部	中交第一公路工程局有限公司、重庆高速公路集团有限公司	2012年
9	公路隧道通风设计细则	交通运输部	招商局重庆交通科研设计院有限公司、重庆交通大学、浙江省交通规划设计研究院、长安大学、西南交通大学	2014年
10	公路隧道照明设计细则	交通运输部	招商局重庆交通科研设计院有限公司、重庆交通大学、浙江省交通规划设计研究院等	2014年
11	公路隧道养护技术规范	交通运输部	重庆市交通委员会、招商局重庆交通科研设计院有限公司、重庆市交通规划勘察设计院等	2015年

二、地方标准

重庆高速公路建设过程中,根据山区高速公路的勘察设计、施工特点以及开展系列科技攻关成果,分别由重庆市公路工程质量检测中心、工程质量安全监督局和招商局重庆交通科研设计院有限公司主编,依托有关规范、规程和技术指南,提升为地方标准。重庆市公路工程质量检测中心、重庆交通大学等单位组织编写了《沥青路面集料加工技术规范》《重庆市三峡库区跨江桥梁船撞设计指南》等地方标准(表4-7-8)。标准的实施提高了重庆高速公路建设水平,推动了交通行业技术进步。

地方标准汇总表　　　　　　　　　　　　　　　　　表4-7-8

序号	名 称	颁布单位	参 编 单 位	颁布时间
1	重庆市三峡库区跨江桥梁船撞设计指南	重庆市城乡建设委员会	招商局重庆交通科研设计院有限公司等	2010年
2	公路工程人工砂混凝土应用技术规程	重庆市交通委员会	重庆市交通委员会工程质量安全监督局、重庆大学、重庆高速公路集团有限公司、重庆市交通规划勘察设计院等	2013年
3	沥青路面集料加工技术规范	重庆市交通委员会	重庆市公路工程质量检测中心,重庆浩正公路园林工程有限公司,重庆交通大学,重庆大业新型建材集团有限公司	2015年

三、地方行业规范

根据重庆山区高速公路高温、多雨、山区地理和气候的特点,在交通运输行业技术规范基础上,重庆高速公路集团有限公司、招商局重庆交通科研设计院有限公司和重庆交通大学等单位在市交委和市城乡建委等指导下,针对路面施工工艺和材料要求、针对桥梁施工检测技术特点,起草编制了《重庆高速公路沥青路面技术规范》等多项地方行业标准(表4-7-9),并由重庆市交通委员会颁布,进一步规范了重庆高速公路建设,对中西部地区公路建设具有参考和借鉴意义。

地方行业标准、规范和指南　　　　　表4-7-9

序号	名　称	参编单位	颁布时间
1	公路工程新材料及其应用指南	重庆交通学院	2004年
2	横张预应力混凝土桥梁设计施工指南	重庆交通委员会、重庆交通学院	2005年
3	桥梁检测指南	重庆交通大学	2005年
4	中国西部地区公路自然气候特征与筑路材料产品技术标准	重庆交通大学	2006年
5	重庆市桥梁工程预应力施工检测控制与验收标准	重庆交通大学	2009年
6	设置隔离层的水泥混凝土路面结构设计施工规范	重庆交通大学	2009年
7	桥梁预应力及索力张拉施工质量检测与验收规程	重庆交通大学、重庆高速公路发展有限公司	2009年
8	半柔性路面应用技术指南	重庆交通大学、交通运输部公路科学研究院	2009年
9	设置隔离封层的水泥混凝土路面应用技术指南	重庆交通大学	2010年
10	横张预应力混凝土桥梁设计与施工规范	重庆交通委员会、重庆交通大学	2010年
11	公路钢管混凝土拱桥设计规范	招商局重庆交通科研设计院有限公司、重庆市交通规划勘察设计院	2011年
12	重庆高速公路沥青路面设计及施工技术规范	重庆高速公路集团有限公司、招商局重庆交通科研设计院有限公司	2012年
13	重庆地区沥青路面集料加工技术规程	重庆市交通委员会工程质量安全监督局	2013年
14	重庆市富水公路隧道设计指南	招商局交通科研设计院有限公司	2014年
15	重庆高速公路养护工程质量评定及交竣工验收标准	重庆市交委工程质量安全监督局	2015年
16	重庆市公路隧道通风照明及配电设计指南	招商局交通科研设计院有限公司	2015年
17	重庆高速公路养护工程质量评定及交竣工验收标准	重庆市交委工程质量安全监督局	2015年

续上表

序号	名　称	参编单位	颁布时间
18	重庆高速公路沥青路面技术规范	重庆高速公路集团有限公司、招商局重庆交通科研设计院有限公司、重庆市交通规划勘察设计院	2015年
19	重庆市高速公路营运管理标准	重庆市交通规划勘察设计院、重庆市交通工程质量检测有限公司、重庆高速公路集团有限公司	2015年

第四节　专利专著

一、专利

在高速公路建设过程中，广大工程技术人员和科研工作者在总结勘察设计、施工和建设管理经验等方面，通过路面防水减振、隧道照明、桥梁施工等方面的研究，取得了400项以上专利成果（表4-7-10），其中发明专利180项，实用新型专利220项，另外还有部分外观设计专利。

部分工程技术专利列表　　　　　表4-7-10

序号	名　称	专利类别	专利号	授权时间
1	隧道施工监控量测智能型信息管理与分析系统2008	发明	2009SR045302	2009年
2	桥梁船撞安全评估软件1.0	发明	2009SR045300	2009年
3	隧道洞门造型智能分析系统V1.0	发明	2011SR012380	2011年
4	公路隧道（群）运营安全性评价系统	发明	2011SR021609	2011年
5	悬臂拼装钢箱节段的钢—混凝土组合连续刚构桥施工方法	发明	ZL200910103997.2	2011年
6	快速装配式悬臂结构的山区临时道路	发明	ZL200910104546.0	2011年
7	结构裂缝仿生监测系统及其监测方法	发明	ZL200810069808.X	2011年
8	用于桥梁荷载实验的无线遥控式挠度测量系统及其测量方法	发明	ZL200810069529.3	2011年
9	基于锚固荷载监测数据的边坡反分析方法	发明	ZL200910104217.6	2011年
10	一种免蒸压加气混凝土砌块及制造方法	发明	ZL200910104049.0	2011年
11	基于混沌动力学理论的在役桥梁安全评估的方法	发明	ZL200910191290.1	2011年
12	一种保水降温半柔性路面及其施工方法	发明	ZL200910104046.7	2011年
13	路面层间黏结直接拉伸仪	发明	ZL200910103175.4	2011年
14	钻孔应力传感器及其钻孔应力监测方法	发明	ZL200910103038.0	2011年

续上表

序号	名　　称	专利类别	专　利　号	授权时间
15	高速公路特殊路养护作业安全设施配置专家决策系统1.0	实用新型	2016SR347343	2016年
16	具有防撞功能的桥墩钢围堰	实用新型	200920128069.7	2010年
17	桥梁结构影响线无线遥测自动测试装置	实用新型	200810070102.5	2010年
18	桥梁铅芯橡胶支座滑移组件	实用新型	200920293743.7	2010年
19	隧道内壁结构	实用新型	200920128382.0	2010年
20	防水路面结构	实用新型	ZL201020141410.5	2011年
21	防水减振路面结构	实用新型	ZL201020141419.6	2011年
22	路基上设置透水过滤层的路面结构	实用新型	ZL201020141406.9	2011年
23	钢—混结合梁斜拉桥锚拉板的新型防水隔离构造	实用新型	ZL201020127964.X	2011年

二、专著

在高速公路建设过程中，广大工程技术人员时刻总结勘察设计、施工和建设管理经验以及部分科研成果，整理出版了《山区高速公路滑坡与高边坡病害防治技术实践》《重庆绕城高速公路科技示范工程丛书》和《重庆武隆至水江高速公路隧道群建设项目技术总结》等一系列工程技术专著（表4-7-11），为传承重庆山区高速公路建设管理技术、推动交通运输行业技术进步做出了突出贡献，也为高速公路建设者、科研工作者和交通院校的师生提供了丰富的工程参考书。

部分工程技术专著列表　　　表4-7-11

序号	专著名称	主编	主编所在单位	出版社	出版时间
1	山区高速公路滑坡与高边坡病害防治技术实践	章勇武、马慧民	重庆高速公路集团有限公司、中铁西北科研院	人民交通出版社	2007年
2	特长公路隧道建设工程技术——重庆万开高速铁峰山隧道工程	李祖伟、袁勇	重庆高速公路集团有限公司	人民交通出版社	2007年
3	重庆武隆至水江高速公路隧道群建设项目技术总结	李祖伟、许仁安	重庆高速公路集团有限公司	人民交通出版社	2010年
4	山区高速公路建设技术论文集（上、下）	重庆高速公路集团有限公司	重庆高速公路集团有限公司	人民交通出版社	2010年
5	山区高速公路隧道施工关键技术研究	洪开荣、李祖伟	中铁隧道局、重庆高速公路集团有限公司	人民交通出版社	2011年
6	山区高速公路路域资源综合利用与景观营造技术	敬世红、邓卫东等	重庆高速公路集团有限公司、四川省交通厅公路规划勘察设计研究院	人民交通出版社	2013年

续上表

序号	专著名称	主编	主编所在单位	出版社	出版时间
7	高温多雨山区高速公路路面修筑技术	韩道均、李海鹰等	招商局重庆交通科研设计院有限公司、重庆高速公路集团有限公司	人民交通出版社	2013年
8	山区高速公路交通安全保障与运营节能技术	何川、唐伯明等	西南交通大学、重庆交通大学等	人民交通出版社	2013年
9	统筹城乡的绕城高速公路规划与管理技术	李祖伟、钟明全等	重庆高速公路集团有限公司、重庆市交通规划勘察设计院	人民交通出版社	2013年
10	大型桥梁建设关键技术	钟宁、庄卫林等	重庆高速公路集团有限公司、四川省交通厅公路规划勘察设计研究院	人民交通出版社	2013年
11	重庆忠县长江大桥工程技术总结	许仁安	重庆高速公路集团有限公司	人民交通出版社	2013年
12	土石混填路基修筑技术	柴贺军等	招商局重庆交通科研设计院有限公司	人民交通出版社	2009年
13	公路隧道节能技术	韩直等	招商局重庆交通科研设计院有限公司	人民交通出版社	2010年
14	特大跨径钢桁架拱桥设计技术	王福敏等	招商局重庆交通科研设计院有限公司	重庆大学出版社	2010年
15	公路土工合成材料应用技术规范释义手册	邓卫东等	招商局重庆交通科研设计院有限公司	人民交通出版社	2012年
16	公路高边坡地质安全与减灾	陈洪凯	重庆交通大学	科学出版社	2010年
17	实时监测桥梁全寿命预测理论及应用	周建庭	重庆交通大学	科学出版社	2010年
18	桥梁预应力及索力张拉测控技术	彭凯	重庆交通大学	人民交通出版社	2010年
19	重庆桥梁志	孙家驷等	重庆交通大学、重庆高速公路集团有限公司	重庆大学出版社	2011年
20	桥梁工程	周水兴	重庆交通大学	重庆大学出版社	2011年
21	桥梁工程（下）	向中富	重庆交通大学	人民交通出版社	2011年
22	桥梁工程控制	向中富	重庆交通大学	人民交通出版社	2011年
23	道路勘测设计	李松青	重庆交通大学	人民交通出版社	2012年
24	公路工程	李松青	重庆交通大学	中国建筑工业出版社	2012年

续上表

序号	专著名称	主编	主编所在单位	出版社	出版时间
25	重庆桥谱	孙家驷等	重庆交通大学、重庆高速公集团有限公司	重庆大学出版社	2013年
26	低碳公路建设技术	李志勇	重庆交通大学	科学出版社	2013年
27	山区深层高液限土地区路机修筑技术	吴国雄、朱洪洲	重庆交通大学	重庆大学出版社	2013年
28	大型桥梁实用监测评估理论和技术	周建庭、刘思孟	重庆交通大学	科学出版社	2014年

Record of Expressway Construction in
Chongqing
重庆高速公路建设实录

第五篇
运　营

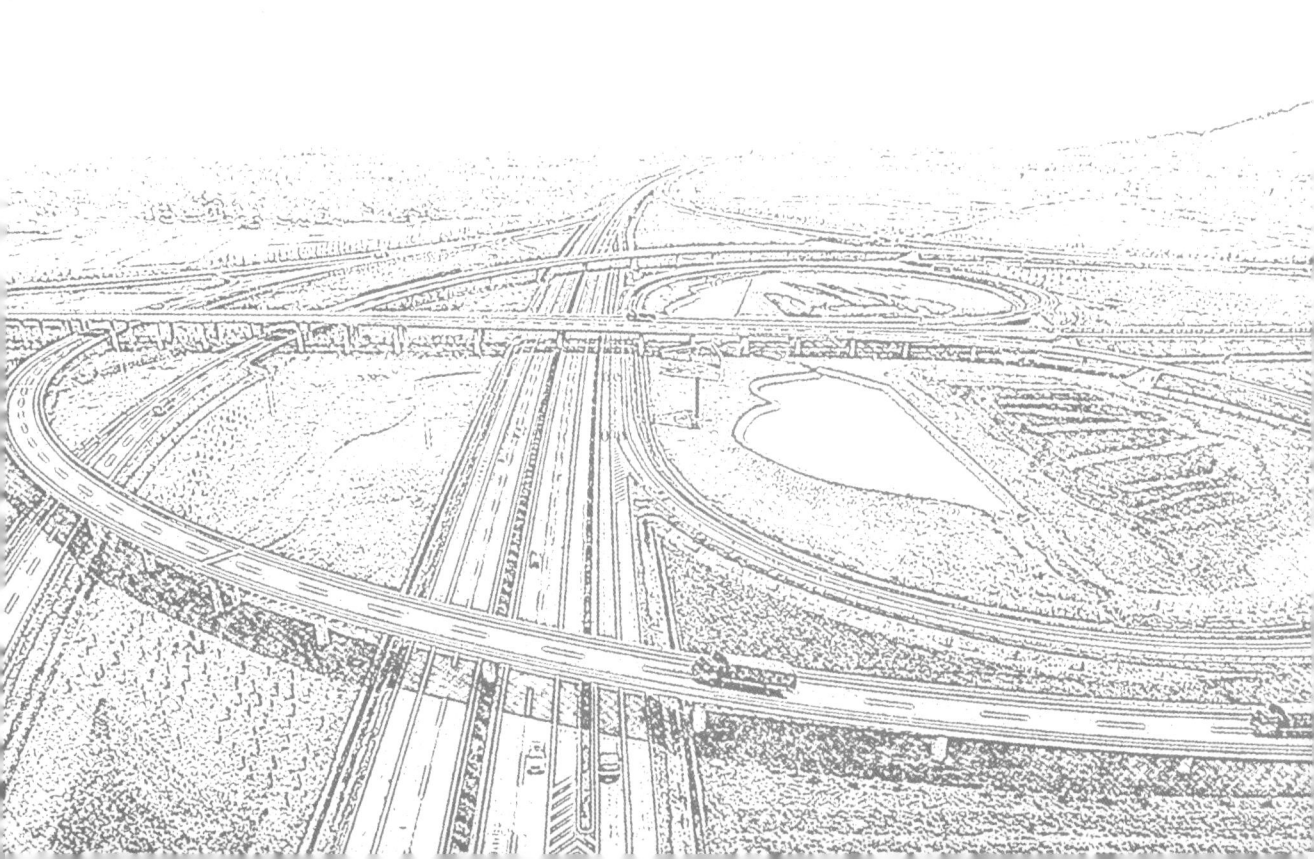

篇 首 语

重庆高速公路实行"统一管理,综合执法"的管理模式,市交委负责全市高速公路养护、路政、收费等行业管理,交通行政执法总队承担高速公路交通安全、路政、运政等执法职责。截至2016年年底,全市高速公路运营里程2818km,共237个收费站,1762个车道。高速公路经营管理公司25个,分别是重庆高速集团6个全资公司、9个控股公司、7个参股公司、3个独资公司。重庆高速集团全资运营里程1386km,参股运营里程1157km,外来投资者独资运营里程200km,75km内环移交市政管养。各高速公路运营管理公司具体承担高速公路养护、收费等营运管理工作,养护资金从高速公路车辆通行费收入中列支。

第一章
管养体制

重庆高速公路运营管理体制的发展,与高速公路建设阶段性发展历程的特征、机制相对应,从第一条成渝高速公路行政事业化管理体制开始,经历了重庆高速公路发展有限公司时期的企业化管理体制,从建设、管理、执法一体化,到建设、管理、执法分离,发展为现阶段以重庆高速集团为主的多元化经营管理体制。

第一节 事业化管养体制

事业化管养体制阶段的主要特征是建设、管理、养护与执法一体化,实行交通部门"统一管理,综合执法"的体制。1992年,成渝高速公路重庆段陈家坪至上桥初通试运行后,如何成立高速公路运营管理机构就进入了重庆高层管理的决策构思。当年,全国高速公路发展刚刚起步,运营管理尚无经验可循。国务院办公厅曾在〔1992〕16号文件中写道:

目前,我国高速公路正在起步阶段,如何管好高速公路,需要有一个积累经验的过程。因此,各地对高速公路管理的组织机构形式,由省、自治区、直辖市人民政府根据当地实际情况确定,暂不作全国统一规定。

重庆对成渝高速公路重庆段的管理模式做了大量的调研和探索。1992年年初,重庆市政府研究室会同市政府法制办、市经委、市交通局、交通部重庆科研所,就高速公路管理体制问题组成了课题组,进行了为期数月的专题研究。课题组在考察了国内已经通车的沈大、京津塘等高速公路管理经验后,结合成渝高速公路重庆段的特点,分析比较,反复论证,形成了《成渝高速公路重庆段管理对策》。按照这一管理对策思路,成立了"重庆市成渝高等级公路管理处",由其承担重庆第一条高速公路的养护、收费和路政、交通安全管理以及运输服务等工作,本着"统一、集中、精简、高效、特管"的原则,以"快速、高效、安全、畅通"为目标,实行交通部门"统一管理,综合执法"的体制。

当时的"重庆市成渝高等级公路管理处"为重庆市交通局下属事业单位,是重庆第一个专门负责高速公路运营管理的单位。最早从事运营管理的工作人员经历了开拓创业的历程,时任成渝公路管理处处长秦国强回忆:

我们对公路及机电设备的养护维修也经历了三个台阶,从单纯的手工作业,到机械化小修作业,再逐步形成专业化大中修作业,无论是风雨交加,或是烈日暴晒,无论是日常性清扫,或是突发性水毁,我们的养护维修队伍,总是忠心耿耿地守护高速公路,切实保障道路的安全畅通。

第二节　公司化管养体制

公司化管养体制主要特征是建设与运营分开,实行公司管理、养护与执法相分离的管养体制。

市场经济的发展,催生了成渝高速公路管理体制的嬗变。1998年11月,重庆市国有资产管理局将成渝高速公路重庆段公路资产划归重庆高速公路发展有限公司管理。1999年9月,经交通部交财发〔1999〕522号文批复同意,成渝高速公路重庆段49%的经营权有偿转让给上海中信基建投资有限公司(现更名为中信基建投资有限公司),转让期限25年,重庆高速公路发展有限公司控股51%;同年12月23日,"重庆成渝高速公路有限公司"正式成立,并于2000年1月1日起正式开始运作。

成渝高速公路为重庆后来各条高速公路输送了大量的管理人才,为重庆高速公路运营养护管理提供了丰富的经验。

"一环五射"建设时期,重庆高速公路采用建设管理一体化模式,在总公司之下,一个项目成立一个分公司,负责项目的建设管理和运营管理。"二环八射"建设时期,重庆高速公路建设和营运逐步分离,在总公司"重庆高速公路发展有限公司"之下,按照重庆地域板块成立五个"建设分公司";同时成立了"中渝运营分公司"和"东渝运营分公司",对已建成的高速公路分板块负责运营管理。在此期间,为提高高速公路运营管理水平,提升高速公路通行能力,在全国率先实行省域内所有高速公路联网收费;为提高收费质量和服务水平,运营公司开发研究了移动收费、ETC不停车收费系统技术,使驾乘人员享受高速公路的高效、畅通、快速。养护方面,由总公司负责全路网的总体养护计划、养护标准和考核办法,审核运营分公司年度养护预算和决算,重大专项工程的设计和招标,检查督促养护质量、交通组织及安全管理。该时期内,高速公路执法与建设、营运分离;2005年成立"重庆市交通行政执法总队",其下辖的高速支队具体负责高速公路路产路权维护。

第三节　"统一领导、分级管理"养护体制

"第三个千公里"建设时期,高速公路建设模式及运营养护体制机制发生了极大变

化。重庆高速从以建设为中心管理模式转变为"以建设与管理并重,资产管理与资本经营为支撑"的新型投融资管理模式;随着建设项目大量采用"BOT + EPC"等承包模式,组建了多元化的营运管理公司,包括全资运营公司、合资运营公司、独资运营公司,形成了多元化的运营管理模式。为此,重庆市交委于2011年设立了"公路养护管理处",对各运营公司的高速公路养护实行"统一领导、分级管理"。

"统一领导",即由重庆市交委的高速公路管理机构实施高速公路行业管理,具体负责全市高速公路养护市场监管,拟定养护、路政、收费的政策、制度和技术标准,负责高速公路立交开口、穿跨越等审查并监督实施,负责高速公路养护施工交通组织和路产设施保护等路政管理,协调高速公路超限运输管理,负责高速公路收费管理并监督实施。重庆市交通行政执法总队下辖高速公路执法机构对高速公路交通安全、路政、运政实施综合执法管理。

"分级管理",即在市交委统一管理下,重庆高速集团和各高速公路经营管理单位组织成立运行管理委员会,对涉及高速公路运营管理事务进行研究、决策和统一推进;高速集团下设路网管理中心,协助市交委开展高速公路行业管理的相关协调、推进和督促等辅助工作。各高速公路经营管理单位按照有关法规以及国家和市级交通行政管理部门制定的技术规范、操作规程和行业标准,具体实施高速公路收费、养护等运营管理。

第二章
收 费 管 理

重庆高速公路收费经历了最初的手工撕票人工收费,到人工+计算机半自动收费,再到ETC不停车联网收费的一个变迁过程,从技术手段、管理形式方面大大缩短了收费车道的服务时间,提高了收费服务水平。

第一节 收 费 变 迁

(1)人工收费。1995年9月重庆第一条高速公路——成渝高速公路重庆段通车,标志着重庆高速公路收费管理的开始。当时成渝高速公路重庆段共7个收费站,每个站均使用6种手工定额票据,另加特大型票据和补票票据,采取入口收费出口验票的管理方式实施收费。

(2)人工+计算机收费。1995年11月15日成渝高速公路管理处沈翔同志设计并主持施工的微机辅助收费系统在重庆收费站投入试运行。该系统为重庆市交通系统自行研发的第一套计算机辅助收费系统(荣获1996年重庆市交通科技进步三等奖),其成功应用大大减轻了收费员和收费站管理人员多区间多类别票据的管理强度,提高了收费工作效率,也标志着重庆高速公路收费管理信息化、智能化的开始。

(3)高速公路联网收费。2002年07月01日重庆高速公路全面实行联网收费。随着高速公路运营里程的增加和高速路网的形成,收费、监控、通信"三大系统"建设不再局限于一条路的范围,需要从全重庆范围规划联网收费、监控及通信。经长时间多方验证计算机辅助收费系统的可靠性、联网收费系统的安全性,联网收费系统于2002年7月1日成功投入运行,成渝、渝长两条高速公路正式联网,拉开了重庆高速公路联网收费的帷幕;同时重庆高速公路营运管理委员会成立,统筹、协调、规范路网收费行为,翻开了重庆高速公路建设和运营管理的新篇章。重庆高速公路联网收费项目的研究最早始于1997年,"重庆市高速公路联网收费系统"被列入重庆交通信息化建设的近期目标;1998年5月,该项目作为重庆市交通局重大科研项目正式立项,同时列入重庆市科委1999年度科研项目,是重庆市2000—2005年15个重点信息化项目中第一个完成的项目。"重庆高速公路联网收费系统"的实施产生了一系列的社会、经济效益,使重庆高速公路的建设和管理发生了根本性的变化:减少了主线收费站的建设投资及运行费用;为用户提供了方便快捷的通行方式,提高了高速公路管理水平和工作质量;促进了运营管理改革,精简运营管理机构,实现规模化经营;促进了高速公路融资多元化;加快了高速公路信息化建设进程。2004年,重庆高速公路联网收费项目获得了重庆市科技进步二等奖,被国务院全国电子项目推广办公室授予国家倍增计划优秀项目。

(4)计重收费。2007年06月01日重庆高速公路全面实施计重收费。为遏制超限超载运输,重庆市人民政府办公厅印发了《关于重庆市高速公路载货类汽车计重收费实施方案的通知》(渝办发〔2007〕134号),明确了从2007年6月1日起,重庆高速公路实施对载货类车辆计重收费,货车基本费率0.08元t/km。计重收费改变了传统按车型收费的模式,鼓励车辆合法装载运输,对抑制非法超限运输行为起到了显著作用,超限100%的车辆控制在0.01%,同时改变了当时货车"大吨小标""车辆改装"情况严重的货运环境,在维护高速公路通行秩序、提升车辆通行安全等方面达到了积极效果。

(5)ETC非现金收费。2012年10月15日重庆高速公路启用省内ETC。重庆市人民政府下发了《重庆市高速公路联网电子不停车收费通行管理办法(试行)的通知》(渝府发〔2012〕110号),对重庆高速公路电子不停车收费(以下简称ETC)的管理和运行提出了具体的规定及要求,重庆高速公路推进完成了ETC网点建设、方案制订、银行协作、OBU价格申报等工作。重庆高速公路ETC发展工作正式启动,标志着重庆高速公路正式步入ETC时代。

(6)全国ETC联网收费。2015年07月28日重庆高速公路实现全国ETC联网。按照交通运输部ETC全国联网统一部署和总体要求,于2014年9月启动ETC全国联网工作,在时间紧、任务重的情况下,克服了重庆特有的车型分类、通行介质和路桥次票代收三大难题,于2015年7月28日顺利并入ETC全国联网系统,为方便人民群众快捷舒适出行提供了坚实的保障。截至2016年年底,已开通ETC收费站237个,其中主城主线站9个,省际主线站16个,覆盖率95.35%;已开通ETC车道487条,已累计发展ETC用户超百万名,通行量占路网日均总车流32%,大大提升了车道通行能力。

第二节　收　费　标　准

重庆高速收费标准主要经历四个阶段,分别为2002年以前的一路一价收费、2002年开始的统一标准收费、2004年开始的差别定价收费和2007年以来的客货分离定价收费。

(1)一路一价收费。2002年联网收费以前,重庆开通运营的高速公路有成渝、渝涪、上界、渝黔,其收费标准实施的是一路一价。成渝路1995年开通,高速公路一类客货车通行费基本费率为0.2元/km,隧道通行费为10元/座次,共分6类;1997年一类客货车通行费基本费率调整为0.32元/km,隧道通行费调整为16元/车次,共分6类。渝涪路1998年开通,高速公路一类客货车通行费基本费率为0.3元/km,隧道通行费为5元/座次,共分4类;1999年一类客货车通行费基本费率调整为0.38元/km,隧道通行费调整为5元/车次;上界路、渝黔路2001年开通,高速公路一类客货车通行费基本费率为0.5元/km,隧道通行费为10元/座次,共分5类。

(2)统一标准收费。2002年,重庆出台了《重庆市高速公路联网收费管理办法(试行)》,对全市581km高速公路通行费收费标准进行了统一,即高速公路车辆通行费由公路通行费、桥梁、隧道通行费3项合并收取,以一类车为基数,公路通行费、桥梁通行费和隧道通行费分别按0.50元/车公里、10元/吨座次、10元/吨座次计算,收费系数为1:2:3:4:5,其当时平均费率约为0.88元/km。

(3)差别定价收费。2004年,重庆市政府为改善投资环境,充分发挥高速公路作用,《市政府第26次常务会议纪要》决定全市高速公路收费作整体下浮,平均通行费由以前的综合费率0.88元/km下浮为0.65元/km,按高速公路产生的级差效益实行差别定价。2004年之后通车高速公路均按此要求,综合考虑级差效益,实行了差别定价。

(4)客货分离定价收费。2007年6月1日,重庆高速公路由车型收费改为了客、货车分别计价收费,客车主要依据行驶里程和相应车型的费率系数,货车主要依据行驶里程、车辆质量和费率系数,高速公路车辆通行费仍由公路通行费、桥梁、隧道通行费3项合并收取,客车以一类车为基数,公路通行费、桥梁通行费和隧道通行费分别按0.50元/车公里、10元/吨座次、10元/吨座次计算,收费系数为1:2:3:4:5,综合费率不高于0.65元/km;货车基本费率按0.08元/吨公里,原执行10元/座次、5元/座次基价标准桥隧对应计重基本费率为1.60元/吨座次和0.8元/吨座次。

第三节 年票改革

2003年7月1日重庆高速公路内环环线纳入"年票制"改革。对持有有效路桥年票标识的车辆通行内环环线高速公路不再收取内环高速公路通行费,年票车在环线上下不收费,环线上射线下或射线上环线下只收射线通行费,大大提高了高速公路通行效率,方便用户快捷通行高速公路。

高速公路联网收费"年票制"是高速公路联网收费网络中局部路段(区间)对部分车辆按年(月)收费的一种新的收费方式。高速公路实施"年票制"主要目的在于分流主城区车辆,带动高速公路沿线经济、旅游景点、餐饮娱乐、地产投资和资源开发,形成以高速公路为骨架的经济辐射带。

2004年3月1日重庆高速公路推行使用年票IC卡。对持有年票IC卡的车辆不再发通行卡,很大程度上减少了高速公路通行卡的使用量。

2006年5月1日重庆高速公路推行使用重庆市交通信息卡(渝籍卡)。渝籍车辆一车一卡,车卡相符;同时取消路桥手工票,对购买年票的车辆实现了通行费票和路桥费票"两票合一",从而提高了高速公路收费效率,减少了车辆过站等待时间,提升了高速公路社会服务质量。

2010年1月1日重庆高速公路顺利实现内环外移。重庆高速公路积极响应重庆市政府"内环外移"政策,完成了射线高速公路主线站新建和内环高速公路收费站拆除工作,于2009年12月31日顺利实现了高速公路内环外移工作。内环收费站外移有利于更充分地发挥内环和射线开放式路段高速公路的功能,缓解内环拥堵现状,改善主城交通环境,促进城乡统筹发展,推动主城经济社会的发展,为建成占地1000km^2、人口规模上千万的特大城市提供了发展空间。重庆主城真正进入了"外环时代"。

2012年1月1日绕城高速公路纳入年票范围。为进一步改善主城交通环境,促进绕城周边区域经济社会发展,重庆市政府2012年第127次常务会决定将绕城高速公路纳入年票通行范围,由市财政统一购买年票车在绕城高速公路上的通行权,通行费按年票车在绕城高速的实际通行费70%计算。自此,重庆主城年票涵盖路桥里程接近1000km,进一步降低车主通行费用,让广大用户更加充分地享受改革开放的成果。绕城高速公路纳入年票范围以来,日均车流量较实施年票前提升27%,进一步缓解了主城交通拥堵,为重庆加快建设长江上游金融中心、商贸物流中心、科技教育中心,打造重要产业集群、城镇群和内陆开放高地起到了积极的促进作用。

第四节 优 惠 政 策

一、绿色通道

2004年6月1日,重庆高速公路开通了农产品运输绿色通道。重庆市委、市政府《关于贯彻〈中共中央国务院关于促进农民增加收入若干政策的意见〉的意见》(渝委发〔2004〕6号)要求加强农产品绿色通道建设。随后,交通部、公安部等七部门联合下发《关于印发全国高效率鲜活农产品流通"绿色通道"建设实施方案的通知》(交公路发〔2005〕20号),提出了高速公路"绿色通道"政策并构建了全国"五横二纵"绿色通道。重庆积极执行全国"五横二纵"的国家绿色通道政策,同时还与四川省、陕西省签订"互免协议",对符合减免政策的重庆籍、四川籍、陕西籍鲜活农产品运输车辆,在"市级绿色通道"免收鲜活农产品运输车辆通行费。

2010年12月1日,为全面贯彻落实《关于进一步完善鲜活农产品运输绿色通道政策的紧急通知》(交公路发〔2010〕715号)文件精神,重庆市交通委员会出台了《关于放宽鲜活农产品运输绿色通道政策的通知》(渝交管养〔2010〕1号),从12月1日零时起,重庆高速公路全面放开绿色通道,对通行高速公路整车合法装载运输鲜活农产品的所有车辆均免收车辆通行费。

截至2016年年底,重庆高速公路绿色通道车辆通行费减免24.42亿元。

二、集装箱优惠

2001年10月25日,交通部、国家计划发展委员会《关于鼓励对国际标准集装箱运输车辆通行费实行优惠促进公路集装箱运输业发展的意见》(交公路发〔2001〕601号)提出,各省、自治区、直辖市可结合本地实际情况对国际标准集装箱实行优惠。2002年7月1日,重庆市政府批复同意实施《重庆市高速公路联网收费管理办法(试行)》(渝府〔2002〕75号),重庆高速公路开始对集装箱运输车辆按三类车计收车辆通行费。

2007年货车实施计重收费后,集装箱车辆在未超过对应公路承载能力判定标准30%的情况下,仍按三类车型收取车辆通行费,车货总重超过对应公路承载能力判定标准30%以上的部分,按超过公路承载能力的收费办法收取车辆通行费。

2010年,为促进物流快速发展,充分发挥港口聚散作用,市政府办公厅下发了《关于实施集装箱车辆高速公路通行费和主城区路桥通行次费优惠退费工作的通知》(渝办发〔2010〕76号),从2010年4月1日零时起,对进出重庆港务物流集团所属寸滩港区、九龙坡港区、万州港区和涪陵港区的装载国际标准集装箱的集装箱车辆收取的通行费和次费给予优惠退费,高速公路车辆通行费在原有优惠基础上再按10%的幅度优惠。试行期一年。

仅2016年,重庆高速公路减免国际标准集装箱运输车辆通行费4400万元。

三、节假日免费

2012年国庆假期,重庆高速公路开始执行重大节假日7座及7座以下小型客车免收车辆通行费政策。按国务院批转《交通运输部等部门重大节假日免收小型客车通行费实施方案的通知》(国发〔2012〕37号),重庆市政府下发了《重庆市高速公路重大节假日免收小型客车通行费实施方案的通知》。重庆高速公路按照要求积极开展了实施方案制订、社会宣传、数据填报等工作,并逐步建立健全了重大节假日免费通行期间维安保畅的长效工作机制。

截至2017年春节,重庆高速公路免收重大节假日小型客车车辆通行费30.26亿元。

第三章 养护管理

第一节 工程管理

一、养护工程管理

(1)预算化管理。为科学合理确定和控制养护工程造价,实行养护工程预算化管理,建立和培育养护市场,2011年年底重庆市交委修订颁布了《公路养护工程预算定额》及《公路养护工程预算编制办法》,促进了养护管理科学化、规范化。

(2)施工标准化管理。为提升高速公路管理水平,促进高速公路施工作业管理的规范化、文明化,保障高速公路的安全畅通和施工安全,2012年重庆市交委发布了《重庆市营运高速公路施工标准化管理规定》,促进了养护施工管理标准化,进一步加强了高速公路畅通管理水平。

(3)质量监督管理。为加强高速公路养护工程质量管理,保障高速公路养护工程质量,2014年重庆市交委制定了《重庆市高速公路养护工程质量监督管理办法(试行)》,将高速公路全路段或20km(单幅累计)以上路面大修工程、服务区扩建(含新增服务区)、单个项目金额超过1000万元的桥梁、隧道、路基及交通机电等专项养护维修工程的质量监督工作,交由市交委质监局具体负责。

二、项目招投标

经过培育,实施养护工程的单位能力逐步增强,养护施工项目由最初的部分招投标,发展成全部进行招投标。目前正在探索检测、设计、监理等一体化服务的总承包招投标方式,并且由原来的短期服务变为3~5年长期服务合同,不仅能够让管养单位更好地掌握道路技术状况,还能够更好地利用大数据分析进行养护规划,做到合理安排养护计划,体现养护的及时性。

三、制度建设

依据国家相关规定,结合重庆高速公路实际情况,制定了相关管理办法及规定,制度建设日趋完善。主要制度见表 5-3-1。

养护管理相关管理办法及规定表　　　　　表 5-3-1

制 度 名 称	发布单位	（修订）发布时间
《重庆市高速公路养护管理办法》	重庆市交委	2014 年 3 月
《重庆市高速公路路面及附属设施日常保洁养护技术标准》	重庆市交委	2010 年 4 月
《重庆市高速公路沿线设施维护保养技术标准》	重庆市交委	2010 年 4 月
《公路养护工程预算定额》及《公路养护工程预算编制办法》	重庆市交委	2011 年 12 月
《重庆市高速公路养护工程质量监督管理办法（试行）》	重庆市交委	2014 年 4 月
《重庆市公路工程设计变更管理办法》	重庆市交委	2012 年 3 月
《重庆市营运高速公路施工标准化管理规定》	重庆市交委	2012 年 8 月
《重庆市高速公路限速标志设置指导意见》	重庆市交委	2013 年 11 月
《重庆市高速公路减速设施设置指导意见》	重庆市交委	2014 年 3 月
《养护项目管理办法》	重庆高速集团	2016 年 10 月
《运营板块专项工程设计及变更管理办法》	重庆高速集团	2014 年 11 月
《重庆高速公路集团有限公司综合计划管理办法》	重庆高速集团	2017 年 6 月
《路网管理中心招投标管理办法》	重庆高速集团	2016 年 7 月

四、信息化建设

重庆高速公路养护综合信息系统严格参照交通运输部养护技术规范以及《重庆高速公路养护实施细则》规定，通过近年来对系统功能的不断完善，基本满足了重庆高速公路养护信息化管理的要求。养护信息化系统包含养护检查、养护工程、养护预算、档案图纸、养护考核、MQI 技术状况评定、养护安全、基础数据库等应用功能，并开发相应的系统手机 APP。截至 2017 年 7 月，路网 20 家高速公路营运公司已经正式使用该系统，管理里程近 2500km，共包含 2000 多座主线桥梁，隧道 300 多座。

按照相关要求，重庆高速公路桥梁隧道按照"一桥一档，一隧一档"的要求建立了档案，也录入了重庆高速公路养护综合信息管理系统，保证桥梁、隧道技术档案真实完整，实现电子化、数据化管理。

第二节　养　护　技　术

一、内环白改黑

为提高重庆内环高速公路行驶质量，2006 年对内环高速公路加铺了沥青混凝土面层。于 2006 年 7 月 5 日开工，起于内环高速公路东环立交，经茶园、南环立交，止于西环立交段,全长75km。设计方案主要为:在对原水泥混凝土路面病害处治的基础上,加铺沥青防水卷材+6cmAC-20C中粒式沥青混凝土+4cmSMA-13C细粒式改性沥青混凝土。通过近10年的通车运行,该改造十分成功,设计方案和施工质量得到考验,为"白改黑"工程积累了经验。

二、预防性养护

重庆高速公路在营运期间根据不同路面状况采用预防性养护与矫正性养护相结合的养护措施,对路面进行了维修与养护,以保证路面处于较好的服务水平,从而延长路面大中修时间,主要预防性养护技术有沥青路面就地热再生、微表处、抗滑罩面等。

三、沥青路面就地热再生技术的应用

2015年正式引进德国维特根沥青路面就地热再生列车组,将就地热再生技术应用于高速公路路面预防性养护施工。自引进就地热再生技术以来,已分别在G42沪蓉高速公路、G75渝黔高速公路、G65渝湘高速公路、G5001绕城高速公路、G93成渝环线高速公路等多个路段实施就地热再生施工,再生面积共计993m^2。就地热再生是一种环境友好型的路面养护技术,有利于节约砂、石、沥青等原材料,且不需要运输废料及处理废料堆弃问题,在施工过程中能源利用率高、废气排放量少、对环境污染少。同时在施工时不中断交通,且施工完可以快速开放交通,对交通影响小、社会经济效益显著。

四、体外预应力技术

北碚嘉陵江大桥建成于2002年,主桥为(135+220+135)m三跨预应力混凝土变截面连续刚构桥。运营多年该桥箱梁底板、顶板、腹板都发展出不同程度的裂缝,并且跨中有下挠现象。根据桥体病害情况和设计要求,桥梁管养单位于2009年对该桥实施了体外预应力加固技术。采用的体外预应力钢束均为底板束,底板束每个中跨共设4束12ϕ^j15mm规格的无黏结高强度低松弛预应力钢绞线束,该技术在重庆高速公路桥梁加固中一经采用,就取得了较好效果。

第三节 养护成效

一、法规制度日趋完善

2015年7月,重庆市人大出台了《重庆市公路管理条例》,全面规范了重庆市公路养护、路政、应急等管理。同时出台了《重庆市高速公路养护管理标准》《重庆市高速公路路

政管理标准》《重庆市高速公路收费管理标准》《重庆市高速公路运行监测管理标准》《重庆市营运高速公路施工标准化管理规定》等行业管理标准,制定了《重庆市高速公路限速标志设置规范》《高速公路旅游交通标志设置规范》《重庆市高速公路指路标志设置指南》《重庆市公路养护预算编制办法》和《重庆市公路养护预算定额》等技术标准与规范。

二、有序推动公路养护市场化改革

依据《公路安全保护条例》和《重庆公路管理条例》,结合公路养护工程特点,努力推动出台重庆市公路养护市场准入办法。大力推进高速公路养护工程专业化、市场化,日常小修保养、灾毁抢修、应急保通等具有公共服务性质的养护作业,充分发挥高速公路营运公司公路应急养护保通队伍的作用,养护大中修工程及养护技术咨询服务等,全部实行市场化运作,通过向社会购买服务等方式交由市场承担。

三、引导和培育养护市场健康持续发展

加强市场培育和监管,完善养护市场信用评价体系,鼓励和引导专业化公路养护企业跨区域参与养护市场竞争,引导基层养护作业单位逐步向独立核算、自主经营的企业化方向转企改制,全市重点培育形成3~5家具有一定竞争力的大型养护企业。

四、养护管理成效显著

在全市高速公路养护管理行业的共同努力下,重庆高速公路养护管理水平逐年提升,公众出行更加便捷,有效支撑了全市经济社会平稳快速发展。在"十一五""十二五"时期交通运输部全国干线公路检查中取得了较好成绩,"十一五"国检重庆高速公路排名全国第5,公路综合排名全国第12;"十二五"国检重庆高速公路排名全国第11,公路综合排名全国第8,首次进入全国先进行列。

第四章
运 行 管 理

重庆高速公路遵循"统一管理、综合执法""联网监控、区域管理""投资多元化、管理一体化"的管理思路,通过设置应急管理架构、建设三级区域监控中心用于指挥、建设多支应急管理队伍用于现场处置,建立了较为完善的运行管理体系。

第一节 应急管理

应急管理在"投资多元化、管理一体化"管理思路下,建立了路网运行管理委员会,管理委员会成员为所有高速公路经营单位,还包括和高速公路应急管理密切相关的机电维护单位和养护维护单位。各经营管理单位的应急管理工作依托运行管理委员会平台,建立了统一的预警平台和响应机制,成立了抢险保通队伍,并与交委96096平台结合,实现统一信息发布、统一指挥调度和路网内统一调派应急救援设备,基本实现了应急救援的一体化管理。具体包括以下几方面:

一、构建"联网监控、区域管理"模式

"联网监控、区域管理"模式将重庆高速公路网划分为中西部、东北部和东南部三个监控区域,设立监控总中心、三个区域中心、多个路段监控站,形成以监控管理站为基本单元,区域管理中心为枢纽,监控总中心为核心的路网运行智能监控系统。监控总中心兼中西部区域中心,主要由DLP显示大屏、地图屏以及监控座席组成,实行对重庆高速公路跨区域交通信息的采集、处理、发布和应急事件的处置。监控总中心已实现全路网10000余幅视频图像、700余块情报板、300余台车检器、80余台气象仪监测数据的接入;实现了所有1km以上的隧道机电设施设备的实时监测;全路网202台巡查救援车辆安装了GPS定位系统,其中53台还配备了移动视频装置,弥补了固定摄像机的监控盲点,实现了全路网全方位的实时图像监控。应急处置中心实现了全路网执法和运营近2000台集群呼实时通话汇总,140套测速设备和17套区间测速系统数据的实时上传汇总。执法部门还配备了16台无人机,用于重特大突发事件的应急调度指挥。

二、建立突发事件处置应急队伍

围绕"立足现实、着眼长远、专兼结合、互相配合"的理念,建立了多支突发事故处置应急队伍:

(1)路产巡查支队,主要履行道路综合巡查、路产保护、突发事件处置、施工现场监督及运行指挥等职责。目前共有路产巡查中队33个,路产巡查工作人员354人。

(2)抢险保通保障队,各营运子(分)公司根据管理实际组建了抢险保通保障分队,主要负责高速公路中小型地质灾害抢险等突发事件的处置工作。目前共有应急保通保障分队13个,人员530人左右。

(3)隧道值守保安队,在超过3km长的隧道两端安排有保安值守,主要职责为预防偷盗、隧道消防巡查、交安设施巡查、事故信息上报及前期处置等工作。

(4)清障救援队伍,主要负责事故车辆、故障车辆的拖移工作。目前共有清障救援点46个,清障工作人员238人。

三、制订应急预案体系

应急预案体系由应急总体预案、五个专项预案(隧道火灾、危化品事故、交通事故、地质灾害、恶劣天气)构成。各营运子(分)公司根据其管理路段自身特点编制了应急子预案,狠抓预案落实,每年组织突发事故预案演练,并邀请地方政府应急办、消防、医疗、环境等部门共同参与,发挥社会救援力量在突发事故应急处置方面的作用,建立协作机制。

四、开展营运与执法联动协作机制

在"统一管理、综合执法""一家管"模式下,重庆高速公路执法总队主要负责高速公路交通安全和路政管理等工作。目前重庆高速公路执法总队共有5个执法支队,25个执法大队,执法人员2000余人,执法车辆200余台。为进一步推进高速公路"统一管理、综合执法"工作,提升高速公路管理服务水平,重庆市交委出台了《重庆高速公路"统一管理、综合执法"协作办法》,根据协作办法要求,高速公路交通执法机构与经营管理单位成立了高速公路综合执法协调领导小组、路段管理办公室和管理执行工作组等各级执法协作机构,在路产保护(路产双签)、收费秩序维护、联合巡查、突发事件处置、交通管制、信息共享、情况通报、隐患排查与处置、施工管理、公共宣传、清障救援、通勤保障、文化交流等方面开展协作。

为进一步提高事故快速响应,高速执法一、二及三支队与重庆高速集团在中西部、东北及东南区域监控中心进行了合署办公,利用监控软件、自动事件检测、GPS、移动视频、应急预案、集群呼等现代化技术手段,建立完善的运行管理协作规则,实现资源共享,信息互通,提高巡查救援智能化管理水平,提升道路运行管理效率,尽可能减少突发事件对道路通行造成的影响,满足公众出行需要。

五、建立外协协作机制

(1)清障救援协作。按照重庆市交委要求,在加强自身清障救援力量建设、布点的同时,由19个营运子(分)公司分别与58家社会应急救援单位签订了协作协议,明确了统一指挥协作模式,明确了突发应急事件处置工作流程、责任,形成了联勤联动协作关系。社会清障救援协作体系建立后,在救援响应、救援时间、救援效率等方面实现大幅提升。

(2)气象长期协作。除常规天气预报信息发布,还通过气象服务专报、重大灾害天气预警短信、气象数据交互等方式,多层面多渠道建立气象协作机制,以尽可能及时、准确地掌握重大灾害天气预警并提前做好应对准备,将灾害天气对道路通行造成的影响降到最低。

(3)地方长期协作。高速公路监控总中心及各经营管理单位与地方政府应急办、公安、消防、环保及医院等相关单位建立了长期协作机制。

第二节 路网监控

路网监控是保障路网高效运行的重要环节。在各高速公路执法机构和经营管理单位大力支持配合下,通过交通监控、道路通行预测和突发事件处置,建立规范化、制度化、科学化的高速路网监控,为打造"统筹有力、协调高效、服务优质、安全畅通"的重庆高速路网提供强有力的保障。

(1)交通监控。按照《公路网运行监测与服务暂行技术要求》及高速公路运营管理三大系统技术要求,各经营管理单位建立了所辖路段道路运行监测设施设备,成立了路段监控站,每个监控站安排9名监控人员、5名运行管理人员24小时轮流值班,实时查看路段交通通行状况。路段监控站的业务归口管理部门为路网管理中心运行巡查管理部,日常业务管理和监督考核为区域中心和总中心。

(2)道路通行预测。路段监控站利用各类监控设备,分析重大节假日、突发事件和日常管理中各类监测数据,对路段通行能力合理评估,提出解决方案,减少车辆拥堵现象,并按照相关信息报送制度及时向总中心、区域中心上报分析结果和解决方案。

(3)突发事件处置。应急事件处理按照"路段监控站—区域中心—总中心"三级管理层级予以实现。路段监控管理站快速发现应急事件位置,并根据报警类别、等级及时确认,若事故等级超过其处置级别,报警信息则立即上传到上一级区域中心;区域中心根据突发事件情况,指挥人员运用管理软件的综合信息管理系统,选定协作单位(如交通执法、公安消防、医疗卫生等部门),由信息处理系统自动通知联动协作单位,从而实现事件快速响应;在事件信息交互完成的基础上,路段监控管理站和区域中心启动上下联动的预案体系,达到有效处置的目的。总中心则组织路网应急装备、救援设备和队伍快速响应,从而实现了人找信息向信息找人的转变。具体发生时,根据事件类型开展区域范围内的交通诱导和控制,利用情报板等诱导设备发布控制区、影响区等相应诱导控制信息,从而实现路网内影响路段的及时关闭或开启,控制交通流,杜绝诱发次生事故的危险。与此同时,信息管理系统通过协作平台(如广播电台、电视台、新闻媒体、网络、短信)发布信息,为公众提供及时、准确的出行服务信息。

第五章
公 众 服 务

随着人民生活水平的日益提高与高速公路路网的不断完善,提供安全通畅的道路环境以及多样化的出行服务已成为高速公路的重点任务。从2012年开始重庆高速公路加强了服务区管理,成立了重庆市高速公路服务区经营者协会,提出了"以人为本、优质高效、和谐共生、持续发展"的服务区管理目标,加强服务区行业自律,提高服务区服务质量和水平。同时与传统媒介FM95.5交通广播建立了长效合作机制,播报及时路况信息和高速公路的相关提醒,通过微信、微博打造全媒体时代的"立体"公众出行服务平台,有效提升公众服务能力与水平。

第一节 服务区管理

高速公路经营管理单位按照有关规范、规划和实际需要,建设或改(扩)建高速公路服务区,并加强服务区的管理,确保设施完好、功能完备。目前,重庆高速公路服务区基本实现提供住宿、餐饮、购物、车辆维修、加油等经营性服务和停车、休息、公厕等公益性服务。

2012年,在市交委的大力支持和推动下,重庆高速集团针对服务区全面推行星级创建,下发了《重庆高速公路星级服务区评定管理办法》,指导并开展了服务区星级评定工作。通过对服务区外观、绿化和功能上的改造和完善,服务区形象更加美观,功能也更加齐全。同时在满足服务区使用功能的前提下,还将巴渝文化和地域特点有机地结合起来,充分考虑人性化服务需求,创新服务区管理理念,不断强化内部管理,开展服务区文化建设,全力打造星级服务品牌,使重庆高速公路服务区面貌实现了翻天覆地的变化。

2015年,重庆高速公路开展全国服务区文明创建工作,出台了《重庆高速公路服务区服务质量等级评定办法》及《重庆高速公路服务区管理标准》等管理制度,对服务区进行全方位的提档升级,卫生间实施私密性通风性改造,新增第三卫生间,提供温水服务、背景音乐;增设信息查询机,部分服务区还提供客房、充电桩、剩余停车位显示等服务,服务措施更加便捷温馨;完善服务区标志标线,合理布设停车区域,增设危化品停车位,监控摄像头全覆盖,停车秩序更加安全规范;加强了餐饮食材配料的公示与监管,规范餐饮人员的个人卫生习惯,注重厨房等区域的环境卫生,餐饮供应更加可口放心;新购服务区污水处理系统,应用中水回用、太阳能、LED节能、彩色地面等新技术,运行管理更加绿色环保。沪渝高速公路的冷水服务区、渝湘高速公路的武隆服务区、渝遂高速公路的大路服务区均以较高水平获评"全国百佳示范服务区"称号。

2016年起,重庆高速公路紧紧围绕供给侧结构性改革下功夫,不断推动商业服务区提档升级,努力挖掘高速公路经济带的经济效益,通过充分发掘"2小时旅途经济"和"30分钟消费经济",紧抓交通旅游融合发展机遇,不仅在服务区的结构升级、产业优化、提质增效等方面取得明显成效,更实现了从提供基本公共服务到消费、旅游、悠闲的巨大转变。

一是打造服务区商业综合体,武隆服务区作为高速公路成功试点,在2016年完成升级改造后,就以全新的面貌、时尚独特的设计风格、整洁温馨的休憩环境、琳琅满目的经营业态展现让过往旅客称道。服务区先后引进了梁平张鸭子、老太婆摊摊面、陈麻花、武隆碗碗羊肉、眼镜面等一批知名本土品牌。同时,重庆高速集团自有品牌"利百客"超市也已入驻。此外,还成功牵手国际餐饮巨头,世界500强企业麦当劳。2017年4月27日,中西部首家麦当劳精选餐厅正式落户重庆渝湘高速武隆服务区,餐厅开业近1月,武隆服务区单侧营业收入同比增长21%,日均客流量提高5%。武隆服务区商业综合体的成功,不仅实现了经济效益和社会效益的双提升,更为重庆高速公路持续打造商业综合体积累了宝贵经验。

二是打造高速公路旅游目的地。推进高速公路供给侧结构性改革,深化高速公路旅游融合发展合作、构建"快进慢游"综合交通旅游网络,让司乘人员在不增加消费成本的情况下,品味不同的地方文化特色,了解当地物产与人文,进而刺激顾客的消费欲望。重庆高速公路以路网内现有服务区为平台,结合地域环境、特色旅游与休闲娱乐,着力打造冷水服务区生态旅游自驾营地、围龙服务区中华龙都度假中心、大观服务区茶文化体验中心、云龙服务区生态观光及农副产品展销中心等一批特色服务区。目前冷水服务区生态旅游自驾营地已于2017年5月正式开园迎客,该营地不仅是西部地区首个高速公路服务区休闲露营地,更是与"康养石柱"地方旅游发展特色相融合的全面展现。

一、全国百佳示范服务区之旅途驿站——冷水服务区

冷水服务区(图5-5-1)位于G50沪渝高速公路石柱段,紧邻重庆—湖北省际主线收费站。由重庆高速公路股份有限公司负责服务区的日常管理工作。服务区海拔1443m,夏季平均气温21℃,是重庆海拔最高的服务区,也是重庆仅有的四对"五星级服务区"之一。

冷水服务区总占地面积6.4万 m^2,能同时容纳上百辆汽车,为上千名旅客提供餐饮、住宿、购物、加油、汽修等服务,并免费向社会公众提供停车、卫生间、wifi无线上网、手机

充电、临时储物、自助开水、背景音乐、健身器械、医疗应急救助、路况信息查询等近20项公益性服务内容。2016年5月,G50重庆高速公路冷水服务区生态旅游自驾营地正式开园,标志着中国西部地区首个集自驾车、房车、帐篷营地以及运动休闲等功能于一体的高速公路五星级休闲露营地正式诞生。G50重庆高速公路冷水服务区生态旅游自驾营地为沪渝高速公路冷水服务区的组成部分,是重庆高速集团贯彻落实供给侧改革,进一步提升"全国百佳示范服务区"的服务品质,深化高速公路旅游融合发展合作,构建"快进慢游"综合交通旅游网络,将高速公路服务区打造成为旅游目的地的重要举措。

图 5-5-1　G50 重庆高速公路冷水服务区

重庆高速公路股份有限公司围绕为旅客朋友提供便捷、优质的服务主题,结合"高速带您去避暑""重庆市高速公路星级服务区评定""全国高速公路百佳示范服务区评选"等专题创建活动,抓住紧邻石柱黄水国家森林公园、千野草场、大风堡风景区,往来游客较多等特点,三年来先后累计投入资金1800余万元,不断对服务区进行升级改造,积极推行服务区专业化物业管理模式,在服务硬件提升的同时,努力提升软件管理水平。

围绕这一目标,冷水服务区除常备所需的餐饮、住宿、加油、汽修等基础功能外,还有针对性地提供了以下免费服务项目:针对冬季冰雪期路面易结冰的特点,采用人行通道路面加热技术,有效预防冬季行人滑倒;针对雨雪和大雾天气较多的情况,推行停车广场彩色路面识别技术,规范车辆安全行驶路线和停放区域;针对特殊群体需求,设立了残疾人专用停车位、卫生间和无障碍通道;针对家庭出行需求,免费为旅客提供母婴室、第三卫生间等个性化服务;针对旅游需求,提供了气象、路况、交通地图、旅游景点和周边美食的信息查询和信息发布;针对道路拥堵状况,扩展建立了可同时容纳500辆轿车临时停放的应急停车点;针对手机用户需求,提供了适用于各种手机的手机加油站以及覆盖全服务区所有场所的wifi无线上网信号;针对长途旅行者需求,提供了临时储物、体育健身器材和自助24h免费开水服务;针对有突发性身体不适和继续医疗救助的旅客建立了便民服务室,为旅客提供常备药品、血压测量、氧气等免费救助服务;针对服务区整体环境,投入资金上百万元打造园林式绿化、背景音乐和广播呼叫系统,为旅客提供舒心环境。

冷水服务区作为重庆高速公路最具代表性的服务区之一,在不断提升管理水平,不断创新服务理念,不断提升服务品质的理念指导下,成为重庆高速公路的文明窗口和形象窗口,为广大旅客提供更加热情、高效、周到、温馨的服务。

二、全国百佳示范服务区之温馨家园——武隆服务区

武隆服务区(图5-5-2)位于G65包茂高速公路K1723+500处,地处武隆境内,占地112亩,距离重庆主城140km,其地理位置优越、服务功能多样、绿化覆盖率高,是渝湘旅游热点线路上理想的休憩地点。武隆服务区内建筑简洁明快,装修风格独具巴渝特色,在打造标准化示范服务区、优化社会窗口形象等方面取得了显著成绩。重庆高速集团南方营运分公司负责武隆服务区的日常管理。

图5-5-2　G65渝湘高速公路武隆服务区

服务区推崇基于"温馨家园"服务理念的人性化特色服务项目,随时了解顾客的实际需求以改进服务水平,各项贴心的举措使得武隆服务区更加独具魅力,吸引了大量来自四面八方的游客,并多次受到中央及地方各级领导的好评。

武隆服务区餐饮经营项目选择多样,经济实惠的快餐、美味可口的点餐、具备当地特色菜肴的中餐都为武隆服务区游客们所钟爱,武隆特产碗碗羊肉、乌江鱼等菜品更是受到了过往游客们的青睐。服务区超市地方特产种类繁多,梁平张鸭子、羊角豆干、羊角老醋、苕粉、野生蕨块、芙蓉江野生鱼等都采用直销的形式为游客们提供地道、新鲜的特色食品。

服务区毗邻风景秀丽、地产资源丰富的武隆仙女山AAAAA级国家森林公园。公园海拔2033m,具有春观花,夏乘凉,秋赏月,冬滑雪的不同旅游特色,加之神奇的芙蓉洞、世界最大的天生桥和天坑地缝,也为武隆旅游资源增色不少。由著名导演张艺谋倾情推出的"印象武隆"大型实景歌舞晚会将艺术和自然融汇于天地之间,更为观众带来一场视听

上的饕餮盛宴。优越的地理位置、宜人的气候条件、丰富的旅游资源使武隆成为市民近郊出游的首选之地,也吸引了很多流连忘返的中外游客,这使得武隆服务区成为高速公路乃至重庆交通行业的一面窗口。合理利用周边旅游资源优势、着力开发特色经营项目、扮靓高速公路社会形象,是服务区不变的追求。

三、全国百佳示范服务区之乐驿之家——大路服务区

大路服务区(图5-5-3)位于G93渝遂高速公路K380+800处,地处具有西部鞋城之称的璧山区大路镇境内,北距重庆内环快速通道35km,西距四川遂宁124km、距成都260km。大路服务区属于大型双侧综合性服务区,服务区占地总面积120亩,建筑总面积7000m²,绿化总面积30000m²,餐厅能同时容纳300多人就餐,停车场能同时容纳200余辆车停放。重庆铁发遂渝高速公路有限公司负责大路服务区的日常管理。

图5-5-3 G93渝遂高速公路大路服务区

大路服务区于2008年10月正式开通运营,经营项目设有餐饮、超市、客房、加油、加水、汽修等服务,同时还配备了手机加油站、信息查询机、场景式母婴室、免费wifi、自助洗车机、自助售货机、健身器材等公益性服务设施。服务区一直秉承"服务司乘、奉献社会"的服务理念,致力于公共服务设施的完善、环境卫生的监管、文明服务的提升和行业文化的建设,每年投入大量资金用于服务区的升级改造,先后完成了广场路面的抗滑层处理、彩色路面铺设,特殊车位的设置;为满足高峰人流和特殊人群需求,服务区增设了临时卫生间、第三卫生间和淋浴室,增设了室外休息亭椅和健身休闲区,安装了车检系统,水龙头水温调节设备;成立了重庆第一家服务区警务室,第一家采用多业态竞争性经营的模式,第一家派驻管理人员全天候常驻现场管理、第一家采用OA污水处理工艺、第一家保安保洁24h不间断服务。同时,大路服务区还积极探索新能源技术的利用,先后配备了山水引入设施、风光互补路灯、太阳能设施以及卫生间智能导视系统等。

为不断提高服务质量,服务区还引进了国内、国际知名餐饮品牌进驻,并与当地餐饮协会合作打造了"来凤鱼""尖椒兔"等地方特色菜,引进了当地特产 30 余种;与重庆知名旅行社合作打造了第一家入川自驾游服务中心。丰富的业态,为过往乘客提供更加优质的服务。

作为中国铁建在重庆经营管理的第一对服务区,从开通便肩负着不平凡的使命。2008 年汶川大地震,渝遂高速公路是进川唯一的生命线,服务区提前半年开通,给社会各界救灾车辆提供了有效的后勤保障。服务区秉承中国铁建"创新诚信永恒、精品人品同在"的价值观,以其高效优质的服务,不断赢得社会各界的赞誉,2011 年被授予市交委级"巾帼文明岗"称号,2012 年被市交委授予重庆市第一批"五星级服务区"称号,2015 年被交通运输部授予"百佳示范服务区"称号,并连续多年被行业主管部门评为先进管理单位。

服务区秉承重庆铁发遂渝高速公路有限公司"创一流管理、创一流效益、创一流环境、创一流服务区"的管理目标,将不断提升服务质量,打造特色和延伸服务,提高综合管理水平,努力为广大驾乘人员提供安全、舒适、便利的休息和消费环境,打造高速服务品牌。

第二节　公众出行服务

随着路网不断扩大和车辆不断增加,公众出行服务需求日益突出。为此,重庆高速集团采取传统与现代媒介相结合的多样化出行服务手段,提升重庆高速公路公众出行服务水平。

一、传统媒介——交通广播

2009 年,重庆高速公路与传统媒介 FM95.5 交通广播建立了长效合作机制,及时播报路况信息和高速公路相关提示信息。这是重庆高速公路首次"触电"传统媒体,开拓了信息传播新途径。除每天早晚高峰时间段固定连线以外,中途有影响通行的重大突发事件也将通过交通广播及时发声,对外发布即时路况信息;节假日期间加大连线力度,每一个整点连线一次。通过交通广播,重庆高速公路建立起了固定的收听群体,为大众了解高速公路即时路况提供了全新体验。与此同时,还与重庆电视台的《重庆新闻》和《天天 630》两档本土收视率较高的栏目保持长期合作关系,在重大节假日期间通过电视平台对外发布公众出行的相关提醒。至此,重庆高速公路与电台、电视台等传统媒体平台建立了良好的合作基础。

二、现代媒介——"互联网+交通"

随着新媒体时代的到来,重庆高速公路迅速反应,与时俱进,根据服务的多样性和个性化需求,以"互联网+交通"的思维大胆启用新型媒体,开通了10余种对外发布信息的平台,打造全媒体时代的"立体"公众出行服务平台。

(1)微博。2012年,重庆高速公路官方微博对外发布高速公路即时路况信息,设专人回复咨询,一经推出便受到大众的热捧,粉丝增长迅猛,经过5年的积累,目前新浪官方微博的粉丝已累计达89万,发布高速公路相关信息11万条。微博粉丝数量位居全国高速公路行业官微第一,连续多年入选"重庆十大政务风云榜",微博互动力和传播力长期位居重庆政务微博前三名。

(2)微信+APP。2014年6月,重庆高速公路官方微信和手机APP也相继开通,提供路线、路况查询等服务功能。

(3)高速直播间。2015年11月,基于微博等自媒体平台众多粉丝支持,开设了"高速直播间"的视频栏目,以视频方式对整个高速公路的道路、路线、政策、服务等方面内容进行详尽展示和解读,得到了粉丝的极大关注和好评,在全国高速公路行业中开创先河之举。

(4)高德地图。2015年6月,与高德地图合作推送实时路况信息,用户通过高德地图也可了解重庆高速公路的三类事件和三类状态。

(5)路况视频直播。2017年春节,顺势推出"路况视频直播",通过视频直播实时的显示高速公路主要通道、主要站点的运行情况,配合讲解人员介绍,使观看者从视觉上直观了解路况信息。栏目推出以来,获得广大粉丝一致好评,累计在线观看量达16万人次,其中微博观看量11万人次,直播APP观看量近5万人次,观众纷纷留言对重庆高速公路公众服务的创新性、及时性表示称赞。

"路况视频直播"推出后,重庆高速公路建立了高速路况视频直播、微博文字直播以及交广台连接直播三位一体的出行信息发布体系,服务手段更加丰富,路况查询更加便捷。

第六章
综 合 执 法

《中共中央关于全面推进依法治国若干重大问题的决定》部署了深化行政执法体制改革的任务,其重点内容之一是在交通运输等领域内推行综合执法。重庆交通主管部门于1994年在全国范围内率先启动交通综合行政执法改革试点,不断完善体制、创新机制,扩展改革实践领域,提增执法效果与效率。

第一节　执 法 模 式

1994年,重庆开始在高速公路上试点"综合执法,统一管理"的执法模式,成立重庆市交通行政执法总队(即执法总队),承担路政执法、运政执法、港航执法、高速公路安全管理等职能职责,内部实行"总队—支队—大队"三级管理,原重庆市道路运输管理局、重庆市公路局、重庆市港航管理局设立的执法机构予以撤销,其分别承担的运政、路政、港航方面的交通监督处罚职能交由执法总队承担。原重庆市高速公路行政执法机构、交通征费稽查局成建制划入执法总队。图5-6-1为重庆市交通综合行政执法改革前后职能划分。

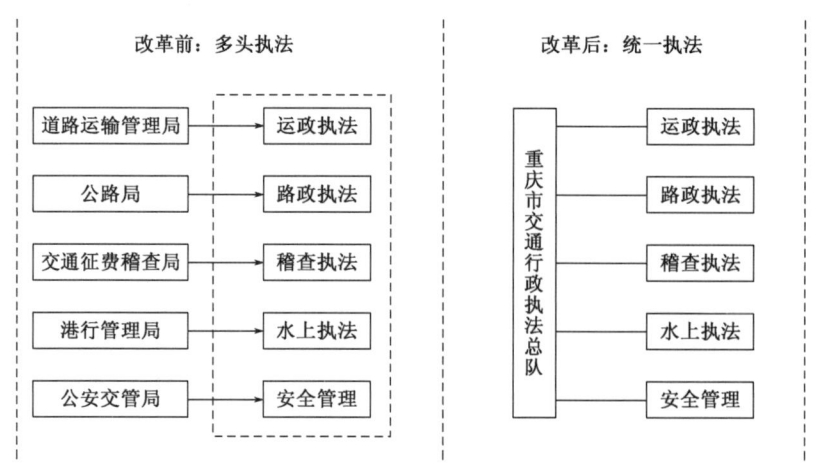

图 5-6-1　重庆市交通综合行政执法改革前后职能划分

在实行交通综合行政执法的区域范围内正式确立了行政许可与行政处罚相对分离的

体制。市运管局、公路局、港航局等三个行业管理机构负责政策制定和行政审批职能。重庆市交通执法总队则成为集路政、运政、港航、高速公路交通安全监督处罚等职能于一体的交通综合行政执法机构。图 5-6-2 为执法总队占行业管理局的职能类比。

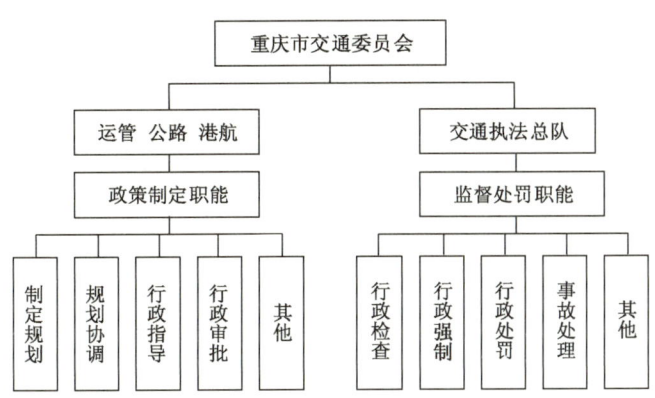

图 5-6-2 执法总队与行业管理局的职能类比

2003 年,交通运输部确定重庆作为两个省级交通综合行政执法改革试点之一。交通行政综合执法是由依法成立的一个行政机关以自己的名义行使原来有两个以上交通执法权的交通行政执法体系。对于综合执法优势,时任重庆市交通行政执法总队总队长、现市交委副主任滕英明(图 5-6-3)提到:

与分散执法、联合执法相比,综合执法能够有效解决多头执法、职权交叉、执法冲突、执法效率低等缺点,有利于整合交通执法资源,避免了重复执法、多重收费,提高了行政管理效能。从 1994 年,我们重庆在成渝高速公路试行综合执法以来,至今已有 20 多年的历史。

图 5-6-3 时任市交通执法总队总队长滕英明部署高速公路春运执法工作

2003 年交通部长张春贤考察重庆后,对重庆执法模式给予了充分肯定。

重庆在过去的交通发展中,有很多体现创新精神的改革和尝试,取得了许多有益的经验。比如,在高速公路行政执法中试行"统一管理、综合执法"模式,实施以来成效十分显著,为全国交通行业综合执法改革提供了成功的范例。

第二节　发　展　历　程

重庆高速公路综合执法主要经历了两个阶段,从成渝高速公路建设刚起步时期的执法大队,到直辖后的执法大队,基本延续至今。

一、成渝高速公路的执法大队

1993年4月,成渝高速公路尚在建设之中,高速公路管理体制课题组就提出了关于实行"统一管理,综合执法"管理模式报告。同年11月,课题报告通过了市科委组织的专家评审,并获得了重庆市1994年"软科学研究二等奖"和"科技进步二等奖"。

1994年4月,重庆市政府决定采纳专家们的意见,以重办函〔1994〕32号文件,就成渝高速公路重庆段试运行期间的管理体制做出了规定,"在成渝高速公路全线未开通前,由交通部门实施统一管理,综合执法试点"。在成渝高速公路陈家坪至上桥4.2km开通的剪彩仪式上,"重庆市成渝高速公路重庆段执法大队"宣告成立。执法机构与"成渝高速公路管理处"两块牌子一套班子,由管理处处长秦国强兼任政委,副处长王小宇兼任大队长。但实际上高速公路运营公司具体负责执法机构的人、财、物管理。

1995年6月,在成渝高速公路即将全线贯通之时,四川省政府又以川府函〔1995〕171号文件做出了明确规定,重庆段"仍按重庆市实行'统一管理,综合执法'的形式继续试行"。

二、直辖后的高速公路执法大队

1998年3月,直辖后的重庆市第一届人民代表大会常务委员会第八次会议听取并审议了重庆市交通局受重庆市人民政府委托所做的《关于重庆市高等级公路、建设和管理情况汇报》,并按照"建立办事高效、运转协调、行为规范的行政管理体系"和《行政处罚法》相对集中处罚权的要求,市人大常委会通过了《关于加快高等级公路建设和加强高等级公路管理的决议》,在全国率先以地方立法的形式确立了重庆高速公路执法模式。

1998年11月,根据重庆市人大的决议,重庆市人民政府发布了《关于加强渝长高速公路管理的通告》,将"统一管理、综合执法"的管理模式由成渝高速公路推广到渝长高速公路。

1998年12月,重庆市成渝高速公路行政执法大队更名为"重庆市高等级公路行政执法大队",对建成通车的高速公路继续实行"统一管理,综合执法"的管理模式。

1999年12月,重庆市人民政府发布了《关于加强渝涪高速公路管理的通告》,又将"统一管理,综合执法"的管理模式由渝长高速公路推广到长涪高速公路。

2001年5月,重庆市人民政府发布了《关于加强高速公路管理的通告》,以政府规范性文件的形式,进一步完善了重庆高速公路执法模式。

2002年6月,根据渝编〔2002〕52号文件批复,重庆市高速公路行政执法总队成立,高速公路执法机构逐步与高速公路运营公司进行脱离。同年10月,重庆市由国务院确定为综合执法试点地区。

2005年6月21日,市政府下发了《关于在全市交通领域实行综合行政执法试点工作的意见》(渝府发〔2005〕61号)。同年6月29日,重庆市交通行政执法总队挂牌成立(图5-6-4),从此定格了一顶"大盖帽"实施交通综合行政执法的局面。重庆市交通行政执法总队成为全国唯一一个集路政、运政、港航和高速公路交通安全管理等职能于一体的交通综合执法机构,下设直属支队和高速公路支队,实行"总队—支队—大队"扁平化管理,同时对实行交通综合执法的11个远郊区县进行业务指导。其中重庆市交通行政执法总队高速公路支队具体负责高速公路交通安全、公路路政、公路运政综合执法工作。

图5-6-4　重庆市交通行政执法总队成立宣誓现场

2011年4月28日,为适应重庆高速公路快速发展的需要,加强高速公路执法监管,市交委决定撤销原市交通行政执法总队高速公路支队,成立市交通行政执法总队高速公路一、二、三支队。这标志着重庆高速公路执法监管体制进入"一分为三"的新格局。

2013年8月15日,重庆市交通行政执法总队高速公路第四支队正式挂牌成立,具体负责涪陵片区通车高速公路交通综合行政执法和道路安全管理职责。高速公路综合执法进入2000km管理新时期。

2016年12月21日,重庆市交通行政执法总队高速公路第五支队成立,具体负责渝西片区通车高速公路交通综合行政执法和道路安全管理职责。至此,重庆市交通行政执法总队高速公路5个支队具体负责全市已通车2818km高速公路交通安全、公路路政、公路运政综合执法工作,标志着重庆高速公路综合执法进入3000km管理新纪元。

第三节　主　要　成　效

20多年来,重庆在高速公路"综合执法,统一管理"上取得显著成效,成为全国高速公路综合执法改革的范例。

一、执法改革推进了政府治理能力现代化

重庆交通综合执法改革促进了决策监管、社会服务、科技信息化等能力持续增强,符合政府治理能力现代化的发展方向。

1. 决策监管能力不断提升

执法机构建立了多类别专家库,完善了法律咨询制度。对自由裁量基准、高速公路区间测速等影响公众出行、当事人权益的重大事项,通过网络、报刊等媒体征求民众意见。把公众参与、专家论证、风险评估、合法性审查作为重大行政决策的必经程序,提升了决策的科学性。

执法机构针对管控重点,强化管控手段,固化管控模式,有力地促进了执法监管能力提升。

建立总队指挥中心—支队值班中心—大队值班室三级指挥体系,集中统一受理报警投诉,实时掌控执法监管状况,有效应对突发事件,全面把控路政、运政、航运等行业信息,以信息引导勤务,强化了监控能力。

运用高速公路收费平台,建立了卡口管理体系;推行"黑名单"制度,将违法后逃逸、涉嫌非法营运、暴力抗法及多次严重违法人员纳入"黑名单",作为管控对象,突出了监管重点。

强化源头管理,建立约谈、走访制度。进社区、进校园、进车站、进码头、进物流集散中心宣传交通法规;排查安全隐患,对客货运输企业实施重点监管,对违规企业负责人开展警示约谈,强化企业经营主体责任,维护了运输市场秩序。

发挥综合执法机构统筹重大案件归口管理执法业务的职能,有效推进主城与远郊区县联动执法、水陆联动执法、高速公路与普通道路联动执法,形成了水上、陆上、高速公路全方位执法联动机制,增强了执法监管合力。

2. 服务保障能力明显增强

交通综合执法机构成立以来,始终秉承"执法就是服务"的执法理念,践行执法为民

服务宗旨,社会公众服务能力得到了明显改善。

开通了96096交通服务咨询热线,受理社会投诉咨询;建立了公众服务信息网(门户网站)、政务微博、微信等互动平台方便群众查询;开发了网上罚缴系统,实现网上违章查询及缴纳罚款,并完善了异地处罚功能;与重庆交通广播电台联合推出了实时路况播报,引导民众出行;推出了出租汽车失物招领中心、交通事故救助平台等社会服务举措。

3. 科技信息能力持续改善

综合执法促成了科技信息资源整合,形成了多方位的科技信息化体系。

加大信息化基础设施建设,按总队1个指挥中心、支队5个值班中心、大队31个值班室、13个执法服务站的运行要求,开发了运用软件,并完善了信息平台体系建设;建成了交通执法综合业务管理系统、应急信息报送系统、96096投诉处理系统和视频会商系统;主要站场码头视频监控系统、客运及危化品车辆GPS系统、高速公路固定测速系统、车速反馈仪及执法记录仪等实用执法装备、设施,有效投入执法一线(表5-6-1)。

重庆交通综合执法科技信息化情况　　　　表5-6-1

执法服务站	高速公路固定测速仪	车速反馈仪	高速公路卡口系统	大队指挥室	移动执法平台	具有传图功能执法车辆	高速公路高清视频取证系统
13个	140套	20套	12个	31个	20个	300余台	14套

二、执法改革打造了专业化高素质的队伍

交通综合执法改革以"忠诚、公正、为民、高效、廉洁"为核心价值理念,注重队伍建设,打造专业化雷锋式执法铁军。

(1)队伍管理更加规范。通过全市公务员公开招录方式录用执法队员,严把执法队伍准入关。在保证队伍高起点、高素质的同时,着力加强队伍规范化建设,先后制定《八条禁令》《勤务规范》等6项"紧箍咒",以刚性条款约束队员行为,组建专职督察队(组),有效遏制作风粗暴、吃拿卡要、刁难群众等现象发生,以铁的纪律保障队伍纯洁。

(2)队伍素质更加过硬。建立了总队—支队—大队三级培训体系,加强了高速公路事故处理、突发事件应急处置等专项培训,搭建了交通执法远程网络教育培训平台。对执法资格、事故处理资格等进行综合评定,建立了资格评定与岗位聘任相结合的制度,实施了相关管理岗位必须有相应任职资格的管理规定,激励执法队员主动提升专业素质和能力。目前,高速公路执法人员具备初级以上事故处理资格的达总人数的75%,具备中级以上事故处理资格的达31%。

(3)执法形象更加统一。交通综合执法机构按照交通运输部执法形象"四统一"的要求,实现了执法证件、执法服装、执法标识、执法外观、处罚系统和执法车辆的"六统一"。一支队伍上路巡逻,一次进行多项检查,执法监督更加到位,执法形象更加统一。

三、执法改革提升了行政效率和社会效益

依法行政和政府行政体制改革应以有效维护社会稳定和社会秩序、有利于提高行政效率和社会经济效益为最终目标。重庆交通综合行政执法改革实现了行政效率和社会经济效益明显提升。

(1)降低了行政成本。中心城区(主城九区)交通执法人员由改革前的1400余人缩减为500余人。全市高速公路配备执法人员平均每公里核编0.7人,综合履行高速公路交通安全、路政、运政执法三项职责,管理经费、执勤车辆、通信装备、办公房等费用支出明显降低(表5-6-2)。

重庆交通综合执法节约经费测算(单位:亿元)　　　　表5-6-2

经费合计	管理经费	办公经费
>1.6	>1	>0.6
预计到2017年,综合执法年均可以节约财政经费2亿元以上		

(2)提升了行政效率。综合执法机构成立以来,共查获各类交通违法违规案件250多万件,案件执行率、路政赔偿率达99%以上,为国家和群众挽回了经济损失。连续10年保持案件"零败诉",行政诉讼率保持在十万分之三且每年均有下降,错案率控制在十万分之一以内。地方管辖水域连续保持"零死亡"。高速公路在通车里程逐年增加、车流量年均上升20%的情况下,交通事故总数和每百公里死亡人数均控制在市政府下达的指标内,未发生长时间、大面积堵塞事件。表5-6-3为重庆交通综合执法行政效益评估指标。

重庆交通综合执法行政效益评估指标　　　　表5-6-3

案件执行率	路政赔偿率	行政诉讼率	高速公路每百公里死亡人数	管辖水域死亡人数
>99%	>99%	3/100000	8.95人	0人

(3)彰显了社会效应。交通综合执法改革带来了实实在在的社会效益。96096服务热线每天受理来电700余起;执法总队官方微博被录入《中国电子政务最佳案例集》,政务微信入选重庆十大政务微信公众号,官方微博、微信年均播发路况及服务信息8000余条;道路交通事故社会救助基金年均帮扶86起(人),共计金额635万元;主城出租车失物招领中心成立4年先后收到失物28913件,返还失主24813件;先后命名表彰了"雷锋式

执法窗口"21 个、"雷锋式执法车"31 辆、"雷锋式执法标兵"75 名。

建队以来,先后荣获了全国文明单位、市政府"集体二等功"、全国交通系统先进集体、重庆市十佳执法机构、"重庆市人民满意的公务员集体"等 35 项省部级以上荣誉,涌现出"交通执法为民楷模"付杨波烈士等先进模范,得到了各级领导和社会各界的肯定。

Record of Expressway Construction in
Chongqing
重 庆 高 速 公 路 建 设 实 录

第六篇
文　化

篇 首 语

  文化是人类在社会历史发展过程中所创造的物质财富和精神财富的总和。高速公路建设文化是高速公路建设者在高速公路发展实践中逐步形成并不断积累的,体现行业价值理念的各种精神文化、制度文化和物质文化的总和。高速公路建设的成就,不仅体现在物质文明建设中取得的丰硕成果,也体现在高速公路精神文明建设中取得的重要成果。高速公路建设文化,已经成为参建者行业文明程度的重要标志,在高速公路事业发展中发挥着不可或缺的积极作用。

  中国自古以来就把"架桥铺路,造福一方"视为崇高的善行美德,把"愚公移山"的不畏艰险、知难而进、顽强拼搏视为民族精神,把"大禹治水,三过家门而不入"的公而忘私、尽职敬业视为中华民族崇高的道德风尚。

  "大道之行,天下为公"。在高速公路建设事业中,建设者以忠于职守、艰苦创业、勇于进取、乐于奉献的精神风貌,继承了中华民族的传统文化精髓,升华了时代赋予的"服务于民,奉献社会"的核心价值观。

  重庆高速公路建设发展已有 30 多年的历史,各行各业数以万计的参建者投身在这个伟大事业中,他们不仅创造了 3000km 高速公路的物质财富,而且在建设高速公路的实践中,以干事创业的文化自觉,谱写了一部波澜壮阔的高速公路建设文化的传承史,留下了激励后人的宝贵精神财富。

第六篇 文化

第一章
文化特质

　　文化特质即文化元素。文化元素的不同组合，呈现出不同的文化。在重庆高速公路建设发展中，呈现出来的各种文化组合，构成了重庆高速公路独有的文化特质。

　　重庆高速公路文化特质的重要特征之一，是具有源远流长的交通文化传承历史。重庆有长达上千年的交通开拓历史，有近百年的公路建筑历史，有30年的高速公路建设发展历史。巴蜀大地重峦叠嶂，河汉错陈，伟大诗人李白的"蜀道难，难于上青天"，道出了祖先们行路难，筑路更难的无奈。重庆先民自古饱受交通制约，走出盆地，快速通江达海成为一代又一代人的梦想。从栈桥驿道、盘山公路，到今天的高速公路，经过一代代筑路人开拓、奋斗、流血和牺牲，巴渝交通面貌如今已然实现翻天覆地的改变。在此过程中，重庆交通人特别是高速人在奋斗过程中，秉承前人的开拓精神，凝聚成自身的精神价值和人格力量，形成了重庆高速公路独特的文化特质。

　　重庆高速公路文化同时具有复合文化的特质，即多民族、多地区文化交融的特点。巴渝大地既是多民族聚居区，又是多次移民之所。历史上重庆经历的三次建都、三次直辖，在中国发展史上重要的历史地位，也强化了重庆多元化的文化特质。

　　重庆高速公路文化另一重要特质是重庆特有的历史地域特征和复杂的地质地貌构成了独有的文化元素。大江磅礴，峡谷险峻，从三绕主城的环城高速公路，到十二射八万平方公里的出省通道；从巫山十二峰到三峡七百里，从武陵峡谷到百里乌江画廊；高速公路所经之处，一路穿隧跨桥，满眼花开树绿；人文与自然的和谐结合，呈现出重庆独有的五彩纷呈的高速公路文化特质。

第一节　文化源流

　　重庆，是一座山水相依、历史悠久的文化名城。重庆文化源流既有古代巴渝文化的历史渊源，又有祖国各地文化的浸润与融合。

　　巴渝文化，是长江上游最富有鲜明个性的民族文化之一，是中华文化重要的一脉。巴渝文化起源于巴文化，它是巴族和巴国在历史发展中形成的地域性文化。巴人一直生活在大山大川之间，险恶的自然环境，练就巴人顽强、坚韧和剽悍的性格，这种鲜明的个性特质,千年来生生不息。

重庆的先民,为了改善生活居住环境,在与险恶的地理自然条件的抗争中,不仅勤劳勇敢,坚韧不拔,而且具有公而忘私的奉献精神。距今 4000 多年前,传说夏禹在巴渝治水,娶妻生子于涂山,"三过家门而不入",得神女之助,开凿夔门,导江入海,构成了生生不息的"大禹文化"。大禹为民公而忘私、"务在救时"的高度责任感和敬业精神,成为中华民族千古垂范。

重庆先民不畏艰险、开凿道路的历史悠久。被誉为"绝壁上的史诗"的三峡古栈道,全长约五六十公里,包括道路、石桥、铁链、石栏等,高出江面数十米。三峡人民,依绝壁一锤一凿,开凿三峡栈道,使三峡的交通得到改善。"蜀道难"的伟大诗篇,不仅再现了蜀道峥嵘,突兀、强悍、崎岖等奇丽惊险,也讴歌了筑路人"地崩山摧壮士死,然后天梯石栈相勾连"的悲壮情怀,激励后人"逢山开路,遇水搭桥"的一往无前的进取精神。

重庆公路建设有将近百年历史。近代史上的重庆开阜,水运发达,北川铁路和川黔、川湘、川鄂、川陕公路的建设,曾经汇集举国之人力物力,丰富了重庆的公路建设文化。这些早期的公路,曾经凝聚了无数建设者的艰辛和智慧。为了建设这些公路,曾经付出不计其数的生命代价。在这些公路的建设中,也体现了公路文化的发展脉络,如成渝公路的盘山公路,设计奇巧,特别是翻越歌乐山的公路,迂回而上,其中老鹰岩跨线桥,被誉为"桥工最巧",至今为人称道。历史证明,这几条公路的建成,在抗日战争时期,是重庆与国际连通的重要通道,是担负国际援华物资运输的战略通道,还曾经承担过八年抗战的光荣使命。那些筑路人不畏艰险,逢山开路、遇水搭桥的"开路先锋"精神,至今映照日月,永垂千古!

新中国成立后,重庆交通大发展。20 世纪 60 年代"三线建设"时期修建的川黔、襄渝铁路打开了重庆与外界交流的大门,改变了交通闭塞落后的状况;牛角沱嘉陵江大桥、合川涪江大桥、北碚朝阳嘉陵江大桥和石板坡长江大桥,改写了重庆江河无公路桥的历史,打通了制约重庆市域交通的瓶颈。来自全国各地的建设者不仅为改善城区交通作出重大贡献,也为重庆带来了先进的中原文化、荆楚文化、吴越文化和先进的科学技术及管理理念,大大促进了巴渝文化的发展。另一方面,因三峡工程建设而进行的"百万大移民"也将巴渝人民吃苦耐劳、顽强拼搏的精神带到祖国的四面八方,促进了巴渝文化与各地文化的交融与发展。

巴渝人民不仅能吃苦耐劳,也具有"义务修路,利国利民"的优良传统,在新中国公路建设史上,曾有一种"民工建勤,岁修公路"方式:无数中国农民利用农闲时间,没有一分钱报酬,自带工具,自带口粮,无偿修路。那些新中国最早的农民工身上的无私奉献精神,正是中国人民艰苦奋斗、修桥铺路优良传统的写照。

在重庆高速公路建设的快速发展时期,来自祖国天南海北的建设大军汇聚山城。他们为重庆这个年轻的直辖市带来先进的科学技术和管理理念,也极大丰富了重庆高速公路的文化元素。

海纳百川,有容乃大。悠久的历史渊源,广博的民族文化,汇集为源远流长的文化源流。30年来在高速公路建设中形成的重庆高速公路文化,既是对巴渝文化的传承和弘扬,也蕴含了中国当代筑路人精神文明的丰硕成果。

第二节 "担当"文化

伴随着重庆高速公路事业的发展,一个负责全市3000km高速公路建设和运营工作的企业应运而生,它就是重庆高速公路集团有限公司。"勇于担当、甘于奉献,快乐工作、健康生活"是重庆高速集团的核心价值理念;他们把"担当"二字,作为企业文化的重要标识。因为"担当"二字最精炼地表达了这个企业发展的文化核心内涵。重庆高速集团的前身是重庆重点公路建设指挥部、重庆高速公路建设公司、重庆高速公路发展公司。从成渝高速公路到"二环八射",从指挥部到集团公司,这个单位一直在重庆高速公路建设中承担"业主"的职责;在"新千公里"高速公路建设中,这个企业与众多外来企业一道携手,共同创造重庆高速公路的辉煌,继续发挥重大作用。

纵观重庆高速公路发展的历史,重庆交通人在每一个历史节点和重大决策时刻,总是以"铁肩担重任"的担当精神担负起人民赋予的使命;在面临困难和风险的关键时刻,总是以"妙手破难题"的智慧和魄力,攻坚克难,创造奇迹。

1990年成渝公路建设之初,重庆交通人果断提出将成渝公路荣昌至来凤段变更为一级路的重大决策,并且巧妙地采用"一次规划,分步实施,利用废方,扩宽路基"的"二改一"方案,把成渝公路建设成了高速公路。面对各方质疑和压力,重庆交通人选择了"担当",最终把成渝公路建成中国西南第一条高速公路。

成渝公路的中梁山隧道和缙云山隧道是当时中国最长的公路隧道,最初设计为"半横向通风方式"。重庆交通人敢为天下先,以科学求实的精神将两条隧道改为"纵向通风方式",工期提前半年,节省投资4500万元左右。这项重大设计变更曾受到外国专家的质疑,甚至承受了世行"停止贷款"的压力。面对质疑和压力,重庆交通人选择了"担当",最终把中梁山隧道建成中国第一个采用纵向通风的长隧道,其科研成果在全国得到广泛的推广应用,成为中国高速公路特长隧道采用"纵向通风"设计的标杆。

1997年重庆直辖之初,正值亚洲金融危机、国内资金匮乏之际,重庆高速公路建设处于"山重水复疑无路"的低迷时期,面临重重困难,重庆交通人选择的是"担当":大胆招商引资,开源节流,修建了重庆至长寿、重庆至贵阳、重庆至合川三条高速公路。

2002年,在重庆"二环八射"高速公路规划时期,重庆市委、市政府和重庆市交委决策层,面对重庆高速公路建设相对滞后于其他省市的状况,大胆提出"提速十年,完成2000km高速公路的战略目标"。提速十年,意味着要以超乎常规的工作效率完成1200亿元资金筹集、8个项目审批程序、5万多亩征地拆迁、近500km勘察设计和上百个标段工程招标。面对重重困难,重庆交通人选择的是"担当":不辱使命,八年攻坚,于2010年圆满完成"二环八射"2000km建设目标。为此,重庆高速集团连续打出三记改革重拳。第一拳——"变结构":公司改制,迅速按区位改建成5个专业化建设公司,承担新建高速公路的设计、征地、施工管理,最大限度地发挥工程技术人员的经验优势。第二拳——"借智慧":走市场化道路引进建设管理人才,借势借力;业主代表不够,到各大院校"招"!技术人才不够,到兄弟单位"挖"!专家教授不够,到各科研院所"请"!一时间,国内高速公路顶尖专家和业内"高手"云集山城:工程院郑颖人院士来了,国家滑坡治理专家王恭先也来了;上千家单位涌向重庆,几百家施工单位参加投标竞争。第三拳——"建平台":2003年开始,市委、市政府将高发司纳入八大投融资集团管理,高发司不等不靠,主动为政府分忧,按照"不求所有,但求所用"的融资思路,坚持"借得巧,用得好,还得起"的筹资原则,在充分利用中央、地方财政和国债资金的同时,解放思想、转变观念,加大招商引资和融资力度,通过合作建设经营、经营权转让等资本运作方式,盘活存量,引进合作伙伴,多方筹集建设资金,解决了资金的燃眉之急。

公路建设传统的理念是把节省建设资金放在首位,在建设中多采用深挖高填的方法,减少隧道桥梁建设规模。结果是公路修通后,自然环境也受到较大破坏。在"环境保护"与"节省投资"孰轻孰重的抉择上,重庆交通人选择了"担当":对历史负责,对子孙后代负责,把环境保护放在第一位。

重庆直辖之后着手规划设计的渝合高速公路,是重庆主城向北延伸到合川的高速公路。在初步设计中,有两个路线方案:一个方案是"西线方案",高速公路从马鞍山跨过嘉陵江后,直接通过缙云山风景区,连接合川;另一个方案"三跨嘉陵江方案",高速公路路线向东偏移,绕过缙云山,架三座大桥跨过嘉陵江,连接合川。"西线方案"近8km,只需修一座嘉陵江大桥,省钱省工期;"三跨嘉陵江方案",多花了7个亿,但保护了缙云山风景区,保护了北温泉。重庆交通人最终毅然决然选择了后者。

在"二环八射"建设时期,重庆交通人提出"把高速公路轻轻放进大自然"的理念,这一理念的核心价值即保护生态。在渝宜高速公路和渝湘高速公路设计中,设计者一开始,就将"把高速公路轻轻放进大自然"的设计理念贯彻在他们的设计蓝图中。在渝湘高速公路武隆段设计中,也曾面临两种方案抉择:一是低线位架桥,两跨乌江,绕过羊角镇后,沿江岸而行。二是高线位打隧道,从羊角镇背后的山体中穿过。第一方案造价较低,可是,将破坏当地著名的自然景观"乌江画廊",这个损失是无法估量的;第二方案造价高,技术难度极大,要在不同路段、不同地质条件下,仅隧道就要打6个,而且大多数是3~6km长的特长隧道。在喀斯特岩溶地区修建这样高密度的隧道群,在高速公路建设史上极为罕见。设计者最终大胆选择了第二方案,设计者说:"决不能给乌江画廊带来灾难性的后果!为了保护乌江画廊,我们力排众议,决定采用第二方案。这在同行的眼中可是个很大胆的方案啊!需要付出极大的勇气和担当!"

在重庆高速人的心中,"担当"二字分量很重:担当是一种意识,一种勇气,更是一种行动,一种植根于心灵的品质,是重庆高速公路的文化标识。

市交委党委副书记王和平说(图6-1-1):

重庆高速公路从一条路起步,到现在拥有近3000公里通江达海的路网,这数十年的发展不仅筑就的是一条条通衢大道,也凝聚了我们重庆交通人的智慧和精神风貌,形成了我们的"担当"文化。重庆高速公路数十年发展历程铸就的"担当"文化,在推动企业发展壮大过程中发挥了重要作用,新的历史时期,更需要重视、依靠、挖掘这种文化力量。

图6-1-1 市交委党委副书记王和平(前排右三)调研交通工作

重庆高速集团副总经理周竹(图6-1-2)这样诠释重庆高速公路"担当"文化的产生和沉淀:

重庆高速人,为了将成渝公路修建成第一条高速公路,顶住各种压力,是担当;重庆高速人,为了建设好一条条优质道路,常年在大山深处风餐露宿、攻坚克难,是担当;重庆高速人,为了保护生态环境,"把高速公路轻轻放进大自然",颠覆了传统的设计施工理念,是担当;重庆高速人,为了破解资金难题,经历一次次头脑风暴,在风云万变的资本市场闪转腾挪,经受金融危机重重考验,是担当;重庆高速人,为了提供优质的出行服务,不分昼夜寒暑,坚守岗位、真诚付出,是担当;重庆高速人,为了探索可持续发展道路,扛住变革调整的剧烈阵痛,理顺机制,大胆向市场转型,是担当。

每一次的肩负,每一次的超越,都饱含着高速人对国家使命、城市福祉、人民幸福的历史担当,铸就了重庆高速铁骨铮铮的"担当"文化。

图 6-1-2　高速集团副总经理周竹(右四)检查 G69 南道高速公路

第三节　"奉献"精神

重庆高速公路建设历时 30 多年,建设里程 3000 多公里,参建者数以万计,参建单位涉及公路、铁路、武警、水电、冶金、港航等不同行业。数以百计的施工单位,把一段段修好的公路、桥梁、隧道连接起来,构成一条条高速公路,构成四通八达的高速公路网络,为我们的社会经济发展服务。这些施工单位来自五湖四海,通过市场竞争,融汇到高速公路建设的大军中。他们一旦承担起高速公路的建设任务,就自觉地为高速公路事业不遗余力地贡献力量。许多建设者为支持高速公路发展识大体、顾大局,为大家、舍小家,把美好青春奉献给了重庆高速公路事业。

特别是在重庆高速公路新千公里的劳动竞赛中,许多建设者获得"重庆五一劳动奖状""重庆五一劳动奖章",许多团队获得"重庆市工人先锋号""党员先锋队""青年突击队"和"工人先锋号"授旗。新千公里高速公路建设者,振奋精神,顽强拼搏,以饱满的热情和昂扬的斗志,凝聚智慧,挥洒汗水,施展才华,成就事业,担当历史赋予的新的使命。

在重庆高速公路建设中有许多作出突出贡献的企业,其中中交集团、中国铁建、武警交通部队是这些企业的杰出代表。他们把自身企业文化精神中最突出的"奉献"精神带到重庆,与巴渝文化中甘于奉献、质直好义的文化因子相结合,成为重庆高速公路建设文化的又一特质。

墨脱精神

早在渝长高速公路建设时期,当时的"交通部第一公路工程总公司第三分公司"就承建重庆第一座嘉陵江大桥——高家花园大桥。

第六篇
文 化

在"二环八射"建设时期,中交集团旗下的几支施工队伍曾经在三峡腹地、武陵山区为重庆高速公路建设作出重大贡献。他们远别亲人、背井离乡,为祖国的繁荣富强架桥铺路。曾经在奉云高速公路施工的中交一公局的项目部党支部书记兼总工程师和妻子双双来到巫山脚下,为大"家",舍小家,他们在给儿子的信中写道:"爸爸妈妈有热爱的路桥事业,为了西部人民早日铺就幸福路,也为了我们一家人的幸福生活,爸爸妈妈只能与心爱的儿子分别,独自忍受思念,勤奋工作。"在项目部带动下,他们开展劳动竞赛,开展读书活动,项目部荣获了重庆市"青年文明号"的殊荣。

中交集团提倡的企业精神中最重要的一条就是"甘于吃苦无私奉献的墨脱精神";墨脱,位于祖国西南边陲的西藏自治区境内,曾是中国最后一个未通公路的县。为了把公路修进墨脱,中交第二公路设计院的技术人员承担了勘察设计任务,他们多次进入墨脱,克服了地质条件复杂、自然环境恶劣等不利因素,战胜了饥饿、寂寞和死亡的考验,胜利完成了任务,这种精神就被称为"墨脱精神"。在重庆高速公路建设中,中交第二公路设计院把"墨脱精神"带到了重庆。

奉巫高速公路的设计者是中交第二公路设计院。一篇报道这样描述:

那是2004年5月,在海拔1700多米的摩天岭上,来了一群人。只见他们怀揣红薯,头戴草帽,脚穿胶鞋,身穿脏旧的工作服,手拿标杆、皮尺,身背全站仪,整天穿行在山野之间。他们就是摩天岭隧道的设计者,中交第二公路设计院的工程师们。他们在奉节至巫山这条60多公里的路线上,反复走过,步行400多公里,地下钻探了5万多米。他们登上这高高的摩天岭,发现这里人烟稀少,吃饭是个大难题。大家买一些红薯、苞谷、鸡蛋带在身上,饿了就自己架火野炊;晚上就借住在乡民家。在荒野踏勘,他们还得带上砍刀,在荆棘丛生的山林里,用砍刀开辟路径,不时会有蜷伏的毒蛇、蜥蜴在乱草之中,猛地窜出,野鸡惊飞,队员们发出一声声尖叫。这样的野外勘察生活,他们过了三四个月,在四五个方案里,最终选定了现在的隧道进出口方案。

在"三环十二射"建设时期,中交集团是重庆高速"新千公里"的主力军。中交集团旗下的几个子公司以 BOT + EPC 的总承包方式,承包了14个项目,高速公路里程长达716km。

中交一公局在承建的万州至利川的高速公路上,建设了中国长江上游唯一一座单跨千米级钢箱梁悬索桥——驸马大桥,被誉为中国的"超级工程"。为了最大限度地保护三峡库区的环境,他们设计的主跨长达1050m的特大悬索桥,一跨过江,避免在水中建设桥墩。他们克服重重困难,在架设主缆施工中,工人们沿着猫道,护着锚头,一步步牵引主缆,成功将重达2万t、近3个埃索尔铁塔重的桥体悬吊在百米高的空中。

中交集团承建的52km万利高速公路中,桥梁32座,长达12km。其中龙驹特大桥地处高山深谷悬崖峭壁间,最高的桥墩超过40层楼高。上山没有便道,钢筋全是人扛骡驮;

为了保护生态环境,他们采取水磨钻施工,每天掘进仅有50cm左右,10根抗滑桩干了6个月,20根桩基也钻了2个多月。

在重庆高速公路建设中,中交集团的"墨脱精神"无处不在。

铁军风采

重庆高速公路,以桥梁和隧道众多著称。而承建隧道工程最多的是中国铁路工程系统的施工单位。据统计,中铁施工单位在重庆高速公路建设中,参与了重庆高速公路所有项目,承包的合同段共计203个,几乎所有中铁下属企业都在重庆承建过高速公路项目。中铁施工单位尤以修建隧道见长,在重庆总长约390km的隧道中,他们承建了约286km隧道,所占比例为73%。在以隧道著称的重庆高速公路建设中,"中国铁建""中国中铁"功不可没。

"中国铁建"的前身是中国人民解放军铁道兵部队,即便转制为企业后,军魂与勇气仍贯穿其始终,他们打造的企业文化是"勇于跨越,追求卓越",他们的企业宗旨是"建造精品,创造价值"。在重庆高速公路建设中,他们践行了这种企业文化的核心价值观。其中"勇于跨越",集中反映了中铁逢山开路、遇水架桥的勇气,全面展示了励精图治、顽强拼搏的气概,充分昭示着不断推动企业跨越式发展的决心。

"中国中铁"是最早进军重庆高速公路建设的施工单位之一。在高速公路建设初期,在施工经验不足、施工技术设备和施工环境较差的条件下,他们即以无私无畏的奉献精神,开启了重庆高速公路建设之路,是一支当之无愧的"铁军"。

这支铁军中,常常有一支特殊的"开路先锋"队伍,叫作"青年突击队"。几乎所有最艰苦、最危险的工程,都可以看到"青年突击队"攻坚克难的身影。

重庆第一座特长隧道是他们承建的。1990年5月,承建成渝公路中梁山隧道的中铁五局五公司在隧道口打响了第一炮。在掘进施工中,他们穿越了瓦斯、断层、岩爆、涌水、破碎带等地层,克服了重重困难。1993年7月,在离贯通还有300多米的地段,他们遇到了高浓度瓦斯地带,施工非常危险。在这一地段施工不能再采用全断面施工方式,只能用小导坑开挖,争取提前贯通释放瓦斯以排除危险。担负掘进小导坑的危险任务落在"青年突击队"肩上,35名队员面对艰难和危险,选择了担当;他们甚至写下"遗书",以大无畏的献身精神,投入紧迫的掘进工作。经过4个多月的奋斗,最终成功地贯穿了隧道,而且创造了无死亡事故的奇迹。

1998年渝长高速公路施工中,最艰苦的华山隧道工程由中铁十八局承建,他们最先进场的"青年突击队"住山洞,吃方便面,喝泉水,生活工作条件极其艰苦。隧道口在山崖上,没有进场道路,他们用溜索滑到洞口,腰系保险绳在悬崖边凿岩打洞,在设备不能进场的情况下,他们用人工开凿了800多米隧道。

2000年初的寒冬季节,中铁隧道局的"青年突击队"来到梁万高速公路的马王槽隧道工地,在铺满冰雪的荒地上搭起帐篷,煮饭、住宿,在冻土上修便道,刨洞口,艰难地打开洞门,在工程施工中,有的突击队员甚至献出了年轻的生命。

2005年,重庆"二环八射"高速公路全面开工,中铁下属施工单位承建了多数特长隧道。与高速公路建设初期相比,中铁在施工经验、施工技术、施工设备、施工安全等方面有了很大提升,而"开路先锋"的精神仍在继续发扬光大。

在重庆高速公路的工地上,凡是中国铁建队伍所在之地,其企业精神都闪耀着光辉,其企业文化都在落地生根。有一篇"彩霞落满朱衣河"的报道,记录中铁十三局集团三公司项目部的文化氛围:

一走进项目部,企业的精神,企业的文化追求赫然在目:

质量方针:实现顾客期望,奉献满意工程,争创行业一流。

环境方针:减少污染,保护环境,为社会可持续发展尽责任。

职业健康安全方针:安全施工,健康工作。

质量目标:单位工程主体结构一次验收合格率达到100%。

人格品质:正直,以诚待人,光明磊落,不损人利己,不嫉贤妒能。

正是铁军的这种企业文化的激励,中国中铁的施工单位克服了共和隧道的地应力,中兴隧道的涌水,大董岭隧道的溶洞,肖家坡隧道的瓦斯;方斗山隧道的断层,摩天岭隧道的洪水。

在"新千公里"高速公路建设中,中国铁建投资建设了8个项目,总里程达653km。他们在渝蓉高速公路采取水资源循环利用、橡胶沥青路面、温拌沥青路面、隧道LED灯照明、低碳服务区、太阳能照明系统等环保措施,把这条高速公路打造为"低碳高速",展示了中国铁建的安全环保的企业理念。

"两路"精神

"两路"精神是对武警交通的赞誉。60年前,10万军民在极其艰苦的条件下团结奋斗,修建了川藏公路和青藏公路,创造了世界公路史上的奇迹。在建设和养护公路的过程中,筑路人一不怕苦、二不怕死,顽强拼搏、甘当路石,军民一家、民族团结的精神,被誉为"两路"精神。

在重庆高速公路建设施工大军中,有一支特殊的施工队伍——中国人民武装警察部队交通部队。正是这支在川藏公路和青藏公路建设中作出卓越贡献的军队,把他们的"两路精神"带到了重庆高速公路的建设中。

交通武警在重庆先后参与了20个项目,修建了总长达80余公里的高速公路。他们在重庆高速公路建设中,继续弘扬"两路"精神,践行社会主义核心价值观,涌现了许多"特别能吃苦,特别能战斗,特别能奉献"的武警官兵;留下许多"军民一家亲"的感人故事:

曾经在万开高速公路施工的武警交通三支队的官兵是一支经历过青藏高原、"生命禁区"考验的筑路军人。他们在万开高速公路的铁峰山下，竖起一座"军爱民"的丰碑。那是2004年9月5日，万州区铁峰乡民国场遭遇特大暴雨引发山体崩塌，地表面积约3km^{2}的巨型山体以泰山压顶之势倾覆而下，将民国场1582间房屋全部掩埋，一个古镇顷刻化为乌有。灾难发生前，在此参加万开高速公路建设的交通武警官兵察患于未然、救民于倒悬，冒着生命危险组织紧急撤离疏散，使现场2160多名群众无一伤亡，谱写了一曲子弟兵爱人民的时代凯歌。

在万开高速公路通车之际，为纪念武警官兵"民国场抢险"这段历史，重庆高速集团在万开高速公路铁峰山下民国场旧址一侧，建立起一座"军民抢险纪念碑"。重庆警备区政治部主任邓高如将军在英雄丰碑上撰写道：

察患于未然、救民于倒悬。民国场，执政为民，以民为本，民莫幸于此焉，场莫幸于此焉，国莫幸于此焉！

重庆市政府、重庆国防教育办公室联合授予"民国场军民抢险救灾纪念碑"为重庆市的"国防教育基地"。这座丰碑，成为重庆高速公路建设者践行"两路精神"的标志。

曾经在三峡库区高速公路上施工的武警交通第二支队，是一支以"忠诚于党、热爱人民、报效国家、献身使命、崇尚荣誉"为核心价值观的英雄群体。他们承担的是万开、云阳的高速公路路面施工。那些"军爱民，民拥军"的故事至今为人传颂。

2006年11月3日早上，一辆救护车载着一名8岁的患儿从开县前往万州急救。救护人员说，如果从老路走得花2个多小时，且山路颠簸，小孩有生命之虞；如果能通过尚在路面施工的高速公路，尽快赶到万州医院，小孩就有救治希望。正在现场施工的武警官兵得到求助电话后，迅速作出反应，撤卡放行，把尚在养护期的半幅公路临时开辟为通道，并迅速清障，安排16名官兵在16个点进行安全执勤，安全护送。救护车顺利通过生命通道，小孩及时送到万州医院。小孩得救后，全家感激不尽，为部队送来"肩负生命道义，感动帅乡故里"锦旗一面。

他们曾在地表44.6℃的恶劣条件下战高温、斗酷暑，以每天800m的进度提前完成路面铺筑任务，质量优良，被称为重庆高速公路路面施工的一面青年文明旗帜。军人们挥汗如雨、忘我施工的情景，让当地老百姓感动不已。当地群众为军人们送绿豆汤、送葡萄糖口服液、送藿香正气水，也激励军人们加班加点铺筑高速公路。当地老百姓说，高速公路施工，使子弟兵与老百姓结下深厚情谊。

2008年，四川汶川发生大地震。正在重庆参加"二环八射"高速公路建设的交通武警官兵，与重庆高速集团一道投入抢险救灾。他们冒着余震的危险，抢通了150km道路，为解救受灾群众开辟"生命通道"，转移疏散受灾群众5000多人。

2010年，"二环八射"高速公路胜利建成。武警官兵在完成了高速公路建设任务后，离别前,他们把打好的水井,修好的便道,赞助的希望小学留给了村民……军人们登上了搬家的大车,送行的群众围在车的周围久久不愿离去,他们拉着军人的手,反复地说以后有机会再回来看看。军民鱼水情,难舍难分的场景,感人至深。

第四节 人物故事

在重庆高速公路建设过程中,涌现出了一大批团结拼搏、开拓创新、爱岗敬业、无私奉献的先进集体和先进个人。以下撷取的仅仅是众多先进人物中几位平凡人物的平凡故事。

张乐华——重庆市交通建设功臣、重庆高速集团高级工程师

张乐华是一位在高速公路一线奋战了18年的老员工,他先后参加了成渝高速公路,渝黔高速公路,渝武高速公路渝合段、合武段,渝湘高速公路洪酉段等多条高速公路建设管理工作。作为一名业主现场代表,他率先实践业主监理联合办公的新模式,吃、住、工作在工地生产第一线。恶劣的环境、匮乏的物资、单调的生活都没有冲淡他的激情。白天,翻山越岭一步一个脚印地勘察现场,指导工作。晚上,埋头苦学,查找资料,整理日志。严谨认真的态度,使他负责路段的质量、安全在项目评比中都排名靠前。他参与的渝武高速公路北碚隧道,荣获2005年度中国建筑工程鲁班奖和国家优质工程银质奖;渝武高速公路北碚隧道、东阳嘉陵江大桥和白果渡嘉陵江大桥,获得重庆市巴渝杯优质工程奖;渝武高速公路渝合段,荣获交通部廉洁工程项目和公路交通优质工程一等奖。

作为业主代表,他的信条是"清清白白做人,干干净净做事"。曾经有个施工单位在土石方施工过程中,把利用填方说成是借土填方,以便提高工程项目单价,张乐华发现后坚决予以制止,仅此一次就为国家挽回损失40多万元。18年的工作中,张乐华为国家节约资金上千万。"公平是我对待施工单位的原则。"对所有的施工单位,张乐华都能做到一视同仁,真诚相待。因此在18年的工作中,近百家施工单位对张乐华都给予颇高的评价。

卜令涛——重庆市交通建设功臣、云奉路B5标路桥集团华南公司项目经理

2005年秋,卜令涛被路桥集团华南公司任命为云奉高速公路梅溪河大桥的项目经理。位于瞿塘峡畔的梅溪河大桥属巴东地质板块,裂隙发育,地质结构复杂,基桩嵌岩设计深,施工难度大。他结合施工实际,及时成立了项目部QC科技攻关小组,各小组成员划片开展技术攻关和革新。2006年6月,大桥桩基施工全面开始,正常情况下桩基每日钻进可达1~2m,但当钻进10m左右时,却遇到了前所未有的阻力,日进尺仅10~20cm。为了攻克这一技术难关,在缺水少电的情况下,卜令涛冒着高温酷暑,与钻机工人同吃同住,开始了艰苦的攻关活动。在大桥钻孔施工中,卜令涛凭借丰富的施工经验,通过对排出来的废渣颜色的缜密观察和分析,大胆判断实际地质情况可能与初勘的地质资料不符,提出了二次勘探的请求。在业主的大力支持下,通过复勘,结果与其推断的情况完全吻合,此举大大降低了工程造价,加快了工程进度,保证了总工期,还一举攻克国内桥梁建筑史上罕见的桩基嵌岩深达30m的施工技术难关,填补了重庆地区该技术的空白。

此外,他主持的项目连续攻克了主墩大体积承台混凝土的浇筑温控技术难关,承台拆模后未发现一丝裂缝,受到了业主各级领导和国内温控专家的高度评价;实现了混凝土泵送直接输送到200m高主塔的目标,成功解决了高塔泵送易堵管、爆管、卡管的技术难题;针对作业面小,打破传统的挂篮拼装施工工艺,采取依托0号块托架,悬空进行牵索挂篮的拼装施工。该施工工艺为国内首创,被评定为国家级工法。

他以梅溪河大桥为依托,大力推行科技创新。他和项目部的"减少深嵌岩大直径钻孔灌注桩卡锤几率"和"降低高索塔泵送混凝土堵管几率"两项QC成果,先后荣获"国酒茅台杯"和"真龙杯"国家二等奖,"牵索挂篮高空拼装施工工法"被评定为国家级工法。一个项目先后获得三项国家级的技术成果,这在高速公路建设史上较为罕见。

梅溪河大桥建成后,其优异的工程质量受到专家们一致好评。2009年5月初,一位专家在检查即将完工的大桥工程质量时这样说:"梅溪河特大桥从承台到主塔再到桥面,这么高、这么长的距离,都是一个颜色,模板接缝没有一处错台的现象,质量控制得如此精细,不要说在国内,就是欧洲的那些大桥的建设质量也不过如此了!"

卜令涛和他的团队打造的梅溪河大桥是重庆高速公路上当之无愧的"精品工程"。卜令涛的项目部在业主三年多的时间内组织开展的全线25个标段综合考评中,都以绝对优势7次勇摘桂冠,2次获得全线一等奖,创下了季度考评"五连冠"的佳绩。2007年,先后被市交委评为"十佳诚信施工单位"和高速公路建设领域"重诚信、抓安全、保质量、增效益"劳动竞赛优胜集体。2007年和2008年先后被共青团重庆市委、共青团中央授予"重庆市青年文明号"和"全国青年文明号"荣誉称号,连续三年被业主授予"先进集体"等20多项荣誉称号。

孙国一——先进个人、渝湘高速公路洪酉段LM1标项目部经理

孙国一是中交一公局三公司渝湘高速公路洪酉段路面工程项目经理。他和他的同事们几乎都是北方人,刚到重庆员工严重水土不服,不论是食物还是生活环境,他们都无法适应。经过一年多适应,他们渐渐爱上了重庆,变成了"重庆人"。

为了把洪酉高速公路铺成优质、环保、安全的高速公路,孙国一采用了"工厂化标准",就是铺路的原辅材料必须在标准化拌和场地内进行拌和,并检验合格后才能拉到工地,过程中要重点解决噪声、尾气、粉尘和废水的排放,"要达到这个标准,我们使用的设备必须是国内最先进的,甚至是进口品牌,设备必须调试成功后才能投产"。

洪酉高速公路的路面结构分6层,垫层为23cm水泥稳定碎石,基层上是40cm的水泥稳定碎石,上面再铺3层油。"我们铺路面时,每一层之间是绝对不能夹入沙泥或其他杂物的,比如说绿化、机电等工程挖出来的泥土,我们就用塑料布盖起来,不让它裸露。"在孙国一的带领下,LM1路面质量获得一致好评,在市交委质检站的评定中,孙国一施工的外业质量获得验收的最高分。

LM1标的沥青路面铺筑完成后,路面簇新,沥青黝黑,放眼赏心悦目,为了这一切,孙国一和他的同事们付出了诸多心血。孙国一最大的遗憾是"没能见母亲最后一面,我没有尽到一个儿子的责任"。因为从进场开始,孙国一从来没有空闲过。2010年9月21日,从工地上检查回来的孙国一回到住处已是凌晨,太累的他倒下就睡着了,家人给他打了好几次手机他都没听到。直到第二天,孙国一才得到母亲去世的噩耗。孙国一强忍悲痛,把工地上的事交代得妥妥帖帖后,才匆匆赶回去。然而遗憾的是孙国一没能见到母亲最后一面。

孙国一说,工作就是这样,做了几十年,"不仅是一份工作,还有一份责任"。

刘学洲——先进个人、巫山县指挥部办公室副主任

年过五旬的刘学洲,从巫山县交通局副局长位置退居二线后,来到指挥部干"征地拆迁、治安管理、协调服务"工作。

渝宜高速公路巫山段于2005年开工建设后,分布着17个施工单位4000多人的建设大军,所有施工单位都是外地企业,人生地不熟。如何给这些不远千里来到巫山筑路的施工单位创造良好环境,刘学洲没少动心思。从组织征地拆迁、治安管理、协调服务,到解决供水、供电、材料供给、运输等,所协调解决的事项上千件,刘学洲眉头都没皱一下。他要求自己和每一个工作人员,对待建设施工企业要像春天般的温暖,对待工人、农民群众要像火一般的热情。

渝宜高速公路巫山段涉及全县5个乡镇27个村上千家农户,整个工程新修便道就达100多公里,砍伐林木几十万株,拆迁民房600多户上万平方米。征地拆迁与农户利益息息相关,矛盾层出不穷。刘学洲始终坚持主动深入施工企业协调解决问题,常年穿行在建设一线,他所走的山路上千公里,所参与协调的矛盾纠纷多达500多起,高速公路建设现场的每一条小道都留下过他的足迹。

为及时化解施工企业与农民群众间的矛盾,刘学洲要求自己和工作人员处理信访事情做到"上不过午,下不过夜""小事不出村,大事不出县",积极解决群众反映的热难点问题,妥善处理路地关系。5年多的时间里,刘学洲与同事协调矛盾细致工作,将许多矛盾纠纷都化解在萌芽状态,使施工企业与当地农民群众的关系成为鱼水关系,也让刘学洲与不少施工企业结下深厚的感情。他常说:"作为指挥部的一员,努力为参建方创造和谐施工环境是我的责任。"

5年多的时间里,刘学洲曾经上百次出现在滑坡现场,踏勘和组织抢险;每逢暴雨连雨阶段,他最关注的就是施工企业与农民群众的安危,这时,他的手机格外忙碌,他总是主动打电话给每个企业查问情况。2007年6月,因暴雨洪灾造成17标便道突然塌方,施工材料无法运进,情况紧急,刘学洲在灾害发生不到半个小时火速赶到现场,组织当地群众连续三天三夜奋战,抢通便道,终于保证了暴雨期间施工材料供给不中断。2008年8月连续阴雨期间,龙井乡梨早村李家湾高切坡出现滑坡,他组织指挥部征迁处干部迅速赶到现场踏勘,采取措施对该滑坡体内受到威胁的13户农户实施临时过渡安置。

刘学洲年复一年、月复一月跋涉在高速公路建设现场,巫山的高速公路建设从初设到通车历经了五个春秋,刘学洲从一处处建设工地跋涉过来,他自己也数不清有多少次往返在这沟壑群山之间,有多少次穿越了这里的一道道峡谷。一路风尘一路歌,随着高速公路建设向前推进,他与沿线的群众和参建的施工单位、监理和业主们都结下了深厚的路地情缘。他把自己的余热都洒在了这里的每一寸土地上,他把自己作为一个老交通人的深厚情感都寄予在这条可以让父老乡亲走出大山、摆脱贫困的高速公路上。

钟明全——重庆市交通建设功臣、重庆市交通规划勘察设计院总工程师

钟明全是重庆市交通规划勘察设计院总工程师,曾经担纲许多高速公路项目总设计师的重任。然而,对他最大的挑战是渝湘高速公路白马至武隆段的勘察设计。

2004年,重庆市交通规划勘察设计院承担了渝湘高速公路白马至武隆高速公路设计任务。摆在钟明全面前的第一道难题是方案选择。当时,有两个方案:一是低线位架桥,两跨乌江,绕过羊角镇后,沿江岸而行。二是高线位打隧道,从羊角镇背后的山体中穿过。第一方案造价较低,可是,将破坏当地著名的自然景观"乌江画廊",这个损失是无法估量的;同时羊角江岸是严重的滑坡地带,施工中有可能诱发险情。第二方案造价高,技术难度极大,在不同路段、不同地质条件下,仅隧道就要打6个,而且大多数是3~6km长的特长隧道。在喀斯特岩溶地区修建这样高密度的隧道群,在高速公路建设史上也极为罕见。

钟明全和他的团队来到乌江之畔考察时,望着两岸雄奇险峻的千峰万壑、美如仙境的青山绿水,一种历史的责任感涌上心头:决不能给乌江画廊带来灾难性的后果!为了如画的乌江,为了羊角镇百姓免受滑坡威胁,钟明全和他的同事经过反复论证后,决定采用第二方案。这在当时是个很大胆的方案啊!需要设计者付出极大的勇气和担当!

第二道难题是,在陡峭岩壁上桥隧相接如何施工、隧道群大量弃渣如何处置。钟明全和他的团队大胆创新,提出隧道施工采用旁引导洞、主线扩展的方法,解决了桥梁与隧道并行施工、相互干扰的问题;他们在设计中提出,在乌江峡谷自然形成的深沟里,利用水工技术,采用筑坝造弃渣场来消化隧道弃渣,不仅解决了弃渣处置的环保问题,同时节约了近亿元的工程投资。

如何保障大规模桥隧群的行车安全,提供紧急救援与维修保养条件,是摆在设计者面前的第三道难题。他们创新采用隧道智能照明技术,解决了车辆穿行桥隧群所引起的驾驶人视觉适应问题;桥隧相接无法正常设置上下行交叉渡线,他们创新采用"扇形渡线桥",解决了紧急救援、养护渡线的问题。钟明全和他的团队辗转于崇山峡谷中,打了一场又一场硬仗,攻克了一座又一座堡垒,完成了在一段长23km路就有22km桥隧的大规模桥隧群的勘察,设计出了一条安全、环保、舒适、和谐的高速公路精品。

莫友平——先进个人、重庆市交通工程监理咨询有限责任公司监理工程师

莫友平1989年从大学毕业后,正赶上成渝高速公路上马,他一头扎进中梁山隧道成为一名监理工程师。在20多年的监理生涯中,他经历了重庆高速公路建设的全过程,逐渐从一名普通监理工程师成长为高监、总监和监理公司总经理。

1996年,莫友平到渝长高速公路铁山坪隧道任项目高监,那里地质条件复杂,不仅瓦斯、岩爆、断层、涌水、塌方"五毒俱全",而且隧道扁平、断面极大,坍方隐患随处可见。专家来了一批又一批,提出的解决方案一套又一套,但莫友平还是不放心,多次到施工现场反反复复地细心查看。一天中午,专家刚来勘测过现场,拿出了塌方的初步处治方案,施工方认为该方案未能很好结合现场的施工设备和技术能力,不能付诸实施。时间紧呀!怎么办?莫友平便沿着塌方体深入塌腔内部仔细查看,轰隆……可怕的塌方发生了,莫友平本能地往后退了几步,可终究躲闪不及,塌渣从莫友平的身体上面翻滚了过去,压住了莫友平的身体,当莫友平用尽全力从渣堆中挣扎起来,快速跑向洞外时,"轰",塌方又发生了,好险啊!当莫友平蹒跚着走出洞口后,这才发现自己的左臂和左腿已严重受伤。这次死里逃生的经历,使莫友平认识到,一个监理工程师不仅需要担当风险的献身精神,还需要严格的质量安全管理意识。

2006年,莫友平到绕城北段任总监,这条路是"二环八射"的重要路段,也是交通部确定的典型示范路。项目伊始,莫友平就暗下决心,要改变以往施工单位拌和机到处拉,施工现场"遍地开花",规模小、成本高、质量差、污染大的状况,建立起规范、整洁的施工现场,建立带有自动控制系统的大型拌和站,实现"集中拌和"。然而"集中拌和"的方案由于触及部分承包人利益,不能顺利推行,而陷入了僵局。是放弃还是坚持?莫友平想:作为一名交通监理人,不能在矛盾和困难面前退缩,只要是对高速公路质量有利,挨点骂、受点委屈又算得了什么?于是,莫友平一个一个找施工方听取意见、分析成本、化解矛盾、融洽关系。功夫不负有心人,几个月下来,硬是将100多个小拌和站优化成20多个气势宏伟、带有自动控制系统的高大拌和楼,不但使质量和效率明显提高,成本也降低了,而且有效地控制了污染。

2007年11月的一天,莫友平带着监理人员对某项目进行全面的检查,当到达梁预制现场时,发现预制梁存在异样,莫友平立即组织监理人员对预制场内的全部预制构件进行全面试验与检测,结果显示:有10片T梁强度偏低。莫友平立即签发了监理指令,令其全部报废。指令发出后,施工单位负责人多次找莫友平软磨硬泡,希望莫友平网开一面,后来他们几乎是声泪俱下地恳求莫友平:"莫总,求你了,不能炸呀!否则,上级会追究我们的责任,饭碗可就没了。"而莫友平又何尝不知道呢,10片T梁造价100多万元。在感情和质量的冲突中,莫友平没有犹豫,毅然选择了质量。看着报废的梁体,看着被免职的项目负责人离去的背影,莫友平的眼也湿了。但质量就是生命,不管在何时,莫友平们干监理的,都要牢牢守住这条底线。

李大勇——先进个人、武警交通部队重庆奉云高速公路B13合同段项目经理

李大勇是一名修路架桥的职业技术军人。从穿上军装,李大勇就决心把军人吃苦耐劳的奉献精神、敢打敢拼的革命气魄、一心为民的崇高宗旨融汇到高速公路建设事业中。

2006年2月,李大勇部奉命参加了奉云高速公路B13标的建设。2007年的一天凌晨,雷声轰鸣、大雨倾盆,肖家包路段发生大面积滑坡,约220m长、159m高的山体整体下滑,近30万m^3的土石方,彻底摧毁了刚刚修好的路基,李大勇和战友们心疼得直掉泪。为彻底治理滑坡,李大勇们决定在100多米高的坡体上修建11级边坡。但坡体陡峭,山路狭窄,机械车辆根本没法进入,上万吨材料要运上山,怎么办呢?李大勇买来5头骡子,驮运材料,无法驮运的,就由官兵往上扛。四五百米的崎岖"骡子路",常人空手爬上去也是气喘吁吁,更何况战士们还要负重100多斤呐!半个月过去了,两头骡子活活累死在山路上。但李大勇和战友们没有退缩:肩头磨破了,找毛巾垫着;手脚磨出了血泡,用针挑破接着干。一天下来,累得骨头散架,倒床便睡,第二天又继续干。就这样,李大勇们硬是将三万三千吨材料运到了坡顶,终于将这个卡脖子工程提前完成了。

李大勇部承建的肖家包大桥,5个墩柱全都处在七八十度的山坡上,开挖桩基没有作业面儿。战士们只能把安全绳系在腰上,下到100多米的半山腰儿,用风镐凿出一个施工平台。由于悬空作业,重心不稳,安全绳来回晃动,不听使唤,遇上刮风,就晃得更厉害了,危险随时可能发生!但李大勇和战友们硬是在峭壁上凿出了一个$3m^3$的施工平台,再把人和工具吊到平台上,开挖桩基。每天吊上吊下,战士们的腰间被生生勒出一道道伤痕,晚上不用冰块止疼,根本睡不着。可李大勇的战友们,硬是克服重重困难,顺利完成了桩基的开挖,没有出现任何安全、质量问题。

2009年,奉节遭遇了百年不遇的大暴雨,山上的泥土砂石直接涌向了白云村,三户人家房屋倒塌,数百居民的生命财产受到严重威胁。李大勇部官兵紧急出动,赶赴现场,冒雨抢险,用编织袋筑起了一道1m多高的挡墙,死死堵住了洪水,缓解了险情。

郑熙——重庆高速企业文化大使"奉献之星"、重庆高速集团工程师

郑熙,一个地地道道的"80后",2005年大学毕业后即投身高速公路事业。十年间,他日复一日常驻一线,先后参与了云万、奉云、黔恩高速公路等项目的建设,耐住了身处穷乡僻壤的孤独和寂寞,忍受住了长期远离亲人的辛酸和不舍,他以忠诚、坚强、温情为底色,用奉献之笔书写出丰富人生。

黔恩高速公路是重庆高速公路中唯一采用PC(施工总承包)这一新型管理模式建设的项目。黔恩项目的管理模式与传统模式大不相同,为理顺管理思路,做好前期工作,郑熙经常不分昼夜、不分假日辛勤工作,仔细分析和研究项目的特点,有时为了制定管理文件的一个条款,都要斟酌到深夜。也是那段忙碌的时光,让他深刻地记住了各种口味的泡面味道,一度遭遇泡面"余味饶舌、三日不绝"的苦恼。

黔江驻地条件艰苦,特别是到了夏天,天气炎热却经常停水,生活很不方便。同时,黔江属于喀斯特地貌,水质化学成分复杂,郑熙作为外来人员,很难适应其水质,而且驻地用水来源是附近的小水厂,水质不能得到保障。郑熙在黔江工地四年,患上了严重的胃病和肠炎,再加上繁重的工作压力,导致他在2014年体重下降了20斤,本来就瘦小的身体显得更加单薄。由于长期饮食、作息不规律,他患上了急性阑尾炎,需要住院手术。但就在手术后的第二天,他就立即起身处理单位文件、电话督促工地工作,同事们都由衷地称他为"拼命三郎"。

由于长期坚守在工地一线,郑熙没有时间照顾家庭。在妻子分娩前他才匆匆从工地赶到医院,孩子生下来不到一周,郑熙就又离家投入到工作中。从儿子出生到牙牙学语,四年下来,郑熙和儿子相处的时间还不到半年,没有参加过一次儿子幼儿园组织的家长活动。

被评为"奉献之星"后,郑熙说:"作为高速公路建设战线上的一线员工,我为我所奉献的事业感到骄傲和自豪。我要持之以恒保持以前的工作精神,做一颗'恒星',而不能做一颗转瞬即逝的'流星'"。

付杨波——重庆高速公路执法大队中队长、烈士

付杨波是重庆高速公路执法队伍中的一员。2012年3月17日,付杨波接到监控中心报警,成渝环线高速公路刁家往白沙路段发生卡车侧翻事故,付杨波和同事蔡涛前往处置。当吊车缆绳将事故卡车挂起时,一辆货车从封闭的应急车道冲入事故控制区域内。付杨波当时站在右侧防撞护栏旁,他一边大喊"快跑",一边挥舞双手示意货车停车,但货车却径直撞向了付杨波。最终,10多名驾乘人员和施救作业人员得救,付杨波却献出了宝贵的生命,年仅32岁。

付杨波2007年参加高速公路执法工作。先后在高速公路执法五大队、九大队工作。2011年12月,业务水平过硬的他,通过公开竞争上岗成为高速公路执法第一支队十一大队勤务一中队的中队长。

付杨波牺牲后,重庆高速公路执法大队的同事们悲痛不已,他们评价付杨波"为人正直,工作兢兢业业,是高速公路上活雷锋"。

2009年年初,重庆突遇低温、冰雪极端天气,沪渝高速公路冷水段多次出现路面因凝冻严重受阻的情况,身患重感冒的付杨波不顾同事和家人劝阻,坚守在一线,整整3天没有回过一次家。

2009年9月3日,内环高速公路高家花园大桥突发火灾,大桥被迫半幅封闭数日。在高速公路支队机关挂职锻炼的付杨波,主动请缨到一线支援,负责管理难度最大的杨公桥路段分流工作。其间,他每天在支队机关下班后,又来到现场指挥交通,在车流当中一站就是4个小时,直到晚上9点才返回南坪家中。

在工作、生活中,付杨波始终坚持用党纪政纪和国家法律法规规范自己的行为,学会算政治账、亲情账、经济账,坚决抵制拜金主义、享乐主义的侵蚀,从不拿手中的权力做交易、谋私利,真正做到严于律己、宽容待人。自觉接受群众的监督,一刻也不放松对人生观、价值观、世界观的改造,努力做到廉洁奉公、勤政为民,坚持老老实实做事,清清白白做人。

付杨波经常说:"邪不压正,我按政策办事,没什么可怕的。"对需要救助的驾乘人员,付杨波有的是百转柔肠;对拒不遵守甚至是有意违反交通安全的人,付杨波有的是铮铮铁骨。他常说:"不管是有钱的、有权的、求情的还是逞凶的,只要影响了道路交通安全,就一定要依法处置。"付杨波和队友们用正义和良知,将帽檐上的国徽擦得雪亮。付杨波在工作中敢于碰硬、敢于较真,堂堂正正执法,干干净净做人。有一次,他在G50收费处查处一起案子时,当事人硬塞给他500元现金,希望不予处罚。他向当事人一个敬礼,说:"老师,你的心情我能理解,但我不能为几百元钱损坏我们高速公路执法队伍的形象!"然后将钱原封不动还给了当事人,并劝说当事人接受了处理。

付杨波的点滴故事传遍巴山渝水。一时间,国内主流媒体和各大门户网站高度关注,纷纷予以报道或转载150余次,全国交通运输行业掀起了学英模、做英模的滚滚热潮。重庆市交通委员会组建"付杨波先进事迹报告团",先后在交通运输部、重庆市委小礼堂和各区县进行宣讲20余场,听众达5000余人次。

2012年8月,经国家民政部批准,重庆市人民政府正式评定付杨波同志为烈士。重庆市交通委员会追认付杨波为"优秀共产党员",交通运输部专门下发了《关于在全国交通运输行业开展向付杨波同志学习的决定》。

第二章
文化呈现

如果说重庆高速公路的文化特质凝聚了重庆高速人的精神价值和人格力量,那么重庆高速公路的文化呈现则是其价值力量的物化再现。重庆高速公路纵横交错在 8.2 万 km² 的土地上,公路经过之处,有河之渊,有谷之深,有山之险,逢山开路,遇水搭桥,建设者把桥与美结合起来,于是产生了桥文化;重庆高速公路穿越大美山河,建设者要"把高速公路轻轻放进大自然",公路建成之后还原青山绿水,于是有了生态文化;重庆高速公路串联巴渝各族人民的家乡故里,高速公路沿线自然景观与人文景观完美结合,于是衍生了地域文化、民族文化;高速公路是建设者创造的交通功能和审美功能完美结合的成果,人们用各种文艺形式讴歌建设者干事创业的精神,赞叹高速公路的人文之美,于是涌现了大量以高速公路为题材的文艺作品。

第一节 桥梁文化

桥梁是力与美的结晶。重庆高速公路的桥梁建设展现了厚重的文化底蕴、雄浑的传奇色彩和创新融合的时代精神,既沟通了天堑通途,又给人以美的享受。

一、厚重底蕴

大巴山、巫山、武夷山、大娄山,山山雄峻;长江、嘉陵江、乌江、涪江、綦江、大宁河、阿蓬江,江河浩荡。

重庆,地处西南版图之要冲,上接川秦,下连鄂湘,"上有万仞山,下有千丈水",盖因群山众水的阻隔,使高速公路建设中的桥梁不可或缺。

重庆古有石拱桥,今有雄伟的跨江钢桥,特别是近 30 年来,兴建了近万座桥梁,数量居全国城市榜首,其中高速公路上的桥梁有 1500 余座,尤以跨江特大桥居多。这些大小桥梁静静横卧于崇山峻岭之间或江河之上,承载着人们飞驰的梦想。

重庆高速公路建造的桥梁,始终蕴含着建设者对地域文化的理解与厚爱。20 世纪 90 年代初在成渝高速公路上修建了 8 座石拱桥,它们具有重庆"背二哥"虽少言少语、却特别能扛的象征意义,彰显了厚重的巴渝文化底蕴;2001 年建成的第一座跨长江高速公路桥梁——大佛寺大桥,以斜拉桥特有的简洁黑白线条,展现了重庆的时尚特色,而大桥的刚性与伟岸,象征着重庆人的刚毅和耿直。

2009年年底通车的渝湘高速公路武陵山大桥,桥面距谷底280m。大桥置身群山中,常年云缠雾绕,神秘、梦幻,胜若仙境,把重庆作为多民族聚居地的美丽婀娜演绎得淋漓尽致。

追忆重庆高速公路的"桥史",就是在细读重庆交通的发展史:从单一的石拱桥到今天的各类桥型云集,桥梁承载着厚重的地域文化底蕴,成为彰显这座城市精神的重要文化符号。

二、雄浑传奇

重庆高速公路虽桥型众多,但无论站在任何一座桥梁前,都不会感觉突兀或诧异。因为这些桥梁与周围的自然环境、人文环境已然融为一体,让人们能明显感受到建桥人的思想,触摸到他们的灵魂。

在渝合高速公路的马鞍石嘉陵江特大桥前,有这样的一段铭文:

桥全长1237m,主跨250m,在国内已建成的同类型桥梁中,仅次于虎门大桥(主跨270m)、泸州长江二桥(主跨252m),与黄花园大桥并肩,位居亚洲第三大桥。该桥建于1998年,当时施工技术水平低,时值寒冬、江水刺骨、石质坚硬,在没有开挖设备的情况下,上百人的突击队浸泡在江水中昼夜奋战,不少人感冒发烧,鼻涕直流,手上的血泡破了一层又一层,但没有人退缩。

置身渝湘高速公路的武陵山大桥,面对至少70°的悬崖峭壁,瞄一眼桥下280m深处的乱石,景色再美也难挡背脊发凉、双脚打战。大桥两端主墩坐落的绝壁,大型机械去不了,常规爆破又可能导致悬崖崩塌,桥是怎样架上去的?原来,是建桥人腰系安全绳,手持钢钎、风钻,颤颤抖抖滑向深渊,荡在绝壁山涧,完成了重任!

入选重庆"十大最美桥梁"的渝宜高速公路大宁河特大桥像一道美丽的彩虹,横跨在国家AAAAA级风景区大宁河上,成为众多摄影师的拍摄对象。殊不知当年在建设时期,大桥在高约200m的半空施工,如果大量弃土弃渣落入大宁河,将影响航道,造成生态灾难。同时,江面上不时有游船经过,半空中就是落下一颗小小的螺丝钉,也会击破游客的脑袋,相当危险。因此,大桥施工时,工人们小心又小心。他们立下誓言,"就是用人背,也不能让土石方掉入大宁河。"最终他们兑现承诺,让大桥与桥下的河水和谐融为一体,成为大宁河畔优美风景的又一亮点。

"风景这边独好",初冬时节的万利高速公路驸马长江大桥应该是它最美的季节。遇上浓雾时,它像一个卧睡长江、若隐若现的温婉女子,显得十分静谧、安详;碰上阳光明媚天气时,雄伟壮丽的驸马长江大桥像个充满力量与激情的男子,横贯长江,尽显雄壮魅力。

驸马长江大桥的美,主要在于它与自然的和谐相处,相互交融、浑然一体。为了和谐,大桥的建设者们经过方案的反复论证,最终确定下来了一跨过江的方案,两岸主塔一年四季都屹立于岸边,丝毫不受库区蓄水的影响,最大限度地保护了长江生态环境,而且一百多米高的净空高度,毫不影响船舶通航能力,这就是大桥美的初衷。而正是因为这美,驸马长江大桥在央视纪录片《超级工程Ⅱ》中惊艳亮相,赢得满堂彩。

在重庆高速公路上,每一座桥梁都有讲不完的故事。这些故事几乎都与重庆高速人通过智慧和顽强毅力,将一座座钢铁壮臂凌空在青山之巅、秀水之上有关,多年后,当这些故事演化为雄浑传奇时,便有了感人肺腑的文化感染力。

三、创新融合

高速公路建设者的创新精神在有"西南第一路"之称的成渝高速公路上得到了淋漓尽致的展现。在"西南第一路"的鼓舞和影响下,这种创新精神一直在重庆高速人中传承,尤其是在桥梁建设中得到了体现。

1997年11月开工建设的大佛寺长江大桥,是渝黔高速公路上最重要的控制性工程,主跨450m,在同类桥型中居亚洲第二,施工规模、施工难度、技术要求等均居国内同类型桥梁前列。同时,该桥与马桑溪大桥同系重庆主城区的两大景观和标志性建筑,又和上海南浦、杨浦两座大桥造型一致,遥相呼应。重庆高速集团在该桥建设中实施了七大科技创新,2002年1月建成通车后,获得江泽民总书记亲自题写桥名,随后荣获"中国建筑工程鲁班奖",并一直享有"千里渝湛第一桥"的美誉。

全长1199m的江津观音岩长江大桥能抗8级地震,集五项科技试验于一身,创下了多个第一:它是全国最宽钢筋混凝土结合梁斜拉桥;大桥主跨436m,最大索力为800t,是我国索力最大的斜拉桥之一;桥面宽36.2m,双向八车道。

綦江新滩大桥从工程规模上看很普通,但它是交通部西部交通建设科技项目,承担了新老两种工艺对比试验任务,在业内具有较大影响力。

鱼嘴长江大桥主桥为单跨悬索桥,主跨616m,比鹅公岩大桥还长16m,是西南地区跨度最大的单跨双立铰简支悬索桥。重庆高速人在设计、建设中不断创新,实现了"一跨过长江"。

大宁河大桥是一座主跨为400m的上承式钢桁拱桥,跨径规模居建设时同类型拱桥世界第二、中国第一。这种结构在国内外都极为少见,在设计施工中所遇到的钢结构加工制作、缆绳吊装等一系列重大技术难题在国内都尚无先例。建设者们依靠科技创新,精心组织施工,不断运用新技术,突破了多项国内桥梁工程施工的技术难题,实现了精确合龙,创下了误差仅3mm的世界桥梁工程建设新纪录。

驸马长江大桥这座主跨长达1050m的钢箱梁悬索桥,是重庆地区也是我国长江上游跨度最大的桥梁。大桥技术团队以"科技创新"为制胜法宝,全力打造了一座体现当代桥梁顶尖技术的超级工程。大桥的"鲁班"们以精益求精的态度保证了隧道锚的"滴水不漏",以追求卓越品质的精神,真真切切做到主缆架设质量"一丝不苟"。经全体参建者努力,大桥一举斩获了40多项国家专利,20多项创新成果,10多项建筑工法,这在重庆桥梁史乃至我国桥梁发展史上,都是一个伟大奇迹。

茅以升桥梁大奖获得者、参与重庆多座桥梁设计建设的桥梁泰斗顾安邦教授称:

在重庆,衡量一座桥建得好不好,不能光看数字,其实文化内涵才是重要的参考依据。尊重并融合当地的历史文化背景,不盲目跟风,也不抄袭国外作品,注重创新和适合自己才是最好的!

第二节 景观文化

"不但要高速,还要赏心悦目。"重庆高速公路在建设过程中,不但注重它的使用功能,还非常注重它的审美功能,注意景观的打造。景观文化是重庆高速公路的一大特色。

在重庆高速公路景观的打造中,建设者善于根据工程特点、地域文化特点和历史文化特点,做到交通功能和审美功能的完美结合。

一、精心绿化

重庆高速人在高速公路建设中,注重高速公路绿化,力求做到"车移景异"。

1999年开始建设的渝合高速公路,是重庆第一条全断面景观绿化的高速公路。渝合高速公路途经北碚区,北碚区是重庆的后花园,文化氛围浓郁,同时有"花木之乡"之美誉。建设者为让该路段景观与区情相符,实施了"全断面景观绿化",引进植物种类上千种,公路中央分隔带是由毛叶丁香构筑的绿色长廊,两侧边坡是格室培土、挂网喷播的茵茵绿草;在混凝土覆盖的陡坡上,以垂吊的迎春和攀缘的藤蔓给它披上绿装;在两侧路缘,是四季常青的小叶榕树。所有的立交桥、中央分隔带、隧道口、边坡都做了精心绿化。

"三季有花,四季常绿",长万高速公路采用"地被"和"乔灌"相结合的绿化方法,将播撒草种和种植灌木、乔木相结合,当草类在经过两年的时间长势削弱后,种植的灌木、乔木到时将逐渐成片成林,与自然和谐融为一体。同时,根据当地的气候环境,结合沿途地质和线形特点,在绿化景观上栽植了紫薇、小叶榕、红叶李、毛叶丁香、高山榕等数十个种类的乔木、灌木品种,并栽植了月季花、美人蕉、杜鹃、春鹃、夏鹃等在四季不同时期开放的花草类,使长万高速公路成为一道靓丽的风景,让行驶在高速公路上的驾乘人员都能有一份好心情。

渝湘高速公路穿越著名的"乌江画廊",从尊重历史文化和自然环境出发,采用了模仿当地原生植物群落的方式绿化,以灌木为主,分层次做成分明的近景、远景和主景,在棚洞和前置洞门上,种植与山地相同的植被,保持了与周边自然景观的和谐。

二、人文情怀

渝合高速公路上的每一处人文景观,都有一段精彩的故事。

在渝合高速公路合阳立交桥,有座恐龙雕塑,以中国龙的精神和恐龙化石命脉为主线,运用象征和写实的表现技法,把中国龙的文化精神运用到景观之中,龙的鳞片用大型植被造就,再现重庆进化史中沧海桑田的变幻……

在白鹿山入口的绿化带,用鱼尾葵、蒲葵展现鸽子飞翔,用雪松象征坚忍不拔,用竹子表现高风亮节……树木花草在这里变得更有动感和生命力。

在北碚隧道洞口,用植物和浅浮雕表现出"巴山夜雨涨秋池"的意境。

西山坪路段画卷般浮雕,用古代交通工具表现"蜀道难,难于上青天"的主题。

在去往合川的隧道洞门,浮雕上的金戈铁马,气势恢宏,仿佛800年前钓鱼城抵抗蒙古大军的战争浮现眼前,历史的沉钩,使出行者浮想联翩。

渝黔高速公路同样将人文景观与工程施工结合得天衣无缝。

渝黔高速公路瓦窑沟大桥附近陡坡页岩外露,为防止岩石风化至滑坡发生,建设者采用混凝土,在陡坡上雕塑了一组恐龙化石,既起到防护、美化作用,又告诉过客重庆曾经是恐龙的家园。为防止冒水孔地段滑坡,施工时建起一段混凝土挡墙和12根粗壮的抗滑桩,建设者将抗滑桩加以修饰,就成了一排极具传统特色的须弥柱、寿字纹、十二生肖民族柱廊,巧妙地展示了重庆綦江的农民版画。

渝黔高速公路小龙河段,左右两幅路面高差近十米,建设者巧妙地利用高差形成的空间,塑造了长卷画一般的吊脚楼群浮雕,浮雕以重庆地域建筑特色极强的吊脚楼群为原型,选取最具特色的吊脚楼形态作展示。浮雕体量较大,形态各异,整体形象逼真。整个浮雕布置仿造重庆山地特色,使之呈现高低起伏、远近呼应的景观效果,使贵州到重庆的客人,一踏上重庆的土地,就能领略到山城的风貌。

渝邻高速公路通往邓小平的故乡,驱车行驶在渝邻高速公路上,你会时而见到道路两边"春天之歌"等雕刻艺术,时而见到"千帆竞发"等造型,时而见到"发展才是硬道理"等人文景观,一路走来,既能领略改革开放为重庆这座城市带来的变化,又能体会建设者们对这位改革开放总设计师的尊敬与缅怀之情。

重庆的各个区县,从来就不缺乏美景和美丽传说,高速公路建设者也将这些美丽传说作了展示。

忠石高速公路上的冷水服务区,坐落着一组《太阳出来喜洋洋》的雕塑小品:一家男女老少提着各自的农具前行,他们的背后正是冉冉升起的太阳,而长辈的锄头后面挂了一个水壶。这种日出而作、日落而息的农耕生活,可谓其乐融融。原来,曾经小学音乐课本上的歌曲《太阳出来喜洋洋》正出自于石柱县的土家族——他们把这种调称为"啰儿调"。

在渝宜高速公路万云段的庙梁隧道出口,伫立着唐代大诗人李白的雕像。传说当年李白入蜀后多次来三峡探访,有一次在一个叫流杯池的地方喝醉了,连连赞叹"好酒,好酒"。流杯池就在隧道附近不远处,此雕像正是据此传说而来。雕像李白手举酒杯,气宇轩昂地仰望天空,大有飘飘欲仙的气派,想必这"斗酒诗百篇"的诗仙正诗兴大发,让人不由想起那些传诵千年吟咏三峡的众多诗篇。

把历史文化的烙印留在重庆高速公路,把绿色与芬芳留在重庆高速公路,把赏心悦目、旅途舒畅留给旅客,重庆高速人已把这当成了自己的一种使命。

第三节 生态文化

"把高速公路轻轻放进大自然",多么富有诗意的语言!

诗意只是表象,实质是对生态文明的坚守。重庆高速人在建设中提出了这样的理念,也提交了完美的答卷。

一、科学规划

半桥半路、桥隧相连是重庆高速公路的建设特色,稍有不慎,就会对高速公路沿线原始的地质地貌、生态平衡造成极大的破坏。为此,高速公路建设者在设计阶段就把环境保护作为一项重要内容考虑进去。

渝长高速公路华山隧道出口段地处华山南麓的御临河峡谷,按原设计,公路穿出隧道跨过御临河后,将在对岸开挖半座山头,其开挖边坡高度达90m,不仅会破坏大量植被,产生的弃土还会造成山下御临河阻流。工程技术人员反复研究论证,提出了半路半桥优化设计方案,将挖方边坡降至30m,减少弃方近90万 m^2 ,确保大量植被免遭破坏,避免了因大开挖造成的水土流失。

在对西南出海大通道——渝黔高速公路设计审查中,发现原设计真武山隧道要从一条阴河下通过,该阴河与南温泉相通,如果施工中破坏阴河水系,将会严重影响南山风景区森林植被,还可能造成南温泉水源枯竭。为避免这种现象,建设者最终改变设计方案,将公路隧道线路提高到阴河上面10m多,使隧道从阴河上方通过,避免了真武山附近几十公里范围内人畜和农业用水及山体植被生态环境的破坏。

渝合高速公路在设计阶段就严把设计关,优选路线,切实保护环境敏感点。为了保护北温泉、缙云山国家级风景名胜区，同时减少对现有地下温泉、耕地、植被的破坏，在设计中，通过5种方案比选，坚持修路不能以牺牲风景区为代价的原则，修改了原设计方案，即采用过江架桥穿山打隧道方式，改变路线，三跨嘉陵江，新建跨江特大桥两座，绕过缙云山风景区。这个改动，再加上对西南师范大学稀有树种保护区的绕道，渝合高速公路新设计方案比总里程最短方案增加了7km，资金增加了上亿元，但保护了生态环境。

张自忠将军是抗战期间中国同盟军方面牺牲在前线军衔最高、职务最高的指挥官。渝合高速公路从梅花山张自忠将军墓侧经过，北碚段中心的大型立交桥就建在陵园对面的山堡后坡下。为保护张自忠将军陵园的完整，指挥部六改设计方案，用六跨高架桥提高路面高度，取代深挖山坡借土填方的设计方案，使桥墩边线距陵园扩宽到30多米，并设计隔音墙，仅此增加投资200多万元，延长工期半年。

行驶在渝湘高速公路，眼前不断闪过桥梁、隧道。数据显示，从白云隧道到武隆共23km有长达22km的桥梁和隧道，不仅是渝湘高速公路武水项目之最，也是全国之最。有人问当年的设计者、重庆市交通规划勘察设计院总工钟明全："如此多的桥梁和隧道，是出于什么样的考虑？"钟明全回答："生态环保！"

当时有两种设计方案。一是低线位架桥，两跨乌江，绕羊角镇后沿江岸而行。此方案造价较低，但势必破坏喀斯特国家地质公园、乌江画廊等自然景观，损失无法估量，同时，羊角江岸属严重滑坡地带，施工有可能诱发险情。二是高线位打隧道，从羊角镇背后的山体中穿过。此方案造价高，技术难度大。要在不同路段、不同地质条件下施工，光是隧道就要建6座，而且多数是3～6km的特长隧道。在喀斯特岩溶地区修建这样高密度的隧道群，在高速公路建设史上极为罕见。

实地考察中，望着乌江两岸雄奇险峻的千峰万壑，美如仙境的青山绿水，钟明全想起在欧洲考察时，从法国南部沿地中海岸到意大利的一条高速公路，设计师在沿途用桥隧相连法，成功避免了对自然美景的破坏。

"此路建设绝不能给乌江画廊带来累累伤痕！"钟明全用发达国家保护环境的设计理念力排众议，启用了第二方案。

后来，就陡峭岩壁上桥隧相接如何施工、隧道群大量弃渣如何处置等难题，钟明全团队再度大胆创新，提出"旁引导洞、主线扩展"的隧道施工方法，解决了桥梁与隧道并行施工、相互干扰的难题；利用水工技术，采用筑坝造弃渣场来消化隧道弃渣，解决了在乌江峡谷深沟里处置弃渣难的环保问题，节约了近亿元工程投资。

2016年6月19日，中国公路建设行业协会在京召开"弘扬工匠精神，打造品质工程"公路交通优质工程高峰论坛暨首届李春奖（原公路交通优质工程奖）颁奖典礼，渝湘高速公路武水段获得殊荣，这与当时的规划设计、建设施工都密切相关，是建设者科学规划的经典案例。

二、打造经典

好规划还需有好实施,否则就是一纸空文。好在重庆从来不缺这样一批痴情于梦想的高速人。

"文人追求自己的代表作,建筑大师同样如此。"在重庆高速公路建设中,一大批高速人痴情筑路事业,将自己负责的每个项目作为超越自我的经典之作来打造,倾注了全部心血。为让施工单位理解规划,配合自己的建设理念,营造一条具有独特文化气质的公路,高速人煞费苦心。

"三峡是重庆的三峡,也是世界的三峡。"渝宜高速公路沿长江布线,途经三峡时,为保护沿线生态,不破坏三峡景观,该路以"打造精品工程,构筑百里绿色长廊"为目标,整条路在建设中将生态与文化相结合,打造出了一条可寻"三千年巴渝遗风",可观"四百里三峡胜景"的库区高速公路。

在渝湘高速公路建设之初,众多施工单位对"把高速公路轻轻放进大自然"的理念尚不理解,认为只是在玩概念。

如何让项目经理们真正理解这一理念并自觉主动去践行?负责此项目的公司可谓用心良苦。除制度保证外,开工前,公司专门租了一条船,载着各项目经理,一头扎进武陵山,让大家用心去感受这片土地。

一船人从酉阳后溪出发,沿酉水河慢慢漂流,从秀山石堤上岸。船行幽谷,鱼儿在清澈见底的溪水中嬉戏,猴群在两岸峭壁丛林中摇吼,纯朴的土家山民唱着山歌,或耕作在田间地头,或摇船撒捕在酉水河上……

"这是大自然赐予人类的一块净土!""是不忍惊扰的人间仙境!"一船人在惊叹景色太美的同时,深深理解了业主单位的用心,誓言建好高速公路,决不去破坏祖先留下的美景。

在"把高速公路轻轻放进大自然"的理念引导下,建设"秀山酉水新高速"的渝湘高速生态文化主题应运而生。

三、兑现承诺

对自然的敬畏,对绿色的向往,是人类共同的天性。"不破坏就是最大的保护。"重庆高速公路的建设者一直用行动践行着这一生态文化理念,兑现着自己的承诺。

长涪高速公路沿长江迤逦而下,沿线公路建设的弃土废渣处理稍有不慎,便会成为长江上游的污染源,高速公路建设者竭尽全力,保护了长江沿线的生态环境。

长涪高速公路张家沟段是黄草山隧道重庆端出口段,原设计是填方路段,待工程开挖时,施工人员发现可能引发山体滑坡,损毁山体植被和山下农田庄稼,破坏区域内的地表及地下排水。在施工单位已进场的情况下,建设业主请设计单位合理修改设计方案,修建桥梁跨越过去,尽可能使不稳定的山体保持其天然状态。此举使资金投入大幅增加,但最大限度保持了原始地质地貌的完整性,保证了原来的生态环境。

高高耸立在渝黔高速公路真武山隧道出口不远处山头上的老鹰石,是一块神奇的大石头,高速公路正好从这只"老鹰"的足下穿过。这里属不稳定地质岩层区,垮塌事件经常发生。当地群众无不担忧:可别让"老鹰"掉下来哟!

为了保护老鹰石,建设者不仅对施工线路做了调整,还采取打抗滑桩的方式加固了山体,使其更加坚固。

在真武山1号和2号隧道相接的"天窗"处,公路的两面边坡均为坚硬的岩石,生命力再顽强的野草也无法"插足"。可建设者硬是在岩石上抠出一片片深20cm的鱼鳞形坑,坑中填土,再种花养草,硬是使坚硬的岩石上长出了美丽的花草。

渝湘高速公路建设时,为坚持"把高速公路轻轻放进大自然",各工段在建设中不断创新,甚至不惜增大成本。

地处秀山的老虎山属沙地地质,V形地形,虽表面植被茂密,但一旦按普通工法开挖路基和隧道,对自然环境的破坏就非常大,半边山坡都可能滑落,即使建成,边坡生态也极难恢复,营运安全难有保证。建设者大胆创新,采用了假拟洞口开挖工法和棚洞工艺,把对环境的破坏降到最低,也保证了日后的营运安全。如今,该路段已成为别具一格的"天窗"风景。

酉阳县板溪乡葡萄山下有条杉木沟,沟两旁山崖陡峭,植被繁茂,沟内山泉飞泻,景色秀丽。据探测,沟两旁山体内喀斯特地貌发育完好,藏有珍奇溶洞、石笋、石花。如何保护好弥足珍贵的生态资源,建设者没有削山填沟,拉直公路,而是在沟内历尽艰辛,架起了一座长约1500m的大桥。大桥左右两幅分离,高低错落,沿沟蜿蜒,晨雾升起,如两条游龙出洞,嬉戏山间,神秘壮美。

秀山300年的古枫树,彭水400岁的黄桷树,两株植物太岁,一起见证了重庆高速人对绿色的深情。

在渝湘高速公路秀山大董岭隧道口,一棵有300多年树龄的古老枫树长在路中间绿化带内,这是当地村民敬奉的"吉祥树"。按规划,该树影响施工必须移走,但公路建设者犹豫了,此树根系发达,一旦移植,断难成活。负责建设的公司项目负责人决定为大树让路,调整设计,拉开大董岭隧道左右洞间距,增加了几十万元投资,把古树安置于加宽的中央分隔离带内,实现成功保护。

在彭水县高谷镇共和村,也有一棵巨大的黄桷树亭亭如盖,400多年来庇护着村民,被当地人视为"镇山之宝"。2006年年初,渝湘高速公路划定的红线恰恰要从此树位置经过,大树必须移栽。但建设者出于对道路景观和保护珍稀古树的考虑,微调了规划方案,将古树用桩基稳定在边坡上。

"高速公路为大树让路",传为佳话。

而最能体现重庆高速人绿色理念的,莫过于2016年获得全国公路建设质量大奖——"李春奖"的渝湘高速公路武水项目。该项目不仅设计理念超前,建设中也非常注重保护原始生态。通车6年多,武水段依然如新,与周围环境自然融合。

第四节 地域文化

贯穿三峡库区的渝宜高速公路、沿江高速公路和武陵山区的渝湘高速公路,沿途蕴含着丰富多彩的地域文化和民族文化。2007年,高发司汇集了文学、美术、书法、音乐、摄影、古建筑、雕塑等方面的专家,成立了重庆公路建设地域文化专家咨询委员会,为地域文化建设提供咨询。工程师和文化人共同策划,拟定了"观路桥雄姿、品青山绿水、思历史兴衰、悉地方特色、赏民族风情"的思路,旨在将高速公路打造成为巴渝文化的"宣传带"和"传输带"。

一、楹联之美

三峡,是中国文化艺术的长廊,是中华文明一部灿烂的编年史。在这里,有204万年前的巫山猿人遗址,有5000年前的大溪文化遗址,有3000年前的巴文化遗址,有当今世上最大的百万大移民文化,还有令世界震撼的自然风光。

渝东南的秀山、酉阳、黔江、彭水,渝东北的石柱,自然植被良好,风光旖旎,是我国土家族的发源地和聚居区,有浓郁的土家族、苗族人文风情。

如何浓缩精华,让这些文化和地域特色在高速公路上得到展现?收费站楹联成为很好的载体,请楹联作家构思,书法家挥毫泼墨,展现楹联之美——"夕照数峰峰成佛,君观此景景生禅。"南川收费站的楹联,让人对金佛山顿生善感。"芙蓉江天芙蓉景,仙女山水仙女姿。"武隆收费站的楹联,使人对仙山流云心生向往。"江州江阳江津江城是斯地,名师名将名相名师居一乡。"江津收费站的楹联,道出这里是开国元帅聂荣臻、宋代名将彭大雅、明代辅相江渊的故里,也是近代名人陈独秀客死他乡之地。"扁担挑出啰儿调,长缨漫卷巾帼风。"石柱收费站的楹联,使人自然想到石柱是国家级非物质文化遗产啰儿调的发源地,想起石柱历史上保家卫国的女英雄秦良玉。

除楹联外,重庆高速集团还邀请文化顾问去"巡回挑刺",请文学家、书画家、摄影家去沿线采风,进行主题创作,深度展示重庆高速文化的力量。

二、人文三峡

以三峡文化为主题的渝宜高速公路,设计者通过寻找散落的三峡历史遗存和文化精神,力图通过高速公路的人文景观营造,让过往的人们感受千年巴渝文化的脉络;同时利用绿化和装饰的手法,模拟沿途特有的自然景观,体现公路与自然的共存、和谐发展的对话关系,让驾乘人员以公路为纽带亲近自然,感受三峡库区带给人们的自然之美。

渝宜高速公路的结构物因加入了三峡文化元素而更加生动:高高的护坡挡墙浮雕,是巫山神女的朝云暮雨;隧道口洞门镶嵌着灿若云霞的三峡石;服务区不仅提供热忱服务,同时也是具有文化内涵的景点。比如奉节服务区,外墙及建筑物采用仿古形式,与奉节县白帝城历史底蕴对照呼应,游客进入服务区就能感受"三国"场景,遥想"白帝托孤"之意境;在奉节服务区小憩,还可以寻访李白、杜甫、王维、白居易、李商隐的足迹,与诗人搭肩把酒,吟诵服务区广场上由十余块巨石组成的"夔州诗石刻群"里的诗句。"夔州诗石刻群"的内容是古代文人墨客游历长江三峡途经奉节县城时留下的诗篇。2010年7月,重庆高速集团邀请中国书法名家挥毫泼墨,将这些流传千年的不朽诗篇题写下来,并篆刻于文化石之上,从而形成了奉节服务区独一无二的"夔州诗石刻群"。无论是李白的"朝辞白帝彩云间,千里江陵一日还。"还是杜甫的"无边落木萧萧下,不尽长江滚滚来。"读来都别有一番情趣。

沿江高速公路是主城通向库区的又一条高速公路。建设者提炼道路沿线地区自然、历史和文化特色,为该路合理融入特色文化因子。

在沿江高速公路涪丰石路段,建设者对沿线涪陵榨菜文化、白鹤梁古遗址文化、丰都神鬼文化、石柱奇石和少数民族文化等能代表当地文化积淀的文化因子进行提炼,并最终按"一个主线、三个主题、四个亮点"这一总体思路进行了系统设计和分段展示:一个主线指以"巴文化"为主线;三个主题指"巴文化主题、鬼文化主题、水文化主题";四个亮点指因地制宜在全线合理设置四个观景休闲平台。分段展示,主要通过四个服务区、停车点予以划分,并赋予不同的特色。涪丰石高速公路上的四个服务区和停车区分别以"巴风神韵""榨味十足""鬼魅之都""天石地柱"命名,既表明了该服务区所处的地理位置,也表达了该服务区的品牌概念和文化内涵,为驾乘者留下深刻的记忆点。

三、民族风情

渝湘高速公路之于重庆,既是一条出海大通道,也是一条重要的民族文化旅游线路,沿线分布着重庆人口最多的少数民族——土家族。上千年来,中国土家族一直在这片土地上繁衍生息,其中仅冉土司就统治酉阳州府600年。

如此厚重的民族文化在高速公路上如何体现?

首先,高速人将土家族地域文化作为渝湘高速公路的文化基调,收费站、服务区建筑仿土家民居风格,服务区地域雕塑以身着民族服装的土家儿女为样本,公路沿线浮雕展现土家人生活场景。公路外,统一风貌改造的"土家新民居"接连成片。强烈的视觉冲击告诉你,已进入土家人的热土。

服务区播放着《木叶情歌》《六碗茶》;墙头电视里,土家儿女欢快地跳着《毕兹卡》,身着民族服饰的土家族人或站在超市收银台,或站在美食摊边,或站在坝子边,向你微笑着介绍土家族特色,推荐着西南卡普、米豆腐和油粑粑,让你如返秦晋,如置身桃花源。

重庆高速公路以地域文化为载体打造的文化长廊,大大提升了高速公路的文化品位,它给人们带来愉悦的精神文化享受。

这就是重庆高速公路的文化再现。恰如著名诗人傅天琳所说:一条路有了文化,就有了历史一样悠长的目光。

第五节 文艺作品

重庆高速公路建设30年来,引起社会各界的关注。许多专业和业余作者,用文学、诗歌、美术、书法、摄影、歌舞等多种文艺形式反映重庆高速公路波澜壮阔的历史成就和优秀人物及模范事迹。

一、《重庆高速》

《重庆高速》是重庆高速集团的内部刊物(图6-2-1)。《重庆高速》于2000年12月推出试刊号后,于2001年3月正式创刊。"繁荣企业文化、弘扬企业精神、树立企业形象、凝聚企业人心"是它的办刊宗旨。《重庆高速》创刊以来,从季刊到双月刊、月刊,截至2016年年底,已经出版了105期。刊物每期发行上千册,受到公司员工、业内同行、关心高速公路的百姓,以至于专业作家诗人的关注和喜爱。

《重庆高速》是一扇窗口,它把最新的世界各地高速公路资讯传达给读者,把重庆高速公路建设管理的信息传递给社会各界读者;《重庆高速》是一部史册,忠实记录了重庆高速公路从无到有,从"一环五射"到"二环八射",到现在"三环十射"的建设成就;《重庆高速》是一张文化名片,是企业文化的一个载体,是公司文化的一部分,带给广大读者的精神食粮,是企业发展的动力。总而言之,日新月异的高速公路建设信息,工地上建设者的人物素描,收费站站里站外的凡人故事,高速人镜头下的高桥深隧,文学爱好者在文苑发表的新蕾奇葩,尽在《重庆高速》。

2011年《重庆高速》创刊10周年之际,出版的《〈重庆高速〉十周年优秀作品集》,汇集了这本刊物10年来的优秀作品105篇;2016年8月,《重庆高速》创刊100期之际出版的《〈重庆高速〉作品选集》,汇集了2011年至2015年的作品101篇。作品的作者有知名作家,有单位领导,有一线职工。重庆著名作家莫怀戚就曾经以重庆高速为题材,写下"在渝长路的初始阶段""国道供销店""渝合路上月下独酌"等脍炙人口的散文;重庆著名诗人傅天琳在渝宜高速公路上留下过"渝东北(三首)"诗篇。

图6-2-1 《重庆高速》杂志

二、文学作品

1992年5月,重庆出版社出版了《雄风》(重庆改革纪实)。书中记录了重庆各行各业的改革故事36篇。其中"西南第一路"报道了重庆高速人在成渝高速公路重庆段建设中,克服重重困难,锐意改革,把成渝公路从二级公路提升为高速公路的故事。这是关于重庆高速公路最早的文学作品。

2003年12月出版的《梦圆长万》,集报告文学、人物特写于一体,全面反映了建设者在建设长寿至万州高速公路会战中的生动场景,展示了公路建设者无私奉献、勇于拼搏的精神风貌。

2008年12月出版的《库区深处的记忆》,以"千年圆梦""路桥群英""三峡足迹""筑路情怀"四个章节,记录了重庆高速公路的建设者在库区战天斗地4年的回忆,在百年不遇的旱灾、洪灾、雪灾中修建高速公路的艰苦历程。

2009年9月出版的《激情穿越大三峡》,是当年渝宜高速公路建设者献给中国共产党建党88周年的纪实文学。作品真实记录了来自祖国四面八方的上百家党组织群体带领10万筑路大军,在三峡库区的高速公路建设工地上谱写的壮丽诗篇,反映了共产党人在高速公路建设中发挥的先锋作用。

2009年12月出版的《穿越武陵山》,以纪实文学形式全方位展现了渝湘高速公路的建设者,在穿越武隆隧道群的建设中,征服突泥、涌水、瓦斯、溶洞断层和高地压力,攻坚克难的全过程。

2010年9月出版的《秀山酉水新高速》，是对渝湘高速公路上酉阳至边城洪安路段科学建设的纪实。作品诠释了重庆高速公路建设"秀山酉水新高速"的新理念，就是"把高速公路轻轻放进大自然"的科学建设理念：为了保护秀山酉水的生态环境，隧道设置前置式洞口；削山筑路后，在公路上方搭建拱棚，拱棚上方依山填土，恢复自然坡度和植被，还原山体本色。作者通过对"秀山酉水新高速"的诠释，把这段高速公路赞誉为"敬重大自然的经典"。

2010年，重庆出版社出版了《"二环八射"高速公路全面通车纪念系列丛书》。丛书共有8本，包括书画、摄影、征文、征歌、论文集、研究性读本、纪实文学、报告文学。在这些作品中，既有全景式的筑路描写，又有观感式的心花采集；既有思辨式的研究成果，又有建设者的心得体会；还有全国书画及摄影名家实地采风创作的艺术精品。所有作品都在用心灵感受重庆高速公路，表达高速公路理念，讴歌时代新人，讴歌重庆高速公路给人们生活带来的美好变化和非凡意义。

2011年出版的研究性读本《担当》，以个案抉微的方式，真实记录、思考和探究重庆高速公路文化，诠释了重庆高速公路以"担当"文化为核心内涵的传奇。图6-2-2所示为呈现重庆高速公路建设历程的文学作品。

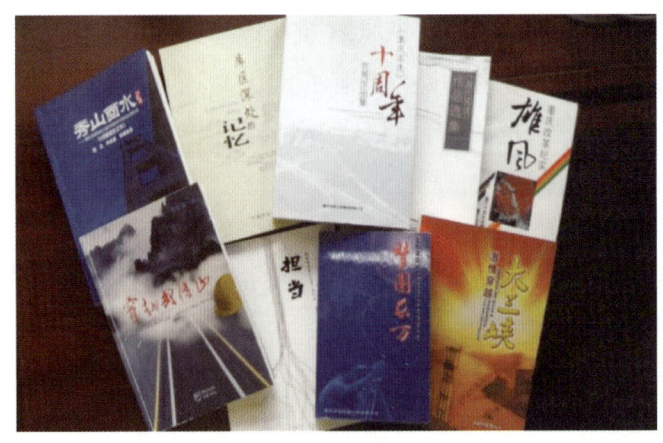

图6-2-2　文学作品集

三、文化生活

重庆高速人不仅是高速公路的建设者，也是高速公路文化的创造者。他们用诗歌赞美重庆高速公路。渝湘高速公路枫香垭隧道的一位施工人员写道：

天下最容易接近的是泥土/以及和泥土相依为命的人/我们以劳动的方式/同这个世界真情对话/我们正在开凿的隧道/我们正在修建的桥梁/不仅仅联通江河的两岸/更重要的是延伸我们脚下的理想……

他们用镜头记录了重庆高速公路和高速人的美。"筑路九霄云"记录了峡谷桥上的架桥人;"风雪保畅人"记录了风雪之夜的护路人;"金光大道""舞动的火龙",一帧帧五光十色的图片,记录了重庆高速公路高桥长隧雄浑与壮美。

他们挥毫泼墨,用书画再现重庆高速公路劈山开路、遇水架桥的壮观景象和恢宏气势,抒写"蜀道从今不再难"的高速情怀。他们以"美丽高速,美好人生"为题,演讲"梦想的颜色""美,就在路上""信念是一颗美好的种子"……

他们的"高速春韵文艺演出",大都以高速公路为背景或主题,由高速人自编自演。他们把"民国场抢险"以"音诗画"的形式搬上舞台,再现2004年发生在万州铁峰乡的特大山体滑坡中,高速人与武警官兵一道,冒着生命危险帮助群众撤离受灾地点的情景,演绎了一场史诗般的军民团结抗灾的壮歌。

2010年10月,重庆高速公路建设取得阶段性胜利。"二环八射"高速公路通车的庆祝晚会在重庆电视台演播厅隆重举行。晚会在音诗画《蜀道难》的川江号子中拉开帷幕,《时间的年轮》《艰难地前行》等系列短片穿插其中,讲述了苍茫巍峨的巴渝大地交通发展的历史,即重庆高速公路从成渝公路开始,到"二环八射"2000km的建成通车历程。晚会上,重庆高速人与艺术家同台演出,重庆高速集团合唱的《与我同行》获得观众阵阵喝彩,歌唱家杨洪基演唱的《我们走在大路上》将晚会推向高潮,高速人与歌唱家一起引吭高歌……

四、企业文化建设年

2015—2016年,重庆高速集团全面启动了为期两年的"企业文化建设年"活动。这是重庆高速集团继"建设管理年""路网管理年"之后,第三次在系统内提出的以"年"命名的专项活动。以"企业文化建设年"为契机,重庆高速集团从企业文化体系完善、机制建设、平台搭建、活动落地、考核评价等方面积极探索,深入推进,确立了以"担当"为核心的高速文化,弘扬和激发着重庆高速人勇担重任、一往无前、继续争做改革先锋的壮志豪情。重庆高速集团通过开展以"美丽高速、美好人生"为主题的演讲、书画、摄影、征文、微视频和卡通形象设计系列大赛,以及"高速之星""最美高速人、最美高速路"评选等活动,宣扬重庆高速公路之美,树重庆高速人榜样,将"勇于担当、甘于奉献、快乐工作、健康生活"的企业核心价值观融入每一个高速人的血液,让"担当文化"成为重庆高速人代代相传的精神瑰宝。图6-2-3所示为获奖摄影作品(筑路九霄云、风雪保畅人)。

五、重庆高速公路馆

2016年,为铭记重庆高速公路建设战天斗地的激情岁月,为重庆高速公路事业未来发展凝聚更大的力量,重庆高速集团践行"文化强企"战略,以物质文化建设承载精神文

图 6-2-3　摄影作品（筑路九霄云、风雪保畅人）

化传承，开始建设重庆高速公路馆。该馆共分为印象篇、历史篇、成就篇、文化篇、展望篇5个篇章，以重庆高速公路建设发展历程为展示脉络，以厚重的历史感、强烈的使命感、高速人的自豪感为情绪引导，还原了一段与时代呼唤、民众期盼、城市发展紧密相关的远大征程，讲述了重庆交通人如何由一条路起步，历经数十年攻坚战斗，使山城重庆突破"行路难"的交通困境，创造了令人瞩目的发展成绩，实现了"天堑变通途"的梦想蓝图。2017年，重庆高速公路馆即将正式落成。届时，它不仅将成为展示重庆高速公路建设历史的纪念馆，也将成为了解重庆高速人精神文化源流和实现文化传承的教育基地。

以文化人，方能致远。正是在精神文化的激励下，重庆高速人迈步高歌，砥砺前行。

Record of Expressway Construction in
Chongqing
重庆高速公路建设实录

第七篇
效 益

篇 首 语

　　高速公路作为连接区域、服务城乡的重要交通方式,不断地产生着巨大的经济效益以及社会效益。高速公路网络的形成对于国家和地方经济社会发展具有重要而深远的意义。高速公路带来的显著效益,首先缩短了时空距离,提高了运输效率,降低了物流成本;其次扩大了城市辐射腹地,提升了城市交通枢纽地位;再者拓展了城市发展空间,优化了城市产业布局,催生了新型工业,增强了城市和区域、城市与乡村的经济联系;然后依托高速公路通道,带动沿线经济大发展,促进地方旅游、矿产、农产品等特色资源的开发利用。高速公路还在改善地方就业就医就学条件,促进信息和文化观念交流等方面发挥着重要的社会效益。

第一章
枢纽功能

重庆作为长江上游地区唯一汇集铁路、公路、水运、航空立体交通资源于一体的特大型城市,是"西部大开发"的重要战略支点、"一带一路"和"长江经济带"的联结点,在国家区域经济版图上具有独特而重要的地位。随着城镇化、机动化水平的不断提高,高速公路通道在增强对外辐射,扩大对外开放过程中作用日益突出。

重庆的"环射+射线"高速公路,内通三十八区县,外接川黔陕鄂湘等周边省市,四通八达的高速公路网络,使重庆的经济版图发生了巨大变化,增强了重庆作为国家中心城市的辐射带动作用。到2016年年底,重庆高速公路出省通道已达16个,扩大了重庆对外开放的深度和广度。

第一节 省际通道

在最新的"重庆高速公路交通图"上可以清晰地看到,以重庆主城为中心的"三环十射多联线"高速公路网络已基本形成,16条出省通道通往毗邻的湖北、湖南、贵州、四川,形成重庆向外辐射的主要交通走廊。

(1)东接荆襄。2016年年底,重庆向东辐射与湖北连接的高速公路通道有4条:渝宜高速公路从巫山东去,直至湖北宜昌;沪渝高速公路经石柱连接湖北利川;黔恩高速公路从渝湘高速公路上的黔江通达湖北恩施;在建的万利高速公路从万州向东南方向直通湖北利川。筹建中的奉节至湖北建始高速公路,往南直连湖北建始。

(2)南达湘黔。2016年年底,重庆向东南辐射与湖南连接的高速公路通道有1条,即渝湘高速公路,从重庆主城向东南方向连接湖南怀化,然后往东连接湖南长沙,是重庆连接长株潭、珠三角、海西经济区的一条重要出省通道。重庆向南辐射,连接贵州的高速公路通道有5条。2004年通车的渝黔高速公路,从重庆主城一路南下,经遵义、贵阳,可以通达广东湛江;从重庆秀山至贵州松桃的秀松高速公路和从重庆酉阳至贵州沿河的酉沿高速公路,不仅是两条出省通道,也是串联渝湘黔旅游金三角的快速通道;正在建设中的重庆南川至贵州道真高速公路,使贵州道真县融入了重庆"一小时经济圈";正在建设的重庆江津至贵州习水高速公路,将重庆四面山风景名胜区与贵州习水森林公园、赤水风景名胜区等连接起来,与成渝高速公路环线共同形成区域旅游高速公路大环线,加速了川渝黔旅游资源协同联合开发。

(3)西连三蜀。2016年年底,重庆至四川高速公路通道有8条。在1995年建成第一条成渝高速公路之后,相继建成渝遂高速公路和渝蓉高速公路,重庆与成都之间实现三条高速公路直接连通;此外,重庆主城连接四川武胜的渝武高速公路、连接四川泸州的渝泸高速公路、连接四川邻水的渝邻高速公路、重庆开州连接四川开江的开开高速公路,以及即将建成通车的重庆主城经四川至陕西的渝广高速公路,把巴蜀大地连成一体,有力地支撑中国经济第四极——成渝城市群建设。

(4)北通汉沔。2016年年底,重庆东北部与陕西毗邻,莽莽大巴山将重庆与陕西阻隔,至今没有直通高速公路。重庆与陕西的高速公路连接,目前主要依靠渝邻、达陕高速公路(即G65包茂高速公路)。重庆规划新增的高速公路中,开州经城口至陕西岚皋的高速公路是实现渝东北和陕南直连的高速公路通道。开城岚高速公路重庆段长132.8km,2016年开工,总工期6年。此外,重庆巫山连接陕西安康的另一条联线是G6911国家高速公路,即从重庆奉节至巫溪的高速公路向北延伸至陕西镇坪,这一条出省通道也正在筹建之中。

第二节 出海通道

(1)渝黔高速通湛江。渝黔高速公路全长135km,起于重庆主城,止于贵州桐梓崇溪河,2004年12月建成通车,是重庆第一条高速公路出海通道,是全长2570km G75兰海高速公路的组成部分。重庆是长江上游的经济中心和我国重要的工业城市,但由于地处四川盆地东南,不靠边,不靠海,先天的地缘差异,限制了重庆经济的发展。渝黔高速公路的建成是打通西南出海通道的第一步,为经济发展奠定了交通先行基础,充分发挥了重庆作为区域中心城市和西南地区综合交通枢纽的辐射功能,对加强渝黔桂粤等各省市的优势互补、改善重庆市和西南地区的交通闭塞状况,促进西南地区经济发展和社会进步具有深远意义。

(2)渝宜高速达上海。渝宜高速公路全长456km,起于重庆主城,止于湖北省宜昌市,2014年12月建成通车,是全长1768km G42沪蓉高速公路的组成部分。沪蓉高速公路途经上海、江苏、浙江、安徽、湖北和重庆,贯穿我国东、中、西部三大经济板块,连接长三角、中原城市群和成渝城市群,是重庆的第二条出海大通道。2014年年底,沪蓉高速公路全线贯通后,重庆经上海连接太平洋,除了长江黄金水道、铁路外,还增加了便捷的高速公路通道,缩短了重庆从陆路经上海抵达太平洋的距离。

(3)渝湘高速抵珠江。渝湘高速公路全长414km,起于重庆主城,止于湖南怀化,2010年9月建成通车,是全长3130km G65包茂高速公路的组成部分。渝湘高速在重庆起于巴南界石,经南川、武隆、彭水、黔江、酉阳、秀山等区县;2012年3月,渝湘高速公路最后一段"断头路"湖南吉首至茶洞段建成通车,标志着全长800多公里的渝湘高速公路全线贯通,重庆主城到湖南长沙的时空距离,缩短为8个小时车程。渝湘高速公路在长沙和京珠高速公路会合,使重庆经渝湘高速公路和京珠高速公路到广州只有1460km,使之成为重庆的又一条"出海大通道",促进了东、中、西部的人流、物流、资金流的相互交融,强化了重庆对鄂西、湘西、黔北的辐射作用,增强了沿海发达地区对重庆经济社会发展的带动作用。

(4)渝泸高速连东盟。渝泸高速公路是重庆主城连接四川泸州的高速公路。2013年4月,重庆江津至四川合江高速公路通车后,重庆可经四川泸州到云南,直达东盟地区,即通过中缅国际大通道,经瑞丽到达缅甸境内及印度洋沿岸东南亚各国,是到东南亚的出海通道之一。这条线路将通过马六甲海峡,比走传统的东部沿海出发然后经太平洋到达欧洲和非洲节省约5000km。这条通道建成后,长三角、珠三角的货物也可以倒流通过重庆中转,重庆将真正成为通往印度洋的桥头堡。

第三节 枢纽格局

(1)绕城高速公路以内区域是重庆交通枢纽的核心。重庆绕城高速公路全长187km,环绕重庆主城区,面积约2253km^2。绕城高速公路以内区域是全市综合交通资源最为密集的区域,是重庆交通枢纽的功能核心区,也是重庆依托交通枢纽构建的"三个三合一平台"(三个交通枢纽,即团结村铁路枢纽、寸滩水运枢纽、江北国际机场航空枢纽,三个一类外贸口岸即铁路口岸、港口口岸、空港口岸,三个保税区即西永综合保税区、寸滩保税港区、两路空港保税区)的所在地。高速公路呈现"两环十二射"的密集布局,其中有6条射线高速公路直通内环,6条射线从绕城高速公路引出(重庆至广安、重庆至习水的高速公路射线今明两年建成通车),成渝、渝长高速公路扩能工程已经开工建设。高速公路不仅成为重庆主城区畅通内外的门户,而且实现了对机场、港口、火车站的快速连接,使重庆独特的立体综合交通枢纽得以高效运转,发挥辐射作用。

(2)"一小时经济圈"是重庆交通枢纽的重要功能载体。重庆"一小时经济圈"包括重庆主城9区以及主城近郊涪陵、长寿、江津、合川、永川、南川、綦江、大足、璧山、铜梁、潼南、荣昌12个区及双桥、万盛2个经济技术开发区,面积约2.87万km^2。区域内综合交通条件优越,目前已基本形成"三环十二射"高速公路网,其中重庆至广安、两江新区至南川至道真高速公路预计2017年年底通车,江津至习水、潼南至荣昌高速公路正在实施,成渝、渝长高速公路等射线陆续启动扩能改造,目前该区域高速公路密度达到每百平方公里5.33km,是两翼地区平均水平的2.2倍,未来规划密度将达到每百平方公里9.01km,省际出口通道将达到17个。随着交通体系的不断完善,作为国家中心城市和综合交通枢纽的重要功能载体,重庆将在参与国际竞争、带动区域经济发展中发挥更加重要的作用。

(3)两翼地区是重庆交通枢纽的主要经济腹地。渝东北地区包括万州、梁平等11区县,区域面积约3.39万km^2,处于渝宜高速公路、涪丰石高速公路等通道的四周;渝东南地区包括黔江、石柱等6区县,区域面积约1.98万km^2,均在渝湘高速公路的串联之中。在渝东北地区和渝东南地区内部通过射线高速公路联通的同时,渝东北地区和渝东南地区之间可通过梁忠黔和垫丰武等高速公路实现区域联通,往"一小时经济圈"也可通过渝宜高速公路、渝湘高速公路等射线实现联系。"一小时经济圈"作为重庆综合交通枢纽的重要功能载体,两翼地区作为重庆综合交通枢纽支撑服务的主要经济腹地,共同提升重庆的枢纽地位。

第二章
城市空间

高速公路与城市发展紧密相关,重庆城市空间每次拓展都是依托高速公路引导,以内环、绕城高速公路为依托串起重庆主城,通过三环高速公路串联重庆"一小时经济圈"地区。

第一节 内环外移

重庆内环高速公路全长75km,起于成渝高速公路上桥立交,经沙坪坝杨公桥,跨嘉陵江至江北石马河,再经渝北人和、童家院子,跨长江至南岸弹子石,在四公里穿过真武山隧道后沿茶园至巴南界石,继续往西南方向穿小泉、吉庆隧道,经马桑溪大桥跨长江至大渡口,最后经九龙坡华岩回到上桥。

2001年,随着上界高速公路的建成,重庆有了第一条环城高速公路。建成初期,除上桥至杨公桥外,其余大多数还是农村,内环高速公路通过18座立交桥与主城区各组团中心及重要节点连接,便捷了过境车辆和出入主城区的车辆快速通过,极大地缓解了主城区交通的拥堵状况。

内环高速公路不仅缓解了交通拥堵,而且扩大了城市建设范围。内环高速公路穿山越岭、跨江涉水,包围的地区大部分是郊区农村。内环高速公路通过"大佛寺大桥"和"马桑溪大桥"两次跨越长江;通过南山真武山隧道和南泉吉庆隧道,两次穿越大山,显著缩短了城乡距离。主城区从$24km^2$的渝中半岛扩大到$295km^2$的内环区域,城市扩大12倍之多,实现了高速公路第一次意义上的引导城市扩张。

根据《重庆市城市总体规划(2005—2020年)》,城市规划发展还包括内环以内和内环附近约$315km^2$的区域内,除去内环高速公路所围成的约$295km^2$区域外,内环高速公路以外的发展却明显滞后。2007年,《重庆市城乡总体规划(2007—2020年)》明确规定"主城区为集中进行城市建设的区域,范围为$2737km^2$,其中,中心城区位于中梁山、铜锣山之间,范围为$1062km^2$。城市拓展的主要方向是向内环高速以北、中梁山以西以及铜锣山以东"。这些位于内环高速公路以外,绕城高速公路以内的区域,只有进一步拓展主城生存空间,才能真正适应重庆经济发展的速度,而主城的扩张首先就要向内环高速公路以外突围。《重庆市城乡总体规划(2007—2020年)》的出台为主城区发展突破内环"限制"提供了充分的政策依据,"内环外移"成为历史的必然。

重庆"二环八射"高速公路网的建设把都市空间范围划分为两个轮廓清晰的区域:一是75km内环高速公路以内的主城建成区;二是187km绕城高速公路以内的主城规划区。对比直辖前的重庆卫星航拍图片,很容易发现重庆都市化进程的步伐,内环高速公路以内地区基本成为城市建成区,北部地区的发展已经越过内环高速公路,开始向绕城高速公路方向延伸。如果说在重庆地图上看内环高速公路,像一颗跳动的心脏,绕城高速公路则像一颗更大的心脏。重庆的发展,从一个小不点变成了一个大个子,需要更多的养分来维持生理机能的正常和高效运转,一个更大的心脏则是输血供养的必要器官,通过内环高速公路收费站外移实现城市心脏的成长,从而为重庆整体经济水平的提升提供强劲引擎。

2009年,重庆交通一个重大举措付诸实施:撤销内环高速公路收费站,内环高速公路纳入市政公路管理,变身成为"城市快速干道"。内环高速公路从2001年建成引领城市拓展扩大,到2009年被城市包围,仅仅过了8年。

第二节 二环扩容

2009年12月31日,重庆绕城高速公路全线贯通,重庆阔步迈入"二环时代"。重庆绕城高速公路是国家"71118"高速公路网中的城市环线之一,也是西部开发省际公路通道在重庆的重要路段和重庆"二环八射"高速公路网的重要一环。重庆绕城高速公路与已建成的渝长、渝邻高速公路等多条射线相接。全长187km的绕城高速公路,两跨长江,一跨嘉陵江。它围合了巴南、南岸、渝北等9个区,将重庆城市扩大到了鱼嘴、两路、蔡家等11个经济组团,城市面积再一次扩大,约为内环时期的8倍,重庆真正成为大都市。

2001年,内环高速公路建成,所围成的一个"圈"成为重庆经济发展的动力系统,而内环高速公路则是这一系统的强劲引擎。随着重庆的飞速发展,内环高速公路承担过重的过境交通压力,拥堵日趋严重。随着绕城高速公路的通车,使得重庆"内环外移"项目顺利实施,为内环高速公路、绕城高速公路之间以及绕城高速公路之外的广大区域发展创造了更多可能。绕城高速公路不仅服务于过境交通,提高过境交通的运行速度,缓解重庆城区交通压力,减少过境交通对城区交通的干扰;更连接起主城外围各大经济组团,为各经济组团提供相互连接、快速通达的高速公路网络,促进主城周边重要经济走廊和城市新兴经济体的形成。随着绕城高速公路通车、内环收费站取消后,绕城高速公路上设置的互通,彻底打破限制主城"一环"与"二环"间区域发展的交通瓶颈。

绕城高速公路的通车,助推内环高速公路与绕城高速公路之间的组团发展。交通畅通了,各个组团顺势而上"齐头并进",步入大发展的时代。高科技产业园区、加工业基地、物流基地雨后春笋般发展起来。在内环与绕城高速公路之间,新增500多万人口,形成近30个20余万人口的聚集区,主城扩张呈几何效应放大。随着城市体量的迅猛扩张,重庆成为"千平方公里、千万人口"的特大城市。

绕城高速公路通车之后,两江新区随之诞生。这是我国内陆地区唯一的国家级开发开放新区,也是继上海浦东新区、天津滨海新区后,由国务院直接批复成立的第三个国家级开发开放新区。

第三节 三 环 时 代

三环高速公路全长427km。2016年年底,三环高速公路已建成长寿至涪陵、涪陵至南川等8个项目350km,合川至长寿段77km预计2019年通车。待三环高速公路全线建成通车,渝北、北碚、合川、铜梁、大足、永川、江津、綦江、南川、武隆、涪陵、长寿等12个区和渝东南地区的武隆区将紧密地联系起来。三环高速公路的建成,标志着重庆迈入"三环时代"。三环高速公路围合区域面积约1.5万km^2,城市空间发展范围的再次扩大,为重庆构建国家中心城市创造了条件。

高速公路对城市建设的超前引领和助推作用,不仅仅体现在畅通便捷的交通功能上,更能促进一个区域与另一区域的经济文化交流。内环高速公路使重庆城市扩大近12倍;绕城高速公路又使重庆城市再次扩大近8倍;而即将全线通车的三环高速公路又将重庆城市进一步扩大到"一小时经济圈"范围,重庆扩城进入快车道。

第三章
运输服务

高速公路的最大优越性体现在减少时间,缩短距离。时间不可逆转,位置不可挪移,唯有提高速度才能实现跨越时空位移。高速公路的设计正是以最短的运输路径,最快的行车速度,最安全的交通环境,实现节省时间、提高效率、降低成本的目标。高速公路的问世,改变了人们的时空观念,提高了公路运输能力,促进了交通运输乃至综合运输体系的大发展。

重庆是一个山峦纵横、江河密布的地区,受地理环境制约,公路运输历来比较落后,翻山越岭、沿河绕道的普通公路不仅运行速度低、燃油消耗大,而且安全事故多发,落后的交通条件制约了经济的快速发展。为了实现公路运输的高效运转,在重庆山区高速公路建设中,大量采用"截弯取直""架桥修隧"等技术,从路线、路面、交通设施诸方面均采用了较高指标,确保高速公路行车安全高效。

第一节 缩短时空距离

直辖后的重庆幅员8.24万km^2,辖40个区县。由于幅员广阔、区县分散,行政管理的构架呈点射状。多数区县离主城路程在100km以上,最远的城口、巫溪、巫山、秀山等区县离主城的公路里程在650km以上,由于公路等级低,路况较差,路途耗时需要14~18h。落后的交通,不仅导致时空距离远、运行成本高、管理效率低,而且制约了重庆边远地区脱贫致富、发展经济的步伐。

缩短主城与各区县的时空距离,缩小管理半径,推进库区建设与扶贫攻坚,建设高速公路是不二选择。

一、"一小时经济圈"

2006年,重庆提出了"一小时经济圈"概念。一小时经济圈,指重庆市以渝中、大渡口、江北、沙坪坝、九龙坡、南岸、北碚、渝北、巴南主城9个区为核心,一小时高速公路行驶时间覆盖的21个区县(潼南、合川、铜梁、大足、荣昌、永川、双桥、璧山、江津、綦江、万盛、南川、涪陵、长寿等)为支撑的区域范围。

重庆主城至长寿,老公路长达101km,经过铁山和张关山,需耗时近4h;渝长高速公路建成后,长寿至主城通车里程减少30.5km,缩短车行时间2h多,长寿随之进入重庆"一小时经济圈"。

重庆主城至綦江,老公路86km,耗时至少3h,2001年渝黔高速公路一期工程完工通车后,重庆主城到綦江只有60km,半小时车程,綦江随之进入重庆"一小时经济圈"。

重庆主城至合川,老公路122km,耗时至少4h,渝合高速公路通车后,59km的渝合高速公路,45min即可到达,合川随之进入重庆"一小时经济圈"。

二、4小时重庆、8小时周边

2000年,重庆提出"8小时重庆"的交通发展目标,"8小时重庆",即重庆主城区到各区县实现公路交通8小时内到达。

2003年,重庆在"三环十射三联线"高速公路规划编制之初,就提出了将原定"8小时重庆"缩短为"4小时重庆"的构想。2011年重庆市政府批复的《重庆市公路水路交通运输"十二五"发展规划》中,正式确定了"十二五"期间建成"4小时重庆"的发展目标。

2010年,渝湘高速公路和渝宜高速公路建成通车,重庆主城到秀山高速公路410km,到巫山高速公路430km,秀山、巫山实现4h抵达重庆主城。

2013年8月22日,城口到四川万源的城万快速通道正式通车。借道重庆至邻水至达州高速公路,重庆主城到城口的行程距离缩短到380km,城口实现4h抵达重庆主城。

2013年12月30日,奉节至巫溪高速公路顺利建成通车,标志着"4小时重庆"目标全面实现。该项目建成后,巫溪至主城缩短至400km,行车时间从原来的6h以上缩短为4h,至此重庆市所有区县实现了4h抵达主城的目标。同时实现了"8小时周边",即重庆主城区到成都、贵阳、昆明、西安、武汉、长沙6个周边省会城市实现高速公路交通8h到达。

借助高速公路,重庆实现"一小时经济圈""4小时重庆""8小时周边",时空距离的缩短,大大提高了经济社会往来和文化交流。

第二节 降低运输成本

一、物流成本降低

目前,公路运输占我国物流货运量的75%以上。根据国家发改委《2015年全国物流运行情况通报》,我国物流成本占GDP的比重达16%,占生产成本的比例高达30%~40%,而这个数据在西方发达国家的占比只有10%~15%,高速公路通车后,虽然比普通公路增加了过路费,但是运输能力、运输效率和运输安全得到较大提高,大大降低燃油消耗以及货损货差,物流成本明显下降。

以横贯渝东南五区县（武隆、彭水、黔江、酉阳、秀山）的渝湘高速公路为例，其建成通车给重庆最大的少数民族聚居区带来了福音。少数民族地区的大宗蔬菜、瓜果、家禽、腊肉等特色农产品直接运往主城或更远的地区销售，秀山土鸡借助渝湘高速公路远销浙江义乌、贵州铜仁、湖南吉首等地，秀山组织专业合作社2012年一年就售出土鸡达280万只，价格也从过去的每斤10多元卖到了35元，创造了良好的经济效益。

再比如，著名的奉节脐橙，过去由于转运时间长，物流成本高，加之路途颠簸，使产品损耗极大，一直制约奉节脐橙畅销。渝宜高速公路通车后，奉节脐橙搭上了高速公路。渝宜高速公路服务站设立了奉节脐橙专销市场，通过高速公路运往各地。物流成本的降低，帮助奉节果农借助高速公路走上了快速致富之路。

二、经济费用节约

一条高速公路的建成，在缩短时空距离的同时，既降低营运成本增加了经济效益，又节约旅客行程时间，同时交通事故率降低，社会效益明显增加。以重庆江津至贵州习水高速公路为例，根据《重庆江津至贵州习水工程可行性研究报告》分析，重庆江津往贵州习水方向，有G75渝黔高速公路、国道G210綦江至崇溪河绕行和省道S107江津至东胜去往习水方向三条路径。相比全长64km的江津至习水高速公路，两条道路运行距离分别增加了40km和20km。经测算，江习高速公路建成后，运营后期每年通过降低营运成本、节约旅客行程时间和减少交通事故三项，可增加超过8亿元的间接经济效益，相当于每年每公里产生经济效益0.14亿元。

第四章
经 济 社 会

  "要想富,先修路"这句话说明了公路对经济发展的重要性;"要快富,修高速"更直接说明了高速公路对富国强民的重大意义。经济学家测算,高速公路建设中每投入1元钱,就能为沿线地方带来0.67元的直接经济效益,能产生高达95.25元的放大效应,这进一步说明了高速公路具有特别重要的政治和经济意义。

  高速公路作为一种现代化的公路运输通道,在当今社会经济中正在发挥着越来越重要的作用,其建设对促进国民经济的发展、国土资源的开发、生产力的合理布局、区域间的合作、交通出行的便利和消费、生活水平的提高等方面都有巨大的影响。实践证明,高速公路作为基础设施对沿线的物流、资源开发、招商引资、产业结构的调整、横向经济联合也起到积极的促进作用。

  高速公路建设投资巨大,而且在初期还见不到收益,或收益甚微,但其产生的影响往往是长期的、潜在的,最直观的影响就是它对经济增长的拉动作用。重庆第一条高速公路——成渝高速重庆段于1994年10月建成通车后,经过6年的运营,2000年12月专家对成渝高速公路重庆段进行后评价,项目效益及其影响评价是:成渝高速公路沿线区县生产总值年均增长为12.6%,是通车前的2倍。2013年5月,专家对运营9年的渝黔高速公路进行后评价:渝黔高速公路通车,沿线生产总值年提高了3%~5%。

  2010年重庆"二环八射"高速公路网形成后,重庆市及各区县的地区生产总值逐年提升,足以显示每一条高速公路的产生,对带动沿线经济的发展,推动重庆经济增长具有重要作用。

第一节 助力经济增长

  高速公路的通车,沿线区县、沿线群众是最直接的受益者。成渝高速公路,催生了渝西经济走廊,带动沿线6个区县经济发展。《成渝高速公路后评价报告》对成渝沿线的荣昌、大足、永川、璧山、九龙坡和沙坪坝等区县与全市1990—1997年的经济发展指标对比表明:

  1990—1994年沿线生产总值年均增长6.67%,1995—1997年沿线生产总值年均增长上升为12.6%；沿线6区县通车后三年生产总值增长速度超过全市平均水平0.96%，而通车前五年生产总值平均增长速度低于全市水平4.39%。

2004年通车的渝黔高速公路，推动了西南出海大通道的全线贯通，而且有力地配合了西部大开发战略的实施，促进了"泛珠三角"区域经济合作和中国—东盟自由贸易区合作。《渝黔高速公路后评价报告》对渝黔沿线的渝北、江北、南岸、巴南、綦江等区县经济发展指标对比表明：

渝黔高速公路通车以来全市国民经济保持稳步增长态势。2005年地区生产总值达到3467.72亿元，是2000年的1.69倍（按可比价计算），2010年地区生产总值达到7925.58亿元，是2005年的2.28倍（按可比价计算）。其中，自渝黔高速公路童雷段运营通车以来，地区生产总值年均增长达到13.1%。

从渝黔高速公路沿线直接影响区域（渝北、江北、南岸、巴南、綦江）来看，渝黔高速公路通车以来，直接影响区域经济增长速度明显加快，在全市经济总量中所占的比重不断提高。2005年、2010年直接影响区域地区生产总值分别达到576.3亿元和1792.3亿元（当年价）。如按可比价格计算，2005年与2000年相比，年均增长速度高达14.5%，相比高速公路通车之初提高4%~5%；2010年与2005年相比，年均增长速度高达16.1%，相比雷崇段通车前提高2%，经济增长速度明显加快。与此同时，直接影响区域地区生产总值占全市地区生产总值的比重也由2001年的16.2%上升到2005年的18.8%和2010年的22.6%，分别提高了2.6%和3.8%，这也正是高速公路建成后改善沿线地区的交通条件和投资环境、促进宏观经济快速增长的一种客观反映。

2010年"二环八射"通车后，重庆地区生产总值逐年提升。在三峡库区，2000年，巫山地区生产总值为12.21亿元，2012年高速公路通达巫山后，地区生产总值70.35亿元；与巫山毗邻的奉节，2000年地区生产总值为21.84亿元，2013年奉节地区生产总值160.11亿元。2000年云阳地区生产总值为22.61亿元，到2013年，云阳地区生产总值已达150亿元。

2010年，渝湘高速公路通达秀山后，对经济发展产生了很大的促进作用：通车2年后，彭水地区生产总值达到85.78亿元，增长47.54%；武隆地区生产总值达98.40亿元，增长66.22%。通车3年后，秀山地区生产总值达到114.62亿元，增长51%；黔江地区生产总值达到167.81亿元，增长67.59%；酉阳地区生产总值达到100.25亿元，增长72.37%。

尽管促进宏观经济增长的动力有多种原因，但是从上述数据的对比，不难看出，高速公路对宏观经济的影响至关重要。

第二节 优化产业布局

每一条高速公路的建设,都会极大促进沿线地区的产业结构优化。

成渝高速公路全线通车后,沿线地区传统经济格局被迅速打破。沿线区县根据自身发展特点,重新树立新的发展思路,努力调整和优化产业结构。最明显的变化是大力发展工业,稳步发展第三产业。以通车后两年,即1997年与1995年的统计数据对比为例,成渝高速公路沿线6个区县的第一产业下降1.29%,第二产业下降1.04%,而第三产业上升了2.32%。

重庆建成"一环五射"高速公路后,重庆各区县产业结构优化调整十分明显。"九五"以来,尤其是"十五"和"十一五"期间,重庆市坚持以经济结构调整为主线,产业结构不断优化。2010年,全市三次产业构成已经由2000年的15.9:42.4:35.4调整为8.6:55:46.7,第一、第二、第三产业对经济增长的贡献率分别为3.2%、68.6%和28.2%,二、三产业的优势地位得到了确立。以渝黔高速公路为例,渝黔高速公路建设对重庆市区位条件和投资环境的改善,对大力发展商贸流通业、旅游业以及带动沿线地区农产品加工业、餐饮业等行业的发展都起到了积极的促进作用。

重庆"二环八射"高速公路自规划开始,许多区县就开始考虑重新布局本地产业,重点围绕高速公路走廊优化产业结构。如绕城高速公路,围绕其周边,在北碚、渝北、江津等8区共计布局水土、空港、双福等10多个经济组团。2005年,在渝湘高速公路的建设时期,重庆将"三大经济发展区",微调为主城、渝西、三峡库区和渝东南"四大工作板块"。秀山成了川渝地区通往珠三角的门户,利用纵贯南北的渝怀铁路和横贯东西的渝湘高速公路谋划新的产业布局。酉阳启动新一轮扩城战略,在原来约7km² 城区的基础上,将城市向龙潭、麻旺扩张,老城成为休闲旅游城市,新城成为政治文化中心。

第三节 催生新型工业

随着一条条高速公路的建成通车,原有的工业格局不断被打破,工业重镇、工业强镇、新型工业如雨后春笋般不断涌现。重庆市除重庆高新技术产业开发区和重庆经济技术开发区2个国家级开发区外,新规划布局了43个市级特色工业园区。其中,主城及渝西地区26个,渝东北地区11个,渝东南地区6个。"三环十射多联线"高速公路把这些规划的工业园区串联起来,奠定了目前的重庆市新型工业基地格局。

从以下几个新型工业园区的建设发展过程,不难看出高速公路对于这些新型工业基地的诞生和成长,起着不可或缺的作用。

一、长寿经济技术开发区

长寿是一个历史悠久的以化工原料为主的生产重镇。但是多年来受交通制约,长寿的化工产业发展缓慢。2000年4月建成的渝长高速公路,很快将长寿助推成为以新型化工业为主的工业重镇。2001年12月,重庆市人民政府批准长寿化工园区成为国家级工业园区。是重庆市集天然气化工、石油化工、生物质化工、精细化工和新材料产业于一体的综合性化工园区,是重庆市资源加工业的重要平台。

经过十多年的开发建设,园区已基本形成了石油化工、天然气化工、氯碱化工、生物质化工、精细化工和新材料产业基础。成功引进英国BP公司、中国石化集团公司、中国石油天然气集团公司、德国巴斯夫、荷兰帝斯曼、德国林德气体公司、美国普莱克斯公司、中化国际、中远物流、韩国锦湖、德国德固赛、法国达尔凯、香港建滔化工集团、云天化股份有限公司等81家企业,其中有世界五百强12家,国内外上市公司19家。2010年11月19日,国务院批准长寿化工园区升级为国家级经济技术开发区,定名为长寿经济技术开发区。2011年4月11日,长寿经济技术开发区正式挂牌成立,时任重庆市市长黄奇帆为开发区揭牌。

长寿区高速公路四通八达:沿长江南北有渝长高速公路和沿江高速公路两条高速公路与主城连接;往东北方向连接渝宜高速公路,直通湖北、上海;已建成的长涪高速公路和即将建设的长合高速公路,连接重庆三环高速公路。可以说,没有高速公路,就没有长寿的工业园区,也就没有长寿今天如此迅猛的发展。

二、西永微电园

在渝遂高速公路规划阶段,市地产集团和沙坪坝区政府就不失时机地联合投资开发建设被誉为"西部硅谷"的西永微电子工业园区。2007年12月渝遂高速公路建成后,见证了这座工业园区日新月异的发展。

渝遂高速公路旁的西永微电园,自高速公路建成以来先后吸引了台湾茂德科技8英寸集成电路项目、中电科技集团重庆产业园项目、北大方正西部IT产业基地、台湾矽统科技公司等国内外IT重大项目落户,总投资规模达100亿元人民币,惠普全球软件服务中心(中国)已落户园区开展外包业务;IBM也已入驻园区软件园,与园区在信息服务业务、人力资源培养等方面开展广泛合作。

现在的西永微电园,不仅毗邻两条直通成都的渝遂高速公路、渝蓉高速公路,而且东邻内环高速公路,西有绕城高速公路,便利的对外高速公路通道吸引越来越多的产业"大亨"云集重庆"西部硅谷"园区。

三、永川工业园区

永川是重庆最早得益于高速公路的地区,成渝高速公路建成后,永川经济得到迅速发展,2002年,经重庆市政府批准设立的永川工业园区,规划建设面积20km²。园区现有理文造纸、紫光化工、隆标浙江工业园、九龙电力、新格再生铝、科克发动机、渝琥浮法玻璃、中重石油、白雪电器等86户企业入驻,投资规模超过300亿元。基本形成了机械制造、轻纺食品、能源化工、冶金建材等四大支柱产业。而今,永川又被三环高速公路、九永高速公路与成渝高速公路围合,便捷的高速公路再次为永川工业发展提供了助推器。

四、两江新区

两江新区以北部新区和两路寸滩保税港区为核心,包括江北、渝北、北碚三个区的部分区域,面积达1200km²。重庆两江新区工业园区位于两江新区东部,重点推动汽车产业、装备制造产业及物流产业的发展,积极开展军工产业及高新产业的招商引资。为了推进两江新区的发展,重庆市交委采用招商引资方式,南川至两江新区74km高速公路,2016年开工建设,其建成将为两江新区的发展打开更为广阔的发展空间。

第四节　促进农业生产

重庆是一个大城市与大农村的结合体,农村地域广阔、人口众多,农业和农村经济在国民经济中具有特殊的战略地位。重庆农村经济主要以传统农业为主,传统农业在很大程度上处于区域性的自给自足状态。重庆高速公路网络的形成,带动了农村公路的快速发展,发达的公路网使广大农村的自然经济迅速对接外部市场,推动了农产品的商品化和农业现代化,各区县相继建成一批颇具规模的商品粮和农副产品基地,农村经济的发展,保障了城市的有效供应。高速公路缩短了农产品的储运时间,保证了农运物资的调动,加速了农业信息的交流,大大促进了农业生产的发展。

《成渝高速公路后评价报告》显示:

沿线面对成渝高速公路征地,耕地面积减少的情况,加大了对农业的投入,加强农田水利等基本建设的投资。沿线六区县1997年的粮食达到192.73万吨,通车后的1995—1997年,年均增长速度为1.44%,高于通车前1992—1994年的年均增长水平。

《渝黔高速公路后评价报告》以巴南和綦江两个农业大区为例,评价高速公路对农业发展的影响:

渝黔高速公路为巴南的农业发展提供了交通上的便利和保障,直接推动了农业布局变化,彻底改变了过去以传统种植业为主的农业格局,农业产业化经营快速发展,以现代农业示范为主、以农业观光和旅游为辅的现代农业科技示范园初具规模,"百里生态观光农业经济长廊"建设步伐加快,基本形成了无公害蔬菜、畜禽、水产、优质水果、花卉苗木等为都市服务的农业体系,茶叶、花椒、花卉、桑蚕四大产业基地不断扩大,石龙技工、巴南银针茶、东灵花椒、樵坪贡米、正州猪肉等五大品牌的品质和知名度进一步提升。2010年,全区农林牧渔业总产值达到40.3亿元,比2004年的14.2亿元,提高了约3倍;完成农业增加值27.5亿元。

綦江系全国产粮大县、产肉大县和林业大县,也是渝黔高速公路的直接受益者,交通条件的改善,为其全面提高农业农村经济整体素质和效益奠定了良好的基础,促进了以粮猪型为主的单一结构向优质农产品为龙头、非农产业发达的多元结构转变。2010年,綦江农村经济总收入实现200.2亿元,粮食总产量为38.6万t。依托高速公路建设绿色通道,推动了三大农业特色产业发展,积极推进"二园三业一基地"建设,推进山地特色现代农业示范区的正式启动,食品工业园建设加速推进。基本上建立起了与城镇居民消费、农产品加工、旅游业发展紧密结合的农业产业结构体系。步入了以服务主城为方向,依托城市工商业体系,推进县域农业与重庆主城区经济的互补、互动、互惠,建立更加密切的农工、农商关系,走农业主体组织化、农业经营产业化、农业生产标准化、农业模式生态化、农业耕作机械化、农业产品优质化的现代农业发展道路。

渝湘高速公路串联了渝东南和湘西两大边远山区及少数民族地区。高速公路通达后,沿线农业有了快速发展。如秀山开展的效益农业,在高速公路助推下,大力发展以中药材、茶叶、油茶、果蔬、畜禽养殖为主的特色效益农业,积极发展休闲观光、体验、创意农业,大力培育农业龙头企业、专业合作社、家庭农场等新型农业经营主体。

第五节 带动旅游发展

2015年以来,重庆高速集团积极贯彻供给侧结构性改革决策部署,开拓创新,积极作为,在重庆市旅游局及相关景区景点大力指导和通力协作下,加大挖掘和整合高速公路沿线旅游资源力度,充分发挥出了高速公路作为旅游经济发展"快车道"和"生命线"的重要作用,进一步扩大了交通运输有效供给,优化了旅游业发展的基础条件,加快形成了交通运输与旅游融合发展的新格局。

(1)合作机制不断深化。2015年9月,重庆高速集团与市旅游局签订了战略合作协议;2016年3月,召开了全市高速公路旅游融合发展大会;全年又分别召开了渝东北、渝东南以及渝西等片区高速公路旅游融合发展座谈会;联合市旅游局在5月面向全市发布首批高速公路旅游优惠景区景点名单,涉及景区近20个。截至目前,重庆高速集团及下属单位已与全市金佛山、长寿湖等18个AAAA级以上旅游景区签订了旅游发展合作协议。先后参与或协办了"世界旅游城市联合会重庆香山旅游峰会""世界低空跳伞大赛"等国际会议或大型活动20余次。

（2）旅游推广不遗余力。重庆高速集团通过利用全路网400余块可变情报板、LED显示屏等资源，对高速公路沿线优质旅游景区景点进行上万次（条）的"滚动式"宣传，持续推广市旅游节庆活动或营销产品，如"重庆国际旅游狂欢节""渝东北片区首届旅游博览会"等，提升了旅游营销品牌的影响力和知名度。重庆高速集团还为渝东南、渝东北等11个景区景点免费提供了22个T形广告牌位，发布高速公路旅游融合发展公益广告；在全路网设立旅游景区导视牌300余块，在服务区等地设立志愿者服务咨询台，为市民免费提供路线及吃住行咨询等便民服务；印制并发放如赏花攻略等旅游宣传资料22万份；联合商报集团出版《高速带你去赏秋》（丛书）2万本。

（3）旅游活动高潮迭起。高速集团联合旅游部门和景区，结合市级及区县各类旅游节会的开展，以重庆高速公路ETC车友会等为平台，在2015年6月和2016年3月，联合市旅游局在渝湘高速公路大观服务区和巴南区二圣镇天坪山现场启动了"高速带你去旅游"第一、二季活动，并先后开展了"高速带你去赏花、摘果、避暑、赏叶、赏雪"等活动近50次（如高速带你去亲水、高速带你去赶集、高速带你游花谷、高速带你去露营等），涉及全市20余个景区景点，先后吸引2000人次热情参与，通过活动示范效应带动了上万人次周末和节假日出行，做到了"季季有活动，月月有看点"。

（4）线上推广创新手段。2016年8月，推出西部地区首个为自驾游爱好者提供服务的微信公众平台"高速带你去旅游"，推荐出行线路、介绍出行攻略、分享出行见闻，现已拥有核心粉丝近7万人。ETC"乐享高速"网上商城将路网周边特色农产品及旅游产品在网上进行销售，为区县旅游特色产品网上销售提供了平台。从2016年6月起，每天2次发布"高速旅游出行指数"，将全市45个AAAA级以上景区的天气情况以及高速公路畅通度等指标向公众推送，为市民出行提供选择。

（5）旅游目的地打造稳步实施。重庆高速集团加快冷水服务区生态旅游自驾营地的打造工作，建立起西部地区首个集房车营地、集装箱主题酒店、温泉休闲等功能为一体的五星级休闲露营地，已开园试运行。武隆、大路两个五星级服务区建成游客咨询服务中心，提升服务区对公众出行服务的精准度。与市商委签署服务区优化发展合作协议，共同打造商业示范服务区，丰富优化业态，促进休闲观光旅游发展。

——冷水服务区生态旅游自驾营地。冷水服务区生态旅游自驾营地是我国西部地区首个集自驾车、房车、帐篷营地以及运动休闲等功能于一体的五星级休闲露营地。该营地为冷水服务区的组成部分，地处渝鄂交界处石柱县冷水镇，距重庆主城267km。海拔约1443m，全年最高气温20℃，四季景观鲜明。作为西部地区高速公路首个五星级休闲露营地,集合了自驾车、房车、帐篷营地以及运动休闲等功能。该营地周边旅游资源丰富,交通便利,毗邻黄水大风堡、千野草场等景区。为方便驾乘人员前往,冷水服务区新增设了两处 ETC 车道上下道口,连接地方道路,车辆可直接在服务区上下道,前往周边景区。

——重庆高速公路服务区自驾游服务游客中心。该项目位于渝湘高速公路武隆服务区内,距离主城 246km,是重庆高速集团迎合"大众旅游"时代的到来,努力发挥高速公路服务区游客"集散地"和"聚集地"作用而打造的实体项目,是"高速公路+旅游"项目精准化推广宣传的重要载体。该自驾游客服务中心也是全国首个在高速公路服务区为自驾游出行的私家车主提供旅游服务的公益性服务平台,能为南来北往的自驾爱好者、游客、驾乘朋友们提供景区情况咨询、路况查询、酒店预订、景区门票销售、旅游相关保险购买等公益性服务,也为广大驾乘朋友们提供清凉饮料、避暑药品等便利性服务。该项目未来将覆盖高速路网"三环十二射"13 个服务区,成为星级服务区标准配置。

第六节　加快开发步伐

经济发展离不开商贸流通,招商引资、投资环境的好坏,已经成为决定地方经济发展的关键,是推动生产力发展,培育壮大产业和企业的"加速器"。高速公路极大地改善了沿线地区的交通条件,打通了重庆对外通道,缩短了腹地内部的时空距离,为调整产业布局、加强区域合作、优化投资环境创造了有利条件。

一、"一环五射"起步

1994 年通车的成渝高速公路,极大地带动了永川、荣昌等地的经济发展。2000 年,重庆形成"一环五射"公路,有力支撑了重庆对外通道沿线地区发展。2007 年通车的渝遂高速公路,在重庆版图上,向西北方向再增添一道射线,与成渝高速公路一起共同带动南北两个板块,形成"渝西经济走廊",使重庆西北部的璧山、铜梁、潼南十年之间发生巨大变化。

曾经被成渝高速公路"甩开"的璧山,借助渝遂高速公路,重新显现它的区位优势。在有力的交通条件下,璧山建设的 20km^2 生态工业园区,以及 6km^2 的西永微电园扩展区,使璧山成为重庆首个"千亿工业县"。

过去由于交通不便,铜梁曾一度陷入招商困难的境地。渝遂高速公路通车后,铜梁到主城的时间缩短为 45min,便捷的交通吸引了不少企业来铜梁考察投资。一个由浙商投资 10 亿元的集温泉、生态、龙文化于一体的休闲旅游基地落户铜梁。在渝遂高速公路铜梁出口,一个现代工业园区已见雏形,天厨味精、韩国电梯生产厂等多家企业已在此纷纷落户。

渝黔高速公路的建成通车,进一步增强了重庆的区位优势。重庆利用外资水平持续增长,2010年全年累计新签外商投资项目232项,同比增长44.1%;新签外商投资合同额62.59亿美元,同比增长68.5%;全年外商投资实际到位63.44亿美元,同比增长58.0%。与此同时,重庆积极加强同国内其他省市的协作与合作,全市利用内资保持快速增长,2010年全年实际利用内资2638.29亿元,增长79.7%,开创了吸引外来资金的新局面。

二、"二环八射"加速

2009年,绕城高速公路全线通车,重庆迈入"二环时代",形成"一小时主城经济圈"。绕城高速公路的通车,助推内环高速公路与绕城高速公路之间的16个组团"齐头并进",大步跨入快速发展的新时代。高科技产业园区、加工业基地、物流基地纷纷如雨后春笋发展起来。

在绕城高速公路通车后,美国惠普公司笔记本电脑基地落户重庆;继之,台湾的富士康、广达、英业达等笔记本代工厂也在重庆设立工厂。格力、惠普、富士康们看重的是重庆在中国内陆的地理位置和交通运输条件,以及重庆正全力打造的"大西南综合交通枢纽"。

同样,在三峡库区的云阳,过去外商来考察云阳的投资环境,到了重庆还有七八个小时车程,一路翻山越岭,弯多路陡,抵达云阳时心都凉了半截,招商引资步履维艰。而渝宜高速公路万州至云阳段一通,局面有了明显改观。通车当年,云阳接待客商数量就超过700位,投资亿元以上的超过4家,全年招商引资总额突破10亿元。第二年,云阳接待外来客商286批630余人次,新签约项目92个,其中亿元以上项目22个,协议引资102亿元,这一数字是高速公路贯通前的8.5倍。

第七节 增进民生福祉

建设高速公路是功在当代,利在千秋,为民造福的大好事。高速公路通达之处,城镇化进程随之加快,扶贫开发更加精准,老百姓的生活水平更好,民生福祉得到更大改善。

一、城镇化进程加快

运输线路的布局影响人口、企业和城市的空间分布,良好的公路交通条件会促使沿线地区的农村人口向公路两侧的附近区域聚集,导致沿线地区城镇规模扩大。高速公路的建设在改善交通条件的同时,大大促进沿线地区经济社会的繁荣,加速城镇化进程。

《渝黔高速公路后评价报告》这样评价渝黔沿线的城镇化进程:

渝黔高速公路建成通车以来，沿线地区的交通条件大为改善，促进了以南岸和巴南为代表的重庆都市发达经济圈外围都市圈和以綦江县城为代表的渝西经济走廊的中小城镇的开发建设，南岸、巴南、江北、渝北逐步形成了都市经济圈的商贸流通中心和以高新技术产业为基础的现代产业基地，綦江则依托其交通优势大力发展城郊产业，綦江县城已成为渝黔高速公路沿线一座新兴的中等城市，同时，沿线各镇纷纷实施小城镇开发建设规划，加快了沿线农村的城镇化建设，使得城乡差别逐步缩小，城镇规模逐步扩大，初步形成了沿高速公路分布的小城镇经济带。

"二环八射"高速公路建成后，重庆城镇化进程进一步加快。2015年城镇化率超过60%，市内人口净流出减少、市外人口净流入增加，使我国中心城市吸引力和集聚能力进一步增强。

二、增加就业

就业是民生之本，安国之策，也是统筹兼顾、以人为本、和谐社会的体现。高速公路建设的巨额资金投入，在拉动国民经济增长的同时，必然会创造大量的就业机会。高速公路建设投资对社会就业的贡献主要包括两个方面，一是公路建设本身直接创造的就业机会，二是公路建设带动相关产业发展间接创造的就业机会。有专家测算，公路建设每投资1亿元，可以最终创造大约3亿元的国内生产总值，直接创造的公路建筑业就业岗位可达2000个；而为公路建设直接和间接提供产品的各部门相应增加的就业机会更达到了公路建筑业的2.43倍。

《渝黔高速公路后评价报告》中测算：

渝黔高速公路建设期间累计完成投资631850万元，直接创造的就业机会约10.48万个，间接创造的就业机会约86.04万个，也就是说，渝黔高速公路的建设投资，使全社会90多万人在就业方面受益。如果考虑到公路建设投资的乘数效应，那么其对社会就业的影响会更大。

此外，渝黔高速公路通车运营以来，促进了沿线地区经济的快速发展，同时也提供了大量的就业机会。渝黔高速公路的交通管理、道路养护、车辆收费等部门职员，以及项目沿线地区的汽车修理、加油站、餐饮服务等配套设施的服务人员，加上沿线经济开发区、工业园区的企业职工，充分说明本项目的实施为渝黔高速公路沿线地区增加了大量的就业机会，随着沿线产业带的不断壮大，还将产生更多的就业机会。

如果按照《渝黔高速公路后评价报告》的测算方法，"二环八射"高速公路总投资约1200亿元，直接创造的就业岗位可达240万，间接创造就业的受益人数将超过千万。

三、扶贫攻坚

按照1995年国家确定的"八七"扶贫标准，农民人均纯收入低于500元，人均粮食低

第七篇
效 益

于400公斤为贫困户,重庆直辖后贫困人口约360万人。重庆21个贫困县,其中酉阳、秀山、城口、巫溪等12个区县为国定贫困县;巫山、奉节、南川、潼南等9个区县为市定贫困县。

上述贫困区县都在当时规划的"二环八射"高速公路覆盖范围内,特别是三峡库区和渝东南少数民族地区,高速公路对这些贫困地区的脱贫致富意义十分重大。

无论是通往三峡库区的渝宜高速公路,或是通往渝东南少数民族聚集的渝湘高速公路,在建设中都以带动扶贫为宗旨,吸纳当地劳务,通过培训,参加高速公路建设;在征地补偿安置中,采取惠民政策;在修筑施工便道中,尽量采取永临结合的方式,将高速公路与乡村公路连接起来,达到长久利民。

如果说高速公路是大动脉,乡村公路就是"毛细血管"。大动脉与毛细血管的畅通,给农村脱贫致富发展经济带来了活力。2013年11月12日,重庆日报以"重庆酉阳:交通拓展铺就致富路"为题报道:

2011年,渝湘高速公路全线通车。这条高速公路穿越武陵山区重庆秀山、酉阳、黔江、彭水地区,被重庆酉阳当地人称为"扶贫路",使得重庆酉阳从此纳入全国高速公路网络体系,对渝东南和湘西人民脱贫致富产生巨大带动作用。

乡村公路建设是疏导内通的"毛细血管",驱车漫步在重庆酉阳乡野,一条条硬化的村道公路将一座座村落连接起来,同时又与城市交通大动脉相连,犹如毛细血管一般,遍布在武陵群山之中。

酉阳还将通村公路建设与国家武陵山交通扶贫规划有机结合,带动公路沿线扶贫开发、资源开采和旅游开发,为酉阳广大农村发展送去新鲜血液,为农民脱贫致富创造条件。

中国高速公路网以"重庆打通最后一公里"为题,报道了重庆乡村公路建设与扶贫攻坚:

一条条沥青路和水泥路蜿蜒盘旋在各个村落间,农民们将收获的脐橙、莼菜、黄连以及牛羊等农畜产品运出大山销售,增加收入。路通了,有客商直接进村入户收购农产品;也有大户在当地农村或办养殖场,或直接投资设厂,加工当地特色农产品……如今,在山城重庆,广大农村因道路通畅而生机勃勃,农民们正信心十足地奔走在脱贫致富的道路上。

"修一段公路,就能给群众打开一扇脱贫致富的大门。"重庆市交委主任乔墩解释,交通扶贫是重庆扶贫攻坚工作的基础和先导,行政村通畅工程建设,则是交通扶贫的重要抓手。目前,重庆已实现行政村公路通达率100%、通畅率84%,方便了市民出行,带动了农民致富。

2015年,重庆实现了涪陵、潼南2个区"脱贫摘帽",808个贫困村"整村脱贫",95.3万人脱贫。在"扶贫攻坚"取得的成绩中,重庆高速公路建设功不可没。

Record of Expressway Construction in
Chongqing
重庆高速公路建设实录

第八篇
国家高速公路

篇 首 语

本书按国家高速公路和地方高速公路分篇论述,本篇为国家高速公路篇。

根据《国家公路网规划(2013 年—2030 年)》,重庆市境内国家高速公路 14 条,规划总里程约 3100km,截至 2016 年年底,全市 2818km 已通车高速公路中,国家高速公路占 2510km(图 8-0-1 红色实线路段)。

因国家高速公路网规划历经多次调整,重庆早期立项建设的项目中(表 8-0-1),部分项目存在被分段编号情况(或同为两条国家高速公路,或一段为国家高速公路一段为地方高速公路),本书原则上按优先列入国家高速公路篇进行整体论述,不做拆分。

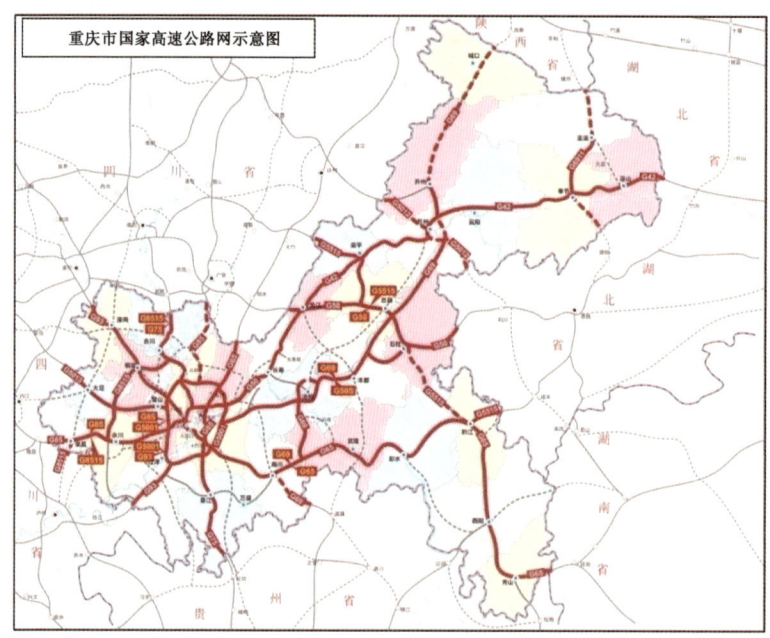

图 8-0-1 重庆市国家高速公路网建设规划示意图(实线为已建成)

重庆市国家高速公路建设项目表 表 8-0-1

序号	编号名称	境 内 路 段	分段里程(km)	论述项目	章节索引	备注
1	G85 银昆高速公路	九龙坡走马(绕城高速公路走马立交)—渝川界(荣昌桑家坡)	93.0	成渝高速公路	第一章第一节	
		北碚复兴(绕城高速公路渝广立交)—九龙坡走马(绕城高速公路走马立交)	(56)	绕城高速公路	第八章	
		川渝界(合川香龙)—北碚复兴(绕城高速公路渝广立交)	70.0	渝广高速公路	第一章第二节	

第八篇 国家高速公路

续上表

序号	编号名称	境内路段	分段里程（km）	论述项目	章节索引	备注
2	G50 沪渝高速公路	渝鄂界（石柱冷水）—忠县（冉家坝）	80.0	石忠高速公路	第二章第四节	
		忠县（冉家坝）—垫江（太平立交）	69.2	垫忠高速公路	第二章第三节	
		垫江（太平立交）—长寿（桃花街）	52.0	长万高速公路（垫江至长寿段）	第四章第一节	
		长寿（桃花街）—渝北余家湾（内环高速公路北环立交）	73.6	渝长高速公路	第二章第一节	
3	G75 兰海高速公路	川渝界（合川兴山）—合川（上什字）	34.0	渝武高速公路	第三章第三节	
		合川（上什字）—渝北余家湾（内环高速公路北环立交）	56.0			
		渝北余家湾（内环高速公路北环立交）—沙坪坝上桥（内环高速公路西环立交）	12.5	渝长高速公路	第二章第一节	
		沙坪坝上桥（内环高速公路西环立交）—巴南界石（内环高速公路南环立交）	22.7	上界高速公路	第三章第二节	
		巴南界石（内环高速公路南环立交）—綦江（雷神店）	55.0	渝黔高速公路	第三章第一节	
		綦江（雷神店）—渝黔界（綦江崇溪河）	46.6			
4	G42 沪蓉高速公路	鄂渝界（巫山小三峡）—奉节（青莲铺）	57.8	万巫高速公路	第四章第二节	
		奉节（青莲铺）—云阳（老县城）	70.0			
		云阳（老县城）—万州（青杠磅）	76.6			
		万州（青杠磅）—梁平（白衣寺）	67.0	长万高速公路（万州至垫江段）	第四章第一节	
		梁平（白衣寺）—垫江（太平立交）	62.0			
		垫江（太平立交）—渝川界（垫江牡丹源）	6.9	垫忠高速公路（垫江至川渝界）	第二章第三节	

续上表

序号	编号名称	境内路段	分段里程（km）	论述项目	章节索引	备注
5	G65 包茂高速公路	川渝界（渝北邱家河）—江北（黑石子）	53.1	渝邻高速公路	第五章第一节	
		江北（黑石子）—渝北童家院子（内环高速公路东环立交）	(7.4)	渝长高速公路	第二章第一节	
		渝北童家院子（内环高速公路东环立交）—巴南界石（内环高速公路南环立交）	30.0	渝黔高速公路	第三章第一节	
		巴南界石（内环高速公路南环立交）—南川（水江）	85.0	渝湘高速公路	第五章第二节	
		南川（水江）—武隆（中咀）	55.0			
		武隆（中咀）—彭水（保家）	65.0			
		彭水（保家）—黔江（濯水）	71.0			
		黔江（濯水）—酉阳（钟南）	61.4			
		酉阳（钟南）—渝湘界（秀山洪安）	77.4			
6	G69 银百高速公路	陕渝界（城口北屏）—开州（赵家）	135.0	城开高速公路	第六章第一节	建设中
		开州（赵家）—万州（古家坝）	21.0	万开高速公路	第六章第二节	
		万州（古家坝）—万州（马鞍石）	(5.0)	万巫高速公路	第四章第二节	
		万州（马鞍石）—万州（长岭）	18.0	万利高速公路	第十四章第一节	
		万州（长岭）—忠县（磨子）	80.0	忠万高速公路	第六章第三节	
		忠县（磨子）—丰都（高家）	33.0	丰忠高速公路	第六章第四节	
		丰都（高家）—涪陵（蒿枝坝）	(79.0)	涪丰石高速公路	第十章第二节	
		涪陵（蒿枝坝）—南川（双河口）	44.0	南涪高速公路	第六章第五节	
		南川（双河口）—南川（东胜）	(27.0)	渝湘高速公路	第五章第二节	
		南川（东胜）—渝黔界（南川大有）	33.0	南道高速公路	第六章第六节	建设中
7	G93 成渝环线高速公路	川渝界（潼南书房坝）—沙坪坝高滩岩（内环高速公路高滩岩立交）	111.7	渝遂高速公路	第七章第一节	
		沙坪坝高滩岩（内环高速高滩岩立交）—沙坪坝上桥（内环高速公路西环立交）	(3.0)	渝长高速公路	第二章第一节	

第八篇　国家高速公路

续上表

序号	编号名称	境内路段	分段里程（km）	论述项目	章节索引	备注
7	G93 成渝环线高速公路	沙坪坝上桥（内环高速公路西环立交）—九龙坡走马（绕城高速公路走马立交）	(16.3)	成渝高速公路	第一章第一节	
		九龙坡走马（绕城高速公路走马立交）—江津先锋（绕城高速公路渝泸立交）	(26.9)	绕城高速公路	第八章	
		江津先锋（绕城高速公路渝泸立交）—渝川界（江津塘河）	48.5	江合高速公路	第七章第二节	
8	G5001 绕城高速公路	东段（巴南花溪—江北新龙湾）	36.8	绕城高速公路	第八章	
		北段（江北新龙湾—北碚朱家坪）	49.3			
		西段（北碚朱家坪—九龙坡滴水岩）	51.1			
		南段（九龙坡滴水岩—巴南花溪）	50.2			
9	G6911 安来高速公路	陕渝界（巫溪鸡心岭）—巫溪（县城）	59.0	巫镇高速公路	（规划项目）	
		巫溪（县城）—奉节（夔门）	46.0	奉溪高速公路	第九章第一节	
		奉节（夔门）—渝鄂界（巫山庙宇）	50.0	奉建高速公路	（规划项目）	
10	G50S 石渝高速公路	石柱三店—丰都双路	54.0	涪丰石高速公路	第十章第二节	
		丰都双路—涪陵清溪	56.0			
		涪陵清溪—涪陵李渡	27.0	涪陵北环	（规划项目）	
		涪陵李渡—涪陵蒿枝坝	(17.0)	南涪高速公路	第六章第四节	
		涪陵蒿枝坝—南岸迎龙（绕城高速公路迎龙立交）	66.0	沿江高速公路	第十章第一节	
11	G5013 渝蓉高速公路	沙坪坝陈家桥（绕城高速公路渝蓉立交）—渝川界（大足高升）	78.6	渝蓉高速公路	第十一章	
12	G5515 张南高速公路	鄂渝界（黔江）—黔江（册山）	20.0	黔恩高速公路	第十二章第一节	
		黔江（册山）—石柱（三店）	84.0	石黔高速公路	第十二章第二节	建设中
		石柱（三店）—忠县（拔山）	(62.0)	石忠高速公路	第二章第四节	
				垫忠高速公路	第二章第三节	

273

续上表

序号	编号名称	境内路段	分段里程（km）	论述项目	章节索引	备注
12	G5515 张南高速公路	忠县（拔山）—渝川界（梁平碧山）	72.0	梁忠高速公路	第十二章第三节	
13	G8515 广泸高速公路	川渝界（兴山）—合川沙溪	(34.0)	渝武高速公路	第三章第三节	
		合川沙溪—铜梁城北	30.2	铜合高速公路	第十三章第一节	
		铜梁城北—永川双石	66.0	铜永高速公路	第十三章第二节	
		永川双石—荣昌广顺	30.0	成渝高速公路	第一章第一节	
		荣昌广顺—渝川界（荣昌清升）	20.0	潼荣高速公路	第九篇地方高速公路	建设中
14	G5012 恩广高速公路	鄂渝界（万州龙驹）—万州（长岭）	35.0	万利高速公路	第十四章第一节	
		万州（长岭）—万州（新田）	(9.0)	忠万高速公路	第六章第二节	
		万州（新田）—万州（高峰）	12.0	万州南环	（规划项目）	
		万州（高峰）—开州（南雅）	40.0	万达支线	（规划项目）	
		开州（南雅）—渝川界（开州宝石）	(9.0)	开开高速公路	第九篇地方高速公路	
	合计	3059.4km（2016年年底通车2510km，另外2017年年底渝广、南道高速公路将通车一部分）				

注：表中项目分段如属于共线路段，则其里程加括号。

第一章
G85 银昆高速公路

G85银昆高速公路是《国家公路网规划(2013年—2030年)》"71118网"中的南北纵线之一,起于宁夏银川市,途经甘肃平凉,陕西宝鸡、汉中,四川巴中、广安,重庆渝北、永川,四川内江、宜宾,云南昭通等地,止于云南昆明市,全长约2064km。

G85银昆高速公路重庆段自合川香龙(川渝界)入境,经合川、北碚、沙坪坝、九龙坡、璧山、永川、荣昌等区县,自荣昌桑家坡(渝川界)出境,境内全长约219km。

G85银昆高速公路重庆段(图8-1-1)在重庆境内分三段:一是合川香龙(川渝界)至渝北悦来段,即渝广高速公路;二是渝北悦来(渝广立交)至九龙坡走马(走马立交)段,与G5001重庆绕城高速公路西南段共线;三是九龙坡走马(走马立交)至荣昌桑家坡(渝川界)段,即成渝高速公路。截至2016年年底,除渝广高速公路正在建设外其余均已建成通车。

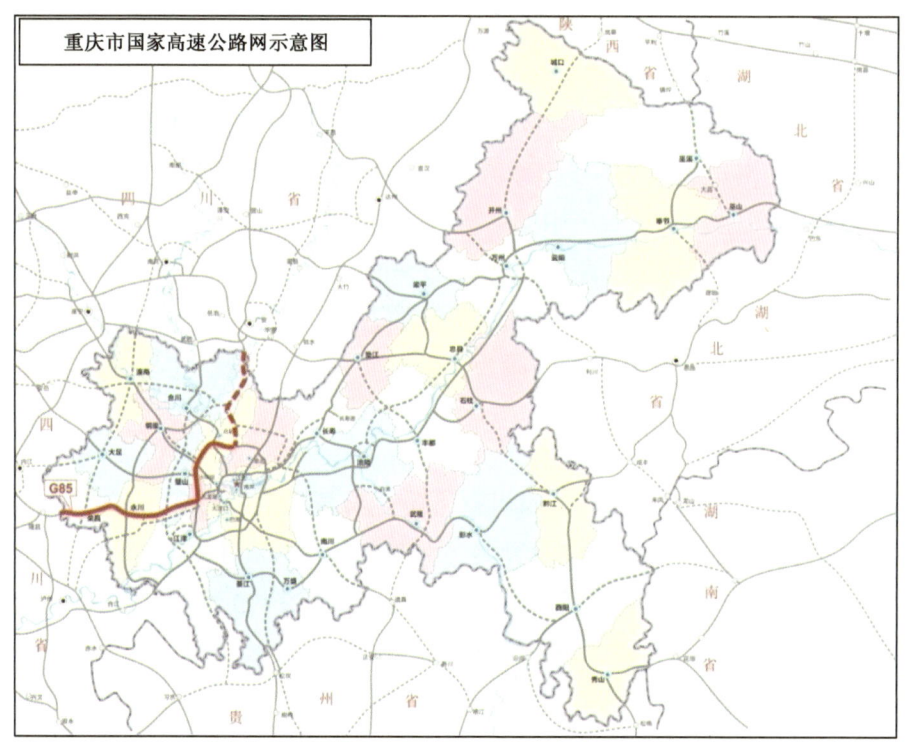

图8-1-1 重庆市境内G85银昆高速公路走向示意图

第一节　成渝高速公路

一、项目概况

成渝高速公路,即四川成都至重庆高速公路,为重庆"三环十二射七联线"规划中的一条射线。项目起于成都市五桂桥,途径简阳、资阳、资中、内江、隆昌、荣昌、大足、永川、璧山、九龙坡、沙坪坝,止于重庆陈家坪,全长340.2km。是国家"八五"期间的重点公路建设项目,是当时交通部规划的"两纵两横"国道主干线上海至成都的组成部分。成渝高速公路是1983年重庆市列为计划单列城市之后,在四川省政府领导下,两地共同筹备和建设的西南地区第一条高速公路。成渝高速公路以重庆荣昌的桑家坡为界,分为"东段"和"西段",西段的设计单位为四川省交通厅公路勘察设计院,东段的设计单位为铁道部第二勘测设计院。

成渝高速公路重庆段,从重庆陈家坪起,至荣昌桑家坡(渝川界),线路全长约114.2km。主要技术标准:设计行车速度80km/h(隧道为60km/h),路基宽度24.12m(分离式路基宽12.00m),极限最小平曲线半径400m,最大纵坡5%。

成渝高速公路重庆段最终调整后的概算为18.46亿元,决算为18.36亿元,平均每公里造价约1600万元。国内资金154300万元人民币。其中交通部补助46250万元人民币,重庆自筹78500万元人民币,银行贷款29500万元人民币,世行贷款5000万美元。

根据《国家公路网规划(2013—2030年)》,重庆绕城高速公路走马立交至荣昌桑家坡路段为G85银昆高速公路在重庆中的一段,内环高速公路西环立交至绕城高速公路走马立交段为G93成渝环线高速公路在重庆中的一段,剩余的陈家坪—内环高速公路西环立交段已纳入城市快速道路。鉴于成渝高速公路重庆段(陈家坪—桑家坡)建设期间是一个完整独立的工程项目,本节按全路段为记叙单元,实录该项目建设全过程。

二、漫长而艰难的建设历程

从1984年5月,国家计委批准由四川省人民政府提出的"成渝公路改建工程项目建议书"将该项目列入国家重点建设项目开始,到1990年9月和1991年5月项目分两期先后正式开工,经历了7年的前期准备,而到1995年5月全线通车为止,前后历时10余年(其中重庆段于1994年10月18日建成通车)。

成渝高速公路重庆段是中国第一条在西南山岭重丘地区建设的高速公路,所处地形地质条件复杂,技术要求较高,施工难度较大,对于高速公路建设刚刚起步的建设者而言,面临的挑战前所未有。特别是中梁山隧道和缙云山隧道,左右洞总长度达到12423m,是当时中国最长的高速公路隧道,而且所处地质条件极其复杂;此外,全线深挖高填多达400多处,土石方工程量高达2167万 m^3。但参建者们在建设中大胆改革创新,攻坚克难,实现了重庆乃至西南地区第一条高速公路的梦想。

三、温江会议开启高速公路历史

成渝高速公路可行性研究的议题始于1983年9月。1984年初,四川省政府以《关于解决四川交通紧张状况的意见》(川委发〔1984〕10号文)提交国务院,请求将成渝公路改建工程列入国家重点建设项目。当时,成渝公路仅仅是作为一个"改建工程"纳入可行性研究报告,且没有"成渝高速"的提法。

1984年8月7日~8月10日,根据四川省委省政府部署,由四川省计经委和四川省交通厅组织,在四川省温江县召开"成渝公路改建工程可行性研究初审会议"。"温江会议"因三个重大问题的抉择,改变了成渝交通的历史。

第一,将"改建"二字调整为"新建"。根据1984年5月,国家计委〔84〕1001号文批复的是"将成渝公路改建工程列入国家重点项目"。即仅仅是一个改造方案:将原来的四级路改造为三级路。许多与会专家认为,原成渝公路标准低、质量差,新中国成立后虽多次改造,但始终没能根本提高公路的运输能力。会议达成共识,把"改建"调整为"新建"。一字之改,就改变了公路建设的方向。

第二,解决了成渝公路新建的技术标准问题。温江会议达成这样的共识:根据项目建成后15~20年交通量的预测,必须按一级公路标准修建。鉴于国家财力尚有困难,建议分段、分期建设。第一期除成渝两市近郊按一级公路标准一次建成外,其余路段按一级公路标准一次测设,原则上先修一半宽度,路基宽度12m,"七五"以后再视资金情况修建另一半工程。

第三,选择了"南线方案"。对于成渝高速公路的走廊带选择,当时有两种方案:"南线方案"和"北线方案"。"南线方案"即老成渝公路路线走廊,由成都起,经简阳、资阳、资中、内江、隆昌、荣昌、永川、璧山至重庆,全长约438km。"北线方案"由简阳起离开原成渝公路,经乐至、安岳、潼南、铜梁、合川、北碚至重庆,全长368km,是成渝之间最短路线(这实际上也是后期新建成的G5013渝蓉高速公路走廊)。从长远看,这两条路都值得修,但限于人力、物力、财力,当时只能修一条。公路建设必须遵循促进经济发展的原则,"南线方案"的城市群更集中,经济基础更好,专家们经过反复论证,最终选择了"南线方案"。后来,这条路线在重庆境内通过修建缙云山隧道、中梁山隧道,将路线缩短至357km,比老成渝公路缩短81km。

四、重庆交通历兵秣马

成渝高速公路四川段与重庆段建设前期工作分别由四川省交通厅和重庆市交通局负

责。1988年4月,交通部批复的成渝高速公路初步设计虽然选择了340km的新线,但是批复中:一级公路(路基宽23m)只有成都至简阳段(59km)和重庆来凤至陈家坪段(29km),而剩余路段全部采用二级公路标准(简阳到来凤段252km),其中重庆段荣昌到来凤(85km)路基宽为12m,没有明确按高速公路标准建设。

重庆当时想修高速公路的决心很大,初步设计批复后,重庆市交通局的决策层商定,按三步走修建成渝高速公路:第一步在来凤至陈家坪29km建成一级公路的同时,将来凤至荣昌85km二级公路的路基按一级公路宽度填筑,以便为今后公路升级做准备;第二步,等待时机成熟,将重庆114km全部修成一级公路;第三步,将114km一级公路实行全封闭、全立交,升级为高速公路。

决心大但困难更大!缺资金、缺人才、缺队伍,三大困难摆在重庆市政府和交通局面前。公路等级的提升,前提是资金。按1985年工可报告估算,重庆段114km近郊一级公路只有14.5km,而中梁山隧道、缙云山隧道都是单洞隧道,工程估算约3.55亿元;1986年,交通部同意重庆段近郊一级公路延伸到30.5km,两座隧道一次性建成双洞,工程估算增加到5.19亿元。重庆如果把成渝公路按照高速公路的标准来修,工程投资至少翻两番!这对于当时的重庆市交通人来说,简直是天文数字。

资金短缺怎么办?只有4个字:"开源节流"。开源,就是"多元化"筹集资金。银行贷款、交通部补助、地方自筹,成渝高速公路建设汇集了各个渠道的资金,重庆市自筹资金达7.86亿元。交通部在资金上也给予了巨大支持,随着重庆段建设规模的提升,交通部5次调概,最后补助达到4.625亿元。1987年,成渝高速公路经国务院批准列为世界银行贷款项目,贷款1.25亿美元,重庆段获得其中的5000万美元贷款。节流,就是节省投资。重庆人在成渝高速公路建设中,搞了一系列重大的设计施工创新:一是利用隧道废方做路基填料改二级公路为一级公路,节省投资约2亿元;二是将隧道的通风方式从横向通风改为纵向通风,节省投资约4535万元;三是将三星沟大桥改为高路堤,节省614万元……

重庆第一次承担如此规模的高等级公路,人才奇缺。好在重庆有一个"培养工程师的摇篮"——重庆交通学院。重庆市交通局未雨绸缪,一方面与重庆交院签订了85届道桥专业的代培协议,另一方面从外地"挖"了一批交通学院78级、79级毕业的大学生回重庆工作,为成渝高速公路建设储备了一大批人才。

首先搭建的建设单位是"重庆市重点公路建设指挥部",重庆市交通局主管领导亲自担任指挥长,以重庆公路养护总段为基础,成立了30多人的指挥部,为筹资、招标、征地拆迁作准备。当时重庆没有自己的设计、监理单位,重庆市交通局借修成渝高速公路的契机,成立了重庆公路勘察设计所(重庆市交通规划勘察设计院的前身),这个设计所成立之初,没有设计任务,分配来的大学生和外调的技术人员,部分被派往参与到"铁二院"的成渝高速公路设计团队中去学习,其余则全部投入成渝高速公路的监理工作中去锻炼。

另外,当时重庆的施工力量仅有重庆总段和永川总段的两个养护工程处,在国际招标前夕,市交通局又在两个养护工程处的基础上,成立组建了"渝通""渝达"两个专业化的施工队伍。

从1984年筹划开始,到1990正式开工,重庆市交通局用6年的时间厉兵秣马,为建设成渝高速公路做了充分准备。

五、首次采用公开招投标

1986年10月,成渝高速公路项目列入国家第6批世界银行贷款项目,也是中国第三批利用世行贷款的公路建设项目。负责成渝高速公路项目的世行官员雷甘比先生,第一次见面就交给重庆方面两本书:《世界银行土建工程采购指南》和《土建工程国际招标范本》,要求成渝高速公路项目按照世行贷款项目土建工程采购程序进行国际竞争性招标。从此,重庆的公路建设突破传统的计划经济模式,开创了公路土建工程公开招标的历史先河。

成渝高速公路项目的第一次国际招标,一开始就引起国内外承包人的强烈兴趣。从1988年5月开始资格预审,共有来自意大利、法国、南斯拉夫、日本、新加坡等8家外国公司和国内铁路、交通、水电、冶金、林业、煤建等系统49家承包人参加资格预审。成渝高速公路重庆段114km划分为8个国际招标合同段,35家投标人参加竞争。项目评标采用国际惯用的"合理最低价评标法",对中标的不平衡报价或过低报价则通过提高履约保证金比例予以控制。

重庆公路史上的第一次公开招标取得了很大的成功:第一,通过招标选择了比较优秀的施工队伍,比如中梁山隧道和缙云山隧道的中标人就是当时很有实力的铁道部的两个工程局,为工程的顺利实施奠定了基础;第二,通过招标获得了合理的最低报价,114km的高速公路路基工程标价仅6.71亿元人民币,大大节省了工程投资;第三,通过招标,首创了重庆公路市场公平、公正、公开的竞争环境,为合理控制造价、择优选择施工单位等创立了良好的基础。在成渝高速公路首先实行公开招标之后,随后所有的高速公路项目无一例外都实行了公开招标。

六、首次采用"FIDIC条款"

成渝高速公路重庆段向世行贷款仅5000万美元。但世界银行带给我们的不仅仅是一部分建设资金,更重要的是给我们带来一套完整的发达国家土建工程建设管理的模式和理念。成渝高速公路的招标文件及合同文件,完全按照世界银行的红皮书《土建工程国际招标范本》编制,合同条款即国际咨询工程师联合会(缩写FIDIC)编写的著名的"FIDIC条款"。"FIDIC条款"的特点是对业主、承包人的责任和义务,特别是监理工程师的权力做了明确规定,强调监理工程师对工程质量、工程进度和计量支付的全方位管理。

"FIDIC 条款"作为改革开放引进的产物,曾经强烈地冲击着我国传统的土建经营管理模式。当时,为建设成渝高速公路而组建的"重庆市重点路建设指挥部",其主要人员来自重庆市交通局下属单位,政府机构不仅扮演着业主的角色,还在某种程度上串演着监理和承包人的角色,在管理理念上还保留着浓厚的行政指令和计划经济色彩。为了改变传统的管理理念,在成渝高速公路建设之前,重庆交通局多次派出工程管理人员参加世行组织的培训,并到京津塘等项目学习取经,从而逐步改变观念,掌握"FIDIC 条款",为项目服务。

在项目实施中,世行官员和外国监理工程师(美国施韦拔咨询公司)对执行"FIDIC 条款"达到近乎苛刻的地步,他们要求监理工程师与业主独立行使职权,办公要分开,吃饭要分开,甚至下工地时业主代表与监理工程师同坐一辆车也要引起他们的非议。但"FIDIC 条款"的严格执行却实实在在地在成渝高速公路中产生了传统管理模式不能比拟的效应,监理工程师旁站监督,集质量、进度与计量支付职权于一身的管理方法,使成渝高速公路工程质量良好,工程如期完成,创造了"FIDIC 条款"成功实施的第一个范例。

成渝高速公路第一次成功地执行"FIDIC 条款",为重庆高速公路建设产生了深远的影响。无论是后期亚行贷款的渝黔高速公路、日本协力基金贷款的长万高速公路,还是国内招标的其他项目,无一例外地从成渝高速公路执行"FIDIC 条款"的经验或教训中获得收益。同时,"FIDIC 条款"的执行极大地推动了重庆高速公路建设管理体制的改革。

七、首次大规模征地拆迁

高速公路项目是一项涉及社会、经济、法律、金融、投资、土地等全方位的系统工程。而征地拆迁是这项系统工程中最复杂、最庞大的工程。在重庆公路建设史上,从来没有遇到过成渝高速公路这样大规模的征地、拆迁、安置工作。这项工作,极大地考验了建设单位执行政策、解决社会矛盾的能力。

成渝高速公路重庆段的征地拆迁工作始于 1988 年 8 月,共征用土地 9130.84 亩,拆迁房屋 34.02 万 m^2,是重庆公路建设史上第一个浩大的移民工程。在重庆市重点公路建设指挥部的统筹下,各区县成立了相应的指挥部,负责当地的征地拆迁工作。各区县指挥部在动员移民拆迁中,走村串户,做了大量深入细致的工作,协调解决了无数矛盾,终于在 1993 年 5 月完成了全部拆迁安置工作。

成渝高速公路重庆段征地拆迁的土地补偿标准为 6600 元/亩,对于房屋、树木和其他各类补偿,参照市场价格制定了统一标准并一次性付清补偿款。对于失地农业人口全部转为非农业人口,征地中的农业社 46 个,农转非人口 3393 人,并对其做了就业安排。对于拆迁的农民住房 1979 户,全部迁入安置的新住房。对于拆迁的 40 个企业、学校,给予了补偿。对于受项目影响的公共设施给予修缮或新建。

成渝高速公路建设得到了沿线老百姓的大力支持,涌现了很多"为高速公路让路"的故事,其中回民墓地迁移的故事尤为感人:新中国成立前,重庆回民的先祖曾安息在鹅岭一带,新中国成立初,为了修建两杨公路,回民毅然献出墓地,将先祖遗骨迁往沙坪坝覃家岗黄泥坳。为此,当时的西南军区司令员贺龙深为感动,亲口承诺"搬迁后的墓地是回民的永久墓地,今后不会再搬迁了"。然而,就是这一片黄泥坳墓地,正好在成渝高速公路线路上,经过一次次协调,重庆伊斯兰教协会决定"为了国家建设,我们就再迁一次祖坟吧"。重庆市交通局和指挥部为回族同胞这种深明大义的举动所感动,在公路旁的山冈上,修建了一座更大的园林回民墓地,中国伊斯兰教协会为此特向指挥部赠送"功在当代,福及子孙"匾额。这段故事至今仍被传为公路建设拆迁工作中的一段佳话。

成渝高速公路征地拆迁的实践为其后所有高速公路建设积累了宝贵的经验,并逐步发展为后来的"单亩包干制",不仅加快了拆迁速度、降低了拆迁成本,而且稳定了社会民心。

八、"华夏第一洞"攻坚克难

成渝高速公路上的中梁山隧道和缙云山隧道,是当时中国数一数二的高速公路特长隧道,其施工难度在重庆公路建设史上史无前例。其中中梁山隧道(图8-1-2)左洞长3165m,右洞长3103m,单洞结构净宽9.66m,净高6.55m。因为是当时国内最长的公路隧道,而被誉为"华夏第一洞"。

图 8-1-2 中梁山隧道

中梁山隧道穿越的中梁山背斜存在4条地质大断层,极易产生坍方,洞内灰岩地段岩溶现象较严重,岩溶地下水丰富,常常发生涌水,隧道中部压煤层厚约30m,属高瓦斯区。中梁山隧道在施工中碰到4个断层和两组二叠系断裂带,岩石破碎,极易坍塌,断层裂隙带有瓦斯突出的煤层,瓦斯含量达30m^3/h。在4年多的建设历程中,隧道共发生大小塌方近百起,瓦斯喷出35起。

施工单位在隧道施工中,以科学的施工方法和迎难而上的拼搏精神,克服了地质条件不利的困难。

首先,中梁山隧道在施工中采用了多种施工掘进方法。施工单位在开挖掘进中首次采用新奥法施工。新奥法是应用岩体力学理论,以维护和利用围岩的自承能力为基点,采用锚杆和喷射混凝土为主要支护手段,及时进行支护,控制围岩的变形和松弛,使围岩成为支护体系的组成部分,并通过对围岩和支护的量测、监控来指导隧道施工和地下工程设计施工的方法和原则。中梁山隧道首次采用新奥法施工,全断面开挖、全机械化施工,但该隧道地质极为复杂,围岩类别不断变化,且有断层、煤线、采空区等。特别是软弱围岩地段,全机械化几乎无用武之地,施工单位不得不采取多种施工方法,如增设钢支撑、小管棚法、长管棚法等有效措施,顺利通过了多处断层及软弱围岩。在瓦斯地段采用小导坑开挖和防爆型机具人工掘进。同时,以科学技术治"五毒"。中梁山隧道地质结构复杂,有瓦斯、渗水、溶洞、断层、压煤"五毒俱全"之说。

穿越的中梁山在软弱围岩地区,曾发生两次大坍方,20余次小坍方,总坍方量达1万余m^3。针对不同的坍方,采用了混凝土堵截墙预注浆处理大坍方,采用钢拱处理小坍方和超前管棚预注浆的防坍施工方法。此外,对溶洞采用清除充填物后进行喷锚支护回填方法,成功地处理过两个较大溶洞。对于洞内涌水,采取了以堵为主,防排结合的措施,在防水层的采用上,第一次采用了无纺布加塑料防水板防水方法,在隧道防漏水的材料使用和工艺方法上做了有益的尝试。

隧道施工中,曾经出现过三次瓦斯大量喷出事故:一是当在ⅡK346+879处实施水平超前钻钻至11m时突发瓦斯喷出,并伴随大股地下水喷出。瓦斯喷出压力1.5MPa,绝对涌出量为$3m^3$/min,瓦斯质量分数为10%,回风流中瓦斯质量分数为5度,经强通风近1h,工作面及回风流中瓦斯质量分数降至0.5%以下。二是当在右线ⅡK346+907处进行水平超前钻孔时发生瓦斯喷出,导坑内烟雾弥漫,遥测仪测得瓦斯质量分数为5%(孔口瓦斯质量分数超过10%),涌出量达$2m^3$/min,且持续了72h。三是当在右线导坑开挖至ⅡK346+972处钻炮眼时发生瓦斯和地下水喷发,测得其绝对涌出量$1m^3$/min,瓦斯喷出压力为0.8~1.0MPa。从实施小导坑开挖至右线小导坑贯通,导坑瓦斯涌出量达$11.25 \times 10^4 m^3$。

施工单位在瓦斯监测与管理方面,采取了预防为主和抽排的措施,加强施工中瓦斯监测和管理工作。包括地质雷达与水平超前钻孔预探,地质雷达与水平超前钻孔预探。

为了预防瓦斯突出造成安全事故,业主聘请了中国煤炭科学研究院重庆分院的专家对小导坑地段地质、涌水、瓦斯分布情况采用地质雷达进行预探预测,边预探边进行导坑掘进,钻出瓦斯,达到了安全排放瓦斯的预期目的。

高瓦斯段施工掘进中,严格按瓦斯隧道施工规程施工。当掘进工作面回风流中瓦斯体积分数达到1.5%时,必须停止工作、切断电源、撤出人员,进行处理,掘进工作面局部积聚瓦斯体积分数达到必须停止工作时，切断电源，进行处理。导坑爆破时必须停止导坑作业，并将人员撤至安全处，30min 后瓦斯检测人员进洞测量瓦斯体积分数达到要求，方可允许工作人员进入坑内。所有设施、机电设备、照明用具及仪表均采用防爆型。此外，专门设立救护队，其职责为一旦隧道内出现险情，立即进洞抢险及救护，保障施工人员的安全。

为保证安全，严禁工人们带火进洞，烟瘾大的工人，每次烟瘾发作时，都只能将烟叶放在嘴里咀嚼。由于采用了合适的防治瓦斯措施的严格施工管理措施，仅 5 个多月时间，开挖导坑 530m，与出口全断面连通，安全、顺利地完成中梁山隧道中部高瓦斯区施工。在整个瓦斯段施工中未发生一起瓦斯燃烧或爆炸事故，也未出现一次人员伤亡事故。

值得记载的是，担负掘进小导坑危险任务的 35 名工人，他们面对艰巨和危险，选择了担当，精神可贵。1993 年 7 月，中梁山隧道还有 300 多米就将贯通，但这 300 多米地带却是高浓度瓦斯段，非常危险，稍有不慎后果不堪设想。掘进队长杨勇，带领 35 名队员写下"遗书"，以大无畏的献身精神，投入紧迫的掘进工作。他们轮流在狭小的导坑小心翼翼地掘进，经过 4 个多月的艰险，最终成功地贯穿了隧道，全体人员安全无恙。

中梁山隧道由铁道部第五工程局承建，在施工中不仅确保了施工质量和进度，而且创造了没有发生一起人员伤亡事故的奇迹。隧道于 1990 年 5 月开工，经过 3 年多艰苦卓绝的努力，于 1993 年 12 月胜利贯通。

鉴于中梁山隧道采用竖井吸出纵向通风方式，在上坡隧道出口端设计了深度为 227.65m 的通风竖井，竖井井筒为 6.5m，井口段 20m 高度直径扩大为 8.4m，在井底设 30m 联络通道与正洞接通，竖井大部分处于软弱围岩。竖井特殊的结构特征和不利的地质条件增加了施工难度。该竖井特邀有经验的厚冶金部攀枝花矿山建设公司承建，施工单位采用小井反掘加正掘扩大开挖法，成功地完成了竖井施工。

为了确保中梁山隧道在满足安全、环保要求的前提下达到预期的使用功能要求，还设计了一套完善的机电工程系统。该系统包括了通风系统、供电系统和中心控制系统，其中中心控制系统包括交通控制系统、通风控制系统、一氧化碳和烟雾浓度监测系统、通信系统、火灾报警系统、照明系统、防灾系统等系统工程。中梁山隧道的机电工程是中国第一次在特长公路隧道中把监控系统工程与纵向通风方式完整结合起来，为以后特长公路隧道的机电监控工程积累了丰富的实践经验。

与中梁山隧道相距约 10km 的缙云山隧道（图 8-1-3）为双洞双车道，左洞长 2529m，右洞长 2476m，中心距离 50m，单洞结构净宽 9.66m，净高 6.55m。缙云山隧道穿越南北走向的缙云山南段，该地段部分溶蚀严重，岩溶水发育，施工中最大涌水量达到每天 9000t。砂岩地层段中，除煤层、煤线等软弱地层外，施工中常与煤矿巷道或采空区相遇，给掘进带来较大困难。

缙云山隧道最低围岩类别为Ⅱ类，且占总长度 12%，针对此类围岩稳定性差，岩体呈碎块状的特点，施工单位在开挖爆破中，采用"短进尺、弱爆破"的全断面机械化开挖法，以减少爆破对围岩的振动。针对掌子面时有发生的坍塌,采用适当的喷射混凝土以封闭掌子面,接着设置格栅钢支撑,以顺利度过软弱围岩地区。

图 8-1-3 缙云山隧道

缙云山隧道有大小断层破碎带 9 处,针对不同的地质结构,采用注浆管棚加固断层围岩,使管棚周围的岩层与注浆管棚结成整体,从而提高断层围岩的自身强度和自承能力,抑制围岩变形。缙云山隧道在施工中曾发生过 5 次较大规模的坍方。施工单位在分析地质条件原因的同时,不断总结经验,采用管棚法提前加固,掘进后及时进行二次衬砌等方法,防止了坍方的进一步发生。缙云山隧道由铁道部第二工程局承建,自 1990 年 6 月开工,至 1994 年 1 月完成,历时 44 个月。

九、高速公路桥梁起步

成渝高速公路重庆段共有 125 座桥梁,其中有 8 座石砌拱桥。重庆山多,石源丰富,工程造价低、取材方便、施工技术成熟是具有中国民族特色的石拱桥在成渝高速公路广泛运用的主要原因。

——七一水库大桥。

其桥型结构为四孔 30m,矢跨比为 1∶6,拱轴系数 2.104,拱厚度 1.0m 的等截面悬链线弯坡石拱桥。桥位设于平曲半径 450m 的弯道上,拱圈凸凹最大值为 25cm,桥面宽 23m,纵坡 0.3%,该桥由铁道部第五工程局五处承建。

——清便河大桥(图 8-1-4)。

桥型结构为两孔 50m 石拱及一孔 13m 的预应力空心板桥,桥面宽 23m,全长 156.62m。该桥的特点是:桥梁主孔置于逐渐加宽的缓和曲线上,纵坡为 1.15%;主拱圈及腹拱各自的起拱线均不在一个水平线上。该桥由重庆渝北御临河建筑公司施工建造。1993 年 3 月,世界银行官员对成渝高速公路进行实地检查,对七一水库大桥和清便河两座石拱桥给予了极大的赞誉,认为这是高速公路与大桥的民族风格、传统工艺完美结合

——上桥立交桥。

是成渝高速公路与渝长高速公路相连接的交通枢纽工程,是当时西南地区最大的高速公路立交桥梁。由成渝高速公路主线、8 条匝道和市区环线自上而下构成三层结构,为半苜蓿叶与半定向式组合的全互通立交,占地 149 亩,全长(包括主线匝道)4275m,混凝土数量 25144m³,浆砌圬工数量 35156m³。该立交桥按山岭重丘一级公路标准设计,高架桥总宽度 19m,行车道宽 15m,中间分隔带宽 2.5m,最大坡度≤4%。该立交桥一般基础埋置于 2～3m 的基岩中,主桥台埋深 3～8m。直线段采用单柱式墩身,弯道段采用双柱扁平墩身,异形段采用多柱式墩身。上部结构采用了连续直箱梁、连续弯箱梁、连续弯空心板、简支空心板、简支变宽空心板、简支异形空心板和先张法预应力空心板、钢筋混凝土空心板梁等多种结构形式。该项目的特点是现浇工程量大,现浇高墩、桥台及现浇板梁质量控制要求高。该立交桥由重庆交通学院设计,铁道部第五工程局三处施工。项目于 1990 年开工,1992 年 12 月 30 日建成。

——濑溪河大桥(图 8-1-5)。

位于荣昌境内,结构为双幅拱桥,主孔跨径 80m,钢筋混凝土箱形悬链拱肋,拱系数 1.756,引桥为两跨跨径 20m 的钢筋混凝土矩形圆弧肋拱。大桥全长 147.8m,宽 23m。主桥施工方法采用 15t 缆索吊系统吊装所有预制构件,并吊运输送现浇混凝土。大桥的大型拱架采用了整体横移新工艺。按原设计为撑式木拱架,施工单位大胆采用新技术,将木拱架改为由脚手架与万能杆件组合的新型拱架,首次在国内采用大型拱架的整体横移新工艺,确保了工程质量,缩短了工期。该项工程荣获了施工单位所在地攀枝花市科技进步一等奖。

图 8-1-4　清便河大桥

图 8-1-5　濑溪河大桥

十、科研支撑决策

——技术标准"二级改一级"。

从成渝公路重庆段开始实施,重庆市交通局就计划利用废方加宽路基,将原定的来凤至荣昌 85km 二级公路一次性规划建设为一级公路。为了支撑这项极具前瞻性的决策,重庆市交通局特将"成渝公路荣昌至来凤段变更为一级公路的设计方案研究"列为重大科研项目,论证了这项决策的必要性和可行性。

研究报告对成渝公路交通流量做了充分调查分析。根据1987年中国国际工程咨询公司提交的"成都至重庆公路可行性研究评估报告"中的交通量预测,重庆来凤至陈家坪1996年日平均交通量将超过部颁一级公路所规定的5000辆,因此该段应采用一级公路技术标准;而简阳至来凤路段,预测将在2000年交通量达到5000辆左右,宜采用二级公路标准。

重庆市自1983年计划单列后,于1984年设置了系统的交通量观测站,逐年对交通量进行观测。根据重庆逐年车辆增长速度预测,永川至来凤的车流将在1992年超过5000辆,而永川到荣昌,到1995年日交通量将达到5000辆以上。换言之,如果永川到荣昌依然按照二级公路标准修建,则建成之日,就是车流饱和之时。因此,提前将此段二级公路标准提升为一级公路标准,是十分必要的。

在建设时期将二级公路路段提升为一级公路,也是十分划算的。荣昌至来凤长85km,路基工程挖方566.6万m^3,全段将出现废方102.8万m^3。废方如此之大,不仅处理废方需占据永久性耕地,还需设置挡墙保护弃土堆放环境。经过论证,利用废方堆置于路旁,将原设计的12m路基宽度,利用废方填筑,拓宽为23m,同时加宽桥涵。这样一次性规划建设一级路与分期建设相对节约投资2.45亿元,节省土地2000多亩。因此,及早将此段二级公路标准提升为一级公路标准,也是完全可行的。

1990年年初,重庆市政府以重办发〔1990〕154号文批准了该路段利用废方加宽路基一次形成一级路路基的建议;1991年5月,重庆市计委以重计委〔1991〕365号文件对该路段废方处理工程批复了设计任务书,批准将85km二级公路改建为一级公路。随后,整个成渝公路重庆段将原设计的高等级公路一次性提高为高速公路标准,并按照全封闭、全立交设计。按照1989年5月交通部《公路工程技术标准》(JTJ 01—88)对山岭重丘高速公路的技术指标,成渝公路(重庆段)完全符合高速公路各项标准。因而成渝公路成为名副其实的高速公路。

"成渝公路荣昌至来凤段变更为一级公路的设计方案研究"作为科研成果,获得了1994年重庆市颁发的唯一的科技进步特等奖。成渝高速公路在今天看来仍然不能满足日益增长的汽车流量;但是它在当时,却为我们今后的高速公路奠定了一个较高的起点,为重庆高速公路的规划设计日臻完美奠定了良好的基础。

——隧道通风"横向改纵向"。

在20世纪80年代,中国没有自己的特长公路隧道设计规范,设计者借鉴欧美的经验,最初将中梁山隧道和缙云山隧道设计为半横向通风,这种通风方式最大的特点是在隧道的上部吊顶形成风渠,在每个洞口上部由大功率轴流风机向风渠输送新鲜空气以保证汽车洞内行驶的安全与环保。这种通风方式的特点是隧道土建结构复杂、工程造价较高、工期较长,投入使用后每年的运营成本较大。为了加快施工进度,降低工程造价和运营成本,重庆市交通局的决策层和专家们一开始就试图在通风设计上有所创新。1989年秋,重庆市交通局组团东赴日本考察,发现日本这个多山的国家,在许多特长公路隧道中,已经运用先进的射流风机纵向通风技术取代了横向通风。于是重庆交通局果断地做出了变更隧道通风方案的重大决策。此项变更决策得到设计单位和施工单位的积极配合,设计单位铁二院的工程师们根据隧道内的环境标准、交通量与交通组成,对隧道通风做了精确计算,按新的通风方式修改了施工图设计;施工单位铁五局按照新的施工设计进行了全断面开挖施工。

但是,这样好的优化设计方案,实施起来却很不顺利。由于成渝公路是世界银行贷款项目,世行要求咨询公司对通风方案可行性进行审查。当时的咨询公司施密斯公司请来了德国的通风专家罗特蒙先生。罗特蒙认为日本隧道通风技术在中国是不可借鉴的,他认为,日本是发达国家,他们80%是小车;而中国正相反,80%是货车,车况又差,废气排放严重,采用这样的通风方式,在中国是不可行的。由于罗特蒙的反对,世行给重庆很大的压力,甚至要停止对成渝公路项目的支付。从1991年初到1992年2月,在长达1年多的时间里,罗特蒙先后4次来华,中国专家同他进行了多次激烈的技术辩论,罗特蒙最终接受了纵向通风方案,但又在"吹吸式"与"单吹式"和竖井位置方面与我们争执不休。最后,在世行代表雷甘比先生的协调下,中方终止了与罗特蒙的咨询合同,另外聘请了曾为英吉利海峡隧道做过通风设计的英国专家朗兹先生延续咨询。朗兹先生经过反复验算,否定了罗特蒙的咨询意见,肯定了中国人的通风计算和设计。经过旷日持久的不懈努力,世行最终确认了设计变更。与原设计的半横向通风相比,在保证使用功能的前提下,工期提前了半年,节省投资4500万元左右,每年可节电430万度,取得了显著的经济效益。

建设单位与西南交大合作,以中梁山隧道为依托工程进行科研工作,证明了公路长隧道采用纵向式通风的技术可行性并付诸实施,取得了成功。该项目因其显著的经济效益和社会效益,获得了重庆市1996年度科学进步一等奖和1997年度国家科学技术进步三等奖。

成渝高速公路运营已超过二十年,汽车流量已经饱和,但中梁山隧道和缙云山隧道通风条件基本良好,证明了纵向式通风的科研基本是成功的。中梁山隧道和缙云山隧道作为中国第一个采用纵向通风的长隧道,其科研成果在全国得到广泛的推广应用,在其后修建的所有高速公路长隧道中,都无一例外地采用了中梁山隧道纵向通风的重要参数和设计理念,这成为高速公路科研成果转化的典范。

——三星深沟"大桥改路堤"。

三星沟宽300m、深约50m,原设计为三孔70m钢筋混凝土箱形拱高架桥,为了及早给缙云山隧道提供进场通道,将其变更为高路堤填方。其科研重点是30多米高填方路基处理技术,经研究采用塑料板排水及竹筋网加固路堤等综合处理技术,获得了成功,并节约了400多万元投资。该项目是当时中国西南第一高填方,科研成果的成功运用丰富了公路路基设计和施工技术规范。

十一、培养高速公路建设人才的摇篮

从1984年项目工可,到1994年成渝高速公路建成通车,时光刚好10年,十年磨一剑。在成渝高速公路从谋划到建成的十年中,培养和造就了一大批建设人才,一批批刚刚大学毕业的学生正好赶上了成渝公路建设的大好机遇,如今他们当中绝大多数已经成为高速公路各个领域的精英,在今天重庆高速公路设计、施工、监理与建设管理战线上,无处不看到当年成渝公路参建者的身影。

成渝公路不仅使年轻一代提高了技术能力、丰富了工程经验,还培养了他们优秀的思想素质和工作作风。成渝公路建设时期,工作艰苦,食宿简陋,当年的年轻人常年在工地奔波,车况不好,经常以步代车。然而艰难困苦,玉汝于成,绝大多数年轻人至今保持着吃苦耐劳、廉洁自律的优良作风,很大程度上得益于成渝公路建设时期的历练。

有人说,成渝公路是培养高速公路建设人才的"黄埔军校";也有人说,成渝公路是高速公路建设人才成长的摇篮。成渝高速公路建设之初,正是建设人才匮乏、青黄不接的年代;正是成渝高速公路的建设,培养、造就了数以千计的建设人才,为日后重庆3000km高速公路建设储备和提供了大批的优秀人才。

十二、首创"统一管理、综合执法"模式

与成渝高速公路同时诞生的"重庆市成渝高等级公路管理处"和"重庆市成渝高速公路行政执法大队"是重庆高速公路历史上创建的第一支管理机构和执法机构。

1992年成立的"重庆市成渝高等级公路管理处"担负了重庆第一条高速公路的养护、收费和路政、交通安全管理以及运输服务等工作,他们本着"统一、集中、精简、高效、特管"的原则,以"快速、高效、安全、畅通"为目标,实行交通部门"统一管理,综合执法"的体制,取得了显著成效;在十年的运营管理中,他们积累的经验,制定的规章制度,成为各条高速公路学习和借鉴的宝贵财富;他们为各条高速公路输送的优秀管理人才已经成为各个管理公司的工作骨干。

1994年成立的"重庆市成渝高速公路行政执法大队"是重庆市交通局所属的第一支高速公路综合执法队伍,他们忠实履行保护路产、维护路权,维护交通秩序、裁处交通事故,保障高速公路的安全畅通的职责。二十年来,他们不仅担当起成渝高速公路的卫士,而且发展为一支庞大的"高速公路的交通警察队伍",肩负着重庆各条高速公路的执法任务。

十三、成渝高速公路带动重庆经济腾飞

成渝高速公路运行20多年来,产生了巨大的社会效益和经济效益。成渝公路全长

114km，共投资 18.4 亿元人民币，平均每公里仅 1614 万元；而今每天收费逾百万，不仅已还清贷款，而且取得丰厚回报。

按照世行要求，2000 年由重庆市交委主持撰写《成渝高速公路重庆段后评价报告》，曾对成渝高速公路通车 4 年后，项目带动沿线及周边的经济发展和社会发展的影响做出评价。评价报告写道：

成渝高速公路影响区包括荣昌、大足、永川、璧山、九龙坡、沙坪坝。在对农业发展的影响方面，高速公路缩短了农产品的储运时间，保证了农运物资的及时调入，加速了农业信息的交流。沿线六区、县（市）1997 年粮食产量达 192.73 万 t，通车后的 1995 年至 1997 年年均增长为 1.44%，高于通车前 1992 年至 1994 年的平均水平。

在对工业发展的影响方面，成渝高速公路开通前，轻工业总产值占重庆市轻工业总产值的比重由 1992 年的 36.18% 上升到 1994 年的 37.84%，重工业总产值占重庆市重工业总产值的比重由 1992 年的 56.96% 上升到 1994 年的 56.56%，而通车后的 1995 年到 1997 年，同类指标比重分别上升了 6.3% 和 7.02%。

成渝高速公路通车后与通车前相比，沿线六区、县（市）通车前国内生产总值增长速度是 6.67%，而通车后三年上升为 12.06%。

在对沿线开发建设与旅游方面，成渝高速公路通车后，沿线六区、县（市）利用外资规模扩大，已设立国家级、省级、区县级的经济技术、工贸、工业等开发区 5 个，开发、出租土地十余万平方公里，引进中外投资项目 358 个，总投资愈十亿元。同时，成渝高速公路通车将巴渝文化旅游线、三国风光旅游线、三峡风光旅游线连在一起，促进了重庆旅游事业的发展。

成渝高速公路建成，带给人们最大的变化是思想观念的转变。时间不可逆转，距离不可位移，只有可变的速度能节约时间，缩短距离。"要想富，先修路""要快富，上高速"，这些普通的民谚道出了重庆人民的共识，使人们摆脱了单纯依靠自然经济和小生产经营，拓宽了视野，深化了认识，形成了新的思维方式，为参与国内国际经济大循环，从而充分认识到高速公路促进经济发展的作用。同时，"行"的高速公路，引起人们时空观念的变化，工作效率和思考问题也随之"高速"起来，也促使人们提高自身素质去适应经济快速发展的要求。

20 多年过去了，成渝公路重庆段沿线的区县得益于成渝高速公路，经济飞速发展。璧山县已成为人口为 58.6 万的行政区，2015 年，璧山区已实现地区生产总值 308.2 亿元。

距主城 55km 的永川区，1995 年成渝高速公路通车前，永川人口大约 6 万人，城区面积大概 3km^2，总产值为 25.1 亿元。到 2008 年，永川城区的面积几乎翻了 10 倍达到 33.8km^2，人口已经超过了 100 万；到了 2015 年，人口为 113.2 万人，永川区实现地区生产总值 570.3 亿元，增长了 21.7 倍；20 年来，永川从一个内陆县级城市成长为一个具有一定规模的区域性中心城市，成渝高速公路功不可没。

著名的大足石刻是全国重点文物保护单位,1999年被列为世界文化遗产;成渝高速公路通车后,给大足区旅游打开了方便之门;2015年,大足区已实现地区生产总值349.2亿元。

与永川区毗邻的荣昌,从1995年至2005年,人口和面积增长了近20倍。荣昌有两大"国宝":荣昌猪和荣昌夏布。在交通闭塞的时代,两件国宝"养在深闺人未识"。荣昌地处川渝交界处,主要依靠公路交通,成渝高速公路通车后成为荣昌与外界的主要纽带,两件国宝开始走出盆地,走出国门,"荣昌猪比荣昌人还有名",不仅在国内市场占有一定份额,而且远销俄罗斯、新加坡、中国香港、中国澳门等国家和地区。1995年成渝高速公路开通之初,荣昌生产总值只有20.62亿元,到2015年,荣昌实现地区生产总值329.9亿元,增长15倍。成渝高速公路的开通对推动荣昌县的经济腾飞产生重要的作用。

第二节 渝广高速公路

渝广高速公路,即重庆渝北至四川广安高速公路,为重庆"三环十二射七联线"规划中的一条射线。渝广高速公路重庆段项目起于重庆市渝北区悦来镇,与城市规划的"四纵线"金山大道对接,设渝广枢纽立交与重庆绕城高速公路相交,途经北碚复兴、静观,合川清平、三汇、双槐、香龙,在合川香龙张家祠堂(渝川界)进入四川境内,重庆段路线全长约69.8km。

渝广高速公路重庆段主线全线设特大桥1座,大中桥29座;特长隧道2座,长隧道1座;设置绕城、复兴、三汇、双槐、香龙、静观、清平等7处互通式立交。2017年,原计划在三环合长高速公路上设立静观立交、三圣立交,因线位调整无法设立,后由合长业主在渝广高速公路上增设两处地下立交。其中绕城渝广互通、静观互通和清平互通为枢纽互通,其他均为一般互通式立交;设置省界主线收费站1处,设静观、双槐2处服务区,1处养护工区。

渝广高速公路重庆段项目起点至三环高速公路清平枢纽互通段采用双向六车道高速公路标准建设,设计速度100km/h,整体式路基宽度33.5m(桥宽33m),分离式路基宽度16.75m(桥宽16.5m)。三环以外路段采用双向四车道高速公路标准建设,整体式路基宽度24.5m(桥宽24m),分离式路基宽度12.25m(桥宽12m)。全线桥涵设计汽车荷载等级采用公路—Ⅰ级,其余技术指标按《公路工程技术标准》(JTG B01—2003)执行。

渝广高速公路重庆段批复概算78.3亿元,平均每公里造价约1.12亿元。渝广高速公路重庆段于2013年开工建设,预计2017年建成通车。

第二章
G50 沪渝高速公路

G50 沪渝高速公路是《国家公路网规划(2013 年—2030 年)》"71118 网"中的东西横线之一,起于上海市,途经江苏苏州,浙江湖州,安徽芜湖、铜陵、安庆,江西九江,湖北黄石、宜昌、恩施,重庆石柱、垫江、长寿等地,止于重庆渝北,全长约 1711km。

G50 沪渝高速公路重庆段自石柱冷水(鄂渝界)入境,经石柱、忠县、垫江、长寿、江北、渝北等区县,终点为重庆内环高速公路北环立交(与国家高速公路 G75 兰海高速公路相交),境内全长约 273.3km。

G50 沪渝高速公路重庆段(图 8-2-1)按石柱至忠县(石忠高速公路)、忠县至垫江(垫忠高速公路的一段)、垫江至长寿(长梁高速公路的一段)、长寿至渝北(渝长高速公路的一段)等分段建设,截至 2016 年年底,全部建成通车。

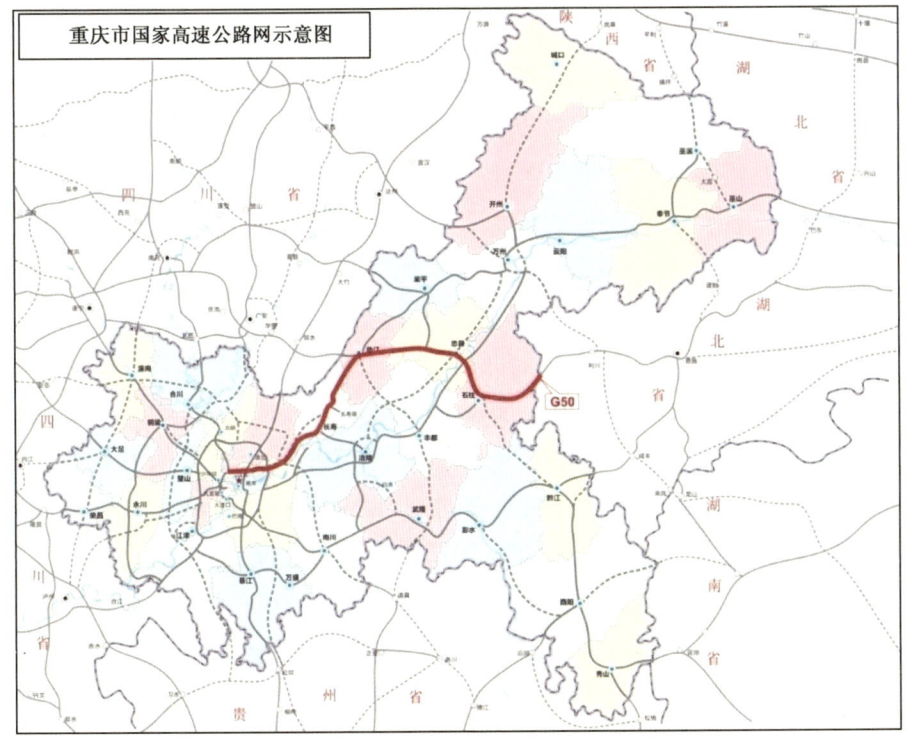

图 8-2-1 重庆市境内 G50 沪渝高速公路走向示意图

第一节 渝长高速公路

一、项目概况

渝长高速公路,即重庆至长寿高速公路,为重庆"三环十二射七联线"规划中渝宜射线的一段。项目起于沙坪坝区上桥(内环高速公路西环立交,与成渝高速公路相交),经杨公桥、高家花园、石马河、余家湾、人和、童家院子、唐家沱、铁山坪、鱼嘴、华山、洛碛、晏家,止于长寿区桃花街,全长85.36km。项目全线按山岭重丘区高速公路标准建设(其中上桥至唐家沱段为双向六车道,其余路段为双向四车道),设计速度80km/h,其中特大桥1座、大桥23座、中桥43座,长隧道2座。项目于1996年1月15日开工,2000年4月28日全线建成通车。

渝长高速公路是重庆自主建设的第一条高速公路。概算总投资为31.48亿元,决算金额为36.07亿元,每公里造价约4200万元。渝长高速公路建设资金全部来源于国内各个渠道,包括交通部补助拨款54000万元,中央国债8000万元,重庆市财政拨款20978.6万元,重庆市交通局拨款28804.4万元,企业自筹资金16326.6万元,国债转贷资金7000万元,银行贷款219946.3万元。

根据《国家公路网规划(2013年—2030年)》,渝长高速公路沙坪坝上桥(内环高速公路西环立交)至渝北余家湾(内环高速公路北环立交)段为G75兰海高速公路在重庆中的一段,渝北余家湾(内环高速公路北环立交)至终点(长寿桃花街立交)为G50沪渝高速公路在重庆中的一段。鉴于渝长高速公路建设期间是一个完整独立的工程项目,本节按全路段为记叙单元,实录该项目建设全过程。

二、长寿的交通之困

长寿是重庆主城顺江而下的第一个县城,因其"东北有长寿山,居其下者,人多寿考"而得名,显然,长寿在历史上便是宜居之地。然而,在1957年之前,长寿到重庆还没有直通公路,仅靠乘船溯江而上,旅程就得花一天的时间。直到1958年,从江北两路镇修筑了一条长46km的连接路,才有了第一条全长101km的渝长公路,它就是后来国道319线的一段。

长寿三面环山,长寿人民受交通之困,常把阻碍长寿与外界交通的三座大山比作压在长寿人头上的"三座大山"。这"三座大山"就是长寿到重庆的铁山和张关山,以及长寿到涪陵的黄草山。改革开放之初,那些外来的投资人,从重庆乘车来长寿,本来兴致勃勃,可是车到铁山、张关山堵上几个小时,到长寿投资的兴趣顿时烟消云散。曾经一位化工外商受邀考察长寿区投资环境,一路颠簸,车好不容易开到了张关山上,看到前方路更加难走,这位投资者立即让驾驶员调头回重庆主城,还丢下一句话:"到这样的地方去办厂,不亏才怪!"。交通制约长寿经济发展,是长寿人民十分头疼的事情。

打通挡住长寿的三座大山,是重庆长寿人民多年的夙愿,渝长高速公路的建设,是长寿人民的最大期盼。

三、艰难起步

早在1991年,重庆市交通局就向交通部提交了渝长高速公路的"项目建议书"。经过2年的准备,交通部批准了项目的可行性报告,又经过2年的初步设计和施工图设计,历时4年,终于在1995年初项目可以招标了。

但是,当时成渝公路刚进入还贷期,重庆高速公路建设资金相当匮乏,为了凑集资金,重庆市交通局决定成立外资处,积极筹资修路,但是根本没有能力一次性投资建设渝长高速公路。于是决策者商定将项目分两期实施:一期工程先修上桥—童家院子20km路段,按照31m路基宽度,双向六车道高速公路标准修建,于1996年1月开工;而童家院子—长寿桃花街段65km,则按23m路基宽一级公路标准建设,作为二期工程,等有了钱再修,即使这样,一期工程也是常常等米下锅,资金难以为继。

尽管资金困难,但当时对渝长高速公路项目的一个大胆变更,则大幅缓解了现今重庆主城东向进出城拥堵状况:根据交通预测,预计重庆近郊汽车交通流量正在逐年激增,决定将原设计的六车道从童家院子(现内环东环立交)延伸到唐家沱,将童家院子—唐家沱11.3km路段路基宽度由23m变更为31.5m;将唐家沱—长寿桃花街54km路基宽度由23m改为25.5m。

渝长高速公路开工第二年,重庆迎来直辖。重庆直辖后首届政府提出"五年变样,八年变畅,十年变通途"目标。在重庆市政府大力支持和高速公路建设者的辛勤努力下,渝长高速公路一期工程于1998年12月完工通车,二期工程于1997年5月顺利上马,2000年4月28日渝长高速公路全线通车。

四、穿越800m爆破禁区

修建渝长高速公路要穿越的第一座大山是铁山(即玉峰山,属于华蓥山山脉),穿越铁山的隧道就是被称为渝长高速公路"咽喉"控制工程的铁山坪隧道。该隧道双线全长5524m,双向六车道,净空跨度为13.2m。该隧道地质结构复杂,有断层、煤线、特大涌水,80%属于二、三类软弱破碎围岩,且埋藏浅,施工难度大,技术要求高,其地质条件之复杂在国内大断面隧道施工史上不多见。

铁山坪隧道由铁二局和铁五局分别从隧道两端掘进。铁五局五处的建设大军,开进长江铜锣峡畔的铁山脚下,一开工就遭遇了特浅埋层地段,该地段最薄处洞身离地表只有28m,稍有不慎就会塌方。面对第一个"下马威",各级领导彻夜召开技术攻关会,最后选择了侧壁导坑掘进、边墙锚杆衬砌紧跟的方法,避虚就实,一举成功。

然而正当隧道按正常进度掘进没几天,更大的"拦路虎"又出现在面前——前方800多米长不仅属于浅埋地段,而且全是二、三类软弱破碎围岩。这种地质层的山体稳定性极差,再加上铁山坪隧道的跨度大,其施工的难度就更大了。日本隧道专家小泉淳等到洞中考察并做现场试验后的结论是:该地段属于"爆破禁区"。

施工单位最后决定打破常规的施工方法,采用加固锚杆、喷锚,加格栅钢支架相结合的施工方法。掘进时根据地质情况不断采用侧壁导坑、正台阶施工,即哪边岩土最软最破就先挖哪边,及时进行支护,严格遵循"打浅眼、放小炮、多循环、勤找顶、强支护"的施工原则。为确保在软破围岩地段中的施工安全,还必须布置放炮眼的距离和角度,限制钻杆的深度,控制装药量,既减少了爆破时对岩层周边的震动力,又使光面爆破达到良好的效果。在爆破的全过程中,坚持做到一炮一测量,一炮一总结,使爆破效果越来越好,整个隧道轮廓清晰,平整度高,顶拱的半个炮眼像画出的直线,其残眼率达到了85%以上,有效地控制了隧道的开挖尺寸,减少超欠挖,保证了工程质量。隧道施工顺利穿越800m爆破禁区。

铁山坪隧道地处川东平行岭谷地貌区,山地与丘陵平行间隔分布。洞身结构按矿山法和新奥法两种不同的施工方法施工。一是矿山法施工:主要用于洞口浅埋三类围岩地段,即采用锚杆和喷混凝土进行临时支护,开挖后应立即浇注第二次模筑混凝土衬砌。二是新奥法施工:用于洞身深埋各类围岩地段,即以锚杆、喷混凝土、钢筋网、格栅钢架作为初期支护,模筑混凝土作为二次支护的复合衬砌形式。在施工中应通过围岩监控量测分析,信息反馈后进一步优化衬砌结构设计。

该隧道于1996年8月27日全线贯通,是20世纪90年代末中国在建公路隧道中最长的大跨度隧道。铁山坪隧道的贯通,打开了渝长高速公路的"西大门",对加快该条高速公路的建设、通车有关键作用。

五、铁军战华山,跨越御临河

渝长高速公路的第二座隧道是华山隧道。隧道不长,却异常险峻。

华山隧道原名义学大山隧道,位于江北区复盛御临峡谷。主体工程为两座隧道和一座桥梁。两座隧道总长1708m,桥长214m,主跨95m,桥隧首尾相接,地形险要,施工难度极大。工程施工处两面为陡峭的大山,巍峨险峻,中间一条御临河,除上山仅有的一条羊肠小道外,四周无路,犹如"自古华山一条路"。

承包该项目的施工单位是中铁十八局四处。在考察将要施工的华山隧道和御临河大桥时,他们发现这里山间林木茂密,峡内绝壁参天,悬崖下溶洞成群,瀑布飞溅,河水涟漪,宛如世外桃源。而将要修建的隧道出口紧接御临河大桥,高速公路将从这里飞越峡谷,考察人员开始有些许忧虑:在这样险峻的悬崖上,如何打隧道?在这样幽深的峡谷里,如何架桥梁?高速公路修建后如何还原青山绿水?

虽然有些忧虑,但这并没有吓退这支专打硬仗的铁军,他们以不怕苦不怕累的军人传统精神,扛着几包炸药包,拿着几根钢钎就进场了。刚来时由于环境艰苦只能住山洞,喝山泉水,啃馒头,后来为了开山凿洞,就在山上搭起板房。隧道的施工首先要在山的两侧人工开凿便道,再在河中架桥,并在山腰上开凿洞口,工人每天就是从这悬崖上顺着溜索到洞口,腰系保险绳在悬崖边凿岩打洞,架桥的工人还要溜到谷底去围堰挖基。

华山隧道洞口在悬崖之上,只能从御临河上架栈桥,从山侧打横洞从洞身向两端掘进。华山围岩比较坚硬,宜采用全断面掘进,而开挖设备上不了,工人们就用风镐打眼,光面爆破,一口一口地啃噬这块硬骨头。

施工条件本就艰难,但是为了保护清澈的御临河,施工单位在隧道旁边开了一个专门出渣的便洞,河面上还架了一座专门运渣的便桥,隧道的出渣就顺着便道运到对岸的工地去填筑路基。

为了保护御临河,建设单位将原设计的御临河畔高边坡降到30m以内,采用了半桥半路的优化设计方案,不仅节约了投资,还避免了大面积山体开挖所造成的植被破坏和山下御临河阻流。

华山隧道和御临河大桥因其施工条件艰苦、施工单位攻坚克难的精神而获得建设单位高度评价,曾把华山隧道工地作为"思想教育基地",让建设单位人员去体验施工单位工人的艰辛,从而同心协力打造优质工程。直辖后重庆市第一任市长蒲海清曾多次视察工地,亲自提议将"义学大山隧道"改为"华山隧道",并为之题名。

六、大断面低扁平隧道技术研究

"大断面低扁平隧道技术研究"是由重庆高等级公路建设指挥部和西南交通大学共同完成的重庆市科委科研项目,该项目以铁山坪隧道为依托工程,在开挖断面为$100m^2$以上,开挖跨度达15m的大断面大跨度的隧道工程中,进行大比例尺的模型试验、计算机有限元模拟计算和大规模的现场监控量测,研究围岩和支护结构的力学性能和隧道的稳定性。通过降低隧道断面的扁平率(高度与跨度之比),减少隧道的开挖断面积,大幅度地降低了工程造价。

通过研制的铁山坪隧道监控量测施工管理计算机系统,在施工中进行监控量测,确保了施工安全和隧道稳定性。

课题对高速公路大断面低扁平长隧道修整,新技术中的关键问题进行了系统的、多方位的研究,取得了以下成果:一是在国内外新奥法施工的大断面公路长隧道工程中,首次采用了最低扁平率为0.60的隧道断面形状并在工程中得到实施。二是在国内外首次按围岩类别提出了适应大断面低扁平率长隧道的合理初期支护和二次衬砌结构体系参数的设计原则,提出了适合这类断面形式和支护体系的施工方法并指导了实际工程设计和施工。三是在国内外首次探明了新奥法施工大断面低扁平率隧道开挖后,隧道周边位移形态和失稳模式与常规扁平率断面形状的隧道有极大差异这一隧道力学问题。四是在国内首次研制并在工程应用的新奥法施工大断面低扁平率公路长隧道、具有监控量测基准值和管理断面内管理基准值、新奥法监控量测施工管理计算机系统。五是系统采用了大比例尺全相似模型试验、数值模拟分析、现场试验以及设计施工连续研究的方法,对大断面低扁平率隧道进行系统性的研究。

研究结果表明,铁山坪新奥法施工大断面公路长隧道采用低扁平率的技术决策是正确的。通过经济技术比较,隧道的使用功能与常规扁平率隧道相同。两者比较,开挖断面积减少35 m^2,约减少24%,仅铁山坪隧道工程,可节约工程建设投资2714万元,与标准断面相比,每延米工程造价约降低500元左右,并缩短了工期。因此,它具有显著的经济效益和社会效益。

课题研究的新奥法施工大断面公路长隧道扁平率在国内外首次采用0.60,具有国际先进水平。采用的低平率大断面长隧道的支护体系、与之相适应的施工方法和新奥法监控量测基准,达到国内领先水平。

七、渝长高速公路经济社会效益

渝长高速公路建成后,使长寿至主城通车里程减少30.5km,缩短车行时间2小时,长寿随之进入重庆"一小时经济圈"。

渝长高速公路建成后,经上桥衔接已建成的成渝高速公路成为直通成都的主要通道,同时也构成国道主干线上海、武汉、重庆、成都的国道东西向主干线公路中的一段。渝长新线连接沙坪坝、渝北、江北、长寿的工业卫星城镇,成为一条十分重要的经济干线。

长寿地处重庆腹心地带,总面积1423.62 km^2,人口约90万。长寿是重庆陆路交通的枢纽和长江上游的重要港口,是重庆特大城市经济社会资源面向三峡库区辐射的重要中枢。渝长高速公路的建成,运行时间大为缩短,经济效益和社会效益十分显著。交通促进经济发展,长寿区以建设重庆工业高地、现代农业基地、旅游休闲胜地和区域物流中心为目标,经济持续健康发展,2015年实现地区生产总值430.1亿元。

渝长高速公路沿长江北岸东下,为长江三峡大坝工程建设、库区移民、国土开发利用和连接沿江众多港口构成水陆联运网络提供必要的交通保障作用。

综合地讲,渝长高速公路对重庆及周边地区都具有重要的意义,它使重庆市国民经济发展跃上新台阶,满足了工业布局沿长江两岸以及形成组团式卫星城市网络的迫切需要,有效缓解了重庆市区交通拥挤状态。

第二节　长垫高速公路

长垫高速公路,即重庆长寿至垫江高速公路,为重庆"三环十二射七联线"规划中渝宜射线的一段。建设时期,该段属于长寿—梁平高速公路(长梁高速公路)建设项目中的一段。鉴于长梁、梁万高速公路均属于重庆高速集团渝东分公司建设管理的日元贷款项目,故将长寿至垫江段建设情况一并纳入"G42 沪蓉高速公路"章"长万高速公路"整体记录。

第三节　垫忠高速公路

一、项目概况

垫忠高速公路,即重庆垫江至忠县高速公路,为重庆"三环十二射七联线"规划中连线的一段。项目起于忠县冉家坝,接石柱至忠县高速公路,经忠县的白石镇、永丰镇、拔山镇、新立镇和垫江的沙河镇、黄沙镇、太平场,止于渝川交界的明月山,与四川境内的邻水至垫江高速公路相接,线路全长 75.18km。项目于 2004 年 11 月开工,2007 年 12 月 28 日建成通车。

垫忠高速公路批复概算为 43.06 亿元,决算金额 42.67 亿元,每公里造价约 5700 万元,是中铁二局与重庆高速集团合资建设的 BOT 项目,其中中铁二局投资比例占 80%,高速集团占 20%。中铁二局投入资本金 119471 万元,高速集团投入资本金 29868 万元;累计贷款 291000 万元,其中国家开发银行 120000 万元,工商银行 141000 万元,建设银行 30000 万元。

垫忠高速公路在重庆境内分属 G50 和 G42 国家高速公路。其中忠县冉家坝至太平枢纽互通段属于 G50 沪渝高速公路,主线长 68.36km,太平枢纽互通至明月山隧道段属 G42 沪蓉高速公路,主线长 6.82 公里。

二、垫忠高速公路"三绝"

垫忠高速公路工程的特点集中体现在被称作"三绝"的杨家岭特大桥(图 8-2-2)、谭家寨隧道和骑龙嘴高低桥。

图 8-2-2　杨家岭特大桥

垫忠高速公路上有杨家岭、石庙、土地岩、高岩嘴4座特大桥,桥墩高度都超过60m。杨家岭特大桥尤其出众,该桥位于忠县县城附近,桥梁全长804m,主桥为双薄壁墩连续刚构桥,主跨200m、边跨112m,主墩最大高度95.98m,大桥距小溪河谷高约170m。主墩采用简单易行的翻模施工技术,取得很好的混凝土浇筑效果。对其中最高的7号、8号主墩的0号段托架采用"预埋牛腿焊接型钢托架法",克服了施工场地狭小、交通运输不便的困难,为高空连续刚构箱梁0号节段施工技术提供了有益的借鉴。

谭家寨隧道长4867m,是垫忠高速公路上最长的隧道(图8-2-3)。该隧道内曾出现高瓦斯、煤窑采空积水、溶洞涌水等地质灾害。在施工中,对瓦斯、硫化氢有害地段采用巷道射流式通风技术,效果显著。为保证隧道内空气质量和营运安全,隧道左右洞之间设有7条人行横道、6条车行横道,安装风机36台。管理方还在隧道出入口和中央分别设置了4个变电所。

图 8-2-3　谭家寨隧道

骑龙嘴大桥位于尖山子1号隧道和老燕山2号隧道之间(图8-2-4)。受地形地质条件限制和路线纵坡设计控制,尖山子1号隧道、骑龙嘴大桥、老燕山2号隧道沿线约2km道路建成了高低错台路基(上坡段尽可能减少桥梁墩高,纵坡坡差适当增大;下坡段则尽量减少边坡开挖和注重纵坡顺适），高低错台不仅使工程造价大幅节省，而且确保了行车条件更加安全。

图 8-2-4　骑龙嘴高低桥

三、严控造价管理

垫忠高速公路每公里造价低于 6000 万元，作为重庆山岭重丘地区建设的特大桥、特长隧道工程都比较复杂的高速公路项目，造价控制取得了很好的效果。其建设管理经验值得借鉴参考：

首先是严格招标投标，控制工程概算。该项目是采用 BOT 方式建设的高速公路工程，在招投标过程中采用了国际上通行的"FIDIC"管理模式，通过公开竞争招标，公开、公正、公平地选择了技术设备力量过硬、履约能力强、标价合理的专业队伍中标，由于程序严密、管理严格，工程造价得到了有效控制，从而为降低工程造价奠定了坚实的基础。

第二是规范管理措施，减少工程变更。由于该项目桥梁多、隧道长、桥隧相连、工程难度大、技术要求高，在工程管理过程中，合理运用菲迪克条款（FIDIC），实施了项目法人责任制、招标投标制、工程监理制、合同管理制，同时建立完善并实施了垫忠高速公路建设资金等各项内部控制制度。对工程上的一些重大技术问题，组织监理、施工、设计等各有关单位召开设计与施工协调会议，就设计上存在的问题进行了讨论和研究，最大限度地减少错、漏、差，较好地保证了设计质量，减少了工程实施中的变更。

第三是强化施工监理，防止虚报错报。监理是独立于业主与承包间的第三方，在提高质量、降低造价方面起着非常大的作用。驻地监理工程师常驻施工现场，深入工地了解工程建设情况，加上熟悉工程操作程序、工程造价和材料市场价，对变更设计和变更工程的造价进行核定，防止虚报高价，有效地控制造价。监理人员严格按照交通部颁布的《公路工程施工监理规范》，按照监理程序，对每道工序的质量做到严格把关，对质量不合格的工程坚决不签认,不准进入下道工序,不计量支付,工程不验收。

最后一点是充分利用 HCS 项目管理系统,严控项目的投资管理。HCS 公路项目建设管理系统是业主对项目的建设管理,集公路项目建设的招标投标、合同管理、变更设计、计划进度、计量支付、质量管理和征地拆迁以及竣工文档管理等各项业务的计算机网络技术,能在业主、监理和承包人之间,实现异地自动化管理的功能,为公路项目建设管理提供快速、准确、全面的管理信息,实现项目建设真正的全程动态管理和实时监控。利用 HCS 项目管理系统,建立计量管理和变更设计管理体系,从根本上杜绝了人为因素的差、错、漏事项的发生。严格按照计量管理程序办理承包人的计量,杜绝了超计、重复计价的情况,有效地实现了项目投资控制目标。

第四节　石忠高速公路

一、项目概况

石忠高速公路,即重庆石柱至忠县高速公路,为重庆"三环十二射七联线"规划中联线的一段。项目起于鄂渝交界处的石柱分水岭,接湖北省恩施至利川(鄂渝界)高速公路,经石柱冷水乡、沙子镇、三河乡,穿方斗山,经忠县磨子乡,在康家沱跨长江,经李家湾西行,止于忠县县城西北的冉家坝,与垫忠高速公路起点相接,全长 80.33km。项目于 2005 年 6 月开工,2009 年 9 月建成通车。

石忠高速公路由重庆高速集团筹资建设。项目批复概算为 63.79 亿元,决算为 69.64 亿元,每公里造价约 8700 万元。资金来源中:交通部专项补助资金 10.42 亿元,重点建设资金 0.6 亿元,营业税返还 1.85 亿元,高速集团投入 2.96 亿元,软贷转增资本 5.9 亿元,土地出让金转增资本 0.45 亿元,银行贷款 46.89 亿元。

二、原生态之路

石忠高速公路经过重庆东部的方斗山地区,是典型的山区高速公路。建设者从尊重自然、尊重人、尊重历史文化三个大方面着手,打造真正意义的生态、人性化、可持续发展的景观公路,作为建设理念。石忠高速的三大特点是:

显山露水。充分考虑平、纵、横断面相结合以及充分考虑到与自然环境、人文、景观相结合,努力做到不仅不破坏自然环境,还要将沿线优美的山水景色、道路线形适度展现于行车人的面前,丰富行车人的心理和视觉的感受,做到"显山露水"。

崇尚自然。在选线的初期就树立了"崇尚自然"的理念,力求在设计、施工过程中贯穿这一理念,以对自然的尊重和崇尚的美好追求来改善沿线生态环境,使高速公路真正做到源于自然、融于自然、高于自然。

建原生态之路。将公路沿线即将遭受破坏的、值得保护的植被及上万年形成的腐殖土搬移到其他地点,待公路建成后再移回,最大限度地恢复环境,并注意从一开始就杜绝了乱开挖、乱取土、随意施工、破坏环境的行为。

三、方斗山隧道之最

在渝东长江以南的丰都、石柱、万州境内,方斗山是一座比较出名的山脉。它主要在石柱县境内,海拔虽然不算太高,只有1200m左右,但它和长江水面的垂直高度却超过1000m,绵亘上百公里,自古以来,就像一段屏障挡住了石柱山里与长江的联系,石柱也成为渝东山区的"世外桃源"。

石忠高速公路建成后,方斗山隧道不仅在渝东闻名遐迩,甚至在整个西南地区也赫赫有名,因为它拥有几项"重庆之最":

第一,它是重庆最长的隧道。仅从长度来看,隧道左右两洞平均长度为7600m,当时是重庆第一、全国第三的高速公路特长隧道。方斗山隧道因其长,所包含的地质情况也极其复杂,其中出口段仅断层破碎带和煤层施工段就有645m,局部软弱带300m,其他如涌水突泥、溶洞、岩爆等像一个个拦路虎不断对建设单位(中隧股份)发出挑战。

隧道施工之初,建设单位就组织成立了科研小组,对隧道的重大技术问题进行科技攻关。施工中每遇到地质难题,总是主动邀请国内隧道专家和设计单位(重庆交通科研设计院)、监理单位(重庆育才工程咨询监理有限公司)联合会诊,进行科学论证和模拟试验,确保施工安全和质量。实际施工时严格按照专家论证方案组织实施,确保了各个不良地质段的施工难题成功攻克,施工生产没有因为地质情况的变化而受到影响,工程始终保持稳产、高产态势。

为了有效地降低施工中由不良地质引发的风险,无论石质好坏,项目部始终按业主要求坚持进行全过程超前地质预报工作。他们使用的当时世界上最先进的TSP203PLUS超前地质预报系统,能预报掌子面前方200m范围内及周围临近区域的地质情况,通过TSP、地质雷达、红外探水仪、高密度电阻法、探测钻孔等手段的综合运用、互相印证,准确地预判了前方围岩状况。此外,他们还制定各种风险预案,组织安全作业人员进行岗前培训和各种突发事件演练,保证了施工安全有序进行。

凿岩台车在隧道开挖施工中,以往总存在开挖成型差、超挖严重等情况,给二次衬砌带来质量隐患。针对这一问题,项目部专门成立了凿岩台车全断面开挖成型控制QC小组,积极开展科技攻关,动态调整各影响因素参数,将原平均线性超挖14.2cm控制到了平均线性超挖9cm左右,不仅改善了开挖成型效果,而且控制了工程成本,QC成果因此获得"全国工程建设优秀质量管理(QC)大奖"。

第二，隧道斜井断面最大。方斗山隧道设计的运营通风形式是"射流风机纵向通风+斜井轴流风机通风"，隧道斜井断面在42~72m^2，属于全国最大。

第三，隧道斜井的曲线单一绞车提升运输技术，属于全国最早使用。由于斜井坡度太陡，斜井弃方不能采用汽车运输，只能采用绞车提升运输。而传统提升机有轨运输，只能直线牵引或短距离斜线牵引。方斗山斜井施工中，首次采用了大倾角长曲线提升机运输技术，显示了安全、高效、低成本的优点。

第四，施工抽水体量最大。方斗山山体水源丰富，在方斗山隧道施工两年中，一直昼夜抽排水，抽水管径达150mm，洞体贯通时，水管已长达3800余米，施工抽水体量之大，在西南地区高速路建设中前所未有。

第五，重庆最大的隧道通风系统。方斗山隧道采用分段送排式通风方案。在进口端设置2处斜井、在出口端设置一处竖井将左右线均分为三段进行送排式机械通风，斜井及竖井轴流风机房、控制设备房等均设置在井口附近地面。方斗山隧道寿命按300年设计，为保证洞内空气质量，共6台大功率轴流风机，以及若干安装于隧道上部的射流风机。整个通风系统规模堪称西南地区第一。

第六，掘进速度最快。隧道由"中国铁路工程总公司"和"中铁隧道股份公司"，分别对左右线施工。在挖掘方斗山隧道过程中，采用人机并进的办法，在左洞采用两台三臂凿岩台车联合作业，开展左右洞人机开挖竞赛。施工单位狠抓技术管理，严格进行流程控制，充分挖掘人机潜能，压缩循环作业时间，施工进度不断加快，在隧道左线创造了日开挖18.9m，Ⅳ、Ⅴ类围岩平均月开挖420m的好成绩，并创造了单月最高开挖纪录449m，攀上了国内台车开挖的一个新高度；右线人工开挖也创造了日开挖12.8m，Ⅳ、Ⅴ类围岩平均月开挖270m的好成绩。2006年9月23日，提前128天将隧道左线开挖至分界里程；同年11月6日，隧道右线也提前85天开挖到分界里程。重庆第一特长隧道正式施工时间仅花了21个月，创造了重庆隧道施工掘进的最快速度。

2009年3月，方斗山隧道正式通车，山里和山外联系的障碍从此打破（图8-2-5）。隧

图8-2-5 方斗山隧道

道通车后,大大缩短了石柱县城和长江边的距离,从山里的大歇乡双笕到山外的万朝乡茶园,仅需不到 10 分钟,而原先攀越方斗山的公路,却需要花费约 2 小时,甚至从石柱县城到忠县县城,也由原来的约 4 小时缩短为半小时。

四、竹林坪隧道抢险

竹林坪隧道位于重庆市石柱县境内,斜穿竹林坪山脉,是左右线均约 1400m 的中长隧道。由于不良地质原因,该隧道施工中曾发生严重塌方事件。2006 年 9 月 13 日,在隧道左洞进口端发生塌方,塌方现场有 20 名工人,其中 16 名工人安全逃离,另外 4 名被困于塌方段与掌子面之间,塌方段距掌子面约 33m,坍塌顶界高于洞顶开挖线近 20m,隧道被完全阻塞,被困人员危在旦夕。经过 108 小时紧急救援,被困工人成功获救。2006 年第 22 期《中国公路》曾报道这一事件:

2006 年 9 月 13 日 22 点 30 分,夜幕将巴东大地沉沉包裹,秋天的晚风将竹林坪的山麓吹得格外宁静,凉意渐深,万家灯火就要熄灭。正在这时,已掘进 395 米的竹林坪隧道左线,隧道拱部突然发生坍方,将掌子面(隧道掘进的施工作业面)全然封闭,坍体外延距洞口 310 米。遇险后有两名工人安全逃离,4 名施工人员被困隧道内,生死未卜,情况万分紧急!

四海之内皆兄弟,面对困难皆手足。一方有难,八方支援。面对由自然和地质灾害引起的突发事件,大家凝聚在了一起。急救车、救援车数十辆停在垮塌的隧道口前,救援工人们手拿馒头、包子、方便面,边啃边走分批进入隧道。当时幸运逃离险境的 2 名工人也毅然加入到施救队伍。隧道口一台大功率换气机轰鸣作响,气氛异常紧张。由于环境条件十分不便,一辆大客车和一辆中型客车通过施工便道被临时调至隧道口,平时载客的交通工具"摇身一变"就成了抢险救援指挥部的办公室和会议室。抢险救援人歇机不歇,实行 24 小时倒班制,钻机、风动凿岩机派上了用场,分别从 3 个方向对准了竹林坪大山的岩体。开挖救生导洞成立了 3 个抢险突击分队,实行不间断的三班轮换作业。

9 月 16 日凌晨 1 点 41 分,水平钻共进 58.5 米,终于钻通坍体,风机停了下来。每个人都屏住了呼吸,隧道里安静得能清脆听见渗漏的每一滴水声。施工人员用铁管在钻杆上重重地敲了两下,然后俯身将耳朵贴在钻杆上倾听另一头的反应。10 秒钟过去了,砰砰,钻杆那头传过来两声敲击声。人还活着!施救现场一片沸腾,竹林坪的深夜响起了人们激动而感人的掌声。

9 月 17 日 17 点 45 分,竖向钻孔钻通,57.2 米深。此时离隧道垮塌已经有 91 个小时。一条长长的绳索每隔 10 米打一个结,48 米后每隔 1 米打一个结,用以掌握放入深度,将固体食物(巧克力、鸡蛋、西红柿和香肠)和物品(电筒、对讲机、笔和纸)捆在绳索上,置入较大的竖孔。在竖直钻孔过程中,由于岩体破碎渗水严重,钻孔用水得不到满足。冷水乡政府领导得知这一情况后,积极发动群众,村民从四面八方涌向山头送水,熙熙攘攘,最多时有200人之众!妇女儿童也积极参加进来,拿出盆、桶、锑锅,用肩挑,用手端。有的村民肩磨破了,仍然忍痛坚持着。有时为了一盆水,有的从2公里外的地方端向深山里的钻孔位置,一个来回需要2小时……

"打通了!快,进去救人!"经过救援人员夜以继日的连续奋战,9月18日上午10点20分,竹林坪隧道救生导洞成功打通。救援人员迅速钻进洞内,为了防止被自然光刺坏眼睛,他们用黑布条一一蒙住被困工人的双眼,搀扶着他们钻出救生通道,扶上等候在隧道内的救护车。

这一刻终于来到了!伴随着响彻山野的掌声,施救队伍像凯旋的战士排队走出塌方隧道。竹林坪这块平凡的土地,用108小时见证了撼人心魄的人间真情。

五、斜拉桥和连续刚构的完美结合

在重庆区域的长江之上,横跨了不少大跨度斜拉桥和连续刚构桥梁,重庆忠县长江大桥是其中一座富含高科技的斜拉桥和连续刚构组合桥梁(图8-2-6)。大桥主跨460m,主墩索塔总高248m,是当时国内排名第二的深水基础、高塔、大跨度斜拉桥梁,是斜拉桥和连续刚构的完美结合,三跨双塔双索面斜拉桥,这种构造的桥型是国内第二座。

图8-2-6 忠县长江大桥

重庆忠县长江大桥也是国家公路主骨架沪蓉国道主干线石柱至忠县高速公路项目的重点控制工程。主桥11号主墩施工水深45m,索塔塔柱整体为H形钢筋混凝土空心结构,在长江水位最深、流速最急之处。工程开工时间紧,建设过程中伴随着三峡蓄水,施工难度极大,特别是主墩双臂钢吊箱的尺寸和深度都是长江大桥中最大的,施工没有类似的经验可供借鉴。忠县长江大桥是重庆市建桥史上工程综合建设条件最复杂的特大桥,但在造价方面至少节省2亿元。

中铁一局桥梁公司依靠技术实力,打破常规,大胆创新,在长江上创名牌,采用自行设计的特大型水上浮式施工作业平台施工,既提高了效率、节约了成本,又保证了质量,这在国内尚属首次。最终在三峡大坝三期蓄水位达到黄海高程 160m 标高前,提前 12 天完成了主墩水下工程。在全国 441 个省部级优秀成果参评中,重庆忠县长江大桥深水钻孔桩施工工艺获得 2007 年全国工程建设优秀质量管理(QC)小组二等奖。

忠县长江大桥由重庆交通科研设计院设计,具有以下主要技术特点:

主梁边跨压重采用逐步加宽肋板压重。主梁的临时固结支座采用钢板将主梁与主塔分开,通过体外预应力束和沙漏支座将其联成一个整体,在主跨合龙时卸掉体外预应力束和沙漏支座实现主梁纵向约束解除。主跨合龙后调整最后几对斜拉索索力,以减少中跨合龙时临时预压重,减少合龙难度。钢围堰和钢吊箱的首节采用在浮式平台拼装,托运就位后整体吊起,然后退出浮式平台首节沉入水中,减少岸上拼装下水和托运就位施工工序,为施工工期赢得时间。钢围堰和钢吊箱的均采用两次封底(图 8-2-7)。

图 8-2-7　石忠路忠县长江大桥中 10 号桥墩

六、科技创新成果斐然

石忠高速公路因其地质条件复杂,具有当时西南地区第一长度的方斗山隧道和长江主跨最长的忠县大桥。为保证项目顺利实施,建设公司联合西南交通大学、重庆交通大学、重庆交通科研设计院、交通部公路科学研究院等单位开展相关科研课题,应用科研成果指导施工,开展了多项科研项目。

七、三峡库区跨江大桥桥墩抗船舶撞击措施研究

项目依托石忠高速公路忠县长江大桥对三峡库区跨江大桥桥墩抗船舶撞击开展了相关研究,结合三峡库区水位落差大的特点,提出了适合三峡库区跨江大桥的桥梁船撞风险概率的三概率参数积分路径方法,通过该方法计算桥梁船撞风险概率、设计代表船舶的确定方法及设计船舶撞击力,并提出了适合库区大水位落差的浮式消能防撞装置,取得的研

究成果对石忠高速公路忠县长江大桥的建设以及重庆乃至国内其他跨江大桥船撞安全风险评估和分析起到重要的理论指导意义。

项目针对三峡库区跨江大桥众多、桥型复杂、船撞风险集中等情况而开展桥墩抗船舶撞击措施研究,在国内尚属首次,具有创新意义。项目研究编写的《三峡库区桥梁船撞设计指南》成为推荐性地方标准指导三峡库区桥梁工程设计。项目研究编制的桥梁船撞安全评估系统软件为国内首创,在国内工程界日益重视桥梁工程安全的情况下,该软件有大范围推广使用的可能,具有较大的商业价值。

八、重庆高速公路斜拉桥拉索腐蚀状态评价与处治技术研究

项目以石忠高速公路忠县长江大桥为依托工程,在大量调查分析的基础上,通过理论分析、加速腐蚀模拟试验并经依托工程验证,提出了高速公路斜拉桥拉索的防腐对策。项目通过开展斜拉桥拉索钢丝在不同腐蚀介质中的电化学腐蚀行为、钢丝应力腐蚀、拉索钢丝腐蚀程度评价、不同腐蚀程度钢丝精细有限元分析等方面的研究,实现了基于加速腐蚀模拟试验的斜拉桥拉索腐蚀状况的间接监测及使用寿命预测;提出了基于拉索钢丝基体和镀锌层腐蚀的斜拉索剩余寿命预测模式。基于加速腐蚀模拟试验的斜拉桥拉索腐蚀状况的间接监测及使用寿命预测技术为斜拉桥拉索腐蚀状态评价提供了新思路。

项目研究成果已经实桥验证,并于2009年7月通过了重庆市交委的科研验收鉴定,具有显著的经济效益和巨大的社会效益。

九、复杂地质条件下超特长隧道施工技术研究

项目以石忠路吕家梁、方斗山特长隧道为依托工程,使用TSP超前地质预报技术、EKKO地质雷达探测技术、超前水平钻探技术等多种超前探测预报手段联合工作,预报准确率得到极大提高,科学指导施工单位成功穿越岩溶群、断层、煤层、突(涌)水、瓦斯等多种不良地质地段,为方斗山隧道和吕家梁隧道正洞及斜井的快速掘进施工提供了充分的科学依据和技术支持,取得了很好的经济与社会效益。

项目成功地将射流通风技术应用于隧道施工,丰富了特长隧道施工通风的技术手段,保障了洞内良好的施工作业环境,值得在特长隧道施工通风施作中加以推广和应用;项目依托工程的斜井长741.66m,坡度42.45%,总高差279m,为大断面与陡倾角斜井,规模巨大,技术含量高。在衬砌施工过程中首次采用了大型整体式衬砌台车的定位和行走等多项先进技术,为方斗山隧道和吕家梁隧道大断面及陡倾角斜井的快速掘进施工提供了强有力的技术支持;隧道开挖施工中采用适合宽大断面、小倾角、砂(泥)岩层的光面爆破实际地质条件的光面爆破技术,控制了超欠挖,提高了围岩的稳定性。

通过项目研究,解决了特长隧道施工中的实际问题,确保石忠高速公路方斗山隧道及

吕家梁隧道实现了又好又快的建设目标,工期比原计划提前4个月,节约投资约1400万元。项目研究取得的研究成果,具有一定的创新性,为复杂地质条件下超特长隧道施工等方面的技术研究作出了较大的贡献,并具有较高的使用价值。研究成果对超长隧道的设计起到了重要的参考作用,同时,对今后的超特长隧道建设以及相关技术规范的修订、完善等都具有重要意义。

十、高速公路长大坡段沥青路面技术研究

项目针对重庆市高温多雨山区的特殊地理条件,通过大量调研、室内外试验研究基础上,提出了重庆高温多雨地区长大坡路段的界定标准,并将此标准成功应用于重庆市在建高速公路的长大坡段界定,基本符合工程实际情况,为今后长大坡路段的建设提供了技术支持,具有重要理论指导意义与实际应用价值。

项目通过对现有长大坡路段病害调查和长大坡路段沥青路面结构的应力应变特点分析,进行了长大坡路段沥青路面各种病害类型的损坏机理的研究,为长大坡路段沥青路面结构设计、沥青混合料材料选择、混合料设计等提供了理论支持。

项目通过调研、室内外沥青、集料和沥青混合料性能试验,针对重庆高温多雨地区长大坡路段沥青路面进行抗车辙技术研究,提出了切实可行的技术方案,并进行了大量翔实的室内外试验验证,技术、经济对比分析,最终提出了适合重庆高温多雨地区长大坡路段的沥青路面车辙技术措施。

项目针对提出的抗车辙技术措施方案和长大坡特殊路段特点,通过试验路铺筑,进行了施工技术研究,通过研究制定了适合重庆高温多雨地区长大坡路段的沥青混合料用沥青、集料等原材料技术要求、沥青混合料设计原则、质量控制和技术标准,取得了较大的社会和经济效益。

十一、石忠高速公路复杂地质条件下路基修筑技术研究

项目针对石忠高速公路复杂地质环境条件下的松散堆积体及深层高液限土路基修筑工程技术难题,通过室内外试验、理论分析计算及工程验证,进行了系统的研究,制定了松散堆积体工程分类原则,通过改进的室内大型直剪试验,获得了松散堆积体的强度随储存器性质、含水率、含石量、颗粒级配组成等指标的变化关系,研究了不同降雨强度和渗流系数下堆积体边坡稳定性变化规律,提出了基于Galerkin加权余量法的饱和、非饱和渗流有限元列式,得出了非饱和堆积体边坡稳定性分析公式;提出了松散堆积体边坡预防护设计方法,较好地解决了施工过程中边坡稳定问题;提出了松散堆积体边坡预防护设计思路,采用喷射混凝土进行封闭,解决了松散堆积体内边坡的防排水设计问题;通过数值分析、室内土工离心模型试验验证及工程应用,提出了土工格栅加筋垫层和碎石桩复合地基两

种深层高液限土地基处治措施;提出了采用削坡、重力式挡土墙、土钉、土钉+重力式挡土墙等措施处治深层高液限土路堑边坡方法。研究成果成功应用于石忠高速公路多个工程实例,有效地解决了工程技术难题,效益显著,值得推广应用。

十二、公路高边坡预应力锚固荷载的声弹测试技术

项目主要研究混凝土在复杂应力条件下的声学特性、损伤特性及其相关试验研究;混凝土中超声波信号的信息处理技术研究;混凝土在复杂应力条件下的声应力相关性理论模型研究;预应力锚固体系锚墩传力机理及其对超声波传播的影响研究;预应力锚固荷载的声弹测试技术及工程应用研究。通过本项研究,预计可降低监测成本50%~60%。

十三、石忠高速公路忠县长江大桥关键技术研究

项目通过对石忠路忠县长江大桥工程关键技术的专题研究,进行了全方位的计算分析、模型试验、现场检测、施工工艺确定等研究工作,确保了石忠高速公路忠县长江大桥的顺利建成和安全运营。项目关键技术研究内容根据基础、索塔、主梁、预应力和斜拉索等关键部位及关键工序,分六个子课题进行了专题研究。

——浮式平台和钢吊箱结合进行深水基础施工研究。通过对长江上游大桥中规模最大的钢围堰——石忠路忠县长江大桥10号主塔墩基础36m直径双壁钢围堰的实践与研究,采用导向船上设置吊放支架来下沉围堰,解决了大型浮吊无法进入长江上游的问题;在导向锚缆系统中,通过锚碇锚着力试验,解决了锚碇系统在长江上游浅覆盖层或裸岩上的着力参数,为围堰的下沉导向和顺利着床提供了最主要的保证。在具有密实的浅覆盖沙砾层情况下,采用大功率的吸泥机,保证了围堰的顺利着岩,最终实现了一套直径36m钢围堰在深水浅覆盖层条件下实施的关键技术。项目以忠县长江大桥11号主塔墩深水基础施工工艺为依托,11号主墩浮式平台体系转换施工深水基础借鉴了钢套箱和钢围堰施工方法,浮式平台结合钢套箱围堰在深水浅覆盖层条件下为桥梁基础首次运用,在工艺上是一种创新。项目以忠县长江大桥8号主塔墩28m直径的异型高低刃脚双壁钢围施工工艺为依托,结合墩位河床断面高程进行异形双壁高低刃脚的科学设计,确保了钢围堰的完全着床着岩,丰富了三峡库区深水桥梁基础的施工方法。项目针对忠县长江大桥圆端矩形平刃脚双壁钢围堰其承受封底混凝土的侧压力及抽水后的水头压力效果较差的问题,通过技术保证措施,解决了该类型钢围堰下沉中的稳定性及精确着床问题,丰富了同类型深水基础施工方法。在石忠高速公路忠县长江大桥的几个深水基础施工中,综合了几种不同结构形式的钢围堰,通过技术试验及理论分析手段,解决了在长江上游深水浅覆盖层条件下的钢围堰实施的不利问题,形成了一套丰富多样且成熟的深水基础施工方法,为今后同类型特大桥梁的基础设计及施工提供了成功的典范。

——超高塔柱施工技术研究。项目依托石忠路忠县长江大桥南主塔墩展开关键技术研究及应用：

十四、247.5mH形变截面超高塔柱液压爬模设计与施工技术研究

针对对于247.5m高H形变截面超高塔柱，结合塔柱竖向线性曲折多变的特点，项目研究组设计出了一套施工便捷、安全、快速，并顺畅地通过线性转折点的自动液压爬模，解决了变折线处爬模施工的过渡问题。

十五、下横梁高悬空支架设计施工技术研究

对于净跨径达27m、总跨度达36.8米的斜拉桥塔柱下横梁，其悬空高度达69.5m，离江面水位超100m，项目研究组采用了高悬空八字形支撑支架结构形式，改革了传统的大跨径斜拉桥超高塔柱的下横梁支架施工方法。

十六、高强度等级混凝土塔柱外观质量控制技术研究

针对混凝土外观质量中常见的问题，并结合本课题高强度等级混凝土塔柱的特点进行分析，提出相应的解决措施，提炼出了一套提高高塔混凝土质量的方法措施。

十七、三峡库区河谷风口超高塔柱抗风抗震性能研究

针对项目地处三峡库区河谷风口的地理、地形及地质特点，在桥梁的施工阶段对超高塔柱做简单的数值计算，对桥梁超高塔柱在施工期受到的风震、地震因素下的危害作出了风险评估，制订了必要的预案，项目施工期间在2008年的汶川大地震中经受了考验，结构及措施均保证了安全状态，有效避免了结构在施工期间的地震及风震造成的安全风险。

十八、钢筋混凝土超高塔柱徐变压缩研究

在石忠路忠县长江特大桥梁的施工过程中，由于在强大重力荷载的作用下，并施工周期长，必然要考虑混凝土塔柱徐变对桥面施工的影响，保证桥面施工中最终合龙的可靠性。

十九、塔柱高强度等级大体积混凝土耐久性研究

项目探讨了影响塔柱高强度等级混凝土耐久性的主要因素，总结了提高混凝土耐久性的技术措施，同时分析了开发应用耐久性优良的高性能混凝土的必要性和可行性。

二十、三峡库区河谷地貌超高塔柱精确测量控制技术研究

针对项目地处三峡库区河谷地貌的特点，对超高塔柱的精确测量控制技术展开研究，

主要包括折光改正的三角高程测量技术、全站仪垂直高程传递技术与多后视极坐标定位技术;测定和研究外界条件影响下塔柱的变化规律,用于指导施工与测量工作,确保高索塔施工中垂直度要求,以及确定施工中塔柱的温度形变及索力作用下引起的塔柱偏移。

——主桥索塔锚固区节段足尺模型试验研究。研究项目从理论和实验两个方面研究了索塔区段的受力状况,研究方法正确,分析与试验数据可信。研究成果对忠县长江大桥主桥索塔锚固区的设计方案、施工流程有重要指导意义,验证了原设计索塔锚固区的可靠性和安全性。项目通过模型试验研究,提出了对设计、施工有重要参考价值的建议,对完善大桥设计、确保大桥施工质量具有重要意义。项目结合模型试验和数值分析结果,采用线性预测和非线性分析相结合的分析方法,研究锚固区的裂纹开展情况。本研究项目所采用的分析方法可供类似研究项目参考。

——大跨径斜拉桥关键节段防止混凝土开裂的控制方法研究。项目从理论和试验两个方面研究了大跨径斜拉桥混凝土结构的受力状况,成果对忠县长江大桥索塔和主桥混凝土结构的设计方案、施工流程有重要指导意义,能够有效防止混凝土结构开裂。项目通过现场调研监测和现场试验测试研究,提出了对设计、施工有重要参考价值的建议,对完善大桥设计、确保大桥施工质量具有重要意义。项目结合模型试验和数值分析结果,总结了大跨径混凝土斜拉桥索塔和主梁的开裂规律,并提出控制开裂的方法。本研究项目所采用的分析方法和提出的结论可供类似研究项目参考。

——桥梁预应力施工中有效预应力检测控制与验收评估指南研究。项目依托石忠路全线桥梁工程开展了以下研究:桥梁预应力施工隐患分析、有效预应力优化及其施工可行性研究、有效预应力施加对梁体变形的综合影响研究(各主要截面的应力、应变、扭转等综合分析)、有效预应力传递规律分析研究、预应力施工的验收评估软件系统开发研究、预应力施工中有效预应力全面控制(含斜拉索索力大小与同步张拉控制)与锚下应力分析及摩阻测试研究、锚下有效预应力检测与高效率、高质量施工控制方法研究及其相应检测设备开发应用研究。研究中对全线预应力施工作业有关单位进行了施工前技术培训,并对所提供的依托工程进行预应力检测校正和工艺指导,确保依托工程预应力施工质量。研究中总结出了张拉力控制精度±2%、有效预应力检测精度1.5%、有效预应力控制精度±5%、对斜拉桥索力大小和同步张拉控制的结论,满足设计及规范要求、着眼于工程实际,解决了有效预应力检测控制的技术问题,提供了充分的科学依据和测试手段,保证了预应力施工质量,加速施工进度,排除人为因素带来的负面影响,具有相当高的实用价值。项目建立了实用性强的有效预应力检测控制和验收评估指南,并配备了相应的检测控制手段,全面控制了有效预应力的施工质量,为我国预应力施工控制与验收评估标准的建立奠定了基础。

——便于换索的斜拉桥拉索改进设计、施工和维护关键技术研究。项目在大量调查分析的基础上,通过理论分析、模型试验、并经依托工程验证,取得了如下主要研究成果:通过开展重庆公路斜拉桥现状调查、斜拉桥索力自动监测系统及拉索更换施工系统的开发、斜拉索更换拉索工艺及设计理论、斜拉桥拉索维护技术等研究,提出了便于换索的斜拉桥拉索改进设计、施工和维护关键技术。项目研发了内装测力装置,具有自动显示索力功能的新型斜拉索;项目提出了BP人工神经网络在斜拉桥换索工程中的索力测试、调索施工控制应用技术;项目系统提出了斜拉桥集附属设施和新型检测系统研制,拉索剩余寿命预测,锚头区防湿、防潮、防锈技术于一体的斜拉索维护技术。

二十一、土家山寨梦圆高速公路

石忠高速公路与垫忠高速公路相连之后,石柱成为东接湖北利川的门户,一路东去,直奔上海,加之日后建成的涪陵—丰都—石柱高速公路也汇交于此,石柱一跃成为高速公路中枢之地。

石柱位于长江上游地区、重庆东部,三峡库区腹地,是集少数民族自治县、三峡库区淹没县、国家扶贫工作重点县于一体的特殊县。石柱地处渝鄂两省交界,东接湖北利川市,南连重庆彭水,西南临重庆丰都,西北接重庆忠县,北与重庆万州接壤。石柱辖区面积$3012km^2$,常住人口约41.5万人,以土家族为主,另外还有汉族、苗族、独龙族等。

石柱曾经是一个交通相对闭塞的贫困县,2009年3月26日,石忠高速公路一期工程正式竣工通车,千百年来被崇山峻岭制约着交通发展的土家山寨,终于实现了拥有第一条高速公路的梦想,当地土家儿女载歌载舞,庆祝这千年圆梦时刻。石忠高速公路二期工程石柱到冷水段2009年9月28日下午6点正式通车。石忠高速公路全线通车,标志着沪渝高速公路重庆段全部建成。通过沪渝高速公路,从石柱2小时可到达重庆主城九区,12小时可到达上海;通过石渝高速公路(G50S),石柱到重庆主城九区的距离缩短到160km,1.5小时到达重庆主城。独特的区位优势,使得石柱成为渝东枢纽门户,成为通往华中和华东地区重要通道。

第三章
G75 兰海高速公路

G75 兰海高速公路是《国家公路网规划(2013—2030 年)》"71118 网"中的南北纵线之一,起于甘肃兰州市,经甘肃陇南、四川广元、南充,重庆合川、北碚、綦江,贵州遵义、贵阳、都匀,广西河池、南宁、钦州、北海,广东湛江、海安,止于海南省海口市,全长约 2439km。

G75 兰海高速公路重庆段自合川钱塘(川渝界)入境,经合川、北碚、渝北、沙坪坝、九龙坡、大渡口、巴南、綦江等区县,自綦江崇溪河(渝黔界)出境,境内全长约 226.8km。

G75 兰海高速公路重庆段按合川兴山(川渝界)至渝北余家湾(即渝武高速公路)、渝北余家湾至沙坪坝上桥(即渝长高速公路的一段)、沙坪坝上桥至巴南界石(即上界高速公路)、巴南界石至綦江崇溪河(即渝黔高速公路)等分段建设,截至 2014 年年底,全部建成通车(图 8-3-1)。渝北余家湾至沙坪坝上桥段属于渝长高速公路中的一段,相应建设情况纳入"G50 沪渝高速公路"章"渝长高速公路"整体记录。

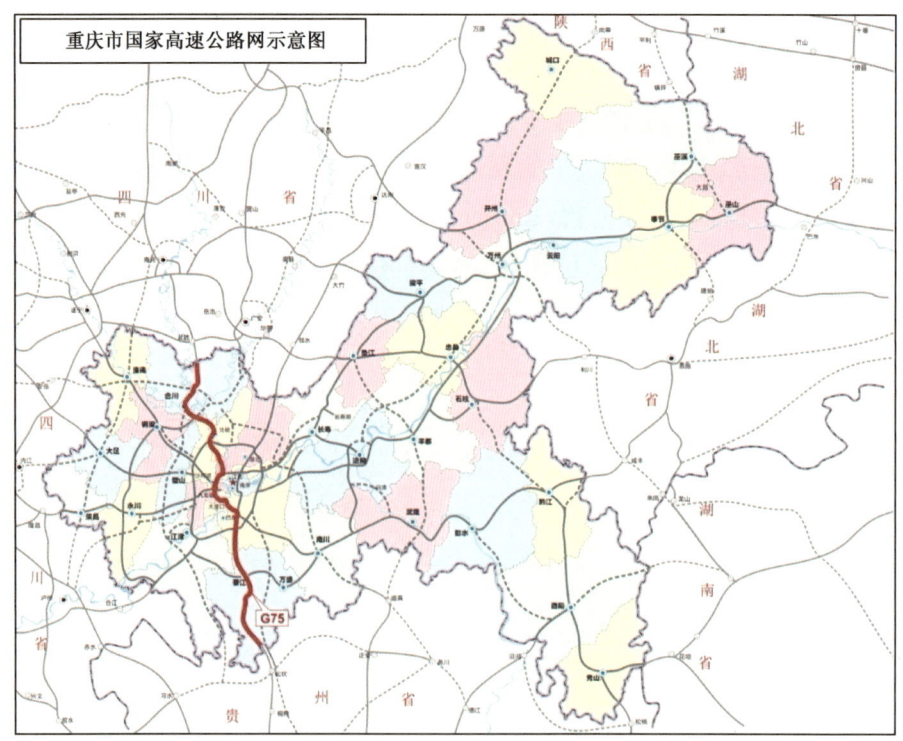

图 8-3-1 重庆市境内 G75 兰海高速公路走向示意图

第一节　渝黔高速公路

一、项目概况

渝黔高速公路，即重庆至贵州高速公路，为重庆"三环十二射七联线"规划中的一条射线。项目工可前期称为"川黔高速公路"，1997年重庆直辖后，在初步设计阶段改称"渝黔高速公路"，因为是重庆至湛江高速公路的一段，又曾称为"渝湛高速公路重庆段"。渝黔高速公路是重庆继成渝高速公路之后，又一个利用国际金融组织贷款建设的高速公路项目。

渝黔高速公路分两期建设：一期工程起于童家院子（内环高速公路东环立交），与G50沪渝高速相接，经南岸区弹子石、茶园，巴南区南泉、界石、一品，綦江古南，止于雷神店，全长85.37km，于1997年11月开工，2001年1月建成通车；项目批复概算34.25亿元，决算38.25亿元，平均每公里造价约4500万元，建设资金来源于交通部补助7亿人民币，亚洲开发银行贷款1.5亿美元，其余资金由重庆自筹。二期工程从綦江雷神店，经东溪、赶水到与贵州接壤的崇溪河，全长48.18km，于2002年6月开工，2004年12月建成通车；项目批复概算27.15亿元，决算24.97亿元，平均每公里造价5200万元，建设资金来源于交通部补助4.9亿元，西部国债0.5亿元，地方自筹3.71亿元，亚行贷款9.09亿元，建行贷款3.75亿元，工行贷款2.0亿元。

根据《国家公路网规划（2013—2030）》，渝黔高速公路童家院子至界石段（即内环高速东环立交至南环立交）约31km属于G65包茂高速公路，其余102km属于G75兰海高速。鉴于渝黔高速是一个完整的亚行贷款项目，本节按全路段为记叙单元，实录该项目建设全过程。

二、川黔公路史话

重庆直辖前，重庆至贵州的公路叫作"川黔公路"。川黔公路始建于1935年，这条路以重庆海棠溪渡口为起点，至与贵州交界的崇溪河，重庆境内全长约176km。川黔公路经崇溪河进入贵州境内，过桐梓，越娄山关，一路崇山峻岭，其中有著名的"七十二道拐"盘山公路；而后经遵义、息烽、贵阳、安顺、晴隆，在滇黔交界的胜境关进入云南连接滇缅公路。川黔公路在抗战时期曾经是通往滇缅唯一的运输通道，是中国与外部世界联系的"生命线"；新中国成立后，也一直是重庆通往贵州、云南的重要干线。

从重庆修建一条高等级公路直达贵阳，进而连通广西出海大通道，一直是重庆人的夙愿，行车走川黔公路，綦江至重庆86km，需要3个多小时，而重庆至贵阳长达400多公里的路程。则需要一天多时间,交通不便一直制约着渝南、黔北地区的发展,这里曾经是大批内迁厂矿的落脚地带,更快捷地把资源运出来一直是矿区人的梦想。

三、直辖催生渝黔高速公路

重庆修建渝黔高速公路的规划由来已久。早在1994年初,重庆市政府就向国家计委提交了"渝黔高速公路项目建议书";同年3月,国家计委批复了该建议书。1995年1月,国家计划委员会委托中国国际工程咨询公司对《重庆至綦江公路可行性研究报告》进行评估。1996年5月,亚洲开发银行评估团对本项目进行评估。1996年6月,国家计委审批了"利用亚洲开发银行贷款建设重庆至綦江公路可行性研究报告"。1997年1月,交通部批复项目初步设计;1997年7月,交通部批复项目施工图设计。

1997年6月18日,重庆直辖,历史巨变,给重庆交通发展带来了机遇。第一届市委市政府提出了"振兴重庆经济,以交通为切入点"的重大战略决策,要求重庆交通:"五年变样、八年变畅""一年起步打基础、十年渝州变通途",同时明确将1997—1999年连续三年作为重庆的"交通建设年",政策利好带来建设资金的多渠道投入。1998年1月,渝黔高速公路一期工程如期开工;2002年6月,渝黔高速公路二期工程开工,2004年12月建成通车。

四、省界方案标准变迁

渝黔高速公路在国家规划中的定位是西南出海大通道,即四川、重庆的车辆通过渝黔高速公路,经贵州、广西从北海、钦州出海到东南亚。对重庆内部来讲,渝黔一期采用设计速度80km/h的高速公路标准没有任何异议,但由于二期沿綦江河布线,地形地质极差,标准的选取也经历了认识不断深化、不断提高的过程。1994年重庆市交通局委托重庆公路设计所开始做二期方案时,委托的标准为60km/h的二级专用公路。方案论证过程中,调整为60km/h的四车道高速公路。在初设外业验收时,专家认为路线沿210国道上方布设,绕行太长、弯道太多、线型太差、标准太低,不适合西南出海大通道的定位。经激烈讨论,废掉了前期勘察外业工作,要求重新按速度80km/h做初步设计。在初步设计预审时,大家还是认识到路线绕行了东溪、赶水等场镇,建议大胆采用中短隧道、桥梁,将路线尽可能拉直。所以才有了现在的路线方案,这也是重庆首次在山区大规模采用桥隧,提高线形标准的尝试。

重庆与贵州的接线方案也经历了数年时间的协商。贵州建议的接线方案是走老210省道附近,高程比较高,省界隧道比较短,标准采用设计速度60km/h的二级专用公路。重庆建议的接线方案是低线方案,高程比较低,隧道比较长,标准采用设计速度80km/h的高速公路。经过数年的协调沟通,在交通部的协调下,采用了现在的线位和标准,即将接线高程把贵州方案下调 50 余米,重庆方案提高 40 余米,标准采用设计速度 60km/h 的高速公路。

五、千里渝湛第一桥

在渝黔高速公路的建设过程中,诞生了重庆第一座跨越长江的高速公路桥梁——大佛寺长江大桥(图 8-3-2)。桥梁总长 1168m,桥面宽 30.06m,双向六车道,桥型为预应力钢筋混凝土双塔双索面斜拉桥,大桥塔高 206m,主跨 450m,是当时亚洲已建成的同类型桥梁中主跨径第一的混凝土斜拉桥。大桥于 1998 年开工建设,2001 年建成通车。为激励重庆交通人,2001 年 12 月 24 日,江泽民总书记为该桥题写桥名。

图 8-3-2 大佛寺长江大桥

大佛寺长江大桥科技含量和技术难度体现在基础、桥墩和横梁施工的全过程中。1998 年逢百年不遇的特大洪水,主塔桥墩是全桥控制性工程,必须抢在洪水到来之前将主塔墩抢出 185m 的洪水线。受水文、地质等众多因素的影响,建设者在基础施工中遇到严峻考验。经过精心组织,反复论证,采用了填滩筑路施工方案,在一个枯水期抢出主塔墩基础,以保证主塔施工的连续性。在墩位桩基施工中采用了土洋结合的钻孔法和挖孔法。在 3 个多月里完成了水中墩桩基础施工,在临近枯水期末施工,对主塔墩 4000m³ 混凝土进行一次性灌注。为了确保一次灌注成功,防止大体积混凝土易产生的水化热裂缝,经多次试验,优化混凝土配方,采用了低水化热的矿渣水泥,并掺入了粉煤灰;在承台内预埋了冷却水管,在承台外加盖了保温保湿的防护层。赶在春汛前的 3 月 28 日,重庆大佛寺长江大桥主塔墩承台灌注成功,创下了国内建桥史上一次灌注大体积混凝土的新纪录。

建设者利用国内先进的爬模施工技术解决了高塔施工难题,他们采用先进的小起小落桁架式轻型挂篮和施工控制技术,解决了主梁长悬臂现浇混凝土施工难题。并且针对 1 号块施工,边跨合龙及大吨位斜拉索安装等难题,展开科技攻关,形成了一整套先进的斜拉桥施工技术。

在主梁的施工中,建设者设计出"巨无霸"牵索挂篮,一次灌注宽30.5m、长8m的主梁。挂篮采用了塔上竖索的方法,使非常性变形降到了最小,保证了主梁的线形流畅。挂篮采用了栓焊桁架结构,分块制造,保证了制造和安装的精度。特别是采用了小起小落的新工艺,即在托架托模行走时,托架桁梁少许离开梁体,梁体中的隔板、底模等再次降落到顶面与梁体底面平齐就可行走,避免了数百吨的托架桁梁大起和降落3m之后再前行,消除了不安全因素,为"巨无霸"超大型挂篮施工奠定了基础。经专家论证,在结构上,北主塔上30m宽的主梁一次灌注成型,优于南主塔上主梁左右幅两次灌注成型。

4号主塔墩上横梁板长31m,宽8m,高6m,钢筋用量200余吨,混凝土用量共800m³,分两次灌注。施工时也遇到了很多技术难题:高达55m的上横梁施工支架的变形问题;混凝土灌注时塔梁相对变形问题;模板、钢筋、预应力体系控制问题,以及0号索道的安装精度问题。为了克服这些困难,建设者采取了一系列的技术措施。例如上横梁施工支架的压重要求有700t的压力,如果用实物压重,工作量大,工期损失将无法估量。建设者巧妙地采用了预应力压重法,简便有效地完成了大吨位的压重任务。

4号墩是全桥控制性工程,必须抢在洪水到来之前安全优质地将主塔墩抢出185m的洪水线。在机械设备无法进场的情况下,采用筑岛围堰施工,人工开挖7500m³土石方,将15根直径3m的钻孔桩改为直径3.8~4.8m的变径挖孔桩,将岸上混凝土工厂改为水上混凝土工厂,确保施工顺利进行。在4号墩承台这座超大体积承台混凝土施工时,超前考虑,科学组织,一次性灌注4000m³混凝土,仅用110小时,创造了中国建桥史上的新纪录。

硅粉混凝土的成功应用,是该桥项目部技术创新的一大亮点。硅粉混凝土具有易浇筑、密实、不离析、长期稳定和高早期强度、高耐久性的特性。但科技含量高,技术难度大,为确保大桥工程质量,生产出高品质的混凝土,针对应用微硅粉配制高强高性能混凝土新技术专门成立攻关小组。经过近半年的艰苦细致的工作,终于攻克一系列技术难题,筛选出技术性、经济性俱佳的配合比,并通过业主及监理专家小组的鉴定。这项新技术的成功运用,保证了大佛寺长江大桥的施工质量和结构的耐久性。

六、巧用"天窗"的特长隧道

真武山隧道位于重庆长江南岸的真武山,是渝黔高速公路上重要的控制性工程,是重庆高速公路建设史上第一座大断面高速公路隧道。

真武山隧道由重庆交通科研设计院设计,由重庆市交通工程监理咨询有限责任公司负责监理;施工单位是铁道部第一工程局和铁道部第十八工程局第五工程处。铁道部第一工程局承建隧道北段(1号隧道),铁道部第十八工程局第五工程处承建隧道南段(2号隧道)。

该隧道是一项技术极其复杂的工程,其复杂性体现在以下三个方面:

其一,工程地质条件复杂。真武山区域属典型构造剥蚀和侵蚀溶蚀地貌,隧道穿越三叠系须家河组煤系地层和嘉陵江组碳酸盐可溶岩层,煤层、采空区、瓦斯、溶洞、暗河等各种不良地质现象均有不同程度的发育,地下水系发育,穿越山体为区域饮用水源,隧道工程地质和水文地质条件极为复杂。隧道既要满足高速公路的要求,又要具有城市隧道的特点,隧道区域分布单位较多,有部队、高校、工厂、煤矿等,地表构(建)筑物及居民多,有南山公园、老龙洞风景区、老君洞风景区、观景台,环保景观要求高。

其二,隧道断面大。真武山隧道为当时建成最早的双洞六车道公路隧道,其隧道断面跨度大,内轮廓扁平。鉴于真武山隧道位于城市近郊,车流量较大,须按单向三车道设计:隧道直线段净宽 13.7m、净高 7.65m、净空断面积 88.63m^2,紧急停车带隧道净宽 16.5m、净高 8.63m、净空断面积 117.44m^2;施工中最大开挖宽度 15.86m,最大开挖高度 11.27m^2,断面之大国内少有,施工难度较大。

其三,特长隧道通风。真武山隧道为最早建成的第一座特长双洞六车道公路隧道,双洞六车道公路隧道通风问题,是设计中急待解决的难题。

针对上述工程特点,特别是考虑避开地下暗河的需要,在设计上创新性地采用长隧道中间开设"天窗"的办法,提高隧道高程,将隧道一分为二,由真武山 1 号隧道(左线长 927m,右线长 941.3m)和真武山 2 号隧道(左线长 2036m,右线长 1993m)组成,从而取消了通风竖井,既降低了施工和运营费用,又保护了生态环境。

在设计和施工中,采用了一系列新技术、新材料、新工艺。在结构计算及验证上,对围岩稳定、支护衬砌结构和施工方法进行数值模拟计算分析,在隧道拱脚采用圆顺的曲线衬砌,改变了传统的折线连接方式,减少了应力集中,使结构受力更加经济合理。并采用大型相似模型试验进行验证,得到了双洞六车道大跨扁平隧道的合理支护衬砌参数与施工方法。

在隧道右洞进口崩坡积体偏压段施工中,调整施工顺序,安排左洞先行施工,利用左洞洞渣对右洞右侧山谷进行分层填筑、压实、反压,以改善薄弱山体的受力状况,待反压填方高程超过隧道拱顶一定高度后,打设右洞大管棚进行超前预支护,然后再进行右洞开挖,总结出大断面隧道偏压衬砌设计施工技术。

对采空区隧道施工中,采用喷混凝土封闭空腔内壁,用水泥砂浆对塌方体表面进行封闭,形成具有一定支承能力的壳,打设小导管或型钢进行预支护,采用型钢拱或格栅钢架模筑混凝土强支撑,强行通过。对溶蚀区隧道施工,根据隧道结构的位置关系,分别采用跨越、加固封堵、回填等措施。此外,根据围岩情况分别采用中隔墙法、双侧壁导坑法、台阶法,保证了施工的安全。

在真武山隧道施工中,出现了不少工人"一不怕苦,二不怕死"的事迹。有一次,为了堵住塌方,队长王考试,不顾自己患有严重的高血压,带领 30 多名突击队员昼夜拼抢,一身泥一身水将十几吨钢管人拉肩扛地冲上泥石流,搭上管棚堵住了坍塌。老王的脚肿了、眼熬红了、高血压犯了,人们劝他休息,他哑着嗓子说:"抢险没完,我决不下去!"说罢,从口袋里掏出药瓶倒出几粒药吞进嘴里,又带头冲了上去……

他们为开"天窗",曾经夜以继日、挑灯夜战。"天窗"正好位于两个鱼塘下面,开挖"天窗"必须放水清淤。鱼塘中烂泥齐腰,臭气熏天,老工人张怀树带领大家率先跳下鱼塘,一干就是十几个小时;经过了两个多月的日夜苦战,终于将 26 万多方淤泥清完……如今的"天窗",已经焕然一新,它不仅是素面朝天的通风之窗,那环绕四周的花草,更像一个坐落在山顶的花坛。

建设者为了保护自然环境,保留了一块叫"老鹰岩"的峭壁,傲立在隧道洞门旁边,犹如建设者为此付出劳动的丰碑,永远屹立在真武山上。

七、向家坡滑坡治理

向家坡位于重庆南山山麓,为一大型古滑坡。滑坡体积为 100~180 万 m^3。该滑坡共有浅、中、深三层滑面,其中浅层滑面为崩坡积、残坡积物泥岩顶面形成的堆积层滑坡,中、深层滑面主要依附于基岩中顺坡缓倾构造面,因切坡由上而下进行,故先形成上层滑动而后形成中层滑动,而深层滑坡至今尚未形成滑动。因高速公路路基面仅至中层滑面附近,前部的路基可提供被动抗力,故其不具备形成滑坡的条件,但中层滑坡的变形,引起地下水向深处入渗,对深层滑坡的稳定不利,作为潜在病害考虑。

该滑坡在施工期间和运营期间进行过两次治理工程。但从前两期治理工程措施来看,抗滑桩均未深入到中层滑面以下,桩的锚固段不足,这也是前两期工程实施后坡体变形的主要原因,但前期工程对稳定浅层滑坡起到了很关键的作用。为此,建设单位再次委托重庆长江工程勘察院对该滑坡进行补充勘察,并委托中铁西北科学研究院及铁道部第二勘察设计院进行方案设计。

在原前排抗滑桩后设置了一排锚索抗滑桩,桩锚入中层滑面以下,并深入深层滑面以下一定深度,一则抵挡中层滑坡推力,另则可相对提高深层滑面强度,稳定整个坡体。在二级坡面设置了一排锚索框架,以提供部分滑坡抗力,并加固浅层滑体,施工过程中根据现场监测情况在二级坡面又增设了预应力锚索墩。在滑坡体后部设置了一道渗水隧洞以疏排地下水,降低滑体内静水压力,提高滑面强度。

治理工程措施实施后,布设于滑体的深孔位移监测及地表位移监测资料均反映滑坡变形趋于稳定,说明治理工程是成功的,达到了治理滑坡的目的。

八、笔架山隧道岩溶处治

渝黔高速公路二期工程有隧道 7 座,其中笔架山隧道、分水岭隧道、竹林堂隧道、金竹岗隧道和福田寺隧道,均为单洞长1000m以上长大隧道。

复杂的地质条件造成施工中出现一些不可预见的重大变更,比较典型的是笔架山隧道设计与施工的重大变更。笔架山隧道左线长2501m,右线长2530m,最大埋深171m,主要穿越岩溶地段、煤系地层、软弱围岩、涌水等不良地质地段,且多为Ⅱ、Ⅲ类围岩。

施工中发现隧道位于岩溶塌陷中部,塌陷高度在隧道路面以上28m,至路面以下32m,宽约35m,长度约30m。设计单位提出两种处治方案:桩基加托梁方案和隧道底部换填及注浆加固方案,并推荐采用桩基加托梁方案。

建设单位比较两种方案,认为隧道采用桩基加托梁方案跨越岩溶塌陷段,施工较复杂,造价相对较高,但结构可靠,对不均匀沉降有较强的适应性,特别是在本隧道塌陷段中有架空现象,且地下水活动较强,有可能继续带走塌陷段底部的黏土及块石;在造成进一步塌陷的情况下,可以保证隧道的安全,不影响隧道的正常使用。隧底换填及注浆加固地层通过岩溶塌陷段,施工较简单,但由于隧底以下岩溶塌陷充填很厚,浆液不易控制,注浆有可能顺着岩溶通道流失,注浆效果难以把握,工程造价难以控制,且地下水可能造成隧底出现架空,隧道结构安全难以保证。

综合比较两方案,由于桩基及托梁施工太复杂,施工过程的安全难以保证,工程造价高,且勘察时发现塌陷段的涌水量较小,最终确定采用隧底换填及注浆加固地层方案。笔架山隧道运行至今,隧道内衬砌无变形,成为隧道内处治岩溶的一个成功案例。

九、河耳沟大桥加固工程

河耳沟大桥全长560.19m,宽22.5m。主桥上部结构为三跨预应力混凝土连续刚构,跨径设置为122m+210m+122m,主桥全长454m。主桥桥墩采用双薄壁式实体桥墩,其中1号墩高达87.16m。箱梁为单箱单室,箱梁底宽11m,顶面宽22.5m,箱梁底曲线按半立方抛物线变化,最大高度为13m,最小高度为4m。2号墩位于滑坡伴生的潜在基岩顺层滑坡范围内,滑坡前沿河流冲刷切割易造成滑坡及潜在滑坡体大规模滑动,影响桥梁安全,故在滑坡体前沿河岸处设防冲刷护岸,并设有14根抗滑桩。

该桥在跨中施工合龙后张拉过程中,出现跨中底板混凝土局部拉崩现象,向下挠度变形加大。后由原南方建设分公司委托云南航天无损检测单位对全桥进行检测,设计单位(四川省公路规划勘察设计研究院)在检测的基础上提出加固方案,加固方案内容主要包括两个方面:一是在底板对预应力管道重新开孔压浆,二是在环氧混凝土封闭底板的基础上,采用钢板锚固。加固设计方案、专项施工方案及交通组织方案经专家多次评审后,由中铁大桥局组织实施,实施完毕后由监控单位重庆交通大学对粘钢工艺的效果进行了评价,由云南航天无损检测单位进行了复检,并最后由重庆高速集团委托的东南大学检测公司进行了后评估。截至目前,通过运营公司检测,该桥通车十年来未出现异常现象。

十、第一条出海大通道

2001年渝黔高速公路一期工程完工通车后,重庆主城到綦江只有60km,半小时车程。位于巴南区之南的綦江区,面积2747.8km²,在2000年渝黔高速公路通达綦江之前綦江区有94.64万人,地区生产总值为320.31亿元。在渝黔高速公路一期工程通车10年之后的2012年,綦江区人口发展到105.68万人,地区生产总值达到680.7亿元。

綦江,因为拥有一个比新中国历史还久远,有近80年历史的齿轮行业名牌企业"綦江齿轮厂",被称为"中国西部齿轮城"。但是因为交通制约,这个厂伴随新中国的历程一路走来,从辉煌走到低谷;又因渝黔高速公路通车,从低谷中涅槃重生。綦江被纳入重庆"一小时经济圈"后,重新成为"一座在齿轮上奔跑的城市"。自2003年以来,全县生产总值一直保持了13%左右的高增长。

2004年渝黔高速公路二期工程完工通车后,每年都有数万重庆人在黔北消夏避暑,旅游观光。沿着这条干线,重庆人乘车可到遵义、贵阳、南宁、北海和湛江,驾车一天,即可去那里看海。

渝黔高速公路,作为重庆建成的第一条出海大通道,加速了人、财、物以及信息的交流,已经把成渝经济区和珠三角经济带紧密地连接起来。

第二节 上界高速公路

一、项目概况

上界高速公路,即上桥至界石高速公路,为重庆"三环十二射七联线"规划一环线的一段。项目起于上桥(即内环高速公路西环立交)与渝长高速公路、成渝高速公路相接,经沙坪坝、九龙坡、巴南,止于界石(即内环高速公路南环立交)与渝黔高速公路、渝湘高速公路相接,路线全长22.7km。项目概算13.57亿元,竣工决算16.36亿元,平均每公里造价7200万元。资金来源:交通部补助1.59亿元,其余资金由重庆市自筹。项目于1999年5月开工建设,于2002年12月完工通车。

二、上界高速公路开启多种合作建设模式

上界高速公路是重庆高速公路建设史上首个多方合作共建项目。

第一,首个合资建设项目开启BOT模式先河。1998年3月,由重庆高速公路发展有限公司与重庆市渝通公路工程总公司(简称渝通公司)共同出资组建成立重庆第一家高速公路股份制公司——重庆上界高速公路有限公司(简称上界公司)。上界公司作为项

目法人,严格按项目法人责任制独立承担上界高速公路的建设管理工作,而渝通公司同时也是项目的施工总承包单位,这为后来的 BOT+EPC 项目的大力推行积累了宝贵经验。

第二,特殊路段政企合作保障项目建设进度。项目建设初期,巴南区拟建的高尔夫球场与上界高速公路干扰,导致高速公路必须改线,为确保高速公路建设进度,2000 年 5 月,重庆市人民政府召开专题会议,并以《市政府第 35 次市长办公会议纪要》明确,将上界高速公路改线路段由上界公司以 16869 万元的建设总费用支付给巴南区政府由其包干实施。2000 年 6 月,上界公司与巴南区政府签订了《关于上界高速公路巴南区高尔夫球场段移交建设的协议》,将改线路段完全移交给巴南区政府进行建设管理。

第三,关键工程企业联合承包确保建设质量。上界高速公路马桑溪大桥是重庆内环高速上又一座跨越长江的特大型桥梁,也是全线的控制性工程。为确保工程建设质量,充分发挥技术优势,马桑溪大桥采用渝通公司与铁道部大桥局五处联合承包方式共同建设。渝通公司负责东岸区的 2 号墩塔、12 号桥台、主桥上部结构箱梁及引桥的施工,铁道部大桥局五桥处负责西岸区的 1 号墩塔、0 号桥台及相应主桥上部结构箱梁的施工。

三、荣获鲁班奖的马桑溪长江大桥

上界高速公路上投资最大、技术最复杂的控制工程是马桑溪长江大桥(图 8-3-3)。马桑溪长江大桥全长 1104.23m,宽 30.6m。马桑溪长江大桥主桥为预应力混凝土双塔双索面飘浮体系斜拉桥,引桥为简支 T 梁桥面连续结构。马桑溪长江大桥以优异的工程质量和美观造型,荣获 2003 年中国建筑工程鲁班奖,江泽民同志应邀为大桥题名。

图 8-3-3 马桑溪长江大桥

马桑溪长江大桥施工的关键技术与创新体现在主桥墩桩基施工、承台施工、主塔施工、主梁施工、主梁中跨合龙、平行钢绞线斜拉索安装与挂设,以及主梁施工控制技术上。其中平行钢绞线斜拉索安装与挂设、主梁施工控制技术尤为关键。

马桑溪长江大桥斜拉索布置为扇形,最长索长为 198.73m,斜拉索体系采用瑞士 VSL 公司单根安装张拉平行钢绞线斜拉索 SSI2000 体系,因此斜拉索安装时最大起吊重量较轻,为 3~5t,斜拉索安装时不需另设起吊机械,沿用主塔施工时安设的 C250kN·m 塔吊即可进行起吊作业,张拉千斤顶也无须使用大吨位千斤顶,而用单根张拉千斤顶作业,只在全桥调索时才使用大吨位整体张拉千斤顶。

马桑溪长江大桥的预应力混凝土主梁悬臂施工控制,由西南交大土木工程学院承担,采用自适应控制方法,即通过对施工中结构的实测数据进行系统的主要参数的识别,在悬臂施工过程中,修改设计"轨道",最后达到在施工过程中对索力和主梁高程、应力实行双控的目标。

四、上界高速公路闭合重庆内环,为城市拓展装上引擎

重庆主城两江环抱,四周为山岭重丘,修建环城高速公路并非易事。重庆市决策层决定,利用已经建成的渝长高速公路上桥至童家院子段(20km),渝黔高速公路童家院子段至界石段(32km),再修建 22.7km 上桥至界石的高速公路,从而闭合为一条环绕主城的环城高速公路,这就是重庆内环高速公路(图 8-3-4)。

图 8-3-4　内环高速公路带动城市崛起

内环高速全长约 75km,路基宽 31.5m,双向六车道,全封闭全立交,设计速度 100km/h,驾车跑完环线仅需 40 分钟。

内环高速公路建成之初,公路沿线地区大部分是郊区农村,线路两跨长江、一跨嘉陵江、两次横穿铜锣山,为的就是拉近城郊的时空距离,助力主城周边发展。与渝中半岛隔江相望,一山之隔的南岸茶园,10 多年前是一片人烟稀少的农村,那时,从茶园到南岸区需耗时 1 小时,内环高速公路通车后,从茶园穿越真武山隧道到南岸区仅仅 15 分钟。快捷的交通,使茶园新区这座新城在南山背后悄然崛起,茶园新区定位由原来单一的工业园区变为集工业商贸于一体的园区,规模也从原来的 15km² 扩大到 75km²,翻了五倍。

内环高速公路不仅解决了城市过境交通,而且通过 18 座立交桥与主城区各组团中心及重要节点连接,串起了主城各大经济组团,车流、人流、物流、信息流得到了加速流通,有力促进了重庆主城快速向外扩张。全线通车短短 5 年,内环高速公路就被城市包围,城市交通与过境交通混行导致内环高速公路不堪重负。2009 年,重庆市政府决定取消内环高速公路收费,并全部将收费站迁移到绕城高速公路内侧(即"内环外移"战略),新建成通车的绕城高速公路替代内环高速公路承担过境交通功能,内环高速公路移交市政管理并改名为"内环快速公路",成为城市交通主动脉,重庆全面进入建设"千万人口、千平方公里"国家中心城市的"二环时代"。

第三节 渝武高速公路

一、项目概况

渝武高速公路,即重庆至四川武胜高速公路,为重庆"三环十二射七联线"规划一条射线。渝武高速公路分两期建设:第一期为重庆渝北至合川段(渝合高速公路),第二期为重庆合川至四川武胜段(合武高速公路)。

渝合高速公路起于重庆市渝北余家湾(内环高速公路北环立交),与 G50 沪渝高速公路相接,途经渝北礼嘉、马鞍石、北碚蔡家、施家梁、北碚城区、朝阳、东阳、草街至合川盐井、沙溪庙,止于合川涪江二桥,与合武高速公路相连,路线全长 58.72km。项目批复概算 31.1 亿元,竣工决算 31.31 亿元,平均每公里造价约 5300 万元。资金来源:交通部补助 43500 万元,地方自筹资金 67545 万元,银行贷款 180000 万元。项目于 1996 年 6 月开工建设,2002 年 6 月建成通车。

合武高速公路(重庆段)起于合川涪江二桥,与渝合高速公路相接,途经合川云门、钱塘,止于渝川界(兴山),与合武高速公路(四川段)相连,路线全长 33.76km。项目概算 15.23 亿元,竣工决算 13.61 亿元,平均每公里造价约 4000 万元。资金来源:交通部补助 17500 万元,地方自筹 25800 万元,银行贷款 108993 万元。项目于 2003 年 8 月全面开工建设,先期 3 座特大桥于 2003 年 1 月开工,2009 年 12 月建成通车。

二、再造川渝黄金通道

在渝武高速公路建成之前,重庆北上到四川南充,有一条重要的干道 212 国道。其中重庆至北碚段长 53km,建于 1953 年,此路建成后,重庆至北碚不再需要花大半天时间坐船,只需乘 2 个多小时的汽车即可到达。然而此路沿嘉陵江而上,地势险峻,路基狭窄,施家梁至磨儿沱一段,为石灰岩地带,一边是高山,一边是峡谷,公路从绝壁上穿凿而过,十分险峻。后来,重庆对渝碚公路进行了拓宽改造,路况有所改观。但是,路线无法改变,渝碚公路始终是一条事故频发、经常阻塞的道路。北碚至合川段长69km,亦是一条1953年建成的四级公路,路基宽8m,路况尚可。但是这条路上的合川盐井车渡,20世纪60年代是一个用人力踩翻水板,顶推渡航的渡船,每次只能渡一个车,待渡的车辆到了江边,只能耐心等待。遇上大雾天,待渡的人们只能望江生叹。改革开放之初,合川渴望招商引资。但是,曾经有几起客商准备到合川考察,因公路险峻、路途不畅而在半路上打道回府。交通不便,曾经严重制约合川地区的经济发展。渝武高速公路如图8-3-5所示。

图8-3-5 渝武高速公路蜿蜒在嘉陵江沿线

渝武高速公路的规划始于1994年,直辖之前的重庆市决策层开始构想一个以重庆为中心,向重庆周边辐射的"大"字形高速公路网规划,而重庆向北就是重庆到合川(武胜)高速公路,但是由于资金问题,建设步伐推进极其缓慢,直到1997年6月重庆直辖,市政府决策层提出"一环五射"高速公路建设规划。重庆至合川(武胜)高速公路正是重庆市规划的以重庆市为中心的五条放射状高速公路之一,渝武高速构成重庆与四川一条新的黄金通道,实现重庆北上兰州及大西北的远大构想,对发挥重庆区位优势、带动西南地区和长江上游的经济发展具有极其重要的作用。在此背景之下,1998年初夏,蒲海清市长踏勘路线方案现场,并当场拍板,远期规划的嘉陵江水电枢纽让位渝合高速公路马鞍石大桥桥位。1999年6月,渝武高速公路一期工程——渝合高速公路顺利开工。

三、一路桥隧,一路风景

渝武高速公路渝合段沿线地形地质复杂,线路三跨嘉陵江,另设36座大中桥跨越沟壑,共5座隧道穿越群山,全线桥隧总长约18km,约占线路总长的31%。马鞍石大桥、东阳大桥、沙溪庙大桥(图8-3-6)、尖山子隧道和西山坪隧道为全线五大控制性工程。

图 8-3-6　沙溪庙嘉陵江大桥

马鞍石嘉陵江大桥,位于渝北区礼嘉镇和北碚同兴镇交界处,桥梁全长 1237m,主桥采用五跨一联预应力混凝土连续钢构,跨径组合为 146m + 3×250m + 146m,桥面全宽 24.5m,左右分幅设计,上部结构为单箱单室三向预应力混凝土箱梁,桥墩采用双薄壁柔性墩,工程耗资 2.37 亿元,是渝合路三座嘉陵江大桥中规模最大的一座。东阳嘉陵江大桥,位于北碚区东阳镇,桥梁全长 860m,主桥采用三跨预应力混凝土连续钢构,跨径组合为 135m + 220m + 135m。沙溪庙嘉陵江大桥位于合川区盐井镇沙溪庙,桥梁全长 1276m,主桥采用 2 孔(180m + 180m)独塔双索面预应力混凝土斜拉桥,主桥全宽 30.6m。

北碚隧道位于北碚区施家梁镇,是全线唯一的特长隧道,左右洞分离布置,其中左洞长 4001.6m,右洞长 4011m(图 8-3-7)。北碚隧道在全国首次采用阻燃改性沥青混合料铺装技术,成为我国第一座铺装阻燃材料的特长隧道。北碚隧道的修建,不仅在安全性上有

图 8-3-7　北碚隧道

所突破,而且建立了隧道铺装结构体系,形成了适合我国隧道使用条件的隧道铺装成套技术,对于我国今后的隧道铺装及现有隧道的修复具有重大的理论意义和实际工程意义。

四、技术创新与理念创新

1. 大力开展隧道运营安全研究

首先是"隧道内高性能沥青铺装技术研究"。该课题通过材料开发、混合料设计、结构组合及施工技术等研究工作,解决隧道内铺装的抗滑、降低噪声、耐油、抗水损害、耐久等使用性问题。可大幅度降低隧道内大型灾害发生的可能性,减少人民生命财产损失,并因优良使用性能取得良好的使用效果。

其次是"公路隧道消防技术的研究"。包括:对火灾控测报警与灭火系统在隧道内应用分析;隧道专用消防箱的开发;隧道专用灭火系统产品和应用技术的开发;隧道内探测与灭火设施的集成与优化;公路隧道火灾时交通疏导与求援方案研究;建立隧道防火设施的样板工程。课题研制开发的新型隧道专用消防箱可有效减少灭火时间,项目研究成果可提高隧道消防系统的可靠性和有效性,降低火灾危害程度。

三是"长大公路隧道智能前馈式通风控制技术研究"。包括:交通流模型、空气动力学模型、污染模型、智能模糊推理控制器等;隧道智能通风控制柜的开发研制;隧道机电智能监控系统研究。该课题完成并实施后直接效益可达1100万元/年;扩大、推广后效益为800万元/年,还可节约20%~30%的电力。

2. 高度重视绿色发展理念

渝武高速公路建设秉持的一个重要理念是,高速公路不仅具有高速安全行驶的使用功能,而且具有审美功能和环保功能。渝武高速公路沿线通过著名的北温泉、缙云山、钓鱼城等风景名胜区,自然风光和人文景观非常优美。高速公路的建设不仅要保护好原有景观,更应为沿途景观锦上添花。

绿化是"景观高速路"的一个重要方面。整条高速公路除了隔离带的绿化外,边坡绿化率应达100%。除了灌木、丛林等外,渝武高速公路在绿化方面引进了一些常年开花的植物,同时将高速公路的挖方平台、立交等,均纳入绿化范围。

"景观高速路"的另一个方面是构造物的美化、艺术化。如渝合高速公路58km长的路段中,每一座人行天桥的造型各不相同,每一种造型都与天桥所处路段的地形美学、道路的线形美学等完美结合。比较独特的是对隧道的景观处理,如北碚隧道的洞门有巴山夜雨浮雕,西山坪隧道进口路段的浮雕为川剧脸谱以及反映交通工具变化的牛拉车、马拉车等,其出口端,则是极富意境的浮雕"嘉陵波光"。凤凰山隧道位于合川境内,为在景观上与钓鱼城形成契合,隧道口外观是古城门的效果,很有巴文化色彩。

五、重庆北部崛起

渝合高速公路建成后,主城至北碚约 20km,驱车仅需 15 分钟,北碚区得以快速融入主城。北碚是一个历史悠久,经济、文化发展较好的地区,借助渝合高速公路,北碚实现了新的腾飞,生产总值从 2006 年至 2010 年,提高 2 倍,达 232 亿元,而到 2015 年已达到 430 亿元,翻了两番。

合川盛产商品粮、瘦肉型生猪、葛、茧丝绸、煤、盐、天然气等资源,煤储量达 3.7 亿吨,盐储量达 160 亿吨。渝合高速公路通车后,使主城到合川的车程由原来的 2 小时缩短至 40 分钟,打通了技术流通和资金流通渠道。

合川也是旅游资源丰富的地区,拥有钓鱼城古战场、涞滩古镇、文峰古街、陶行知纪念馆等人文景观,其中著名的"钓鱼城古战场"历史闻名天下。渝合高速公路建成后贯通的"钓鱼城大道",使合川城区到钓鱼城只需要几分钟车程,钓鱼城游客数量比以往上升了约 3 倍。渝合高速公路对振兴合川旅游经济的影响显然起着不可低估的作用。

渝合高速公路通车后,G75 兰海高速公路、212 国道,以及正在建设的重庆至广安高速公路都交汇于此。合川成为渝西北、川东北的交通枢纽和重要的物资集散地,也是重庆通往四川、陕西、甘肃等地的交通要道和经济走廊。合川自 2006 年以来,地区生产总值以年均 15% 以上的速度增长,至 2015 年,已实现地区生产总值 476 亿元。

第四章
G42 沪蓉高速公路

G42 沪蓉高速公路是《国家公路网规划（2013—2030 年）》"71118 网"中的东西横线之一，起于上海市，经江苏无锡、南京，安徽合肥、六安，湖北武汉、宜昌，重庆巫山、万州、垫江，四川广安、南充，止于四川成都市，全长约 1944km。

G42 沪蓉高速公路重庆段自巫山小三峡（鄂渝界）入境，经巫山、奉节、云阳、万州、梁平等区县，自垫江牡丹源（渝川界）出境，境内全长约 340.3km。

G42 沪蓉高速公路重庆段按巫山至奉节（奉巫高速公路）、云阳至奉节（云奉高速公路）、万州至云阳（万云高速公路）、梁平至万州（梁万高速公路）、垫江至梁平（长梁高速公路的一段）以及垫江太平互通至牡丹源出境段（垫忠高速公路）等分段建设，截至 2016 年年底，全部建成通车（图 8-4-1）。

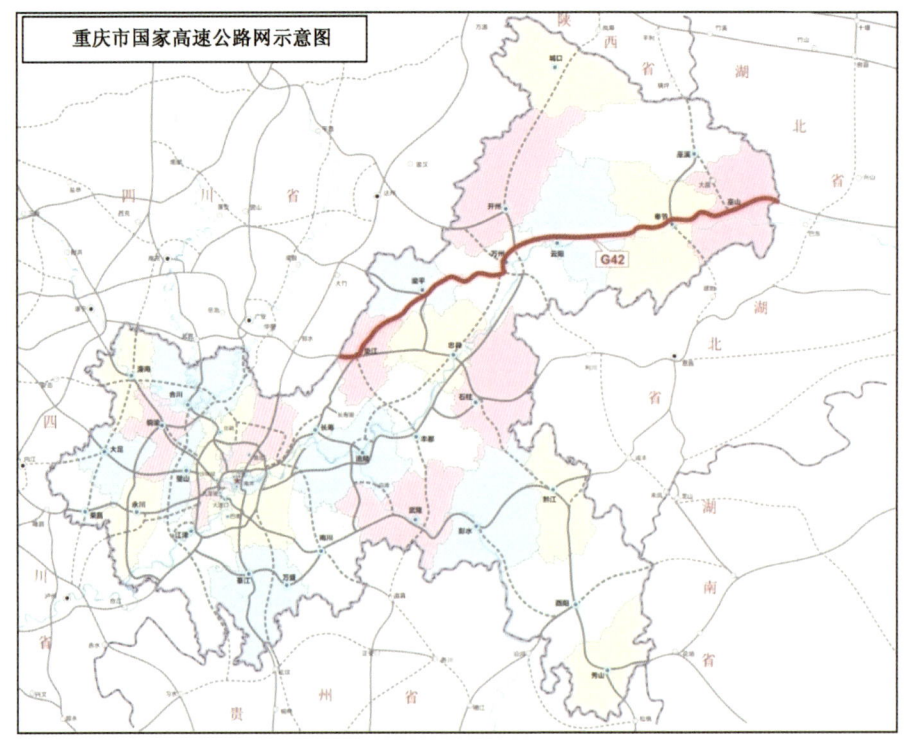

图 8-4-1　重庆市境内 G42 沪蓉高速公路走向示意图

垫江太平互通至牡丹源出境段属于垫忠高速公路中的一段,相应建设情况纳入"G50沪渝高速公路"中的"垫忠高速公路"整体记录。而将长梁高速公路与梁万高速公路合并到"长万高速公路"整体记录,将万云高速公路、云奉高速公路、奉巫高速公路三段合并到"万巫高速公路"整体记录。

第一节 长万高速公路

一、项目概况

长万高速公路,即重庆长寿至万州高速公路,为重庆"三环十二射七联线"规划渝宜射线的一段。长万高速公路包括长寿至梁平高速公路(长梁高速公路)和梁平至万州高速公路(梁万高速公路)两个建设项目,前者为国家高速公路G50沪渝高速公路中的一段,后者为国家高速公路G42沪蓉高速公路中的一段,两个项目均属于日元贷款项目,故列入本章合并记录。

长梁高速公路全长113.54km,于2001年4月10开工建设,2003年12月26日建成通车,实际工期比批准工期提前14.5个月。长梁高速公路批复概算30.99亿元,审定决算25.57亿元,每公里造价约2200万元。建设资金:主要来源于日元贷款240亿日元(实际提款192.94亿日元),折合人民币约16亿元;其余资金来源于交通部补助66100万元,地方自筹37778万元,国内银行贷款40000万元。

梁万高速公路全长67.28km,于2000年2月16日开工建设,2003年12月26日建成通车,实际工期比批准工期提前2.5个月。梁万高速公路概算28.43亿元,决算29.61亿元,每公里造价约4400万元。建设资金来源:主要来源于日元贷款200亿日元(实际提款176.84亿日元),折合人民币约13.16亿元;其余资金来源于交通部补助52600万元,中央国债5000万元,地方国债52669万元,地方自筹21718万元,建行贷款31400万元,工行贷款23500万元。

长万高速公路中,长寿至梁平段属于平原微丘地区,地形地貌条件相对较好。而梁平至万州段,长67km,穿山越谷,沟壑纵横,沿线山高坡陡,植被发育,岩性多变,灰岩、页岩、泥质砂岩等复杂地质结构交替,大滑坡、高边坡、危岩软弱围岩等不良地质十分集中,高挡墙、高护坡等防护工程量巨大,大小桥梁达88座,隧道8座,桥隧占该路段比例达到41%。

从2000年年初到2003年年底,经过4年艰难的建设历程,10万建设大军沐雨栉风,顽强拼搏,最终把重庆主城通往三峡库区的高速公路延伸到万州,使长寿、垫江、梁平、万州多年的高速公路梦想变成了现实,结束了这个地区公路交通落后的历史。

二、曾经的"长颠路"

1979年5月26日《重庆日报》以"长颠路何时变"为题报道批评长寿至垫江公路(长垫路)的路况颠簸现状,呼吁改变现状。"长颠路"一度成为长寿至垫江公路的代名词。

长寿至万州的公路交通主要依靠省道118线和国道318线。其中长寿—垫江—梁平所在的省道118线是新中国成立前修建的等外级老公路。陡坡、弯道、狭路较多,新中国成立后需经多次整治维修,依然路况较差。梁平—万州虽为国道318线,但路程长81km,且多为盘山公路,弯多路陡,通行状况很差。

长寿—垫江—梁平一带平坝区,土地肥沃、物产富饶,农耕条件优越,素有"巴国粮仓"的美称。然而重庆直辖前的长寿、垫江、梁平分别属于三个不同的行政区:长寿属重庆市,垫江属涪陵地区,梁平属万县地区,各个地区均局限于本地区老路改造,缺乏统一的治理规划,整个路段的路况不尽人意。多年来,长垫梁人民迫切希望早日改善公路交通落后状况,早日结束"长颠路"的历史。

三峡工程的实施和重庆的直辖,给长垫梁的公路交通发展带来了历史的机遇。对长寿—垫江—梁平—万州路段的局部改造,已经不能满足沿途区县经济发展的需要。人们渴望修建长寿—万州高速公路。

三、长万之路,一波三折

1997年,直辖后的重庆,担负了中国有史以来最伟大的工程——三峡工程。2000年4月建成的渝长高速公路,迈出了重庆主城通往库区的第一步;紧接着,重庆市规划修建的第一条通往库区腹心之城万州的高速公路,就是长寿至万州的"长万高速公路"。万梁高速公路由四川省交通厅开展工可和初设,方案原规划在梁平县城附近走北线,绕过军用机场,主线接四川大竹。重庆代管涪、万、黔地区后,接手了万梁高速公路的初步设计管理工作,考虑到梁平县城今后的拓展和万州交通主流向的调整,初步设计进行了调整,将路线方案调整为现在的南线,即靠山侧通过,交通主流向接重庆。

万州与重庆交通历来依靠"长江黄金通道",舟楫往来,毕竟不如高速公路便捷。万州人民非常企盼这条"陆上黄金通道"早日通往万州。为此,当地政府和群众积极做好了修建高速公路的前期准备,万县市和梁平县相继成立指挥部,征地拆迁、施工便道等前期工作均已准备就绪。重庆市交通局按照重庆市政府部署,准备先期实施梁平—万州高速公路,并初定于1997年12月27日在万州开标。但是"万事俱备,只欠资金",当时直到开标前2个小时,自筹资金不足2亿元,仓促上马之后,容易出现资金断链导致停工。一时间,重庆市领导、重庆市交通局、区县指挥部,上上下下心急如焚。

1997年11月27日,原定开标日前一天,突然从北京传来消息:国家计委将万梁公路纳入日元贷款项目。重庆市交通局连夜请示蒲海清市长，适逢蒲市长访美回国，蒲市长一下飞机，立即拍板，决定推迟开标，采用比较优惠的日元贷款来建设万梁高速公路及长梁高速公路。然而始料未及的是，这一推迟，就是整整两年。

因为是日元贷款项目，重庆市交通局酝酿成立了一个独立的建设公司成为项目业主。1999年5月，专为长万高速公路成立的"重庆渝东高速公路有限公司"应运而生。然而，按照日本协力银行贷款项目的运作程序，长万高速公路的前期过程却周期漫长、困难迭出。

首先，按照日元贷款项目程序，必须对项目工可进行重新评估；重庆市交通局为此对原有的工可报告作了重新修订。1999年8月，日本协力银行代表松岗敬三率评估团来渝对项目评估，中国国际工程咨询公司参与评审，对项目进行了4个月的评估。从项目纳入日元贷款，到2000年9月14日重庆市交委与中国进出口银行签署转贷协议，经历了两年多漫长的等待。为了争取时间，梁万高速公路的设计和工程招标也与评估工作同步进行。1999年8月，梁万高速公路完成国际招标，2000年初，项目顺利开工。

工程虽然推迟了两年，但获得了宝贵的外资，而且日元贷款相当优惠，30年贷款期，年息2.3%，前10年只付利息不还本。在当时资金匮乏的情况下，440亿日元，相当于31亿元人民币，算是解了燃眉之急。

这是重庆第三次利用国际金融组织贷款建设高速公路，重庆曾经利用世行贷款修建成渝高速公路、利用亚行贷款修渝黔高速公路，这次利用日元贷款修长万高速公路。这种外资项目都有一个共同的国际招标原则：最低投标价中标。根据以往国际招标的经验，这种定标办法容易造成投标人低价抢标，给工程建设带来负面影响。为此，渝东公司结合交通部制定的合理低价评标原则，对所有投标人均实行有条件的最低价中标原则，同时根据中标人的报价与招标人标的的偏离程度，提高履约保证金。这种评标办法在实施中取得成功，有效遏制了恶性低价抢标，也为国际招标和国内招标找到了一个良好的结合点。

有了日元贷款，如何使用好这笔外汇，是摆在建设单位面前的一道难题。长万高速公路一共贷款440亿日元，按当时比价，折合人民币31亿元。有了这笔资金，当然是好事。但接踵而来的费率风险却考验着建设管理者，因为近30年来，日元汇率波动极大，与美元汇率一阵抬到1比79，一阵又跌至1比26，相差3倍多！日元与美元的汇率每跌1个百分点，长万路就得丢失3000多万元人民币。

管理这笔资金的是重庆渝东高速公路有限公司。公司的领导层是几位学工程的年轻人，他们没有金融经验。他们手上握的是日元，工程用的是人民币，而日元、美元、人民币之间的汇率是随着国际经济风云瞬息万变的。为了用好这笔贷款，他们成了运作日元外汇第一批"吃螃蟹的人"。他们根据国家计委、财政部、国家外汇局颁发的《外债管理办法》关于债务人"可以保值避险为目的，委托具有相关资格的金融机构运用金融工具规避外债的汇率和利率风险"的规定,与中国银行国际部的金融专家联手,盯牢伦敦进入市场,选用汇率较稳定的美元作为中介货币,手握日元待价而沽。"9·11"事件之后,美元汇率应声而落,比值从126一直跌到116。他们看准形势,抛日元进美元,接着日元与美元汇率反弹10多个点,渝东公司账上悄然多了几千万人民币。从2001年至2003年9月,渝东公司在伦敦市场运作了112亿日元,赢回了4000多万元人民币,在金融市场中获得成功,为项目赢得更多的建设资金。

有了日元贷款,修建梁万高速公路基本有了资金保障。2000年,在新世纪揭开新的一页之际,在"劈山开路何所惧,万水千山任我行"的豪迈口号中,12个施工单位的职工,携带着成百上千筑路机械,浩浩荡荡开进了施工现场。

四、会战马王槽

梁万高速公路开工正值隆冬季节,海拔800多米的马王槽山,还在冰雪覆盖之中。承建马王槽隧道1、2号隧道和马王槽大桥的中铁五局五处和中铁隧道局三处冒着风雪会战于马王槽。

长万高速公路从长寿到垫江、梁平,基本属于平川。但是过了梁平,即进入山岭重丘。在分水有个"两山夹一槽"的地方,即"马王槽",是梁万高速公路必经之地。原路线推荐方案是一个短隧道加半坡上的展线方案,在交通部初步设计审查时,因担心半坡堆积体的稳定性和公路上部边坡现有陡崖岩体的崩塌,尽管造价贵得多,最后还是从安全运营出发,决定选择两个隧道加一桥的新方案。

"马王槽"是梁万高速公路上第一道难关。这里一座山被神工鬼斧劈成两半,两峰相峙,中间夹以峡谷深槽。两边山峰分别以1600多米的双洞隧道洞穿,洞口悬于绝壁之上。双峰之间,峡谷之上,以150多米的马王槽大桥连接。在这不到3km的路段,要建两桥四洞,实在困难重重。

承建"马王槽"工程右线的施工单位是铁道部隧道工程局第三工程处。他们首先遇到的困难是进场难。最先来到马王槽的是2000年全国铁路生产标兵王吉成,他和他的"青年突击队"于1999年深冬来到马王槽开创基地。在海拔800多米的高山上,荒无人烟,在80°的陡坡上,连羊肠小道都没有,进场时,只能攀藤附葛艰难爬行,稍有不慎,就可能跌下谷底,披荆斩棘抬上去的变压器,找不到一块安放的平地。开工之初适逢寒冬,"青年突击队"在铺满冰雪的荒地上搭起帐篷、煮饭、住宿,在冻土上修便道,刨洞口,艰难地打开洞门。马王槽右线隧道岩层软弱多变,洞门口压力偏大,洞内有煤层、瓦斯和断层。施工单位采用"端进尺、弱爆破、强支护、快循环"的战术,曾经创造软弱围岩月单口掘进150m的全线最好进度,而且采用光面爆破,超挖、欠挖都控制在5cm之内。

承建"马王槽"工程左线的施工单位是铁道部第五工程局第五工程处。该隧道进场也是相当困难,由于隧道一端在悬崖上,开挖只能独头掘进,施工者腰系绳子在半山腰打眼放炮。他们承建的马王槽大桥虽高不过80m,但确实建在两山对峙的峡谷之上,桥墩中心间距仅40m,由于桥面纵向横向皆有坡度,只能采用挂篮式方法施工,施工时使用了2个自重达90多吨的挂篮,每一道工序施工无不惊险重重。

马王槽工地在海拔800多米的高山上,长度不过3km,却有两桥四洞。在隧道施工中,遇到过涌水、瓦斯、煤层、断层、偏压、地热、高压应力、软弱围岩、岩爆等种种病害,被称作"万梁第一洞",而马王槽大桥将两座相距仅150多米的高峰连接起来,被称作梁万高速公路上的"天险第一桥"。

经过建设者们的顽强拼搏,马王槽隧道于2001年11月8日提前一年贯通,2002年4月工程主体完工,2003年5月隧道竣工。工程质量和进度得到重庆市委、市政府以及国家计委领导的好评。中铁五局五公司马王槽隧道青年突击队因此被共青团重庆市委、市委宣传部等六家单位联合授予重庆市2001年度"青年文明号"先进集体。

在梁万高速公路施工中,不仅有马王槽这样的"天险"挡在建设者前行的道路,更有罕见的大面积的滑坡,横亘在建设者面前。

五、锁住"走山"

在梁万高速公路路线上,有近10km的顺层滑坡地段,这个地段共治理滑坡80多处。按梁万高速公路长度算,平均每公里就有一个滑坡出现。其中有个叫"张家坪"的地方,是当时全国最大的滑坡带;因其历史上多次发生大规模滑坡位移,老百姓把它叫作"走山"。2001年5月1日,施工正在紧张进行中,200多万方山体突然下滑。滑体长达1000多米,最宽处332m,堆积物最厚处达40m。滑坡把已现雏形的路基,弄得面目全非。

滑坡由老滑带、软弱条带、泥质条带等不同成因的堆积物组成,有多层滑动面,而且地下水极为丰富,为处于极限平衡状态的大型古滑坡体。

为治理滑坡,全国各地专家云集于此,多次考察、研究、反复论证,最后确定了用支挡结构护住滑体,结合排泄地下水的治理方案:在深层滑动面底部针对堆积层、流沙层等不同地层,采取了超前锚杆、格栅拱架、超前管棚注浆、板桩法等支护措施;此外,修建了渗水隧道、仰斜排水孔、支撑泄水沟来排除地下水。

在挖抗滑桩基坑的过程中,为防止因过多开挖形成新的临空面过大引起滑动,采取了"跳二挖一,分批开挖"的方法。即在第一批抗滑桩达到抗滑能力后,再进行第二批抗滑桩施工,以便最大限度降低施工对滑体的扰动。此外,还采取了预应力锚索、锚索抗滑桩、锚索框架等措施治理滑体。在张家坪滑坡治理中,一共使用了528根锚索、60根抗滑桩,1座196m长的渗水隧道。抗滑桩最深的一根插进岩体46m。就是这些锚索与抗滑桩连成一个整体,把古滑坡紧紧地锁住,牢牢地钉在山体上。

在张家坪滑坡治理中,施工人员付出了辛勤的劳动。在抗滑桩基坑施工中,因为桩孔空间狭窄,工人们操作困难,加之深空缺氧,必须定时轮换作业。为加快进度,工人们咬紧牙关,抓紧一分一秒,连续24小时人停机不停作业。超重的体力劳动和严重缺氧,使每个工人从桩井上来都口喘粗气、头晕眼花。正是由于工人们在滑坡区风餐露宿,克服了常人难以想象的困难,仅仅用两个月时间,赶在雨季到来之前,完成了桩基工程。

此外,梁万高速公路上的大荒田滑坡是本项目的第二大滑坡。工程开始不久就遇上雨季,在地下水和雨水的作用下,一场瓢泼大雨之后,便道下沉了3m,裂缝下陷带宽5m,山脚下滑坡舌部形成明显的鼓带。大荒田段原设计为四级边坡,其中一、二、三级采用护面墙防护,四级未设任何防护。2001年9月,当开挖四级边坡时,开挖后的边坡开始沿着岩层中的泥化层多次产生顺层滑动,滑动深度在施工便道附近约为10m,并出现多处大的裂缝,造成施工便道交通中断。

大荒田滑坡采用分级处治方法,对第四级边坡采用了29根锚梁和121孔锚索加固;对第三级坡采用了33根锚梁和154孔锚索加固;对第二级坡,为防止堑坡开挖对滑体沿深层滑动,在该级坡面上布置三排预应力锚索墩111个,锚索长度达20m;第一级坡亦采用锚索墩及护墙加固和防护,3排锚索长度均为15m,第一级和第二级均采用了锚索、抗滑桩防护措施。此外,对边坡采用了截排水、坡面绿化处治;对裂缝采取了夯填处治。

梁万高速公路滑坡治理耗费资金1亿多元,致使本项目每公里造价达4400万元。然而通过处治,结束了张家坪、大荒田等地千百年滑坡危害人民的历史。梁万高速公路运营至今已经10余年,全线50多处滑坡段经历了暴雨和洪水的考验,基本保持了稳定状态。

六、长万高速公路常年绿

在长万高速公路建设中,建设者十分重视生态环境,坚持以"创建百里绿色长廊,奉献文明优质服务"为宗旨,把长万高速公路打造为一条绿色的景观大道。

首先突出环境和生态保护。在线路设计之初,充分结合沿线的自然资源和生态结构,将水土保持和环境保护纳入设计中,进行优化设计,并邀请有关专家对其进行环境影响的综合评价,力求达到在合理开发利用自然资源的同时,把工程建设对环境生态的破坏减小到最低程度。在边坡上形成以绿色植物与草、灌、花结合,种植面积达150万m^2,栽植各种灌乔木超过80万株。当草类在2年时间左右长势削弱后,所种植的灌木、乔木到时都已渐长成片成林,与自然和谐成为一体。无论是边坡、中央隔离带,还是各大立交区域的绿化,都充分考虑到对生态环境保护的实用性与人文自然的和谐性。为使长万路做到"三季有花,四季常绿",采用了"地被"和"乔灌"相结合的绿化方法,取得了较好的效果。业主还根据本地区的气候环境,结合沿途地质和线型特点,在绿化景观上栽植了紫薇、小叶榕、红叶李、毛叶丁香、高山榕等数十个种类的乔、灌木品种并栽植了月季花、美人蕉、杜鹃、春鹃、夏鹃等四季不同时期竞开的花草类,体现了生态,增强了对边坡的维护,使自然资源与人文景观互补和谐,既充分考虑了资源的节约,减少了噪声、空气、水、土壤的污染及道路对景观的影响。长万路沿途,除了道路和房屋,两旁的边坡几无裸露之处,绿化工程的全面实施,不仅降低高速公路建设成本和减少今后营运维护费用,而且成为长万高速公路上一道道亮丽的风景。

在对长万高速公路全线收费站房设计上,主要突出了建筑风格及协调性,采用了21世纪建筑发展方向的模结构,造型都各具特色,造型别致、结构新颖,通过曲面流线形式表达、简洁,形成独具一格的建筑风格。每个收费站站房的修建都体现了现代文明,展现出浓厚的地域文化特色,让行驶者赏心悦目。

长万高速公路全线共有110多座天桥,业主从设计上力求做到可视范围内无重复,并根据天桥周围的自然景观进行了相协调的涂装,提高了可视效果。

景观设计上,主要以《渝水溯史》《巴风醉拂》《移民沧桑》三部曲为主线的巴渝文化,并运用壁画、雕塑等艺术手法反映深厚的巴渝历史文化,充分体现自然资源与人文景观的协调、互补、和谐,营造生态环境。反映历史,突出民俗风气,展现地域文化特色,创造良好的视觉空间和视觉效果,提升高速公路质量品位。通过运用浮雕和雕塑等形式对隧道洞口、边坡、护坡、互通立交、跨线桥等的景观融合地方的人文、地理、历史、经济等特点,色彩上体现与自然的和谐统一,力求与周围环境的协调配合,从根本上提高环境质量和景观效果,使之真正成为既是一条景观的环保路,又是一条有着丰富文化内涵的地方特色路的环保之路、景观之路。

七、梦圆长万

从2000年2月梁万高速公路开工,随后2001年4月长梁高速公路相继开工,建设者历经3年的艰辛,于2003年12月完成了第一条重庆到库区中心城市的高速公路。长万高速公路与已经建成的渝长高速公路连接,重庆主城与第二大城市万州的高速公路完全贯通。重庆主城至万州车程从480km缩短为266km,行车时间从10个小时缩短为3个小时。

历史上,万州得长江"黄金水道"之便,因"万川毕汇、万商云集"而得名。俗话说"金开银万,不足梁平一半",说的是开县、万县历来都很富足,梁平一马平川,更是渝东粮仓。其实,重庆直辖前,原万县地区所辖8个县,除梁平外,7个是国家级贫困县。长万高速公路贯通后,长寿、垫江、梁平、万州才真正成了富庶之乡。

梁平县面积1892.13km^2,截至2015年,梁平县总人口约92.55万人,是全国粮食生产先进县。如今,梁平县交通便捷,境内318国道从东向西穿越,G42高速公路从南到北跨越全境,G5515高速公路在碧山镇由大竹县接入,从北至南进入忠县。交通促发展,近年来梁平经济发展较快:2009年,梁平县实现地区生产总值92.27万元。2015年,梁平县实现国内生产总值已达242.33亿元。

与梁平毗邻的垫江县面积1518km^2,人口为97.05万人。垫江县距重庆主城九区120km,是重庆1小时经济圈和渝东北翼的重要接点,是渝川东部的陆上交通枢纽,渝东北地区重要的商贸流通、物资集散地。2015年,垫江县实现地区生产总值239.84亿元,增长13.9%。

长万高速公路贯通后,与万州航空、铁路、公路构成的立体交通,成为万州发展为重庆城乡统筹的特大城市、经济发展的重要增长极、渝东北地区及三峡库区的经济中心、对外开放的重要门户的重要保证。

第二节 万巫高速公路

一、项目概况

万巫高速公路,即重庆万州至巫山高速公路,为重庆"三环十二射七联线"规划渝宜射线的一段,全线分3段建设。其中:万州至云阳段(万云高速公路)78.35km,2004年12月开工建设,2008年12月建成通车;云阳至奉节段(云奉高速公路)71.36km,2006年8月开工建设,2010年9月建成通车;奉节至巫山段(奉巫高速公路)2006年6月开工建设,2010年9月建成通车;重庆巫山与湖北宜昌省界交界段(奉巫高速公路二期)27.32km,因湖北境工期略滞后,直到2014年7月才建成通车。

万巫高速公路3个建设项目资金均来源于交通部补助和地方自筹,其中交通部补助:万云高速公路6.3亿元,云奉高速公路8.82亿元,奉巫高速公路8.34亿元;其余资金通过地方自筹和银行贷款。

万云高速公路概算62.49亿元,决算金额69.4亿元,每公里造价约8800万元。云奉高速公路概算57.67亿元,决算金额88.7亿元,每公里造价约1.1亿元。奉巫高速公路概算51.08亿元,每公里造价约1.1亿元。

整个万州—巫山高速公路沿长江以北穿越大巴山脉,跨越深壑河流,长达209km,共有大中桥梁227座,隧道62座,超过2km的特长隧道32座,桥隧比例均达65%以上。其中,全长7300多米的摩天岭隧道以及彭溪河、大宁河、梅溪河等特大桥,都具有极大的建设难度。全线在施工过程中先后遇到大小滑坡120多处。线路穿山越谷,所过之处地质复杂,生态脆弱,有多项科技指标属于世界级攻关课题,被多次前来工地现场调研的国内外专家称为国内乃至国际上施工难度最大的高速公路建设项目之一。

2003年12月,长寿—万州高速公路通车后,云阳、奉节、巫山等地人民更加迫切地翘首企盼高速公路向渝东北延伸。长万高速公路建成后,经过一年的准备,仍然由重庆渝东高速建设公司为建设业主,从2004年12月修建万州—云阳高速公路开始,至2012年12月高速公路通达巫山,前后历时8年,完成了万州—巫山高速公路建设。

二、巫山国道,半个世纪的企盼

从重庆到湖北宜昌的高速公路,重庆把它叫作渝宜高速公路。渝宜高速公路重庆段从主城,直抵离重庆主城最远的东北角巫山县。渝宜高速公路的建成,对巫山人民来说,是长达半个世纪的企盼。

巫山东邻湖北巴东,西接奉节,南与湖北建始毗连,北与巫溪及神农架林区接壤,自古就是一个较为闭塞的小山城,通向外面的世界一直主要依靠长江水道。

巫山是一个山川壮美、资源丰富的地方,小三峡、神女峰,历来是人们心向往之的旅游胜地。然而这片神奇而美丽的土地,直到20世纪80年代还是一个"无国道、无铁路、无航空"的三无国家重点扶贫开发县。据当地老百姓说,20世纪50年代叶剑英元帅曾想在巫山修国道,派专家来考察,大山高如云,帽子都望掉了,直摇头,最终没搞成。巫山人盼望修国道,盼了半个世纪。

当年不仅巫山交通闭塞,与之比邻的奉节、云阳,公路交通也相当落后。除了水上交通外,没有国道,仅靠县道与巫溪、江口连接。而重庆与川东边远山区的公路交通仅靠一条省道108线的"渝巫公路"。这条重庆至巫溪公路长达529km,其中一半是四级公路,其余均为等外级公路。交通闭塞严重制约当地经济发展,特别是居住在高山地区的农民,生活处于贫困标准线下。按照1995年国家确定的"八七"扶贫标准,重庆21个贫困县中就包括巫溪、云阳、奉节、巫山等地。2001年,时任交通部部长黄镇东赴三峡库区调研,发现当地人民深度贫困,有接近2000户村民住在岩洞里,他难过得流泪了。帮助山区人民脱贫致富,改变当地基础落后面貌,成为重庆直辖后时不我待的首要大事。

三、渝东北的"黄金大道"

重庆直辖后,对重庆主城至巫山修建高速公路早有规划。根据《重庆市骨架公路网规划(1997—2020年)》,按照重庆市社会经济、人口发展及土地利用规划,重庆市骨架公路网应纵横穿越全市及三峡库区腹地,为三峡工程的建设、库区移民、扶贫和三峡库区社会经济、土地开发发挥更大的作用。其中规划了"梁平至万州段高速公路",从梁平至万州68km,四车道标准,总投资约28.4亿元,规划"九五"期开工,"十五"期建成。

《重庆市高速公路网规划(2003—2020年)》提出,为加快以三峡库区为重点的基础设施建设和生态环境建设,推动重庆市旅游业的发展,促进库区经济社会的快速发展。重庆市高速公路网应连接所有县级以上行政区域、重要的港口、机场和铁路枢纽,实现县县(区、市)通高速公路,并与相邻省份主要干线公路合理衔接,使重庆主城区至所有县(区、市)由现在的8小时到达缩减至4小时到达,形成规模适当、层次清晰、布局合理、功能明确、设施完善的高速公路网络,为重庆构筑长江上游交通枢纽奠定坚实的基础。按照规划的"二环八射",其中重庆至武汉公路(渝鄂路),为国道主干线,起于江北区童家院子,止于巫山县刘家垭(渝鄂界),重庆境内总长458km,穿越重庆市江北、长寿、垫江、梁平、万州、云阳、奉节和巫山,是重庆连接华北和华中地区的重要公路通道。并规划,在政策环境不变的情况下,实施本规划需要20年左右,力争在2020年前完成。后来2002年时任重庆市委书记的黄镇东提出,把重庆高速公路从2020年提速到2010年,其中就包括提前10年修建万州至巫山高速公路。

为了贯彻市委市政府提出的"在2010年前构筑长江上游交通枢纽"的指导思想,加快交通基础设施建设,力争在十年内使重庆市交通基础设施建设取得突破性的进展,在原来1997—2020年重庆综合交通规划的基础上,结合重庆实际,重新修订和完善交通公路、水路建设规划,将原来到2020年实施的规划提前到2010年前实施。其中包括万州—巫山高速公路建设,提前在2010年前建成。

对于渝宜高速公路是否提前建设,当时曾有不同意见,认为万州至宜昌紧挨长江,有"黄金水道"的作用,再修高速公路投资太大,应当缓行。然而,多年来,长江黄金水道倍受三峡大坝碍航瓶颈的制约,黄金水道"通而不畅"的问题已经凸显,三峡大坝的拥堵已经常态化。三峡船闸通过能力不足,对长江中上游地区的综合运输格局、产业发展布局和区域经济建设与社会发展造成重大不利影响。因此,从长计议,为缓解川江水道航运压力,为三峡船闸碍航的过往船舶大幅度分流,修建渝宜高速公路已势在必行。

在重庆市决策层的努力下,2004年7月,交通部陆续批准了万州至云阳、云阳至奉节、奉节至巫山的高速公路项目立项,并于2005年11月相继开工建设。

四、穿越大三峡

万州—巫山高速公路位于重庆东北部,横贯三峡库区腹地。该地区处于大巴山南缘,海拔高程多为1500~2500m,区属大巴山台缘皱带,并伴有多条断层,岩性较为复杂,泥岩、砂岩、灰岩均大片分布,且有岩浆岩和变质岩等,不同岩性地区地形地貌有着明显差异。在二叠系、三叠系碳酸盐地层中,易形成峡谷、狭长小平坝等,地表和地下喀斯特地貌很发育。该区地形复杂,相对高差大,特大桥、长大隧道分布较多,路基土石方、防护工程数量巨大,工程难度大。该区域隧道洞口常遇危岩落石、岩堆、滑坡、顺层、偏压等,洞身施工常遇到断层破碎带、岩溶及岩溶水等。

从梁平至巫山段全线共有隧道35座,超过2km的特长隧道达9座,其中摩天岭隧道长达7300多米的。从梁平至巫山段全线共有大桥229座,其中有彭溪河、汤溪河、大宁河、梅溪河、何家坪特大桥等。从桥型上来讲,既有普通T形桥、钢箱桁架上承式拱桥,还有预应力混凝土斜拉桥、连续刚构桥等。从技术含量上讲,大宁河特大桥是一座上承式钢箱桁架拱桥,净跨达400多米,同类桥梁位居亚洲第一、世界第二。而汤溪河特大桥是一座连续刚构桥,桥梁墩高达157m,宽度230m,高与宽两项综合指标都居国内第一。因为地处三峡库区,在施工中三峡水库蓄水对上述大桥基础施工带来一定影响;因此,三峡库区的大桥建设,对施工提出了极大的挑战。

以下列举的几个比较典型的单项工程,比较集中体现了三峡库区工程的施工难度和科技水平。

五、摩天岭隧道

摩天岭隧道双线全长14633m,左洞长7280m,右洞长7353m。摩天岭隧道地质结构复杂,岩爆、岩溶、坍塌、掉块、突水、突泥等不良地质较多。隧道的斜井施工、克服涌水等不利的施工困难,以及特长隧道的运营通风,是本隧道的显著特点。

摩天岭隧道为一座上、下行分离的四车道高速公路特长隧道。根据隧道需风量及地形地质条件等因素综合考虑,摩天岭隧道左右线均采用分段送排式纵向通风方案,左右线各设置斜井一座,分别对左右线进行送排风。

斜井最大埋深822m,左线隧道斜井(1号斜井)长1367.31m,坡度24°。斜井洞身段原设计采用复合衬砌。在国内同类隧道中,坡度大于24°,长度接近1400m的斜井尚属首例,在此条件下进行施工难度极大,特别是进行二次衬砌的模筑混凝土施工。二次衬砌施工中,斜井内大规模混凝土的运输、衬砌台车的定位固定、模筑混凝土的振捣等难度大、危险性高,施工质量难以保证;受斜井施工特点限制,二次支护需待掘进完成后自下而上依次进行浇筑,掘进、支护不能平行作业,施工周期长,费用高,且工期难以保证。所以斜井二次衬砌应用了单层衬砌的科研成果。

右线隧道斜井(2号斜井),坡度24.95°,长度为816.7m。斜井岩溶极其发育,施工难度极大。斜井施工中,发现特大溶洞。根据斜井岩溶发育特点,结合隧道工程的结构特点和受力特征,在拱部、边墙和底部3个部位确定岩溶处治方案。处治方案包括:

(1)溶洞顶部处理方案。溶洞四壁全部灰岩,表面已风化,为泥质,出现流水或滴水处水中含大量钙质,形成石钟石。灰岩层理之间充填有泥石。为了防止施工期间以及运营期间掉石,保证安全,对溶洞顶部采用了锚网喷进行封闭,锚杆采用药卷锚杆,单根长300cm,间距1m×1m;挂网为单层ϕ6.5钢筋网,网眼间距20cm×20cm,喷混凝土厚10cm。

(2)溶洞底部处理方案。溶洞底部回填较深,最深处达12m,采用洞渣回填,洞渣顶部用厚 1m 的 C25 钢筋混凝土浇筑,1.5m 厚 M7.5 号浆砌片石回填。

(3)斜井二次衬砌。为了起到减震效果,该段套拱采用 18 工字钢,纵向间距 75cm,环向联结钢筋采用 φ22 钢筋,间距 1m,喷混凝土 26cm;二次衬砌为厚 40cmC25 钢筋混凝土。

(4)洞渣防沉降及斜井防滑移措施。该溶洞回填高度较高,斜井内无法利用机械进行碾压,同时斜井倾角大,为了避免回填后沉降以及斜井向下滑移,同时避免以后水对基底的侵蚀,对该段进行注浆处理,施工缝之间设置接茬钢筋。洞渣中预埋 φ42 注浆小导管,单根长 3m,间距 2m×2m,对洞渣采用注浆加固处理;混凝土和浆砌片石之间采用 φ12 接茬钢筋,单根长 1m,间距 30cm×30cm。

(5)排水方案。为了保证斜井底部横向排水畅通,设 φ500 涵洞一个,将水排放至暗河,同时在暗河和斜井之间用浆砌片石挡墙进行封闭,墙厚 2.5m。

受地质构造和地形、地貌及地下水特征的影响,摩天岭隧道进口出现数次较大规模涌水,不仅造成施工严重受阻,同时给施工及运营造成严重安全隐患。洞内涌水受地表大气降雨控制,涌水总量和发生时间与地表降雨强度存在直接关系。涌水形式表现为岩溶管道性涌水和裂隙渗水。

摩天岭隧道进口端右线基本未出现大的涌水,但进口端左线涌水严重,集中出水的两个点,在 2007 年施工过程中发生了近十次涌水事故,大规模涌水 4 次,且涌水量逐次增大,第 4 次涌水量高达 1630m³/h,远超隧道设计最大涌水量。

结合隧道的涌水情况及现场的实际情况,从施工、运营、环保方面综合考虑拟采取"防排结合,综合治理"的原则,总体处治方案为:对隧道涌水段进行注浆堵水,同时在集中出水点设置纵、横向管道将涌水段大部分水引入中央水沟,少量渗水通过增加二次衬砌背后的环向、横向排水管排入中央水沟后流出隧道。经过施工期两个雨季的考验,证明采取溶洞封堵、小导管注浆、加密加大波纹排水管、加强二次衬砌和集中引排等措施有效解决了涌水问题。摩天岭隧道如图 8-4-2 所示。

图 8-4-2 摩天岭隧道

六、大宁河大桥

大桥位于长江小三峡风景名胜区内,为三峡库区高速公路沿线最壮观的一座大桥。大桥主桥为净跨径400m钢桁上承式拱桥,矢跨比1/5,拱脚固结,为固端拱体系,跨径规模居钢桁上承式拱桥世界第二、中国第一,被评为2016年度重庆市首届十大最美桥梁之一(另外一个为江津观音岩长江大桥)。本桥主跨钢结构采用全焊式,即杆件、桁片工厂焊接制造,分桁片节段运输、现场吊装焊接而成。桁架为整体节点、节点外对接焊拼装,现场对接焊缝板件最大厚度48mm,控制焊接变形和焊后残余应力是影响拱轴线线形和结构抗疲劳性能的关键。

大桥主拱肋采用三片等高桁架结构,桁高10m,桁架上下弦杆采用箱形断面,上下横联采用工形断面。拱上立柱采用钢排架结构,横向三根立柱与三片桁架相对应,设横向交叉提高立柱稳定性。拱上立柱纵向间距27m,立柱采用钢箱结构。

大桥为四车道高速公路特大桥,桥宽24.5m。桥面行车道结构采用16孔跨度27m钢—混凝土组合连续梁,混凝土桥面板上采用9cm沥青混凝土铺装。

大宁河大桥的施工特点:

准确就位:主拱采用无支架缆索吊装斜拉扣挂法施工,单片拱肋分18个吊装节段和1个合龙段,全桥共54个节段和3个合龙段,拱片节段逐段吊装,就位后内法兰连接。每个节段上、下弦杆中各设置一个内法兰构造。所有横联、平联散件式吊装,空中准确就位后焊接。

设主缆和辅助天线两组独立的缆索吊装系统:拱片节段吊装采用一组主缆,通过平移主索鞍吊装其他拱片位置的拱肋节段。在整个拱肋节段吊装中需反复横移主索鞍。横梁、平联等轻型构件,采用辅助天线吊装,两者互不干扰。这种缆索吊装系统在国内首次采用,实践效果良好。

施工与环境的有机协调:拱肋节段安装采用扣索一次张拉斜拉扣挂法,扣索、锚索分离,在扣塔设置张拉平台。这种方法的优点在于能有效控制拱肋节段高程,扣塔偏位可控制在2~3cm范围内,大大提高缆吊系统的安全性。锚索地锚则根据大宁河大桥两岸地形、地貌,因地制宜地设计了锚桩、墩锚等形式,最大限度地保护风景区原有地貌,切实做到了施工与环境的有机协调。

高精度合龙:通过精确计算出各拱肋节段的预抬量值和扣索张拉力,实现了扣索一次张拉到控制高程,并使每个拱肋三个节段安装完毕后处于同一高程位置,确保了全部横联、平联精确安装,没有出现一根构件因高程控制不当而需要修正或切割的问题,实现了高精度合龙。主拱合龙后的高程差仅为8mm,横向偏位小于5mm,远远低于验收标准纵向 $L/3000$(13.5cm)和横向 $L/6000$(6.75cm)的要求。

有效缩短了主拱吊装时间：大宁河大桥主拱从开始安装到主拱合龙，仅用了 142 天，比计划 195 天整整提前了 53 天，经济和社会效益显著。

大宁河特大桥横跨大宁河，是国家级森林公园、巫山 AAAAA 级景区腹心，环境保护至关重要。建设单位和施工单位高度重视环境保护，总投资 800 万元，采取多种措施，加强国家重点景区小三峡大桥建设工地的环境保护，受到各方好评。

施工单位采取多种措施进行景区环境保护。首先是两岸开挖严格控制动土面，建有 $2000m^3$ 挡土墙和 $500m^2$ 方钢墙。临河下段挖掘土石 2 万 m^3，用船全部运到大宁湖指定的地方；上段采用临时揽吊吊走桩基掘土和开挖土石共 14 万 m^3 全部运到隐蔽的弃土场。两岸施工道架设钢梯上下，保护植被不受损坏。两岸都建有沉水池防止建筑污水直接下流。还植树种草 $4000m^2$，护理坡岸，使植被保护良好。此外，在 $4000m^2$ 的陡岩上采用"被混土"的科学方法保护暴露部分。大宁河大桥如图 8-4-3、图 8-4-4 所示。

图 8-4-3　建设中的大宁河大桥

图 8-4-4　云雾中的大宁河大桥

七、梅溪河大桥

在万州至巫山的高速公路上，有 299 座桥梁。有 3 座大桥名字相近：汤溪河大桥，彭溪河大桥，梅溪河大桥。在三峡蓄水之前，三座大桥下面都是小溪；三峡蓄水 175m 之后，大宁河变成了大宁湖，汤溪河、彭溪河、梅溪河等小溪都成了浩渺江湖。由此可见，这些桥当初桥身有多高，下部结构施工有多艰巨。

梅溪河特大桥桥长 821m，跨径组合 190m(43m + 147m) + 386m + 190m(43m + 147m) + 2×25m，主桥采用双塔双索面 PC 梁斜拉桥，为了增加斜拉桥的整体刚度，两边跨均设一个辅助墩，将 190m 的边跨分成(43 + 147)m 两跨。在辅助墩和过渡墩及索塔下横梁上均设置竖向支座，结构为半漂浮体系。在索塔处设置横向限位支座，以及纵向油压阻尼器，防止在地震等情况下发生过大的水平位移。引桥采用 2×25m 现浇预应力混凝土连续箱梁，分左右两幅，单箱双室断面，采用支架现浇。

梅溪河特大桥受三峡水位影响最大。大桥施工场地处于三峡水位 161m 以下。2008

年汛期到来之前,大桥下部结构施工正在紧锣密鼓展开。项目部得知三峡提前蓄水到175m的消息后,立即组织成立了"项目三峡提前蓄水专项小组"。根据项目的实际地理情况,反复召开会议讨论、对比多种技术方案,最后定出了经济、可行、创新性的货船改拌和船方案,以最经济的价格、最强的可实施性开拓创新,打造国内首条深舱货船改制自航式ZHS35拌和船。梅溪河大桥如图8-4-5、图8-4-6所示。

图8-4-5 建设中的梅溪河大桥

图8-4-6 建成后的梅溪河大桥

汛期之后,三峡库区175m试验性蓄水全面展开,但国家主管部门自始至终都没明确蓄水的最终高程。水位上涨场地搬迁,对梅溪河特大桥来说就相当于二次筹建,需投入巨额的资金且耗费大量的人力、物力、时间,搬迁难度极大。搬与不搬?搬到什么位置才能保证安全?这些问题一直困扰着项目领导。面对来势迅猛的江水,项目领导班子毅然决定不等不靠,东挪西凑四处筹集资金,既要保证工地正常施工所需资金,又要保证拌和船改造的材料、机械购置资金。面对前所未有的资金压力,项目部下令所有开支一律从简,所有资金都为确保二次筹建和拌和船的顺利改造,号召员工共渡难关。

三峡库区水位急速抬升,已突破160m关口,地处161m水位以下的梅溪河特大桥钢筋加工场情况迫在眉睫。项目领导班子亲自带领上百号人,争分夺秒抢时间转移工地物资,抬钢板、转钢筋、转机具、转沙石料。水位还在上涨。因水位上涨增加了岩石壁的压力,土质开始疏松,出现了山体滑坡现象。项目施工人员建在岸边的宿舍告急,必须马上搬迁!面对突如其来的险情,已不容半点犹豫,项目领导立即组织人员转移,安顿好作业人员的临时住所后迅速开始征地,重新搭建员工宿舍。

在三峡库区175m水位到来的前两天,施工现场机械物资材料全部平安转移到了175m高程之上,拌和船的改制进入设备安装阶段,员工的宿舍也正在紧张搭建中。

梅溪河大桥还攻克了中国桥梁建筑史上罕见的基桩嵌岩深达30m的技术难关,填补了重庆同类型桥梁建筑史上的历史空白。

八、彭溪河特大桥

彭溪河特大桥是云万高速公路全线的重点控制工程,于2004年12月26日开工建设,2007年11月8日实现合龙。

彭溪河特大桥为双塔双索面全漂浮体系预应力混凝土斜拉桥,主跨316m,主桥长632m。结构形式采用双塔、双索面、密索、对称扇形布置、预应力混凝土倒梯形断面主梁、塔梁分离的漂浮体系结构。为了提高主梁刚度、改善结构动力特性,两岸各设有辅助墩。

彭溪河特大桥岩石强度超过100MPa的钻孔桩桩基施工中,高强度岩石采用合金钢齿牙的钻头代替轨道钢齿牙钻头钻孔,在所有高强度岩石冲击钻孔中均可广泛运用。由于岩石强度高,桩孔直径大,采用二次成孔、小冲程冲孔技术。

在大截面墩身施工过程中,液压爬模的使用是非常成功的,每个主墩近90m长的爬架系统可在2个小时内爬升到位,确保了5天左右完成一个节段的施工。整个主塔基本全部利用液压爬模施工,表明液压爬模的适应性。

通过挂篮吊装的成功实施,证明在高墩斜拉桥大型前支点挂篮吊装实施过程中,利用简易水平吊架整体吊装技术是切实可行的。结构受力明确,施工便捷,施工速度快。

在本工程双边箱主梁的施工过程中,不仅使用了先进的前支点挂篮,确保了挂篮和主梁的安全;而且针对边箱内模施工的困难,对内模系统进行了改进,使用了整体木内模。实践证明,这种改进是非常成功有效的,确保了在8天时间内完成一个标准节段的施工。

重庆云阳彭溪河特大桥作为西部山区斜拉桥,由于具有地质条件独特、受水位影响较大、塔高及场地狭窄等特点,对西部山区斜拉桥的施工技术提供了一定的借鉴作用。彭溪河特大桥如图8-4-7、图8-4-8所示。

图8-4-7 建设中的彭溪河特大桥

图8-4-8 建成后的彭溪河特大桥

九、汤溪河特大桥

汤溪河特大桥位于杭州至兰州国家重点干线重庆云阳至万州高速公路B合同段,是云万路上的"三峡库区第一高桥",该桥是渝宜高速公路的控制性工程,于2004年12月26日开工建设,2007年8月15日大桥成功合龙,2008年6月建成,总投资约2亿元(图8-4-9)。

图 8-4-9　汤溪河特大桥

汤溪河特大桥长 950m,宽 24.5m,设计车速 80km/h,总投资约 2 亿元。主桥跨径为 130m + 230m + 130m,上部结构为分幅式 2×12.25m 三跨预应力混凝土连续刚构桥,每幅采用单箱单室截面;主墩采用整体式钢筋混凝土空心墩,墩身横桥向顶宽 19.4m,纵桥向顶宽 12m,双向按 75∶1 的坡度向下变宽,每隔 12m 设一道 0.5m 的横隔板,主墩高为 151m,是目前三峡库区最高的桥梁。

在建设中首次采用了异形刃脚钢围堰技术,避免了水下爆破施工的危险性,填补了国内在桥梁建设方面的又一大空白;采用的主梁边跨现浇段施工工艺在国内也属首创,解决了山区修建连续刚构桥浇筑主梁上的难题。汤溪河特大桥获"国家优质工程奖"。

汤溪河特大桥由四川路桥集团负责施工,其深水(墩位处最大水深 12m)、高墩(最大墩高 157m)、大跨径(主跨 230m)的综合施工难度在国内乃至亚洲同期同类型桥梁中均位居前列,有库区第一高桥之称。

十、滑坡处治

2007 年,正是渝宜高速公路施工进入攻坚时期,重庆遭受百年不遇的特大暴雨袭击。三峡库区的地质以砂质泥岩为主,岩性软弱,极易风化破碎形成滑坡带,在暴雨和山洪的袭击下,很容易产生滑坡。库区的滑坡治理是渝宜高速公路施工中遇到的最棘手的难题之一。

渝宜高速公路的大小滑坡达 120 多处,肖家包、挖断村、周家包等大型滑坡体都高达 100m,影响面积近 1km,给高速公路施工造成严重困难。建设单位在施工期间,曾经请了全国各地 10 多个单位的专家,集体会诊治理滑坡方案。针对不同的滑坡状况,专家们曾经制订了不同的治理方案:植被覆盖、挂网护坡、喷浆护坡、表面截排水沟、锚杆、平孔排水、垂直井排水、预应力锚索、削坡减压、前缘填土、锚墩框格梁加固、挡土墙、排水隧洞、抗滑桩、双排抗滑桩……

2007年5月1日，受强降雨影响，奉云高速公路肖家包段突发大面积山体滑坡，约15万 m^3 石方滚落到200m长的路基上。幸而灾害发生前，施工单位武警交通第一工程处及时发现险情后，部队立即启动紧急预案，协同地方政府帮助正在施工的人员和附近居民共52人迅速撤离危险地段，还迅速转移了价值近200万元的大型机械设备。

肖家包路段山体极不稳定，滑坡后依然存在隐患。为了彻底治理滑坡，治理方案是在110多米高的滑坡体上修建11级边坡。11级边坡，高度100多米。边坡治理要治本。在坡顶要筑截水沟，要做格子梁。可是坡体陡峭，山路狭窄，机械车辆根本无法进入，上万吨施工材料无法运送上山。武警官兵设法买来5头骡子，把这些施工材料陆陆续续驮上山。无法驮运的材料，则只能由战士们往上扛。五百多米的崎岖"骡子路"，光是爬上去也要气喘吁吁，更何况战士们还要负重100多斤。半个月过后，两头骡子不堪重负，双双累死在山路上。但官兵们没有退缩：肩头磨破了，找毛巾垫着；手脚磨出血泡，用针挑破接着干。战士们忍着剧痛继续充当"骡子"的角色，最终凭借着强壮的身体和坚忍的意志，硬是将三万三千多吨施工材料运到了坡顶，终于完成了滑坡治理。

云万路五梁桥特大桥，一处工地有5处滑坡。施工单位采取"锁山"对策。菜地沟施工现场发生的大滑坡，纵向200m，宽60m，前后高差40多米。各方专家多次到实地考察、研究、论证，确定了合理的设计方案，改路为桥，并设置了59根抗滑桩、4根锚索和1座挡墙；打进山体的抗滑桩最深达20多米，将山体牢牢地锁住。

高梁立交桥在一次暴雨之后，发生滑坡，一夜之间已经建成的桥墩严重偏移。施工者冒雨抢挖排水沟，整治施工便道，将正在施工的箱梁支架拆除，采用锚索式抗滑桩和抗挡板加固。工人们冒雨工作，用尽全身气力，将锚索和抗滑桩深深地打进山体。

十一、三峡库区致富路

2004年12月率先开工的万州—云阳路段，于2008年12月建成通车；随后，2006年8月，云阳—奉节、奉节—巫山同时开工，于2012年底全部贯通。2014年12月27日，与G42沪蓉高速公路湖北宜昌段对接贯通，重庆至湖北宜昌段实现全高速通行，一路东进直达上海。

渝宜高速公路通车后，大大缩短了库区腹地与主城的距离，极大地改善了沿线的交通条件和投资环境，带动了重庆东部和三峡库区经济的发展，为三峡库区开发性移民提供了有利的条件。渝宜高速公路沿线有长江三峡、大宁河小三峡、白帝城、巫山红叶等诸多著名景点，高速公路的便捷，极大地带动了沿线旅游产业。

高速公路通车给巫山带来了极大的变化。位于重庆东北的巫山，处于三峡库区腹心，地跨长江巫峡两岸，面积2958km^3，人口约49.50万人。2000年巫山县生产总值为12.21

亿元;2012年,高速公路通达巫山后,实现地区生产总值70.35亿元;而2015年,实现地区生产总值已达89.66亿元。巫山旅游以小三峡闻名遐迩,渝宜高速公路通车后,重庆主城到巫山430km车程4小时,市民可周末自驾游感受巫山的陆上风情,并体验夜游小三峡的梦幻与神奇。

与巫山毗邻的奉节,人口107.27万人,辖区面积4087km^2。2000年奉节地区生产总值为21.84亿元,2015年,地区生产总值197.4亿元。奉节是我国著名的旅游胜地,旅游资源以自然资源和人文资源为主,主要有夔门、白帝城、天坑地缝、龙桥河、夔州古象化石、黄金洞、古悬棺、长龙山等。高速公路建成后,极大地带动了奉节的旅游业。2015年接待游客1081万人次,实现旅游综合收入38亿元。

云阳是三峡库区生态经济区沿江经济走廊承东启西、南引北联的重要枢纽。总面积3649km^2,总人口134.46万人。2000年,云阳生产总值为22.61亿元;到2015年,云阳地区生产总值已达187.9亿元。云阳具有丰富的旅游资源,有张飞庙、长滩河风景区、龙缸龙洞等著名景点;文物古迹名列长江三峡库区各县之首。

位于三峡库区腹心的万州,辖区面积3457km^2,常住人口158.31万人。是重庆第二大都市,长江十大港口之一,三峡库区最大的中心城市。上距重庆327km,下到宜昌321km。长期以来,万州是渝东、鄂西、陕南、川东的物资集散地和长江三峡黄金旅游线的必经之地。随着三峡工程的建设,2003年6月二期蓄水和移民迁建,万州在三峡库区的地位日益凸现。特别是机场、铁路、高速公路、深水码头的相继竣工使用,使万州逐渐成为新三峡旅游的进出口和库区旅游的服务中心和集散地。高速公路对万州经济发展起到极大的推动作用。万州处于G42渝蓉高速公路、G69银百高速公路、G5012万广高速公路交汇处。高速公路四通八达,加上蓄水后的长江黄金水道,万州是全国独具特色的拥有比较完备的水、陆、空立体交通网络的城市,逐步成为区域重要的交通枢纽和交通运输中心。得天独厚的地理位置,丰富的自然资源,发达的交通运输,大大促进了万州的经济发展。2009年,万州实现地区生产总值227.8亿元;而2015年,实现地区生产总值已达828.2亿元。

第五章
G65 包茂高速公路

G65 包茂高速公路是《国家公路网规划(2013年—2030年)》"71118网"中的南北纵线之一,起于内蒙古包头市,经内蒙古鄂尔多斯,陕西榆林、延安、西安、安康,四川达州、邻水,重庆渝北、巴南、南川、黔江,湖南吉首、怀化,广西桂林、贺州、梧州,止于广东茂名市,全长约2982km。

G65 包茂高速公路重庆段(图8-5-1)自渝北草坝场(川渝界)入境,经江北、南岸、巴南、南川、武隆、彭水、黔江、酉阳、秀山等区县,自秀山洪安(渝湘界)出境,境内全长约505.3km。

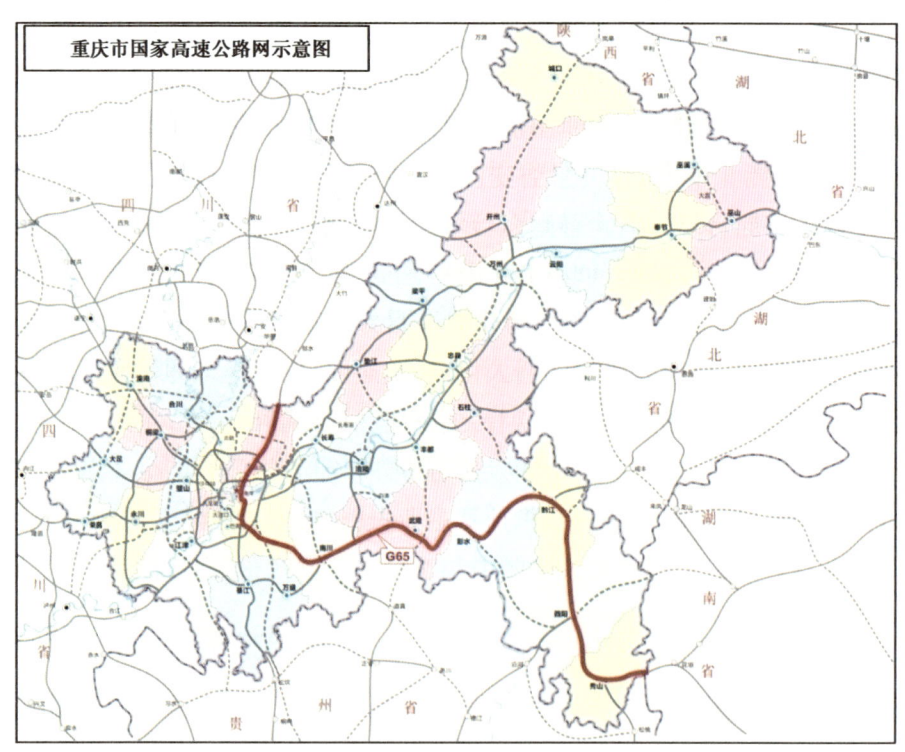

图 8-5-1　重庆市境内 G65 包茂高速公路走向示意图

G65 包茂高速公路重庆段按江北黑石子至渝北草坝场(渝邻高速公路)、黑石子至童家院子(渝长高速公路的一段)、童家院子至界石(渝黔高速公路的一段)、界石至水江(水界高速公路)、水江至武隆(水武高速公路)、武隆至彭水(彭武高速公路)、彭水至黔江

（黔彭高速公路）、黔江至酉阳（黔西高速公路）、酉阳至秀山洪安（洪西高速公路）等分段建设，截至2010年年底，全部建成通车。

黑石子至童家院子属于渝长高速公路中的一段，相应建设情况纳入"G50沪渝高速公路"章"渝长高速公路"整体记录；童家院子至界石属于渝黔高速公路中的一段，相应建设情况纳入"G75兰海高速公路"章"渝黔高速公路"整体记录。

第一节 渝邻高速公路

一、项目概况

渝邻高速公路，即重庆至四川邻水高速公路，为重庆"三环十二射七联线"规划中的一条射线。渝邻高速公路重庆段起于邻水县邱家河，与四川广安至邻水高速公路相接，沿途经过重庆市渝北区大湾、高嘴、古路、王家、沙坪等乡镇，止于重庆市江北区黑石子，并通过黑石子立交与G50沪渝高速公路相接，全长53.11km。项目批复概算19.15亿元，决算17.28亿元，平均每公里造价约3200万元。项目于2001年9月1日全线开工，2004年7月建成通车。

二、从"汉渝公路"到"渝邻高速公路"

在渝邻高速公路通车前，重庆至四川邻水仅有唯一的一条公路——汉渝公路。汉渝公路是陕西汉中至重庆的公路，起自陕西汉中市，止于重庆市，故称汉渝公路。它是川东通向陕西及北方各省市的重要干线公路，因此又称川陕公路。汉渝公路从1939年起筹备，是为当时抗日战争军运急需而修筑的一条南北应急通道。新中国成立后，汉渝公路成为国道210的一部分，承担了南上北下的交通重任。汉渝公路重庆段全长77km，路基宽6m，沿线多为丘陵，公路等级多为四级公路。

改革开放之初，人们对邓小平同志的故乡四川广安心向往之。然而，从重庆主城区到广安却道路难行：走老210国道，要途经渝北、邻水，翻越华蓥山；走212线国道，要途经北碚、武胜、岳池。沿途山路崎岖，至少4个小时的车程更使人身心疲惫。

1999年底，重庆市交通局向交通部提交了修建渝邻高速公路的项目建议书，建议在2001年启动该项工程，确保在2004年邓小平同志100周年诞辰之际建成通车。2000年1月交通部批复了该项目可行性研究报告；同年11月，交通部批复了该项目初步设计；2001年7月，重庆市交委批复了该项目施工图设计。

2004年7月15日，渝邻高速公路建成通车，比原定工期提前4个多月，为邓小平同志100周年诞辰献上了一份厚礼。从汉渝公路问世，到渝邻高速公路诞生，经历了长达半个多世纪的岁月。

三、第一个"BOT"

1997年，重庆成为新的直辖市，为了实现全面建设小康社会、富民兴渝和建成长江中上游经济中心这一宏伟蓝图，年轻的直辖市经济建设的一个显著特点就是加大基础设施投资与建设力度。按照规划，重庆拟到2010年末，建成2000km高速公路，为此重庆市需投入1000亿建设资金，而据当时(2001年)测算，重庆市能用于高速公路建设的自有资金一共只有120亿元人民币，高速公路建设资金缺口很大，融资任务相当重。

渝邻高速公路预算投资19.15亿元，交通部补贴3.18亿元，其余15.97亿元必须自筹或向银行贷款。在此情况下，重庆市决策层想到了BOT的投资建设管理模式。BOT是Build-Operate-Transfer的缩写，意思是"建设—经营—转让"。政府同一个项目公司签订合同，由该项目公司承担一个基础设施或公共工程项目的筹资、建造、营运、维修及转让。在一个固定期限内，项目公司对其筹资建设的项目行使运营权，以便收回对该项目的投资、偿还该项目的债务并赚取利润。合同期满后，项目公司将该项目无偿转让给政府。

在融资过程中，中铁五局集团最终成为重庆高速公路发展有限公司的合作伙伴，双方共同投入资本金7亿元人民币，于2001年4月组建"重庆渝邻高速公路有限公司"，负责渝邻高速公路的建设和经营。渝邻公司注册资本金4亿元，重庆高速公路发展有限公司占51%，中铁五局占49%，经股权变更双方各占50%。重庆渝邻高速公路有限公司承担贷款风险，经营时间30年，期满后将公路无偿转交给重庆市政府。资金困难的问题终于得到了解决。

渝邻高速公路作为重庆市第一条采用BOT方式建设的高速公路，后期投资控制严格，重视新技术的应用，使得渝邻高速公路节省投资1.8亿元人民币。渝邻高速公路还首次采用分址合建模式两省共建主线收费站，即两省协商后，在各自省界内选择合适位置，分别设置半幅的收费广场，每个收费广场均为两省共用，并相应在各自省境内设置收费站房，节省了投资。

四、川渝新干线

渝邻高速公路走向基本与国道210线一致，是重庆市连接四川省东北部地区南北走向的国家干线公路，其南端与国道主干线重庆至湛江公路连接，形成川渝两地南下沿海港口的重要出海通道；北端与沪蓉国道主干线万州至成都支线连接，可西去广安、成都，北上陕西，东达湖北。它的建成通车，不仅是为邓小平同志100周年诞辰的献礼，而且也是对重庆高速公路骨架网的重要补充。

全长53km的渝邻高速公路，重庆到邻水只要50分钟，到川东的广安、达州等地只要

1个多小时。作为重庆市规划的"二环八射"高速公路网中的一条,它成为连接重庆和四川的又一条"大动脉",改变了沿线区县的区位劣势,沿线从此兴起新一轮产业布局。

以渝邻高速公路旁的古路镇为例,这个小镇地处渝北区腹心地带,长期以来因交通不便被边缘化。渝邻高速公路通车后,古路镇借助交通带来的发展机遇,狠抓工业,实现了古路镇工业零的突破。2004年通车前,古路镇的工业产值几乎为零;通车后,古路镇和外界联系增加,当地人的思想观念也发生了变化,增强了市场意识,吸引了许多企业来到古路镇。到2014年,全镇有工业企业11家、农业企业50家,实行企业产值1.45亿元,工农业总产值2.26亿元。古路镇的变化,正是渝邻高速公路直接拉动当地经济的发展的缩影。

五、科技攻关

在渝邻高速公路草坪立交附近,有一座主跨横亘在一个50m深的沟谷之上的特大型桥梁——温塘河特大桥。该桥是渝邻高速公路上唯一的一座特大桥,是一座主拱跨径为140m的钢筋混凝土箱形拱桥。桥长530m,桥面宽24.5m,双向四车道,主桥为140m的预制吊装箱拱,引桥为12跨30m的T形梁。该桥由重庆交科公路勘察设计院设计,由重庆交通工程监理咨询有限公司负责监理,施工单位为中铁五局(集团)第三工程有限公司。

渝邻高速公路上这座唯一的特大桥在建设施工过程中,受现场地形的影响,施工场地非常窄小。承建该桥的施工单位采用"凿山填海"的办法,扩建了一块$2000m^2$左右的场地,才使施工有了用武之地。因为该桥的索塔吊装工艺技术水平高,科技含量大,该项目部专门成立了QC小组,解决施工中的试吊、吊装、装配等问题。

鉴于渝邻高速公路地形、地质复杂,艰巨的工程任务,加之重庆地区雨多、雾大,气候恶劣,且工期要求紧,质量要求高的特点。建设单位充分发挥了"科学是第一生产力"的作用,针对工程设计与施工遇到的难题,依托该项目开展了路基填方、山区大跨径八字拱形桥、桥梁结构、沥青路面排水等一系列研究。取得创新性成果的科研项目有:

1. 渝邻高速公路填方路堤处治技术方案

(1)反压护道:在渝邻高速公路施工中不仅作为软黏土地基上高路堤的稳定措施,更重要的是作为陡坡路堤的稳定措施。

(2)锚固工程:本项目斜坡高路堤、斜坡深路堑、顺层深路堑、不利结构面的深路堑边坡为降低边坡高度和防止可能产生的滑动,采用了锚固桩或锚索桩桩板墙、桩基托梁挡墙加固。

(3)边坡绿化防护:主线路堤边坡采用挂三维网喷播植草、拱形骨架护坡,互通内路堤采用正六边形护坡,形成立体防护体系与环境绿化美观的结合。

2. 山区大跨径八字形拱桥结构体系及施工技术研究

预应力混凝土八字形刚架拱桥不同于其他形式的拱桥。结构形式上的最大不同在于拱肋的线形。一般拱桥的拱肋线形是曲线形的,有悬链线拱、圆弧拱、抛物线或分段组合形曲线;但预应力混凝土八字形刚架拱桥的拱肋采用分段直线,包含两条斜腿段和一段水平段,形成扁的八字形状。拱上建筑形式与一般的梁式腹孔的拱桥相同。

预应力混凝土八字形刚架拱桥是一种新型的桥梁结构形式,其结构形式类似于斜腿刚架桥和拱桥的结合,但相对斜腿刚架桥和拱桥又具有自身的特点。古路八字形刚架拱桥如图 8-5-2 所示。

图 8-5-2　古路八字形刚架拱桥

六、结构特点

预应力混凝土八字形刚架拱桥与斜腿刚构一样具有斜腿和水平段,但斜腿和水平段均设梁式腹孔体系拱桥。这种体系在结构上具有以下优点:

结构保留了斜腿刚架桥简捷轻巧的外形特征,跨越能力大;由于采用了拱桥的梁式腹孔体系,所以斜腿与水平段连接处受力比较单纯,避免了斜腿刚架桥斜腿与主梁连接的角隅节点构造复杂容易开裂的问题;本结构在斜腿和水平段拱肋上分阶段张拉预应力,利用预应力调节拱肋的恒载压力线,可以改善拱肋受力,减小拱肋截面尺寸。

七、施工工艺特点

由于采用了按立柱竖直施工拱肋,并自上而下的竖转施工工艺,所以预应力混凝土八字形刚架拱桥在施工工艺上的特点尤其明显。这种施工工艺在结构上具有以下优点:

类似于墩柱施工的竖转施工拱肋,施工工艺简单、成熟,比常规拱桥的拱肋预制减少了预制场地,比斜腿刚架桥的斜腿浇筑减少了支架,更适合于高山深谷型的桥位。自上而下利用自重竖转合龙,需要的施工设施和机具少,不需要大量缆索、扣挂系统、牵引系统,对地形地貌的要求和施工临时场地要求较少。能够在竖转到位后立即合龙,并开始承载,提高了施工扣挂设备的利用效率,提高了结构在施工中的安全度。这种施工工艺比较有效地利用了各种成熟施工工艺,即这种新颖的施工方法实际上是由多项成熟的施工方法组拼而成,容易为广大施工单位接受和推广。

相比于传统的无支架施工的拱桥(缆索吊装系统)而言,施工的安全性(特别是稳定性)得到大大提高,而且施工费用得到大大节约,从而降低了造价,估计相对于缆索吊装施工的同等跨径钢筋混凝土肋拱桥的造价节约20%~30%。更重要的是由于所需机具设备少且简单,解决了许多桥位(特别是山区深谷桥位)运输大量施工设备进场比较困难和运输费用高的难题。

1. 山区公路沥青面层排水技术研究

排水性沥青混凝土路面科研项目设计了较大的孔隙率,能起到排水作用,增加驾乘人员的安全度、舒适感。考虑选择四种不同的沥青混合料排水表层方案,与之相配套的表层下防水黏层的方案考虑设计为两类四个方案。

试验路排水沥青路面表层于2004年4月21日到26日施工。实际施工的总长度为单幅(邻水方向)2920m。按计划共修筑了4种类型的试验路段:试验路段1(长度为800m)采用高黏性SK改性沥青,设计空隙率20%;试验路段2(长度为900m)采用高黏性SK改性沥青,设计空隙率23%;试验路段3(长度为1120m)采用TPS改性沥青,设计空隙率20%;试验路段4(长度为100m)采用SBS改性沥青,设计空隙率17%。

实际观测结果表明,排水沥青路面在雨天表面不积水,车辆行驶时不会产生溅水和水雾现象,车辆行驶视线好,排水沥青路面表面粗糙,构造深度大,抗滑性能高,可大大提高雨天行车的安全性。

2. 中小跨径桥梁结构连续工艺及性能研究

渝邻路采用了结构新颖的大空板梁,该种类型结构与常规的20m空心板梁相比主要有如下一些优点:增大了结构的延性;增强了结构的整体性,大大提高了结构的受力性能;可节省圬工12.1%。该项研究荣获重庆市交通科学技术二等奖。

第二节　渝湘高速公路

一、项目概况

渝湘高速公路,即重庆至湖南高速公路,为重庆"三环十二射七联线"规划中的一条射线。渝湘高速公路是西部大开发省际公路通道的重点工程之一,全长约850km,总投资约480亿元。渝湘高速公路重庆段起于重庆巴南界石,与重庆内环高速公路、G75兰海高速公路相交于界石枢纽立交,经巴南、南川、武隆、彭水、黔江、酉阳、秀山,止于秀山洪安(渝湘界),路线全长约413.7km,总投资超过325亿元,平均每公里造价约7800万元。

渝湘高速公路重庆段按以下段落分期建设:界石至水江、水江至武隆、武隆至彭水、彭水至黔江、黔江至酉阳、酉阳至上官桥、上官桥至洪安。于2003年12月开工建设,2010年10月建成,前后历时7年。

二、川湘公路史话

重庆直辖前,重庆通往湖南的公路交通主要依靠川湘公路。川湘公路建于1936年,是当时内陆四川通往东南沿海最快捷的公路线。这条在四川境内全程698km的公路干线,起于重庆綦江雷神店,经南川、武隆、彭水、黔江、酉阳、秀山等区县入湖南境的花垣县茶洞镇,最后止于湖南省泸溪县的三角坪。

这条抗战初期著名的川湘公路,翻越整个武陵山脉,历来以道路崎岖险峻而闻名于世。新中国成立后几经改造,成为人们熟知的"319国道"。然而,因其路线曲折难以提高其通行能力,直到1990年,这条全长1000多公里的川湘公路,仍有近700km属于等外公路,其余多是四级公路。山高路险,乘车从秀山到重庆需要三至四天,遇上冬天大雪封山,更是寸步难行!

闭塞的交通,使酉阳、秀山、黔江、彭水曾经是极其贫困的地区。新中国成立前重庆流行过这样一句俗语:"养儿育女不用教,酉秀黔彭走一遭",意思是渝东南的酉阳、秀山、黔江、彭水四县很穷很苦,要教育孩子吃苦耐劳的精神不用费心地去教,只需把孩子送到这四县中去走一圈,就能深有体会了。新中国成立后,该地区因基础设施差,依然长期处于贫困状态,根据1995年国家确定的"八七"扶贫标准,农民人均收入低于500元,人均粮食低于400kg为贫困户,该地区的酉阳、秀山、黔江、彭水、武隆等县均属于国定贫困县。

该地区是一个以陆上交通为主的山区,聚集着以土家族、苗族为主的100多万人民,他们坐拥大武陵山地区丰富的物质资源和旅游资源,却因交通闭塞而难以摆脱贫困。改革开放后,武陵山区依然仅仅依靠国道319作为主要交通要道,显然不能适应当地经济迅速发展需求。山区的各族人民无不迫切希望有一条重庆至长沙的高速公路,犹如一条连接两个心脏的血管,让两个城市血肉相连,让武陵山人上重庆下长沙如履平地,使长期徘徊的经济伴着高速公路腾飞。

三、提速10年,渝东南梦圆高速

1997年,根据重庆直辖市的发展蓝图,结合交通部优先建设"两纵两横三条线"主骨架公路规划,重庆市交通局以"适当超前"的思路,制定了重庆市1997—2020年主骨架公路网的建设规划。其中在重庆市骨架公路网布局方案中提及"重庆渝东南的涪陵、武隆、彭水、黔江、酉阳、秀山等区县全靠国道G319联系，随着社会经济的发展和西部开发的需要，长远应考虑将涪陵至武隆至彭水至黔江至酉阳至秀山段作高速公路的设想"。在这个规划中，渝湘高速公路只是一个远期设想，而无明确的建设时间节点。

1999年，国家提出实施西部大开发战略，加大对西部地区12个省（市、自治区）的政策倾斜和投资规模，加快西部地区的开发和建设步伐，交通基础设施建设成为实施西部开发战略的第一要务。为此，重庆市提出了"8小时重庆"的公路交通发展目标。在新形势下，从高层次、高起点、更长远的角度通盘考虑重庆的高速公路建设，优化干线公路的布局、全面整体提升重庆公路网的等级结构，重庆市交通委员会委托交通部规划研究院和重庆市交通规划勘察设计院编制了《重庆市高速公路网规划（2003—2020年）》。在这一规划中明确提出重庆高速公路建设的分阶段目标：到2010年，基本建成重庆市高速公路网中的"二环八射"高速公路，使重庆的交通基础设施建设取得突破性进展，力争高速公路通车里程达到2000km；到2020年，高速公路通车里程达到3600km。其中，渝湘高速公路是规划中的第六条射线。在政策环境不变的情况下，实施本规划需要20年左右，力争在2020年前完成。

2002年12月，时任重庆市委书记黄镇东指出"到2020年才建成'二环八射'高速公路，速度太慢了。人家走一步，我们重庆要走一步半、两步，才能赶上别人，否则就越差越多，总也赶不上"。为此重庆交委在原来1997—2020年重庆综合交通规划的基础上，结合重庆实际，重新修订和完善交通公路、水路建设规划，将原来到2020年完成的规划提前到2010年前完成。在高速公路"二环八射"的原规划中就有三条计划在2010年后实施的项目被提前到2003年底或者2004年初开工，其中就有渝湘高速公路项目。

渝湘高速公路这条横贯东西的大动脉，从最初的方案提出到最终的线路落地充满矛盾与争议。首先，从重庆至武隆段高速公路的线路走向曾有三条路线可供选择：第一条路线是由重庆—涪陵—武隆；第二条路线是由重庆—綦江—万盛—南川—武隆；第三条路线由重庆—巴南界石—南川—武隆。

第一条线路是通过已建成的渝长高速公路和长涪高速公路，从涪陵接武隆。这条线路的优点是可以利用现有的渝涪高速公路，路线较短，节省投资；但当时的渝涪高速公路车流量逐年激增，渝湘高速公路借道渝涪高速公路，日后势必拥堵，从长远考量，选这条线路是不适合的。

第二条线路是通过已建成的渝黔高速公路和綦万高速公路，接南川至武隆。这条线路的优点也是可以利用现成的渝黔高速公路，节省投资，但该路线实际通行里程较长，而且借道渝黔高速公路，日后也会拥堵，不如另辟蹊径。

重庆市决策层力主选择第三条线路：从界石开辟一条新的高速通道直到南川，连接武隆。历史证明,这一选择是正确的,新的渝湘高速公路开辟的通道至今基本顺畅,而新建的涪陵—南川高速公路的连接,使渝湘高速公路更加畅通。

南川这个节点确定后,渝湘高速公路线路从武隆到彭水,在路线走向上又提出了两个方案。第一个方案是:彭水—黔江—张家界—常德—长沙。第二个方案是:彭水—酉阳—秀山—吉首—长沙。重庆市和湖南省将两省市间的接点定在了重庆的秀山和湖南吉首交界处。这就意味着高速公路从彭水直达酉阳,把黔江区丢在了高速公路的外面。

展开渝东南地图,不难看出,彭水、黔江、酉阳地理位置正好呈直角三角形,从彭水直奔酉阳,是路线最短的渝湘高速公路线路,缩短里程、节约投资、通达快速、降低运行成本是这个方案的优势,但是却把黔江丢在了高速公路的外面。为此,黔江区委、区政府曾召开紧急会议研究对策,形成共识——黔江不能失去这个千载难逢的历史机遇,一定要想方设法争取渝湘高速公路经过黔江。

2003年5月,"第二次渝东南少数民族地区经济社会发展现场办公会"在黔江召开。黔江领导层代表黔江人民向市委、市政府表明了黔江的决心:渝湘高速公路一定要靠近黔江主城。重庆市决策层采纳了黔江人民的意见,通过专家重新论证,选定了现在修建的路线:渝湘高速公路从彭水向东直达黔江,然后拐弯向南到酉阳。这样线路虽然比原方案长了几十公里,但给黔江的经济发展,给武陵山、小南海、濯水古镇等著名景区的旅游,带来极大的推动。

高层决策很快付诸实施。2003年6月,交通部对水江—界石项目工可批复,2004年1月交通部对水江—界石初步设计批复;2004年8月,水江—界石项目开工。

各级主管部门对渝湘高速公路的审批"特事特办",采取高效的"打捆"方式集中审批,提高了审批效率,加快了高速建设。2004年11月,交通部集中批复渝湘高速其他7个项目工可;2005年2月,交通部集中批复上述7个项目的初步设计;2005年12月,上述7个项目同步开工。

渝湘高速公路重庆段以界石为起点,以洪安为终点,全长413.7km,由重庆高速公路发展有限公司为建设总公司,"高发司"将全路段划分为3部分,授权3个建设分公司为项目业主。其中界石—武隆139.58km由"南方建设分公司"负责实施;武隆—酉阳158.46km由"渝东建设分公司"负责实施;酉阳—洪安77.39km由"北方建设分公司"负责实施。

2010年9月30日,渝湘高速公路(重庆段)贯通。渝湘高速公路的建设者,克服重重困难险阻,穿越武陵山,穿越秀山酉水,把酉秀黔彭以高速公路串联起来。一条重庆人民梦寐以求的渝湘高速公路提前10年诞生在重庆东南部的千山万壑之间。

四、攻坚克难,穿越武陵山

在武陵山深深的腹地,满眼所见的,是山连着山,山套着山,山衔着山,山抱着山。千山万岭,峰峦叠嶂。渝湘高速公路修建的难度之大、风险之高,前所未有。工程技术人员为论证其可行性,攀爬于悬崖绝壁间,吃住在荒郊野外,进行了长达三年之久的工程可行性研究与探索,线路走向、地质勘察、施工组织、生态保护、社会经济发展,全部经过一一论证,项目前期研究工作为渝湘高速公路2005年全线开工并在2010年通车奠定了坚实基础。在施工中,广大建设者以科学求实的态度、攻坚克难的信心、顽强拼搏的精神,历时7年,完成了从重庆近郊的巴南界石到秀山洪安长达414km的山区高速公路建设。

五、建设理念——把高速公路轻轻放进大自然

渝湘高速公路经过南川,随即进入武隆山区,武陵山区、乌江画廊是重庆著名的自然风景区。在风景如画的青山绿水之间修建高速公路(图8-5-3),如何保护生态环境,是对建设者严峻的考验。

图 8-5-3　高速公路与大自然融汇

在穿越武隆山区的选线中,重庆市交委对设计者提出了三条原则:一是在建设时期,要保持原有的国道319公路畅通,因此高速公路不能走乌江右岸,以免干扰原有的公路交通;二是必须保护乌江,高速公路不能沿江而行,宜采用隧道和架桥形式穿越武隆山区;三是尽量避开武隆羊角滑坡地段,避免诱发对自然环境的破坏。

因此,渝湘高速公路,特别是武隆地区,一开始就确定了以隧道和桥梁为主的建设理念。当然,70%的桥隧比也给施工带来很大难度。

渝湘高速公路地处重庆东南部大娄山、七曜山山区,区域包括渝东南的南川、涪陵、武隆、彭水、黔江、酉阳、秀山等地区,海拔高程多为1000～2000m,该区以喀斯特地貌为主,峰林、峰丛、残丘、洼地、槽谷、落水洞、溶洞等很发育。本区地形地貌的另一特点是峡谷多而深邃,区内最大河流为乌江,与构造线直交,形成高差大、江面窄、水流急、险滩多的峡谷。突出的公路工程地质问题有边坡稳定性问题、隧道工程岩溶突水问题及岩溶架空基础易导致构筑物塌陷问题。在建设中遇到的主要地质问题包括危岩落石、岩堆、滑坡、泥

石流、顺层、偏压、断层破碎带、缓倾岩层、岩溶与岩溶水、煤层瓦斯及采空区,这些都是山区高速公路建设中最为常见的地质问题。

复杂的地质条件给施工带来了前所未有的困难,首先是进场难。在那些人烟荒芜的山岭,不通路、不通水、不通电、不通电话。施工人员只能在山林中披荆斩棘开辟便道,肩抬背扛将设备运上山;隧道的洞口大多位于悬崖峭壁之上,有的洞口,工人只能用溜索攀缘去开凿;有的隧道只能采取"横洞施工"的方式,即在进场条件相对较好的相邻山体打隧道,一直打到正线隧道的山体里,然后再从山体内向外打。

隧道打开后,更大的难度是恶劣的地质状况。三跨乌江的渝湘高速公路,穿越了大娄山北侧和武陵山区,遭遇了工程建设中可能遇到的所有地质难题,滑坡、危岩、崩塌、岩溶、涌水、瓦斯、煤层等多种不良地质现象,工程建设技术要求高、施工难度大,是重庆高速公路中地形地质最复杂、造价最高、难度最大的项目之一。

在如此艰难的施工条件下修建高速公路本就是个难题,可是面对复杂的地质条件和出于保护资源的角度出发,对水资源及环境保护提出更高的要求。渝湘高速公路穿越武陵山、乌江画廊等著名风景区。在白马至武隆段的勘察设计中,最初有两个方案:一是低线位架桥,两跨乌江,绕过羊角镇后,沿江岸而行;二是高线位开挖隧道,从羊角镇背后的山体中穿过。第一方案造价较低,可是将破坏当地著名的自然景观"乌江画廊",这个损失是无法估量的;第二方案造价高,技术难度极大。要在不同路段、不同地质条件下,光是隧道就要建6座,而且大多数是3~6km长的特长隧道。在喀斯特岩溶地区修建这样高密度的隧道群,势必给施工带来很大难度。设计者对两个方案经过利弊权衡,最终选择了第二方案。把水资源和环境保护放在首位,体现了"把高速公路轻轻放进大自然,把高速公路镶嵌在青山绿水之间"的建设理念。

在施工中,隧道群大量弃渣如何处置,也对水资源及环境保护提出了更高要求。"让弃渣掉入清澈的乌江是对大自然的玷污!"施工单位大胆创新,在隧道施工中采用旁引导洞、主线扩展的方法,解决了桥梁与隧道并行施工、相互干扰的问题;在乌江峡谷自然形成的深沟里,利用水工技术,采用筑坝造弃渣场来消化隧道弃渣,解决了弃渣处置的环保问题,同时节约了近亿元的工程投资。

这样的地质条件,这样的环保要求,其建设难度可想而知。然而,这条高速公路的参建者们却迎难而上,凭着强烈的责任心和创新的精神,"优质、文明、和谐、规范"的建设理念以及科学的建设和管理水平,最终将其提前建成。如今,在渝湘高速公路,人们可以高速穿行在青山绿水之间,这向人们精彩地诠释了"人与自然和谐美"的丰富内涵。

六、重庆特长隧道之一——白云隧道

据统计,目前,重庆高速公路中有3座左右洞均超过7000m的特长隧道,白云隧道就

是其中之一(图8-5-4)。

图8-5-4 白云隧道

白云隧道由中铁隧道股份有限公司和中铁十九局集团第一工程有限公司共同承建。隧道左洞长7162m,右洞长7104m,为渝湘路第一长隧道,是国家重点控制性工程。在隧道左右线中部各设置一座大型地下风机房和通风斜井,其左洞斜井长1024.5m,倾角23°,右洞斜井长1056m,倾角23.5°,为当时在建的最长公路隧道通风斜井。隧道沿线断层、岩溶涌水等不良地质极为发育,施工过程中遭遇了以硫化氢为主的有毒有害气体地段、高浓度瓦斯、断层破碎带、富水破碎带、溶洞、煤层等不良地质地段。隧道有1700m的坡度为2%反坡施工段,该段为突泥涌水重点发生地段和有害气体突出地段,隧道穿越有害气体埋深最深达800m。

白云隧道对隧道涌水采取"以疏为主、排堵结合、因地制宜、综合治理"的策略,既缓解了隧道反坡排水压力,又最大限度地保护了当地地下水环境。

白云隧道采用巷道通风技术,成功解决了长大隧道大高差无轨运输通风技术难题。进口独头掘进长度3710m,出口独头掘进长度3420m,出口通风高差达90m。

采用TSP203、EKKO地质雷达、超前水平钻孔等多种预测预报手段和严密的监控量测技术,确保了施工安全。

白云隧道对有毒有害气体段,采用信息化技术动态控制,利用CST3000全自动气体适时监控系统、便携式瓦斯检测仪、施工电气设备全部采用防爆阻燃型等先进设备,保证了硫化氢及瓦斯溢出段的施工安全和顺利通过。为今后的长大隧道再次遭遇有毒有害气体施工积累了丰富的经验和总结出了比较完善的施工方法。《白云隧道有毒有害气体施工控制》获得国家级优秀QC质量管理二等奖。

采用新型复合防水板双缝热熔焊接及无钉铺设技术,与排水盲管、止水带、泄水管等构成立体防排水结构,实现全隧不渗不漏。二次衬砌混凝土内实外光,混凝土试验强度全部合格。经无损检测,二次衬砌一次验收合格率100%。

施工中坚持"打造优质原生态高速公路"和"绿色施工"理念,隧道洞渣尽量二次利用,废水、废气、废渣等均做环保净化处理,节能环保措施有效,弃渣场和洞门采用喷播植草和栽种花草等方式绿化,实现了工程与周边自然环境的和谐统一。

白云隧道通车运营以来,各项指标均达到预期水平,隧道贯通后,将南川至武隆翻越白云山3~4小时路程缩短为几分钟的路程。

以该隧道为依托开展的科研成果斐然,其中白云隧道"大倾角长大通风斜井综合施工技术研究"获得2011年度中国施工企业管理协会科学技术奖技术创新成果二等奖、2011年度中国铁道建筑总公司科学技术奖三等奖,白云隧道还荣获2010年度火车头优质工程奖、2015年度"李春奖"。

七、重庆新地标——武隆隧道群

2012年重庆直辖15周年之际,重庆市委组织了一个"重庆直辖15周年寻找重庆新地标"评选活动,重庆市民投票评选出20个"重庆新地标"。其中渝湘高速公路武隆隧道群名列其中,评选文字这样赞誉:"24.76km高速路包含了五个大型隧道和六座桥梁,桥隧全长占该段高速公路长度96%,基本为桥隧直接相连。车在山中穿行,神龙见首不见尾,渝湘高速公路武隆隧道群成为中国西部山地特有的自然与人文完美结合的建筑奇观。"

渝湘高速公路武隆隧道群位于武隆至水江高速公路的武隆至白马段,在这段仅24.76km的高速公路上,包含了4个特长隧道、1个长隧道、1座特大桥、5座大中桥,桥和隧洞全长23.77km,占该段高速公路长度的96%,公路基本为桥和隧洞直接相连,成为罕见的"隧道群"和"桥隧群"奇观。

行驶在这段高速公路上的旅客常常有这样的体验:从渝湘高速进入南川水江后不久,汽车一头扎进无边的隧道群。当汽车进入白马隧道,行驶3.1km后,紧接着进入羊角隧道,行驶长6.6km的隧道后汽车出了羊角隧道,但很快又进入大湾隧道,继续"穿越之旅"。紧接着是马溪河大桥—黄草岭隧道—土坎乌江特大桥—武隆隧道。穿隧道、跨桥梁,高速公路在青山绿水之间,时隐时现,车在山中穿行,明暗交替,时空穿越,有时还可以体验"东边日出西边雨"的神奇自然景观。难怪武隆隧道群被人们赞誉为自然与人文、交通完美结合的建筑奇观。

任何一个伟大的人类文明的创造,总是人们辛勤劳动和科技智慧的产物。武隆高速公路路段中,每一座隧道、每一座桥梁的建设背后,都记录着建设者用汗水和心血抒写的故事。

1. 白马隧道

白马隧道左线长3099m,右线长3050m,设计为出口独头掘进施工,系上下行分离式设置特长隧道。由于地质复杂,技术含量高,施工难度大,是中铁二十二局集团三公司当时在建的最长隧道。

白马隧道洞身地质非常复杂,V级及以上围岩多达550m,Ⅳ级围岩1000m,为了确保施工质量和安全,项目部在进洞后经向建设、设计单位汇报后不得不对80%以上的地段进行变更,加强了支护。为了将"安全第一,确保质量"的原则落实到具体施工生产中,项目书记兼总工程师段治文组织大家广泛开展了科技攻关活动,并根据围岩多变的特点,确定了"以变应变"的施工指导思想,在施工中步步为营、小心谨慎,稳扎稳打,衬砌紧跟,通过顽强拼搏,先后穿过了崩坡积黏性土和土夹石地段、拱顶易坍塌的岩溶洞穴充填物地段、左线溶洞地段和右线溶洞地段及右线出现的溶洞塌方地段等不良地质;排除了隧道左线出口段的古滑坡体造成的不利因素;克服了60年一遇的高温酷暑和100年一遇的洪涝灾害、施工干扰等重重困难,终于在2007年11月17日实现了渝湘高速公路水江至武隆段白马隧道顺利贯通。

2. 羊角隧道

中铁二十二局集团五公司和中铁隧道局三公司担负施工的渝湘高速公路武隆至水江羊角隧道属渝湘路第二长隧道,位于世界典型喀斯特地貌特征的重庆市武隆区境内白马山。羊角隧道左线长6655.50m,右线长6676.00m。羊角隧道为上下行分离设置,其中羊角隧道出口是全线咽喉控制工程。

该工程自2005年12月开工以后,经过了近700个日日夜夜,战胜了施工难度大、工程量大、工期短等诸多困难,克服了施工场地极其狭窄、进洞条件极其艰险的恶劣施工条件,安全、顺利地通过了洞口崩塌堆积体、浅埋偏压段、洞身瓦斯段、局部破碎带、煤层、岩爆等不良地质地段,每月平均完成隧道全断面开挖进尺145m。2007年11月17日9时,随着轰隆隆的阵阵炮声,苍翠的白马山脚欢腾一片,羊角特长隧道胜利贯通。羊角隧道如图8-5-5、图8-5-6所示。

图8-5-5 施工中的羊角隧道

图8-5-6 建成后的羊角隧道

3. 黄草岭隧道

中铁二十三局施工的黄草岭隧道，双洞全长6367m，总投资达1.8亿元。隧道进口位于乌江岸高50m悬崖处，施工时无法直接进洞，施工单位采用距洞口400m处开挖横洞进入主洞施工；而隧道出口位于自然斜坡，地下水埋深数十米，洞身全部为风化页岩，呈块碎石状，为镶嵌结构，其节理发育，并伴有溶洞、暗河，岩层间结合差，多有分离现象，部分地段岩层属膨胀性岩。

2006年1月24日，渝湘高速公路水武项目黄草岭隧道进口左线成功贯通。

4. 武隆隧道

武隆隧道是武隆的门户，从重庆主城出发，经过武隆隧道就到达了武隆县城，也走进了武陵山大风景区。由中铁第十六局集团第五工程有限公司和中铁第十一局集团第一工程有限公司共同承建的武隆隧道全长4884m。修建武隆隧道时，山体两端都是悬崖峭壁，底下是险峻峡谷，无奈之下只有在山的另一侧打通一条便道式隧道，在山体内与隧道汇合，机器和材料通过盘山道、便道，再抵达隧道。

武隆隧道按小净距渐变为分离式再渐变为小净距设置，小净距隧道的中夹墙最小厚度为3.7m。隧道属于以Ⅳ、Ⅴ级围岩为主的特长隧道，围岩主要为软土、土质结构，开挖易坍塌，支护结构复杂，施工进度较慢。隧址区岩溶地下水的涌出具有突发性、灾害性，开挖面的涌水处理以及不可预见的暗河、溶洞等对工程影响极大，施工工艺要求高。隧道出口段属低山峡谷地貌，地形陡峭，沟谷深切，路线坡下有公路通过，洞口上方植被茂密，路线与地形等高线呈62°斜交进洞。出口端桥隧相连，施工场地狭窄，与乌江特大桥施工干扰大，采取从距隧道出口410m处的施工横洞进洞，浸润后利用左右洞之间的车行横洞组织运输、施工通风，施工难度大。河谷上的武隆隧道如图8-5-7所示。

图8-5-7　河谷上的武隆隧道

武隆隧道出口段采用后续洞单侧壁开挖法,避免对中夹岩的扰动。隧道超前地质预报的成功运用可以提前对隧道施工的支护参数进行有针对性的合理调整,施工安全性大大提高;根据隧道围岩情况进行爆破参数的动态调整,有效地保证了光面爆破的质量。武隆隧道荣获2010年度火车头优质工程奖。

5. 土坎乌江特大桥

由重庆市渝通公路工程总公司承建的土坎乌江特大桥全长542.5m,主跨为110m+200m+110m的连续刚构。桥址处山势陡峻、峡谷深切,为典型的卡斯特地貌,岩层裂隙发育,施工难度大,现场狭窄场地布置困难,施工单位采用了有效的针对性措施,开展绿色施工,如主墩承台及桩基施工中采用船舶运输,在主墩及主梁施工中采用高位栈桥,避免修筑施工便道大量弃渣及占地对乌江航道及生态环境的破坏;在隧道、主桥箱梁上布置预制梁台座,避免常规的预制梁场大量占地施工;在整个施工过程中废水、废气、废渣等均做环保净化处理,节能环保措施有效,实现了工程与周边自然环境的和谐统一。

在施工中新技术、新工艺、新材料、新设备的成功运用,对确保施工质量的提高效果明显,如钢筋直螺纹套筒机械连接施工技术,真空压浆施工工艺等新技术运用;主桥箱梁为C60高强度等级混凝土,项目部试验人员开展技术攻关,采用42.5级水泥、掺硅粉以及高效减水剂成功配制,在施工中采用了科学的养护措施,形成了工法,确保了混凝土施工质量,取得了良好的经济效益;由项目部自主设计研发的"轻型自锚式三角形挂篮",是对常规的三角形挂篮构造形式进行了优化和改进,并结合施工实践,其更加简易、轻便、安全、灵活、经济、适用。

重庆市渝通公路工程有限责任公司武水高速公路土坎乌江大桥项目部QC小组被评为2011年度重庆市工程建设优秀质量管理小组,作为该小组合力攻关的成果,乌江大桥的T梁外观质量,曾获得工程质量一等奖。

武隆至水江段高速公路的建成运营使重庆主城区至武隆的时间由原来的3.5小时缩短至1.5小时左右,对于加快把武隆建设成为重庆市"一圈两翼"的重要生态功能区、打造全市特色经济强县和全国生态旅游名县的武隆新阶段发展三大战略性目标的实现有着巨大的推动意义。

八、制服突泥涌水——中兴隧道

由于喀斯特地质特征,武陵山区地下岩溶发育。隧道开挖中涌水突泥屡见不鲜。其中中兴隧道尤为突出。

由中铁五局集团有限公司和中铁二十五局集团第一工程有限公司共同承建的中兴隧道是一座集断层破碎带、大涌水、煤层瓦斯、溶洞群为一体的特长隧道,双洞总长达12187m,左右洞均在6000m左右,是彭武段最长的特长隧道。

隧道地属乌江侵蚀河谷发育的峡谷溶蚀、剥蚀中低山区，主要不良地质现象有岩溶、岩堆等，导致施工中极易出现突水、突泥等地质灾害。在其出口的施工过程中，多次遇到大量的涌水，特别是2006年4月的一次涌水突泥，每小时的涌水突泥量高达100万m^3，连巨型的施工机械设备在它面前都显渺小无力。而同年5月的一场大暴雨之后，该隧道左右洞溶洞内大量地下水涌出，日涌水量分别达到了33264m^3、272160m^3。10月出现的一次涌水，由于压力非常大，水柱射程达10m，整个隧道里水雾弥漫，伸手不见五指，持续了30多个小时后才慢慢消失。据曾赴现场参加抢险的一线人员回忆：最大的一次突水涌水量达到每小时一百万立方，像一条大河般冲出来。在不涨水的季节，嘉陵江的流量为每小时10多万立方米，中兴隧道的涌出量相当于10条嘉陵江的水流量。

经地质水文队对溶洞勘察，发现上面地表就是武隆仙女山火炉镇辖区，离地面500m处有几百个小溶洞，只要下雨，水就汇聚而来，形成一个底部达30m^2的巨大漏斗，漏斗的水无法堵，只能排。

施工单位采用非常规方式，在左右线之间低4m处打出一个3m×3.5m的泄水洞，使漏斗上部泻下来的泥水自由地顺着公路的方向流到乌江，最终克服了该隧道的涌水突泥问题。

九、克服大地应力——共和隧道

共和隧道位于彭水县共和乡境内，为双洞分修特长隧道，全长4779m，由"中铁隧道股份有限公司"和"中铁六局集团太原铁路建设有限公司"共同承建。该隧道遇到最大的技术问题是地应力集中。

地应力是存在于地壳中的未受工程扰动的天然应力。地应力是引起采矿、隧道等开挖工程变形和破坏的根本作用力。通常，地壳内各点的应力状态不尽相同，并且应力随地表以下深度的增加而线性地增加。由于所处的构造部位和地理位置不同，各处的应力增加的梯度也不相同。

共和隧道两洞轴线相距23m，隧道最大埋深1400m，隧道轴线走向，隧道沿前进方向左边靠山，右边毗邻乌江，岩层由靠山侧向乌江方向倾斜。穿越的地层由新到老为第四系全新统坡洪积层、残积低液限黏土，下伏地层为二叠系、志留系。隧址区位于四川盆地东南端，大娄山脉北西侧，属乌江侵蚀河谷发育的中低山峡谷地区。山脉蜿蜒，其走向与区域构造线基本一致。山峦起伏，沟谷深切，高差悬殊，属于切割较强烈的低中山区。最高海拔高程1380m，最低198m，相对高差近1200m。

由于地应力太大，在施工过程中隧道从埋深达到330m左右开始，左右线初期支护完成后，在拱部喷混凝土表面出现开裂、拱架内侧喷层局部脱落掉块和局部拱架变形现象。据武汉岩土力学研究所探测，施工中遭遇的地应力达到了33MPa，比原设计的16MPa增加了一倍。20多厘米厚的混凝土层被挤压破裂,连18cm高、8cm宽的钢架也被压成麻花状。共和隧道最大埋深达1400m,随着隧道纵深掘进,地应力会越来越大。如果采用传统的"新奥法"施工,利用围岩的自持力和初次喷锚柔性支护,已无法克服强大的地应力。

针对施工中出现的地质灾害情况,建设公司10多次邀请理论研究水平高、实际经验丰富的专家对现场仔细踏勘,并先后确定8种支护参数的对比试验段。经过专家们的多次会诊,按照专家们的意见,隧道一共做了8个试验段,每30m一段。通过试验,最终选择了用目前抗弯强度最高的H形钢做支撑。这样的技术措施效果较好,隧道处理之后未出现一点变形。

共和隧道是该项目控制性重点工程之一,隧道进口毗邻共和乌江特大桥,出口与大堰沟大桥相接。隧道施工中,除上述地应力问题之外,不良地质现象还有瓦斯、顺层偏压、围岩二次变形等。

十、高瓦斯治理——肖家坡隧道

在武陵山区隧道施工中,瓦斯也是常常遇到的难题之一。

肖家坡隧道在渝湘高速公路并不是特别长的隧道,但它却让人刮目相看:其瓦斯溢出口浓度高达84%左右。

如此高浓度的瓦斯给施工人员的生命安全造成极大的威胁,给工程进度造成极大的阻碍。为了解决这一难题,建设公司请来专家反复讨论,最终三管齐下:一是注浆,在混凝土内加入气密剂,然后将隧道内的石头缝用混凝土封闭,不让瓦斯跑出;二是安装防水板。瓦斯如果不能直接排出,就会融进水里。因此,防水渗出也成了一项重要的工作。防水板全部采用0.5mm的厚塑料板,连成一个整体,对隧道顶进行全封闭;三是将地下水接入排水管,密闭地排出洞外。此外,建设公司还对施工单位的工作人员进行了培训,要求施工单位在作业时每个班组的瓦斯检查人员配备便携式瓦斯探测仪,每次作业时,未经检查,不得擅自开工,同时加大对瓦斯隧道施工的设备和防护设施的投入,其掘进设备、运输设备、照明等都选用的是防瓦斯设备。

肖家坡隧道施工中,成功地克服了高浓度瓦斯,整个施工过程中,无一人员伤亡事故,并在计划工期内顺利实现隧道贯通。

通过对施工经验的认真总结,建设公司邀请专家编写了重庆第一套《瓦斯隧道施工技术规程》,为其后的隧道瓦斯治理提供了科学高效的解决办法。

十一、洞中架桥——高谷隧道

高谷隧道全长1400余米,隧道内溶洞有16个。其中二号溶洞长300多米,宽20m,深20余米。体积达12万m^3,采用填筑方式不仅工程量大,而且可能出现压实度不够、日后路基沉陷的后患。施工中采用架桥的方法,在溶洞底部竖起21根1.5m粗的钢筋混凝土桩基,在左右线隧道内都架设了一座单跨30m的大桥。高谷隧道洞中架桥,成为高速公路隧道"洞中有桥"的工程范例。

十二、填充暗河——大董岭隧道

大董岭隧道全长850m,在渝湘高速公路众多隧道群中显得微不足道,然而,正是这个看似不起眼的隧道,却让施工单位花了四年的时间才将它完全贯通。其最大障碍还是"溶洞",一个短隧道里面,居然有大大小小数不清的溶洞,其中最大的溶洞垂直路线方向是70m左右,左右宽是60m左右,垂直高度在70m左右,溶洞不是一个空腔,里面有石钟乳,底下有卵石,有流沙,曾经是一条巨大的暗河。

要让隧道穿过这样一个巨大的溶腔坑,这是建设者们从来没有遇到过的问题。建设单位会同专家和施工、监理单位一起研究,确定采用填充方案,在填充物上做2m厚的钢筋混凝土面板,以充分满足最大的承载量。

十三、跨越岩溶——长滩隧道

位于彭水县长滩乡和汉葭镇境内的长滩隧道,呈北西—南东走向,横穿杨家山北段青岗槽。采用上下行隧道分离的独立双洞形式,分离式独立双洞间距11.3~23.0m。右洞长3276m,左洞长3215m。

该隧道地质以灰岩夹页岩为主,不良地质现象为溶洞、水平岩层坍顶。开挖后发现,这里到处是大大小小的溶洞,溶洞套溶洞,水量特别丰富。2006年10月25日,当施工掘进到400多米时,隧道右洞掌子面出现竖向岩溶裂隙,其间充满大量黄泥,导致岩壁潮湿,稳定性较差,局部易剥落掉块。建设者当即紧急研究决定,对掌子面进行浅进尺弱爆破开挖。晚上11点35分,一声炮响,大量泥浆随着炮声迸发,汹涌澎湃,迅速将洞口下部掩埋,淤泥堆积厚度达到1.2m,堵塞了中心排水管和纵横向盲沟。突泥持续到第二天凌晨,突泥量近万立方米。接下来的十几天,原突泥溶腔又间歇性发生了四次突泥,每次突泥大约3000~10000m^2。泥浆大量冲出,连装载机那巨大的车轮也被淹没了大半,开挖台车冲到了100m外。由于采用了超前地质预报并有针对性地采取了预防措施,没有造成人员伤亡。

鉴于长滩隧道揭示的隐伏溶洞规模大,且暴雨期突水口的涌水高达1900m^3/d,采用常规的堵水或堵排结合处治的工程措施均难以确保隧道运营安全,工程实践证明对这一类型溶洞治理的基本原则应当是保持生态平衡,最大限度地保留原有的过水通道口。因而采用桥跨方式通过岩溶突水区域是确保隧道结构安全的最佳方案。

总结该隧道溶洞处治经验,得出以下结论:

对于灰岩地区的隧道,最好的岩溶处治办法是尽可能保留原地下水的排泄通道,任何强制性的堵水方案不管是否成功,都可能会引起新的水患。实践证明,溶洞的处治方案宜选桥梁跨越方案。

隧道内桥梁类型可根据地形、地质条件灵活选择。左洞岩溶地区岩石抗压强度高,具有安全设置拱脚的基础,并可选择适当的矢跨比,故拱跨结构优于简支结构。右洞岩溶地区中间有设置1号桥墩的条件,设置拱脚基础的地质条件差,故简支结构优于拱跨结构。

隧道两侧二次衬砌自重非常大,桥梁结构无法承受,因此隧道两边墙基础和桥梁基础宜结构分离,以使受力明确,施工方便。

溶洞发育地区结构基础形式可灵活采用,优先考虑扩大基础,桩基如果基底以下能够确保足够岩层厚度,则没有必要穿透溶洞(如右洞桥梁1号墩),以减少工程成本和施工难度。

在工期允许情况下,隧道内桥梁施工宜优选现浇方案。因隧道内预制梁运输、吊装实施难度大,施工成本高,故只有在抢险工程中才采用洞内预制架设方案。

十四、青山着意化作桥

渝湘高速公路不仅以隧道长度大、数量多而著称,而且以桥梁类型多、造型各具形态而闻名。渝湘高速公路三跨乌江,跨越无数深谷沟壑,在崇山峻岭中,架起了一座座技术难度高、外形壮美的大桥,从以下撷取的两座大桥建设情况,即可见一斑。

十五、乌江画廊上的共和特大桥

共和乌江特大桥位于重庆市彭水县境内。起止里程为K38+620～K39+850,跨越乌江,是重庆至长沙高速公路工程中的一座特大型桥梁。该桥全长1082.7m,主桥为113m+200m+113m预应力混凝土连续刚构桥,分双幅修建,主梁为单箱单室截面,桥墩为钢筋混凝土薄壁柔性墩,群桩基础。引桥为40m、50m先简支后结构连续预应力混凝土T梁。下部结构为混凝土实心墩和混凝土空心墩,桩基直径分别为1.5m、1.8m和2.1m,共有22根墩柱。

共和乌江特大桥由铁道第二勘察设计院设计,由重庆育才工程咨询监理有限公司负责监理;施工单位是路桥集团第一公路工程局。

在共和乌江特大桥施工中,施工单位采用了较先进的施工技术和施工工艺:

1. 直螺纹套筒机械连接技术

共和乌江特大桥墩身高度高,主筋直径大且数量多,钢筋接头多达10万余个。采用钢筋的机械连接方式后,基本上克服了传统钢筋焊接连接方式的弊端。该连接技术的施工技术是把套筒冷挤压连接,锥螺纹连接技术的两者优点结合起来,替代了粗钢筋连接技术较普及的电渣压力焊、竖压焊、闪光对焊等连接性能较不稳定的钢筋连接方式。该技术施工工艺简单,不受气候条件影响,投入设备少,机械化程度高,施工连接时不用电,无明火作业,连接速度快,质量稳定可靠,在共和乌江特大桥钢筋施工中取得了显著成效。

2. C60高强泵送混凝土配合比设计与施工

C60混凝土属于高强度等级混凝土,国内在建筑和水利工程上已经有了使用,但在高速公路工程施工中还比较少见,且在超百米高墩上悬浇使用(混凝土实际泵送高度达125m)。鉴于国内高速公路项目上连续刚构桥上部结构混凝土存在普遍开裂的情况,为保证共和乌江特大桥上部C60高强度等级混凝土的耐久性,有效地控制混凝土及水泥砂浆早期的塑性收缩、干缩等非结构性裂缝的产生和发展,防止混凝土初期及后期开裂,对C60配合比材料进行优化和添加,增加国内当时较为新型的配合比材料如微硅粉和聚丙烯纤维,减少工程后期维护费用。

十六、悬崖绝壁上的武陵山特大桥

由四川公路桥梁建设集团有限公司承建的武陵山大桥建设时期名为"干溪沟1号大桥"。主桥为155m+360m+155m三跨连续漂浮体系双塔双索面PC斜拉桥,为沿线最大控制性工程,是沿线唯一一座斜拉桥。大桥横跨干溪沟大峡谷,桥面距谷底363m,其高度在全世界已建成的桥梁中居前列。

大桥主墩地处悬崖绝壁边,施工难度大,技术含量高。在悬崖上的桩基处,最深的桩52m,桩径2.8m,一个主墩由24根桩组成。施工之初,因山高坡陡沟深,进场十分困难。施工单位在两边分别修了20km和30km的施工便道,便道两旁是险峻的高山和幽深的峡谷,每次经过都使人心惊胆战。每逢下雨,道路泥泞不堪,运输车辆寸步难行。因山坡陡峭,施工场地险峻狭窄,施工人员只能在斜坡上搭设钢"吊脚楼"设置拌和站和预制场。

在2008年初,百年不遇的雪灾袭来,为了保证T梁预制质量,施工人员在T梁上盖防水保暖篷布,利用煤炭升温,加热沸水,蒸汽养护,以保持T梁强度。

对主墩0号、1号梁段采用无支架临时索配合挂篮施工方案,挂篮无支架竖向分件组拼、竖向整体起吊、竖转90°挂索安装就位施工工艺,为国内首例,并获得成功。

"武陵山大桥"原名"干溪沟大桥",因峡谷的溪沟常年干涸得名。建成后,更名为"武陵山大桥"。该桥因其雄美壮观,成为重庆渝东南高速公路上的标志建筑(图8-5-8、图8-5-9)。

图 8-5-8　建设中的武陵山特大桥

图 8-5-9　建设后的武陵山特大桥

十七、阿蓬江新景：阿蓬江特大桥

横跨阿蓬江的渝湘高速公路阿蓬江特大桥位于阿蓬江镇高碛居委和大坪村之间，这座高 130 多米的大桥建成后成为阿蓬江上的一道新的景观。

大桥上部构造引桥采用 30m 预应力混凝土 T 形梁，先简支后连续刚构，主桥上部结构为 90m + 170m + 90m 预应力混凝土连续刚构箱梁，全桥长 509.12m。跨越阿蓬江，不受水文控制，设计流量 12510m³/s，设计水位 414.720m，施工水位 397.90m。阿蓬江由北东向南西横穿特大桥，江面宽 75m（枯水季节），据调查，阿蓬江的常年枯水位 392.20m，平水位 397.50m，常年洪水位 402.50m，最高洪水位 408.80m。桥址范围属剥蚀岩溶低山地貌，河谷地形，桥址分布段地面高程为 392.0～522.1m，高差达 130m。施工进场条件差，需跨越阿蓬江修建便桥，受制于阿蓬江的季节性洪水影响。下游在后期修建水库，水位上升，需要改造便道。施工期间克服了种种困难，顺利合龙。该大桥由北京市海龙公路工程公司承建。

十八、唯一一座钢管混凝土拱桥：细沙河特大桥

由中港第二航务工程局承建的细沙河特大桥地处陡峭峡谷区，属剥蚀岩溶低山地貌，两岸为悬崖峭壁，施工条件艰苦，施工难度大，为渝湘高速公路全线唯一一座钢管混凝土拱桥，跨越细沙河，全长 381m，主跨 190m。

大桥现场施工条件恶劣，两岸为悬崖峭壁，呈 U 字形沟谷，两岸近直立，两岸岸坡地带分布较密集的裂隙，致使两岸的岩体开裂成板状或柱状，安全系数很低，定为危岩区。坡顶地形陡峭，灌木茂密，地形起伏很大，海拔在 389～640m，起拱线距谷底水面有 200m 的高差，给吊装工作带来了极大的困难。在大桥上部结构施工中，采用"先拱后梁"，即先成拱后架设桥面 T 梁的施工方案；主拱采用"无支架缆吊装、斜拉扣挂"工艺进行施工，首次将这两项施工工艺运用到实际施工中，实现了山区桥梁建设的又一次跨越。

十九、秀山酉水新高速

由"北方建设分公司"负责建设的洪安—酉阳段一路自然风光秀美。从设计阶段开始,"北方公司"就提出"秀山酉水新高速"的建设理念。这个"新"体现在他们坚持人与自然相和谐,树立尊重自然、保护环境的理念。在设计与施工中,建设者采用棚洞、顺河高架桥等大量环保设计新技术,将高速公路轻轻放在秀山酉水之中。

杉木洞特大桥、葡萄山隧道、秀山隧道、棚洞、板溪互通、溶溪河高边坡等工点的环保新技术,无不体现这一建设理念的成功实践。

二十、"傍山而行"的棚洞工程

棚洞工程是渝湘高速公路洪酉路段的一大特色(图 8-5-10)。该路段地形地貌复杂,高边坡、隧道洞口高仰坡等地段较多,采用传统"大填大挖"的工法,势必对公路沿线的植被和生态环境造成极大的破坏。项目在设计和施工理念上,不仅重视公路隧道技术水平的提高,还追求它的艺术性和美学效应,环保理念也提升到新的高度。在路线走廊困难地段、沿河岸沟谷地、路线傍山布置地段,本着"傍山穿行,顺其自然,保护边坡"的原则,采取设置棚洞和半隧道。在拱棚上方依山填土,恢复自然坡度和植被,还原山体本色,从而达到保护边坡和自然环境以及后期营运安全的目的。

图 8-5-10　洪酉路棚洞工程

洪酉路段全线采用了 6 处棚洞结构,总长 874.9 延米。基本消除了 40m 以上的高边坡,共计少开挖 20000m³ 左右的边坡。

棚洞作为一种新型的公路结构形式,施工经验并不丰富。洪酉路段在棚洞实施中,积累了一定经验。在施工过程中对棚洞的临时边坡进行检测,随时掌握边坡围岩的动态,了解边坡支护体系的受力状态,对危险地段及时加强支护,有效预防和避免边坡失稳;通过对棚洞结构内力和结构位移以及棚洞结构与相邻边坡之间的相互作用力的监测,及时了解棚洞结构的受力状态,了解各道工序下棚洞结构的内力分布状态和大小,确定棚洞的安全状态,确保棚洞施工安全。

在施工中对边坡的稳定性加强监测,包括:

坡顶外地面沉降监测;边坡围岩内部位移监测;边坡支护锚杆轴力监测。

棚洞结构内力及位移监测主要包括:

立柱及斜柱应力监测,考虑斜柱在施工过程以及运营阶段受力体系的不同,需对斜柱上下端两侧受力最大的边缘位置进行监测。

曲墙平板结构内力监测。

棚洞结构基础梁内力监测,主要监测左右两侧测点间的传力关系。

靠山体侧扩大基础基底应力监测,主要对基底的承载力进行监测。

边坡与结构之间相互作用力监测,主要是为了掌握边坡的后期移动对棚洞结构的影响。

采用棚洞结构形式后,明显减少了对山体的破坏,从而保护了这些土体上的植被,对山体的原生环境破坏相对减小很多,几乎达到了这种地形条件下明挖对山体的最小影响。在施工阶段,减少了土石方量和边坡支护量;从长远来看,不仅对生态环境破坏较小,保护了珍稀的植被,而且由于棚洞半开敞式结构特点,相对于明洞方案缩短了隧道密闭段的长度,从而减少了照明和通风运营费用,降低了远期运营成本。

二十一、"为大树让路"的故事

对自然的敬畏,对绿色的向往,是人类共同的天性。在高速公路建设中,建设者常常会遇到人与自然的矛盾。在"秀山酉水新高速"理念的指导下,建设者尽力而为地选择了对自然的保护。

在彭水高谷镇共和村,有一棵遒劲的黄桷树张开茂密的枝叶,像一把硕大的绿伞,庇护那里生生不息的村民。这是一棵有四百多年树龄的黄桷树,被当地人看作"镇山之宝"。2006年初,渝湘高速公路规划时,划定的红线恰恰要从这棵古树所在位置经过,树必须移栽。但建设者出于高速公路景观和对古树的保护考虑,在施工中微调道路方案。

在秀山大董岭隧道口,一棵挺拔的枫树夹在路中绿化带内。这是一棵有300多年树龄的古树,是当地村民心中的吉祥树。按原规划,该树地处路中,必须移走。但此树主根发达,成年树一旦移植,很难成活。"那是一棵好树啊,两个人也抱不住,这样的树在全市也找不到几棵了,必须保护好。"建设者仰望这颗笔直挺拔的枫树,决定为树让路,调整设计,拉开大董岭隧道左右洞间距,加宽公路中央分隔带,把古树安置于中央分隔带,实现成功保护,这样增加了几十万投资。"高速公路为大树让路",一时间传为佳话。

二十二、"顺其自然"的杉木洞曲线桥

渝湘高速公路洪酉段上的板溪乡扎营村李家沟的杉木洞,两旁山崖陡峭,植被繁茂、山泉飞泻、谷底流波,景色秀丽。为不破坏峡谷自然生态,设计单位设计了一座渝湘高速公路上最具代表性的杉木洞大曲线桥,大桥一端连着寨上隧道,一端接着葡萄山隧道,桥身沿溪而走,顺山蜿蜒,呈 S 状穿行于青山翠谷间。杉木洞大桥左线长 1448m,右线长 1446m。为加强桥梁的美观效果,大桥左右幅按不等高设计左右高低错落。当峡谷中雾气升起时,大桥如两条银龙出洞,在深邃峡谷间翻腾嬉戏。

驱车行驶在渝湘高速公路秀山洪安至酉阳段,你很难想象这是一段刚修建的高速公路,因为高速公路两边边坡的绿化有许多已经形成。北方建设分公司在施工之初就对绿化进行了充分考虑,采用边施工边绿化的作业方式,高速公路修好了,边坡的绿化也完成得差不多了。

二十三、"环保"的景观型洞口

隧道上不仅有亭子,还有瀑布。在渝湘高速公路秀山隧道见到了高速公路和大自然的完美结合。而这得益于建设者们采用了前置式洞口法的先进工艺。"前置式洞口法"通俗地称为"假拟洞口工法"。这种方法遵循环保、安全、经济的原则,不切坡进洞,而是在洞外不开挖山脚土体的情况下,采用开槽施工的方法先修建明洞,然后在明洞内施工暗洞,采用震动破碎或小型爆破进洞。可保全洞口山坡及原生植被免遭破坏,减小洞口仰坡防护工程,这是保证仰坡稳定较为理想的方法。

这种工法尽量做到了"零开挖",有效保护了隧道洞口的自然生态环境。秀山隧道顶端和其上面的村民房屋相距只有几米,即使这样,隧道开挖也未让村民搬走一户,还保留了瀑布,下雨时,瀑布水量增加,很是壮观。

隧道洞口是施工中最为困难的地段。传统的方法是先进行洞口边仰坡的开挖、防护,当达到一定的进洞条件后再进洞施工,但这时已经形成了较大高度的边仰坡。有些洞口虽采用接长明洞回填绿化的方法加以补救,然而这种方法对于原生植被的破坏是不可恢复的。于是,秀山隧道、葡萄山隧道和老虎山隧道都采用了"前置式洞口工法"。环保的隧道前置洞门如图 8-5-11 所示。

施工人员在洞门施工时,在不开挖明洞段洞内土体的情况下,采取两侧开槽,在原设计明洞轮廓线以外施作工字钢拱架并浇筑混凝土,作为明洞临时衬砌,在进洞前成洞,然后反压回填,再进行临时衬砌内暗挖施工,以洞口超前支护措施保证隧道施工安全。避免了高边坡、高仰坡开挖,有效地保护了隧道周边的自然环境和生态植被,确保了隧道洞口边坡稳定。

图 8-5-11　环保的隧道前置洞门

老虎山隧道将原设计的端墙式洞口在施工中也改为前置式洞口。现在经过老虎山隧道时,依然可见洞口树木葱郁,地表保持完好,几乎看不到人工开凿的痕迹。在老虎山隧道的出入端,采用半开敞式的棚洞,穿行其间,一边是山体,一边可以透过廊柱看到外边的风景。

二十四、秀山隧道治"五毒"

秀山隧道位于洪上段,距秀山互通 3.5km,隧道左线长 3310m,右线长 3315m,为特长隧道,该隧道技术复杂源于复杂的地质构造。

秀山隧道位于溶蚀地貌区,岩层以碳酸盐岩类为主,岩溶发育较甚,岩溶主要沿北东—南西向和北西—南东的方向发育,路线走廊区高程 600~800m,为中山区,山脊沿北北东—南南西向展布,中央为线状发育的溶蚀洼地,槽谷中岩溶、洼地、溶洞、落水洞、岩溶漏斗、竖井及暗河较发育,沟谷切割浅、高差小且宽缓。路线走向由南东向北西前进,横穿岩溶沟谷带。隧道中部穿越一向斜褶皱构造的底部,其上 100m 左右高度处有一未探明的暗河通过。

由于该隧道地质情况复杂,施工过程中先后出现过突泥、涌水、煤层、燃油、瓦斯、洞口垮塌等灾害,由于防范得当,处治及时,施工过程中及完工营运期间均未发生任何伤亡事故。

1. 隧道出口端滑塌及处治

隧道出口端在掘进过程中出现滑塌,设计单位根据滑塌体特征,考虑塌体隧道段施工安全及塌体的稳定,采用封闭裂缝、适当清方、注浆加固稳定滑塌体、加长明洞回填反压、施工斜井加快稳定段隧道施工的综合治理措施。

（1）封闭裂缝：对塌体上部坡体已经形成的裂缝采用灌 M30 水泥浆进行封闭，并进行仰坡稳定观测，直到塌体隧道段二次衬砌施工完成并达到设计要求。

（2）塌体清方封闭：对塌体上部浮石及不稳固塌体进行适当清方，完成后塌体下部采用 15cm 厚 C20 喷射混凝土、3.5m 长锚杆接 150cm×150cm，布置并插 ϕ6.5 间距 25cm×25cm 钢筋网，上部采用 15cm 厚 C20 喷射混凝土、4.5m 锚杆和 ϕ42 小导管 150cm×150cm 封闭塌体，保证下步施工安全。表面设置排水沟截排地表水。

（3）左线隧道塌体左侧原自然沟回填：为减小左线塌体隧道段的偏压，采用土石进行回填反压。

（4）塌体加固：对左右隧道间中夹坡滑塌体采用 ϕ89 中管棚 400cm×400cm 梅花形布置并压注 M30 水泥砂浆进行地表加固，增加坡体的稳定性。

（5）加长明洞回填反压：根据塌体坡度不大，洞口位于沟谷中，结合隧道洞外设置了棚洞及景观设计，隧道采用加长明洞回填反压保证塌体的稳定，同时利用明洞洞口采用削竹式洞门。回填表面采用片石网格植草绿化护坡。

（6）滑塌体段隧道加强：滑塌体段隧道采用矿山法设计，双侧壁导坑法暗挖施工，超前大管棚预支护，隧道衬砌采用三层支护衬砌，对塌体段隧道底部松动体采用小导管注浆加固提高承载力。

2. 隧道突泥涌水处治

隧道掘进过程中曾先后三次发生较大规模的突泥涌水地质灾害，每次突泥涌水量高达数万甚至十几万立方米。设计单位根据突泥涌水段的地质及施工情况，处治采用以堵为主，堵排结合，注重环保，避免次生灾害的原则设计。

隧道突泥涌水主要为隧道下部溶洞（洞顶主要为干溶洞），结合岩溶隧道处治成功经验，突泥涌水段采用注浆堵水结合承压隧道结构的处治措施，为了保证结构的安全，隧道加强段向两端各延长了一段距离。

几次突泥涌水地质灾害均发生在两车道隧道段，初支及仰拱均已施作完毕，有的二次衬砌都已施作完毕，灾害发生后，仰拱被突泥涌水破坏，初支及拱墙二次衬砌基本完好。设计采用抗水压衬砌通过，主要处治措施为：拆除既有隧道二次衬砌、减小仰拱半径、增加支护结构刚度、注浆提高围岩的抗渗透能力。

具体措施为：

（1）清理隧道地板围岩，将岩溶填充物采用 C25 混凝土进行换填。

（2）减小仰拱半径，增加隧道支护衬砌特别是仰拱部的承载能力。

（3）对隧道围岩进行注浆加固止水，充分发挥围岩的自承能力。

（4）加强隧道支护衬砌，采用初期支护和双层衬砌结构。

（5）加强隧道衬砌排水能力。

(6)加强处治隧道段水压及支护衬砌结构长期稳定监测。

3. 暴雨或持续强降雨引起的承压水处治变更设计

隧道初通后,由于岩溶发达,干湿交替作用下析出的碳酸钙等沉积物易堵塞隧道衬砌背后的排水管路,致使隧道周围的水流不易排出;且在隧道上方100m高度处有一未探明的暗河通过,在特大暴雨或持续强降雨后,隧道周围易产生较大的承压水,从而使该隧道出现较大的渗漏水,进而引发中央水沟排水不畅、泥水漫入行车道等病害,影响行车安全。后经长达两年时间的观察论证,设计单位采取了拱脚钻孔引排水,加深加宽隧道两侧排水沟的改造处治方案。改造处治方案实施后,该隧道的排水条件得到较大的改善,基本消除了水患对隧道结构安全及行车安全的影响。

4. 隧道可燃油气处治

该隧道由中铁十六局集团第三工程有限公司和中铁十三局集团第三工程有限公司共同承建。在施工中还罕见地打出高纯度原油。2007年9月16日在左洞掘进中,掌子面爆破后,施工人员进洞检查时,发现拱顶及左侧拱部围岩表面及裂隙处出现燃烧现象,燃烧持续3个多小时。岩体表面裂隙密集带和裂隙发育处渗出大量黄绿色流体状可燃气体,带有浓烈的煤油气味。在掌子面超前探孔孔口有可燃气体溢出,用便携式瓦斯检测仪检测,探孔孔口瓦斯浓度达5%。根据油气和岩体送检分析,原油为优质轻质烷类物质。在隧道施工中出现如此高纯度原油,极其罕见。

隧道中存在油气,在施工中因爆破引燃油气将会严重影响施工人员安全;在运营中,会对隧道行车留下永久的安全隐患。而处治隧道内油气溢出,当时尚无经验借鉴。施工单位通过多种处治方案比选,采用了以注浆封堵为主,以全断面帷幕注浆结合局部径向补注浆封堵措施,结合结构加强、防水全封闭的处治方案,成功地将油气封堵于隧道之外。

二十五、科研助跑山区高速

渝湘高速公路的科技创新主要体现在它的环保、节能、科技及引进高水平的专家团队实现"借脑管理",搭建产学研共建平台,实现科技成果的转化,为高速公路的建设提供技术支撑。以渝湘高速公路为依托工程的科研成果包括:

1. 武陵山区高速公路生态修复与景观营造综合技术研究

(1)研究目标:高速公路发展至今,在建设理念上已发生了深刻的变化。建设以环境和安全为主题的新一代高速公路成为时代的主旋律。人们不仅要求用路者感到心情愉悦,也要求看路者心情舒畅,高速公路本身就应当是一道亮丽的风景线。为改善公路的环境,提升重庆乃至全国山区高速公路建设水平,开展环境景观工程营造技术的研究是非常必要的。

(2)主要研究内容:结合彭武、彭黔、黔西三段高速公路的特点,以生态修复和景观营造技术为重点开展研究。主要研究内容如下:生态修复技术的研究,本土植物的选择与种植技术的研究和生态修复措施的研究,景观营造技术的研究,山区高速公路路段景观规划的研究及山区高速公路合理生态群落构成的研究(可用植物及其合理组合、路基边坡生态群落的合理构成、立交区生态群落的合理构成、隧道前区生态群落的合理构成、路侧生态群落的合理构成)。

(3)达到的技术经济指标:通过研究,筛选出可供彭武、彭黔、黔西三段高速公路利用的本土植物;推荐出合适的公路边坡绿化技术;提出公路景观的规划方法;提出山区高速公路生态群落构成的原则;完成示范工程。

2. 重庆地区高速公路沥青路面结构与材料研究

(1)研究目标:鉴于重庆地区沥青道路建设现状和发展的迫切需求,有必要针对重庆地区的具体情况积极开展沥青路面典型结构研究,以适应重庆市经济快速发展的需求。

(2)主要研究内容:重庆地区高速公路沥青路面结构调查研究;水损坏调查及分析;车辙调查及分析;裂缝调查及分析;重庆地区高速公路沥青路面合理结构抗车辙性能环道试验研究;沥青路面结构组合与车辙相关性试验研究;荷载、温度对沥青路面永久变形影响研究;重庆地区高速公路沥青路面抗滑磨耗层材料环道试验研究;重庆地区高速公路沥青路面合理结构野外试验路试验研究。

(3)达到的技术经济指标:有助于重庆一千多公里待建高速公路路面结构形式合理选择,使得重庆高速公路的沥青路面结构设计更加符合重庆的地理气候条件和交通条件,以减少高速公路沥青路面的早期损坏现象,延长沥青路面使用寿命。研究成果还将有助于补充和完善我国现有的沥青路面结构设计方法。

3. 山区高速公路隧道节能型供配电系统研究与应用

(1)研究目标:对于目前涌现出的多种节能设备和节能方法虽然在其他领域已有投入使用,但对于高速公路隧道这种以气体放电灯和电动机负载为主的供电类型还没有针对性的研究。在高速公路隧道中的各种用电设备,都有着其自身的负载特性,根据不同用电设备的负载特性确定其供电方案以达到节能的目的。

(2)主要研究内容:山区高速公路隧道供配电系统的负荷等级划分和供配电方式选取研究;公路隧道中各型高低压设备可靠性分析和各种节能设备的节能研究;中压供电技术在公路隧道的应用研究;节能型供电线缆截面、变压器及变压器合理容量分析研究;适应交通量增长的供配电系统分步实施方法研究。

(3)达到的技术经济指标:改善公路隧道供配电节能效果,减少日常运营费用,同时节约10%~20%以上的电力消耗,节约工程的初期一次性工程建设费用。同时提供《公路隧道节能型供配电设计指南》,为《重庆高速公路隧道运营通风照明供配电设计指导意见》下一步的修订提供系统、全面、有价值的参考资料。

4.重庆地区公路隧道支护结构参数优化研究

(1)研究目标:通过本项目研究提出的隧道支护结构参数,一方面可作为今后公路隧道设计规范或手册编制与修订方面的依据,另一方面也可供其他地区隧道工程设计参考使用,因此,本项目研究对促进公路隧道设计标准化和指导国内公路隧道设计具有重要的意义。

(2)主要研究内容:重庆地区公路隧道围岩典型地质特征研究、重庆地区公路隧道支护结构参数统计分析、重庆地区公路隧道支护结构参数优化研究、动态设计技术的应用。

(3)达到的技术经济指标:提出适合于重庆地区工程地质条件的支护结构参数,并通过在依托工程中的应用,确保依托工程设计的安全、可靠、经济,通过对原设计支护结构参数的调整与优化,节约工程投资约1200万元,具有显著的经济效益。

5.重庆高温地区高速公路沥青路面抗永久性变形性能研究

(1)研究目标:针对重庆地区山区、高温、多雨三种对沥青路面非常不利的气候、地理条件,开展车辙性能评价指标及车辙预估模型、控制标准的研究,指导重庆地区沥青路面的结构设计和材料设计。

(2)主要研究内容:高速公路沥青路面抗永久变形性能指标研究;高速公路沥青路面车辙预估模型研究;高速公路沥青混合料抗永久变形标准研究。

(3)达到的技术经济指标:有助于重庆高温多雨山区高速公路路面结构和材料的合理选择,减少或防止沥青路面的车辙损坏,节省大量的养护和改建资金。

6.山区高速公路桥隧毗邻群段施工组织管理关键问题研究

(1)研究目标:将先进的管理理论、管理方法通过定性分析、定量分析、技术经济评价等方法应用到类似桥隧毗邻群段施工组织管理特殊问题中去。

(2)主要研究内容:山区高速公路桥隧毗邻群段施工组织管理模式的研究;山区高速公路桥隧毗邻群段施工组织设计方案研究;山区高速公路桥隧毗邻群段施工组织管理中潜在风险分析及风险条件下的成本、进度的动态监控系统的建立。

(3)达到的技术和经济指标:为重庆高速公路在桥隧毗邻群等方面的建设、施工管理提供可参考的依据;提高施工组织的管理效率,减少不必要的施工干扰,使产生的成本降低、施工生产经济效益提高以及项目有序、协调、稳定地进行。

7.高速公路隧道沥青复合式路面结构防排水综合技术研究

(1)研究目标:检验地下水流量和水压力预测方法的适用性;将防排水反馈优化方案运用到实际工程中,形成稳定的防排水体系方案。

(2)主要研究内容:隧道路面下地下水环境研究;隧道内沥青复合式路面结构防排水结构体系研究;隧道内沥青复合式路面结构防排水材料选型研究;隧道内沥青复合式路面结构排水体系施工工艺研究;隧道沥青复合式路面结构防排水系统质量控制指标与检验方法研究。

(3)达到的技术经济指标:提出隧道内沥青复合式路面结构防排水体系;提出隧道内沥青复合式路面结构防排水体系施工工艺、质量控制标准与检验方法。

8.大涌水量与复杂地质条件下特长公路隧道修筑关键技术研究

(1)研究目标:以武水路白云隧道为依托工程开展"大涌水量与复杂地质条件下特长公路隧道修筑关键技术研究",使其安全、快速、经济地贯通,最大限度地减少或改善隧道工程对环境的影响,并为我国公路隧道在复杂涌水条件下的设计与施工技术体系积累基础数据。

(2)主要研究内容:注浆堵水技术;抗水压支护结构设计技术;岩溶、涌水、瓦斯和硫化氢等不良地质的处治技术。

(3)达到的技术经济指标:形成了深入系统的方法体系,并取得9项创新,且率先编制完成了《岩溶涌水和富气地层中的公路隧道设计施工导则》;节约工程投资约1000万元;较原计划工期提前贯通。

二十六、渝东南少数民族腾飞之路

位于重庆东南地区的酉阳、秀山、彭水、黔江,是以土家族、苗族等少数民族为主,约有200万人口聚集的地区。有着极其丰富的旅游资源和丰富多彩的民族文化。

从重庆主城沿渝湘高速公路,在武隆,有世界规模最大的串珠式天生桥群——天生三桥;有中国唯一列入《世界遗产名录》的洞穴——芙蓉洞;有世界唯一的冲蚀型天坑——后坪天坑;有亚热带"生物基因库"——白马山;在黔江,有国内保存最完整的古地震遗址——黔江小南海;在酉阳,有陶渊明笔下的桃花源原型——酉阳桃花源。沿途有适宜高山避暑纳凉的仙女山国家森林公园、石柱黄水国家森林公园、武陵山国家森林公园和彭水茂云山国家森林公园等;还有乌江、芙蓉江、阿依河、酉水河等景区串珠式地把渝东南区域连接成为旅游综合体。渝东南地区处处皆景、步步是景,集山、水、林、泉、洞、峡、江等景区类型于一体,拥有旅游资源单体景点1500个,整个渝东南被誉为"中国旅游第一走廊区"。

渝东南处于四川盆地东南部大娄山和武陵山两大山系交汇的盆缘山地,渝鄂湘黔四省市结合部,是重庆唯一集中连片、也是全国为数不多的以土家族和苗族为主的少数民族聚居区。渝东南地区自然山川秀美、生态环境优良、民族风情浓郁、民俗乡风淳朴、历史文化底蕴深厚,旅游资源十分丰富。

就是这片神秘而美丽的土地,多年来因交通闭塞却"养在深闺人未识"。而今,正是渝湘高速公路,像一条金丝带,将散落人间的宝石一一串起。正是这条高速公路,大大加快了对渝东南和湘西人民脱贫致富的步伐。渝湘高速公路自公路2010年9月通车后,以通车后3年经济指标,统计沿线各区县经济状况发生了极大的变化。

渝湘高速公路重庆段最边远的县城是秀山。秀山为渝东南地区重要门户,地处渝湘黔三省交界处,东临湖南龙山、保靖、花垣,西南连贵州松桃,北接酉阳。主要交通是铁路和公路,渝怀铁路将秀山与全国铁路运营网络连接起来。公路319国道和326国道纵横相交,是秀山通往重庆、四川、湖南、云南和福建等方向的陆路通道。面积2462km^2,常住人口约50.16人,以土家族、苗族为主,另有瑶族、侗族、白族、布依族等少数民族,共18个民族,其中少数民族人口占全县人口的52%。渝湘高速公路建成通车,秀山至重庆主城九区车程缩短至4小时,至湖南长沙市4小时。秀山旅游资源丰富,有凤凰山森林公园、石堤古镇、洪安边城等著名景点。2010年,渝湘高速公路通达秀山后,对经济发展有很大促进;2015年,秀山县地区生产总值达到138.19亿元,增长51%。

从秀山沿G65向北是酉阳土家族苗族自治县。酉阳东临湘西土家族苗族自治州、鄂西土家族苗族自治州,西界铜仁,北连黔江,南接秀山土家族苗族自治县。辖区面积5173km^2,常住人口为57.8万人,以土家族、苗族为主,另有汉族、回族、蒙古族等,共18个民族。酉阳县区位条件优越,渝怀铁路纵贯县境,渝湘高速公路3小时可达重庆市区。国道319线纵贯全境,出境干道与湖南龙山、湖北来凤、贵州沿河、重庆彭水相通。乌江航道直通长江水道。酉阳旅游资源丰富,以桃花源、龚滩古镇、龙潭古镇等景点著称。2010年,渝湘高速公路通达酉阳后,对经济发展有很大促进;2015年,酉阳地区生产总值达到116.97亿元,增长72.4%。

沿G65继续北上是黔江区。黔江位于重庆市渝东南,处武陵山区腹地,集革命老区、民族地区、边远山区于一体。东临湖北省咸丰,西接彭水,南连酉阳,北接湖北省利川。黔江区辖区面积2402km^2,常住人口44.5万人,其中以土家族、苗族为主的少数民族人口占总人口的73.3%。近年交通发展很快,具有高速公路、铁路、航空于一体的武陵山区域立体交通枢纽优势,极大地缩短了重庆、成都与东南沿海的交通距离。黔江是东南沿海产品进入重庆、成都区域的桥头堡,也是重庆、成都等地进入东南沿海市场的必经之路。随着渝湘高速公路的建成通车,黔江更成了一个中间的节点城市。此外,还有黔江到湖北恩施的黔恩高速公路。铁路方面,除了已建成的渝怀铁路单线,目前还规划了5条铁路要经过黔江,包括渝怀铁路复线、黔(江)张(家界)常(德)铁路、渝长(沙)铁路客运专线、黔(江)恩(施)铁路,以及连接重庆黔江、贵州毕节、云南昭通的黔毕昭铁路。航空方面,黔江舟白机场也正式启用。黔江旅游资源丰富,有小南海、濯水古镇、官渡峡、阿蓬江、武陵山等著名景点。2010年,渝湘高速公路通达黔江后,对经济发展有很大促进;2015年,黔江地区生产总值达到 202.55 亿元,增长 67.6%。

G65 从黔江开始向西转向,连接彭水苗族土家族自治县。彭水位于重庆东南部,处武陵山区,居乌江下游。彭水北连石柱,东北接湖北省利川,东连黔江,东南接酉阳,南邻贵州省沿河、务川,西南连贵州省道真,西连武隆,西北与丰都接壤。彭水辖区面积 3903km^2,常住人口约 54.51 人,有汉族、苗族、土家族、蒙古族、侗族等 12 个民族,是重庆市唯一以苗族为主的少数民族自治县。长久以来,彭水的发展,有两大"硬伤",一是交通,二是土地。现在,几代人期盼的高速公路终于开通了,彭水迎来了发展的新机遇。渝湘高速公路建成之后,彭水距重庆主城仅 180km,2 个小时的行程安全、舒适、快捷,为带动彭水经济的发展,渝湘高速公路在距县城 5km 左右的地方分别设置了彭水西、东 2 座互通式立交。渝湘高速公路通车后,彭水积极发展神龙谷、乌江画廊、阿依河、郁山盐丹文化、摩围山等旅游资源。近年来彭水经济有较大发展,2009 年彭水县地区生产总值为 58.1 亿元,2015 年,彭水地区生产总值达到 115.97 亿元,增长 100%。

与彭水县毗邻的武隆县,东邻彭水、酉阳,南接贵州省道真,西靠南川、涪陵,北与丰都相连,辖区面积 2901.3km^2,常住人口为 35.1 万人,有汉族、苗族、土家族、仡佬族等 13 个民族。武隆是重庆一小时经济圈辐射渝东南和黔东北的重要枢纽,境内有多条高等级公路穿过,其中渝湘高速公路在境内长 67km。此外 319 国道、渝怀铁路亦从境内通过。随着仙女山机场、肖家湾铁路、土坎大坨湾散货码头的建成,武隆成为渝东南和黔西北的物流集散中心。境内"世界自然遗产"和"国家 AAAAA 级旅游景区",仙女山,天生三桥,芙蓉洞等景区尤为著名。2009 年,渝湘高速公路通达武隆后,对经济发展有很大促进,2009 年武隆实现地区生产总值 59.20 亿元,2015 年,地区生产总值达 131.4 亿元,增长 120%。

与武隆接壤的南川区,东北与武隆为邻,北接涪陵,西连巴南、綦江,总面积 2602km^2。总人口 68 万人。南川区位独特,距重庆解放碑仅 75km 左右,属重庆"一小时经济圈"。G65 与 G69 在此交汇,渝湘高速公路和南涪高速公路横贯全境。南川区是距离主城较近的旅游区,著名景点有金佛山、神龙峡、永隆山、黎香湖、山王坪、楠竹山等。2007 年,渝湘高速公路最早通达南川后,对南川区经济发展有很大促进;2015 年,南川地区生产总值达到 186.25 亿元,增长 78.4%。

G65 重庆段经南川区后,经过巴南、南岸、渝北,由南向北与四川省邻水县连接。渝湘高速公路像一条金线将金佛山、乌江画廊、芙蓉洞、芙蓉江、仙女山、小南海地质公园、酉阳龚滩古镇、西阳桃花源、龙潭古镇、洪安边城、凤凰古城,以及张家界、梵净山等一个个如珍珠般秀美的风景区串联起来,串起了渝东南少数民族地区。它更是一条旅游景观路、少数民族致富路。极大地促进沿线的旅游业的繁荣发展。毫不夸张地说,渝湘高速公路就是渝东南各族人民经济腾飞之路。

第六章
G69 银百高速公路

G69 银百高速公路是《国家公路网规划(2013 年—2030 年)》"71118 网"中的南北纵线之一,起于宁夏银川市,经甘肃庆阳、陕西咸阳、西安、安康、重庆城口、万州、涪陵、南川,贵州道真、湄潭、瓮安、贵阳、罗甸、广西乐业、凌云,止于广西百色市,全长约 2309km。

G69 银百高速公路重庆段(图 8-6-1)自城口北屏乡(陕渝界)入境,经开州、万州、忠县、丰都、涪陵等区县,自南川大有乡(渝黔界)出境,境内全长约 470km。

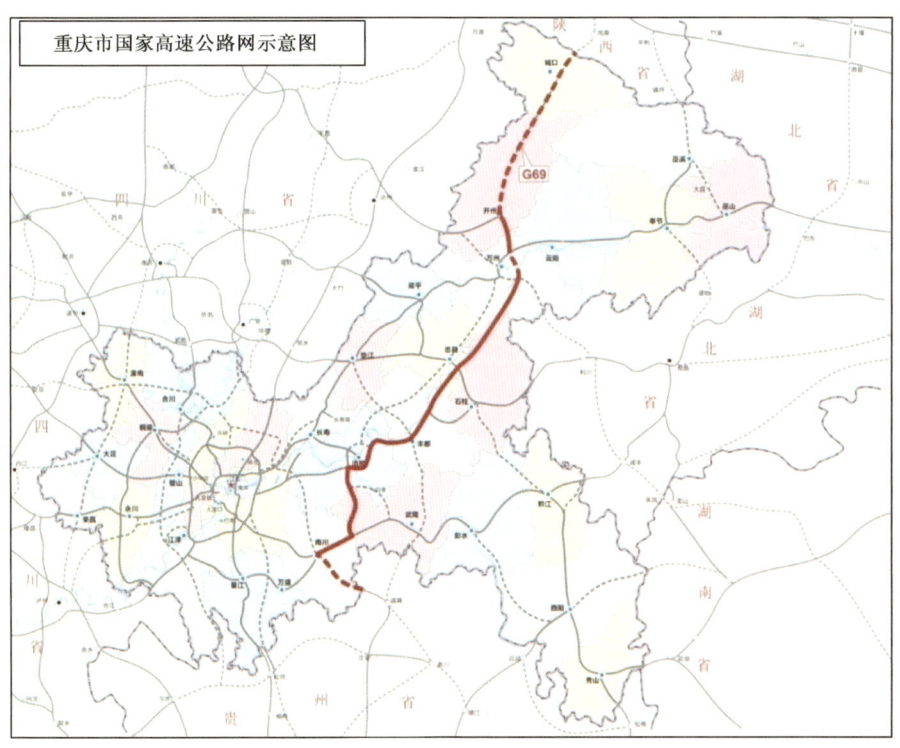

图 8-6-1　重庆市境内 G69 银百高速公路走向示意图

G69 银百高速公路重庆段按城口至开州(城开高速公路,在建)、万州至开州(万开高速公路)、万州绕城东段(万利高速公路的一段,在建)、忠县至万州(忠万高速公路)、丰都至忠县(丰忠高速公路)、丰都至涪陵(涪丰石高速公路的一段)、涪陵至南川双河口(南涪高速公路)、南川双河口至南川东胜(渝湘高速公路的一段)、南川东胜至贵州道真(南道高速公路,在建)等分段建设。

丰都至涪陵段属于涪丰石高速公路中的一段,相应建设情况纳入"G50S 石渝高速公路"中的"涪丰石高速公路"整体记录。

第一节　城开高速公路

城开高速公路,即重庆城口(陕渝界)至开州高速公路,为重庆"三环十二射七联线"规划中的沿江射线的一段。城开高速公路起于城口县北屏乡大巴山特长隧道陕渝界,经穿心店至北屏乡,跨任河到城口县,经蓼子乡、鸡鸣乡穿城开特长隧道至双河口,途经开州区大进镇、和谦镇、温泉镇、白鹤街道、渠口镇,终点止于赵家街道,与万开高速公路相接,路线全长约 128.5km。

城开高速公路主线全线设特大桥 9 座,大中桥 54 座;特长隧道 9 座,长隧道 6 座,中、短隧道 9 座;设置北屏、城口、蓼子、鸡鸣、雪宝山、谭家、温泉、白鹤、开州东、开州港、赵家等 11 处互通式立交,其中赵家互通为枢纽互通立交,其余均为一般互通立交;以分址合建方式设置省界主线收费站 1 处,设北屏、谭家 2 处服务区,鸡鸣、白鹤 2 处停车区,2 处养护工区。

城开高速公路全线采用双向四车道高速公路标准建设,设计速度 80km/h,其中主线采用整体式路基宽度 25.5m,分离式路基宽度 12.75m,桥涵与路基同宽。全线桥涵设计汽车荷载等级采用公路—Ⅰ级,其余技术指标按《公路工程技术标准》(JTG B01—2014)执行。

城开高速公路批复概算 234.6 亿元,平均每公里造价约 1.83 亿元。项目于 2017 年全面开工,预计 2022 年建成通车。

第二节　万开高速公路

一、项目概况

万开高速公路,即重庆万州至开州高速公路,为重庆"三环十二射七联线"规划中的沿江射线的一段。项目起于开州汉丰镇,经南山隧道、赵家镇、长沙镇穿铁峰山隧道,止于万州李家坪,设李家坪枢纽互通式立交与 G42 沪蓉高速公路万州至云阳段相接,路线全长 29.32km。全线设大桥 14 座、中小桥 10 座、特长隧道 2 座、长隧道 1 座。其中南山隧道长 4828m,铁峰山 2 号隧道长 6022m。桥隧占全线总长度的 65% 左右。

项目资金来源于重庆高速公路集团有限公司、万州交通建设开发总公司、开县交通开发有限责任公司三方投资，自筹资金 27500 万元，银行贷款 120000 万元。项目概算为 19.8 亿元，决算为 19.38 亿元，每公里造价约 6600 万元。项目于 2004 年 1 月 1 日开工，2006 年 12 月建成通车。

二、帅乡公路史话

位于万州之北的开县，因其是刘伯承元帅的故乡而闻名于世。历史上的开县，因其资源丰富，又与万州毗邻，素有"金开银万"的美称。然而，因其交通闭塞，经济发展受到制约，直到 2002 年，仍然是被确定为国家扶贫开发工作贫困大县。而且贫困面宽量大，贫困程度较深。到 2005 年底，全县贫困人口 18.9 万人，而且贫困区域相对集中在北部山区交通封闭之地。

开县位于重庆市东北部，地处大巴山南坡，东邻巫溪、云阳，南接万州，西与开江相襟，北同城口、宣汉毗连。县城境内峰岭纵横，沟壑密布。过去，开县交通主要依靠公路：其中依靠省道 202 线南下至万县，该路线长 84km，是一条翻越铁峰山的盘山公路，行车需要 3 小时；北上城口 214km，翻越大巴山系的三树山、雪雹山，越岭 60km，穿峡谷 40 余公里。

重庆直辖之初，开县到重庆仅凭一条渝巫公路到重庆，路线长达 452km。直到 2004 年高速公路通达梁平后，开县人经开江至梁平上渝梁高速公路，总里程约 320km，仍然需要 5 小时车程。

交通的闭塞，使开县境内的物资难以外运，各种资源难以开发，外界投资商难以引进，各种发展机遇白白流失。多年来，开县人们饱尝闭塞之苦，渴望交通大发展，渴望经济快速发展成为名副其实的"金开县"。

三、"要修就修高速路"

2003 年，随着三峡工程建设的步伐加快，开县被推上了全国关注的前沿。开县至万县的渠口、三中等路段将被淹没。重新修建一条高等级万开公路，立即纳入了开县移民迁建中的重要日程，也纳入了重庆市整体交通规划之中。

但是，新修万开公路的技术标准如何确定，却颇费周折。在项目立项之初到工可批复，历经了从二级公路到一级公路，再到高速公路的艰难历程，其间曾反反复复讨论过数百次。2002 年 9 月 13 日，重庆市副市长黄奇帆到开县考察调研，在调研座谈会上，开县主要领导向黄奇帆汇报全县移民工作及交通建设情况，在谈及开县的公路建设之时，黄奇帆提出：开县地处渝东北中心，与其花力气修建一级公路，不如修建万开高速公路！"要修就修高速公路"，在重庆市决策层和开县人民的努力下，促成了万开公路按高速公路标准立项。2003 年 7 月，重庆市发改委作了"万州至开县高速公路工程可行性研究报告的批复",批复"该项目路线起于开县汉丰镇,经南山隧道、赵家镇、琵琶城,穿铁峰山隧道,与万州至宜昌高速公路相接。项目按四车道高速公路标准建设"。

四、万开模式,一箭三雕

万开高速公路全长30km。路线不长,但是全线桥隧总长度占该路总里程的65%,其中隧道占45%,是当时国内施工难度最大、造价最高的高速公路项目之一。按批准概算24亿元,每公里造价将达到8000万元。

万开高速公路资本金35%,银行贷款65%。为调动各方参与高速公路建设的积极性,缓解高速公路建设资金紧张的矛盾,万开高速公路一改原有的投融资体制,采取新型的建设管理模式:由重庆高速公路发展有限公司及万州、开县政府三方共同出资组建合作公司建设和经营万开高速公路。按照协议规定,万州、开县各占万开高速4%和16%的股份,以境内的征地拆迁费用和移民资金入股,重庆高速公路发展有限公司占80%股份。

与高速公路沿线区、县合作,沿线区、县以土地入股,不仅可缓解交通部门越来越大的资金压力,进一步实现高速公路建设融资的多元化,还可以充分调动沿线区、县政府的积极性。由于将高速公路沿线区、县的利益与高速公路建设捆绑在一起,将减少公路工程建设中与地方的矛盾,确保高速公路的建设速度、质量和管理,使工程建设更加顺利。同时,地方区、县将资金投入到高速公路这一收益相对稳定的产业中,这对区、县地方经济和产业结构也是一次有益的调整,可以促进地方经济向多元化方向发展,可谓一箭三雕。

采用这种模式后,管理机构也因此精简为一个项目部,项目部在万开公司董事会领导下行使项目业主职责。在2003年2月召开的重庆市交通建设工作会议上,时任市委书记黄镇东充分肯定了"万开模式"。在谈到健全交通建设投融资机制时特别指出:"要进一步积极探索,加强政策研究,制定更加优惠的政策。万州至开县高速公路的建设模式,可以在全市推广。"

五、穿越铁峰山

从万州到开县最大的障碍是铁峰山和南山。省道212线翻越两座大山,路线长达84km。万开高速公路用特长隧道穿越这两座大山后,大大缩短了万州到开县的里程。其中南山隧道长4873m,位于万开高速公路的开县一端。铁峰山隧道位于万开高速的万州一端,是一座海拔1300多米的山脉;在最早的设计方案中,铁峰山隧道为9280m,后来优化后的方案,将铁峰山隧道调整为2318m(1号隧道)和6021m(2号隧道)两座隧道。设计优化后,不仅改善了隧洞施工难度,节省了投资,而且大大改善了运营通风条件和安全环保。

铁峰山隧道是我国西南地区洞身最长、埋深最大的公路隧道之一。该隧道施工过程中遭遇到复杂多变的地质结构,施工各方精心研究,细致施工,依靠科研攻关,克服了瓦斯、膏岩、涌水、岩爆等技术难关。铁峰山 2 号隧道右线出口段为煤层施工段,长度 600m。在穿越该段煤层中,采用了超前钻探,保证足够的通风量,加强监测,同时进行洒水降尘。该隧道有 300m 左右石膏地段。该地段地下水对混凝土具有腐蚀作用,而且在硬石膏转化为石膏的化学反应中体积膨胀,对二次衬砌产生膨胀压力。因此隧道在石膏段施工中加强了初期支护,二次衬砌采用 50cm 钢筋混凝土,在初期支护和二次衬砌之间设置一层泡沫混凝土;仰拱增设长锚杆和格栅钢支撑;同时加强排水,是地下水位下降,控制石膏吸水膨胀。

铁峰山隧道在施工中突发涌水,涌水量每天达 $80000m^3$,曾造成停工 8 个月。施工单位采取多种方案治理涌水,其治水的原则是"堵排结合,以堵为主,限量排放,保护环境"。工程处治采用超前小导管加固周边围岩,钻孔引流地下水通过,再进行专门的围岩加固、止水、衬砌结构加强、隧道排水堵水,保证隧道开挖及支护顺利。铁峰山一号隧道如图 8-6-2 所示。

图 8-6-2　铁峰山一号隧道

六、民国场丰碑

在铁峰山下的民国场,耸立着一座"军民抢险纪念碑"。那是特为纪念 2004 年民国场军民同心、舍身抢险英雄事迹而建立的丰碑。2010 年 7 月 15 日,《重庆日报》详细报道这一事件:

那是公元 2004 年 9 月 5 日 7 时 40 分左右,重庆市万州区铁峰乡民国场一场百年未遇的暴风雨经过一夜的宣泄,终于停了。这天恰逢民国场当场,不一会儿,村民们便背筐提篓、吆三喝四,前来赶场。民国场出现了人头攒动、生意兴隆的景象。

此时,突然有人发现民国场后山坡上的一片地表植物严重倾斜,过去直端端的树木现在怎么斜对着山外呢？正在此地修建高速公路的重庆高发司渝东分公司业主代表张家林，急忙带人上山一看，大叫一声："不好，要塌方了！"原来，这铁峰山虎头岩一带的山脉竟出现了1米多宽、上百米长的大裂缝！这意味着一场特大的山体大滑坡就要发生！"喂、喂、喂———"，他立即掏出手机，给渝东分公司总经理杜国平作了紧急报告。杜国平和时任高发司的总经理李祖伟、党委书记徐谋立即对抢险工作做出了周密安排。

8时15分，在此参加施工的交通武警三支队六中队指导员刘伟带领的60多名官兵，"唰、唰、唰"第一批赶到了救灾现场。在他和副指导员祈军的组织下，有的官兵拿起话筒，在场上边跑边喊："乡亲们，快撤离，后山要滑坡了！"其余的官兵，从场镇中间向两头紧急疏散群众撤离。与此同时，万州区委、区政府和区人武部也迅速集结现场，组织就近的预师第四团、消防武警万州三支队等单位的人员，先后投入抢险战斗。

只因情况来得太突然，此刻赶场的人正在赶场，吃饭的人正在吃饭，老弱病残、旷夫婴儿，有的还在睡懒觉。突然出现的救援官兵却要他们紧急疏散，他们哪里肯听！有的说，不要那么"惊风火扯"的，我们在这地方"孤"了几十年了，哪有过什么大滑坡！有的讲，说得轻巧，人走了那家里的铺笼罩被、家具彩电咋办？一位大爷称，他孙女儿的毕业证书不知何处，要找到了才走；一位大妈讲，她一辈子的存款就锁在柜里，钥匙又在老头身上，要找回老头取出存款才离开……面对各种复杂情况，救灾官兵或苦口婆心地讲道理，或尽可能地解难题，或生拉硬拽让群众离去。坚决不走的，就命令战士强行背走……

70多岁的陈大妈，趴在床沿上又喊又哭。原来，她刚刚做好一套寿衣，慌乱中找不到了，坚决不离开。战士王勇不由分说，趴下身子背起陈大妈就走。这大妈把一肚子怨气全撒在王勇身上，趴在背上又抓又咬，又哭又闹："挨刀的，放下我啊！"王勇哪听她的，一口气把她背到安全地带，轰的一声巨响，大滑坡开始了。陈大妈望着天崩地裂的景象，再看看被他抓得满脸流血的战士，哇的一声哭了："救命恩人啦，都是我不讲道理，让你受罪了！"

为了防止群众疏散后又返回家取东西，救灾分队在场镇的两头入口处设了警戒线，只准人出，不准人进。刚才一位坚决要求返回牛圈牵牛的老大爷，好不容易才被官兵说服离去，一小伙子又急匆匆赶来要往里闯！原来，半月前他买回了一台红岩牌自卸货车，喜滋滋地说："好兄弟，你就是我今后发财的帮手啦！"今天一早出门办事，都是步行，舍不得动车。刚才听说铁峰山要滑坡，于是就火急火燎赶回来要去开车。见了官兵就说："放我进去，我不要命也要把车开出来，要不我就一头撞死在地！"官兵们就组成人墙坚决不放行。就在拉扯之时，"轰！轰！轰！"大滑坡发生了，好端端的民国场顿时被夷为平地。一见这景象，愣小子傻了，傻小子瘫了，趴在地上连谢救命之恩："亲人啦，是你们救了我的命，今后怎么报答呀！"

时间在流逝，险情在加剧，收搜工作也进入了尾声。患有严重腰脊椎劳损的装备科长雷尚进此时感到一阵阵剧烈的腰疼，战士们搀着他要往外走。突然，一阵婴儿"嗷嗷"的啼哭声从附近屋内传来。咋啦？是谁家的孩子落下了？雷科长甩开战士，冒着滚落的飞石，几箭步冲进屋里找寻，不见人影。原来，这并非婴儿的哭声，而是一只被主人遗漏的老山羊在叫哩。雷科长一阵心酸，动情地说："乖乖，你也是一条生命啦，怎么能丢下不管呢！"说完抱起山羊就往外冲……

9时过8分，终于铁峰山不铁，虎头岩倒威。地表面积约3km²的巨型山体似泰山压顶，倾覆而下，民国场1582间房屋霎时埋于地下，一个始建于清末民初的古镇，顷刻化为乌有。倒下的山体又截断了山下的杨家河，形成了一个120万 m³ 的堰塞湖。然而就在这场毁灭性的灾害到来前几分钟，民国场的住户和赶场的群众共2160多人，全部安然撤离，无一遭遇不测。其中包括169名小学生和220名老弱病残者！

察患于未然，救民于倒悬。共产党执政为民，以民为本。民国场民莫幸于此焉，国莫幸于此焉，场莫幸于此焉！

事隔两年，就在万开高速公路通车之际，铁峰山下民国场旧址处，一座由全国著名雕塑家江碧波设计建造、青年书画家邓晓岗题写碑名、重庆警备区政治部主任邓高如将军撰写碑文的英雄丰碑，矗立在青山绿水间，刺苍穹，格外耀眼。她向人们默默地讲述着当年子弟兵奋不顾身抢救群众的动人故事。

2007年7月16日，重庆市人民政府、重庆市国防教育办公室联合将"民国场军民抢险救灾纪念碑"命名为重庆市"国防教育基地"。授牌仪式举行那天，已搬入新居的民国场老百姓纷纷赶来，千恩万颂共产党，万言千谢子弟兵！军民抢险纪念碑如图8-6-3所示。

图8-6-3　军民抢险纪念碑

七、金开银万，更添异彩

2006年年底，万开高速公路建成通车。开县到万州仅需半小时，到重庆3小时。美丽的"金开县"从此插上了腾飞的翅膀。

开县面积 3959km²，人口 166.7 万人，是重庆市一个人口大县、资源大县、农业大县、移民大县。开县曾经因为交通瓶颈制约经济发展，而今因为交通的发展，经济增长速度惊人。在 2005 年开县生产总值为 70.49 亿元；2008 年生产总值达到 110.68 亿元；2015 年，开县已实现生产总值 325.98 亿元。

万开高速公路是继长万高速公路之后，三峡库区建成的第二条高速公路。是重庆市政府确定的 2006 年度"八大民心工程"之首的重点建设项目，万开高速公路接万宜高速公路，共设了古家坝、民国场、赵家和开县四个出入口，可经云阳、巫山到达湖北宜昌。万开高速公路的通车，使刘伯承元帅故里结束了没有高速公路的历史。由于途经刘伯承元帅的故乡开县赵家镇，因此被称作"红色"高速公路。

万开高速公路的开通，标志着这条惠及万开人民的民心路将打通开县的出口通道，对打破交通制约，改善投资环境，推进移民安稳致富，促进库区和谐建设起到积极的作用。

第三节　忠万高速公路

一、项目概况

忠万高速公路，即重庆忠县至万州高速公路，为重庆市"三环十二射七联线"规划中的沿江射线的一段，是三峡库区开发的主要通道，也是重庆市出渝入陕、出渝入鄂的便捷通道。

忠万高速公路起于忠县磨子乡，通过罗家湾枢纽互通与丰都至忠县高速公路、G50 沪渝高速公路石柱至忠县段相接，经石柱西沱，万州燕山、盐井、新田等地，终点位于万州区长岭镇，设长岭枢纽互通与 G5012 恩广高速公路万州至利川段相接，路线全长约 78.2km，其中：忠县境 5.0km，石柱境 24.4km，万州区境 48.8km。

忠万高速公路全线设特大桥 1 座，大中桥 52 座；长隧道 7 座，中、短隧道 5 座；桥隧比约为 37.3%。设置沿溪、西沱、新乡、燕山、盐井、新田、长岭 7 处互通式立交，其中长岭互通立交为枢纽互通立交，其余均为一般互通立交；全线设王场、新田 2 处服务区，燕山 1 处停车区。

忠万高速公路采用双向四车道高速公路标准建设，设计速度 80km/h，整体式路基宽 24.5m，桥宽 24.0m；分离式路基宽 12.25m，桥宽 12.0m。全线桥涵设计汽车荷载等级采用公路—Ⅰ级，其余技术指标按《公路工程技术标准》(JTG B01—2003)执行。

忠万高速公路采用 BOT+施工总承包模式进行管理，中交路桥建设有限公司、重庆高速公路集团有限公司和中交第四航工程局有限公司三方分别按45%∶40%∶15%的比例共同投资组建项目法人负责项目建设管理工作,项目批复概算80.91亿元,平均每公里造价约1亿元。项目于2013年6月29日正式开工建设,2016年12月建成通车。

二、忠万高速公路立项溯源

重庆市地处我国中西结合部,是承东启西、左右传递的枢纽,在我国经济发展总格局和西部大开发中,具有重要的战略地位和作用。

2007年6月,重庆市和成都市被国家批准设立"国家统筹城乡发展综合改革试验区"。2007年9月,国务院最终批复了《重庆市城乡总体规划(2007—2020年)》。此次的批复首次明确重庆的五大定位:"重庆市是我国重要的中心城市之一,国家历史文化名城,长江上游地区经济中心,国家重要的现代制造业基地,西南地区综合交通枢纽"。

2007年3月两会期间,胡锦涛总书记参加重庆市代表团讨论时,提出了重庆新阶段发展的"314"总体部署。2008年7月,中共重庆市委三届三次全委会审议批准了重庆市未来五年开放发展的纲领性文件——《中共重庆市委关于进一步扩大开放的决定》。在会议上,提出了"4小时重庆""8小时周边""8小时出海"等交通发展目标。根据"8小时周边"目标,到2012年,重庆市到周边6个省会城市,开车可在8小时内直达。2008年7月,重庆市政府常务会审议通过《重庆市交通委员会关于进一步加快高速公路建设的报告》,未来5年,重庆市将陆续投入800亿元左右,修建高速公路。其中,忠县至万州高速公路项目列入了2010年前要开工建设的项目之一。

2009年,《国务院关于推进重庆市统筹城乡改革和发展的若干意见》赋予了重庆市新机遇、新定位和新使命,对重庆市贯彻实施胡锦涛总书记"314"总体部署,明确了重庆市作为"西部地区的重要增长极、长江上游地区的经济中心和城乡统筹发展的直辖市"的战略定位和"在西部地区率先实现全面建成小康社会"的总体目标。重庆市作为西部的特大中心城市,加快统筹城乡改革和发展,对于深入实施西部大开发战略,探索解决我国城乡二元结构发展问题,加快形成沿海与内陆联动开发开放新格局,努力保障长江流域生态环境安全有着重大意义。

为了适应新形势的要求,保障重庆市未来社会经济发展的顺利实现,在《重庆市高速公路网规划(2003—2020年)》中,提出"三环十射三联线"为骨架的高速公路网络,沿江高速公路是"三环十射三联线"中的"十射",沿江高速公路经重庆市南岸、涪陵、丰都、忠县、万州、开县、城口至陕西省,总长约475km,是重庆市长江三峡旅游资源开发的主要通道,也是重庆市连接西北地区的辅助通道。沿江高速公路的建设,可以解决重庆市沿长江南岸的广大地区一直没有一条高速公路的空白,对完善重庆市高速公路路网布局具有重要的战略意义。同时沿江高速公路的建设,可以使重庆库区城市涪陵、丰都、忠县、万州、梁平、垫江、长寿、涪陵形成交通环线,形成出渝入鄂、出渝入陕便捷的出省通道,极大地改善重庆库区的高速公路路网结构。忠县至万州高速公路就是其中的一段。

最初的忠万高速公路路线方案,在当时综合各方因素共拟定了3个走廊方案:K线、A线、N线。其中K线方案由罗家湾互通的终点沿长江南岸往东行,经忠县的磨子,石柱的王场、西沱,万州的长坪、新乡、燕山、溪口、盐井,新田,最终在长岭与万州至利川高速公路相接,形成三路交叉,枢纽互通,路线全长81.72km。A线方案起于石柱西沱镇,与K线的K26+100处相接,沿西沱镇东侧横跨长江至北岸,后沿长江北岸东行,经攘渡、武陵,在高峰北侧的风桶岩处设三路交叉枢纽互通与梁万高速公路相接,路线全长45.89km。N线起于西沱镇,与K线的K28+700处相接,后沿长江南岸走低线,经长坪、新乡、燕山、溪口,于新田附近接上K线的K71+700处,长42.89km。经过反复论证,A线方案与N线方案由于距离长江较近,在地形地质条件、实施难度、对城市发展的贡献、工程实施的社会影响、工程规模和造价、对沿线乡镇的辐射作用、对长江水域的影响、建成后道路受气候影响等方面存在诸多劣势,项目评审专家组选择了全长81.72km的K线方案作为项目实施基础。后期经过路线优化,最终将忠万高速公路初步设计批复里程确定为78.18km。

按照当年重庆市发改委对忠万高速公路施工许可报告的批复,项目投资总额76.73亿元。但是施工原材料、人工、征迁补偿等多种要素的费用标准在随后不断上涨。之后对设计方案中各项清单进行多次讨论核算,最终项目整体概算确定为80.91亿元,其中通过国开行贷款61亿元作为项目资本金以外的资金来源。为了节约来之不易的贷款资金,减少额外的成本支出,项目业主公司通过延长票据期限、优化提款节奏等措施,有效节约了票据费用和贷款利息。

三、忠万高速公路BOT+施工总承包管理模式之路

忠万高速公路项目于2011年12月签订了合作合同,确定以BOT+施工总承包模式进行建设和管理。由重庆市高速公路集团有限公司(甲方)作为项目政府指定的特定投资人,以政府(或政府部门)投资和自筹资金按股权比例投资本项目;乙方则以中交路桥建设有限公司(简称中交路桥,当时为路桥集团国际建设股份有限公司)和中交第四航务工程局有限公司(简称中交四航局)组成联合体,中标作为项目工程的施工总承包方。甲、乙双方共同出资组建项目公司,在特许经营期内建设和经营本合同项目;项目的建设由项目公司与乙方签订施工总承包合同并将部分项目业主职责授权给乙方组建的总承包部行使;项目通车后由项目公司负责经营管理;特许经营期限届满后,该项目及其附属设施按照投资人招标文件和本合同的规定移交重庆市人民政府或其授权的部门。

在忠万高速公路BOT+施工总承包模式的实施过程中,项目投资人承担施工总承包任务,将业主与施工单位的利益紧密联系起来,承包人在建设过程中站在业主角度考虑问

题,有利于项目的整体利益,更注重实施项目对运营期的影响,对于质保期、运营期的质量问题,会在建设过程中充分地预计和考虑。同时业主公司分别与投资方中交四航局、中交路桥签订施工总承包合同。相对于传统建设模式,该模式风险相对集中,实行有条件的变更合同价款,将大部分风险转移给承包人,有利于总投资的控制。而总包模式的采用,有利于充分调动和发挥施工单位的积极性,整合资源,节约施工成本,同时也节约了业主公司的管理成本,如总承包部集中采购大宗材料,大大降低了采购成本。

忠万高速公路项目是在政府退出投融资平台之后,重庆市交通委员会为了积极落实重庆市委、市政府整体发展规划,打破高速公路建设融资、管理、维护等难题,积极招商引资的重要项目之一。忠万高速公路正式开工以后,不仅得到了上级行业主管部门和各方股东的支持,从项目业主、总承包单位,到各标段参建单位,更是充分发挥了BOT+施工总承包管理模式下各自具备的职能优势,理思路,想办法,主动出击,克服了征迁难度大、地质条件恶劣、便道及主线施工环境恶劣、用水及用电供应不足、施工原材料供应波动等不利因素,因地制宜,不断创新施工工艺,确保工程质量,降低劳动强度和材料消耗,加快了建设进度,有效节约了建设投资,项目的土建和附属设施基本建设完成时间比批复时间提前半年。

四、创造征地拆迁工作的两个奇迹

征地拆迁是高速公路工程建设中最复杂、最庞大、政策性最强的一项工作,它不但关系着工程建设的相关成本,还承担着企业的部分社会功能及声誉,涉及群众、政府、村镇等一系列方方面面的相关利益。征地拆迁工作是否及时完成,是工程建设顺利开工的关键因素之一。重庆忠万高速公路有限公司在成立之初,就得到了重庆市政府、重庆高速公路集团有限公司、重庆市高等级公路建设指挥部的大力支持,积极协调重庆市国土、规划等部门,及时取得土地及林地批文,确保了忠万高速公路工程用地的合法性。

忠万高速公路跨越万州、石柱、忠县的11个乡镇,存在点多、面积大、概算费用低的不利因素。同是占用一块地,临时用地与红线用地的补偿标准相差很大。地方政府对临时用地补偿标准意见很大,尤其是多个乡镇原来积存的一些征地拆迁问题没有解决好,致使村民与乡镇政府之间存在很多矛盾。另外高速公路施工时需借用农村乡村级道路较多,这些道路都是当地农民不同程度投资建设,他们纷纷要求借用便道缴纳借用费用。面对这种复杂的情况,项目业主方忠万公司的征迁工作团队不回避,不畏难,积极与地方指挥部沟通协调,出主意、想办法,灵活机动,以召开协调会议为依托,以解决实际存在的棘手问题为突破口,逐个村镇来做工作。通过锲而不舍的真诚沟通,在很短时间内全部完成了施工便道及临时用地征用工作,在开工前临时用地基本做到了随用随征,先后为施工队伍提供了127.39km的40多条便道,提供了取弃土场等临时用地1400多亩。为工程施工队伍顺利进场提供了有力的保障。

由于初期的设计遗漏、工程变更等情况,2013年6月29日忠万高速公路正式开工建设,补征地工作便成了征地拆迁工作的重点。公司及时编制了补征地流程下发到各总承包部和地方高速公路建设指挥部。补征地点多、面积小,地方征地难度大,又遇重庆市征地安置补偿政策调整,各区县也相应出台了征地拆迁安置补偿的新标准。新的拆迁补偿费用大幅度提高,这造成了同一区域补偿标准不一样的现象,因此也引起了不稳定因素的增加,给征地拆迁团队的协调工作带来巨大压力。针对这样的实际困难,团队积极应对,在与地方指挥部及政府相关部门的充分沟通协调下,组织专人跟踪,及时协调施工单位做好相关补征地资料,尤其涉及关键性工程施工的用地,通过地方指挥部的大力协调,采取"先上车,后买票"的方法,先用地,后补办征地手续,及时完成补征地800多亩,完成近400多宗土地的征用。保证了工程施工进度,确保节点工程顺利施工。

早在2010年8月,重庆市高等级公路建设指挥部就与万州、石柱和忠县三区(县)政府签订了单亩包干征地协议。忠万高速公路征迁工作启动后,前后用了不到4个月的时间,工作团队就全面完成红线内6000多亩的征地工作,完成拆迁房屋938户,农转非安置6725人,管线拆迁10多家、挂角房152户,涉及200多处的拆迁任务。创造了征地拆迁工作中短时间内完成全部工程建设用地移交的奇迹,成就了忠万高速公路建设中不可磨灭的一段辉煌记忆。

除了建设用地征迁移交之外,众所周知,征地拆迁工作中还有一个非常困难而又艰巨的工作,即工程施工用电。工程施工用电在所有高速公路工程建设中是一项非常艰巨的任务,历来是影响工程建设的难题。它涉及电力、政府、村镇等多家相关单位和企业,协调工作量非常巨大。忠万高速公路由于线路走向为偏远山区,特别是万州段沿线,电力涉及三个供电部门,且几乎无工业供电网络,而原有供电网络仅仅是农电配置标准。征迁工作团队经过艰难的协调、磋商,终于如期与相关单位达成供电协议,按期完成了施工用电工作。并且在短短6个月内积极组织协调设计、施工及电力部门、地方政府各部门,完成了新建一座变电站、改扩建2座变电站、新装变压器70多台、新架设10kV线路90余公里、新架设35kV线路8.2km的电力施工用电工程任务。可以说,这次工程建设的电力施工进度之快,创造了忠万高速公路征地拆迁工作的又一个奇迹。

五、忠万高速公路的建设科研支撑着决策

忠万高速公路建设过程中,借助了科研力量作为决策支撑,并依托项目进行实践验证,使常规的操作技术展现出新的活力。自施工图设计阶段直至工程建设完工,通过反复研究和论证,忠万路开展了多项科研创新和优化变更,为节约建设成本,实现高速公路环保和可持续发展做出了不懈努力。

忠万高速公路地处重庆市东北部,区域内地形起伏较大,总体为盆岭相间,低山丘陵地貌,林木多,横坡陡。在此处修建桥梁的墩柱时搭设支架极其困难。以往墩柱施工采用分节段模板施工,劳动强度及材料消耗较大,施工进度较慢,施工接缝较严重,均严重影响桥梁桥墩的外观质量及施工时的安全性。相对于工程成本造价较高。在这种情况下,参建单位全力钻研,将传统的支架施工法创新为环向平台施工方法,利用圆柱墩外侧环形平台作为施工平台,自底系梁依次向上分段施工,分段加高圆柱墩模板,待整个墩柱或整段墩柱(无中系梁情况)施工完成后,自上而下依次拆除圆柱墩模板结束墩柱施工。采用这种方法施工时模板就位准确、操作简便,偏差较小,结构简单,拆装方便,施工机械化程度高,施工速度快,将拼装模板的高空作业改为平地操作,施工安全性高,使墩身及托盘顶帽混凝土整体性好,无施工接缝,确保桥梁墩柱质量。而安装在模板上的环向平台能够重复利用,在保证安全的同时节省了大量人力、物力,降低了成本。这项工艺在忠万高速公路的桥梁施工中得到大范围的应用,取得了良好的效果,并已在中交集团内部申请了技术专利。

高速公路建设中经常采用种植小型乔木、灌木、草的方式,对中央分隔带进行绿化,以起到分隔相反方向车辆、防眩和景观美化等方面的作用。由于种植土层厚度不大,并且受两侧路面和金属防护栏热传递的影响易造成地面高温、水分蒸发快的情况,中央绿化带植物经常发生缺水的现象。特别是在高温干旱季节,这种现象更为严重。忠万高速公路联合科研单位,首次创新高速公路雨水集蓄与中央绿化带太阳能—智能化灌溉集成技术,不仅可以有效利用雨水、太阳能等自然资源,而且将大大降低后期运营维护的人力和物力成本,达到节能、环保、可持续的目的。

预应力混凝土T形梁简支—结构连续梁桥由于具有变形小、刚度大、伸缩缝少、行车平稳舒适、施工简便、养护简单、抗震能力强等许多优点,常常成为高速公路桥梁建设中首选的方案。但某些部位的质量问题,往往比较容易被忽视。特别是现有的负弯矩区段的构造处理,由于采用扁锚方式实施预应力,施工面窄,而且又是竖曲线上施加预应力,给预应力穿索、灌浆等施工环节带来诸多问题。同时,现有的施工技术力量不理想,造成了负弯矩区段的构造处理往往存在瑕疵,影响桥梁的建设质量和耐久性。通过研究,忠万高速公路老院子大桥施工中借助科研新技术,使用了预应力混凝土T形梁简支转连续负弯矩区改进技术,增大翼板端部厚度,将原有的扁锚改为圆锚的负弯矩区段新型构造及施工关键技术,充分发挥了原有技术的优势,也提高了该类型桥梁的承载能力和使用寿命,增强了安全性能,减少了后期限载、垮桥等情况的发生。这项技术已申请发明专利。

忠万高速公路共有隧道12座,大多穿越煤系地层,隧道施工区域范围内有毒有害气体多为瓦斯,且对隧道设计涌水量预测和施工突涌水均存在较大不确定性,施工中极易出现遇水垮塌以及突泥、涌水、瓦斯爆炸等危险。公司技术部门与科研单位联合,在忠万高速公路控制性工程之一、全长2714.77m的龙井隧道开展了煤系地层富水隧道涌水、瓦斯突出防控技术研究。该隧道地处煤层区域,且邻近新田水库,水库水可能通过岩体贯通裂隙向拟建隧道内渗流。通过动态设计、信息化施工确保施工安全可靠,并辅以科研进行专项研究,最后通过施工检验及反分析得出一套系统有效的方法,指导设计施工。

忠万高速公路在施工图设计阶段,多次召开路基、土石方、隧道、互通等专题评审会议,通过反复优化施工图预审方案,如:

(1)线形优化。通过局部线形调整,使全线平、纵线形指标均衡、协调,全线最大连续纵坡减少1.53km,且无连续长大下坡路段。

(2)规模优化。线路总长度减短1.04km,桥梁减短了629m,隧道减短了1.51km。

(3)土石方优化。减少挖方145万m^3,增加填方111万m^3,减少弃方401万m^3。

(4)高边坡优化。由初设的1976m/30处优化为1233m/16处,特别是将头倒河巴东组一侧的软质泥岩高边坡由120m/4处优化为40m/1处,极大地降低了实施风险。

(5)桥梁优化。如控制性工程之一的喻家沟大桥,主桥由主跨(106+200+106)m优化为66m+120m+66m,将头倒河特大桥主桥由95m+180m+95m优化为40mT形梁桥,全线仅存一座连续刚构桥,为规模化施工降低成本打下坚实的基础。

(6)隧道优化。全线取消连拱隧道,隧道洞口全部满足"3S"线形连续的要求,洞口均处于直线或者圆曲线上,调整洞口线位,偏压现象得到改善;水文地质条件复杂的白岩隧道,将隧址调整至水文地质简单的巴东组一侧,降低了实施风险。

(7)互通优化。如盐井互通缩小连接线高差,减短连接线长;对西沱互通,改善连接线线形,取消了连接线的2个回头弯。

通过一系列优化,工程造价比概算批复节约35540.15万元。

在建设过程中,在确保施工安全、质量和进度的条件下,坚持动态设计原则,再次进行了一系列设计优化。如:

在不降低工程质量的前提下,将部分桥梁变更为路基,不仅消化了弃方,平衡了土石方,还保证了工程进度,节约了成本;在施工过程中将中分带波形梁护栏变更为墙式防撞护栏,既提高了防撞等级,使桥梁线形更加顺畅,同时也降低了工程造价;在深挖路基防护工程中,由于高挡墙工程量大,部分挡墙基础承载力达不到设计要求,深基坑也会增加施工风险,通过优化将挡墙变更为放坡,从而降低风险。

通过一系列优化变更,忠万高速公路节约建设成本约4454万元。

六、忠万高速公路上的控制性工程

忠万高速公路有"两桥一隧"三个控制性工程,在施工难度和施工工艺方面,对全线的贯通有决定性的意义。

龙井隧道位于万州境内,全长2714.77m,采用分离式设计,该隧道有崩积体、瓦斯、煤层及采空区,溶洞、溶洞水等不良地质条件。同时由于邻近新田水库,水库的渗流隐患较大,隧道出口位于水库水位线下59m,可以说是全线地质条件最为复杂的隧道,也是全线控制性工程之一。本项目动工伊始,总承包部就立即启动了该工程的施工组织准备工作,并于2013年7月22日正式启动施工。在施工期间,龙井隧道多次发生涌水、瓦斯突出等地质灾害,曾出现一天突水量多达2万多立方米的情况。为确保施工安全,参建各方高度重视,研究制定了有针对性的专项施工方案。结合与科研单位共同实施的涌水、瓦斯防控研究,安装了瓦斯自动监控系统进行瓦斯监控,并配备足够的抽排水设备。通过参建各方的艰苦奋斗,龙井隧道左洞于2015年8月2日贯通,右洞于2015年7月26日贯通,至此全线隧道全部顺利贯通。未发生任何生产安全事故。

位于石柱县境内的喻家沟大桥,是忠万高速公路上的一座重点桥梁,是全线唯一一座特殊结构桥梁,也是控制性工程之一。桥梁结构形式为连续刚构(主桥66m + 120m + 66m)+先简支后连续预应力混凝土T形梁桥(引桥),桥全长625m,主墩高90余米,存在危岩带不良地质条件,施工难度较大,安全风险高的问题。桥梁下部结构为空心薄壁墩,采用翻模施工工艺,施工中安装了升降机,确保作业人员上下的安全。主桥箱梁采用挂篮悬臂浇筑工艺,其中主梁0号、1号、2号块是上部结构主梁施工中的关键步骤,施工中参建各方反复研究施工方案,混凝土浇筑前对三角托架进行反复检查和完善,并经过预压验收,确保安全。喻家沟大桥于2013年8月27日开始桩基施工,在参建各方的共同努力下,大桥于2015年9月21日实现主跨顺利合龙。

东峡特大桥(原名河源特大桥)是全线唯一一座特大桥梁,也是控制性工程之一,左幅桥长1698m,上部结构为40m后张法预应力混凝土T形梁,先简支后连续。桥梁位于万州区燕山乡东峡村的崇山峻岭之中,桥址区相对高差达200余米,地质条件十分复杂。桥梁桩基和下部结构多位于半山腰之上,施工难度较大,桥址区附近无乡村公路,交通十分不便。面对困难,参建单位没有停滞不前。他们投入大量资金,新修施工便道10余公里,为保障施工进度打下了坚实基础。针对山区施工特点,施工单位在墩柱施工中创新采用了"环向平台法"施工工艺,利用圆柱墩外侧环形平台作为施工平台,自底系梁依次向上分段施工,分段加高圆柱墩模板,待整个墩柱或整段墩柱(无中系梁情况)施工完成后,自上而下依次拆除圆柱墩模板结束墩柱施工。这种工艺无施工接缝,既保障了施工安全,又降低了施工成本和劳动强度,大大地加快了施工进度。东峡特大桥于2013年12月正式开工,2015年5月顺利完工。

七、完善的路网使区域经济发展受益

重庆市行政区域内85%以上的进出口货物通过长江黄金水道进出境,水运优势明显。而万州港是支撑长江上游航运中心的九大铁路、公路、水运综合枢纽型港口之一,是重庆五大物流园区之一,名列长江上游第二大港,是重庆市唯一的保税区——寸滩保税区最直接的区域性中转站。西部大部分省市地处内陆且没有内河码头,外贸货物运输主要靠铁路和公路,物流成本较高,发展开放型经济相对沿海省市有先天不足的劣势。忠万高速公路建成后将陆运与水运相接,为渝东、川东北、湘鄂、陕南、黔北等地区外贸货物经长江水运进出境提供更加便利的条件。

作为重庆沿江高速公路的一部分,忠万高速公路建成后,沿江高速公路全线通车,将有效为沪渝高速公路实现分流。相比沪渝高速公路,从主城出发到万州,沿江高速公路全程要缩短40km。同时也将打通长江三峡游陆上通道,改变三峡游现有的水上游格局,使市民游三峡可选择更多方式,为长江三峡陆上深度游提供便利通道。

忠万高速公路以长江上游万州为中心,北接万开、万达至陕西、四川、承接包茂高速公路,至内蒙古打通向北出境口岸;中在万州接沪蓉高速公路,至上海,同时该线未来将与湖北利川相接,与沪渝高速公路衔接,至武汉,打造出渝入鄂最快捷的通道;南至贵州道真,与都匀高速公路衔接后向南宁、防城港出海,或走柳州方向至玉林向茂名、湛江出海。

以重庆涪陵为例。从涪陵至陕西西安,走包茂高速公路需要经过长寿、达州到安康,全长约530km,忠万高速公路将丰都延伸至万州后,重庆涪陵至陕西段,经过丰都、忠县、万州到安康,再连接包茂高速公路到西安,约430km,可以缩短100多公里的情况;若至湖北利川,走沪渝高速公路需要经过长寿、垫江、万州到利川,全长约295km,忠万路通车后,涪陵至湖北利川段走本项目,再经过石柱到利川,再连接沪渝高速公路,只250多公里,可以缩短近45km的路程;而涪陵至湖南长沙,走包茂、杭瑞、常长高速公路联络线,需要经过武隆、彭水、黔江、吉首、常德到长沙,全长约732km,通过忠万高速公路,经过丰都、石柱、来凤、张家界到长沙,全长只有660多公里,可以缩短将近60km的路程。

可以说,忠万高速公路将包茂、沪渝、沪蓉三条国家高速公路网横向联系起来,能尽快汇集地方道路车辆到国家高速公路网,充分发挥国家高速公路网的作用,直达内蒙古、广东、上海等进出口口岸,成为国家高速公路网的重要补充和完善,并已获批准为国家高速公路主干线"京渝高速公路"的一段。

第四节 丰忠高速公路

一、项目概况

丰忠高速公路,即重庆丰都至忠县高速公路,为重庆市"三环十二射七联线"规划中的沿江射线的一段,是三峡库区开发的主要通道,也是重庆市出渝入陕、出渝入鄂的便捷通道。

丰忠高速公路起于丰都高家镇,设朱家沟枢纽互通与 G50S 石渝高速公路连接,经丰都龙孔、忠县洋渡、曹家、太集,止于忠县磨子乡,通过罗家湾枢纽互通与忠县至万州高速公路、G50 沪渝高速公路石柱至忠县段相接,路线全长 32.8km。

丰忠高速公路全线设大中桥 24 座;长隧道 3 座,中、短隧道 5 座;桥隧比约 37.7%。全线设置朱家沟、龙孔、洋渡、罗家湾互通式立交 4 座,其中朱家沟和罗家湾为枢纽互通立交,其他均为一般互通式立交,另设开放式停车区 1 处(忠县曹家)。

丰忠高速采用双向四车道高速公路标准建设,设计速度 80km/h,整体式路基宽 24.5m,桥宽 24.0m;分离式路基宽 12.25m,桥宽 12.0m。全线桥涵设计汽车荷载等级采用公路—Ⅰ级,其余技术指标按《公路工程技术标准》(JTG B01—2003)执行。

丰忠高速公路采用 BOT+EPC 模式进行管理,项目法人为重庆忠都高速公路有限公司,由重庆高速公路集团有限公司与中交第三公路工程局有限公司共同投资组建。项目施工总承包单位为中交第三公路工程局有限公司,项目批复概算为 31.92 亿元,平均每公里造价约 9700 万元。项目资金来源为项目法人自有资金和争取国家投资补助合计 7.81 亿元,作为项目的资本金,其余资金通过商请国家开发银行贷款等渠道解决。项目于 2012 年 12 月 27 日开工建设,2016 年 12 月 9 日建成通车。

丰忠高速公路路线走廊区位于构造剥蚀深切丘陵地貌单元区,山脉呈鱼脊状,受地质构造及地层岩性控制,顺南东北西向延伸。线路走廊走向与构造线方向呈小角度相交,路段区地形高程最高点地面高程为 452.7m;走廊一般地形高程为 200~400m,最低点位于王高塘西侧的溪沟底部一带,地面高程为 187.0m,相对高差在 50.0~150.0m 之间;离长江(南岸)沿岸 3~7km 展布。总体上为重~深切割构造剥蚀丘陵地貌单元。主要河流为长江及长江支流龙井河、石印溪、洋渡溪、水杨溪、石桥溪等。

二、前期决策

2005—2007 年,受重庆市交委委托,重庆市交通规划勘察设计院开展了《重庆沿江高速公路丰都至忠县段工程可行性研究报告》的编制工作,2008 年,重庆市交委以《关于请审批重庆沿江高速公路丰都至忠县段工程可行性研究报告的函》(渝交委计〔2008〕15 号)将本项目上报重庆市发展与改革委员会。

2009 年,受重庆市发展与改革委员会委托,重庆投资咨询公司对该可研报告组织了评估,并形成《重庆丰都至忠县高速公路工程可行性研究报告的评估报告》。重庆市交通规划勘察设计院根据评估专家组的意见,修改、完善完成了《重庆沿江高速公路丰都至忠县段工程可行性研究报告》(2009 年版)。

2010 年 4 月,本项目获得了重庆市发展与改革委员会的批复(渝发改交〔2010〕365 号)。批复总投资 31.23 亿元,资金来源为项目法人自有资金和争取国家投资补助合计

7.81亿元,作为项目的资本金,占项目总投资的25%,其余资金通过商请国家开发银行贷款等渠道解决。批复同意重庆高速公路集团有限公司为项目法人实施本工程。

2010年10月13日,重庆市交通委员会《关于丰都至忠县高速公路初步设计的批复》(渝交委路〔2010〕108号)表明:项目概算31.92亿元,其中第一部分建安费为23.37亿元,第二部分设备及工具购置费3789.23万元。2011年9月28日,重庆市交委《关于沿江高速公路丰都至忠县段施工图设计的批复》(渝交委路〔2011〕77号)。

重庆市人民政府批准本项目采用BOT方式实施。本项目的建设模式为BOT+EPC(施工总承包)。

三、建设准备

1. 投资人及总承包单位招标

经重庆市人民政府同意,重庆市交通委员会(以下简称"招标人")于2010年8月中旬发布《重庆丰都至忠县高速公路投资人招标文件》,在全国范围内通过公开招标方式选择确定本项目的投资人,2010年10月确定中标单位为中交第三公路工程局有限公司。2010年12月26日,中标人与重庆市交通委员会签订了《重庆丰都至忠县高速公路项目投资协议》,同时中标人选择了施工总承包模式的建设方式。

2011年5月24日,重庆市高速公路集团有限公司与中交第三公路工程局有限公司共同出资组建重庆忠都高速公路有限公司,作为该项目法人负责项目后期建设运营管理工作。2011年6月,重庆市交通委员会与重庆忠都高速公路有限公司签订了《重庆丰都至忠县高速公路BOT项目特许权协议》。2012年11月27日,重庆忠都高速公路有限公司与中交第三公路工程局有限公司签订了《重庆沿江高速公路丰都至忠县段施工总承包合同》,合同金额为22.56亿元。

2. 参建单位招标

初步设计单位:重庆市交通规划勘察设计院。

施工图设计单位:四川省交通运输厅公路规划勘察设计研究院。

房建工程设计单位:江苏省交通规划设计院股份有限公司。

绿化工程设计单位:中交第一公路勘察设计研究院有限公司。

施工监理单位:重庆市交通工程监理咨询有限责任公司。

四、项目实施

1. 施工图设计优化

(1)桥梁桩基础。对桥梁桩基础的勘岩深度问题,提出了扣除桩基础临空面(土层对桩基础的包裹厚度较薄的情况)所涉及的桩长部分,即对部分桩基础的长度予以加长。

(2)隧道施工。对通过县道S303的官清湾隧道,忠都公司和项目总监办提出了对横穿S303县道部分的隧道出口段落初期支护和二次衬砌参数进行重新计算和调整,以保护原有道路的运营安全。

2.重大变更

(1)朱家沟互通变更。路线起点朱家沟枢纽互通由于与相接的涪丰石高速建设不同步,需要在已通车的高速公路桥梁上进行现浇搭架拼接(搭架约45m高),在施工中需要拆除原桥护栏、破坏桥面铺装,并需要封闭半幅道路施工。为了节约工期、减小运营干扰、降低安全风险,原设计的半定向Y形互通变更为迂回式Y形互通。

(2)罗家湾互通变更。罗家湾互通E、F匝道由原设计的桥梁下穿垫忠高速优化为隧道下穿,避免将已通车运营的高速公路由路改桥,造成对行车的干扰,降低安全风险,同时也节约了工期。

(3)路面上面层粗集料变更。根据重庆市交通委员会的统一部署,为增强山区高速公路的抗滑性能,增加路面耐久性和行车安全性,将路面工程上面层粗集料由卵碎石调整为玄武岩碎石。

(4)曹家停车区变更。结合重庆市服务区远景规划,为满足未来停车需求,对曹家停车区规模进行了变更设计,由原设计17.2亩(南北区)调整为40.5亩。

五、施工新技术

丰忠高速公路的朱家沟互通C匝道桥跨越涪丰石高速公路,设计采用现浇箱梁,匝道半径60m,桥长302m,为桥跨桥结构形式。跨越丰石高速公路现浇梁采用一孔跨越。施工中间临时桥墩(桥墩高度40多米)正好位于涪丰石高速公路中央分隔带正下方,桥面上方8m多,桥面下部32m多。临时墩从涪丰石高速公路中央分隔带(距离50cm)穿越而上。施工中临时桥墩下部采用桩柱式混凝土桥墩,上部采用I字钢和H形钢框架,中间用法兰和钢板与混凝土桥墩连接,临时结构非常稳定,各种沉降数据完全达到设计指标。该桥的临时结构为以后的山区小半径、高桥墩、狭小范围内的桥跨桥结构施工提供了借鉴和参考。

第五节 南涪高速公路

一、项目概况

南涪高速公路,即重庆南川至涪陵高速,为重庆市"三环十二射七联线"规划中的三环线的一段。其中,涪陵李渡至涪陵蒿子坝段是国家高速公路G50S石渝高速公路的一段、涪陵蒿子坝至南川双河口段是国家高速公路 G69 银百高速公路的一段。

南涪高速公路起于南川区双河口,设枢纽互通与 G65 包茂高速公路南川至武隆段相交,经武隆鸭江、平桥,涪陵梓里、马武、龙桥,于蒿子坝设枢纽互通与沿江高速公路主城至涪陵段相交,后继续北上设青草背长江大桥,穿涪陵李渡工业园,设枢纽互通与重庆长寿至涪陵高速公路相交,路线全长约 55.97km。

南涪高速公路全线设特大桥 1 座,大中桥 44 座;长隧道 3 座,中、短隧道 5 座。设双河口、平桥、鸭江、马武、蒿子坝、荣桂、毛家湾、李渡 8 处互通式立交,其中双河口、蒿子坝、李渡互通为枢纽互通立交(其中蒿子坝枢纽立交纳入涪陵至丰都段高速公路中建设),其余均为一般互通立交;全线设 1 处服务区。

南涪高速公路采用双向四车道高速公路标准建设,设计速度 80km/h,整体式路基宽 24.5m,桥宽 24.0m(青草背长江大桥除外,全宽 27.5m);分离式路基宽 12.25m,桥宽 12.0m。全线桥涵设计汽车荷载等级采用公路—Ⅰ级,其余技术指标按《公路工程技术标准》(JTG B01—2003)执行。

南涪高速公路审批概算为 57.89 亿,平均每公里造价约 1.03 亿元。项目采用 BOT + EPC 模式由重庆建工集团作为独立项目法人投资建设,其中资本金 24.49 亿元,银团贷款 34.80 亿元。项目于 2010 年 4 月开工,于 2013 年 9 月建设通车。

二、新千公里第一路

在重庆市 2010 年开始启动的"新千公里高速公路"中,南涪高速公路是"新千公里高速公路"首个通车项目。同时,南涪高速公路又是《重庆市高速公路网规划(2003—2020年)》中"三环"的重要一段。它北连长涪高速公路,南接渝湘高速公路,将涪陵与南川、武隆直接用高速公路相连,在路网中具有非常重要的作用。

南涪高速公路通车后,从涪陵到南川将从 2.5 小时缩短至 40 分钟。这条高速公路的建成,为开发潜在资源提供了便捷的基础条件。它串起长寿、涪陵、南川、武隆沿线景点,促进了大仙女山片区旅游业发展。同时将进一步加快城镇化进程,促进区域工业化、特色农业和旅游业的发展,为实现区域城乡统筹发展、经济社会全面进步提供有力保障。

三、BOT + EPC 的管理模式

南涪高速公路采用 BOT + EPC 模式投资建设,投资人招标工作由重庆市交通委员会组织。由重庆建工集团与重庆交通建设集团、重庆城建集团、重庆市交通规划勘察设计院等单位组成联合体参与投标并中标。中标后由投资人重庆建工集团为项目业主,施工总承包单位为交建集团、城建集团;勘察设计单位为重庆市交通规划勘察设计院。

重庆建工集团有限责任公司是 1998 年由原重庆市建设管理局整体转制组建的重庆

市最大的建筑企业集团,是重庆市目前唯一一家具有房屋建筑工程和公路工程施工总承包级资质的企业。南涪高速公路是重庆建工集团第一次以 BOT+EPC 模式涉足的高速公路建设项目。BOT+EPC 模式,即政府向企业颁布特许,允许其在一定时间内进行公共基础建设和运营,而企业在公共基础建设过程中采用总承包施工模式施工,当特许期限结束后,企业将该设施向政府移交。该模式的优点就在于政府能通过该融资方法,借助于一些资金雄厚、技术先进的企业来完成基础设施的建设。

2009 年 2 月成立项目建设法人单位"重庆建工涪南高速公路有限公司"(以下简称涪南公司),负责南涪高速公路的投资、建设与运营管理。

南涪高速建设管理的过程,具有以下特点:

(1)总承包的招标工作特点。投资人中标后,实行项目总承包(包括设计、采购、施工)。对外招标项目包括施工监理,以及总承包企业不能自行建设、生产的项目。根据这一准则,涪南公司对监理进行了公开招标,土建工程采用二级监理模式,总监办为重庆市交通工程监理咨询有限责任公司。

此外,对机电工程和交通安全设施通过公开招标确定,分别由"重庆工业设备安装集团有限公司、重庆渝信路桥发展有限公司"和"湖南省郴州公路桥梁建设有限责任公司"承包。

对于土建工程,总承包人充分利用企业自身优势,土建工程施工设两个合同段,分别由重庆交通建设(集团)有限责任公司和重庆城建控股(集团)有限责任公司承担。

(2)以人为本的征地拆迁补偿。南涪高速公路涉及的南川、武隆和涪陵三个区县,分别由相应区县政府成立的高速公路建设协调指挥部,负责按照重庆市征地拆迁补偿标准执行具体的拆迁补偿工作。

作为 BOT 项目建设业主,南涪高速公路正线的征地拆迁费用按照重庆市政府在《重庆市交通委员会关于高速公路征地拆迁安置补偿标准有关情况的请示》(渝交委文〔2009〕308 号)上批示的意见,与区县政府采取了单亩包干方式。正线范围内涪陵区 11 万元/亩,武隆县、南川区 9 万元/亩,正线外补偿据实结算。这一标准,相对于以前有了较大幅度提高,以致征地拆迁费用超过概算一倍以上,全线征地拆迁总费用约 8 亿元。

在实施征地拆迁补偿中,沿线各区县指挥部严格执行重庆市相关的政策标准,切实保障了被拆迁户的利益。同时,涪南公司累计投入约 5000 万元,对全线损毁的道路、水系等进行恢复保通。项目征地拆迁工作政策过硬,补偿到位,协调及时,最大限度地减小化解了建设征地给地方带来的不利影响,保障了南涪高速公路顺利建成通车。

(3)统一领导、建管合一、精简高效的项目管理。涪南公司根据 BOT 项目管理特点,投资人和承包人既是总承包关系,也具有行政上下级关系。在管理上体现了"统一领导、建管合一、精简高效"的特点。

在质量管理上,加强了对控制工程(青草背长江大桥)的质量控制措施。在建设的初期就成立了以集团领导为组长的大桥领导小组和以涪南公司领导为组长的工作小组对整个项目实施了全过程的控制,建立健全了质量保证体系和检验体系,在工程建设过程中进行检查监督,保证了质量体系的正常运作。

此外,南涪高速公路结合实际情况全面推行首件认可制度,即每合同段承包人在分项工程规模化生产之前,必须先选取某分项工程进行工艺试验工程,确定一个质量优良首件后进行标准化生产,使整个工程建设质量和外观质量效果处于可控范围内,工程合格率大大提高。

总承包项目的优势是有利于结构物混凝土实行集中拌和或采用商品混凝土。南涪高速公路大型桥梁结构物多、涵洞多、路基结构物多,为了规范化、规模化施工,特制定了集中拌和制度,即每合同段集中设置拌和站,对合同段内的结构物混凝土(如涵洞、桥梁等)进行集中拌制,并用混凝土搅拌车配送至各工点,或者采用商品混凝土进行结构物混凝土的施工,使得结构物混凝土质量得到有效控制,并且施工现场显得井然有序。

在进度控制上,涪南公司对土建、路面、绿化、机电、交通工程等施工标段的实施计划乃至交工验收安排等进行了统筹规划,尤其是在对控制性工程(青草背长江大桥)的进度安排和措施上取得了较为突出的成绩。针对不同对象,不同施工阶段的特点,涪南公司在进度管理上采用了不同的策略。

对控制性工程(青草背长江大桥)在建设的初期就成立了"青草背长江大桥领导工作小组"对整个项目的进度实施了全过程的控制,使得大桥工程从2010年9月30日完成南北主塔桩基及承台施工,到2013年2月4日就完成主桥钢桥面铺装。

在明确了通车的目标后,开展了"完工倒计时"活动,及时完成了路床交验和水稳层的封闭工作,为后续的路面工程提供了良好的工作条件,确保了路面工程的顺利完成;对于房建、收费天棚、绿化等项目,工作相对较为零散,工程部安排专门的业主、监理人员对工程质量和进度进行督促、检查。有了以上保证措施,尽管受气候异常、材料价格猛涨等不利因素影响较大,但南涪高速公路建设项目进度仍在控制之中,顺利实现了既定的通车目标。

四、青草背大桥施工技术与科研

青草背长江大桥总长1719m,主桥桥面宽27.5m,双向四车道,设计为4×35m预应力T形梁+2×90mT形构+788m单跨双铰简支钢箱梁悬索桥+17×35m四联预应力混凝土T形梁,主桥索塔高167.47m,是当时西南地区最大跨径的桥梁,也是重庆高速公路建设史上第一座跨江悬索桥。该大桥的重点施工技术体现在以下几个方面:

(1)液压爬模系统的钢模板施工控制。按照常规方法,塔柱的模板一般采用北京卓良模板的 WISA 木模板进行液压自爬模系统施工。由于本桥索塔高达 167.47m,共划分成 40 节段作业,模板周转次数较多,木模易损。项目部在保证质量的同时,从成本控制出发,选用了钢模进行塔柱液压爬模施工,钢模板在刚度和几何尺寸上均能满足要求。为解决液压爬模系统的钢模板下口因刚度大很难与已浇混凝土上口密贴问题,每节段施工前安排专人对节段下口及接缝处进行处理,按设计要求设置好下端压爪,选择厚型双面胶作为施工节段模板下口接缝止浆材料,对个别缝大处加涂一层玻璃胶封堵。通过改进液压爬模系统的模板材料,降低了模板多次使用发生变形,解决了模板拼装不当导致的塔柱出现错台等外观问题,使构件混凝土面平整、线条顺直,施工更为便利。

(2)锚碇预应力管道定位支架设计。按照常规方法,预应力管道定位架一般采用角钢作为定位架,定位架由定位骨架及定位片架组成,定位片架安装于骨架之上,又由定位片及定位片间联结杆件组成,荷载由定位骨架承受,定位骨架与锚块分层浇筑的混凝土预埋件焊连。工序较多,消耗时间较长。项目部为找回前期工期损失,保证节点工期目标及如期建成通车,根据现场实际情况,采用钢管支架对预应力管道进行定位,根据预应力管道每根管道坐标和位置,对钢管支架进行微调,随时纠正坐标位置,比常规方法更加方便,安装预应力管道更加效率,为施工节省了时间。

(3)PPWS 技术推广运用。主缆架设现场结合公司自身的资源(设备和技术),将 PPWS 技术进行了一定的优化和改进,主要表现在项目部采用索道牵引系统,而替代了 PPWS 技术中常采用的拽拉系统。

(4)主桥缆载吊机的选用。在悬索桥上部结构钢箱梁吊装施工中,通常采用缆载吊机进行,亦有采用索道吊装的。常规的缆载吊机为步履式行走和千斤顶一顶一顶的倒换下放。其缆载吊机行走是在主缆上的支承架上,行走较为烦琐(先走支承架,然后再走缆载吊机)。钢箱梁划分为 50 个节段,首片钢箱梁长度为 16.6m,重达 246.5t。本桥的钢箱梁的吊装采用缆载吊机,由柳州欧维姆机械有限公司制造。由于施工工期较紧,在设计制造过程中,要求 OVM 公司在保证质量和安全的前提下,在提高工作效率方面进行优化。研制出了一套缆载吊机空载轮式行走和液压马达持续下放吊具的体系。投入使用时,现场解决了行走轮与主缆之间的匹配问题。两项技术的成功运用,体现了行走加速、吊具下放加速,使整个钢箱梁吊装仅用了 40 天时间,比常规方法大幅度节约了时间,为工期提供了有效的保障。

(5)紧缆机及缠丝机的选用。紧缆分两个阶段进行:预紧缆、正式紧缆。主缆架设完成之后其截面为六边形,为达到设计状况,购置了紧缆机将主缆截面紧缆成圆形,同时将主缆索股凝结成整体。紧缆作业由塔顶向中跨和边跨进行,先中跨,后边跨。主缆缠丝采取了新购多功能缠丝机,其实质是采用多功能缠丝机将镀锌软质钢丝均匀密缠在主缆上,然后采用百慕新材料航空专用产品将主缆表面防腐涂装。

(6)钢桥面沥青施工技术。主桥钢桥面采用浇注式沥青和SMA改性沥青组合结构形式。浇注式沥青施工采用国外进口大型摊铺机,自动化程度高;同时采用专门的技术解决了钢桥面沥青施工的技术难题,为以后类似项目建设提供很好的借鉴作用。以青草背长江大桥为依托工程,开展了一系列科研项目。其中《三峡库区大跨度悬索桥设计、施工关键技术研究》科研项目以动、静力理论以及试验为指导,开展锚碇优化选型和施工、加劲梁制作和架设新技术、钢箱梁桥面铺装技术、车—桥—风耦合振动下的舒适性和安全性评价等六个方面进行研究,形成了适用于三峡库区大跨度悬索桥的设计、施工关键技术。城建集团实施的主缆在锚碇处的锚固预应力系统防松装置以及改进型一体化缆载吊机自动放盘和滚轮式行走的施工技术亦成为该课题项目实施的亮点。

(7)三峡库区大跨度悬索桥设计、施工关键技术研究。主要开展了锚碇形式及优化选型研究,锚碇大体积混凝土配置及关键技术研究,加劲梁制作及架设工艺研究,基于风车桥耦合振动理论的柔性悬索桥行车安全性与舒适性研究,吊杆锚固系统力学性能试验研究及安全性能评估,青草背长江大桥钢箱梁桥面铺装关键技术研究。

第六节 南道高速公路

南道高速公路,即重庆南川至贵州道真高速公路,为重庆市"三环十二射七联线"规划中联线的一段。

南道高速公路重庆段起于南川东侧大铺子,设枢纽互通与G65包茂高速公路南川至武隆段相接,经龙凤场、三泉镇、半河乡、大有镇,止于渝黔界福寿场附近,路线全长约33.3km。

南道高速公路重庆段全线无特大桥;特长隧道2座,长隧道2座,中、短隧道4座;设置大铺子、三泉、山王坪和大有4处互通式立交,其中大铺子为枢纽互通立交,其他均为一般互通式立交;设省界主线收费站1处,大有服务区1处,养护工区1处。

南道高速公路重庆段全线采用双向四车道高速公路标准建设,设计速度80km/h,整体式路基宽度24.5m;桥梁宽度24.0m;分离式路基宽度12.25m,桥梁宽度12.0m。全线桥涵设计汽车荷载等级采用公路—Ⅰ级,其余技术指标按《公路工程技术标准》(JTG B01—2003)执行。

南道高速公路重庆段批复概算40.0亿元,平均每公里造价约1.20亿元。项目于2013年12月开工,预计2017年建成通车。

第七章
G93 成渝环线高速公路

G93 成渝环线高速公路是《国家公路网规划（2013 年—2030 年）》"71118 网"中的地区环线之一，起于四川成都市，经四川德阳、绵阳、遂宁，重庆潼南、铜梁、沙坪坝、九龙坡、江津，四川泸州、宜宾、乐山、雅安返回成都，全长约 1079km。

G93 成渝环线高速公路重庆段（图 8-7-1）自潼南书房坝（川渝界）入境，经铜梁、璧山、沙坪坝、九龙坡、江津等区县，自江津塘河（渝川界）出境，境内全长约 206.4km。

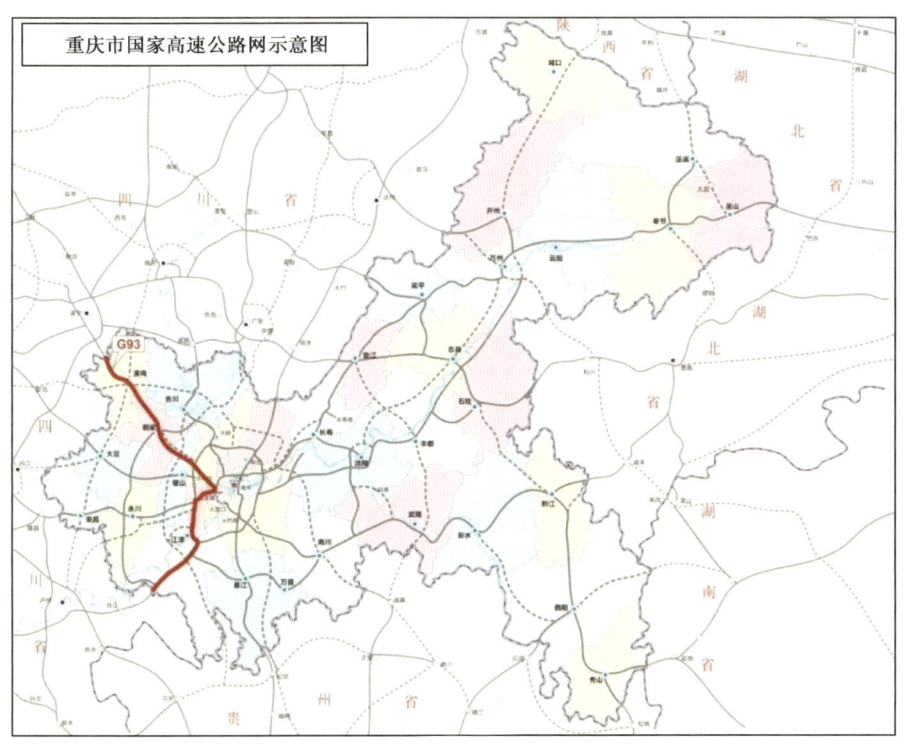

图 8-7-1　重庆市境内 G93 成渝环线高速公路走向示意图

G93 成渝环线重庆段按潼南书房坝至内环高滩岩立交（渝遂高速公路）、内环高滩岩立交至西环上桥立交（渝长高速公路的一段）、西环上桥立交至绕城走马立交（成渝高速公路的一段）、绕城走马立交至渝泸立交（绕城高速公路）、渝泸立交至江津白鹿出境（江合高速公路）等分段建设。截至 2016 年年底，全部建成通车。

内环高滩岩立交至西环上桥立交段属于渝长高速公路中的一段,相应建设情况纳入"G50沪渝高速公路"中的"渝长高速公路"整体记录。西环上桥立交至绕城走马立交段属于成渝高速公路中的一段,相应建设情况纳入"G85银昆高速公路"中的"成渝高速公路"整体记录。绕城走马立交至渝泸立交段属于绕城高速公路中的一段,相应建设情况纳入"G5001绕城高速公路"篇章整体记录。

第一节　渝遂高速公路

一、项目概况

渝遂高速公路,即重庆至四川遂宁高速公路,为重庆市"三环十二射七联线"规划中一条射线。渝遂高速公路重庆段起于沙坪坝高滩岩,与G75兰海高速公路相交(内环高速公路高滩岩立交),经璧山、铜梁、潼南,止于潼南双江书房坝(渝川界),路线全长111.8km。

渝遂高速公路重庆段批复概算47.47亿元,竣工决算42.3亿元,每公里造价约3800万元。项目于2003年12月30日开工,2007年12月27日完工通车。项目资金来源于公司股东资本金16.61亿元,开行贷款23.35亿元,交通部补助7.51亿元。

二、第二条成渝高速通道

早在1984年的"成渝公路"可行性研究初审会议上,曾经讨论过成渝公路的"北线方案":即从潼南到重庆新建成渝公路,这是当时成渝之间最短路线。但是限于当时的财力,只能新建一条成渝路,最终选择了城市相对集中的"南线"。

重庆直辖后,因要修建一条从潼南到四川成都的高速公路,而重新被提到了议事日程。原计划渝遂高速公路与长梁高速公路一起启动建设,由于成渝动车铁路的修建,面临两条运输线路国家审批问题,经协调,渝遂高速给铁路让路,被迫延后3年才开工。潼南是重庆西部离主城最远的县城,当时连接重庆主城到潼南的公路是国道319线和省道205线,全长171km,车程达4个多小时。早日修建渝遂高速公路,不仅可以再造一条成渝高速通道,还可以促进沿线各区县经济发展。项目沿线沙坪坝、璧山、铜梁和潼南是重庆市经济较为发达、人口稠密的地区,而地处璧山的"大学城"也在拟建之中。为使成渝公路分流,沿线经济繁荣,修建渝遂高速公路,已经时不我待。

2007年12月渝遂高速公路建成通车。此前,成都—南充高速公路已于2006年7月通车。从重庆主城经渝遂高速公路到遂宁与G42的成南高速公路连接,到成都里程减少了45km,时间缩短了半个小时。渝遂高速公路把重庆、成都两大中心城市更加紧密地联系在一起。

三、中铁进军重庆高速公路第一站

渝遂高速公路是重庆规划的"二环八射"高速公路的第三条射线。早在2000年11月,重庆市交通委员会就着手编制渝遂高速公路的可行性研究报告。2003年项目获得国家发改委批准后,最初由重庆高速公路发展有限公司北方建设分公司负责项目前期的勘察、设计招投标以及一期工程大学城隧道的施工。

2004年9月中国铁建与重庆高速公路发展有限公司以BOT模式组建重庆铁发遂渝高速公路有限公司投资建设该项目,其建设单位变更为"重庆铁发遂渝高速公路有限公司"。

重庆铁发遂渝高速公路有限公司是中国铁道建筑总公司(简称"中铁建")和重庆高速公路发展公司(简称"高发司")以BOT模式组建,其中中铁建占80%,高发司占20%,于2004年9月9日成立,主要经营重庆至遂宁高速公路重庆段及其附属设施的建设、经营和管理,建设经营限为30年。

四、倾力打造的优质路

渝遂高速公路的建设管理和施工单位以中铁系统单位为主体。他们以"修一流公路,建一流企业,培养一流人才,创造一流财富"的目标坚持始终;以"质量、进度、投资、安全、环保"五大控制性目标稳步推进。先后掀起"建设年""建设管理年""管理建设年"系列活动,抓质量、保安全、抢进度、促开通,重磅出击,赢得了渝遂高速公路全线提前一年建成通车营运。

首先,公司始终把工程质量放在建设管理的首位,采取措施,力争把渝遂高速公路建成一条优质路、放心路。其次,编制项目总体实施计划,充分发挥业主的调度及协调作用,通过合理安排工程总进度计划及年度计划,指导各参建单位制定分阶段目标,通过科学的调度和安排来确保总目标的实现。然后,坚持"安全第一、预防为主"的方针,从一开始就要求施工单位高标准,高起点,督促施工单位建立健全安全生产责任制、安全生产教育培训制度、安全生产检查制度、安全生产规章制度和操作规程,保证了安全生产条件所需资金投入。再次,重视费用控制与管理。在设计过程中引入了设计监理制和专家咨询制,聘请有丰富高速公路设计经验的中交第一公路勘察设计院为设计监理,从中铁第四勘察设计院聘请了高速公路设计方面的专家对施工图进行详细审查,确保方案的优化。在项目施工过程中,工程变更项目的管理也是重点,制订多种方案,从施工条件、工期和造价进行比选,确定最优方案实施,有效控制了工程费用。

尽管受2006年干旱、2007年暴雨等百年一遇不利天气因素影响较大,但渝遂高速公路进度仍在控制之中,顺利实现了重庆市委、市政府及市交通委员会2007年年底全面通车目标,为重庆高速公路实现 1000km 奠定基础。

2007 年 12 月,渝遂高速公路通过交工验收,工程质量评分为 97.15 分,2008 年 9 月,机电工程通过交工验收,工程质量评分为 98.5 分,2011 年 10 月,受交通运输部委托,重庆市交委组织对渝遂高速进行了竣工验收,并颁发了竣工验收鉴定书,渝遂高速公路工程质量评分为 94 分,工程质量等级优良,建设项目综合评分为 94.3 分,建设项目等级评定为优良。

五、云雾山隧道

云雾山隧道(图 8-7-2)位于川东平行岭谷华蓥山状褶皱带,是一座上、下行分离的四车道高速公路长隧道,左线 3580m,右线 3585m。隧道净宽 10.5m,净高 5m,两洞轴线相距最近 12m,最远 71m,为全线控制性工程。

图 8-7-2 云雾山隧道

隧址区内地质十分复杂,有岩溶、煤矿采空区、穿煤、压煤、断层、涌水地应力、岩爆、有毒有害气体(主要为 T3Xj1 煤层瓦斯)等不良地质和特殊地段。隧道左线(背斜东翼)瓦斯压力 2.04MPa,瓦斯绝对涌出量为 0.57m^3/min,为高瓦斯工区,地段等级为二级。隧道右线(背斜西东翼)瓦斯压力 0.30MPa,瓦斯绝对涌出量为 0.006m^3/min,为低瓦斯工区,地段等级为三级。有严重的突出危险性。

施工方案主要为:隧道开挖采用光面爆破和预裂爆破技术,采取"短进尺、弱爆破"作业,减少对围岩的扰动;穿越煤层存在少量瓦斯等有害气体时,采取超前探测和加强通风等措施;在浅埋段可能发生涌水突泥时,大部分实施了超前预注浆、径向和局部注浆等措施。

六、琼江河大桥

琼江河特大桥位于丘陵地区,属深切割河谷地貌,两岸地形呈不对称的"U"形,南岸坡比北岸坡长,桥位区地面高程为 208.45～285.52m,最大相对高差 77.07m。琼江河常年水位 207.25m。平曲线为 $R=3600$m 的圆曲线及 $A=1100$m 的缓和曲线,竖曲线为 $R=40000$m 的凸形竖曲线,纵坡 2.8%,桥跨 $4×40$m + $(55+100+55)$m + $2×40$m,其中 55m + 100m + 55m 为预应力混凝土连续刚构主桥,主梁采用变截面箱梁,梁高与底板按 1.8 次抛物线变化,一孔跨过琼江河,引桥第一联 $4×40$m、第三联 $2×40$m 为预应力混凝土 T 形组合梁,先简支后连续刚构,高墩固结,最大墩高 48m。下部结构主桥采用 H 形墩、桩基础,引桥采用柱式墩、桩基础,全桥桥长 436m。

施工方案主要为:主桥预应力混凝土变截面箱梁采用对称悬臂现浇施工,在主墩顶托架上浇筑 0 号块,其余块件均以挂篮悬臂对称浇筑,并张拉各阶段预应力钢束,直至最大悬臂,合龙顺序为先边跨后中跨,最后进行桥面系施工,引桥上部结构采用集中预制,逐孔、逐联吊装架设,再现浇连续段。

为控制好该桥的施工质量,在施工中主要采取的措施有以下几个方面:

(1)委托中铁第五勘察设计院对全桥施工进行监测。

(2)每个悬臂施工(包括挂篮就位、梁段浇筑、张拉预应力及挂篮前移等)均进行静力分析,逐阶段计算结构各截面内力、应力和位移。

(3)箱梁 0 号块结构及受力较为复杂,为确保结构强度并防止有害裂缝出现,浇筑时采取分层浇筑、各层混凝土龄期差、强化混凝土养生等措施控制混凝土水化热的影响。

(4)设计单位全过程对挂篮施工进行指导,确保挂篮有足够的刚度。

(5)对腹板斜截面应力影响较大的竖向预应力必须要施加准确,要求监理工程师全过程旁站测量,业主代表每次进行抽查。

(6)在主桥箱梁顶面布置了挠度观测点,定期进行观测。

七、科研成果

1. 超前小导管注浆进行加固研究

大学城隧道施工中遇到几处围岩较差而富水地段,公司根据实际情况,成立了科研小组对含砂量高且富水地层进行了研究。含砂量高且富水地层具有结构松散、空隙率大、易流动明塌等特点,在开挖过程中自稳能力极差,工程地质条件差,施工风险很大,故开挖前需采取超前注浆加固措施,通过合理选择注浆材料和浆液的配比、注浆压力、注浆范围等,以达到加固地层保证隧道的施工安全和周边环境稳定的目的。

2. 混凝土桥梁设计、施工偏差及其对结构性能的影响研究

2003 年 12 月,委托重庆交通大学对混凝土桥梁设计、施工偏差及其对结构性能的影响研进行研究,主要内容及范围是:对近年来混凝土梁桥的设计、施工、管理偏差状况进行

广泛调查;结合偏差情况进行汇总分类;对产生偏差的3~5座桥梁进行现场检测;分类建立特征模型;通过计算机模拟分析各类特征偏差对结构性能的影响;分析各类特征偏差产生的原因、程度及对结构性能的影响;评估各种典型偏差对桥梁可靠性和耐久性的影响;偏差处理的对策研究。

3. 含有阻裂层的复合钢筋混凝土新结构性能及粘贴加固技术的研究

2003年12月,委托重庆交通大学就含有阻裂层的复合钢筋混凝土新结构性能及粘贴加固技术进行研究,主要研究内容为:钢筋混凝土结构的损伤机理及破坏过程分析;阻裂增强层作为钢筋混凝土新结构设计和加固的机理研究;阻裂复合加强层材料和黏结层材料合理力学参数和指标的确定;混凝土、钢筋、复合加强层界面力学性能和合理界面材料的研制;含阻裂层的复合钢筋混凝土新结构的温度、疲劳、动静载结构性能分析;新型复合加强层用于旧桥加固的原则与设计、施工方法;含阻裂层的复合钢筋混凝土新结构在桥梁中应用的试点工程研究;复合加强层方法用于旧桥加固的试点研究。

4. 大跨PC连续刚构桥受力行为及存在问题对策研究

2003年12月,委托重庆交通大学就大跨PC连续刚构桥受力行为及存在问题对策进行研究,研究内容主要有:分析梁体裂缝原因及其影响因素;从理论上对连续刚构桥的受力行为以及箱梁的受力特点进行研究,提出合理的构造设计和计算方法;研究抗裂对策,提出一套防止梁体开裂的措施和方法;研究加载龄期较小的混凝土收缩、徐变规律;分析影响大跨PC连续刚构桥后期变形的因素,研究期后期变形对策和预测方法,提出减少其影响的措施。

第二节 渝泸高速公路

一、项目概况

渝泸高速公路,即重庆至四川泸州高速公路,也被称为江合高速公路(即重庆江津至四川合江),为重庆市"三环十二射七联线"规划中一条射线。

渝泸高速公路重庆段起于江津先锋,设渝泸枢纽互通立交与G5001绕城高速相接,经江津刁家、慈云、白沙、塘河,止于塘河(渝川界),路线全长47.7km,分两期建设。其中,一期工程30.65km,起于重庆绕城高速渝泸立交,经江津区先锋、刁家,止于江津区白沙,于2006年6月18日开工,于2009年12月建成通车;二期工程17.01km,起于江津区白沙镇,经塘河至渝川界与G93成渝环线四川段相接,于2010年3月开工,于2013年4月建成通车。

项目资金来源于交通运输部补助1.52亿元、重庆市地方自筹5.23亿元、银行贷款11.71亿元。项目概算为20.28亿元,一期工程工程审定金额为12.73亿元,二期工程审计金额为10.21亿元。平均每公里造价约4800万元。

二、重庆西南向出海大通道

渝泸高速公路是G93国家高速公路成渝环线的重要组成部分,是重庆市通往贵州赤水、云南昆明的我国西南重要的公路通道,是重庆去往东南亚地区如缅甸、泰国等国家的重要出海通道,同时也是通往四川、西藏的重要公路。项目通车后,从绕城高速出发,1小时左右即可到达四川省泸州市,再经由宜宾、昭通,8小时可达云南昆明。

三、新技术应用

江合高速公路地理条件较好,沿途路线基本平整,没有特别复杂的单项工程。但施工单位注重质量细节,在施工中采用以下新技术,取得较好的成效。

全线边沟盖板、路缘石等小型预制构件率先采用塑模施工工艺,保证了小型预制件的外观质量;全线的桥梁混凝土护栏使用天然中粗砂,统一使用大厂旋窑水泥,提高了护栏的外观质量。

桥梁大多采用先简支后结构连续,此结构形式增强了桥梁结构的整体性,减少了支座的个数和接缝道数,提高了行车的舒适性,减少了运营期间的养护工作,降低了造价,是一种技术优、造价省、施工成熟的桥梁结构形式。

在桥梁下部结构施工时采用了模板漆,使混凝土表面光洁度有了很明显的提高,虽然在周转使用次数上还处在一个摸索阶段,但通过这些新材料的使用对混凝土质量通病治理起到了很好的促进作用,最大限度地消除和减少了质量通病。

混凝土标准垫块的使用更准确地保证了混凝土保护层厚度;钢筋保护层测定仪的使用,在施工过程中较好地控制了钢筋保护层厚度,及时发现问题,并通过采取针对性的措施进行改进,从而最终减少混凝土质量通病,确保工程实体质量。

第八章
G5001 绕城高速公路

G5001 绕城高速公路是《国家公路网规划(2013 年—2030 年)》"71118 网"中的城市环线之一,相对于重庆内环高速亦被称为重庆外环高速公路,为重庆市"三环十二射七联线"规划中的第二环。

重庆绕城高速公路(图 8-8-1)以北碚为起点,逆时针经沙坪坝、九龙坡、江津、巴南、南岸、江北、渝北等,环绕到起点,全长约 187km,按双向六车道、设计行车速度 120km/h(西南段)和 100km/h(东北段)进行设计。

重庆绕城高速公路两跨长江,一跨嘉陵江,两次穿越重庆主城西侧的中梁山山脉,两次穿越重庆主城东侧的铜锣山山脉,与成渝高速公路、渝蓉高速公路、渝遂高速公路、渝武高速公路、渝广高速公路、渝邻高速公路、渝长高速公路、沿江高速公路、渝湘高速公路、渝黔高速公路及渝泸高速公路等 10 余条高速公路放射线相交。

重庆绕城高速公路是交通运输部 12 条典型科技示范路中唯一的绕城高速公路项目。

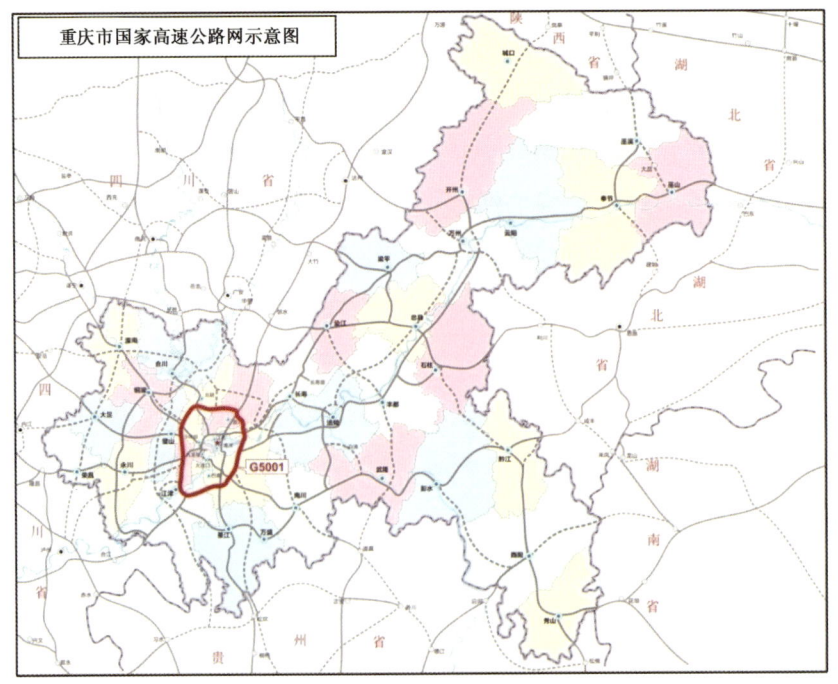

图 8-8-1　重庆市 G5001 绕城高速公路走向示意图

第一节 项 目 概 况

重庆绕城高速公路分为东段、南段、西段、北段四个项目建设,项目批复总概算约153亿元,平均每公里造价约8200万元。其中东北段由重庆高速公路集团有限公司垫利建设分公司(简称"垫利公司")负责建设,西南段由重庆高速公路集团有限公司北方建设分公司(简称"北方公司")负责建设。

一、绕城高速公路东段

绕城高速公路东段起于重庆市巴南区南彭镇,接绕城高速公路南段终点,经惠民镇和南岸区的迎龙、广阳镇(与G50S石渝高速公路在迎龙相交),向北跨鱼嘴长江大桥,终于江北区鱼嘴镇新龙湾,接绕城高速公路北段起点,路线全长36.78km。项目概算24.19亿元,决算达31.91亿元,每公里造价约8700万元。资金来源于交通部补助3.38亿元,其余自筹。项目于2005年4月26日开工,2009年12月24日建成通车。

二、绕城高速公路南段

绕城高速公路南段起于九龙坡区巴福镇滴水岩,接绕城高速公路西段终点,向南经陶家、西彭,跨观音岩长江大桥至江津先锋镇与G93成渝环线高速公路(渝泸高速公路)相接,后折向东,经江津支坪、珞璜和巴南一品,分别与G75兰海高速公路(渝黔高速公路)、G65包茂高速公路(渝湘高速公路)相交,后止于南彭镇,接绕城高速公路东段起点,路线长50.17km。项目概算原为35.72亿元,2009年12月调概为45.95亿元,决算为45.32亿元,每公里造价约为9000万元。项目资金来源于交通部补助5.3亿元,重庆市财政资金4.06亿元,银行贷款22.98亿元,开行软贷款3亿元。项目于2005年8月8日开工,2008年12月24日建成通车。

三、绕城高速公路西段

绕城高速公路西段起点位于北碚城区附近朱家坪,接绕城高速公路北段终点,跨越渝武高速公路后沿缙云山脚经北碚区歇马镇,在沙坪坝区青木关镇与G93成渝环线高速公路(渝遂高速公路)、G5013渝蓉高速公路相交,经沙坪坝区大学城、曾家镇和九龙坡区金凤镇,在九龙坡区走马镇下穿G85银昆高速公路(成渝高速公路),终点位于九龙坡区巴福乡的滴水岩附近,与重庆绕城高速公路南段起点相接,路线全长约51.06km。项目资金来源于交通部补助3.59亿元,重庆市财政资金2.65亿元,银行贷款15.27亿元,开行软贷2亿元。项目概算原为23.51亿元,因设计变更较大,于2009年12月调概为34.02亿元,决算33.24亿元人民币,每公里造价约6500万元。项目于2005年6月29日开工,2008年12月24日建成通车。

四、绕城高速公路北段

绕城高速公路北段起于鱼嘴长江大桥北岸江北区鱼嘴镇新龙湾,与绕城高速公路东段终点相接,穿鱼嘴隧道至复盛,与G50沪渝高速公路(渝长高速公路)相接,经龙兴古镇,穿玉峰山隧道,设朝阳寺隧道下穿G65包茂高速公路(渝邻高速公路),经渝北复兴,至北碚水土,跨水土嘉陵江大桥至施家梁,穿越施家梁隧道,在北碚朱家湾上跨襄渝铁路、G75兰海高速公路(渝合高速公路),与绕城高速西段起点相接,路线全长49.29km。项目概算48.40亿元,决算65.86亿元,每公里造价达1.34亿元。资金来源于交通部补助7.49亿元,其余自筹。项目于2005年4月26日开工,2009年12月24日建成通车。

施家梁互通路段如图8-8-2所示。

图8-8-2 施家梁互通路段

第二节 统筹城乡的决策与规划

早在直辖之前,重庆市决策层已经提出建设"二环高速公路"的构想。根据《重庆市公路骨架网规划(1997—2020年)》,其中涉及高速公路规划建设的规模和方案提及:重庆市骨架公路网建设规划的规模,以万县、涪陵、黔江和原重庆21区市县公路网规划拟定的国省干线公路网布局方案为基础,根据骨架公路网系统的功能和作用,结合三市一地公路交通的实际和今后30年社会经济发展对公路交通运输的需求,提出重庆市骨架公路网建设总规模为3969.5km,其中规划建设高速公路824.3km,投资约280亿元。同时,考虑到内环高速公路到2015年左右交通量将达到饱和,因此规划2020年前建设过境二环高速公路。

2002年11月8日,中国共产党的第十六次代表大会召开。十六大报告指出:"积极推进西部大开发,促进区域经济协调发展。实施西部大开发战略,关系全国发展的大局,关系民族团结和边疆稳定。要打好基础,扎实推进,重点抓好基础设施和生态环境建设,争取十年内取得突破性进展"。

根据十六大精神,2003年初,重庆市明确提出将原规划2020年建成的"二环八射"高速公路网,提前十年到2010年前全部建成。2004年9月,交通部批准了重庆绕城高速公路项目立项,项目于2005年相继开工建设,到2009年底实现全线通车。

第三节　高标准路面典型示范

绕城高速公路是重庆迄今为止路面最宽、路基最厚、线形最优、行车安全性和舒适性最高的高速公路。绕城高速全长187.4km,均为双向6车道,其中东北段路基宽度为33.5m,最小平曲半径1000m,最大纵坡3.9%,计算行车速度为100km/h。西南段路基宽度为34.5m,最小平曲半径1000m,最大纵坡3%,计算行车速度为120km/h。沥青混凝土路面厚度一般为16~18cm,部分路段达26cm。绕城高速路面工程的特点是应用了大量新技术、新材料。

西南段沥青路面中,首次在全国范围内大规模使用矿物纤维沥青,总里程达45km。该沥青与传统的木质纤维沥青相比,能降低沥青用量,提高行车舒适度,延长道路使用寿命,同时在今后的道路维护中还可再生利用。南段还在环山坪隧道和老房子大桥上铺装了3km聚合物改性水泥混凝土路面。因该混凝土集普通混凝土和沥青的优点于一体,柔韧性、吸水性极好,铺装方便,经久耐用,还不会扬尘和燃烧,因此更环保、更安全。

东、北段的路面工程也集中了三种新工艺。一种是复合式路面,该路面占了东北段路面的80%以上。其施工工艺是,在铺筑完沥青路面后,对路面进行喷砂打磨,再加铺10cm混凝土。如此铺筑的路面在降噪、防火、减少扬尘、提高行车舒适度方面都比普通混凝土和普通沥青路好。第二种是环氧沥青的使用,该沥青主要使用在鱼嘴长江大桥上,约1km。第三种是聚合物改性水泥混凝土及橡胶沥青的采用。将在东段、北段各铺筑3km。两材料铺筑的路面行车舒适度高,节能环保。

绕城高速公路路面采用骨架密集型的基垫层结构,实施"ATB+SUP+SMA"的新型沥青混凝土结构,厚度增至26cm,同时在上面层中大规模使用矿物纤维,使路面工程的技术含量较高。绕城高速路面主要结构为:20cm厚的水泥稳定碎石垫层;18cm厚的水泥稳定碎石底基层;19cm厚的水泥稳定碎石基层;8cm厚的ATB-25型沥青混凝土联结层;8cm厚的ATB-25型沥青混凝土下结层;SUP-19型厚6cm的改性沥青混凝土中面层;

SMA-13型4cm玄武岩改性沥青混凝土上面层(互通沥青面层一般采用SUP-19型厚6cm改性沥青混凝土中面层;SMA-13型厚4cm玄武岩改性沥青混凝土上面层)。

在施工过程中本工程水泥稳定碎石采用振动密实成型工艺。由于重庆地区夏季温度较高,在水稳层施工时尽量避开高温时段,同时,根据外界温度情况适当增加含水率。为保证水稳层两侧的压实度,在两侧采用木方作为侧模进行阻挡,木方外侧用钢钎加固。在混合料的拌和时,为了保证细集料的干燥,用篷布进行覆盖。

在绕城高速建设中,开展了"高温多雨山区高速公路路面修筑技术"研究,提出了适合重庆高温多雨山区的路面结构方案,能有效减少反射裂缝等路面早期病害,延长路面使用寿命,减小后期养护费用,为重庆绕城高速及其他高温多雨山区高速公路路面建设提供了示范。

第四节　典型跨江大桥技术特点

一、鱼嘴长江大桥

鱼嘴长江大桥(图8-8-3)是跨越长江的一座特大型桥梁工程。桥位起于广阳镇葵花山庄,在长江南岸石盘凼附近跨越长江,于长江北岸的师母滩登陆,止于鱼嘴镇的下果园。大桥为悬索桥,全长1440m,主跨616m,为重庆绕城高速全线的重点控制工程。大桥为6车道高速公路特大桥,车辆荷载等级采用公路—Ⅰ级,设计车速采用100km/h。

图8-8-3　鱼嘴长江大桥

大桥主桥中跨为616m的单跨双铰简支钢箱梁悬索桥,南北边跨跨径分别为180m和205m,为无吊索区。在设计成桥状态下,中跨理论垂度为61.6m,垂跨比为1∶10。主缆中心距34.8m,吊索间距12.0m。南锚碇采用埋置式混凝土重力锚体,矩形扩大基础,散索鞍中心高程237.5m。北锚碇采用三角框架式混凝土重力锚体,矩形扩大基础,散索鞍中心高程225.0m。南桥塔采用钢筋混凝土多层门式框架,塔柱为变壁厚矩形单箱单室结构,设两道横梁。每根塔柱底设9根ϕ2.5m的灌注桩。北桥塔采用钢筋混凝土多层门式框架,塔柱为变壁厚矩形单箱单室结构,共三道横梁。每根塔柱底设9根ϕ3.0m的灌注桩。主缆采用预制平行钢丝股法(PPWS)。每根主缆为65股,每股含127根ϕ5.2m镀锌高强钢丝,空隙率在索夹处取17%,索夹外取19%,相应主缆外径分别为519mm、525mm。加劲梁采用扁平流线型钢箱梁,正交异性板桥面,梁高3m,全宽36.8m。南引桥上部为两联6×35m等截面预应力混凝土连续箱梁。下部基础采用单排2根ϕ1.7m钻孔灌注桩基础,墩身为矩形实体墩。北引桥上部为两联4×56m、3×56m等截面预应力混凝土连续刚构。下部基础采用双排4根ϕ1.8m钻孔灌注桩基础,墩身为空心矩形截面。桥面采用目前先进的环氧沥青混凝土,伸缩缝采用国内先进的路宝模块式多向变位桥梁伸缩缝。该桥的工程难点和特点在于:

(1)北塔的防撞措施。大桥建设期间,北塔位于岸上。大桥运营期间,由于三峡大坝蓄水,三峡库区水位在175-145-175m运营,北塔有被船舶撞击的危险。为抵抗船舶撞击,将北塔在高程203m以下塔柱采用矩形实心截面,并在下塔柱增设一道底横梁,横梁采用箱形空心截面。其设计思想为,当遇到船舶撞击时,考虑到塔柱为大桥主要受力构件,不容许有丝毫损坏,因此塔柱采用实心断面,可以保证塔柱被撞击后的安全;底横梁不是大桥的主要受力构件,其主要作用是增强两根塔柱横桥向联系,增大结构刚度,因此底横梁采用箱形空心截面,即使被船舶撞击损坏后,可以及时修复而不影响结构安全。上述设计的优点是在保证大桥正常使用功能的前提下,最大限度地减少了材料用量,降低了工程造价。此外,为提高混凝土延性,增强抵抗船舶撞击能力,北桥塔实心段及底横梁采用纤维混凝土。

(2)锚碇大体积混凝土的温控设计。大桥北岸锚碇基础长67m,宽51.8m,高23.75m,采用C30混凝土,体积达53000m³。大体积混凝土的裂缝主要是温度裂缝,为了控制温度裂缝的产生,改善结构的耐久性,通过温度应力仿真计算,结合以往成功经验,设计提出了不出现有害温度裂缝的温控标准和相应的温控措施。降低混凝土的浇筑温度。控制混凝土入模温度不超过28℃。若浇筑温度不在控制要求内,则应降低水泥和集料温度,采用冷却塔对拌和用水进行降温,尽量采用夜间浇筑混凝土。

①混凝土浇筑层厚及浇注间歇期的控制。因地基对混凝土的强约束作用,底部5层混凝土的分层厚度不大于1.2m。为防止下层混凝土对上层混凝土产生强约束作用,上下层混凝土浇筑控制在6d以内,上下层温差控制在15~20℃。

②混凝土内外温差控制。内外温差是产生表面裂缝的主要原因,混凝土内外温差应控制在25℃以内。混凝土内部布置冷却水管,混凝土各层内设ϕ42mm×2.8mm的冷却

水管。在混凝土表面设一层防裂钢筋网片。在基础混凝土中埋入温度传感器,测量混凝土不同部位温度变化过程,检验不同时期的温度特性和温差标准。当温控措施效果不佳,达不到温控标准时,可及时采取补救措施,如加大冷却水管流量等。

(3) 锌铝伪合金防护体系的使用。大桥位于重庆市,地属北亚热带向亚热带过渡气候带,雨水充足,属我国酸雨地区。而且钢箱梁位于江面之上,江上多雾,长期处于较高湿度环境下,其环境属于重腐蚀环境。为提高钢箱梁的耐腐蚀性,在国内新建桥梁工程中首次采用喷锌铝伪合金 + 封闭底漆 + 中间漆 + 面漆的多重防腐体系。锌铝伪合金涂层系统具有以下优势:钢结构桥梁长效涂装防腐体系一般由三层不同功用的涂(镀)层组成,由里到外逐层为:第一层是能实施阴极保护的牺牲金属底层,其作用是由牺牲金属提供电子,保证了钢结构不受腐蚀;第二层是封孔和防化学腐蚀的中间层,喷涂(镀)金属层和化学涂料层都是多孔体,都有间隙,需要堵孔,堵孔是为了阻隔腐蚀介质与钢铁接触,喷涂锌铝伪合金生成的 Al_2O_3 网状结构一定程度上可以起堵孔的作用,ZnO 和 $ZnCl_2$ 在一定程度上也起堵孔的作用;第三层是抗老化和起装饰作用的表面层,通常是有颜色、有填料的涂层,它能抵挡紫外线、红外线,减少中间层的老化,同时能起光滑和美观等作用。

(4) 大位移多向变位伸缩缝的使用。悬索桥为缆索支承体系桥梁,结构刚度较小,加劲梁在车辆活载、温度荷载及风荷载等多重荷载作用下,其变位为多种变位的叠加,既有各个方向的平动,又有各个方向的转动,非常复杂。国内很多大跨径桥梁,尤其悬索桥的伸缩缝发生了不同程度的损坏。通过仔细地分析伸缩缝损坏的原因,确定模数式伸缩缝不能满足悬索桥加劲梁复杂变位。经过广泛地调查研究,最终鱼嘴大桥采用模块式多向变位梳齿缝。该伸缩缝不仅能满足加劲梁顺桥向位移,还能满足加劲梁竖向和横向的转动,很好地适应了加劲梁在多重荷载作用下的复杂变位,改善了行车条件。

(5) 主缆温度场及其对主缆的影响。在施工中,温度变化引起的主缆架设偏差会严重影响到桥梁安全与耐久性。为掌握主缆温度场及其对主缆的影响,研究开发了高精度自动化温度采集系统,完成了现场温度场测试;通过主缆索段模型试验,结合国内外相关研究成果,首次确立了考虑太阳辐射强度的主缆温度场计算方法,系统分析了主缆横截面及纵向的温度分布和温度效应情况,有效控制了温度变化引起的主缆架设偏差,提高了主缆施工精度。

二、观音岩长江大桥

观音岩长江大桥(图8-8-4)被评为2015年度重庆市首届十大最美桥梁之一。该桥主桥全长879m,采用跨度为35.5m + 186m + 436m + 186m + 35.5m 的 5 跨连续钢混凝土结合梁双塔双索面斜拉桥,两岸引桥采用跨径为 30m 简支变连续的 T 形梁,全桥长1198.94m。

图 8-8-4　江津观音岩长江大桥

主梁的截面形式为双工字形结合梁,纵向半飘浮体系,在索塔下横梁与梁体间设油压阻尼器。横向采用限位支座。斜拉索全桥共 136 对,按双索面扇形布置,标准节段索距在主梁为 12m。索塔采用菱形桥塔,设两道横系梁将桥塔分为上塔柱、中塔柱和下塔柱三部分。

主塔采用菱形塔,桥塔纵向尺寸从塔顶的 6.0m 逐渐变化到塔底的 11.0m,横向尺寸由塔顶的 4.4m 逐渐变化到塔底的 10m。主塔基础采用嵌岩钻孔桩,20 根直径为 2.5m 钻孔桩。其中滴水岩岸的桥塔桩号为 K115+430,南彭岸桥塔桩号为 K115+836,桥塔高 172.89m,承台直径为 32m,厚度为 7m。桥面以下设置一道下横梁,桥面上设置一道上横梁。桥塔横桥向外侧设有凹槽,以增加其视觉效果。斜拉索直接通过锚头锚固在上塔柱内侧的锚固槽内。

斜拉桥正桥主梁为钢主梁与混凝土板共同受力的结合梁,中间以剪力钉将两者结合。结合梁斜拉索锚固处高 3.2m,跨中高 3.54m。钢主梁截面为双工字形截面,横桥向两个钢主梁的中心间距 35.2m,桥面混凝土板厚 26cm,钢主梁顶部加厚 40cm。主梁全宽 36.1m。

主梁采用高度 2.8m 工字钢式的结合梁。主梁共分为 8 种梁段,标准节段梁长 12m,标准横隔板间距为 4m,标准梁段顶板截面为 50mm×900mm,底板为 80mm×900mm,腹板厚 28mm,两条纵向加劲肋均为 22mm×260mm。在桥塔和辅助墩附近的梁段为加宽和加厚截面。桥塔处主梁梁段顶板截面为 60mm×900mm,底板为 90mm×1200mm,腹板厚 28mm。辅助墩处主梁梁段顶板截面为 50mm×900mm,底板为 80mm×1200mm,腹板厚 28mm。单片主梁的最大质量约 35t,标准单片主梁的质量约 17t。主梁梁段之间采用高强螺栓连接。

在桥面横向跨中设置一道小纵梁,两边设置两道小纵梁,小纵梁顶板、底板宽

500mm。其中桥面中线处的小纵梁为永久结构,两边的小纵梁为施工临时结构,提供施工时的人行通道,并作为浇筑湿接头的模板。永久小纵梁和混凝土板之间不设剪力钉,桥面板在桥梁横向为简支结构。

横隔板的标准间距为 4.0m,标准横隔板顶板宽 700mm,厚度为 28mm,底板宽 700mm,厚度为 32mm,腹板厚 16mm,在横隔板的纵、横向设置有加劲肋。主梁压重段的横隔板进行加强,横隔板和主梁之间的连接采用剪力接头。

在边跨 128.8m 和中跨 221.6m 范围内的桥面混凝土板中设置预应力钢绞线。全桥的钢主梁、横隔板和小纵梁均在工厂焊接完成后,运输到桥位,现场全部采用高强螺栓栓接。

混凝土桥面板共分为 18 种类型,最大平面尺寸为 3.5m×8.66m,采用 C60 型高强混凝土。桥面板存放至少 8 个月以上方可安装。

10 号主墩基础采用双壁钢围堰钻孔桩复合基础,基桩为 20 根直径 2.5m 钻孔灌注嵌岩桩,梅花形布置。承台平面尺寸为直径 32.0m,厚 7.0m。双壁钢围堰内径 32.5m,外径 35.5m,高 25.5m,入土深度为 8m,砂软石填筑 4.5m,封底混凝土 2.5m。

辅助墩 11 号墩基础也采用双壁钢围堰钻孔桩复合基础,基桩为 4 根直径为 2.0m 钻孔灌注嵌岩桩,承台平面尺寸为直径 10.6m,厚度 3m。

交界墩 12 号墩基础为直径 2.0m 的嵌岩灌注桩基础,承台尺寸为 8m×8.2m×3m,墩身截面形式、尺寸同 11 号墩。墩身高 57.35m,施工方法同 11 号墩。

引桥部分基础为直径 1.8m 的嵌岩灌注桩基础,13 号墩承台截面形式为工字形截面,矩形截面墩身;14~16 号墩为与基础同截面的圆柱式墩身(直径 1.8m);17 号桥台为 U 形桥台,基础、墙身为片石混凝土,台身部分背墙采用 C25 混凝土,台帽采用 C30 混凝土。上部结构为先简支后连续 30m 的 T 形梁,单片最大为 70t 左右。

该桥的特点和难点在于:

(1)桥面宽,索力大。桥面宽度为 36.2m,是当时全国同类桥梁中最宽的桥面;全桥共有 136 对斜拉索,最大钢绳索力为 800t,是长江已有大桥中主索力最大的一座。较大的索力给斜拉索和主梁、斜拉索和桥塔的连接在设计、制造上都带来一定的难度。

(2)斜拉索和主梁的连接和锚固。锚拉板结构主要由锚拉板、加筋肋、锚拉管及锚座支承板组成。锚拉板通过焊接与钢梁顶板连接,钢梁顶板为 Z 向钢板,其厚度方向(Z 向)性能应满足 Z35 要求,以便于连接;钢主梁板采用 Q370qE。全桥的重力和作用均系于锚拉板上下的焊缝,而焊接热效应和锚固点的应力集中问题是这类锚固不可忽视的重要问题。

(3)围堰施工难度大。为在江中挖桥墩基础,制作了大量钢围堰。钢围堰为双层,外径 35.5m,内径 32.5m,沉放入江中,再将水抽干后,就形成了江中间一个无水的"单间"。

钢围堰最浅的22m,最深的达28.5m,高度比一般的八层建筑还高,单封底混凝土就用了8800m³。钢围堰放入江中后,为防止漏水,用"蛙人"潜入江底进行勘察堵漏。从2006年1月着手桥墩施工,到首个桥墩露出水面,耗时一年。

第五节　典型特长隧道技术特点

一、施家梁隧道不良地质处治

绕城高速施家梁隧道左洞长4303m,右洞长4267.5m,为绕城高速中最长的隧道,隧道采用双向六车道设计,净宽15.35m,高8.12m,内净空面积100.69m²。是当时最长的大断面三车道公路隧道。

隧道的不良地质现象主要有岩溶与岩溶水,穿煤压煤及有害气体等。隧道斜跨遂渝铁路龙凤山隧道,穿越滑坡体、溶洞、煤层、积水老窑,地质结构复杂,技术含量高,施工难度大。

隧道右线洞口浅埋地段围岩为崩坡堆积体,上部为黏土层,山体处于滑动状态,施工中先行进行山体加固处理。防坍塌、变形是施工难点,施工单位首先对洞口段地表进行注浆加固,在超前大管棚的保护下,通过短进尺、强支护,安全度过洞口段。

隧道左线两次穿越煤巷采空区下部,三次穿越含煤层,为防止煤巷积水突涌。施工中采取TSP203超前地质预报和近距离超前探孔,查明前方地质和地层赋水情况,确保顺利安全度过。

隧道右线上跨遂渝铁路龙凤山隧道,两隧道最小距离仅19.07m,为减小施工以及运营影响,采取了"先探测、弱爆破、短进尺、勤监测、强支护、全封闭"的施工措施确保了施工和铁路运营安全。施工过程中先后经受了重庆百年不遇的伏旱高温天气和50年一遇的洪水考验,成功穿越断层、煤层、溶洞和采空区等不良地质。

二、玉峰山隧道硫化氢气体处治

玉峰山隧道为绕城高速全线第二长隧道,左线长3691m,右线长3651m,采用三心圆曲墙复合式衬砌,初期支护采用喷锚支护,开挖宽度为17.72m,高度为12.42m,内净空面积为100.69m²。

该隧道右线K13+189~KB+235段为泥灰岩夹孤石,此段地处铜锣峡背斜轴部区段,受构造影响强烈,泥灰岩岩质软且十分破碎,地下水极发育,泥灰岩受地下水浸泡后呈淤泥状。隧道开挖至K13+235处时,隧道涌水量突然增加,最大涌水量达850m³/h。涌水中散发着浓烈的刺鼻臭鸡蛋味,水质浑浊,隧道作业人员不同程度出现了眼睛红肿、流泪不止、视物不清等不良反应。施工现场立即停止洞内施工,并邀请专业检测单位对现场溢出的气体进行连续监测,确定了不明溢出气体为硫化氢(H_2S),监测气体的最大浓度达122.9mg/m³,国家标准最大允许浓度为10.0mg/m³。

硫化氢气体是含硫有机物分解或金属硫化物与酸作用产生的一种无色、具有臭鸡蛋味、易挥发、易溶于水的有毒有害气体,具有可燃性和爆炸性。硫化氢是一种强烈的神经毒物,虽有恶臭,但极易使人嗅觉中毒而毫无察觉,导致人体组织缺氧。人若在超过1000mg/m³的浓度下吸入极大量的硫化氢,可能发生"电击样"中毒死亡。

为此,建设单位组织召开了硫化氢气体处治方案专题会议,针对硫化氢气体的特性确定采取"强通风、预排放、勤检测、全封闭"的措施对其进行处治,以确保施工及运营安全。具体处治方案如下:

(1)强通风。优化现有通风方式,增加通风设备。采用洞外通风稀释及洞内抽排相结合的方式,将洞内硫化氢气体的含量降至安全浓度范围内。对局部有毒气体易汇集的地方增加局部风扇稀释,且喷生石灰雾水稀释硫化氢气体。

(2)勤监测。固定监测与移动监测相结合。固定监测采用自动连续监测系统,将探头安装在人员作业区及气体泄漏段,在洞外进行监控。当浓度降至安全范围内后,施工人员方可进入施工,并佩戴便携式移动检测仪随时、随地检测。如遇硫化氢气体超标,施工人员立即撤离现场。

(3)预排放。掌子面向前施工必须打设超前探孔,超前探测前方有毒气体的浓度、围岩及地下水情况。根据探孔情况确定是否打设有毒气体排放孔,将蕴含在前方围岩内的有毒气体超前排放,以防有毒气体突然涌出而导致人员伤亡。

(4)全封闭。对K13+209~K13+239渗水严重、围岩破碎段,采取开挖后注浆的方案进行封堵治理,达到封堵硫化氢气体和涌水,加固围岩,防止已支护段坍塌的目的。

玉峰山隧道施工过程中采取了"强通风、勤检测、预排放、全封闭"等措施,安全通过了含硫化氢气体地层路段。

第六节 生态恢复与绿化工程

公路路域生态恢复技术是指采取人为设计手段,根据公路建设和养护特点,在尊重自然生态演化的基础上,综合运用工程措施、生物措施,在完成公路建设的同时,对路域生态环境进行恢复或重建,使生态系统恢复或融合到受干扰前的原有生态环境,达到公路建设与生态景观和谐统一的工程技术。

路域生态恢复以植被恢复为核心,以公路景观与周边自然环境融合为特色,通过生态技术和土木工程技术的有机结合,使公路路域生态系统得到保护,使公路交通服务功能和交通安全得到提升。

重庆绕城高速公路所经地区主要为浅丘、中丘、河谷和低山,以典型的农作物和经济林相间为主要特征。在河谷、浅丘地带主要以农作物为主,中丘地带主要是农业植被和乔木及灌木次生林,在低山上为天然次生林和人工林,主要有马尾松群、慈竹林。主要群落有农作物群落、人工林群落、果园群落,此外还有散生林木和人工行道树、灌草丛等,其中常绿阔叶林、常绿针叶林占优势。

一、公路两侧的绿化

路侧绿化包括边沟平台、填方路肩外路堤和隔离栅绿化,主要起诱导视线、保障安全的作用,兼顾景观效果。植物选择应与公路线形和周边环境相结合,形成包裹高速公路的两条绿带,在公路用地范围内,形成垂直方向上郁闭型的植物景观,空间围合较好,绿色量大,改善生态环境效果好。绕城高速边沟形式包括矩形边沟和浅蝶形边沟。浅蝶形边沟,填土厚度约为48cm,加土路肩宽度约3.25m,增加了路侧净宽。边沟平台绿化采用行列式栽植常绿乔木如黄葛树、小叶榕、小叶桢楠等,点缀栽植灌木海桐、毛叶丁香、红叶石楠、金叶女贞,地面撒播狗牙根,既给人舒适的行车感受,又增添了景观效果。这种配置模式的优点在于:韵律感强,整齐划一,舒适安全。

在森林中穿行的绕城高速公路如图8-8-5所示。

图8-8-5　在森林中穿行的绕城高速公路

填方路侧绿化采用林带式、组团式和散植式栽植模式,落叶与常绿树种搭配。主要采用栽植乔木、点播灌木种子的方式进行绿化。乔木栽植采用一种常绿和一种落叶树种进行搭配栽植,常绿树种栽植于一级坡面,落叶树种栽植于一级平台及坡脚,点播种子中以落叶树种为主。组团绿化充分考虑了周边环境,采用"封""露""诱"等方式,保证与环境的和谐统一。

(1)"封"。路侧民房、堤坝等影响视容的采用"封"的手法,尽量遮蔽,减少高速公路对沿线居民的影响,以散植方式栽植多行吸噪、吸收有毒气体的植物,与环境协调。

(2)"露"。对于周边环境优美且视线开阔的路段,取消部分遮挡视线的乔木,保留低灌木,点缀 1~2 株当地大树,形成风景视窗。

(3)"诱"。弯道外侧行列式栽植高大乔木,强化公路曲线线形,通过绿化对弯道外侧起到屏蔽和诱导驾驶员视线的作用,弯道内侧取消行道树,保证驾驶员视野开阔、顺畅。

二、中央分隔带绿化

中央分隔带作为确保交通安全的设施,绿化设计时采用具有一定高度且枝叶密度达到要求的植物防眩光,少量种植色彩鲜艳的草花及灌木减轻驾驶员的视觉疲劳,为保证景观的连续性和丰富性,体现季相变化的景观,每隔 10km 左右变换栽植模式。选择适应性强、耐修剪、耐尾气污染、枝叶浓密、粗放性管理的常绿灌木,点缀的小乔木枝条不宜超过中央分隔带的防护栏。植物配置不宜复杂,以简洁为主,形成简单明快的韵律。绕城高速中央分隔带宽度分别为 3m、2m,主体防眩植物选择蚊母、法国冬青、毛叶丁香,植株高度为 1.6m,单行间距为 1m,可有效防止眩光,其间点缀开花小乔木紫薇、黄花槐、木芙蓉、红叶石楠。3m 宽中央分隔带在护栏外侧种植低矮的色叶灌木,如红花檵木、金叶女贞、六月雪、美人蕉等,进行交替布置,更显立体层次。

三、服务区绿化

立交区绿化要求在满足交通功能的前提下,突出诱导种植、标志性种植、时代特色种植、美化绿化功能等种植的特点。本着"因地制宜、生态环保、资源节约"的设计原则,根据立交立地条件,绕城高速互通式立交绿化采用两种模式——社会化苗圃绿化模式和园林绿化模式。社会化苗圃绿化是在互通区域内进行苗圃式栽植,树种选择黄葛树、小叶榕、天竺桂、重阳木、紫薇、黄花槐、木芙蓉、杜英、女贞、红叶李、柳树、红花碧桃等高速公路常见树种及开花植物,并要求采用丛林式栽植,与自然更贴切。在互通式立交社会化以后,为提升绿化效果,在主要区域栽植银杏、香樟、雪松、黄葛树等大规格园林景观树。

服务区、停车区、办公区、生活区的绿化以庭院绿化形式为主,形式开敞,结合局部自然式栽植,采用线条流畅、舒缓的剪形绿篱营造时代气息,局部的自然式植物配置便于服务区的人们近视品位。

服务区绿化考虑各个部位的功能要求,因地制宜地进行。在停车场适当栽植高大乔木,形成一定的绿荫,使车辆免受暴晒,服务区建筑群和广场,通过庭园式手法建设花坛,加强美化效果,营造舒适宜人、轻松活泼的休闲环境。

停车区植物选择要注重选择观赏效果佳的物种,并设置园林小品、休闲座椅等。办公区、生活区乔木、灌木、花、草布局合理,贯彻"终年常绿、四季有花,错落有致、色彩丰富",创造舒适宜人的环境。

四、隧道口绿化

隧道进出口主要有坡地和平地两种类型,植物配置需结合周边环境进行合理搭配,在隧道仰坡下部配置大量观叶、观花的小乔木和灌木丛,在仰坡的上部配置观叶、观花的高大乔木,做到从平地到山林的和谐过渡。左右线间场地整理后一般为平地或者低缓坡地,这部分植物景观对于驾乘人员的影响是最直接的,应在满足功能的同时进行艺术化搭配。环山坪隧道进口前区左右线间植物配置有层次、有厚度、有联系,高低错落有致;乔木、灌木、藤木、花、草等地被植物配置有序,各占其合理的空间位置;常绿植物、落叶植物合理搭配,并强调立体效果。栽植天竺桂、黄葛树、小叶榕等作为背景树种,靠近路基侧栽植开花的红叶李、木芙蓉等,前排栽植海桐球诱导视线,形成高低有序、错落有致的景致。

五、路基边坡绿化

适合高速公路边坡生长的植物一般应具有以下特点:耐干旱瘠薄,适应性强;根系发达,固土能力强;生长迅速,繁殖力强等。

绕城高速公路植物选择遵循以下原则:第一,以本地乡土植物为主,外来适合于该地区生长的植物为辅。乡土植物自我繁殖能力强,易与当地的植物品种融合,在边坡稳定性、与自然相协调以及绿化效果方面具有明显优势,利于保持长久并产生自然的修复效果,具有强烈的地方特色。第二,护坡性能强,边坡绿化的总体目标是固土、护坡、生态恢复。针对不同的边坡条件,侧重点不同。第三,适应性强,边坡生境恶劣,水肥缺乏,应该选择耐干旱瘠薄、耐高温、耐严寒、抗病虫强的植物。绕城高速公路边坡绿化以灌草结合为主,同时种植乔本植物。根据不同地段的实际情况,采用丛植、列植等绿化模式,尽量做到乔木、灌木、花、草搭配,形成不同景致的植物群落。采用的乔木主要有黄葛树、小叶榕、黄花槐、栾树等,灌木主要有毛叶丁香、夹竹桃、刺槐、多花木兰、银合欢等,草种主要有紫花苜蓿、狗牙根等。

第七节 科技与智慧之路

重庆绕城高速公路,从建设之初就确立了"统筹城乡发展,安全节约环保"的建设理念,从规划管理到节能环保,从科技创新到安全保障,工程建设共计推广应用科技成果17项,开展了科技攻关3项,攻克了众多技术难题。

重庆绕城高速公路穿越复杂山地,全路设计了3座跨江大桥、2座特长隧道等复杂结构物,面临众多的复杂技术难题。为了支撑工程建设,相关单位开展了大量的技术攻关,工程建设刷新了多项纪录。被誉为"科技之路""智慧之路"。绕城高速公路的主要科技成果包括:

一、锚碇大体积混凝土温控技术研究

鱼嘴两江大桥南锚碇采用埋置式重力锚碇,北锚碇采用扩大基础三角框架式锚碇,并且结构尺寸长(南锚碇基础顺桥向31m,横桥向49.8m;北锚碇基础顺桥向67m,横桥向51.8m),混凝土数量大(南锚碇混凝土数量为43617m^3,北锚碇混凝土数量为85000m^3)。

针对依托工程鱼嘴长江大桥锚碇大体积混凝土方量大、浇筑历时长的特点,结合分层分块施工方案进行的温控设计优化混凝土配合比制定的混凝土温控措施及现场监测方案等进行了系统研究,保证了锚碇大体积混凝土的施工质量,在施工过程中未出现有害裂缝,达到了良好的效果。

针对重庆地材情况,完全采用机制砂,优选混凝土配合比,成功地配制出了用于锚碇大体积混凝土的低水化热机制砂混凝土,满足了混凝土工作性和抗裂性的要求,在大体积混凝土技术领域具有创新性,取得了良好的经济效益。

二、钢桥面铺装技术研究

我国钢桥面铺装目前尚无设计规范和技术标准,针对鱼嘴长江大桥重载交通状况和重庆地区高温、多雨的气候特征,通过研究提出合适的铺装材料与结构,为铺装施工提供技术与工艺指导,并提供铺装技术标准、验收标准和质量控制标准,以达到较长的使用寿命。通过研究提出鱼嘴长江大桥桥面铺装结构如下:

(1)大桥行车道采用5.5cm双层环氧沥青混凝土铺装。钢板表面喷砂除锈,喷涂环氧富锌漆,然后在其上铺设厚度分别为3cm和2.5cm的上、下两层环氧沥青混凝土,铺装下层与防腐涂装之间以及双层环氧沥青混凝土铺装之间分别洒布环氧沥青防水黏结层和环氧沥青黏结层。

(2)中央分隔带采用6.0cm砂粒式沥青混凝土铺装。钢板表面喷砂除锈,喷涂环氧富锌漆,然后在其上铺设厚度为6.0cm的砂粒式沥青混凝土,铺装层与防腐涂装之间洒布的环氧沥青防水黏结层。

鱼嘴长江大桥钢桥面于2009年8月开始铺装施工,2009年10月完成铺装。环氧沥青混凝土铺装的路面薄,密封性能好,防滑、防透水性能强,能延长桥面钢箱梁使用寿命。

三、山区复杂环境大跨度悬索桥主缆温度场及效应研究

"山区复杂环境大跨度悬索桥主缆温度场及效应研究"依托鱼嘴长江大桥工程,在国内首次开展主缆温度场试验以及效应研究,自主研制了一套一线总线式温度自动同步采集系统,并成功地运用于现场主缆施工期间的温度场采集,精确指导了鱼嘴长江大桥的主缆施工架设,使架设精度得到大幅度提高,主缆成桥后上下游中跨高差仅8mm,成桥线形吻合度在国内同类桥梁施工中居于前列。其次,开展的主缆温度试验测试获得了全面的主缆热物性参数,试验成果填补了国内相关研究空白;提出的悬索桥主缆温度场普适计算方法解决了复杂环境下主缆温度场无法准确计算的问题,为复杂环境下桥梁主缆设计、施工等提供了可靠实用的技术手段。再次,系统地研究了大跨度悬索桥主缆的温度场效应及影响,研究成果对山区复杂环境下同类桥梁的架设施工和后期运营维护具有重要的指导意义和参考价值。

四、大跨度宽桥面结合梁斜拉桥设计和施工关键技术研究

针对绕城南段控制工程——江津观音岩长江大桥为依托工程开展了"大跨度宽桥面结合梁斜拉桥设计和施工关键技术研究"总课题及五个子课题的研究工作。

"结合梁斜拉桥施工关键技术研究"在解决现浇接缝混凝土开裂、防止斜拉索锚拉板与周围混凝土渗水、控制山区大跨度斜拉桥的风雨振和消除国产80mm厚钢板焊接残余应力等方面具有创新性,研究成果将产生显著的社会效益和经济效益。其中锚拉板与周围混凝土刚柔结合隔离措施、国产80mm厚钢板焊接残余应力消除技术处于国内同类研究领先水平。

"结合梁斜拉索和钢主梁锚固点静力与疲劳模型试验研究"设计拉压转换装置实现了1∶1焊缝试件大吨位(近1000t)抗拉试验;设计双倾角动静载试验装置,保证了静力、疲劳试验精度和进度,具有创新性,达到国际先进水平。

"江津观音岩特大桥索塔锚固区足尺模型实验研究"构建实验模型,提出对设计施工有重要参考价值的建议,对完善大桥设计、确保大桥施工质量具有重要意义。

"大跨结合梁斜拉桥稳定性及钢—混组合效应研究"紧密结合重庆江津观音岩长江大桥工程实践,具有一定的推广应用价值,为同类的工程设计、施工提供了有益的借鉴。

"大跨斜拉桥组合桥面系受力性能的研究"紧密结合重庆江津观音岩长江大桥工程实践,充分注重设计计算方法及构造措施的实用性和可操作性,最终形成完整的、经济实用的大跨斜拉桥组合桥面设计计算方法,为同类型桥梁设计与施工提供指导依据。

五、体外预应力桥梁设计施工技术研究

以绕城南段新滩长江大桥为依托工程开展的"体外预应力桥梁设计施工技术研究",由于依托工程的工期与研究的前瞻性,新滩綦江大桥的左幅桥仍采用常规的全体内预应力体系的连续刚构,这样可与右幅体内体外混合配索的情况进行对比。鉴于左右两幅桥所处位置和使用情况相同,相对比较对课题的研究意义重大。针对体外预应力桥梁关键部位受力行为的复杂性,专门进行了理论分析和数值模拟等方法进行研究,并在依托工程应用了相关成果。从目前的实施情况及监控效果来看,相关结构安全合理。从桥梁结构施工质量和预应力效果,尤其是合龙后的体外索张拉完,主体工程完成后的应力、变形监测来看,证明设计和施工效果是明显的。虽然受体外预应力技术首次在如此大跨径桥梁中直接应用,设计和施工配合上出现过一些不足,比如零号块穿索困难、转向器预埋位置等,但经过调整均得到很好的解决。从桥梁结构的耐久性来看,体外预应力体系具有自身防护功能,体外预应力体系具有的可调整、可检测、可更换的特点,使其比传统体内预应力体系具有更可靠的耐久性保证。从而保证工程全寿命期的整体经济性。

六、聚合物改性水泥混凝土路面研究

环山坪隧道至老房子大桥 3.7km 左线单幅高速公路上开展由重庆交通大学提出的聚合物改性水泥混凝土路面研究,该路面是一种新型路面结构,既不同于普通的水泥混凝土,也不同于沥青混凝土的性能,而是既具有水泥混凝土路面的高强度,又具有沥青路面的高柔性——既具有无机材料的稳定性,又具有有机材料的黏结能力。

聚合物改性水泥混凝土是以碎石为骨料、改性聚合物和水泥为胶结料形成的高弹性混凝土。特制的改性聚合物具有优良的物理、力学和化学性能,并有良好的耐油、耐燃、耐热、耐光、耐酸碱、耐臭氧老化等性能。而且改性聚合物和水泥互相作用并牢固地结合在一起,形成优良且具有弹性的复合材料。聚合物改性水泥浆黏结间断级配的碎石后,就形成了弹性好、强度高的透水混凝土。该路面结构具有弹性好、强度高、噪声低、透水性强、扬尘少等优点,施工时采用摊铺机一次成型,无须碾压,施工速度快,路面平整度好,行车的舒适性大大提高。路面还具有维修简单、快捷的优点。

七、前馈式智能通风研究

根据"公路隧道运营节能技术"和"公路隧道火灾防治技术"的研究成果,玉峰山、施家梁、环山坪、大岚垭 4 座长大隧道的设计与施工全面推行了前馈式智能通风、智能联动控制、照明节能等新的节能技术。当事故发生时,特别是在发生火灾情况下,智能联动控

制系统能迅速、有序、高效地组织各种应急反应行动,有效防止事故规模的扩大和次生灾害的发生,最大限度地减少灾害造成的损失,保障驾乘人员及救灾人员生命财产安全。

第八节　助推重庆迈入"二环时代"

重庆绕城高速公路,覆盖重庆"一小时经济圈"的大部分区域,有效衔接巴南、南岸、江北、渝北、北碚、沙坪坝、九龙坡和江津八个区,有机串联重庆主城周边的鱼嘴、两路、蔡家、北碚、鱼洞、西彭、西永、长生、白市驿、界石、一品十一大经济组团。

绕城高速公路围绕主城半径约30km,二环以内约2500km² 土地面积,新增500多万人口,形成近30个20余万人口的聚集区。为主城区的发展拓展了空间,通过主城区的辐射和带动作用,一大批产业沿着绕城高速公路布局并快速发展,重庆特大城市的架构因此逐渐形成。

绕城高速公路通车之后,两江新区随之诞生。这是我国内陆地区唯一的国家级开发开放新区,也是继上海浦东新区、天津滨海新区后,由国务院直接批复成立的第三个国家级开发开放新区。

绕城高速公路建成,已经对重庆经济发展起到非常重要的影响,随着绕城高速公路与各条高速公路射线及城市快速干道的便捷联通,绕城高速公路必将对重庆经济快速发展产生更加深远的影响。

第九章
G6911 安来高速公路

G6911 安来高速公路是《国家公路网规划(2013—2030年)》"71118网"中的南北纵线 G69 的一条联络线,起于陕西安康市,经陕西平利、重庆巫溪、湖北建始、恩施,止于湖北来凤县,全长约 404km。

G6911 安来高速公路重庆段(图 8-9-1)自巫溪鸡心岭(陕渝界)入境,经巫溪、奉节,自巫山庙宇(渝鄂界)出境,境内全长约 155km。

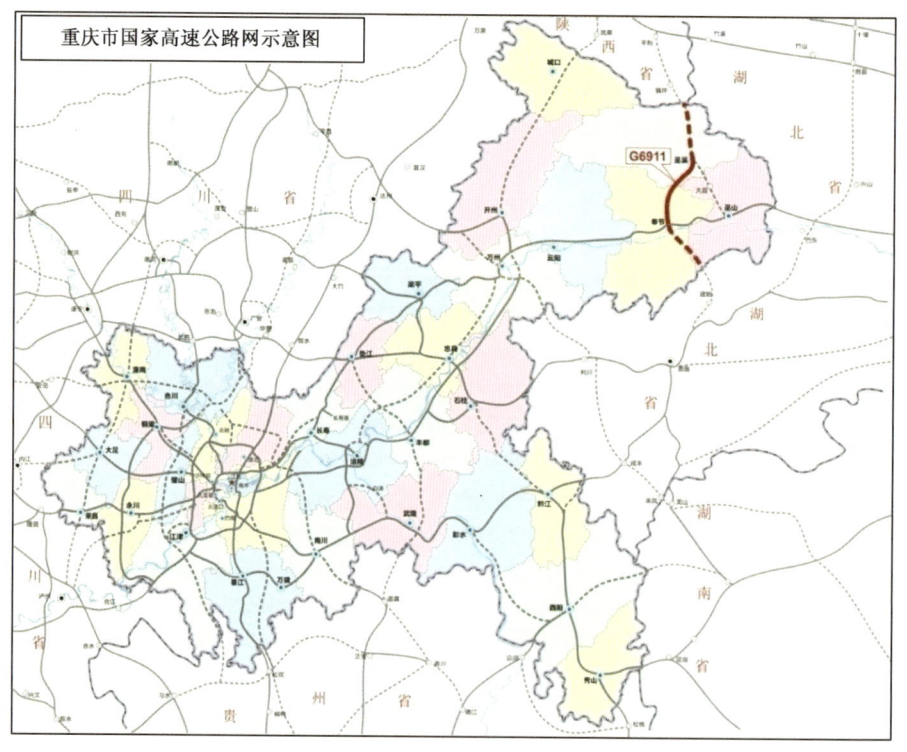

图 8-9-1　重庆市境内 G6911 安来高速公路走向示意图

G6911 安来高速公路重庆段按巫溪至镇坪(巫镇高速公路,规划)、奉节至巫溪(奉溪高速公路)、奉节至建始(奉建高速公路,规划)等分段建设。

第一节 奉溪高速公路

一、项目概况

奉溪高速公路,即重庆奉节至巫溪高速公路,为重庆市"三环十二射七联线"规划中的联线的一段。奉溪高速起于奉节东立交,与G42沪蓉高速公路巫山至奉节段相交,沿梅溪河穿过寂静坝,经杨家湾、香家坪、王家坪、红岩、上磺、凤凰镇等主要控制点,止于巫溪县的墨斗城,路线全长约46.37km。

奉溪高速公路全线设特大桥2座,大中桥46座;特长隧道2座,长隧道6座,中、短隧道13座;设置奉节东、上磺等3处互通式立交,其中奉节东互通立交为枢纽互通立交(原互通改造,增设匝道),其余为一般互通立交。

奉溪高速公路全线采用双向四车道高速公路标准建设,设计速度80km/h,其中一般路段整体式路基宽度为24.5m、分离式路基宽度为12.25m,困难路段(寂静立交至上磺立交段)整体式路基宽度为21.5m、分离式路基宽度为11.25m,桥涵与路基同宽。全线桥涵设计汽车荷载等级采用公路—Ⅰ级,其余技术指标按《公路工程技术标准》(JTG B01—2003)执行。

奉溪高速公路总概算批复46.20亿元,平均每公里造价约1亿元。资金来源为地方自筹、国内银行贷款及交通部补助,其中重庆市地方自筹22.2亿元,银行贷款21亿元,交通运输部补助2.97亿元。项目于2009年12月全面开工,2013年12月底建成通车。

二、巫溪,一个曾经"三无"的贫困县

在重庆版图的东北一隅,有一个地处渝、陕、鄂三省市交界的县——巫溪县。新中国成立前,巫溪县道路崎岖,交通闭塞。境内交通及主要物资运输,除大宁河上自檀木坪至巫溪县城、下至巫山一段,可以通行小木船外,绝大部分是人力肩挑背运和少量骡马驮运。新中国成立后,加强了交通基础设施建设,但和周边县市相比,仍有差距。境内交通以公路为主。巫溪,因其远离大江、大路、大城市,曾经是一个无铁路、无国道、无航空的"三无"国家重点扶贫开发县。

直到1958年6月,国家投资1543.4万元给当地修公路,巫溪人才有了第一条从巫溪通往外地的公路。在不少老一辈巫溪人的记忆中,不会忘记1959年5月,由于第一条出县境公路未修好,大宁河的纤夫们从巫山县,用两只木船拉运一辆汽车至巫溪港口。自此,素有"巴夔户牖,秦楚咽喉"之称的巫溪县才终于有了历史上的第一辆汽车。到1988

年年底,巫溪终于开始有了包括渝巫路、巫恩路、奉溪路、巫林路等省、县级公路共48条,闭塞的交通开始被打开。

重庆主城与巫溪的公路交通,过去主要是依靠省道108线,即渝巫路,这条以四级公路为主的公路长达529km。路途崎岖漫长,在20世纪80年代末,巫溪人到重庆,通常先从县城沿大宁河坐船到巫山,然后再从巫山坐车到奉节,途中需要在奉节住宿一夜,最后再坐船到重庆。

1997年重庆直辖后,巫溪成为重庆市的一个县。巫溪与重庆主城往来更加频繁,然而从巫溪乘车到主城需要2天时间。直到2010年渝宜高速公路通达云阳、奉节后,才大大缩短了巫溪与主城的距离。其后,重庆市民去巫溪有两条路可到达。一是通过渝宜高速到云阳,然后走盘山老路前往,乘车通车需要8小时才能到达;另一条是经渝宜高速在奉节夔门互通下道,再翻山去巫溪,因路窄且路况差,仍需近7小时车程。

巫溪,地处渝、陕、鄂三省市的结合部,自古就有"秦楚咽喉"之称,旅游资源极为丰富。这样一个具有无限魅力和潜力的县城,却因为一直没有高速公路和铁路,受困于落后的交通设施,处于"绿水青山枉自秀,景色虽好路难行"的窘况,让众多投资商和游客望而却步。

早日拥有一条畅通便捷的高速公路,尽快把巫溪融入山外面的世界,成为巫溪人民最大的愿望之一。

三、巴渝天路

从奉节北上陕西,中间阻隔着莽莽大巴山脉。从奉节到巫溪,设计的高速公路全长46.4km。路线不长,却是重庆公路建设史上难度最大的高速公路项目之一。桥隧比达75%,平均不到1km就有一座隧道或桥梁。尤其是从营盘包隧道至上古隧道14.75km间,桥隧比例高达95%以上。如此高的桥隧比,不仅导致奉溪高速建设成本高,也给建设带来了巨大困难。奉溪高速全长约46.4km,每公里造价达1.35亿元。修建奉溪高速,也因为桥隧多,工程险峻而被誉为"巴渝天路"。

施工困难之一是滑坡地段多。全线原设计滑坡处治3处,施工过程中遭遇新增滑坡工点27处,全线约四分之三路段出现滑坡,是重庆唯一一条滑坡长度超过路基长度的高速公路。在奉溪路起点的孙家崖隧道上方的大坪地段,受地质影响,山体随时都有移动危险。为确保山体稳定,施工单位采用大直径抗滑桩。一根抗滑桩重达千吨,直插地心深处,就像一颗颗巨大的"锚杆"插入滑坡处固定山体(图8-9-2)。后来经过多方论证,大坪滑坡设计92根抗滑桩,最深的桩达71m,相当于30层楼高,属全国之最。

在谭家寨大桥前后边坡开挖时,半坡发生滑坡,下滑后的边坡形成长达110m左右,高达21m,宽约16m的危岩体。该路段共2.5km,使用了500多根抗滑桩。

图 8-9-2　治理滑坡的"锚杆"整齐排列

　　奉溪高速公路上，绝大部分的桥梁桩基都位于绝壁之上，由于地形复杂，不能使用爆破，深则六七十米，浅则二三十米的桩孔几乎全部由人工挖掘而成。其中，小溪河特大桥全长1000多米，基桩几乎全部矗立在绝壁上，浇筑中，建设者攀爬在空中，抬眼就是几百米的深谷。奉溪高速公路上半桥半隧如图8-9-3所示。

　　奉溪高速公路在隧道施工中多次与溶洞、暗河不期而遇。2011年9月10日下午，在羊桥坝隧道施工中，一声炮响之后伴随着山石滑落，羊桥坝隧道左线出现了一个巨大的"黑洞"，洞内雾气极重，漆黑一片，并有流水声音，洞顶时有石头掉落。溶洞距隧道出口约1km处，长约200m，高150m，相当于50层楼高（图8-9-4）。经过多位专家现场多次"会诊"，最终方案确定尽可能利用原隧道洞址，避开溶洞后再接回左洞，改线全长1906m。因为改线，羊桥坝隧道工期增加了1年多。

图 8-9-3　奉溪高速公路上的半桥半隧

图 8-9-4　出现溶洞的羊桥隧道出口

四、科技破解技术难题

奉溪高速所处区域地形切割强烈,山峦起伏,沟壑纵横,工程地质条件极其复杂。处于地质条件极其复杂的深山地区,沿线呈现出大量滑坡(古滑坡群)、采空区、岩溶和危岩体等地质病害,严重阻碍了项目的正常施工及区内居民的生命财产安全。施工过程中也出现多处古滑坡复活以及隧道施工中出现特大溶洞等情况;同时全线桥隧比例高,且几乎全线所有桥梁、隧道等重要结构物都受滑坡或高危岩体或不稳定边坡或其他不良地质的影响,因此施工难度极大,严重影响了项目的施工进度。在广大建设者的共同努力下,提出了众多工程处治技术,解决了复杂地质条件下山区高速公路工程施工难题,确保了项目的顺利完工。所采用科技手段破解的技术难题包括:

1. 复杂地质条件下山区高速公路滑坡的施工处治技术

解决了三峡库区长江水位涨落影响下,降水丰富的深层滑坡施工处治技术。E1合同段大坪滑坡规模巨大(沿线路宽约390m,垂直线路长约576.5m),由堆积层和破碎岩石等组成,且具有多级多层滑面和深层滑面深(最深超过50m)的特点,滑坡区域降水充沛,地表径流丰富,地下水富积,同时滑坡区域位处长江与梅溪河汇合处,地下水易受三峡库区水位涨落影响,属长期处于蠕动变形状态的特大型老滑坡,滑坡施工处治难度相当大,经多方对比研究提出了:多排抗滑桩(或锚索抗滑桩)共计各种规格的抗滑桩92根(其中最深的抗滑桩长达71m)+排水隧道进行综合处治的方案,整个滑坡处治效果明显,滑坡整体稳定性得到较大改善。

2. 超深人工开挖抗滑桩处治技术

由于大坪滑坡多级多层滑面的特点,因此抗滑桩平均深度超过40m,最大开挖深度达71m,施工难度极大。各方通过深入研究人工超深抗滑桩施工所采取的工程措施、技术措施及技术控制要点,提出了超深人工孔抗滑桩开挖、出渣、通风、排水、护壁加固、钢筋绑扎、混凝土灌注、监测等技术措施,形成了一套完整的施工方法,顺利地完成了超深抗滑桩的人工开挖施工,解决了这一世界级施工技术难题。目前已获得《超深孔护壁加固结构》和《护壁钢筋的连接方式》国家专利两项及《特殊挖孔桩施工方法》发明专利一项。

3. 复杂地质条件下高危岩体的施工处治技术

E11合同段谭家寨危岩体规模巨大(长度约252m,危岩体体积约13万m^3),高度从几米到数十米,属于滑塌式高危岩体,处治施工难度极大。经多方分析研究采取了抗滑桩(桩后加混凝土支撑)+锚索(杆)框架+主动防护网的综合治理方案对高危岩体边坡进行治理。同时由于危岩体下部主要为中风化灰岩,岩质坚硬,在抗滑桩施工过程中采取了以水磨钻等非爆破方式解决高危岩体施工中稳定性问题,且采取挂网加喷射混凝土等方式解决开挖过程中出现的岩爆问题,整个高危岩体处治效果明显,整体稳定性得到较大改善。

4. 不同复杂地质条件下顺层边坡的施工处治技术

由于顺层边坡在施工过程中极易出现垮塌,施工难度较大,因此在施工过程中,结合不同的复杂地质条件,针对现场各处顺层边坡的实际情况,提出了一整套施工处治技术。

地下水丰富、倾角较小且岩层整体稳定性相对较好,层间有软弱夹层的顺层边坡:通过确定合理的自然开挖坡率,同时辅以锚索框架+锚杆框架+仰斜排水孔的方式(E11 合同段谭家寨顺层边坡)进行综合处治,整个顺层边坡处治效果明显,整体稳定性得到较大改善。

中下部为大角度顺倾岩层且最大开挖高度超过 60m,整体稳定性相对较好,中上部为崩坡积、残坡积物(最大覆盖层厚度超过 40m)的大型不稳定复合边坡:第一期对中上部采取清方+普通挂网喷射混凝土封闭坡面为主的处治方式;在中下部采用锚杆地梁的加固方式,整个边坡处治效果明显,整体稳定性得到较大改善,第二期采用了抗滑桩进行处治。

5. 隧道在滑坡影响范围内的施工处治技术

E1 合同段孙家崖隧道穿越大坪滑坡,在对滑坡进行处治的基础上,对隧道采取了如下技术措施:洞口采用用单侧壁导坑法施工和超前大管棚超前支护;滑坡影响范围内隧道,根据不同的地质条件灵活采取不同开挖方式、仰拱设置钢管桩、导管注浆以及较新的钢拱架安装与锁定施工技术等措施进行处理,确保隧道顺利完工。成功完成了"三峡库区滑坡群地段隧道施工变形控制技术研究",并被评为"中国施工协会 2012 年度科技创新成果二等奖""滑坡群地段隧道施工方法"成功入选了中国公路建设行业协会主编的《2013 公路工程工法》。

E5 合同段营盘包隧道进口和闵家隧道出口洞口均处于滑坡影响范围内,上部均以松散堆积层为主,极易发生变形,因此结合各滑坡灵活采取普通挂网喷射混凝土封闭坡面+抗滑桩+截排水+适当坡面清方进行处置;同时对隧道洞内采取增设护拱+初支背后增设小导管注浆+加密型钢支撑间距等方式进行处治。

E6 合同段王家坪隧道出口位于古滑坡体内,该滑坡属特大型松散崩坡积堆积整体推移式滑坡,对滑坡采取抗滑桩+截排水进行处治;在隧道出口段采取大管棚+临时仰拱、护拱等措施进洞。滑坡和隧道处治效果明显,整体稳定性得到较大改善。

6. 桥梁在滑坡影响范围内的施工处治技术

结合不同的地质情况采取不同的处治措施解决滑坡影响范围内的桥梁稳定性问题:

(1)E1 合同段黄果树中桥位于孙家崖隧道进口(RK0+550~RK+620 段)滑坡上,

采取了抗滑桩+微型桩+综合防排水措施相结合进行处治。滑坡处治效果明显,整体稳定性得到较大改善。

(2)E4邱家大桥位处一老滑坡体,采取抗滑桩与综合防排水措施相结合进行处治,处治效果良好。

7. 大涌水量隧道的施工处治技术

灰岩质地区特大涌水量隧道的施工处治技术:上古隧道左右线进口涌水量大,每天平均涌水量约18000m^3/d,最大日出水量约70000m^3/d,严重影响了施工安全及进度,E8合同段上古隧道围岩类别相对较稳定,为典型的灰岩质地区隧道。因此在隧道施工过程中采用以排为主,以堵为辅的处理方法:在掌子面增设超前泄水孔和增设小导管进行注浆预加固,同时加密横向环向排水管等方式进行处治。同时为彻底解决排水问题及今后运营安全问题,增设泄水洞进行排水,目前上古隧道排水效果明显,以上措施很好地解决了灰岩质地区特大涌水量隧道的施工技术问题。

富水地区围岩类别差的隧道处治技术:E6合同段曲龙坡属于富水隧道且围岩类别差,覆盖层薄以粉质黏土夹块碎石为主,施工难度极大,经过多方分析比较采取了大管棚+超前小导管注浆(或自进式锚杆)+加密横向和环向排水管等方式进行处治,处治效果明显。

8. 溶洞施工处治技术

解决隧道内溶洞壁岩体稳定性差(有大块石不时掉落)的超大型溶洞施工处治技术:羊桥坝隧道出现巨型溶洞(该溶洞纵向长约170m,拱顶以上高约70m,隧道路面以下深约50m),溶洞壁岩体稳定性差、不时有大块石掉落且有浓雾,因此经过2次方案比选,结合最新超前地质预报手段,最后确认采用改线方案,降低了施工安全风险,消除了营运期间的安全隐患。

解决隧道内溶洞壁岩体整体性较好的大中型溶洞的施工处治技术:上古隧道出现多处规模不等且整体稳定性较好的溶洞,采取了路基回填+明洞+混凝土护拱等方式予以处治,同时结合不同的水文地质条件灵活采取了盖板涵或圆管涵等方式进行综合处治,整个处治效果明显。

针对不同的围岩地质情况和掌子面不同位置的溶洞(有大小不等的充填物)灵活采取大管棚或超前小导管或环向注浆或混凝土护拱等不同的组合方式进行处治,效果明显。

五、边城搭上高速公路

奉溪高速公路从2009年12月31日全线开工,经过4年的艰苦卓绝的工程施工,于2013年12月全线建成通车。奉溪高速公路通车后,从巫溪到奉节,以46.4km的高速公路与 G42 国家高速公路连接，巫溪县这个面积 4030km² ，人口约 54 万的边城，从此打开了封闭千年的大门，搭上了高速发展的跑道。

奉溪高速公路建成后，不仅结束巫溪县不通高速公路的历史，而且从重庆到巫溪的车程从 6 个多小时缩减至 4 个小时，极大拉近了巫溪至主城的距离，巫溪大宗农副产品"出山难"的问题得到极大地缓解，生态农业迎来了发展的春天，成为巫溪老百姓致富的重要途径。

奉溪高速公路的通车将周边景点都串了起来，从奉节到巫溪只需半个小时，人们可以借道奉溪高速公路，畅游奉节白帝城、巫溪红池坝、巫山小三峡、开县雪宝山、城口黄安坝等风景名胜。

高速公路对巫溪经济发展的极大推动是不言而喻的。在 2013 年高速公路通达巫溪之后，2015 年巫溪生产总值已达到 73.4 亿元元，年均增长 11.8%；奉溪高速公路通达巫溪之后，无疑增长势头将会更大。目前，巫溪北上陕西镇坪的高速公路正在筹建之中，值得期待的是，G6911 国家高速公路建成后，巫溪将成为汇通 G42 和 G6911 的交通要道，经济发展的前景将更加广阔。

第二节　巫镇高速公路

巫镇高速公路，即重庆巫溪至陕西镇坪高速公路，为重庆市"三环十二射七联线"规划中的联线的一段。巫镇高速公路重庆段起于巫溪县的墨斗城，与奉节至巫溪高速公路相接，穿巫溪隧道，经大河乡、两河口、中坝，折鱼鳞乡茶园子，达渝陕界鸡心岭，止于渝陕界隧道出口猫子庙，路线全长约 50.0km。

巫镇高速估算总投资约 99.7 亿元，资金来源为交通运输部补助、地方自筹及国内银行贷款。项目工可已审批完成，计划"十三五"期启动建设。

第三节　奉建高速公路

奉建高速公路，即重庆奉节至湖北建始高速公路，为重庆市"三环十二射七联线"规划中的联线的一段。奉建高速公路规划与重庆奉节至巫溪高速公路相接，经奉节（巫山）至湖北建始，与恩施至建始高速公路相接。目前正在开展线路方案研究，计划"十三五"期启动建设。

第十章
G50S 石渝高速公路

G50S 石渝高速公路（原称为沪渝南线高速公路）是《国家公路网规划（2013 年—2030 年）》"71118 网"中的东西横线 G50 沪渝高速公路在重庆境内的一条联络线（图 8-10-1），起于重庆石柱县三店与 G50 沪渝高速公路相接，途经石柱、丰都、涪陵、巴南、南岸，与南岸迎龙 G5001 重庆绕城高速公路相接，全长约 220km。

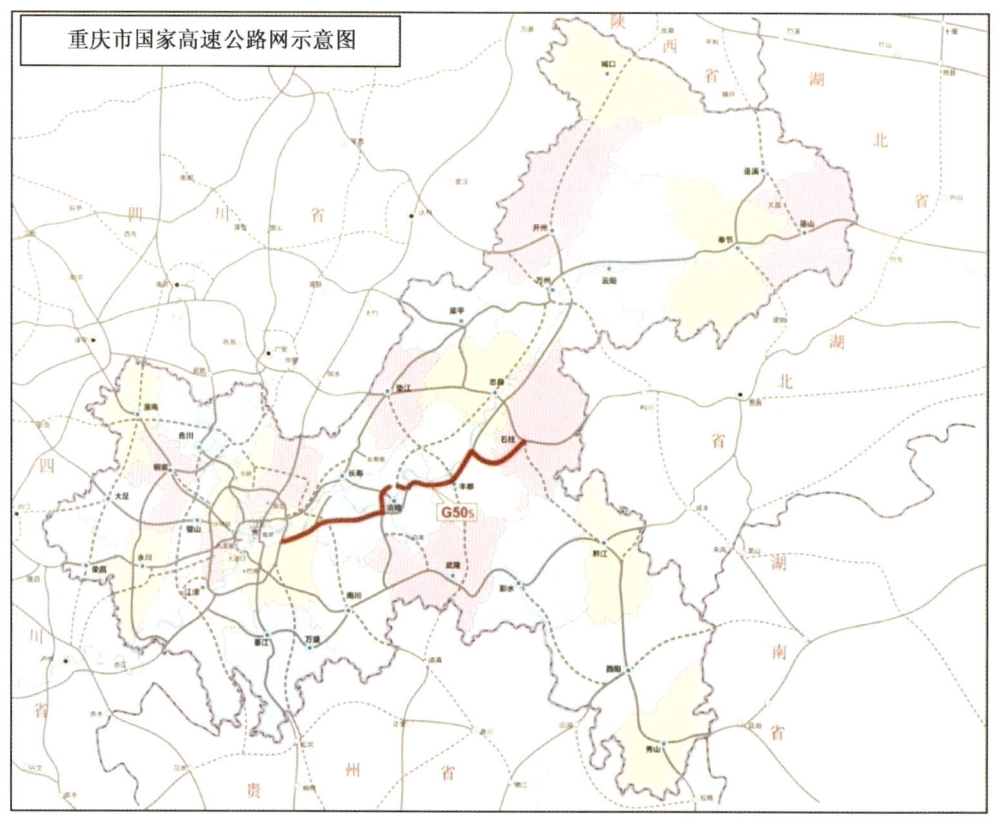

图 8-10-1　重庆市境内 G50S 石渝高速公路走向示意图

G50S 石渝高速公路按石柱至涪陵（涪丰石高速公路）、涪陵至南岸（沿江高速公路）分段建设，截至 2016 年年底，全部建成通车。

第一节　沿江高速公路

一、项目概况

沿江高速公路,即沿江高速主城至涪陵段,为重庆市"三环十二射七联线"规划中的沿江射线的一段。项目起于南岸区迎龙,设枢纽互通与 G5001 重庆绕城高速公路相交,沿长江南岸经巴南木洞、双河口,涪陵新妙、蔺市、龙桥至涪陵蒿子坝,通过蒿子坝枢纽立交与 G69 银百高速公路涪陵至南川段相交,在涪陵区龙桥镇龙洞沟附近与涪丰石高速公路对接,主线全长约 66.68km。

项目建设时同步完成长寿支线一期工程的建设。长寿支线起于巴南双河口枢纽互通,经巴南双河口镇、清溪镇至长寿晏家重钢工业园,支线全长约 20.01km(一期只建设 16.65km 至巴南麻柳嘴附近)。主线和支线合计全长约 86.7km(一期建成合计长约 83.4km)。

沿江高速公路主线设特大桥 2 座,大中桥 26 座;特长隧道 1 座,长隧道 5 座,中、短隧道 7 座;设迎龙、木洞、丰盛、双河口、两汇、蔺市 6 处互通式立交,其中迎龙和双河口互通为枢纽互通立交,其余为一般互通立交;主线设两河口服务区 1 处、涪陵停车区 1 处。长寿支线设大、中桥 10 座,无隧道;设麻柳嘴互通 1 处。

沿江高速公路全线采用设计速度 80km/h,其中绕城高速至双河口互通段采用双向六车道高速公路标准建设,整体式路基宽度 32.0m(桥梁全宽 31.5m),分离式路基宽度 16.0m(桥梁宽 15.75m);双河口互通至涪陵段及长寿支线段均采用双向四车道高速公路标准建设,整体式路基宽度 24.5m(桥梁全宽 24.0m),分离式路基宽度 12.25m(桥梁宽 12.0m)。全线桥涵设计汽车荷载等级采用公路—Ⅰ级,其余技术指标按《公路工程技术标准》(JTG B01—2003)执行。

沿江高速批复概算 86.59 亿元,一期决算 79.83 亿元,平均每公里造价约 9600 万元。项目采用 BOT+EPC 模式建设,于 2009 年 12 月全面开工,2013 年 12 月底建成通车。

二、BOT+EPC 创新模式

沿江高速首创性地采用 BOT+EPC 模式投资建设,中信基建携手重庆高速集团、中信建设,各以 40%、40% 和 20% 的股权比例出资组建重庆中信沪渝高速公路有限公司,担任项目法人。

无论从股东三方自身,还是从各工程合作人来看,都比较鲜明地体现了"优势互补"和"强强联手"的特色。股东三方中,中信基建除具有统揽全局的能力外,还拥有相对融资优势,为项目建设应对紧张金融调控形势,落实银团贷款提供强有力支撑;重庆高速集团则耕植于重庆本土,具有突出的政府资源优势和全面的公路建设和营运管理的优势;中信建设具有大型工程总承包实践经验及现场管理能力,还有着较强的整合资源能力。各工程合作人在设计、监理和建设施工等领域中,也都属于行业佼佼者。这些源于"豪门"的优秀公司组合,涵盖了EPC模式的各个环节,为优质、高效地完成建设工作起到了突出的保障作用。

2009年10月28日,项目投资协议暨项目公司合资合同签约仪式在中信集团总部——京城大厦举行;11月9日,项目公司年度股东会暨第一届董事会第一次会议正式召开;11月11日,项目公司正式注册成立。12月27日,在饱含着重庆市委、市政府和中信集团、股东各方的祝福和期盼中,项目开工典礼如期举行。

项目开工后,建设单位结合BOT+EPC模式下的建设与运营安全管理需求,进行高速公路BOT+EPC项目的建设与运营安全管理课题研究,取得了创新性成果:首先对BOT+EPC模式下高速公路项目安全管理影响因素进行了分析,在BOT+EPC模式下高速公路安全管理影响因素分析的基础上对BOT+EPC模式下沿江高速公路主城至涪陵段安全管理影响要素确定与排序,从而提出了BOT+EPC模式下沿江高速公路主城至涪陵段安全管理策略。其次对BOT+EPC模式下突发事件应急管理体系、应急管理协同技术、建设安全管理预案进行了研究。其三对BOT+EPC模式下运营安全技术进行了研究及示范,对沿江高速公路主城至涪陵段运营安全性进行了评价;对基于运营安全的高速公路建设资源综合利用技术进行了研究;对BOT+EPC模式下沿江高速公路主城至涪陵段特征路段安全保障技术进行了研究。最后对高速公路BOT+EPC项目安全效益进行了分析,从设计、建设到运营多阶段、全方位评价分析了沿江高速公路主城至涪陵段BOT+EPC模式安全效益。

三、梨香溪特大桥

梨香溪特大桥(图8-10-2)总长975.8m,桥面宽23.5m,双向四车道,主桥为95.4m+180m+95.4m的预应力混凝土连续刚构,主桥长370.8m,主墩高74m,主桥上部采用三向预应力混凝土连续刚构,引桥上部40m跨径采用预应力混凝土连续T形梁,是沿江高速公路(主城至涪陵段)单跨最大、墩高最高的特大型桥梁。

梨香溪特大桥位于长江支流梨香溪河上,于2011年3月开工修建,受三峡水库蓄水影响,主墩施工必须于当年8月30日以前修建至175m水位以上。为加快进度,使主墩施工在三峡蓄水之前超出175m水位线,主墩施工在无临时用电和拌和站的情况下,采用大功率发电机组自发电和超长运距运输混凝土(从涪陵主城运输商品混凝土运距达60km),确保了大桥施工工期;在主墩承台大体积混凝土施工时,仅用40小时就一次性灌注

$2600m^3$ 混凝土,同时采用电子温控技术对大体积混凝土进行了温度控制,确保大体积混凝土的施工质量,主墩大体积混凝土无裂纹发生;由于设计主墩和0号段采用预应力钢绞线进行固结,最长束钢绞线伸入主墩墩身达16m长,为把136根贯通于主墩和0号段的竖向预应力束进行定位安装,施工时采用在墩身里预埋劲性骨架对竖向预应力束进行固定和安装,并且跟翻模一样逐段伸高预埋劲性骨架,有效解决了20多吨钢束的临时支撑和稳定成型,在保证安全和质量的同时有效缩短了施工工期;主墩桩基承台的水中施工优化了钢套箱围堰,采用筑岛围堰代替施工,同理在悬臂刚构桥合拢段施工时,采用挂篮推进代替吊架施工,既节省了施工时间,同时也节约了钢套箱及吊架的制作安装费用,实现了工期和成本双赢的目标。

图 8-10-2　梨香溪特大桥

四、新屋基隧道

重庆沿江高速公路新屋基隧道位于重庆市巴南区—涪陵区境内,全长6015m,为上下行分离式双线公路隧道,隧道净宽10.88m,净高7.68m,其右幅隧道起止桩号为K23+020～K29+065,全长6015m,最大埋深约为471m,左幅隧道起止桩号为K23+055～K29+55,全长6000m,Ⅲ、Ⅳ级地质条件差,施工难度大。隧道进口位于巴南区下穿运输繁忙茶(茶园)涪(涪陵)公路,且进口施工场地狭小。隧道施工全部采用短台阶七部开挖法,成功解决了软岩、断层等难题,平均月进洞90m,右洞掌子面始终保持和左洞掌子面50m,左右的错位用来减小两洞之间的相互影响。

1. 七步开挖法的基本思路

根据断面大小将隧道断面划分成2～3层多个部分(5个或7个),各部分间形成短台阶,开挖时平行推进,平行施作初期支护,仰拱超前施作及时闭合构成稳固的初期支护体系,控制围岩变位,永久衬砌一次成型。

2. 工艺技术特点

施工空间大,便于大型机械作业,功效高。部分软岩可以采用挖掘机开挖,减小了对围岩的扰动。对复杂多变的地质适应性强,可以随时调整台阶长度和宽度,可以将断面分为左、中、右三部分,也可以将台阶分为两层,还可以取消台阶,变成全断面开挖,以适应不同跨度和多种断面形式。爆破施工分成几步进行,降低了爆破强度,同时由于增加了临空面,必然降低用药量,减小对围岩的扰动。没有需要拆除的初期支护,投资少,安全系数高。混凝土仰拱超前施作,便于初期支护及早闭合成环承载,改善了洞内施工、运输环境。防水层、永久衬砌全断面一次施工,确保了衬砌的质量。无须增加特殊设备,投入少,操作性强。根据出渣条件,每天可进行 $1\sim1.5$ 个循环,可将施工人员分为相应 $2\sim3$ 个工班,每班负责 0.5 个循环施工管理简单有效。

五、羊鹿山隧道

羊鹿山隧道(图 8-10-3)采用双向四车道高速公路标准建设,设计行车速度 80km/h。隧道左线起止里程为 ZK25 + 545 ~ ZK31 + 547.077,全长 6002.077m;右线隧道起止里程为 YK25 + 510 ~ YK31 + 525,全长 6015m。隧道最大埋深 471m,为深埋特长分离式隧道,建筑限界净空为 10.5m × 5m,左右测设线间距为 18 ~ 30m。隧道设计为 1.97% 的单向上坡。

图 8-10-3　羊鹿山隧道

隧道穿越地层为三叠系下统飞仙关组泥岩、嘉陵江组灰岩、须家河组砂岩及泥岩,隧址区发育有 F1、F3 两条压性断层,且存在有害气体、岩溶、煤层等不良地质。地下水主要为松散堆积物孔隙潜水、基岩裂隙水、岩溶水三大类型,最大涌水量为 71310m³/d,施工过程中多次出现突泥突水,且出口为反坡施工,安全风险高、施工难度大。

施工中遇到的难点及困难:羊鹿山隧道进口下穿茶涪Ⅱ级公路,隧道埋设 40m,茶涪路车流量大,安全风险高;羊鹿山隧道进、出口均通过须家河组砂岩、页岩,含有薄层煤层、瓦斯,项目部配备了多功能瓦斯检测仪,安排专人对瓦斯进行检测,严格按照瓦斯隧道技术规范施工,采取短进尺并及时支护,施工完成后未出现任何安全事故;羊鹿山隧道进口通过F2断层,出口通过F3断层,F2断层对隧道影响长度为90m,F3断层对隧道影响长度为175m,断层破碎带岩体破碎,呈碎裂状,且地下水丰富,极易出现塌方现象。施工时严格执行"三超前、四到位、一强化",即"超前支护、超前地质预报、超前加固,工法选择到位、支护措施到位、快速封闭到位、衬砌紧跟到位,强化监控量测",通过环向注浆止水、超前支护注浆预固结、径向注浆工艺,在开挖断面外围松散圈形成有效的环向止水圈、固结人工拱、环向加固圈,极大提高了破碎隧道施工的安全系数,有效化解了施工安全风险,成功通过F2、F3断层,施工过程中未发生安全事故。隧道围岩不稳定,变化快,变更比例高;隧道位于岩溶发育区,隧道岩溶发育,多次出现突泥、突水,安全风险高;羊鹿山隧道为单向坡,出口为反坡施工,长距离反坡排水影响施工进度且投入巨大。

羊鹿山隧道原设计通风方案为斜井分段送排式通风,由于地质原因,取消斜井,采用互补式网络通风方案。互补式网络通风是在两条隧道的合适位置开通两条用于交换空气的通风横通道,将两条隧道联系起来,构成双洞互补式通风系统,用左线隧道内富裕的新风量去弥补右线隧道内新风量的不足,使得两条隧道内的空气质量均能够满足通风要求。互补式网络通风技术使土建费用大大减少,风机总功率较原来通风方案较少,使得运营费用较少,经济效益显著,对类似工程具有示范和借鉴意义。

六、三峡旅游主通道

沪渝南线(G50S)沿江高速公路沿线资源丰富。主线G50S南岸收费站位于经开区迎龙镇,紧邻规划建设中的新朝天门批发市场;迎龙镇盛产水果,以五星枇杷、"吴小平葡萄"最具特色。沿途经巴南木洞、丰盛收费站可至重庆东温泉景区和丰盛古镇。通过沿江高速长寿连接线可至长寿湖、张关水溶洞等景区。到涪陵可至涪陵白鹤梁水下博物馆、大木花谷、石夹沟风景区、涪陵白鹤森林公园。

涪陵地处重庆中部,东邻丰都,南接南川、武隆,西连巴南,北靠长寿、垫江。地处四川盆地和盆边山地过渡地带,境内地势以丘陵为主,横跨长江南北,纵贯乌江东西,素为乌江流域物资集散地,有渝东门户之称,是闻名遐迩的中国"榨菜之都"。全区辖1个经济技术开发区、1个私营经济示范区和26个乡镇、街道办事处,总人口116.50万,城区常住人口67万,是重庆第三大城市。涪陵区自然条件好,人文资源丰富。涪陵榨菜、涪陵水牛、涪陵红心萝卜是闻名海内外的三大特产;水底碑林白鹤梁、程朱理学"点易洞"是名闻中外的名胜古迹。

2013年年底,沿江高速公路通车,涪陵区实现地区生产总值690.04亿元,2015年实现地区生产总值813.19亿元,增速10%,在38个区县中居第16位,在城市发展区12区县中居第7位。人均生产总值已达62822.29元,居重庆除主城区外的29个区县之首。涪陵作为重庆城市发展区,在功能定位上继续坚持"工业强区"方向,以工业化带动城市化的发展,第二产业继续保持优势,第三产业同步发展,城镇化进程进一步加快,人民生活水平不断提高。2015年5城镇化率提高到63.8%,城乡居民收入比缩小至2.74:1(以农村居民收入为1)。

沪渝南线G50S高速公路主城至涪陵段是重庆市长江三峡旅游资源开发的主要通道,也是重庆连接西北地区的辅助通道。它的建设填补了重庆沿长江南岸的广大地区一直没有一条高速公路的空白,对完善重庆市高速公路网和区域公路网、促进区域社会经济快速发展意义重大。

第二节　涪丰石高速公路

一、项目概况

涪丰石高速公路,即重庆涪陵至丰都至石柱高速公路,是国家高速公路G50S石渝高速公路的一段,其中涪陵至丰都段也是G69银百高速公路的重要段落。

涪丰石高速公路起于涪陵蒿子坝枢纽立交,与G69银百高速公路南川至涪陵段相交并与沿江高速公路主城至涪陵段对接,终点止于石柱三店,设枢纽立交与G50沪渝高速公路石柱至忠县段相接,线路全长约110km。项目分涪陵至丰都(涪丰高速公路)、丰都至石柱段(丰石高速公路)两段建设。

涪陵至丰都段起于蒿子坝枢纽立交(分别与沿江高速主城至涪陵段相接,与涪陵至南川高速公路相交),经涪陵龙桥街道、荔枝街道、江东街道、清溪镇、南沱镇,丰都湛普镇、三合镇,止于丰都县双路镇,与重庆市丰都至石柱高速公路相接,全长55.74km。

涪陵至丰都段全线设置特大桥2座(荔枝乌江特大桥、龙河特大桥),大桥19座;特长隧道1座(尖峰山特长隧道),长隧道6座,中短隧道5座。设置蒿子坝、乌江、江东、清溪、南沱、丰都6座互通式立交,其中蒿子坝互通立交为枢纽互通立交,其余为一般互通立交;另预留涪陵东互通立交、湛普互通立交设置条件;设涪陵服务区1处,观音岩停车区1处。

丰都至石柱段起点与涪丰高速公路终点相接,路线以近乎平行于长江的走向沿长江南岸而行,经丰都兴义、高家,然后折向东穿越方斗山,再向北绕石柱县城至终点三店,与G50沪渝高速公路石柱至忠县段相接,全长53.64km。

丰都至石柱段全线设置特大桥2座(沙溪沟特大桥、汶溪特大桥),大中桥31座;特长隧道2座(方斗山特长隧道、马王庙特长隧道),长隧道3座,中短隧道3座。设丰都东、高家、石柱西、三店4座互通式立交,其中三店互通立交为枢纽互通立交(原立交改造,增设匝道),其余为一般互通立交;另预留高家枢纽互通立交(与丰忠高速公路相接)、石柱东互通立交设置条件;设丰都服务区1处,方斗山停车区1处。

涪丰石高速公路全线采用双向四车道高速公路标准建设,设计速度80km/h,整体式路基宽度24.5m、分离式路基宽度12.25m,桥涵与路基同宽。全线桥涵设计汽车荷载等级采用公路—Ⅰ级,其余技术指标按《公路工程技术标准》(JTG B01—2003)执行。

项目批准总概算约107.22亿元,其中涪陵至丰都段54.92亿元、丰都至石柱段52.30亿元,平均每公里造价约1亿元。资金来源为项目法人自筹资金26.5亿元作为项目资本金,其余资金通过商请银行贷款等渠道解决。项目采用BOT+EPC模式建设,由路桥集团国际建设股份有限公司出资组建项目法人公司,于2010年4月开工,2013年11月全线建成通车。

二、央企在重庆独资建设的第一条BOT高速公路

2007年3月,党中央提出"314"总体部署,明确提出:努力把重庆加快建设成为西部地区的重要增长极、长江上游地区的经济中心、城乡统筹发展的直辖市。重庆市提出要打造长江上游交通枢纽,加快推出新1000km高速公路项目建设,同时积极研究招商引资,创新项目运行模式,破解融资、管理、维护等难题。与此同时,千里之外的北京,实力雄厚的中央企业中交路桥建设有限公司(简称"中交路桥",当时为"路桥集团国际建设股份有限公司")也敏锐地发现这一机遇,把发展目光投向重庆。2008年,中交路桥与重庆市政府经过友好协商,中标重庆涪陵至丰都、丰都至石柱高速公路项目(简称"重庆涪丰石高速"),创造性提出以BOT+EPC模式投资建设该项目,并签订了项目投资协议。2009年5月,签订了该项目特许权协议,由中交路桥独资建设,享有项目特许经营权30年。至此,当时重庆市乃至全国投资规模最大、里程最长的BOT+EPC高速公路项目——重庆涪丰石高速公路应运而生。

建设过程中,项目公司以融资工作为引领,以工程建设管理为重点,不断加强制度建设,切实加强执行力,全面提高工程建设管控水平,克服了项目建设线路长、地质条件差、桥隧比例高、高边坡工程多、征地拆迁难度大、施工环境恶劣、地材供应紧张、电力供应不足、夏季气候炎热、长江三峡蓄水等困难,通过不断探索、实践和总结,形成了该模式下较为成熟的工程建设管理体系和一套实用的管理体系,培养了一支具有该模式下管理经验的工作团队,为公司乃至我国交通建设行业探索高速公路新的建设管理模式提供了宝贵的实践基础。

三、超大直径桩基础的双塔双索面混凝土斜拉桥——荔枝乌江特大桥

荔枝乌江特大桥(图8-10-4)位于涪陵城区上游,桥梁全长918m,主跨320m,双向四车道,为半漂浮双塔双索面预应力混凝土斜拉桥。该桥为涪丰石高速公路跨度最大的桥梁,大桥主墩采用同类工程较为少见的4m大直径人工挖孔桩,单根最长达52m,最大嵌岩达30m。西岸主桥塔高204.8m,东岸桥塔高199.9m。

图8-10-4 荔枝乌江特大桥

2010年5月初,大桥桩基开始施工,正值雨季来临,且大桥横跨乌江,加之桥位区处于岩溶裂隙带。在开挖过程中,两岸主墩8根桩基中先后有4个孔壁发生严重涌漏,涌水量极大,现场一度处于停工状态。为早日攻克地质难关,在业主的大力支持下,项目部积极展开技术攻关。在受地区溶蚀发育丰富,帷幕注浆难以取得效果的情况下,先后使用常规的木楔子、钢筋结合棉絮和海带等进行插打封堵,又采用高压化学注浆进行堵漏,经一系列的技术措施,4根桩基中有2根漏水被成功封堵。

正当大桥主墩桩基攻坚战紧锣密鼓地进行时,2010年9月10日,长江航务管理局对外宣布三峡工程175m试验性蓄水正式开始,由于两岸主墩承台高程均在175m之下,一旦水位抬升伴随水压加大,桩基渗水量将更加严重。如何抢在175m水位到来之前确保桩基的顺利施工,这一急迫难题摆在了全体参战员工的面前。想工程之所想,急工程之所急,面对水位持续快速上涨,为保证工期,经科学比较、经济分析,征求各方意见,项目领导创造性提出赶在水位上涨之前为承台浇筑混凝土套箱,同时对剩余2根严重漏水的桩基实施下钢护筒,通过在护壁和钢护筒之间压水泥净浆的方式进行止水,组织人员进行24h不间断施工,密切监控水情,根据水位情况随时调整施工方案。

2010年10月20日,经过全体参建员工30多天夜以继日的艰苦奋战,两岸主墩承台混凝土套箱终于赶在最高水位到来之前浇筑完成,桩基下放钢护筒施工方案得以顺利实

施,为大桥的按期建成奠定了坚实基础。

  荔枝乌江特大桥的科技含量及技术难度体现在基础、承台、钢锚梁的施工全过程。桥梁索塔基础采用整体式矩形承台,平面尺寸为17.0m×20.60m,高7.5m,桩基础采用4根$\phi 4.0m$的钻孔灌注桩。目前,重庆地区桥梁采用$\phi \geqslant 4m$的超大直径嵌岩桩基础实属少见,且对$\phi \geqslant 4m$超大直径桩基础的研究比较贫乏,研究资料完整性不足。为此,以荔枝乌江大桥为依托工程,开展"超大直径嵌岩桩基础关键技术研究",针对超大直径桩基础进行研究,以补充$\phi \geqslant 4m$超大直径桩基础的理论及实践。

  通过探索超大直径桩基础的理论研究,指导荔枝乌江特大桥的设计、施工、监测,从而保证了荔枝乌江大桥的顺利完工,并为超大直径嵌岩桩基础在国内同类相似工程中的应用提供借鉴。

四、桥梁新技术研究与应用的代表作——龙河特大桥

  龙河特大桥是涪丰石高速公路的三大控制性工程之一,位于重庆市丰都县,地处龙河与长江交汇处,全长1181m,最大墩高117m。主桥上部构造为127m+240m+127m变截面预应力混凝土连续刚构箱梁,引桥上部构造为40m后张预应力混凝土T形梁,先简支后连续(刚构)。

  与荔枝乌江特大桥相比,龙河特大桥这座全线最长、跨度最大的特长大桥难度也不小。施工便道坡度较陡,重载车辆下坡难度很大,材料进场困难。面对沟壑纵横的施工环境,路通、水通、电通成为制约项目建设的最大瓶颈。面对困难和问题,第二项目处多次召开生产会,全面科学地分析面临的各种困难和问题,在施工中标段项目经理等带领职工全员上阵,马车拉运,肩拉背扛,翻岭穿沟,硬是从高山处把电力线架到了沟底。

  大桥共架设40m T形梁170片,其中,东岸70片,西岸100片。施工中,项目部克服高温酷暑、连续阴雨天气等不利因素影响,加大资源投入,加强现场管控,合理利用施工机遇期,经过不懈努力,顺利完成了架梁施工任务。2012年9月27日,涪丰石高速公路控制性工程龙河特大桥西岸T形梁架设完成。至此,该特大桥T形梁全部架设完毕。

五、高瓦斯"隧道地质博物馆"——方斗山特长隧道

  众所周知,重庆最长的隧道是石柱—忠县高速公路上的方斗山隧道,而就在这座方斗山下的丰都—石柱高速公路上,还有另一座方斗山特长隧道。

  方斗山地处丰都、石柱和忠县交界处,是一座平均海拔1200m的大山,也是石忠高速公路和涪丰高速公路必须穿越的山脉。丰石高速公路上的方斗山隧道是该项目最长的瓦斯隧道,左线长7285m,右线长7310m,为整个线路的重难点隧道。隧道进口位于丰都县高家镇太运乡蒋家沟,出口位于石柱县下路镇罗林沟之间,设计为分离式隧道,隧道采用

双向四车道高速公路标准建设,设计行车速度80km/h。

这条双向总长14595m的特长隧道在原设计中未被定位为瓦斯高发段。但是施工开始后,不仅发现高瓦斯,而且断层破碎带、煤层、溶洞等隧道难题也都集于此,这些难点对于隧道施工来说是很大的难题。一般瓦斯是伴随煤层一起的,而方斗山的瓦斯不是隐藏在煤层里,而是分布在岩层中。如果是"伴煤瓦斯",可以根据事先探查的煤层分布情况来判定瓦斯的分布。但在岩层里,瓦斯出现地点、涌出量、压力等都无法确定。因此,为保质保量完成工期,施工方采取相应应急预案,多次组织专家研讨,改善通风设备(如斜井、竖井的贯通)、防爆电缆以及防爆改装的机械,采取双面自黏式防板设立防水层等措施,隧道每一步掘进,都必须小心翼翼。由于洞内瓦斯、煤层多,在洞内"动火"就增加了一倍的风险,隧道施工实行不动火作业,所有涉及用电的设备和内燃机都进行了防爆处理。将所有施工材料在外面场地加工好,然后进洞进行拼装组合,这样就避免了在洞内"动火"的可能性,从而确保在高速掘进的同时保证施工安全。

针对隧道通风问题,方斗山隧道采用分段送排式通风方案。在进口端设置2处斜井、在出口端设置1处竖井,将左右线均分为3段进行送排式机械通风,2处斜井斜长分别为653.54m、624.83m,斜井坡度分别为42%与45%。斜井4条联络风道总长约305m;竖井深度为258.163m,建设规模位居全国前三,竖井4条联络风道总长约187m;斜井及竖井轴流风机房、控制设备房等均设置在地面(井口附近)。

方斗山隧道通过合理的设计,既有效保护了水资源,又改善了通风条件,提高了营运安全性,增加了工作面,缩短了工期,降低了营运维护费用,节约了总投资。2013年5月5日,涪丰石高速公路最后一个控制性工程方斗山特长隧道贯通,标志着涪丰石高速公路主线实现全线贯通。

六、龙河滑坡治理

龙河滑坡位于涪丰石高速公路K48+687~K49+018段,处于丰都县内,为一大型深层岩质牵引式滑坡。滑坡区地质构造上位于方斗山背斜的北西翼,岩层呈单斜层状产出,产状320°∠13°。滑坡平均宽150m,纵向长(平距)250m,面积约$3.75 \times 10^4 m^2$,滑体平均厚度20.0m,体积约$75 \times 10^4 m^3$。滑坡区场地地形总体呈南西、北东低,中间高,地形上为一山脊,为龙河左侧分水岭,两侧为斜坡地貌,山脊两侧自然坡度一般为10°~30°,平均坡度约为20°。

重庆涪丰石高速公路从K48+687~K49+018段将山脊开挖临空,顺滑动方向地形坡度一般为5°~15°,平均坡度约为10°。路堑开挖坡度为45°~60°;地面高程为322.64~391.89m,相对高差为69.25m。总体地形自后缘至前缘呈现为陡→缓→陡的特征。路堑开挖后形成有效的临空面,具备了临空的滑移变形条件,地表水的渗入是主要的诱发因素。

设计采用部分清方+抗滑桩支挡的方案,通过上部清方卸荷,中部设置抗滑桩,为滑坡体提供足够的抗力。坡顶及坡面设置截排水措施,阻止地表水的渗入,为滑坡治理的重要举措,因为重庆地区滑坡基本为"十水九滑",注重水的治理就把握了治理滑坡的要旨。通过清方+抗滑桩的方案及后期监控,龙河滑坡得到了有效治理,并在后期的监控中处于稳定状态。

七、依托项目搞科研,依靠科研促建设

重庆涪丰石高速公路地势条件复杂、桥隧比例高、高填深挖路基比较普遍,沿线桥涵构造物多,其中荔枝乌江特大桥、黑竹林大桥、龙河特大桥、方斗山隧道等控制性工程增加了工程设计与施工难度。针对工程设计与施工遇到的难题,依托该项目开展了超大直径嵌岩桩基础施工、砂泥岩缓倾顺层边坡治理、山区高墩形式比选、高填方沉降等一系列研究,充分发挥"科技是第一生产力"的作用,有效指导了工程设计与施工,节约了工程造价,取得了显著的经济效益和社会效益。并取得了以下创新性成果:

1. 大跨径连续刚构桥整体稳定性及梁墩固结处试验研究

该研究以龙河特大桥为依托,该桥为大跨预应力混凝土连续刚构箱梁桥,全长1181m,主桥为127m+240m+127m变截面PC连续刚构,主墩采用25根ϕ2.5m的群桩基础,墩身采用纵横向变截面双薄壁空心墩,最大墩高为117m。桥梁墩梁固结处是全桥受力最不利、最复杂的部位。随着大桥悬臂往前浇筑施工过程中,墩梁固结段所受荷载不断变化,墩梁固结处的安全变形决定着全桥受力状况的安全和线形是否平顺。为确保大桥施工过程中墩梁固结段的安全性以及墩梁固结段结构设计的合理性,通过对龙河特大桥施工全过程进行理论仿真分析,从整体上把握大桥施工过程中的安全性和稳定性,为墩梁固结处缩尺模型试验提供依据;通过对龙河特大桥墩梁固结段缩尺比例模型试验,对大桥墩梁固结段在各加载工况下的应力、线形进行测试,将测试结果与理论设计情况进行对比分析,分析大桥施工过程中墩梁固结段的安全性和稳定性;通过对龙河特大桥墩梁固结处力学行为进行研究,为结构安全性评价提供试验依据。

2. 大型桥梁全寿命安全监测、评估关键技术攻关与示范

以龙河特大桥为依托工程,在大型桥梁全寿命过程中建立健康监测系统,进行桥梁安全状况的监测及评估,最终,利用安全状况评估结果指导管养单位对桥梁实施必要的养护,从而保证桥梁的安全运营。这一监测—评估—养护的过程研究意义重大,其主要体现在以下几个方面:

(1)可以及早发现桥梁病害,确定桥梁损伤部位并进行定性和定量分析,在突发事件

之后还可以评估桥梁的剩余寿命,进而指导维修养护和管理决策。

（2）能及时了解病害的发展情况,为避免发生更大病害起到警示作用。

（3）可以在桥梁建设期、运营期安全状况出现严重异常时触发预警信号,有效预防安全事故,保障国家财产和人民生命的安全。

（4）能使桥梁结构处于安全状态,避免盲目采取养护措施,节约大笔资金。

研究成果能在桥梁全寿命过程中出现安全问题时,提前预警、预报,及时采取措施,若这项成果能在全国大范围推广,则能从根本上改变桥梁安全状况评价的思路及管养单位的根本指导思想,能极大地促进桥梁建设维护事业的发展。因此,开展建设—营运期大型桥梁远程健康监测、评价与维护关键技术研究,对于加快桥梁基础事业建设,推进国民经济的快速发展具有重要的科学意义和实用价值。

3. 大跨径连续刚构桥环氧沥青桥面铺装技术研究

为提高大跨径连续刚构桥梁的安全储备及桥面铺装的耐久性,依托丰涪高速公路龙河特大桥,开展了"大跨径连续刚构桥环氧沥青桥面铺装技术"的研究,并取得了良好的社会效益和经济效益。

环氧沥青材料的物理力学性能优良,23℃下自身黏结强度大于1.0MPa,远大于SBS改性沥青的黏结力（0.5MPa）；300℃高温下不熔化、不流淌,有很好的温度稳定性。

环氧沥青混合料固化后马歇尔稳定度大于30kN,车辙试验动稳定度（60℃）达到21000次/mm以上,冻融劈裂强度比达到93%,浸水马歇尔残留稳定度大于94%,表现出优良的高、低温稳定性和水稳定性。

通过开展"大跨径连续刚构桥环氧沥青桥面铺装技术"课题的研究,在涪丰高速公路得到了充分的应用,取得了良好的社会效益和经济效益,值得推广应用。

4. 山岭区资源节约型高速公路建设关键技术研究

西部地区经济欠发达,在高速公路建设中如何保护环境,保证工程质量和施工工期,节约工程造价,是很有研究价值的课题。中交路桥建设有限公司所属路桥建设重庆涪丰石高速公路总承包部,依托重庆涪丰石高速公路,同国内权威设计单位、科研院所协作,开展"山岭区资源节约型高速公路建设关键技术研究",并在重庆涪丰石高速公路中加以应用,取得了良好的社会效益和经济效益。

（1）有利于保护环境

山区高速公路弃方量大,弃方难以处理,是高速公路建设中常见的难题。弃方的处理经常以牺牲环境为代价,大量弃方不仅占用良田、破坏植被,而且极易引起次生灾害。

涪丰石高速公路通过高填方路基关键技术的研究,在确保工程质量的前提下,利用高填方路基消化隧道、路基挖方产生的弃方约240万m^3,减少弃土场征地约200亩,社会效益十分明显。

同时,该地区高品质的中粗砂十分缺乏、单价高,需从洞庭湖远运。由于项目桥隧工程量大,中粗砂使用量大,通过"机制砂配制高强度等级混凝土技术的研究",在本项目得到了利用。涪丰石高速公路利用隧道弃渣加工机制砂约27万 m^3(不含碎石),减少弃渣场面积约30亩,产生了较好的社会效益。

(2)有利于保证质量

质量是百年大计。涪丰石高速公路通过"高填方相关结构理论、监测及其结构研究"的开展和应用,经检测,路基沉降符合规范,高桥台、高填土涵洞结构稳定,未出现开裂变形病害,使用状况良好。

项目地质条件复杂,个别挖方段落甚至一坡一滑,如麻腊溪高边坡、院子边坡,均为砂泥岩互层缓倾顺层高边坡,危及施工及将来运营安全。利用"砂泥岩互层缓倾顺层高边坡失稳机理及应力监测、工程加固技术研究"的成果,在涪丰石高速公路的边坡工程中得到有效的应用,边坡治理部分已全部竣工,目前边坡状况良好,也为确保运营安全创造了条件。

通过"机制砂配制高强度等级混凝土技术的研究",涪丰石高速公路从原料选用、机械加工、配合比、施工注意事项等方面着手,高强度等级混凝土经过层层检测、验收,质量符合要求,确保了工程质量。

在标准跨径桥梁中,国内不同地区使用的桥梁结构形式、结构尺寸多种多样,桥梁的造价、施工难易程度、结构安全度也不相同。利用"山区桥梁高墩形式比选及稳定性研究"的研究成果,涪丰石高速公路一般桥梁上部结构采用20m、30m、40m装配式预应力混凝土板或梁,下部结构选用圆形、矩形、独柱、双柱等桥墩形式,满足桥梁结构安全,确保桥梁基准期100年,同时,方便施工。

(3)有利于保证工期

乌江特大桥为主跨290m的双塔斜拉桥,是涪丰石高速公路的控制性工程。乌江特大桥主墩处地形陡峭、施工场地狭窄。如采用大孔径群桩基础,桩基根数多,施工周期长,且岩溶地区岩溶发育,桩基若遇到溶洞,处理时间更长。

通过"超大直径嵌岩桩基础关键技术研究",乌江特大桥采用了直径4m的特大孔径桩基础,每个主墩下只有4根桩,大大减少了桩基础施工周期。经初步计算,采用直径4m的特大孔径桩基础比采用大孔径群桩基础节约工期约4个月,为乌江特大桥的顺利合龙、涪丰石高速公路如期建成争取了时间。

(4)有利于节约造价

通过"高填方相关结构理论、监测及其结构研究",桥隧比由初步设计的超过60%降为55%左右,原石院子大桥等两座桥梁改为高填方路基,大店子桥等边跨减孔,既消化了废方,又节约了造价。

通过"机制砂配制高强度等级混凝土技术的研究",涪丰石高速公路利用隧道出渣,加工机制砂数十万 m^3,同时,减少弃渣场面积约30亩。

乌江特大桥主墩处地形陡峭、施工场地狭窄。如采用大孔径群桩基础,桩基根数多,挖方量大、边坡治理费用高。另外,涪陵岸主墩在水中施工,采用4根超大直径桩,减小了围堰的高度和宽度,节约了造价。

桥隧比降低了5%,减短了桥隧约5.5km,按路基造价每公里比桥隧低2000万元估算,节约造价约1.1亿元。原石院子大桥等两座桥梁改为高填方路基,大店子桥等边跨减孔,节约造价约630万元。利用隧道弃渣加工机制砂约27万 m^3,机制砂单价约70元、洞庭湖中粗砂单价约150元,节约造价2160万元。减少路基废方,少征弃土场200亩,利用隧道弃渣加工机制砂,减少弃渣场面积约30亩,共减少征地230亩。每亩征地费平均10万元、弃渣场防护、绿化平均每亩2万元,共节约造价2760万元。乌江特大桥采用直径4m的特大嵌岩桩,桩基础造价减少约600万元,围堰造价减少约350万元,施工场地开挖、边坡防护节约约320万元。

以上5项共计17820万元。尚没有计算乌江特大桥减短工期4个月,对涪丰石高速公路的建成意义巨大,使整个涪丰石项目节约建设期贷款利息数亿元。

由此可见,通过开展"山岭区资源节约型高速公路建设关键技术研究",并在涪丰石高速公路得到充分应用,取得了良好的社会效益和经济效益,值得大力推广。

八、渝、贵、滇通往长三角的大动脉

涪丰石高速公路由丰涪、丰石两条高速公路组成,并首尾相连,是国家高速公路网的补充,也是《重庆市高速公路网规划》的"三环十射三联线"骨架公路网中"十射"的组成部分,是重庆"一圈两翼"经济圈的重要交通纽带及沿江综合交通运输体系的重要组成部分,是重庆市、贵州北部、四川南部地区通往长三角地区最快捷的公路运输通道,也是沪渝通道内最后建设的高速公路。对增强重庆主城区对三峡库区的经济辐射,促进重庆逐步发展成为长江上游交通枢纽和经济中心具有十分重要的意义。

2013年年底,涪丰石高速公路建成通车后,涪陵与丰都城区之间的车程将缩短至40分钟。从重庆主城到丰都县城间里程也从160多公里缩短至118km,行车时间也将由原来的2个半小时到3小时缩短为1个多小时。

丰都东依石柱土家族自治县,南接武隆、彭水苗族土家族自治县,西靠涪陵,北邻忠县、垫江。全县辖21个镇7个乡2个街道,下设53个居民委员会,277个村民委员会,总人口84.29万人。

交通不便,一直是招商引资的"瓶颈",但因为有了这条"致富路",已有不少大型企业向丰都抛来"绣球"。东方希望集团,就已豪掷 30 亿元,让新型干法水泥生产项目在丰都"筑巢",地点就在高速公路沿线的湛普镇。在高速公路规划出台之初,已经开始围绕这条路"大做文章"。一个约 $8km^2$ 的水天坪工业园区,已初具雏形。17 家制药、酿酒、机械加工的企业,已在此落户,同时,还囊括了 200 亩的职业教育基地,民租房建设也布下阵来。

为了加快县城的发展速度,一条与高速公路路对接的入城道路——横五路即将进入施工阶段。无论是工业开发、旅游开发,还是城市进程的步伐,涪丰石高速公路无疑都是助推器。而丰都的生产总值,也在这条路的带动下,2015 年大幅度上涨到 150.19 亿元。

"渝东有佳县,幽居在山谷"。对于石柱而言,涪丰石高速公路无疑在主城与石柱之间画了一条直线。以前,主城到石柱的高速公路,需走长寿,绕垫江、忠县,才能到达石柱,车程要 3 小时左右。而走涪丰石高速公路,全程约 175km,开车时间,缩短为 2 小时左右。根据高速路的走向,一个 $3km^2$ 左右的物流园区,即将在石柱境内开建。出口将与高速公路以及火车站对接。不但辐射渝东南,还将石柱的特产莼菜、黄连、辣椒运往湖北、上海,或出口到国外。2013 年涪丰石高速公路通达石柱,石柱的生产总值大幅度增长,到 2015 年增至 129.24 亿元。

不仅如此,石柱还是全市四大森林资源县,负氧离子含量高,适于休闲度假。境内旅游资源丰富,有黄水国家森林公园、千野草场、大风堡自然保护区、西沱古镇等著名景点。涪丰石高速公路的建成通车,无疑为石柱打造"渝东旅游门户"增添了一个重磅砝码。

涪丰石高速公路通车后,对涪陵、丰都、石柱等地的旅游产业链发展将形成强大推动力,大大缩短沿线旅游景点之间的距离,提高旅游景点的吸引力和旅游连续性。通过涪丰石高速公路,可到达丰都的丰都鬼城、雪玉洞、名山景区,石柱的南天湖、秦良玉陵园、黄水森林公园、千野草场、大风堡自然保护区、西沱古镇等旅游景点,也能更便捷地去南川金佛山、武隆仙女山等自然景区。从 G50 沪渝高速公路冷水收费站出重庆市后可进入湖北省,到达恩施大峡谷、腾龙洞等景点。丰都鬼城、南天湖景区项目还与南川金佛山、武隆仙女山形成旅游金三角,从主城到达三处景点的车程,都在一个半小时左右。

涪丰石高速公路建设增强了重庆对三峡库区经济的辐射力,特别是有力推动了丰都、石柱的旅游发展,也结束了丰都县无高速公路的历史。

沪渝南线(G50S)于 2013 年年底全线贯通,完善了重庆骨架公路网,提升了干线公路网的可靠性和安全性,满足了重庆市实施西部大开发战略以及努力实现全面建设小康社会的迫切需要。对重庆市建设城乡统筹、增强主城对三峡库区经济辐射,进而使重庆逐步发展成为长江上游交通枢纽和经济中心具有十分重要的促进作用。同时对巴南、涪陵、丰都、石柱等地的旅游产业发展形成强大推动力,而且带动沿线经济和文化发展步入"快车道"。

第十一章
G5013 渝蓉高速公路

G5013 渝蓉高速公路是《国家公路网规划(2013 年—2030 年)》"71118 网"中的东西横线 G50 沪渝高速公路的一条联络线(图 8-11-1),起于重庆市沙坪坝区接 G5001 重庆绕城高速公路,途经重庆璧山、铜梁、大足,四川安岳、乐至、简阳,止于成都市龙泉驿区接 G4201 成都绕城高速公路,全长约 254km。

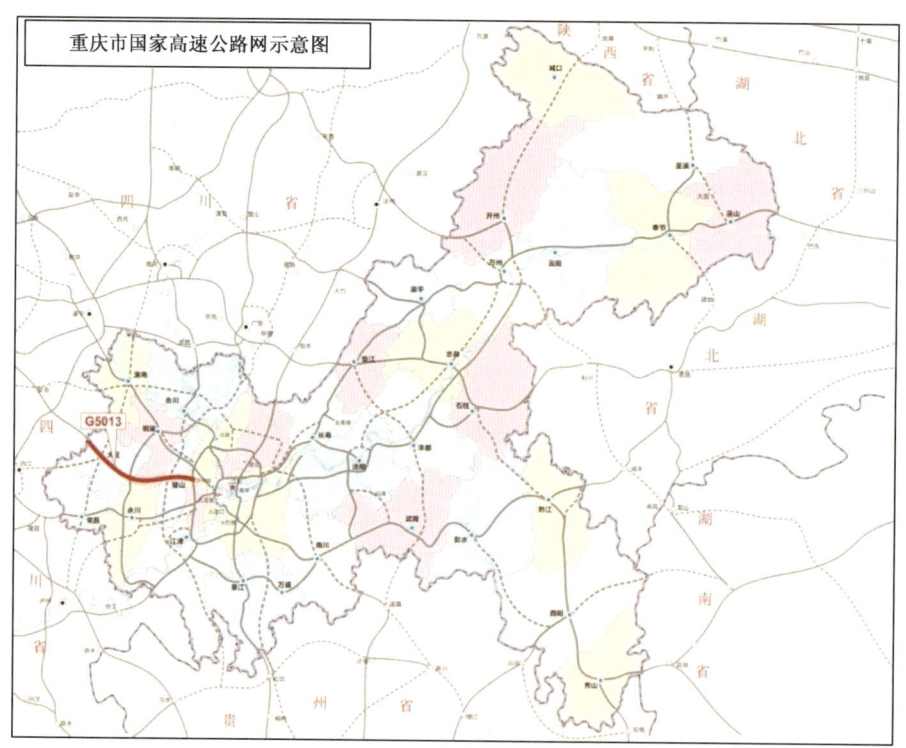

图 8-11-1　重庆市境内 G5013 渝蓉高速公路走向示意图

一、项目概况

渝蓉高速公路重庆段,是重庆"三环十二射七联线"高速公路网规划中的一条射线。项目起于沙坪坝区青木关镇陈家桥附近,设渝西枢纽立交与重庆绕城高速公路相接,经璧山区蒲元、福禄,铜梁区大庙、围龙,大足区万古、金山、石马、智凤、三驱、高升等地,止于渝川界(观音桥),与渝蓉高速公路四川段相接,路段全长约78.63km。

渝蓉高速公路重庆段全线设特大桥1座,大中桥32座;特长隧道2座,长隧道6座;全线设置渝西、璧山、福禄、大庙、万古、大足、三驱7处互通式立交,其中渝西、万古互通为枢纽互通立交,其余为一般互通立交,另预留围龙、石马互通设置条件;全线设大足服务区1处,围龙停车区1处。

渝蓉高速公路重庆段全线采用双向六车道高速公路标准建设,设计速度120km/h,整体式路基宽度为34.5m(桥宽34.0m),分离式路基宽度为17.0m(桥宽16.75m)。全线桥涵设计汽车荷载等级采用公路—Ⅰ级,其余技术指标按《公路工程技术标准》(JTG B01—2003)执行。

渝蓉高速公路重庆段总概算批复为85.4亿元,平均每公里造价约1.09亿元。由重庆高速公路集团有限公司与中国铁建股份有限公司合资组建项目法人公司,股东双方投入21.35亿元、银行贷款64.04亿元,采用BOT+EPC模式建设。项目于2010年12月30日开工,于2013年12月25日建成通车。

二、成渝新干线

自1995年建成第一条成渝高速公路之后,2007年建成的渝遂高速公路成为成渝两地间第二条高速公路,2013年建成的G5013渝蓉高速公路,成为成渝之间第三条高速公路。因此,老百姓将这条高速公路称为"成渝三通道""成渝复线高速公路"或"成渝中线高速"。

老成渝高速公路,从重庆绕城高速公路走马立交经永川、内江到成都绕城高速公路,全长约320km;渝遂高速公路,从重庆绕城高速公路渝遂立交经铜梁、潼南到成都绕城高速公路,全长约275km;而新建的渝蓉高速公路,从重庆绕城高速公路渝西立交经大足、安岳到成都绕城高速公路,里程仅约250km,几乎是在成都与重庆之间画了一条直线。渝蓉高速公路全线采用双向六车道高速公路标准建设,设计速度分别为120km/h和100km/h,是三条高速公路通道中技术标准最高的一条,是名副其实的高速公路新干线。

三、建设新模式

项目建设采用BOT(投资经营模式)+EPC(建设模式)的管理模式,由重庆高速公路集团有限公司和中国铁建股份有限公司分别出资60%和40%共同组建项目业主——渝蓉高速公路有限公司。项目建设由中国铁建股份有限公司成立项目建设总承包部,采用EPC建设管理模式进行建设。这种模式可以实现系统集成、资源整合和设计与施工的有机结合以及主要材料的集中采购,最大限度地使工程节约成本、保证质量。

项目部充分利用EPC建设管理模式的优势,创建了一系列全新的管理理念和制度。

首先，全面推行标准化建设，提出了"一个理念、两个明确、三个统一、四项集中"的指导原则，即：优质低碳理念，管理人员和设备的明确，临时设施、现场标识、平安工地三项统一，混凝土拌和、钢筋加工、梁板预制、小型构件预制四项集中；并制定了《驻地建设的基本要求》《一站两场的基本要求》《人员及机械设备的最低要求》《专用技术规范》《实行首件制的相关规定》等文件，在项目中率先推进"施工标准化"。

其次，推行平安工地建设。贯彻落实交通运输部《关于开展公路水运工程平安工地建设活动的通知》《重庆市交通委员会关于印发公路水运工程平安工地建设活动方案的通知》精神及要求，全面推行"平安工地"建设活动。项目自始至终未发生一起死亡事故。

之后，项目提出了"成渝新干线，低碳新高速"建设理念，以高速、环保、景观为思路，全面推进低碳高速科技攻关，全力打造成渝复线优质低碳高速公路。

最后，重大变更的掌控。造价控制是总承包项目管理上的重大问题。根据变更费用的承担方式，本项目变更分为开口类变更（总承包价随变更增减变更）及非开口类变更（不引起总承包价格变化的变更）。

在项目实施中，线位的调整和隧道围岩类别的调整均属于非开口变更。全线共计调整线位段落8处，调整线位长度约36km。通过调整优化了线路指标、减少了建设用地和降低了工程成本。

本项目开口类变更41个，变更金额约23358万元（最终以审计为准），主要为应政府要求新增虎曾路预留立交、新增一处分离式立交；为提升服务水平将路面用碎石由花岗岩调整为玄武岩、调整停车区及服务区规模；以及应上级部门要求新增机电五大系统等。

四、低碳新高速公路

低碳是高速公路建设的主流方向。低碳高速公路就是从公路规划、设计、施工、运营、维护等全寿命周期中，采用低碳新理念、新材料、新方法、新工艺，实现公路工程全寿命周期范围内二氧化碳排放强度的显著降低，并为公路运营节能减排创造有利条件。

渝蓉高速公路项目于2011年列入重庆市低碳高速公路试点项目。2013年，渝蓉高速公路与京港澳高速公路河北段、江苏宁宣、河南三淅等6条高速公路列入国家低碳试点项目。与其他刚开始建设的5条高速公路项目相比，渝蓉高速公路是已建成的首条低碳高速公路项目。

渝蓉高速公路从设计、建设、运营3个环节采取了低碳措施。

（1）低碳规划和低碳设计。按"路运一体化"规划减少货物周转和人员换乘，缩短运输时间；对服务区资源整合开发，宣传"低碳出行"理念，将商贸功能延伸至沿线乡镇，促进城镇化建设,实现相关减碳效益。在设计上,按减碳效益选线,减少路基土石方和结构物;对主体工程及附属设施设计优化,实施了路基路面结构、桥涵隧道线位、服务区建筑节能、路域碳汇、隧道机电节能、智能交通等低碳优化。此外,对路域保护原有植被,优化树种配置,以增加碳汇量。

(2)低碳建设施工措施。在材料应用上,桥梁、隧道防护、路面基层、路基防护、沿线建筑等工程圬工结构 100% 采用散装水泥。既节约水泥、节约包装,也达到节能减排的效果。在路面材料上,采用 AR-SMA-13 橡胶沥青混合料代替 SMA-13 沥青混合料。使用橡胶粉,不仅可以利用废旧轮胎,节约堆放用地,而且可以达到降低路面噪声,改善路面使用性能,延长路面使用寿命的效果。在资源节约上,把隧道弃渣用于路基填方、立交区场平、石料加工等,节约了河砂,节约了加工燃油,达到节能减排的效果。在利用表土资源上,采用分步清表,收集表土用于边坡、立交区及中分带绿化及复耕,有效保护公路沿线边坡植被,提高边坡植被恢复生态效果。此外,从工艺改进方面节能减排。在巴岳山隧道、缙云山隧道和云雾山隧道路面铺筑中采用温拌沥青技术。拌和和压实温度降低 30~50℃,大大节省了混合料用量和加固燃油,沥青烟减少 90.2%,CO_2 减少 61.5%,CO 减少 69.9%。

(3)低碳运营措施。高速公路运营期间的节能减排,是低碳节能的百年大计。对高速公路沿线的建筑设施管理采用建筑节能措施,包括外墙保温、隔热断桥窗技术和低碳建材,采用遮阳及优化建筑通风等措施。隧道照明需要长期消耗能源。在渝蓉高速公路上,有 4 座长大隧道采用太阳能光电。利用在 4 座隧道 8 个进口安装共 48kW 太阳能光伏系统,给隧道入口段 LED 灯组智能供电,阴雨天也有一定发电量。在隧道照明灯具上,4 座隧道口均以 LED 代替高压钠灯,理论用电量减少 37%。而且 4 座隧道全部应用了前馈式智能通风控制技术,能根据交通量的变化对风机进行追踪控制,达到节能的目的。智能交通也是长期有效节能的措施。在渝蓉高速公路,两个主线和 7 个匝道收费站,共设置 16 条 ETC 车道,收费站 ETC 专用车道全覆盖。其他如不停车超载检测系统、公路低碳运行指示系统、公路雾气消散系统公众交通信息服务系统的采用,都明显提升了高速公路的信息诱导、救援保障、运营管理水平,提高运营效率,有利于综合性减碳、全寿命低碳目标的实现。

综上所述,渝蓉高速公路采用的水资源循环利用、橡胶沥青路面、温拌沥青路面、隧道 LED 灯照明、低碳服务区、太阳能照明系统等低碳环保措施,每年可节省 24 万 t 标准煤,减少二氧化碳排放 61 万 t。预计到 2033 年,运行车辆节约油量将达 50.62 万 t,折合标准煤 74.39 万 t。其中,LED 照明的使用,可大量节约电能消耗:在 4 座隧道、9 处收费站、大足服务区、围龙停车区和养护区等区域的室内和室外安装 LED 灯照明,仅电费支出一项,一年可节约 200 多万元。

五、低碳高速公路与科技创新

项目建设初期提出了"成渝新干线,低碳新高速"建设理念,以高速、环保、景观为思路,全面推进低碳高速科技攻关,全力打造成渝复线优质低碳高速公路。以16项新技术、新材料、新工艺、新能源专项措施集成应用为重点,围绕规划设计、建设施工、运营管理三个阶段,实施了"全过程、全寿命、全线路"的低碳全局优化,极大程度地减少了资源占用、能源消耗,打造出国内首条完整意义上的低碳高速公路。在实施"低碳高速"的全过程中,伴随着科学技术的不断创新。

高速公路低碳化建设和运营的关键技术研究与示范

研究目标:探索低碳高速公路的概念性框架体系;形成高速公路低碳规划设计、低碳施工、低碳运营的主要措施和方法;构建高速公路碳排放测算体系和方法。

2011年,完成《成渝高速公路复线工程低碳概念性规划》;确定了绿色循环低碳公路建设方案。项目结合成渝高速公路复线(重庆境)特点,研究确定了低碳高速公路的概念、内涵、表现及碳排放特点,明确了基于全寿命周期建设成渝复线低碳高速公路的总体思路、基本原则、实现途径、重点任务和关键技术、实施方案及配套保障措施。

2012年,完成《成渝高速公路复线工程低碳优化设计指导意见》和《成渝高速公路复线工程低碳优化施工指导意见》;实现了工程施工的全面低碳优化。采用BOT+EPC建设管理模式、标准化施工及能耗统计监测等建设管理措施,实现了强化低碳意识、整合资源、节约能耗、保证质量的目的,达到了综合性减碳目标。

2013年,完成全部建设期低碳措施的实施;采取智能化、节能化措施,实现运营期显著的节能减排效益。通过实施建筑节能、隧道节能以及智能交通三大方面的建设,采取了沿线设施建筑节能、太阳能光电利用、LED照明控制技术、隧道前馈式智能通风控制技术、ETC车道建设等十项创新节能减排措施,实现了运营期显著的节能减排和资源能源节约效益。

2014年,完成《成渝高速公路复线工程低碳设计和建设总结报告》《成渝高速公路复线建设绿色循环低碳公路主题性项目总结评价报告》。

2016年《成渝高速公路复线(重庆段)建设绿色低碳公路主题性试点项目》通过交通运输部验收,并授予交通运输部"绿色公路"称号。

第十二章
G5515 张南高速公路

G5515 张南高速公路是《国家公路网规划(2013年—2030年)》"71118网"中的南北纵线 G55 的一条联络线,起于湖南张家界市,经湖北来凤,重庆黔江、石柱、梁平,四川大竹,止于四川南充市,全长约 611km。

G5515 张南高速重庆段(图 8-12-1)自黔江(鄂渝界)入境,经石柱、忠县、梁平,自梁平碧山(渝川界)出境,境内全长约 240km。

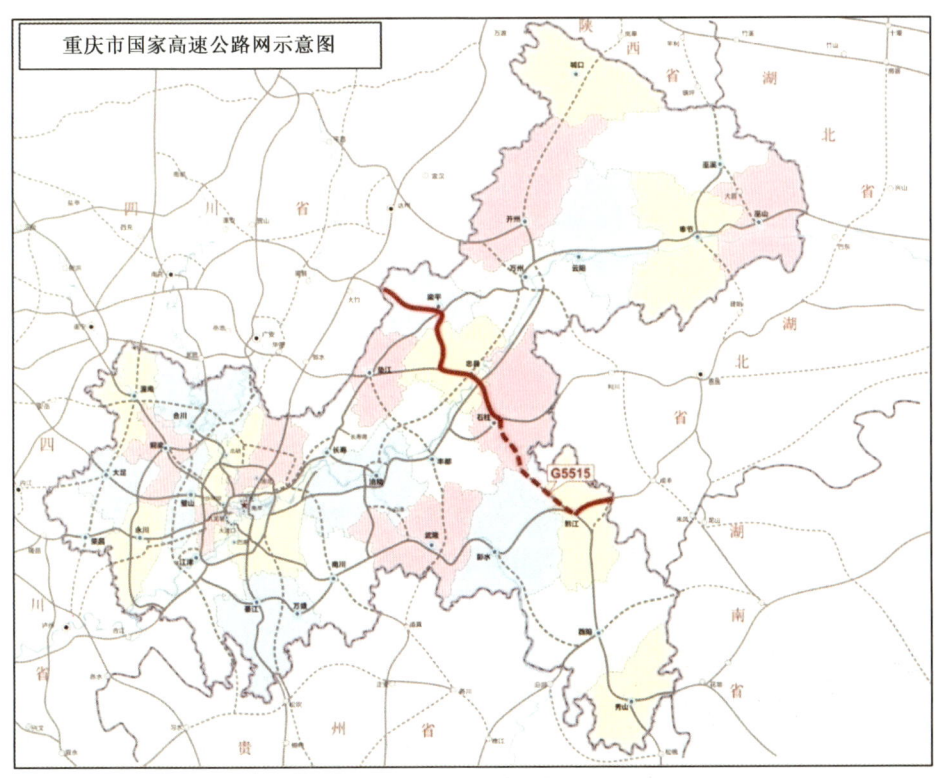

图 8-12-1　重庆市境内 G5515 张南高速公路走向示意图

G5515 张南高速公路重庆段按黔江至恩施(黔恩高速公路)、石柱至黔江(石黔高速公路,在建)、石柱至忠县(石忠高速公路和垫忠高速公路的一段)、梁平至忠县等分段建设。截至 2016 年年底,除石黔高速公路正在建设外,其余全部建成通车。

石柱至忠县段相应建设情况纳入"G50沪渝高速公路"篇章"垫忠高速公路""石忠高速公路"整体记录。

第一节　黔恩高速公路

一、项目概况

黔恩高速公路,即重庆黔江至湖北恩施高速公路,为重庆市"三环十二射七联线"规划中的"四川大竹经重庆梁平、忠县、石柱、黔江至湖北来凤"联络线中的一段,该项目是渝东南以及黔北地区便捷进鄂入湘的重要通道,同时形成黔江区城市北环高速公路。

黔恩高速公路重庆段起于黔江城西的百家坝大桥,与G65包茂高速公路相接,经黔江城西街道、城东街道、舟白镇,止于渝鄂交界的石门坎,与湖北恩黔高速公路相接,路线全长约20.42km。

黔恩高速公路重庆段按双向四车道高速公路标准建设,设计速度80km/h,整体式路基宽度24.5m、桥宽24.0m,分离式路基宽度12.25m、桥宽12.0m。全线桥涵设计汽车荷载等级采用公路—Ⅰ级,其余技术指标按《公路工程技术标准》(JTG B01—2003)执行。

黔恩高速公路重庆段全线设特大桥2座,大中桥8座;特长隧道1座,长隧道1座,短隧道6座;设置黔江枢纽互通和黔江东(黔江舟白)互通2座互通式立交;设省界主线收费站1处,停车区1处。

黔恩高速公路重庆段概算总投资25.74亿元,平均每公里造价约1.26亿元。项目采用施工总承包模式建设,资本金达50%,由交通运输部补助4.63亿元、重庆市地方政府及重庆高速集团自筹8.14亿元组成,其余资金由高速集团向国家开发银行贷款。项目于2012年7月正式动工(图8-12-2),2015年12月建成通车(图8-12-3)。

图8-12-2　黔恩高速公路动工仪式

图8-12-3　黔恩高速公路通车仪式

二、建设规模及主要技术指标

黔恩高速公路路线全长 20.4km,项目桥隧比 62%。沿线共设隧道 7555m/8 座(特长隧道 5408m/1 座),桥梁 5053m/10 座(特大桥 2467m/2 座),全线设置黔恩枢纽互通、黔江北互通 2 处互通式立交。按四车道高速公路标准建设,设计速度 80km/h,整体式路基宽度 24.5m,桥梁宽度为 24.0m,路面设计为沥青混凝土。全线桥涵设计汽车荷载等级为公路—Ⅰ级。全线设一个施工合同段,负责整个项目的土建、路面、房建、机电和交安工程的施工,合同金额总计 18.06 亿元。施工单位为中国铁建大桥工程局集团有限公司(原中铁十三局集团有限公司)。

仰头山隧道如图 8-12-4 所示,阿蓬江特大桥如图 8-12-5 所示。

图 8-12-4　仰头山隧道

图 8-12-5　阿蓬江特大桥

三、建设条件

1. 山高坡陡,地形险峻

项目全线有桥梁 10 座(其中特大桥 2 座),总长 5.05km,隧道 8 座(其中特长隧道 1 座),总长 7.56km,桥隧比达到 62%。其中起点黔恩枢纽互通至仰头山特长隧道出口路段长 13.6km,桥隧比例高达 86.7%;黔恩枢纽互通共 4 条匝道,以支架现浇施工为主,30m 以上高墩达 85 个,40% 的桥跨采用钢管贝雷架现浇施工,交叉作业多,安全风险极高;擦耳岩大桥位于 70° 的陡峻山坡上,大部分桩基无法采用大型机械设备施工,只能依靠人工或牲畜运送材料物资;阿蓬江特大桥主桥为 170m 跨径的连续刚构桥,最大桥高 105m,施工难度大,安全风险高。

2. 工程地质条件复杂

项目所处区域地质构造运动剧烈,岩体破碎,岩性多变,部分路段岩溶发育。其中,仰头山隧道(长 5408m)最大埋深 520m,穿越泥岩和石灰岩地层,横跨 8 条大型断层和两处大型岩溶;阿蓬江大桥桩底高程低于阿蓬江常水位 15m,成桩十分困难;项目沿线滑坡众多,大型滑坡达7处。

3. 项目交通组织、拆迁、环保等综合难度大

项目位于城乡接合部,安全、交通组织、拆迁、环保等方面综合难度大,项目路线距离黔江城区近,拆迁工作量大、难度高;黔恩枢纽互通和月亮山大桥7次跨越G319国道(两旁商铺民房密布)、3次穿越渝湘高速公路(上跨1次、下穿2次)、多次跨越册山河,区域内房屋、人流、车流密集,场地非常狭窄,交通组织复杂,安全、环保等综合难度大。

四、项目质量与安全管理

1. 项目管理机构设置及职能

作为黔恩高速公路建设单位,重庆高速集团建管中心下设综合办公室、工程部、财务部、技术合同部、征迁部、质量安全部等部门,人员机构精简、高效。建设单位在黔恩高速公路实行了项目部管理模式,在黔江设立驻点,对黔恩高速公路项目派驻了现场业主代表,负责集中处理该项目的工程现场管理。业主人员与监理、设计人员同吃、同住、同劳动,从项目开工到完工,一直坚持下来,这在重庆市高速公路管理中是独一无二的。同时,业主人员每周末派人轮流在工地值班,保持对工地现场的管控和协调。这一系列的工作方式极大提高了工作效率,实现了廉洁高效。

2. 质量控制措施与效果

项目一开工,就组织承包人按照重庆市交通委员会《质量控制强制性要求》细化质量管理措施,全力推行"数控钢筋弯箍机""T形梁喷淋覆膜养生""隧道动态监控系统""墩柱滴灌养生"等工艺措施;结合营运反馈意见,召开组织技术人员讨论,研究提高建设施工水平的技术措施,结合质量通病治理活动,及时落实到具体施工。成立了以业主、监理、总承包部为成员的质量、安全联合工作小组,定期对项目的质量安全进行巡查,形成常态化工作机制,对巡查发现的质量安全问题限期进行整改,取得了良好的效果。

黔恩高速公路努力克服场地狭窄、施工难度大等困难,认真推行《重庆市高速公路施工标准化技术指南》。全线共建设5个混凝土拌和站和钢筋集中加工场,努力推进施工场地标准化。不断优化施工工艺,严格实施首件制,认真落实路基、桥梁、隧道工程等施工标准化实施细则,做到工艺标准化。建立了"承包人季度综合考核办法""变更管理办法""计量支付管理办法""三方联合工作指令"等一系列工作制度,加强过程管理,有效保证项目管理按照标准流程实施,确保所有管理行为可追溯、可查询,做到管理标准化。项目还多次开展质量专项技术攻关小组活动,对隧道光面爆破、隧道初支平整度、钢筋间距、钢筋保护层厚度、T形梁预制和架设等项目进行专项课题攻关。形成施工操作手册,指导现场施工操作。

建设单位还委托第三方技术咨询单位独立开展监控和监督工作(如设计审查咨询、桥梁监控、路面监控、工程量清单审核、造价咨询等),提供技术支持与保障,助力项目管理。通过以上管理措施,黔恩高速公路工程质量管理取得了较为理想的成绩。

3. 安全生产

项目管理过程中,各级管理部门对安全生产都高度重视,在安全压力和安全责任都空前重大的情况下,严格安全生产制度。项目各方均成立安全生产领导小组,加强安全生产组织领导,强化安全意识。始终坚持"安全第一"思想,完善了安全管理制度,并按照交通部 2007 年 1 号部令,督促各方加强安全管理,确保安全管理人员、设备和费用投入。在建立健全安全管理各项制度上,严格按照新的《中华人民共和国安全生产法》有关规定完善制度,明确各负责人、各部门、管理人员、一线各工种等人员的安全职责,做到权责分明,保证项目安全。

黔恩高速公路平安廉洁工地启动仪式如图 8-12-6 所示,桥梁施工如图 8-12-7 所示。

图 8-12-6　黔恩高速公路平安廉洁工地启动仪式　　图 8-12-7　黔恩高速公路桥梁施工

根据"公路桥梁和隧道施工安全风险评估"制度,项目对仰头山特长隧道、黔恩枢纽互通、阿蓬江特大桥等按程序进行了施工安全风险评估并制订了专项施工方案;对全线滑坡和弃土场开展了"地质安全风险评估"工作,根据评估结论,适当调整了工程防护措施,确保了弃土场安全;同时,为保证岩溶地区桩基承载力安全,结合公路工程地质勘查规范对处于岩溶区的 132 根桩基底以下 5~10m 岩层做了岩溶探查。

开展了"防坍塌、防坠落、反三违"专项整治活动、"两防"专项治理活动和"创建平安交通"活动;加大安全生产投入并严格监控安全生产专项费用的使用,有效避免重大施工安全事故的发生,根据交通运输部关于"平安工地"考核评价相关标准,积极组织施工和监理单位开展"创建达标"专项活动,建立了"平安工地"考核制度和档案管理制度。

全线定期进行安全检查,结合上级部门的部署,开展安全生产教育培训、安全交底以及安全演练。多次邀请桥梁、隧道专家对安全隐患大的工点进行现场指导,对多个重点工点施工安全专项方案进行会审。项目建设过程中,无重大安全事故发生。

五、进度管理情况

项目建设初期,建设单位就着手组织编制项目总体实施计划。对土建、机电、路面、绿化、交通工程等项目实施计划乃至交工验收时间安排进行了详细的规划,要求承包人按照计划实施。

针对不同对象,不同施工阶段的特点,业主在进度管理上采用了不同的策略。在土建施工阶段,建设要求承包人在其总体施工组织设计的基础上编制月、季度计划,将其完成情况纳入季度评比内容,并在每季度根据现场进度情况对后期的工程项目进行调整;在明确了通车目标后,业主首先对路面进行工期倒排,每天将实际工程进度与原计划进行比较,分析进度超前或滞后的原因,对后续进度计划进行调整;对于房建、收费天棚、交通安全设施、剩余土建等项目,根据路面工程的进度和工期要求制定出其他项目的阶段性目标,由承包人承诺,并由业主代表、监理按计划督促、检查。可以说,项目的进度管理是从项目开工到最后一年完工都一直常抓不懈,而且时刻在脑海里紧绷一根弦。也正是因为这样,才让黔恩高速公路克服了征迁、技术、资金以及管理协调等一系列难题,顺利完成了建设任务。

六、项目建设创新管理

黔恩高速公路项目在建设管理中创新采用施工总承包合同模式,加强变更管理,严格投资控制,推行施工标准化,积极创建平安工地,不断提高专业化管理水平,努力打造环保、民生工程,着力做好以下几个方面的工作。

1. 创新采用施工总承包模式,促进工程建设顺利推进

重庆市"二环八射"项目基本采用了小标段、分专业的平行发包模式,普遍存在参与单位多、业主协调工作量大、招标和变更数量多、超概普遍、廉政风险高等现象。在总结传统建设模式经验基础上,黔恩项目在重庆市率先采用了施工总承包模式,除少数开口条件外,合同总价固定;同时,土建、路面、交通、房建和绿化工程等所有专业一并招标,由总承包单位统一负责实施。根据本项目3年多的实践情况,施工总承包模式取得了较好效果。

2. 优化资源配置,发挥规模效应,降低施工成本

通过施工总承包模式,在集中采购、整合社会资源、适应专业化管理等方面,可以充分发挥规模效应,合理控制建设成本。黔恩高速公路大宗物资、材料均通过总包单位统一采购,仅集中采购钢材(5.3万t,成本降低80元/t)、水泥(30万t,成本降低15元/t)两项材

料,就节约 800 余万元;充分发挥施工总承包单位的组织、技术优势,通过科学组织各专业间的协调施工,统筹安排各项工序,有效降低了项目施工成本、缩短了工期。

3. 加强投资控制,降低廉政风险

采用传统模式,黔恩项目预计招标次数不少于 10 次,而采用施工总承包模式,项目业主只需组织 3 次招标(施工图勘察设计招标、施工总承包招标、施工监理招标);同时,总价固定后,需业主审定的开口变更较少,业主工作从招标、变更审核、协调参建单位等烦琐的工作中解脱,集中精力抓项目管理,发挥管理专业化优势。施工总承包通过一次性招标方式减少了招标环节,开口变更严格后减少了变更数量,黔恩高速公路对总承包合同风险内的变更只进行技术审查,不调整合同金额,重点审查开口变更,有效控制了投资,减少了变更审批环节,降低了廉政风险。项目建设中,及时收集征迁、咨询、财务等各专项投资数据,对投资控制风险进行动态分析,定期编制投资分析报告,通过严格管控,截至目前总投资金额预计 24.4 亿元,比概算投资 25.7 亿元减少 5% 以上。

同时,通过这些制度设计和管理手段,规避了管理风险、廉政风险,黔恩高速公路项目从开工到通车,未发生一起廉政案件。

4. 全面推行施工标准化建设

组织承包人按照重庆市交通委员会《质量控制强制性要求》《安全生产强制性要求》细化质量安全管理措施,全力推行"数控钢筋弯箍机""T 形梁喷淋覆膜养生""隧道动态监控系统""墩柱滴灌养生"等工艺措施;结合营运反馈意见,组织技术人员讨论、研究提高建设施工水平的技术措施,结合质量通病治理活动,及时落实到具体施工。

黔恩高速公路努力克服场地狭窄、施工难度大等困难,认真推行《重庆市高速公路施工标准化技术指南》。全线共建设 5 个混凝土拌和站和钢筋集中加工场,全力推进施工场地标准化。不断优化施工工艺,严格实施首件制,认真落实路基、桥梁、隧道工程等施工标准化实施细则,保证工程的实体质量始终处于较高水平,做到工艺标准化;积极开展钢筋间距与保护层、隧道光面爆破等工艺研究,采用了"桩基钢筋笼固定加工台座""墩柱钢筋定位模板""T 梁钢筋间距卡位板"等工艺,提高了工程质量指标。

5. 利用信息化管理手段,提高管理效率和透明度

项目运用"工程管理系统"加强计量支付、变更等管理,提高办事效率和透明度;采用"资金管理系统"动态监管承包人资金流向,充分利用网络、短信、QQ 群、微信建立起一系列移动信息化管理小平台,质量安全管理更加便捷、及时、高效。

6. 努力打造环保、民生工程

黔恩高速公路临近城区,沿线生态脆弱、居民众多,环保和民生问题突出。项目秉持"把高速公路轻轻放入大自然中"的建设理念,实行严格的环保、民生一票否决制。为保

护黔江区的优美自然环境和沿线居民安居乐业,设计阶段多次调整了路线和设计方案,现月亮山特大桥就是调整线路后增加的。

在建设过程中,坚持"不破坏就是最大的保护",多方渠道减少施工开挖。如:将施工便道与地方乡村路统一规划、永临结合、施工结束后整修移交地方使用;通过合理规划与整治,将桃子坝弃土场(约80亩)转换为可利用土地;与地方部门合作建设设立在峡谷中的二工区预制梁场,施工完成后移交地方进行土地开发;采用废水集中沉淀处治排放方案,以保护阿蓬江景区环境。

积极倡导"路地共建"。为方便老百姓生活出行,在黔江北互通A匝道增设人行天桥及连接道路;为防止滑坡可能对老百姓产生的安全隐患,主动处治红线外滑坡3处,迁移地方百姓20余户。

建成后的黔恩高速公路如图8-12-8所示。

图8-12-8　建成后的黔恩高速公路

第二节　石黔高速公路

石黔高速公路,即重庆石柱至黔江高速公路,为重庆"三环十二射七联线"规划中的"四川大竹经重庆梁平、忠县、石柱、黔江至湖北来凤"联络线中的一段。

石黔高速公路起于石柱县三店,与G50沪渝高速公路石柱至忠县段相接,经石柱县平桥、三汇、龙潭、马武,彭水县三义、莲湖,黔江区黑溪、石会,止于黔江区册山,设枢纽互通与G65包茂高速公路彭水至黔江段相接,路线全长约83.18km。

石黔高速公路全线设特大桥6座,大中桥70座;特长隧道6座,长隧道9座,中、短隧道7座;设置三店、三汇、龙潭、马武、莲湖、黑溪、石会、册山等8座互通式立交,其中三店、册山互通为枢纽互通立交,其余均为一般互通立交;全线三汇、马武等 2 处停车区,设置黑溪服务区 1 处,设置三汇、石会养护工区 2 处,同时在黑溪服务区设置管理分中心 1 处。

石黔高速公路按双向四车道高速公路标准建设,设计速度 80km/h,整体式路基宽度 24.5m,分离式路基宽度 12.25m,桥梁与路基同宽。全线桥涵设计汽车荷载等级采用公路—Ⅰ级,其余技术指标按《公路工程技术标准》(JTG B01—2014)执行。

石黔高速公路概算总投资 122.56 亿元,平均每公里造价约 1.47 亿元。项目采用"BOT+EPC"模式建设,投资人为中国铁建股份有限公司(占股 80%)和重庆高速公路集团有限公司(占股 20%),组建重庆铁发建新高速公路有限公司作为建设管理法人对项目进行建设及运营管理。项目于 2017 年 3 月份全面动工,预计 2020 年底建成通车。

第三节　梁忠高速公路

一、项目概况

梁忠高速公路,即重庆梁平至忠县高速公路,为重庆"三环十二射七联线"规划中四川大竹经重庆梁平、忠县、石柱、黔江至湖北来凤联络线中的一段。

梁忠高速公路起点位于梁平碧山镇渝川界,与四川南(充)大(竹)梁(平)高速公路相接,经梁平袁驿、七星、竹山、礼让、仁贤、双桂、金带、和林、铁门、忠县金鸡、马灌、拔山等乡镇,在拔山中学附近设枢纽互通,与 G50 沪渝高速公路垫江至忠县段相接,路线全长约 71.58km。

梁忠高速公路全线设大桥 23 座,中桥 11 座;特长隧道 1 座(礼让特长隧道),长隧道 1 座,短隧道 2 座;设置袁驿、仁贤、仁和、铁门、金鸡、马灌、拔山、古城寨等 8 座互通式立交,其中仁和、古城寨互通为枢纽互通立交,其余均为一般互通立交;全线设置省界主线收费站 1 处,设置仁贤服务区 1 处、铁门停车区 1 处,设置仁贤、拔山养护工区 2 处。仁和互通见图 8-12-9。

梁忠高速公路按双向四车道高速公路标准建设,设计速度 80km/h,整体式路基宽度 24.5m,桥宽 24.0m,分离式路基宽度 12.25m、桥宽 12.0m。全线桥涵设计汽车荷载等级采用公路—Ⅰ级,其余技术指标按《公路工程技术标准》(JTG B01—2003)执行。

梁忠高速公路概算总投资 63.57 亿元,平均每公里造价约 8900 万元。项目采用"BOT+施工总承包"模式建设,投资人为重庆高速公路集团有限公司和中电建路桥集团有限公司,合资组建的重庆渝广梁忠高速公路有限公司作为建设管理法人对项目进行建设及运营管理。项目于 2013 年 7 月开工,于 2016 年 12 月建成通车。

图 8-12-9　梁忠高速公路仁和互通

二、组织管理模式

梁忠高速公路项目是一种新的管理模式,由重庆高速公路集团有限公司与中电建路桥集团有限公司按 60∶40 出资组建重庆渝广梁忠高速公路有限公司,负责项目的资金筹措、建设实施、运营管理、养护维修、债务偿还和资产管理,并享有 28 年的车辆通行收费权,电建路桥集团有限公司作为项目的另一投资人和工程总承包方,采用"BOT + 施工总承包"合作模式。电建路桥集团有限公司组建施工总承包部,负责该项目的工程材料采购、施工及缺陷责任修复任务。

(1)该管理模式优点一:运作高效、管理规范、风险可控。梁忠高速公路项目从 2011 年底签订投资协议到 2016 年底实现全线通车运营,极大地缩短了建设周期。为加快重庆"新千公里"高速公路网建设,早日实现渝东北地区交通、经济大发展目标做出了突出贡献。

2013 年 7 月 18 日开工以来,梁忠高速公路项目各承建单位克服种种困难,项目履约情况良好,工程进度、质量、安全、文明施工全面受控。

进度方面,制订有效节点目标,完善考核奖罚制度,狠抓节点工期。各参建单位责任明确,积极主动,连续三年超额完成产值任务。

安全方面,严格落实责任制,保证安全投入,认真执行相关规定,参建人员由"要我安全"到"我要安全"转变意识,开工以来未发生安全生产责任事故。

质量方面,严格执行"科学管理、规范施工、注重细节、质量为本"的理念,自我约束,自我加压,精益求精。在重庆市质量技术监督局多次综合履约评比中,实体工程一次性抽检合格率稳步提升,得到了重庆市交通委员会及质量技术监督局的认可与好评。

文明施工方面,加强标准化建设,业主公司通过强力推行标准化建设和平安工地建设,推行"首件制"的方式,提升全线施工标准化建设意识,涌现出一大批文明施工及标准化建设突出亮点,也有力地保障了梁忠高速公路的施工质量和人员安全。

(2)该管理模式优点二:优化设计,管控投资。梁忠高速公路按"小业主,大总包"模式进行管理,总承包部以总价模式负责项目施工管理。施工管理采用三级管理模式,即总承包部、各分部项目部、作业队三级管理模式。各分部项目部在各自范围内自主经营、自负盈亏,其内部经营管理主要有自营、劳务分包、专业分包三种模式。各项目部按总价合同执行。充分发挥向管理要效益,避免以往人为增加变更,过度投资。

三、建设亮点

1. 路面面层集料统一为玄武岩

梁忠高速公路始终坚持以质量为本的原则,力求做到高标准。为提高梁忠高速公路项目路面工程的抗滑性、耐磨性、行车安全性,延长使用寿命,梁忠高速公路路面磨耗层所用粗集料由设计使用的长江卵石变更为玄武岩。虽然此变更增加了较大成本,但从源头上为梁忠高速公路路面质量及行车安全提供了可靠保障。

2. 保护环境建生态高速

梁忠高速公路在建设中按照"环保优先"的原则,努力打造生态高速,建设中通过完善细节、规范管理、技术创新等手段实现本土化植入、环保型施工,形成了持续可融入的生态工程;引入现代节地新理念,力争少征一寸地、少占一分田。全线取、弃土场,被梁忠高速公路建设者变沟壑为田地,共造田642.33亩,最大限度地为老百姓谋福利,铸就了一条因地制宜、环境友好的生态高速。

四、建设难点

梁忠高速公路途经渝东北梁平县、忠县,这两县在春秋战国时,地属巴国、巴郡。项目地处渝东北山地深丘地带,山高且陡,道阻且长,地质情况复杂,以明月山和南华山两座山脉闻名,尤其明月山的水患情况尤其严重,南华山上的水库供养着十几万人民,给项目建设造成很大的困扰,为此对线路选址做了大量的研究论证,最终证明这些工作是有成效的,成功地避开了明月山的水平循环带和南华山水库的影响,为后来隧道的施工安全打下了坚实的基础。项目建设以桥隧众多、地形险峻著称,桥梁最高墩柱达70余米,有的墩柱处于悬崖峭壁之上,背凭绝壁,依山而起,施工难度极大。同时两处枢纽式互通分别连接已通车运营的G42、G50高速公路,施工干扰较大。

"蜀道之难,难于上青天,使人听此凋朱颜!"一首千古传诵的《蜀道难》道尽了巴山蜀水的艰难险阻,让人望而生畏。梁忠高速公路建设者却在这崇山峻岭的蜀道之间艰苦奋战了1000多个日夜!"飞梁架绝岭,栈道接危峦。揽辔独长息,方知斯路难。"梁忠高速公路建设者不畏"梁山镇地险,积石阻云端",誓将蜀道变通途!这种攻坚克难、不畏艰险的精神集中体现在重点控制性工程礼让隧道和全线桥梁的施工过程中。

1."五毒俱全"特长隧道——礼让隧道

礼让隧道(图8-12-10)位于梁平县境内,穿越明月山山脉,左右洞总长11038.3m,为梁忠高速公路全线唯一的特长隧道,是全线控制性工程之一,由二分部负责施工。隧道穿越煤层、采空区、岩溶、煤层、瓦斯等多种不良地质,且存在突泥突水、煤尘爆炸等危险,被勘察和设计人员戏称为"五毒俱全"的低瓦斯隧道。

图8-12-10 梁忠高速公路礼让隧道

(1)厉兵秣马,扫清障碍

礼让隧道位于明月山山脉中,处于山之深处、林之密处,进出口同时开挖施工,进口便道需要穿越竹林,出口便道须借道村民聚居地及竹林,而要在林木葱郁的深山老林中劈山筑路,建设驻地、钢筋厂、拌和站等设施可谓是困难重重,征地拆迁、临时用电更是最大的绊脚石。

二分部梁平县段内红线范围征地于2012年7月21日正式启动,涉及10镇乡21村81组732户,需征地3176亩,涉及面广、利益关系复杂,且本标段内红线征地基本为耕地、林木,征拆压力很大。

为确保该项工作顺利进行,征拆小组以"阳光征地、和谐征拆"为出发点,创造性地开展工作,全员参与,不等、不靠、抓源头,除了与地方政府大力沟通外,在控制成本的前提下充分考虑群众的利益,在读懂政策的前提下打感情牌,为其算好"经济账",经过7个多月的沟通协调,终于在2013年3月27日完成红线交地。征地问题解决后,全线施工便道于同年4月全部打通;同年7月29日,拌和站、钢结构厂通过验收。

项目施工涉及桥梁、隧道、路基等,工点较为分散,2013年7月开工后,项目施工用电全靠发电机发电,为保证施工进度,开工伊始,技术人员便入驻施工现场。天气炎热,电量严重缺乏,为保障拌和站及现场施工机械的正常运转,前方营地用电仅保证三餐,洗澡用水、饮用水均为冷水。为保证施工现场的临时用电,项目部设置 12 台变压器。按照施工用电设计方案,积极与地方供电部门、地方政府协调、组织电力施工单位日夜奋战,终于在开工两个月后实现施工用电全线贯通。

(2)严守安全确保质量

梁忠高速公路项目制订了"安全第一、质量先行"的方针,"零事故、零伤亡"的目标,着力打造标准化施工工地,牢固树立安全红线意识,严守隧道施工安全九条规定,落实新《中华人民共和国安全生产法》,建立和完善质量安全自控体系,抓源头、抓过程、抓细节,配备专职安全员,实行领导带班制度,关键部位、隐蔽工程 24 小时旁站监督。

针对礼让隧道安全风险高的特点,项目全面推进"信息化监控",引进高科技,确保安全。一是引进"三合一"监控系统(视频监控系统、门禁系统、有害气体监控系统)确保实时数据采集、及时预警、远程监控,全线隧道作业面有害气体、围岩级别清晰可见;采用"有害气体监测系统""四合一"手持气体监测系统加强监测频率,密切关注有害气体浓度,从管理层面彻底改变了被动式防范危险源的管控模式;实行隧道口安全门禁系统,有效监控洞内人员动态,为所有进洞人员生命安全构筑安全屏障。二是引进高科技手段搞好隧道施工超前地质预报,预防岩溶、采空区出现突泥涌水、空腔等地质灾害,采用 EH4 大地电导率法、AGI 高密度电法、瞬变电磁法、微震检测系统、地质雷达等多种先进手段,结合超前钻孔等超前地质预报措施,对隧道施工地质进行综合探测,全面了解隧道地质情况。三是严格实施监控量测和超前地质预报、瓦斯监测,在隧道拱部、侧墙安装反光贴片,拱脚部位采用收敛仪检测,及时发现隧道变形情况,将监控量测和超前地质预报纳入工序管理,真正指导现场施工。

2. 系在半山腰的绸带——龙潭沟大桥

梁忠高速公路共有桥梁 33 座,桥梁总长 7811m,部分桥梁下部构造施工处于悬崖峭壁之上,桥梁最高墩柱达 70 余米,施工难度极大,其中龙潭沟大桥(图 8-12-11)是典型代表。

龙潭沟大桥位于梁平县和林镇三龙村,大桥全线总长 797.043m,跨 3 座山和 4 条深沟。呈 S 形的梁忠高速公路龙潭沟大桥,有 98 根墩桩一字形立在悬崖上,其中 1 根埋入地下 28m,建设难度非常大,所需材料需要人工挑上去。

在龙潭沟大桥施工中,由于龙潭沟左线 2 号、3 号桥及右线 10～26 号墩都位于岩石边坡上,为了确保施工顺利推进,只能人工在边坡上凿台阶到桩基处,施工所需材料全部人工转移,挖孔桩作业平台也是人工凿出来的。由于作业平台狭小,孔桩多处于倾斜岩层,襟边距较小,施工难度及安全风险大,人工挖孔桩采用水磨钻施工,只能加大人力、物力资源投入。3号桥位于龙潭沟谷底,出渣无法用人工或车辆,为了解决此问题,项目部在施工便道上安装塔机,用塔机出渣,增加了设备资源投入。就是在这样的环境下,全体人员齐心协力,团结一致,迎难而上,克服了重重困难,并对重大安全隐患进行评估,常态与非常态相结合,时刻准备着应对突发事件,制订好各项安全应急预案,加强对现场施工进行详细交底,加强对施工班组进行培训,施工处增加现场施工员、安全员、质量员,确保施工人员安全及推进施工进度。一系列强有力的保障措施既保障了安全,又促进了生产,确保了施工的顺利进行。

图 8-12-11　龙潭沟大桥雄姿

与此同时,不断优化施工技术,施工前组织设计单位进行充分的技术交底和图纸会审,充分了解设计意图;施工中多次组织现场讨论,不断优化和改进实施性施工组织设计和专项施工方案,并对施工班组进行相应的技术培训;通过一系列制度、措施和设备的投入,有效保障了项目安全,确保了工程质量。在如此恶劣复杂的地质条件和施工环境下确保了零安全质量责任事故,且被重庆市交通委员会、质量技术监督局列为标准化学习基地,礼让隧道荣获"2014 年公路标准化建设"亮点工程及"科技示范奖"。

"绿色施工,从我做起。"为保护明月山的生态环境,严格按照环保要求实际施工,项目部在拌和站建设沉淀池,并针对隧道施工人员易患尘肺病的问题,高速公路每年对隧道施工人员、管理人员进行职业病健康检查,确保人员健康。

五、多措并举,确保项目工期

梁忠高速公路工期紧,为确保如期完工,项目部与时间赛跑、与困难斗争,攻山不怕坚、过水不畏难,多措并举,确保按期通车。

通过细化分解施工任务,开展劳动竞赛,是确保项目工期的良好手段。2014 年,重庆高速公路集团组织了"新千公里"劳动竞赛,但重庆市遭遇了 30 年一遇的降雨天气,很大程度上影响了施工进度。为确保架梁任务及年度施工任务的完成,项目部迅速组织开展了"赛中赛",即在"新千公里"劳动竞赛的基础上组织开展"120 天""90 天"劳动竞赛。2015 年,继续开展了"建功杯"劳动竞赛,同年年底为确保年度施工任务又自主开展了为期 60 天的"严管理,强质量,促生产"劳动竞赛。

"凡事预则立,不预则废。"每一次竞赛,业主均制订了各项考核内容、标准规范和奖惩办法,明确了开展劳动竞赛的目标及总体要求,要求各单位对需要完成的任务和实现的目标进行深入细致的研究,结合对当地的天气、施工队伍的人员、机械设备等资源配置情况及技术水平的评估,制订详细的节点目标、施工计划,并召开劳动竞赛动员大会强调活动宗旨、要求,宣布竞赛的奖惩措施,讨论在活动中可能遇到和将要遇到的问题、难题,集思广益、博采众长,寻求解决问题的方式方法。落实到月绩效考核中,同时严格按照《施工进度月考核管理办法》对路基、涵洞、桥梁、隧道进行单项考核,以月进度促进年进度。

虽然困难重重,但通过合理的任务分解,加大资源的投入和调度,激发扩大了建设者的建设热情,"路虽远,行则将至;事虽难,做则必成。"历时三载,2016 年 6 月 21 日 23 时 50 分,这座全线聚焦的礼让隧道如期贯通。2017 年 11 月 18 日召开了全线验收大会,2017 年 12 月 9 日零点提前实现全线通车。项目建设期间实现安全质量"零事故",先后荣获重庆高速公路集团有限公司授予的"优秀项目经理部",重庆渝广梁忠高速公路有限公司授予的"科技示范奖"和"标准化建设"亮点工程,重庆总工会 2015 年"先进班组",云南省"2015 年青年安全示范岗"等多项殊荣。

六、社会经济效益

梁忠高速公路途经梁平和忠县。梁平位于重庆市东北部,东邻万州区,西连四川省大竹县,南靠忠县、垫江县,北接四川省达州市、开江县,被誉为"中国特色竹乡",获得过"全国科普示范县""全国粮食生产先进县"等荣誉称号。梁平县名胜众多,特产丰富,有"西南禅宗祖庭"之美誉的双桂堂、14 万亩的天然森林氧吧——百里竹海、位列中国三大名柚之列的梁平柚,都等待着更多游客的青睐。

梁忠高速公路在梁平境内有袁驿、仁贤和铁门三个出口。全长 71.58km 的梁忠高速公路在梁平县境内总计长约 45km。梁忠高速公路建成通车后,从梁平至忠县的车程将由目前的 90 分钟缩短到 30 分钟左右;梁平至铁门乡将由老路的自驾 80 分钟缩短至 15 分钟以内;梁平至袁驿将由老路的自驾 100 分钟缩短至 25 分钟以内;市民在梁忠高速公路袁驿互通下道,再走 1km,即可到达梁平百里竹海。

历史文化名城——忠县位于长江上游地区、重庆东部,地处三峡库区腹心地带。东邻万州,南接石柱,西界丰都、垫江,北壤梁平,是三峡移民搬迁重点县。梁忠高速公路成为忠县到梁平、达州的快捷经济通道。

梁忠高速公路的建成通车,将打通渝东北连接四川、渝东南的快速通道,使梁忠高速公路沿线的区位优势更加突出,大大增强渝、川、鄂地区经济、社会联系,带动渝东北发展区经济和社会发展。

七、科研创新

按照新的管理模式,业主也改变了传统科研由业主出资立项的模式,充分调动总包部和各建单位科研积极性,从工程建设实际出发,有针对性地开展科研与创新工作,并取得了丰硕的成果(表8-12-1)。

梁忠高速公路科研课题汇总表　　　　　表8-12-1

编号	课题名称	协助单位
1	高速公路隧道穿越石膏地层综合施工技术研究与应用	重庆大学
2	高速公路施工期水环境影响评价与治理关键技术研究	重庆大学/清华大学
3	复杂不良地质条件长大隧道安全控制综合技术研究与应用	北京科技大学/北京安科兴业科技有限公司
4	大面积浅层软基快速加固关键技术研究	成都西南交通大学设计研究院有限公司
5	钢筋混凝土薄壁空心高墩日照温差影响分析及施工控制技术研究	成都西南交通大学设计研究院有限公司

截至目前,梁忠高速公路科研项目已累计完成相关论文18篇,申报专利11项,已正式授权实用新型专利1项。各课题目前取得成果如下。

(1)高速公路隧道穿越石膏地层综合施工技术研究与应用:

申报专利5个,撰写相关论文3篇,并通过该课题的研究为礼让隧道石膏岩地段施工优化及设计变更提供了支撑依据。

(2)高速公路施工期水环境影响评价与治理关键技术研究:

申报专利4个,撰写相关论文4篇。

(3)大面积浅层软基快速加固关键技术研究:

申报专利2个,撰写相关论文2篇。

(4)钢筋混凝土薄壁空心高墩日照温差影响分析及施工控制技术研究:

申报软件著作权1个,撰写相关论文2篇。

(5)复杂不良地质条件长大隧道安全控制综合技术研究与应用:

申报软件著作权2个,撰写相关论文7篇。

八、工程质量荣誉

项目工程自开工以来取得了一项又一项质量荣誉：

(1)2013年12月6日,梁忠高速公路项目开工后经过不到半年的努力,在重庆市交通委员会质量技术监督局第四季度综合履约检查中,工程实体质量抽检合格率取得96.2%的优异成绩,刷新了重庆市高速公路实体抽检合格率的纪录。

(2)2014年,礼让隧道被列为重庆市样板工程,被重庆交委质监局作为隧道施工监督管理培训基地。

(3)2015年5月,梁忠高速公路荣获重庆市总工会和重庆市交通委员会联合授予的"2014年度重庆市高速公路建设劳动竞赛先进单位"荣誉称号。

(4)2016年3月,梁忠总承包部发明"室内模拟水土流失试验小型土槽"获国家专利。

(5)2016年4月,梁忠总承包部荣获"重庆市五一劳动奖状"和"重庆市高速公路建设劳动竞赛先进单位"荣誉称号。

第十三章
G8515 广泸高速公路

G8515 广泸高速是公路《国家公路网规划（2013—2030 年）》"71118 网"中的南北纵线 G85 的一条联络线，起于四川广安市，经重庆合川、永川，止于四川泸州市，全长约 262km。

G8515 广泸高速公路重庆段（图 8-13-1）从合川兴山（川渝界）入境，经 G75 兰海高速公路至合川，经铜梁、永川、荣昌，至荣昌清升（渝川界）出境，境内全长约 180km。

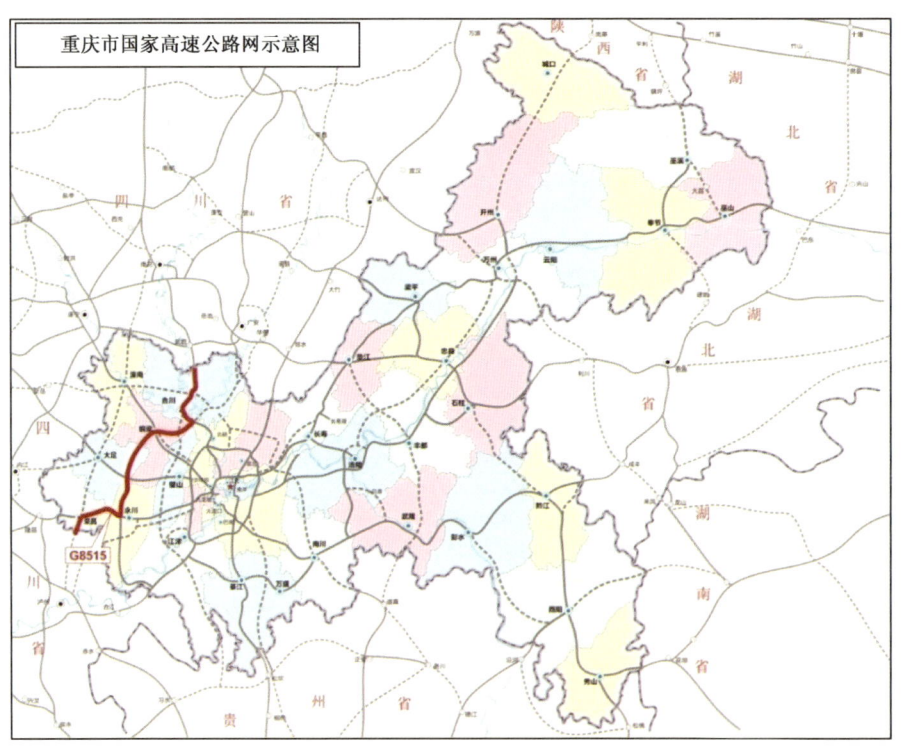

图 8-13-1　重庆市境内 G8515 广泸高速公路走向示意图

截至 2016 年年底，G8515 广泸高速公路重庆段除荣昌至泸州段（相应建设情况纳入"地方高速公路"篇"潼荣高速公路"）正在建设外，其余 4 个路段全部建成通车：一是兴山至合川段（与 G75 兰海高速公路重合，相应建设情况纳入"G75 兰海高速公路"章"渝武高速公路"整体记录），二是合川至铜梁段（即铜合高速公路），三是铜梁至永川段（即铜永高速公路),四是永川至荣昌段(与 G85 银昆高速公路重合,相应建设情况纳入"G85 银昆高速公路"章"成渝高速公路")。

第一节　铜合高速公路

一、项目概况

铜合高速公路,即重庆铜梁至合川高速公路,为重庆"三环十二射七联线"规划中三环高速的一段。

铜合高速公路起于铜梁城北二龙碑附近,与铜梁至永川高速公路对接,途经铜梁二坪、旧县,合川十塘,止于沙溪设枢纽互通与 G75 兰海高速公路相接,路线全长约 30.16km。

铜合高速公路全线设大桥 3 座,中桥 5 座,全线无隧道,桥梁占路线长度比例不到 5%;全线设置铜梁、二坪、旧县、城南、沙溪等 5 座互通式立交,其中铜梁、沙溪互通为枢纽互通立交,其余均为一般互通立交;全线设置三汇、马武等 2 处停车区,设置合川服务区 1 处。

铜合高速公路按双向四车道高速公路标准建设,设计速度 80km/h,整体式路基宽度 24.5m、桥宽 24.0m,分离式路基宽度 12.25m、桥宽 12.0m。全线桥涵设计汽车荷载等级采用公路—Ⅰ级,其余技术指标按《公路工程技术标准》(JTG B01—2003)执行。

铜合高速公路概算总投资 18.07 亿元,平均每公里造价约 6200 万元。项目采用"BOT + EPC"模式建设,投资人为中交第四航务工程局有限公司(占股 80%)和中交第二公路勘察设计研究院有限公司(占股 20%),组建重庆四航铜合高速公路有限公司作为建设管理法人对项目进行建设及运营管理。项目于 2012 年 12 月开工,于 2014 年 12 月建设通车。

二、典型工程

全线唯一的控制工程是穿越渝遂、兰渝铁路的金九大桥。金九大桥桥长 290m,上部构造采用 $(3 \times 20)m + (3 \times 20)m + (4 \times 21)m + (4 \times 21)m$ 预应力混凝土现浇箱梁。

铜合高速公路金九大桥(图 8-13-2)下穿铁路桥,桥梁设计洪水位高于桥面最低处 4m 多,为确保在洪水期间,行车畅通和安全,中交第二公路勘察设计研究院开展了一系列关键技术的研究和新技术的应用:①主梁上增设防水墙新技术的研究与应用,阻隔了高于桥面的洪水;②箱梁内混凝土压重技术的研究与应用解决了结构浮力,避免基桩上拔;③沉管隧道 OMEGA 止水带在桥梁工程上的研究与应用,保证了伸缩缝处结构变形及防水;④由排水明槽和集水池组成的封闭集中收集抽排系统技术的研究及应用,确保了洪水位下的桥面排水;⑤地下工程防水防渗技术的研究及应用,确保本结构防渗水;⑥采用鱼腹式断面、弧形防水墙、流线型桥墩,利于行洪,景观效果好。

图 8-13-2　铜合高速公路金九大桥

项目建设过程获得的荣誉情况:2012 年铜合公司荣获"重庆市交通系统先进集体";连续获得重庆市交通委员会 2012—2014 年高速公路项目建设单位评价第一名;多次以重庆地区模范项目迎接国务院安委会等上级单位的检查。

第二节　铜永高速公路

一、项目概况

铜永高速公路,即重庆铜梁至永川高速公路,为重庆"三环十二射七联线"规划中三环高速的一段。

铜永高速公路起于铜梁城北二龙碑附近,与铜梁至合川高速公路对接,途经铜梁巴川、土桥,大足雍溪、万古、金山、拾万、玉龙,永川三教、双石,止于与 G85 银昆高速公路相接的双石枢纽立交,与永川至江津高速公路对接,路线全长约 63.85km。

铜永高速公路全线设特大桥 1 座,大、中桥 27 座,长隧道 1 座,桥隧比约为 11%;全线设置铜梁西、土桥、雍溪、万古、龙水湖、三教、双石及拾下等 8 处互通式立交,其中双石互通为枢纽互通立交,其余均为一般互通立交;全线设 1 处服务区、1 处养护工区。

铜永高速公路按双向四车道高速公路标准建设,设计速度 80km/h,整体式路基宽度 24.5m、桥宽 24.0m,分离式路基宽度 12.25m、桥宽 12.0m。全线桥涵设计汽车荷载等级采用公路—Ⅰ级,其余技术指标按《公路工程技术标准》(JTG B01—2003)执行。

铜永高速公路概算总投资 38.53 亿元,平均每公里造价约 6000 万元。项目采用"BOT+EPC"模式建设,投资人为重庆高速公路集团有限公司(占股 60%)、中交第四公路工程局有限公司(占股 40%),组建重庆铜永高速公路有限公司作为建设管理法人对项目进行建设及运营管理。项目于 2012 年 12 月 27 日开工,于 2015 年 9 月建设通车。

二、项目建设管理

(1)投资人招标。2011 年 3 月,重庆市交通委员会(重庆市人民政府授权)对重庆三环高速公路铜梁至永川段项目投资人进行招标,评标采用综合评估法。评标委员会对通过资格审查、初步评审和详细评审的投标文件的收费期限、认缴出资额、财务能力、资金筹措方案、项目公司组建方案、设计和施工单位、勘察设计方案、进度计划和保障措施、项目建设方案、项目运营、移交方案等方面进行综合评估后,按综合得分高低排序,确定中交第四公路工程局有限公司为中标人。2011 年 7 月 1 日,重庆市交通委员会与中交第四公路工程局有限公司签署本项目投资协议。

(2)项目公司组建。2011 年 7 月 29 日,重庆高速公路集团有限公司与中交第四公路工程局有限公司签署本项目合作合同;2011 年 11 月 15 日,重庆市国有资产监督管理委员会以渝国资〔2011〕761 号文批复同意组建重庆铜永高速公路有限公司;2012 年 5 月,重庆市交通委员会与重庆铜永高速公路有限公司签署 BOT 项目特许权协议;2012 年 10 月 31 日,重庆市发展和改革委员会以渝发改交〔2012〕1635 号文批复核准项目法人调整为重庆铜永高速公路有限公司。

(3)监理单位招标。本项目采用公开招标方式进行监理招标,评标采用双信封评标法,最后确定施工监理中标单位为:TYJL 总监办北京中通公路桥梁工程咨询发展有限公司。

(4)EPC 总承包单位确定。根据投资协议、合作合同和 BOT 项目特许权协议的规定,2012 年 11 月 6 日,重庆铜永高速公路有限公司与中交第四公路工程局有限公司签订了本项目 EPC 合同,签约合同价为 255835.84 万元(按照本项目批复概算中建筑安装工程费、施工图勘察设计费、设备及工具购置费总和下浮 5%)。

(5)勘察设计单位确定。根据合作合同和 EPC 合同的相关规定,总承包方负责本项目的勘察设计和后期服务,经招标确定:华杰工程咨询有限公司为土建、路面、绿化工程的设计单位,四川省交通运输厅公路规划勘察设计研究院为交通安全、机电、房建工程的设计单位。

(6)施工单位确定。根据投资人招标文件和 EPC 合同的规定,路基土建、路面和房建工程由总承包方自行施工,交通安全、机电、绿化工程由总承包方于 2014 年 9 月通过公开招标的方式确定分包单位,并报项目公司备案。

(7)项目管理机构设置及职能。本项目采用 BOT + EPC 建设管理模式,工程建设按照"小业主,大总包"的模式进行管理,项目业主的职责由项目公司和总承包方共同负责。项目公司履行项目法人职责,按照股东、董事会赋予的权责,负责项目建设的筹融资,总承包合同的履约管理,建设项目进度、质量、安全和投资目标的制订和宏观管理,拨付资金,以及建设施工环境、征地拆迁政策的总体协调和指导工作。总承包方作为项目建设过程的管理实施主体,履行总承包合同约定的职责,负责建设过程的质量、安全、进度和投资的具体管理及其与之合作的勘察设计、施工、材料及设备供应等单位的履约管理,负责建设施工与环境的具体协调管理,并接受政府主管部门、股东及项目公司的监督、管理。

三、科研和新技术应用

铜永高速公路建设伊始,项目公司和重庆奥腾科技开发有限公司自主联合开发的项目管理系统便投入运用。系统涵盖了项目招投标、征地拆迁、施工管理过程中的变更审批和计量支付以及竣工资料编制等诸多内容。管理系统软件的使用既实现了资源共享,也提高了效率。

采用 TSP 超前地质预报和工作面施作超前钻探测孔,结合地质雷达对岩体特征、隧道水文变化情况作地质超前预报;采用 CST3000 全自动气体监控系统、便携式瓦斯、硫化氢检测仪等先进设备,对隧道内有毒有害气体的浓度进行 24 小时监控;采用数控隧道安全监控系统对进出洞人员进行实时监控,降低安全风险。

隧道施工采用全断面光面爆破技术、全过程防排水技术、衬砌表面零错台控制技术、耐久性混凝土施工技术、隧道铺底整体施工技术(压覆煤段)、混凝土湿喷技术等,辅以先进的施工设备的应用,为工程质量、施工安全以及今后的运营安全提供了强有力的保障。

T 形梁预制场采用数控钢筋弯箍机、预应力数控智能张拉压浆设备和喷淋养生工艺,有效保证了 T 形梁施工质量,降低了安全风险。

为解决水稳底基层、基层的横向裂缝质量通病,项目采用振动击实法设计水泥稳定碎石配合比,调整级配为骨架密实型结构,有效地减少了路面裂缝。

在料场、预制场、隧道洞口及互通立交区域安装了视频监控,通过远程监控预防安全隐患、控制工程质量。

在工程机械设备安装视频或倒车雷达等监控设备,解决了机械设备操作过程中操作人员看不见死角的问题,加大了工程机械操作的安全性。

四、攻克"拦路虎",确保按期通车

铜梁西特大桥、玉龙山隧道、双石互通是铜永高速公路确保按期通车的三个控制性

工程。

铜梁西特大桥全长1032m,由于该桥位于铜梁县城北,考虑到环境污染和噪声污染对周边环境的影响,该桥桩基施工时采用了先进的"旋挖钻"施工技术。旋挖钻施工不需要排放泥浆,对环境无污染、噪声较小,此外旋挖钻施工还大幅加快了施工进度,同时也保障了工人的安全。在钻孔灌注桩工程建设上一般的人工挖土需要20天完成一个,且危险性较大,最终选择采用的"旋挖钻"技术一天就能完成1~2个,速度是人工挖土的10倍以上,且安全性很高。

玉龙山隧道横贯玉龙山,穿越西山背斜,左线长2880m,右线长2898m,为双向四车道分离式隧道。隧址处穿越岩溶、煤炭开采区、煤炭采空区、瓦斯地段、断层破碎带等不良地质。尤其是隧道施工通过煤层,隧道洞身以上有4条水平采煤巷道,4条采煤巷道均与隧道洞身正交,这给隧道施工增加了不小的难度。为此,玉龙山隧道在施工中严格控制爆破用量及进尺,加强超前地质预报及监控量测,确保隧道安全、高效地通过下穿巷道。

双石枢纽互通立交位于永川区双石镇西侧、尹家坝村附近,连接成渝高速公路,该互通将4次跨越成渝高速公路5次跨越108省道。由于施工过程中成渝高速公路和108省道需保持通车,四跨高速公路五跨省道给施工带来极大的挑战。据现场技术人员介绍,在经过技术难度和经济费用的比较后,最终选用了钢管桩结合工字钢构建成跨高速公路、省道的施工门架。通过增加大量的人力、物力等投入,在确保质量、安全的前提下顺利完成了节点目标。

随着三个重难点问题的加快解决,铜永高速公路提前三个月实现通车目标。

五、建设和谐路,造福沿线百姓

提起以前杨广村的独木桥,60岁的村民唐方秀说:"这桥我走了50多年,两根不大不小的树木并肩搭在一起,也就50厘米宽,危险不说,每逢大雨,桥就被淹没,出行就成了问题。"不过现在,烦心的旧桥变成了崭新的钢筋水泥桥。为解决当地村民出行难的问题,铜永高速公路无偿出资82万余元,帮助该村民小组新建了1座团兴桥和2km泥结石路。2014年5月,团兴桥顺利竣工,惠及农户80余户230余人,村民们纷纷表示,享了铜永高速公路的福。

铜永高速公路主线征地共计6462亩;涉及拆迁房屋994户,管网拆迁1000余处,企业拆迁13处;涉及农转非安置人口5713人。在征地拆迁工作中,铜永高速公路有限公司及时与沿线群众沟通、协调,在铜永高速公路沿线增加通涵5道、天桥1座,加大通涵孔径10道,通涵移位59道,增加改移道路14处,及时有效地解决沿线群众提出的现实需求,彻底改变沿线百姓"晴天一身土,雨天一身泥"的出行状况。

六、打造致富路,助力新区建设

铜永高速公路沿线的铜梁、大足、永川三个区全部位于城市发展区,按照重庆市区域发展战略,城市发展区是未来工业化城镇化的主战场,同时又是成渝城市群的核心地带。铜永高速公路的建设,无疑将为铜梁、大足、永川等沿线各区的发展带来新机遇,沿线各区对于铜永高速公路建成通车后对当地的经济发展、旅游业、人员就业等多方"利好"表示期待。

借助高速公路建设,铜梁开始沿着高速公路做文章。铜梁工业园区下辖的铜梁、蒲吕2个工业园都有高速公路互通口,四通八达的高速公路网将增强对项目、资金、人才的吸纳能力,加快"大园区"建设步伐,实现千亿级工业产值。铜梁还准备在遍布全区的11个高速公路互通口附近规划建设现代农业基地,发展"一城三区五朵花"乡村旅游,为现代农业和乡村旅游发展注入强劲动力。

对于致力于打造"国际旅游胜地、生态经济城市、和谐宜居家园"的大足区来说,铜永高速公路的意义同样显而易见。一方面,它将促进大足区与周边相邻区县之间物资、精神等全方位的交流,另一方面将对该区工业、农业以及旅游业的发展起到极大的促进作用。尤其是对于大足区着力打造的"重庆最具实力的经济强镇"和"中国西部五金之都"龙水镇来说,铜永高速公路将在"五金"重镇龙水物流疏通、缓解大足"交通瓶颈"问题等方面发挥重要作用。

铜永高速公路在永川境内17.5km,设双石枢纽立交与成渝高速公路相接。铜永高速公路建成后将串联起成渝、渝蓉、渝遂三条高速公路以及成渝客运专线,对加强渝西、黔西北、川东南地区交通联系,实现公路、水路、铁路无缝连接,拉动渝西地区经济社会发展,加快港桥工业园区发展,具有重大意义。同时有利于形成点轴开发的区域经济发展模式,形成强大的内外聚集辐射力,使产业自然加速向增长极及轴线两侧集中布局,从而由点带轴、由轴带面,迅猛促进沿线及辐射区域经济的快速强劲发展,促进片区工业的井喷式增长,交通量呈几何级数爆发式增长,其所带来的效益也是放大式和综合性的。

第十四章
G5012 恩广高速公路

G5012 恩广高速公路是《国家公路网规划（2013—2030 年）》"71118 网"中东西横线 G50 的一条联络线（图 8-14-1），起于湖北恩施，经湖北利川、重庆万州、开州、四川达州、巴中，止于四川广元市，全长约 478km，重庆境内全长约 105km。

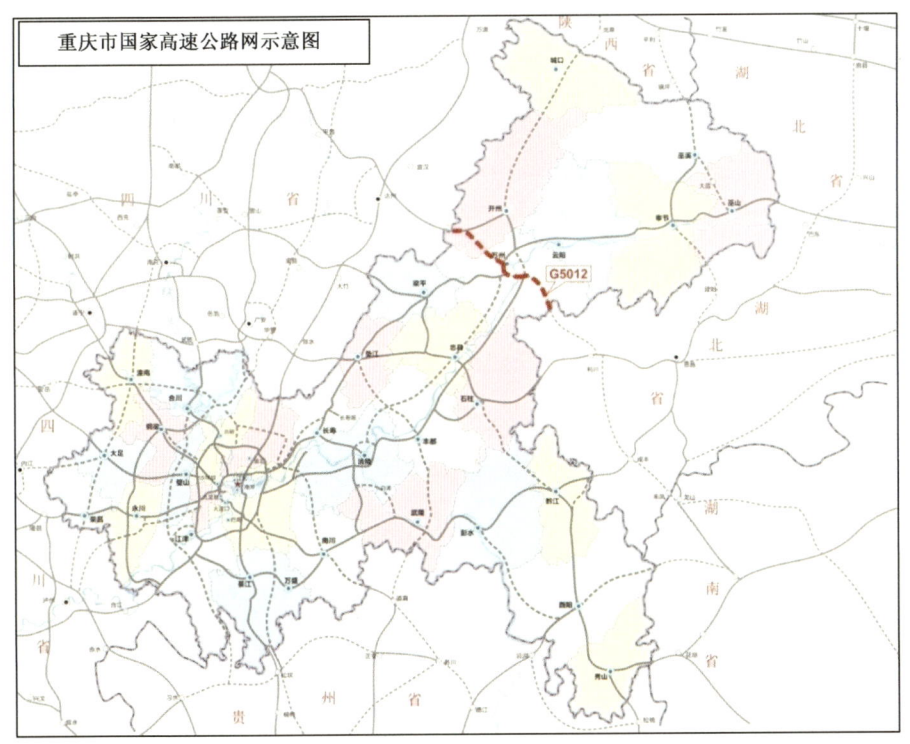

图 8-14-1 重庆市境内 G5012 恩广高速公路走向示意图

截至 2016 年年底，G5012 恩广高速公路仅万州长岭至新田段建成通车（相应建设情况纳入"G69 银百高速公路"章"忠万高速公路"），其余 3 个路段中：鄂川界（三元场）至万州长岭段，即万利高速公路，正在建设；万州新田至高峰段、万州至达州段为规划待建项目。

万利高速公路

万利高速公路,即重庆万州至湖北利川高速公路,为重庆"三环十二射七联线"规划中"四川达州经重庆万州至湖北利川"联络线中的一段。

万利高速公路重庆段起于万州区熊家镇马鞍石,设枢纽互通与G42沪蓉高速公路万州至云阳段相接,经熊家、五桥、长岭、长滩、赶场、龙驹,止于渝鄂界田家垭口附近,路线全长约52.41km。

万利高速公路重庆段全线特大桥4座,大中桥30座;特长隧道1条,长隧道4条,中、短隧道7条座;设置马鞍石、公主、江南、五桥、长滩、龙驹5处互通式立交,其中马鞍石为枢纽互通,其他均为一般互通式立交;设置省界主线收费站1处、服务区2处、养护工区1处。

万利高速公路重庆段全线采用双向四车道高速公路标准建设,设计速度80km/h,整体式路基宽度24.5m,分离式路基宽度12.25m,桥涵与路基同宽(驸马长江大桥路段除外)。全线桥涵设计汽车荷载等级采用公路—Ⅰ级,其余技术指标按《公路工程技术标准》(JTG B01—2003)执行。

万利高速公路重庆段批复概算81.28亿元,平均每公里造价约1.55亿元。项目于2014年7月全面开工,预计2017年年底建成通车。

Record of Expressway Construction in
Chongqing
重庆高速公路建设实录

第九篇
地方高速公路

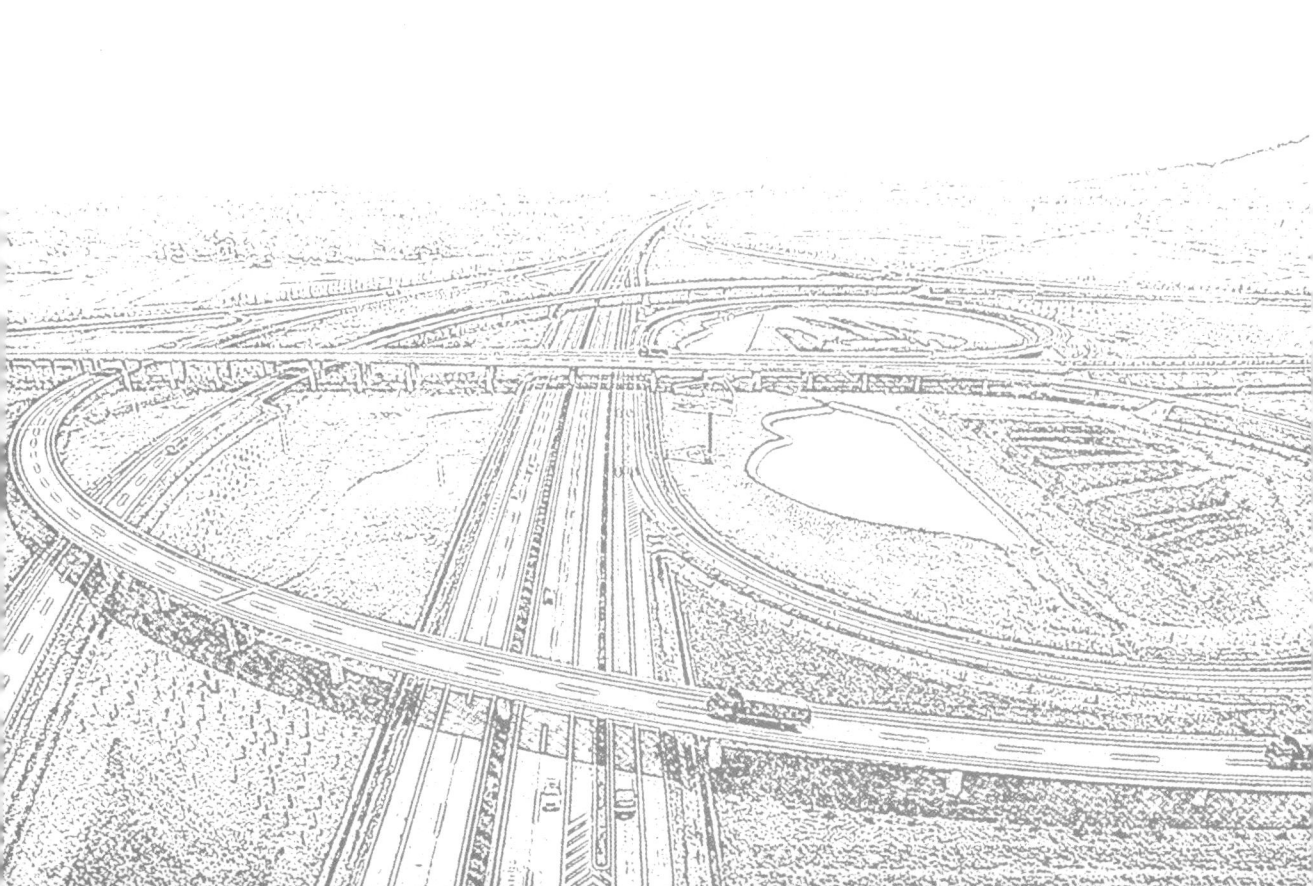

篇 首 语

本书按国家高速公路和地方高速公路分篇论述,本篇为地方高速公路。

根据《国家公路网规划(2013 年—2030 年)》和《重庆市高速公路网规划(2013 年—2030 年)》,重庆市境内规划高速公路总里程 4900km(含展望线 300km),其中地方高速公路规划里程约 1800km。截至 2016 年年底,全市已通车 2818km 高速公路中,地方高速公路占 308km(图 9-0-1 蓝色实线路段)。

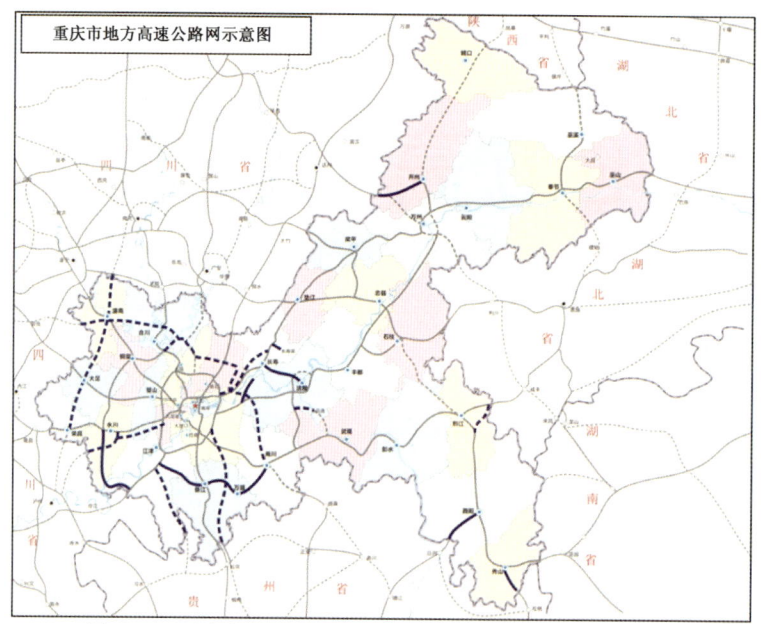

图 9-0-1　重庆市地方高速公路网建设规划示意图(实线已建成)

根据《重庆市高速公路网规划(2013 年—2030 年)》,重庆高速公路呈"三环十二射七联线"形态。为便于对照,本篇按"环线高速公路""射线高速公路""联线高速公路"和"支线高速公路"的顺序进行记录。

重庆市地方高速公路建设项目见表 9-0-1。

重庆市地方高速公路建设项目表　　　　表 9-0-1

序号	线路类别	路段名称	项目名称	分段里程(km)	章节索引	备注
1	环线高速公路(S0101)	长寿—涪陵高速公路	长涪高速公路	33.4	第一章第一节	
2		南川—涪陵高速公路	南涪高速公路	44.0	第八篇国家高速公路	
3		南川—万盛高速公路	南万高速公路	30.6	第一章第二节	

第九篇
地方高速公路

续上表

序号	线路类别	路段名称	项目名称	分段里程(km)	章节索引	备注
4	环线高速公路（S0101）	万盛—綦江高速公路	綦万高速公路	32.3	第一章第三节	
5		綦江—江津高速公路	江綦高速公路	48.4	第一章第四节	
6		江津—永川高速公路	永江高速公路	58.1	第一章第五节	
7		铜梁—永川高速公路	铜永高速公路	66.0	第八篇国家高速公路	
8		铜梁—合川高速公路	铜合高速公路	30.2	第八篇国家高速公路	
9		长寿—合川高速公路	长合高速公路	76.1	第一章第六节	建设中
10	射线高速公路	重庆—习水高速公路	渝习高速公路	64.4	第二章第一节	建设中
11		成渝高速公路扩能线	成渝扩能	49.3	第二章第二节	建设中
12		渝长高速公路扩能线	渝长扩能	52.8	第二章第三节	建设中
13		渝黔高速公路扩能线	渝黔扩能	99.8	第二章第四节	建设中
14	联线高速公路	南川—两江新区高速公路	南两高速公路	76.9	第三章第一节	建设中
15		潼南—荣昌高速公路	潼荣高速公路	138.5	第三章第二节	建设中
16	支线高速公路	长寿湖旅游高速公路	旅游高速公路	9.2	第四章第一节	
17		巴南—长寿	长寿支线	16.7	第四章第二节	
18		开县—开江（川渝界）	开开高速公路	41.2	第四章第三节	
19		酉阳—沿河（重庆段）	酉沿高速公路	31.1	第四章第四节	
20		秀山—松桃（重庆段）	秀松高速公路	30.6	第四章第五节	
合计		889.4km（其中139.4km为国家高速公路,扣除重复里程2016年年底通车308km,2017年年底渝习、成渝扩能将通车一部分）				

第一章
环线高速公路

根据《重庆市高速公路网规划（2013—2030年）》，重庆高速公路网规划有三个"环"（图9-1-1）。其中：

"一环"，即内环高速公路，全长约75km，由已建成的国家高速公路G50沪渝高速公路、G65包茂高速公路和G75兰海高速公路组成。

"二环"，即绕城高速公路，全长约187km，即已建成的国家高速公路G5001。

"三环"高速公路，全长约475km，其中的铜梁至合川、铜梁至永川、南川至涪陵3段为国家高速公路且已建成通车，剩余路段全部为地方高速公路，截至2016年年底，三环高速公路仅剩合川至长寿段正在建设。

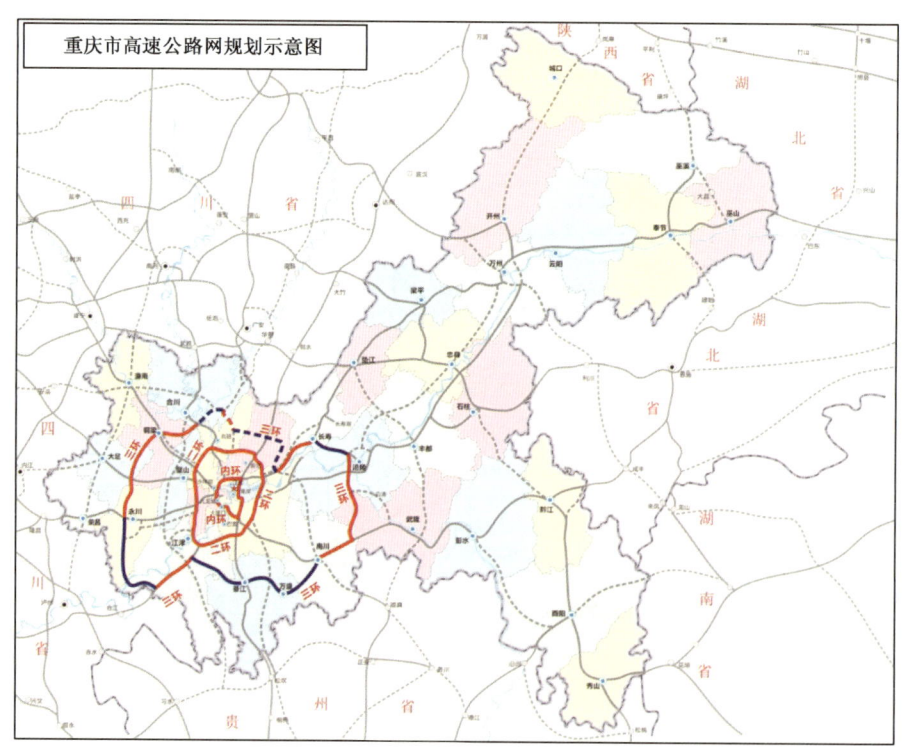

图9-1-1　重庆市环线高速公路布局示意图（蓝色为地方高速公路）

第一节　长涪高速公路

一、项目概况

长涪高速公路,即重庆长寿至涪陵高速公路,为重庆"三环十二射七联线"规划中三环高速公路的一段。长涪高速公路是国家、重庆市"九五"期间的重点公路建设项目,是重庆境内通往库区及少数民族地区的重要干线。

长涪高速公路起于渝长高速公路终点长寿桃花街互通式立交,经烟坡跨龙溪河,经但渡、高升,穿黄草山隧道,经水磨滩水库、花桥、大石庙、牛栏冲、斜阳溪后穿同心寨、庙堡隧道,止于天子殿立交桥,接涪陵长江大桥,路线全长33.4km。

长涪高速公路批复概算16.4亿元,审定决算为12.5亿元,平均每公里造价约3700万元。长涪高速公路由交通部补助2.5亿元,开发银行贷款8亿,国债投入1.75亿元,其余资金来源于交通银行等国内银行贷款。长涪高速公路于1998年1月1日开工,2000年12月31日竣工通车。

二、直辖市第一路

重庆直辖之前,已经建设了成渝高速公路,并筹建了渝长高速公路和渝黔高速公路。1997年初,四川省与重庆市分别对长涪高速公路招标。其中,黄草山隧道至大石庙(李渡立交)段由四川省重点公路建设指挥部招标开工建设;长寿至黄草山隧道段由重庆高等级公路建设指挥部招标开工建设。1997年6月重庆直辖后,重庆市交通局从四川省交通厅接手建设的第一条高速公路是长寿—涪陵高速公路。

长涪高速公路建成之前,长寿到涪陵的公路交通主要依靠国道319线。国道319线长涪段长70km,1984年由县道调整为国道,公路等级多为四级公路,且翻山越岭,道路崎岖难行。改革开放之后,四川省和重庆市一直筹划在长寿至涪陵之间建设高速公路。

1988年,四川省交通厅开始对长涪高速公路进行预可行性研究。1994年7月,四川省交通厅召开了预可行性研究报告的评审会议,同意预可行性研究报告,1995年,四川省交通厅对长涪高速公路初步设计进行了批复,批复公路全长为45.1km,全线初设概算核定为192809万元。

长涪高速公路原规划为连接三峡库区和渝东南的大通道出口要道,后来渝湘高速公路和渝宜高速公路从涪陵南北另外开辟了两大通道,长涪高速公路建成后,一时成为断头路。南涪高速公路建成后,长涪高速公路与之相连,既是重庆三环高速公路的一段,又是连接渝东和渝东南的一大通道。

三、典型工程

1. 龙溪河大桥钻孔桩施工

龙溪河大桥桥跨形式布置为140m+240m+140m的连续刚构和4×40m简支梁,主桥跨径为240m变截面连续刚构箱形梁。

龙溪河大桥1号墩是在特殊地质条件下进行水下钻孔桩施工。1号墩位处一山体斜坡上,设计采用高桩承台基础,共24根ϕ2.2m钻孔灌注桩按纵三横八排列,桩长23~29m不等,承台平面尺寸为30m×16.8m。

在该桥的桩基施工中,施工单位"交通部第一公路工程局"针对施工存在的技术难点,采取了一系列先进的施工工艺。

库区施工,不通航,没有工程船只。对此,采取组拼军用浮箱成工程浮船办法。即由陆地运输工程浮箱到库区岸边,吊装下水后再首尾、左右相扣连接组拼成工程浮船,35t吊机再上船定位锚固成水上浮吊。

根据特殊的地质情况,1号墩桩基施工方案首先圈定为搭设钻孔施工平台,再进行钻孔桩施工。采用"栽桩法",先栽住6根ϕ2.5m主桩基钢护筒,再在其上搭设平台而将平台稳固住,而后进行大斜面基岩上的水下钻孔施工。

考虑到1号墩基岩强度高,岩面倾斜大,选用冲击钻成孔工艺。其方法是开孔时不放泥浆,而直接用钻头冲击岩面,不过冲程一定要小,小到钻头落地后不碰到护筒即可,一般为0.5m左右。经过这样反复冲孔,直到孔内岩面基本平整。龙溪河大桥深水基础处置方案及施工工艺研究获"2001年度重庆市科技进步三等奖"。

2. 同心寨隧道克服溶洞

长涪高速公路的同心寨隧道左洞长1514m,右洞长1550m。隧道围岩大部分为软弱围岩,力学强度低,由于裂隙丰富,地下水量较大,且在同一断面内地质不同,岩性不均。

同心寨隧道西洞口由于洞口段岩层节理发育,完整性差,围岩软弱,故采用上半断面开挖,先进洞。当通过了加强衬砌段,进入较好岩层后,回头开挖支护下半断面。东洞口位于陡峻斜坡,且洞口段有一直径约30m的大溶洞,洞外6m又是碧筱溪大桥0号桥台、台尾,场地限制无法使用大型机械设备,故采用小导坑向西口掘进。左线掘进遇溶洞被迫停止,回头扩挖;右线掘进与西口全面贯通,返回扩挖。一般地段开挖采用钻爆法,多功能作业台架全断面开挖,非电毫秒管起爆,光面爆破,锚喷网联合初期支护。

施工单位铁道部隧道局第三工程处的职工,在该隧道施工中以不畏艰辛的精神克服了重重困难。1999年初,他们在左洞出口遇到高70m、直径12m的大溶洞;溶洞里陈年淤泥黏度极大,将工人们的双膝牢牢黏住,拔不出来,用耙也不能开挖。在"拦路虎"面前,工人们脱下外裤,跳进泥潭中,用双手捧泥。就这样,工人们硬是用手一捧一捧地将淤泥掏干净。他们在极其艰苦的施工环境中实行大循环作业制度,每天24小时作业,一年四季不停施工,胜利贯通了隧道。

3. 庙堡隧道滑坡治理

由铁道部十五局三处承建的庙堡隧道长1000m左右。该隧道不算太长,其东口塌方却比较严重。

庙堡隧道东口连接涪陵长江大桥。隧道施工时,涪陵长江大桥已经竣工,受长江大桥桥位的限制,隧道东口正好位于长江北岸大阴沟西坡一狭窄的V形冲沟内。

隧道东口施工时正逢长江流域百年一遇的洪涝汛期,拉槽地段设计明洞无法及时施作,洞顶上部坡面雨水通过岩体裂隙渗入下部基岩,并通过天沟基底渗出到路堑边坡坡面及洞口段暗洞围岩,洞口段施作时洞顶天沟已施工完毕。1998年6月19日,由于下部边坡受水浸润软化,岩体已经完全风化为黏土,明洞段天沟因基底失稳悬空进而发生剪切垮塌破坏,鉴于情况紧急,设计、监理与施工方协商后,立即采取了补救措施,即在天沟下部凌空部位采用浆砌片石和片石混凝土进行填充处理,以防止天沟下部基岩再次垮塌而扩大天沟破坏段。在随后的几天内,暴雨不断,右洞洞口暗洞加强段架设的钢筋格栅拱架出现扭曲变形、喷射混凝土出现开裂掉块等险情,施工方在紧急请示设计、业主后,拟采用在坡面坡脚打设若干排呈梅花形布置的斜向下的地表预应力锚杆束、暗洞架设回缩型钢拱架并模注C30早强混凝土的方法抑制围岩的失稳变形。但在方案实施的前期,即1998年6月25日凌晨1点,洞口发生滑坡,由于施工方对险情有一定的警戒措施,滑坡前人员全部撤离了施工现场,无一人伤亡。天亮后观察滑坡后缘拉裂面高达10m,左右洞口皆被掩埋。

对于坍方处治方案,曾考虑过"延长明洞早进洞塌方处治方案"和"重力式挡墙护脚处治方案",而最终采用了"抗滑桩上减载下清方处治方案"。

根据原来洞口开挖的地质素描监控资料,初步判断滑面以下为弱风化石英砂岩,岩体完整性好,可以认定为一个表层风化破碎层滑移拉裂型的顺层滑坡。对于这样一个滑坍自然灾害,可以在滑体中部施作抗滑桩,下部清方,为洞门施工创造条件,在抗滑桩上部进行减载,使滑坡体处治与恢复隧道施工有机结合起来。抗滑桩处治方案降低了清运方量,又恢复了隧道施工。隧道处治至今10年,抗滑桩巍然屹立在洞顶上坡面,运营正常,实践检验证明,本方案是有效和成功的。

第二节 南万高速公路

一、项目概况

南万高速公路,即重庆南川至万盛高速公路,为重庆"三环十二射七联线"规划中三环高速公路的一段。

南万高速公路起于綦万高速公路万盛隧道出口,经万盛万东、丛林,南川南平、南城等乡镇,止于渝湘高速公路南川互通,路线全长约30.61km。

南万高速公路全线设特大桥1座(万盛特大桥主桥为90m+160m+90m连续刚构),大、中桥19座;长隧道1座,中、短隧道4座,桥隧比约为29%。全线在万盛、丛林、南平、金佛山西、南川设置5处互通式立交,其中万盛、南川互通为枢纽互通立交,其余互通为一般互通立交;另设置南平停车区1处。

南万高速公路全线采用双向四车道高速公路标准建设,设计速度80km/h,整体式路基宽度24.5m、桥梁全宽24.0m,分离式路基宽度12.25m、桥宽12.0m。全线桥涵设计汽车荷载等级采用公路—Ⅰ级,其余技术指标按《公路工程技术标准》(JTG B01—2003)执行。

南万高速公路批复概算为25.30亿,平均每公里造价约8400万元,由重庆高速公路集团有限公司全额筹资建设。项目于2010年5月开工,于2013年年底建设通车。

二、项目特点

南万高速公路路段不长,但地形、地质条件与各种外界因素干扰很多,被行业内专家称为"钢丝绳上的攻坚战"。

(1)地形复杂、相对高差大、工程难度大。南万高速公路沿线特别是万盛段地形特别复杂,山峦起伏,高差很大。项目起点至K13+800,高程由315m抬升到630m,高差315m,连续13km平均坡度达到2.38%。万盛段隧道和大中桥梁多,路基特殊工程多,后期施工难度较大。

(2)地质条件复杂、不良地质地段较多。南万高速公路沿线煤矿压覆和采空区、煤矸石、岩溶、顺层边坡、次生红黏土等不良地质现象对路基、桥涵、隧道等人工构造物的稳定有一定影响。

(3)综合运输网密布、相互干扰大。万盛至南川铁路、S303省道及地方公路、电力线塔、军缆电讯线、地下管线和沿线厂矿密集交错,拆迁量大、施工干扰多。

三、技术创新

(1)全国首创煤矿采动影响区适应变形设计方法,破解了压覆煤矿开采与高速公路建设不可兼得的难题。南万高速公路 K10 至南川终点段约 20km,受地形条件限制,路线无法绕避煤矿区域,评估生产矿井压煤超过 820 万 t,按煤炭部门估价标准,压覆煤炭资源价值超过 8 亿元。煤炭开采后,路线受煤矿采动直接或波及影响程度,全国罕见。为最大限度利用压覆的煤炭资源,实现社会资源的节省,同时确保高速公路的运营安全,项目组通过科研创新,全国首创提出了适应未来煤层采动影响的设计理念和方法,有效解决了压覆煤矿开采与高速公路建设不可兼得的难题:一是科学预计压覆煤矿未来开采地表变形(下沉、平移、倾斜等)影响值,形成了《重庆市南万高速公路压煤路段采动影响评估》报告(下称《评估报告》)。二是根据《评估报告》分路基、桥梁、隧道三大类,专题研究适应未来采动变形设计对策和措施,并成功指导施工建设。三是建立运营阶段监控量测和定期巡查机制,设立固定的采动影响变形观测点,填写变形观测日志,制订预防处治措施。

(2)国内首例成功利用废弃煤矸石山作浅挖路基,治污节地,保护环境。煤矸石已经成为煤矿区公害,占用土地,污染环境,治理难度大。受地形条件限制,南万高速公路在万盛境内须穿越砚石台煤矿堆放的煤矸石山,该矸石山堆积已 50 余年,常年燃烧不止,其东侧 3.0~25m 为南川至万盛铁路,西临孝子河陡斜坡,占地 0.09km^2,厚度 18.1~43.50m,堆积体 300 万 m^3,由煤渣、矸石、泥岩、灰岩碎块石组成,结构疏松,含大量煤屑、煤粉及黄铁矿,密闭环境中黄铁矿氧化发热,煤屑和炭质含量较高的页岩自燃冒烟,产生 200~300℃ 的高温和大量 CO、SO_2 有害气体,长时间燃烧形成空洞,将造成路基不均匀沉降,影响高速公路区行车安全。

依托本项目,重庆市交通规划勘察设计院联合重庆交通大学组织开展了《南万高速公路煤矸石路基处治技术研究》的科研攻关,通过室内物理试验、化学成分分析、力学试验等手段对煤矸石的路用性能进行了分析,得出了煤矸石经过处治后可以用作路基填料、可以采用强夯法来提高路基的承载力减小沉降、可以采用注浆法消除煤矸石自燃的结论,并成功指导了工程建设,开创了煤矸石自燃稳定技术成果的国内先例。

(3)运用起终点互通式立交,恰当地实现了三级设计速度级差安全过渡。本项目万盛端接綦江至万盛高速公路万盛隧道出口段,设计速度为 60km/h,路基宽度 20m;南川端接 G65 包茂高速公路界石至水江段,设计速度为 100km/h,路基宽度 26m;本项目两端的高速公路设计速度差达到 40km/h。本项目合理通过起终点的互通式立交主线速度渐变与匝道速度过渡,妥善实现了三级设计速度的安全过渡。

四、典型工程

煤矿采动影响区高速公路适应变形设计方法

（1）路基工程：对开采深厚比小于40的路段，综合运用路基压浆、设置抗变形钢筋混凝土埋板处理，其他路段设置土工格栅；涵洞尽量采用了整体性好的箱涵，取消拱涵，盖板涵统一采用整体式基础。

（2）桥梁工程：结构体系均改为简支结构或先简支后桥面连续结构，简化桥梁纵向计算分析；尽量控制单孔跨径不大于40m，多联长度不大于80m；上部结构尽量采用横向刚度大、整体性好的T形梁或箱梁，以增强主梁的抗扭承载能力；桩柱式桥墩改用承台＋桩基础，将地表横向拉压变形对桥墩的影响约束在承台以下的桩基上，简化桥墩的设计；伸缩量的选择除按规范要求计算外，补充计算地表纵向水平变形影响量、地表倾斜在墩顶的影响量；支座承载能力的选择考虑采动影响引起的支反力变化，支座高度考虑采动变形需要；对桥面连续构造进行特殊设计以适应期复杂的受力和变形需要等。

（3）隧道工程：隧道二次衬砌全部采用钢筋混凝土结构（围岩级别均为Ⅳ、Ⅴ级），并对仰拱纵向钢筋进行加强。适当增加隧道变形缝，缝宽不小于50mm，变形缝要采取有效的止水措施。围岩较破碎或老采空区路段，采取在衬砌背后注浆补强措施，以防止下部煤层开采抽冒破坏隧道。对采空区位于隧道上方的，根据拱顶与采空区底板距离、采空区性质、围岩级别分别采取针对性的超前支护措施，加强支护衬砌结构。对采空区位于隧道下方的，隧道底部至采空区顶板距离小于3m且岩体破碎段，采用开挖后现浇C15片石混凝土回填，对岩体较完整的，则采用灌浆或对采煤巷道进行浆砌片石回填；隧道底部至采空区冒落顶板距离大于3m的，采用钻孔灌注充填法处理。

第三节　綦万高速公路

一、项目概况

綦万高速公路，即重庆綦江至万盛高速公路，为重庆"三环十二射七联线"规划中三环高速公路的一段。

綦万高速公路起于綦江区母家湾，与渝黔高速公路连接，经綦江古南镇、通惠镇、三角镇、永城镇，在麻坝河处进入万盛区境内，经平山机械厂、建设乡，止于万盛区建设红砖厂附近，路线全长32.3km。

全线按一级公路标准进行设计，路基宽度20m，双向四车道，设计速度60km/h，项目建成后实行全封闭、全立交。

綦万高速公路批复概算10.4亿元,决算总投资约11.0亿元,平均每公里造价约3400万元,资金来源国债转贷18000万元,地方自筹26050万元,银行贷款60000万元。项目于1999年10月开工,2004年9月建成通车。

在重庆市交通委员会的统筹安排下,获得了国债转贷18000万元,地方自筹26050万元,银行贷款60000万元,总投资约为10.4亿元。竣工决算后,綦万高速公路实际建设总投资10.9587亿元,超过概算5537万元,每公里造价约3393万元。

二、万盛人的"强区之路"

1998年,重庆直辖后的第二年,渝黔高速公路一期工程启动。高速公路将通达綦江的消息,触发了万盛人民修建綦万高速公路的设想。

当时,万盛到主城重庆的交通主要有铁路和公路两种方式。万盛到重庆的铁路距离约为155km,正常情况下的客运时间是五个半小时;万盛到重庆的公路距离约为136km,正常的汽车行驶时间约为五个小时。而且公路状况较差,所经的川黔公路(后改为渝黔公路、川湘公路)是20世纪30年代的老路。2000年前,这两条路虽经多次整治、改造,但公路等级没有实质性的改变,局部路段仍为等外级。因为交通问题,曾经落户万盛数十年的一些"三线"企业,如平山机械厂、晋林机械厂、重庆无线电专用设备厂等,从20世纪90年代中期,开始了整体搬迁,万盛一度成为被遗忘的角落。

1997年,重庆成为直辖市。借成为直辖市的东风,深受交通困扰之苦的万盛人提出了建设綦万高速公路的设想。

万盛区提出建设高速公路是需要极大气魄的。一是当时全市的高速公路建设规划仅为"一环四射",綦万高速公路尚未纳入全市的总体规划,而且当时重庆的高速公路建设刚刚起步,建设资金奇缺,由重庆市投资建设綦万路尚不成熟;二是按照万盛的财政收入,根本无力承担綦万高速公路建设所需费用。

在如此困难的条件下,万盛区决策层站在可持续发展的高度,以超常的勇气做出了决策:"砸锅卖铁"也要建成这条"强区之路"。

三、綦万高速公路的"好事多磨"

綦万高速公路建设过程可谓历尽艰辛、一波三折。早在1997年1月重庆市交通局即向重庆市计委报送了"项目建议书",1998年9月,重庆市计委批复项目工可,明确项目由重庆市交通局、綦江县和万盛区三方共同建设。"万事俱备,只欠东风",在资金短缺的条件下,通过两年多招商引资,1999年2月,由万盛区万通公路开发有限公司、綦江交通实业总公司和上海新荣投资有限公司达成协议,共同出资组建重庆新荣公路开发有限责任公司。重庆新荣公路开发有限责任公司作为项目业主于1999年10月8日开工实施本项目。

然而,由于投资方资金不济,开工3个月后,致使开工后仅局部路段进场施工,全线施工未发生一次计量支付,项目于2000年6月全线停工。随后上海成浦集团介入该项目,运作9个月后,仍无力解决建设资金,于2001年3月23日提出退出綦万公路建设项目。

重庆市交通委员会于2001年7月30日以渝交委计〔2001〕105号文收回了重庆新荣公路开发有限责任公司对綦万公路的建设经营权。

遵照重庆市委、市政府"依法认真处理好綦万路遗留问题,尽快复工"的指示精神,2001年11月5日重庆市交通委员会批准成立"重庆綦万高等级公路有限公司",负责开发、建设、经营綦万公路,并为下一步由"重庆高速公路发展有限公司"接手做好准备。

需项目新业主接手处理的遗留问题相当棘手,一是涉及债权单位50余家;二是涉及赔偿金额大,共申报赔偿金额约1.5亿元;三是原有中标单位存在挂靠中标、分包等现象;四是债权、债务关系复杂,有材料供应商、有务工人员工资甚至还有沿线群众买柴、米、油、盐的欠款。经过三个月的工作,所有遗留问题得到了较为妥善的处理,为高发司的最终接手创造了条件。项目业主先后对施工图进行了优化,对原进场单位与投标单位进行了全面检查,对检查中发现确有严重违约、违规的施工单位进行了处理,取消了三家施工单位的中标单位资格。经过多方的共同努力,綦万公路于2001年11月28日实现了部分合同段正式恢复施工。并分别于2001年12月11日、2002年3月26日、4月15日与审查认定后的施工单位签订了土建施工合同,达到了全线复工的目标。

经过几年的风雨兼程,綦万高速公路终于于2004年9月15日建成通车。

第四节 江綦高速公路

一、项目概况

江綦高速公路,即重庆江津至綦江高速公路,为重庆"三环十二射七联线"规划中三环高速公路的一段。

江綦高速公路起于G93成渝环线高速公路江津境内的先锋立交,经江津区先锋、西湖、贾嗣、夏坝、广兴,綦江区升平、北渡、永新等乡镇,止于綦江区南侧,设枢纽互通与G75兰海高速公路渝黔段相交,路线全长约48.4km。

江綦高速公路全线设特大桥1座(观音店綦江特大桥),大中桥28座;特长隧道1座(金泉特长隧道),长隧道3座,桥隧比例约为34%;设置先锋、青泊、贾嗣、广兴、北渡、綦江等6处互通式立交,其中先锋、綦江互通为枢纽互通,其余均为一般互通式立交,同时对渝黔高速公路上的母家湾互通(接綦万高速公路)进行全立交改造;设永新梨花山、先锋2处服务区,1处养护工区(贾嗣)。

江綦高速公路全线采用双向四车道高速公路标准建设,设计速度80km/h,整体式路基宽度24.5m、桥梁全宽24.0m,分离式路基宽度12.25m、桥宽12.0m。全线桥涵设计汽车荷载等级采用公路—Ⅰ级,其余技术指标按《公路工程技术标准》(JTG B01—2003)执行。

江綦高速公路批复概算为47.20亿元,平均每公里造价约9750万元。项目采用"BOT+施工总承包"模式建设,投资人为重庆高速公路集团有限公司(占股60%)、中国葛洲坝集团第五工程有限公司(占股40%),组建重庆江綦高速公路有限公司作为建设管理法人对项目进行建设及运营管理。项目资金来源为项目法人自筹资本金资金11.75亿元,其余资金通过银行贷款等渠道解决。项目于2013年4月12日开工,2016年9月27日建成通车。

二、前期工作

(1)设计单位招标。本项招标工作由重庆市交通委员会、重庆高速公路集团有限公司组织开展,于2010年12月27日在重庆市建设项目及招标网、重庆市交通委员会网站、重庆高速公路集团有限公司网站上刊登了招标公告。2011年1月15日对本项目工程勘察设计投标文件进行了公开开标,经过评标委员会的审查,确定第一中标候选人为四川省交通运输厅公路规划勘察设计研究院。

(2)勘察设计回顾。2011年2月启动控制测量工作,2011年7月完成初步设计、2011年12月完成初设批复,2011年7月施工图外业工作启动,2011年12月完成施工图设计,2012年5月完成施工图批复。

(3)监理单位招标。本项招标工作由重庆高速公路集团有限公司组织开展。重庆高速公路集团有限公司于2011年9月30日起在重庆市建设项目及招标网、重庆市交通委员会网站、重庆高速公路集团有限公司网站、重庆市工程建设招标投标交易信息网上刊登了招标公告。2011年10月28日,在重庆工程建设招标投标交易中心对本项目的投标文件进行了公开开标。经过评标委员会的审查,确定第一中标候选人为深圳高速公路工程顾问有限公司。

(4)投资人招标。项目投资人招标由重庆市交通委员会组织在重庆市工程建设招标投标交易中心进行,委托招标代理机构华杰工程咨询有限公司编制投标文件,于2011年11月30日在重庆工程建设招标投标交易中心进行了公开开标,经过评标委员会评审,确定第一中标候选人为中国葛洲坝集团第五工程有限公司。根据招标文件与投标文件,由该公司以施工总承包模式负责江綦路的建设。

（5）建设单位组建。2011年12月23日，重庆高速公路集团有限公司与中国葛洲坝集团第五工程有限公司签署本项目合作合同。2012年4月18日，重庆市国有资产监督管理委员会以渝国资〔2012〕182号文批复同意组建重庆江綦高速公路有限公司。2012年7月，重庆市交通委员会与重庆江綦高速公路有限公司签署BOT项目特许权协议。2012年10月31日，重庆市发展和改革委员会以渝发改交〔2012〕1636号文批复核准项目法人调整为重庆江綦高速公路有限公司。

（6）施工总承包单位确定。根据投资协议、合作合同和BOT项目特许权协议的规定，2012年9月12日，重庆江綦高速公路有限公司与葛洲坝集团第五工程有限公司（2015年更名为中国葛洲坝集团第五工程有限公司）签订了项目施工总承包合同，签约合同价为338702.14万元（按照本项目批复概算中建筑安装工程费、设备及工具购置费总和下浮3%）。

（7）施工单位确定。路基土建、路面、房建和绿化工程由施工总承包方自行施工，交通安全、机电工程由施工总承包方于2015年5月通过公开招标的方式确定专业分包单位，并报重庆市交通委员会备案。

三、建设管理

重庆江綦高速公路有限公司以"敬业、和谐、争先"的公司文化理念，履行项目建设组织者和管理者的责任。在建设管理方面抓好了以下几方面工作：

（1）打造坚实的建设管理团队。股东双方高度重视建设项目专业团队建设，根据各自自身情况及管理需要，组建具有丰富大项目建设管理经验、施工经验的领导班子，配足踏实肯干责任心强的计划、合同、技术、质量、安全、财务、纪检等各部门岗位管理人员。

（2）制订严格的管理制度。公司完善制度建设，内部实行严格规范管理。现场管理人员常驻工地现场，坚持建设情况365天"每日数据报送制度"。实行公司员工季度考核与绩效工资挂钩制度。公司先后制定了内部管理制度共计37项，涉及重大事项的决策及时组织召开"三重一大"专题会研究，重大事项均实行董事会会签制，重大决策由股东会议审查并决议。

（3）构建和谐大家庭。公司除了严格的管理外，大力贯彻以人为本的理念。公司工会设立兴趣小组、职工阅览室、"职工之家"等，让外地员工以公司为家；执行"五必访"制度，让广大职工感受到公司大家庭的温暖。

（4）充分发挥股东沟通机制。项目建设过程中，股东双方加强沟通交流，召开股东交流会多达20余次，及时解决了工程建设过程中的重重难题。参建各方精诚协作，项目建设有序推进。

(5)依托专家做好技术保障。公司聘请知名桥梁、路面、房建、机电专业等专家进行指导,使得桥梁合龙精度高,路面施工质量可控,房建质量优,机电设备运行平稳可靠。特别是首座合龙贯通的金银峡连续刚构大桥合龙误差仅为4mm,远低于20mm的规范容许值。

(6)大力推行标准化建设,确保工程质量优良。通过对驻地标准化、集中拌和标准化拌和站、集中预制标准化预制场、集中加工标准化钢筋加工厂的建设以及施工过程中的便道建设、排水系统的布置、高空施工排架的搭设、桩基施工的标准化布置等,创造了一个个爽心悦目、文明安全的施工工地形象,方便了施工人员的现场施工通行、运作,减少了施工人员出现安全事故的概率,创造了无形的经济效益,推进了施工的稳步顺利前行,也带来了丰厚的社会效益,多次受到重庆市交通委员会、重庆高速公路集团有限公司及江津、綦江两区领导的赞誉,并多次接受各级兄弟单位的观摩交流。项目2014年全年一次性抽检合格率平均值为94.2%,2015年全年一次性抽检合格率平均值为95.2%,2016年全年一次性抽检合格率平均值为97.25%,均在重庆在建高速公路项目中名列前茅,交工验收总体合格率高达98%。

四、项目亮点

(1)创造质量、安全"零"事故记录。本项目自开工建设到项目交工验收,历时三年半,实现了质量、安全生产"零"事故,截至2016年年底属于重庆高速公路"新千公里"建设项目的首创工程。特别是尝试将全线4座隧道集中于一个合同段施工,统一管理,不仅全线隧道工期提前了1年零10个月,而且实现了人员"零"死亡,在交工验收中无不符合项清单出现。

(2)绿化工程效果显著(图9-1-2)。在土建工程完成65%时就提前种植,经历了两个春夏秋冬,实现了"抬头见绿,四季有花"的绿色生态高速公路典范,在重庆市交通委员会组织的绿化专题会上进行交流总结。

图9-1-2 通车前的江綦高速公路

（3）2017年荣获重庆"最美高速路"荣誉称号。以道路畅通率、安全率、舒适度、环境（风景）四个标准贯穿于"最美高速路"评选的各环节，由行业主管部门领导、媒体负责人、社会监督员等组成的专家评审组进行初评、复评、终评等，江綦高速公路最终从32条候选路段中脱颖而出，荣获重庆"最美高速路"荣誉称号。

（4）实现路域资源开发、服务区建设与通车同步完成（图9-1-3）。所有路域资源均已在开通之前落实，并与重庆高速集团资产公司统筹经营。全线有效控制了非法广告，批复的广告牌在通车前全面建成；服务区已在通车之前启动了招商经营；两个服务区同步建成，通车之日全面向社会投入使用。

图9-1-3　建成通车的江綦高速公路

（5）获得诸多荣誉（图9-1-4）。公司连续三年在2014—2016年重庆高速集团的建设板块年终考评中荣获第一名，并获得重庆市新千公路党建"六方联建"工作先进集体、"好班子"等荣誉称号；2014年被共青团市委授予"青年安全示范岗"荣誉称号；2015年重庆市交通委员会组织的在建项目"平安工地"考评荣获第一名、"施工标准化"考评荣获第三名；2016年重庆市交通委员会组织的高速公路项目建设单位上、下半年评价均荣获第一名；2016年被重庆市安全生产监督管理局评为"安全生产先进集体"；连续在2015、2016年

图9-1-4　重庆江綦高速公路有限公司荣誉墙

被重庆市总工会授予重庆市高速公路建设劳动竞赛先进单位;2016年还被评选为全国基础设施重点工程建设劳动竞赛优胜单位。

五、科技创新

大量采用了新工艺、新技术为项目注入新活力,不但保证了质量、安全,实现了科技创新驱动高速公路建设。

(1)监控报警。在热拌站安装智能监控报警设备,通过其进行沥青数据监控(曲线)及查询(材料用量数据),沥青配比情况查询(数据),沥青理论配合比、沥青误差分析(曲线)。报警权限设置初、中、高三级,分设不同人群权限报警,一旦出现问题可及时督促纠偏整改。

(2)刚构桥竖向预应力采用二次张拉。在观音店綦江河特大桥、金银峡綦江河大桥、土槽湾綦江河大桥三座大跨径预应力混凝土桥梁施工中首次采用竖向预应力筋二次张拉工艺,有效克服了因竖向预应力不足导致的质量缺陷,实现了孔道压浆密实、饱满。

(3)大跨度预应力混凝土连续梁桥腹板裂缝及跨中下挠预防技术得到较好应用。该技术在观音店綦江河特大桥、金银峡綦江河大桥(图9-1-5)、土槽湾綦江河大桥施工中得到应用,不但提高了施工质量(监测到的竖向预应力损失很小),而且施工方便。

图9-1-5　金银峡大桥

(4)钢箱梁桥面采用钢纤维混凝土。钢纤维混凝土具有使用性能优越、维修费用较低和使用寿命延长的特点,可大幅提高综合经济效益。

(5)预留装配式钢牛腿托架。用装配式钢牛腿纵梁托架替代普遍采用的支架类型,从而达到节约成本以及保证既有高速公路通车要求等方面的目标。

(6)绳锯法解临时固结。在观音店大桥的临时固结解除施工中,率先采用绳锯对钢筋混凝土进行整体切割,避免了传统人工凿除施工时间长、速度慢的缺点,成功对全桥进行了体系转换。

(7)采用智能张拉与真空压浆。在T形梁预制场全部采用智能张拉配合真空压浆,有效提高了梁板的施工质量与耐久性,克服了传统方式作业的人为、环境因素影响,实现同步张拉和压浆的饱满,使构件强度得到保证。

(8)小净距隧道施工。采用"小净距隧道施工技术研究与应用"中的成果优化了小净距隧道施工技术方案,在保证安全的前提下,提前了工期,节约了成本。

(9)使用可自动调节宽度沥青摊铺机。在互通匝道施工时,可随时调整摊铺宽度,有效解决了匝道宽度变化引起的摊铺宽度不足和避免设备拆卸,保证了路面施工质量。

(10)使用钢箱梁。在高接高立交施工中普遍使用钢箱梁,既减少对既有高速公路通行的影响,又可以加快施工进度,确保施工安全,同时在去产能、循环经济、环境保护等方面起到了一定积极作用。

(11)钢渣路面作为科技创新项目在路段进行了试验。与中国葛洲坝集团道路材料公司合作在北渡匝道上铺了500m试验段,各项指标均满足设计标准,这也是首次在重庆市路面上进行尝试。

第五节　永江高速公路

一、项目概况

永江高速公路,即重庆永川至江津高速公路,为重庆"三环十二射七联线"规划中三环高速公路的一段。

永江高速公路起点位于永川双石镇,通过双石枢纽立交与成渝高速公路和铜永高速公路衔接,经永川青峰、双凤、何埂、松溉,江津石蟆、杨柳,止于塘河附近的斑竹林与G93成渝环线高速公路(渝泸高速公路)相接,路线主线长约58.09km,支线长2.1km。

永江高速公路全线设特大桥1座(永川长江大桥),大中桥18座;特长隧道1座(黄瓜山特长隧道);设置永川西、麻柳河、永川南、五间、何埂、松溉、望江、石蟆、斑竹林等9处互通式立交,其中永川、斑竹林互通为枢纽互通,其余均为一般互通式立交;设永双凤服务区1处、石蟆停车区1对。

永江高速公路永川长江大桥及引道路段采用双向六车道高速公路标准建设,主桥、引桥桥面宽33.5m,引道路基宽32.0m,其他路段采用双向四车道高速公路标准建设;其余路段整体式路基宽度24.5m、桥梁全宽24.0m,分离式路基宽度12.25m、桥宽12.0m;设计速度80km/h。全线桥涵设计汽车荷载等级采用公路—Ⅰ级,其余技术指标按《公路工程技术标准》(JTG B01—2003)执行。

永江高速公路批复概算60.06亿元,平均每公里造价约1.03亿元。项目于2012年7月开工,2014年12月建成通车。

二、重庆高速"西三环"

重庆市政府最早的决策是,确定在永川松溉镇修建长江大桥及接线工程。重庆市发改委于2007年上报国家发改委《关于永川长江公路大桥工程立项的请示》(渝发改交〔2007〕500号)后,2007年12月组织召开了重庆市永川长江公路大桥项目建议书现场咨询评估会,会上专家组提出根据国家发改委《长江干流桥梁(隧道)建设规划》,研究论证永川长江大桥可以成为重庆三环高速公路的过江大桥。2008年重庆发改委又上报国家发改委《关于永川长江大桥及接线工程有关情况的补充报告》(渝发改交〔2008〕1504号),明确永川长江公路大桥正式确定为重庆三环高速公路的过江大桥,并确定为重庆西三环,于2009年国家发改委发文《关于重庆市永川长江公路大桥项目建议书的批复》(发改基础〔2009〕1903号),项目得以正式立项。

2009年6月10日,重庆市人民政府授权永川区人民政府为重庆三环高速公路永川双石至江津塘河段项目招标人,按照国家有关规定对该项目进行BOT招商引资并签署有关协议。2010年9月16日,中交第一公路工程局有限公司(简称中交一公局)成功中标重庆三环高速公路永川双石至江津塘河段工程,并于2011年1月完成项目核准,最终于2012年7月实现项目开工。永江高速公路划分为4个施工合同段,控制工程当属永川长江大桥和黄瓜山隧道。

三、永川长江大桥——重庆长江上游第一桥

永川长江大桥(图9-1-6)项目是本项目最重要的节点工程,大桥位于永川松溉镇至江津石蟆镇,全长1895.8m。主桥为桥跨布置64m+68m×2+608m+68m×2+64m=1008m的七跨连续半漂浮体系双塔混合梁斜拉桥。两岸塔高分别为196.7m和207.4m,由76对斜拉钢索拉托桥面。大桥宽阔,为双向六车道,是永川区第一座长江大桥,重庆市辖区内上游的第一座长江大桥。在同类型斜拉桥中,跨径排重庆第一位。

该桥的施工具有十大创新点:主桥承台大体积混凝土采用混凝土裂缝控制技术,有效降低水化热对混凝土的影响,保证了承台施工质量;索塔采用超高泵送混凝土技术,使混凝土一次顺利泵送到200m以上的高度;边跨箱梁施工积极应用四新技术,包括移动组拆式人行爬梯、桥梁压重水袋、快易收口网模板、全自动回转移动式布料机等,加强了施工的

标准化、机械化、智能化,保障了边跨箱梁施工质量和安全;钢混结合段施工采用大流态钢纤维自密实混凝土,有效保障了结合段混凝土的施工质量;塔侧钢箱梁首创气囊滚动离船上岸施工工法,避免大型起重设备的使用,规避了水上施工安全风险;主跨钢箱梁采用新型大范围变幅吊机,有效解决了结合段钢箱梁吊装需要跨越结合段支架的难题和三种非标梁段的安装问题;项目积极运用新材料,包括新型压浆料、PSP材质风嘴、航空铝材检查车等;项目自行开发专利,包括大型钢箱梁气囊托举上岸施工工法、新型混凝土坍落度板、斜拉索上桥提升装置、利用组合式千斤顶挂设和张拉斜拉索施工工法;项目首创采用BIM技术应用到桥梁施工的实践,四维模拟主跨钢箱梁合龙施工;项目运用网络科技,实现施工现场远程监控。

图 9-1-6 永川长江大桥

该大桥由中交一公局厦门工程有限公司施工,而负责这一复杂技术工程的团队,是一个平均年龄只有26岁的年轻工程技术团队。在施工中,他们体现了朝气蓬勃、勇于探索、敢于创新的团队精神。

四、800 昼夜贯穿黄瓜山隧道

黄瓜山隧道(图 9-1-7)是永江高速公路的重点控制性工程。隧道左线长 3138m,右线长 3158m。该隧道经过两个煤矿采矿区,实际穿越煤段长达 3400 多米,整条隧道施工难度很大,施工过程中伴有瓦斯气体溢出。为确保隧道掘进安全,采用了全天候视频自动监控系统,24 小时监控工程建设。由于黄瓜山隧道处于四川盆地边缘的川东沉积带,地质情况极其复杂,围岩变化频繁,施工人员还克服了在极易坍塌的水平岩层中穿越施工。

黄瓜山隧道的技术难点之一是,洞门存在着偏压、浅埋,在隧道实际施工中有瓦斯的溢出,里边还有涌水的出现。对于洞门偏压,施工单位采取了地表注浆,地表打锚杆,做抗滑桩,克服了偏压。在实际施工中,因为有水平煤层的出现,有瓦斯的溢出,施工单位采用瓦斯监测系统,通过瓦斯监测系统,准确测出瓦斯的浓度。由于是低瓦斯隧道,施工条件极为复杂,不仅施工难度大,安全要求也极高。为防止安全事故的发生,每洞每次最多仅允许进入29人,均要求佩戴瓦斯检测仪和人员识别系统。黄瓜山隧道施工单位路桥华祥国际工程有限公司从2011年12月进洞施工,到2013年11月贯通,苦战800昼夜,没有出现过一起安全死亡事故。

图 9-1-7　黄瓜山隧道

第六节　合长高速公路

合长高速公路,即重庆合川至长寿高速公路,为重庆"三环十二射七联线"规划中三环高速公路的一段。

合长高速公路起于重庆三环高速公路铜梁至合川段沙溪枢纽互通,与三环高速公路铜梁至合川段及 G75 兰海高速公路相连,向北经合川沙溪片区,于石盘沱跨越嘉陵江,经合川草街、清平,在清平镇附近设枢纽互通与渝北至广安高速公路交叉后共用渝广高速公路华蓥山隧道及北碚静观段,在三圣镇附近设枢纽互通与渝广高速公路相交,经三圣、渝北兴隆,在渝北草坪附近设草坪枢纽互通与渝邻高速公路相交后,经渝北统景、石船、龙兴,止于 G50 沪渝高速公路渝长段箭沱湾立交附近,设置箭沱湾枢纽互通与渝长高速公路及其扩能项目相交后和南川至两江新区高速公路相接,路线全长约 76.1km。

合长高速公路全线设特大桥 3 座,大中桥 32 座;特长隧道 2 座,长隧道 3 座,中、短隧道 5 座;设置龙溪、草街、清平、兴木、静观、三圣、向阳、木耳、古路、统景、石船、箭沱湾等12 处互通式立交,其中兴木、向阳、古路、箭沱湾等互通为枢纽互通,其余均为一般互通式立交;设草街、石船服务区 2 处,养护工区 2 处。

合长高速公路全线采用双向四车道高速公路标准建设,设计速度80km/h,其中主线采用整体式路基宽度24.5m,分离式路基宽度12.25m,桥涵与路基同宽。全线桥涵设计汽车荷载等级采用公路—Ⅰ级,其余技术指标按《公路工程技术标准》(JTG B01—2014)执行。

合长高速公路批复概算112.0亿元,平均每公里造价约1.47亿元。项目于2015年9月开工,预计2019年年底建成通车。

第二章
射线高速公路

根据《重庆市高速公路网规划(2013—2030 年)》,重庆高速公路规划有 12 条射线。其中:

11 条射线高速公路为国家高速公路。即成渝高速公路、渝蓉高速公路、渝遂高速公路、渝武高速公路、渝广高速公路、渝邻高速公路、渝宜高速公路、沿江高速公路、渝湘高速公路、渝黔高速公路和渝泸高速公路,除渝广高速公路正在建设外,其余均已建成通车。

1 条射线高速公路为地方高速公路,即正在建设的渝习高速公路。

另外,3 条射线高速公路的扩能线正在建设,全部为地方高速公路,它们分别是成渝高速公路扩能线、渝长高速公路扩能线和渝黔高速公路扩能线,见图 9-2-1。

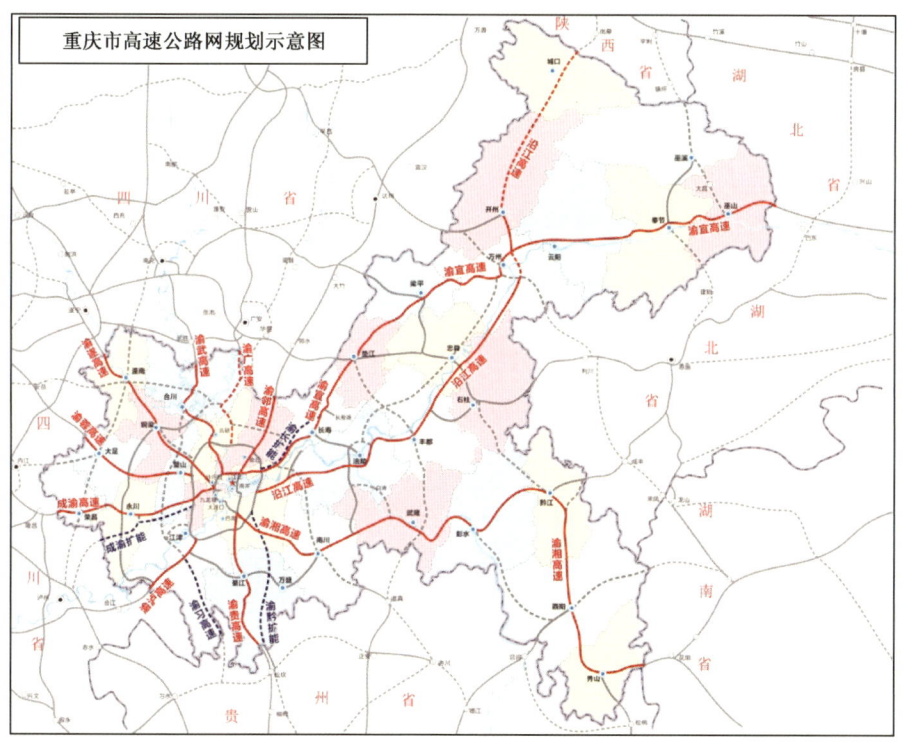

图 9-2-1　重庆市射线高速公路布局示意图(蓝色为地方高速公路)

第一节 渝习高速公路

一、项目概况

渝习高速公路,即重庆经江津至贵州习水高速公路(也被称为江习高速公路),为重庆"三环十二射七联线"规划中的一条射线。

渝习高速公路重庆段起于重庆江津刁家,设枢纽互通与G93成渝环线高速公路相接,经江津慈云、李市、蔡家、柏林、中山、傅家、沙河、东胜,止于渝黔界水井湾附近,主线路线全长约64.4km,另设四面山支线6.0km。

渝习高速公路重庆段主线全线设特大桥1座,大中桥50座;长隧道2座,中、短隧道8座;设置慈云北、李市、蔡家、中山、傅家、四面山及东胜等7处互通式立交,其中慈云北和四面山为枢纽互通,其他均为一般互通式立交;以分址合建方式设置省界主线收费站1处、蔡家服务区1处、养护工区1处。

渝习高速公路重庆段全线采用双向四车道高速公路标准建设,设计速度80km/h,其中主线采用整体式路基宽度24.5m,分离式路基宽度12.25m,桥涵与路基同宽。四面山支线采用整体式路基宽度21.5m,分离式路基宽度11.25m,桥涵与路基同宽。全线桥涵设计汽车荷载等级采用公路—Ⅰ级,其余技术指标按《公路工程技术标准》(JTG B01—2003)执行。

渝习高速公路重庆段批复概算82.1亿元,平均每公里造价约1.17亿元。项目于2014年6月开工,预计2018年6月建成通车。

二、市区联动、跨省合作示范项目

"这是一条极具示范意义的高速公路!"重庆市交通委员会相关负责人介绍,渝习高速公路项目虽然起步晚,却推进很快,无论是在市区联动推进、跨省合作推进上,还是在投资模式与战略接轨上,都具有很好的示范意义。

江津区在2011年正式提出修建渝习高速公路时,该项目尚未进入上级相关规划,《重庆市高速公路公路网规划(2003—2030年)》中没有,重庆市的"十二五"规划也没有。为此,江津区积极与重庆市发改委、市交委等部门衔接,最终在2012年将这条高速公路纳入"十二五"中期规划调整,项目得以立项。

这是一条跨省高速公路,如果贵州不启动这条高速公路的建设,重庆是无法单方面启动的。为此,重庆市发改委、市交委多次与贵州省发改委、交通运输厅进行沟通对接,达成了同步建设的协议。同时,江津区又与贵州省遵义市、习水县进行了对接,终于在2013年达成了接点协议。

项目定了,但钱从哪里来？江津区不等不靠,多方发力、积极招商,一大批央企、国企被引进来。最后,渝习高速公路采用 BOT+EPC 模式成功与中国电力建设集团签约,由其进行投资、建设和经营管理(经营期为 30 年)。

三、开辟渝黔合作新走廊

这条高速公路为什么会启动这么快？为什么会得到两省市政府及发改委、交委(交通运输厅)的共同支持？

(1)具有出海通道功能。渝习高速公路经贵州习水至云南曲靖接沪昆高速公路,兼有渝黔复线性质,能有效分流目前渝黔高速公路车流,缓解渝黔之间的交通压力,同时成为"京渝昆"复线的重要组成路段。

(2)构架渝川黔经济社会交流的重要桥梁。项目建成后将与重庆绕城高速公路、江津至四川泸州、重庆至贵州遵义和未来合璧津高速公路等 6 条高速公路相连,形成三省市经济社会发展的高速网络,是渝川黔经济互补、对外辐射的新载体。同时,对未来重庆和周边高速公路网的车流将起到巨大的平衡分流作用。

(3)黔煤资源入江的重要通道。项目建成后,贵州丰富的煤炭资源经江习高速公路,便捷地抵达江津珞璜、德感等地的"水公铁"综合物流枢纽,从而进入长江水道,实现低成本、远距离运输,进一步加快渝南黔北经济带的形成。

(4)渝川黔旅游"金三角"的主要通道。渝习高速公路沿途有江津四面山国家级风景名胜区、贵州习水丹霞风景区和赤水桫椤国家自然保护区、四川合江佛宝国家森林公园。该项目建成后,将进一步完善旅游"金三角"地区交通网络,全面拉近重庆主城及周边大城市与四面山及周边风景区的空间距离,带动旅游"金三角"环线旅游的发展。

(5)助推城市发展区发展。因为渝习高速公路项目的启动,合璧津高速公路项目也将提前启动,该项目北连渝武高速公路,向北经合川、铜梁、璧山、江津,与渝习高速公路相连。该高速公路位于重庆三环与绕城高速公路之间,号称"2.5 环",是城市发展区的一条南北交通大动脉,对推进城市发展区建设具有重要意义。

(6)江津区域协调联动发展大动脉。江津是一个辖区面积达 3200km² 的大区,区域发展不平衡一直是制约该区发展的一个问题。其中,江津北部与东部地区地势平坦,交通便利,又靠近主城,发展相对较快;而南部地区多山,交通不便,发展相对滞后。江津南部地区的资源非常丰富,不仅富集了四面山、中山古镇、塘河古镇等旅游资源,还有丰富的富硒农产品资源。渝习高速公路贯穿整个江津南部地区,将使该区域打破了交通制约"瓶颈",后发优势进一步凸显。

第二节　成渝高速公路扩能线

项目概况

成渝高速公路扩能线(简称成渝扩能)也称为九永高速公路,即重庆九龙坡至永川高速公路。项目建成后将有效缓解成渝高速公路进出城拥堵现状,新开辟一条重庆主城至渝西、川南片区的快速通道。

成渝扩能起于九龙坡区走马镇石桥村大碑处,与华岩隧道西延伸段对接,经江津区双福,璧山区来凤、丁家、三合、广普,穿云雾山至观音寺后一路向北在永川区大安街道设小坎枢纽互通与成渝高速公路相接,一路向南经陈食、临江,止于卫星湖街道与三环高速公路永川至江津段相连,路线全长约49.31km。

成渝扩能全线设大桥20座,中桥14座;长隧道/2座。设置沙堡、三界、来凤、定林、小坎、观音寺、陈食、临江等8处互通式立交,其中沙堡、小坎互通为枢纽互通,其他均为一般互通式立交;起点路段设置主线收费站1处,设丁家服务区1处,与来凤互通管理站房合建养护工区1处。

成渝扩能起点至观音寺枢纽互通路段采用双向六车道高速公路标准建设,设计速度100km/h,整体式路基宽度33.5m,分离式路基宽度16.75m,桥梁与路基同宽。其余路段采用双向四车道高速公路标准建设,设计速度80km/h,整体式路基宽度24.5m,分离式路基宽度12.25m,桥梁与路基同宽。全线桥涵设计汽车荷载等级采用公路—Ⅰ级,其余技术指标按《公路工程技术标准》(JTG B01—2003)执行。

成渝扩能批复概算53.53亿元,平均每公里造价约1.09亿元。项目于2014年12月开工,预计2018年6月全线建成通车。

第三节　渝长高速公路扩能线

项目概况

渝长高速公路扩能线(简称渝长扩能)项目建成后将有效缓解渝长高速公路进出城拥堵现状,新开辟一条重庆主城至渝东北地区的快速通道。

渝长扩能起于既有渝长高速公路江北主线收费站,设匝道与既有复盛互通和绕城高速公路相接,并设置匝道收费站与疏港大道衔接,经两江新区龙盛、江北区复盛、五宝,渝北区洛碛,长寿区晏家、八颗、新市、渡舟,终点设长梁枢纽互通与既有梁长高速公路相接,路线全长52.784km。

渝长扩能全线设特大桥3座,大、中桥31座;长隧道2座,短隧道1座。设置龙盛、五宝、箭沱湾、三林桥、洛碛南、长寿西、八颗、长寿北、长梁等9处互通式立交,其中龙盛、箭沱湾、三林桥、长寿西、长梁等5处互通为枢纽互通立交(箭沱湾枢纽互通除主线外纳入三环高速公路合川至长寿段),其余均为一般互通立交;全线设八颗服务区1处,与长寿西互通管理站房合建养护工区共1处,设置隧道变电所5处、管理分中心1处。

渝长扩能全线设计速度100km/h,采用双向六车道高速公路标准建设,整体式路基宽度33.5m,分离式路基宽度16.75m,桥梁与路基同宽。全线桥涵设计汽车荷载等级采用公路—Ⅰ级,其余技术指标按《公路工程技术标准》(JTG B01—2014)执行。

渝长扩能批复概算88.06亿元,平均每公里造价约1.17亿元。项目于2016年12月开工,预计2020年年底建成通车。

第四节　渝黔高速公路扩能线

项目概况

渝黔高速公路扩能线(简称渝黔扩能)项目建成后将有效缓解渝黔高速公路进出城拥堵现状,新开辟一条重庆主城至渝南、黔北地区的快速通道。

渝黔扩能重庆段起于巴南区忠兴,设枢纽互通与重庆绕城高速公路相交,并对接市政新规划城市快速路,经巴南天星寺、接龙,綦江隆盛、永城,万盛南桐、青年、关坝,止于綦江区安稳(渝黔界),接拟建的贵州省崇遵高速公路扩能工程,路线全长约99.83km。

渝黔扩能重庆段全线设置特大桥4座,大、中桥54座;特长隧道3座,长隧道4座,中、短隧道5座;全线设置忠兴、太平、太平枢纽、柴坝、隆盛、永城、平山、青年、关坝、赶水、安稳11处互通式立交,其中忠兴、太平枢纽、平山和安稳为枢纽互通式立交,其他均为一般互通式立交;全线设玉星、青年2处服务区,2处养护工区,1处管理分中心(与忠兴互通收费管理站房合建),进城主线收费站1处,省界主线收费站1处。

渝黔扩能重庆段全线设计速度100km/h,采用双向六车道高速公路标准建设,整体式路基宽度33.5m,分离式路基宽度16.75m,桥梁与路基同宽。全线桥涵设计汽车荷载等级采用公路—Ⅰ级,其余技术指标按《公路工程技术标准》(JTG B01—2014)执行。

渝黔扩能重庆段批复概算179.60亿元,平均每公里造价约1.80亿元。项目于2016年12月开工,预计2021年年底建成通车。

第三章
联线高速公路

根据《重庆市高速公路网规划(2013—2030年)》,重庆市规划有 7 条联线高速公路(图 9-3-1)。其中:

3 条联线全部由国家高速公路组成。即一联线陕西镇坪经重庆巫溪至湖北建始高速公路,为 G6911 安来高速公路的一段;二联线四川开江经重庆万州至湖北利川高速公路,为 G5012 恩广高速公路的一段;三联线四川大竹经重庆梁平、忠县、石柱、黔江至湖北咸丰高速公路,为 G5515 张南高速公路的一段。

2 条联线全部由地方高速公路组成。四联线四川大竹经重庆垫江、丰都、武隆至贵州道真高速公路。六联线重庆合川经璧山至江津高速公路。

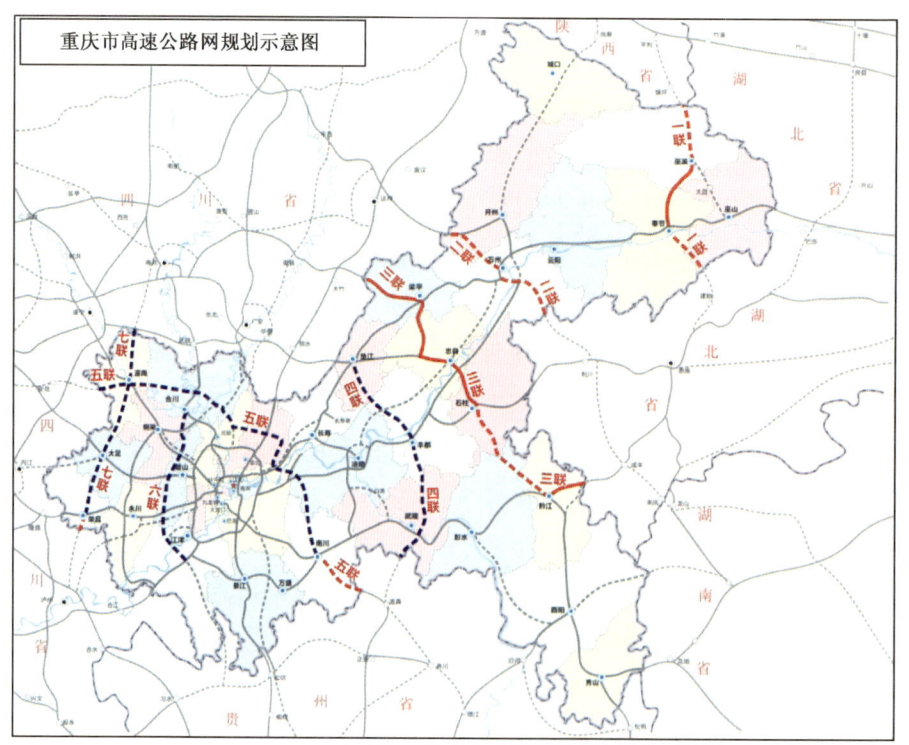

图 9-3-1　重庆市联线高速公路布局示意图(蓝色为地方高速公路)

2条联线由国家高速公路和地方高速公路组合构成。五联线四川安岳经重庆潼南、合川、渝北、南川至贵州道真高速公路,其中重庆南川至贵州道真段为 G69 银百高速公路中的一段,其他段落为地方高速公路。七联线四川南充经重庆潼南、大足、荣昌至四川泸州高速公路,其中重庆荣昌至四川泸州段为 G8515 广泸高速公路中的一段,其他段落为地方高速公路。

第一节　南两高速公路

南两高速公路,即重庆南川至两江新区高速公路,为重庆"三环十二射七联线"规划中"四川安岳经重庆合川—两江新区—南川至贵州道真"联络线中的一段。

南两高速公路起于南川区大铺子,设大铺子枢纽互通与南川至道真高速公路和 G65 包茂高速公路南川至武隆段相连,向北经南川规划片区东侧,过庙堡后跨越凤咀江,经沿塘、福寿、河图、石溪、涪陵区龙潭、增福、新妙,在新妙镇岔河村附近设枢纽互通与沿江高速公路主城至涪陵段交叉后设春天门隧道穿越东温泉山,在巴南区双河口太平村设枢纽互通与沿江高速公路长寿支线相交,于麻柳咀方坝附近设置太洪长江大桥跨越长江,止于渝北区洛碛镇太洪村西侧,与三环高速公路合川至长寿段相接,路线全长约 76.95km。

南两高速公路全线设特大桥 4 座,大、中桥 29 座;特长隧道 2 座,长隧道 2 座,短隧道 2 座。设置大铺子、南川北、石溪、新村、龙潭、增福、岔河、太平桥、麻柳等 9 处互通式立交,其中大铺子、岔河和太平桥为枢纽互通,其他均为一般互通式立交;与新村互通合建服务区 1 处,设增福停车区 1 处,与石溪互通管理站房合建养护工区 1 处。

南两高速公路全线设计速度 80km/h,采用双向四车道高速公路标准建设,整体式路基宽度 24.5m,分离式路基宽度 12.25m,桥梁与路基同宽。全线桥涵设计汽车荷载等级采用公路— Ⅰ 级,其余技术指标按《公路工程技术标准》(JTG B01—2014)执行。

南两高速公路批复概算 101.17 元,平均每公里造价约 1.32 亿元。项目于 2015 年 6 月开工,预计 2020 年 12 月建成通车。

第二节　潼荣高速公路

潼荣高速公路,即重庆潼南至荣昌高速公路,为重庆"三环十二射七联线"规划中"四川南充经重庆潼南—大足—荣昌至四川泸州"联络线在重庆境内路段。

潼荣高速公路起于重庆市潼南区楠木湾(川渝界),经潼南宝龙、古溪、龙形镇,在碾子湾下穿渝遂铁路,在鹭鸶溪坝跨涪江,设田家枢纽互通与渝遂高速公路相交,跨琼江河,经塘坝、卧佛、五桂,穿莲花隧道后至大足中敖,在三驱镇晏家坝设枢纽互通与渝蓉高速公路相交,绕三驱镇西侧、龙石,至荣昌河包,在许溪兴龙庙下穿成渝高铁,设枢纽互通与成渝高速公路相交,经广顺、安富、清升,到达清江镇梧桐寺(渝川界)与四川泸州段相接,路线全长约138.46km。

潼荣高速公路全线设特大桥1座,大、中桥41座;长隧道1座,中、短隧道5座。设置古溪、潼南北、潼南南、田家、塘坝、卧佛、龙岗、三驱、石篆山、仁义、开元、广富等12处互通式立交,其中田家、三驱、开元等3处互通为枢纽互通立交,其余均为一般互通立交;全线分别在潼南境和荣昌境各设置省界主线收费站1处(分址合建);设置潼南、龙岗、广富3处服务区,龙形停车区1处。与潼南南互通、仁义互通管理站房合建养护工区各1处,与卧佛互通管理站房合建收费分中心1处。

潼荣高速公路全线设计速度100km/h,采用双向四车道高速公路标准建设,整体式路基宽度26.0m,分离式路基宽度13.0m,桥梁与路基同宽。全线桥涵设计汽车荷载等级采用公路—Ⅰ级,其余技术指标按《公路工程技术标准》(JTG B01—2014)执行。

潼荣高速公路批复概算105.73亿元,平均每公里造价约7600万元。项目于2016年12月开工,预计2020年年底建成通车。

第四章
支线高速公路

根据《重庆市高速公路网规划(2013—2030年)》,除"三环十二射"及"七联线"外,尚有部分射线的支线及其他联络线,且均为地方高速公路。

第一节 长寿湖旅游高速公路

一、项目概况

长寿湖旅游高速公路(早期被称为长寿湖旅游专用高速公路),起于长寿丁家湾与G50沪渝高速公路垫江至长寿段相接,经江龙湾、廖家湾、沙塘湾、黄桷岩,止于长寿湖景区夹钳口,全长约9.2km。

项目初步设计审批概算为6.2亿,平均每公里造价约6700万元。项目于2009年1月6日开工,2010年5月1日建成通车。

全线采用双向四车道高速公路标准建设,设计速度80km/h,路基宽度21.5m。

长寿湖是西南最大的人工湖,有岛屿200多个,风光秀丽,景色宜人,曾经是重庆著名的旅游风景区。以前由于交通不便,景区冷冷清清,游客寥寥无几,长寿湖旅游高速公路开通后,从主城到长寿湖最多只需一个小时车程,长寿湖从此成为重庆主城周边的休闲旅游胜地。

二、投融资模式

2008年12月18日重庆路桥股份有限公司与长寿区交通基础设施开发有限责任公司签订了《长寿湖旅游专用高速公路工程BOT模式投资建设协议书》,约定项目由重庆路桥股份有限公司负责筹集资金建设,并享有自开工建设之日起30年的特许经营权。

第二节　沿江高速公路长寿支线

沿江高速公路长寿支线(简称"长寿支线")由巴南双河口枢纽互通往长寿的一条支线,全长 16.65km,总投资 17.1 亿元。与 G50S 沪渝南线高速公路主城至涪陵段同期规划并交由同一建设单位同步实施。

长寿支线设计速度为 80km/h,采用双向四车道高速公路标准建设,路基宽度为 24.5m。设置互通式立交 2 处,桥梁 12 座,其中大桥 9 座、中桥 3 座,桥梁占连接线里程的 10.04%,无隧道。

长寿支线由中信基建携手重庆高速集团、中信建设(原中信国华国际工程承包有限责任公司),各以 40%、40% 和 20% 的股权比例出资组建重庆中信沪渝高速公路有限公司,采用"BOT + EPC"创新模式投资建设。项目于 2009 年 12 月 27 日开工,2013 年 12 月 23 日建成通车。

其余信息参见第八篇第十章沿江高速公路。

第三节　开开高速公路

一、项目概况

开开高速公路,即重庆开州至四川开江高速公路。项目起于开州县城观音岩,与已建成的万州至开州高速公路对接,经开州镇安、竹溪、临江、南雅,止于猴子岩(渝川界),与四川省高速公路网的广(元)巴(中)达(州)高速公路东西贯通,全长约为 41.2km。

开开高速公路全线设大桥 20 座,中桥 7 座;长隧道 4 条,短隧道 1 条;路线桥隧比约占 34%;全线设置开州、竹溪、临江、南雅等 4 座互通式立交;在铁桥设置 1 处服务区,设省界主线收费站 1 处。

开开高速公路按双向四车道高速公路标准建设,设计速度 80km/h,整体式路基宽度 24.5m、桥宽 24.0m,分离式路基宽度 12.25m、桥宽 12.0m。全线桥涵设计汽车荷载等级采用公路—Ⅰ级,其余技术指标按《公路工程技术标准》(JTG B01—2003)执行。

开开高速公路概算总投资 33.16 亿元,平均每公里造价约 8100 万元。项目采用"BOT + 施工总承包",投资人为重庆高速公路集团有限公司(占股 60%)和中交第一公路工程局有限公司(占股 40%),组建重庆万利万达高速公路有限公司作为建设管理法人对项目进行建设及运营管理。项目于 2012 年 8 月开工,于 2015 年 2 月建成通车。

二、串联渝川陕"西三角"的新通道

"西三角经济圈"是指重庆联合西安和成都,建立以重庆经济圈、成都经济圈和以西安为中心的关中城市群为核心的西部地区大经济实体。

对于重庆渝东北而言,目前出省高等级公路主要集中在巫山。万开高速公路建成后,虽然方便区县间联系,但实际上无法出省,形成了一条断头路。重庆至达州到西安,可以走渝邻、达渝高速公路接达陕高速公路,从万州经开县,直接连接到达州的高速公路,这不仅将成为渝东北通往四川、陕西更便捷的道路,同时,还是串联渝、川、陕"西三角"的又一条快速通道,从这条路还可以转至北京至昆明、包头至茂名、兰州至海口的高速公路。

为促进地区的经济发展,并进一步打通重庆向西的出海通道,重庆市决策层决定,以万州为起点修建万达高速公路。2009 年 8 月,重庆市发改委以《万州至达州高速公路开县至开江(界)工程可行性报告的批复》文件批复了重庆市交通委员会提交的《关于请审批重庆万州至达州高速公路(重庆段)工程可行性研究报告的函》。重庆市交委委托重庆市投资咨询公司对《万州至达州高速公路开县至开江(界)》可行性研究报告进行了评估。2010 年 6 月,重庆市交委批复《万州至达州高速公路开县至开江(川渝界)段初步设计的批复》,开开高速公路开始启动。

项目于 2012 年 8 月开工建设,2015 年 2 月 4 日建成通车。开开高速公路建成后,从万州出发,一个半小时即可抵达四川达州,6 小时左右抵达陕西西安,将使川陕渝之间交通联系更加方便,同时,项目将川东北与陕西南、长江黄金水道紧密联系在一起,对于充分发挥重庆水运优势,促进开县等沿线地区资源开发利用,推动区域经济交流合作起到强有力的推动作用。

三、"BOT + 施工总承包"建设模式

随着我国经济建设的高速发展及国家宏观调控政策的实施,基础设施投资的银根压缩受到前所未有的冲击,如何筹集建设资金成了制约基础设施建设的关键。重庆及时抓住机遇,大胆推广采用"BOT"和"BOT + EPC"建设模式,这种模式不仅能够缓解高速公路建设资金紧张的矛盾,还可以有效地控制项目投资规模、提高高速公路管理水平。

在此背景下,重庆市交通委员会和中交一公局于 2010 年 12 月签订万达高速公路《项目投资协议》,项目采用"BOT + 施工总承包"建设模式。确定由重庆高速公路集团有限公司和中交一公局各出资 60% 和 40% 合资修建万达高速公路。并于 2011 年 5 月注册成立重庆万利万达高速公路有限公司,执行万达高速公路项目业主责任。

2012 年上半年,项目公司与国家开发银行商谈贷款事宜,经历了可行性研究、项目的经济效益以及投资风险论证、准备贷款文件、进行贷款谈判、签署贷款协定等阶段,最终于

2012年8月正式与国家开发银行签署贷款协议。

四、穿越"天然气"矿区的隧道

本项目共有4座长隧道。其中最长的猴子岩隧道(图9-4-1)左右洞各长2517m,该隧道位于开县南雅镇,天然气储量丰富,天东73号位于猴子岩隧道洞身段,与隧道最近点水平净距363m,隧道施工过程中不会对天然气井产生影响。然而,在实际施工过程中,有天然气管道横穿猴子岩隧道洞身,天然气管道与隧道洞身净距仅为23m,此天然气管道为重庆气矿开县采输气作业区增压站引出的管道,在初步设计中并未注明。

图9-4-1 猴子岩隧道

2012年10月11日,重庆气矿开县采输气作业区南雅生产基地相关人员认为初步设计图纸中提出控制爆破震动速度的保护措施没有经过重庆气矿开县采输气作业区同意,提出了停工意见;2012年12月25日,西南油气田分公司重庆气矿开县采输气作业区下达了书面函告,要求停止猴子岩爆破施工,并上报了重庆市公安局;2012年12月29日,开县南雅派出所下达了安全隐患停工通知书,并对炸药库进行了封闭,造成左洞停工62天,右洞停工54天。

猴子岩隧道由于受天然气管道的影响,施工进度已经严重滞后,按照目前单端掘进的方式施工,难以完成总体施工计划要求。施工单位为了确保隧道施工安全,制订了专项施工方案,对该范围内采用人工、机械开挖作业,70m范围采用微振动控制爆破;同时考虑从四川端增加施工作业面,采取进出口对向施工方式,加快施工进度。

爆破开挖采取"短进尺、微振动、弱爆破"的施工基本原则。

针对本工程,隧洞岩体受构造影响较破碎,工程地质条件较差,再加上有地面建筑物和需保护的管道,减振要求高,每循环进尺必须控制在 1.5m 左右,采用分部、分台阶法开挖,增加临空面,将振动强度控制在允许安全值范围内。

隧道爆破,根据不同部位的炮眼所起的作用不同,其装药量也不相同。针对本工程,应严格控制炸药单耗和控制单段最大药量,严格控制规模,采用合理的爆破参数。爆破参数的选取方法主要有三种:工程类比法、计算法、现场试验法。由于工程的地质条件千差万别,现场施工根据多变情况,采取科学实用的方法初选参数,再通过现场的试验结果确定。

为优化爆破设计,将有关隧道爆破设计孔网参数及分段装药量,进行开挖爆破试验,并对其地表进行振动监测,根据试验测试数据,不断调整相关爆破参数,并总结经验数据,最终确定出合理、可行的爆破参数,为安全通过输气管道地段做好准备。

通过采用微爆破技术,本项目在确保安全的情况下,顺利通过了天然气管道影响区,也保证了施工进度。

五、28 个月建成的高速公路

项目于 2012 年 8 月开工建设,2015 年 2 月 4 日建成通车,历时 28 个月,比合同工期提前 8 个月完成任务。能够如此高效地建成 41km,其中桥隧比达 34% 的高速公路,充分显示了"BOT+施工总承包"管理模式的优越性。

建设单位首先是制订科学的计划,把工程进度计划分解到年、季、月并落实到各个合同段。要求各施工单位把工作落实到各个班组、人头。每季度开展质量、进度、安全大检查,并下发检查通报,以点带面,对加快工程进度起到了积极的推动作用。

2013 年 10 月 3 日~12 月 31 日组织了"攻难点、转重点、抓亮点,大干九十天,全面完成目标任务"劳动竞赛活动;2012 年 11 月 1 日~12 月 31 日组织了"大干 60 天,掀起施工高潮,确保完成年度目标"劳动竞赛活动;2013 年 4 月 23 日~7 月 31 日组织了"保安全、塑精品、大干一百天,确保阶段目标实现"劳动竞赛活动;2014 年 8 月 20 日~11 月 30 日组织了"众志成城、一鼓作气、决战一百天,确保年底通车目标"劳动竞赛活动。通过开展这些劳动竞赛活动,提高了士气,凝聚了力量,确保各阶段进度目标的顺利实现。

万达路在建设过程中还经受了 2014 年 5、6 月份连续阴雨天气对全线的巨大影响,施工方"抢晴天、战雨天","见缝插针"展开施工,通过采取一系列切实有效的措施,使万达路工程建设进度始终在可控范围内。

经过两年多的苦战,万达路终于在 2015 年 1 月 20 日前确保各项工程圆满完工,2015 年 2 月 4 日顺利实现通车试营运。

第四节 酉沿高速公路

一、项目概况

酉沿高速公路,即重庆酉阳至贵州沿河高速公路。酉沿高速公路重庆段起于酉阳县城南小米坑落水洞附近,设枢纽互通与 G65 包茂高速公路相接,经酉阳钟多、铜鼓、铜西,止于小河镇(渝黔界),与贵州境内沿河至榕江高速公路相连,路线全长约 31.1km。

酉沿高速公路重庆段全线设特大桥 3 座,大、中桥 19 座;特长隧道 1 座,长隧道 2 座,短隧道 1 座;路线桥隧比约占 50%;全线设置酉阳枢纽互通和小河一般互通 2 处互通式立交,并在铜西附近预留与彭水至酉阳高速公路互通接线条件;全线设省界主线收费站 1 处,在小河设置 1 处服务区。

酉沿高速公路重庆段按双向四车道高速公路标准建设,设计速度 80km/h;K0~K16 路段整体式路基宽度 24.5m、桥宽 24.0m,分离式路基宽度 12.25m、桥宽 12.0m;K16 以后路段整体式路基宽度 21.5m、桥宽 21.5m,分离式路基宽度 11.25m、桥宽 11.0m。全线桥涵设计汽车荷载等级采用公路—Ⅰ级,其余技术指标按《公路工程技术标准》(JTG B01—2003)执行。

酉沿高速公路重庆段概算总投资 35.94 亿元,平均每公里造价约 1.17 亿元。重庆高速公路集团有限公司、中交第一公路工程局有限公司分别按 60%、40% 的比例出资共同建设,并采用"BOT+EPC"管理模式。项目于 2012 年 7 月开工,于 2016 年 6 月 15 日建成通车。

本项目是黔东北地区通往鄂、豫等中原地区和长江沿线的重要交通转换通道,是重庆市与贵州省之间的重要连接通道,该项目的建设完善了区域高速公路网络,加强了渝、黔、川、鄂、湘的交通联系,对沿线资源开发、经济发展发挥重要作用,对改善渝东南、贵州铜仁地区等武陵山区的老少边穷地区及落后闭塞的交通状况具有重要意义。

二、科研和新技术应用

为保护自然环境,优化行业产能,更多地走资源综合利用、循环经济道路,使用更清洁能源,减少废弃物的排放已经成为主流趋势。项目业主在沥青混合料拌和过程中,大胆地尝试以"煤转气新技术代替传统的燃料油对干燥滚筒加热",由于煤转气新技术燃烧的燃料洁净程度高,因此大大地提高了拌和效率,同时对拌和质量也给予了更有力的保证。在整个应用过程中,节能减排效果显著,明显减少了对周围居民正常生活的干扰,降低了对环境的污染,有利于维持生态平衡,同时也降低了工程单位能耗,节约了社会能源,保护了参与施工人员身心健康,具有十分重要的社会效益。

第五节　秀松高速公路

一、项目概况

秀松高速公路,即重庆秀山至贵州松桃高速公路。秀松高速公路重庆段起于秀山县官庄东,设枢纽互通与 G65 包茂高速公路相接,经酉阳官庄镇、中和街道、平凯街道,止于梅江镇巴家乡两河口(渝黔界),与重庆秀山至贵州松桃高速公路(贵州段)相连,全长约 30.57km。

秀松高速公路重庆段全线设大桥 11 座,中桥 7 座;长隧道 1 座,中、短隧道 3 座;路线桥隧比约占 19%;全线设置秀山东、秀山南和梅江共 3 处互通式立交,其中秀山东为枢纽互通立交,其他均为一般互通立交;全线设省界主线收费站 1 处(分址合建),设秀山农业园 1 处停车区,在秀山南互通合并设置 1 处养护工区。

秀松高速公路重庆段按双向四车道高速公路标准建设,设计速度 80km/h;整体式路基宽度 24.5m、桥宽 24.0m,分离式路基宽度 12.25m、桥宽 12.0m。全线桥涵设计汽车荷载等级采用公路—Ⅰ级,其余技术指标按《公路工程技术标准》(JTG B01—2003)执行。

秀松高速公路重庆段审批概算为 21.4 亿元,平均每公里造价约 7000 万元。项目采用 BOT+EPC 模式投资建设,项目资本金 5.34 亿元由项目法人(重庆铁发遂渝高速公路有限公司)自筹资金解决,其余资金通过商请银行贷款等渠道解决。项目于 2014 年 6 月开工,于 2016 年 12 月 23 日建成通车。

二、创新思路破解征地拆迁难题

2014 年 2 月 18 日,秀松高速公路建设项目开始勘界放线,建设者们坚持把和谐拆迁贯穿始终,真情服务群众,创新举措攻坚破难,全力推进征地拆迁工作。秀松公司和秀山县指挥部工作人员深入每组每户,做了大量细致的工作,于 5 月 31 日圆满完成正线征地拆迁任务,征用土地 2753 亩,坟墓搬迁 1727 座,房屋拆迁 197 户,企业搬迁 21 家。

在拆迁过程中,对拆迁原因、拆迁依据、规划安置情况、补偿标准等进行"全程公示",实行一个区域、一个政策、一个标准、一班人马、一包到底,确保物量核定"一把尺",补偿标准"一刀切",房屋安置"一杆秤",保持政策执行的严肃性、公开性和连续性。

对被拆迁农户实行过渡安置补偿和搬迁补助,在规定时间内提前搬迁和自行拆违的实行奖励政策,并对逾期未拆或违法建筑予以强行拆除,促使 190 余户群众自动自觉早签、早搬、早拆;对群众利益诉求不"堵"不"避",不"拖"不"压",专人负责,限时解决,及时反馈;对具备条件的 665 户坟墓搬迁户和 97 户房屋拆迁户免费提供拆迁服务,帮助被拆迁户完成新建房屋选址及办理用地手续,免除群众后顾之忧。

在秀松高速公路的征地拆迁工作中,建设者们面对困难,迎难而上,没有因为征地拆迁滞后影响工程施工,没有因为征拆迁造成地方人民群众生产生活的不和谐,取得了"花费小、人力少、速度快、评价好"的效果。

三、多涌水突泥偏压隧道——白岩坡隧道

白岩坡隧道位于重庆市秀山县中和街道山角村境内,左洞长495m,右洞长430m,是一座上下线分离的四车道短隧道,属喀斯特丘陵地貌。地形高程为426~446m,相对高差达20m,是典型的偏压型隧道。

由于隧道地质情况复杂多变,隧道开挖进尺每循环只能控制在0.4~0.8m,开挖过程中裂隙水发育、时有掉块,施工中着重加强了地质超前预报工作。2015年6月2日,暴雨倾盆,下午5时15分左右,右洞施工至YK4+549,掌子面排险作业时发现拱顶黄泥开始掉块,并有浑水股状流出,负责人立即通知施工作业机械和所有人员马上撤离出洞。几分钟后,左拱腰约3/4处出现掉块、渗水且很快与拱顶连成一片。突然,伴随着轰鸣声,掌子面左拱腰至拱顶位置开始垮塌,发生涌水突泥,突泥中夹杂大量石块,由掌子面向下涌出,瞬间涌水突泥量约为0.32m³/s,仅不到15min的时间,洞内突泥已经将开挖台车埋在了泥浆里并推出好几米远,洞内突泥高度达3m多高。

现场突泥发生后,秀松公司、施工项目部立即启动隧道涌水突泥应急预案,掌子面至下台阶端头实施封闭,并设置安全警戒线、警示标识。在保证现场人员设备安全的前提下,同时对涌水突泥段落实施定时监控,测量人员实施地表位移、沉降观测、洞内围岩监控量测等,实时掌握涌水突泥段落情况。洞内的较大规模涌水一直持续到6月16日。在大型岩溶隧道突水涌泥的过程中,对于水是排还是堵,要根据涌水量的大小以及其他因素综合来决定,具体问题具体对待,根据现场及地表情况分析,水的来源主要是岩溶裂隙水,涌出物为溶洞坍塌物,针对此处涌水突泥情况,经过秀松公司、设计单位、监理、隧道专家、施工五方反复研讨,最终采用排、堵相结合的措施,在隧道突水涌泥趋于停滞时,隧道内堆积物全部稳定后,一方面用大功率泥浆泵向外抽排,另一方面用装载机一斗一斗的向洞外倒运泥渣,清出工作面后,在洞内增设了18m长超前支护长管棚。在狭小的洞室内施作18m长的管棚难度远非施作洞口管棚那么简单,预钻孔中频繁塌孔,一次一次清理,确保每一根管棚至少有18m长度,在施工中偶有掉块,所有施工人员和机械第一时间撤离现场,稳定后再继续施工。管棚施作完成后,施工人员才敢放心进行下一步工作,随后对其进行了注浆回填,最后配以套拱处理。经过以上处理措施之后,该地段坍塌体已经固结,洞身也得到了加固,水流量也逐渐稳定。

在2015年7月12日左洞施工中,同样出现了较大规模的涌水突泥,在经历了右洞的

施工后,左洞的涌水突泥治理工作显得更加有条不紊,安全平稳地度过了涌水突泥段,较好地保证了施工中和日后运营的安全。

2015年10月29日,伴随着一声轰隆巨响,秀松高速公路的最后一座在建隧道——白岩坡隧道顺利贯通。白岩坡隧道的贯通标志着秀松高速公路隧道开挖施工的全面结束。白岩坡隧道为线路起点至中段张家湾渝怀铁路跨线桥之间大段路基施工段的必由之路,该隧道的顺利贯通为秀松高速公路路面贯通施工提供了良好的通道,并为后续的机电、交通安全、绿化等多项后续工程交叉施工奠定了良好的基础。

四、便桥施工新工艺应用——茫英梅江大桥

茫英梅江大桥位于秀山县梅江镇,桥型为(4×30)m+(5×30)m+(5×30)m预应力混凝土T形梁(先简支后连续刚构T形梁),下部构造桥墩采用双圆柱墩配桩基础,最高桥墩高度为38.1m,全桥长432.08m,为秀松高速公路全线长度最长、高度最高的桥梁。

为保证大桥0号台~6号墩的施工工期,需要在5号~6号墩之间修建钢便桥。便桥自6号墩边起,沿大桥右线右侧至5号墩,由于需要跨越梅江河,便桥基础在河道中施工难度极大,经过多方考虑,便桥基础及桥墩将采用一种全新的施工方法进行施工:即基础及桥墩为一个整体,采用ϕ28mm钢筋焊接而成的钢筋笼,钢筋笼内堆码片石。便桥基础及桥墩为一个整体,由ϕ28mm钢筋焊接而成的钢筋笼制作而成,钢筋笼主筋为ϕ28mm钢筋(钢筋笼边框钢筋),并设置加固筋,加固钢筋为ϕ25mm钢筋,钢筋纵横向间距均为30cm,钢筋笼内部设置拉杆钢筋,以保证钢筋笼的稳定性,拉杆钢筋采用ϕ25mm钢筋,纵横向间距为100cm,层间距为100cm;钢筋笼制作完毕后,使用挖机在设定位置将河道内的卵石挖出,并挖穿卵石层,在挖完的基坑处将钢筋笼就位,就位后在钢筋笼四边插打单根长度为3m的40号工字钢,工字钢嵌入墩台底面以下1.5m,然后钢筋笼内填充片石,采用人工码砌而成;片石填充完毕后,在钢筋笼顶面70cm范围内浇筑C30钢筋混凝土垫层,垫层内钢筋采用ϕ28mm单层钢筋网,并与墩台钢筋笼主筋焊接成整体,军用梁直接架设在垫层之上,同时为了固定军用梁,在垫层相应于每组军用梁的位置预埋长度为100cm的ϕ25mm钢筋两排,与架设完毕的军用梁相连接,使得军用梁与墩台连接成整体;军用梁架设完毕后,在军用梁顶面铺设20号槽钢,单根长0.4m,间距0.5m,将槽钢与军用梁用20cm螺栓连接固定在一起。在槽钢上设横向的25号工字钢,间距0.5m,顶面铺设10mm厚钢板作为行车路面,为了防滑,在钢板上横向焊接间距为0.5m的ϕ12mm防滑钢筋。

虽然影响茫英梅江大桥施工的因素多、难度大,但在参建人员的努力、各单位的沟通协作下,茫英梅江大桥主体及附属工程于2015年12月全部施工完毕,顺利贯通,为秀松高速公路全线贯通、后续路面工程的施工及通车奠定了坚实的基础。

五、甘洞槽滑坡治理

2015年12月19日黎明,土建项目已经进入收尾阶段,秀松高速公路K7+780～K7+920高边坡已完工的三级锚索格子梁伴随着巨大崩断声出现了垮塌,产生了较大的滑坡体,坡面出现多处裂缝,边坡产生滑移,整榀锚索框格梁随着滑坡体滑落至坡脚。

甘洞槽右侧为顺层陡倾高边坡,项目地处重庆东南边陲,沿线地势起伏较大,因构造、岩性、新构造运动的差异性造就了该段地貌特征的复杂化和多样化。挖方边坡最大高度达50m,地表基岩裸露,岩性为泥灰岩,紫红色,灰质含量较高,岩层产状83°∠37°,视倾角34°,表层岩体风化较强烈,岩体表面见刀砍状裂隙,强风化层厚1～2.5m,下为中风化夹泥岩层,岩体层状夹层较严重,且裂隙基本垂直于坡面,该段下方碎落台处有一条改建老路,施工情况复杂。秀松公司组织专家组查看现场,反复讨论研究后决定对该段坡面进行清方处理,将二级平台上加宽至10m,一、二级边坡施作锚索框格梁和锚杆框格梁,三级边坡及以上全部进行锚喷处理,初步估计滑坡方量约3.2万m^3。

由于坡体岩层复杂,为确定真实有效的施工方案,确保"一次根治,不留后患",在敲定方案前,秀松公司组织监理、施工和设计单位进行勘测,请有关专家组现场勘察、反复推敲论证设计方案,尽量在最短时间内拿出真实有效的方案。

与此同时,负责协调的同志也积极走访各处,找寻选取合理的弃土场。因工程进入尾期,好的弃土场在前期施工时全部征用。经过多处走访,列出多个弃土场选址方案后,反复比选、与当地村民商谈,最后才确定最优选址方案。

在拿到设计图纸后,公司领导组织各职能部门和施工单位连夜商讨最佳开挖方案,确保在抓抢工期的同时,不但要保证上方边坡开挖的安全,而且要保证下方乡村道路上行车及人员的安全。

施工时考虑到岩层的破碎性和雨季来临等原因,项目部决定首先做好开挖坡面的截排水施工,确保边坡开挖时的岩层稳定。由于原设坡面已刷坡到位,没有了通向山顶的便道,首先便安排2台挖掘机加班加点地修整临时便道,且仅限于挖掘机可爬至山顶。然后将表层土方清理掉,顺着山坡甩下。由于下方紧邻乡村道路,应将甩下来的土石方及时装车运至指定弃土场。并注意在乡村道路边修整一道高度不低于2m的土梗,以防上方石块滚落至人行道伤人。且为避免上下方的挖掘机交叉作业,安排白天让上方挖掘机甩土施工,夜间下方挖掘机将甩下的土石方装车运走,这样既能保证土方施工安全,又能节约工期、有效利用施工时间。

在施工过程中,为方便施工、加快施工进度、保证施工安全,施工人员提出了许多小技巧、小措施。如边坡开挖时遵循"逐级开挖,逐级加固"的原则,开挖完成一级,加固支护一级,以确保坡体稳定和结构安全。在上方边坡刷坡完成后,及时安排工人人工修坡、锚杆施工和坡面喷射混凝土等施工。为加快施工进度、保证施工质量、减少工人山坡上施工工序，钢筋网片全部采用工厂统一定制的钢筋网；为避免孔隙水压力影响边坡稳定，在坡体上及时打设排水孔，及时排除地下水。

虽然存在作业面狭小、交叉施工、安全风险高等问题，但在精心组织、合理谋划的前提下，机械轮番作业、人员轮班值守，在有很大局限性的工作面上创造了每天挖运土石方最高达 3200m^3 的记录，创造了连续值班施工一个月的奇迹。通过全体成员的不懈努力，滑坡处置终于基本完成。通过此次治理及后期监控，该段滑坡得到了有效治理，并在后期监控中处于稳定状态。

六、地质构造复杂的长隧道——谭山 2 号隧道

谭山 2 号隧道进口位于秀山县梅江镇新云村，出口位于秀山县梅江镇石坎村，穿越低山区，隧道轴线与地形线近于直交。

该隧道围岩全部为Ⅳ、Ⅴ级围岩，地质条件差，在施工过程中，多次发现溶洞、溶腔等不良地质现象，因此，溶洞及溶腔的预测与处理一直是本隧道的重难点。

在隧道施工过程中，为保证对于溶洞、溶腔及其他不良地质预测的准确性，针对隧道地质复杂、地层多变的特点，按照"每挖必探、先探后挖、不探不挖、不明不进"的十六字方针，采用了以超前钻探为主要的手段，辅以掌子面地质素描、TSP 超前地质预报以及常规的围岩量测等综合手段。结合地层产状，分析地质构造，采用多种方法相结合，准确识别其工程地质概况，判断围岩体特征及掌子面前方地质情况。与此同时，利用物探等方法，揭示洞内溶洞溶腔内存水情况，可以较准确地预测溶洞内静水量。有了这些较详细的数据，可以准确地判断前方地质水文情况，拟定适宜的对策，为谭山 2 号隧道安全、顺利通过溶洞、溶腔段施工提供了保障。

在谭山 2 号隧道施工中，现场根据不同的溶洞类型，采取不同的处理措施。当掌子面短距离超前探孔内发生涌水，采取钻机进一步探测，探明空溶腔充水量，取证其水流补排途径。通过钻孔排水后，监控其水量、水压变化。针对可能造成地下水大量流失、环境遭到破坏的溶腔，主要以"以堵为主，限量排放，排堵结合"的施工原则进行治理。在施工中采用全断面帷幕注浆技术充填衬砌开挖轮廓线 5m 范围内岩溶腔体及裂隙，防止开挖过程中发生突泥、突水等地质灾害，保证施工安全。

谭山 2 号隧道全隧按"新奥法"组织施工，采取光面爆破、锚喷支护及湿喷技术，使用大型钢模台车进行衬砌施工工艺，结合监控量测和超前地质预报等多方面安全预防措施，确保了施工的安全、质量和效率，为高速公路隧道工程的施工积累了宝贵的经验。

七、张家湾渝怀铁路跨线桥箱梁架设及桥面系施工

张家湾渝怀铁路跨线桥位于重庆秀山县平凯镇官桥村盲磨组。路线上跨渝怀铁路及

渝怀铁路规划复线线路。该桥与渝怀铁路的交角为131°,于K10+465.4(渝怀铁路里程桩号K429+640)处交叉。既有轨顶与桥梁底高差为11.04m。铁路10kV贯通高压线横穿3号墩位置。跨线桥起讫里程K10+328.4~K10+525.6,桥长197.2m。原设计的张家湾渝怀铁路跨线和新营渝怀铁路跨线桥均是现浇吊篮施工,投入大,施工工艺复杂。经秀松公司与广铁集团多次研讨,最终优化为预制箱梁结构,该两座桥的优化节约投资约1100万元。最终确定的跨铁路孔采用交角为50°的40m预应力混凝土小箱梁跨越既有的渝怀铁路。

在施工前期针对渝怀铁路的单一性、复杂性等实际施工情况,施工前首先要对渝怀铁路施工段采用双层架管、竹跳板对行安全防护。在不影响铁路的正常、安全运输和保证工期的前提下,施工管理人员及作业队人员积极思考,利用有效资源,立志创新解决实事,平稳安全图进度。经过讨论分析,首先对小钻机直立钻杆进行改制,钻杆周围加焊旋转铁片,先确定桩基桩径范围,然后在桩基桩径范围内设置周边上下不超过3cm间距的钻点,先用小钻机旋钻取土至岩层处,及时清理周边旋钻出来的红黏土,保存留孔,待桩径内孔取土完毕后,采用大钻机对准孔眼进行岩层钻孔至设计桩底,待大钻机清孔完毕后,人工对桩基进行护壁施工至岩层处,经过大钻机对岩层段的清孔处理再利用风镐取石。通过这个办法,大大缩短了在临近既有线施工大桩径的施工时间,做到既有线无炮爆的安全保证,为铁路安全运输提供了保障,也为后续工序施工提供了大量的施工时间。

张家湾渝怀铁路跨线桥桥梁上构施工重点、难点在于铁路上跨40m箱梁架设以及桥面系施工。40m小箱梁单片质量达172t,经综合考虑,最终采用了DHJQ50-200型双导梁架桥机进行梁板架设。

预制小箱梁跨径大,又在大纵坡上坡段,架桥机在大里程进行了拼装并已先完成了第六跨箱梁架设。在架设跨铁路孔箱梁时,架桥机过孔跨径大、辅导梁柔度大、上坡高差34cm且天窗点内实际可用时间只有50分钟。过孔准备阶段期间,秉承安全第一、安全高于封锁时间压力的原则,为确保架桥机一次性安全过孔,经现场测量并依据架桥机特点,最终决定拆除一节4m长辅导梁,架桥机过孔前整体前移4m而不会侵入铁路上空,缩短架桥机过孔时前移距离,节约时间确保天窗点内完成架桥机过孔。为弥补拆除一节辅导梁后过孔时架桥机后方配重不够的问题,过孔时架桥机后天车起吊一片待架箱梁以增加配重,并很好地解决了过孔时架桥机前导梁柔度大和墩间高差问题。

每次一在上跨铁路领空施工,都必须申请天窗点,在保证铁路正常运营的情况下,必须保证在9个二级天窗点(90分钟)内完成架桥机过孔、铁路跨8片预制箱梁的架设以及防电棚安装,在2个三级天窗点时间(60分钟)点前完成本跨桥面系和附属工程的施工,并于2个Ⅲ级天窗点内拆除防电棚。90分钟的天窗点除去铁路停电和恢复供电必需的时间,实际可操作时间仅不足70分钟,过跨前施工技术人员反复演习过孔及架梁的每一个施工步骤,每一步操作必须有条不紊,精确到不能出任何差错。项目采用的双导梁架桥机架梁为先架边梁,后架中梁,架设边梁时先临时落置相邻中梁位置,将前后提升小车吊钩由架桥机纵梁移至外侧纵梁位置,再次起吊、横移、就位。因张家湾渝怀铁路跨线桥斜交斜做,跨铁路孔采用交角为50°,紧邻的两片梁也不是平行对齐的,为合理利用时间,架设边梁时,必须先将170多吨的边梁放在已架设好的中梁上,接着移动架桥机,再起吊边梁才能放到设计点位,梁才落到点位,此时天窗点时间只剩7分钟,人员设备撤离后,第一时间通知铁路运管人员消除了天窗点。技术主管们积极组织对架梁方案进行论证,对架梁过程中可能存在的各个不利因素进行详细而又认真的研究、分析,经过科学的计算并反复的演习架设中的每一个分项工作,终于顺利完成上跨铁路箱梁的架设。

通过对以上桩基、箱梁架设的难点、重点、困难的解决,在保证既有线运营,顺利完成张家湾渝怀铁路跨线桥的同时积累科研成果,形成完善的整套施工工艺,对今后同类工程的设计及施工起到参考、指导作用。

八、优化设计依靠科技促进工程建设

秀松高速公路位于秀山背斜,区内发育四条断层,为典型喀斯特丘陵及低山地貌,地形、地质条件相对较复杂,沿线主要不良地质为隐伏岩溶、红黏土、顺层坡。在设计阶段,秀松公司着重对设计方案进行研讨和优化,进行了高填、深挖与桥隧的比选,控制桥隧与特殊路基规模,较好地优化设计图是本条高速公路投资控制的关键。同时,因隐伏岩溶对桥梁、隧道等构造物的施工及运营安全存在较大的威胁,合理地选择路线方案以保证施工及运营安全,并在此基础上优化了桥梁的结构形式及跨径的比选。针对上跨铁路既有线防护、隧道突泥涌水、预制梁钢筋加工优化等进行一系列研究,提高了工作效率,节约了工程造价,对工程质量具有积极的影响,对指导同类和相近工程的应对措施具有一定借鉴意义。取得了以下成果:

1. 连续较大规模突泥涌水隧道整治研究

该研究以白岩坡左右洞的两次突泥涌水为依托,在排险及处置方案上对理论安全的防护方式进行实体支撑。白岩坡隧道内两次突泥量在极短的时间内就超过了4000m³,然而TSP地质雷达未显示该段围岩有异,具有突发性、不可预见性和发展速度极快的特点。经过此次险情的处置,总结了以下几点重要经验:①大型岩溶隧道在突水涌泥的过程中,对于水是排还是堵,要根据涌水量的大小来决定,具体问题具体对待,本隧道采用排、堵相结合的措施,经实践证明是可行的;②溶洞段采用超前长管棚及混凝土回填处理措施在实际施工中取得了良好的效果,保证了施工作业的安全;③溶洞段初期支护、二次衬砌加强处理保证了隧道的安全,为今后运营安全提供了根本性的安全保障;④经过以上处理措施之后,该地段坍塌体已经固结,洞身也得到了加固,水流量也逐渐稳定,对已经完成二次衬砌的区域基本未造成影响,取得了预期的效果。在类似的喀斯特丘陵地貌单元区隧道施工中积累了宝贵的经验,为以后的类似地形条件下掘进施工防护及险情处理提供具有指导意义的试验性依据。

2. 张家湾铁路跨线桥安全防护措施的制订与实施

探讨在跨既有线施工时制定严格的安全技术措施,依托张家湾渝怀铁路跨线桥实际防护施工,严格按照广铁集团有限公司下发的有关文件执行安全防护措施。在满足最大行车安全施工架梁的要求下,如何优化施工要点,以取得中断行车的影响时间(要点时间)和施工安全的最佳平衡的方法和采取安全保障措施,对指导同类架桥机跨线架梁缩短施工要点时间及保障跨线安全架梁采取的应对措施具有一定的借鉴意义。在跨既有线施工前,先要针对性地了解该施工将对既有线和行车安全产生哪些影响,才能根据影响制订相应的防护措施,确保安全施工。

随着社会的不断发展,国家公路与铁路纵横交错,我们遇水架桥,遇山开洞,工程施工量越来越多,施工难度也越来越大。所以在我们平常施工过程中,我们不但要保证工程质量工期,更重要的是要保证工程的施工安全,在安全保障措施上要做到全面到位。

3. 预制混凝土 T 形梁钢筋加工及模具创新

预制混凝土 T 形梁施工技术已经非常成熟,在秀松高速公路上,技术管理人员积极开动脑筋,在预制混凝土 T 形梁的加工中发明创新了一些实用模具,例如:①预制 T 形梁在绑扎横隔板钢筋时容易出现高低不平、不对称等问题,致使在 T 形梁横隔板堵头模板安装时必须调整钢筋,才能使钢筋沿堵头模板的预留孔穿出,因此会有部分绑扎点撕开,钢筋处于活动状态,严重地影响了绑扎质量。根据现场的实际情况,依据堵头模板的预留孔位置,制作出简易、可调节高度的横隔板钢筋定位器。②预制 T 形梁架设完毕后要进行横隔板的施工,但由于施工空间小、施工安全性较低等条件的限制,施工进度往往过慢,而横隔板模板为小块拼装竹胶板,模板周转次数少,配套使用的木方及其他小型构件较多,浪费严重,尤其在模板安装加固和拆卸过程中耽搁时间,因此在施工过程中,为了更快施工、更好地保证横隔板外观质量,现场自己加工出简易的横隔板模板。该两项发明源自茫英梅江大桥的 T 形梁预制施工,后在全线进行了推广,极大地提高了钢筋绑扎的效率,更容易控制加工质量,同时降低了人工成本和材料成本。

4. "一脚踏三省"带动经济发展

秀松高速公路的建设,不仅有着重大的政治意义,而且对于满足人民群众出行要求,创造安全、舒适、便捷的交通条件,促进人民群众生产生活方式和生活质量的根本转变有着重大的现实意义。

秀松高速公路的建成不仅有利于加快重庆市交通骨架网络搭建,形成与渝怀铁路、渝湘高速公路、国道319线、国道326线、省道304线等重要省际通道和经济干道的互通立交,而且有利于构建综合配套的交通运输体系,为把秀山县建成武陵山区经济强县和中心城市具有重大意义。

2016年年底秀松高速公路建成后,一方面极大地缩短了与黔东北间和周边城市的时空距离,更好地承接周边城市对秀山的辐射和带动效应;另一方面将极大地增强秀山对周边区县的辐射功能,促进人流、物流、资金流、信息流向秀山集聚。同时,还增强沿线乡镇经济活力、改变城乡二元经济结构、带动相关产业发展,极大地推进以"大交通、大物流、大市场、大产业"为主的县域经济发展。更将成为渝湘黔打造旅游金三角的快速通道,彻底实现"一脚踏三省",形成边城、凤凰、梵净山新的旅游环线,对秀山经济社会发展起到积极的促进作用。

Record of Expressway Construction in
Chongqing
重 庆 高 速 公 路 建 设 实 录

附 录

附件1
重庆高速公路大事记

1983年

2月8日,中共中央、国务院批准四川省委、省人民政府《关于在重庆市进行经济体制综合改革试点意见的报告》,批准重庆全面实行国家计划单列,在全国大城市中率先进行经济体制综合改革试点。

4月1日,四川省永川地区并入重庆市。重庆市交通运输管理局与永川地区交通局合并组建成立重庆市交通局。重庆市交通局直管重庆、永川两个公路养护总段;重庆市介入成渝公路前期工作。

9月20日,四川省交通厅副厅长陈铃主持成(都)渝公路改建工程可行性研究会,要求成渝公路初步设计在近年内提出。

11月30日,四川省交通厅公路规划设计院组成"成渝公路改建工程可行性研究"领导小组,开始开展项目可行性研究。

1984年

5月27日,国家计划委员会批准《成渝公路工程项目建议书》(计交〔84〕1001号)。

8月7日~10日,四川省计经委和四川省交通厅在温江召开"成渝公路改建工程可行性研究报告"初审会,重庆市交通局派专家组参加。

10月,四川省计经委向国家计委、交通部报送《关于成渝公路改建工程设计任务书的报告》。

10月,重庆市交通局筹备成立重庆市公路勘察设计所。

1985年

4月2日,交通部以《关于对成渝公路改建工程设计任务书几点意见的函》(〔85〕交字723号)呈国家计委。

12月,由四川省交通厅公路规划勘察设计院与铁道部第二设计院完成了成渝公路重庆段改建工程的初步设计。按照当时的设计,成渝公路两端为一级路(其中重庆29km、成都60km),中间252km为二级路。

1986 年

6月25日,重庆市计委、财政局、交通局联合行文《关于世界银行贷款修建成渝公路的请示》(重交局〔1986〕217号)报送四川省计经委、财政厅、交通厅。

9月23日,国道210线重庆红双段(江北红旗河沟至渝北双凤桥)一级公路建设开工。

10月9日,成渝公路列入国家第六批世界银行贷款项目,要求在原可行性研究的基础上编制提供世行的项目可行性研究报告。同年11月完成向世行提供的《成都至重庆公路可行性研究报告》。

1987 年

3月,四川省重点公路建设领导小组成立,蒲海清副省长任组长。

7月,四川省重点公路建设指挥部成立,蒲海清副省长任指挥长。

7月8～13日,应财政部邀请,世界银行代表团肯尼迪先生、苏比女士、安德森先生、维尼柯德先生在交通部、财政部官员的陪同下,对成渝公路项目进行现场考察和预评估并签署了《关于四川省公路发展项目合作问题备忘录》。

12月3日,"重庆市公路建设工程管理处"成立,作为重庆市交通局专门从事重点公路建设的管理机构。

12月9日,国家计委以《关于成渝公路设计任务书的批复》(计交〔1987〕2335号)印发给四川省计划经济委员会和重庆市计划委员会。

1988 年

1月,国务院批准建设成渝高等级汽车专用公路,全程340km,按一、二级公路标准设计施工。

1月17日～2月11日,以肯尼迪先生为团长的世界银行代表团对成渝公路向世行申请贷款项目进行评估。

3月30日,由财政部、交通部、四川省政府、重庆市政府请示国务院向世界银行贷款1.25亿美元用于成渝公路建设。

4月14日,重庆市重点公路建设领导小组及其办事机构重庆市重点公路建设指挥部成立,重庆市副市长李长春任领导小组组长,重庆市交通局副局长郑道访任指挥长。

4月15日,交通部下达《成渝高等级公路初步设计批复》。

4月18～22日,财政部组织世界银行贷款谈判,并草签向世界银行贷款1.25亿美元修建成渝高等级公路项目的协议。

5月26日,重庆市重点公路建设指挥部成立,重庆市交通局副局长郑道访任指挥长。

附　录

重庆市重点公路建设指挥部与重庆市公路建设工程管理处一套班子、两块牌子,担负重庆市重点公路的建设任务。

1989 年

4月6日,重庆市人民政府调整重庆市重点公路建设领导小组成员,由重庆市副市长秦昌典任组长,重庆市计委副主任陈之惠、重庆市经委副主任吴连帆、重庆市交通局局长胡振业任副组长。

7月11日~15日,成渝公路第一期国际招标合同 B、C 合同段(四川段),K、M、O、P 合同段(重庆段)标前会分别在成都、重庆两地召开。

7月19日~8月1日,《财政部与四川省人民政府、重庆市人民政府关于使用世界银行贷款建设成渝公路项目的协议》签署。

1990 年

2月,成渝公路工程监理部成立。该部由四川省交通厅、重庆市交通局、中国国际咨询公司、四川公路咨询公司与美国施韦拔公司联合组成。

2月20日,成渝公路重庆段第一期工程 K、M、O、P 合同段施工合同在重庆渝州宾馆举行签约仪式。

5月9日,成渝公路重庆段开工动员大会在中梁山隧道工地举行,成渝公路重庆段正式开工。

7月17日,重庆市交通局《关于成渝公路重庆段缙云山隧道及中梁山隧道施工设计方案的请示》(重交局公〔1990〕82号)呈报交通部。

11月19日,重庆市公路勘察设计所更名为重庆市公路勘察设计研究所。

1991 年

5月9日,成渝公路重庆段二期工程开工大会在荣昌工地举行。

5月28日,交通部部长黄镇东一行来渝视察,检查了正在施工的中梁山隧道的质量、进度和安全措施。

9月2日,重庆市公路工程监理处成立,与成渝公路重庆监理部东段代表处实行"一套班子,两块牌子"合并办公,实施监理工作。

1992 年

3月3~4日,重庆市1992年公路工作会召开。会议提出重庆市"八五"计划期公路建设总体规划和目标:重庆市将建设以母城为核心、放射状加环状的四通八达的公路网络,重点是建设成渝、渝南、渝长和川黔贯穿东西南北的4条高等级公路,形成公路主骨架。

6月15日,四川省计划委员会、四川省交通厅联合发文《关于成渝公路二级路段变更设计为一级公路标准请予批准的报告》呈送国家计委和交通部。

12月22～24日,由重庆市科学技术委员会组织有关院校、工程设计单位的专家,评审通过重庆市重点公路建设指挥部的《成渝公路荣昌至来凤段变更为一级公路的设计方案研究》《成渝公路中梁山缙云山隧道变更通风方式的方案研究》《成渝公路三星沟大桥变更为高路堤的设计方案研究》3项科技项目。

1993年

1月16日,交通部批准《关于上桥至长寿公路工程项目可行性研究报告》(交计字〔1993〕412号)。

1月19日,重庆市交通局组建重庆市高等级公路管理处,下设重庆市成渝高等级公路管理处,管理上桥、青杠、永川3个管理所。

10月11～14日,时任四川省常务副省长蒲海清视察成渝高速公路,检查各段工程进展情况;并在内江和重庆召开现场办公会,对成渝路建设提出新的要求:将中间252km二级路改为高速公路。

12月18日,《成渝公路荣昌至来凤段变更设计方案及实施研究》获1993年度科学技术进步奖特等奖。

12月25日,成渝高速公路中梁山隧道贯通。隧道总长6268m,其中右洞长3101m、左洞长3165m,总造价1.4亿元。

1994年

4月23日,根据重庆市编委重编〔1994〕35号文批复,重庆市交通局批准成立重庆市成渝高速公路行政执法大队,对成渝高速公路重庆段实行交通安全、公路路政、道路治安"统一管理、综合执法"。

4月28日,成渝高速公路陈家坪至上桥段初通试运行剪彩仪式在上桥举行。时任国务委员李贵鲜、四川省常务副省长蒲海清、市委书记孙同川、市长刘志忠等出席初通仪式。

8月23日,重庆高速公路开发总公司(简称高开司)成立,与重庆市重点公路建设指挥部和重庆公路建设管理处实行"一套班子,三块牌子"合署办公。

9月22日,重庆市公路勘察设计研究所更名为重庆市公路勘察设计研究院。

9月24日,重庆市高等级公路建设领导小组成立,重庆市人民政府副市长秦昌典任组长,重庆市交通局局长胡振业、重庆市计委副主任李义任副组长。

10月18日,成渝高速公路重庆段陈家坪至荣昌段94.2km实现初通试运行。

1995年

1月,四川省计委对长(寿)涪(陵)项目建设以川计交〔1995〕73号文进行了批复。

附 录

1月12日,国家计委委托中国国际咨询公司组织专家在重庆对《川黔高等级公路可行性研究报告》进行审议。

3月6日,重庆市人民政府批准重庆市交通局编制上报的《重庆市县公路网(1994年—2020年)》,同意以此作为确定重庆市中长期公路建设序列和编制五年计划的依据。

5月1日,成渝高速公路重庆段荣昌桑家坡段20km贯通,实现成渝高速公路重庆段114.2km全线初通试运行。

5月,重庆市人民政府批准,在重点公路建设指挥部的基础上组建重庆高等级公路建设指挥部,由重庆市交通局副局长滕西全任指挥长。

9月25日,成渝高速公路全部竣工,公路全长340.2km,总投资43亿元,建设工期历时5年。

9月25日,国务院副总理邹家华为成渝高速公路通车题词:昔日蜀道难如上青天,今朝穿隧立交高速行。

12月18日,《中梁山、缙云山隧道纵向通风方案研究》获1995年重庆市科学进步奖二等奖。

1996年

1月15日,渝长高速公路正式开工建设。

2月8~10日,重庆市1996年交通工作会议在渝通宾馆召开。重庆市委书记张德邻出席会议并讲话。会议提出,重庆"九五"计划期的交通发展规划和2010年远景目标要尽快修改完善,并要建成渝长、渝黔两条高速公路,形成以重庆为中心,各区市县为结点、高速公路国家主干道为骨架,标准化省市公路为支架的、辐射城乡、四通八达的公路网。

7月17日,重庆市人民政府授权重庆市交通局在菲律宾马尼拉与亚洲开发银行签订渝黔高速公路项目的贷款协议草本。

9月,中央批准重庆市代管万县市、涪陵市和黔江地区。

9月22日,由重庆市重点公路建设指挥部、西南交通大学承担的国家"八五"科研攻关项目《公路长隧道纵向通风研究》通过国家计委组织的鉴定验收。

11月4日,交通部以交公路发〔1996〕21号文发送重庆市交通局,同意重庆上桥至长寿64km设计标准由一级公路调整为高速公路,至此渝长路全线85km均按高速公路标准建设。

12月17日,国务院副总理吴邦国在重庆渝长高速公路高家花园嘉陵江大桥考察,交通部部长黄镇东、国家计委主任陈锦华、重庆市委书记张德邻、重庆市代市长蒲海清陪同。

1997年

2月17日,重庆市1997年交通工作会议在重庆渝通宾馆召开。重庆市委、市政府将1997年确定为"交通建设年",提出重庆交通要实现"一年起步打基础,十年渝州变通途",优先建设国家主干道"两纵两横三条线"在重庆境内的主骨架公路。

3月14日,第八届全国人民代表大会第五次会议通过设立重庆直辖市的决议,重庆直辖市管辖原四川省重庆市、万县市、涪陵市、黔江地区所辖区域。

4月8日,渝黔高速公路一期项目亚行贷款协议在马尼拉亚行总部正式签约。亚行将向该项目提供1.5亿美元贷款,期限20年。

6月,完成渝合公路项目预可行性研究报告。

6月30日,渝长高速公路二期工程65km动工建设。

7月29日,重新组建重庆高速公路开发总公司,并与建设管理处分开独立运作,日常业务由交通局外经处归口管理。胡振业任公司董事长。

11月12日,重庆市高等级公路领导小组人员调整:重庆市市长蒲海清任组长,副市长李德水、吴家农任副组长。

12月24日,成渝公路重庆段通过工程竣工验收,质量评定为优良工程。竣工决算为18.3586亿元,平均每公里造价1607.6万元。竣工决算与总概算比较,节约投资1053万元。

1998年

1月1日,长寿—涪陵高速公路开工建设;随后,四川省重点公路建设指挥部将该项目建设管理全部移交重庆市重点公路建设指挥部。

1月1日,渝黔高速公路一期童家院子至雷神店段开工建设。

3月,由重庆高速公路开发总公司与重庆市渝通公路工程总公司共同出资组建"重庆上界高速公路有限公司",行使业主职责,启动上界高速公路建设。

4月20日,重庆市人民政府办公厅以渝办发〔1998〕75号文正式批复,批准重庆市交通局配置、内设机构和人员编制的"三定"方案。领导班子成员构成:胡振业任局长,王机任中共重庆市交通运输委员会书记,滕西全、黄登科、李健、彭建康任副局长,蒙进礼任总工程师,明正义任纪委书记。

5月8日,重庆高速公路开发总公司改制为重庆市交通局出资的重庆高速公路发展有限公司,公司人员与交通局外经外事处合署办公,专门负责高速公路建设融资筹资工作。

7月24日,渝黔高速公路正式开工。市委书记张德邻、市人大常委会主任王云龙、市长蒲海清、市政协主席张文彬、市委副书记刘志忠出席开工典礼。

9月17日,重庆市加快公路建设工作会议在重庆渝通宾馆召开。重庆市市长蒲海清、副市长吴家农出席会议并讲话。会议中心议题是:认清形势、振奋精神、真抓实干、加快实现"五年变样、八年变畅"奋斗目标的步伐。

附　录

10月27日,上桥至界石高速公路马桑溪长江大桥开工。上界高速公路长22.7km,是连接成渝、渝长、渝黔高速公路的纽带。马桑溪大桥开工,标志70km内环高速公路封闭进入实施阶段。

10月28日,渝合高速公路开工典礼在北碚举行。

12月8日,经重庆市人民政府批准,重庆市公路建设工程管理处改制组建为重庆高速公路建设有限责任公司(简称"高建司")。改组后的重庆高速公路建设有限责任公司为隶属重庆市交通局的国有独资企业,承担重庆高速公路建设管理。

12月16日,重庆市交通局举行重庆市高等级公路行政执法大队暨第五中队挂牌仪式。随后,重庆市高等级公路行政执法大队第五中队对渝长高速公路上桥至童家院子路段实施执法管理。

12月21日,渝长高速公路上桥至童家院子20km路段建成通车,市委书记张德邻、市长蒲海清、市政协主席张文彬等重庆市领导出席通车典礼。

1999年

3月19日,中共重庆市委常委会审定重庆市交通局就成渝高速公路重庆段经营权有偿转让所呈请示,同意进行经营权有偿转让。

4月12日,重庆市交通局批准高建司为负责渝长、渝黔、渝合、长涪4条高速公路的项目业主。

5月31日,重庆内环西段(上界高速公路)开始施工建设。

6月30日,渝合高速公路开始施工建设。

7月28日,重庆渝东高速公路有限公司成立大会暨授牌仪式在渝东宾馆举行,市人大副主任陈之惠、市交通局副局长滕西全等出席大会。渝东公司为利用日元贷款修建长寿至万州高速公路的项目业主。

8月8日,梁万高速公路贷款合同签字仪式在重庆举行。

8月18日,长梁高速公路项目日本OECF评估团洽谈会在渝通宾馆召开。

9月29日,交通部以交财发〔1999〕522号文批复同意成渝高速公路重庆段有偿转让,收费经营权期限为25年。

11月19日,重庆市高速公路发展有限公司与上海中信基建投资有限公司在渝通宾馆举行"共同经营重庆成渝高速公路"合同签字仪式。按照合作经营协议,上海中信基建投资有限公出资13.2亿元人民币,拥有49%的经营权。

12月30日,万梁高速公路项目开工仪式在万县隆重举行。

2000年

2月16日,重庆市2000年交通工作会议在渝通宾馆召开,市委书记贺国强、市长包叙定、副市长吴家农等领导出席会议并讲话。

4月19日,市委书记贺国强、副书记刘志忠视察渝长高速公路,要求将其建设成为重庆的标志性工程。

4月28日,渝长高速公路建成初通,这是重庆直辖后建成通车的第一条高速公路。

5月18日,渝黔(贵州)高速公路二期工程开始进行国际招标。

8月1日,经重庆市委、重庆市政府批准,重庆市交通委员会正式挂牌运行。重庆市交通局更名为重庆市交通委员会。

8月28日,重庆市人民政府以渝府发〔2000〕74号文件批准重庆市公路勘察设计院由原事业单位改制为自主经营、自负盈亏的具有独立法人资格的企业。原挂靠重庆市公路勘察设计院的重庆市公路工程定额站成建制划出,与重庆市公路工程质量监督站、重庆市公路工程质量检测中心实行"一套班子,三块牌子"合署办公体制。

9月14日,长梁高速公路240亿日元贷款转贷协议在渝通宾馆签订。

10月,重庆市公路工程监理处撤销,人、财、物划入重庆渝信路桥发展有限公司。

11月3日,重庆市交通委员会决定撤销重庆高速公路建设有限责任公司,与交委外经外事处管理的高速公路发展公司合并,整合为一个公司,名称沿用"重庆高速公路发展有限公司",负责重庆市高速公路融资、建设、运营、收费还贷工作。下设10个子分公司。

12月26日,长梁高速公路和渝邻高速公路重庆段开工奠基仪式举行。

12月27日,长涪高速公路在涪陵长江大桥北桥头举行了隆重的通车典礼。

2001年

3月20~21日,重庆市2001年公路工作会议在重庆江津市召开。重庆市副市长吴家农出席会议并讲话。会议确定"8小时重庆"公路建设工程是"十五"计划首要目标,要在2003年确保"8小时重庆"公路建设工程完成。

3月25日,高发司与中铁五局就合作建设经营渝邻高速公路重庆段正式签约,重庆高发司与中铁五局投资比例分别为51%和49%。

3月,重庆高速公路发展有限公司内部刊物《重庆高速》正式创刊。

6月29日,重庆市政府召开会议决定由高发司接管綦江至万盛公路的建设、管理和经营还贷。

7月2日,市委书记贺国强及甘宇平、吴家农等领导视察内环路、长梁和万梁高速公路工地督战"8小时"重庆。

8月28日,重庆高速公路联网收费启动暨结算中心揭牌。

10月1日,渝黔高速公路四公里至雷神店段75km初通。

10月8日,根据重庆市机构编制委员会批复,重庆市交通委员会通知将重庆市公路工程质量监督站更名为重庆市交通委员会基本建设工程质量监督站,同时挂重庆市公路工程质量检测中心的牌子。

11月28日,綦万一级公路正式复工。

12月24日,中共中央总书记江泽民为重庆内环高速公路上的大佛寺长江大桥和马桑溪长江大桥题写桥名。

12月26日,渝黔高速公路一期工程童家院子至雷神店段通车,二期工程雷神店至崇溪河段开工。

12月27日,重庆内环高速公路初通。

2002年

2月11日,国务院总理朱镕基视察重庆内环高速公路。

2月15日,中共中央政治局候补委员、书记处书记、中组部部长曾庆红一行视察内环高速公路。

3月14日,重庆市交通委员会与重庆市市政委员会签订环线内公路移交协议。重庆市交通委员会将重庆市内环高速公路以内的22条111.33km公路移交给市政委员会管理。

5月21日,中共中央总书记、国家主席、中央军委主席江泽民在重庆市委书记贺国强、市长包叙定陪同下视察了重庆内环高速公路。

6月,根据渝编〔2002〕52号文件批复,重庆市高速公路行政执法总队成立。

6月18日,重庆高速公路获工商银行、建设银行、国家开发银行等7家银行66亿元人民币综合授信。

6月28日,渝合高速公路比计划工期提前一年建成通车,通车仪式在合川上什字立交举行。

7月1日,重庆高速公路联网收费启动。

10月3日,中共中央政治局常委、国家副主席胡锦涛视察内环高速公路。

12月12日,重庆高等级公路建设投资公司(简称高投司)正式挂牌成立。

12月24日,重庆市交通委员会举行重庆市高速公路行政执法总队授牌仪式。

12月30日,万州至开县高速公路开工。

2003年

1月29日,合川—武胜高速公路开工。

2月,重庆市交通委员会完成的《重庆市骨架公路建设规划(2003—2010年)》,在中共重庆市委常委会、重庆市政府常委会上获得通过,并受到交通部充分肯定。

2月20日,重庆市2003年交通建设工作会议在重庆市富丽大酒店召开。市委书记黄镇东、副市长黄奇帆、副市长赵公卿出席大会并讲话。会议首次明确提出交通发展的奋斗目标是：投资1500亿元，十年基本建成重庆交通枢纽，基本形成以"二环八射"高速公路为主骨架的高等级公路国省干线网和四通八达的农村公路网。

4月，重庆高速公路发展有限公司列为重庆八大投融资集团，纳入重庆市国资委管理，同时接受重庆市国资委和重庆市交委共同管理，正式成为地方政府投融资平台。

4月4日，国家开发银行与重庆市交委、高发司签订了300亿元高速公路项目融资合作协议。

4月15日，重庆市交委、重庆市工商行政管理局批准重庆市公路勘察设计研究院更名为重庆市交通规划勘察设计院。

7月1日，重庆内环高速公路纳入主城区路桥收费改革，实行年票制。

7月2日，重庆市政府将"8小时重庆"区县公路、梁万高速公路、长梁高速公路等项目纳入2003年105项重点建设工程项目。

9月5日，重庆市政府批准高发司和重庆信托投资公司各按30%、70%的比例组建合资公司，共同经营管理渝涪高速公路。

10月，重庆高速公路发展有限公司实行建管分离，撤销具有二级法人资格的全资子公司，分时序、按片区组建专业化的建设分公司和运营公司。

12月9日，重庆至四川遂宁高速公路重庆段开工。

12月26日，长寿至万州高速公路建成通车；同时，涪陵至秀山、万州至巫山、万州至城口3条公路改扩建工程完成初通。"8小时重庆"工程全面通车。"8小时重庆"工程通车典礼在涪陵白涛举行，市政协主席刘志忠、常务副市长黄奇帆、副市长赵公卿、童小平等领导参加典礼。

2004 年

1月1日，万州—开县高速公路开工。

7月15日，渝邻高速公路重庆段建成通车。

7月20日，高发司与中国铁路建筑总公司共同出资组建重庆铁发渝遂高速公路有限公司合作建设渝遂高速公路。

8月6日，渝湘高速公路界石—水江段开工。

8月23日，由高发司和中国通达电子网络有限公司共同出资组建的垫忠高速公路有限公司举行揭牌仪式。

9月15日，綦万高速公路建成通车。

9月20日，万云、垫忠高速公路开工建设。

12月23日，渝湘高速公路彭水至武隆段、武隆至水江段开工。

12月29日,重庆绕城高速公路西南段开工。

2005年

1月23日,长梁高速公路荣获重庆市"最佳绿色通道"称号,这是重庆市高速公路首次获此殊荣。

4月5日,由共青团重庆市委、市建委、市交委联合开展的"迎亚太市长峰会 创青年文明工程"青年突击队立功竞赛誓师动员大会在云万高速公路工地隆重举行。共青团中央第一书记周强出席大会并讲话。

5月9日,重庆市人民政府常务会审议通过《关于规范全市高速公路交通标志的建议》,统一高速公路标牌称谓。

6月21日,市政府下发《关于在全市交通领域实行综合行政执法试点工作的意见》(渝府发〔2005〕61号)。同年6月29日,重庆市交通行政执法总队挂牌成立。

9月,万开高速公路控制工程铁峰山二号隧道左线胜利贯通。该隧道双线全长12030m,其中左线全长6010m,右线全长6020m,是当时西南地区贯通的最长的一座高速公路隧道。

11月18日,重庆市"二环八射"高速公路最后8个项目共计473km高速公路全面开工:渝湘高速公路彭水至黔江段、黔江至酉阳段、酉阳至洪安段;渝宜高速公路云阳至奉节段、奉节至巫山段;绕城高速公路东段、北段;渝泸高速公路江津至合江段。开工仪式主会场设在江津市先锋镇,重庆市委书记黄镇东、常务副市长黄奇帆等领导出席了开工仪式并铲土奠基。两个分会场分别设在巫山和酉阳,当地各族群众载歌载舞庆贺高速公路开工。

12月28日,渝武高速公路合武段建成通车。

12月29日,渝黔高速公路全线贯通。

2006年

2月18日,渝合高速公路北碚隧道荣获鲁班奖。

5月25日,由重庆市交委主办、高发司承办的重庆市重点公路建设工作会议在重庆国际会展中心隆重举行,重庆市常务副市长黄奇帆、副市长余远牧出席会议并做了重要讲话。

7月1日,渝遂高速公路大学城段正式通车营运。

11月14日,高发司与农业银行重庆分行签订了30亿元贷款合同,该笔贷款将用于渝宜高速公路万云段建设。

12月5日,忠石高速公路控制工程,西南地区在建最长公路隧道,左洞长7605m、右洞长7567m的方斗山隧道全线贯通。

12月27日,万开高速公路建成通车。

2007 年

1月11日，市委书记汪洋视察了垫忠高速公路明月山隧道工地。

3月28日，重庆中信渝黔高速公路有限公司举行开业典礼，副市长余远牧出席仪式并亲自为中信渝黔公司授牌。

8月14日，市委书记汪洋视察渝湘高速公路界水段。

11月28日，重庆市委、市政府八大民心工程之一、全长85km的界水高速公路建成通车。南川由此融入重庆市"1小时经济圈"。

12月28日，全长75km的垫忠高速公路提前一年建成通车。从重庆主城到忠县行车时间2小时左右，比原来4小时的车程减少一半。

12月29日，全长112km的渝遂高速公路重庆段建成通车，渝遂高速公路全线贯通从重庆到成都只需要2个半小时。

12月29日，"重庆高速1000公里纪念碑"揭幕仪式在渝湘高速公路界石停车区隆重举行。重庆高速公路通车里程突破1000km，达到1050km。

2008 年

1月22日，渝湘高速公路水武项目白云隧道顺利贯通。隧道全长7120m，是重庆市第三长高速公路隧道、渝湘高速公路全线最长隧道。

1月，高发司李祖伟董事长获2007年"新世纪百千万人才工程"国家级人选称号。

3月15~17日，交通部冯正霖副部长一行七人来渝，视察重庆交通，尤其是高速公路建设情况。

5月6日，高发司总经理许仁安荣膺第十二届"中国青年五四奖章"。

5月26日，市交委同中国光大银行股份有限公司重庆分行签订合作协议。

6月18日，重庆绕城高速公路重点控制性工程——施家梁隧道顺利贯通。该隧道左洞长4303m，右线全长4267m，系当时国内已贯通的最长双向六车道大跨度公路特长隧道。

8月6日，中交路桥与重庆市政府经过友好协商，中标重庆涪陵至丰都、丰都至石柱高速公路项目（简称"涪丰石高速"），以BOT+EPC模式投资建设该项目，并签订了项目投资协议。

8月22、23日，第十一届全国人大常委会代表资格审查委员会主任委员、第十一届全国人民代表大会内务司法委员会主任委员、原重庆市委书记黄镇东同志在副市长凌月明、市交委主任丁纯、高发司董事长李祖伟等陪同下，先后视察了绕城高速公路北段和西段。

12月5日，在重庆市国资委与银监局共同举办的"重庆市国企与金融机构合作战略研讨会暨项目合作签约仪式"上，高发司再获7家金融单位676亿元的授信，为未来

1000km 高速公路建设获得强力支撑。

12月26日,重庆绕城高速公路北碚至西彭段建成通车。市长王鸿举出席通车典礼,并宣布通车。

12月26日,绕城高速公路北碚至西彭段建成通车。

12月27日,重庆万云高速公路建成通车。黄奇帆常务副市长出席通车典礼,并宣布通车。

12月30日,重庆市交委与重庆银行战略框架协议在戴斯酒店隆重举行。

2009年

1月5日,市交委与重庆建工集团签订项目投资协议,由重庆建工集团采取BOT+EPC模式,投资建设涪陵至南川高速公路。

1月6日,长寿湖旅游专用高速公路开工建设。

2月20日,重庆2009年度八大民心工程正式确定,年内建成通车的绕城高速公路西彭至南彭段、渝湘高速公路水江至武隆段、江津至合江高速公路一期工程、石柱至忠县高速公路和年内开工建设的奉节至巫溪、万盛至南川段、涪陵至丰都、丰都至石柱段高速公路被列入今年八大民心工程。

3月26日,沪渝高速公路石柱至忠县段建成通车。这是第一条通往少数民族自治县的高速公路,石柱从此结束了没有高速公路的历史。重庆市人民政府副市长凌月明出席通车典礼并讲话。

4月2日,高发司与工商银行重庆市分行签订股本融资合作协议。协议明确由工商银行重庆市分行向高发司提供37亿元意向性资本金融资额度,用于高速公路等重大项目建设。

4月12日,高发司与建设银行重庆市分行签署银企战略合作协议。建设银行向重庆基础设施建设、库区产业发展、重大招商引资项目、中小企业以及涉农等领域意向提供2080亿元的融资支持,其中,高发司获得贷款授信额度260亿元。

5月5日,高发司正式更名为重庆高速公路集团有限公司。

5月14~16日,交通运输部在重庆组织主持召开了重庆三环高速公路涪陵青草背长江公路大桥项目建议书审查会。

5月18日,重庆市交委与湖北省交通厅共同签署协议,在公路方面,2014年两地将建成4条高速公路通道,2012年建成8条旅游公路和地方公路。

6月1日,重庆市交委同中国邮政储蓄银行重庆分行召开融资合作座谈会。双方达成在近期签订《全面框架合作协议》的意向,邮政储蓄银行将在农村公路、高速公路、内河水运和换乘枢纽等七个领域为我市交通发展提供优质金融服务。

6月3日,重庆市政府凌月明副市长、欧顺清副秘书长在高速集团董事长李祖伟、总经理许仁安等陪同下,对"内环外移"工作进行了检查调研。

6月30日,涪陵至丰都、丰都至石柱,南川至涪陵三条高速公路开工仪式在涪陵隆重举行。重庆市人民政府市长王鸿举宣布开工。重庆市人大常委会副主任胡健康、重庆市人民政府副市长凌月明出席开工典礼。

6月下旬,高速集团与交通银行签订200亿元授信意向书。授信期为2009年至2013年,将主要用于渝湘高速公路、忠石高速公路两个在建工程和万盛至南川、绕城公路铜梁至合川段、黔恩高速公路等拟建工程。

7月30日,全国人大内务司法委员会主任委员、重庆市原市委书记黄镇东在副市长凌月明等陪同下,视察了成渝路主线站白市驿收费站内环外移工地。

8月,水界高速公路南湖隧道荣获重庆市巴渝杯优质工程奖。

9月8日,全国人大内务司法委员会主任委员黄镇东视察了即将通车的渝湘高速公路。10日,黄镇东委员赴高速集团视察,在高速集团综合办公大楼参加了座谈会并作重要讲话。

9月25日,石柱至忠县、水江至武隆高速公路通过交工验收。

9月28日,渝湘高速公路水江至武隆段建成通车、沪渝高速公路重庆石柱至忠县段全线贯通、南川至万盛高速公路开工、奉节至巫溪高速公路全面开工典礼在渝湘高速公路水江服务区隆重举行。典礼由市政府欧顺清副秘书长主持,黄奇帆常务副市长宣布四个项目顺利通车和正式开工。

9月28日,渝湘高速公路水江至武隆段通车、沪渝高速公路重庆段全线贯通、南川至万盛高速公路开工、奉节至巫溪高速公路开工。

9月28日,重庆高速集团与中信沪渝高速公路有限公司的"重庆市沿江高速公路主城至涪陵段投资协议暨重庆合资合同签约仪式"在京举行。

9月29日,全长273.29km的沪渝高速公路重庆段全部建成通车。

10月28日,重庆市沿江高速公路主城至涪陵段项目投资协议在北京签署。市交委主任滕宏伟、中信建设投资有限公司董事长张云亭、重庆高速公路集团有限公司董事长李祖伟、中信国华国际工程承包有限责任公司董事长洪波出席签字仪式。

11月18~24日,重庆市交委向社会公开发布了成渝高速公路复线(重庆段)投资人招标公告,正式启动了该项目的投资人招标。

11月,忠石高速公路方斗山隧道工程荣获2009年度中国建设工程鲁班奖。该工程由重庆高速集团垫利分公司等施工建设。

12月14日,重庆市人大常委会副主任王洪华、市人大常委会委员、市人大城环委主任委员姚代云率领市人大调研组一行,视察正在建设的渝湘高速公路全线。

12月15日,重庆市政协主席邢元敏率领部分市政协委员视察即将通车的绕城高速公路。

12月19日,渝湘高速公路武隆至黔江段通车。同日,沪渝高速公路湖北恩施到白羊塘段及石忠高速公路冷水主线站通车,沪渝高速公路全线贯通。

12月21~22日,重庆市交委组织完成成渝复线、主城至涪陵两条高速公路初步设计审查。

12月27日,重庆市沿江高速公路主城至涪陵段开工建设。重庆市人民政府代市长黄奇帆出席开工典礼。

12月31日,全长187km的重庆绕城高速公路、渝泸高速公路一期工程建成通车,内环收费站外移工程全面完工。

2010年

1月21日,经重庆市人民政府授权,重庆市交委与中信沪渝高速公路有限公司正式签订了《重庆市沿江高速公路主城至涪陵段BOT项目特许权协议》。

2月8日,重庆市人民政府授权重庆市交委,与重庆高速集团和中国铁建股份有限公司,正式签署成渝高速公路复线重庆段的项目投资人协议。

3月31日,重庆境内高速公路路标按国家高速公路网的编号及里程标志改造。

4月22日,成渝高速公路复线重庆段开工典礼在绕城高速公路曾家服务区举行。市长黄奇帆、副市长凌月明出席了开工典礼。

5月1日,长寿湖旅游专用高速公路投入试运行。长寿湖旅游专用高速公路是重庆市第一条区县自建高速公路,也是第一条专用高速公路。

7月16日,重庆主城至涪陵沿江高速公路涪陵段开工。

7月29日,重庆三环高速公路铜梁至永川段项目投资协议签订。

8月27日,成渝高速公路复线重庆段项目融资协议签字仪式在高速集团举行。重庆市交委主任滕宏伟,高速集团以及工行、农行、交行、建行、开发银行、兴业银行和渝蓉公司的领导出席了签字仪式。

9月8日,重庆南川至贵州道真高速公路(重庆段)项目投资协议签订。项目采用BOT+EPC模式,由高速集团与重庆建工集团按57%、43%的股份出资建设。

9月26日,万达高速公路开江至开县段正式动工建设。

9月30日,渝湘高速公路黔江经酉阳至洪安段139km、渝宜高速公路云阳经奉节至巫山段119km建成通车。标志着重庆"二环八射"高速公路全面建成通车,全市高速公路通车里程突破2000km。

10月12日,重庆市领导在市委小礼堂会见"二环八射"高速公路建设先进集体和先进个人、交通建设功臣、特别贡献奖的获奖代表。

11月28日,重庆市三环高速公路永川到江津段开工建设。市长黄奇帆出席在永川的开工典礼。

12月15日,绕城高速公路被交通运输部评为全国"科技示范路",成为重庆市首条名副其实的节能高速公路。

12月17日,重庆黔江至湖北恩施高速公路重庆段开工典礼在黔江区举行,重庆市人民政府市政府副市长刘学普出席典礼并宣布开工。

12月23日,重庆渝北至四川广安(重庆段)、重庆梁平至忠县高速公路、重庆酉阳至贵州沿河高速公路(重庆段)、重庆三环高速公路江津至綦江段高速公路4个项目顺利签订投资协议,签约的四个项目由高速集团与中交股份、中水集团、葛洲坝集团采取BOT+EPC模式共同建设。

12月24日,三环高速公路西南段铜梁至永川段、江津至綦江段,"三射一联线"南川至贵州道真高速公路(重庆段)、酉阳至贵州沿河高速公路(重庆段)、渝北至四川广安高速公路(重庆段)、梁平至忠县等6个高速公路项目在铜梁举行开工典礼。

12月30日,重庆丰都至忠县、开县至开江、忠县至万州、万州至利川4条高速公路及重庆新田港开工典礼分别在忠县、开县和万州三地隆重举行。

2011年

1月17日,重庆市交委与贵州省交通运输厅签署了南川至道真、酉阳至沿河、秀山至松桃三个高速公路通道项目接线协议。

1月24日,重庆市交委竣工验收委员会,组织完成了万开高速公路、雷崇高速公路竣工验收工作。

2月15日,重庆市交委组织召开了新千公里高速公路前期工作会,专题研究2011年拟开工项目的前期工作,确保实现"十二五"再建成1000km高速公路的目标。

3月22日,经重庆市政府授权,合川区人民政府、铜梁县人民政府与中国交通建设集团第四航务工程局有限公司正式签订了重庆市三环高速公路铜梁至合川段项目投资协议,市政协吴家农副主席出席了签字仪式。

4月,重庆市交委与陕西省交通运输厅通过传签方式签署了重庆巫溪至陕西镇坪高速公路省界接线方案及有关问题的协议。

5月,重庆市交委与湖北省交通运输厅正式签订了重庆万州至湖北利川高速公路渝鄂交界接线协议。

7月29日,经重庆市政府授权,重庆市交委与中国交通建设集团第四公路工程局有限公司正式签订了三环高速公路铜梁至永川段项目投资协议,市政府凌月明副市长出席了签字仪式。

8月，重庆市交委与四川省交通运输厅签署了重庆渝北至四川广安高速公路接线协议。

9月8日，经重庆市政府授权，重庆市交委与重庆建工集团股份有限公司正式签订了重庆南川至贵州道真高速公路（重庆段）项目投资协议，市政府凌月明副市长出席了签字仪式。

10月24～25日，重庆至遂宁高速公路重庆段通过竣工验收。

11月9日，重庆市三环高速公路铜梁至合川段项目开工典礼在铜合高速公路城南立交处隆重举行。市人大常委会副主任王洪华、市政府副市长凌月明、市政协副主席杨天怡出席开工仪式。

12月23日，经重庆市政府授权，重庆市交委集中与中国交通建设集团第一公路工程局有限公司签署了重庆酉阳至贵州沿河高速公路（重庆段）项目投资协议，与中国水电建设集团路桥工程有限公司签署了重庆渝北至四川广安高速公路（重庆段）、重庆梁平至忠县高速公路项目投资协议，与葛洲坝集团第五工程有限公司签署了重庆三环高速公路江津至綦江段项目投资协议。凌月明副市长出席了签字仪式。

12月24日，铜梁至永川、江津至綦江、南川至贵州道真（重庆段）、酉阳至贵州沿河（重庆段）、渝北至四川广安（重庆段）、梁平至忠县6条高速公路在铜梁举行开工仪式，市长黄奇帆、副市长凌月明出席。

2012年

1月13日，区县助推新千公里高速公路建设合作协议签字仪式在高速集团举行。重庆高速集团与渝北区、北碚区、合川区、梁平县、忠县以及酉阳县分别签订了重庆渝北至四川广安（重庆段）项目、梁平至忠县项目、重庆酉阳至贵州沿河（重庆段）高速公路建设合作协议。

5月22日，黔恩路、开开路、丰忠路、忠万路、江綦路、铜永路、铜合路、永江路8个新千公里项目征地报件全部获得市政府批复。

5月31日，凌月明副市长调研南万高速公路项目建设情况。

6月，重庆渝广梁忠高速公路有限公司正式揭牌并签订总承包协议。

7月底，新千公里高速公路工可全部获得市发改委批复。

9月4日，高速集团与机场集团签订渝邻高速公路改线工程项目委托建设合同。

9月，巫奉高速公路获"2011年度重庆市巴渝杯优质工程奖"。

10月15日，重庆市高速公路ETC不停车收费通道正式启用。

10月24日，国家开发银行总行评审一局一行到渝对重庆市南川至道真、万州至利川、渝北至广安、梁平至忠县、江津至綦江和忠县至万州六条高速公路项目开展贷款评审。以上项目通过国家开发银行重庆分行评审,共涉及贷款金额约290亿元。

11月9日,全国人大常委会委员黄镇东视察渝湘高速公路。

11月底,渝湘高速公路武隆隧道群入选重庆新地标。

2013年

4月26日,"重庆新千公里高速公路劳动竞赛"启动仪式在成渝复线璧山施工现场隆重举行,新千公里高速公路劳动竞赛拉开序幕。

6月3日,渝泸高速公路全线正式通车。该高速公路是G93成渝环线高速公路重要组成部分,它的贯通使川渝之间新增一条高速公路通道。

10月22日,渝广、梁忠高速公路作为BOT+EPC模式合资建设项目,在"银团贷款与交易委员会第四届年会暨银团国际研讨会"上,与中国银行业协会现场签约,两项目签约总额达106.37亿元。

11月,绕城高速公路西段、南段分别获2012年度重庆市路港杯优质工程一等奖。

12月,云万高速公路汤溪河特大桥获国家优质工程奖。

12月13日,南(川)万(盛)高速公路正式通车投入运营。

12月23日,沪渝南线(沿江通道)主城至涪陵段建成通车。

12月25日,渝蓉高速公路重庆段建成通车。

12月30日,奉(节)(巫)溪高速公路建成通车投入运营,标志着"4小时重庆"建设画上了圆满的句号。

12月,中国施工企业管理协会发布《关于表彰2012—2013年度国家优质工程的决定》,云万高速公路汤溪河特大桥获"国家优质工程奖"。

2014年

4月27日,交通运输部党组副书记、副部长翁孟勇视察万利高速公路驸马长江大桥项目工地。

5月14日,2014年重庆市新千公里高速公路建设劳动竞赛启动。

6月12日,重庆江津至贵州习水高速公路(重庆段)在重庆市江津区正式开工。重庆江津至贵州习水高速公路,是重庆"三环十二射七联线"中的重要省际通道,也是重庆市第四轮新千公里高速公路建设的首个项目。项目总投资82.11亿元,采取BOT+EPC投资模式,由中国电力建设集团投资建设。

7月16~18日,全国人大原内务司法委员会主任委员、原重庆市委书记黄镇东来渝召开《全国高速公路建设实录重庆分册》编写动员会,要求重庆先行一步,在全国起示范效应作用。

附 录

7月23日,全国人大农业与农村委员会陈光国副主任一行6人,视察渝宜高速公路通车情况及万利高速公路驸马长江大桥建设情况。

8月12日,陈和平副市长对加快高速公路发展建设,对高速集团进行调研。9月,中国公路学会和重庆市政府分别颁发2013年度中国公路学会科学技术奖和重庆市科技进步奖,重庆高速集团《隧道纤维喷射混凝土单层衬砌技术及应用研究》项目分别获得中国公路学会科技一等奖和重庆市科技进步二等奖,《灾害天气下山区高速公路运营安全关键技术研究》项目获得中国公路学会科学技术三等奖。

10月15日,重庆高速公路ETC开通营运两周年,用户超20万名,开通ETC收费站103个、专用车道201条,ETC收费站覆盖率达57%。

11月14日至15日,正式启动《重庆高速公路建设实录》编撰工作,全国人大原内务司法委员会主任委员、原重庆市委书记黄镇东来渝召开大纲审查会。

12月9~11日,交通运输部物联网与智慧交通技术研讨会暨物联网工程验收会在重庆渝通宾馆会议室召开。

12月11日,重庆三环高速公路铜梁至合川段正式通车。

12月23日,重庆高速公路ETC用户发展突破30万户,达到300410户。2014年新增用户195201户。ETC日均通行量9.13万辆,占路网日均车流量的19.1%。已有107个收费站建设并开通ETC专用车道,共计203条,ETC收费站覆盖率达58.8%。重庆高速公路ETC规模在中西部地区处于行业领先水平。

12月27日,G42沪蓉高速公路重庆至湖北宜昌段正式通车,G42渝鄂省际通道全线贯通。

2015 年

1月,重庆市交委评选出了2014年度高速公路星级服务区,全路网共31个收费站获评星级。G93沙坪坝收费站获评唯一一个五星级收费站。

1月21日,重庆高速公路"微笑之星"总决赛圆满落幕,最终东南公司的黄倩、渝邻公司的邓渝获"微笑大使"称号。

2月4日,万达高速公路重庆开县至四川开江段提前8个月正式建成通车。

3月,高速集团注册成立了具有独立法人资格的"重庆高速工程顾问有限公司",标志着重庆高速公路建设进入了市场化发展起步阶段。

3月10日,重庆三环高速公路长寿至合川段项目合资合同签约仪式举行。该项目采用BOT+EPC合作建设模式,中交隧道局控股,占比51%,重庆高速集团参股,占比49%。

3月13日,重庆高速集团"企业文化建设年"启动仪式暨新春诗歌朗诵会在集团隆重举行;"企业文化建设年"正式启动。

4月23~24日,交通运输部副部长冯正霖先后到黔恩路、渝湘路等地进行实地调研。

5月20日,重庆高速集团正式启动重庆高速公路服务区"重庆造"项目。

6月10日,重庆市2015年高速公路建设劳动竞赛动员大会在渝广项目华蓥山隧道入口盛大召开。重庆市人大常委会副主任、市总工会主席郑洪宣布"重庆市2015年高速公路建设劳动竞赛"启动。

7月1日,交通运输部办公厅印发了《公路工程设计施工总承包管理办法》,8月1日起施行,该办法由重庆高速集团编写。

7月27日,重庆市2015年PPP合作项目签约发布会在重庆雾都宾馆三楼大会议厅举行。重庆高速集团与中铁建投资集团就渝蓉高速公路延伸线项目在本次发布会上签约。

7月28日,重庆高速公路ETC正式并入全国联网系统。

8月6日,高速集团开展"美丽高速美好人生"主题企业文化活动。

8月10日,重庆市桥梁协会、重庆晨报联合主办"发现重庆之美·首届重庆最美桥梁评选暨桥梁科技普展"。重庆高速公路的大宁河大桥、江津观音岩长江大桥荣膺"重庆最美桥梁"称号。

9月,重庆高速集团"企业文化建设年"活动"美丽高速 美好人生"高速公路书画、摄影、征文、微视频、卡通形象设计五项大赛正式启动。

9月28日,重庆三环高速公路合川至长寿段正式开工建设。

9月28日,重庆三环高速公路铜梁至永川段正式通车,重庆高速公路通车里程突破2500km。

11月25日,副市长陈和平主持召开会议,专题研究了开县至城口高速公路建设有关问题。

12月11日,重庆市交委与陕西省交通运输厅签订了城开路省界接线协议,为项目顺利通过交通部行业审查奠定基础。

12月29日,市长黄奇帆、副市长陈和平和中国铁建总裁庄尚标等人出席中国铁建与重庆市政府就渝黔高速公路扩能、黔江至石柱、南充至大足至泸州3条高速公路项目投资建设达成合作协议,签约投资金额404亿元。

12月30日,重庆高速集团与中国铁建股份有限公司在集团3楼会议厅签订渝黔高速公路重庆段扩能、黔江至石柱、南充至大足至泸州(重庆段)三条高速公路合作协议。三个项目均采用BOT模式投资建设,其中重庆高速集团占股20%,中铁建股份有限公司占股80%。

12月30日,重庆黔江至石柱高速公路开工暨重庆黔江至湖北恩施通车慰问活动在黔江区G5515黔江省际站举行。黔恩高速公路实现了全线贯通。

12月30日,城开路水保、环评分别获得国家水利部和市环保局的批复,开州至城口高速公路前期工作取得重大进步。

12月,2015年底统计数据表明:重庆市新增ETC用户47.4万户,同比增长116%,用户总量达77.4万户。

2016年

1月,重庆至长沙公路武隆至水江高速公路获评公路交通优质工程(李春)奖一等奖。

2月4日,渝蓉高速公路重庆段全线建成通车。

2月5日,市政协主席徐敬业一行冒雨慰问了春运期间坚守岗位的高速集团一线员工。

2月29日下午,在高速集团三楼多功能厅顺利签订了银川至百色国家高速公路重庆城口至开县段用地包干协议。

3月12日,在第九届巴南区天坪山梨花旅游文化节上,"高速带你去旅游"第二季活动正式启动。

4月15日,渝蓉高速公路建设绿色循环低碳公路主题性试点项目通过交通运输部考核验收。渝蓉高速公路作为我国第一条完整意义上的全程广泛应用绿色低碳节能新理念、新技术、新材料、新工艺建成的高速公路,各项低碳节能指标全部达标合格。

4月26日,重庆市2016年高速公路建设劳动竞赛动员大会在江綦高速公路先锋互通现场隆重举行。

5月,在重庆市首次面向社会征集"五一"奖活动中,重庆高速集团首讯公司被重庆市总工会授予"五一劳动奖状"光荣称号,东北公司巫山管理中心巫山收费站巾帼红叶班、成渝公司运行保障中心巡查救援一队、南方公司界石运行巡查中队被授予重庆市工人先锋号。

6月15日,酉沿高速公路通车慰问活动在酉阳主线收费站举行,重庆酉阳至贵州沿河高速公路重庆段建成通车。

7月14日,原重庆市委书记黄镇东率《中国高速公路建设实录》编写小组一行来到高速集团东南分公司辖区进行调研。

8月18日,中共重庆市委宣传部、重庆市精神文明建设办公室、重庆市交通委员会在高速集团联合举办重庆"最美高速路"暨"最美高速人"评选活动启动仪式。

8月19日,高速集团与建工集团召开交接工作会,南涪高速公路正式并入重庆高速集团管辖。

9月23日,由重庆市总工会、交委、高速集团主办的全市高速公路营运劳动竞赛动员大会在曾家服务区召开。

9月27日,三环高速公路江津至綦江段建成通车。

9月,武隆服务区获交通运输部授予的2014—2015年度全国交通运输行业"文明示范窗口"称号。

11月11日,交通运输部以交公路函〔2016〕729号批复了银百高速公路重庆城口至开州段初步设计。根据初设批复,城开路全长129.3km,全线桥隧比81%,总概算约234亿元,建设工期6年。

11月21日,重庆高速公路ETC用户突破100万大关,开通ETC的收费站点数量达到200个,覆盖率93%(其中开通主线站9个、省际主线站12个,匝道站179个,累计开通ETC专用车道435条);ETC服务网点达283个,其中自营网点16个,银行合作网点267个,已形成覆盖全市各大主线收费站、区县及车管所等区域的服务网络。

11月23日,万利高速公路驸马长江大桥合龙,为万利高速公路建成通车打下基础。由中交一公局承建的万州驸马长江大桥全长2030m,主跨长1050m,是长江三峡库区最长的悬索桥,也是我国目前为数不多的单跨千米级钢箱梁悬索桥。央视曾在《超级工程》中对该桥作过详细报道。

12月9日,丰都至忠县、忠县至万州和梁平至忠县3条高速公路正式通车。12月23日,秀山至贵州松桃高速公路建成通车。

12月27日,重庆高速集团与工商银行、农业银行、建设银行及重庆农商行举行G69银百高速公路重庆公路城口至开州项目银团贷款签约仪式。

12月27日,市政府副市长谭家玲召开高速公路旅游融合发展专题会。

12月30日,渝蓉高速公路简阳至川渝省界段开通,渝蓉高速公路实现渝川省际贯通。

附件 2
重庆高速公路之"最"

一、公路之"最"

1. 最早建成的高速公路——成渝高速公路。全长 114km，1994 年 10 月 18 日建成通车。

2. 最高标准的高速公路——渝蓉高速公路和绕城西段。设计速度 120km/h，双向六车道。

3. 最高海拔的高速公路——石忠高速公路。石忠高速公路冷水服务区段，海拔 1443m。

4. 最高桥隧比的高速公路——渝湘高速公路水武段。水江至武隆高速公路桥隧比达 70%，其中武隆至白马段桥隧比高达 96%。

5. 最大一次性投资的高速公路——城开高速公路。总投资 239 亿元。

6. 最高单公里投资的高速公路——城开高速公路。单公里造价 1.87 亿元。

7. 最早采用国内招标的高速公路——渝长高速公路。1996 年首次采用国内招标。

8. 最早采用国际招标的高速公路——成渝高速公路。1988 年 5 月开始资格预审，采用 FIDIC 条款管理。

9. 最早的景观高速公路——渝合高速公路。

10. 最早的低碳高速公路——渝蓉高速公路。交通运输部绿色循环低碳公路试点项目，2016 年验收。

二、桥梁之"最"

1. 最大跨径的高速公路桥梁——万利高速公路驸马长江大桥。悬索桥主跨 1050m，是重庆唯一超千米的主跨桥梁。

2. 最高的高速公路桥梁——渝湘高速公路武陵山大桥。主跨 360m 斜拉桥，桥面距谷底高 363m。

3. 最宽的高速公路组合桥梁——绕城高速公路观音岩长江大桥。钢筋混凝土组合梁斜拉桥主跨 436m，双向六车道。

4. 最大跨径的高速公路钢桁架拱桥——奉溪高速公路大宁河大桥。主跨 400m 上承式钢桁拱桥。

5. 最早的高速公路嘉陵江大桥——内环高速公路高家花园嘉陵江大桥。1998 年 12 月建成，主跨 240m，预应力混凝土连续刚构桥。

6. 最早的高速公路长江大桥——内环高速公路大佛寺长江大桥。2001 年 12 月建成，主跨 450m，双塔双索面预应力混凝土斜拉桥。

三、隧道之"最"

1. 最早的高速公路隧道——成渝高速公路中梁山隧道。隧道洞长 3165m。

2. 最长的高速公路隧道——石忠高速公路石方斗山隧道。全长 7.6km。

3. 最早铺装阻燃沥青的高速公路隧道——渝合高速公路北碚隧道。全长 4011m，国内首次采用阻燃改性沥青混合料铺装技术的隧道。

四、融资之最

1. 最早转让经营权的高速公路——成渝高速公路。1999 年 3 月，成渝高速公路 49% 的经营权转让给中信基建投资有限公司。

2. 最早采用 BOT 方式建设的高速公路——渝邻高速公路。2001 年 3 月，重庆高速公路发展有限公司与中铁五局分别占股 51% 和 49%。

3. 最早的 BOT+EPC 高速公路——涪丰石高速公路。2008 年 8 月签订投资协议。

4. 最早利用外国银行贷款的高速公路——成渝高速公路。利用世界银行贷款 5000 万美元。

5. 最早采用境外融资的高速公路——渝合高速公路。2011 年渝合高速公路 49% 股权转让给印度 ITNL 公司。

五、其他之"最"

1. 最早建成的高速公路服务区——成渝高速公路永川服务区。1994 年开通运营。

2. 最大面积的高速公路服务区——沪渝高速公路冷水服务区。2010 年 8 月建成投入使用，占地面积 270 亩。

3. 最早建成的收费站——成渝高速公路上桥收费站。1994 年 4 月 28 日，上桥收费站投入运行。

4. 最多车道数的收费站——渝蓉高速公路沙坪坝收费站。收费车道 26 个。

5. 最早获"鲁班奖"高速公路工程——内环高速公路马桑溪长江大桥。2004 年获鲁班奖。

附录

附表1
重庆市高速公路主管领导及部门负责人信息采集表

重庆市高速公路主管领导及部门负责人信息采集表　　　　　　　附表1

领导级别	职务	姓名	任职时间	备注
市交委领导	主任	胡振业	1985.7~2004.5	
		丁纯	2004.5~2009.3	
		滕宏伟	2009.3~2016.9	
		乔墩	2016.9至今	
	规划、建设分管副主任	郑道访	?	
		滕西全	1992.10~2000.5	
		彭建康	1998.2~2008.9	
		滕宏伟	2003.6~2009.3	
		章勇武	2006.8~2013.3	
		陈孝来	2006.12~2014.11	
		岳顺	2016.4至今	
	总工程师	蒙进礼	2000.6~2003.2	
		张太雄	2004.9~2010.1	
		李关寿	2011.4至今	
综合规划处（含计划处）	处长	朱世奇	1984.6~1994.3	
		马曰礼	1994.7~2000.8	
		滕宏伟	2000.12~2003.6	
		岳顺	2003.9~2008.3	
		李关寿	2008.3~2009.12	
		郝满炉	2009.12~2011.12	
		任洪涛	2012.2至今	
建设管理处（含公路处）	处长	蒙进礼	1988~1996	
		彭建康	1996~1998.2	
		张太雄	2000.7~2004.9	
		李关寿	2005.4~2008.3	
		彭兴国	2008.3~2016.5	
		朱文	2016.5至今	

续上表

领导级别	职务	姓名	任职时间	备注
养护管理处	处长	郝祎	2011.9至今	2011年9月从建设管理处分离，成立养护处
财务处	处长	禹培文	1994.6~2004.12	
		王剑	2005.4~2008.3	
		王志	2008.10~2013.7	
		郑小平	2013.7至今	
科技处	处长	程永富	1990.2~1998.7	
		罗祥荣	2000.7~2006.12	
		蒙华	2008.11至今	
安全监督局（含质监站）	局长（站长）	蒙进礼（兼）	1988.7~1999.4	
		蒲培成	1999.4~2001.4	
		彭兴国	2001.4~2008.3	
		陈伯奎	2008.3至今	
高速公路建设指挥部	指挥长	郑道访	1988.6~1998.11	
		滕西全	1998.11~2011.9	
		滕宏伟	2011.9~2016.11	
		乔墩	2016.9至今	

[附表 2]

重庆市高速公路总体情况表

附表 2

重庆市高速公路总体情况表

性质	序号	编号	主要控制点	项目名称	建设里程(km)	投资(亿元)	车道数	设计速度(km/h)	建设时间(开工~通车)	备注
国家高速公路	1	G85	九龙坡、璧山、大足、永川、荣昌	成渝公路重庆段(走马至荣昌)	93	14.36	四车道	80	1990.9~1994.10	
	2		北碚、合川	渝广高速公路(川渝界—绕城高速公路渝广立交)	70	78.3	四车道	100	2013.6~2017.12	在建中
	3	G50	重庆、长寿、垫江、忠县、石柱、冷水	石柱至忠县段	80.33	69.64	四车道	80	2005.6~2009.9	
	4			垫江至忠县段(大平互通至忠县冉家坝)	68.36	42.67	四车道	80	2004.11~2007.12	
	5			长寿至梁平段(长寿至太平互通)	52.00	11.71	四车道	80	2001.4~2003.12	
	6			渝长高速公路(北环至长寿桃花街)	71.35	30.15	六车道	80	1997.5~2000.4	
	7			武胜(川渝界)至合川段	33.76	13.61	四车道	80	2003.1~2009.12	
	8			重庆至合川段	58.73	31.31	四车道	80	1996.6~2002.6	
	9	G75	合川、北碚、渝北、江北、沙坪坝、九龙坡、巴南、綦江	渝长高速公路(上桥至北环)	14.00	5.92	六车道	80	1996.1~1998.12	
	10			上桥至界石段	22.79	16.36	六车道	80	1999.5~2002.12	
	11			渝黔高速公路一期(界石至雷神店)	55.69	24.37	四车道	80	1997.11~2001.10	
	12			渝黔高速公路二期(雷神店至崇溪河)	48.18	24.97	四车道	80/60	2002.6~2004.12	

续上表

性质	编号	序号	主要控制点	项目名称	建设里程（km）	投资（亿元）	车道数	设计速度（km/h）	建设时间（开工~通车）	备注
国家高速公路	G42	13	垫江、梁平、万州、云阳、奉节、巫山、楚阳	奉节至巫山段	59.57	51.08	四车道	80	2006.6~2012.12	
		14		云阳至奉节段	69.71	78.70	四车道	80	2006.8~2010.9	
		15		万州至云阳段	78.35	69.40	四车道	80	2004.12~2008.12	
		16		梁平至万州段	67.24	30.26	四车道	80	2000.2~2003.12	
		17		长寿至梁平段（大平互通至梁平）	61.54	13.96	四车道	80	2001.4~2003.12	
		18		垫江至忠县段（川渝省界至大平互通）	6.82	4.37	四车道	80	2004.11~2007.12	垫忠75km拆分
		19		邻水邱家河至重庆公路	53.11	17.28	四车道	80	2001.9~2004.6	
		20		渝长高速公路（黑石子至童家院子）	7.40	3.13	六车道	80	1996.1~2000.4	此段与G42重合
	G65	21	渝北、江北、南岸、巴南、南川、武隆、彭水、黔江、西阳、秀山、洪安	童家院子至綦江段（童家院子至界石）	31.10	13.88	六车道 四车道	80	1997.11~2001.1	此段为原渝黔高速公路的一段，国家高速公路网规划调整后调整为G65的一段
		22		水江至界石段	84.60	52.40	四车道	100	2004.8~2007.12	
		23		武隆至水江段	54.98	48.73	四车道	80	2004.12~2009.9	
		24		彭水至武隆段	64.50	63.89	四车道	80	2004.12~2009.12	
		25		黔江至彭水段	70.64	64.83	四车道	80	2005.11~2009.12	
		26		大涵至黔江段	23.32	19.46	四车道	80	2005.11~2010.9	
		27		西阳至大涵段	37.23	25.40	四车道	80	2005.11~2010.9	
		28		上官桥至西阳段	31.95	26.76	四车道	80	2005.11~2010.9	
		29		洪安（湘渝界）至上官桥段	45.44	34.89	四车道	80	2005.11~2010.9	

附 录

续上表

性质	序号	编号	主要控制点	项目名称	建设里程(km)	投资(亿元)	车道数	设计速度(km/h)	建设时间(开工~通车)	备注
国家高速公路	30	G69	城口、开县、万州、忠县、丰都、涪陵、南川	万州至开县段(李家坪至汉丰镇)	29.30	19.38	四车道	60	2004.1~2006.12	
	31			万州至云阳段(古家坝互通至马鞍石互通)	5.00	4.44	四车道	80	2004.12~2008.12	
	32			南川至涪陵段(双河口至嵩枝坝)	46.08	45.75	四车道	80	2010.4~2013.9	南涪高速公路 55.97km 拆分
	33	G93	潼南、铜梁、璧山、沙坪坝、九龙坡、江津	渝遂高速公路	111.80	42.30	四车道	80	2003.12~2007.12	
	34			江津至合江段(一期)	30.65	12.73	四车道	80	2006.6~2009.12	
	35			江津至合江段(二期)	16.62	10.21	四车道	80	2010.3~2013.4	
	36	G5001	渝北、巴南、九龙坡、江津、沙坪坝、北碚	重庆绕城东段	36.78	31.91	六车道	100	2005.4~2009.12	
	37			重庆绕城南段	50.17	44.32	六车道	120/100	2005.8~2008.12	
	38			重庆绕城西段	51.06	33.24	六车道	120	2005.6~2008.12	
	39			重庆绕城北段	49.29	65.86	六车道	100	2005.4~2009.12	
	40	G6911	鸡公岭(陕西界)、巫溪、奉节、巫山、建始(渝鄂界)	巫溪至奉节段	46.37	46.20	四车道	80	2009.12~2013.12	
	41	G50S	南岸、涪陵、丰都、石柱	涪陵至丰都段(嵩子坝互通至双路镇)	55.74	54.92	四车道	80	2010.4~2013.11	与G69重合
	42			丰都至石柱段(双路镇至三店)	53.93	52.30	四车道	80	2010.4~2013.11	双路镇至高家镇收费站与G69重合
	43			南川至涪陵段(嵩枝坝至李渡段)	11.84	12.22	四车道	80	2010.4~2013.11	南涪高速公路 55.97km 拆分
	44			主城至涪陵段(主城至嵩枝坝)	66.68	63.43	四车道六车道	80/100	2009.12~2013.12	

重 庆

续上表

序号	性质	编号	主要控制点	项目名称	建设里程（km）	投资（亿元）	车道数	设计速度（km/h）	建设时间（开工~通车）	备注
45	国家高速公路	G5013	沙坪坝、璧山、铜梁、大足	渝蓉高速公路重庆段（沙坪坝至大足）	78.63	85.39	六车道	120	2010.12~2013.12	
46		G5515	梁平、忠县、石柱、黔江	鄂渝界（黔江）至黔江（册川）段	20.42	25.74	四车道	80	2012.7~2015.12	
47				黔江（册川）至石柱（三店）段	83.14	122.56	四车道	80	2017.3~2020.12	在建中
48				忠县（拔山）至渝川界（梁平碧山）段	71.58	63.57	四车道	80	2013.7~2016.12	
49		G8515	合川、铜梁、永川、荣昌、大足	合川沙溪至铜梁城北段	30.16	18.07	四车道	80	2012.12~2014.12	
50				铜梁城北至永川双石段	66.0	38.53	四车道	80	2012.12~2015.9	
51		G5012	万州、开州	鄂渝界（万州龙驹）至万州（长岭）段	35	81.28	四车道	80	2014.7~2017.12	在建中
52	地方高速公路	环线高速	长寿、涪陵、南川、万盛、綦江、江津、永川、铜梁、合川、北碚、渝北	长寿至涪陵段（长寿至李渡）	23	8.7	四车道	80	1998.01~2000.12	
53				万盛至南川段	30.61	25.30	四车道	80	20010.5~2013.12	
54				綦江至万盛段	32.31	11.96	四车道	80	1999.10~2004.9	
55				江津至綦江段	47.79	47.2	四车道	80	2013.4~2016.9	
56				永川至江津段	58.09	60.06	六车道	80	2012.7~2014.12	
57		射线高速公路		合川至长寿段	76.1	112.0	四车道	80	2015.9~2020.12	在建中
58		射线高速公路	江津、习水	重庆至习水段	64.4	82.1	四车道	80	2014.6~2018.6	在建中
59		射线高速公路	九龙坡、永川	成渝扩能	49.31	53.53	四车道	80	2014.12~2018.6	在建中
60		射线高速公路	渝北、长寿	渝长扩能	52.78	88.06	六车道	100	2016.12~2020.12	在建中
61		射线高速公路	巴南、綦江	渝黔扩能	99.83	179.6	六车道	100	2016.12~2021.12	在建中

续上表

序号	性质	编号	主要控制点	项目名称	建设里程(km)	投资(亿元)	车道数	设计速度(km/h)	建设时间(开工~通车)	备注
62		联线高速公路	南川,渝北	南川至两江新区段	76.95	101.17	四车道	80	2015.6~2020.12	在建中
63		联线高速公路	潼南,大足,荣昌	潼南至荣昌段	138.46	105.73	四车道	100	2016.12~2020.12	在建中
64		支线高速公路	长寿	长寿湖旅游高速公路	9.16	6.2	四车道	80	2009.1~2010.5	
65	地方高速公路	支线高速公路	巴南,长寿	沿江高速长寿支线（茶店至麻柳嘴）	16.65	16.40	四车道	80	2009.12~2013.12	
66		支线高速公路	开州,开江	重庆万州至达州高速公路开县至开江(渝川界)段	41.2	33.16	四车道	80	2012.8~2015.2	
67		支线高速公路	酉阳,沿河	酉阳至沿河段	31.1	35.94	四车道	80	2012.8~2016.6	
68		支线高速公路	秀山,松桃	秀山至松桃段	30.57	21.4	四车道	80	2014.6~2016.12	
总计					2818	1948.7				

2-1 G85 成渝高速公路相关附表

G85 成渝高速公路建设项目信息采集表

附表 2-1a）

序号	项目名称	规模（km）				建设性质（新、改、扩建）	设计速度（km/h）	永久占地（亩）	投资情况（亿元）			资金来源	建设时间（开工~通车）	备注
		合计	六车道	八车道及以上	四车道				估算	概算	决算			
1	成渝高速公路重庆段	114.20			114.20	新建	80	8796		18.46	18.36	交通部补助,世行贷款,开发银行贷款,地方自筹,发行债券	1990.9~1995.5	
合计		114.2												

G85 成渝高速公路桥梁汇总表

附表 2-1b1

项目名称：走马至荣昌段

规模	名称	桥长(m)	孔跨布置(m)	桥底净高(m)	跨越障碍物 河流沟谷	跨越障碍物 道路铁路	预应力混凝土梁桥 简支梁桥	预应力混凝土梁桥 连续梁桥	预应力混凝土梁桥 悬臂梁桥	预应力混凝土梁桥 先简支后连续梁桥	钢梁桥 简支钢梁桥	钢梁桥 连续钢梁桥	组合梁桥 预弯混凝土组合梁	组合梁桥 钢管混凝土桁架梁	圬工拱桥 现浇混凝土拱	圬工拱桥 预制混凝土拱	圬工拱桥 双曲拱	钢筋混凝土拱桥 助拱	钢筋混凝土拱桥 箱形拱	钢筋混凝土拱桥 桁架刚架拱	钢筋混凝土拱桥 系杆拱	钢拱桥 箱形拱	钢拱桥 桁架拱	钢管混凝土拱桥 哑铃型	钢管混凝土拱桥 桁架型	斜拉桥 钢筋混凝土梁 普通	斜拉桥 钢筋混凝土梁 预应力	斜拉桥 结合梁 工字钢梁混凝土板	斜拉桥 结合梁 钢箱梁混凝土板	斜拉桥 结合梁 钢管桁架梁混凝土板	斜拉桥 钢梁 钢箱梁	斜拉桥 钢梁 钢桁架梁混凝土板	悬索桥 悬带式 钢索	刚构桥 T形刚构	刚构桥 连续刚构	刚构桥 门式刚构	刚构桥 斜腿刚构
大桥	七一水库大桥	150	4×30	12.2	√		√																														
大桥	清便河大桥	156.62	2×50+1×13	15	√																																
大桥	濑溪河大桥	147.8	20+80+20	25	√			√																														
大桥	水口庙大桥	61	1×40	33.2	√																																
中桥	合合场大桥	74.4	3×16	5.8		√	√																														
中桥	杨家桥大桥	64.21	1×30	6	√		√																														
中桥	火焰林大桥	47	2×16	6		√	√																														
中桥	璧南河大桥	80	5×16		√		√													√	√															
中桥	登风河大桥	48	3×16	8	√		√																														
中桥	朱家河大桥	39.26	1×20	6.3	√		√																														
中桥	梅江河大桥	84	4×16		√		√																														
中桥	隆济河大桥	54.2	3×16		√		√																														
中桥	万家院子大桥	43	2×16	5.5	√		√																														

续上表

规模	名称	桥长(m)	孔跨布置(m)	桥底净高(m)	跨越障碍物				梁式桥							拱式桥					斜拉桥			悬索桥	刚构桥		
									预应力混凝土梁桥				钢梁桥	组合梁桥	圬工拱桥	钢筋混凝土拱桥	钢拱桥	钢管混凝土拱桥	钢筋混凝土梁	结合梁			钢梁	悬索桥 钢带式	T形刚构桥	桁架刚构桥	连续刚构桥	斜腿门式刚构
					河流	沟谷	道路	铁路	简支梁桥	先简支后连续梁桥	连续梁桥	悬臂梁桥	连续钢梁桥	预弯组合梁 钢管混凝土组合梁	现浇混凝土拱桥 预制混凝土拱桥	双曲拱 肋拱 箱形拱 桁架拱 刚架拱	系杆拱桥	哑铃型 桁架 提篮型	普通钢筋混凝土梁	预应力混凝土梁	工字钢梁混凝土板 钢箱梁混凝土板 钢桁架梁混凝土板	混合梁					
中桥	李家院子大桥	48.2	1×20	7.5	√																					
	小安溪大桥	61.8	4×13		√				√																	
	响滩河大桥	45.84	2×16	5	√				√																	
	渔箭滩大桥	70	2×25	5.5	√				√																	
	李家石坝子立交桥	52	3×13				√		√																	
	许溪大桥	59	3×13		√				√																	

附表 2-1b2

G85 成渝高速公路隧道汇总表

项目名称：走马至荣昌段

				隧道分类				
隧道	名称	隧道全长(m)	隧道净宽(m)	按地质条件划分		按所在区域划分		
				土质隧道	石质隧道	山岭隧道	水底隧道	城市隧道
特长隧道	中梁山隧道	3165	9.5		√	√		
长隧道	缙云山隧道	2529	9.8		√	√		
短隧道	宋家沟2号隧道	350	9.06		√	√		
	宋家沟1号隧道	157	9.06		√	√		

G85 成渝高速公路复杂技术工程信息采集表 附表2-1b3)

项目名称:成渝高速公路重庆段　　　　　　　　　施工单位:铁道部第五工程局

复杂技术工程名称	中梁山隧道	长度(m)	3165

成渝高速公路中梁山隧道全长3165m,是我国第一座超过3000m的特长公路隧道。隧道通风系统为右线采用射流风机纵向通风,左线采取竖井吸出式加射流风机组合纵向通风方式。鉴于中梁山隧道采用竖井吸出纵向通风方式,在上坡隧道出口端设计了深度为227.65m的通风竖井,竖井井筒直径为6.5m,井口段20m高度直径扩大为8.4m,在井底设30m联络通道与正洞接通,竖井大部分处于软弱围岩区。竖井特殊的结构特征和不利的地质条件增加了施工难度。该竖井特邀有经验的冶金部攀枝花矿山建设公司承建,施工单位采用小井反掘加正掘扩大开挖法,成功地完成了竖井施工。

中梁山隧道穿越的中梁山背斜存在4条地质大断层,极易产生塌方,洞内灰岩地段岩溶现象较严重,岩溶地下水丰富,常常发生涌水,隧道中部压煤层厚约30m,属高瓦斯区。中梁山隧道在施工中碰到4个断层和两组二迭系裂带,岩石破碎,极易坍塌,断层裂隙带有瓦斯突出的煤层,瓦斯含量达30m³/h。

中梁山隧道首次采用新奥法施工,全断面开挖、全机械化施工,但该隧道地质极为复杂,围岩类别不断变化,且有断层、煤线、采空区等。特别是在软弱围岩地段,全机械化几乎无用武之地,施工单位不得不采取多种施工方法,如增设钢支撑、小管棚法、长管棚法等有效措施,顺利通过了多处断层及软弱围岩。在瓦斯地段采用小导坑开挖和防爆型机具人工掘进。同时,以科学技术治"五毒"(中梁山隧道地质结构复杂,有瓦斯、渗水、溶洞、断层、压煤"五毒俱全"之说)。

针对不同的塌方,采用了混凝土堵截墙预注浆处理大塌方,采用钢拱处理小塌方和超前管棚预注浆的防坍施工方法。此外,对溶洞采用清除充填物后,再进行喷锚支护回填方法成功地处理了两个较大溶洞。对于洞内涌水,采取了"以堵为主,防排结合"的措施,在防水层的采用上,第一次采用了无纺布加塑料防水板防水方法,在隧道防漏水的材料使用和工艺方法上做了有益的尝试。

为了预防瓦斯突出造成安全事故,业主聘请了中国煤炭科学研究院重庆分院的专家对小导坑地段地质、涌水、瓦斯分布情况采用地质雷达进行预探预测,边预探边进行导坑掘进,钻出瓦斯,达到了安全排放瓦斯的预期目的

G85 成渝高速公路技术创新信息采集表 附表2-1b4)

填报省份:重庆市　　　　　　　　　　　　　　　项目名称:成渝高速公路重庆段

创新型技术名称	道路路面废料再生激活机理与微观结构
主要参与人员	凌天清、李祖伟、吴志辉、段羽、熊出华、李连双、李洪霞、刘燕燕、周超、董强
所获奖励	重庆市科学技术成果
主要内容	1. 主要研究内容: (1)沥青混凝土路面废料再生技术研究。 (2)再生路面混合料的路用性能分析。 (3)再生沥青路面的施工技术与质量检验标准体系。 2. 技术经济指标: (1)再生沥青路面混合料力学性能达到普通沥青路面的性能指标,符合高等级公路对路面性能的技术要求:马歇尔稳定度≥8.0kN,流值20~40(0.1mm),残留稳定度≥80%。 (2)成功开发1种L型再生剂。 (3)发表学术论文6篇。 (4)发明专利1项正在申报当中。 (5)达到了保护环境的目的,利国利民。 (6)完成依托工程2km(半幅),节约直接成本12万元左右。 (7)试验依托完工后,设立了"重庆市科委重点科研项目示范工程"标牌

附录

附表 2-1b5
填报省份：重庆市

G85 成渝高速公路建设从业单位信息采集表

项目名称：重庆至成都段　　通车里程桩号：K235+100～K354+764.45

序号	参建单位	单位名称	合同段编号及起止桩号	主要负责人	备注
1	项目管理单位	重庆高等级公路建设指挥部	K235+100～K354+764.45	徐谋	
2	勘察设计单位	铁道部第二勘测设计院	K235+100～K354+764.45	胡根连	
		四川省交通厅公路规划勘察设计院		戴鄞堂	
3		冶金部第十九冶金建设公司	I1：K235+100～K262+000	杨少彬	
4		四川国际经济技术合作公司	I2：K262+000～K281+700	龙学用	
5		铁道部第五工程局	J1：K281+700～K305+930	赵传义	
6		四川国际经济技术合作公司	J2：K305+930～K323+710.37	徐谋	
7	施工单位	意大利吉罗拉,中国重庆建筑联营公司	K：K323+710.37～K327+600	路金根	
8		铁道部第二工程局	O：K327+600～K331+399	李莞	
9		四川国际经济技术合作公司	L-A：K331+399～K334+340	郑宝迪	
10		铁道部第十一工程局	L-B：K331+399～K334+340	王宗元	
11		重庆市渝达公路桥梁公司	M：K334+340～K343+800	谢福来	
12		四川国际经济技术合作公司	N：K349+300～K354+764.45	彭目清	
		重庆市渝达公路桥梁公司		徐谋	
		铁道部第五工程局	P：K343+800～K349+300	吴渭贤	
	设计审单位	中国国际工程咨询公司	K235+100～K354+764.45		
		美国施伟拔(WSA)工程咨询公司			

G85 成渝高速公路项目获奖信息表

附表 2-1b6)

序号	获奖时间	项目名称	获奖类型	奖励等级	授奖单位	备注
1	1991年	DM-55G 型闭路强制循环式热油加热沥青系统	科技进步奖	二	重庆市人民政府	
2	1993年	插入式不饱和石灰分层消介筛分系统	科技进步奖	三	重庆市人民政府	
3	1993年	成渝公路荣昌至来风段变更为一级路的设计方案研究	科技进步奖/合理化建议	特等奖/特等奖	重庆市人民政府	
4	1993年	三星沟大桥变更为高速堤的设计方案研究	科技进步奖	一	重庆市人民政府	
5	1993年	中梁山、缙云山纵向通风方案研究	合理化建议	特等奖	重庆市人民政府	
6	1994年	成渝高速公路重庆段管理体制研究	科技进步奖	二	重庆市人民政府	
7	1995年	高等级公路(沥青混凝土路面)机械化施工工艺组织与机械综合作业定额应用研究	科技进步奖	一	重庆市人民政府	
8	1995年	高等级公路隧道结构可靠度的评定及应用研究	科技进步奖	一	重庆市人民政府	
9	1995年	山丘区高等级公路后评价综合指标体系研究	科技进步奖	二	重庆市人民政府	
10	1995年	水泥粉煤灰混合料路基层研究	科技进步奖	二	重庆市人民政府	
11	1995年	成渝高速公路抗滑磨耗层的应用研究	科学技术奖	二	重庆市人民政府	
12	1995年	成渝高等级公路沥青路面抗车辙技术研究	科学技术奖	二	重庆市人民政府	
13	1995年	成渝高速公路重庆段湿软土治新技术	科技进步奖	三	重庆市人民政府	

2-2 G50 沪渝高速公路相关附表

附表 2-2a

G50 沪渝高速公路建设项目信息采集表

序号	项目名称	规模（km）				建设性质（新、改扩建）	设计速度（km/h）	永久占地（亩）	投资情况（亿元）			资金来源	建设时间（开工~通车）	备注
		合计	八车道及以上	六车道	四车道				估算	概算	决算			
1	石柱至忠县段	80.33			80.330	新建	80	9784.22	54	63.79	69.64	交通部补助、重庆市自筹、企业贷款	2005.6~2009.9	
2	垫江至忠县段（太平互通至忠县）	69.2			68.36	新建	80	7244	34	43.06	42.67	中铁二局投入 5288 万元,重庆高发公司投入交通部补助 66554 万元,国家开发银行 102000 万元,工商银行 115000 万元,建设银行 15000 万元	2004.11~2007.12	
3	长寿至梁平段（长寿至太平互通）	52.00			52.00	新建	80	5333	13	14.14	11.71	交通部补助、重庆市自筹、国内银行贷款及日元贷款	2001.4~2003.12	
4	渝长路（北环至长寿）	73.6		6.00	65.35	新建	80	11481	28	30.20	30.5	交通部补助、世行贷款和重庆市自筹	1996.1~2000.4	
合计		275.1												

G50 沪渝高速公路桥梁汇总表

附表 2-2b1

项目名称：忠县至石柱段

规模	名称	桥长(m)	孔跨布置(m)	桥底净高(m)	跨越障碍物 河流、沟谷	跨越障碍物 道路、铁路	梁式桥 预应力混凝土梁桥 简支梁桥	梁式桥 预应力混凝土梁桥 连续梁桥	梁式桥 预应力混凝土梁桥 悬臂梁桥	梁式桥 预应力混凝土梁桥 先简支后连续梁桥	梁式桥 钢梁桥 简支钢梁桥	梁式桥 钢梁桥 连续钢梁桥	梁式桥 组合梁桥 预弯混凝土梁	梁式桥 组合梁桥 钢管混凝土桁架组合梁	拱式桥 圬工拱桥 现浇混凝土拱	拱式桥 圬工拱桥 预制混凝土拱	拱式桥 钢筋混凝土拱桥 双曲拱	拱式桥 钢筋混凝土拱桥 肋形拱	拱式桥 钢筋混凝土拱桥 箱形拱	拱式桥 钢筋混凝土拱桥 刚架拱	拱式桥 钢筋混凝土拱桥 桁架拱	拱式桥 钢筋混凝土拱桥 系杆拱	拱式桥 钢拱桥 箱形拱	拱式桥 钢拱桥 桁架拱	拱式桥 钢拱桥 哑铃型	拱式桥 钢拱桥 提篮型	拱式桥 钢管混凝土拱桥	斜拉桥 钢筋混凝土梁 普通钢筋混凝土梁	斜拉桥 钢筋混凝土梁 预应力混凝土梁	斜拉桥 结合梁 工字钢梁混凝土板	斜拉桥 结合梁 钢箱梁混凝土板	斜拉桥 结合梁 钢管桁架梁混凝土板	斜拉桥 钢梁	斜拉桥 混合梁	悬索桥 悬带式	悬索桥 钢索式	刚构桥 T形刚构	刚构桥 连续刚构	刚构桥 门式刚构	刚构桥 斜腿刚构
特大桥	忠县长江大桥（上行）	1199.73	3×35+3×40+112+200+112+205+460+205+4×40+16×30	248	√																										√							
特大桥	忠县长江大桥（下行）	1199.73	3×35+3×40+112+200+112+205+460+205+4×40+15×30	248	√																										√							
大桥	冷水立交大桥（上行）	107.06	4×25	20		√√				√																												
大桥	冷水立交大桥（下行）	107.06	4×25	20		√√				√																												
大桥	唐家湾大桥右线	116.94	4×25	6.2	√		√																																

续上表

规模	名称	桥长(m)	孔跨布置(m)	桥底净高(m)	跨越障碍物 河流沟谷	梁式桥 预应力混凝土梁桥 简支梁桥	梁式桥 预应力混凝土梁桥 悬臂梁桥	梁式桥 预应力混凝土梁桥 连续梁桥	梁式桥 预应力混凝土梁桥 先简支后连续梁	梁式桥 钢梁桥 简支钢梁	梁式桥 钢梁桥 连续钢梁	梁式桥 组合梁桥 预弯混凝土组合梁	梁式桥 组合梁桥 钢管混凝土桁架梁	拱式桥 圬工拱桥 现浇预制混凝土拱	拱式桥 钢筋混凝土拱桥 双曲拱	拱式桥 钢筋混凝土拱桥 肋拱	拱式桥 钢筋混凝土拱桥 箱形拱	拱式桥 钢拱桥 箱形拱桥	拱式桥 钢拱桥 系杆拱桥	拱式桥 钢拱桥 刚架拱桥	拱式桥 钢拱桥 桁架拱桥	拱式桥 钢管混凝土拱桥 哑铃型	拱式桥 钢管混凝土拱桥 桁架型	拱式桥 钢管混凝土拱桥 提篮型	斜拉桥 钢筋混凝土梁 普通钢筋混凝土梁	斜拉桥 钢筋混凝土梁 预应力混凝土梁	斜拉桥 结合梁 工字钢梁混凝土板	斜拉桥 结合梁 钢箱梁混凝土板	斜拉桥 结合梁 钢管桁架梁混凝土板	斜拉桥 钢梁 混合梁	悬索桥 钢索带式	悬索桥 混悬式	刚构桥 T形刚构	刚构桥 门式刚构	刚构桥 连续刚构	刚构桥 斜腿刚构
大桥	大湾大桥(上行)	170.6	6×25	30	√				√																											
	大湾大桥(下行)	143.2	5×25	22	√				√																										
	胡家湾大桥(上行)	391.22	15×25	32	√				√																										
	胡家湾大桥(下行)	392.22	15×25	27	√				√																										
	新房子大桥(上行)	196.64	6×30	11	√				√																										
	新房子大桥(下行)	136.94	4×30	3.8	√				√																										
	大河口大桥(上行)	260	6×40	37	√				√																										
	大河口大桥(下行)	260	6×40	37	√				√																										
	庙子河大桥(上行)	181	7×25	16	√				√																										
	庙子河大桥(下行)	181	7×25	16	√				√																										
	石家湾大桥(右线)	191	7×25	20	√				√																										
	茶园大桥(上行)	524	17×30	76	√				√																										
	茶园大桥(下行)	524	17×30	73	√				√																										
	新园子大桥(上行)	481	19×25	21	√				√																										
	新园子大桥(下行)	456	18×25	22	√				√																										

续上表

规模	名称	桥长(m)	孔跨布置(m)	桥底净高(m)	跨越障碍物	梁式桥（预应力混凝土梁桥）
大桥	马头咀大桥（上行）	219	7×30	35	河流沟谷 √	先简支后连续 √
大桥	马头咀大桥（下行）	188	6×30	35	河流沟谷 √	先简支后连续 √
大桥	毛坪大桥（上行）	194	6×30	11	河流沟谷 √	先简支后连续 √
大桥	毛坪大桥（下行）	194	6×30	11	河流沟谷 √	先简支后连续 √
大桥	油房子大桥（上行）	281	11×25	15	河流沟谷 √	连续梁 √
大桥	油房子大桥（下行）	256	10×25	15	河流沟谷 √	连续梁 √
大桥	铁筋棒大桥（上行）	109	4×25	30	河流 √	先简支后连续 √
大桥	铁筋棒大桥（下行）	108	4×25	33	河流 √	先简支后连续 √
大桥	铁筋弯大桥（上行）	306	10×30	26	河流沟谷 √	先简支后连续 √
大桥	铁筋弯大桥（下行）	306	10×30	19	河流沟谷 √	先简支后连续 √
大桥	石房子大桥（上行）	106	4×25	17	河流沟谷 √	先简支后连续 √
大桥	石房子大桥（下行）	131	5×25		河流沟谷 √	先简支后连续 √
大桥	新星湾大桥（上行）	181	7×25		河流沟谷 √	先简支后连续 √
大桥	新星湾大桥（下行）	131	5×25	14	河流沟谷 √	先简支后连续 √

续上表

规模	名称	桥长(m)	孔跨布置(m)	桥底净高(m)	跨越障碍物-河流沟谷	跨越障碍物-道路、铁路	梁式桥-预应力混凝土梁桥-简支梁桥	梁式桥-预应力混凝土梁桥-悬臂梁桥	梁式桥-预应力混凝土梁桥-连续梁桥	梁式桥-预应力混凝土梁桥-先简支后连续梁	梁式桥-钢梁桥-简支钢梁	梁式桥-钢梁桥-连续钢梁	梁式桥-组合梁桥-预弯混凝土梁	梁式桥-组合梁桥-钢管混凝土桁架梁	拱式桥-圬工拱桥-现浇混凝土拱	拱式桥-圬工拱桥-预制混凝土拱	拱式桥-钢筋混凝土拱桥-双曲拱	拱式桥-钢筋混凝土拱桥-肋形拱	拱式桥-钢筋混凝土拱桥-箱形刚架拱桥	拱式桥-钢筋混凝土拱桥-系杆拱桥	拱式桥-钢拱桥-箱形拱	拱式桥-钢拱桥-桁架拱	拱式桥-钢管混凝土拱桥-哑铃型	拱式桥-钢管混凝土拱桥-桁架型	拱式桥-钢管混凝土拱桥-提篮型	斜拉桥-钢筋混凝土梁-普通钢筋混凝土梁	斜拉桥-钢筋混凝土梁-预应力混凝土梁	斜拉桥-结合梁-工字钢梁混凝土板	斜拉桥-结合梁-钢箱梁混凝土板	斜拉桥-结合梁-钢管桁架梁混凝土板	斜拉桥-结合梁-钢箱桁架梁混凝土板	斜拉桥-钢梁-混合梁	悬索桥-悬带式	悬索桥-钢桁架式	刚构桥-T形刚构	刚构桥-连续刚构	刚构桥-门式刚构	刚构桥-斜腿刚构
大桥	陶家坪大桥(上行)	366	12×30	30	√		√																														
	陶家坪大桥(下行)	366	12×30	30	√		√																														
	窝头大桥(上行)	106	4×25	6	√					√																											
	窝头大桥(下行)	56	2×25	6	√					√																											
	中台坡大桥(上行)	340	11×30		√					√																											
	中台坡大桥(下行)	315.5	10×31	30	√				√																												
	磨刀溪大桥(上行)	246	8×30	58	√				√																												
	磨刀溪大桥(下行)	246	8×30	58	√				√																												
	沙子立交1号大桥(上行)	580	18×30	47		√				√																											
	沙子立交1号大桥(下行)	580	18×30			√				√																											
	沙子立交2号大桥(上行)	177.12	9×19	7		√	√																															
	沙子立交2号大桥(下行)	177.12	9×19	7		√	√																															

续上表

规模	名称	桥长(m)	孔跨布置(m)	桥底净高(m)	跨越障碍物	梁式桥（预应力混凝土梁桥）
大桥	杉树坪大桥（上行）	138	5×25	35	沟谷 √	先简支后连续梁 √
大桥	杉树坪大桥（下行）	138	5×25	35	沟谷 √	先简支后连续梁 √
大桥	卷店大桥（上行）	149	5×25	13	河流 √	连续梁桥 √
大桥	卷店大桥（下行）	149	5×25	13	河流 √	连续梁桥 √
大桥	新屋庙大桥（上行）	136	5×25	8	河流 √	先简支后连续梁 √
大桥	新屋庙大桥（下行）	136	5×25	8	河流 √	先简支后连续梁 √
大桥	山王庙大桥（上行）	333	13×25	15	河流 √	先简支后连续梁 √
大桥	山王庙大桥（下行）	333	13×25	15	河流 √	先简支后连续梁 √
大桥	屯田坝大桥（上行）	306	12×25	18	河流 √	先简支后连续梁 √
大桥	屯田坝大桥（下行）	306	12×25	18	河流 √	先简支后连续梁 √
大桥	和尚坝大桥（上行）	533	21×25	10	河流 √	先简支后连续梁 √
大桥	和尚坝大桥（下行）	561	22×25	—	河流 √	先简支后连续梁 √
大桥	王家坝大桥（上行）	306	12×25	12	河流 √	先简支后连续梁 √
大桥	王家坝大桥（下行）	331	13×25	12	河流 √	先简支后连续梁 √
大桥	太阳坝大桥（上行）	231	9×25	14	河流 √	简支梁桥 √

附　录

续上表

规模	名称	桥长(m)	孔跨布置(m)	桥底净高(m)	跨越障碍物 河流	梁式桥 预应力混凝土梁桥 简支梁桥	梁式桥 预应力混凝土梁桥 悬臂梁桥	梁式桥 预应力混凝土梁桥 连续梁桥	梁式桥 预应力混凝土梁桥 先简支梁后连续梁	梁式桥 钢梁桥 简支钢梁	梁式桥 钢梁桥 连续钢梁	梁式桥 组合梁桥 预弯组合混凝土梁	梁式桥 组合梁桥 钢管混凝土桁架梁	拱式桥 圬工拱桥 现浇混凝土拱	拱式桥 圬工拱桥 预制混凝土拱	拱式桥 钢筋混凝土拱桥 双曲拱	拱式桥 钢筋混凝土拱桥 肋拱	拱式桥 钢筋混凝土拱桥 箱形拱	拱式桥 钢筋混凝土拱桥 桁架拱	拱式桥 钢筋混凝土拱桥 刚架拱	拱式桥 钢拱桥 系杆拱	拱式桥 钢拱桥 箱形拱	拱式桥 钢拱桥 桁架拱	拱式桥 钢管混凝土拱桥 哑铃型	拱式桥 钢管混凝土拱桥 桁架型	拱式桥 钢管混凝土拱桥 提篮型	斜拉桥 钢筋混凝土梁 普通钢筋混凝土梁	斜拉桥 钢筋混凝土梁 预应力混凝土梁	斜拉桥 结合梁 工字钢梁混凝土板	斜拉桥 结合梁 钢箱梁混凝土板	斜拉桥 结合梁 钢管桁架梁混凝土板	斜拉桥 钢梁	斜拉桥 混合梁	悬索桥 悬带式	悬索桥 钢索式	刚构桥 T形刚构	刚构桥 桁架刚构	刚构桥 连续刚构	刚构桥 门式刚构	刚构桥 斜腿刚构
大桥	太阳坝大桥(下行)	231	9×25	11	√	√																																	
	荷叶坝大桥(上行)	231	9×25	10	√				√																														
	荷叶坝大桥(下行)	231	9×25	10	√				√																														
	万寿大桥(上行)	131	6×25	8	√				√																														
	万寿大桥(下行)	131	6×25	8	√				√																														
	大庄坝大桥(上行)	181	7×25	10	√				√																														
	大庄坝大桥(下行)	181	7×25	10	√				√																														
	关门岩大桥(上行)	181	7×25	10	√				√																														
	关门岩大桥(下行)	181	7×25	10	√				√																														
	川心店大桥(上行)	156	6×25	7	√			√																																
	川心店大桥(下行)	156	6×25	7	√			√																																
	下油房大桥(上行)	156	6×25	9	√				√																														
	下油房大桥(下行)	156	6×25	9	√				√																														
	仓岕坝1号大桥(上行)	256	10×25	8.6	√				√																														

续上表

规模	名称	桥长(m)	孔跨布置(m)	桥底净高(m)	跨越障碍物-河流/沟谷	跨越障碍物-道路/铁路	梁式桥-预应力混凝土梁桥-简支梁桥	梁式桥-预应力混凝土梁桥-悬臂梁桥	梁式桥-预应力混凝土梁桥-连续梁桥	梁式桥-预应力混凝土梁桥-先简支后连续梁	刚构桥-T形刚构
大桥	仓类坝1号大桥(下行)	231	9×25	8.8	√					√	
大桥	仓类坝2号大桥(上行)	156	6×25	7.8	√					√	
大桥	仓类坝2号大桥(下行)	156	6×25	7.8	√					√	
大桥	三河大桥(上行)	481	19×25	18	√				√		
大桥	三河大桥(下行)	481	19×25	33	√				√		
大桥	龙河大桥(上行)	497	12×40	33	√			√			
大桥	龙河大桥(下行)	497	12×40	30	√			√			
大桥	山玉沟大桥(上行)	491	16×30	30	√			√			
大桥	山玉沟大桥(下行)	491	16×30	30	√						√
大桥	铧头明大桥(上行)	117	4×25	25		√					√
大桥	铧头明大桥(下行)	113	4×25			√					√
大桥	王公坝大桥	106	4×25	11		√					√

续上表

规模	名称	桥长(m)	孔跨布置(m)	桥底净高(m)	跨越障碍物		梁式桥-预应力混凝土梁桥				刚构桥	
					河流沟谷	道路、铁路	简支梁桥	悬臂梁桥	连续梁桥	先简支后连续梁桥	T形刚构	连续刚构
大桥	王公坝大桥(下行)	131	5×25	14	√		√					
	官庄大桥(上行)	132	5×25	15	√		√					
	官庄大桥(下行)	137	5×25	15	√		√					
	石坝大桥(上行)	338	13×25	24	√				√			
	石坝大桥(下行)	331	13×25	24	√				√			
	季合坝大桥(上行)	691	27×25	29	√					√	√	
	季合坝大桥(下行)	720	28×25	29	√					√	√	
	楼台大桥(上行)	262	10×25	28	√					√		√
	楼台大桥(下行)	316	12×25	28	√					√		√
	老河玖大桥(上行)	491	12×40	29	√				√			√
	老河玖大桥(下行)	491	12×40	29	√				√			√
	磨子立交A匝道桥	187	6×30			√						
	大地大桥(下行)	381	9×40	22	√					√		
	大地大桥(上行)	381	9×40	22	√					√		
	庙河大桥	502	12×40	30	√					√		

附 录

577

续上表

规模	名称	桥长(m)	孔跨布置(m)	桥底净高(m)	跨越障碍物-河流	跨越障碍物-沟谷	跨越障碍物-道路	跨越障碍物-铁路	梁式桥-预应力混凝土梁桥-简支梁桥	梁式桥-预应力混凝土梁桥-连续梁桥	梁式桥-预应力混凝土梁桥-悬臂梁桥	梁式桥-预应力混凝土梁桥-先简支后连续梁桥	梁式桥-钢梁桥-简支钢梁	梁式桥-钢梁桥-连续钢梁	梁式桥-组合梁桥-预弯混凝土梁	梁式桥-组合梁桥-钢管混凝土组合梁桁架梁	拱式桥-圬工拱桥-现浇混凝土拱	拱式桥-圬工拱桥-预制混凝土拱	拱式桥-钢筋混凝土拱桥-双曲拱	拱式桥-钢筋混凝土拱桥-肋拱	拱式桥-钢筋混凝土拱桥-箱形拱	拱式桥-钢筋混凝土拱桥-桁架拱	拱式桥-钢拱桥-刚架拱	拱式桥-钢拱桥-系杆拱	拱式桥-钢拱桥-箱形拱	拱式桥-钢拱桥-桁架拱	拱式桥-钢管混凝土拱桥-哑铃型	拱式桥-钢管混凝土拱桥-桁架型	拱式桥-钢管混凝土拱桥-提篮型	斜拉桥-钢筋混凝土梁-普通钢筋混凝土梁	斜拉桥-钢筋混凝土梁-预应力钢筋混凝土梁	斜拉桥-结合梁-工字钢梁混凝土板	斜拉桥-结合梁-钢箱梁混凝土板	斜拉桥-结合梁-钢管桁架梁混凝土板	斜拉桥-钢梁	斜拉桥-混合梁	悬索桥-悬带式	悬索桥-钢索式	刚构桥-T形刚构桥	刚构桥-连续刚构桥	刚构桥-门式刚构桥	刚构桥-斜腿刚构桥
大桥	庙河大桥(下行)	502	12×40	30	√							√																													
	河脚大桥(上行)	378	9×40	30	√							√																													
	河脚大桥(下行)	378	9×40	30	√							√																													
	毛咀大桥(上行)	421	10×40	56	√							√																													
	毛咀大桥(下行)	335	8×40	59	√							√																													
	张家冲大桥(上行)	216	7×30	23	√		√																																			
	张家冲大桥(下行)	216	7×30	30	√		√																																			
	李家湾大桥(上行)	258.5	4×30+4×30	41	√		√																																			
	李家湾大桥(下行)	262	4×30+4×30		√		√																																			

附录

G50 沪渝高速公路隧道汇总表

项目名称:忠县至石柱段

附表 2-2b2

规模	名称	隧道全长（m）	隧道净宽（m）	隧道分类					
				按地质条件划分		按所在区域划分		
				土质隧道	石质隧道	山岭隧道	水底隧道	城市隧道
特长隧道	方斗山隧道（下行）	7562	10.5		√	√		
	方斗山隧道（上行）	7600	10.5		√	√		
	吕家梁隧道（上行）	6656	10.5		√	√		
	吕家梁隧道（下行）	6657	10.5		√	√		
长隧道	竹林坪隧道（上行）	1450	10.5		√	√		
	竹林坪隧道（下行）	1460	10.5		√	√		
	望天堡隧道（下行）	1909	10.5		√	√		
	望天堡隧道（上行）	1925	10.5		√	√		
	银山隧道（上行）	1815	10.5		√	√		
	银山隧道（下行）	1819	10.5		√	√		
中隧道	康定山隧道（下行）	731	10.5		√	√		
	康定山隧道（上行）	731	10.5		√	√		

重 庆

高速公路建设实录

G50 沪渝高速公路复杂技术工程信息采集表　　　附表 2-2b3i)

项目名称：石柱至忠县段　　　　　　　　　　　　　　施工单位：中铁一局桥梁公司

复杂技术工程名称	忠县长江大桥	长度(m)	870

忠县长江大桥是 G50 沪渝高速公路石柱至忠县的控制性工程。全长 870m，桥面宽 26.5m，双向四车道。主桥为双塔双索面预应力混凝土斜拉桥，主跨 460m，∏形主梁，H 形塔。

在建设过程中，对基础、索塔、主梁、预应力和斜拉索等关键部位及关键工序进行了研究，通过对浮式平台和钢吊箱结合进行深水基础施工研究，解决了在长江上游深水浅覆盖层条件下的钢围堰实施的不利问题，形成了一套丰富多样且成熟的深水基础施工方法，为今后同类型特大桥梁的基础设计及施工提供了成功典范。

在对超高塔柱施工技术研究中，分别对 247.5m H 形变截面超高塔柱液压爬模设计与施工技术、下横梁高悬空支架设计施工技术、高强度塔柱混凝土外观质量控制技术、三峡库区河谷风口超高塔柱抗风抗震性能、钢筋混凝土超高塔柱徐变压缩、塔柱高强度大体积混凝土耐久性、三峡库区河谷地貌超高塔柱精确测量控制技术等进行了研究，解决了超高塔柱的施工难题。通过开展重庆公路斜拉桥现状调查、斜拉桥索力自动监测系统及拉索更换施工系统的开发、斜拉索更换拉索工艺及设计理论、斜拉桥拉索维护技术等研究，提出了便于换索的斜拉桥拉索改进设计、施工和维护关键技术。项目研发了内装测力装置，具有自动显示索力功能的新型斜拉索；项目提出了 BP 人工神经网络在斜拉桥换索工程中的索力测试、调索施工控制应用技术；项目系统提出了斜拉桥及附属设施和新型检测系统研制，拉索剩余寿命预测，锚头区防湿、防潮、防锈技术于一体的斜拉索维护技术。

忠县长江大桥由重庆交通科研设计院设计，主要技术特点体现在以下几个方面：
(1)主梁边跨压重采用逐步加宽肋板压重。
(2)主梁临时固结支座采用钢板将主梁与主塔分开，通过体外预应力束和沙漏支座将其连成一个整体，在主跨合龙时卸掉体外预应力束和沙漏支座实现主梁纵向约束解除。
(3)主跨合龙后调整最后几对斜拉索索力，以减少中跨合龙时临时预压重，减少合龙难度。
(4)钢围堰和钢吊箱首节采用在浮式平台拼装，托运就位后整体吊起，然后退出浮式平台首节沉入水中，减少岸上拼装下水和托运就位施工工序，为施工工期赢得时间。
(5)钢围堰和钢吊箱均采用两次封底

G50 沪渝高速公路复杂技术工程信息采集表　　　附表 2-2b3ii)

项目名称：石柱至忠县段　　　　　　　　　　　　　　施工单位：中铁隧道公司

复杂技术工程名称	方斗山隧道	长度(m)	7600

沪蓉国道主干线是交通部规划的"五纵七横"国道主干线中的"一横"，东起上海，经南京、合肥、武汉、重庆至成都，是国家重点公路干线的重要组成部分。石(柱)忠(县)高速公路是沪蓉国道主干线中的一段，位于重庆东部。B12 合同段方斗山隧道位于石柱县大歇乡，左线全长 7562m，右线全长 7600m，为当时西南地区最长的公路隧道。

方斗山隧道是全线控制性工程之一，设计为分离式双洞单向行车隧道，左、右洞间距 40m，每隔 700～800m 设一个车行通道。左线进口段长 3797m，右线进口段长 3795m，隧道建筑限界宽 10.5m、高 5m。

隧道左、右线分别从进口方向独头掘进，形成两个工作面，开挖支护一定距离后，根据施工进度和地质情况合理安排后续工程施工。

隧道施工采用无轨运输，光面爆破开挖，复合式衬砌。开挖采用钻爆法，装载机配合自卸汽车出渣。

方斗山隧道从设计、施工到建成，除西南最长外，还创下多项"之最"：
(1)因隧道太长，为确保通风系统临时停运时，隧道内空气仍能流通，相关部门设计成了 100m 就下降 44°的坡。整个隧道坡度在 22°～24°之间，是国内目前坡度最陡的隧道。
(2)斗山山体水源丰富，施工近两年来，一直昼夜抽水，排水管径达 150mm。洞体贯通时，水管已长达 3800 余米，是西南地区高速路建设中从未有过的。
(3)隧道寿命按 300 年设计，为保证洞内空气质量，所安装的风机功率特别大，一台就有一幢三间式民房那么大，而这样的风机有 6 台，另还安装小风机若干台。其特大通风系统是西南地区前所未有的。
(4)隧道断面在 42～72m² 之间，属国内目前最大；隧道提升出渣曲线单一绞车提升运输技术属国内首创；月平均掘进速度 369m，也属当时西南地区最快进度。

方斗山隧道于 2006 年 12 月 05 日全线贯通，标志着沪蓉国道重庆忠(县)石(柱)高速公路段控制性工程被顺利攻克，使重庆通过湖北实现出海

G50 沪渝高速公路建设从业单位信息采集表

项目名称:石柱至忠县段
通车里程桩号:K0+545~K80+533.093

附表 2-2b4
填报省份:重庆市

序号	参建单位	单位名称	合同段编号及起止桩号	主要负责人	备注
1	项目管理单位	重庆高速公路集团有限公司垫利分公司	K0+545~K80+533.093	李洪霞	
2	勘察设计单位	重庆交通科研设计院	K0+545~K80+533.093	韩道均	
3	施工单位	贵州省公路工程总公司	B1:K0+545~K6+480	史君泽	
4		贵州省公路工程总公司	B2:K6+480~K10+340	陈斌	
5		中铁一局集团有限公司	B2-1:K6+700~K8+150	李鸿	
6		中铁二十局集团第四工程有限公司	B4:K8+150~K19+480	任学清	
7		湖南省建筑工程集团总公司	B5:K19+480~K22+950	左代云	
8		中铁隧道股份有限公司	B6:K22+950~K27+300	吴秀福	
9		中铁十九局集团第一工程有限公司	B7:K27+300~K31+020	潘志学	
10		中国水利水电第七工程局	B8:K31+020~K38+480	周仁贵	
11		重庆市渝通公路工程总公司	B9:K38+480~K45+400	蒋祖恩	
12		湖南省岳阳市公路桥梁建设总公司	B10:K45+400~K48+710	尹鸿达	
13		重庆市渝达公路桥梁有限公司	B11:K48+710~K55+060	王华	
14		中国铁路工程总公司	B12:K55+060~K59+100	罗俊荣	
15		中铁隧道股份有限公司	B13:K59+100~K63+020	韩静玉	
16		路桥集团国际建设股份有限公司	B14:K63+020~K66+961	韩明祥	
17		湖南省岳阳市公路桥梁建设总公司	B15:K66+961~K70+200	蒋燕飞	
18		中铁十三局集团第一工程有限公司	B16:K70+200~K72+460	刘长海	
19		中铁十八局集团第二工程有限公司	B17:K72+460~K75+070	唐昆明	
20		中港二航集团桥建有限公司	B18:K75+070~K76+390	陈玉川	
21		中铁一局集团桥梁工程处	B19:K76+390~K77+500	胡文俊	
22		中铁十五局集团公司	B20:K77+500~K80+533.093	田存周	
23	监理单位	重庆交通工程监理咨询有限责任公司	J1:K0+545~K31+020	彭小强	
24		重庆交通育才工程咨询监理有限公司	J2:K31+020~K63+020	谢祖贵	
25		重庆市交通工程监理咨询有限责任公司	J3:K63+020~K80+533.093	梁华	

G50 沪渝高速公路桥梁汇总表

附表 2-2c1

项目名称：垫江至忠县段（太平互通至忠县）

规模	名称	桥长(m)	孔跨布置(m)	桥底净高(m)	跨越障碍物 河沟谷流	梁式桥 预应力混凝土梁桥 简支梁桥	梁式桥 预应力混凝土梁桥 悬臂梁桥	梁式桥 预应力混凝土梁桥 连续梁桥	梁式桥 预应力混凝土梁桥 简支后连续梁	梁式桥 钢梁桥 简支钢梁	梁式桥 钢梁桥 连续钢梁	组合梁桥 预弯混凝土梁	组合梁桥 钢管混凝土桁架梁	圬工拱桥 现浇混凝土拱	圬工拱桥 预制混凝土拱	拱式桥 钢筋混凝土拱桥 双曲拱	拱式桥 钢筋混凝土拱桥 肋拱	拱式桥 钢筋混凝土拱桥 箱形拱	拱式桥 钢筋混凝土拱桥 桁架拱	拱式桥 钢筋混凝土拱桥 刚架拱	拱式桥 钢拱桥 箱形拱	拱式桥 钢拱桥 桁架拱	拱式桥 钢拱桥 系杆拱	拱式桥 钢拱桥 哑铃型	钢管混凝土拱桥 提篮型	斜拉桥 钢筋混凝土梁 普通钢筋混凝土梁	斜拉桥 钢筋混凝土梁 预应力混凝土梁	斜拉桥 结合梁 工字钢梁混凝土板	斜拉桥 结合梁 钢箱梁混凝土板	斜拉桥 结合梁 钢管桁架梁混凝土板	斜拉桥 混合梁 钢梁	悬索桥 悬带式	悬索桥 钢索桥	刚构桥 T形刚构	刚构桥 连续刚构	刚构桥 门式刚构	刚构桥 斜腿刚构
特大桥	杨家岭特大桥	804	6×40+112+200+112+3×40		√																															
特大桥	石庙特大桥	623	左线 6×30+60+110+60+6×30		√																														√		
特大桥		653	右线 6×30+(60+110+60)+7×30		√																														√		
特大桥	土地岩特大桥	446	4×25+60+110+60+4×25		√																														√		
特大桥	高岩嘴特大桥	442	3×40+60+110+60+2×40		√																																

续上表

规模	名称	桥长(m)	孔跨布置(m)	桥底净高(m)	跨越障碍物 河流/沟谷/道路、铁路	梁式桥 预应力混凝土梁桥（简支梁、连续梁、悬臂梁、先简支梁后连续、连续刚构）	钢梁桥	组合梁桥（预弯混凝土组合梁、钢管混凝土组合桁架梁）	拱式桥 圬工拱桥/钢筋混凝土拱桥/钢拱桥/钢管混凝土拱桥	斜拉桥（钢筋混凝土梁、结合梁、混合梁）	悬索桥	刚构桥
大桥	肉桥坝大桥	377	12×30		√	√						
	梁家沟大桥	223	7×30		√	√						
	茶地坡大桥	250	6×40		√	√						
	泡桐湾大桥	260	左线9×30		√	√						
		260	右线7×30m		√	√						
	骑龙嘴大桥	493	左线11×40		√	√						
		413	右线9×40m		√	√						
	阴家嘴大桥	377	12×30		√	√						
	张家冲大桥	364	14×25		√	√						
	张家沟大桥	119	3×35		√	√						
	阡嘴大桥	238	5×25+4×25		√	√						
	槐杆坡大桥	274	4×25+4×40		√	√						
	牌坊沟大桥	439.5	14×30		√	√						
	大沙河大桥	133	6×20		√	√						
	殷家沟大桥	362	10×35		√	√						
	高滩河大桥	193	7×25		√	√						

G50 沪渝高速公路隧道汇总表

附表 2-2c2

项目名称：垫江至忠县段（太平互通至忠县）

<table>
<tr>
<th rowspan="3">规模</th>
<th rowspan="3">名　称</th>
<th rowspan="3">隧道全长
（m）</th>
<th rowspan="3">隧道净宽
（m）</th>
<th colspan="5">隧　道　分　类</th>
</tr>
<tr>
<th colspan="2">按地质条件划分</th>
<th colspan="3">按所在区域划分</th>
</tr>
<tr>
<th>土质隧道</th>
<th>石质隧道</th>
<th>山岭隧道</th>
<th>水底隧道</th>
<th>城市隧道</th>
</tr>
<tr><td>特长隧道</td><td>谭家寨隧道</td><td>4867.523</td><td>10.5</td><td></td><td>√</td><td>√</td><td></td><td></td></tr>
<tr><td>长隧道</td><td>宝鼎山隧道</td><td>1461.825</td><td>10.5</td><td></td><td>√</td><td>√</td><td></td><td></td></tr>
<tr><td rowspan="2">中隧道</td><td>尖山子1号隧道</td><td>925</td><td>10.5</td><td></td><td>√</td><td>√</td><td></td><td></td></tr>
<tr><td>尖山子2号隧道</td><td>547.29</td><td>10.5</td><td></td><td>√</td><td>√</td><td></td><td></td></tr>
<tr><td rowspan="6">短隧道</td><td>老燕山1号隧道</td><td>200</td><td>10.5</td><td></td><td>√</td><td>√</td><td></td><td></td></tr>
<tr><td>老燕山2号隧道</td><td>320</td><td>10.5</td><td></td><td>√</td><td>√</td><td></td><td></td></tr>
<tr><td>狮子岩隧道</td><td>290</td><td>10.5</td><td></td><td>√</td><td>√</td><td></td><td></td></tr>
<tr><td>蔡家岩隧道</td><td>405</td><td>10.5</td><td></td><td>√</td><td>√</td><td></td><td></td></tr>
<tr><td>割草坝隧道</td><td>180</td><td>10.5</td><td></td><td>√</td><td>√</td><td></td><td></td></tr>
<tr><td>王家山隧道</td><td>411.057</td><td>10.5</td><td></td><td>√</td><td>√</td><td></td><td></td></tr>
</table>

附 录

G50 沪渝高速公路复杂技术工程信息采集表

附表 2-2c3)

项目名称:垫江至忠县段(太平互通至忠县)　　施工单位:中铁十四局集团第二工程有限公司

复杂技术工程名称	杨家岭特大桥	长度(m)	804

　　杨家岭特大桥是沪蓉国道主干线支线重庆忠县至垫江高速公路 A1 合同段上的一座特大跨径桥梁,全长 804m。其跨径布置为 112m + 200m + 112m(连续刚构),桥墩最高达 96m。原施工图设计中,边跨现浇段(包括合龙段 2m 共计 13.25m),采用在桥墩及箱梁悬臂端安装吊架的方式进行施工。由于吊架较长,施工难度大,风险较大。为了降低施工难度,保证施工及结构的安全性,根据现阶段边跨施工参数,对箱梁施工方案进行了调整。

　　具体方案为:在中跨合龙后,张拉部分中跨底板预应力钢束,在边跨端继续采用挂篮悬臂施工两个节段(2×3.5m);边跨现浇段采用在墩上设置牛腿支架进行施工,边跨合龙段仍然采用吊架施工。

　　杨家岭特大桥施工监控主要采用现代控制理论中的自适应控制方法,即对施工过程的高程、内力的实测值与预测值进行比较,对桥梁结构的主要参数进行识别,找出产生偏差的因素,从而对参数进行修正,达到控制的目的。对于主桥箱梁高程实测数据,主要采用自适应控制法、回归分析和灰色预测控制系统法。

　　由于大桥是主跨 200m 的高墩大跨连续刚构桥,采用先中跨、后边跨的合龙方案,因此除常规的安全生产控制环节外,还对以下几方面的安全生产进行监控:

　　(1)挂篮安全性控制由于受施工条件限制,施工单位在地面对挂篮主桁进行了预压和挠度观测,在墩上对挂篮进行重新拼装,因此挂篮的非弹性变形并未完全消除。根据挂篮试验报告,最初两个节段在考虑挂篮弹性变形与非弹性变形的情况下给定高程,但在接下来的施工中发现,实际挂篮变形和荷载试验时相比偏大,故应分阶段进行调整。

　　(2)过渡墩安全性。6 号、9 号过渡墩现浇段的施工,边墩较高。由于施工单位采用的方案为钢丝束斜拉、墩身预偏的方案,故对过渡墩的稳定性及现浇支架的强度、刚度、稳定性、沉降量进行实时监控。

　　通过对关键部位和重要工序的严格监测和控制,准确给定及时调整梁端立模高程,优化施工方案和施工工艺,使得全桥合龙后,整座桥的箱梁线形流畅,与监控目标线形吻合较好,箱梁应力满足规范要求。通过杨家岭特大桥的施工监控,感受到监控、监测的重要性,建议应对大跨度桥梁建立全面的监控系统

重 庆

附表2-2-4

G50沪渝高速公路建设从业单位信息采集表

项目名称：垫江至忠县段（大平互通至忠县）　　通车里程桩号：K79~K155+087.9　　填报省份：重庆市

序号	参建单位	单位名称	合同段编号及起止桩号	主要负责人	备注
1	项目管理单位	重庆垫忠高速公路有限公司	K79~K155+087.9	秦仁佩、陈晓波、庞文龙	
2	勘察设计单位	重庆交通科研设计院	K79~K153+287	李海鹰、李勇、林永胜、牛高	
3		四川省交通厅公路规划勘察设计研究院	明月山隧道K153+287~K155+087.9	陈贵红	
4		中铁十四局二公司	A1:K79~K81+500	高瑞鑫、孙德新	
5		中铁二局二公司	A2:K81+500~K84+800	刘光福、刘杰	
6		中铁二局一公司	A3:K84+800~K87+200	李永祥、令狐昌忠	
7		中铁五局集团公司	A4:K87+200~K89+600	曾作良、于延寿	
8		中铁二局五公司	A5:K89+600~K91+600	杜先俊、杨运龙	
9		中铁五局集团公司	A6:K91+600~K94+700	叶黔、蒋良斌	
10		中铁十四局五公司	A7:K94+700~K97+400	马军、李峰	
11	施工单位	湖南对外建设有限公司	A8:K97+400~K102+000	陈荣、单建平	
12		中国路桥(集团)总公司	A9:K102+000~K109+000	张毅、万全	
13		中铁十七局二公司	A10:K109+000~K117+100	宁辽有、荆有成	
14		中铁十局集团公司	A11:K117+100~K122+400	张宿坤、吴应明	
15		中铁十九局三公司	A12:K122+400~K128+400	刘智、王树生	
16		贵州省公路工程总公司	A13:K128+400~K136+600	殷中辉、孙正茂	
17		路桥集团第一公路工程局有限公司	A14:K136+600~K145+300	崔大臣、刘宝山	
18		唐山市路桥建设有限公司	A15:K145+300~K149+400	任晨辉、杨树生	
19		中铁二局股份有限公司	A16:K149+400~K155+087	马雷、王正新	
20		铁科院(北京)工程咨询有限公司	J1:K79~K94+700	兰光先、吴虹斌、苏诚、邱新根	
21	监理单位	北京中通公路桥梁工程咨询发展有限公司	J2:K94+700~K122+400	张玉柱	
22		铁二院咨询监理公司	J3:K122+400~K155+087	刘占国、郑安启	

附表 2-2d1

G50 沪渝高速公路桥梁汇总表

项目名称：长寿至梁平段（长寿至太平互通）

规模	名称	桥长(m)	孔跨布置(m)	桥底净高(m)	跨越障碍物 河流	跨越障碍物 沟谷	跨越障碍物 道路	跨越障碍物 铁路	梁式桥 预应力混凝土梁桥 简支梁桥	梁式桥 预应力混凝土梁桥 连续梁桥	梁式桥 预应力混凝土梁桥 悬臂梁桥	梁式桥 预应力混凝土梁桥 先简支后连续梁	梁式桥 钢梁桥 简支钢梁桥	梁式桥 钢梁桥 连续钢梁桥	梁式桥 组合梁桥 预弯混凝土组合梁	梁式桥 组合梁桥 钢管混凝土桁架梁	拱式桥 圬工拱桥 现浇混凝土拱	拱式桥 圬工拱桥 预制混凝土拱	拱式桥 钢筋混凝土拱桥 双曲拱	拱式桥 钢筋混凝土拱桥 肋拱	拱式桥 钢筋混凝土拱桥 箱形拱桥	拱式桥 钢筋混凝土拱桥 桁架拱桥	拱式桥 钢拱桥 系杆拱桥	拱式桥 钢拱桥 刚架拱桥	拱式桥 钢拱桥 箱形拱桥	拱式桥 钢管混凝土拱桥 哑铃型	拱式桥 钢管混凝土拱桥 桁架型	拱式桥 钢管混凝土拱桥 提篮型	斜拉桥 钢筋混凝土梁 普通钢筋混凝土梁	斜拉桥 钢筋混凝土梁 预应力混凝土梁	斜拉桥 结合梁 工字钢梁混凝土板	斜拉桥 结合梁 钢箱梁混凝土板	斜拉桥 结合梁 钢管桁架梁混凝土板	斜拉桥 钢梁 钢箱梁混凝土板	斜拉桥 混合梁	悬索桥 悬带式	悬索桥 钢索式	刚构桥 T形刚构桥	刚构桥 连续刚构桥	刚构桥 门式刚构桥	刚构桥 斜腿刚构桥
大桥	桃花溪大桥	113	5×20	5	√		√					√																														
大桥	老岩沟大桥	155	4×30	10		√	√					√																														
大桥	新房子大桥	230	7×30	6		√	√	√				√																														
大桥	后湾大桥	166	5×30	7		√						√																															
大桥	李家湾大桥	147	4×30	11	√							√																															
大桥	红建水库大桥	136	4×30	12	√							√																															
大桥	卧龙河大桥	136	4×30	7	√							√																															

附表 2-2d2

填报省份：重庆市

G50 沪渝高速公路建设从业单位信息采集表

项目名称：长寿至梁平段（长寿至太平互通） 通车里程桩号：K79～K155+087.9

序号	参建单位	单位名称	合同段编号及起止桩号	主要负责人
1	项目管理单位	重庆渝东高速公路有限公司	K79～K155+087.9	章勇武
2	勘察设计单位	中交第二公路勘察设计研究院	K0+000～K55+000	伍友云
3	施工单位	上海警通路桥建设有限公司	K0+000～K12+000	李越生
4		上海警通路桥建设有限公司	K12+000～K20+000	宋宏旭
5		岳阳市公路桥梁基建公司	K20+000～K27+440	吴岳新
6		中港第二航务工程局第二工程处	K27+440～K35+500	杨宇聪
7		北京市海龙公路工程公司	K35+500～K42+200	杨勇
8		北京市海龙公路工程公司	K42+200～K49+600	蒋清泉
9		中铁第二十工程局第三工程处	K49+600～K55+000	曾纪光
10		成都市路桥工程公司	K00+000～K55+000	田军
11	监理单位	重庆市交通工程监理咨询有限责任公司	K0+000～K113+926	杨治涛

G50沪渝高速公路桥梁汇总表

附表2-2e1

项目名称：渝长路（北环至长寿）

规模	名称	桥长(m)	孔跨布置(m)	桥底净高(m)	跨越障碍物-河流	跨越障碍物-道路、铁路	跨越障碍物-沟谷	梁式桥-预应力混凝土梁桥-先简支后连续梁	梁式桥-预应力混凝土梁桥-简支梁桥	梁式桥-预应力混凝土梁桥-连续梁桥	梁式桥-预应力混凝土梁桥-悬臂梁桥	梁式桥-钢梁桥	梁式桥-组合梁桥-预弯混凝土组合梁	梁式桥-组合梁桥-钢管混凝土组合梁	拱式桥-圬工拱桥-现浇混凝土拱	拱式桥-圬工拱桥-预制混凝土拱	拱式桥-钢筋混凝土拱桥-双曲拱	拱式桥-钢筋混凝土拱桥-箱形刚架拱	拱式桥-钢筋混凝土拱桥-桁架拱	拱式桥-钢拱桥-箱形拱	拱式桥-钢拱桥-系杆拱	拱式桥-钢拱桥-桁架拱	拱式桥-钢拱桥-哑铃型	拱式桥-钢管混凝土拱桥-桁架型	拱式桥-钢管混凝土拱桥-提篮型	斜拉桥-钢筋混凝土梁-普通钢筋混凝土梁	斜拉桥-钢筋混凝土梁-预应力混凝土梁	斜拉桥-结合梁-工字钢梁混凝土板	斜拉桥-结合梁-钢箱梁混凝土板	斜拉桥-结合梁-钢管桁架梁混凝土板	斜拉桥-钢梁-钢箱梁	悬索桥-悬索	悬索桥-钢桁带式	刚构桥-T形刚构	刚构桥-连续刚构	刚构桥-门式刚构	刚构桥-斜腿刚构
大桥	学堂湾大桥	270.88	6×40	28	√	√		√																														
大桥	汪家湾大桥	168	2×60	25	√																																	
大桥	烂田湾大桥	193	8×20	10		√																																
大桥	沙地大桥	141	2×18+3×25	12		√		√																														
大桥	堰塘湾大桥	76	1×40	8		√																																
大桥	大包顶大桥	125	3×30	25		√																																
大桥	三林大桥	112	2×40	25		√																																
大桥	箭坨湾2号大桥	86.73	2×40	10	√	√																																
大桥	御临河大桥	214.6	2×95	55	√												√																					
大桥	箭坨湾1号大桥	86.73	2×40	10	√	√																																
大桥	新增御临河半幅桥	138.48	14×8.16	5	√	√									石拱桥																								
大桥	K51+238.54大桥	180.67	10×16	10	√	√									石拱桥		√																						
大桥	岩洞湾大桥	156.02	2×60	10	√	√											√																						

续上表

规模	名称	桥长(m)	孔跨布置(m)	桥底净高(m)	跨越障碍物 河流	跨越障碍物 沟谷	跨越障碍物 道路	跨越障碍物 铁路	梁式桥 预应力混凝土梁桥 先简支后连续梁	梁式桥 预应力混凝土梁桥 简支梁	梁式桥 预应力混凝土梁桥 连续梁	梁式桥 预应力混凝土梁桥 悬臂梁	梁式桥 预应力混凝土梁桥 连续刚构桥	梁式桥 钢梁桥	梁式桥 组合梁桥 预弯组合梁	梁式桥 组合梁桥 钢管混凝土组合梁	拱式桥 圬工拱桥 现浇混凝土拱桥	拱式桥 圬工拱桥 预制混凝土拱桥	拱式桥 钢筋混凝土拱桥 双曲拱桥	拱式桥 钢筋混凝土拱桥 肋拱桥	拱式桥 钢筋混凝土拱桥 箱形拱桥	拱式桥 钢筋混凝土拱桥 桁架拱桥	拱式桥 钢拱桥 系杆拱桥	拱式桥 钢拱桥 箱形拱桥	拱式桥 钢管混凝土拱桥 哑铃型	拱式桥 钢管混凝土拱桥 桁架型	拱式桥 钢管混凝土拱桥 提篮型	斜拉桥 钢筋混凝土梁	斜拉桥 普通钢筋混凝土梁	斜拉桥 预应力混凝土梁	斜拉桥 结合梁 工字钢梁混凝土板	斜拉桥 结合梁 钢箱梁混凝土板	斜拉桥 结合梁 钢桁架梁混凝土板	斜拉桥 钢梁	斜拉桥 混合梁	悬索桥 悬带式	悬索桥 钢索式	刚构桥 桁架刚构	刚构桥 T形刚构	刚构桥 连续刚构	刚构桥 门式刚构	刚构桥 斜腿刚构
大桥	石桥沟大桥2号桥	335.26	8×40	20	√																																					
大桥	石桥沟大桥1号桥	140.1	3×40	26	√																																					
大桥	梅子湾大桥	190	5×30	28		√																																					
大桥	钟家大桥	297.14	7×40	45	√																																					
大桥	寸滩大桥	296.26	7×40	55	√																																					
大桥	白杨沟大桥	139.64	3×40	26	√																																					
大桥	双龙堡大桥	204.5	2×90	46																	√																						
大桥	谢家弯大桥	112	3×30	11	√	√																																					
大桥	徐家坟大桥	104	4×20	15	√	√																																					

G50沪渝高速公路隧道汇总表

附表2-2e2

项目名称:渝长路(北环至长寿)

规模	名称	隧道全长(m)	隧道净宽(m)	按地质条件划分 土质隧道	按地质条件划分 石质隧道	按所在区域划分 水底隧道	按所在区域划分 城市隧道	隧道分类 山岭隧道
长隧道	铁山坪隧道	2808	12.7		√			√

附 录

G50 沪渝高速公路复杂技术工程信息采集表

附表 2-2e3）

项目名称：渝长路（北环至长寿）　　　　　　　　　　施工单位：中铁二局和中铁五局

复杂技术工程名称	铁山坪隧道	长度(m)	2808

　　铁山坪隧道是沪渝高速公路渝长路上的控制性工程,左线长2716m,右线长2808m。双向六车道,净空跨度为13.2m。该隧道地质结构复杂,有断层、煤线、特大涌水,80%属于二、三类软弱破碎围岩,且埋藏浅,施工难度大,技术要求高,其地质条件之复杂在国内大断面隧道施工史上不多见。

主要的技术成果如下：

(1)在国内外大断面公路长隧道工程中,首次采用了低扁平率的隧道断面形状并在工程中得到实施。国家标准中关于洞周允许相对收敛量的扁平率适用范围为0.8~1.2,铁路双线隧道和三线隧道扁平率为0.75~0.85,日本道路工团高等级公路设计规范的标准断面的扁平率为0.71~0.78,铁山坪隧道扁平率为0.60~0.72。

(2)在国内外首次按围岩类别提出了适应大断面低扁平率长隧道的合理初期支护和二次衬砌结构体系参数,并提出了适合同类断面形式和支护体系的施工方法,在工程设计和施工中实施完成。

(3)在国内外首次探明了大断面低扁平率长隧道开挖后,隧道周边位移形态和失稳模式与常规扁平率断面形状的隧道存在极大差异这一隧道力学问题。主要表现在：

①拱顶下沉量大于水平收敛量,与规范值相反；

②隧道稳定性受拱顶下沉量控制,但水平收敛量的异常增大为隧道失稳的先兆；

③拱顶下沉量和水平收敛量均应按小于各类规范的规定值设定基准。

(4)在国内外首次提出大断面低扁平率公路长隧道的洞周允许相对收敛值。

(5)在国内外首次系统地采用1:25大比例尺全相似模型试验,计算机有限元数值模拟分析,大规模的现场试验段试验,全程常规监控量测以及科研、设计、施工、管理相结合的连续研究方法,对大断面低扁平率公路长隧道进行系统性研究。

该隧道于1996年8月27日全线贯通,是20世纪90年代末中国在建公路隧道中最长的大跨度隧道。铁山坪隧道的贯通打开了渝长高速公路的"西大门",对加快该条高速公路的建设、通车将发挥作用

重 庆

附表 2-2-e4

项目名称：渝长高速公路（北环至长寿）
通车里程桩号：K2+280～K85+641
填报省份：重庆市

G50 沪渝高速公路建设从业单位信息采集表

序号	参建单位	单位名称	合同段编号及起止桩号	主要负责人	备注
1	项目管理单位	重庆市高速公路建设有限责任公司	K2+280～K85+641	孙振堂	
2	勘察设计单位	四川省交通厅公路规划勘察设计研究院	K2+280～K58+735	钟明全	
3		重庆市公路勘察设计研究院	K58+735～K85+641	周宜昌	
4		重庆渝通公路工程总公司	A：K2+280～K6+970	王其庭	
5		中铁五局三处	B：K6+970～K9+200	李蒙田	
6		中国交通部公路一局三处	C：K9+200～K10+400	黄刚	
7		重庆渝通公路工程总公司	R1：K2+280～K10+400	林家乐	
8		贵州桥梁公司	E：K17+200～K20+000	邓昌华	
9		中铁一局四处	F：K200+000～K23+598	刘亮	
10		中铁二局四处	I1：K34+277～K36+404.5	赵宏翔	
11		中铁五局五处	I2：K36+404.5～K38+280	邱陵	
12		重庆公路工程公司	G：K23+598～K29+800	丁进仁	
13	施工单位	中铁十五局四处	H：K29+800～K34+277	宋淼	
14		中铁十八局二处	J：38+280～K43+000	范应雄	
15		中铁二十局三处	K1：K43+000～K48+327	魏成华	
16		重庆钢铁机司	K2：K48+327～K50+400	胡守正	
17		中铁一局四处	L1：K50+400～K51+930	肖洪成	
18		中铁十八局	L2：K51+930～K53+488	陈作民	
19		重庆煤炭基建司	M：K53+488～K58+735	张绍文	
20		交通部公路一局	N1：K58+735～K63+640	韩均	
21		重庆渝通公司	N2：K63+640～K69+000	刘素平	
22		武警交通独立支队	O：K69+000～K75+800		

续上表

序号	参建单位	单位名称	合同段编号及起止桩号	主要负责人	备注
23		重庆渝宏公路工程总公司	P1：K75+800～K80+320	范国军	
24		重庆渝达公路桥梁总公司	P2：K80+320～K84+500	徐睿立	
25		四川攀枝花公路建设公司	Q：K84+500～K85+641	胡廷寿	
26	施工单位	重庆渝通公路工程总公司	R4：K20+000～K34+277 K58+751～K85+641	汪浩生	
27		重庆渝宏公路工程总公司	P1：K75+800～K80+320	范国军	
28		重庆渝达公路桥梁工程公司	R3：K38+280～K64+550	曾庆华	
29		重庆渝通公路工程总公司	R4：K20+000～K34+277 K58+751～K85+641	汪浩生	
30	监理单位	重庆公路工程监理处	K2+280～K85+641		

附表2-2e5

G50高速公路项目获奖信息表

序号	获奖时间	项目名称	获奖类型	奖励等级	授奖单位	备注
1	2009年	方斗山隧道	鲁班奖		住建部、中国建筑协会	
2	2010年	石忠高速公路复杂地质环境条件下路基修筑技术研究	科技进步奖	三	重庆市人民政府	
3	2010年	高速公路斜拉桥拉索腐蚀状态评价与处治技术研究	科技进步奖	三	重庆市人民政府	
4	2011年	复杂应力条件下岩石混凝土波动传播理论研究及应用技术开发	科技进步奖	三	重庆市人民政府	
5	2012年	三峡库区船桥碰撞规律、防撞措施设计和预警系统研究	科学技术奖、科技进步奖	一二	中国公路学会/重庆市人民政府	

2-3 G75 兰海高速公路相关附表

G75 兰海高速公路建设项目信息采集表

附表 2-3a

序号	项目名称	规模（km）				建设性质（新、改扩建）	设计速度（km/h）	永久占地（亩）	投资情况（亿元）			资金来源	建设时间（开工~通车）	备注
		合计	八车道及以上	六车道	四车道				估算	概算	决算			
1	武胜(川渝界)至合川段	33.76			33.76	新建	80	4249	13.40	15.23	13.61	交通部补助、地方自筹和银行贷款	2003.8~2005.12	
2	重庆至合川段	58.73			58.73	新建	80	7342	27.00	31.10	31.31	交通部补助、地方自筹和银行贷款	1996.6~2002.6	
3	渝长高速(上桥至北环)	14.00		14.00		新建	80	2263.9	2.8	5.163	5.92	交通部补助、地方自筹和银行贷款	1996.1~2001.1	
4	上桥至界石段	22.79		22.79		新建	80	2957	12	13.57	16.36	交通部补助、地方自筹和银行贷款	1999.5~2002.12	
5	渝黔高速公路一期(界石至雷神店)	55.69			55.69	新建	80	8763.5	18.74	21.27	24.37	交通部补助、亚行贷款和重庆市自筹	1998.1~2001.1	
6	渝黔高速公路二期(雷神店至崇溪河)	48.18			48.18	新建	80	5572.5	24.75	27.15	24.97	交通部补助4.9亿元，西部国债0.5亿元，地方自筹3.71亿元，亚行贷款9.09亿元，建行贷款3.75亿元，工行贷款2.0亿元	2002.6~2004.12	
合计		233.15												

项目名称：武胜至合川段

G75 兰海高速公路桥梁汇总表

附表 2-3b1

规模	名称	桥长(m)	孔跨布置(m)	桥底净高(m)	跨越障碍物	主要桥型
特大桥	白果渡嘉陵江大桥	1434	10×40+130+230+130+13×40		河流沟谷：√	连续刚构：√
特大桥	洺江三桥大桥	991	110+200+110+1×40+13×40		河流沟谷：√	连续刚构：√
特大桥	小安溪大桥	720	60+100+60+12×30		河流沟谷：√	连续刚构：√
大桥	犀牛坝大桥	137	6×20		道路：√	先简支后连续梁桥：√
大桥	陡口子大桥	295	7×40		道路：√	先简支后连续梁桥：√
大桥	七洞大桥	418	10×40		道路：√	先简支后连续梁桥：√
大桥	金竹湾大桥	280	9×30		河流沟谷：√	先简支后连续梁桥：√
大桥	虎头岩大桥	212	8×20+1×22+1×18		道路：√	先简支后连续梁桥：√
大桥	响塘子大桥	210	10×20		道路：√	先简支后连续梁桥：√
大桥	凤凰湾大桥	142	6×20		河流沟谷：√	先简支后连续梁桥：√

表头桥型分类：
- 梁式桥：预应力混凝土梁桥（简支梁桥、连续梁桥、连续刚构桥、先简支后连续梁桥）；钢梁桥（简支钢梁桥、连续钢梁桥）；组合梁桥（预弯混凝土梁、钢管混凝土桁架梁）
- 拱式桥：圬工拱桥（现浇混凝土拱、预制混凝土拱）；钢筋混凝土拱桥（箱形拱桥、双曲拱桥、肋拱桥）；钢拱桥（箱形拱桥、桁架拱桥、系杆拱桥）；钢管混凝土拱桥（哑铃型、桁架型、提篮型）
- 斜拉桥：钢筋混凝土梁（普通钢筋混凝土梁、预应力混凝土梁）；结合梁（工字钢梁混凝土板、钢箱梁混凝土板、钢管桁架梁混凝土板、钢箱桁架梁混凝土板）
- 悬索桥：悬索带式混合梁、钢梁
- 刚构桥：T形桁架刚构、连续刚构、门式刚构、斜腿刚构

重　庆

高速公路建设实录

附表 2-3b2）

G75 兰海高速公路建设从业单位信息采集表

项目名称：武胜（川渝界）至合川段　　通车里程桩号：K64+000～K97+805.423　　填报省份：重庆市

序号	参建单位	单位名称	合同段编号及起止桩号	主要负责人	备注
1	项目管理单位	重庆高速公路发展有限公司北方建设分公司	K64+000～K97+805.423	韩均	
2	勘察设计单位	四川省交通厅公路规划勘察设计研究院	K64+000～K97+805.423	罗隆辉	
3	施工单位	新疆昆仑路港工程有限公司	K64+000～K69+863	何川	
4		中港第二航务工程局	K69+863～K75+380	何剑	
5		岳阳市公路桥梁基建总公司	K75+380～K80+638.38	吴岳新	
6		中铁一局集团公司桥梁工程处	K80+678～K81+605	龙义明	
7		路桥集团第一公路工程局	K81+605～K82+480	杨树峰	
8		四川武通路桥工程局	K82+480～K88+514.69	张超	
9		重庆市渝达公路桥梁总公司	K88+514.69～K93+629.641	孙祖义	
10		中铁十二局集团有限公司	K93+640～K95+025	张会	
11		中铁第十三局集团第三工程处	K95+025～K97+805.423	李瑞峰	
12		重庆市渝通公路工程总公司	K64+000～K80+900	程斌	
13		贵州省公路桥梁工程总公司	K80+900～K97+805.423	刘贵蜀	
14	监理单位	西安方舟工程咨询监理有限公司	武合路项目土建施工监理	曾庆良	
15		重庆市交通工程监理咨询有限责任公司	武合路项目土建施工监理	黄卫东	

附表 2-3c1

G75 兰海高速公路桥梁汇总表

项目名称：重庆至合川段

规模	名称	桥长(m)	孔跨布置(m)	桥底净高(m)	跨越障碍物			梁式桥								拱式桥											斜拉桥						悬索桥		刚构桥			
								预应力混凝土梁桥				钢梁桥		组合梁桥		圬工拱桥	钢筋混凝土拱桥					钢拱桥		钢管混凝土拱桥			钢筋混凝土梁		结合梁			混合梁						
					河流	沟谷	道路 铁路	简支梁桥	连续梁桥	悬臂梁桥	先简支后连续梁	简支钢梁	连续钢梁	预应力混凝土组合梁	钢管混凝土桁架梁	现浇混凝土拱桥	双曲拱	肋拱	箱形拱桥	刚架拱桥	系杆拱桥	箱形拱桥	桁架拱桥	哑铃型	桁架型	提篮型	普通钢筋混凝土梁	预应力混凝土梁	工字钢梁混凝土板	钢箱梁混凝土板	钢管桁架梁混凝土板	钢箱梁混凝土板	悬索式	钢悬带式	T形刚构	连续刚构	门式刚构	斜腿刚构
特大桥	沙溪庙嘉陵江大桥	1260	3×30+2×180+27×30		✓																																		
	北碚嘉陵江大桥	830	4×40+135+220+135+4×40+20		✓																										✓							
	马鞍石嘉陵江大桥	1237	4×40+146+3×250+146		✓																																✓		
大桥	大溪沟大桥	126.5	4×30			✓					✓																												
	巨梁沱大桥	472	15×30			✓		✓																															
	三背沱大桥	276.5	8×30			✓		✓																															
	钟鼓的大桥(右幅)	119.4	16+3×30			✓		✓																														✓		
	大湾沱大桥	259.8	8×30			✓		✓																															
	三角石大桥	168.8	5×30			✓		✓																															
	凤凰石大桥	265	8×30			✓		✓																															
	杨眉湾大桥	322	10×30			✓		✓																															

续上表

规模	名称	桥长(m)	孔跨布置(m)	桥底净高(m)	跨越障碍物				梁式桥								拱式桥											斜拉桥							悬索桥		刚构桥			
									预应力混凝土梁桥				钢梁桥		组合梁桥		圬工拱桥		钢筋混凝土拱桥				钢拱桥		钢管混凝土拱桥			钢筋混凝土梁		结合梁			钢梁							
					河流	沟谷	道路	铁路	简支梁桥	悬臂梁桥	连续梁桥	先简支后连续梁	简支钢梁桥	连续钢梁桥	预弯混凝土组合梁	钢管混凝土桁架梁	现浇混凝土拱	预制混凝土拱	双曲拱	箱形拱	刚架拱	系杆拱	箱形拱	桁架拱	哑铃型	桁架型	提篮型	普通钢筋混凝土梁	预应力混凝土梁	工字钢梁混凝土板	钢箱梁混凝土板	钢管桁架梁混凝土板	钢箱梁	混合梁	悬索式	钢索带式	T形刚构	连续刚构	门式刚构	斜腿刚构
大桥	麻柳坪大桥	557.6	18×30		√				√																															
	羌河溪大桥	143.1	4×30		√				√																															
	老杨沟大桥	204	6×30			√			√																															
	鲤塘溪大桥	144	4×30			√			√																															
	草街大桥	404.15	12×30+1×16		√				√			√																												
	明家溪大桥	355	11×30		√				√																															
	甘家堡大桥	217.2	7×30			√	√		√			√																												
	龙滩子水库大桥	297.5	9×30		√				√																															
	青北路跨线桥	150.98	1×16+5×20+1×16				√	√	√			√																												
	龙凤溪大桥	387	24+10×30+25		√				√			√																												
	大塘大桥	171.5	4×30+24		√				√			√																												
	周家院大桥	704.43	17×40			√	√		√			√																												
	瓦房子大桥(右幅)	113	1×80		√																√																			
	陈家浩大桥	197.76	24+5×30+24			√	√		√			√																												
	响水洞大桥	168	5×30		√				√			√																												
	主线2号桥	215	10×20		√	√			√																															

附　录

G75 兰海高速公路隧道汇总表

项目名称：重庆至合川段

附表 2-3c2）

规模	名　称	隧道全长 (m)	隧道净宽 (m)	隧道分类					
				按地质条件划分			按所在区域划分		
				土质隧道	石质隧道	山岭隧道	水底隧道	城市隧道
特长隧道	北碚隧道	4011	10		√	√		
长隧道	西山坪隧道	2497	10		√	√		
中隧道	杨梅湾隧道	828	10		√	√		
	白鹿山隧道	514	10		√	√		
短隧道	凤凰溪隧道	142	8.5		√	√		
	黄桷垭隧道	165	8.5		√	√		

重庆

高速公路建设实录

G75 兰海高速复杂技术工程信息采集表　　附表 2-3c3)

项目名称：重庆至合川段　　　　　　　　　　　　　　　施工单位：中铁十八局四处

复杂技术工程名称	北碚隧道	长度(m)	4011

北碚隧道是渝合高速公路上的控制性工程。进口位于北碚区施家梁镇，出口位于北碚区龙凤桥镇。左线全长为 4001.63m(ZK18+735～ZK22+736.629)，右线全长为 4011m(YK18+744～YK22+755)。北碚隧道双洞单向行车，单洞两车道，左右洞分离布置。是重庆市当时建成的最长公路隧道。

北碚隧道采用复合式衬砌结构，初期支护以喷锚结合钢格栅(拱)为主要手段，二次衬砌为模筑混凝土。由重庆交通科研设计院设计，中铁十八局四处、中铁隧道局一处、中铁十九局二处和中铁隧道局二处等四家单位施工。2002 年 6 月 28 日通车试运行。

隧道信息化施工技术研究以北碚隧道为依托工程，通过日常量测与隧道掌子面观测工作，掌握围岩动态，对围岩稳定性作出评价，对支护形式、支护参数和二次衬砌合理支护时间提出建议，并对出现的异常情况及时提出处理方案以及对隧道支护结构的合理性及安全性作出评价。该课题的实施及其成果应用，为渝合高速公路控制性工程北碚隧道的提前贯通提供了有力的保证。

北碚隧道进行了隧道内高性能沥青铺装技术研究，通过材料开发、混合料设计、结构组合及施工技术等研究工作，解决了隧道内铺装的抗滑，降低噪声、耐油、抗水损害、耐久等使用性问题，可大幅度降低隧道内大型灾害发生的可能性，减少人民生命财产损失，并因优良使用性能而取得良好的使用效果，为渝合高速公路北碚隧道改性沥青混凝土路面的使用提供了有力的保证，也填补了国内此领域的空白。北碚隧道也成为我国第一座铺装阻燃材料的特长隧道。

北碚隧道进行了长大公路隧道智能前馈式通风控制技术研究。研究内容包括交通流模型、空气动力学模型、污染模型、智能模糊推理控制器等，隧道智能通风控制柜的开发研制，隧道机电智能监控系统研究等。该课题完成并实施后直接效益可达 1100 万元/年；扩大、推广后效益为 800 万元/年，还可节约 20%～30% 的电力。

北碚隧道的修建，不仅在安全性上有所突破，并且建立了隧道铺装结构体系，形成了适合我国隧道使用条件的隧道铺装成套技术，对于我国今后的隧道铺装及现有隧道的修复具有重大的理论意义和实际工程意义。北碚隧道荣获 2005 年度中国建筑工程鲁班奖

附录

附表 2-3c4
填报省份：重庆市

G75 兰海高速公路建设从业单位信息采集表

项目名称：重庆至合川段　　通车里程桩号：K0+000～K58+240

序号	参建单位	单位名称	合同段编号及起止桩号	主要负责人	备注
1	项目管理单位	重庆北方高速公路有限公司	K0+000～K58+240	任超	
2	勘察设计单位	四川省交通厅公路规划勘察设计研究院	K35+500～K58+240	罗隆峰	
3		重庆市公路勘察设计研究院	K0+000～K23+490	钟明全	
4		交通部重庆公路勘测设计所	K23+490～K33+060.19	韩道均	
5		武警交通总队立支队	K0+000～K2+000	刘素平	
6		重庆市公路工程总公司	K2+000～K4+725	张荣富	
7		中国人民武装警察部队交通一总队	K4+725～K8+000	倪双喜	
8		重庆航务工程处	K8+000～K9+500	姚永清	
9		重庆渝通公路工程总公司	K12+125～K14+500	陈鹏	
10	施工单位	重庆渝宏公路工程总公司	K14+500～K16+395.04	郑志明	
11		重庆煤炭第二建筑安装工程公司	K16+395.04～K18+500	杨光海	
12		铁道部隧道工程局第一工程处	YK18+500～YK20+740	姬光辉	
13		中铁十九局集团第二十工程有限公司	ZK18+500～ZK20+601.5	田晓明	
14		中铁十八局集团第四工程有限公司	YK20+740～YK23+490	彭建华	
15		铁道部隧道工程局第二工程处	ZK20+601.5～ZK23+480	李继宏	
16		重庆渝达公路集团总公司	ZK23+490～ZK26+670	徐睿立	
17		中铁十八局集团第三工程处	K26+607～K29+700	彭再龙	
18		上海警通路桥建设有限公司	K29+700～K30+940	叶伟坤	
19	施工单位	重钢（集团）公司第二十机械化工程处	K30+940～K33+060.19	魏成华	
20		铁道部第二十工程局第二工程处	ZK34+799～YK34+847	庞金生	
21		四川隧道工程有限公司	YK34+847～K36+235	卿胜云	
22		铁道部第十五工程局第二工程处	ZK34+799～K37+440	张延占	

续上表

序号	参建单位	单位名称	合同段编号及起止桩号	主要负责人	备注
23		交通部第二公路工程局	K37+440~K39+310	姚谋	
24		铁道部第二工程局第五工程处	K39+310~K42+580	姚谋	
25	施工单位	中国四海工程公司重庆有限公司	K42+580~K45+300	田军	
26		铁道部第十七工程局第二工程处	K46+027.6~K47+760	杨志成	
27		攀枝花公路建设公司	K45+700~K47+700	胡延寿	
28		贵州公路桥梁工程公司	K47+760~K49+760	田景贵	
29		中国水利水电七局	K52+700~K58+240	赵昌银	
30			K0+000~K58+240	廖仲仕	
31	监理单位	成都市路桥工程监理咨询有限责任公司		黄卫东	

附表 2-3d1

G75 高速公路隧道汇总表

项目名称：上桥至界石段

规模	名称	隧道全长 (m)	隧道净宽 (m)	隧道分类				
				按地质条件划分		按所在区域划分		
				土质隧道	石质隧道	山岭隧道	水底隧道	城市隧道
中隧道	小泉隧道	734			√	√		
	吉庆隧道	923			√	√		

附 录

G75 兰海高速公路复杂技术工程信息采集表 （附表 2-3d2）

项目名称:上桥至界石段		施工单位:渝通公路工程总公司和铁道部大桥局五处	
复杂技术工程名称	马桑溪长江大桥	长度(m)	1104

　　马桑溪长江大桥主桥系预应力钢筋混凝土双塔双索面飘浮体系斜拉桥,引桥为简支梁桥面连续结构。桥跨总体布置(西向东):5m+179m+360m+179m+44m+8×40m,全桥长1104.23m,主跨360m,桥面宽30.6m,全桥设11墩2台,基础为桩基(或扩大基础),墩柱为柱式实心墩(1~3号墩身为圆端形空心墩),索塔为倒Y形箱形结构,1号索塔高164.01m,2号索塔高168.51m,斜拉桥主梁为分离式三角箱形断面结构形式,引桥主梁为预应力T梁。

　　主桥1号墩基础采用土袋填筑围堰,抽水清基,人工挖孔施工桩基。主桥2号墩基础采用砂卵石筑岛回填,桩基采用冲击钻冲击成孔,水下浇筑桩基混凝土,承台采用无底钢套箱围堰施工。墩身采用翻模施工,施工操作平台采用附在模板上的简易平台。主塔采用翻模施工,横梁采用万能杆件支架现浇。

　　主梁0号块在支架上提前浇筑,1号(1′号)块在支架上浇筑,2号~29号、2′号~28′号块采用三角形挂篮对称悬臂浇筑。边跨平衡块采用边墩安设托架,立模现浇。边跨合龙采用吊平台施工,中跨合龙利用三角挂篮施工,主梁施工控制由西南交大土木工程学院实行索力和主梁高程、应力双控。

　　引桥墩施工采用人工挖孔桩基础、翻模施工墩柱,4号、5号引桥墩盖梁采用万能杆件托架施工。东岸引桥T梁施工梁场设于12号台后引道路基上,梁场共设6个制梁台座,2套半T梁模板,2台80t龙门吊机,进行T梁的制造和吊装,T梁的架设采用JQG160/50A公路架桥机架设

G75 兰海高速公路建设从业单位信息采集表

项目名称：上桥至界石段
通车里程桩号：K0+000～K58+240

附表 2-3-d3）
填报省份：重庆市

序号	参建单位	单位名称	合同段编号及起止桩号	主要负责人	备注
1	项目管理单位	重庆上界高速公路有限公司	K0+000～K22+793.11	任超	
2	勘察设计单位	四川省交通厅公路规划勘察设计研究院		张琪	
3		北京中通公路桥梁工程咨询发展有限公司		邓腾龙	
4		交通部重庆公路勘测设计所		张力	
5	施工单位	重庆市渝通公路工程总公司	A：K0+000～K9+159.5 A：K15+064～K18+520	王强	
6		重庆市渝通公路工程总公司	C：K9+159.5～K10+700	李洪涛	
7		武警水电三总队	E：K10+700～K15+064	唐荣详	
8		铁道部隧道工程局第三工程处	F：K18+520～K20+300	李辉煌	
9		铁道部第十八工程局第二工程处	G：K20+300～K22+793	彭再龙	
10		重庆市巴南区人民政府	K15+518.08～K18+800	裴国红	
11		重庆市渝通公路工程总公司	K0+000～K22+793.11	张权	
12	监理单位	重庆市交通工程监理咨询有限责任公司			
13		重庆正大工程监理咨询有限公司		张良言	

附录

附表 2-3e1 G75 兰海高速公路桥梁汇总表

项目名称：渝黔高速公路一期（界石至雷神店）

规模	名称	桥长(m)	孔跨布置(m)	桥底净高(m)	跨越障碍物	梁式桥（预应力混凝土梁桥）
大桥	两河口大桥	248.6	8×20	—	河流 √	简支梁桥 √
	平滩子大桥	124.8	4×25	12.9	河流沟谷 √	简支梁桥 √
	箭滩河大桥	200	7×25	13.3	河流沟谷 √	简支梁桥 √
	小沛滩大桥	119.64	4×25	12.5	河流 √	简支梁桥 √
	红花沟大桥	164.3	6×21.4	16.1	沟谷 √	简支梁桥 √
	大路岗大桥	206	6×30	13.5	沟谷 √	简支梁桥 √
	龙岗河大桥	144	4×30	17.1	沟谷 √	简支梁桥 √
	七里半大桥	338.6	10×30	27.6	沟谷、道路、铁路 √	简支梁桥 √
		338.6	9×30	28.1	沟谷、道路 √	简支梁桥 √
		376.71	12×30	28.1	沟谷 √	简支梁桥 √
			11×30	27.5	沟谷 √	简支梁桥 √
	干湾大桥	258	8×30	27.1	沟谷 √	简支梁桥 √
	滴水岩大桥	295.9	9×30	26.1	沟谷 √	简支梁桥 √

注：表格原文含梁式桥、拱式桥（钢筋混凝土拱桥、钢拱桥、钢管混凝土拱桥）、斜拉桥（钢筋混凝土梁、结合梁、钢梁）、悬索桥（悬带式、钢索桥）、刚构桥（T形刚构桥、连续刚构桥、门式刚构桥、斜腿刚构）等分类列，本页所列各桥均属"梁式桥-预应力混凝土梁桥-简支梁桥"类型，其他列均空白。

605

续上表

规模	名称	桥长(m)	孔跨布置(m)	桥底净高(m)	跨越障碍物-河流	跨越障碍物-沟谷	跨越障碍物-道路、铁路	预应力混凝土梁桥-简支梁桥	预应力混凝土梁桥-连续悬臂梁桥	预应力混凝土梁桥-先简支梁后连续梁	钢梁桥-简支钢梁	钢梁桥-连续钢梁	组合梁桥-预弯混凝土组合梁	组合梁桥-钢管混凝土桁架梁	圬工拱桥-现浇预制混凝土拱	圬工拱桥-双曲拱	圬工拱桥-助拱	钢筋混凝土拱桥-箱形拱桥	钢筋混凝土拱桥-箱形刚架拱桥	钢拱桥-系杆拱桥	钢拱桥-箱形拱桥	钢拱桥-桁架拱桥	钢管混凝土拱桥-哑铃型	钢管混凝土拱桥-桁架型	钢管混凝土拱桥-提篮型	斜拉桥-钢筋混凝土梁-普通钢筋混凝土梁	斜拉桥-钢筋混凝土梁-预应力混凝土梁	斜拉桥-结合梁-工字钢梁混凝土板	斜拉桥-结合梁-钢箱梁混凝土板	斜拉桥-结合梁-钢管桁架梁混凝土板	斜拉桥-钢箱梁	斜拉桥-混合梁	悬索桥-悬带式	悬索桥-钢索式	刚构桥-T形刚构	刚构桥-连续刚构	刚构桥-门式刚构	刚构桥-斜腿刚构
大桥	石岗大桥	209	9×20	23.2		√		√																														
	沙基沟1号大桥	164.33	10×20	24.2		√		√																														
	斑竹沟大桥	155.5	9×16	18.4	√	√		√																														
	马家槽大桥	120	8×16	21.1		√		√																														
	邓家河大桥	154	5×20	17.2	√	√		√																														
	光明大桥	389	3×40	40.1	√			√																															
	雷神店大桥	520.05	12×30	37.2		√		√																															
			8×30+13×20	36.2		√		√																															
		405.07	8×30+7×20	37.1		√		√																															
	綦江大桥	310	75+130+75	62.8	√	√	√																													√		

G75 兰海高速公路桥梁汇总表

附表 2-3e2）

项目名称：渝黔高速公路二期（雷神店至崇溪河）

规模	名称	桥长(m)	孔跨布置(m)	桥底净高(m)	跨越障碍物-河流沟谷	跨越障碍物-道路	跨越障碍物-铁路	梁式桥-预应力混凝土梁桥-简支梁桥	梁式桥-预应力混凝土梁桥-连续梁桥	梁式桥-预应力混凝土梁桥-悬臂梁桥	梁式桥-预应力混凝土梁桥-先简支后连续梁桥	梁式桥-钢梁桥-简支钢梁桥	梁式桥-钢梁桥-连续钢梁桥	梁式桥-组合梁桥-预弯混凝土组合梁	梁式桥-组合梁桥-钢管混凝土桁架梁	拱式桥-圬工拱桥-现浇混凝土拱	拱式桥-圬工拱桥-预制混凝土拱	拱式桥-圬工拱桥-双曲拱	拱式桥-钢筋混凝土拱桥-肋拱	拱式桥-钢筋混凝土拱桥-箱形拱	拱式桥-钢拱桥-箱形桁架拱桥	拱式桥-钢拱桥-系杆拱桥	拱式桥-钢管混凝土拱桥-哑铃型	拱式桥-钢管混凝土拱桥-桁架型	拱式桥-钢管混凝土拱桥-提篮型	斜拉桥-钢筋混凝土梁-普通钢筋混凝土梁	斜拉桥-钢筋混凝土梁-预应力混凝土梁	斜拉桥-结合梁-工字钢梁混凝土板	斜拉桥-结合梁-钢箱梁混凝土板	斜拉桥-结合梁-钢管桁架梁混凝土板	斜拉桥-钢梁	斜拉桥-混合梁	悬索桥-悬带式	悬索桥-钢索式	刚构桥-T形刚构	刚构桥-连续刚构	刚构桥-门式刚构	刚构桥-斜腿刚构
特大桥	河耳沟（安稳）大桥	560.19	1×122+1×210+1×122+3×30	68.1	√	√																															√		
	太平庄大桥	355.56	3×30+62.78+110+62.78+30	55.2	√	√																															√		
大桥	关门石大桥	167.73	6×25	34.2	√																																		
	半坡大桥	244.04	11×20	39.3	√																																		
	球溪沟大桥	224.04	10×20	38.7	√																																		
		425.04	10×40	54.2	√																																		
		382	9×40	56.7	√																																		
	小湾大桥	324.12	10×30	34.3	√																																		
		384.2	12×40	34.2	√																																		
	土地垭大桥	227.91	8×25	17.5	√	√																																	
		223.95		18.2	√	√																																	

续上表

规模	名称	桥长(m)	孔跨布置(m)	桥底净高(m)	跨越障碍物 河流沟谷	跨越障碍物 道路铁路	梁式桥 预应力混凝土梁桥 简支梁桥	梁式桥 预应力混凝土梁桥 连续梁桥	梁式桥 预应力混凝土梁桥 先简支后连续梁	梁式桥 预应力混凝土梁桥 悬臂梁桥	梁式桥 钢梁桥 简支钢梁	梁式桥 钢梁桥 连续钢梁	梁式桥 组合梁桥 预弯混凝土梁	梁式桥 组合梁桥 钢管混凝土组合桁架梁	拱式桥 圬工拱桥 现浇预制混凝土拱	拱式桥 钢筋混凝土拱桥 双曲拱	拱式桥 钢筋混凝土拱桥 肋拱	拱式桥 钢筋混凝土拱桥 箱形拱	拱式桥 钢拱桥 系杆刚架拱桥	拱式桥 钢拱桥 桁架形拱桥	拱式桥 钢管混凝土拱桥 哑铃型	拱式桥 钢管混凝土拱桥 提篮型	斜拉桥 钢筋混凝土梁 普通钢筋混凝土梁	斜拉桥 钢筋混凝土梁 预应力混凝土梁	斜拉桥 结合梁 工字钢梁混凝土板	斜拉桥 结合梁 钢箱梁混凝土板	斜拉桥 结合梁 钢管桁架梁混凝土板	斜拉桥 钢梁 钢箱梁	斜拉桥 混合梁	悬索桥 悬带式	悬索桥 钢索式	刚构桥 T形桁架刚构	刚构桥 连续刚构	刚构桥 门式刚构	刚构桥 斜腿刚构
大桥	余家山大桥	143.4	6×20	19.7	√		√																												
大桥	青岗林大桥	101	2×40	10.2		√	√																												
大桥	天平丘大桥	162.82	7×20	26.5	√		√																												
大桥	天平丘大桥	140.27	6×20	27.1	√		√																												
大桥	凉风垭大桥	236.16	7×30	37.5	√		√																												
大桥	凉风垭大桥	204	6×30	38.1	√		√																												
大桥	长玉间大桥	190	8×20	30.9	√		√																												
大桥	长玉间大桥	145	6×20	31.2	√		√																												
大桥	三叉河大桥	180	4×40	48.1	√	√	√																												
大桥	三叉河大桥	178		48.2	√	√	√																												
大桥	河坝间大桥	138	6×20	32.1	√		√																												
大桥	河坝间大桥	223	10×20	34.3	√		√																												
大桥	二湾大桥	199	7×25	26.1	√		√																												
大桥	二湾大桥	425	16×25	27.2	√	√	√																												

续上表

规模	名称	桥长(m)	孔跨布置(m)	桥底净高(m)	跨越障碍物			梁式桥						拱式桥					斜拉桥						悬索桥		刚构桥			
								预应力混凝土梁桥			钢梁桥	组合梁桥		圬工拱桥	钢筋混凝土拱桥		钢拱桥		钢管混凝土拱桥	钢筋混凝土梁	结合梁				混合梁						斜腿刚构桥
					河流沟谷	铁路	道路	简支梁桥	连续梁桥	悬臂梁桥	先简支后连续梁	简支钢梁	连续钢梁	预弯混凝土组合梁	钢管混凝土桁架梁	现浇混凝土拱	预制混凝土拱	双曲拱	肋拱	箱形桁架刚架拱	系杆拱桥	箱形拱桥	桁架拱桥	哑铃型	提篮型	普通钢筋混凝土梁	预应力混凝土梁	工字钢梁混凝土板	钢箱梁混凝土板	钢管桁架梁混凝土板	钢箱桁架梁混凝土板	钢梁	悬带式	钢索式	T形刚构桥	连续刚构桥	门式刚构桥	
大桥	瓦窑沟大桥	196	6×30	26	√		√	√																															
		196	5×30	31.1	√		√	√																															
	杨柳大桥	176	5×30	46	√	√	√	√																															
		174	17×25	44.3	√	√	√	√																															
	镇紫大桥	451	17×25	26	√		√	√																															
		449		21.3	√		√	√																															
	赫阎粱大桥	255.21	8×30	39.1	√		√	√																															
		204	6×30	41.1	√		√	√																															
	梨树坪大桥	200	6×30	39.7	√		√	√																															
		253.46	8×30	36.1	√		√	√																															
	李子沟大桥	394	12×30	59.7	√	√	√	√																															
		381.54		61.2	√	√	√	√																															
	张家沟大桥	175	6×25	33.1	√	√	√	√																															
		190	7×25	34.1	√	√	√	√																															

续上表

规模	名称	桥长(m)	孔跨布置(m)	桥底净高(m)	跨越障碍物-河流	跨越障碍物-沟谷	跨越障碍物-道路	跨越障碍物-铁路
大桥	石山沟大桥	205	7×25	34.1		√		
	小龙河大桥	214	8×25	33.4	√			
	芦梯沟大桥	380	12×30	59.4	√	√		
	石灰厂大桥	258	8×30	37.1	√	√		
	羊叉沟大桥	213	8×25	26.1		√		
	羊叉沟大桥	206	7×25	26.1		√		
	老牛湾大桥	123.95	4×25	27.4		√		
	老牛湾大桥	123.95		34.2		√		
	桥沟大桥	232	7×30	29.1	√			
	桥沟大桥	232		28.7	√			
	羊角大桥	197.72	6×30	32.1	√			
	羊角大桥	201		31.5	√			
	盖石洞大桥	192	7×25	34.1		√		
	盖石洞大桥	191		29.2		√		
		445	14×30	61.4		√		
		410	13×30	60.9		√		

续上表

规模	名称	桥长(m)	孔跨布置(m)	桥底净高(m)	跨越障碍物			梁式桥							拱式桥									斜拉桥				悬索桥		刚构桥		
					河流	沟谷	道路、铁路	预应力混凝土梁桥			钢梁桥	组合梁桥			圬工拱桥		钢筋混凝土拱桥				钢拱桥		钢管混凝土拱桥		钢筋混凝土梁	结合梁			悬带式	钢索式	T形刚构	连续刚构	门式刚构	斜腿刚构
								简支梁桥	连续梁桥	悬臂梁桥		先简支后连续钢梁	预弯混凝土梁	钢管混凝土组合梁	现浇混凝土拱桥	预制混凝土拱桥	双曲拱桥	肋拱桥	箱形拱桥	桁架拱桥	系杆拱桥	箱形钢拱桥	桁架钢拱桥	哑铃型	提篮型	普通钢筋混凝土梁	预应力混凝土梁	工字钢梁混凝土板	钢箱梁混凝土板	钢桁架梁混凝土板					
特大桥	龙洞水大桥	157	5×25	29.7	✓																														
	崇溪河大桥	313	7×40	52.4	✓																														
	下坪大桥	371.93	4×30+2×40+5×30	67.9	✓	✓						✓																							

附表 2-3e3

G75 兰海高速公路隧道汇总表

项目名称：渝黔高速公路二期（雷神店至崇溪河）

规模	名称	隧道全长(m)	隧道净宽(m)	隧道分类			
				按地质条件划分		按所在区域划分	
				土质隧道	石质隧道	山岭隧道	水底隧道	城市隧道
长隧道	分水岭隧道	1715	9.6		✓	✓		
	竹园堂隧道	1319	9.6		✓	✓		
	金竹岗隧道	2109	9.6		✓	✓		
	福田寺隧道	1863	9.6		✓	✓		
	笔架山隧道	2530	9.6		✓	✓		
短隧道	天平丘隧道	187	9.6		✓	✓		
	麒麟隧道	215	9.6		✓	✓		

重庆

G75 兰海高速公路复杂技术工程信息采集表   附表 2-3e4i)

项目名称：渝黔高速公路   施工单位：中铁大桥局

复杂技术工程名称	大佛寺长江大桥	长度(m)	1168

大佛寺大桥是渝黔高速公路上最重要的控制性工程。大桥位于重庆市朝天门码头下游约 5km 处，于 1997 年 11 月开工建设，2002 年 1 月建成通车。大桥造价约 2 亿元，由重庆交通科研设计院设计，中铁大桥局承建大桥北段，重庆桥梁工程总公司承建大桥南段。该桥总长 1168m，桥面宽 30.6m，双向六车道。主桥为跨径 198m+450m+198m 双塔双索面斜拉桥。主墩塔最大高度 206.68m，大桥主跨 450m，每塔双面 55 对斜拉索，索距 8.1m(边支座处除外)，斜拉索倾斜角范围(27°16′~80°27′)，当时居全国同类型桥梁之首。桥型为预应力钢筋混凝土双塔双索面斜拉桥，大桥塔高 206m，主跨 450m，其跨度位居目前国内同类型桥梁第二。引桥为预应力钢筋混凝土 T 形简支梁桥。主桥梁段采用牵索挂篮悬臂浇筑。

大佛寺大桥科技含量和技术难度体现在基础、桥墩和横梁施工的全过程中。1998 年恰逢百年一遇的特大洪水，作为全桥控制性工程的主塔桥墩，必须抢在洪水到来之前抢出 185m 的洪水线。受水文、地质等众多因素的影响，建设者在基础施工中遇到严峻考验。经过精心组织，反复论证，采用了填滩筑路施工方案，在一个枯水期抢出主塔墩基础，以保证主塔施工的连续性。在墩位桩基施工中采用了中外结合的钻孔法和挖孔法。在 3 个多月里完成了水中墩桩基础，在临近枯水期末，对主塔墩 4000m³ 混凝土进行一次性灌注。为了确保一次灌注成功，防止大体积混凝土易产生的水化热裂缝，多次试验，优化混凝土配方，采用了低水化热的矿渣水泥，并掺入了粉煤灰；在承台内预埋了冷却水管，在承台外加盖了保温保湿的防护层，赶在春汛前的 3 月 28 日，重庆大佛寺长江大桥主塔墩承台灌注成功，创下了国内建桥史上一次灌注大体积混凝土的新纪录。

建设者利用国内先进的爬模施工技术，解决了高塔施工难题，采用先进的小起小落桁架式轻型挂篮和施工控制技术，解决了主梁长悬臂现浇混凝土施工难题，并且针对 1 号块施工，边跨合龙及大吨位斜拉索安装等难题，展开科技攻关，形成了一整套先进的斜拉桥施工技术。

2001 年 12 月 24 日，江泽民总书记为该桥题写桥名

G75 兰海高速公路复杂技术工程信息采集表   附表 2-3e4ii)

项目名称：渝黔高速公路   施工单位：中铁十八局五处

复杂技术工程名称	真武山隧道	长度(m)	3053

真武山隧道位于渝黔高速公路 K13+980~K17+720 段，是渝黔高速公路上重要的控制性工程，也是重庆高速公路建设史上第一座大断面高速公路隧道。

真武山隧道采用双向六车道高速公路标准建设，设计速度为 80km/h，是国内最早建成的双洞六车道公路隧道。隧道左线起止里程 ZK14+327~ZK17+380，全长 3053m；右线起止里程 YK14+355~YK17+380，全长 3025m。隧道两山中部黄角垭设置 110m 长的路堑段，将隧道分为 1 号隧道和 2 号隧道，其中真武山 1 号隧道长 918m，真武山 2 号隧道长 1997m。隧道位于主城区，既要满足高速公路的设计规范，又要兼顾城市发展需要。

真武山隧道区域属典型构造剥蚀和侵蚀溶蚀地貌，隧道穿越三叠系须家河组煤系地层和嘉陵江组碳酸盐可溶岩层，煤层、采空区、瓦斯、溶洞、暗河等各种不良地质现象均有不同程度的发育，地下水系发育，穿越山体为区域饮用水源，洞口段围岩破碎、偏压情况严重，工程地质和水文地质条件极为复杂。隧道区域分布单位较多，地表构筑物和居民多，附近有南山公园、老龙洞风景区、老君洞风景区、一棵树观景台，环境敏感和对景观要求高。

隧道断面跨度大，内轮廓扁平，直线段净宽 13.7m、净高 7.65m、净空断面积 88.63m²、紧急停车带隧道净宽 16.5m、净高 8.63m、净空断面积 117.443m²；施工中最大开挖宽度 15.86m，最大开挖高度 11.27m，当时该类型隧道工程实例少，建设经验缺乏。

针对双洞六车道公路隧道通风问题，创新性地提出了特长隧道中间开设天窗，提高隧道高程，中间设置 110m 路堑，将特长隧道分为 1 号和 2 号隧道，既有效保护了水资源，又改善了通风条件，提高了营运安全性，增加了工作面，缩短了工期，降低了营运维护费用，节约了总投资

——— 附　录 ———

G75 兰海高速公路复杂技术工程信息采集表 附表 2-3e4iii)

项目名称:渝黔高速公路　　　　　　　　　　　　施工单位:重庆南方高速公路有限公司

复杂技术工程名称	向家坡滑坡	长度(m)	500

　　向家坡滑坡位于渝黔高速公路 K13+500~K14+000 段,处于重庆南山山麓,为一大型古滑坡。滑坡区位于川中台坳川东褶皱束南温泉背斜的西翼,为单斜构造,岩层产状为 285°~300°∠75°~85°。滑坡体积为 100~180 万 m^3。该滑坡共有浅、中、深三层滑面,其中浅层滑面为崩坡积、残坡积物泥岩顶面形成的堆积层滑坡,中、深层滑面主要依附于基岩中顺坡缓倾构造面。因切坡由上而下进行,故先形成上层滑动而后形成中层滑动,而深层滑坡至今尚未形成滑动,由于高速公路路基面仅至中层滑面附近,前部的路基可提供被动抗力,故其不具备形成滑坡的条件。但中层滑坡的变形,引起地下水向深处入渗,对深层滑坡的稳定不利,作为潜在病害考虑。

　　渝黔高速公路施工后内边坡的古滑坡出现明显的复活,多次出现大面积滑塌和变形,并采用挡墙、锚拉桩等措施分两次对滑坡体进行处治。2004 年 7 月雨季期间,滑坡再次复活,出现抗滑桩弯曲、挡板鼓出、挡墙剪裂和地表开裂等现象。建设单位再次组织处治,设计在原前排抗滑桩后设置了一排锚索抗滑桩,桩锚入中层滑面以下,并深入深层滑面以下一定深度,一则抵挡中层滑坡推力,另则可相对提高深层滑面强度,稳定整个坡体。在二级坡面设置了一排锚索框架,以提供部分滑坡抗力,并加固浅层滑体,施工过程中根据现场监测情况在二级坡面又增设了预应力锚索墩。在滑坡体后部设置了一道渗水隧洞以疏排地下水,降低滑体内静水压力,提高滑面强度。治理工程措施实施后,通过布设于滑体的深孔位移监测及地表位移监测资料反映,滑坡变形趋于稳定

G75 兰海高速公路技术创新信息采集表 附表 2-3e5)

填报省份:重庆市　　　　　　　　　　　　　　项目名称:渝黔高速公路

创新型技术名称	大佛寺长江大桥安全监测系统
主要参与人员	徐谋、陈德伟、陈伟民、阳光、周宗泽
所获奖励	2004 年中国公路学会科学技术三等奖
主要内容	大佛寺长江大桥主桥为跨径 198m+450m+198m 的预应力混凝土双塔双索面斜拉桥,跨径居国内同类型桥梁前列。西部交通建设科技项目"大佛寺长江大桥安全监测系统研究"取得了以下创新性成果: (1)首次实现了国产光纤应变传感器在国内桥梁上的系统应用,解决了光纤应力(变)传感器系统实际应用的技术难题,提高了信息获取的长期可靠性。 (2)解决了大变形条件下实时性与精度的问题,首次实现了挠度/线形的长期光电自动监测,解决了超低频结构全桥动态参量的实时监测难题;采用激光传感器,在大跨度桥梁上首次实现了主塔侧移的长期实时自动监测;开发了大型桥梁结构状态远程、长期自动监测系统相应的数据采样、储存、传输、通信(异地)与处理软件,完成了一套完整的桥梁安全远程网络监测系统

重 庆

附表 2-3-6

项目名称：渝黔高速公路（一期、二期）
通车里程桩号：K0+180~K136+071
填报省份：重庆市

G75 兰海高速公路建设从业单位信息采集表

序号	参建单位	单位名称	合同段编号及起止桩号	主要负责人	备注
1	项目管理单位	重庆高速公路集团有限公司南方建设分公司	K0+180~K136+071	阳光、王文广	
2	勘察设计单位	交通部重庆公路科研所	K0+180~K32+400	韩道均	
3		四川省交通厅公路规划勘察设计研究院	K108+800~K111+400 K32+400~K65+801 K111+400~K136+071	孙振堂	
4		重庆市公路勘察设计研究院	K65+801~K85+950 K86+071~K108+800	钟明全	
5	施工单位	北京燕通公路工程公司	G：K26+070~K32+400	贾福成	
6		冶金部第十九冶建设有限公司	H1：K32+400~K41+000	李德强	
7		重庆公路工程公司	H2：K41+000~K44+150	康中跃	
8		重庆市渝通公路工程总公司	I：K44+150~K53+879	刘建	
9		四川省交通厅第一航道工程处	J1：K53+879~K56+900	左茂良	
10		西藏珠峰工程企业集团	J2：K56+900~K65+801	倪双喜	
11		水电部第七工程局	K1：K65+801~K70+307.5	赵昌银	
12		重庆市渝达公路工程总公司	K2：K70+307.5~K76+200	孙祖义	
13		贵州省公路工程总公司	L：K76+200~K85+950	母进伟	
14		中铁大桥局集团有限公司	C1：K86+071~K97+000	朱云翔、高恒通	
15		中铁十八局集团第四工程有限公司	C2：K97+000~K99+600	刘衍堂、张元来	
16		铁道部第一工程局桥梁工程处	C3：K99+600~K105+143	王江、路俭	
17		安通建设有限公司	C4：K106+006~K108+800	柳国志、冯渊	
18		中国路桥集团总公司	C5：K108+800~K111+400	吴国民、赵同顺	
19		中铁隧道集团三处有限公司	C6：K111+400~K114+700	李平安、李朝忠	
20		中铁隧道集团二处有限公司	C7：K114+700~K120+000	李继宏、谢嘉禾	
21	施工单位	中铁隧道集团一处有限公司	C8：K120+000~K125+200	吴沛、赵章斌	
22		中铁大桥局集团有限公司	C9：K125+200~K131+300	陈崇林、刘振亚	

续上表

序号	参 建 单 位	单 位 名 称	合同段编号及起止桩号	主要负责人	备注
23		重庆渝宏公路工程总公司	C10：K131+300~K136+071	范国君、李永祥	
24		重庆市渝宏公路工程公司	M：K0+180~K32+400	范国君	
25	施工单位	重庆市渝达公路工程总公司	N：K32+400~K85+950	曾庆华	
26		贵州省公路工程总公司	L1：K85+090~K108+750		
27		贵州省桥梁工程总公司	L2：K108+750~K133+747.44		
28	监理单位	重庆市交通工程监理咨询有限责任公司	K0+180~K133+747	罗昭全	
29		英国合乐公司	K85+090~K133+747.44	杨国平	
30		同济大学		陈德伟	
31	咨询单位	重庆大学		陈伟民	
32		重庆交通大学		顾安邦	

G75兰海高速公路项目获奖信息表

附表2-3-e7）

序号	获奖时间	项 目 名 称	获奖类型	奖励等级	授 奖 单 位	备注
1	2003年	重庆至合川高速公路马家溪大桥	鲁班奖		中国建筑业协会	
2	2003年	大跨径斜拉桥稳定性研究	科学技术奖	二	中国公路学会	
3	2004年	大佛寺长江大桥安全监测系统研究	科学技术奖	三	中国公路学会	
4	2005年	重庆至合川高速公路北碚隧道	鲁班奖		中国建筑业协会	
5	2005年	高速公路桥(涵)台背跳车处理新技术应用研究	科技进步奖	三	重庆市人民政府	
6	2005年	边坡支护方案优化设计	科技进步奖	三	重庆市人民政府	
7	2006年	高速公路隧道长期安全性评价及维护加固研究	科技进步奖	一	中国公路勘察协会	
8	2006年	重庆合川至武胜高速公路	优秀设计奖	一	重庆市人民政府	
9	2007年	长大公路隧道智能控制系统及防灾新技术研究	科技进步奖	二	重庆市人民政府	
10	2007年	水泥混凝土路面破坏防治技术与路面新结构	科技进步奖	二	重庆市人民政府	
11	2007年	高等级沥青路面柔性基层研究	科技进步奖	二	重庆市人民政府	
12	2007年	金刚砂在收费广场路面中的应用研究	优秀勘察奖	二	重庆市人民政府	
13	2007年	重庆合川至武胜高速公路	优质工程奖		中国公路建设行业协会	
14						

2-4 G42 沪蓉高速公路相关附表

附表 2-4a

G42 沪蓉高速公路建设项目信息采集表

序号	项目名称	规模（km）				建设性质（新、改、扩建）	设计速度（km/h）	永久占地（亩）	投资情况（亿元）			资金来源	建设时间（开工~通车）	备注
		合计	八车道及以上	六车道	四车道				估算	概算	决算			
1	奉节至巫山段	59.57			59.57	新建	80		44	51.08		交通部补助、银行贷款、地方自筹	2005.11~2012.12	
2	云阳至奉节段	69.71			69.71	新建	80		51	57.67	78.70	交通部补助、银行贷款、地方自筹	2006.8~2010.9	
3	万州至云阳段	78.35			78.35	新建	80		54	62.49	69.40	交通部补助、银行贷款、地方自筹	2004.12~2008.12	
4	梁平至万州段	67.24			67.24	新建	80		26	28.43	30.26	交通部补助、银行贷款、地方自筹	2000.2~2005.3	
5	梁平至长寿段（太平桥至梁平）	61.54			61.54	新建	80			30.99	13.96	交通部补助、银行贷款、地方自筹	2001.4~2005.3	
6	垫江至忠县段（川渝界至太平互通）	6.82			6.82	新建	80		3.54	4	4.37	交通部补助、银行贷款、地方自筹	2004.11~2007.12	
合计		343.23												

G42 沪蓉高速公路桥梁汇总表

附表 2-4b1）

项目名称：巫山至奉节段

规模	名称	桥长(m)	孔跨布置(m)	桥底净高(m)	跨越障碍物 河流沟谷	跨越障碍物 道路	跨越障碍物 铁路	梁式桥 预应力混凝土梁桥 简支梁桥	梁式桥 预应力混凝土梁桥 连续梁桥	梁式桥 预应力混凝土梁桥 悬臂梁桥	梁式桥 预应力混凝土梁桥 先简支后连续梁桥	梁式桥 钢梁桥 简支钢梁桥	梁式桥 钢梁桥 连续钢梁桥	组合梁桥 预弯混凝土梁	组合梁桥 钢管混凝土桁架梁	圬工拱桥 现浇混凝土拱桥	圬工拱桥 预制混凝土拱桥	拱式桥 钢筋混凝土拱桥 双曲拱	拱式桥 钢筋混凝土拱桥 肋拱	拱式桥 钢筋混凝土拱桥 箱形拱	拱式桥 钢筋混凝土拱桥 桁架刚架拱	钢拱桥 系杆拱	钢拱桥 桁架形拱桥	钢拱桥 箱形拱桥	钢管混凝土拱桥 哑铃型	钢管混凝土拱桥 桁架型	钢管混凝土拱桥 提篮型	斜拉桥 钢筋混凝土梁 普通钢筋混凝土梁	斜拉桥 钢筋混凝土梁 预应力混凝土梁	斜拉桥 结合梁 工字钢梁混凝土板	斜拉桥 结合梁 钢箱梁混凝土板	斜拉桥 结合梁 钢管桁架梁混凝土板	斜拉桥 混合梁	斜拉桥 钢箱梁	悬索桥 悬索带式	悬索桥 钢索式	刚构桥 桁架刚构桥	刚构桥 T形刚构桥	刚构桥 连续刚构桥	刚构桥 门式刚构	刚构桥 斜腿刚构
特大桥	大宁河大桥	682	5×30+16×27钢混凝土结合梁+3×30(主跨400m钢箱桁架拱)		√																			√																	
特大桥	龙洞河大桥	468	(95+180+95)+3×30		√																																		√		
特大桥	何家坪大桥	480	5×30+(60+82+180)独塔斜拉桥			√																										√			√						
特大桥	石马河大桥	951	4×30+(106+2×200+106)+7×30		√																																		√		

续上表

规模	名称	桥长(m)	孔跨布置(m)	桥底净高(m)	跨越障碍物-河流	跨越障碍物-沟谷	跨越障碍物-道路	跨越障碍物-铁路	梁式桥-预应力混凝土梁桥-简支梁桥	梁式桥-预应力混凝土梁桥-连续梁桥	梁式桥-预应力混凝土梁桥-悬臂梁桥	梁式桥-预应力混凝土梁桥-先简支后连续梁	梁式桥-钢梁桥-简支钢梁桥	梁式桥-钢梁桥-连续钢梁桥	梁式桥-组合梁桥-预弯混凝土梁	梁式桥-组合梁桥-钢管混凝土组合梁	梁式桥-组合梁桥-桁架梁	拱式桥-圬工拱桥-现浇混凝土拱	拱式桥-圬工拱桥-预制混凝土拱	拱式桥-钢筋混凝土拱桥-双曲拱	拱式桥-钢筋混凝土拱桥-肋拱	拱式桥-钢筋混凝土拱桥-箱形拱桥	拱式桥-钢筋混凝土拱桥-桁架拱桥	拱式桥-钢筋混凝土拱桥-刚架拱桥	拱式桥-钢筋混凝土拱桥-系杆拱桥	拱式桥-钢拱桥-箱形拱桥	拱式桥-钢拱桥-桁架拱桥	拱式桥-钢拱桥-哑铃型	拱式桥-钢管混凝土拱桥-桁架型	拱式桥-钢管混凝土拱桥-提篮型	斜拉桥-钢筋混凝土梁-普通钢筋混凝土梁	斜拉桥-钢筋混凝土梁-预应力钢筋混凝土梁	斜拉桥-结合梁-工字钢梁混凝土板	斜拉桥-结合梁-钢箱梁混凝土板	斜拉桥-结合梁-钢管桁架混凝土板	斜拉桥-结合梁-钢桁架混凝土板	斜拉桥-钢梁	斜拉桥-混合梁	悬索桥-悬带式	悬索桥-钢索式	刚构桥-T形桁架刚构	刚构桥-连续式门式刚构	刚构桥-斜腿刚构
大桥	下李湾大桥	248.6	右幅4×25/左幅3×25				√					√																															
	滴水岩大桥	967/337	右幅11×30+(21.75+22+21.75)+(17+3×22+17)+(16+2×21.25+16)+13×30/左幅11×30		√							√																															
	范家河大桥	187	6×30		√							√																															
	凤岭大桥	127/96	右幅4×30/左幅3×30				√					√																															
	大块田1号大桥	85/131	右幅4×20/左幅6×20		√		√					√																															
	狮子包2号大桥	109	5×20		√							√																															
	狮子包3号大桥	186	9×20		√							√																															

续上表

规模	名称	桥长(m)	孔跨布置(m)	桥底净高(m)	跨越障碍物				梁式桥								拱式桥									斜拉桥							悬索桥		刚构桥				
									预应力混凝土梁桥				钢梁桥		组合梁桥		圬工拱桥		钢筋混凝土拱桥				钢拱桥		钢管混凝土拱桥		钢筋混凝土梁		结合梁				钢箱梁	混合梁			桁架刚构	T形刚构	连续刚构	门式刚构	斜腿刚构
					河流	沟谷	道路	铁路	简支梁桥	先简支后连续梁桥	连续梁桥	悬臂梁桥	简支钢梁	连续钢梁	预弯混凝土组合梁	钢管混凝土桁架梁	现浇混凝土拱	预制混凝土拱	双曲拱	肋拱	箱形拱桥	桁架拱桥	系杆形拱桥	桁架拱桥	哑铃型	提篮型	普通钢筋混凝土梁	预应力混凝土梁	工字钢梁混凝土板	钢箱梁混凝土板	钢管桁架梁混凝土板	钢桁架梁混凝土板			悬带式	钢索式					
大桥	杨家屋场1号大桥	457/411	右幅(83+150+83)+4×30/左幅(83+150+83)+3×30		√																																		√		
	杨家屋场2号大桥	658/386	右幅4×30+(83+150+83)+7×30/左幅2×30+(83+150+83)		√																																		√		
	胡枣湾大桥	125/30	右幅6×20/左幅1×20		√						√																														
	张家坡大桥	252/206	右幅6×40/左幅5×40		√						√																														
	椒子坪大桥	356	5×20+(65+120+65)		√						√																												√		
	枞树坪1号大桥	129.1	6×20		√						√																														

续上表

规模	名称	桥长(m)	孔跨布置(m)	桥底净高(m)	跨越障碍物				梁式桥								拱式桥								斜拉桥					悬索桥		刚构桥			
									预应力混凝土梁桥				钢梁桥	组合梁桥		圬工拱桥		钢筋混凝土拱桥			钢拱桥			钢管混凝土拱桥	钢筋混凝土梁	结合梁			混合梁	悬带式	钢索式	桁架刚构桥	T形刚构桥	连续刚构桥	门式刚构桥	斜腿刚构桥
					河流	沟谷	道路	铁路	简支梁桥	悬臂梁桥	连续梁桥	先简支梁后连续梁	简支钢梁	连续钢梁	预弯混凝土组合梁	钢管混凝土组合梁桁架梁	现浇混凝土拱	预制混凝土拱	双曲拱	肋拱	箱形拱桥	刚架拱桥	桁架拱桥	系杆拱桥	哑铃型	桁架型	提篮型	普通钢筋混凝土梁	预应力混凝土梁	工字钢梁混凝土板	钢箱梁混凝土板	钢管桁架梁混凝土板	钢箱梁						
大桥	纵树坪2号大桥	205/185	右幅10×20/左幅9×20		√																																	
	老屋里大桥	432/302	右幅10×20+4×30+5×20/左幅7×20+5×30			√			√																													
	丁家嘴大桥	610	7×30+7×50+30		√				√																													
	田家屋场大桥	305	10×30		√				√																													
	向家梁子大桥	135	4×30		√				√																													
	牛王庙大桥	395	13×30		√				√																													
	易家屋场大桥	248	8×30		√				√																													
	月亮山大桥	512/545.6	右幅17×30/左幅18×30		√				√																													
	银资滩大桥	331.2	2×30+(60+110+60)+30		√																														√			

续上表

规模	名称	桥长(m)	孔跨布置(m)	桥底净高(m)	跨越障碍物				梁式桥 预应力混凝土梁桥			梁式桥 钢梁桥	组合梁桥	拱式桥				斜拉桥			悬索桥		刚构桥		
					河流沟谷	道路	铁路		简支梁桥	连续梁桥	先简支后连续梁			圬工拱桥	钢筋混凝土拱桥	钢拱桥	钢管混凝土拱桥	钢筋混凝土梁	结合梁	钢梁	悬带式	钢索式	T形刚构	连续刚构	斜腿刚构
大桥	华长沟大桥	287	5×40+3×25		√						√														
	龙盘溪大桥	245/225	右幅8×30/左幅7×30		√						√														
	巫山E匝道桥	162	5×30		√						√														
	大水田大桥	156	右幅5×30/左幅4×30		√						√														
	下大坪1号(中桥)	73	3×20		√						√														
	下大坪2号(中桥)	95	4×20		√						√														
	黑王沟大桥	163/689	右幅5×30/左幅11×20+15×30			√					√														
	堰塘坎大桥	162/430	右幅5×30/左幅15×20+4×30		√						√														
	水田湾大桥	109	5×20		√						√														

续上表

规模	名称	桥长(m)	孔跨布置(m)	桥底净高(m)	跨越障碍物	梁式桥-预应力混凝土梁桥(先简支后连续梁)
大桥	曹家院子1号大桥	164	5×30		河沟流合	√
	曹家院子2号大桥	160/460	右幅 5×30/左幅 5×30+15×20		河沟流合	√
	詹家湾2号大桥	500	25×20		河沟流合	√
	黄泥巴坪1号大桥	364/185	右幅 18×20/左幅 9×20		河沟流合	√
	黄泥巴坪2号大桥	131	6×20		河沟流合	√
	铜厂沟大桥	228/125	右幅 5×20+4×30/左幅 4×30		河沟流合	√
	二坪大桥	369/301	右幅 12×30/左幅 10×30		河沟流合	√
	沙湾子大桥	373/332	右幅 12×30/左幅 11×30		河沟流合	√

续上表

规模	名称	桥长(m)	孔跨布置(m)	桥底净高(m)	跨越障碍物				梁式桥						拱式桥							斜拉桥					悬索桥		刚构桥		
					道路	铁路	河流	沟谷	预应力混凝土梁桥				钢梁桥	组合梁桥	圬工拱桥	钢筋混凝土拱桥			钢拱桥			钢管混凝土拱桥	钢筋混凝土梁	结合梁			钢梁	混合梁	钢索式	悬带式	T形刚构桥	连续刚构桥	门式刚构桥	斜腿刚构
大桥	橘子坪大桥	391/354	右幅10×20+6×30/左幅10×20+5×30				√		√																								
	蔡家包大桥	300	30+60+110+60+30				√																								√	
	七里大桥	249	8×30				√		√																								
	雍家沟大桥	180	6×30				√		√																								
	红旗沟大桥	319.3/340.3	右幅10×30/左幅11×30				√		√																								

623

G42 沪蓉高速公路隧道汇总表

项目名称：巫山至奉节段

附表 2-4b2

规模	名 称	隧道全长（m）	隧道净宽（m）	隧道分类					备注
				按地质条件划分		按所在区域划分			
				土质隧道	石质隧道	山岭隧道	水底隧道	城市隧道	
特长隧道	骡坪隧道	4660	10.25		√	√			
	大风口隧道	5020	10.25		√	√			
	摩天岭隧道	7353	10.25		√	√			
长隧道	申家坡隧道	1750	10.25		√	√			
	岳家岭隧道	1749	10.25		√	√			
	马垭口隧道	2560	10.25		√	√			
	桃树垭隧道	1245	10.25		√	√			
	楚阳隧道	2805	10.25		√	√			
中隧道	双潭隧道	627	10.25		√	√			

附 录

G42 沪蓉高速公路复杂技术工程信息采集表   附表 2-4b3i)

项目名称:巫山至奉节段　　　　　　　　　　　　施工单位:贵州桥梁工程总公司

复杂技术工程名称	大宁河特大桥	长度(m)	682

　　大宁河特大桥全长 682m,横跨国家 AAAAA 级风景区大宁河,位于重庆市境内,是一座主跨为 400m 的上承式钢桁拱桥。2008 年 10 月 31 日,沪渝高速公路重庆段重点控制工程巫山大宁河特大桥合龙。

　　大宁河大桥主桥为净跨径 400m 钢桁上承式拱桥,矢跨比为 1/5,拱脚固接,为固端拱体系,跨径规模居钢桁上承式拱桥世界第二、中国第一。本桥主跨钢结构采用全焊式,即杆件、桁片工厂焊接制造,分析片节段运输、现场吊装焊接而成。桁架为整体节点、节点外对接焊拼装,现场对接焊缝板件最大厚度 48mm,控制焊接变形和焊后残余应力是影响拱轴线线形和结构抗疲劳性能的关键。

　　大桥主拱肋采用三片等高桁架结构,桁高 10m,桁架上下弦杆采用箱形断面,上下横联采用工形断面。拱上立柱采用钢排架结构,横向三根立柱与三片桁架相对应,设横向交叉提高立柱稳定性。拱上立柱纵向间距 27m,立柱采用钢箱结构。

　　大桥为四车道高速公路特大桥,桥宽 24.5m。桥面行车道结构采用 16 孔跨度 27m 钢—混凝土组合连续梁,混凝土桥面板上采用 9cm 沥青混凝土铺装。

　　施工单位采取多种措施进行景区环境保护,树立三峡景区施工形象。两岸开挖严格控制动土面,建有 2000m³ 挡土墙和 500m² 钢墙。临河下段挖土石 2 万 m³,用船全部运到大宁湖指定地方;上段采用临时缆吊吊走桩基掘土和开挖土石共 14 万 m³ 全部运到隐蔽的弃土场。两岸施工道架设钢梯上下,保护植被不受损坏。两岸都建有沉水池防止建筑污水直接下流。植树种草 4000m²,护理坡岸,使植被保护良好

G42 沪蓉高速公路复杂技术工程信息采集表   附表 2-4b3ii)

项目名称:巫山至奉节段　　　　　　　　　　　　施工单位:中铁十三局一公司和中铁隧道集团公司

复杂技术工程名称	摩天岭隧道	长度(m)	7353

　　摩天岭隧道为国家重点工程杭州至兰州高速公路重庆巫山至奉节段控制性工程,是一座上、下行分离的四车道高速公路特长隧道。隧道跨越巫山、奉节两县交界地段,走向大致呈东西向,进口位于巫山县龙井乡龙山村詹家湾,出口位于奉节县双潭乡桂兴村 4 组。隧道最大埋深 880m,隧道起讫桩号为:左线 ZK42+475~ZK49+755m,长 7280m;右线 YK42+455~YK49+808m,长 7353m。摩天岭隧道地质结构复杂,岩爆、岩溶、坍塌、掉块、突水突泥等不良地质也较多。

　　摩天岭隧道在施工期间发生了较严重的涌水,通过对隧址地层、构造、水文地质特征及涌水特点的综合分析,对该隧道涌水的原因和机制进行了探讨。在此基础上,通过注浆加固止水与集中引排相结合的综合措施对涌水段进行了有效处治。

　　摩天岭隧道施工通风方案的规划和实践,利用射流风机和轴流风机有效组合,优化巷道式通风方式,合理的通风系统、理想的通风效果是实现长大隧道快速施工、施工人员身心健康及施工安全的重要保证,高水平的施工通风管理是保证通风效果的关键。

　　摩天岭隧道右线设通风斜井 1 座,斜井长 817.673m,倾角 25°,开挖过程中遇大型溶洞 2 处,一处斜井正穿溶洞,溶腔断面大;一处泥质充填,厚度无法探测。

　　隧道施工建设中,广大建设者充分发挥科技攻关的优势,超前谋划,精心组织,攻克了长大隧道测量探测、独头掘进距离长、洞身开挖爆破、通风排烟难、反坡排水难、突水突泥及涌水治理等多项科技难关,并成功地采用了"长大隧道长管棚支护施工技术""长大隧道施工断面快速测量方法""长大隧道监控测量""钢纤维喷射混凝土单层衬砌技术"等多项先进隧道施工技术,为我国高速公路复杂地质条件下长大隧道施工积累了宝贵的经验

G42 沪蓉高速公路复杂技术工程信息采集表　　附表 2-4b3ⅲ)

项目名称：巫山至奉节段　　　　　　　　施工单位：中交第一公路勘察设计研究院有限公司

复杂技术工程名称	奉节东互通	长度(m)	1100

奉节东互通布置于奉节县白帝镇唐家湾梅溪河沿岸狭长的岸坡上。从互通功能来看，奉节东互通不仅要实现奉(奉节)巫(巫山)高速公路与奉(奉节)溪(巫溪)高速公路间的交通转换，同时要满足奉节县白帝镇连接高速公路的需求，因此形成四路交叉枢纽互通，交通组织复杂。从建设条件上看，奉节东互通处于梅溪河特大桥(主跨 386m 双塔斜拉桥)、财神梁特长隧道(4943m)之间，路基段仅长 1100m；在主线 K76+300 右侧紧邻中石油集团大型储油基地；同时奉节至巫溪县道穿行于互通区域内。奉节东互通地形、地物干扰、交通干扰非常大，为设计工作带来了相当大的难度。

奉节东互通设计难点、重点主要为以下几个方面：

(1)狭窄空间下互通匝道布设。通过将奉溪高速公路方向节点和白帝城方向节点错位布置，设置两处对向 U 转匝道替代常规定向、半定向匝道，以牺牲匝道顺势性来换取布设空间，同时避让重要地物。

(2)巧妙利用地形、结构物跨越高速公路主线。两处 U 转匝道分别通过梅溪河特大桥边跨、梅溪河支沟主线桥下穿高速公路主线，充分利用了桥下空间，减少桥梁工程规模。

(3)大胆利用高填方技术，减少桥梁规模，消耗废方。互通区域地形横坡陡，路基开挖量大，共计废方约 60 万 m^3。奉巫高速公路全线地形条件较差，弃土场设置困难。因此在 K76+120 处支沟中设置了一段填高近 50m 的高填方路基。采用大质量强夯分层填筑技术，辅以抗滑桩、抗滑挡墙、锚杆框格等防护手段，在三峡库区水位消落的复杂水文条件下，成功设计了该段高填方路基，达到了减小桥梁规模、消耗废方的目的，同时减少了占地和对环境的破坏

附 录

G42沪蓉高速公路建设从业单位信息采集表

表2-4b4）

项目名称：巫山至奉节段
通车里程桩号：K0+000～K59+553
填报省份：重庆市

序号	参建单位	单位名称	合同段编号及起止桩号	主要负责人	备注
1	项目管理单位	重庆高速公路有限公司渝东分公司	K0+000～K59+553	杜国平	
2	勘察设计单位	中交第三勘察设计研究院	K0+000～K59+553	黄明欢	
3	施工单位	中铁二十二局集团第五工程有限公司	YK0+000～YK3+000	王东军、彭建华	
4		岳阳市公路桥梁建总公司	YK3+000～YK4+750	马合民	
5		福建路桥建设有限公司	YK4+750～YK7+150	张利人	
6		中铁隧道集团二处有限公司	YK7+150～YK9+335	吴宏胜	
7		广东长宏公路工程有限公司	YK9+335～YK12+000	林海良	
8		中铁十五局集团第五工程有限公司	YK12+000～YK14+600	廖书志、张心贤	
9		中铁六局集团有限公司	YK14+600～YK17+300	任喜信、梁翼特	
10		中铁十二局集团第一工程有限公司	YK17+300～YK19+860	王力功、常铁良	
11		中冶交通工程技术有限公司	YK19+860～K22+500	曹兵	
12		中铁一局集团桥梁工程有限公司	K22+500～YK24+910	冯海鹏	
13		中交一公局第六工程有限公司	YK24+910～YK26+685	苏江军	
14		宁波交通工程建设集团有限公司	YK26+685～K30+320	童琪、王宁生	
15		贵州省桥梁工程总公司	K30+320～K31+150	李军、吴飞	
16		湖南省第六工程公司	K31+150～K33+560	张洪亮	
17		中铁隧道集团二处有限公司	K33+560～YK36+600	朱义嘉	
18		路桥集团第一公路工程局天津工程处	YK36+600～YK40+070	张国强	
19		路桥华祥国际工程有限公司	YK40+070～YK42+400	贾陵庆	

续上表

序号	参建单位	单位名称	合同段编号及起止桩号	主要负责人	备注
20	施工单位	中铁十三局集团第一工程有限公司	YK42+400～YK45+810	樊培山	
21		中铁隧道集团有限公司	YK45+810～YK49+810	陈宏宇	
22		中铁四局集团有限公司	YK49+810～K54+200	潘华应	
23		湖南路桥建设集团公司	K54+200～K56+300	谢辉明	
24		上海警通路桥建设有限公司	K56+300～K59+553	杨学州	
25		中交第二公路工程局有限公司	K0+333～K30+320	罗耀芦	
26		重庆市渝通公路工程总公司	K30+320～K59+553	钟志明	
27		西安中宇工程咨询有限责任公司	YK3+000～K30+320	胡全章	
28	监理单位	重庆中宇工程咨询监理有限公司	K30+320～K31+150	杨共树	
29		重庆市交通工程监理咨询有限责任公司	K31+150～K59+553	梁庆	
30	设计审查单位	重庆交通大学	K0+000～K59+553	周水兴	

附录

G42 沪蓉高速公路桥梁汇总表

附表2-4c1

项目名称：奉节至云阳段

规模	名称	桥长(m)	孔跨布置(m)	桥底净高(m)	跨越障碍物-河流沟谷	跨越障碍物-铁路	跨越障碍物-道路	梁式桥-预应力混凝土梁桥-简支梁桥	梁式桥-预应力混凝土梁桥-连续梁桥	梁式桥-预应力混凝土梁桥-连续刚构桥	梁式桥-预应力混凝土梁桥-先简支后连续梁桥	梁式桥-钢梁桥	梁式桥-组合梁桥-预弯混凝土组合梁	梁式桥-组合梁桥-钢管混凝土桁架梁	拱式桥-圬工拱桥-现浇混凝土拱	拱式桥-圬工拱桥-预制混凝土拱	拱式桥-钢筋混凝土拱桥-双曲拱	拱式桥-钢筋混凝土拱桥-肋拱	拱式桥-钢筋混凝土拱桥-箱形拱	拱式桥-钢筋混凝土拱桥-桁架刚架拱	拱式桥-钢拱桥-系杆拱桥	拱式桥-钢管混凝土拱桥-哑铃型	拱式桥-钢管混凝土拱桥-桁架型	拱式桥-钢管混凝土拱桥-提篮型	斜拉桥-钢筋混凝土梁-普通钢筋混凝土梁	斜拉桥-钢筋混凝土梁-预应力混凝土梁	斜拉桥-结合梁-工字钢梁混凝土板	斜拉桥-结合梁-钢箱梁混凝土板	斜拉桥-结合梁-钢管桁架梁混凝土板	斜拉桥-钢箱梁	斜拉桥-混合梁	悬索桥-悬索式	悬索桥-悬带式	刚构桥-T形刚构	刚构桥-连续刚构	刚构桥-门式刚构	刚构桥-斜腿刚构
特大桥	梅溪河大桥	821	43+147+386+147+43		√																															√		
特大桥	龙潭沟大桥右线桥	1020	5×30+6×28.5+5×30+5×30+3×30+5×30		√	√					√																											
大桥	李家老屋大桥	273.37/240.76	右幅5×30+4×30/左幅4×30+4×30		√						√																											
大桥	草堂河大桥	805.84	4×40+4×40+4×40+4×40+4×40		√						√																											
大桥	草堂河大桥右线Ⅰ号桥	40.65	1×40		√						√																											

续上表

规模	名称	桥长(m)	孔跨布置(m)	桥底净高(m)	跨越障碍物-河流沟谷	跨越障碍物-道路、铁路	预应力混凝土梁桥-先简支梁后连续	刚构桥-T形刚构
大桥	草堂河大桥右线Ⅱ号桥	769.2	4×40+4×40+3×40+4×40+4×40		√		√	
大桥	郭家池大桥	472.4	左幅3×33+6×40+4×31.423/右幅2×38+5×40+3×29.4		√		√	
大桥	孙家沟沟大桥	353.843	40+72+120+72+40		√		√	√
大桥	李家屋场大桥	253.851	3×40+3×40		√		√	

续上表

规模	名称	桥长(m)	孔跨布置(m)	桥底净高(m)	跨越障碍物-河流冲沟	跨越障碍物-道路铁路	梁式桥-预应力混凝土梁桥-简支梁桥	梁式桥-预应力混凝土梁桥-连续梁桥	梁式桥-预应力混凝土梁桥-悬臂梁桥	梁式桥-预应力混凝土梁桥-先简支后连续梁	梁式桥-钢梁桥-简支钢梁	梁式桥-钢梁桥-连续钢梁	梁式桥-组合梁桥-预弯混凝土组合梁	梁式桥-组合梁桥-钢管混凝土桁架梁	拱式桥-圬工拱桥-现浇混凝土拱	拱式桥-圬工拱桥-预制混凝土拱	拱式桥-钢筋混凝土拱桥-双曲拱	拱式桥-钢筋混凝土拱桥-肋拱	拱式桥-钢筋混凝土拱桥-箱形拱	拱式桥-钢筋混凝土拱桥-桁架拱	拱式桥-钢筋混凝土拱桥-刚架拱	拱式桥-钢拱桥-系杆拱桥	拱式桥-钢拱桥-箱形拱桥	拱式桥-钢拱桥-桁架拱桥	拱式桥-钢管混凝土拱桥-哑铃型	拱式桥-钢管混凝土拱桥-桁架型	拱式桥-钢管混凝土拱桥-提篮型	斜拉桥-钢筋混凝土梁	斜拉桥-预应力混凝土梁	斜拉桥-结合梁-工字钢梁混凝土板	斜拉桥-结合梁-钢箱梁混凝土板	斜拉桥-结合梁-钢管桁架梁混凝土板	斜拉桥-结合梁-钢箱桁架梁混凝土板	斜拉桥-钢梁	斜拉桥-混合梁	悬索桥-钢索式	悬索桥-悬带式	刚构桥-T形桁架刚构	刚构桥-连续刚构	刚构桥-门式刚构	刚构桥-斜腿刚构
大桥	杨柳坪大桥	209.169	左幅5×40/右幅3×40		√			√																																	
	刘家湾大桥	217.5	5×40		√			√																																	
	白沙包大桥	347.41	40+55+100+55+2×40		√			√																																	
	雨溪沟大桥	371.75	4×50+3×50		√			√																																	
	霍家马口大桥	183.48	6×30		√			√																																	
	乾溪沟大桥	365.28	左幅6×30+6×30/右幅6×30+5×30		√																															√			
	柏树沟大桥	214.4	左幅6×30/右幅3×30+4×30		√			√																																	
	朱家老屋大桥	124.4	4×30		√			√																																	

631

续上表

规模	名称	桥长(m)	孔跨布置(m)	桥底净高(m)	跨越障碍物	梁式桥-预应力混凝土连续梁桥	梁式桥-先简支后连续梁	刚构桥-T形刚构
大桥	芦家沟大桥	246.61	3×40+3×40		河流	√		
	罗家包大桥	251.15	3×40+3×40		河流	√		
	魏家沟大桥	107.25	4×25		河流	√		
	张家湾左线大桥	107.26	4×25		河流	√		
	前坪大桥	247.53	9×40		河流		√	
	周家包大桥	179.12	左幅7×25/右幅5×25		河流	√		
	上杨家坪大桥	127.35	5×25		河流	√		√
	白溪沟大桥	165.01	4×40		河流	√		√
	肖家沟大桥	240	3×40+3×40		河流	√		
	朱衣河Ⅰ号大桥	560	5×40+4×40+5×40		河流	√		
	朱衣河Ⅱ号大桥	125	5×25		河流	√		
	胡家包大桥	200	5×40		河流	√		√
	王家油房大桥	280.83	左幅5×40/右幅3×40+4×40		河流	√		

续上表

规模	名称	桥长(m)	孔跨布置(m)	桥底净高(m)	跨越障碍物 河沟河流	跨越障碍物 道路	跨越障碍物 铁路	梁式桥 预应力混凝土梁桥 简支梁	梁式桥 预应力混凝土梁桥 连续梁	梁式桥 预应力混凝土梁桥 悬臂梁	梁式桥 预应力混凝土梁桥 先简支后连续梁	梁式桥 钢梁桥 简支钢梁	梁式桥 钢梁桥 连续钢梁	梁式桥 组合梁桥 预弯混凝土组合梁	梁式桥 组合梁桥 钢管混凝土桁架梁	拱式桥 圬工拱桥 现浇混凝土拱	拱式桥 圬工拱桥 预制混凝土拱	拱式桥 钢筋混凝土拱桥 双曲拱	拱式桥 钢筋混凝土拱桥 桁架拱	拱式桥 钢筋混凝土拱桥 箱形拱	拱式桥 钢筋混凝土拱桥 系杆拱	拱式桥 钢拱桥 箱形拱	拱式桥 钢拱桥 桁架拱	拱式桥 钢管混凝土拱桥 哑铃型	拱式桥 钢管混凝土拱桥 桁架型	拱式桥 钢管混凝土拱桥 提篮型	斜拉桥 钢筋混凝土梁 普通钢筋混凝土梁	斜拉桥 钢筋混凝土梁 预应力混凝土梁	斜拉桥 结合梁 工字钢梁混凝土板	斜拉桥 结合梁 钢箱混凝土板	斜拉桥 结合梁 钢管桁架梁混凝土板	斜拉桥 结合梁 钢箱桁架梁混凝土板	斜拉桥 钢梁	斜拉桥 混合梁	悬索桥 悬带式	悬索桥 钢索式	刚构桥 T形刚构	刚构桥 连续刚构	刚构桥 门式刚构	刚构桥 斜腿刚构
大桥	付家湾大桥	360.81	左幅5×30/右幅6×30+6×30		√			√																																
	懒板凳大桥	210.82	左幅4×30+3×30/右幅6×30		√			√																																
	黄鳝树大桥	126.83	4×30		√			√																																
	马合村大桥	360	3×40+3×40+3×40		√			√																																
	桐子坪1号大桥	445.2	左幅2×40+4×40+4×40/右幅2×40+5×40+4×40		√			√																																
	桐子坪2号大桥	129.2	3×40		√			√																																
	下怀梨湾大桥	334.4	4×40+4×40		√			√																																

续上表

规模	名称	桥长(m)	孔跨布置(m)	桥底净高(m)	跨越障碍物 河流	梁式桥 预应力混凝土梁 先简支梁后连续	刚构桥 T形刚构
大桥	向家大桥	154.2	左幅6×25/右幅5×25		√	√	
	桐堂垭大桥	200.8	左幅4×25/+4×25/右幅6×25		√	√	
	陈家包大桥	113.6	4×25		√	√	
	红石梁Ⅱ号大桥	139.21	5×25		√	√	
	红石梁Ⅲ号大桥	278.93	5×25+6×25		√	√	
	梅子沟大桥	678.6	3×50+3×50+3×50+4×50		√	√	
	新地大桥	460	左幅5×30+55+100+55+3×30/右幅5×30+55+100+55+2×30		√		√

续上表

规模	名称	桥长(m)	孔跨布置(m)	桥底净高(m)	跨越障碍物-河流	跨越障碍物-沟谷	跨越障碍物-道路	跨越障碍物-铁路	梁式桥-预应力混凝土梁桥-简支梁桥	梁式桥-预应力混凝土梁桥-悬臂梁桥	梁式桥-预应力混凝土梁桥-连续梁桥	梁式桥-预应力混凝土梁桥-先简支梁后连续	梁式桥-钢梁桥-简支钢梁	梁式桥-钢梁桥-连续钢梁	梁式桥-组合梁桥-预弯混凝土组合梁	梁式桥-组合梁桥-钢管混凝土桁架梁	拱式桥-圬工拱桥-现浇混凝土拱	拱式桥-圬工拱桥-预制混凝土拱	拱式桥-钢筋混凝土拱桥-双曲拱	拱式桥-钢筋混凝土拱桥-肋拱	拱式桥-钢筋混凝土拱桥-箱形桁架刚架拱桥	拱式桥-钢筋混凝土拱桥-系杆拱桥	拱式桥-钢拱桥-箱形拱桥	拱式桥-钢拱桥-桁架拱桥	拱式桥-钢管混凝土拱桥-哑铃型	拱式桥-钢管混凝土拱桥-桁架型	拱式桥-钢管混凝土拱桥-提篮型	斜拉桥-钢筋混凝土梁-普通钢筋混凝土梁	斜拉桥-钢筋混凝土梁-预应力混凝土梁	斜拉桥-结合梁-工字钢梁混凝土板	斜拉桥-结合梁-钢箱梁混凝土板	斜拉桥-结合梁-钢管桁架混凝土板	斜拉桥-钢梁-钢箱梁	斜拉桥-钢梁-混合梁	悬索桥-悬带式	悬索桥-钢索式	刚构桥-桁架刚构桥	刚构桥-T形刚构桥	刚构桥-连续刚构桥	刚构桥-门式刚构桥	刚构桥-斜腿刚构
大桥	构壁溪大桥	504	3×30+77+140+77+3×30		√																																		√		
	斑竹林大桥	157.4	左幅5×30/右幅6×30		√				√																																
	七丘大桥	428.5	左幅6×30+4×30/右幅5×30+3×30+6×30		√							√																													
	红狮镇大桥	133.76	5×25				√		√																																
	中槽溪Ⅰ号大桥	719.39	左幅3×50+4×50+3×50/右幅3×50+4×50+4×50+3×50		√				√																																
	中槽溪Ⅱ号大桥	232.4	左幅2×25/右幅4×25+5×25		√				√																																
	庙子沟大桥	182.4	左幅3×25/右幅7×25		√				√																																

G42 沪蓉高速公路隧道汇总表

附表 2-4-c2

项目名称：奉节至云阳段

规模	名称	隧道全长（m）	隧道净宽（m）	按地质条件划分		隧道分类 按所在区域划分			备注
				土质隧道	石质隧道	山岭隧道	水底隧道	城市隧道	
特长隧道	凤凰梁隧道	4737.5	10.5		√	√			
	分界梁隧道	5065	10.5		√	√			
	栖霞隧道	3129	10.5		√	√			
	财神梁隧道	4927.5	10.5		√	√			
长隧道	庙垭口隧道	1347.5	10.5		√	√			
	土地垭隧道	1940	10.5		√	√			
	红狮坝隧道	1871	10.5		√	√			
	金桥2号隧道	1887.5	10.5		√	√			
	大垭合隧道	1247.5	10.25		√	√			
	张家包隧道	402.5	10.25		√	√			
	金桥1号隧道	280	10.5		√	√			
	向家隧道	475	10.5		√	√			
	七丘隧道	475	10.5		√	√			
	山黄包隧道	700	10.5		√	√			G42万开支线
中隧道	怀梨湾隧道	647.5	10.5		√	√			
	锁口岩隧道	897.5	10.5		√	√			
	枣树垭隧道	932.5	10.5		√	√			

附 录

G42 沪蓉高速公路复杂技术工程信息采集表   附表2-4c3)

项目名称:奉节至云阳段　　　　　　　　　　　　施工单位:路桥华南工程有限公司

复杂技术工程名称	梅溪河特大桥	长度(m)	821

梅溪河大桥是重庆奉节老县城东北的一座上承式钢管拱桥,跨长江支流梅溪河,是国家重点工程——三峡移民工程中的重要项目,当时其跨度在同类钢管拱桥梁中属亚洲第一。大桥全长821m,采用上承式钢管混凝土无铰拱桥桥式,一跨过河,跨距288m。钢管拱桥具有桥式美观、大跨轻质、投资节省诸多特点。

主桥上部为上承式钢管混凝土桁架式肋拱,净跨径288m,矢跨比1/5,矢高57.60m,拱轴系数$m=1.5$。拱肋为变高等宽的钢管混凝土桁架,肋高5~8m(拱顶5m,拱脚8m),宽5.32m,弦管采用内灌C60混凝土的$\phi920\times14mm$钢管混凝土。主桥拱座纵向13.5m、高14m,其下设置竖撑、后面设置平撑,西岸水平撑10m、东岸水平撑20m、竖撑8m;引桥墩墩柱为双柱式变截面矩形空心柱,盖梁宽度1.4m、高度1.6m;交界墩墩柱也为双柱式变截面矩形空心柱,盖梁宽度2.0m、高度2.0m,兼作主拱施工扣锚交换梁;桥台均为U形桥台。

在梅溪河大桥建造中,依靠科技进步优化施工工艺,创出了4个国内第一:

(1)主跨288m的上承式钢管混凝土桁架有推力拱拱桥,为国内首创,其跨度在当时世界同类桥梁中位居第二、亚洲位居第一。

(2)主拱架设采用跨度为500m的缆索吊机吊装和斜拉扣挂悬臂施工新工艺,为国内首创,其技术工艺达到世界建桥先进水平。

(3)钢管拱拱脚架设采用铰接新技术,有效地解决了14段共28节钢管节段的对位难题,为国内首创。

(4)拱座上设置国内首创的水平撑刚构穿过卸荷带,有效地防止了推力拱重量压在桥面,导致卸荷带发生裂隙而影响拱桥质量的难题。

重　庆

附表 2-4-c4
填报省份：重庆市

G42 沪蓉高速公路建设从业单位信息采集表

项目名称：奉节至云阳段　　通车里程桩号：K66+193.632～K136+000

序号	参建单位	单 位 名 称	合同段编号及起止桩号	主要负责人	备 注
1	项目管理单位	重庆高速公路有限公司渝东分公司	K66+193.632～K136+000	杜国平	
2	勘察设计单位	四川省交通厅公路勘察设计研究院	K66+193.632～K136+000	黄明欢	
3	施工单位	二公局（洛阳）第四工程处	K66+193.632～K69+720	刘振鑫	
4		中国第十九冶金建设公司	K69+720～K71+430	黄成友	
5		中铁隧道股份有限公司	K71+430～K73+900	范国武	
6		中铁十五局集团第二工程有限公司	K73+900～K77+100	杨光	
7		路桥华南工程有限公司	K77+100～K78+060	彭立志	
8		路桥集团第二公路工程局厦门工程处	K78+060～K80+060	王铁法	
9		中铁隧道集团二处有限公司	K80+060～K82+430	张春明	
10		中铁二十五局集团第一工程有限公司	K82+430～K85+100	苏此	
11		中铁十三局集团第四工程有限公司	K85+100～K87+700	甘荣军	
12		路桥集团第一公路工程局第三工程公司	K87+700～BK89+730	李勇	
13		北京海威工程建设有限责任公司	BK89+730～K93+300	傅晓东	
14		重庆渝蓉公路桥梁有限责任公司	K93+300～K97+210	徐睿立	
15		北京市海龙公路工程公司	K97+210～K100+400	蒋清泉	
16		中铁二十局集团第一工程有限公司	K100+400～K103+490	彭建华	
17		四川武通路桥工程局	K103+490～K107+300	茅秋敏	
18		重庆市渝通公路工程总公司	K107+300～K110+700	殷勇	
19		中铁二十局第四工程有限公司	K110+700～K113+105	刘兴福	
20		中铁大桥局集团第三工程有限公司	K113+105～K115+000	吴德明	

续上表

序号	参建单位	单位名称	合同段编号及起止桩号	主要负责人	备注
21	参建单位	上海黎通路桥建设有限公司	K115+000～K117+600	许平生	
22		中铁十九局集团第一工程有限公司	K117+600～K120+600	张继平	
23		路桥华祥国际工程有限公司	K120+600～K123+700	施旗胜	
24		中国交通建设集团有限公司	K123+700～K126+400	钟雄	
25	施工单位	贵州省公路工程总公司	K126+400～K129+350	唐志富	
26		中铁十九局集团第四工程有限公司	K129+350～K133+100	金祥义	
27		湖南省建筑工程集团总公司	K133+100～K136+000	刘三华	
28		重庆市渝通公路工程总公司	K66+193.632～K77+100	钟志明	
29		中铁十三局集团有限公司	K77+100～K117+600		
30		上海黎通建设(集团)有限公司	K117+600～K136+000	杨学州	
31	监理单位	重庆中宇工程咨询监理有限责任公司	K66+193.632～K87+700	孙兴汉	
32		河北华达公路工程咨询监理有限责任公司	K87+700～K113+105	张振刚	
33		西安方舟工程咨询有限责任公司	K113+105～K136+000	庞永华	
34	设计审查单位	重庆交通大学	K66+193.632～K136+000	顾安邦	

G42 沪蓉高速公路桥梁汇总表

附表 2-4d1

项目名称：云阳至万州段

规模	名称	桥长(m)	孔跨布置(m)	跨越障碍物-河流沟谷	跨越障碍物-道路、铁路	梁式桥-预应力混凝土桥-简支梁、连续梁	梁式桥-预应力混凝土桥-连续刚构桥	梁式桥-预应力混凝土桥-先简支梁后连续梁	梁式桥-钢梁桥-简支钢梁、连续钢梁	梁式桥-组合梁桥-预弯混凝土组合梁	梁式桥-组合梁桥-钢管混凝土桁架梁	拱式桥-圬工拱桥-现浇混凝土拱	拱式桥-圬工拱桥-预制混凝土拱	拱式桥-钢筋混凝土拱桥-双曲拱	拱式桥-钢筋混凝土拱桥-肋拱	拱式桥-钢筋混凝土拱桥-箱形拱	拱式桥-钢筋混凝土拱桥-桁架拱	拱式桥-钢筋混凝土拱桥-系杆拱	拱式桥-钢拱桥-箱形拱	拱式桥-钢拱桥-哑铃型	拱式桥-钢管混凝土拱桥-桁架型	拱式桥-钢管混凝土拱桥-提篮型	斜拉桥-钢筋混凝土梁-普通钢筋混凝土梁	斜拉桥-钢筋混凝土梁-预应力混凝土梁	斜拉桥-结合梁-工字钢梁混凝土板	斜拉桥-结合梁-钢箱梁混凝土板	斜拉桥-结合梁-钢管桁架梁混凝土板	斜拉桥-钢梁-钢箱梁	斜拉桥-混合梁	悬索桥-悬带式	悬索桥-钢索式	刚构桥-T形刚构	刚构桥-连续刚构	刚构桥-门式刚构	刚构桥-斜腿刚构
特大桥	彭溪河大桥	1001	8×40+158+316+158+40						√																										
	汤溪河大桥	949.44	7×40+130+230+130+4×40	√																														
	月亮包大桥	740	30+110+200+110+4×40	√			√																											
	巴阳2号大桥	577	4×30+100+180+100+2×30								√																						√		
	姚家坡大桥	461	4×20+78+140+78+4×20						√																										
	陈家沟大桥	576	3×35+78+140+78+8×20						√																								√		
	巴阳1号大桥	482	4×30+68+120+68+3×30																																

续上表

规模	名称	桥长(m)	孔跨布置(m)	桥底净高(m)	跨越障碍物 河流/沟谷	跨越障碍物 道路	跨越障碍物 铁路	梁式桥-预应力混凝土梁桥-简支梁桥	梁式桥-预应力混凝土梁桥-连续梁桥	梁式桥-预应力混凝土梁桥-悬臂梁桥	梁式桥-预应力混凝土梁桥-先简支后连续梁桥	梁式桥-钢梁桥-简支钢梁桥	梁式桥-钢梁桥-连续钢梁桥	梁式桥-组合梁桥-预弯混凝土梁	梁式桥-组合梁桥-钢管混凝土桁架梁	拱式桥-圬工拱桥-现浇混凝土拱	拱式桥-圬工拱桥-预制混凝土拱	拱式桥-钢筋混凝土拱桥-双曲拱	拱式桥-钢筋混凝土拱桥-肋拱	拱式桥-钢筋混凝土拱桥-箱形拱桥	拱式桥-钢筋混凝土拱桥-桁架刚架拱桥	拱式桥-钢拱桥-系杆拱桥	拱式桥-钢拱桥-桁形拱桥	拱式桥-钢管混凝土拱桥-哑铃型	拱式桥-钢管混凝土拱桥-桁架型	拱式桥-钢管混凝土拱桥-提篮型	斜拉桥-钢筋混凝土梁-普通钢筋混凝土梁	斜拉桥-钢筋混凝土梁-预应力混凝土梁	斜拉桥-结合梁-工字钢梁混凝土板	斜拉桥-结合梁-钢箱梁混凝土板	斜拉桥-结合梁-钢管桁架混凝土板	斜拉桥-混合梁	悬索桥-悬带式	悬索桥-钢索式	刚构桥-T形刚构	刚构桥-连续刚构	刚构桥-门式刚构	刚构桥-斜腿刚构
大桥	松林包大桥(左幅)	496	左幅22×20/右幅24×20		√																																
	汤家梁右线大桥	287	左幅8×30/右幅9×30		√			√																													
	夜槐树右线大桥	194	左幅5×30/右幅6×30		√			√																													
	鱼儿溪右线大桥	316	15×20		√			√																													
	栏河湾右线大桥	152	7×20		√																					√											
	冯家老屋1号大桥(右幅)	133	6×20		√			√																		√											
	冯家老屋2号右线大桥	155	7×20		√			√																													
	红安右线大桥(右幅)	192	9×20		√			√																													
	小湾大桥	130	6×20		√			√																													
	下枝子湾1号大桥	172	左幅8×20/右幅11×20		√			√																													
	下枝子湾2号大桥	335.81	左幅11×30/右幅12×30		√			√																													

续上表

规模	名称	桥长(m)	孔跨布置(m)	桥底净高(m)	跨越障碍物				梁式桥								拱式桥										斜拉桥							悬索桥		刚构桥			
									预应力混凝土梁桥				钢梁桥		组合梁桥		圬工拱桥		钢筋混凝土拱桥				钢拱桥	钢管混凝土拱桥			钢筋混凝土梁		结合梁			钢梁	混合梁						
					河流	道路	铁路	沟谷	简支梁桥	悬臂梁桥	连续梁桥	先简支梁后连续	简支钢梁桥	连续钢梁桥	预弯混凝土组合梁	钢管混凝土桁架梁	现浇混凝土拱	预制混凝土桁架拱	双曲拱	箱形拱	桁架刚拱	系杆拱	箱形拱	哑铃型	桁架型	提篮型	普通钢筋混凝土梁	预应力混凝土梁	工字钢梁混凝土板	钢箱梁混凝土板	钢管桁架梁混凝土板			悬索式	带式	T形刚构	连续刚构	门式刚构	斜腿刚构
大桥	花山湾1号大桥(右幅)	172	6×20		√						√																												
	花山湾2号大桥(左幅)	114	5×20		√						√																												
	大坪1号大桥(左幅)	127.43	6×20		√						√																												
	大坪2号大桥	114	左幅5×20/右幅4×20		√						√																												
	金竹湾右线大桥	408	左幅15×30/右幅13×30		√							√																											
	李家院右线大桥	276	左幅15×20/右幅13×20		√						√																												
	庹家院右线大桥	348	10×30		√							√			√																								
	人和大桥	346	左线8×40/右线3×20+7×40		√							√																											
	牌林大桥	336	8×40									√																											
	K1444左线大桥	114	5×20									√																											

续上表

规模	名称	桥长(m)	孔跨布置(m)	桥底净高(m)	跨越障碍物	梁式桥-预应力混凝土梁桥	其他类型
	谭家坝大桥	236	左线 10×20/右线 11×20				
	财门关大桥	133	6×20			√(先简支后连续梁)	
	抄子沟大桥	136	4×30			√(先简支后连续梁)	
	付家沟大桥	286	9×30			√(先简支后连续梁)	
大桥	长河沟1号大桥	167	左线 5×30/右线 4×30			√(先简支后连续梁)	
	长河沟2号大桥	471	15×30			√(先简支后连续梁)	
	鹰咀岩大桥	260	左线 7×30/右线 8×30				√(连续梁桥)
	檬子树大桥	201	9×20			√(先简支后连续梁)	
	杨家大桥	149	左线 6×20/右线 7×20				√(连续梁桥)
	搭桥沟大桥	254	左线 12×20/右线 9×20			√(先简支后连续梁)	
	千担丘大桥	296	7×40				√(连续梁桥)

643

续上表

规模	名称	桥长(m)	孔跨布置(m)	桥底净高(m)	跨越障碍物	梁式桥 主要类型	备注
大桥	马桥洞大桥	118	5×20		河流沟谷	先简支后连续梁桥 √	
大桥	塘坊互通匝道桥	40	2×20		河流沟谷	简支梁桥 √	
大桥	麻子湾大桥	201	9×20		河流沟谷	先简支后连续梁桥 √	
大桥	小岩坝大桥	673	9×40+10×30		河流沟谷	先简支后连续梁桥 √	
大桥	落函大桥	273	20+6×40		河流沟谷	连续梁桥 √	
大桥	四岩大桥	300	7×40		河流沟谷	先简支后连续梁桥 √	
大桥	菜地沟大桥	200	6×30		河流沟谷	先简支后连续梁桥 √	
大桥	上家湾大桥	331	4×30+5×40		河流沟谷	先简支后连续梁桥 √	
大桥	轿行大桥	213	左线10×20, 右线8×20		道路	先简支后连续梁桥 √	
大桥	何家湾大桥	495	12×40		河流沟谷	连续梁桥 √	
大桥	万家坝大桥	338	左线16×20, 右线11×20		道路	先简支后连续梁桥 √	
大桥	大树角大桥	501	7×30+4×40+4×30		河流沟谷	先简支后连续梁桥 √	
大桥	长河坝大桥	290	7×40		河流沟谷	先简支后连续梁桥 √	

注：原表包含梁式桥（预应力混凝土梁桥：简支梁桥、连续梁桥、悬臂梁桥、先简支后连续梁桥；钢梁桥：连续钢梁桥；组合梁桥：预弯组合梁、钢管混凝土桁架梁）、拱式桥（圬工拱桥：现浇混凝土拱、预制混凝土拱；钢筋混凝土拱桥：双曲拱、肋拱、箱形拱、刚架拱、系杆拱；钢拱桥：哑铃型桁架拱、提篮型；钢管混凝土拱桥）、斜拉桥（钢筋混凝土梁：普通钢筋混凝土梁、预应力混凝土梁；结合梁：工字钢梁混凝土板、钢箱梁混凝土板、钢管桁架梁混凝土板；钢梁、混合梁）、悬索桥（悬带式、钢索式）、刚构桥（T形刚构桥、连续刚构桥、门式刚构桥、斜腿刚构桥）等桥型分类列。

附表 2-4d2

G42 沪蓉高速公路隧道汇总表

项目名称：云阳至万州段

规模	名称	隧道全长 (m)	隧道净宽 (m)	隧道分类						备注
				按地质条件划分			按所在区域划分			
				土质隧道	石质隧道	山岭隧道	水底隧道	城市隧道		
特长隧道	庙梁隧道	4922	10.25		√	√			
	南山隧道	4873	9.75			√				G42万开支线
长隧道	学堂湾隧道	1216	10.5		√	√			
	观音庙隧道	1920	10.25		√	√			
	张家山隧道	1436	10.25		√	√			
	人和隧道	2494	10.25		√	√			
中隧道	曾家垭隧道	700	10.5		√	√			
	青蚰山隧道	543	10.5		√	√			
	袁家垭隧道	505	10.5		√	√			
	红湾隧道	875	10.25		√	√			
	莲花隧道	629	10.25		√	√			
	雷家梁隧道	439	10.5		√	√			
	川主庙隧道	256	10.25		√	√			

重 庆

G42 沪蓉高速公路复杂技术工程信息采集表 附表 2-4d3i)

项目名称:云阳至万州段 施工单位:中港二航局

复杂技术工程名称	彭溪河特大桥	长度(m)	1001

彭溪河特大桥桥位于重庆市云阳县长江支流的彭溪河上,为双塔双索面斜拉桥,主桥跨径布置为158m+316m+158m,长1001m,宽27.4m,高110m;结构形式采用双塔、双索面、密索、对称扇形布置、预应力混凝土倒梯形断面主梁、塔梁分离的飘浮体系结构。为了提高主梁刚度、改善结构动力特性,两岸各设有辅助墩。

该桥的主墩最大截面长为28.6m,宽为16.19m,是当时全国同类型桥梁中最大截面,其墩身采用的液压爬模施工技术在重庆属首次,在全国也属先进水平。

通过对彭溪河特大桥研究及实际应用,可以得出以下几点结论:

(1)彭溪河特大桥岩石强度超过100MPa的钻孔桩桩基施工中,高强度岩石采用合金钢齿牙的钻头代替轨道钢齿牙钻头钻孔,在所有高强度岩石冲击钻孔中均可广泛运用。由于岩石强度高,桩孔直径大,可采用二次成孔,但必须时刻注意钻孔进尺,采用小冲程冲孔。

(2)在大截面墩身施工过程中,液压爬模使用非常成功,每个主墩近90m长的爬架系统可在2h内爬升到位,确保了5天左右完成一个节段的施工。整个主塔基本利用液压爬模施工,表明液压爬模较全面的适应性。

(3)通过挂篮吊装的成功实施,证明在高墩斜拉桥大型前支点挂篮吊装实施过程中,利用简易水平吊架整体吊装技术是切实可行的。结构受力明确、施工便捷、施工速度快。

(4)在本工程双边箱主梁的施工过程中,不仅使用了先进的前支点挂篮,确保了挂篮和主梁的安全;而且针对边箱内模施工的困难,对内模系统进行了改进,使用了整体木内模。实践证明,这种改进成功有效,确保了在8天时间内完成一个标准节段的施工。

重庆云阳彭溪河特大桥作为西部山区斜拉桥,由于它具有地质条件独特、受水位影响较大、塔高及场地狭窄等特点,通过这些技术问题的解决,对西部山区斜拉桥的施工技术提供一定的借鉴作用

G42 沪蓉高速公路复杂技术工程信息采集表 附表 2-4d3ii)

项目名称:云阳至万州段 施工单位:四川路桥桥梁公司

复杂技术工程名称	汤溪河特大桥	长度(m)	949.4

汤溪河特大桥位于杭州至兰州国家重点干线重庆云阳至万州高速公路B合同段,是云万高速公路上的"三峡库区第一高桥"。该桥是渝宜高速公路的控制性工程,于2004年12月26日开工建设,2007年8月15日大桥成功合龙,2008年6月建成,总投资2.8亿元。

汤溪河特大桥长949.4m,宽24.5m,设计速度80km/h。主桥跨径为130m+230m+130m,上部结构为分幅式2×12.25m三跨预应力混凝土连续刚构桥,每幅采用单箱单室截面;主墩采用整体式钢筋混凝土空心墩,墩身横桥向顶宽19.4m,纵桥向顶宽12m,双向按75:1的坡度向下变宽,每隔12m设一道0.5m的横隔板,主墩高150m,是当时三峡库区最高的桥梁。

在建设中首次采用了异形钢围堰技术,避免了水下爆破施工的危险性,填补了国内桥梁建设的又一大空白;采用的主梁边跨现浇段施工工艺在国内也属首创,解决了山区修建连续刚构桥浇筑主梁的难题。汤溪河特大桥获"国家优质工程奖"。

汤溪河特大桥由四川路桥桥梁公司负责施工,其深水(墩位处最大水深12m)、高墩(最大墩高157m)、大跨径(主跨230m)的综合施工难度在国内乃至亚洲同期同类型桥梁中均位居前列,有库区第一高桥之称。

该大桥采取悬浇法、托架法和吊架法相结合的施工方法,填补了国内公路桥梁在连续刚构桥施工领域的空白,对同类型桥梁建设具有参考价值。这一施工方法能够有效解决传统工艺存在的诸多问题,安全风险低、成本投入少、工期短

附表2-4d4
填报省份:重庆市

G42沪蓉高速公路建设从业单位信息采集表

项目名称:云阳至万州段
通车里程桩号:K145+900~K192+875

序号	参建单位	单位名称	合同段编号及起止桩号	主要负责人	备注
1	项目管理单位	重庆高速公路有限公司渝东分公司	K145+900~K192+875	杜国平	
2	勘察设计单位	四川省交通厅公路勘察设计研究院	K145+900~K192+875	黄明欢	
3	施工单位	中铁四局集团第一工程有限公司	K145+900~K149+000	张勇	
4		四川公路桥梁建设集团有限公司	K149+000~K151+600	蔡乐军	
5		中铁四局集团第四工程有限公司	K151+600~K153+350	黄俊	
6		中铁十五局集团第一工程有限公司	K153+350~K155+170	林跃庭	
7		重庆市渝通公路工程总公司	K155+170~K158+517	刘建	
8		四川路桥建设股份有限公司	K158+517~K160+625	王明琪	
9		中铁五局集团第三工程有限责任公司	K160+625~K163+500	苏成军	
10		四川武通路桥工程局	K163+500~K166+711	雷尚进	
11		中国建筑第七工程局	K166+711~K168+477	苏承志	
12		中港第二航务工程局	K168+477~K170+420	罗洪成	
13		中国建筑第五工程局	K170+420~K171+750	谢三林	
14		中国铁道建筑总公司	K171+750~K173+400	王树成	
15		中铁二十局集团第一工程有限公司	K173+400~K178+650	梁荣	
16		安通建设有限公司	K178+650~K181+765	王兴华	
17		中铁十三局集团第三工程有限公司	K181+765~K187+500	甘荣军	
18		中铁二十二局集团有限公司	K187+500~K192+875	彭建华	

续上表

序号	参建单位	单位名称	合同段编号及起止桩号	主要责任人	备注
19	施工单位	上海誉通路桥建设有限公司	K192+875~K195+270	姚船	
20		中铁十四局集团第三工程有限公司	K195+319~K201+320	徐元用	
21		广东长宏公路工程有限公司	K201+320~K206+800	陈克举	
22		中国路桥集团西安实业发展有限公司	K206+800~K210+750	金秀斌	
23		中国路桥(集团)总公司	K210+750~ZK214+270	张朝福	
24		中铁十二局集团有限公司	ZK214+270~ZK217+300	李宇生	
25		中铁隧道集团有限公司	ZK217+300~K220+840	陈宏宇	
26		重庆市渝达公路桥梁责任公司	K220+840~K224+245.72	徐睿立	
27		安隧建设有限公司	K166+710~K224+245.72		
28		上海誉通建设(集团)有限公司	K145+900~K166+710	宋镖	
29	监理单位	重庆育才工程咨询监理有限公司	K145+900~K166+711	王祖瑞	
30		重庆市交通工程监理咨询有限责任公司	K192+875~K224+245.72	王明鉴	
31		重庆中宇工程咨询监理有限责任公司	K166+711~K192+875	郑颖人	
32	设计审查单位	解放军后勤工程学院	K145+900~K192+875	龚尚龙	
33		重庆交通大学			

附录

附表 2-4e1

G42 沪蓉高速公路桥梁汇总表

项目名称：万州至梁平段

规模	名称	桥长(m)	孔跨布置(m)	桥底净高(m)	跨越障碍物-河流	跨越障碍物-河沟谷	跨越障碍物-道路	跨越障碍物-铁路	梁式桥-预应力混凝土梁桥-简支梁桥	梁式桥-预应力混凝土梁桥-先简支后连续梁桥	梁式桥-预应力混凝土梁桥-连续梁桥	梁式桥-预应力混凝土梁桥-悬臂梁桥	梁式桥-钢梁桥-简支钢梁桥	梁式桥-钢梁桥-连续钢梁桥	组合梁桥-预弯混凝土组合梁桥	组合梁桥-钢管混凝土桁架梁	拱式桥-圬工拱桥-现浇混凝土拱桥	拱式桥-圬工拱桥-预制混凝土拱桥	拱式桥-钢筋混凝土拱桥-双曲拱	拱式桥-钢筋混凝土拱桥-肋拱	拱式桥-钢筋混凝土拱桥-箱形拱	拱式桥-钢拱桥-桁架拱	拱式桥-钢拱桥-系杆拱	拱式桥-钢拱桥-箱形拱	拱式桥-钢管混凝土拱桥-桁架型	拱式桥-钢管混凝土拱桥-哑铃型	拱式桥-钢管混凝土拱桥-提篮型	斜拉桥-钢筋混凝土梁-普通钢筋混凝土梁	斜拉桥-钢筋混凝土梁-预应力混凝土梁	斜拉桥-结合梁-工字钢梁混凝土板	斜拉桥-结合梁-钢箱梁混凝土板	斜拉桥-结合梁-钢管桁架梁混凝土板	斜拉桥-混合梁-钢梁	斜拉桥-混合梁-钢箱梁	悬索桥-悬索式	悬索桥-悬带式	刚构桥-钢桁架刚构	刚构桥-连续T形刚构	刚构桥-门式刚构	刚构桥-斜腿刚构
大桥	甘宁水库大桥	585.0	14×40	95	√		√																																	
	甘宁水库大桥	585.0	14×40	95	√		√																																	
	拱桥院子大桥	670.0	16×40	38		√	√																																	
	拱桥院子大桥	670.0	16×40	38		√	√																																	
	张家坝大桥	579.93	14×40	11		√	√																																	
	张家坝大桥	579.93	14×40	11		√	√																																	
	土地罩大桥	342.43	2×100+7×16	13	√		√																																	
	双河口大桥	269.2	1×100+8×16	21	√		√								√																										
	双河口大桥	281.3	1×100+8×16	21	√		√								√																										
	下万家大桥	176.08	1×100+3×16	28	√		√																																	
	下万家大桥	172.0	1×100+3×16	28	√		√													√																				
	上万家大桥	228.0	1×100+7×16	28	√		√													√																				
	上万家大桥	249.0	1×100+7×16	22	√		√													√																				

续上表

规模	名称	桥长(m)	孔跨布置(m)	桥底净高(m)	跨越障碍物 河流	跨越障碍物 沟谷	跨越障碍物 道路、铁路	梁式桥 预应力混凝土梁桥 悬臂梁桥	梁式桥 预应力混凝土梁桥 连续梁桥	梁式桥 预应力混凝土梁桥 简支梁	梁式桥 预应力混凝土梁桥 先简支梁后连续梁	梁式桥 钢梁桥 简支钢梁	梁式桥 钢梁桥 连续钢梁	梁式桥 组合梁桥 预弯混凝土组合梁	梁式桥 组合梁桥 钢管混凝土桁架梁	拱式桥 圬工拱桥 预制混凝土拱	拱式桥 圬工拱桥 现浇混凝土拱	拱式桥 钢筋混凝土拱桥 双曲拱	拱式桥 钢筋混凝土拱桥 肋拱	拱式桥 钢筋混凝土拱桥 箱形拱桥	拱式桥 钢拱桥 刚架系杆拱桥	拱式桥 钢拱桥 箱形拱桥	拱式桥 钢管混凝土拱桥 桁架型	拱式桥 钢管混凝土拱桥 哑铃型	拱式桥 钢管混凝土拱桥 提篮型	斜拉桥 钢筋混凝土梁 普通钢筋混凝土梁	斜拉桥 钢筋混凝土梁 预应力混凝土梁	斜拉桥 结合梁 工字钢梁混凝土板	斜拉桥 结合梁 钢箱梁混凝土板	斜拉桥 结合梁 钢管桁架混凝土板	斜拉桥 钢箱梁	斜拉桥 混合梁	悬索桥 悬索式	悬索桥 悬带式	刚构桥 T形桁架刚构	刚构桥 连续刚构	刚构桥 门式刚构	刚构桥 斜腿刚构
大桥	牛儿河大桥	467.4	11×40	27		√	√																														
	牛儿河大桥	467.4	11×40	27		√	√																														
	莱梯子大桥	278.83	8×30	25		√	√																														
	莱梯子大桥	272	8×30	25		√	√																														
	偏后坝大桥	248.9	8×30	8		√	√																														
	偏后坝大桥	193.8	6×30	8		√	√																														
	碑梁大桥	56.04	1×40	7		√	√																														
	关家沟大桥	482.0	11×40	11	√		√																														
	关家沟大桥	575.0	13×40	11	√		√																														
	半坡大桥	164.74	1×86+6×10	36		√	√							√																							
	半坡大桥	309.75	2×86+9×10	36		√	√							√																							
	偏石板大桥	305.0	16×17	12		√	√							√																							
	土地漕大桥	306.0	2×100+6×16	13		√	√							√																							
	原寺沟二号大桥	122.0	7×16	9		√	√																														
	原寺沟四号大桥	140.8	8×16	6		√	√																														

续上表

规模	名称	桥长(m)	孔跨布置(m)	桥底净高(m)	跨越障碍物 河流沟谷	跨越障碍物 道路铁路	梁式桥 预应力混凝土梁桥 简支梁	梁式桥 预应力混凝土梁桥 悬臂梁桥	梁式桥 预应力混凝土梁桥 连续梁桥	梁式桥 预应力混凝土梁桥 先简支后连续梁	梁式桥 钢梁桥 简支钢梁桥	梁式桥 钢梁桥 连续钢梁桥	梁式桥 组合梁桥 预弯混凝土组合梁	梁式桥 组合梁桥 钢管混凝土桁架梁	拱式桥 圬工拱桥 现浇混凝土拱	拱式桥 圬工拱桥 预制混凝土拱	拱式桥 钢筋混凝土拱桥 双曲拱	拱式桥 钢筋混凝土拱桥 肋拱	拱式桥 钢筋混凝土拱桥 箱形拱	拱式桥 钢拱桥 系杆拱桥	拱式桥 钢拱桥 桁架拱桥	拱式桥 钢拱桥 箱形拱桥	拱式桥 钢管混凝土拱桥 哑铃型	拱式桥 钢管混凝土拱桥 桁架型	拱式桥 钢管混凝土拱桥 提篮型	斜拉桥 钢筋混凝土梁 普通钢筋混凝土梁	斜拉桥 钢筋混凝土梁 预应力混凝土梁	斜拉桥 结合梁 工字钢梁混凝土板	斜拉桥 结合梁 钢箱梁混凝土板	斜拉桥 结合梁 钢管桁架梁混凝土板	斜拉桥 钢梁 钢箱梁	斜拉桥 混合梁	悬索桥 悬带式	悬索桥 钢索式	刚构桥 T形刚构	刚构桥 桁架刚构	刚构桥 连续刚构	刚构桥 门式刚构	刚构桥 斜腿刚构
大桥	大地咀一号大桥	150.15	8×16	7	√		√																														
大桥	大地咀一号大桥	156.0	9×16	7	√		√																														
大桥	大地咀二号大桥	154	9×16	9	√		√																														
大桥	河砂丘大桥	232.54	7×30	16	√		√																														
大桥	河砂丘大桥	248.0	8×30	16	√		√																														
大桥	沈家沟大桥	285.16	2×16+8×30	14	√		√																														
大桥	沈家沟大桥	281.3	8×30+2×16	14	√		√																														
大桥	右半边大桥	148.0	8×16	11	√		√																														
大桥	分水大桥	202.0	2×30+25+3×30	23	√		√																														
大桥	分水大桥	195.0	2×30+25+3×30	23	√		√																														
大桥	土桥子大桥	252.77	8×30	27	√		√																														
大桥	土桥子大桥	252.77	8×30	27	√		√																														
大桥	分水中学大桥	210.5	2×30+2×40+2×30	22	√		√																														

续上表

规模	名称	桥长(m)	孔跨布置(m)	桥底净高(m)	跨越障碍物 河流沟谷/道路/铁路	梁式桥-预应力混凝土梁桥(简支梁桥/连续梁桥/悬臂梁桥/先简支后连续)	梁式桥-钢梁桥(简支钢梁/连续钢梁)	梁式桥-组合梁桥(预弯混凝土组合梁/钢管混凝土桁架梁)	拱式桥-圬工拱桥(现浇混凝土拱/预制混凝土拱)	拱式桥-钢筋混凝土拱桥(双曲拱/肋拱/箱形拱/桁架拱/系杆刚架拱)	拱式桥-钢拱桥(箱形拱桥/桁架拱桥)	拱式桥-钢管混凝土拱桥(桁架型/哑铃型/提篮型)	斜拉桥-钢筋混凝土梁(普通钢筋混凝土梁/预应力混凝土梁)	斜拉桥-结合梁(工字钢梁混凝土板/钢箱梁混凝土板/钢管桁架梁混凝土板)	斜拉桥-钢梁(混合梁)	悬索桥(悬带式/钢索式)	刚构桥(T形刚构/连续刚构/门式刚构/斜腿刚构)
大桥	分水中学大桥	221.0	2×30+2×40+2×30	22	√												
	白杨湾大桥	173.54	4×40	26	√												
	白杨湾大桥	173.54	4×40	26	√												
	张家坪一号大桥	344.2	13×25	18	√												
	张家坪二号大桥	187.8	7×25	18	√												
	马王槽大桥	160.0	40+70+40	46	√												√
	马王槽大桥	166.91	40+70+40	46	√												√
	安龙水库大桥	246.04	8×30	25	√	√											
	安龙水库大桥	246.04	8×30	25	√	√											
	大地坝大桥	163.47	5×30	11	√	√											
	大地坝大桥	163.47	5×30	11	√	√											
	作坊湾大桥	179.73	4×40	12	√	√											
	作坊湾大桥	179.73	4×40	12	√	√											
	岚垭口大桥	124.85	5×20	15	√	√											
	岚垭口大桥	124.85	5×20	15	√	√											

续上表

规模	名称	桥长(m)	孔跨布置(m)	桥底净高(m)	跨越障碍物	梁式桥-预应力混凝土梁桥-简支梁桥
大桥	范家院大桥	200.04	6×30	13	道路、铁路	√
	范家院大桥	200.04	6×30	13	河流沟谷	√
	兴隆坝大桥	161.04	1×30+3×40	14	道路、铁路	√
	兴隆坝大桥	161.04	3×40+1×30	14	道路、铁路	√
	跳蹬子一号大桥	188.46	2×16+5×30	17	道路、铁路	√
	跳蹬子一号大桥	236.79	7×30	17	道路、铁路	√
	跳蹬子二号大桥	234.79	7×30	17	道路、铁路	√
	跳蹬子二号大桥	188.46	5×30+2×16	18	道路、铁路	√
	沙坝水库大桥	560.04	14×40	18	河流沟谷	√
	沙坝水库大桥	560.04	14×40	19	河流沟谷	√
	大河坝大桥	377.08	12×30	19	道路、铁路	√
	大河坝大桥	377.08	12×30	24	道路、铁路	√

表头完整分类：
- 梁式桥：预应力混凝土梁桥（简支梁桥、先简支后连续梁桥、连续梁桥、悬臂梁桥）、钢梁桥（连续钢梁桥）、组合梁桥（预弯混凝土组合梁、钢管混凝土桁架梁）
- 拱式桥：圬工拱桥（现浇混凝土拱、钢筋预制混凝土拱）、钢筋混凝土拱桥（双曲拱、肋拱、箱形拱桥、刚架系杆拱桥）、钢拱桥（桁架哑铃型、箱形拱桥）、钢管混凝土拱桥（提篮型）
- 斜拉桥：钢筋混凝土梁（普通钢筋混凝土梁、预应力混凝土梁）、结合梁（工字钢梁混凝土板、钢箱梁混凝土板、钢管桁架梁混凝土板）、混合梁（钢梁混凝土梁）
- 悬索桥：悬带式、钢索桁架式
- 刚构桥：T形刚构桥、连续刚构桥、门式刚构桥、斜腿刚构桥

附表 2-4e2)

G42 沪蓉高速公路隧道汇总表

项目名称：万州至梁平段

规模	名称	隧道全长 (m)	隧道净宽 (m)	隧道分类					备注
				按地质条件划分			按所在区域划分		
				土质隧道	石质隧道	山岭隧道	水底隧道	城市隧道	
特长隧道	明月山隧道	6557	10.5			√			G42 沪蓉高速公路全长 6557m，四川段 4764m，重庆段 1793m
长隧道	小垭口隧道	1090	9.5		√	√			
	小垭口隧道	1090	9.5		√	√			
	马王槽一号隧道	1271	9.5		√	√			
	马王槽一号隧道	1271	9.5		√	√			
	马王槽 2 号隧道	1646	9.5		√	√			
	马王槽 2 号隧道	1646	9.5		√	√			
短隧道	柱山隧道	494	9.5		√	√			
	柱山隧道	494	9.5		√	√			

附　录

G42 沪蓉高速公路技术创新信息采集表

附表 2-4e3）

填报省份：重庆市　　　　　　　　　　　　　　　　　　　　项目名称：万州至梁平段

创新型技术名称	重庆万梁高速公路沿线高边坡病害和大型滑坡发生机理及防治技术研究
主要参与人员	章勇武、马惠民、杜国平、杜小平、张红利、罗杰、张忠平
所获奖励	2007 年重庆市人民政府科技进步三等奖
主要内容	重庆万梁高速公路沿线高边坡病害和大型滑坡发生机理及防治技术研究主要有以下内容： （1）系统地提出了 11 种高边坡坡体结构、失稳破坏模式、失稳破坏机理和稳定性分析方法； （2）基于坡体结构、变形破坏模式和强度折减系数法，提出了确定潜在滑带、稳定系数及顺层岩石坡开挖高度与临界变形长度的计算方法； （3）建立了开挖高度与失稳长度间的关系式，确定了顺层岩石高边坡防护范围的基本参数； （4）提出了适合山区复杂滑坡和高边坡治理的支挡工程的优化组合结构、设计理论的创新和优化与完善； （5）研究出能模拟坡体分级开挖和雨水侵入软化滑带的大型地质力学模型试验技术，为研究具有多层级滑带的复杂堆积层滑坡和顺层岩质高边坡病害发生、发展机理提供了先进的试验技术支持

附表2-4-4
填报省份：重庆市

G42 沪蓉高速公路建设从业单位信息采集表

项目名称：万州至梁平段　　通车里程桩号：K0+000～K67+500

参建单位	序号	单位名称	合同段编号及起止桩号	主要负责人	备注
项目管理单位	1	重庆渝东高速公路有限公司	K0+000～K67+500	章勇武	
勘察设计单位	2	四川省交通厅公路规划勘察设计研究院	K0+000～K30+917	刘家舜	
	3	铁道部第二勘测设计院	K30+917～K67+500	刘宪万	
	4	重庆交通科技研究院		唐智伦	
施工单位	5	重庆渝达公路建设总公司	K0+000～K4+600	蒙建华	
	6	铁道部第一工程局桥梁工程处	K4+600～K9+949	刘东晨	
	7	铁道部第十五工程处	K9+949～K12+200	陈洪美	
	8	成都市路桥工程公司	K12+200～K15+800	陈克战	
	9	四川隧道工程公司	K15+800～K17+843	王有全	
	10	铁道部第十八工程局第五工程处	K17+843～K24+000	旬大子	
	11	重庆市渝通公路工程公司	K24+000～K30+917	丁正元	
	12	铁道部第五工程局第三工程处	K30+917～YK36+558；ZK36+600～ZK36+6000	沈卫平	
	13	铁道部第五工程局第五工程处	YK36+558～YK36+558；ZK36+600～YK40+846；ZK41+600	单卫东	
	14	铁道部第十八工程局第四工程处	K41+600～K48+100	旬国利	
	15	中国四川隧道工程总公司	K48+100～K53+800	张传华	
	16	上海磐通路桥建设公司	K53+800～K60+500	黄华荣	
	17	重庆市渝通公路工程公司	K60+5000～K67+500	殷勇	
	18	四川路桥川交有限责任公司	K0+000～K67+500	赵云	
监理单位	19	重庆市交通工程监理咨询有限公司	K0+000～K67+500	莫友平	
设计审查单位	20	日本片平・英国合乐顾问公司			
	21	重庆交通大学		吴国松	
	22	清华大学		聂建国	

附录

G42 沪蓉高速公路桥梁汇总表

附表 2-4f1

项目名称：长寿至梁平段（太平互通至梁平）

规模	名称	桥长 (m)	孔跨布置 (m)	桥底净高 (m)	跨越障碍物-河流	跨越障碍物-道路	跨越障碍物-沟谷	跨越障碍物-铁路	梁式桥-预应力混凝土梁桥-简支梁桥	梁式桥-预应力混凝土梁桥-悬臂梁桥	梁式桥-预应力混凝土梁桥-连续梁桥	梁式桥-预应力混凝土梁桥-先简支后连续梁	梁式桥-钢梁桥-简支钢梁桥	梁式桥-钢梁桥-连续钢梁桥	梁式桥-组合梁桥-预弯型混凝土梁	梁式桥-组合梁桥-钢管混凝土组合梁	拱式桥-圬工拱桥-现浇混凝土拱	拱式桥-圬工拱桥-预制混凝土拱	拱式桥-圬工拱桥-双曲拱	拱式桥-钢筋混凝土拱桥-箱形拱	拱式桥-钢筋混凝土拱桥-桁架拱	拱式桥-钢筋混凝土拱桥-刚架拱	拱式桥-钢拱桥-箱形拱	拱式桥-钢拱桥-桁架拱	拱式桥-钢拱桥-系杆拱	拱式桥-钢管混凝土拱桥-哑铃型	拱式桥-钢管混凝土拱桥-桁架型	拱式桥-钢管混凝土拱桥-提篮型	斜拉桥-钢筋混凝土梁-普通钢筋混凝土梁	斜拉桥-钢筋混凝土梁-预应力混凝土梁	斜拉桥-结合梁-工字钢梁混凝土板	斜拉桥-结合梁-钢箱梁混凝土板	斜拉桥-结合梁-钢管桁架梁混凝土板	斜拉桥-钢梁-钢箱梁	斜拉桥-混合梁	悬索桥-悬索式	悬索桥-钢索带式	刚构桥-桁架刚构	刚构桥-T形刚构	刚构桥-连续刚构	刚构桥-门式刚构	刚构桥-斜腿刚构
大桥	桃花溪大桥	113	5×20	5	√							√																														
	老岩沟大桥	155	4×30	10			√					√																														
	新房子大桥	230	7×30	6		√	√					√																														
	后湾大桥	166	5×30	7	√							√																														
	李家湾大桥	147	4×30	11	√							√																														
	红建水库大桥	136	4×30	12	√							√																														
	卧龙河大桥	136	4×30	7	√			√				√																														

G42 沪蓉高速公路建设从业单位信息采集表

附表 2-42
报省份：重庆市

项目名称：长寿至梁平段（太平互通至梁平） 通车里程桩号：K0+000～K113+926

序号	参建单位	单位名称	合同段编号及起止桩号	主要负责人	备注
1	项目管理单位	重庆渝东高速公路有限公司	K0+000～K113+926	章勇武	
2	勘察设计单位	中交二公路勘察设计研究院	K0+000～K55+000	伍友云	
3		重庆市交通规划勘察设计研究院	K55+000～K113+926	敬中勇	
4	施工单位	湖南对外建设总公司	K55+000～K64+000	陈栗	
5		中国路桥（集团）总公司	K64+000～K71+254	刘志贵	
6		中国煤炭建设集团公司	K71+621～K78+960	陈祚民	
7		重庆市渝通公路工程总公司	K78+960～K87+785	王强	
8		西藏珠峰工企业集团	K87+785～K97+000	胡吉福	
9		贵州省公路工程总公司	K97+000～K104+685	肖锡康	
10		中国四海工程公司重庆有限公司	K104+685～K113+926	甘炳文	
11		路桥集团公司第二公路工程局	K55+000～K113+926	邹会安	
12	监理单位	重庆市交通工程监理咨询有限责任公司	K0+000～K113+926	杨治涛	
13	设计审查单位	重庆交通科研设计院	K0+000～K113+926	周进川	
14		重庆交通大学		何兆益	

G42 沪蓉高速公路桥梁汇总表

附表 2-4-g1

项目名称：垫江至忠县段（川渝界至太平互通）

规模	名称	桥长 (m)	孔跨布置 (m)	跨越障碍物	梁式桥 - 预应力混凝土梁桥	其他
大桥	太平互通立交跨线桥	361	(27+3×28+27)+(27+28+6×25)	道路、铁路 ✓	先简支后连续梁桥 ✓	
大桥	太平互通立交跨线桥	349	(5×25)+(25+3×27+4×25)	道路、铁路 ✓	先简支后连续梁桥 ✓	
大桥	马峡寺大桥	191	左线 9×20	河流沟谷 ✓	简支梁桥 ✓	
大桥	马峡寺大桥	251	右线 12×20	河流沟谷 ✓	简支梁桥 ✓	

表头完整分类（梁式桥 / 拱式桥 / 斜拉桥 / 悬索桥 / 刚构桥）：

- 梁式桥
  - 预应力混凝土梁桥：简支梁桥 / 先简支后连续梁桥 / 连续梁桥 / 悬臂梁桥
  - 钢梁桥：简支钢梁 / 连续钢梁
  - 组合梁桥：钢管混凝土组合桁架梁 / 预弯组合梁
- 拱式桥
  - 圬工拱桥：现浇混凝土拱 / 预制混凝土拱 / 双曲拱
  - 钢筋混凝土拱桥：箱形拱桥 / 桁架刚架拱桥 / 双肋拱
  - 钢拱桥：系杆拱桥 / 桁架形拱桥
  - 钢管混凝土拱桥：哑铃型 / 桁架型 / 提篮型
- 斜拉桥
  - 钢筋混凝土梁：普通钢筋混凝土梁 / 预应力混凝土梁
  - 结合梁：工字钢梁混凝土板 / 钢箱梁混凝土板 / 钢管桁架梁混凝土板
  - 钢梁：钢箱梁 / 钢桁架梁
  - 混合梁
- 悬索桥：钢桁式 / 钢箱式
- 刚构桥：T形刚构桥 / 连续刚构桥 / 门式刚构桥 / 斜腿刚构

附表 2-4-g2

G42 沪蓉高速公路项目获奖信息表

序号	获奖时间	项目名称	获奖类型	奖励等级	授奖单位	备注
1	2007年	重庆万梁高速公路沿线高边坡病害和大型滑坡发生机理及防治技术研究	科技进步奖	三	重庆市人民政府	
2	2007年	重庆梁平至长寿高速公路	优秀设计奖	二	中国公路勘察协会	
3	2009年	山区高速公路隧道节能型照明系统研究与应用	科技进步奖	三	重庆市人民政府	
4	2010年	钢—混凝土组合技术在旧桥加宽中的应用研究	科技进步奖	二	重庆市人民政府	
5	2011年	特大跨度多助钢桁拱桥设计与施工关键技术研究	科技进步奖	二	重庆市人民政府	
6	2012年	连续刚构桥梁（高墩弯）设计、施工、养护关键技术研究	科学技术奖	三	中国公路学会	
7	2012年	重庆云阳至万州高速公路	优秀设计奖	二	中国公路勘察协会	
8	2013年	隧道纤维喷射混凝土单层衬砌技术及应用研究	科学技术奖	一	中国公路学会	
9	2013年	隧道纤维喷射混凝土单层衬砌技术及应用研究	科技进步奖	二	重庆市人民政府	
10	2013年	云万高速公路汤溪河大桥	国家优质工程奖		中国施工企业管理协会	

2-5 G65 包茂高速公路相关附表

附表 2-5a

G65 包茂高速公路建设项目信息采集表

序号	项目名称	规模（km）				建设性质（新、改扩建）	设计速度（km/h）	永久占地（亩）	投资情况（亿元）			资金来源	建设时间（开工~通车）	备注
		合计	八车道及以上	六车道	四车道				估算	概算	决算			
1	邻水邱家河至黑石子段	53.11			53.11	新建	80	6351	14	19.14	17.28	中央补贴3.2亿元，地方自筹3亿元，贷款12.1亿元	2001.11~2004.7	
2	渝长高速公路（黑石子至童家院子段）	7.4		7.4		新建	80			3.13		—	1996.1~2000.4	本段与G50共线
3	渝黔一期（童家院子至界石段）	31.1		31.1		新建	80	4947	10.7	12	13.3	—	1998.1~2002.1	本段为原渝黔高速公路的一段，国高网规划调整后调整为G65的一段
4	界石至水江段	84.60			84.60	新建	100	11308	34	39.70	52.40	中央补贴8亿，地方自筹5.1亿，贷款29.9亿	2004.8~2007.11	
5	水江至武隆段	54.98			54.98	新建	80	3467	43	50.20	48.73	中央补贴9.5亿元，地方自筹6.4亿元，贷款34.3亿元	2005.12~2009.9	

续上表

序号	项目名称	规模(km) 合计	规模(km) 八车道及以上	规模(km) 六车道	规模(km) 四车道	建设性质(新、改扩建)	设计速度(km/h)	永久占地(亩)	投资情况(亿元) 估算	投资情况(亿元) 概算	投资情况(亿元) 决算	资金来源	建设时间(开工~通车)	备注
6	武隆至彭水段	64.50			64.50	新建	80	7388	55	60.50	63.89	中央补贴9.9亿元,国债8.2亿元,地方自筹2.5亿元,贷款34亿元	2005.9~2009.12	
7	彭水至黔江段	70.64			70.64	新建	80	7388	48	56.60	64.83	中央补贴8.3亿元,地方自筹8.0亿元,贷款33.6亿元	2006.4~2009.12	
8	黔江至大溪段	23.32			23.32	新建	80	3167	14	16.17	19.46	中央补贴2.4亿元,地方自筹2.9亿元,贷款12.6亿元	2006.7~2010.9	
9	大溪至酉阳段	37.23			37.23	新建	80	3522	22	25.40	25.40	中央补贴3.5亿元,地方自筹4.5亿元,贷款14亿元	2006.7~2010.9	
10	酉阳至上官桥段	31.95			31.95	新建	80	1942	20	23.89	26.76	中央补贴4.1亿元,地方自筹3.5亿元,贷款13.4亿元	2006.6~2010.9	
11	上官桥至洪安段(湘渝界)	45.44			45.44	新建	80	3910	29	31.73	34.89	中央补贴3.7亿元,地方自筹6.0亿元,贷款19.7亿元	2006.6~2010.9	
合计		465.8												

附录

G65 包茂高速公路桥梁汇总表

附表 2-5b1）

项目名称：渝邻高速公路

规模	名称	桥长 (m)	孔跨布置 (m)	桥底净高 (m)	跨越障碍物 河沟谷	跨越障碍物 道路	跨越障碍物 铁路	梁式桥 预应力混凝土梁桥 先简支后连续梁	梁式桥 预应力混凝土梁桥 简支梁桥	梁式桥 预应力混凝土梁桥 连续梁桥	梁式桥 预应力混凝土梁桥 连续刚构桥	梁式桥 钢梁桥 简支钢梁桥	梁式桥 钢梁桥 连续钢梁桥	组合梁桥 预弯组合混凝土梁	组合梁桥 钢管混凝土桁架梁	拱式桥 圬工拱桥 现浇混凝土拱	拱式桥 圬工拱桥 预制混凝土拱	拱式桥 钢筋混凝土拱桥 双曲拱	拱式桥 钢筋混凝土拱桥 肋拱	拱式桥 钢筋混凝土拱桥 箱形拱	拱式桥 钢筋混凝土拱桥 桁架拱	拱式桥 钢筋混凝土拱桥 刚架拱	拱式桥 钢筋混凝土拱桥 系杆拱	钢拱桥 箱形拱桥	钢拱桥 桁架拱桥	钢管混凝土拱桥 哑铃型	钢管混凝土拱桥 桁架型	钢管混凝土拱桥 提篮型	斜拉桥 钢筋混凝土梁 普通钢筋混凝土梁	斜拉桥 钢筋混凝土梁 预应力混凝土梁	斜拉桥 结合梁 工字钢梁混凝土板	斜拉桥 结合梁 钢箱梁混凝土板	斜拉桥 结合梁 钢管桁架梁混凝土板	斜拉桥 混合梁 钢梁混合梁	悬索桥 悬带式	悬索桥 钢索式	刚构桥 T形刚构桥	刚构桥 连续刚构桥	刚构桥 门式刚构桥
大桥	渝邻一号桥	261.51	12×20			√		√																															
	渝邻二号桥	327.02	10×30			√		√																															
	黄家院子大桥	136.00	6×20			√		√																															
	大荒田大桥	138.00	4×30			√		√																															
	沙树湾大桥	101.00	4×20			√		√																															
	周家山大桥	124.50	5×20			√		√																															
	石口子大桥	120.00	5×20			√		√																															
	温塘河特大桥	530.09	9×30+140+3×30		√															√																			
	柏树湾大桥	176.00	8×20			√		√																															
	古路大桥	266.51	8×30			√		√																															
	楠花一号桥	285.01	8×30			√		√																															

续上表

规模	名称	桥长(m)	孔跨布置(m)	桥底净高(m)	跨越障碍物			梁式桥								拱式桥									斜拉桥						悬索桥		刚构桥		
					河流沟谷	道路、铁路		预应力混凝土梁桥				钢梁桥	组合梁桥		圬工拱桥		钢筋混凝土拱桥				钢拱桥			钢管混凝土拱桥		钢筋混凝土梁		结合梁				钢混合梁	悬带式	钢索式	T形刚构桥	连续刚构桥	门式刚构
							简支梁桥	连续梁桥	悬臂梁桥	先简支梁后连续梁	简支钢梁	连续钢梁	预弯混凝土组合梁	钢管混凝土桁架组合梁	现浇混凝土拱	预制混凝土拱	双曲拱	肋拱	箱形拱	刚架拱	系杆拱	箱形拱	桁架拱	哑铃型	提篮型	普通钢筋混凝土梁	预应力混凝土梁	工字钢梁混凝土板	钢箱梁混凝土板	钢管桁架混凝土板	钢桁架梁混凝土板						
大桥	楠花二号桥	284.04	9×30			√	√																														
	石夹口大桥	135.00	4×30			√	√																														
	王家主线桥	335.00	11×20			√	√																														
	龙沟大桥	138.34	4×30			√	√																														
	雏鹰二号桥	309.60	9×30			√	√																														
	雏鹰一号桥	263.54	8×30			√	√																														
	松树堡大桥	254.72	8×30			√	√																														
	石坪二号桥	316.24	9×30			√	√																														
	周家湾大桥	110.8	3×30			√	√																														
	林家湾大桥	110.04	3×30			√	√																														
	石坪一号桥	222	7×30			√	√																														

附表 2-5b2
填报省份：重庆市

G65 包茂高速公路建设从业单位信息采集表

项目名称：渝邻高速公路　　通车里程桩号：K152+000~K205+499.268

序号	参建单位	单位名称	合同段编号及起止桩号	主要负责人	备注
1	项目管理单位	重庆渝邻高速公路有限公司	K152+000~K205+499.268	徐谋、李祖伟、敬世红	
2	勘察设计院	重庆交通科研设计院	K152+000~GK194+550	韩道均	
3		铁道部第二勘测设计院	GK194+550~K205+499.268	秦大禹	
4	施工单位	路桥集团第一公路工程局	A：K152+000~K157+163.062	王明	
5		中国路桥(集团)总公司	B：K157+163.062~K163+900	林家乐	
6		重庆市公路渝通公路工程总公司	C：K163+900~K169+846.794	危接来	
7		成都市路桥工程公司	D：K169+846.794~K174+900	陈克战	
8		路桥集团第一公路工程局第四工程公司	E：K174+900~K181+700	陈宝	
9		重庆市公路工程股份有限公司	F：K181+700~K188+566.918	李永祥	
10		安通建设有限公司	G：K188+566.918~GK194+000	郝国良	
11		中铁五局(集团)第五工程有限公司	H：GK194+550~K199+650	单卫东	
12		重庆煤矿建设第五工程处	I：K199+650~K202+500	吴怀林	
13		中国四海工程公司重庆有限公司	J：K202+500~K205+499.268	刘竟	
14	路面施工单位	中铁一局集团有限公司	K：K152+000~K205+499.268	周雪飞	
15	监理单位	重庆交通监理咨询有限公司	K152+000~K205+499.268	刘念尔	土建、房建、交安、绿化监理
16		重庆中宇监理咨询有限公司	K152+000~K205+499.268	龚世强	机电监理
17	咨询单位	西安方舟咨询有限公司			

G65 包茂高速公路桥梁汇总表

附表 2-5c1

项目名称：界石至水江段

规模	名称	桥长(m)	孔跨布置(m)	桥底净高(m)	跨越障碍物	桥型
特大桥	凤咀江大桥	1116	50×22		河流	预应力混凝土简支梁后连续桥
大桥	贺家嘴大桥	220	10×20		河流	预应力混凝土简支梁后连续桥
	牟家湾大桥	197.888	9×20	8	河流、道路	预应力混凝土简支梁后连续桥
	南湖大桥	260.64	6×40		河流	预应力混凝土简支梁后连续桥
	上坝大桥	420.08	20×20		道路	预应力混凝土简支梁后连续桥
	石岗大桥	219.174	10×20		道路	预应力混凝土简支梁后连续桥
	太平右线二号桥	144.93	3×30+1×40	15	道路	预应力混凝土简支梁后连续桥
	太平右线一号桥	232.652	7×30	15	道路	预应力混凝土简支梁后连续桥
	炉子坝大桥	818	20×40		道路	预应力混凝土简支梁后连续桥
	耒亚大桥	252.984	8×30		道路	预应力混凝土简支梁后连续桥
	朝门口大桥	161.94	5×30		道路	预应力混凝土简支梁后连续桥
	一碗水大桥 右幅一号桥/右幅二号桥	300.06	右幅一号桥 2×20/右幅二号桥 2×20		道路	预应力混凝土简支梁后连续桥

附　录

续上表

规模	名称	桥长(m)	孔跨布置(m)	桥底净高(m)	跨越障碍物 河流	跨越障碍物 沟谷	跨越障碍物 道路、铁路	梁式桥 预应力混凝土梁桥 简支梁桥	梁式桥 预应力混凝土梁桥 连续梁桥	梁式桥 预应力混凝土梁桥 悬臂梁桥	梁式桥 预应力混凝土梁桥 先简支后连续梁桥	梁式桥 钢梁桥 简支钢梁桥	梁式桥 钢梁桥 连续钢梁桥	梁式桥 组合梁桥 预弯混凝土组合梁	梁式桥 组合梁桥 钢管混凝土桁架梁	拱式桥 圬工拱桥 现浇预制混凝土拱	拱式桥 钢筋混凝土拱桥 双曲拱	拱式桥 钢筋混凝土拱桥 箱形拱	拱式桥 钢筋混凝土拱桥 肋拱	拱式桥 钢筋混凝土拱桥 桁架刚架拱	拱式桥 钢拱桥 箱形拱	拱式桥 钢拱桥 桁架系杆拱	拱式桥 钢拱桥 哑铃型	拱式桥 钢管混凝土拱桥 提篮型	斜拉桥 钢筋混凝土梁 普通钢筋混凝土梁	斜拉桥 钢筋混凝土梁 预应力混凝土梁	斜拉桥 结合梁 工字梁混凝土板	斜拉桥 结合梁 钢箱梁混凝土板	斜拉桥 结合梁 钢管桁架梁混凝土板	斜拉桥 混合梁 钢梁	悬索桥 悬带式	悬索桥 钢索式	刚构桥 T形刚构桥	刚构桥 连续刚构桥	刚构桥 门式刚构
大桥	一碗水大桥	300.06	右幅一号桥 2×20/ 右幅二号桥 2×20			√																													
	青杠大桥	138	6×20m		√						√																							
	白院墙大桥	512.291	16×30		√						√																							
	高洞大桥	320	10×30		√						√																							
	朱家岩大桥	663.748	16×40		√						√																							
	梨树坪大桥	194.42	6×30		√						√																							
	大黄桷树二号大桥	276	13×20			√						√																						
	大黄桷树一号大桥	298.208	11×20,14×20			√						√																						
	后沟大桥	200	R6×30/L5×30		√						√																							
	昌炉大桥	138	6×20		√						√																							
	胡坪坝大桥	943	23×40		√						√																							

续上表

规模	名称	桥长(m)	孔跨布置(m)	桥底净高(m)	跨越障碍物	梁式桥-预应力混凝土梁桥
大桥	猫沟大桥	140.33	右幅 6×20/左幅 17×20		河流/河沟谷	√ 先简支梁后连续
	谭昌湾大桥	140.75	右幅 6×20/左幅 7×20		河流/河沟谷	√
	塔垭口大桥	266.496	8×30		河沟谷	√
	长湾大桥	523.276	右幅 17×30/左幅 16×30		河沟谷	√
	茶泥湾高架桥	114.14	5×20		道路	√
	大沙坝高架桥	149.77	7×20	6	道路	√
	城南高架桥	296.153	1×30+5×40+2×30	10	道路	√
	江家湾高架桥	170.08	8×20		河沟谷	√
	兰家堡高架桥	193.3	6×30		河沟谷	√
	半溪河大桥	199	6×30		河沟谷	√
	马家土高架桥	108	左幅 5×20/右幅 4×20	10	道路	√

附　录

续上表

规模	名称	桥长(m)	孔跨布置(m)	桥底净高(m)	跨越障碍物河流/沟谷	跨越障碍物道路、铁路	预应力混凝土梁桥-先简支梁后连续梁
大桥	龙岩江大桥	327.079	10×30		√		√
	梅溪坝二号桥	248.386	8×30				√
	梅溪坝一号桥	858.371	28×30		√		√
	大屋基高架桥	198.894	9×20		√		√
	胡家湾高架桥	136.067	6×20		√		√
	高桥高架桥	258.044	8×20		√		√
	冉家堰高架桥	219.9	7×30	10		√	√
	鱼泉河大桥	315.039	10×30		√		√

G65 包茂高速公路隧道汇总表

附表 2-5c2）

项目名称：界石至水江段

规模	名称	隧道全长（m）	隧道净宽（m）	隧道分类					
				按地质条件划分		按所在区域划分			
				土质隧道	石质隧道	山岭隧道	水底隧道	城市隧道	
特长隧道	石龙隧道	3445.5	10.5		√	√			
长隧道	南湖隧道	1216	10.5		√	√			
	太平隧道	2013.45	10.5		√	√			
	龙凤山隧道	2890	10.5		√	√			
中隧道	炉场坡隧道	601	10.5		√	√			
	接龙隧道	823	10.5		√	√			

附录

附表 2-5c3

G65 包茂高速公路建设从业单位信息采集表

项目名称：界石至水江段
通车里程桩号：K00+300～K84+600
填报省份：重庆市

序号	参建单位	单位名称	合同段编号及起止桩号	主要负责人	备注
1	项目管理单位	重庆高速集团南方建设分公司	K00+300～K84+600	钟明全	
2	勘察设计单位	重庆市交通规划勘察设计院	A10～A18:K44+350～K84+600	李晓兵	
3		中交第二公路勘察设计研究院	A1～A9:K00+300～K44+340	赵昌银	
4	施工单位	中国水利水电第七工程局	A1:K00+300～K05+000	罗浩华	
5		重庆市渝达公路桥梁有限责任公司	A2:K05+000～K12+000	解俊海	
6		山东省路桥集团有限公司	A3:K12+000～K17+550	蒋清泉	
7		核工业华东建设工程集团公司	A4:K17+550～K22+000	张明军	
8		北京市海龙公路工程公司	A5:K22+000～K27+000	陈大军	
9		中铁十五局集团第二工程有限公司	A6:K27+000～K28+910	耿占华	
10		中铁隧道集团二处有限公司	A7:K28+910～K30+400	彭宏尧	
11		中铁十三局集团第三工程有限公司	A8:K30+400～K35+000	夏虹	
12		北京市海龙公路工程公司	A9:K35+000～K44+340	司伟峰	
13		四川公路桥梁建设集团有限公司	A10:K44+350～K48+050	苟启良	
14		中铁十九局集团第二工程有限公司	A11:K48+050～K52+800	王向东	
15		中铁二十局集团第二工程有限公司	A12:K52+800～K56+025	严炜	
16		中铁十七局集团第二工程有限公司	A13:K56+025～K61+075	贺树军	
17		中国冶金建设集团公司	A14:K61+075～K65+350	杨柳青	
18		中铁十七局集团第二工程有限公司	A15:K65+350～K70+890	刘克云	
19		中铁十八局集团第二工程有限公司	A16:K70+890～K75+100	吉训谦	
20		湖南省永州公路桥梁建设第三工程公司	A17:K75+100～K81+700	王亚伟	
21		海南省公路建设第三工程公司	A18:K81+700～K84+600		
22	监理单位	重庆市交通工程监理咨询有限公司	K12+000～K65+350		
23		重庆育才工程咨询监理有限公司	K00+300～K12+000 K65+350～K84+600		
24	设计审查单位	四川省交通运输厅公路规划勘察设计研究院	K00+300～K84+600	孙安洪	

G65 包茂高速公路桥梁汇总表

附表 2-5d1

项目名称：水江至武隆段

规模	名称	桥长(m)	孔跨布置(m)	桥底净高(m)	跨越障碍物	梁式桥（预应力混凝土梁桥）	刚构桥
特大桥	土牧乌江大桥	542.5	1×30+110+200+110+3×30(右)110+200+110+3×30(左)	40	河流 √		连续刚构 √
大桥	赵金二桥	127	5×20		道路 √	先简支梁后连续梁桥 √	
大桥	赵金一桥	315	14×20		道路 √	先简支梁后连续梁桥 √	
大桥	双溪镇二桥	125	5×20		道路 √	先简支梁后连续梁桥 √	
大桥	双溪镇一桥	125	5×20		道路 √	先简支梁后连续梁桥 √	
大桥	铁炉沟大桥	728	9×40+12×30		沟谷 √	先简支梁后连续梁桥 √	
大桥	小卢沟大桥	745	15×20+8×40+3×20(右)15×20+8×40+6×20(左)		沟谷 √	先简支梁后连续梁桥 √	
大桥	王家沟大桥	205	10×20		沟谷 √	先简支梁后连续梁桥 √	
大桥	铁砂坪大桥	139.84	3×30		沟谷 √	先简支梁后连续梁桥 √	
大桥	矿洞湾大桥	165	6×20		沟谷 √	先简支梁后连续梁桥 √	

续上表

规模	名称	桥长(m)	孔跨布置(m)	桥底净高(m)	跨越障碍物				梁式桥						拱式桥							斜拉桥					悬索桥		刚构桥		
					河流	沟谷	道路	铁路	预应力混凝土梁桥				钢梁桥	组合梁桥		圬工拱桥	钢筋混凝土拱桥			钢拱桥		钢管混凝土拱桥	钢筋混凝土梁	结合梁				悬索式	悬带式	桁架刚构	T形刚构	连续刚构	门式刚构
									简支梁桥	悬臂梁桥	连续梁桥	先简支后连续		预弯混凝土梁	钢管混凝土桁架梁	现浇预制混凝土拱	双曲拱	肋拱	箱形拱	刚架拱	系杆拱	哑铃型 桁架型 提篮型		普通钢筋混凝土梁	预应力混凝土梁	工字钢梁混凝土板	钢箱梁混凝土板	钢管桁架梁混凝土板	钢梁 混合梁					
大桥	棕树峁大桥	252	12×20		√				√																									
	铁沙子大桥	567.05	6×20+11×30		√				√																									
	石梁河大桥	660	4×40+2×66+3×120	30	√																								√					
	酒厂大桥	278.428	9×30			√			√																									
	新甸子大桥	464.07	15×30			√			√																									
	半坡三桥	222.449	7×30			√			√																									
	半坡二桥	134.15	6×20			√			√																									
	半坡一桥	178	8×20(右)			√			√																									
	白木沟大桥	544	11×20+8×40			√			√																									
	老子沟大桥	306	15×20(右)			√			√																									
	桂龙溪大桥	289	7×20(右)			√			√																									
	猫儿沟大桥	220	7×30(右线)			√			√																									
	马溪河大桥	365	9×40			√			√																									
	新屋基大桥	336	16×20(右线)			√			√																									
	朱家咀大桥	160	5×30(右线)			√			√																									
	苏家河大桥	410	9×40+1×20(右线)	20			√		√																									

673

G65包茂高速公路隧道汇总表

项目名称：水江至武隆段

附表2-5-d2）

规模	名称	隧道全长(m)	隧道净宽(m)	按地质条件划分		隧道分类 按所在区域划分		
				土质隧道	石质隧道	山岭隧道	水底隧道	城市隧道
特长隧道	白云隧道	7120	10.5		√	√		
	白马隧道	3050	10.5		√	√		
	羊角隧道	6676	10.5		√	√		
	黄草岭隧道	3219	10.5		√	√		
	武隆隧道	4884.1	10.5		√	√		
长隧道	大湾隧道	2820	10.5		√	√		
中隧道	长坝隧道	709.74	10.5		√	√		

附 录

G65 包茂高速公路复杂技术工程信息采集表

附表 2-5d3i)

项目名称:水江至武隆段		施工单位:中铁隧道和中铁十九集团第一工程有限公司			
复杂技术工程名称	白云隧道	施工里程桩号	K42+240～K49+360	长度(m)	7120

  白云隧道是渝湘高速公路武隆至水江段的控制性工程,全长7120m,最大埋深800m,为深埋特长隧道。其工程地质和水文地质条件非常复杂,集高水压、岩溶及地下涌突水(泥)、高地应力(岩爆与软弱围岩变形)、断层破碎带、有害气体等于一体。

  白云隧道分为两个施工标段,于2005年12月26日正式进场施工,至2008年1月22日,长达14.218km(单洞总长)的洞身得以全部掘进贯通,单洞平均月进尺达284m。

  白云隧道地质情况极为复杂,同时穿越F1,F2及F3三个断层。在开挖至D3K334+733时发生了突水、突泥,为了消除突水、突泥给施工安全和施工进度带来的极大影响,通过迂回导坑对隧道突水、突泥地段进行横向注浆及设置横向管棚,结合正洞内全断面帷幕预注浆和大管棚,对该段进行了注浆堵水和加固处理。实践证明,所采用方法合理有效,拱顶沉降控制在合理范围,最终安全通过了隧道突水、突泥段。

  白云隧道在施工期间,隧道先后穿越了溶洞出露段、断层溶蚀段、掌子面涌水段、初期支护严重渗水段、瓦斯突出及煤层段、硫化氢涌出段等容易引发重大工程事故的不良地质段落,其中溶洞溶蚀不良地质段长48m,涌水不良地质段长1173m,有毒气体不良地质段长785m。通过科研、设计和施工单位联合科技攻关,在注浆堵水技术、抗水压支护结构设计、岩溶涌水和富气地层中的公路隧道处治等方面取得创新性成果,确保隧道施工安全

G65 包茂高速公路技术创新信息采集表

附表 2-5d3ii)

填报省份:重庆市　　　　　　　　　　　　　　　　　　　　　　项目名称:水江至武隆段

创新型技术名称	大涌水量与复杂地质条件下特长公路隧道修筑关键技术
主要参与人员	蒋树屏、徐谋、丁浩、李祖伟、王文广、王连成、孙立东、李勇、何兵、程崇国
所获奖励	2009年重庆科技进步一等奖和中国公路学会二等奖
主要内容	针对大涌水量与复杂地质条件下特长公路隧道修建技术难题,并以保护地表环境为目标,《大涌水量与复杂地质条件下特长公路隧道修筑关键技术》研究并实施了隧道控制防排水技术,同时得到如下成果: (1)提出基于"渗流效应"等的隧道外水压折减方法,并针对富水溶洞,提出按级配方法进行复合回填,解决了溶腔稳定与排水通道问题; (2)研究成果为依托工程——重庆渝湘高速公路白云隧道(7.1km)的建设提供技术保障,并在重庆其他高速公路隧道中得到应用,显著提高重庆地区复杂地质条件下特长公路隧道修筑关键技术水平

重庆

G65 包茂高速公路建设从业单位信息采集表

项目名称：水江至武隆段
通车里程桩号：K6+175.179～K61+027.749

附表 2-5-d4
填报省份：重庆市

序号	参建单位	单位名称	合同段编号及起止桩号	主要负责人	备注
1	项目管理单位	重庆高速公路集团有限公司南方建设分公司	K6+175.179～K61+027.749	王文广	
2	勘察设计单位	重庆市交通规划勘察设计院	K7+655.179～K61+027.749	钟明全	
3		铁道路第二勘察设计研究院	K6+175.179～K7+655.179	陈丽	
4		岳阳市公路桥梁基建总公司	B1:K6+175.179～K7+655.179	李兴国	
5		中铁十六局集团第五工程有限公司	B2-1:K7+655.179～K10+500	郭保飞	
6		中铁十一局集团第一工程有限公司	B2-2:K10+500～K12+954.4	张庆军	
7		重庆渝通公路工程总公司	B3:K12+954.4～K13+496.0	李洪涛	
8		中铁二十三局集团有限公司	B4:K13+496.0～K17+650.693	孙亚峰	
9		中铁十九局集团有限公司	B5:K17+650.693～K20+842.93	唐国荣	
10		中铁隧道集团三处有限公司	B6:K20+842.93～K24+500	冯世均	
11	施工单位	中铁二十二局集团第五工程有限公司	B7:K24+500～K27+835.0	王渝培	
12		厦门中铁建设公司	B8:K27+835.0～K30+945.036	朱玉良	
13		上海隧通路桥建设有限公司	B9:K30+950～K34+800	罗继林	
14		中铁十七局集团第二工程有限公司	B10:K34+800～K38+700	宁庭有	
15		中铁十三局集团第一工程有限公司	B11:K38+700～K42+240	蒲旅行	
16		中铁十九局集团第一工程有限公司	B12:K42+240～K45+700	李尊忠	
17		中铁隧道股份有限公司	B13:K45+700～K50+500	左强	
18		路桥集团第一公路工程厦门工程处	B14:K50+500～K55+772.433	韩金锁	
19	监理单位	西安方舟监理咨询有限公司	B1～B8:K6+175.179～K30+945.036	华扬	
20		重庆市交通工程监理咨询有限责任公司	B9～B15:K30+950～K61+027.749	罗昭全	
21	设计审查单位	中国公路工程咨询总公司	K6+175.179～K61+027.749	李苏评	

附表 2-5e1

G65 包茂高速公路桥梁汇总表

项目名称：武隆至彭水段

规模	名称	桥长(m)	孔跨布置(m)	桥底净高(m)	跨越障碍物-河流沟谷	跨越障碍物-道路、铁路	梁式桥-预应力混凝土梁桥-简支梁桥	预应力-连续梁桥	预应力-悬臂梁桥	预应力-先简支后连续梁桥	钢梁桥	组合梁桥-预弯混凝土组合梁	组合梁桥-钢管混凝土桁架组合梁	拱式桥-圬工拱桥-现浇混凝土拱	圬工-预制混凝土拱	钢筋混凝土拱桥-双曲拱	钢筋-肋拱	钢筋-箱形拱	钢筋-刚架系杆拱	钢拱桥-箱桁架拱桥	钢拱-哑铃型拱桥	钢拱-提篮型拱桥	钢管混凝土拱桥	斜拉桥-钢筋混凝土梁-普通钢筋混凝土梁	钢筋-预应力混凝土梁	结合梁-工字钢梁混凝土板	结合梁-钢管桁架梁混凝土板	结合梁-钢箱梁混凝土板	钢梁	混合梁	悬索桥-悬带式	悬索-钢索式	刚构桥-T形刚构桥	连续刚构桥	门式刚构
特大桥	黄草乌江大桥	776	3×50+113+200+113+4×50		√					√																										
特大桥	郁江一号大桥	496.52	2×35+(90+160+90)+2×36		√					√																										
特大桥	共和乌江大桥	1083	4×50+3×50+(113+200+113)+3×50+3×50		√					√																										
大桥	蒋家湾大桥	189	2×3×30			√				√																										
大桥	石鼻子大桥	370	3×3×30			√				√																										
大桥	锯木沟大桥	254	2×4×30			√				√																										
大桥	鱼滑沟大桥	164	5×30			√				√																										
大桥	桥脚沟大桥	134	4×30			√				√																										

续上表

规模	名称	桥长(m)	孔跨布置(m)	桥底净高(m)	跨越障碍物-河流沟谷	跨越障碍物-道路、铁路	梁式桥-预应力混凝土梁桥-先简支后连续梁
大桥	曹家沟大桥	854	3×30+4×3×50+5×30		√		
大桥	小石溪大桥	372	4×30+4×30+4×30(左线) 4×30+3×30+4×30(右线)			√	√
大桥	干沟大桥	436	3×40+3×50+3×50		√		√
大桥	保光寺大桥	443.04	2×30+5×50+4×30			√	√
大桥	李子洞大桥	166.04	5×30			√	√
大桥	冲溪沟二号大桥	426	4×30+3×30+4×30(左线) 6×30+3×50+3×30(右线)				√
大桥	冲溪沟一号大桥	258	4×30+4×30			√	√
大桥	保家二号大桥	136.09	4×30		√	√	√

续上表

规模	名称	桥长(m)	孔跨布置(m)	桥底净高(m)	跨越障碍物-道路	跨越障碍物-铁路	跨越障碍物-河流沟谷	梁式桥-预应力混凝土梁桥-简支梁桥	梁式桥-预应力混凝土梁桥-连续梁桥	梁式桥-预应力混凝土梁桥-悬臂梁桥	梁式桥-预应力混凝土梁桥-先简支后连续梁桥	梁式桥-钢梁桥	梁式桥-组合梁桥-钢管混凝土组合梁	梁式桥-组合梁桥-预弯混凝土桁架梁	拱式桥-圬工拱桥-现浇混凝土拱	拱式桥-圬工拱桥-预制混凝土拱	拱式桥-钢筋混凝土拱桥-双曲拱	拱式桥-钢筋混凝土拱桥-肋拱	拱式桥-钢筋混凝土拱桥-箱形拱	拱式桥-钢筋混凝土拱桥-桁架刚架拱	拱式桥-钢拱桥-系杆拱	拱式桥-钢拱桥-哑铃形拱	拱式桥-钢管混凝土拱桥-桁架型	拱式桥-钢管混凝土拱桥-提篮型	斜拉桥-钢筋混凝土梁-普通钢筋混凝土梁	斜拉桥-钢筋混凝土梁-预应力钢筋混凝土梁	斜拉桥-结合梁-工字钢梁混凝土板	斜拉桥-结合梁-钢箱梁混凝土板	斜拉桥-结合梁-钢管桁架混凝土板	斜拉桥-钢梁-钢箱梁	斜拉桥-混合梁	悬索桥-悬带式	悬索桥-钢索式	刚构桥-T形刚构桥	刚构桥-连续刚构桥	刚构桥-门式刚构桥
大桥	水厂大桥	170.08	5×30								√																									
	朱家店大桥	157.07	5×30			√					√																									
	马家屋基大桥	168.14	5×30			√					√																									
	欧家湾一号大桥	248	8×30			√					√																									
	欧家湾二号大桥	278.53	9×30			√					√																									
	马店大桥	486.54	3×30+3×50+3×50+3×30				√				√																									
	郁江二号大桥	340.04	4×30+3×50+2×30				√				√																									
	郁江三号大桥	755.98	5×30+4×50+4×30+3×30+(18.1+4×20)+4×20				√				√																									
	土龙大桥	472.83	13×30+15×30				√				√																									
	芹菜坝大桥	133.08	4×30				√				√																									
	长溪沟大桥	306	10×30				√				√																									

续上表

规模	名称	桥长(m)	孔跨布置(m)	桥底净高(m)	跨越障碍物				梁式桥								拱式桥												钢筋混凝土梁		斜拉桥				悬索桥		刚构桥		
									预应力混凝土梁桥				钢梁桥		组合梁桥		圬工拱桥		钢筋混凝土拱桥					钢拱桥		钢管混凝土拱桥						结合梁								
					河流	道路	沟谷	铁路	简支梁桥	连续梁桥	连续刚构桥	先简支后连续	简支钢梁	连续钢梁	预弯混凝土梁	钢管混凝土桁架梁	预制混凝土拱	现浇混凝土拱	双曲拱	肋拱	箱形拱	刚架拱	系杆拱	箱形拱	桁架拱	桁架型	哑铃型	提篮型	普通钢筋混凝土梁	预应力混凝土梁	工字钢梁混凝土板	钢箱梁混凝土板	钢管桁架梁混凝土板	钢箱梁	钢梁	混合梁	悬索式	钢带式	T形刚构	连续刚构	门式刚构
大桥	下塘口大桥	489	8×50+2×40		√	√						√																														
	偏岩嘴大桥	288	7×40		√							√																														
	团坡营大桥	322	2×40+3×50+2×40		√							√																														
	王家毛坡大桥	227	7×30		√							√																														
	黄角树坡大桥	552	3×40+3×50+3×50+3×40		√							√																														
	高谷一号桥	287	9×30		√							√																														
	高谷二号桥	444	2×40+3×50+4×50		√							√																														
	高谷三号桥	217.5	3×50+2×30		√							√																														
	宋家沟大桥	292.5	7×40		√							√																														
	铁喷咀大桥	513.5	3×30+5×30+5×30+4×30		√							√																														
	大堰沟大桥	408.2	2×40+4×50+3×40		√							√																														
	潘家堡大桥	361	2×50+3×50+2×50				√					√																														

G65 包茂高速公路隧道汇总表

项目名称：武隆至彭水段

附表 2-5e2）

规模	名称	隧道全长 (m)	隧道净宽 (m)	隧道分类					
				按地质条件划分			按所在区域划分		
				土质隧道	石质隧道	山岭隧道	水底隧道	城市隧道
特长隧道	长滩隧道	3245.5	10.5		√	√		
	中兴隧道	6105	10.5		√	√		
	共和隧道	4780	10.5		√	√		
长隧道	枫香隧道	1022	10.5		√	√		
	银盘隧道	1117	10.5		√	√		
	下塘隧道	1706	10.5		√	√		
	高谷隧道	1431	10.5		√	√		
	胡家湾隧道	1188	10.5		√	√		
	佛仙寺隧道	1198	10.5		√	√		
	董家湾隧道	1097	10.5		√	√		
短隧道	柿子坪隧道	679	10.5		√	√		
	钟山隧道	732	10.5		√	√		
	望江寺隧道	689	10.5		√	√		

G65 包茂高速公路复杂技术工程信息采集表　　附表 2-5e3i)

项目名称:武隆至彭水段　　　　　　　　　　　　　　　　　施工单位:第四工程有限公司

复杂技术工程名称	共和乌江特大桥	施工里程桩号	K38+714～K39+771	长度(m)	1083

共和乌江特大桥全长 1082.7m,主跨 113m+200m+113m 预应力混凝土连续刚构桥,分双幅修建,主梁为单箱单室截面,桥墩为钢筋混凝土薄壁柔性墩,群桩基础。引桥为 40m、50m 先简支结构连续预应力混凝土 T 梁。下部结构为混凝土实心墩和混凝土空心墩,桩基直径分别为 1.5m、1.8m 和 2.1m,共有 22 根墩柱。

桥梁施工过程中的先进施工技术和施工工艺包括:

1. 直螺纹机械连接技术

共和乌江特大桥墩身高,主筋直径大且数量多,钢筋接头多达 10 万余个。采用钢筋机械连接方式后,基本克服了传统钢筋焊接连接方式的弊端。该连接技术的施工技术是把套筒冷挤压连接、锥螺纹连接技术两者结合起来,替代了粗钢筋连接技术较普及的电渣压力焊、竖压焊、闪光对焊等连接性能较不稳定的钢筋连接方式。该技术施工工艺简单,不受气候条件影响,投入设备少,机械化使用程度高,施工连接时不用电,无明火作业,连接速度快,质量稳定可靠,在共和乌江特大桥钢筋施工中取得了显著成效。

2. C60 高强泵送混凝土配合比设计与施工

C60 混凝土属于高等级混凝土,国内在建筑和水利工程上已有使用,但在高速公路工程施工中还比较少见,且在超百米高墩上悬浇使用(混凝土实际泵送高度达 125m),更为罕见。鉴于国内高速公路项目上连续刚构桥上部结构混凝土存在普遍开裂的情况,为保证共和乌江特大桥上部 C60 高等级混凝土的耐久性,有效控制混凝土及水泥砂浆早期的塑性收缩、干缩等非结构性裂缝的产生和发展,防止混凝土初期及后期开裂,对 C60 配合比材料进行优化和添加,增加国内当时较为新型的配合比材料如微硅粉和聚丙烯纤维,减少工程后期维护费用

G65 包茂高速公路复杂技术工程信息采集表　　附表 2-5e3ii)

项目名称:武隆至彭水段　　　　　　　　　　　　　　　　　施工单位:中铁五局五公司

复杂技术工程名称	中兴隧道	长度(m)	6105

中兴隧道是西部开发省际通道重庆至长沙高速公路彭水至武隆段上的一座特长隧道,位于重庆市武隆县境内,穿越大娄山岭北西侧,东口处于黄草乡乌江西岸,西口处于中嘴乡印家湾,左洞全长 6105.42m,右洞全长 6082m,是本线最长的隧道之一。

中兴隧道集断层破碎带、大涌水、煤层瓦斯、溶洞群为一体,总长 12.187km,为双洞分修特长隧道。2008 年 10 月 10 日,中铁五局五公司施工的中兴隧道左线主体工程全部完工。

中兴隧道主要采取了以下技术措施:

(1)中兴隧道分离式双洞间净距为 21m,约为 1.5 倍洞径,较一般分离式双洞间距 2.5 倍洞径小,使隧道外接线条件更加灵活,并降低了工程造价;

(2)对岩溶、瓦斯等不良地质地段,采用综合超前地质预报,以探明掌子面前方的地质情况,并针对性地设置处理措施,防止地质灾害的发生,保证施工安全;

(3)首次在长度大于 6000m 的特长公路隧道中采用全纵向射流通风方式,通风设备便于分期实施,降低了初期投资及以后的营运、管理费用,使该通风方式的适用范围有了进一步突破;

(4)隧道路面采用沥青复合式路面,保证行车安全与舒适性;

(5)进行洞口景观设计,洞门简捷明快,与周边自然景观相协调;

(6)重视环境保护,在弃渣困难的沟内采用挡渣坝防止弃渣流失,对坡面进行绿化,为困难地形弃渣的处理提供新思路

附 录

G65 包茂高速公路复杂技术工程信息采集表

附表 2-5e3iii)

项目名称:武隆至彭水段 施工单位:中铁隧道股份有限公司和中铁六局集团太原铁路建设有限公司

复杂技术工程名称	共和隧道	长度(m)	4780

湘渝高速公路彭武段共和隧道左洞全长 4780m、右洞全长 4710m。位于重庆东南部,紧邻大娄山脉,属乌江侵蚀河谷发育的中低山峡谷地区。共和隧道开工以后,前期施工进展顺利,隧道左线进入 K40+830,右线进入 K40+900,埋深超过 300m。

初期支护开始出现开裂,隧道埋深超过 500m 后,开始显现围岩大变形破坏现象,大部分格栅钢拱架被挤压扭曲变形,掉块严重,边墙也出现岩体挤出破坏情况。随着隧道埋深不断增大,初期支护喷射混凝土开裂和钢拱架变形破坏程度也随之更加严重。现场监控量测数据显示,最大水平收敛达 31cm,最大拱顶下沉量达 20cm,最大变形速度达 1.3cm/d。

地质灾害对策措施主要有:

1. 先放后抗支护

经分析隧道初期支护喷射混凝土出现开裂和剥落现象,在于开挖后没有留出足够时间以释放围岩形变应力,围岩应力不能释放,过早进行支护反而造成初期支护受力过大,出现局部喷射混凝土开裂,处理的关键就是要让围岩应力得以释放。因此可考虑隧道开挖后支护应以柔性支护为宜,允许围岩及支护变形,使围岩能形成承载环,初期支护能保证施工安全即可。随着时间推移,地应力的逐渐释放,围岩应力重新达到新的平衡,支护所受围岩压力逐渐变小,此时再增加支护的刚度,以抑制围岩变形过大,使岩体不致过度松弛而丧失或大大降低承载能力。这种"先放后抗"的支护体系,通过调整支护结构的强度、刚度和它参与承载的时间来控制岩体的变形,能充分利用围岩的自承能力,更为经济合理。

2. 刚性支护

虽然隧道围岩的节理裂隙比较发育,围岩比较破碎,但在隧道开挖后掌子面是可以自稳的。如果在开挖后立即进行刚性支护且初期支护立即封闭成环,可以阻止围岩的进一步破坏。如果不立即封闭初期支护,围岩会在高地应力作用下进一步破坏,造成松动圈范围进一步扩大,最后导致初期支护开裂破坏。从现场情况及监控量测数据反映,初期支护虽然出现开裂,但并未出现初期支护失稳的现象。因此提出隧道开挖后立即进行足够强度的刚性支护

重 庆

附表 2-5-e4

填报省份：重庆市

G65 包茂高速公路建设从业单位信息采集表

项目名称：武隆至彭水段
通车里程桩号：K0+080～K64+500

序号	参建单位	单位名称	合同段编号及起止桩号	主要负责人	备注
1	项目管理单位	重庆高速公路集团有限公司东南分公司	K0+080～K64+500	阳光	
2	勘察设计单位	中铁二院工程集团有限责任公司	K0+080～K64+500	陈丽	
3	施工单位	中铁二十五局第一工程公司	C1:K0+080～K3+200	曹云科	
4		重庆渝达公路桥梁有限公司	C2:K3+200～K7+300	蒙井玉	
5		中铁五局集团第三工程有限公司	C3:K7+300～K10+200	娄贤龙	
6		四川武通路桥工程局	C4:K10+200～K12+700	贺风春	
7		贵州省公路工程总公司	C5:K12+700～K16+000	张亚龙	
8		福建建工集团总公司	C6:K16+000～K20+000	洪桂忠	
9		重庆交通建设集团有限责任公司	C7:K20+000～K22+400	吴志文	
10		中铁二十局集团第二工程公司	C8:K22+400～K24+820	毕树峰	
11		重庆市渝宏公路工程有限公司	C9:K24+820～K26+100	杨明海	
12		中国路桥（集团）总公司	C10:K26+100～K28+310	范书龙	
13		中铁二十局集团第四工程处	C11:K28+310～K30+600	张利民	
14		路桥集团第二公路工程局第六工程处	C12:K30+600～K33+780	张春和	
15		贵州省太原桥梁工程总公司	C13:K33+780～K36+400	肖阳峰	
16		北京海龙公路工程局	C14:K36+400～K38+650	王志超	
17		路桥集团第一公路工程局	C15:K38+650～K39+820	杨树峰	
18		中铁隧道股份有限公司	C16:K39+820～K42+400	陈智坤	
19		中铁六局集团太原铁路建设有限公司	C17:K42+400～K45+160	陈杭生	
20		安通建设有限公司	C18:K45+160～K46+870	付宁东	
21		重庆市公路工程集团股份有限公司	C19:K46+870～K47+740	戴清泉	
22		中铁一局集团桥梁工程有限公司	C20:K47+740～K48+780	李小刚	

续上表

序号	参建单位	单位名称	合同段编号及起止桩号	主要负责人	备注
23	施工单位	中铁五局集团有限公司	C21:K48+780~K52+550	将良斌	
24		中铁二十五局集团第一工程有限公司	C22:K52+550~K56+450	李勇舟	
25		陕西华通公路工程有限公司	C23:K56+450~K60+200	张治军	
26		中铁四局集团有限公司	C24:K60+200~K64+500	王铁文	
27	监理单位	西安方舟工程咨询有限责任公司	C1-C5:K0+080~K16+000	李光宇	
28		重庆育才咨询监理有限公司	C6-C15:K16+000~K39+820	翟武权	
29		重庆市交通工程监理咨询有限责任公司	C16-C24:K39+820~K64+500	廖光德	
30	设计审查单位	中交第一公路勘察设计研究院	K0+080~K64+500	淦君实	

G65 包茂高速公路桥梁汇总表

附表 2-5f1

项目名称：彭水至黔江段

规模	名称	桥长(m)	孔跨布置(m)	桥底净高(m)	跨越障碍物			梁式桥				斜拉桥
					道路	铁路	河沟谷流	简支梁桥	连续梁桥	连续悬臂梁桥	先简支后连续梁桥	预应力混凝土梁
特大桥	瓦窑堡大桥	1210.3	23×30+71+3×125+71						√			
	武陵山大桥	840	30×1+155+360+155+30×4				√		√			
	刘家湾大桥	247.689	8×30				√				√	
大桥	蒲花河大桥	854.04	40×21								√	
	沙沟大桥	227.617	7×30				√				√	
	箱子铺大桥	136.02	3×40				√				√	
	官村大桥	112.378	5×20				√				√	
	孙家园大桥	233.121	11×20				√				√	
	小溪沟大桥	355.8	71+125+71+4×20				√			√	√	
	黑林口大桥	404.152	13×30				√				√	
	龙桥大桥	612.555	20×30			√					√	
	沿溪沟大桥	496.15	80+150+80+6×30				√			√	√	

续上表

规模	名称	桥长(m)	孔跨布置(m)	桥底净高(m)	跨越障碍物				梁式桥									拱式桥													斜拉桥							悬索桥		刚构桥			
									预应力混凝土梁桥				钢梁桥		组合梁桥		圬工拱桥		钢筋混凝土拱桥					钢拱桥				钢管混凝土拱桥		钢筋混凝土梁		结合梁				钢梁	混合梁						
					河沟流	道路	铁路	山谷	简支梁桥	先简支后连续梁桥	连续梁桥	悬臂梁桥	简支钢梁	连续钢梁	预弯混凝土组合梁	钢管混凝土组合梁	现浇混凝土拱	预制混凝土拱	双曲拱	肋拱	箱形拱	刚架拱	桁架拱	系杆拱	桁架拱	哑铃型	箱形拱	提篮型	桁架型	普通钢筋混凝土梁	预应力混凝土梁	工字钢梁混凝土板	钢箱梁混凝土板	钢管桁架梁混凝土板	钢箱架梁混凝土板			悬带式	钢索式	T形刚构	桁架刚构	连续刚构	门式刚构
大桥	斑竹林大桥	253.541	6×40		√						√																																
	洞塘大桥	121.68	6×20		√						√																																
	大青林大桥	101.68	5×20		√				√																																		
	天登寺大桥	106	3×30+8		√				√	√																																	
	百家坝大桥	928.98	4×40+4×40+(40+45×2)+34×2)+5×40+5×40			√					√																																
	姚家湾大桥	307.51	4×30+6×30		√					√																																	
	肖家坡大桥	220.04	5×40		√					√																																	
	古马上大桥	187.448	6×30			√				√																																	
	堡上大桥	719.66	3×30+2×(40×4)+2×(5×30)		√					√																																	
	瓮坪大桥	260.08	8×30		√					√																																	
	桐子林大桥	334.51	8×40		√					√																																	

687

续上表

规模	名称	桥长(m)	孔跨布置(m)	桥底净高(m)	跨越障碍物-河流	跨越障碍物-沟谷	跨越障碍物-道路	跨越障碍物-铁路	梁式桥-预应力混凝土梁桥-先简支后连续梁
大桥	大土大桥	97.15	3×30		√				√
	廖家坝大桥	161.05	5×30			√			√
	中雅山大桥	130.05	4×30		√				√
	斯家青大桥	134.25	30×4			√			√
	施家屋基大桥二号桥	96	20×4			√			√
	黄家堡大桥	572.103	5×40+5×40+4×40			√			√
	榨坊大桥	158.106	5×30			√			√
	坝窑湾大桥	376.101	9×40			√			√
	中堡大桥	431.79	14×30			√			√
	何家坳大桥	632.312	15×40			√			√
	大塘堡大桥	189.83	6×30			√			√
	岩坪大桥	419.57	10×40			√			√
	和尚沟大桥	188.575	6×30		√				√
	张家沟大桥	157.14	7×20		√				√
	凉水井大桥	199.98	6×30		√				√

G65 包茂高速公路隧道汇总表

附表 2-5(२)

项目名称：彭水至黔江段

规模	名称	隧道全长 (m)	隧道净宽 (m)	隧道分类					
				按地质条件划分			按所在区域划分		
				土质隧道	石质隧道	山岭隧道	水底隧道	城市隧道
特长隧道	正阳隧道	3604	10.5		√	√		
	斑竹林隧道	3295.5	10.5		√	√		
长隧道	洞塘隧道	1719	10.5		√	√		
	武陵隧道	2409	10.5		√	√		
	蔡家堡隧道	1218	10.5		√	√		
	大龙洞隧道	2551	10.5		√	√		
	贺家堡隧道	1997	10.5		√	√		
	石会隧道	2256	10.5		√	√		
	沙坝隧道	2723	10.5		√	√		
	彭水隧道	2770	10.5		√	√		
中隧道	王家堡隧道	681	10.5		√	√		
	桐子林隧道	503	10.5		√	√		
	楼坪隧道	855	10.5		√	√		

重庆

G65 包茂高速公路复杂技术工程信息采集表　　　附表2-5f3)

项目名称：彭水至黔江段　　　　　　　　　　　　施工单位：四川公路桥梁建设集团有限公司

复杂技术工程名称	武陵山特大桥	施工里程桩号	K62+218.000~ K63+058.000	长度(m)	840

武陵山特大桥处于重庆至长沙高速公路的黔江至彭水段，为双塔双索面结构，采用155m+360m+155m的桥跨布置，长840m。塔柱采用宝石型空间结构，索塔塔柱采用"D"形截面。索塔共有两道横梁，下横梁以上塔高99.08m，以下塔高45.0m，塔柱横桥向宽4.4~6.4m，顺桥向宽6.5~8.5m，3号墩塔柱下设圆端形墩身，高41.0m。

由四川公路桥梁建设集团有限公司承建的武陵山大桥建设时期名为"干溪沟1号大桥"。主桥采用三跨连续飘浮体系双塔双索面 PC 斜拉桥，为沿线最大控制性工程，是沿线唯一一座斜拉桥。大桥横跨干溪沟大峡谷，桥面距谷底363m，其高度在当时全世界已建成的桥梁中居前列。

大桥主墩地处悬崖绝壁边，施工难度大，技术含量高。在悬崖上的桩基处，最深的桩52m，桩径2.8m，一个主墩由24根桩组成。施工之初，因山高坡陡沟深，进场十分困难。施工单位在两边分别修了20km和30km的施工便道，便道两旁是险峻的高山和幽深的峡谷，每次经过都使人心惊胆战。每逢下雨，道路泥泞不堪，运输车辆寸步难行。因山坡陡峭，施工场地险峻狭窄，施工者只能在斜坡上搭设钢"吊脚楼"设置拌和站和预制场。

2008年初，百年不遇的雪灾袭来，为了保证T梁预制质量，施工者在T梁上盖防水保暖篷布，利用煤炭升温，加热沸水，蒸汽养护，以保持T梁强度。

对主墩零号、一号梁段采用无支架临时索配合挂篮施工方案，挂篮无支架竖向分件组拼、竖向整体起吊、竖转90°挂索安装就位施工工艺，为国内首例，并获得成功。

武陵山特大桥因其雄美壮观，成为重庆渝东南高速公路上的标志性建筑

附 录

附表 2-5(4)

填报省份：重庆市

G65 包茂高速公路建设从业单位信息采集表

项目名称：彭水至黔江段　　通车里程桩号：K1789+100～K1860+100

序号	参建单位	单位名称	合同段编号及起止桩号	主要负责人	备注
1	项目管理单位	重庆高速公路集团有限公司东南分公司	K1789+100～K1860+100	阳光	
2	勘察设计单位	中交第二公路勘察设计研究院	K10+000～K81+044.545	徐毕良	
3		西安公路研究所			
4		上海交通设计所有限公司			
5		江苏省交通规划设计院有限公司			
6		重庆交通科研设计研究院			
7	施工单位	贵州省桥梁工程总公司	D1：K10+000～K13+100	王乐成	
8		北京海威工程建设有限责任公司	D2：K13+100～K16+900	蒋勇	
9		中铁九局集团有限公司	D3：K16+900～K22+000	张声泉	
10		路桥集团三公局工程有限公司	D4：K22+000～K25+300	刘炜	
11		中港第四航务工程局	D5：K25+300～K28+050	刘光兵	
12		中铁隧道集团有限公司	D6：K28+050～K31+000	刘昌彬	
13		中铁五局集团第一工程有限责任公司	D7：K31+000～K34+900	吕保良	
14		中铁二十二局集团有限公司	D8：K34+900～K38+000	肖洪成	
15		中铁十六局集团有限公司	D9：K38+000～K40+598.529	张忠德	
16		重庆渝宏公路工程有限公司	D10：K40+598.529～K44+200	刘建	
17		贵州省公路工程总公司	D11：K44+200～K47+500	卢捷	
18		中铁十九局集团第一工程有限公司	D12：K47+500～K49+500	孙茂明	
19		重庆市交通建设（集团）有限责任公司	D13：K49+500～K52+000	彭刚	
20		中铁十一局集团第五工程有限公司	D14：K52+000～K54+140	申家喜	

续上表

序号	参建单位	单位名称	合同段编号及起止桩号	主要负责人	备注
21	施工单位	中铁大桥局股份有限公司	D15:K54+140~K56+500	白桦	
22		中国核工业中原建设有限公司	D16:K56+500~K59+500	张学启	
23		中铁四局集团有限公司	D17:K59+500~K62+100	秦正平	
24		四川公路桥梁建设集团有限公司	D18:K62+100~K65+310	林伟	
25		中铁二十局集团第四工程有限公司	D19:K65+310~K67+315	刘兴福	
26		安通建设有限公司	D20:K67+315~K71+020	刘相苏	
27		天津城建集团有限公司	D21:K71+020~K74+000	温德新	
28		北京市海龙公路工程有限公司	D22:K74+000~K77+920	巩勇	
29		中铁二十四局南昌铁路工程有限公司	D23:K77+920-K81+044.545	李忠荣	
30	监理单位	重庆市交通工程监理咨询有限责任公司	D1~D10:K10+000~K44+200	黎昌学	
31		西安方舟工程咨询有限责任公司	D11~23:K44+200~K81+044.545	曾庆梁	
32	设计咨询单位	中国公路工程咨询总公司	K10+000~K81+044.545	李苏评	

G65 包茂高速公路桥梁汇总表

附表 2-5g1

项目名称：大涵至酉阳段

规模	名称	桥长(m)	孔跨布置(m)	桥底净高(m)	跨越障碍物 河流沟谷	道路	铁路	梁式桥·预应力混凝土梁桥 简支梁桥	悬臂梁桥	连续梁桥	先简支后连续梁	钢梁桥·连续钢梁桥	组合梁桥·预弯组合混凝土梁	钢管混凝土组合桁架梁	圬工拱桥·预制混凝土拱桥	现浇混凝土拱	钢筋混凝土拱桥·双曲拱	肋拱	箱形拱	桁架拱	刚架拱	系杆拱	钢拱桥·箱形拱桥	桁架拱桥	钢管混凝土拱桥·哑铃型	提篮型	斜拉桥·钢筋混凝土梁·普通钢筋混凝土梁	预应力混凝土梁	结合梁·工字钢梁混凝土板	钢箱梁混凝土板	钢管桁架梁混凝土板	钢梁	混合梁	悬索桥·悬带式	钢索式	刚构桥·T形刚构桥	连续刚构	门式刚构
大桥	大路口大桥	250	8×30		√																																		
	道角大桥	248	6×40		√						√																												
	田坝大桥	243	6×40		√						√																												
	石马大桥	198	6×30		√						√																												
	何家坪大桥	759	(4×30)+(65+4×110+65)+(2×30)			√				√																													
	中堡顶大桥	533.5	13×40			√					√																												
	钟多大桥	126	4×30			√					√																												
	龙洞坡大桥	126.3	4×30			√					√																												
	杨家沟大桥	154.08	7×20			√					√																												
	小坝大桥	146	7×20		√						√																												
	筲箕湾大桥	688	15×40+25+35+25			√					√																												

693

续上表

规模	名称	桥长(m)	孔跨布置(m)	桥底净高(m)	跨越障碍物-河流	跨越障碍物-道路	跨越障碍物-铁路	梁式桥-预应力混凝土梁桥-简支梁桥	梁式桥-预应力混凝土梁桥-悬臂梁桥	梁式桥-预应力混凝土梁桥-连续梁桥	梁式桥-预应力混凝土梁桥-先简支后连续梁桥	梁式桥-钢梁桥-简支钢梁	梁式桥-钢梁桥-连续钢梁	组合梁桥-预弯组合梁	组合梁桥-钢管混凝土桁架梁	拱式桥-圬工拱桥-现浇预制混凝土拱	拱式桥-钢筋混凝土拱桥-双曲拱	拱式桥-钢筋混凝土拱桥-肋拱	拱式桥-钢筋混凝土拱桥-箱形拱桥	拱式桥-钢筋混凝土拱桥-桁架拱桥	拱式桥-钢筋混凝土拱桥-刚架拱桥	拱式桥-钢筋混凝土拱桥-系杆拱桥	拱式桥-钢拱桥-箱形拱型	拱式桥-钢拱桥-桁架拱型	拱式桥-钢拱桥-哑铃型	拱式桥-钢管混凝土拱桥-提篮型	斜拉桥-钢筋混凝土梁-普通钢筋混凝土梁	斜拉桥-钢筋混凝土梁-预应力混凝土梁	斜拉桥-结合梁-工字钢梁混凝土板	斜拉桥-结合梁-钢箱梁混凝土板	斜拉桥-结合梁-钢管桁架梁混凝土板	斜拉桥-钢梁-混合梁	悬索桥-悬带式	悬索桥-钢索式	刚构桥-桁架刚构	刚构桥-T形刚构	刚构桥-连续刚构	刚构桥-门式刚构
大桥	天坑大桥	155	7×20		√						√																											
	凉风洞大桥	126	4×30		√						√																											
	千洞湾大桥	221	7×30		√						√																											
	麦子坡大桥	94.08	4×20		√						√																											
	徐家湾大桥	398	13×30		√						√																											
	大河铺一号大桥	288	7×40			√					√																											
	大河铺二号大桥	800	6×30+7×40			√					√																											

附表 2-5-g2

G65 包茂高速公路隧道汇总表

项目名称：大涵至西阳段

| 规模 | 名称 | 隧道全长(m) | 隧道净宽(m) | 按地质条件划分 | | 隧道分类 | | |
				土质隧道	石质隧道	山岭隧道	水底隧道	城市隧道
特长隧道	酉黔隧道	3278	10.5		√	√		
长隧道	关监口隧道	825	10.5		√	√		
	天灯隧道	634	10.5		√	√		
	天灯隧道	634	10.5		√	√		

附表 2-5-g3

G65 包茂高速公路建设从业单位信息采集表

通车里程桩号：K1860+100～K1883+420　　　　填报省份：重庆市

项目名称：大涵至西阳段

序号	参建单位	单位名称	合同段编号及起止桩号	主要负责人	备注
1	项目管理单位	重庆高速公路集团有限公司北方建设分公司		阳光	
2	勘察设计单位	中国公路工程咨询总公司		雷刚	
3	施工单位	中铁五局集团第一工程有限责任公司	E1：K37+380～K39+465	黄西斌	
4		中铁隧道集团二处有限公司	E2：K39+465～K42+880	何毅	
5		中港第二航务工程局	E3：K42+880～K50+500	周道银	
6		北京海龙公路工程公司	E4：K50+500～K54+420	喻国华	
7		中铁十九局集团第四工程有限公司	E5：K54+420～K60+676.990	施俊波	
8	监理单位	重庆育才工程咨询监理有限公司	EJ	陈远华	
9	设计咨询单位	中交第一公路勘察设计研究院		赵刚	

G65包茂高速公路桥梁汇总表

项目名称：大涵至西阳段

附表 2-5h1）

规模	名称	桥长(m)	孔跨布置(m)	桥底净高(m)	跨越障碍物-河流沟谷	跨越障碍物-道路	跨越障碍物-铁路	梁式桥-预应力混凝土梁桥-简支梁桥	梁式桥-预应力混凝土梁桥-悬臂梁桥	梁式桥-预应力混凝土梁桥-连续梁桥	梁式桥-预应力混凝土梁桥-先简支后连续梁桥	梁式桥-钢梁桥-连续钢梁桥	梁式桥-组合梁桥-预弯混凝土梁	梁式桥-组合梁桥-钢管混凝土桁架梁	拱式桥-圬工拱桥-现浇混凝土拱	拱式桥-圬工拱桥-预制混凝土拱	拱式桥-钢筋混凝土拱桥-双曲拱	拱式桥-钢筋混凝土拱桥-肋拱	拱式桥-钢筋混凝土拱桥-箱形拱桥	拱式桥-钢拱桥-桁架拱桥	拱式桥-钢拱桥-刚架拱桥	拱式桥-钢拱桥-系杆拱桥	拱式桥-钢管混凝土拱桥-哑铃型	拱式桥-钢管混凝土拱桥-桁架型	拱式桥-钢管混凝土拱桥-提篮型	斜拉桥-钢筋混凝土梁	斜拉桥-钢筋混凝土梁-普通钢筋混凝土梁	斜拉桥-钢筋混凝土梁-预应力混凝土梁	斜拉桥-结合梁-工字钢梁混凝土板	斜拉桥-结合梁-钢箱梁混凝土板	斜拉桥-结合梁-钢管桁架梁混凝土板	斜拉桥-钢梁	斜拉桥-混合梁	悬索桥-悬索式	悬索桥-钢索带式	刚构桥-T形刚构	刚构桥-桁架刚构	刚构桥-连续刚构	刚构桥-门式刚构
特大桥	烟登堡大桥	1085.6	2×30+8×40+6×30+13×40		√																																		
	细沙河大桥	383	9×20+190		√																																	√
	阿蓬江大桥	509	90+170+90+5×30		√																																	
大桥	关隘口大桥	156	5×30		√			√																															
	岩洞湾大桥	212.5	10×20			√		√																															
	吴家湾大桥	212.5	10×20			√		√																															
	小湾岭大桥	174.08	8×20			√		√																															
	何家湾大桥	130.98	6×20			√		√																															
	白岩脚1号大桥	376	18×20			√		√																															
	白岩脚2号大桥	229	7×30			√		√																															
	棺杆堡大桥	211.08	10×20			√		√																															

续上表

规模	名称	桥长(m)	孔跨布置(m)	桥底净高(m)	跨越障碍物			梁式桥							拱式桥								斜拉桥					悬索桥		刚构桥		
					河流沟谷	道路、铁路		预应力混凝土梁桥			钢梁桥	组合梁桥		圬工拱桥		钢筋混凝土拱桥			钢拱桥			钢管混凝土拱桥		钢筋混凝土梁	结合梁			钢梁混合梁	悬索式	钢索带式	T形刚构桥	连续刚构	门式刚构
							简支梁桥	悬臂梁桥	连续梁桥	先简支梁后连续		预弯混凝土组合梁	钢管混凝土桁架梁	现浇混凝土拱	预制混凝土拱	双曲拱	肋拱	箱形拱	桁架系杆拱桥	箱形拱桥	桁架拱桥	哑铃型	桁架型	提篮型	普通钢筋混凝土梁	预应力混凝土梁	工字钢梁混凝土板	钢箱梁混凝土板	钢管桁架梁混凝土板					
大桥	老房子大桥	238	11×20		√		√																											
	柿子树大桥	307.18	15×20		√		√																											
	王家垭口大桥	153.88	7×20		√		√																											
	龙洞沟大桥	100	5×20		√		√																											
	余家沟大桥	189.5	6×30		√		√																											
	门口山大桥	726	6×40+16×30			√	√																											
	打鼓咀大桥	293.5	14×20		√		√																											
	三丘田大桥	276	9×30		√		√																											
	敖家大桥	495.06	12×40		√		√																											
	殷家湾大桥	228.68	11×20		√		√																											
	小岩口中桥	88.17	4×20		√		√																											

G65 包茂高速公路隧道汇总表

附表 2-5h2

项目名称：大涵至西阳段

规模	名称	隧道全长（m）	隧道净宽（m）	按地质条件划分		隧道分类		按所在区域划分	
				土质隧道	石质隧道	山岭隧道	水底隧道	城市隧道	
特长隧道	桃花源隧道	2652	10.5		√	√			
长隧道	黑水隧道	1410	10.5		√	√			
	龙池坝隧道	1508	10.5		√	√			
	平地坝隧道	1591	10.5		√	√			
	七里槽隧道	1205	10.5		√	√			

G65 包茂高速公路建设从业单位信息采集表

附表 2-5h3
填报省份：重庆市

项目名称：大涵至西阳段　　通车里程桩号：K1883+420～K1920+650

序号	参建单位	单位名称	合同段编号及起止桩号	主要负责人	备注
1	项目管理单位	重庆高速公路集团有限公司北方建设分公司		阳光	
2	勘察设计单位	中国公路工程咨询总公司		雷刚	
3	施工单位	中铁二十局集团有限公司	F1：K0+150～K3+960	董宏	
4		路桥集团一局厦门工程处	F2：K3+960～K7+320	高辉	
5		上海警通路桥建设有限公司	F3：K7+320～K15+760	王庭友	
6		中铁一局集团有限公司	F4：K15+760～K22+460	高虎军	
7		重庆市公路工程（集团）股份有限公司	F5：K22+460～K29+300	杜智现	
8		重庆煤矿建设集团第五工程处	F6：K29+300～K31+725	吴怀林	
9		中国核工业中原建设有限公司	F7：K31+725～K34+585	王正勇	
10		路桥集团第二公路工程局第六工程处	F8：K34+585～K37+380	郭永顺	
11	监理单位	北京中兴公路工程梁工程发展咨询有限公司	FJ	邝代顺	
12	设计咨询单位	中交第一公路勘察设计研究院		赵刚	

附表 2-5i1）

G65 包茂高速公路桥梁汇总表

项目名称：酉阳至上官桥段

规模	名称	桥长(m)	孔跨布置(m)	桥底净高(m)	跨越障碍物				梁式桥-预应力混凝土梁桥				梁式桥-钢梁桥		组合梁桥		圬工拱桥	拱式桥-钢筋混凝土拱桥				拱式桥-钢拱桥			钢管混凝土拱桥	斜拉桥-钢筋混凝土梁	斜拉桥-结合梁				斜拉桥-钢梁	斜拉桥-混合梁	悬索桥-钢索带式	悬索桥-悬索式	刚构桥-T形刚构	刚构桥-连续刚构	刚构桥-门式刚构
					河流	沟合	铁路	道路	先简支梁后连续	简支梁桥	连续梁桥	悬臂梁桥	简支钢梁桥	连续钢梁桥	预弯混凝土组合梁	钢管混凝土桁架梁	现浇预制混凝土拱	箱形拱桥	刚架拱桥	双曲拱桥	肋拱桥	箱形拱桥	桁架拱桥	系杆拱桥	哑铃型桁架拱桥	篮型桁架拱桥	普通钢筋混凝土梁	预应力混凝土梁	工字钢混凝土板梁	钢箱梁混凝土板梁	钢管桁架梁混凝土板梁						
特大桥	杉木洞大桥	1446	36×40					√																													
大桥	唐家湾大桥	226	11×20			√			√																												
	回水沱大桥	110	3×30		√																																
	溶溪河大桥	648	21×30		√				√																												
	井岗河大桥	764.15	19×40			√				√																											
	傅家湾大桥	404	10×40			√			√																												
	桐岭大桥	331	8×40			√			√																												
	两河口大桥	890	22×40			√			√																												
	张扬沟大桥	296	7×40				√		√																												
	堰黄溪大桥	178	4×40			√			√																												
	板溪大桥	401	13×30			√			√																												
	皂梯树大桥	369	12×30			√			√																												
	山羊沟大桥	230	7×30			√			√																												

续上表

规模	名称	桥长(m)	孔跨布置(m)	跨越障碍物				梁式桥				拱式桥				斜拉桥			悬索桥	刚构桥		
				河流	沟谷	道路	简支铁路	预应力混凝土梁桥	钢梁桥	组合梁桥	圬工拱桥	钢筋混凝土拱桥	钢拱桥	钢管混凝土拱桥	钢筋混凝土梁	结合梁	钢混合梁		悬索带式	桁架刚构	T形刚构	连续刚构	门式刚构
大桥	瓦厂坝大桥	277.39	7×40	√				√														
	青木林大桥	154	7×20	√				√														
	小米坝大桥	180	8×20	√				√														
	冉家湾大桥	266	13×20	√				√														

附表2-5i2

G65 包茂高速公路隧道汇总表

项目名称：酉阳至上官桥段

规模	名称	隧道全长(m)	隧道净宽(m)	隧道分类					
				按地质条件划分			按所在区域划分		
				土质隧道	石质隧道	山岭隧道	水底隧道	城市隧道	
特长隧道	葡萄山隧道	6295	10.5		√	√			
长隧道	青岗隧道	1286	10.5		√	√			
中隧道	龙门隧道	846	10.5		√	√			
短隧道	寨上隧道	269	10.5		√	√			

附录

G65 包茂高速公路建设从业单位信息采集表

附表 2-5i3

项目名称：酉阳至上官桥段
通车里程桩号：K1920+650～K1952+600
填报省份：重庆市

序号	参建单位	单位名称	合同段编号及起止桩号	主要负责人	备注
1	项目管理单位	重庆高速公路集团有限公司北方建设分公司		罗杰	
2	勘察设计单位	招商局重庆交通科研设计院有限公司		彭金涛	
3	施工单位	四川攀峰路桥建设有限责任公司	G1:K46+080～K50+080	邓通平	
4		中铁隧道集团二处有限公司	G2:K50+080～K52+620	陈大军	
5		路桥集团第一公路工程局	G3:K52+620～K56+120	张海波	
6		中铁十五局集团有限公司	G4:K56+120～K60+000	夏章平	
7		中铁十九局集团有限公司	G5:K60+000～K62+880	朱登礼	
8		路桥集团第一公路工程局厦门工程处	G6:K62+880～K66+600	杨林	
9		中港第二航务工程局	G7:K66+600～K73+600	向剑	
10		岳阳市公路桥梁总基公司	G8:K73+600～K78+022.69	彭军华	
11	监理单位	武汉中交路桥设计咨询有限公司		李裕禄	
12		武汉大通桥梁工程咨询监理有限公司			
13		西安金路交通科技发展有限责任公司			
14	设计咨询单位	中交京华技术咨询有限公司		王贵平	

G65 包茂高速公路桥梁汇总表

附表 2-5j1

项目名称：上官桥至洪安段（湘渝界）

规模	名称	桥长(m)	孔跨布置(m)	桥底净高(m)	跨越障碍物	梁式桥	拱式桥	斜拉桥	悬索桥	刚构桥
大桥	观音阁大桥	311	10×30		河流	简支梁桥 √				
	岩庄坪大桥	336	11×30		河流	简支梁桥 √				
	苗路河大桥	156	6×25		河流	简支梁桥 √				
	龙马大桥	261	10×25		河流	简支梁桥 √				
	车田大桥	106	4×25		沟合	简支梁桥 √				
	老寨河大桥	131	5×25		河流	简支梁桥 √				
	一碗水大桥	216	7×30		道路	简支梁桥 √				
	雅江大桥	406	10×40		河流	连续梁桥 √				
	青岗山大桥	191	9×20		道路	简支梁桥 √				
	石门门大桥	126	6×20		道路	简支梁桥 √				
	黄泥沟大桥	206	5×20+5×20		道路	简支梁桥 √				
	官庄大桥	386	9×20+(60+40)+3×20		道路	简支梁桥 √ 连续梁桥 √				
	梅江大桥	166	4×40		河流	连续梁桥 √				

续上表

名称	桥长(m)	孔跨布置(m)	桥底净高(m)	跨越障碍物			梁式桥				拱式桥					斜拉桥			悬索桥	刚构桥	
				河流	沟谷	道路	铁路	预应力混凝土梁桥			钢梁桥	组合梁桥	圬工拱桥	钢筋混凝土拱桥	钢拱桥	钢管混凝土拱桥	钢筋混凝土梁	预应力混凝土梁	结合梁	钢梁	混合梁	悬索桥	悬带式	钢索式	T形刚构桥	桁架刚构桥	连续刚构桥	门式刚构桥
								简支梁桥	连续梁桥	悬臂梁桥	先简支后连续梁	简支钢梁桥	连续钢梁桥	预弯组合梁	钢管混凝土组合桁架梁	现浇混凝土拱桥	预制混凝土拱桥	双曲拱	肋拱	箱形拱桥	桁架拱桥	刚架拱桥	箱形拱桥	桁架拱桥	系杆拱桥	哑铃型	桁架型	提篮型	普通钢筋混凝土梁	预应力混凝土梁	工字钢梁	钢箱梁	钢桁架梁	钢管桁架梁	钢梁混凝土板	钢桁架混凝土板							

大桥

名称	桥长(m)	孔跨布置(m)	河流	沟谷	先简支后连续梁
平江大桥	331	4×40+4×40			√
田家湾大桥	488	12×40	√		√
玉屏大桥	410	13×30	√		√

G65 包茂高速公路隧道汇总表

附表 2-5j2

项目名称：上官桥至洪安段（湘渝界）

规模	名称	隧道全长(m)	隧道净宽(m)	隧道分类				
				按地质条件划分		按所在区域划分		
				土质隧道	石质隧道	山岭隧道	水底隧道	城市隧道
特长隧道	秀山隧道	3453	10.5		√	√		
长隧道	老虎山隧道	2812	10.5		√	√		
中隧道	大董岭隧道	850	10.5		√	√		
中隧道	沙帽坡隧道	799	10.5		√	√		
中隧道	鸳鸯隧道	795	10.5		√	√		
短隧道	狮子山隧道	367	10.5		√	√		

G65 包茂高速公路复杂技术工程信息采集表 附表 2-5j3)

项目名称:上官桥至洪安段　　　施工单位:中铁十六局集团第三工程有限公司

复杂技术工程名称	秀山隧道	施工里程桩号	K37+365	长度(m)	3453

秀山隧道属于渝湘高速公路上的控制性工程,位于重庆市秀山县境内,为双洞四车道高速公路隧道,按上下行分离式形式布置。隧道左、右两洞轴线最大间距为 16.5~43.5m,隧道进出口段受地形限制为小净距隧道。隧道右线全长 3453m,左线全长 3309.95m,中部最大埋深 400m。两阶段地质勘察结果表明,隧址区出露地层主要以海相沉积的碳酸盐岩为主,间夹少量陆相沉积碎屑岩类。区内岩溶发育主要个体形态有溶隙、石芽、溶沟、溶槽、落水洞、岩溶漏斗、岩溶洼地、岩溶槽谷,岩溶在地下表现形态主要为溶隙、溶孔、溶洞和地下暗河。考虑围岩受地质构造的影响和围岩节理裂隙发育程度,考虑围岩的风化特征对围岩强度的影响,以及地下水对围岩的危害性,隧道围岩可分为 III 级、IV 级、V 级。秀山隧道穿越平阳盖向斜,向斜纵向形成了数条地下暗河,这些地下暗河和溶洞的存在,为地下水的径流、赋存及隧道涌突水提供了有利的空间和运移通道。总体看,该隧道主要不良地质现象为岩溶与软弱夹层。

秀山隧道的关键技术主要有:

(1)分析了隧道排水能力、涌水量、围岩渗透系数以及注浆堵水和加固参数等对隧道衬砌结构外水压力的影响特征。

(2)建立了"控制排放"理念下的系统实施方案,具体包括隧道排水、隧道防水、注浆堵水和承压水支护结构等四方面的技术要点,从而形成了承压富水隧道的关键设计技术。

(3)基于衬砌拱墙及仰拱背后的空洞形态、回填不密实区形态及其相互之间的连通状态,提出了隧道外水压力的缝隙流水压力简化模型;在此基础上,考虑到围岩与衬砌在外水压力下的相互作用,进而利用接触单元建立了承压富水隧道的计算模型。

(4)利用上述计算模型,分析了水压力作用的不同简化分布模式、不同横断面位置、不同纵向范围等因素下的衬砌结构承载特征。

(5)确定了基于 ANSYS 数值模拟平台的承压水作用下隧道衬砌结构的可靠度评价模型与方法,分析了其变异性对隧道衬砌结构安全性的影响

附表 2-5j4

填报省份：重庆市

G65 包茂高速公路建设从业单位信息采集表

项目名称：上官桥至洪安段（湘渝界）　　通车里程桩号：K1952+600～K1998+040

序号	参建单位	单位名称	合同段编号及起止桩号	主要负责人	备注
1	项目管理单位	重庆高速公路集团有限公司北方建设分公司		罗杰	
2	勘察设计单位	招商局重庆交通科研设计院有限公司		彭金涛	
3	施工单位	太原路桥建设有限公司	H1:K1+020～K5+320	孙衍存	
4		中铁十三局集团有限公司	H2:K5+320～K10+600	朱宝权	
5		重庆市渝通公路工程总公司	H3:K10+600～K13+920	周延军	
6		路桥集团国际建设股份有限公司	H4:K13+920～K19+220	张千管	
7		中铁隧道股份有限公司	H5:K19+220～K22+100	齐贵仲	
8		中铁二十一局集团第三工程有限公司	H6:K22+100～K24+460	曾继光	
9		中国路桥集团西安实业发展有限公司	H7:K24+460～K28+700	卢文武	
10		中国水利水电第七工程局	H8:K28+700～K33+060	赵昌银	
11		安通建设有限公司	H9:K33+060～K36+380	黄光耀	
12		中铁十六局集团第三工程有限公司	H10:K36+380～K39+100	尹足	
13		中铁十三局集团第三工程有限公司	H11:K39+100～K41+800	耿占华	
14		中国第十九冶金建设有限公司	H12:K41+800～K46+080	曾梦川	
15		上海警通建设(集团)有限公司	HGTQ:人行天桥		
16	监理单位	武汉大通公路桥梁工程咨询监理有限责任公司		李裕椽	
17		武汉大通桥梁工程咨询监理有限公司			
18		西安金路交通科技发展有限责任公司			
19	设计咨询单位	中交京华技术咨询有限公司		王贵平	

G65 包茂高速公路项目获奖信息表

附表 2-5j5）

序号	获奖时间	项目名称	获奖类型	奖励等级	授奖单位	备注
1	2006 年	重庆至邻水邱家河高速公路	优秀设计奖	一	中国公路勘察协会	渝邻高速
2	2007 年	中小跨径桥梁结构连续工艺及性能研究	科学技术奖	二	重庆交通科学委员会	渝邻高速
3	2008 年	大涌水量与复杂地质条件下特长公路隧道修筑关键技术研究	科技进步奖	一	重庆市人民政府	渝湘高速
4	2010 年	重庆武隆至界石高速公路	优秀勘察奖	一	中国公路勘察协会	渝湘高速
5	2012 年	重庆西阳至黔江高速公路	优秀设计奖	一	中国公路勘察协会	渝湘高速
6	2012 年	重庆西阳至黔江高速公路	优秀勘察奖	二	中国公路勘察协会	渝湘高速
7	2012 年	重庆洪安至酉阳高速公路	优秀设计奖	二	中国公路勘察协会	渝湘高速

2-6 G69 银百高速公路相关附表

G69 银百高速公路建设项目信息采集表

附表 2-6a

序号	项目名称	规模(km)				建设性质(新、改、扩建)	设计速度(km/h)	永久占地(亩)	投资情况(亿元)			资金来源	建设时间(开工~通车)	备注
		合计	八车道及以上	六车道	四车道				估算	概算	决算			
1	开州至万州段(赵家互通至古家坝互通)	29.30			29.30	新建	60	2025.286	24	13.504	19.38	贷款和重庆市自筹	2003.4~2006.12	
2	万州至云阴段(古家坝互通至马鞍石互通)	5.00			5.00	新建	80	636.41	3.46	3.99	4.44	交通部补助、银行贷款、地方自筹	2004.12~2008.12	与G42共线
3	重庆沿江高速公路万州至忠县段	78.175			78.175	新建	80	7146.81	76.73	80.911		自筹、银行贷款	2013.6~2016.12	
4	忠县至丰都段	32.81			32.81	新建	80	2874	31.23	31.92		交通运输部补助、银行贷款	2012.12~2016.12	
5	涪陵(李渡)至南川(双河口)段	55.97			55.97	新建	80	4086.55	52.76	57.89		企业自筹和银行贷款	2010.4~2013.9	
合计		201.26												

重庆

G69银百高速公路桥梁汇总表

附表 2-6b1

项目名称：开州至万州（赵家互通至古家坝互通）

规模	名称	桥长(m)	孔跨布置(m)	桥底净高(m)	跨越障碍物-河流	跨越障碍物-沟谷	跨越障碍物-铁路	跨越障碍物-道路	梁式桥-预应力混凝土梁桥-简支梁桥	梁式桥-预应力混凝土梁桥-连续梁桥	梁式桥-预应力混凝土梁桥-悬臂梁桥	梁式桥-预应力混凝土梁桥-先简支后连续梁桥	梁式桥-钢梁桥-简支钢梁桥	梁式桥-钢梁桥-连续钢梁桥	梁式桥-组合梁桥-预弯混凝土组合梁桥	梁式桥-组合梁桥-钢管混凝土桁架梁	圬工拱桥-现浇混凝土拱桥	圬工拱桥-预制混凝土拱桥	圬工拱桥-双曲拱	圬工拱桥-助拱	拱式桥-钢筋混凝土拱桥-箱形拱桥	拱式桥-钢筋混凝土拱桥-桁架拱桥	拱式桥-钢筋混凝土拱桥-刚架拱桥	拱式桥-钢筋混凝土拱桥-系杆拱桥	拱式桥-钢拱桥-箱形拱桥	拱式桥-钢拱桥-桁架拱桥	拱式桥-钢拱桥-哑铃型拱桥	拱式桥-钢管混凝土拱桥-提篮型	斜拉桥-钢筋混凝土梁-普通钢筋混凝土梁	斜拉桥-钢筋混凝土梁-预应力钢筋混凝土梁	斜拉桥-结合梁-工字钢梁混凝土板	斜拉桥-结合梁-钢箱梁混凝土板	斜拉桥-结合梁-钢管桁架梁混凝土板	斜拉桥-钢梁	斜拉桥-钢箱桁架混合梁	悬索桥-悬索式	悬索桥-钢带式	刚构桥-桁架T形刚构桥	刚构桥-连续刚构桥	刚构桥-门式刚构桥	刚构桥-斜腿刚构桥
特大桥	碑梁大桥(左)	522	30×17							√																															
特大桥	碑梁大桥(右)	402	30×13							√																															
大桥	蔡家园大桥(左)	111.5	25×4+7.25+7.25			√				√																															
大桥	蔡家园大桥(右)	249.5	30×8+9.5			√				√																															
大桥	内口岩一号大桥(左)	275.76	30×9			√				√																															
大桥	内口岩二号大桥(左)	251.5	30×8			√				√																															
大桥	内口岩二号大桥(右)	171	30×5			√				√																															
大桥	普里河大桥(左)	261.5	30×8			√				√																															
大桥	普里河大桥(右)	258.5	30×8			√				√																															
大桥	苏家湾大桥(左)	233	30×7		√	√				√																															
大桥	苏家湾大桥(右)	193	30×6+13		√	√				√																															

续上表

名称	桥长(m)	孔跨布置(m)	跨越障碍物			梁式桥						拱式桥							斜拉桥			悬索桥		刚构桥			
						预应力混凝土梁桥				钢梁桥	组合梁桥																
			河流沟谷	道路	铁路	先简支后连续梁桥	简支梁桥	连续梁桥	连续刚构桥/悬臂梁桥	简支/连续钢梁桥	预应力混凝土组合梁桥	钢管混凝土桁架梁	圬工拱桥	现浇混凝土拱桥	预制混凝土桁架拱桥	双曲拱桥	钢筋混凝土拱桥	箱形拱桥	肋形拱桥	桁架拱桥	系杆拱桥	钢管混凝土拱桥	钢拱桥	钢筋混凝土梁	预应力混凝土梁	结合梁	钢箱梁
大田湾大桥(左)	190	30×6	√			√																					
大田湾大桥(右)	190	30×6	√			√																					
黄泥巴大桥(左)	200.68	30×6	√			√																					
黄泥巴大桥(右)	200.68	30×10	√			√																					
孙季梁大桥(左)	172.62	20×8	√			√																					
孙季梁大桥(右)	172.62	20×8	√			√																					
任河大桥(左)	134.5	30×6	√			√																					
任河大桥(右)	247.39	30×12	√																							√	

附表 2-6b2

G69 银百高速公路隧道汇总表

项目名称:开州至万州段(赵家坝互通至古家坝互通)

规模	名称	隧道全长(m)	隧道净宽(m)	隧道分类					备注
				按地质条件划分		按所在区域划分			
				土质隧道	石质隧道	山岭隧道	水底隧道	城市隧道	
特长隧道	南山隧道	4873	9.75		√	√			G42 万开支线
长隧道	铁峰山二号隧道	6029.8	9.75		√	√			G42 万开支线
长隧道	铁峰山一号隧道	2623.5	9.75		√	√			

G69 银百高速公路复杂技术工程信息采集表

附表 2-6b3）

项目名称：开州至万州段（赵家互通至古家坝互通）　　施工单位：四川武通路桥工程局

复杂技术工程名称	铁峰山 2 号隧道	长度（m）	6029.8

重庆垫（江）利（川）高速公路铁峰山隧道是重庆万州至开县高速公路关键性控制工程之一，隧道左线长 6029.8m（ZK22+044~ZK28+073.80），右线长 6024.8m（YK22+060~YK28+084.80），是我国西南地区目前隧道中洞身最长、埋深最深（最深处达 760m）的公路隧道之一。隧道为单向行驶四车道平行双洞特长隧道，隧道平面呈反"S"形曲线形，左右线中线间距约 30m。隧道采取新奥法设计和施工。隧道衬砌内轮廓为净宽 10.4m，拱高 6.92m 的三心圆曲边墙结构。

铁峰山 2 号隧道穿越铁峰山脉，地质条件复杂，穿过的地层包括侏罗系沙溪庙组、新田沟组、自流井组、珍珠冲组及三叠系须家河组合巴东组地层，在洞口附近覆盖有少量第四系坡残积、崩坡积及滑坡堆积物。主要的不良地质有膏盐、大变形、涌突水、煤巷采空区、揭煤、压煤及有毒有害气体、岩爆等。

膏盐具有膨胀性，且地下水对混凝土有中等的腐蚀性。本隧道穿过膏盐地层时采用以下的处理措施：

(1) 加强初期支护，使初期支护有一定的强度，能对围岩施加径向约束。

(2) 二次衬砌采用钢筋混凝土，能较好地承受膨胀力；二次衬砌与初期支护之间设一层泡沫混凝土，围岩膨胀时能吸收一定程度的变形；泡沫混凝土有一定的强度，能适当约束围岩变形，使围岩不至于过于松弛，从而使衬砌减少所承受的围岩膨胀压力。

(3) 增大仰拱矢跨比，仰拱增设长锚杆和格栅钢架支护，增大仰拱抗力。

(4) 加强排水，适当加密弹簧排水管或橡塑排水管，纵向排水管移至仰拱以下；加密横向盲沟，使地下水位下降，控制石膏吸水膨胀。控制施工中的用水，加强施工排水。

(5) 初期支护和二次衬砌采用防腐蚀混凝土，防水层全断面封闭。

(6) 每隔 10m 设一道沉降缝，以适应不均匀变形。

(7) 尽量减少开挖对围岩的扰动，采用光面爆破、弱爆破；开挖后，尽快喷混凝土封闭围岩

附 录

附表 2-6b4

填报省份：重庆市

G69 银百高速公路建设从业单位信息采集表

项目名称：开州至万州段（赵家互通至古家坝互通） 通车里程桩号：K0+000～K29+300

序号	参建单位	单位名称	合同段编号及起止桩号	主要负责人	备注
1	项目管理单位	重庆高速公路集团有限公司渝东建设分公司	K0+000～K29+300	杜小平	
2	勘察设计单位	四川省交通厅公路规划勘察设计研究院	K0+000～K29+300	杨强	
3	施工单位	新疆北新路桥建设股份有限公司	A：K0+000～K1+905	王治国	
4		中铁隧道集团一处有限公司	B：K1+905～K4+640	吴秀福	
5		中铁十三局集团有限公司	B2：ZK1+914.04～ZK4+600	康树林	
6		中铁二局集团第二工程有限公司	B3：K4+640～K7+400	李守生	
7		中铁隧道集团二处有限公司	B4：ZK4+600～ZK7+410.62	陈洲频	
8		重庆市滴通公路工程总公司	C：K7+400～K12+050	丁正元	
9		岳阳市公路桥梁基总公司	D：K12+050～K17+490	吴岳新	
10		中铁十四局集团有限公司	E1：K17+490～K19+150	周文军	
11		中铁隧道集团有限公司	E2：K19+150～K20+505	徐贵平	
12		贵州省桥梁工程总公司	F：K20+505～K21+470	吴有无	
13		四川武通路桥工程局	G1：K21+470～K24+905	杨仁忠	
14		中铁十三局集团有限公司	G2：K21+470～ZK25+073.4	张满春	
15		中铁十五局集团有限公司	G3：K24+905～K28+450；ZK28+192～ZK28+439.39	田存周	
16		中铁三局集团有限公司	G4：ZK25+073.4～ZK28+192	刘宏伟	
17		北京市政建设集团有限责任公司	H：K28+450～K29+300	张毅	
18		福建路桥集团	DJA：K0+000～K29+300	张仁辉	
19		奉节金辉建筑工程有限责任公司	DFJ：K0+000～K29+300	王荣	
20		新疆昆仑路港工程总公司	DLM：K0+000～K29+300	姜东良	
21		中铁电气化局集团第一工程有限公司	DJD1：K0+000～K29+300	魏立勇	

续上表

序号	参建单位	单位名称	合同段编号及起止桩号	主要负责人	备注
22		广东新粤交通投资有限公司	DJD2：K0+000～K29+300	刘晓林	
23		重庆渝信路桥发展有限公司	DJD3：K0+000～K29+300	李华生	
24		中国公路工程咨询总公司	D×F1：K0+000～K29+300	胡箎	
25		重庆黑牛安装工程有限责任公司	D×F2：K0+000～K29+300	陈义	
26		重庆震旦消防工程有限责任公司	D×F3：K0+000～K29+300	张德由	
27		中国第十八冶金建设公司	DPD1：K0+000～K29+300	潘新宪	
28		重庆住宅建设有限公司	DPD2：K0+000～K29+300	张永昌	
29	施工单位	重庆广信电力建设有限公司	DPD3：K0+000～K29+300	熊建	
30		成都市新筑路桥机械股份有限公司	伸缩缝：K0+000～K29+300	陈路	
31		深圳路安特公司	DGL：K0+000～K29+300	黄子义	
32		重庆木禾园林工程有限公司	LH1：K0+000～K4+700	李长屹	
33		重庆福森园林工程有限公司	LH2：K4+700～K12+020	孙晓波	
34		重庆市绿色生态园林有限公司	LH3：K12+020～K19+050	邓世琼	
35		四川冬青园林草业有限公司	LH4：K19+150～K25+105	杨松	
36		重庆平安园林绿化有限公司	LH5：K25+105～K29+850	刘永卫	
37	监理单位	重庆市交通工程监理咨询有限责任公司	K0+000～K29+300	杨洽涛	
38	设计审查单位	重庆交通大学		张雪松	
39		西南交通大学		何川	
40		重庆交通科研设计院		涂耘	

附 录

附表 2-6c1）

G69 银百高速公路桥梁汇总表

项目名称：沿江高速公路万州至忠县段

规模	名称	桥长(m)	孔跨布置(m)	桥底净高(m)	跨越障碍物 河流沟谷	跨越障碍物 道路、铁路	梁式桥 预应力混凝土梁桥 简支梁桥	梁式桥 预应力混凝土梁桥 连续梁桥	梁式桥 预应力混凝土梁桥 悬臂梁桥	梁式桥 预应力混凝土梁桥 先简支后连续梁桥	梁式桥 钢梁桥 简支钢梁桥	梁式桥 钢梁桥 连续钢梁桥	梁式桥 组合梁桥 预弯组合梁	梁式桥 组合梁桥 钢管混凝土桁架梁	拱式桥 圬工拱桥 现浇混凝土拱桥	拱式桥 圬工拱桥 预制混凝土拱桥	拱式桥 钢筋混凝土拱桥 双曲拱	拱式桥 钢筋混凝土拱桥 助形拱	拱式桥 钢筋混凝土拱桥 箱形拱桥	拱式桥 钢筋混凝土拱桥 桁架拱桥	拱式桥 钢筋混凝土拱桥 刚架拱桥	拱式桥 钢筋混凝土拱桥 系杆拱桥	拱式桥 钢拱桥	拱式桥 钢管混凝土拱桥 哑铃型	拱式桥 钢管混凝土拱桥 桁架型	拱式桥 钢管混凝土拱桥 提篮型	斜拉桥 钢筋混凝土梁 普通钢筋混凝土梁	斜拉桥 钢筋混凝土梁 预应力混凝土梁	斜拉桥 结合梁 工字钢梁混凝土板	斜拉桥 结合梁 钢箱梁混凝土板	斜拉桥 结合梁 钢管桁架梁混凝土板	斜拉桥 钢梁 钢箱梁	斜拉桥 钢梁 钢桁架梁	斜拉桥 混合梁	悬索桥 悬索式	悬索桥 钢带式	刚构桥 T形刚构桥	刚构桥 连续刚构桥	刚构桥 门式刚构桥	刚构桥 斜腿刚构桥
特大桥	东峡特大桥	1698.05	40/20	73	√					√																														
大桥	喻家沟大桥	625	30	93	√	√				√																														
大桥	土门子大桥	224.728	30			√				√																														
大桥	白河大桥	230	30		√					√																														
大桥	王家田大桥	379.472	30			√				√																														
大桥	大地坝大桥	260.21	30		√					√																														
大桥	金银沟大桥	134	20							√																														
大桥	老院子大桥	351.159	30		√					√																														
大桥	锯木岭大桥	136	30							√																														
大桥	新星一号大桥	542.599	40		√					√																														
大桥	新星二号大桥	159.156	20							√																														
大桥	马家大桥	120.064	20							√																														

续上表

规模	名称	桥长(m)	孔跨布置(m)	桥底净高(m)	跨越障碍物				梁式桥-预应力混凝土梁桥-先简支后连续	拱式桥	斜拉桥	悬索桥	刚构桥
					河流	沟谷	道路	铁路					
大桥	石坝子大桥	316	20						√				
	白毛沟大桥	141.06	20						√				
	石家坝大桥	201.87	20						√				
	龙洞大桥	649.976	30				√		√				
	马鞍山大桥	765.005	30				√	√	√				
	石包林大桥	260	20			√			√				
	横堰冲大桥	198	20						√				
	吴二包大桥	140.080	20		√				√				
	谭子洞大桥	316.563	30		√				√				
	岚垭丘大桥	319.84	20						√				
	柏树咀大桥	220	40						√				
	吊咀大桥	618	40		√				√				
	下瓦厂大桥	252.239	20		√	√			√				
	盐井大桥	622.177	40		√				√				
	高梁坪大桥	181.426	40		√				√				

续上表

规模	名称	桥长(m)	孔跨布置(m)	桥底净高(m)	跨越障碍物 河流/沟谷/道路/铁路	梁式桥 预应力混凝土梁桥 简支梁桥/连续梁桥/悬臂梁桥/先简支后连续梁	梁式桥 钢梁桥 简支钢梁/连续钢梁	组合梁桥 预弯混凝土组合梁/钢管混凝土桁架梁	拱式桥 圬工拱桥 现浇预制混凝土拱	拱式桥 钢筋混凝土拱桥 双曲拱/肋拱/箱形拱	拱式桥 钢拱桥 系杆拱/刚架拱/箱形拱	拱式桥 钢管混凝土拱桥 哑铃型/桁架型/提篮型	斜拉桥 钢筋混凝土梁 普通/预应力	斜拉桥 结合梁 工字钢梁混凝土板/钢箱梁混凝土板/钢管桁架梁混凝土板/钢桁架梁混凝土板	斜拉桥 钢梁/混合梁	悬索桥 悬带式/钢索式	刚构桥 T形刚构/连续刚构/门式刚构/斜腿刚构
大桥	新田水库大桥	336.224	40		√												
大桥	石门子大桥	380	40		√	√											
大桥	东村大桥	201.459	20		√	√											
大桥	程家明大桥	822	40		√	√											
大桥	旧路湾大桥	318.08	20		√	√											
中桥	巴老河大桥	40	20		√	√											
中桥	上大庄大桥	20	20		√	√											
中桥	金家湾大桥	20	20		√	√											
中桥	大树岭大桥	96	20		√	√											
中桥	核桃坝大桥	40	20		√	√											
中桥	高炉大桥	100	20		√	√											
中桥	干河大桥	76	20		√	√											
中桥	大鹉大桥	76.413	20		√	√											
中桥	龙井湾大桥	101.492	20		√	√											
中桥	太平溪大桥	42	30		√	√											

G69 银百高速公路隧道汇总表

附表 2-6c2）

项目名称：沿江高速公路万州至忠县段

规模	名称	隧道全长 (m)	隧道净宽 (m)	隧道分类				
				按地质条件划分		按所在区域划分		
				土质隧道	石质隧道	山岭隧道	水底隧道	城市隧道
长隧道	王家隧道	1073.3	10.25		√	√		
	龙泉隧道	1284.6	10.25		√	√		
	白岩隧道	2049.3	10.25		√	√		
	龙井隧道	2725	10.25		√	√		
	广成山隧道	1490	10.25		√	√		
	小岭隧道	2212.6	10.25		√	√		
	东桥隧道	1951	10.25		√	√		
短隧道	大树隧道	666	10.25		√	√		
	苦竹坝隧道	950.1	10.25		√	√		
	大坪隧道	449	10.25		√	√		
	油沙隧道	943	10.25		√	√		
	羊河沟隧道	406	10.25		√	√		

附 录

G69 银百高速公路复杂技术工程信息采集表

附表 2-6c3i)

项目名称:沿江高速公路万州至忠县段　　　　　　施工单位:中交四航局第一工程有限公司

复杂技术工程名称	喻家沟大桥	长度(m)	625

喻家沟大桥是重庆忠县至万州高速公路上的一座重点大桥,跨越喻家沟,分左右幅设计。左幅桥跨径组合为4×30m + (66+120+66)m + 8×30m,结构形式为连续刚构(主桥) + 先简支后结构连续预应力混凝土T形梁桥(引桥),桥长625.0m;右幅跨径组合为4×30m + (66+120+66)m + 7×30m,结构形式为连续刚构(主桥) + 先简支后结构连续预应力混凝土T形梁桥(引桥),桥长595.0m,桥面纵坡为+0.4%,桥面横坡主由箱梁腹板形成,引桥由墩、台帽梁形成。

主桥墩位于喻家沟大桥五号墩(K25+156)、六号墩(K25+276),采用箱形截面形式,截面尺寸5.5m×6.0m,五号墩墩身高度94m,六号墩墩身高度80m。每个主墩基础布置一个9.0m×9.0m×3.5m的承台,承台下设置5根群桩基础。

喻家沟大桥所处位置工作面狭窄,地势险峻,高墩作业施工难度大,连续刚构施工需要使用塔吊、施工升降机等特种设备,施工用电、起重作业、高处作业、特种设备安拆及使用、预应力张拉作业、大型托架的安装、使用与拆除、挂篮安装与拆除、使用过程中的移篮作业、跨路施工是主桥连续刚构施工的安全管理重点与难点。

大桥主跨施工挂篮采用轻型菱形挂篮,挂篮质量60t,主要由主桁承重系统、悬吊系统、锚固系统、行走系统、模板系统五大部分组成。经设计、施工、监理监控单位相关人员编制挂篮安拆专项施工方案,经多方论证评审修改后,该挂篮承载能力强、刚度大、操作方便快捷、安全可靠,在施工过程中推行施工设备严格实行设备机具进场验收等一系列制度,为大桥的施工提供了质量安全保障

G69 银百高速公路复杂技术工程信息采集表

附表 2-6c3ii)

项目名称:沿江高速公路万州至忠县段　　　　　　施工单位:中交路桥南方工程有限公司

复杂技术工程名称	东峡(原河源)特大桥	长度(m)	1698.05

东峡(原河源)特大桥是重庆忠县至万州高速公路上的控制性工程,也是忠万高速公路上长度最长的一座桥梁。左幅长1698.05m,右幅长1418.858m,最大墩高73m,左右幅错位布置,均为先简支后结构连续体系。桥台采用扩大基础、重力式U形桥台,空心墩最高73.13m,超过45m的高墩有21根,墩柱共计232根。河源特大桥地处深山,施工进场条件较差,场地布设较难,桥区无道路,需沿着主线新修施工便道,地形高差大,地表岩层较厚,进度较缓慢,新修便道坡度较陡,修建难度大,物资设备等极难入场。施工中对高墩保障措施尤为重要。桥区未见滑坡、崩塌、泥石流等不良地质现象,整体稳定,主要不良工程地质问题为溶隙、溶孔现象。

空心薄壁墩采用翻模法施工工艺,系自承式施工体系,翻模法施工总体思路:利用已浇筑完的下节混凝土墩身及模板承受上一节混凝土的施工荷载。墩身高度在30m以下使用汽车吊配合翻模施工,速度快、成本低、机动灵活,墩身高度大于30m可采用塔吊。模板在工厂统一加工制作,精度高、可进行多次循环使用。对于泵送混凝土施工,采用汽车输送泵,可多个工作面共用一台,节约成本。施工过程中能够逐节校正墩身施工误差,误差不积累。便于模板及时清理、整修、刷油,混凝土外表面平整光洁。模板一次性投入少,循环利用率高,经济效益好。墩身外侧无须搭设脚手架,采用角钢悬臂式工作平台,节省人力物力,安全可靠。不需要增加特殊设备,工艺可操作性强,可提高施工效率,降低施工成本,经济合理,易于推广

重 庆

高速公路建设实录

G69 银百高速公路复杂技术工程信息采集表 附表 2-6c3iii)

项目名称:沿江高速公路万州至忠县段		施工单位:中交路桥华北工程有限公司	
复杂技术工程名称	龙井隧道	长度(m)	2725

龙井隧道是重庆忠县至万州高速公路上的控制性工程,隧道长 2725m。隧道进口处于崩坡积,存在煤层、瓦斯及采空区,溶洞、溶洞水,新田水库渗流,施工需进行反坡排水;出口地形复杂,山岭层峦叠嶂、起伏变化大,工点集中,场地狭窄,便道无法进入,不能形成工作面,施工场地布置困难。

根据以上情况施工时采取了加强洞口加固措施,加强通风,地质超前预报,加强动态设计,据实际情况调整对渗流的堵水措施。根据隧道水文地质条件、围岩级别及断面设计,参考低瓦斯隧道的施工经验,拟定施工方案如下:

(1)为确保施工安全,工区供电配置双路电源,工区内采用双电源线路供电。建立洞口安检制度,开展针对瓦斯(天然气)等有害气体的超前探测、监测工作,并制定相关应急预案。除配置便携式瓦检仪外,还配置光干涉式瓦检仪和瓦斯自动监测报警断电装置,并加强施工通风,按《铁路瓦斯隧道技术规范》(TB 10120—2002)、《煤矿安全规程》等相关规范、规定要求组织施工。

(2)隧道按新奥法组织施工,严格遵循"超前探、管超前、短进尺、弱爆破、强支护、勤量测、紧衬砌"的原则。用先进的探测和量测技术取得围岩状态参数,通过对信息、数据的综合分析和处理,判定地质变化,反馈于设计和施工,实行动态管理信息化施工。

(3)钻爆采用 YT-28 风动凿岩机湿式钻孔,毫秒电雷管光面爆破技术开挖,采用一级煤矿许用乳化炸药、煤矿许用毫秒电雷管(延期时间≤130ms)及电力起爆系统。洞内装渣为了避免摩擦碰撞产生火花,爆破后给洞渣及时喷水,然后方可装运。

(4)ϕ42 小导管、ϕ22 砂浆锚杆采用 YT-28 风动凿岩机施作;湿喷机湿式喷射混凝土;复合防水板采用移动式简易台架铺设,混凝土采用自动计量拌和站生产,无轨式混凝土输送车运输;衬砌采用全断面液压钢模整体衬砌台车,输送泵泵送混凝土灌筑施工。形成超前加固、开挖、支护、仰拱与填充、防排水、二次衬砌等均衡生产、整体推进的有序格局

附表 2-6c4

G69 银百高速公路建设从业单位信息采集表

项目名称:沿江高速公路万州至忠县段　　　通车里程桩号及起止桩号:K0+129.824～K78+69.65　　　填报省份:重庆市

序号	参 建 单 位	单 位 名 称	合同段编号及起止桩号	主要负责人	备 注
1	项目管理单位	重庆忠万高速公路有限公司	K0+129.824～K78+659.65	王文广,李国明	
2	勘察设计单位	重庆市交通规划勘察设计院	K0+129.824～K78+659.65	钟芸	
		中交路桥建设有限公司		虞辉	
3	施工单位	中交第四航务工程局有限公司	A1合同段:K0+129.824～K16+540	杨春兵,刘深	
		中交四航局第一工程有限公司	A2合同段:K16+540～K28+240	陈喜强,杨锐华	
		中交四航局第一工程有限公司	A3合同段:K28+240～K36+900	陈喜强,杨锐华	
		中交路桥华东工程有限公司	A4合同段:K37+012～K48+577	周先念,莫小龙	
		中交路桥南方工程有限公司	A5合同段:K48+577～K58+588	庞思安,乔盼军	
		中交路桥华北工程有限公司	A6合同段:K58+588～K65+310	陈超,谢全福	
		中交路桥华南工程有限公司	A7合同段:K65+310～K71+830	马强,杨立新	
		中交路桥北方工程有限公司	A8合同段:K71+830～K78+660	李振富,张富义	
		中交路桥华东工程有限公司	路面LM1合同段:K0+129.824～K35+100	邓宏杰,熊书培	
		中交路桥华北工程有限公司	路面LM2合同段:K35+100～K78+659.65	张羽,郭亦良	
		中交路桥建设有限公司北京天华绿化工程有限公司联合体	绿化LH合同段:K0+129.824～K78+659.65	黄倩,纳守勇	
		中交路桥建设有限公司中国港湾工程有限公司联合体	房建FJ合同段:K0+129.824～K78+659.65	黄倩,纳守勇	
		中交路桥建设有限公司	交安JA合同段:K0+129.824～K78+659.65	黄倩,纳守勇	
		中交路桥建设有限公司	机电JD合同段:K0+129.824～K78+659.65	刘耀骏	
4	设计审查单位	招商局重庆交通科研设计院有限公司	K0+129.824～K78+659.65	郑治	
		北京中交京纬公路造价技术有限公司	K0+129.824～K78+659.65 初步设计工程数量复查及初步设计概算咨询	董再更	
		重庆市兴正建设工程咨询有限公司	K0+129.824～K78+659.65 建设工程施工图设计文件审查及房屋建筑和市政基础设施工程勘察审查	王斌	
5	监理单位	北京华通公路桥梁监理咨询有限公司	K0+129.824～K36+900	刘军	
		重庆交通工程监理咨询有限责任公司	K37+012～K78+659.65	祝江林	

G69银百高速公路桥梁汇总表

附表2-6d1

项目名称：忠县至丰都段

规模	名称	桥长(m)	孔跨布置(m)	桥底净高(m)	跨越障碍物			梁式桥						组合梁桥	圬工拱桥	拱式桥					钢管混凝土拱桥	钢筋混凝土梁		斜拉桥 结合梁			悬索桥	刚构桥			
					河流	道路沟谷	铁路	预应力混凝土梁桥 简支梁桥	悬臂梁桥	连续梁桥	先简支后连续梁	钢梁桥 简支连续钢梁桥	预弯混凝土组合梁	钢管混凝土组合桁架梁	预制现浇混凝土拱桥	双曲拱	箱形肋拱桥	刚架拱桥	系杆拱桥	钢拱桥 箱形拱	桁架拱	提篮型 哑铃型	普通钢筋混凝土梁	预应力混凝土梁	工字钢梁混凝土板	钢箱梁混凝土板	钢管桁架混凝土板	钢梁混合梁	悬索带式	T形刚构 桁架刚构	连续刚构	门式刚构	斜腿刚构
大桥	石梁子大桥	831	40×5+(75+140×2+75)+40×5	132.52	√																										√		
	朱家沟互通L匝道一号桥	346	30×3+40×6	80				√																									
	朱家沟互通L匝道二号桥	432	30×14	47				√																									
	朱家沟互通R匝道一号桥	132.35	39.85+40×2	10		√	√	√																									
	朱家沟互通R匝道二号桥	343	40×6+30×3	82		√		√																									
	朱家沟互通C匝道桥	302.32	25×4+24×3+(22.5+30.322+22.5)+24×2	39.5		√		√																									

续上表

规模	名称	桥长(m)	孔跨布置(m)	桥底净高(m)	跨越障碍物			梁式桥									拱式桥											斜拉桥						悬索桥		刚构桥			
								预应力混凝土梁桥				钢梁桥		组合梁桥		圬工拱桥		钢筋混凝土拱桥					钢拱桥		钢管混凝土拱桥		钢筋混凝土梁		结合梁			钢梁	混合梁						
					河流沟谷	道路	铁路	简支梁桥	悬臂梁桥	连续梁桥	先简支后连续梁桥	简支钢梁桥	连续钢梁桥	预弯组合梁	钢管混凝土桁架梁	预制混凝土拱	现浇混凝土拱	双曲拱	肋拱	箱形拱	刚架拱	系杆拱	箱形拱	桁架拱	哑铃型	提篮型	普通钢筋混凝土梁	预应力钢筋混凝土梁	工字钢梁混凝土板	钢箱梁混凝土板	钢管桁架梁混凝土板			悬索式	钢索带式	T形刚构	连续刚构	门式刚构	斜腿刚构
	朱家沟互通D匝道桥	214.3	30×5+20×3	36											√																								
大桥	熊家岩大桥左幅	331.5	8×40	63.523	√						√																												
	熊家岩大桥右幅	374	9×40	62.328	√						√																												
	蒲家左线大桥	408.4	10×40	88.1	√	√					√																												
	蒲家右线大桥	408.4	10×40	88.3	√	√					√																												
	太平寨左线大桥	571	14×40	61.56	√						√																												
	太平寨右线大桥	571	14×40	62	√	√					√																												
	刘家岩左线大桥	334	8×40	72.86		√					√																												
	刘家岩右线大桥	331	8×40	72.85		√					√																												
	湾里大桥左线	158	30	26.37	√						√																												
	湾里大桥右线	156	30	29.35	√						√																												
	施家岩大桥左幅	531	40	88.7	√						√																												
	施家岩大桥右幅	495	40	85.5	√						√																												
	庙塘大桥左幅	256	15×16	23.5	√						√																												

续上表

规模	名称	桥长(m)	孔跨布置(m)	桥底净高(m)	跨越障碍物 河流	跨越障碍物 沟谷	跨越障碍物 道路、铁路	梁式桥 预应力混凝土梁桥 简支梁桥	梁式桥 预应力混凝土梁桥 悬臂梁桥	梁式桥 预应力混凝土梁桥 连续梁桥	梁式桥 预应力混凝土梁桥 先简支后连续梁	梁式桥 钢梁桥 简支钢梁	梁式桥 钢梁桥 连续钢梁	梁式桥 组合梁桥 预弯混凝土组合梁	梁式桥 组合梁桥 钢管混凝土桁架梁	拱式桥 圬工拱桥 现浇混凝土拱	拱式桥 圬工拱桥 预制混凝土拱	拱式桥 钢筋混凝土拱桥 双曲拱	拱式桥 钢筋混凝土拱桥 肋拱	拱式桥 钢筋混凝土拱桥 箱形拱	拱式桥 钢筋混凝土拱桥 桁架拱	拱式桥 钢筋混凝土拱桥 系杆拱	拱式桥 钢拱桥 箱形拱	拱式桥 钢拱桥 桁架拱	拱式桥 钢管混凝土拱桥 哑铃型	拱式桥 钢管混凝土拱桥 桁架型	拱式桥 钢管混凝土拱桥 提篮型	斜拉桥 钢筋混凝土梁 普通钢筋混凝土梁	斜拉桥 钢筋混凝土梁 预应力混凝土梁	斜拉桥 结合梁 工字钢梁混凝土板	斜拉桥 结合梁 钢箱梁混凝土板	斜拉桥 结合梁 钢管桁架梁混凝土板	斜拉桥 钢箱梁	斜拉桥 混合梁	悬索桥 悬索式	悬索桥 悬带式	刚构桥 T形刚构桥	刚构桥 连续刚构桥	刚构桥 斜腿门式刚构桥
大桥	庙塘大桥右幅	224	13×16	25.5			√	√																															
	青龙咀大桥左幅	374	12×30	36.6		√					√																											
	青龙咀大桥右幅	371	12×30	36.2		√					√																											
	石桥溪大桥左幅	165	5×30	34.1	√						√																											
	石桥溪大桥右幅	167	5×30	34.4	√						√																											
	上贺坝大桥	535	40	51		√					√																											
	太集左幅大桥	189	16	17.38		√		√																														
	太集右幅大桥	158	16	14.89		√		√																														
	汤沟大桥	372	40	57.37	√	√		√																														
	乌骨堡大桥	236	16	17.84		√		√																														
	罗家湾互通E匝道大桥	276	24	32.2						√																													
	罗家湾互通F匝道大桥	243.35	23.5	30.96						√																													

附　录

续上表

	名　称	桥长(m)	孔跨布置(m)	桥底净高(m)	跨越障碍物				梁式桥 - 预应力混凝土梁桥				斜拉桥			悬索桥		刚构桥		
					河流	沟谷	道路、铁路合		简支梁桥	悬臂梁桥	连续梁桥	先简支后连续						T构桥	连续刚构	门式刚构	斜腿刚构
规模	龙孔大桥	40	1×30	5.5	√				√												
	K6+572.98下穿分离式大桥	52	2×23	5.5			√		√												
	EK0+275大桥	109	27+2×21+27	11.2			√				√										
中桥	K13+000车行天桥	50	20+20	6.8			√				√										
	黄土坝左幅大桥	46	1×30	10.1		√			√												
	黄土坝右幅大桥	46	1×30	10.4		√			√												
	K32+518大桥	46	30	9.11			√		√												
	ZK32+522大桥	46	30	7.22			√		√												

附表 2-6d2

G69 银百高速公路隧道汇总表

项目名称：忠县至丰都段

隧道	名称	隧道全长(m)	隧道净宽(m)	隧道分类					
				按地质条件划分			按所在区域划分		
				土质隧道	石质隧道	山岭隧道	水底隧道	城市隧道
长隧道	官清湾隧道左幅	1633	10.25		√	√		
	官清湾隧道右幅	1637	10.25		√	√		
	蒲家场左线隧道	1052	10.25		√	√		
	蒲家场右线隧道	1025	10.25		√	√		
	任家岩隧道左洞	1442	10.25		√	√		
	任家岩隧道右洞	1446	10.25		√	√		
中隧道	高峰寨左线隧道	820	10.25		√	√		
	高峰寨右线隧道	813	10.25		√	√		
	曹家塝隧道左幅	855	8.75		√	√		
	曹家塝隧道右幅	881	8.75		√	√		
	龙泉寺隧道左幅	466	10.25		√	√		
	龙泉寺隧道右幅	486	10.25		√	√		
	施家岩隧道左洞	466	10.25		√	√		
	施家岩隧道右洞	512	10.25		√	√		
短隧道	贾湾隧道左洞	226	10.25		√	√		
	贾湾隧道右洞	187	10.25		√	√		
	罗家湾互通E匝道隧道	63	10.4		√	√		
	罗家湾互通F匝道隧道	61	10.4		√	√		

附　录

附表 2-6d3　填报省份:重庆市

G69 银百高速公路建设从业单位信息采集表

项目名称:沿江高速公路忠县至丰都段　　通车里程桩号:RK0+000～K33+057.04

序号	参建单位	单位名称	合同段编号及起止桩号	主要负责人	备注
1	项目管理单位	重庆市忠郁高速公路有限公司	RK0+000～K33+057.04	王文广	
2	勘察设计单位	重庆市交通规划勘察设计院	初步设计	陈学刚	
3		四川省交通运输厅公路规划勘察设计研究院	全线土建、交安、机电施工图设计	颜鑫	
4		江苏省交通规划设计院股份有限公司	全线房建施工图设计	肖广舟	
5		中交第一公路勘察设计研究院有限公司	全线绿化施工图设计	周勇	
6	施工单位	中交三公局第一工程有限公司	FZ01RK0+000～K12+255	张兴春	
7		中交三公局第二工程有限公司	FZ02K12+255～K21+110	刘静礼	
8		中交第三公路工程局有限公司	FZ03K21+110～K33+057.04	雷京辉	
9	监理单位	重庆市交通工程监理咨询有限责任公司	FZJLRK0+000～K33+057.04	彭小强	
10	监控单位	中交三公局(北京)工程试验检测有限公司	桥梁试验、检测与监控	史宏海	
11		江苏省交通规划设计院股份有限公司	隧道监控量测、桩基检测	项尚	
12		重庆市招商局交通科学研究设计院有限公司	石梁子大桥施工监控	杨茂林	
13		重庆市智翔铺道技术工程有限公司	路面监控	叶伟	
14	设计审查单位	中交第二公路勘察设计研究院有限公司	设计监理	郑东	

G69 银百高速公路桥梁汇总表

项目名称：涪陵（李渡）至南川（双河口）段

附表 2-6e1）

规模	名称	桥长 (m)	孔跨布置 (m)	桥底净高 (m)	跨越障碍物		梁式桥					拱式桥				斜拉桥			悬索桥		刚构桥		
							预应力混凝土梁桥		钢梁桥	组合梁桥		圬工拱桥	钢筋混凝土拱桥	钢拱桥	钢管混凝土拱桥	钢筋混凝土梁	结合梁						
					河流	道路、铁沟路合	简支梁桥、悬臂梁桥、连续梁桥	先简支后连续梁桥	简支钢梁桥、连续钢梁桥	预弯混凝土组合梁桥	钢管混凝土桁架组合梁桥	预制混凝土拱桥、现浇混凝土拱桥	双曲拱桥、箱形拱桥、桁架拱桥、刚架拱桥	系杆拱桥、箱形拱桥、桁架拱桥	哑铃型、桁架型、提篮型	普通钢筋混凝土梁、预应力混凝土梁	工字钢箱梁混凝土板、钢箱梁混凝土板、钢管桁架混凝土板、钢箱架混凝土板	钢梁	悬带式	钢索式	T形刚构桥、桁架刚构桥	连续刚构桥 门式刚构桥	斜腿刚构桥
特大桥	青草背大桥	1719	4×35+2×90+788+4×35+4×35+4×35+5×35	93.8	√														√	√		
	沙塘坝大桥（左线）	823	7×20+4×30+(66+120+120+120+66)+2×30	103		√		√														√	
	沙塘坝大桥（右线）	694	4×30+(66+120+120+120+66)+2×30	103		√		√														√	

续上表

规模	名称	桥长(m)	孔跨布置(m)	桥底净高(m)	跨越障碍物				梁式桥					拱式桥									斜拉桥							悬索桥		刚构桥			
					道路	沟谷	铁路	河流	预应力混凝土梁桥			钢梁桥	组合梁桥		圬工拱桥	钢筋混凝土拱桥				钢拱桥			钢管混凝土拱桥		钢筋混凝土梁		结合梁			钢梁		悬索式	悬带式	桁架刚构桥	T形刚构桥	连续刚构桥	门式刚构	斜腿刚构
									悬臂梁桥	连续梁桥	先简支后连续梁		预弯混凝土组合梁	钢管混凝土桁架梁	现浇预制混凝土拱	双曲拱	肋拱	箱形拱桥	桁架刚架拱桥	系杆拱桥	箱形拱桥	桁架拱桥	哑铃型	提篮型	普通钢筋混凝土梁	预应力混凝土梁	工字钢梁混凝土板	钢箱梁混凝土板	钢管桁架梁混凝土板	钢箱梁	钢桁架混凝土							
大桥	红岩岭大桥	920.31	5×30+5×30+5×30+5×30	45.6				√			√																									
		913	5×30+5×30+5×30+5×30	43.2				√			√																									
	大堰头大桥	285	6×20+5×30	18.5				√			√																									
		241	4×20+5×30	26.8				√			√																									
	岩口大桥	193.7	5×20+4×20	12.6				√			√																									
	夏家湾大桥	313.07	6×20+5×20+4×20	37.6				√			√																									
		305.12	5×20+5×20+5×20	21.7				√			√																									

续上表

规模	名称	桥长(m)	孔跨布置(m)	桥底净高(m)	跨越障碍物			梁式桥							拱式桥							斜拉桥						悬索桥		刚构桥		
					河流沟谷	道路	铁路	预应力混凝土梁桥				钢梁桥	组合梁桥		圬工拱桥		钢筋混凝土拱桥			钢拱桥			钢管混凝土拱桥		钢筋混凝土梁		结合梁			混合梁	悬索式	钢索带式	T形桁架刚构	连续刚构	门式刚构	斜腿刚构
								简支梁桥	悬臂梁桥	连续梁桥	先简支后连续梁	连续钢梁桥	预弯混凝土梁	钢管混凝土桁架梁	现浇混凝土拱	预制混凝土拱	双曲拱	肋拱	箱形拱	刚架拱桥	系杆拱桥	箱形拱桥	桁架拱桥	哑铃型	提篮型	普通钢筋混凝土梁	预应力混凝土梁	工字钢梁混凝土板	钢箱梁混凝土板	钢管桁架梁混凝土板	钢箱架梁混凝土板	钢梁					
大桥	小屋基大桥	584	6×25+9×30+4×4×30	32.3	√						√																									
	烂田湾大桥1号桥	559.45	4×40+5×30+5×30+4×30	30.2	√						√																									
	烂田湾大桥	559.59	5×30+4×30+4×30+5×30	33.5	√						√																									
	烂田湾大桥	1095.6	5×30+5×30+5×30+4×30+5×30+6×30	34	√						√																									
	烂田湾大桥2号	490	4×30+4×30+4×4×30+4×30	15.1	√						√																									
	水井湾大桥	100.1	3×30+3×30+3×30	19.4	√						√																									

附　录

续上表

规模	名称	桥长(m)	孔跨布置(m)	桥底净高(m)	跨越障碍物				梁式桥							拱式桥								斜拉桥					悬索桥		刚构桥			
									预应力混凝土梁桥				钢梁桥	组合梁桥		圬工拱桥		钢筋混凝土拱桥			钢拱桥	钢管混凝土拱桥		钢筋混凝土梁	结合梁			钢梁	混合梁	悬带式	钢索式	桁架刚构桥	T形刚构桥	连续刚构桥	斜腿门式刚构
					河流	沟谷	道路	铁路	简支梁桥	悬臂梁桥	连续梁桥	先简支后连续梁	连续钢梁桥	预弯混凝土组合梁	钢管混凝土桁架梁	现浇混凝土拱	预制混凝土拱	双曲拱	肋拱	箱形拱	桁架拱	系杆拱	刚架拱	箱形拱	哑铃型	提篮型	普通钢筋混凝土梁	预应力混凝土梁	工字钢箱梁混凝土板	钢管桁架梁混凝土板	钢箱架混凝土板							
大桥	龙洞沟大桥	220.16	5×20+5×20	19.8	√				√																										
	溜沙岩大桥	260.49	6×20+6×20	25.6	√				√																										
		110	5×20	5.2	√				√																										
		131.93	6×20	15.1	√				√																										
	石院子大桥	330.8	5×20+6×20+5×20	27.1	√				√																										
		400.7	5×20+5×20+4×20	31.8	√				√																										
	杨家扣大桥	613	4×40+4×40+3×40	55.6	√				√																										
		651.7	4×40+4×40+4×40	54	√				√																										

重庆

续上表

规模	名称	桥长(m)	孔跨布置(m)	桥底净高(m)	跨越障碍物 河流	跨越障碍物 沟谷	跨越障碍物 道路	跨越障碍物 铁路	梁式桥 预应力混凝土梁桥 简支梁桥	连续梁桥	悬臂梁桥	连续刚构桥	先简支后连续	钢梁桥 连续钢梁	组合梁桥 预弯混凝土组合梁	钢管混凝土桁架梁	拱式桥 圬工拱桥 现浇混凝土拱	预制混凝土拱	钢筋混凝土拱桥 双曲拱	肋拱	箱形拱	刚架拱	系杆拱	钢拱桥 桁架拱	箱形拱	钢管混凝土拱桥 哑铃型	桁架型	提篮型	斜拉桥 钢筋混凝土梁 普通钢筋混凝土梁	预应力混凝土梁	结合梁 工字钢梁混凝土板	钢箱梁混凝土板	钢管桁架梁混凝土板	钢梁	混合梁	悬索桥 悬带式	钢索式	刚构桥 T形刚构	桁架刚构	连续刚构	门式刚构	斜腿刚构
大桥	大砖房大桥	375	4×30+4×30+4×30	32.7		√			√																																	
大桥	马道子大桥	405.5	4×30+5×30+4×30	34.5		√			√																																	
大桥	肖家渡大桥	136	6×20	26.4		√			√																																	
大桥	肖家渡大桥	134	6×20	26.4		√			√																																	
大桥	卢池堡大桥	405.5	4×40+3×40+4×40	57.3		√			√																																	
大桥	卢池堡大桥	460.9	4×40+3×40+4×40	57.2		√			√																																	
大桥	棕树坪大桥1号桥	160	7×20	17.5		√			√																																	
大桥	棕树坪大桥1号桥	234.6	5×20+6×20	5.5		√			√																																	
大桥	棕树坪大桥	518	7×20+6×20+6×20	21.7		√			√																																	

附　录

续上表

规模	名称	桥长(m)	孔跨布置(m)	桥底净高(m)	跨越障碍物		梁式桥						拱式桥							斜拉桥					悬索桥		刚构桥			
							预应力混凝土梁桥				钢梁桥	组合梁桥	钢筋混凝土拱桥			钢拱桥			钢管混凝土拱桥	钢筋混凝土梁	结合梁			钢混合梁	悬带式	钢索式	T形刚构	桁架刚构	连续刚构	门式刚构	斜腿刚构
					道路铁路	河沟溪谷	先简支后连续	简支梁桥	悬臂梁桥	连续梁桥	连续钢梁桥	预弯混凝土梁	钢管混凝土桁架梁	现浇混凝土拱	预制混凝土拱	双曲拱	钢筋拱桥	箱形拱桥	桁架拱桥	系杆拱桥	哑铃型	桁架型	提篮型	普通钢筋混凝土梁	预应力混凝土梁	工字钢梁混凝土板	钢箱梁混凝土板	钢管桁架梁混凝土板							
大桥	棕树坪大桥2号	196	5×20 + 4×20	5.5		√	√																											
	马家大坪大桥	101.5	4×20	4.9		√	√																											
	东堡溪大桥	115	5×20	12.3		√	√																											
		337.65	8×40	49.6		√	√																											
		336	4×40 + 4×40	49.6		√	√																											
	冉家湾大桥	676	3×40 + 3× 40 + 4×40 + 3×40 + 3×40	47.8		√	√																											
		674.48	3×40 + 3× 40 + 4×40 + 3×40 + 3×40	47.8		√	√																											
	四方石大桥1号桥	113	5×20	4.3		√	√																											
	四方石大桥	253.7	6×20 + 6×20	20.1		√	√																											

731

续上表

规模	名称	桥长(m)	孔跨布置(m)	桥底净高(m)	跨越障碍物 河流/沟谷/道路/铁路	梁式桥 预应力混凝土梁桥(简支/连续/悬臂/先简支后连续)	钢梁桥(简支/连续)	组合梁桥(预弯混凝土组合梁/钢管混凝土桁架梁)	拱式桥 圬工拱桥(双曲拱/现浇混凝土拱/预制混凝土拱)	钢筋混凝土拱桥(箱形拱/桁架刚架拱/系杆拱)	钢拱桥(箱形拱/桁架拱)	钢管混凝土拱桥(哑铃型/桁架型/提篮型)	斜拉桥 钢筋混凝土梁(普通/预应力)	结合梁(工字钢梁混凝土板/钢箱梁混凝土板/钢管桁架梁混凝土板)	钢梁(钢箱梁)	混合梁	悬索桥(钢索式/悬带式)	刚构桥(T形刚构/连续刚构/门式刚构/斜腿刚构)
大桥	塘湾大桥	133.42	6×20	28.5	√													
	中心岭大桥	132	6×20	29.7	√													
		209.06	5×20+5×20	10.6	√													
	立向房子大桥	228.06	5×20+6×20	14	√													
	桃子湾大桥	176	8×20	17.9	√													
		177.06	8×20	18.9	√													
		207.48	5×20+5×20	30.2	√													
	黄金岭岗大桥	214.08	5×20+5×20	30.2	√													
		147.42	7×20	21.6	√													
	水井坡大桥	154	7×20	25.8	√													
		249.2	6×20+6×20	27.7	√													
		252.36	6×20+6×20	27.7	√													

续上表

规模	名称	桥长(m)	孔跨布置(m)	桥底净高(m)	跨越障碍物				梁式桥								拱式桥							斜拉桥						悬索桥		刚构桥			
					河流	道路	铁路	沟谷	预应力混凝土梁桥					钢梁桥	组合梁桥		圬工拱桥	钢筋混凝土拱桥				钢拱桥		钢管混凝土拱桥			钢筋混凝土梁		结合梁			混合梁	悬带式	悬索式	T形刚构	连续刚构	门式刚构	斜腿刚构
									简支梁桥	悬臂梁桥	连续梁桥	先简支后连续			预弯组合梁	钢管混凝土桁架梁	现浇预制混凝土拱	双曲拱	肋拱	箱形刚架拱	系杆拱	箱形拱桥	桁架拱	哑铃型	桁架型	提篮型	普通钢筋混凝土梁	预应力混凝土梁	工字钢梁混凝土板	钢箱梁混凝土板	钢管桁架梁混凝土板							
大桥	雷打石大桥	456.49	6×20+5×20+5×20+6×20	25.7	√				√																												
	雷打石大桥2号桥	193	5×20+4×20	17.1	√				√																												
	下水井大桥	186.21	6×30	37.5	√				√																												
		189	6×30	42.6	√				√																												
	杨家湾大桥	289.5	5×30+4×30	35	√				√																												
		313.23	5×30+5×30	37.6	√				√																												
	回龙屋基大桥	219	5×40	37.6	√				√																												
		221.8	5×40	26	√				√																												
		501	3×30+4×40+3×40+4×30	5	√				√																												
	河头大桥	551.05	2×30+4×40+4×40+4×40	5	√				√																												

续上表

规模	名称	桥长(m)	孔跨布置(m)	桥底净高(m)	跨越障碍物 河流	跨越障碍物 沟谷	跨越障碍物 道路	跨越障碍物 铁路	梁式桥 预应力混凝土梁桥 简支梁桥	梁式桥 预应力混凝土梁桥 连续梁桥	梁式桥 预应力混凝土梁桥 悬臂梁桥	梁式桥 预应力混凝土梁桥 先简支后连续梁	梁式桥 钢梁桥 简支钢梁	梁式桥 钢梁桥 连续钢梁	梁式桥 组合梁桥 预弯混凝土梁	梁式桥 组合梁桥 钢管混凝土桁架梁	拱式桥 圬工拱桥 预制混凝土拱	拱式桥 圬工拱桥 现浇混凝土拱	拱式桥 钢筋混凝土拱桥 双曲拱	拱式桥 钢筋混凝土拱桥 箱形拱	拱式桥 钢筋混凝土拱桥 桁架拱	拱式桥 钢筋混凝土拱桥 刚架拱	拱式桥 钢筋混凝土拱桥 系杆拱	拱式桥 钢拱桥 箱形拱	拱式桥 钢拱桥 桁架拱	拱式桥 钢管混凝土拱桥 哑铃型	拱式桥 钢管混凝土拱桥 桁架型	拱式桥 钢管混凝土拱桥 提篮型	斜拉桥 钢筋混凝土梁 普通钢筋混凝土梁	斜拉桥 钢筋混凝土梁 预应力混凝土梁	斜拉桥 结合梁 工字钢梁混凝土板	斜拉桥 结合梁 钢箱梁混凝土板	斜拉桥 结合梁 钢管桁架梁混凝土板	斜拉桥 钢梁 钢箱梁	斜拉桥 混合梁	悬索桥 悬索式	悬索桥 钢索带式	刚构桥 T形刚构	刚构桥 连续刚构	刚构桥 门式刚构	刚构桥 斜腿刚构
大桥	铁匠炉大桥	208.26	5×20+5×20	22.6		√			√																															
大桥	高家湾大桥	193	3×30+3×30	15.6		√			√																															
大桥	汤家垭口大桥	186	3×30+3×30	15.8		√			√																															
大桥	河咀大桥	336	4×40+4×40	39.1		√			√																															
大桥		335.51	4×40+4×40	38.9		√			√																															
大桥		257	3×40+3×40	54.5		√			√																															
大桥		257	3×40+3×40	55.4		√			√																															
大桥	红塘沟大桥	221	3×30+4×30	25.7		√			√																															
大桥	红塘沟大桥	222	3×30+4×30	30.2		√			√																															
大桥	顺水寺大桥	222	3×30+4×30	26.6		√			√																															

附　录

续上表

规模	名称	桥长(m)	孔跨布置(m)	桥底净高(m)	跨越障碍物-河流	跨越障碍物-沟谷	跨越障碍物-道路	跨越障碍物-铁路	梁式桥-预应力混凝土梁桥-简支梁桥	梁式桥-预应力混凝土梁桥-悬臂梁桥	梁式桥-预应力混凝土梁桥-连续梁桥	梁式桥-预应力混凝土梁桥-先简支后连续梁桥	梁式桥-钢梁桥-简支钢梁桥	梁式桥-钢梁桥-连续钢梁桥	梁式桥-组合梁桥-预弯混凝土梁	梁式桥-组合梁桥-钢管混凝土桁架梁	拱桥-圬工拱桥-现浇混凝土拱	拱桥-圬工拱桥-预制混凝土拱	拱桥-钢筋混凝土拱桥-双曲拱	拱桥-钢筋混凝土拱桥-肋拱	拱桥-钢筋混凝土拱桥-箱形拱	拱桥-钢筋混凝土拱桥-刚架拱	拱桥-钢筋混凝土拱桥-桁架拱	拱桥-钢筋混凝土拱桥-系杆拱	拱桥-钢拱桥-箱形拱桥	拱桥-钢拱桥-桁架拱桥	拱桥-钢拱桥-提篮型	拱桥-钢管混凝土拱桥-哑铃型	拱桥-钢管混凝土拱桥-桁架型	拱桥-钢管混凝土拱桥-提篮型	斜拉桥-钢筋混凝土梁-普通钢筋混凝土梁	斜拉桥-钢筋混凝土梁-预应力混凝土梁	斜拉桥-结合梁-工字钢梁混凝土板	斜拉桥-结合梁-钢箱梁混凝土板	斜拉桥-结合梁-钢管桁架梁混凝土板	斜拉桥-结合梁-钢箱架梁混凝土板	斜拉桥-钢梁	斜拉桥-混合梁	悬索桥-悬索式	悬索桥-钢带式	刚构桥-T形刚构桥	刚构桥-连续刚构桥	刚构桥-门式刚构	刚构桥-斜腿刚构
大桥	顺水寺大桥	255	4×30+4×30	31.2	✓							✓																																	
大桥	皮家湾大桥	275	4×25+3×25+(25+30+25)	22.6	✓							✓																																	
大桥	皮家湾大桥	275	4×25+3×25+(25+30+25)	22.6	✓							✓																																	
大桥	堰磅湾大桥	416	3×40+3×40+4×40	52.1	✓							✓																																	
大桥	堰磅湾大桥	416	3×40+3×40+4×40	51.3	✓							✓																																	
大桥	秧地湾大桥	258.16	3×40+3×40	49	✓							✓																																	
大桥	秧地湾大桥	258.16	3×40+3×40	45.3	✓							✓																																	

续上表

规模	名称	桥长(m)	孔跨布置(m)	桥底净高(m)	跨越障碍物				梁式桥				拱式桥					斜拉桥					悬索桥		刚构桥		
									预应力混凝土梁桥		钢梁桥	组合梁桥	圬工拱桥	钢筋混凝土拱桥			钢拱桥	钢管混凝土拱桥	钢筋混凝土梁	结合梁				钢索式	悬带式	T形刚构桥	连续刚构桥	门式刚构桥	斜腿刚构
					道路	铁路	沟谷	河流	简支梁桥	先简支后连续梁/简支连续梁桥	连续钢梁桥	预弯混凝土梁/钢管混凝土桁架梁	现浇/预制混凝土拱	双曲拱	肋拱	箱形拱/系杆拱/钢架拱	箱形拱	哑铃型/桁架提篮型	普通钢筋混凝土梁/预应力混凝土梁	工字钢梁混凝土板	钢箱梁混凝土板	钢管桁架梁混凝土板	钢箱梁混合梁						
大桥	府院大桥	563.22	5×20+4×20+(24+36+24)+4×20+5×20+5×20	22.4	√				√	√																		
		563.22	4×20+4×20+(24+36+24)+5×20+5×20+5×20	25.1	√				√																				
	象鼻明大桥	211.06	5×40	45.1				√	√																				
		211.06	5×40	43.6				√	√																				
	隔壁湾大桥	257	8×20+(18+28+18)+20	18.6	√				√	√																			
		257	8×20+(18+28+18)+20	18.5	√				√	√																			

附　录

G69 银百高速公路隧道汇总表

附表 2-6e2

项目名称：涪陵（李渡）至南川（双河口）段

规模	名称	隧道全长（m）	隧道净宽（m）	隧道分类					
				按地质条件划分		按所在区域划分		
				土质隧道	石质隧道	山岭隧道	水底隧道	城市隧道
长隧道	分水岭隧道	1954.21	10.25		√	√		
	分水岭隧道	1970.44	10.25		√	√		
	鸭江隧道	1056.81	10.25		√	√		
	鸭江隧道	1058.4	10.25		√	√		
	马武隧道	2348	10.25		√	√		
	马武隧道	2376	10.25		√	√		
中隧道	沿口隧道	278.937	10.25		√	√		
	沿口隧道	297	10.25		√	√		
	陈家湾隧道	355	10.25		√	√		
	陈家湾隧道	646	10.25		√	√		
	梓里场 1 号隧道	241.4	10.25		√	√		
	梓里场 1 号隧道	241	10.25		√	√		
	梓里场 2 号隧道	169.31	10.25		√	√		
	梓里场 2 号隧道	206	10.25		√	√		
	龙桥隧道	651.73	10.25		√	√		
	龙桥隧道	616.2	10.25		√	√		

G69 银百高速公路复杂技术工程信息采集表 （附表 2-6e3）

项目名称：涪陵（李渡）至南川（双河口）段　　施工单位：重庆建工集团股份有限责任公司

复杂技术工程名称	青草背长江大桥	长度(m)	1719

青草背长江大桥是南涪高速公路上的控制性工程，总长 1719m，主桥桥面宽 27.5m，双向四车道。设计为 4×35m 预应力 T 梁 +2×90m T 构 +788m 单跨双铰筒支钢箱梁悬索桥 +17×35m 四联预应力混凝土 T 梁，主桥索塔高 167.47m，是当时西南地区最大跨径的桥梁，也是重庆高速公路建设史上第一座跨江悬索桥。

(1) 液压爬模系统的钢模板施工控制。按照常规方法，塔柱的模板一般采用北京卓良模板的 WISA 木模板进行液压自爬模系统施工。由于本桥索塔高达 167.47m，共划分成 40 节段作业，模板周转次数较多，木模易损。施工单位经比选，选用了钢模进行塔柱液压爬模施工。

(2) 预应力管道定位支架。根据现场实际情况，采用钢管支架对预应力管道进行定位，根据预应力管道每根管道坐标和位置，对钢管支架进行微调，随时纠正坐标位置，比常规方法更加方便，安装预应力管道更加高效，为施工节省了时间。

(3) PPWS 技术推广运用。主缆架设现场结合公司自身的资源（设备和技术），将 PPWS 技术进行了一定的优化和改进，主要表现在项目部采用索道牵引系统，替代了 PPWS 技术中常采用的拽拉系统。

(4) 主桥缆载吊机的选用。在悬索桥上部结构钢箱梁吊装施工中，本桥钢箱梁的吊装采用缆载吊机，由柳州欧维姆机械有限公司制造。该公司研制出了一套缆载吊机空载轮式行走和液压马达持续下放吊具的体系。投入使用时，现场解决了行走轮与主缆之间的匹配问题。

(5) 紧缆机及缠丝机的选用。紧缆分两个阶段进行：预紧缆、正式紧缆。主缆缠丝采取了多功能缠丝机，用多功能缠丝机将镀锌软质钢丝均匀密缠在主缆上，再用百慕新材料航空专用产品对主缆进行表面防腐涂装。

(6) 钢桥面沥青施工技术。主桥钢桥面采用浇注式沥青和 SMA 改性沥青组合结构形式。浇注式沥青施工采用国外进口大型摊铺机，自动化程度高

附表2-6-4

G69银百高速公路建设从业单位信息采集表

项目名称：涪陵(李渡)至南川(双河口)段
通车里程桩号：K0+000~K55+958.201
填报省份：重庆市

序号	参建单位	单位名称	合同段编号及起止桩号	主要负责人	备注
1	项目管理单位	重庆建工涪南高速公路有限公司	K0+000~K55+958.201	刘克伟,冯强	南川至嵩子坝段、嵩子坝至李渡段
2	勘察设计单位	重庆市交通规划勘察设计院	K0+000~K55+958.201	钟明全	南川至嵩子坝段、嵩子坝至李渡段
3			K0+000~K55+958.201	周广振	南川至嵩子坝段、嵩子坝至李渡段
4		招商局重庆交通科研设计院有限公司	K0+000~K55+958.201		南川至嵩子坝段、嵩子坝至李渡段
5	施工单位	重庆交通建设(集团)有限责任公司	土建,路面第1,3~7标段,K0+000~K55+958.201	张渝,彭长丘	南川至嵩子坝段、嵩子坝至李渡段
6		重庆城建控股(集团)有限责任公司	土建第2标段,K48+560~K50+623	王俊如,罗淼勇	南川至嵩子坝段、嵩子坝至李渡段
7		重庆工业设备安装集团有限公司、重庆渝信路桥发展有限公司	JD标段,K0+000~K55+958.201	李建芳,肖玉明	南川至嵩子坝段、嵩子坝至李渡段
8		湖南省郴州公路桥梁建设有限责任公司	JA标段,K0+000~K55+958.201	陶波,张晓宏	南川至嵩子坝段、嵩子坝至李渡段
9	监理单位	重庆市交通工程监理咨询有限责任公司	K0+000~K55+958.201	罗昭全	南川至嵩子坝段、嵩子坝至李渡段
10		中咨工程建设监理公司	K0+000~K24+550	冯中强	南川至嵩子坝段
11		重庆合治道路工程有限公司	K24+550~K43+248.829	孙守彬	南川至嵩子坝段
12		北京华通公路桥梁监理咨询有限公司	K44+748.829~K55+958.201	沈柏舟	嵩子坝至李渡段
13		重庆交通大学		顾安邦	嵩子坝至李渡段
14	设计审查单位	中交路桥科技有限公司		经奖	南川至嵩子坝段、嵩子坝至李渡段
15		山东铁正工程试验检测中心有限公司		矫恒信	南川至嵩子坝段
16		湖南联智桥隧技术有限公司		肖海兵	南川至嵩子坝段

G69 银百高速公路项目获奖信息表

附表 2-6e5

序号	获奖时间	项目名称	获奖类型	奖励等级	授奖单位	备注
1	2007 年	高速公路隧道智能监控技术及工程应用研究	科学技术奖	一	中国公路学会	
2	2008 年	高速公路特长隧道组合式通风及机电设备配置优化研究	科学技术奖	二	重庆市人民政府	
3	2010 年	重庆万州至开县高速公路交通工程	优秀设计奖	二	中国公路勘察协会	

2-7 G93 成渝环线高速公路相关附表

G93 成渝环线高速公路建设项目信息采集表

附表 2-7a

序号	项目名称	规模（km）				建设性质（新、改扩建）	设计车速（km/h）	永久占地（亩）	投资情况（亿元）				建设时间（开工~通车）	备注
		合计	八车道及以上	六车道	四车道				估算	概算	决算	资金来源		
1	渝遂高速公路	111.80			111.80	新建	80	12257.2	44.8	47.47	42.3	公司股东资本金16.61亿元,开行贷款23.35亿元,交通部补助7.51亿元	2003.12~2007.12	
2	江津至合江段（一期）	30.65			30.65	新建	80	3522.6		20.28		交通部补助、地方自筹、国内银行贷款	2006.6~2009.12	
3	江津至合江段（二期）	16.62			16.62	新建	80	1768.5			22.94	地方自筹、国内银行贷款	2010.3~2012.12	
合计		159.07												

附　录

G93 成渝环线高速公路桥梁汇总表

附表 2-7b1

项目名称：渝遂高速公路

规模	名称	桥长(m)	孔跨布置(m)	桥底净高(m)	跨越障碍物 道路、铁路	跨越障碍物 河流沟谷	梁式桥 预应力混凝土梁桥 简支梁桥	简支悬臂梁桥	简支后连续梁桥	连续梁桥	钢梁桥	组合梁桥 钢管混凝土组合梁	预弯混凝土组合梁	圬工拱桥 现浇混凝土拱桥	预制混凝土拱桥	钢筋混凝土拱桥 双曲拱	助拱	箱形拱	桁架拱	刚架拱	钢拱桥 系杆形拱	桁架拱	哑铃型	钢管混凝土拱桥 提篮型	斜拉桥 钢筋混凝土梁 普通钢筋混凝土梁	预应力混凝土梁	结合梁 工字钢梁混凝土板	钢箱梁混凝土板	钢管桁架梁混凝土板	混合梁	悬索桥 悬带式	钢索式	刚构桥 T形刚构	连续刚构	桁架式刚构	斜腿门式刚构
大桥	书房坝大桥	292.93	14×20	13.5		√	√																														
	踏水村大桥	440	14×30	25		√	√																													
	长滩子大桥	236	11×20	18.5		√	√																													
	大田湾大桥	256	8×30	9		√	√																													
	蒋家湾大桥	405.24	13×30	30		√	√																													
	红专水库大桥	131.57	4×30	10		√	√																													
	郭家岩大桥	153.87	7×20	18		√	√																													
	响水洞大桥	258.95	8×30	20		√	√																													
	石盘村大桥	271.04	13×20	10		√	√																													
	蒲江河大桥	116	5×20	17		√	√																													
	白家塘河大桥	156.82	5×20	12		√	√																													
	会龙大桥	187.13	6×30	17.2		√	√																													
	甘家河坝高架桥	160.08	7×20	15		√	√																													

续上表

规模	名称	桥长(m)	孔跨布置(m)	桥底净高(m)	跨越障碍物	梁式桥-预应力混凝土梁桥
大桥	喻家沟高架桥	304	9×30	28.6	沟谷	先简支后连续梁 √
大桥	芋头沟高架桥	153	3×30	24	沟谷	先简支后连续梁 √
大桥	杜田湾高架桥	186	4×40	40	沟谷	先简支后连续梁 √
大桥	砚池沟高架桥	100.5	3×30	18	沟谷	先简支后连续梁 √
大桥	琼江河大桥	463	4×30+7×50	54	河流	先简支后连续梁 √
大桥	石梁水库2号高架桥	159	4×40	24.5	沟谷	先简支后连续梁 √
大桥	石梁水库1号高架桥	180	4×40	24.5	沟谷	先简支后连续梁 √
大桥	熊家坪高架桥	100	3×30	17	沟谷	先简支后连续梁 √
大桥	千佛寺分离式立交大桥	126	4×20	15	道路	先简支后连续梁 √
大桥	响堂沟高架桥	288	9×30	18	沟谷	先简支后连续梁 √
大桥	流水沟高架桥	188	5×30	32	沟谷	先简支后连续梁 √
大桥	吴家院子高架桥	158	5×30	14	沟谷	先简支后连续梁 √
大桥	淮远河大桥	133	3×40	12	河流	先简支后连续梁 √
大桥	拦河堰水库大桥	230	7×30	20	河流	先简支后连续梁 √

续上表

规模	名称	桥长(m)	孔跨布置(m)	桥底净高(m)	跨越障碍物 河流	跨越障碍物 沟谷	跨越障碍物 道路、铁路	梁式桥 预应力混凝土梁桥 简支梁桥	梁式桥 预应力混凝土梁桥 连续梁桥	梁式桥 预应力混凝土梁桥 悬臂梁桥	梁式桥 预应力混凝土梁桥 先简支后连续梁	梁式桥 钢梁桥 简支钢梁桥	梁式桥 钢梁桥 连续钢梁桥	梁式桥 组合梁桥 预弯混凝土组合梁	梁式桥 组合梁桥 钢管混凝土桁架梁	拱式桥 圬工拱桥 预制混凝土拱	拱式桥 圬工拱桥 现浇混凝土拱	拱式桥 钢筋混凝土拱桥 双曲拱	拱式桥 钢筋混凝土拱桥 肋拱	拱式桥 钢筋混凝土拱桥 箱形拱	拱式桥 钢筋混凝土拱桥 桁架拱	拱式桥 钢筋混凝土拱桥 刚架拱	拱式桥 钢拱桥 系杆拱	拱式桥 钢拱桥 箱形拱	拱式桥 钢拱桥 桁架拱	拱式桥 钢管混凝土拱桥 提篮型	拱式桥 钢管混凝土拱桥 哑铃型	拱式桥 钢管混凝土拱桥 桁架型	斜拉桥 钢筋混凝土梁 普通钢筋混凝土梁	斜拉桥 钢筋混凝土梁 预应力钢筋混凝土梁	斜拉桥 结合梁 工字钢梁混凝土板	斜拉桥 结合梁 钢箱梁混凝土板	斜拉桥 结合梁 钢管桁架梁混凝土板	斜拉桥 钢梁 钢箱梁	斜拉桥 混合梁	悬索桥 悬索式	悬索桥 悬带式	刚构桥 T形刚构桥	刚构桥 桁架刚构桥	刚构桥 连续刚构桥	刚构桥 门式刚构桥	刚构桥 斜腿刚构桥
大桥	赵家院高架桥	199.5	6×30	19			√	√																																		
	小安溪大桥	157	5×30	9	√			√																																		
	刘家坝子高架桥	493.2	12×40	54		√		√																																		
	黄木沟高高架桥	670.9	21×30	27		√		√																																		
	三担水库高架桥	166.02	3×30+3×20	15	√			√																																		
	代家沟大桥	164	6×25	33.1		√		√																																		
	皮家槽大桥	378	9×40	50		√		√																																		
	联庆大桥	272	6×40+1×20	50		√		√																																		
	煤厂大桥	134	6×20	7.8		√		√																																		
	黑塘坎大桥	262	10×25	9		√		√																																		

G93成渝环线高速公路隧道汇总表

项目名称：渝遂高速公路

附表 2-7b2

规模	名称	隧道全长(m)	隧道净宽(m)	隧道分类				
				按地质条件划分		按所在区域划分		
				土质隧道	石质隧道	山岭隧道	水底隧道	城市隧道
特长隧道	大学城隧道	3879.936						
	云雾山隧道	3585	10.5		√	√		
长隧道	青木关隧道	739	11		√	√		

附录

附表 2-7b3
填报省份：重庆市

G93 成渝环线高速公路建设从业单位信息采集表

项目名称：渝隧高速公路　　通车里程桩号：K0+000～K111+838

序号	参建单位	单位名称	合同段编号及起止桩号	主要负责人	备注
1	项目管理单位	重庆铁发遂渝高速公路有限公司	K0+000～K111+838	许顺生	
2	勘察设计单位	铁道第二勘察设计院	K0+000～K15+400	李青良	
		四川省交通厅公路规划勘察设计研究院	K15+400～K30+000	毛成、李玉峰	
		中交第二公路勘察设计院	K30+000～K83+000	段平	
		重庆交通规划勘察设计院	K83+000～K111+838	崔英明	
3	施工单位	北京海龙公路工程公司	A：K0+000～K1+548.02	朱子厚	
		中铁22局四公司	B1：K1+565～K3+500	程火木	
		中铁十二局集团二公司	B2：YK1+548.02～K3+539 B3：K3+500～K6+100	张会	
		中铁十四局集团公司	B4：YK3+539～K5+540	周光轩	
		中铁十七局集团二公司	C：K6+100～K11+000	李文鹏	
		四川武通桥工程局	D：K11+000～K15+400	周先进	
		中铁二十二局集团	E1：K15+400～K22+450	施德旭	
		中铁隧道集团二公司	E2：K22+450～K26+185	乐晟	
		中铁十四局集团五公司	F1：K26+185～K30+866.38	刘玉柱	
		中铁十八局集团二公司	F2：K30+366.85～K37+830	师端平	
		中铁十九局集团二公司	G1：K37+830～K39+600	张兴旺	
		中铁十一局集团五公司	G2：K39+600～K41+400	冯跃龙	

续上表

序号	参建单位	单位名称	合同段编号及起止桩号	主要负责人	备注
3	施工单位	中铁二十五集团一公司	H1：K41+400～K46+800	高海龙	
		中铁十七局集团一公司	H2：K46+800～K52+600	王洪敏	
		中铁隧道集团三公司	H3：K52+600～K58+606	秦际平	
		湖南郴州路桥建设	H4：K58+606～K64+397	冯世军	
		中铁十八局集团二公司	H5：K64+397～K70+046	辜国宏	
		贵州公路桥梁工程公司	H6：K70+046～K72+580	邵振祥	
		湖南建筑工程集团	H7：K72+580～K77+500	陈德刚	
		成都路桥建工程股份公司	H8：K77+500～K82+438.66	喻尚文	
		中铁十三局集团一公司	I1：K82+438.66～K88+021.67	曾庆龙	
		路桥华南工程有限公司	I2：K88+021.67～K93+476.851	张剑	
		中铁二十三局集团三公司	I3：K93+476.851～K99+196.543	周琳	
		中铁二十三局集团三公司	I4：K99+196.543～K104+931.523	王龙金	
			I5：K104+931.523～K111+442.431	徐先炳	
4	监理单位	重庆中宇公路工程咨询有限公司	K0+000～K15+400	杨兵	
		西安方舟工程咨询有限责任公司	K15+400～K111+838	贺晓东	
		北京华通公路桥梁监理咨询公司		史光宇	

附表 2-7c1

G93 成渝环线高速公路桥梁汇总表

项目名称：江津至合江段（一期）

规模	名称	桥长(m)	孔跨布置(m)	桥底净高(m)	跨越障碍物				梁式桥					拱式桥					斜拉桥			悬索桥		刚构桥		
					河流	沟谷	道路(铁路)		预应力混凝土梁桥			钢梁桥	组合梁桥	圬工拱桥	钢筋混凝土拱桥			钢拱桥	钢管混凝土拱桥	钢筋混凝土梁	结合梁	钢梁	悬索式	悬带式	桁架刚构	T形刚构连续刚构	门式刚构斜腿刚构
									简支梁桥	连续梁桥	先简支后连续梁桥 悬臂梁桥	连续钢梁	预弯混凝土组合梁 钢管混凝土桁架梁	现浇混凝土拱 预制混凝土拱	双曲拱 肋拱	箱形拱 桁架刚架拱	系杆拱	箱形拱 桁架拱	哑铃型 桁架型 提篮型	普通钢筋混凝土梁 预应力混凝土梁	工字梁混凝土板 钢箱梁混凝土板 钢管桁架混凝土板	钢箱梁混凝土板 混合梁					
大桥	夏家屋基大桥	464	15×30			√			√																		
	杨家湾大桥	136	4×30			√			√																		
	红岩岗大桥	296	8×35			√				√																	
	韩家沟大桥	253	8×30			√			√																		
	正沟头大桥	318	10×30			√			√																		
	革命水库大桥	230	7×30			√			√																		
中桥	小湾大桥	44.58	1×20																								
	团坎大桥	94.00	4×20																								
	学堂嘴大桥	35.08	1×20																								
	打子丘大桥	38.06	1×20																								
	半边丘大桥	39.08	1×20																								
	万家庄大桥	90.54	4×20																								
	黄泥沟大桥	34.08	1×20																								
	漆树沟大桥	44.06	1×20																								

G93 成渝环线高速公路隧道汇总表

项目名称：江津至合川段（二期）

附表 2-7c2）

规模	名称	隧道全长（m）	隧道净宽（m）	隧道分类				
				按地质条件划分			按所在区域划分	
				土质隧道	石质隧道	山岭隧道	水底隧道	城市隧道
短隧道	赵家隧道左线	406	10.8					
	赵家隧道右线	407	10.8					

G93 成渝环线高速公路建设从业单位信息采集表

项目名称：江津至合江段（一期）　　通车里程桩号：K0+000.388～K30+650

附表 2-7c3）
填报省份：重庆市

序号	参建单位	单位名称	合同段编号及起止桩号	主要负责人	备注
1	项目管理单位	重庆高速公路集团有限公司南方建设分公司	K0+000.388～K30+650	王文广	
2	勘察设计单位	重庆市交通规划勘察设计院	K0+000.388～K30+650	钟明全	
		广西壮族自治区交通规划勘察设计研究院	交通工程	张安全	
		重庆中交艺通景观艺术工程有限公司、厦门市园创景观设计有限公司	景观绿化		
		江苏省交通规划设计院有限公司	管理站房、服务区、收费天棚	郝彪	
3	施工单位	青海路桥股份有限公司	D1：K00+000～K05+000	李峻岭	
		中铁十四局集团有限公司	D2：K05+000～K10+510	张清华	
		中交第三公路工程局有限公司	D3：K10+510～K17+695	雷宗勇	
		广东冠粤路桥有限公司	D4：K17+695～K22+000	马晓娟	
		贵州公路工程总公司	D5：K22+000～K30+650	张相军	
		浙江省交通工程建设集团有限公司	LM 合同段（路面）	韩燕平	
4	监理单位	重庆育才工程咨询监理有限公司	土建、路面、交通工程、房建、绿化监理		
		重庆市交通工程监理咨询有限责任公司	机电工程监理	王亚伟	

附录

G93 成渝环线高速公路桥梁汇总表

项目名称：江津至合江段（二期）

附表 2-7d1

规模	名称	桥长(m)	孔跨布置(m)	桥底净高(m)	跨越障碍物(河流/沟谷/道路/铁路)	梁式桥-预应力混凝土梁桥(简支/先简支后连续/悬臂/连续)	梁式桥-钢梁桥	梁式桥-组合梁桥(预弯混凝土组合梁/钢管混凝土桁架梁)	拱式桥-圬工拱桥(现浇/预制)	拱式桥-钢筋混凝土拱桥(双曲/肋/箱形/刚架/桁架)	拱式桥-钢拱桥(系杆/箱形)	拱式桥-钢管混凝土拱桥(桁架型/哑铃型/提篮型)	斜拉桥(钢筋混凝土梁/结合梁)	悬索桥	刚构桥
大桥	新房子大桥	343	4×30+3×30+4×30		河流 √	√ (先简支后连续)									
	岩洞头大桥	179	8×20		√	√									
	邱家山大桥	156	7×20		√	√									
	新桥大桥	656	16×40		√	√									
	坛子角大桥	120	5×20		√	√									
	廖叶弯大桥	174	8×20		√	√									
	塘河大桥	378	9×40		√	√									
	深田堡大桥	283	5×30+4×30		√	√									
	懒田坡大桥	380	4×30+4×30+4×30		√	√									
	瓦房子大桥	202	6×30		√	√									

重 庆

G93 成渝环线高速公路建设从业单位信息采集表

项目名称:江津至合江段(二期)
通车里程桩号:K30+650~K47+657

附表 2-7d2
填报省份:重庆市

序号	参建单位	单位名称	合同段编号及起止桩号	主要负责人	备注
1	项目管理单位	重庆高速公路集团有限公司建设管理中心	K30+650~K47+657	孙立东	
2	勘察设计单位	重庆市交通规划勘察设计院	K30+650~K47+657	钟明全	
3		广西壮族自治区交通规划勘察设计研究院	交通工程	张安全	
4		四川省交通运输厅公路规划勘察设计研究院	景观绿化	李玉峰	
5		无锡轻大建筑设计院	管理站房、服务区、收费天棚	周栋	
6	施工单位	岳阳市公路桥梁基建总公司	D6:K30+650~K40+090	尹鸿达	
7		中城建第三工程局集团有限责任公司	D7:K40+090~K47+657	蒙井玉	
8		上海誉通建设(集团)有限公司	DLM 合同段(路面)	郭静	
9		中国十九冶集团有限公司	DFJ 合同段(房建)	谢述林	
10		四川益生园艺工程有限责任公司	DLH 合同段(绿化)	王敬涛	
11		陕西高速交通工贸有限公司	DJA 合同段(交安)	李小宾	
12	监理单位	重庆育才工程咨询监理有限公司	K30+650~K47+657	谢祖贵	
13	设计审查单位				

2-8 G5001 重庆绕城高速公路相关附表

G5001 重庆绕城高速公路建设项目信息采集表

附表 2-8a

国家高速公路	序号	项目名称	规模（km）					建设性质（新、改扩建）	设计车速（km/h）	永久占地（亩）	投资情况（亿元）			资金来源	建设时间（开工~通车）	备注
			合计	八车道及以上	六车道	四车道					估算	概算	决算			
G5001	1	绕城东段	36.78		3.68		新建	100	5388.19	23.5	24.19	31.91	交通部补助、地方自筹（含银行贷款）	2005.4~2009.12	
	2	绕城南段	50.17		16.75 33.42		新建	120 100	7501.97	31	35.73	44.32	交通部补助、地方自筹（含银行贷款）	2005.8~2009.12	
	3	绕城西段	51.06		51.06		新建	120	9422.11	21	23.51	33.24	交通部补助、地方自筹（含银行贷款）	2005.6~2008.12	
	4	绕城北段	49.29		49.29		新建	100	14555.04	42	48.40	65.86	交通部补助、地方自筹（含银行贷款）	2005.4~2009.12	
合计			187.29					新建	100	14555.04	42	48.40		交通部补助、地方自筹（含银行贷款）	2005.4~2009.12	

项目名称：绕城东段

G5001 重庆绕城高速公路桥梁汇总表

附表 2-8b1）

规模	名称	桥长(m)	孔跨布置(m)	桥底净高(m)	跨越障碍物-河流	跨越障碍物-道路沟谷	跨越障碍物-铁路	梁式桥-预应力混凝土梁桥-简支梁桥	梁式桥-预应力混凝土梁桥-连续悬臂梁桥	梁式桥-预应力混凝土梁桥-先简支后连续梁	梁式桥-钢梁桥	梁式桥-组合梁桥-预弯混凝土组合梁	梁式桥-组合梁桥-钢管混凝土组合桁梁	拱式桥-圬工拱桥-现浇混凝土拱	拱式桥-圬工拱桥-预制混凝土拱	拱式桥-钢筋混凝土拱桥-双曲拱	拱式桥-钢筋混凝土拱桥-箱形拱桥	拱式桥-钢筋混凝土拱桥-刚架拱桥	拱式桥-钢筋混凝土拱桥-系杆拱桥	拱式桥-钢拱桥-桁架拱	拱式桥-钢拱桥-箱形拱	拱式桥-钢管混凝土拱桥-哑铃型	拱式桥-钢管混凝土拱桥-桁架型	拱式桥-钢管混凝土拱桥-提篮型	斜拉桥-钢筋混凝土梁-普通钢筋混凝土梁	斜拉桥-钢筋混凝土梁-预应力混凝土梁	斜拉桥-钢筋混凝土梁-工字钢梁混凝土板	斜拉桥-结合梁-钢箱梁混凝土板	斜拉桥-结合梁-钢管桁架梁混凝土板	斜拉桥-混合梁-钢梁混凝土梁	悬索桥-悬带式	悬索桥-钢索式	刚构桥-T形刚构架	刚构桥-连续刚构	刚构桥-门式刚构	刚构桥-斜腿刚构
特大桥	鱼嘴两江大桥	1440	2×(6×35)+616+4×56+3×56		√																											√				
大桥	生基湾大桥	107	6×30			√				√																										
大桥	大庆大桥	142	3×40			√				√																										
大桥	鱼溪河大桥	259	6×40		√	√				√																										
大桥	清油洞大桥	504	14×35		√	√				√																										
大桥	迎龙湖大桥	227	6×35			√				√																										
大桥	倪河园大桥	132	3×40			√				√																										
大桥	马里岗大桥	146	3×40			√				√																										

续上表

规模	名称	桥长(m)	孔跨布置(m)	桥底净高(m)	跨越障碍物				梁式桥								拱式桥														斜拉桥									悬索桥		刚构桥			
									预应力混凝土梁桥				钢梁桥	组合梁桥		圬工拱桥		钢筋混凝土拱桥					钢拱桥		钢管混凝土拱桥			钢筋混凝土梁		结合梁			混合梁											
					河流	沟谷	道路	铁路	简支梁桥	悬臂梁桥	连续梁桥	先简支后连续梁桥	连续钢梁桥	预弯混凝土组合梁	钢管混凝土桁架梁	预制混凝土拱	现浇混凝土拱	双曲拱	肋拱	箱形拱	桁架刚架拱	系杆拱	箱形拱	桁架拱	哑铃型	桁架型	提篮型	普通钢筋混凝土梁	预应力混凝土梁	工字钢梁混凝土板	钢箱梁混凝土板	钢管桁架梁混凝土板	钢梁混合梁	悬索式	钢索带式	T形刚构桥	连续刚构桥	门式刚构桥	斜腿刚构
规模	花溪互通主线大桥	360	6×25+4×21.7+21.6+2×35+31.83				√					√																												
大桥	白合子大桥	136	6×20		√							√																												
	老鹰嘴大桥	220	7×30		√							√																												
	大土湾大桥	554	7×40		√							√																												
	石坝大桥	530	10×20+7×30+6×20			√						√																												
	石塔沟大桥	612	13×30+4×40+1×30			√						√																												

G5001 重庆绕城高速公路隧道汇总表

附表 2-8b2

项目名称：绕城东段

规模	名称	隧道全长(m)	隧道净宽(m)	隧道分类					
				按地质条件划分			按所在区域划分		
				土质隧道	石质隧道	山岭隧道	水底隧道	城市隧道
中隧道	鱼嘴隧道	885.6	15.35		√	√		
	龙井隧道	572	13		√	√		

附 录

G5001 绕城高速公路复杂技术工程信息采集表

附表 2-8b3）

项目名称:绕城东段		施工单位:中铁大桥局重庆分公司	
复杂技术工程名称	鱼嘴两江大桥	长度(m)	1440

鱼嘴两江大桥是重庆绕城高速公路上的控制性工程,也是长江上的一座公路轨道两用桥梁。位于江北区鱼嘴,南接巴南区明月沱。大桥为绕城高速公路东半环的跨江通道,全长 1440mm,桥上设双向六车道,于 2009 年 12 月 31 日建成通车。大桥施工时名称为鱼嘴长江大桥,因北桥头为重庆大力打造建设的两江新区,故本桥更名为鱼嘴两江大桥。

重庆绕城高速公路鱼嘴长江大桥是跨径布置为 6×35m+180m+616m+205m+4×56m+3×56m,主跨为 616m 的单跨双铰简支钢箱梁悬索桥,南北边跨为无吊索区。

在设计成桥状态下,中跨理论垂度 61.6m,垂跨比 1:10。主缆中心距 34.8m,吊索间距 12.0m。南锚碇采用埋置式混凝土重力锚体,矩形扩大基础,散索鞍中心高程 237.5m。北锚碇采用三角框架式混凝土重力锚体,矩形扩大基础,散索鞍中心高程为 225.0m。南桥塔采用钢筋混凝土多层门式框架,塔柱为变壁厚矩形单箱单室结构,设两道横梁。每根塔柱底设 9 根 ϕ2.5m 的灌注桩。北桥塔采用钢筋混凝土多层门式框架,塔柱为变壁厚矩形单箱单室结构,共 3 道横梁。每根塔柱底设 9 根 ϕ3.0m 的灌注桩。主缆采用预制平行钢丝股法(PPWS)。每根主缆为 65 股,每股含 127 根 ϕ5.2mm 镀锌高强钢丝,空隙率在索夹处取 17%,索夹外取 19%,相应主缆外径分别为 519mm、525mm。加劲梁采用扁平流线型钢箱梁,正交异性板桥面,梁高 3m,全宽 36.8m。南引桥上部为两联 6×35m 等截面预应力混凝土连续箱梁。下部基础采用单排 2 根 ϕ1.7m 钻孔灌注桩基础,墩身为矩形实体墩。北引桥上部为两联 4×56m、3×56m 等截面预应力混凝土连续刚构。下部基础采用双排 4 根 ϕ1.8m 钻孔灌注桩基础,墩身为空心矩形截面

附表 2-8b4

填报省份：重庆市

G5001 重庆绕城高速公路建设从业单位信息采集表

项目名称：绕城东段　　通车里程桩号：E:K151+020~K186+760

序号	参建单位	单位名称	合同段编号及起止桩号	主要负责人	备注
1	项目管理单位	重庆高速公路集团有限公司垫利建设分公司	E:K151+020~K186+760	李洪霞	
2	勘察设计单位	浙江省交通规划设计研究院	E:K151+020~K186+760	吴德兴	
		重庆市交通规划勘察设计院	E:K151+020~K186+760	喻洪	
		四川省交通厅公路规划勘察设计研究院	E:K151+020~K186+760	罗隆辉	
3	施工单位	安通建设有限公司	E1:K151+020~K153+900	马艳虎	
		重庆交通建设(集团)有限责任公司	E2:K153+900~K160+500	汪平	
		贵州省公路桥梁工程总公司	E3:K160+500~K167+200	洪滨	
		贵州省桥梁工程总公司	E4:K167+200~K174+000	阮有力	
		核工业长沙中南建设工程集团有限公司	E5:K174+000~K179+500	熊建华	
		武汉东路桥工程有限公司	E6:K179+500~K179+500	李文斌	
		中铁大桥局股份有限公司	E7:K179+500~K186+760	朱云翔	
4	监理单位	西安东方舟工程咨询有限责任公司	E:K151+020~K186+760		
5	设计咨询单位	中铁大桥局武汉桥梁科学研究院		田信贤	

756

附录

附表 2-8c1

G5001 重庆绕城高速公路桥梁汇总表

项目名称：绕城南段

规模	名称	桥长(m)	孔跨布置(m)	桥底净高(m)	跨越障碍物-河流	跨越障碍物-沟谷	跨越障碍物-道路、铁路	梁式桥-预应力混凝土梁桥-简支梁桥	梁式桥-预应力混凝土梁桥-悬臂梁桥	梁式桥-预应力混凝土梁桥-连续梁桥	梁式桥-预应力混凝土梁桥-先简支后连续梁	梁式桥-钢梁桥-简支钢梁桥	梁式桥-钢梁桥-连续钢梁桥	梁式桥-组合梁桥-预弯组合梁	梁式桥-组合梁桥-钢管混凝土桁架梁	拱式桥-圬工拱桥-现浇混凝土拱	拱式桥-圬工拱桥-预制混凝土拱	拱式桥-钢筋混凝土拱桥-双曲拱	拱式桥-钢筋混凝土拱桥-箱形拱	拱式桥-钢筋混凝土拱桥-刚架拱	拱式桥-钢筋混凝土拱桥-桁架拱	拱式桥-钢筋混凝土拱桥-系杆拱	拱式桥-钢拱桥-箱形拱	拱式桥-钢管混凝土拱桥-桁架型	拱式桥-钢管混凝土拱桥-哑铃型	拱式桥-钢管混凝土拱桥-提篮型	钢筋混凝土梁-普通钢筋混凝土梁	钢筋混凝土梁-预应力钢筋混凝土梁	斜拉桥-结合梁-工字钢梁混凝土板	斜拉桥-结合梁-钢箱梁混凝土板	斜拉桥-结合梁-钢管桁架梁混凝土板	斜拉桥-钢梁	斜拉桥-混合梁	悬索桥-悬索式	悬索桥-钢索带式	刚构桥-T形刚构	刚构桥-连续刚构	刚构桥-门式刚构	刚构桥-斜腿刚构
特大桥	外环江津长江大桥	1200	1×436+2×186+8×30+2×29.97+2×35.5		√																									√								
大桥	四合头大桥	283	9×30			√					√																											
大桥	羊儿湾大桥	316	10×30			√					√																											
大桥	古玫沟大桥	252	8×30			√					√																											
大桥	青狮沟大桥	740	9×40+12×30			√					√																											
大桥	箭滩河大桥	860	1×30+7×40+11×30			√					√																											
大桥	炉膛湾大桥	191	9×20			√					√																											
大桥	九合冲左线大桥	279	9×30			√					√																											
大桥	李家湾大桥	197	9×20			√					√																											

续上表

规模	名称	桥长(m)	孔跨布置(m)	桥底净高(m)	跨越障碍物-河流	跨越障碍物-沟谷	跨越障碍物-道路	跨越障碍物-铁路	预应力混凝土梁桥-简支梁桥	预应力混凝土梁桥-连续梁桥	预应力混凝土梁桥-悬臂梁桥	预应力混凝土梁桥-先简支后连续	钢梁桥-简支钢梁	钢梁桥-连续钢梁	组合梁桥-预弯混凝土梁	组合梁桥-钢管混凝土桁架梁	圬工拱桥-现浇混凝土拱	圬工拱桥-预制混凝土拱	钢筋混凝土拱桥-双曲拱	钢筋混凝土拱桥-箱形拱	钢筋混凝土拱桥-桁架拱	钢筋混凝土拱桥-刚架拱	钢筋混凝土拱桥-系杆拱	钢拱桥-箱形拱	钢拱桥-桁架拱	钢管混凝土拱桥-哑铃型	钢管混凝土拱桥-桁架型	钢管混凝土拱桥-提篮型	斜拉桥-钢筋混凝土梁-普通钢筋混凝土梁	斜拉桥-钢筋混凝土梁-预应力混凝土梁	斜拉桥-结合梁-工字钢梁混凝土板	斜拉桥-结合梁-钢箱梁混凝土板	斜拉桥-结合梁-钢管桁架混凝土板	斜拉桥-钢箱梁	斜拉桥-混合梁	悬索桥-钢索式	悬索桥-悬带式	刚构桥-T形刚构	刚构桥-连续刚构	刚构桥-门式刚构	刚构桥-斜腿刚构
大桥	胡家湾大桥	154	7×20			√			√																																
	扒岩二号大桥	434	3×30+6×40+3×30			√						√																													
	扒岩一号大桥	319	10×30			√						√																													
	老房子右线大桥	856	21×40			√						√																													
	新滩大桥	774	12×30+75+130+75+4×30			√					√																												√	
	包家岗大桥	134	6×20			√						√																													
	小湾大桥	151	4×36			√				√																															
	峡口大桥	250	6×40			√						√																													

附 录

G5001 重庆绕城高速公路隧道汇总表

附表 2-8c2）

项目名称：绕城南段

规模	名 称	隧道全长 (m)	隧道净宽 (m)	隧 道 分 类				
				按地质条件划分		按所在区域划分		
				土质隧道	石质隧道	山岭隧道	水底隧道	城市隧道
长隧道	环山坪隧道	2551	14.5		√	√		
	大岚垭隧道	1428	14.5		√	√		

G5001 重庆绕城高速公路复杂技术工程信息采集表　　附表 2-8c3）

项目名称:绕城南段		施工单位:重庆高速公路集团北方分公司	
复杂技术工程名称	綦江新滩大桥	长度(m)	774

綦江新滩大桥为西部省际通道重庆绕城高速公路南段上跨越綦江的一座大型桥梁,大桥总长774m,主桥为75m+130m+75m的预应力混凝土连续刚构,全桥宽33.5m,分左、右两幅。其左、右箱梁结构尺寸完全相同,但是设计思路迥异。

左幅箱梁配索采取第3种方式的部分下弯顶板束和底板直束的配索形式,竖向预应力仍为精轧螺纹钢;而右幅箱梁却采用一种新颖的体内体外混合预应力配索方法,即将部分纵向预应力索配置在连续箱梁截面外,通过设置转向块和锚固块与结构进行联系,并通过优化配置的大角度纵向弯起钢索取代竖向预应力钢筋来承担混凝土的主拉应力。

混合配索在本桥中的主要特点为:

将Ⅰ期体内索竖弯加大抵抗剪力,同时将跨中段Ⅱ期体内索上弯至顶板锚固。通过上述体内弯起索的竖向分力抗剪,成桥后采用27束环氧钢绞线体外索通长配置。通过箱梁内部设置的8道转向块调整钢索弯起角度,体外预应力悬浮张拉后与体内索共同承担通车后的桥梁荷载。

作为全国首座运用体外预应力技术施工的悬浇刚构梁桥——綦江新滩大桥,已于2008年4月28日成功合龙,桥梁整个建设过程中质量控制情况良好。在大桥的建设过程中,在各科研设计施工监理监控等相关单位的共同努力下,集思广益,边施工边完善,基本解决了混合配索的转向块定位、体外索进出口、挂篮设计等诸多技术问题。

附 录

附表 2-8-4

填报省份：重庆市

G5001 重庆绕城高速公路建设从业单位信息采集表

项目名称：绕城南段　　通车里程桩号：K100+820～K151+020

序号	参建单位	单位名称	合同段编号及起止桩号	主要负责人	备注
1	项目管理单位	重庆高速公路集团有限公司北方建设分公司	K100+820～K151+020	韩均	
2	勘察设计单位	四川省交通运输厅公路规划勘察设计研究院	K100+820～K151+020	罗隆辉	
		江苏省交通规划勘察设计院	K100+820～K151+020	陈洪	
3	施工单位	成都华川公路建设（集团）有限公司	S1：K100+820～K106+155	邱明	
		中港第三航务工程局	S2：K106+155～K110+897	张雷	
		中铁十三局集团有限公司	S3：K110+897～K115+018.5	亓家安	
		路桥集团第二公路工程局	S4-1：K115+018.5～K115+648	张国文	
		贵州省桥梁工程总公司	S4-2：K115+648～K116+217.50	何爱军	
		重庆市渝通公路桥梁总公司	S5：K116+217.50～K118+605	陈林	
		岳阳市公路桥基建总公司	S6：K118+605～K123+540	潘炜	
		中铁十九局集团有限公司第三工程局	S7：K123+540～K126+250	司伟峰	
		中铁十三局集团第三工程局	S8：K126+250～K128+635	刘家强	
		重庆市公路工程股份有限公司	S9：K128+635～K134+527	李吉弟	
		南昌铁路工程（集团）有限责任公司	S10：K134+527～K138+170	任勇	
		四川武通路桥工程局	S11：K138+170～K141+760	吴志坤	
		重庆市公路工程股份有限公司	S12：K141+760～K143+871	黄时光	
		中铁四局集团有限公司	S13：K143+871～K147+000	刘继飞	
		重庆市渝通公路工程总公司	S14：K147+000～K151+020	杨帆	
4	监理单位	西安方舟工程咨询有限责任公司	K100+820～K118+605	刘志强	
		重庆市交通工程监理咨询有限责任公司	K118+605～K151+020	张伟杰	
		重庆市交通委员会基本建设工程质量监督站		陈佰奎	
5	设计咨询单位	招商局重庆交通科研设计院有限公司		顾安邦	
		同济大学		奉成龙	
		江苏省交通科学研究院		徐栋	
				陈李峰	

重 庆

G5001 重庆绕城高速公路桥梁汇总表

附表 2-8d1）

项目名称：绕城西段

规模	名称	桥长(m)	孔跨布置(m)	桥底净高(m)	跨越障碍物			梁式桥				拱式桥				斜拉桥			悬索桥	刚构桥		
					河流沟谷	道路	铁路	预应力混凝土梁桥(简支梁桥/悬臂梁桥/连续梁桥/先简支后连续梁桥)	钢梁桥(简支钢梁桥/连续钢梁桥)	组合梁桥(预弯混凝土组合梁/钢管混凝土桁架梁)	圬工拱桥(现浇混凝土拱/预制混凝土拱/双曲拱)	钢筋混凝土拱桥(箱形拱桥/肋拱桥/刚架拱桥/桁架拱桥/系杆拱桥)	钢拱桥(箱形拱桥/桁架拱桥)	钢管混凝土拱桥(桁架型/哑铃型/提篮型)	钢筋混凝土梁(普通钢筋混凝土梁/预应力混凝土梁)	结合梁(工字钢梁混凝土板/钢箱梁混凝土板)	钢管桁架梁混凝土板	钢梁混合梁	悬带式钢索式	T桁架刚构桥	连续刚构桥	门式刚构桥	斜腿刚构桥
大桥	成渝互通主线大桥	300	14×20			√		√														
	蒲家院子大桥	231	7×30		√			√														
	独石大桥	512	12×40		√			√														

附 录

G5001 重庆绕城高速公路复杂技术工程信息采集表

附表 2-8d2)

项目名称:绕城西南段		施工单位:中交集团第二公路工程局	
复杂技术工程名称	江津观音岩长江大桥	长度(m)	1200

重庆绕城高速公路江津观音岩长江大桥(现绕城江津长江大桥)全长1200m,主跨为436m,桥宽36.2m,属双塔双索面5跨连续钢—混凝土结合梁斜拉桥,斜拉索最大索力达8200kN,目前是重庆绕城高速公路南段中规模最大的特大桥,是国内桥面最宽的结合梁斜拉桥,是交通部在建绕城高速公路中唯一一条"典型示范、科技示范"高速公路的控制性工程。2009年9月15日,大桥正式合龙。

大桥主梁采用双工字形截面的钢—混组合梁,纵向半漂浮体系,主梁中心距达36.2m,为当时全国同类桥梁之最;最大索力8200kN,也是当时全国公路桥梁中最大。

大桥设计和施工过程中面临:

钢围堰定位、深水钢围堰施工、大体积承台混凝土浇筑、梁塔异步施工、斜拉索索管精确定位、钢主梁和混凝土预制面板的吊装、预制混凝土面板的收缩徐变、桥梁湿接缝的施工,钢混组合主梁需考虑剪力滞效应和滑移效应,主梁有效宽度的计算,双层桥面板的设计方法。190高厚比的腹板稳定性设计,锚拉板受力特性,C60高强度微膨胀混凝土湿接缝和锚拉板结构的耐久性等难题。

为此,开展了大跨度宽桥面结合梁斜拉桥设计施工关键技术研究,重点分为大跨斜拉桥组合桥面系受力性能研究、大跨结合梁斜拉桥稳定性及钢—混凝土组合效应研究、结合梁斜拉索和钢主梁锚固点静力与疲劳模型试验研究、索塔锚固区足尺模型试验研究和大跨度宽桥面结合梁斜拉桥施工关键技术研究五个专题,以保证大桥的设计和施工

重 庆

附表2-8d3)

填报省份:重庆市

G5001 重庆绕城高速公路建设从业单位信息采集表

项目名称:绕城西段　　通车里程桩号:K49+950~K101+000

序号	参建单位	单位名称	合同段编号及起止桩号	主要负责人	备注
1	项目管理单位	重庆高速公路集团有限公司北方建设分公司	K49+950~K101+000	韩均	
2	勘察设计单位	广西壮族自治区交通规划勘察设计院	K49+950~K101+000	杨雁	
		江苏省交通规划勘察设计院	K49+950~K101+000	陈洪	
		四川省交通运输厅公路规划勘察设计研究院	K49+950~K101+000	罗隆辉	
3	施工单位	陕西路桥集团有限公司	W1:K49+950~K52+320	杜佐光	
		岳阳市公路桥梁基建总公司	W2:K52+320~K65+000	钟勇	
		重庆市公路工程(集团)股份有限公司	W3:K65+000~K70+000	唐毅	
		中国港湾建设(集团)总公司	W4:K70+000~K80+400	杨少华	
		路桥集团国际建设股份有限公司	W5:K80+400~K85+600	雷云	
		重庆市渝达公路桥梁有限责任公司	W6:K85+600~K90+000	黎光明	
		贵州省桥梁工程总公司	W7:K90+000~K94+000	张国荣	
		中交第三航务工程局	W8:K94+000~K101+000	袁远	
4	监理单位	重庆市交通工程监理咨询有限责任公司	K49+950~K101+000	刘晓涛	
5	设计咨询单位	江苏省交通规划勘察设计院		陈李峰	
		重庆市公路工程质量检测中心		陈伯奎	

附录

附表 2-8e1

G5001 重庆绕城高速公路桥梁汇总表

项目名称：绕城北段

规模	名称	桥长(m)	孔跨布置(m)	桥底净高(m)	跨越障碍物			梁式桥					拱式桥					斜拉桥			悬索桥		刚构桥		
					河流	沟谷	道路、铁路	预应力混凝土梁桥			钢梁桥	组合梁桥	圬工拱桥	钢筋混凝土拱桥			钢拱桥	钢管混凝土拱桥	钢筋混凝土梁	结合梁			钢索悬带式	T形刚构桥	连续刚构桥	斜腿门式刚构
								简支梁桥	悬臂梁桥	连续梁桥	先简支后连续梁		预弯组合梁/钢管混凝土组合梁	现浇预制混凝土拱	双曲拱	箱形拱 桁架拱 系杆拱		箱形拱 桁架拱 哑铃型 提篮型	普通钢筋混凝土梁/预应力钢筋混凝土梁	工字钢梁混凝土板 钢箱梁混凝土板 钢管桁架梁混凝土板	钢梁	混合梁				
特大桥	水土嘉陵江大桥	646	3×40+138.5+245+138.5		√																				√	
	朝阳寺大桥(左线)	1523	11×40+75+130+75+4×40+75+3×130+40		√					√																√
大桥	沙湾2号大桥	255	5×30+20×20+13× 30+5×40+12×20+40			√	√			√																
	施家梁大桥	622	20×30			√			√																	
	施家梁互通主线桥	943	5×30+26.46+6×30+34.45+34+30+22.65+3×30+25+2×30+33+2×30+22+2×31.5+22+3×30				√		√																	

续上表

规模	名称	桥长(m)	孔跨布置(m)	桥底净高(m)	跨越障碍物 河流/沟谷/道路/铁路	梁式桥 预应力混凝土梁桥 简支梁桥/悬臂梁桥/连续梁桥/先简支后连续梁	钢梁桥 连续钢梁	组合梁桥 预弯混凝土组合梁/钢管混凝土桁架梁	圬工拱桥	拱式桥 钢筋混凝土拱桥 现浇混凝土拱/预制混凝土拱/双曲拱/箱形拱桥/肋拱桥/桁架拱桥/刚架拱桥/系杆拱桥	钢拱桥 箱形拱桥/桁架拱桥	钢管混凝土拱桥 哑铃型/提篮型/桁架型	斜拉桥 钢筋混凝土梁 普通钢筋混凝土梁/预应力混凝土梁	结合梁 工字钢梁混凝土板/钢箱梁混凝土板/钢管桁架梁混凝土板/钢箱桁架梁混凝土板	钢梁 混合梁	悬索桥 钢索式/悬带式	刚构桥 桁架刚构/T形刚构/连续刚构/门式刚构/斜腿刚构
大桥	水口寺大桥	288	9×30		√	√											
	沙子垮大桥	187	9×20		√	√											
	白观音大桥	538	13×40		√	√											
	楠竹林大桥	197	9×20		√	√											
	印金石大桥	354	11×30		√	√											
	楼房湾大桥	161	7×20		√	√											
	太阳堡大桥	140	6×20		√	√											
	朝天观大桥	554	13×40		√	√											
	狮子岩大桥	341	8×40		√	√											
	新房子大桥	321	15×20		√	√											
	学堂堡大桥	763	10×20+8×40+11×20		√	√											
	朝房湾大桥	411	13×30		√	√											
	空港大桥	108	2×42		√	√											
	卧龙大桥	338	16×20		√	√											

续上表

规模	名称	桥长(m)	孔跨布置(m)	桥底净高(m)	跨越障碍物 河流	跨越障碍物 沟谷	跨越障碍物 道路	跨越障碍物 铁路	梁式桥 预应力混凝土梁桥 简支梁桥	梁式桥 预应力混凝土梁桥 悬臂梁桥	梁式桥 预应力混凝土梁桥 连续梁桥	梁式桥 预应力混凝土梁桥 先简支后连续梁	梁式桥 钢梁桥 简支钢梁桥	梁式桥 钢梁桥 连续钢梁桥	梁式桥 组合梁桥 预弯组合混凝土梁	梁式桥 组合梁桥 钢管混凝土桁架梁	拱式桥 圬工拱桥 预制混凝土拱	拱式桥 圬工拱桥 现浇混凝土拱	拱式桥 钢筋混凝土拱桥 双曲拱	拱式桥 钢筋混凝土拱桥 刚架拱	拱式桥 钢筋混凝土拱桥 系杆拱	拱式桥 钢筋混凝土拱桥 箱形拱	拱式桥 钢筋混凝土拱桥 桁架拱	拱式桥 钢拱桥 箱形拱	拱式桥 钢拱桥 桁架拱	拱式桥 钢拱桥 哑铃型	拱式桥 钢管混凝土拱桥 提篮型	斜拉桥 钢筋混凝土梁 普通钢筋混凝土梁	斜拉桥 钢筋混凝土梁 预应力混凝土梁	斜拉桥 结合梁 工字钢梁混凝土板	斜拉桥 结合梁 钢箱梁混凝土板	斜拉桥 结合梁 钢管桁架梁混凝土板	斜拉桥 钢梁 混合梁	悬索桥 悬带式	悬索桥 钢索式	刚构桥 T形刚构桥	刚构桥 连续式刚构桥	刚构桥 门式刚构桥	刚构桥 斜腿刚构桥
大桥	太平大桥	280	13×20									√																										
	百步梯大桥	168	5×30		√							√																										
	朝阳寺互通主线桥	190	7×25				√				√																											
	庙坝大桥	460	11×40		√							√																										
	沟口大桥	124	4×30		√							√																										
	水井大桥	252	12×20		√							√																										
	三梯子大桥	160	7×20		√							√																										
	复盛立交主线大桥	236	9×25				√					√																										
	下果园分离左幅	272	10×25		√							√																										

G5001 重庆绕城高速公路隧道汇总表

附表 2-8e2

项目名称：绕城北段

规模	名称	隧道全长 (m)	隧道净宽 (m)	隧道分类					
				按地质条件划分		按所在区域划分		
				土质隧道	石质隧道	山岭隧道	水底隧道	城市隧道
特长隧道	施家梁隧道	4303	15.35		√			
	玉峰山隧道	3700	15.35		√	√		
	狮子山隧道	1001			√	√		
中长隧道	朝阳寺隧道	999				√		
	鱼嘴隧道	885.8			√	√		

附 录

G5001 重庆绕城高速公路复杂技术工程信息采集表

附表 2-8e3i)

项目名称：绕城北段　　　　　　　　　　　施工单位：中铁隧道集团和中国中铁五局集团

复杂技术工程名称	施家梁隧道	长度(m)	4303

绕城高速公路是重庆打造"二环八射"交通网络的民心工程,全长186km,总投资132亿元,全线均为双向六车道,分为东、南、西、北四段建设。2008年6月19日,重庆绕城高速公路最长隧道——北碚施家梁隧道胜利贯通。隧道位于重庆绕城高速公路北段上,隧道左洞长4303m,右洞长4267.5m,属特长隧道,也是当时全国最长的在建三线大跨公路隧道。

隧道建筑限界宽14.5m,高5.0m,隧道衬砌内轮廓拟定为三心圆曲墙结构,隧道内轮廓拱顶净高8.12m,净宽15.35m,内净空面积100.69m^2。

隧址区地貌属构造剥蚀中～深切低山地貌。地面最高高程665.60m,最低点位于隧道进出口,250m左右,相对高差415.6m。山脉展布方向大多与构造线一致,多呈北东～南西向分布,隧道垂直构造穿越。地形具有明显的成层性,每层均有相应的剥离面及溶洞层。隧址区的不良地质现象主要有岩溶与岩溶水、穿煤压煤及有害气体等。

施家梁隧道是绕城高速公路上的五大控制性工程之一。工程由中铁隧道集团一处有限公司、中铁五局集团公司承建,隧道自2005年4月26日开工建设以来,承建单位克服地质结构复杂、围岩破碎等困难,科学规划、合理施工,比计划工期提前4个月完成隧道贯通,为绕城高速公路2009年年底实现全线通车提供了强有力的保障

G5001 重庆绕城高速公路复杂技术工程信息采集表

附表 2-8e3ii)

项目名称：绕城北段　　　　　　　　　　　施工单位：中铁十五局第二工程有限公司

复杂技术工程名称	玉峰山隧道	长度(m)	3700

玉峰山隧道是全国当时在建的最大的三线大跨公路隧道,单洞跨度达18m,是绕城高速公路全线控制性工程之一。隧道地处重庆渝北区玉峰山镇,全长3700m,为双向六车道大跨隧道,经过近两年的建设,攻克1处暗河、2处断层、6处煤层、8个溶洞、13次突泥、突涌毒气等困难。

在超前探孔时突然出现大量涌水,似山泉飞瀑,涌水持续了40多个小时。排水沟堵塞,从洞口向里望,约有15cm厚的水。最大的一个溶洞,溶洞顶部距离拱顶约20m,右侧约15m,左侧6m,溶洞长约40m。经计算,溶洞内腔达7.2万m^3,可容纳40m×40m的10层楼房一座,隧道从"楼房"中穿过。

为保证隧道安全通过溶洞"楼房",一时间专家云集,组成了科研工作网络。方案确定后,施工过程中注重超前地质预报工作,安排专门的技术员、安全员、领工员加强监控,采用超前预注浆、径向注浆技术,按照"短进尺、强支护、早封闭、勤量测"等多种手段,实现了隧道在穿越溶洞时稳步推进、平稳过渡。

玉峰山隧道施工,不仅遇到了溶洞,见识了了突泥突水、暗河、瓦斯等地质灾害,还遇上了毒气。2007年7月21日,正当作业人员在掌子面施工时,掌子面左侧出现涌水,直径约1m,水中散发着浓烈的刺鼻味道,呈臭鸡蛋味,水质浑浊,隧道作业人员出现了不同程度的眼睛红肿、流泪不止的现象,涌出高浓度硫化氢气体,施工人员立即撤离,经检测高于国家安全标准浓度13倍。7月25日,特邀专家、建设、设计、施工等单位确定了硫化氢气体泄漏处治方案,细化制定了《安全生产制度》《施工过程安全控制实施细则》等一系列制度,形成了一整套特殊地质隧道施工安全防范体系。该隧道施工过程中通过TSB地质雷达超前预报、中导洞法和光面爆破隧道开挖技术等科技攻关,攻克了不良地质和气体等难题,安全平衡地实现了全线贯通。2008年7月10日,重庆绕城高速公路玉峰山隧道左右线实现贯通,标志着玉峰山隧道施工取得全面胜利

重庆

G5001 重庆绕城高速公路技术创新信息采集表

附表 2-8e4i)

项目名称：重庆绕城高速公路　　　　　　　　　　　　　　　　填报省份：重庆市

创新型技术名称	Superpave 沥青路面技术集成研究
主要参与人员	曹荣吉、李海鹰、张志祥、陈李峰、何兵
所获奖励	2010 年中国公路学会科学技术一等奖
主要内容	结合重庆高温、多雨和山区高速公路的地理气候特点，研究提出了适合重庆特点的高速公路沥青路面各层沥青胶结料选用的 PG 等级要求，并提出各层沥青材料选择建议；基于重庆地材特性、加工厂状况对重庆地区高速公路路面粗、细集料技术指标进行研究，在行业规范基础上提出了适合重庆地区高速公路特点的集料指标要求。 　　其中对重庆地区集料压碎值、磨耗值、针片状颗粒含量、粉尘含量及砂当量技术指标要求等进行了调整；提出了重庆地区高速公路路面集料加工技术要求，包括生产线组成、加工工艺、控制要点，制定了集料准入制度，并成功实施，切实有效地提高了重庆高速公路路面集料质量。 　　对 Superpave 沥青混合料的级配范围、设计压实次数、限制区、设计空隙率、粉胶比等进行了系统研究，在美国 Superpave 体系基础上，提出了 Superpave 沥青混合料成套设计方法及设计标准，提出了评价 Superpave 级配的贝雷法参数值；通过室内试验研究证明了 Superpave 沥青混合料具有优良的路用性能，可用于重庆高速公路沥青路面中；通过力学性能分析提出了 Superpave 路面结构设计参数；在重庆首次铺筑了不同设计压实次数（100 次、125 次）、不同级配（粗、细）、不同沥青材料的 Superpave 试验路，总结提出了重庆地区 Superpave 沥青路面施工工艺及质量控制方法

G5001 重庆绕城高速公路技术创新信息采集表

附表 2-8e4ii)

项目名称：重庆绕城高速公路　　　　　　　　　　　　　　　　填报省份：重庆市

创新型技术名称	重庆绕城高速公路关键技术研究及推广示范应用
主要参与人员	张太雄、李祖伟、韩道均、唐伯明、钟宁、敬世红、庄卫林、何兵、王卫平、钟明全、胡旭辉
所获奖励	2011 年中国公路学会科学技术一等奖
主要内容	重庆绕城高速公路是交通部首批科技示范工程，项目全长 188km，穿越了桥口坝、玉峰山和缙云山等风景区，三次跨越长江和嘉陵江，连通了重庆主城周边 18 个城市组团。项目围绕"城乡交通统筹，安全节约环保"理念，研究提出了绕城高速公路服务城乡统筹的理念、服务模式及技术标准确定原则，完善了组团城市绕城高速公路规划方法与技术；开发并建立了以路段为监控对象，以隧道群及毗邻隧道为核心的高速公路区域联动及联网控制统一平台；提出了路域生态恢复的原则与途径；构建了路域生态工程对行车环境影响的评价模型及指标体系；构建了大跨度宽桥面组合梁斜拉桥设计与施工关键技术，大跨度现浇刚构体外预应力桥梁设计与施工技术，研发了大跨度悬索桥主缆温度场—线总线式自动同步采集系统及温度场分析技术；提出了高温多雨山区高速公路沥青路面合理结构、厚度及材料试验方法和标准，长大纵坡界定标准与技术对策；提出了基于 V85 速度预测模型的高速公路最优限速方法；完善了高速公路路侧振动带的设计施工方法和桥梁船撞在线监控与预警系统、废旧橡胶粉改性沥青路面的设计与施工控制技术

附 录

G5001 重庆绕城高速公路技术创新信息采集表

附表 2-8e4iii)

项目名称：重庆绕城高速公路　　　　　　　　　　　　　　　　　填报省份：重庆市

创新型技术名称	大跨度宽桥面结合梁斜拉桥设计与施工关键技术研究
主要参与人员	钟宁、庄卫林、敬世红、郑旭峰、胡旭辉、符礼斌、聂建国、龚尚龙
所获奖励	2011 年重庆市人民政府科学进步二等奖
主要内容	重庆观音岩长江大桥为主跨 436m、桥宽 36.2m 的大跨度宽桥面结合梁斜拉桥。项目通过理论研究、模型试验和现场测试等方法，从设计理论上建立了考虑剪力滞效应和滑移效应相互耦合的结合梁斜拉桥的空间受力模型，提出有效宽度简化表达式，以及可直接供设计使用的有效宽度实用表格；在国内首先提出结合梁斜拉桥混凝土分层叠合桥面板的设计方法和相应的计算理论；采用板壳稳定理论，提出了高厚比大的腹板（高厚比达 190）在多向应力状态下的稳定性设计和计算方法；进行了超大吨位（近 1000t）锚拉板双倾角动静载和疲劳试验，摸清了锚拉板受力特性，提出了减小焊接应力集中的工艺措施，效果良好、操作方便；首次提出采用刚柔结合隔离措施的方法来解决结合梁锚拉板与周围混凝土结合面的防水问题，保证了关键结构——锚拉板结构的耐久性；在索塔模型加载方式及采用动应变变幅测试方法和双倾角加载方式确定锚拉板结构的疲劳强度等试验方法上取得了创新，为重庆观音岩长江大桥建设提供了技术支撑

附表 2-8e5

填报省份：重庆市

G5001 重庆绕城高速公路建设从业单位信息采集表

项目名称：绕城北段　　通车里程桩号：N:K0+000~K49+285.619

序号	参建单位	单位名称	合同段编号及起止桩号	主要负责人	备注
1	项目管理单位	重庆高速公路集团有限公司垫利建设分公司	N:K0+000~K49+285.619	李红霞	
2	勘察设计单位	浙江省交通规划设计研究院	N:K0+000~K49+285.619	吴德兴	
		重庆市交通规划勘察设计院	N:K0+000~K49+285.619	喻洪	
		四川省交通厅公路规划勘察设计研究院	N:K0+000~K49+285.619	罗隆辉	
3	施工单位	重庆市渝通公路工程总公司	N1:K0+000~K3+540	付远颂	
		路桥集团第一公路工程局第五工程公司	N2:K3+540~K8+500	周建强	
		路桥集团第一公路工程局第三工程公司	N3:K8+500~K11+300	刘玉卿	
		中铁隧道集团二处有限公司	N4:K11+300~K13+500	李长元	
		中铁十五局集团第二工程有限公司	N5:K13+500~K16+186	张文华	
		中铁二十局集团第二工程有限公司	N6:K16+186~K17+720	陈选生	
		中铁二十局集团第二工程有限公司	N7:K17+720~K21+775	昔豫明	
		新疆北新路桥建设股份有限公司	N8:K21+775~K26+908	韩征平	
		中铁四局集团第四工程有点公司	N9:K26+908~K32+250	海继侠	
		中港一局集团第三航务工程局	N10:K32+250~K36+614	熊建国	
		中铁一局集团第二工程有限公司	N11:K36+614~K40+698	余维东	
		铁道部第一工程局桥梁工程处	N12:K40+698~K43+019	唐德贤	
		中铁隧道集团有限公司	N13:K43+019~K45+250	王华平	
		中铁五局(集团)有限公司	N14:K45+250~K47+535	曾作良	
		中铁四局集团第二工程有限公司	N15:K47+535~K49+285.619	张汉一	
4	监理单位	重庆市交通工程监理咨询有限责任公司	N:K0+000~K49+285.619	田启贤	
5	设计审查单位	中铁大桥局武汉桥梁科学研究院		张永水	
		重庆交通大学			

772

附 录

G5001 重庆绕城高速公路建设项目获奖信息表

附表 2-8e6）

序号	获奖时间	项 目 名 称	获 奖 类 型	奖 励 等 级	授 奖 单 位	备注
1	2010 年	重庆绕城高速公路	公路交通优秀勘察奖	一	中国公路勘察协会	
2	2010 年	重庆绕城高速公路	公路交通优秀设计奖	一	中国公路勘察协会	
3	2010 年	Superpave沥青路面技术集成研究	科学技术奖	一	中国公路学会	
4	2011 年	重庆绕城高速公路关键技术研究及推广示范应用	科学技术奖	一	中国公路学会	
5	2011 年	大跨度宽桥面结合梁斜拉桥设计与施工关键技术研究	科技进步奖	二	重庆市人民政府	
6	2011 年	重庆绕城高速公路科技示范工程	科学技术奖	一	中国公路学会	

2-9 G6911 安来高速公路相关附表

G6911 安来高速公路建设项目信息采集集表

附表 2-9a

序号	项目名称	规模（km）				建设性质（新、改扩建）	设计车速（km/h）	永久占地（亩）	投资情况（亿元）			资金来源	建设时间（开工～通车）	备注
		合计	八车道及以上	六车道	四车道				估算	概算	决算			
1	奉节至巫溪段	46.37			46.37	新建	80	3773.5		46.2		交通部补助、地方自筹和银行贷款	2010.12～2013.12	

附录

G6911 安来高速公路桥梁汇总表

附表 2-9b1）

项目名称：奉节至巫溪段

规模	名称	桥长(m)	孔跨布置(m)	桥底净高(m)	跨越障碍物-河流	跨越障碍物-道路、铁路	跨越障碍物-沟谷	梁式桥-预应力混凝土梁桥-先简支后连续梁	梁式桥-预应力混凝土梁桥-简支梁桥	梁式桥-预应力混凝土梁桥-连续梁桥	梁式桥-预应力混凝土梁桥-悬臂梁桥	梁式桥-钢梁桥-简支钢梁桥	梁式桥-钢梁桥-连续钢梁桥	梁式桥-组合梁桥-预弯混凝土组合梁	梁式桥-组合梁桥-钢管混凝土桁架梁	拱式桥-圬工拱桥-现浇混凝土拱桥	拱式桥-圬工拱桥-预制混凝土拱桥	拱式桥-钢筋混凝土拱桥-双曲拱	拱式桥-钢筋混凝土拱桥-肋拱	拱式桥-钢筋混凝土拱桥-箱形拱桥	拱式桥-钢筋混凝土拱桥-刚架拱桥	拱式桥-钢拱桥-系杆拱桥	拱式桥-钢拱桥-箱形拱桥	拱式桥-钢拱桥-桁架拱桥	拱式桥-钢管混凝土拱桥-桁架型	拱式桥-钢管混凝土拱桥-哑铃型	拱式桥-钢管混凝土拱桥-提篮型	斜拉桥-钢筋混凝土梁-普通钢筋混凝土梁	斜拉桥-钢筋混凝土梁-预应力混凝土梁	斜拉桥-结合梁-工字钢梁混凝土板	斜拉桥-结合梁-钢管桁架梁混凝土板	斜拉桥-结合梁-钢箱梁混凝土板	斜拉桥-钢梁	斜拉桥-混合梁	悬索桥-悬带式	悬索桥-钢索式	刚构桥-桁架刚构桥	刚构桥-T形刚构桥	刚构桥-连续刚构桥	刚构桥-门式刚构桥	刚构桥-斜腿刚构桥
特大桥	小溪河大桥（左线）	1071	15×40+9×30+5×40				√	√																																
大桥	黄果树大桥（左线）	430.1	9×25+5×40				√	√																																
大桥	慈坪观大桥（左线）	179.1	7×25				√	√																																
大桥	慈坪观大桥（右线）	154.1	6×25				√	√																																
大桥	河里沟大桥（左线）	285.1	7×40				√	√																																
大桥	河里沟大桥（右线）	285.1	7×40				√	√																																
大桥	三里河大桥（左线）	360.8	9×40				√	√																																

续上表

规模	名称	桥长(m)	孔跨布置(m)	桥底净高(m)	跨越障碍物				梁式桥								拱式桥										斜拉桥							悬索桥		刚构桥			
									预应力混凝土梁桥				钢梁桥	组合梁桥	圬工拱桥		钢筋混凝土拱桥			钢拱桥			钢管混凝土拱桥		钢筋混凝土梁		结合梁			钢梁	混合梁	悬带式	钢索式	桁架刚构	T形刚构	连续刚构	门式刚构	斜腿刚构
					道路	铁路	河流	简支梁桥	先简支后连续梁桥	连续梁桥	悬臂梁桥	简支钢梁 连续钢梁	预弯组合梁	钢管混凝土桁架梁	现浇混凝土拱	预制混凝土拱	双曲拱	肋拱	箱形拱	桁架刚架拱	系杆拱	箱形拱	桁架拱	哑铃型	桁架型	普通钢筋混凝土梁	预应力混凝土梁	工字钢梁混凝土板	钢箱梁混凝土板	钢管桁架梁混凝土板	钢箱梁								
大桥	三里河大桥(右线)	329.2	8×40				√		√																												
	阿坑子大桥(左线)	229.2	9×25				√		√																												
	阿坑子大桥(右线)	108.4	4×25				√		√																												
	寂静大桥(左线)	607.1	80+150+80+7×40				√		√																								√		
	寂静大桥(右线)	594.5	80+150+80+7×40				√		√																								√		
	东岳庙大桥(左线)	122	4×25				√		√																											
	惠家湾大桥(左线)	281	7×40				√		√																											
	惠家湾大桥(右线)	249.8	6×40				√		√																											

续上表

规模	名称	桥长(m)	孔跨布置(m)	桥底净高(m)	跨越障碍物				梁式桥										拱式桥									斜拉桥					悬索桥		刚构桥			
					河流	沟谷	道路	铁路	综合	预应力混凝土梁桥			钢梁桥	组合梁桥		圬工拱桥	钢筋混凝土拱桥			钢拱桥		钢管混凝土拱桥	钢筋混凝土梁	结合梁			混合梁	钢梁	悬索式	钢索带式	桁架刚构桥	T形刚构桥	连续刚构桥	门式刚构桥	斜腿刚构桥
										简支梁桥	连续梁桥	悬臂梁桥	先简支后连续梁	简支钢梁桥	连续钢梁桥	预弯混凝土组合梁	钢管混凝土桁架梁		现浇预制混凝土拱	双曲拱	肋拱	箱形刚架拱	桁架拱	系杆拱	箱形拱		普通钢筋混凝土梁	预应力混凝土梁	工字钢梁混凝土板	钢箱梁混凝土板	钢管桁架梁混凝土板							
大桥	大湾大桥(左线)	188	6×30			√				√																												
	邱家大桥(左线)	410.9	8×40+3×30			√				√																												
	邱家大桥(右线)	280.9	4×40+4×30			√				√																												
	香家坪大桥(左线)	562.8	14×40			√				√																												
	香家坪大桥(右线)	565	14×40			√				√																												
	桃树坪大桥(左线)	320.9	8×40			√				√																												
	桃树坪大桥(右线)	321	8×40			√				√																												
	奔肖大桥(左线)	161	4×40		√					√																												

重庆

续上表

规模	名称	桥长(m)	孔跨布置(m)	桥底净高(m)	跨越障碍物	梁式桥-预应力混凝土梁桥-先简支后连续梁	刚构桥-T形刚构
大桥	莽善湾大桥(右线)	120	3×40		河流 √	√	
	郑家庄大桥(左线)	208.9	7×40		河流 √	√	
	郑家庄大桥(右线)	288.6	7×40		河流 √	√	
	岩头溪大桥(左线)	128.04	8×15		河流 √	√	
	凤同子大桥(左线)	246.4	8×30		河流 √	√	
	凤同子大桥(右线)	158.3	5×30		河流 √	√	
	奉溪大桥(左线)	245.4	120+120		河流 √		√
	奉溪大桥(右线)	241.8	120+120		河流 √		√

续上表

规模	名称	桥长(m)	孔跨布置(m)	桥底净空高(m)	跨越障碍物			梁式桥-预应力混凝土梁桥			拱式桥	斜拉桥	悬索桥	刚构桥
					河流	道路	沟谷/铁路	简支梁桥	先简支后连续梁桥	悬臂梁桥/连续梁桥				
大桥	丁家坪大桥(左线)	88.8	2×40		√			√						
	丁家坪大桥(右线)	91.6	2×40		√			√						
	古路大桥(左线)	242.4	6×25+28+36+21		√			√						
	古路大桥(右线)	242.4	6×25+21+36+28		√			√						
	小溪河1号大桥(右线)	218.4	7×30		√				√					
	小溪河2号大桥(右线)	281	7×40		√				√					
	小溪河3号大桥(右线)	155.4	5×30		√				√					
	游家湾1号大桥(左线)	281.8	9×30		√				√					

续上表

名称	桥长(m)	孔跨布置(m)	桥底净高(m)	跨越障碍物 道路、铁路	跨越障碍物 沟谷	跨越障碍物 河流	梁式桥 预应力混凝土梁桥 简支梁桥	梁式桥 预应力混凝土梁桥 连续梁桥	梁式桥 预应力混凝土梁桥 悬臂梁桥	梁式桥 预应力混凝土梁桥 先简支后连续梁	梁式桥 钢梁桥	梁式桥 组合梁桥 预弯混凝土组合梁	梁式桥 组合梁桥 钢管混凝土桁架梁	拱式桥 圬工拱桥	拱式桥 钢筋混凝土拱桥 现浇混凝土拱	拱式桥 钢筋混凝土拱桥 预制混凝土拱	拱式桥 钢筋混凝土拱桥 双曲拱	拱式桥 钢筋混凝土拱桥 箱形拱桥	拱式桥 钢筋混凝土拱桥 刚架拱桥	拱式桥 钢筋混凝土拱桥 系杆拱桥	拱式桥 钢拱桥 箱形拱桥	拱式桥 钢拱桥 桁架拱桥	拱式桥 钢管混凝土拱桥 提篮型	拱式桥 钢管混凝土拱桥 哑铃型	斜拉桥 钢筋混凝土梁 普通钢筋混凝土梁	斜拉桥 钢筋混凝土梁 预应力混凝土梁	斜拉桥 结合梁 工字钢梁混凝土板	斜拉桥 结合梁 钢箱梁混凝土板	斜拉桥 结合梁 钢管桁架梁混凝土板	斜拉桥 混合梁 钢梁	悬索桥 悬索式	悬索桥 钢带式	刚构桥 T形刚架	刚构桥 连续刚构	刚构桥 门式刚构	刚构桥 斜腿刚构
游家湾2号大桥(左线)	278.4	9×30			√					√																										
游家湾大桥(右线)	275.4	9×30			√					√																										
枣子坪大桥(左线)	721	24×30			√					√																										
枣子坪大桥(右线)	648.6	21×30			√					√																										
谭家寨1号大桥(左线)	365.4	4×30+4×30+4×30			√					√																										
谭家寨大桥(右线)	307.4	3×30+3×30+4×30			√					√																										
谭家寨2号大桥(左线)	195.8	6×30			√					√																										
谭家寨3号大桥(左线)	131.8	4×30			√					√																										

规模:大桥

附 录

续上表

规模	名称	桥长(m)	孔跨布置(m)	桥底净高(m)	跨越障碍物 河流沟谷	跨越障碍物 道路	跨越障碍物 铁路	梁式桥 预应力混凝土梁桥 先简支后连续梁桥	梁式桥 预应力混凝土梁桥 简支梁桥	梁式桥 预应力混凝土梁桥 连续梁桥	梁式桥 预应力混凝土梁桥 悬臂梁桥	梁式桥 钢梁桥 简支钢梁桥	梁式桥 钢梁桥 连续钢梁桥	梁式桥 组合梁桥 预弯混凝土组合梁	梁式桥 组合梁桥 钢管混凝土桁架梁	拱式桥 圬工拱桥 现浇混凝土拱	拱式桥 圬工拱桥 预制混凝土拱	拱式桥 钢筋混凝土拱桥 双曲拱	拱式桥 钢筋混凝土拱桥 肋拱	拱式桥 钢筋混凝土拱桥 箱形拱	拱式桥 钢筋混凝土拱桥 桁架拱	拱式桥 钢拱桥 系杆拱桥	拱式桥 钢拱桥 刚架拱桥	拱式桥 钢管混凝土拱桥 哑铃型	拱式桥 钢管混凝土拱桥 桁架型	拱式桥 钢管混凝土拱桥 提篮型	斜拉桥 钢筋混凝土梁 普通钢筋混凝土梁	斜拉桥 钢筋混凝土梁 预应力混凝土梁	斜拉桥 结合梁 工字钢梁混凝土板	斜拉桥 结合梁 钢箱梁混凝土板	斜拉桥 结合梁 钢管桁架梁混凝土板	斜拉桥 钢梁	斜拉桥 混合梁	悬索桥 悬带式	悬索桥 钢索式	刚构桥 T形刚构	刚构桥 桁架刚构	刚构桥 连续刚构	刚构桥 门式刚构	刚构桥 斜腿刚构
大桥	石板沟大桥(左线)	398.4	5×30+4×30		√			√																																
	石板沟大桥(右线)	279.4	5×30+4×30		√			√																																
	张家湾1号大桥(左线)	780.9	15×40+6×30		√			√																																
	张家湾1号大桥(右线)	615.7	10×40+7×30		√			√																																
	张家湾2号大桥(左线)	189.8	6×30		√			√																																
	张家湾2号大桥(右线)	197.8	6×30		√			√																																
	杜家湾大桥(左线)	208.7	5×40		√			√																																
	杜家湾大桥(右线)	208.7	5×40		√			√																																
	狮子沟1号大桥(左线)	125.4	4×30		√			√																																

续上表

规模	名称	桥长(m)	孔跨布置(m)	桥底净高(m)	跨越障碍物-河流	跨越障碍物-沟谷	跨越障碍物-道路/铁路	梁式桥-预应力混凝土梁桥-简支梁桥	梁式桥-预应力混凝土梁桥-连续梁桥	梁式桥-预应力混凝土梁桥-悬臂梁桥	梁式桥-预应力混凝土梁桥-先简支后连续梁	梁式桥-钢梁桥-简支钢梁	梁式桥-钢梁桥-连续钢梁	梁式桥-组合梁桥-预弯混凝土梁	梁式桥-组合梁桥-钢管混凝土桁架组合梁	拱式桥-圬工拱桥-现浇预制混凝土拱	拱式桥-钢筋混凝土拱桥-双曲拱	拱式桥-钢筋混凝土拱桥-肋拱	拱式桥-钢筋混凝土拱桥-箱形刚架拱	拱式桥-钢筋混凝土拱桥-系杆拱	拱式桥-钢拱桥-箱形拱	拱式桥-钢管混凝土拱桥-桁架哑铃型	拱式桥-钢管混凝土拱桥-提篮型	斜拉桥-钢筋混凝土梁-普通钢筋混凝土梁	斜拉桥-钢筋混凝土梁-预应力混凝土梁	斜拉桥-结合梁-工字钢梁混凝土板	斜拉桥-结合梁-钢箱梁混凝土板	斜拉桥-结合梁-钢管桁架梁混凝土板	斜拉桥-钢梁-混合梁	悬索桥-悬索式	悬索桥-钢带式	刚构桥-T形刚构	刚构桥-连续刚构	刚构桥-门式刚构	刚构桥-斜腿刚构
大桥	狮子沟1号大桥(右线)	125.4	4×30			√			√																										
大桥	狮子沟2号大桥(左线)	159.8	5×30			√			√																										
大桥	狮子沟2号大桥(右线)	100	3×30			√			√																										
大桥	白马大桥(左线)	290.8	74+135+74		√																											√		
大桥	白马大桥(右线)	284	74+135+74		√																											√		
中桥	黄果树中桥(右线)	82.4	3×25			√			√																										
中桥	东岳庙中桥(右线)	62	2×25			√			√																										
中桥	岩头溪中桥(右线)	60.04	3×16			√			√																										
中桥	上磺互通A匝道中桥跨立交(左线)	70	2×30				√		√																										

续上表

规模	名称	桥长(m)	孔跨布置(m)	桥底净高(m)	跨越障碍物			梁式桥							拱式桥											斜拉桥					悬索桥		刚构桥			
								预应力混凝土梁桥				钢梁桥		组合梁桥		圬工拱桥		钢筋混凝土拱桥					钢拱桥			钢管混凝土拱桥		钢筋混凝土梁		结合梁							T形刚架刚构	连续刚构	门式刚构	斜腿刚构
					河流	沟谷	道路 铁路	简支梁桥	先简支后连续梁桥	连续梁桥	悬臂梁桥	简支钢梁	连续钢梁	预弯混凝土组合梁	钢管混凝土桁架梁	现浇混凝土拱	预制混凝土拱	双曲拱	箱形拱	桁架拱	刚架拱	系杆拱	箱形拱	桁架拱	哑铃型	桁架型	提篮型	普通钢筋混凝土梁	预应力混凝土梁	工字钢梁混凝土板	钢箱梁混凝土板	钢管桁架梁混凝土板	钢梁	混合梁	悬索式	悬带式				
中桥	上碛互通式立交跨A面道中桥(右线)	70	2×30				✓		✓																															
	虎曾路中桥	60	2×30	21			✓		✓																															
	璧山互通	30	1×30	29			✓	✓																																
	陈家院子中桥	75	3×25	65	✓			✓																																
	白果树屋基中桥	75	3×25	13		✓		✓																																
	跳蹬河中桥	85	4×20	18		✓		✓																																
	阮家坝中桥	45	2×20	17		✓		✓																																
	石桥坝中桥	39	1×25	13		✓		✓																																
	沙大路预留桥	64	16+26+16	6		✓	✓	✓																																
	大邮路跨线桥	64	16+26+16	14			✓	✓																																
	李子堡中桥	45	2×20	10		✓		✓																																
	三驱互通式	35	1×30	8		✓		✓																																
	童家湾中桥	45	2×20	10		✓		✓																																

G6911 安来高速公路隧道汇总表

附表 2-9b2

项目名称：奉节至巫溪段

规模	名称	隧道全长（m）	隧道净宽（m）	按地质条件划分		隧道分类 山岭隧道	按所在区域划分	
				土质隧道	石质隧道	山岭隧道	水底隧道	城市隧道
特长隧道	孙家崖隧道	3255	10.5		√	√		
	上古隧道	4560	10.5		√	√		
	菖口池隧道	1842	10.5		√	√		
	王家坪隧道	2350	9.75		√	√		
长隧道	曲龙坡隧道	1520	9.75		√	√		
	红岩隧道	1321	9.75		√	√		
	羊桥坝隧道	2558	9.75		√	√		
	凤凰隧道	2081	10.5		√	√		
	营盘包隧道	645	10.5		√	√		
	闵家隧道	595	9.75		√	√		
中隧道	岩头溪隧道	606.5	10.5		√	√		
	头道河隧道	555	10.5		√	√		
	罗家坡隧道	665	9.75		√	√		
	谭家湾隧道	275	9.75		√	√		
	惠家湾隧道	290	10.5		√	√		
	杨家湾隧道	485	10.5		√	√		
短隧道	香家坪隧道	270	9.75		√	√		
	石卡子隧道	385	9.75		√	√		
	新衣村隧道	212.5	9.75		√	√		
	刘家沟隧道	395	9.75		√	√		
	镇泉隧道	146.5	9.75		√	√		

G6911 安来高速公路建设从业单位信息采集表

附表 2-9b3

项目名称：奉节至巫溪段
通车里程桩号：起点～K46+486.3
填报省份：重庆市

序号	参建单位	单位名称	合同段编号及起止桩号	主要负责人	备注
1	项目管理单位	重庆高速公路集团有限公司北方建设分公司		温泉	
2	勘察设计单位	中交第一公路勘察设计研究院有限公司		霍明	
3	施工单位	中铁七局集团第三工程有限公司	E1:起点～K4+050	畅建伟	
4		中交第二航务工程局有限公司	E2:K4+050～K7+700	黄运平	
5		内蒙古天骄公路工程有限责任公司	E3:K7+700～K9+240	仲丛陶	
6		中铁五局集团机械化工程有限责任公司	E4:K9+240～K15+170	吴文勋	
7		北京市公路桥梁建设集团有限公司	E5:K15+170～K18+420	张文海	
8		中铁二局第一工程有限公司	E6:K18+420～K22+250	王志杰	
9		中交一公局第二工程有限公司	E7:K22+250～K24+260	贾凌庆	
10		中铁十七局集团有限公司	E8:K24+260～K28+420	毛永刚	
11		中铁十六局集团有限公司	E9:K28+420～K33+730	郭保飞	
12		路桥华南工程有限公司	E10:K33+730～K38+500	汪君文	
13		中交第三公路工程局有限公司	E11:K38+500～K43+441	张保华	
14		中国建筑第六工程局有限公司	E12:K43+441～K46+486.3	李传鹏	
15		天津城建道桥工程有限公司	ELM:起点～K46+486.3	张亚东	
16	监理单位	重庆中宇工程咨询监理有限责任公司	起点～K22+250	夏宴春	
17		重庆交通工程监理咨询有限责任公司	K22+250～K46+486.3	李骏	
18	咨询单位	重庆交通大学			
19		招商局重庆交通科研设计院有限公司			

2-10 G50S 沪渝南线高速公路相关附表

附表 2-10a

G50S 沪渝南线高速公路建设项目信息采集表

序号	项目名称	规模（km）			建设性质（新、改扩建）	设计车速（km/h）	永久占地（亩）	投资情况（亿元）			资金来源	建设时间（开工~通车）	备注
		合计	八车道及以上	六车道	四车道				估算	概算	决算			
1	石柱至丰都段	53.93			53.93	新建	80	4527.99		52.30		银行贷款和中交路桥建设有限公司自筹	2009.6~2013.11	
2	丰都至涪陵段（双路镇至蒿子坝互通）	54.92			54.92	新建	80	2444.00		24.63	54.92	银行贷款和中交路桥建设有限公司自筹	2009.6~2013.11	
3	涪陵至南川段（李渡至蒿枝坝段）	12.22			12.22	新建	80	1114.53	11.54	12.48	12.22	企业自筹和银行贷款	2010.4~2013.9	
4	主城至涪陵段（主城至蒿枝坝）	66.68		23.22	44.46	新建	80	8450.00	59.21	72.61	63.43	交通部补助、企业自筹、银行贷款	2009.12~2013.12	
合计		187.75												

附 录

附表 2-10b1）

G50S 沪渝南线高速公路桥梁汇总表

项目名称：石柱至丰都段

规模	名称	桥长(m)	孔跨布置(m)	桥底净高(m)	跨越障碍物 河流	梁式桥 预应力混凝土梁桥 先简支后连续梁桥	刚构桥 连续刚构
大桥	大坪上大桥	147.08	7×20	17	√	√	
	龙家沟大桥	702	17×40	80	√	√	
	沙溪沟大桥	641	4×30+(65+120+65)+8×30	79	√	√	√
	大田坝大桥	221.66	7×30	23	√	√	
	龚家大桥	555.5	5×40+(50+90+50)+4×40	84	√	√	√
	大竹林大桥	332	8×40	47	√	√	
	石板滩大桥	470	5×30+(50+90+50)+4×30	80	√	√	√

续上表

规模	名称	桥长(m)	孔跨布置(m)	桥底净高(m)	跨越障碍物	梁式桥(预应力混凝土梁桥·先简支后连续梁桥)	刚构桥(连续刚构)
大桥	生基坡1号大桥	446	3×30+(50+90+50)+5×30	61	河流沟谷 √		√
大桥	生基坡2号大桥	275	9×30	63	道路、铁路 √	√	
大桥	半坡大桥	369	5×30+3×40+3×30	82	道路、铁路 √	√	
大桥	汶溪大桥	500	20+2×40+(65+120+65)+3×40+20	87	河流沟谷 √	√	√
大桥	绿豆湾大桥	371.08	9×40	63	道路、铁路 √	√	
大桥	粉场坝大桥	406.5	13×30	40	道路、铁路 √	√	
大桥	朱家沟大桥	257.08	12×20	29	河流沟谷 √	√	
大桥	关田沟大桥	217.16	7×30	14	道路、铁路 √	√	
大桥	大店子大桥	340.5	11×30	35.5	道路、铁路 √	√	
大桥	古家湾大桥	434.5	14×30	45.5	河流沟谷 √	√	

续上表

规模	名称	桥长(m)	孔跨布置(m)	桥底净高(m)	跨越障碍物-河流	跨越障碍物-道路	跨越障碍物-铁路	跨越障碍物-沟谷	跨越障碍物-综合	梁式桥-预应力混凝土梁桥-简支梁桥	梁式桥-预应力混凝土梁桥-连续梁桥	梁式桥-预应力混凝土梁桥-悬臂梁桥	梁式桥-预应力混凝土梁桥-先简支后连续梁	梁式桥-钢梁桥	梁式桥-组合梁桥	拱式桥	斜拉桥	悬索桥	刚构桥
大桥	姜家院大桥	399.51	13×30	36	√								√						
	端公坡大桥	404.5	13×30	31	√								√						
	蜂子岩大桥	371.66	12×30	25.3	√								√						
	文家梁大桥	252.5	8×30	19	√								√						
	甄子坪大桥	249	5×20+4×20+3×21	5.5					√				√						
	半沟大桥	108.08	5×20	19	√								√						
	凉桥大桥	248.5	4×30+4×30	14	√								√						
	两河口大桥	253	8×30	18	√								√						
	塞坡大桥	206.08	10×20	21	√								√						
	么台子大桥	250.5	8×30	37	√								√						

重　庆

G50S 沪渝南线高速公路隧道汇总表

附表 2-10b2

项目名称：石柱至丰都段

规模	名称	隧道全长(m)	隧道净宽(m)	隧道分类					
				按地质条件划分			按所在区域划分		
				土质隧道	石质隧道	山岭隧道	水底隧道	城市隧道	
特长隧道	马王庙隧道	3940	10.25		√	√			
	方斗山隧道	7310	10.25		√	√			
长隧道	筲箕湾隧道	2075	10.25		√	√			
	文家梁隧道	1895	10.25		√	√			
	牛登坡隧道	1043	10.25		√	√			
	凤凰山隧道	877	10.25		√	√			
	端公坡隧道	402	10.25		√	√			

附 录

G50S 沪渝南线高速公路复杂技术工程信息采集表　　附表2-10b3)

项目名称:石柱至丰都段		施工单位:中交路桥华北工程有限公司	
复杂技术工程名称	方斗山隧道	长度(m)	7310

　　方斗山隧道是石柱至丰都段高速公路上的控制性工程之一,采用双向四车道高速公路标准建设,设计速度80km/h。隧道左线起止里程为ZK79+165~ZK86+450,全长7285m;右线起止里程为YK79+150~YK86+460,全长7310m。

　　方斗山隧道区内断层主要位于隧道左线ZK82+700~ZK82+760、ZK83+260~ZK83+340附近,隧道洞身段穿越横梁子断层破碎带的盐溶角砾岩、灰岩破碎岩体,穿越F2断层,隧道洞深段岩性主要为页岩夹泥质灰岩,岩层倾角13°~73°,局部倒转,低次序褶曲发育。隧道周边居民多,有蒋家沟饮用水库,对环境要求高。对此,特设计蒋家沟引水隧洞,以保护蒋家沟水库水源。

　　针对隧道通风问题,方斗山隧道采用分段送排式通风方案。在进口端设置2处斜井,在出口端设置一处竖井,将左右线均分为三段进行送排式机械通风,2处斜井斜长分别为653.54m、624.83m,斜井坡度分别为42%与45%。斜井4条联络风道总长约305m;竖井深度约294m,竖井4条联络风道总长约187m;斜井及竖井轴流风机房、控制设备房等均设置在地面(井口附近)。

　　方斗山隧道通过合理的设计,既有效保护了水资源,又改善了通风条件、提高了营运安全性、增加了工作面、缩短了工期、降低了营运维护费用、节约了总投资

重 庆

附表 2-10b4

G50S 沪渝南线高速公路建设从业单位信息采集表

项目名称：石柱至丰都段
通车里程桩号：K50+400~K104+120.322
填报省份：重庆市

序号	参建单位	单位名称	合同段编号及起止桩号	主要负责人	备注
1	项目管理单位	路桥建设重庆丰石高速公路发展有限公司	K50+400~K104+120.322	李国明	
2	勘察设计单位	中国公路工程咨询集团有限公司	K50+400~K104+120.322	胡俊峰	
3	施工单位	中交路桥华东工程有限公司	B1：K50+400~K66+000	杨二武	
		中交路桥华北工程有限公司	B2：K66+000~K86+800	应虹	
		中交路桥南方工程有限公司	B3：K86+800~K104+120.322	张千管	
		中交路桥华东工程有限公司	LMB：K50+400~K104+120.322	邱超	
		中交路桥建设有限公司	FS~FJB：K50+400~K104+120.322； FS~LHB：K50+400~K104+120.322； FS~JAB：K50+400~K104+120.322	巴庆松	
		北京瑞拓电子技术发展有限公司	FS~JDB：K50+400~K104+120.322	奚京明	
4	监理单位	北京中安华捷工程技术咨询有限责任公司	JL-4：K50+400~K66+000；LMB：K50+400~K104+120.322	肖永多	
		重庆中宇工程咨询监理有限公司	JL-5：K66+000~K86+800	张大维	
		北京中通公路桥梁工程咨询发展有限公司	JL-6：K86+800~K104+120.322	陈太华	
		重庆中宇工程咨询监理有限公司	JL-机电房建B：K50+400~K104+120.322	钱安义	
		重庆中宇工程咨询监理有限公司	JL-绿化交安B：K50+400~K104+120.322	黄远东	
5	设计咨询单位	中煤科工集团重庆研究院	K50+400~K104+120.322	邵军	
		交通银行股份有限公司重庆市分行		陈东玮	
		中国公路工程咨询集团有限公司		王国峰	

附　录

G50S 沪渝南线高速公路桥梁汇总表

附表 2-10c1

项目名称：丰都至涪陵段（丰都至清溪）

规模	名称	桥长(m)	孔跨布置(m)	桥底净高(m)	跨越障碍物	梁式桥	刚构桥
特大桥	荔枝乌江大桥	1181	10×40+(127+240+127)+7×40	123	河流 √		连续刚构 √
	指路溪大桥	379	30+(65+120+65)+3×30	57	沟谷 √		连续刚构 √
	清溪沟大桥	570	2×40+(80+150+80)+4×40	80	沟谷 √		连续刚构 √
大桥	麻腊溪大桥	380	12×30	63	沟谷 √	先简支后连续梁 √	
	花院子大桥	276	13×20	23	沟谷 √	先简支后连续梁 √	
	七盘大桥	285	7×40	43	沟谷 √	先简支后连续梁 √	
	杨沟大桥	731	18×40	62	沟谷 √	先简支后连续梁 √	
	堰塘大桥	220.08	7×30	24.5	河流 √	先简支后连续梁 √	
	白水河大桥	373.08	9×40	59	沟谷 √	先简支后连续梁 √	
	佛子溪大桥	131.08	4×30	31	沟谷 √	先简支后连续梁 √	
	米房大桥	130.5	4×30	20	沟谷 √	先简支后连续梁 √	
	田家院子大桥	129	4×30	21	沟谷 √	先简支后连续梁 √	

注：表中桥型分类完整结构包括——梁式桥（预应力混凝土梁桥：简支梁桥、连续梁桥、悬臂梁桥、先简支后连续梁；钢梁桥：简支钢梁、连续钢梁；组合梁桥：预弯混凝土组合梁、钢管混凝土组合桁架梁；钢筋混凝土梁：普通钢筋混凝土梁、预应力钢筋混凝土梁），拱式桥（圬工拱桥：现浇混凝土拱、预制混凝土拱；钢筋混凝土拱桥：双曲拱、肋拱、箱形拱、刚架拱、系杆拱；钢拱桥：桁架拱、箱形拱；钢管混凝土拱桥：桁架型、哑铃型），斜拉桥（结合梁：工字钢梁混凝土板、钢箱梁混凝土板、钢管桁架梁混凝土板；钢梁；混合梁），悬索桥（悬索式、钢带式），刚构桥（T形刚构、连续刚构、门式刚构、斜腿刚构）。

793

G50S 沪渝南线高速公路隧道汇总表

项目名称：丰都至涪陵段（丰都至清溪）

附表 2-10c2）

规模	名称	隧道全长 (m)	隧道净宽 (m)	隧道分类				
				按地质条件划分			按所在区域划分	
				土质隧道	石质隧道	山岭隧道	水底隧道	城市隧道
长隧道	观音岩隧道	1865	10.25		√	√		
	湛普隧道	1035	10.25		√	√		
	狮子岩隧道	2811	10.25		√	√		
	丰都隧道	535	10.25		√	√		
	田家院子隧道	945	10.25		√	√		

附 录

G50S 沪渝南线高速公路复杂技术工程信息采集表

附表 2-10c3)

项目名称:丰都至涪陵段　　　　　　　　　　　　　施工单位:重庆渝信路桥发展有限公司

复杂技术工程名称	荔枝乌江大桥	长度(m)	1181

　　荔枝乌江大桥是丰都至涪陵段高速公路上的控制性工程之一,总长 1181m,桥面宽 26.5m,双向四车道。主桥为 52m + 105m + 320m + 105m + 48m 的双塔双索面混凝土斜拉桥,采用半飘浮体系,主梁为双向(纵向及横向)预应力混凝土结构。涪陵岸主墩桥塔高 206.3m,丰都岸主墩索塔高 198.3m。

　　桥位区位于乌江河两岸侵蚀阶地和两岸的侵蚀、溶蚀重丘~低山地貌,呈北西~南东走向横跨乌江河,桥址处河面宽约 200m,该河四季通航,现航道等级为Ⅴ级,拟规划为Ⅲ级;水流方向与桥梁走向基本垂直,设计水流量 30000m³/s,设计水位 212.10m,通航水位 175.0m。沿线路轴线地面高程 162.92~293.00m,相对高差约 130.08m。桥址区地形起伏变化较大,乌江两岸地形陡峭,基岩裸露,自然地面倾角 30°~45°,局部达 60°,桥址区属侵蚀丘陵~低山地貌单元。

　　桥梁索塔基础采用整体式矩形承台,平面尺寸 17.0m×20.60m,高 7.5m,桩基础采用 4 根 φ4.0m 的钻孔灌注桩。重庆地区桥梁采用 φ≥4m 的超大直径嵌岩桩基础实属少见,且对 φ≥4m 超大直径桩基础的研究比较少,研究资料完整性不足。

　　为此,以荔枝乌江大桥为依托工程,开展《超大直径嵌岩桩基础关键技术研究》,针对超大直径桩基础进行研究,以补充 φ≥4m 超大直径桩基础的理论及实践。

　　通过探索超大直径桩基础的理论研究,指导荔枝乌江大桥的设计、施工、监测,从而保证了荔枝乌江大桥的顺利完工,并为超大直径嵌岩桩基础在国内同类相似工程中的应用提供借鉴

G50S 沪渝南线高速公路复杂技术工程信息采集表

附表 2-10c4)

项目名称:丰都至涪陵段　　　　　　　　　　　　　施工单位:重庆渝信路桥发展有限公司

复杂技术工程名称	龙河滑坡	长度(m)	330

　　龙河滑坡位于丰石高速公路 K48+687~K49+018 段,处于丰都境内,为一大型深层岩质牵引式滑坡。滑坡区地质构造上位处方斗山背斜的北西翼,岩层呈单斜层状产出,产状 320°∠13°。滑坡平均宽 150m,纵向长(平距)250m,面积约 3.75×10⁴m²,滑体平均厚度 20.0m,体积约 75×10⁴m³。滑坡区场地地形总体呈南西、北东低,中间高之地形,地形上为一山脊,为龙河左侧分水岭,两侧为斜坡地貌,山脊两侧自然坡度一般为 10°~30°,平均坡度约为 20°。在建的重庆涪丰石高速公路从 K48+687~K49+018 段将山脊开挖临空,顺滑动方向地形坡度一般为 5°~15°,平均坡度约为 10°。路堑开挖坡度为 45°~60°;地面高程为 322.64~391.89m,相对高差为 69.25m。总体地形自后缘至前缘呈现为陡→缓→陡的特征。路堑开挖后形成有效的临空面,具备了临空的滑移变形条件,地表水的渗入是主要的诱发因素。

　　设计采用部分清方+抗滑桩支挡的方案,通过上部清方卸荷,中部设置抗滑桩,为滑坡体提供足够的抗力。坡顶及坡面设置截排水措施,阻止地表水的渗入,为滑坡治理的重要举措。因为重庆地区滑坡基本为"十水九滑",注重水的治理,就把握了治理滑坡的要旨。通过清方+抗滑桩方案及后期监控,龙河滑坡得到了有效治理,并在后期的监控中处于稳定状态

附表 2-10c5
填报省份：重庆

G50S 沪渝南线高速公路建设从业单位信息采集表

项目名称：丰都至涪陵段　　通车里程桩号：K0+000~K55+958.201

序号	参建单位	单位名称	合同段编号及起止桩号	主要负责人	备注
1	项目管理单位	路桥建设重庆丰涪高速公路发展有限公司	K0+000~K55+958.201	李国明	
2	勘察设计单位	重庆市交通规划勘察设计院	K0+000~K55+958.201	钟明全	
		招商局重庆交通科研设计院有限公司	K0+000~K55+958.201	周广振	
3	施工单位	重庆交通建设（集团）有限责任公司	土建，路面第1,3~7标段，K0+000~K55+958.201	张渝，彭长丘	
		重庆城建控股（集团）有限责任公司	土建第2标段，K48+560~K50+623	王俊如，罗棻勇	
		重工工业设备安装集团有限公司、重庆渝信路桥发展有限公司	JD标段，K0+000~K55+958.201	李建芳，肖玉明	
		湖南省郴州公路桥梁建设有限责任公司	JA标段，K0+000~K55+958.201	陶波，张晓宏	
4	监理单位	重庆市交通工程监理咨询有限公司	K0+000~K55+958.201	罗昭全	
		北京华通公路桥梁监理咨询有限公司	K44+748.829~K55+958.201	沈柏舟	
5	设计咨询单位	重庆交通大学		顾安邦	
		中交路桥科技有限公司		经奖	

附录

附表 2-10d1

G50S 沪渝南线高速公路桥梁汇总表

项目名称：涪陵至南川段（李渡至嵩枝坝）

规模	名称	桥长(m)	孔跨布置(m)	桥底净高(m)	跨越障碍物				梁式桥						拱式桥						斜拉桥				悬索桥		刚构桥			
									预应力混凝土梁桥		钢梁桥	组合梁桥	圬工拱桥	钢筋混凝土拱桥	钢拱桥			钢管混凝土拱桥	钢筋混凝土梁		结合梁		钢梁	混合梁	悬带式	钢桁式	T形刚构桥	连续刚构桥	门式刚构桥	斜腿刚构桥
					河流	沟谷	道路	铁路	简支梁桥	悬臂梁桥	先简支后连续梁桥	简支钢梁 连续钢梁	预弯组合梁 钢管混凝土桁架梁	现浇混凝土拱 预制混凝土拱	双曲拱 肋拱 箱形拱 桁架拱 刚架拱 系杆拱	箱形拱 桁架拱		提篮型 哑铃型 桁架型	普通钢筋混凝土梁 预应力混凝土梁	工字梁 钢箱梁 混凝土板	钢管桁架 混凝土板	钢箱梁 混凝土板								
特大桥	青草背大桥	1719	4×35+2×90+788+4×35+4×35+4×35+5×35	93.8	√							√													√				

附表 2-10d2

G50S 沪渝南线高速公路隧道汇总表

项目名称：涪陵至南川段（李渡至嵩枝坝）

规模	名称	隧道全长(m)	隧道净宽(m)	隧道分类				
				按地质条件划分		按所在区域划分		
				土质隧道	石质隧道	山岭隧道	水底隧道	城市隧道
中隧道	龙桥隧道	651.73	10.25		√	√		
	龙桥隧道	616.2	10.25		√	√		

797

附表2-10d3
填报省份：重庆市

G50S 沪渝南线高速公路建设从业单位信息采集表

项目名称：涪陵至南川段（李渡至嵩枝坝）　　通车里程桩号：K0+000～K55+958.201

序号	参建单位	单位名称	合同段编号及起止桩号	主要负责人	备注
1	项目管理单位	重庆建工涪南高速公路有限公司	K0+000～K55+958.201	董事长：刘克伟；总经理：冯强	
2	勘察设计单位	重庆市交通规划勘察设计院	K0+000～K55+958.201	钟明全	
		招商局重庆交通科研设计院有限公司	K0+000～K55+958.201	周广振	
3	施工单位	重庆交通建设（集团）有限责任公司	土建,路面第1,3～7标段，K0+000～K55+958.201	张渝,彭长丘	
		重庆城建控股（集团）有限责任公司	土建第2标段，K48+560～K50+623	王俊如,罗森勇	
		重庆工业设备安装集团有限公司、重庆渝信路桥发展有限公司	JD标段，K0+000～K55+958.201	李建芳,肖玉明	
		湖南省郴州公路桥梁建设有限责任公司	JA标段，K0+000～K55+958.201	陶波,张晓宏	
4	监理单位	重庆市交通工程监理咨询有限公司	K0+000～K55+958.201	罗昭全	
		中咨工程建设监理有限公司	K0+000～K24+550	冯中强	
		重庆合洽路工程有限公司	K24+550～K43+248.829	孙守彬	
		北京华通公路桥梁监理咨询有限公司	K44+748.829～K55+958.201	沈柏舟	
5	设计咨询单位	重庆交通大学	K0+000～K55+958.201	顾安邦	
		中交路桥技术有限公司		经奖	
		山东铁正工程试验检测中心有限公司		娇佰信	
		湖南联智桥隧技术有限公司		肖海兵	

附录

附表 2-10e1 G50S 沪渝南线高速公路桥梁汇总表

项目名称：主城至涪陵段（主城至嵩枝坝）

规模	名称	桥长(m)	孔跨布置(m)	桥底净高(m)	跨越障碍物				梁式桥			组合梁桥		拱式桥					钢拱桥		钢管混凝土拱桥			斜拉桥			悬索桥		刚构桥		
					河流	道路	铁路	沟谷	预应力混凝土梁桥(简支梁桥/悬臂梁桥/连续梁桥/先简支后连续梁桥)	钢梁桥(简支钢梁桥/连续钢梁桥)		预弯组合混凝土梁	钢管混凝土桁架组合梁	圬工拱桥	钢筋混凝土拱桥(现浇混凝土拱/预制混凝土拱/双曲拱/肋拱)			箱形拱桥/刚架拱桥/桁架拱桥/系杆拱桥	箱形拱桥	桁架提篮拱/哑铃型	钢筋混凝土梁(普通钢筋混凝土梁/预应力混凝土梁)	结合梁(工字钢梁混凝土板/钢箱梁混凝土板/钢管桁架梁混凝土板)		钢梁	混合梁	悬索桥	自锚式钢索带	T形刚构桥	连续刚构桥	门式刚构桥	斜腿刚构桥
特大桥	苏家沟大桥	1208	30×40		√																											
	梨香溪大桥	969.36	9×40+95.4+180+95.4+6×40/9×40+95.4+180+95.4+5×40		√					√																						
大桥	主线1号桥	382.54	5×40+7×25			√	√		√																							
	主线2号桥	261.58	3×20+30+45+30+3×30			√			√																							
	杉树咀大桥	167.38	6×20/8×20					√	√																							
	高坎大桥	157	5×30					√	√																							
	岔河村大桥	367	12×30					√	√																							

799

续上表

规模	名称	桥长(m)	孔跨布置(m)	桥底净高(m)	跨越障碍物	梁式桥-预应力混凝土梁桥-简支梁桥	悬臂梁桥	连续梁桥	先简支后连续梁桥	钢梁桥-连续钢梁桥	组合梁桥-预弯混凝土组合梁	钢管混凝土桁架梁	拱桥-圬工拱桥-现浇混凝土拱	预制混凝土拱	钢筋混凝土拱桥-双曲拱	刚架拱	箱形拱	系杆拱	钢拱桥-箱形拱	桁架拱	钢管混凝土拱桥-哑铃型	桁架型	提篮型	斜拉桥-钢筋混凝土梁-普通钢筋混凝土梁	预应力钢筋混凝土梁	结合梁-工字钢梁混凝土板	钢箱梁混凝土板	钢管桁架梁混凝土板	钢梁	混合梁	悬索桥-悬索式	钢带式	刚构桥-T形刚构	连续刚构	门式刚构	斜腿刚构
大桥	花土湾大桥	248	6×30/8×30		河流				√																											
	月池大桥	156	5×30		沟谷				√																											
	盆河大桥	327	8×40		河流				√																											
	长屋间大桥	277	9×30		沟谷				√																											
	五步河大桥	724	10×40+(72+130+72)+40		河流																													√		
	山歌大桥(原岩上大桥)	280.5	9×30		沟谷				√																											
	沙咀大桥	135	6×20		沟谷				√																											
	田坝大桥	105.58	5×20		沟谷				√																											
	庙湾1号大桥	112.08	5×20		沟谷				√																											
	庙湾2号大桥	130.08	6×20		沟谷				√																											
	凉水井大桥	720.4	6×40+70.2+130+70.2+5×40/5×40+70.2+130+70.2+4×40		河流																													√		

附　录

续上表

规模	名称	桥长(m)	孔跨布置(m)	桥底净高(m)	跨越障碍物				梁式桥						拱式桥							斜拉桥				悬索桥		刚构桥			
					河流	沟谷	道路	铁路	预应力混凝土梁桥				钢梁桥	组合梁桥	圬工拱桥	钢筋混凝土拱桥			钢拱桥		钢管混凝土拱桥	钢筋混凝土梁		结合梁		悬带式	钢索式	T形刚构桥	连续刚构桥	门式刚构桥	斜腿刚构桥
									简支梁桥	悬臂梁桥	连续梁桥	先简支后连续梁	连续钢梁	预弯混凝土梁	钢管混凝土组合梁架	预制混凝土拱桥	现浇混凝土拱桥	双曲拱桥	肋拱桥	箱形拱桥	桁架拱桥	刚架拱桥	系杆拱桥	箱形拱桥	桁架拱桥	哑铃型	提篮型	普通钢筋混凝土梁	预应力混凝土梁	工字钢梁混凝土板	钢箱梁混凝土板	钢管桁架梁混凝土板	钢梁	混合梁						
大桥	茶园溪大桥	480.4	2×40+70.2+130+70.2+3×40		√																																			
	大院子大桥	248.08	6×40			√			√																															
	新庙大桥	291.08	7×40			√			√																															
	莆南大桥	923.4	8×30+5×40+40+40+30+12×30/8×30+5×40+30+40+40+12×30		√						√																												
	黄硝堡大桥	337.5	11×30		√				√																															
	夏家湾大桥	219.6	7×30		√				√																															
	上河水堡大桥	245.5	8×30		√				√																															

801

G50S 沪渝南线高速公路隧道汇总表

附表 2-10e2

项目名称：主城至涪陵段（主城至嵩枝坝）

规模	名称	隧道全长 (m)	隧道净宽 (m)	隧道分类					
				按地质条件划分			按所在区域划分		
				土质隧道	石质隧道	山岭隧道	水底隧道	城市隧道
特长隧道	新屋基隧道	6015.00			√	√		
	木洞岩隧道	2359.00			√	√		
	古树岩隧道	619.50			√	√		
	丰盛隧道	2114.00			√	√		
	塘垭口隧道	297.50			√	√		
	白院子隧道	243.50			√	√		
长隧道	平政隧道	197.50			√	√		
	垭口隧道	1816.04			√	√		
	晒顶堡隧道	630.00			√	√		
	白玉隧道	1362.50			√	√		
	梨香隧道	429.09			√	√		
	蔺市隧道	1801.00			√	√		
	龙桥隧道	353.38			√	√		

附 录

G50S 沪渝南线高速公路复杂技术工程信息采集表

附表 2-10e3）

项目名称：主城至涪陵段（主城至蒿枝坝）　　　　施工单位：中铁十七局集团有限公司

复杂技术工程名称	新屋基隧道	长度（m）	6015

新屋基隧道是主城至涪陵段高速公路上的控制性工程,采用双向四车道高速标准建设,设计速度80km/h。隧道左线起止里程ZK25+545~ZK31+547.077,全长6002.077m；隧道右线起止里程YK25+510~YK31+525,全长6015m。隧道最大埋深471m,为深埋特长分离式隧道,建筑限界净空10.5m×5m,左右测设线间距18~30m。隧道设计为1.97%的单向上坡。

隧道穿越地层为三叠系下统飞仙关组泥岩、嘉陵江组灰岩、须家河组砂岩及泥岩,隧址区发育有F1、F3两条压性断层,且存有有害气体、岩溶、煤层等不良地质。地下水主要为松散堆积物孔隙潜水、基岩裂隙水、岩溶水三大类型,最大涌水量71310m^3/d,施工过程中多次出现突泥突水,且出口为反坡施工,安全风险高、施工难度大。

施工中遇到难点及困难：一是隧道进口下穿茶涪Ⅱ级公路,隧道埋设40m,茶涪路车流量大,安全风险高；二是隧道进、出口均通过须家河组砂岩、页岩,含有薄层煤层、瓦斯,通过配备多功能瓦斯检测仪,安排专人对瓦斯进行检测,严格按照瓦斯隧道技术规范施工,采取短进尺并及时支护,施工完成后未出现任何安全事故；三是隧道进口通过F2断层、F3断层,F2断层对隧道影响长度90m,F3断层对隧道影响长度175m,断层破碎带岩体破碎,呈碎裂状,且地下水丰富,极易出现塌方现象。施工时严格执行"三超前、四到位、一强化",即"超前支护、超前地质预报、超前加固,工法选择到位、支护措施到位、快速封闭到位、衬砌紧跟到位,强化监控量测",通过环向注浆止水、超前支护注浆预固结、径向注浆工艺,在开挖断面外围松散圈形成有效的环向止水圈、固结人工拱、环向加固圈,极大地提高了破碎隧道施工的安全系数,有效化解了施工安全风险,成功通过F2、F3断层,施工过程中未发生安全事故；四是隧道围岩不稳定、变化快、变更比例高；五是隧道位于岩溶发育区,隧道岩溶发育,多次出现突泥、突水,安全风险高；六是隧道为单向坡,出口为反坡施工,长距离反坡排水影响施工进度,且投入巨大。

新屋基隧道原设计通风方案为斜井分段送排式通风,由于地质原因,取消斜井,采用互补式网络通风方案。互补式网络通风是在两条隧道的合适位置开通两条用于交换空气的通风横通道,将两条隧道联系起来,构成双洞互补式通风系统,用左线隧道内富裕的新风量去弥补右线隧道内新风量的不足,使得两条隧道内的空气质量均能够满足通风要求。互补式网络通风技术使土建费用大大减少,风机总功率较原来通风方案较少,运营费用较少,经济效益显著,对类似工程具有示范和借鉴意义。

附表 2-10e4

G50S 沪渝南线高速公路建设从业单位信息采集表

项目名称：主城至涪陵段
通车里程桩号：K0+830～K67+688.224
填报省份：重庆市

序号	参建单位	单位名称	合同段编号及起止桩号	主要负责人	备注
1	项目管理单位	重庆中信沪渝高速公路有限公司	K0+830～K67+688.224	钟宁	
2	勘察设计单位	中交第二公路勘察设计研究院有限公司	K0+830～K67+688.224	朱秀忠	
3	施工单位	中铁十六局集团有限公司	W1:K0+830～K8+000	肖启文	
		中铁十四局集团有限公司	W2:K31+870～K39+833.295	吴长玉	
		中铁十二局集团有限公司	W3:K11+700～K19+740	李东平	
		中铁十七局集团有限公司	W4:K24+900～K31+870	刘义	
		新疆北新路桥建设股份有限公司	W5:K8+000～K11+700;K19+740～K24+900	曾卫东	
		中铁二十三局集团有限公司	W7:K39+833.295～K46+700	黄明贵	
		中铁十三局集团有限公司	W8:K46+700～K55++900	陈慧东	
		中铁十五局集团有限公司	W9:K55+900～K67+688.224	谢磊	
		新疆北新路桥建设股份有限公司	LM1～A:K000+830～YK24+900	周军	
		山东省路桥集团有限公司	LM1～B:YK24+900～YK45+497	蔺高才	
		中铁十三局集团有限公司	LM2:YK45+497～YK67+688.224	陈慧东	
		山东省路桥集团有限公司	JA1:K0+830～K8+000;K24+900～K67+688.224	锋锋	
		新疆北新路桥建设股份有限公司	JA2:K8+000～K11+700;K11+700～YK24+900	周军	
		山东省路桥集团有限公司	JD1:K0+830～YK24+900;YK53+945～YK67+688.224	李东平	
		中铁十二局集团有限公司	FJ:K0+830～K67+688.224	李潔江	
		中铁十三局集团有限公司	LH:K0+830～K67+688.224	胡艳峰	
		中铁十七局集团有限公司	JD2:YK24+900～YK53+945	时晋明	
4	监理单位	重庆市交通工程监理咨询有限责任公司	K0+830～K24+900	张伟杰	
		西安方舟工程监理咨询有限责任公司	K24+900～K67+688.224	华杨	
5	设计咨询单位	重庆交通大学	K0+830～K67+688.224	刘浪	

2-11 G5013 渝蓉高速公路相关附表

附表 2-11a

G5013 渝蓉高速公路建设项目信息采集表

序号	项目名称	规模（km）				建设性质（新、改扩建）	设计速度（km/h）	永久占地（亩）	投资情况（亿元）			资金来源	建设时间（开工～通车）	备注
		合计	八车道及以上	六车道	四车道				估算	概算	决算			
1	渝蓉高速公路重庆段（沙坪坝至大足）	78.63		78.63		新建	120	10108		85.4	88.69	成渝高速公路复线（重庆境）由股东双方投入、银行贷款；大足东西互通由大足区政府投入	2010.12～2013.12	

G5013 渝蓉高速公路桥梁汇总表

项目名称：渝蓉高速公路重庆段（沙坪坝至大足）

附表 2-11b1

规模	名称	桥长（m）	孔跨布置（m）	桥底净高（m）	跨越障碍物 河流/沟谷/道路/铁路	梁式桥 预应力混凝土梁桥 简支梁桥/悬臂梁桥/连续梁桥/刚构梁桥	梁式桥 钢梁桥 先简支后连续钢梁桥	梁式桥 组合梁桥 预弯混凝土组合梁/钢管混凝土桁架梁	拱式桥 圬工拱桥 现浇预制混凝土拱	拱式桥 钢筋混凝土拱桥 箱形刚架拱/双曲拱	拱式桥 钢拱桥 箱形拱/桁架拱/系杆拱	拱式桥 钢管混凝土拱桥 提篮型/哑铃型	斜拉桥 钢筋混凝土梁 普通钢筋混凝土梁/预应力混凝土梁	斜拉桥 结合梁 工字钢梁混凝土板/钢箱梁混凝土板/钢管桁架梁混凝土板	斜拉桥 钢梁 混合梁	悬索桥 悬索带式	刚构桥 T形架刚构桥/连续刚构桥/门式刚构桥/斜腿刚构桥
特大桥	竹林沟大桥	1200	30×40	120													
特大桥	渝西互通主线大桥	860	(3×35)+(3×35)+(4×35)+(4×35)+(42+71+42)+(3×35)+(3×35)	25	√	√											
大桥	冷家湾大桥	330	11×30	24	√	√											
大桥	黄金堡大桥	170	5×30	19	√	√											
大桥	杨家院子大桥	700	23×30	19	√	√											
大桥	陈家湾大桥	280	7×40	65	√	√											
大桥	大石坝大桥	450	15×30	51	√	√											
大桥	魏家河沟大桥	300	10×30	30	√	√											

续上表

规模	名称	桥长(m)	孔跨布置(m)	桥底净高(m)	跨越障碍物 河流	跨越障碍物 道路、铁路	跨越障碍物 沟谷	梁式桥	拱式桥	斜拉桥	悬索桥	刚构桥
大桥	福禄互通桥	190	3×20+4×30	35		√						
	小安溪河大桥	240	6×40	12	√							
	小重庆大桥	200	8×25	15			√					
	大庙互通大桥	160	8×20	14		√	√					
	大园水库大桥	100	4×25	10		√	√					
	骑龙六大桥	300	12×25	34	√							
	双桥大桥	300	12×25	32			√					
	东文庙大桥	430	17×25	43			√					
	刘家湾大桥	365	12×30	54			√					
	凤凰咀大桥	165	8×20	7	√							
	陈家沟大桥	265	13×20	33			√					
	月池村大桥	380	19×20	31			√					
	道场坝大桥	485	24×20	29			√					
	观音桥大桥	165	8×20	37	√							

G5013 渝蓉高速公路隧道汇总表

附表 2-11b2

项目名称：渝蓉高速公路重庆段（沙坪坝至大足）

规模	名 称	隧道全长 (m)	隧道净宽 (m)	隧道分类					
				按地质条件划分		按所在区域划分			
				土质隧道	石质隧道	山岭隧道	水底隧道	城市隧道	
特长隧道	云雾山隧道	3360/3335	15.25		√	√			
	巴岳山隧道	3270/3302	15.25		√	√			
	缙云山隧道	2728/2690	15.25		√	√			
长隧道	九顶山隧道	1413/1398	15.25		√	√			

附 录

G5013 渝蓉高速公路复杂技术工程信息采集表 附表2-11b3）

项目名称：渝蓉高速公路　　　　　　　　　　　　施工单位：中国铁建十一局集团五公司

复杂技术工程名称	云雾山隧道	长度(m)	3360

云雾山隧道是渝蓉高速公路上的控制性工程，全长3360m，采用双向六车道高速公路标准建设，设计速度100km/h。隧道左线起止里程 ZK18+165～ZK21+525，全长3360m；右线起止里程 YK18+165～YK21+500，全长3335m。建筑限界宽15.25m，高5.0m，隧道衬砌内轮廓拟定为三心圆曲墙结构，隧道内轮廓拱顶净高8.20m，净宽16.24m，内净空面积108.35m^2，还考虑了通风照明、消防、交通工程等营运管理设施所需空间。云雾山隧道按分离式设计，路基设计线间距25.07～65.36m，隧道轴线间距41.32～81.61m。隧道进口段位于半径7000～8000m的曲线上，出口段位于R3000m的曲线上，洞身段位于直线上。

施工难点主要有以下几个方面：

(1)岩溶工程地质。隧道穿越断层及影响带和T_1j盐溶角砾岩夹白云岩、灰岩段，属强岩溶化岩体，岩溶裂隙、落水洞、溶洞发育，易产生冒顶、突水、突泥。

(2)地下水丰富。隧道段落内地下水丰富，其中 ZK19+100～160、YK19+081～YK19+141等丰水期涌水量达10000m^3/d以上。

(3)煤巷采空区对隧道影响大。隧道穿越大庙煤矿采空区(隧道左线 K20+486～K20+514、K20+956～K20+978段，右线 YK20+458～YK20+483、YK20+917～YK20+933)，开挖时可能产生塌方和采空区突水。

(4)纵坡。本隧道为单坡隧道，其中 K18+165～K19+730纵坡为-2%，K19+730～K21+525纵坡为-2.3%，隧道进口端掌子面在施工过程中排水难度大。

主要通过以下措施解决：

(1)在设计进程中进行精细化设计。
(2)在施工过程中采用TSP或雷达超前探测预报，异常段采用钻孔超前探测验证。
(3)采用现代化手段对洞类情况进行实时监控，如对人员情况、洞类空气情况及危险气体含量等进行监控。
(4)加强洞内排水，确保排水畅通。
(5)确保安全投入，编制了针对性的应急预案

G5013 渝蓉高速公路技术创新信息采集表 附表2-11b4）

项目名称：渝蓉高速公路　　　　　　　　　　　　填报省份：重庆市

创新型技术名称	建设绿色循环低碳公路主题性项目
主要参与人员	杜国平、罗玉刚、刘亮、周武召、宋广安、刘唐志、杨林、黄全胜、刘建昌
所获奖励	交通运输部"绿色公路"
主要内容	成渝高速公路复线(重庆境)即渝蓉高速公路，依托交通运输部"建设绿色循环低碳公路主题性项目"，提出"成渝新干线，低碳新高速"的建设理念，贯彻"环保、生态、景观"的设计理念，系统推进低碳高速公路科技攻关。以16项新技术、新材料、新工艺、新能源专项措施集成应用为重点，围绕规划设计、建设施工、运营管理三个阶段，实施了"全过程、全寿命、全线路"的低碳全局优化，最大限度地减少了资源占用、能源消耗，打造出国内首条完整意义上的低碳高速公路。 　　渝蓉高速公路实现了"国内一流、西部特色、示范引领"的节能减排成效，形成了特色鲜明的山区高速公路绿色循环低碳建设创新理念、模式、技术及管理，为重庆和全国高速公路低碳建设提供了有益的借鉴

重　庆

G5013 渝蓉高速公路建设从业单位信息采集表

附表 2-11b5）
填报省份：重庆市

项目名称：渝蓉高速公路　　通车里程桩号：K0+000~K78+628

序号	参建单位	单位名称	合同段编号及起止桩号	主要负责人	备注
1	项目管理单位	重庆渝蓉高速公路有限公司	K0+000~K78+628.419	杜国平、徐顺生	
2	总承包单位	中国铁建股份有限公司	K0+000~K78+628.419	罗玉刚	
3	勘察设计单位	中铁第一勘察设计院集团有限公司	K0+000~K31+400	刘辉、孙广远	
4		重庆市交通规划勘察设计院	K31+400~K78+628.419	刘军	
5		中铁十六局集团有限公司	A：K0+000~K3+890	姚四海	
6		中铁二十二局集团有限公司	B：K3+890~K9+650	刘永阔	
7		中铁二十一局集团有限公司	C：K9+650~K18+161	吴宝京	
8		中铁十七局集团有限公司	D：K18+161~K22+900	郭俊勇	
9		中铁十三局集团有限公司	E：K22+900~K31+400	刁胜勇	
10		中铁十八局集团有限公司	F：K31+400~K37+600	曹美俊	
11	施工单位	中铁十二局集团有限公司	G：K37+600~K45+479	杜吉远	
12		中铁二十局集团有限公司	H：K45+479~K56+046	王永刚	
13		中铁二十四局集团有限公司	I：K56+046~K68+110	刘辉信	
14		中铁十一局集团有限公司	J：K68+110~K78+628.419	王忠义	
15		陕西格瑞环境治理有限责任公司	LM综合：K0+000~K78+628.419	全厚发	
16		中铁十九局集团有限公司	LH：K0+000~K78+628.419	何玉山	
17		中铁二十二局集团有限公司	FJ：K0+000~K78+628.419	齐向明	
18		中铁电气化局	JD：K0+000~K78+628.419	梁涛	
19	监理单位	北京中通公路桥梁工程咨询发展有限公司	K0+000~K31+400	唐竹波	
20		重庆市交通工程监理咨询有限责任公司	K31+400~K78+628.419	林登发	
21	设计监理、咨询单位	西安方舟工程咨询有限责任公司	K0+000~K78+628	李良	

附录

G5013 渝蓉高速公路建设项目获奖信息表

附表 2-11b6）

序号	获奖时间	项目名称	获奖类型	奖励等级	授奖单位	备注
1	2010年	成渝复线（重庆段）工可研究报告	咨询成果	二等奖	中国工程咨询协会	
2	2010年	成渝复线（重庆段）工可研究报告	咨询成果	二等奖	重庆工程咨询协会	
3	2015年	成渝高速公路复线（重庆境）勘察设计	铁建杯	一等奖	中国铁建股份有限公司	
4	2015年	渝西互通	铁建杯	优质工程	中国铁建股份有限公司	
5	2015年	高速公路低碳化建设和运营的关键技术研究与示范	中国公路学会科学技术奖	二等奖	中国公路学会	

2-12 G5515 张南高速公路相关附表

附表 2-12a

G5515 张南高速公路建设项目信息采集表

序号	项目名称	规模（km）				建设性质（新、改扩建）	设计车速（km/h）	永久占地（亩）	投资情况（亿元）				建设时间（开工～通车）	备注
		合计	八车道及以上	六车道	四车道				估算	概算	决算	资金来源		
1	恩施至黔江段	20.4			20.4	新建	80	1388.07		25.74		交通部补助4.63亿元、转让款1亿元，税金返还1.54亿元，财政配套资金5.6亿元，开发银行贷款10.145亿元		在G50中描述
2	石柱至忠县段	80.33			80.330	新建	80	9784.22	54	63.79	69.64	交通部补助、重庆市自筹、企业贷款	2005.6～2009.9	
3	忠县至梁平段	72			72	新建	80	6286.78		63.58		贷款	2013.7.18～2017.1.17	
合计		172.73												

附表 2-12b1

G5515 张南高速公路桥梁汇总表

项目名称：恩施至黔江段

规模	名称	桥长(m)	孔跨布置(m)	桥底净高(m)	跨越障碍物			梁式桥				组合梁桥	拱式桥				斜拉桥				悬索桥		刚构桥			
					河流	沟谷	道路铁路	预应力混凝土梁桥	钢梁桥				圬工拱桥	钢筋混凝土拱桥	钢拱桥	钢管混凝土拱桥	钢筋混凝土梁		结合梁		悬带式	钢混合梁	T形刚构桥	连续刚构桥	门式刚构桥	斜腿刚构桥
								简支悬臂梁桥	简支连续梁桥	先简支后连续梁桥	简支钢梁桥	连续钢梁桥						普通钢筋混凝土梁	预应力混凝土梁	工字钢梁混凝土板	钢箱梁混凝土板	钢管桁架混凝土板					
大桥	阿棚江大桥	875																									
	月亮山大桥	1595														✓	✓										
	桃子坝大桥	718																									
	郎溪大桥	414																									

附表 2-12b2

G5515 张南高速公路隧道汇总表

项目名称：恩施至黔江段

隧道分类	名称	隧道全长(m)	隧道净宽(m)	按地质条件划分		按所在区域划分		
				土质隧道	石质隧道	山岭隧道	水底隧道	城市隧道
特长隧道	仰头山隧道	5408	10.25		✓	✓		
长隧道	瓦窑沟隧道	1234	10.25		✓	✓		
	情侣山隧道	357	10.25			✓		
短隧道	石峡 2 号隧道	219	10.25		✓	✓		

G5515 张南高速公路复杂技术工程信息采集表　　　　　附表 2-12b3i)

项目名称:恩施至黔江段		施工单位:中铁建大桥工程局有限公司	
复杂技术工程名称	阿棚江特大桥	长度(m)	875

阿棚江特大桥位于黔江区舟白镇县坝村,跨越阿蓬江,设计水位459.23m。桥位段阿蓬江为七级航道,桥梁纵坡高,通航净空不受限制。桥位地形为"V"形峡谷地貌,两岸坡形较陡,且两岸边坡上有地方公路通过。大桥起终点桩号分别为K16+444、K17+319,孔跨布置为(2×40)m+(90+170+90)m+(4×40)m+(4×40)m+(3×40)m,桥全长875m。其中主桥(90+170+90)m,采用变截面预应力混凝土连续刚构箱梁,两岸引桥采用预应力混凝土T梁,先简支后连续刚构体系。

主桥上部结构为(90+170+90)m预应力混凝土连续刚构箱梁,箱梁采用单箱单室截面,箱梁顶宽11.75m,底宽6.5m,顶板悬臂长度2.625m。顶板悬臂端部厚20cm,根部厚70cm。箱梁根部梁高10.5m,跨中梁高3.5m,顶板厚28cm,墩顶箱梁顶板加厚到50cm,底板厚从跨中至根部由32cm变化为110cm,腹板从跨中至根部分三段采用40cm、55cm、70cm三种厚度,箱梁高度以及箱梁底板厚度按1.8次抛物线变化。箱梁0号节段长17m,每个悬浇"T"梁纵向对称划分为21个节段,梁段数及梁段长从根部至跨中分别为7×3.0m、3×3.5m、11×4.0m,节段悬浇总长76.5m。边、中跨合龙段长均为2m,边跨现浇段长4m。箱梁根部设四道厚0.7m的横隔板,中跨跨中设一道厚0.3m的横隔板,边跨梁端设一道厚1.05m的横隔板。

主桥上部构造按全预应力混凝土设计,采用三向预应力,纵、横向预应力按照国家标准《预应力混凝土用钢绞线》(GB/T 5224—2003)采用高强度低松弛钢绞线。箱梁纵向钢束每股直径15.2mm,大吨位群锚体系;顶板横向钢束每股直径12.7mm,扁锚体系;竖向预应力采用钢绞线、精轧螺纹钢筋。纵向预应力管道采用预埋塑料波纹管成孔,真空辅助压浆工艺。横、竖向预应力管道采用预埋金属波纹管成孔

G5515 张南高速公路复杂技术工程信息采集表　　　　　附表 2-12b3ii)

项目名称:恩施至黔江段		施工单位:中铁建大桥工程局有限公司	
复杂技术工程名称	仰头山隧道	长度(m)	5408

仰头山隧道是恩施至黔江高速公路的控制性工程之一。隧道进口线间距28.8m,出口线间距27.3m,为标准间距分离式特长隧道。隧道左线起讫桩号ZK8+177~ZK13+585,全长5408m;隧道右线起讫桩号YK8+197~YK13+582,全长5385m。隧道左线平面线形为 R-2650、R-∞,右线平面线形为 R-2650、R-∞、R-4000。隧道左、右线纵坡均为+0.78%、-1.1%人字坡。隧道进口位于黔江区城东办事处金桥村,距黔江城区约1.0km;出口位于黔江区舟白镇路东村,距S232省道约1.5km,交通较便利。隧道进口采用端强式洞门;隧道出口左线采用削竹式洞门。

隧道净空断面的确定不仅要满足隧道建筑限界的要求,还要满足隧道的照明、运营管理设施、装饰等所占空间及施工误差要求。隧道内轮廓采用单心圆曲墙式马蹄形断面。

地质构造:据区域资料及地质调绘,隧道区大地构造属于新华夏系第三沉降带~四川盆地的东南缘,属于川东弧形构造带部分。隧道穿越黔江向斜、背斜,褶皱构造轴向呈北北东向,向斜为宽缓微向北倾伏式向斜,背斜为不对称式背斜,东翼陡,西翼稍缓,且西翼有明显的复式褶皱现象。

不良地质:根据地质调查,主要的不良地质是断层、岩溶和破碎岩体。

隧道共划分21个围岩段,围岩级别依次为Ⅱ、Ⅲ、Ⅳ、Ⅴ级。沿线山顶高程620~703m,最高点高程1130m,洞身最大埋深480m。隧道内设置8处行人横洞和7处行车横洞。隧道照明方式采用灯光照明,通风方式采用射流风机纵向式通风方案

附表2-12b4

G5515 张南高速公路建设从业单位信息采集表

项目名称:恩施至黔江段　　　　　　　　　　　　　　　　　　　　　　　　　填报省份:重庆市

通车里程桩号:K0+660～K21+077

序号	参建单位	单 位 名 称	合同段编号及起止桩号	主要负责人	备 注
1	项目管理单位	重庆高速公路集团有限公司建设管理中心		孙立东	
2	勘察设计单位	中交第二公路勘察设计研究院有限公司	合同编号:KCSJAK0+660～K21+077	朱秀忠	
		江苏省交通规划设计研究院	合同编号:FJSJ 服务区及收费站房建设计	蔡建芬	房建工程设计
3	施工单位	中铁建大桥工程局集团有限公司	合同编号:AAK0+660～K21+077	朱宝权	

G5515 张南高速公路桥梁汇总表

附表 2-12c1

项目名称：梁忠高速公路

规模	名称	桥长(m)	孔跨布置(m)	桥底净高(m)	跨越障碍物	梁式桥（预应力混凝土梁桥等）	备注
大桥	古家坪大桥	191.644	6×30	39.0	沟谷 √	简支梁桥 √	
	三拱大桥	157.715	5×30	9	道路、铁路 √	简支梁桥 √	
	罗家大桥	245.88	12×30	9.3	河流 √	简支梁桥 √	
	渭石水库大桥	414	10×40	42.9	沟谷 √，道路、铁路 √	简支梁桥 √	
	金光水库大桥	539.981	13×40	61	沟谷 √	简支梁桥 √	
	大石头大桥	113.617	5×20	21	沟谷 √	简支梁桥 √	
	新田大桥	452.506	11×40	63	沟谷 √	简支梁桥 √	
	小沟大桥	333.5	8×40	43.5	沟谷 √，道路、铁路 √	简支梁桥 √	
	龙潭沟大桥	797.043	26×30	45	沟谷 √，道路、铁路 √	简支梁桥 √	
	水井湾大桥	798.067	8×30+14×20+4×30+7×20	47.6	沟谷 √	简支梁桥 √	
	柴家沟大桥	543.718	13×40	80.3	沟谷 √	简支梁桥 √	
	颜家湾大桥	426.9	10×40	45	沟谷 √	简支梁桥 √	

附　录

续上表

规模	名　称	桥长(m)	孔跨布置(m)	桥底净高(m)	跨越障碍物	梁式桥——预应力混凝土梁桥（先简支后连续梁）
大桥	黑滩沟大桥	767.152	5×40+6×20+11×40	63.5	河流沟谷、道路	√
大桥	双基村大桥	138.413	6×20	15		√
大桥	回龙河大桥	254.160	4×20+4×40	50.7	河流沟谷、道路	√
大桥	狮子湾大桥	136	6×20	25		√
大桥	深田明大桥	216	5×40	36.4		√
大桥	小岩口大桥	112.077	5×20	19	河流沟谷	√
大桥	余家老院子大桥	199.194	9×20	19.7		√
大桥	大地岩大桥	339.104	8×40	40	道路	√
大桥	塘垭口右线大桥	116.1	5×20	9.9	河流沟谷	√
中桥	金堂坝大桥	72.593	3×20	10.5		√
中桥	潘家湾大桥	73.580	3×20	7.5	道路	√
中桥	吕家老院子大桥	91.576	4×20	10	道路	√
中桥	汤家湾大桥	53.094	1×30		道路、铁路	√
中桥	蒋家包大桥	96.02	4×20	7.5	道路	√
中桥	施家垭口右幅大桥	96	4×20	10		√
中桥	中子湾大桥	98.374	4×20	19		√

注：表中其他桥型列（钢梁桥、组合梁桥、拱式桥、斜拉桥、悬索桥、刚构桥等）均无勾选内容。

G5515 张南高速公路隧道汇总表

附表 2-12c2

项目名称：梁忠高速公路

隧道	名称	隧道全长 (m)	隧道净宽 (m)	隧道分类				
				按地质条件划分		按所在区域划分		
				土质隧道	石质隧道	山岭隧道	水底隧道	城市隧道
特长隧道	礼让隧道	5520.7	10.25		√	√		
长隧道	南华山隧道	2895	10.25		√	√		
短隧道	三龙隧道	450	10.25		√	√		
	铁门隧道	446.2	10.25		√	√		

G5515 张南高速公路建设从业单位信息采集表

附表 2-12c3

填报省份：重庆市

项目名称：梁忠高速公路 通车里程桩号：K0+000～K71+649.719

序号	参建单位	单位名称	合同段编号及起止桩号	主要负责人	备注
1	项目管理单位	重庆渝广、梁忠高速公路有限公司	K0+000～K71+649.719	孙立东	
2	勘察设计单位	重庆市交通规划勘察设计院	K0+000～K71+649.719		
3		中电建路桥集团有限公司	K0+000～K71+649.719	沈亮	
4		中国水利水电第十三工程局有限公司	K0+000～K8+740	杨旭东	
5		中国水利水电第十四工程局有限公司	K8+740～K23+715	郭茂	
6		中国水利水电第三工程局有限公司	K23+715～K37+200	黄平	
7	施工单位	中国水利水电第五工程局有限公司	K37+200～K51+440	何竞学	
8		宏远建设有限公司	K51+440～K58+180	徐扬	
9		中国水利水电第十三工程局有限公司	K58+180～K71+649.719	刘亚西	
10		中海网络、重庆电建、四川高路联合体	K0+000～K71+649.719	何誉	
11		成都少伯绿化有限公司	K0+000～K71+649.719	邹祖立	
12		中国水利水电第十三工程局有限公司	K0+000～K71+649.719	姚启飞、姚晓峰	

2-13　G8515 广泸高速公路相关附表

G8515 广泸高速公路建设项目信息采集表

附表 2-13a)

序号	项目名称	规模（km）				建设性质（新、改扩建）	设计速度（km/h）	永久占地（亩）	投资情况（亿元）			资金来源	建设时间（开工～通车）	备注
		合计	八车道及以上	六车道	四车道				估算	概算	决算			
1	铜梁至永川段	63.85			63.85	新建	80	6662.76		38.5		中交第四公路工程局有限公司与重庆高速公路集团有限公司投资、国家开发银行贷款	2012.12～2016.9	
2	铜梁至合川段	30.16			30.16	新建	80	3219		21.65	23.99	国家开发银行贷款和重庆四航铜合高速公路投资有限公司自筹	2012.3～2014.12	
合计		94.01												

重 庆

附表 2-13b1

G8515 广泸高速公路桥梁汇总表

项目名称：铜梁至永川段

规模	名称	桥长(m)	孔跨布置(m)	桥底净高(m)	跨越障碍物			梁式桥					拱式桥					斜拉桥			悬索桥	刚构桥		
					河流沟谷	道路、铁路		预应力混凝土梁桥			钢梁桥	组合梁桥		圬工拱桥	钢筋混凝土拱桥		钢拱桥	钢管混凝土拱桥	钢筋混凝土梁	结合梁		悬索桥	T形刚构桥	连续刚构桥	斜腿门式刚构桥
								简支梁桥	先简支后连续梁桥	连续梁、悬臂梁桥	连续钢梁桥	预弯混凝土梁	钢管混凝土桁架组合梁	现浇混凝土拱	预制混凝土拱	双曲拱	箱形刚架拱桥	系杆拱桥	箱形桁架拱桥	提篮型	哑铃型	普通钢筋混凝土梁	预应力混凝土梁	工字钢梁混凝土板	钢箱梁混凝土板	钢管桁架梁混凝土板	钢箱桁架梁混凝土板	混合梁	钢梁	悬索带式	钢索带式			
特大桥	铜梁西大桥	1032.5	34×30					√																		
大桥	华侨大桥	178.08	25+35+25	5.5	√			√																		
	雍溪互通A匝道大桥	113.08	30+45+30			√		√																		
	对溪河大桥	107.08	5×20		√			√																		
	古家滩大桥	152.08	7×20			√		√																		
	大雄院大桥	98.08	25+40+25	5.5	√			√																		
	赵家坝子大桥	128	4×30	6	√			√																		
	碾溪塘大桥	220.5	7×30		√			√																		
	陡山村大桥	347.8	11×30		√			√																		
	青岗咀大桥	160.16	5×30		√			√																		
	新桥湾大桥	230	7×30		√			√																		

续上表

规模	名称	桥长(m)	孔跨布置(m)	桥底净高(m)	跨越障碍物 河流	跨越障碍物 沟谷	跨越障碍物 道路	跨越障碍物 铁路	梁式桥 预应力混凝土梁桥 简支梁桥	梁式桥 预应力混凝土梁桥 悬臂梁桥	梁式桥 预应力混凝土梁桥 连续梁桥	梁式桥 预应力混凝土梁桥 先简支后连续梁	梁式桥 钢梁桥 简支钢梁	梁式桥 钢梁桥 连续钢梁	梁式桥 组合梁桥 预弯混凝土梁	梁式桥 组合梁桥 钢管混凝土桁架梁	拱式桥 圬工拱桥 现浇混凝土拱	拱式桥 圬工拱桥 预制混凝土拱	拱式桥 钢筋混凝土拱桥 双曲拱	拱式桥 钢筋混凝土拱桥 肋拱	拱式桥 钢筋混凝土拱桥 箱形拱	拱式桥 钢筋混凝土拱桥 刚架拱	拱式桥 钢筋混凝土拱桥 桁架拱	拱式桥 钢筋混凝土拱桥 系杆拱	拱式桥 钢拱桥 箱形拱	拱式桥 钢拱桥 桁架拱	拱式桥 钢管混凝土拱桥 提篮型	拱式桥 钢管混凝土拱桥 桁架型	拱式桥 钢管混凝土拱桥 哑铃型	斜拉桥 钢筋混凝土梁 普通钢筋混凝土梁	斜拉桥 钢筋混凝土梁 预应力混凝土梁	斜拉桥 结合梁 工字钢梁混凝土板	斜拉桥 结合梁 箱形钢梁混凝土板	斜拉桥 结合梁 钢管桁架梁混凝土板	斜拉桥 结合梁 钢箱桁架混凝土板	斜拉桥 钢梁	斜拉桥 混合梁	悬索桥 悬带式	悬索桥 钢索式	刚构桥 T形刚构桥	刚构桥 连续刚构桥	刚构桥 门式刚构桥	刚构桥 斜腿刚构
大桥	主线1号桥	172.58	2+40+3×20+2×2×20	5.5			√					√																																
	主线3号桥	162.04	20+27+32+27	5.5			√					√																																
	双石互通B匝道2号桥	148.08	20+2×30+20+2×2×20	5.5			√					√																																
	双石互通B匝道4号桥	167.08	2×20+3×20+40+20		√							√																															
	双石互通C匝道1号桥	180.52	20+20+2×26.71+20+3×20	5.5			√					√																																
	双石互通D匝道桥	207.04	2×20+5×20+3×20	5.5			√					√																																
	双石互通H匝道桥	147.08	3×20+4×20		√							√																															

续上表

规模	名称	桥长(m)	孔跨布置(m)	桥底净高(m)	跨越障碍物-河流	跨越障碍物-沟谷	跨越障碍物-道路	跨越障碍物-铁路	预应力混凝土梁桥-简支梁桥	预应力混凝土梁桥-悬臂梁桥	预应力混凝土梁桥-连续梁桥	预应力混凝土梁桥-先简支后连续梁	钢梁桥-简支钢梁	钢梁桥-连续钢梁	组合梁桥-预弯混凝土梁	组合梁桥-钢管混凝土组合梁	圬工拱桥-现浇混凝土拱	圬工拱桥-预制混凝土拱	钢筋混凝土拱桥-双曲拱	钢筋混凝土拱桥-肋拱	钢筋混凝土拱桥-箱形拱	钢筋混凝土拱桥-桁架拱	钢筋混凝土拱桥-刚架拱	钢筋混凝土拱桥-系杆拱	钢拱桥-箱形拱	钢拱桥-桁架拱	钢拱桥-哑铃型	钢管混凝土拱桥-桁架型	钢管混凝土拱桥-提篮型	斜拉桥-钢筋混凝土梁-普通钢筋混凝土梁	斜拉桥-钢筋混凝土梁-预应力混凝土梁	斜拉桥-结合梁-工字钢梁混凝土板	斜拉桥-结合梁-钢箱梁混凝土板	斜拉桥-结合梁-钢管桁架梁混凝土板	斜拉桥-钢梁	斜拉桥-混合梁	悬索桥-悬带式	悬索桥-钢索式	刚构桥-T形刚构	刚构桥-连续刚构	刚构桥-门式刚构	刚构桥-斜腿刚构
中桥	王家湾大桥	96.08	25+35+25	5.5			√				√																																
	桥家村大桥	67.08	3×20	5.5			√		√																																		
	核桃湾大桥	67.08	3×20	5.5			√		√																																		
	高滩村大桥	93.08	25+35+25	5.5			√				√																																	
	铜梁西大桥	67.08	3×20	5.5			√	√	√																																		
	高滩村大桥	67.08	3×20	5.5			√		√																																		
	西来村大桥	87.08	4×20	5.5			√		√																																		
	土桥大桥	42.04	1×25	5.5	√						√																																	
	杨家坝大桥	67.08	3×20	5.5			√		√																																		
	泡马滩大桥	67.08	3×20	5.5	√				√																																		
	峰高村大桥	38.7	1×30	5.5			√				√																																	
	万古大桥	67.08	3×20	5.5	√				√																																		
	万古互通A匝道桥	93.08	25+35+25	5.5			√				√																																	
	郑家坝大桥	98	3×30	7	√				√																																		
	龙水湖大桥	37.04	1×25	5.5	√				√																																		

附 录

续上表

规模	名称	桥长(m)	孔跨布置(m)	桥底净高(m)	跨越障碍物			梁式桥-预应力混凝土梁桥	梁式桥-预应力混凝土梁桥	梁式桥-预应力混凝土梁桥	其他
					河流	沟谷	道路、铁路	简支梁桥	先简支后连续梁桥	连续梁桥	
	双坪大桥	67.08	3×20	5.5	√			√			
	三教大桥	67.08	3×20	5.5			√	√			
	丁家岩大桥	44	1×30	5.5	√			√			
	芋河沟大桥	50	1×30	5.5			√	√			
	主线2号桥	36.04	1×20	5.5			√	√			
中桥	双石互通B匝道1号桥	91.68	25+40+25							√	
	双石互通B匝道3号桥	32.04	20	5.5	√		√	√			
	双石互通C匝道桥	67	3×20		√			√			
	双石互通E匝道2号桥	32.04	1×16		√			√			
	双石互通F匝道桥	38.04	1×16		√			√			
	双石互通C匝道1号桥	42.114	2×20		√			√			

823

G8515 广泸高速公路隧道汇总表

附表 2-13b2

项目名称：铜梁至永川段

隧道	名　称	隧道全长(m)	隧道净宽(m)	按地质条件划分		隧道分类 按所在区域划分		
				土质隧道	石质隧道	山岭隧道	水底隧道	城市隧道
长隧道	玉龙山隧道	2898	9.8		√	√		

G8515 广泸高速公路建设从业单位信息采集表

附表 2-13b3

项目名称：铜梁至永川段　　通车里程桩号：K235+100～K354+764.45　　填报省份：重庆市

序号	参建单位	单位名称	合同段编号及起止桩号	主要负责人	备注
1	项目管理单位	重庆铜永高速公路有限公司	K0+000～K64+385.79	刘尚志	
2	勘察设计单位	华杰工程咨询有限公司	K0+000～K64+385.79	刘旭	
		四川省交通运输厅公路规划勘察设计研究院		戴勤堂	
3	施工单位	中交四公局第二工程有限公司	TJ1：K0+000～K13+700	田军乐	
4		中交四公局第三工程有限公司	TJ2：K13+700～K29+650	陈卫华	
5		中交四公局第一工程有限公司	TJ3：K30+960～K45+900	郑永飞	
6		中交四公局第三工程有限公司	TJ4：K45+900～K53+500	胡志刚	
7		中交四公局第二工程有限公司	TJ5：K53+500～K64+385.794	苏常礼	
		中交四公局第三工程有限公司	LM1：K0+000～K29+650	田军乐	
		中交四公局第一工程有限公司	LM2：K30+960～K64+385.794	郑永飞	
8	监理单位	北京中通公路桥梁工程咨询发展有限公司	K0+000～K64+385.79	田先城	

G8515 广泸高速公路桥梁汇总表

附表 2-13c1

项目名称：铜梁至合川段

规模	名称	桥长(m)	孔跨布置(m)	桥底净高(m)	跨越障碍物-河流	跨越障碍物-沟谷	跨越障碍物-道路	跨越障碍物-铁路	梁式桥-预应力混凝土梁桥-简支梁桥	梁式桥-预应力混凝土梁桥-悬臂梁桥	梁式桥-预应力混凝土梁桥-连续梁桥	梁式桥-预应力混凝土梁桥-先简支后连续梁	梁式桥-钢梁桥	组合梁桥-预弯混凝土组合梁	组合梁桥-钢管混凝土桁架组合梁	拱式桥-圬工拱桥-预制混凝土拱	拱式桥-圬工拱桥-现浇混凝土拱	拱式桥-钢筋混凝土拱桥-双曲拱	拱式桥-钢筋混凝土拱桥-箱形拱	拱式桥-钢筋混凝土拱桥-桁架拱	拱式桥-钢筋混凝土拱桥-刚架拱	拱式桥-钢筋混凝土拱桥-系杆拱	钢拱桥-箱形拱	钢管混凝土拱桥-哑铃型	钢管混凝土拱桥-桁架型	钢管混凝土拱桥-提篮型	斜拉桥-钢筋混凝土梁-普通钢筋混凝土梁	斜拉桥-钢筋混凝土梁-预应力混凝土梁	斜拉桥-结合梁-工字钢梁混凝土板	斜拉桥-结合梁-钢箱梁混凝土板	斜拉桥-结合梁-钢管桁架梁混凝土板	斜拉桥-混合梁	斜拉桥-钢梁	悬索桥-悬带式	悬索桥-钢索式	刚构桥-T形刚构	刚构桥-桁架刚构	刚构桥-连续刚构	刚构桥-门式刚构	刚构桥-斜腿刚构
大桥	柿花大桥	152.08	5×30	6.8	√		√		√																																
	小安溪大桥左幅	224	7×30	30	√				√																																
	小安溪大桥右幅	254	8×30	30	√				√																																
	沙河大桥左幅	113	3×30	9.6		√			√																																
	沙河大桥右幅	133	30×4	9.6		√			√																																
	金九大桥左幅	290.08	3×20 + 3×20+4×21 + 4×21	14.8	√				√																																
	金九大桥右幅	294.08	3×20.4 + 3×20.4+4×21.2 + 4×21.2	14.8	√				√																																
	石朝门大桥	61	3×20	6.8			√																					√														

续上表

规模	名称	桥长(m)	孔跨布置(m)	桥底净高(m)	跨越障碍物 河流	跨越障碍物 沟谷	跨越障碍物 道路、铁路	梁式桥 预应力混凝土梁桥 简支梁桥	梁式桥 预应力混凝土梁桥 悬臂梁桥	梁式桥 预应力混凝土梁桥 先简支后连续梁	梁式桥 预应力混凝土梁桥 连续梁桥	梁式桥 钢梁桥 简支钢梁桥	梁式桥 钢梁桥 连续钢梁桥	梁式桥 组合梁桥 预弯混凝土组合梁	梁式桥 组合梁桥 钢管混凝土桁架梁	拱式桥 圬工拱桥 现浇混凝土拱	拱式桥 圬工拱桥 钢预制混凝土拱	拱式桥 钢筋混凝土拱桥 双曲拱	拱式桥 钢筋混凝土拱桥 肋拱	拱式桥 钢筋混凝土拱桥 箱形拱桥	拱式桥 钢筋混凝土拱桥 刚架拱桥	拱式桥 钢筋混凝土拱桥 桁架拱桥	拱式桥 钢筋混凝土拱桥 系杆拱桥	拱式桥 钢拱桥 箱形拱桥	拱式桥 钢拱桥 桁架拱桥	拱式桥 钢管混凝土拱桥 哑铃型	拱式桥 钢管混凝土拱桥 桁架型	拱式桥 钢管混凝土拱桥 提篮型	斜拉桥 钢筋混凝土梁 普通钢筋混凝土梁	斜拉桥 钢筋混凝土梁 预应力混凝土梁	斜拉桥 结合梁 工字钢梁混凝土板	斜拉桥 结合梁 钢箱梁混凝土板	斜拉桥 结合梁 钢管桁架梁混凝土板	斜拉桥 钢梁	斜拉桥 混合梁	悬索桥 悬索式	悬索桥 钢带式	刚构桥 T形刚构	刚构桥 连续刚构	刚构桥 门式刚构	刚构桥 斜腿刚构
中桥	主线桥大桥	50	2×20	7.9				√																																
	白沙坝大桥	54.08	2×20	6.2	√			√																																
	二坪大桥	38	1×20	7.3			√	√																																
	三房大桥	33	1×20	7.6			√	√																																
	高嘴大桥左幅	96	3×30	12.7		√		√																																
	高嘴大桥右幅	96	3×30	12.7		√		√																																
	马路口大桥	46	2×20	9.2		√		√																																
	旧县大桥	34.5	1×20	11.6		√		√																																
	城南大桥	60	3×20	8.4		√		√																																
	十塘大桥	76	3×20	13.5		√		√																																
	石花山大桥	87	3×20	17.9		√		√																																
	建梁大桥左幅	56	2×20	7.2		√		√																																
	建梁大桥右幅	56	2×20	7.2		√		√																																

附表 2-13c2

G8515 广泸高速公路建设从业单位信息采集表

项目名称：铜梁至合川段
通车里程桩号：K0+400～K30+157
填报省份：重庆市

序号	参建单位	单位名称	合同段编号及起止桩号	主要负责人	备注
1	项目管理单位	重庆四航铜合高速公路投资有限公司	K0+000～K30+157	卢玉荣	
2	勘察设计单位	重庆市交通规划勘察设计院	K0+000～K30+157	徐长明	
		中交第二公路勘察设计研究院有限公司	金九大桥	杜建胜	
3	施工单位	中交四航局第一工程有限公司	B01: K0+000～K8+280	曹勇	
			B01: K8+280～K17+800		
			B03: K17+800～K24+800		
		中交四航局第三工程有限公司	B04: K24+800～K28+308.351	董庆德	
			B05: K28+308.351～K30+157		
		重庆交通建设(集团)有限责任公司	LM: K0+000～K30+157	谭林宁	
		中交第二公路勘察设计研究院有限公司	JAJD: K0+000～K30+157	代言明	
		重庆江都建设(集团)有限公司	FJ: K0+000～K30+157	黎源	
		福建腾辉环境建设集团有限公司	JJLH: K0+000～K30+157	胡緣清	
4	监理单位	北京中公路桥梁工程监理有限公司	JL: K0+000～K30+157	刘贵志	
5	设计咨询单位	四川省交通运输厅公路规划勘察设计研究院	K0+000～K30+157		
		招商局重庆交通科研设计院有限公司	金九大桥	张云青	

2-14 G5012 恩广高速公路相关附表

G5012 恩广高速公路建设项目信息采集表

附表 2-14

序号	项目名称	规模（km）				建设性质（新、改扩建）	设计速度（km/h）	永久占地（亩）	投资情况（亿元）			资金来源	建设时间（开工~通车）	备注
		合计	八车道及以上	六车道	四车道				估算	概算	决算			
1	鄂渝界（万州龙驹）至万州（长岭）段	35			35	新建	80							在建
2	万州（长岭）至万州（新田）段	9.0			9.0	新建	80						2013.6~2016	纳入G69中描述
合计		35												

2-15 重庆三环高速公路相关附表

重庆三环高速公路建设项目信息采集表

附表 2-15a）

序号	项目名称	规模（km）			建设性质（新、改扩建）	设计速度（km/h）	永久占地（亩）	投资情况（亿元）			资金来源	建设时间（开工~通车）	备注
		合计	八车道及以上	六车道	四车道				估算	概算	决算			
1	长寿至涪陵段	33.37			33.37	新建	80	3508.98		16.37	12.55	交通部投资2.5亿元，开发银行贷款8亿，国债投入1.75亿元，其余由交通银行等国内银行贷款	1998.1~2000.12	此段包括S32
2	万盛至南川段	30.61			30.61	新建	80	3565.6		25.3	25.3	交通部补助，国内银行贷款和重庆市自筹	2009.9~2013.12	
3	綦江至万盛段	32.31			32.31	新建	60			9.8	11.96		2002.2~2004.9	
4	江津至綦江段	48.4			48.4	新建	80	4508.95		47.1968		资本金11.75亿，贷款36.4亿	2013.4~2016.10	
5	永川至江津段	58.09		3.69	54.40	新建	80	6823.32	56.24	60.06		自筹、国家开发银行贷款	2012.07~2014.12	未含支线2.1km
合计		202.78												

重庆三环高速公路桥梁汇总表

附表 2-15b1

项目名称：长寿至涪陵段

规模	名称	桥长 (m)	孔跨布置 (m)	桥底净高 (m)	跨越障碍物			梁式桥				拱式桥							斜拉桥			悬索桥		刚构桥			
					河流	道路、铁路	沟谷	预应力混凝土梁桥（简支梁桥/先简支后连续梁桥/连续梁桥/悬臂梁桥）	钢梁桥	组合梁桥（钢管混凝土桁架组合梁/预弯混凝土组合梁）		圬工拱桥（现浇混凝土拱/预制混凝土拱）	钢筋混凝土拱桥（双曲拱/箱形拱/刚架拱/系杆拱/桁架拱）	钢拱桥（箱形拱/系杆拱/桁架拱）	钢管混凝土拱桥（提篮型/哑铃型/桁架型）				钢筋混凝土梁（普通/预应力）	结合梁（工字钢梁混凝土板/钢箱梁混凝土板/钢管桁架梁混凝土板）	钢梁（钢箱梁/钢桁梁）	悬索桥（钢索式/钢带式）	混合梁	T形刚构桥	连续刚构桥	门式刚构桥	斜腿刚构桥
特大桥	龙溪河大桥	725	2×140+240+4×40	50	√																				√		
大桥	左线桥	470	16.5+12×25+3×30	8		√	√																				
	碧筱溪大桥	132	6×20	24	√			√																			
	斜阳溪大桥	671.62	4×132+6×16	77	√	√							√														
	石朝门大桥	260	8×30	52	√	√		√																			
	花桥大桥	195	7×25	36	√	√							√														
	水磨滩水库大桥	166.8	1×80+4×16	13	√	√							√														
	张家沟大桥	235.5	3×30+1×107+1×13	18	√	√		√																			
	黑林湾大桥	315.77	10×30	50	√	√		√																			

续上表

规模	名称	桥长(m)	孔跨布置(m)	桥底净高(m)	跨越障碍物	主要桥型
大桥	桃花溪大桥	80	1×50	8	河流	
	桃花街互通立交	250	2×25+4×35	5	道路、铁路	
中桥	K108+693大桥	57	1×30	15	道路	
	李渡互通	44	1×20	5	道路、铁路	
	偏桥	41.7	1×20	12	河流	石拱桥
	小康桥	62	2×20	15	道路、铁路	
	K95+797桥	125.76	3×30	35	道路	
	K95+657桥	81.48	2×30	15	道路	石拱桥
	但渡互通立交	50	2×16	5	道路、铁路	
	大肉女大桥	32	1×20	3	道路、铁路	
	红花园大桥	40	1×20	5	道路、铁路	
	K86+454通道桥	49	2×16	10	道路、铁路	
	K86+120通道桥	41	1×20	6	道路、铁路	

注：桥型分类包括梁式桥（预应力混凝土梁桥：简支梁桥、悬臂梁桥、连续梁桥、先简支后连续梁桥；钢梁桥：简支钢梁桥、连续钢梁桥；组合梁桥：预弯组合混凝土梁、钢管混凝土桁架梁）、拱式桥（圬工拱桥：现浇混凝土拱、预制混凝土拱、双曲拱、肋拱；钢筋混凝土拱桥：箱形拱、刚架拱、系杆拱；钢拱桥：箱形拱桥、桁架拱桥、哑铃型拱桥；钢管混凝土拱桥：桁架型、提篮型）、斜拉桥（钢筋混凝土梁：普通钢筋混凝土梁、预应力混凝土梁；结合梁：工字钢梁混凝土板、钢箱梁混凝土板、钢管桁架梁混凝土板；钢梁；混合梁）、悬索桥（悬带式、钢索式）、刚构桥（T形刚构、桁架刚构、连续刚构、门式刚构、斜腿刚构）。

重庆三环高速公路隧道汇总表

项目名称：长寿至涪陵段

附表 2-15b2

规模	名称	隧道全长（m）	隧道净宽（m）	按地质条件划分		隧道分类	按所在区域划分	
				土质隧道	石质隧道	山岭隧道	水底隧道	城市隧道
长隧道	黄草山隧道	2500	10.82		√	√		
	同心寨隧道	1514	10.5		√	√		
中隧道	庙堡隧道	778.6	10.5		√	√		
短隧道	尖峰顶隧道	230	10.82		√	√		

附录

附表 2-15b3）

重庆三环高速公路建设从业单位信息采集表

项目名称：长寿至涪陵段　　通车里程桩号：K86+050～K118+863.63　　填报省份：重庆市

序号	参建单位		单位名称	合同段编号及起止桩号		主要负责人	备注
1	项目管理单位		重庆渝涪高速公路有限公司	K86+050～K118+863.63		谷安东	
2	勘察设计单位		重庆市公路勘察设计研究院	长寿桃花街至黑林垮段		钟明全	
			重庆交通科研设计院	黑林湾至水磨滩,同心寨至涪陵段		韩道均	
			四川省交通厅公路规划勘察设计研究院	水磨滩至斜阳溪段		孙振堂	
3	施工单位	第一期工程	四川隧道工程有限公司	D:K98+440～K99+940		付文忠	
			四川省路桥集团第二工程处	E:K99+940～K101+072.6			
			川交桥梁公司	F:K101+072.6～K101+242.4			
			四川华夏工程总公司	G1:K101+242.4～K102+520			
			涪陵基建公司	G2:K102+520～K103+285			
			中铁十六局一处	H:K103+285～K105+990.93			
			中铁十四局一处	I1:K105+990.93～K107+800			
			重庆公路工程总公司	I2:K107+800～K109+255		魏路	
		第二期工程	四川省路桥集团第三工程处	A1:K86+050～K87+730		曾小勤	
			武警交通一总队	A2:K87+730～K90+810		马继武	
			交通部第一公路工程总公司	B:K90+810～K91+826.46		李景田	
			交通部第二公路工程总公司	C1:K91+826.46～K95+127.307		李剑勇	
			中铁十五局二处	C2:K95+127.307～K97+150		张廷占	
			广东水电三局	J:K109+250～K113+040		李胜春	
			中铁十七局二处	K1:K113+040～K115+121.48		杨志诚	
			中铁二局五处	K2:K115+121.48～K115+800		田永照	
			中铁隧道局	L:K115+800～K117+805		郝光华	
			中铁十五局三处	M:K117+805～K118+863.63		张甲民	
				R:K86+050～K118+863.63		魏路	
4	监理单位		重庆市公路工程监理处	K86+050～K118+863.63		孙庭伟	

重庆三环高速公路桥梁汇总表

项目名称：南川至万盛段

附表 2-15c1

规模	名称	桥长(m)	孔跨布置(m)	桥底净高(m)	跨越障碍物				梁式桥				圬工拱桥	拱式桥						斜拉桥				悬索桥		刚构桥			
					河流	沟谷	道路	铁路	预应力混凝土梁桥(简支梁桥/悬臂梁桥/连续梁桥/先简支后连续梁)	钢梁桥	组合梁桥(预弯混凝土组合梁/钢管混凝土桁架组合梁)			钢筋混凝土拱桥(双曲拱/箱形拱/桁架拱/刚架拱/系杆拱)	钢拱桥	钢管混凝土拱桥(提篮型/哑铃型/桁架型)	钢筋混凝土梁(普通/预应力)	结合梁(工字钢梁混凝土板/钢箱梁混凝土板/钢管桁架梁混凝土板)	钢梁/混合梁	悬索式/悬带式		T形刚构桥	连续刚构桥	门式刚构桥	斜腿刚构桥		
特大桥	万盛大桥	805.21	90+160+90		√																		√			
	白塔寺1号大桥	372.79	12×30		√				√																	
大桥	白塔寺2号大桥	256.01	6×40		√				√																	
	明岩大桥	231.27	7×30		√				√																	
	长湾大桥	469.7	15×30		√				√																	
	永胜1号大桥	192	9×20		√				√																	
	永胜2号大桥	172.04	4×40		√				√																	
	老房子1号大桥	232.16	11×20		√				√																	
	老房子2号大桥	214.08	5×40		√				√																	
	大寺1号大桥	212.26	5×40		√				√																	
	大寺2号大桥	214.39	5×40		√				√																	
	大寺3号大桥	121.29	5×20		√				√																	
	丛林河大桥	154.11	7×20		√				√																	
	苏家湾大桥	140.8	4×30		√				√																	

续上表

规模	名称	桥长(m)	孔跨布置(m)	桥底净高(m)	跨越障碍物				梁式桥							拱式桥								斜拉桥					悬索桥		刚构桥			
									预应力混凝土梁桥				钢梁桥	组合梁桥		圬工拱桥		钢筋混凝土拱桥			钢拱桥	钢管混凝土拱桥		钢筋混凝土梁		结合梁		混合梁	悬带式	钢索式	T形刚构	桁架刚构	连续刚构	门式刚构	斜腿刚构
					河流	沟谷	道路	铁路	简支梁桥	悬臂梁桥	连续梁桥	先简支后连续梁	简支连续钢梁桥	预弯组合梁	钢管混凝土桁架梁	预制混凝土拱	现浇混凝土拱	双曲拱	肋拱	箱形拱	刚架拱	系杆拱	箱形拱	桁架拱	哑铃型	桁架型	篮型	普通钢筋混凝土梁	预应力混凝土梁	工字钢梁混凝土板	钢箱梁混凝土板	钢管桁架梁混凝土板	钢梁					
大桥	金佛山西互通主线桥	198	6×30		√				√																														
	凤嘴江大桥	760	14×30+4×40+2×30+40+2×30		√						√																											
	石朝门大桥	622.97	6×30+18×20+57		√						√																											
	万盛立交主线1号大桥	105	3×30				√																															
中桥	万盛立交主线2号大桥	53	1×33				√																															
	花卉园大桥	119.16	3×30				√																															
	丛林互通主线大桥	50	1×30				√																															
	界碑大桥	60	1×40				√																															
	南平互通主线桥	48	1×30				√																															
	木渡河大桥	97.08	3×30		√																																	

重庆三环高速公路隧道汇总表

附表 2-15c2

项目名称：南川至万盛段

规模	名 称	隧道全长(m)	隧道净宽(m)	隧 道 分 类				
				按地质条件划分		按所在区域划分		
				土质隧道	石质隧道	山岭隧道	水底隧道	城市隧道
长隧道	丛林隧道	1144	10.5		√	√		
	菁山隧道	796.5	10.5		√	√		
短隧道	白塔寺隧道	440.00	10.5		√	√		
	芭蕉弯隧道	119.42	10.5		√	√		
	老房子隧道	128	10.5					

附 录

重庆三环高速公路建设从业单位信息采集表

项目名称：南川至万盛段
通车里程桩号：K0+284.527~K30+234.437

附表 2-15c3
填报省份：重庆市

序号	参建单位	单位名称	合同段编号及起止桩号	主要负责人	备注
1	项目管理单位	重庆高速公路集团有限公司建管理中心	K0+284.527~K30+234.437	孙立东	
2	勘察设计单位	重庆市交通规划勘察设计院	K0+284.527~K30+234.437	钟明全	土建、路面设计
3		中国公路工程咨询集团有限公司		张安全	交通工程设计
4		四川省交通运输厅公路规划勘察设计研究院		李玉峰	景观绿化设计
5	施工单位	重庆交通建设（集团）有限责任公司	A1：K0+284.527~K6+800	周顺	土建工程
6		中铁隧道集团有限公司	A2：K6+800~K16+000	朱玉峰	土建工程
7		杭州市交通工程有限公司	A3：K16+000~K30+234.437	支凤武	土建工程
8		重庆交通建设（集团）有限责任公司	ALM：K0+284.527~K30+234.437	姜林	路面工程
9		重庆福淼园林工程有限公司	ALH-1：K0+284.527~K17+910	李杰	绿化工程
10		重庆大地园林设计工程股份有限公司	ALH-2：K17+910~K30+234.437	赵其培	绿化工程
11		重庆建工住宅建设有限公司	AFJ	文胜才	房建工程
12		贵州省交通工程有限公司	AJA：K0+284.527~K30+234.437	熊明强	交通安全设施施工工程
13	监理单位	北京中通公路桥梁工程咨询发展有限公司	K0+284.527~K30+234.437	田业雄	土建、路面、交安、房建、绿化监理
14	监督、检测单位	重庆市公路工程质量检测中心	K0+284.527~K30+234.437	杨曾曦	工程质量监督
15		江苏省交通科学研究院股份有限公司		李猛	路面监控
16		重庆交通大学		吴国雄	桥梁监控
17		重庆交通大学		陈伟民	隧道监控
18		重庆长江工程勘察设计研究院		吴院秋	隧道水文地质长期观测

附表 2-15d1

重庆三环高速公路桥梁汇总表

项目名称：綦江至万盛段

规模	名称	桥长(m)	孔跨布置(m)	桥底净高(m)	跨越障碍物 河流	跨越障碍物 沟谷	跨越障碍物 道路、铁路	梁式桥 预应力混凝土梁桥 简支梁桥	梁式桥 预应力混凝土梁桥 悬臂梁桥	梁式桥 预应力混凝土梁桥 先简支后连续梁桥	梁式桥 预应力混凝土梁桥 简支连续梁桥	梁式桥 钢梁桥	梁式桥 组合梁桥 预弯混凝土组合梁桥	梁式桥 组合梁桥 钢管混凝土桁架梁桥	拱式桥 圬工拱桥 现浇预制混凝土拱桥	拱式桥 钢筋混凝土拱桥 双曲拱	拱式桥 钢筋混凝土拱桥 箱形拱桥	拱式桥 钢筋混凝土拱桥 刚架拱桥	拱式桥 钢筋混凝土拱桥 系杆拱桥	拱式桥 钢筋混凝土拱桥 桁架拱桥	拱式桥 钢拱桥	拱式桥 钢管混凝土拱桥 桁架型	拱式桥 钢管混凝土拱桥 哑铃型	拱式桥 钢管混凝土拱桥 提篮型	斜拉桥 钢筋混凝土梁 普通钢筋混凝土梁	斜拉桥 钢筋混凝土梁 预应力混凝土梁	斜拉桥 结合梁 工字钢梁混凝土板	斜拉桥 结合梁 钢箱梁混凝土板	斜拉桥 结合梁 钢管桁架梁混凝土板	斜拉桥 钢梁	斜拉桥 混合梁	悬索桥 悬索式	悬索桥 钢带式	刚构桥 T形刚构桁架刚构	刚构桥 连续刚构	刚构桥 门式刚构	刚构桥 斜腿刚构
大桥	母家湾右线立交桥	224.87	16+20+20+16	5			√	√																													
	长滩子大桥	296.75	8×30+1×33 预应力混凝土T梁		√			√																													
	三角大桥	356	右幅为10×30 混凝土T梁, 左幅为11×30 预应力混凝土T梁			√		√																													
	乐果塘大桥	194.44	6×30 预应力混凝土T梁		√			√																													
	小石坝大桥	283.57	9×30		√			√																													

续上表

规模	名称	桥长(m)	孔跨布置(m)	跨越障碍物			梁式桥-预应力混凝土梁桥-简支梁桥	梁式桥-预应力混凝土梁桥-先简支后连续梁桥
				河流	沟谷	道路		
大桥	二跟岩大桥	133.04	3×30 预应力混凝土T梁		√			√
	大河咀大桥	225.4	7×30 预应力混凝土T梁	√				√
	金银沟大桥	203.91	6×30+13	√				√
	团房大桥	110.58	左幅5×20，右幅3×20		√			√
	双鱼塘大桥	181.02	左幅6×30，右幅3×30		√			√
	九龙沟大桥	170	5×30 预应力混凝土T梁	√				√
	永城槽大桥	136	4×30 预应力混凝土T梁		√			√
	温泉大桥（麻坝河）	518.41	13×30 预应力混凝土T梁	√				√

（表中其他列：梁式桥-预应力混凝土梁桥-悬臂梁桥、连续梁桥；钢梁桥-简支钢梁、连续钢梁；组合梁桥-预弯组合梁、钢管混凝土桁架梁；拱式桥-圬工拱桥-现浇混凝土拱、预制混凝土拱；钢筋混凝土拱桥-双曲拱、箱形拱、桁架拱、刚架拱、系杆拱；钢拱桥-箱形拱、桁架拱、哑铃型、桁架型、提篮型；斜拉桥-钢筋混凝土梁、普通钢筋混凝土梁、预应力混凝土梁、结合梁（工字钢梁混凝土板、钢箱梁混凝土板、钢管桁架梁混凝土板、钢箱桁架梁混凝土板）、混合梁、钢梁；悬索桥-悬索式、悬带式；刚构桥-T形刚构、连续刚构、门式刚构、斜腿刚构——均为空白。）

续上表

重庆三环高速公路桥汇总表

规模	名称	桥长(m)	孔跨布置(m)	桥底净高(m)	跨越障碍物			梁式桥				拱式桥				斜拉桥			悬索桥		刚构桥			
					河流沟谷	道路铁路		预应力混凝土梁桥			钢梁桥	组合梁桥	圬工拱桥	钢筋混凝土拱桥	钢拱桥	钢管混凝土拱桥	钢筋混凝土梁	结合梁	混合梁	悬带式	钢索式	T形刚构	连续刚构	门式刚构	斜腿刚构
						道路	铁路	简支梁桥	连续悬臂梁桥	先简支后连续梁		预弯混凝土组合梁	钢管混凝土桁架梁	现浇混凝土拱	预制混凝土拱	双曲拱	箱形拱	肋拱	桁架拱	刚架拱	系杆拱	箱形拱	桁架拱	哑铃型	提篮型	普通钢筋混凝土梁	预应力混凝土梁	工字钢梁混凝土板	钢箱梁混凝土板	钢桁架梁混凝土板	钢管梁混凝土板						
中桥	堰塘河大桥	81	3×16+1×20		√																																
	黄家林大桥	73.7	2×30		√																																
	草房湾大桥	86.71	4×20		√																																
	学堂湾大桥	111.71	3×30		√																																
	堰沟大桥	44	1×20		√																																
	下石坝大桥	45.1	2×20		√																																
	桐堂跨线桥	48.2	1×30	5		√																															
	平山立交Ⅰ号桥	50	1×20	5		√																															

附表2-15d2

项目名称：綦江至万盛段

规模	名称	隧道全长(m)	隧道净宽(m)	隧道分类				
				按地质条件划分		按所在区域划分		
				土质隧道	石质隧道	山岭隧道	水底隧道	城市隧道
中隧道	永城隧道	837	10.5		√	√		
	万盛隧道	600	10.5		√	√		
短隧道	通惠隧道	428	10.5		√	√		

附 录

重庆三环高速公路建设从业单位信息采集表

附表 2-15d3
填报省份：重庆市

项目名称：綦江至万盛段
通车里程桩号：

序号	参建单位	单位名称	合同段编号及起止桩号	主要负责人	备注
1	项目管理单位	重庆綦万高速公路有限公司		谢世平	
2	勘察设计单位	重庆市交通规划勘察设计院			
		重庆交通科研设计院			
		中国水利水电第七工程局			
		中铁五局集团第四有限责任公司	B		
		中国建筑第八工程局	C		
		重庆市涪陵路桥工程有限公司	D		
		中国水利水电第五工程局	E		
		重庆市公路工程公司	F		
		四川武通路桥工程公司	G1		
3	施工单位	成都路桥工程公司	G2		
		中港第二航务工程局二公司	H		
		海南安华工程有限公司	I1		
		重庆煤炭第二建筑安装公司	I2		
		重庆渝达公路桥梁工程公司	K		
		四川京川公司、重庆金路公司等单位	交通安全设施工程：钢护栏、隔离栅、标志、标线		
		重庆巴南、涪陵江州建司等单位	收费站房工程		
		四川铁科建设监理司等单位	路基、路面底基层、桥梁、隧道、互通立交工程		
4	监理单位	重庆中宇监理公司	沥青路面、交通安全设施、收费站房及机电、监控、收费三大系统工程		

附表 2-15e1

重庆三环高速公路桥梁汇总表

项目名称：江津至綦江段

规模	名称	桥长(m)	孔跨布置(m)	桥底净高(m)	跨越障碍物-河流	跨越障碍物-沟谷	跨越障碍物-道路、铁路	梁式桥-预应力混凝土梁桥-简支梁桥	梁式桥-预应力混凝土梁桥-悬臂梁桥	梁式桥-预应力混凝土梁桥-连续梁桥	梁式桥-预应力混凝土梁桥-先简支后连续梁桥	梁式桥-钢梁桥	梁式桥-组合梁桥-预弯混凝土组合梁桥	梁式桥-组合梁桥-钢管混凝土桁架梁桥	拱式桥-圬工拱桥-预制混凝土拱桥	拱式桥-圬工拱桥-现浇混凝土拱桥	拱式桥-钢筋混凝土拱桥-双曲拱桥	拱式桥-钢筋混凝土拱桥-肋骨拱桥	拱式桥-钢筋混凝土拱桥-箱形拱桥	拱式桥-钢筋混凝土拱桥-系杆拱桥	拱式桥-钢拱桥	拱式桥-钢管混凝土拱桥-桁架型	拱式桥-钢管混凝土拱桥-哑铃型	拱式桥-钢管混凝土拱桥-提篮型	斜拉桥-钢筋混凝土梁	斜拉桥-预应力混凝土梁	斜拉桥-结合梁-工字钢梁混凝土板	斜拉桥-结合梁-钢箱梁混凝土板	斜拉桥-结合梁-钢管桁架梁混凝土板	斜拉桥-混合梁-钢梁	悬索桥-悬带式	刚构桥-T形钢构	刚构桥-桁架刚构	刚构桥-连续刚构	刚构桥-门式刚构	刚构桥-斜腿刚构
特大桥	观音店綦江河大桥	558.7	(95+176+95)+6×30	42	√																													√		
大桥	尹家沟大桥	353	8×20+6×30	41		√		√																													
	大土湾左幅大桥	286	5×30+6×20	31		√		√																													
	大土湾右幅大桥	346	3×20+5×30+6×20	31		√		√																													
	笋溪河大桥	334	8×20+4×40	36	√			√																													
	凉水井大桥	164	5×30	26.5		√		√																													
	王家堡左线大桥	234	5×20+6×20	24		√		√																													
	王家堡右线大桥	292	7×20+7×20	24		√		√																													
	青龙岗左幅大桥	342	3×30+4×30+4×30	34		√		√																													
	青龙岗右幅大桥	253	4×30+4×30	34		√		√																													

续上表

名称	桥长(m)	孔跨布置(m)	桥底净高(m)	跨越障碍物-河流	跨越障碍物-沟谷	跨越障碍物-道路、铁路	梁式桥-预应力混凝土梁桥-简支梁桥	梁式桥-预应力混凝土梁桥-简支连续梁桥	梁式桥-预应力混凝土梁桥-悬臂梁桥	梁式桥-预应力混凝土梁桥-连续梁桥	梁式桥-预应力混凝土梁桥-先简支后连续梁	梁式桥-钢梁桥-连续钢梁桥	梁式桥-组合梁桥-预弯混凝土梁	梁式桥-组合梁桥-钢管混凝土组合梁	拱式桥-圬工拱桥-现浇混凝土拱	拱式桥-圬工拱桥-预制混凝土拱	拱式桥-钢筋混凝土拱桥-双曲拱	拱式桥-钢筋混凝土拱桥-肋拱	拱式桥-钢筋混凝土拱桥-箱形拱桥	拱式桥-钢筋混凝土拱桥-刚架拱桥	拱式桥-钢筋混凝土拱桥-桁架拱桥	拱式桥-钢筋混凝土拱桥-系杆拱桥	拱式桥-钢拱桥-箱形拱桥	拱式桥-钢拱桥-桁架拱桥	拱式桥-钢管混凝土拱桥-哑铃型	拱式桥-钢管混凝土拱桥-桁架型	拱式桥-钢管混凝土拱桥-提篮型	斜拉桥-钢筋混凝土梁-普通钢筋混凝土梁	斜拉桥-钢筋混凝土梁-预应力混凝土梁	斜拉桥-结合梁-工字钢梁混凝土板	斜拉桥-结合梁-钢箱梁混凝土板	斜拉桥-结合梁-钢管桁架梁混凝土板	斜拉桥-钢梁	斜拉桥-混合梁	悬索桥-悬带式	悬索桥-钢索式	刚构桥-T形桁架刚构	刚构桥-连续刚构	刚构桥-门式刚构	刚构桥-斜腿刚构
林角塘左线大桥	409	3×40+4×40+3×40	66		√						√																													
林角塘右线大桥	409	3×40+4×40+3×40	66		√						√																													
金银峡左线綦江大桥	440	3×30+(72+130+72)+2×30	60	√							√																											√		
金银峡右线綦江大桥	442	3×30+72+130+72+2×30	60	√							√																											√		
皮罗普左线大桥	255	6×20+6×20	7		√						√																														
上河坝大桥	164	5×30	29.2		√						√																														
石家沟大桥	189.5	5×20+4×20	23.6		√						√																														
大湾左幅大桥	221	4×30+3×30	34.4		√						√																														
大湾右幅大桥	158	5×30	34.4		√						√																														

规模:大桥

续上表

规模	名称	桥长(m)	孔跨布置(m)	桥底净高(m)	跨越障碍物 道路、铁路	跨越障碍物 河流沟谷	预应力混凝土梁桥 简支梁桥	预应力混凝土梁桥 悬臂梁桥	预应力混凝土梁桥 连续梁桥	预应力混凝土梁桥 先简支后连续梁
大桥	桂花树大桥	414	3×40+4×40+3×40	37.8		√				√
	土地垭左幅大桥	296	3×40+4×40	44.5		√				√
	土地垭右幅大桥	336	4×40+4×40	44.5		√				√
	清溪河大桥	424	4×40+4×40+3×30	45		√				√√
	鱼迂上大桥	158	5×30	15		√				√
	小溪河大桥	452	3×40+4×40+4×40	45		√				√
	黄泥堡左幅大桥	311	5×30+5×30	30		√				√
	黄泥堡右幅大桥	286	4×30+5×30	30		√				√
	五里坡左幅大桥	244	5×30+4×20	30.9		√				√
	五里坡右幅大桥	133	4×30	30.9		√				√
	梁子岗左线大桥	330	4×40+4×40	53		√				√
	梁子岗右线大桥	332	4×40+4×40	53		√				√

续上表

规模	名称	桥长(m)	孔跨布置(m)	桥底净高(m)	跨越障碍物			梁式桥							拱式桥						斜拉桥				悬索桥		刚构桥			
					河流	道路	铁路	预应力混凝土梁桥			钢梁桥	组合梁桥		圬工拱桥	钢筋混凝土拱桥			钢拱桥			钢管混凝土拱桥		钢筋混凝土梁	结合梁			钢梁	混合梁	悬索桥	悬带式	桁架刚构桥	T形刚构桥	连续刚构桥	门式刚构桥	斜腿刚构
								简支梁桥	悬臂梁桥	先简支后连续梁桥	简支连续钢梁桥	预弯混凝土组合梁	钢管混凝土桁架梁	现浇预制混凝土拱	双曲拱	肋拱	箱形拱	桁架拱	刚架拱	系杆拱	哑铃型	提篮型	普通钢筋混凝土梁 预应力混凝土梁	工字钢梁混凝土板	钢箱梁混凝土板	钢管桁架梁混凝土板									
大桥	土槽湾綦江大桥左幅	322	82+150+82	55	√																													√	
	土槽湾綦江大桥右幅	328	88+150+82	55	√																												√	
中桥	大路湾左幅大桥	76	3×20	6.3		√				√																									
	回龙湾大桥	43	1×30	6		√	√																												
	高房子左线大桥	76	2×30	9.8		√				√																									
	高房子右线大桥	76	2×30	8.5		√				√																									

重庆三环高速公路隧道汇总表

附表 2-15e2

项目名称：江津至綦江段

隧道	名称	隧道全长(m)	隧道净宽(m)	隧道分类				
				按地质条件划分		按所在区域划分		
				土质隧道	石质隧道	山岭隧道	水底隧道	城市隧道
特长隧道	金泉隧道	左洞:3142 右洞:3100	10.25		√			
	贾嗣隧道	左洞:1119 右洞:1116	10.25		√	√		
长隧道	南山1号隧道	左洞:2522 右洞:2498	10.25		√	√		
	南山2号隧道	左洞:2656 右洞:2637	10.25		√	√		

▶ 846

附　录

江綦高速公路复杂技术工程信息采集表　　　附表 2-15e3i)

项目名称:重庆三环高速公路江津至綦江段　　　施工单位:中国葛洲坝集团第五工程有限公司

复杂技术工程名称	观音店綦江特大桥	长度(m)	558.7

观音店綦江特大桥是三环高速公路上的控制性工程之一,位于江津境内,起于西湖镇西泉村3社,止于西湖镇青泊村2社。横跨省道 S106 和綦江河,跨径组成为 95m + 176m + 95m 预应力混凝土连续箱梁 + 6×30m 先简支后结构连续预应力混凝土 T 梁,桥梁全长 558.7m。主桥上部采用三向预应力混凝土连续箱梁,主墩采用空心薄壁矩形墩,交界墩采用双柱式实心墩,主墩基础采用钻孔灌注桩承台基础。引桥上部采用先简支后结构连续预应力混凝土 T 梁,下部采用双柱式桥墩桩基础。江津岸桥台采用重力式桥台,扩大基础;綦江岸桥台采用桩柱式桥台,人工挖孔灌注桩基础。

大桥每个主墩承台混凝土方量为 819m^3,属于大体积混凝土浇筑,为降低混凝土水化热,防止混凝土开裂,采用水泥用量较少的大体积混凝土配合比进行混凝土拌制。按照施工进度计划安排,承台施工处在温度较高的月份,为保证浇筑质量,将开仓时间选在一天中气温较低的时段,尽量选择晚上开仓。对水、砂石料进行表面喷水降温处理,在温度特别高时,在拌制混凝土时加入适量的冰块,以降低混凝土的入仓温度。承台一次性浇筑完成,在浇筑过程中,利用冷却水管加入循环水进行混凝土内部降温。浇筑完成后,对混凝土外表进行洒水养护,及时覆盖保温层,控制混凝土内外温差。

主桥上部结构采用挂篮悬臂浇筑,当主桥墩完成后,安装桥墩上的主桥支座及墩梁临时固结,在主墩上用万能杆件组拼托架浇筑 0 号块,0 号块浇筑完成后,悬臂段箱梁采用挂篮进行施工。悬臂浇筑箱梁在高程、线形以及预应力等方面需重点控制,为保证整个结构在施工过程中的安全并最终达到设计成桥状态,聘请监控单位通过现场监测和监控计算等手段,对主梁施工过程中的结构内力和位移状态进行了有效的监测、分析、计算和预测,为主梁的施工提供可靠的控制信息

江綦高速公路复杂技术工程信息采集表　　　附表 2-15e3ii)

项目名称:重庆三环高速公路江津至綦江段　　　施工单位:中国葛洲坝集团第五工程有限公司

复杂技术工程名称	金泉隧道	长度(m)	3142

金泉隧道是三环高速公路上的控制性工程之一。隧道进口位于江津先锋镇金泉村 1 社,出口位于江津西湖镇西泉村 3 社。进口处有一深切沟谷,附近均无公路到达,交通极为不便;出口距离机耕道约 600m,但该机耕道受綦江河限制与对岸中断。左洞长 3142m,洞门形式为 1:1 削竹式洞门,最大埋深 211m;右洞长 3100m,洞门形式为 1:1 削竹式洞门,最大埋深 214m。隧道围岩为 Ⅳ、Ⅴ 级围岩。

隧道采用双向掘进施工。施工中结合地下水的情况,设置集水井,并配备足够的抽水机械设备排除积水。为确保施工安全,遵循"短进尺、弱爆破、强支护、勤量测、早封闭"的原则,破碎带和软弱围岩地段按照"先支护、后开挖、短进尺、弱爆破、快封闭、勤量测"的原则进行组织施工。

洞门、明洞段采用明挖法。暗挖段按新奥法原理组织施工,施工方法根据工程地质和水文地质条件,开挖断面大小、衬砌类型、埋深、隧道长度、工期要求及环境制约等因素综合研究确定:Ⅴ 围岩浅埋段以及洞身段上方有房屋或水塘等情况时,采用 CD 法开挖;较差 Ⅴ 级围岩采用环形开挖预留核心土法开挖;Ⅴ 级围岩及洞口 Ⅳ 级浅埋段采用台阶法开挖,当上台阶掌子面稳定性差时可采用预留核心土法环形开挖;普通 Ⅳ 级围岩采用一般台阶法开挖。隧道开挖采用光面爆破,控制超挖和减小对围岩的扰动。隧道开挖以机械挖土为主、人工修挖为辅,硬岩时采取弱爆破法。

施工中把超前地质预报纳入施工工序,建立以地质工作为先导、量测为依据的信息化施工管理体系。根据预报结果采取相应的处理措施,制订可靠的处理方案和技术措施,发现围岩级别与地下水状态与设计不符时,及时提出设计变更,确保施工安全和不留隐患。

施工时选用以多功能作业台架、装载机、衬砌模板台车、重载运输等为主要特征的大型机械配套设备,组成钻爆、装运、超前支护、喷锚支护、衬砌等机械化作业线的有机配合,严格机械设备管、用、养、修制度,科学管理,达到快速施工的目的

重庆三环高速公路建设从业单位信息采集表

附表 2-15e4

项目名称:重庆三环高速公路江津至綦江段
通车里程桩号及起止桩号:K0+000～K48+400
填报省份:重庆市

序号	参建单位	单位名称	合同段编号及起止桩号	主要负责人	备注
1	项目管理单位	重庆江綦高速公路有限公司	K0+000～K48+400	敬世红,向天斌	
2	勘察设计单位	四川省交通运输厅公路规划勘察设计研究院	JQSJ:K0+000～K48+400	李玉峰	
3	监理单位	深圳高速工程顾问有限公司	JQJL:K0+000～K48+400	曹峰	
4			JQZB:K0+000～K48+400	田明昱,赵华	
5			JQ01:K0+000～K7+475	汪少雄,王宏	
6			JQ02:K10+635～K19+766	骆大新,黄剑	
7			JQ03:K20+885～K35+757	易先长,刘彬	
8	施工单位	中国葛洲坝集团第五工程有限公司	JQ3A:K7+475～K10+635, K19+766～K20+885,K40+923,K46+559	尹足,唐国良	
9			JQ06:K35+757～K40+923 K46+559～K48+400	严泽洪,王学明	
10			LM01:K0+000～K24+664	李明福,周书洪	
11			LM02:K24+664～K48+400	沈裕进,杨俊	
12			FJ01:K2+700,K12+200,17+400	邹远,姚宾	
13			FJ02:23+800,27+800,36+400	吴志东,王帮钦	
14			FJ03:,YK7+480,YK10+640,K20+905, K40+913,YK43+881,YK46+566,48+350	赵春云,杨军权	
15	施工单位	中国葛洲坝集团第五工程有限公司	LH01:K0+000～K19+766(包括先锋互通、先锋服务区、青泊互通、贾嗣互通)	陈建勇,邵巧玲	
16			LH03:K20+885～K32+029 (包括广兴互通、广兴服务区)	司明建,李义刚	
17			LH04:K32+029～K48+400 (包括北渡互通、綦江互通、母家湾互通)	赵斌,朱雄华	
18		重庆渝信路桥发展有限公司	JQJD1:K0+000～K48+400	唐昕,滕旭	
19		北京瑞华赢科技发展有限公司	JQJD2:K7+475～K10+635,K19+766～K20+885,K40+923,K46+559	顾剑平,于洲	
20		南京金长江交通设施有限公司	JQJA:K0+000～K48+400	卢建忠,许有强	

重庆三环高速公路桥梁汇总表

附表 2-15fl

项目名称：永川至江津段

规模	名称	桥长(m)	孔跨布置(m)	桥底净高(m)	跨越障碍物-河流	跨越障碍物-沟谷	跨越障碍物-道路	跨越障碍物-铁路	梁式桥-预应力混凝土梁桥-简支梁桥	梁式桥-预应力混凝土梁桥-悬臂梁桥	梁式桥-预应力混凝土梁桥-连续梁桥	梁式桥-预应力混凝土梁桥-先简支后连续梁	梁式桥-钢梁桥-简支钢梁桥	梁式桥-钢梁桥-连续钢梁桥	梁式桥-组合梁桥-预弯混凝土组合梁	梁式桥-组合梁桥-钢管混凝土桁架梁	拱式桥-圬工拱桥-预制混凝土拱	拱式桥-圬工拱桥-现浇混凝土拱	拱式桥-圬工拱桥-双曲拱	拱式桥-钢筋混凝土拱桥-箱形拱	拱式桥-钢筋混凝土拱桥-桁架拱	拱式桥-钢筋混凝土拱桥-刚架拱	拱式桥-钢筋混凝土拱桥-系杆拱	拱式桥-钢拱桥-箱形拱	拱式桥-钢拱桥-桁架拱	拱式桥-钢管混凝土拱桥-哑铃型	拱式桥-钢管混凝土拱桥-桁架型	拱式桥-钢管混凝土拱桥-提篮型	斜拉桥-钢筋混凝土梁-普通钢筋混凝土梁	斜拉桥-钢筋混凝土梁-预应力混凝土梁	斜拉桥-结合梁-工字钢梁混凝土板	斜拉桥-结合梁-钢箱梁混凝土板	斜拉桥-结合梁-钢管桁架梁混凝土板	斜拉桥-混合梁	悬索桥-悬索式	悬索桥-钢带式	刚构桥-T形刚构	刚构桥-连续刚构	刚构桥-门式刚构	刚构桥-斜腿刚构
特大桥	永川长江大桥	1895.8	29×30+200+608+200	43	√																										√					√				
	成渝铁路跨线桥	250	8×30	21				√	√																															
	夏大槽房大桥(上行)	347	8×30+30+40+30	11			√					√																													
	夏大槽房大桥(下行)	347	8×30+30+40+30	11			√					√																													
大桥	永川南互通2号桥	46	1×40	10			√					√																													
	K15+615跨线桥	60	1×40	14		√	√					√																													
	晏家坝大桥(上行)	487	16×30	40		√			√																																
	晏家坝大桥(下行)	457	15×30	40		√			√																																
	天堂沟大桥	136	6×20	37		√			√																																
	踏水河大桥	166	8×20	8	√				√																																

续上表

规模	名称	桥长(m)	孔跨布置(m)	桥底净高(m)	跨越障碍物 河流	跨越障碍物 沟谷	跨越障碍物 道路铁路	梁式桥 预应力混凝土梁桥 简支梁桥	梁式桥 预应力混凝土梁桥 悬臂梁桥	梁式桥 预应力混凝土梁桥 连续梁桥	梁式桥 预应力混凝土梁桥 先简支后连续梁桥	梁式桥 钢梁桥 简支钢梁	梁式桥 钢梁桥 连续钢梁	梁式桥 组合梁桥 预弯混凝土组合梁	梁式桥 组合梁桥 钢管混凝土桁架梁	拱式桥 圬工拱桥 现浇混凝土拱	拱式桥 圬工拱桥 预制混凝土拱	拱式桥 钢筋混凝土拱桥 双曲拱	拱式桥 钢筋混凝土拱桥 肋拱	拱式桥 钢筋混凝土拱桥 箱形拱	拱式桥 钢筋混凝土拱桥 刚架拱	拱式桥 钢筋混凝土拱桥 桁架系杆拱	拱式桥 钢拱桥 箱形拱	拱式桥 钢管混凝土拱桥 哑铃型	拱式桥 钢管混凝土拱桥 桁架提篮型	斜拉桥 钢筋混凝土梁 普通钢筋混凝土梁	斜拉桥 钢筋混凝土梁 预应力混凝土梁	斜拉桥 结合梁 工字钢梁混凝土板	斜拉桥 结合梁 钢管桁架梁混凝土板	斜拉桥 结合梁 钢箱桁架梁混凝土板	斜拉桥 钢梁 混合梁	悬索桥 悬带式	悬索桥 钢索式	刚构桥 T形桁架刚构桥	刚构桥 连续刚构桥	刚构桥 门式刚构桥	刚构桥 斜腿刚构桥
	K38+483主线桥	42	1×30	7			√																												
	烂泥沟大桥	260	12×20	27		√		√																											
	大面坡大桥(上行)	613.5	20×30	42		√		√																											
	大面坡大桥(下行)	613.5	20×30	42		√		√																											
	大同水库大桥	344.5	11×30	18	√			√																										
大桥	芦家湾大桥	277	9×30	29		√		√																											
	马道子大桥	226	11×20	18	√			√																										
	三岔沟大桥	103	5×20	7		√		√																										
	六贡坝大桥	397	13×30	15		√		√																										
	班竹林互通跨燃气管道一号大桥	155.08	7×20	10			√	√																										
	班竹林互通跨燃气管道二号大桥	138.08	6×20	10			√	√																										

附　录

续上表

规模	名称	桥长(m)	孔跨布置(m)	桥底净高(m)	跨越障碍物 河流沟谷	跨越障碍物 道路铁路	梁式桥 预应力混凝土梁桥 简支梁桥	梁式桥 预应力混凝土梁桥 悬臂梁桥	梁式桥 预应力混凝土梁桥 连续梁桥	梁式桥 预应力混凝土梁桥 先简支后连续梁	梁式桥 钢梁桥 连续钢梁	梁式桥 组合梁桥 预弯混凝土组合梁	梁式桥 组合梁桥 钢管混凝土桁架梁	拱式桥 圬工拱桥 现浇混凝土拱桥	拱式桥 圬工拱桥 预制混凝土拱桥	拱式桥 钢筋混凝土拱桥 双曲拱	拱式桥 钢筋混凝土拱桥 肋拱	拱式桥 钢筋混凝土拱桥 箱形拱	拱式桥 钢筋混凝土拱桥 桁架刚构拱	拱式桥 钢拱桥 系杆拱桥	拱式桥 钢拱桥 哑铃型	拱式桥 钢管混凝土拱桥 桁架型	拱式桥 钢管混凝土拱桥 提篮型	斜拉桥 钢筋混凝土梁 普通钢筋混凝土梁	斜拉桥 钢筋混凝土梁 预应力混凝土梁	斜拉桥 结合梁 工字钢梁混凝土板	斜拉桥 结合梁 钢箱梁混凝土板	斜拉桥 结合梁 钢管桁架梁混凝土板	斜拉桥 混合梁 钢梁混合梁	悬索桥 悬索式	悬索桥 钢索带式	刚构桥 T形刚构	刚构桥 连续刚构	刚构桥 门式刚构	刚构桥 斜腿刚构
中桥	K3+331.17跨线桥	40	1×20	7		√																												
中桥	蒋家院子大桥	53	3×16	10	√																													
中桥	永川河大桥(上行)	97	3×30	17	√					√																								
中桥	永川河大桥(下行)	97	3×30	17	√					√																								
中桥	永川南互通1号桥	70	2×25	8		√				√																								
中桥	K15+856.1跨线桥	21	1×16	7		√																												
中桥	大河坝大桥	69	4×16	14	√																													
中桥	鱼龙水库大桥	69	4×16	15	√																													
中桥	梁房头大桥	66	3×20	17		√																												
中桥	黄泥卤大桥	69.04	4×16	8	√																													
中桥	K47+640跨线桥	38	1×16	10		√																												

重庆三环高速公路隧道汇总表

项目名称：永川至江津段

附表 2-152

规模	名称	隧道全长（m）	隧道净宽（m）	隧道分类			
				按地质条件划分		按所在区域划分	
				土质隧道	石质隧道	山岭隧道	水底隧道	城市隧道
特长隧道	黄瓜山隧道（上行）	3145	10.25		√	√		
	黄瓜山隧道（下行）	3163	10.25		√	√		

附 录

重庆三环高速公路复杂技术工程信息采集表

附表 2-15f3i)

项目名称:永江高速公路　　　　施工单位:中交第一公路局厦门工程有限公司

复杂技术工程名称	永川长江大桥	长度(m)	1895.8

永川长江大桥是三环高速公路永川至江津段的重要节点工程,位于永川双石至江津塘河段 K39+783~K41+678.8 处,全长 1895.8m。大桥处于松溉镇上游约 2km 的大陆溪,北岸行政区属永川区松溉镇;南岸属于江津区石蟆镇团山堡,主墩位于柱头坝,距离航道管理站约 800m。主桥为桥跨布置(64+68×2+608+68×2+64)m 的七跨连续半飘浮体系双塔混合梁斜拉桥。

桥梁关键工程主要有:

(1) 主塔施工。由于主塔位于长江浅滩上,汛期会被长期淹没,导致主塔施工受影响,所以主塔施工须赶在汛期前完成前 3 节索塔。

(2) 边跨箱梁施工。箱梁支架高度大、支架基础复杂,安全风险较大,边跨箱梁截面宽度大对混凝土浇筑要求较高。

(3) 主跨钢箱梁吊装。由于单节梁体较重,为保证运输船吃水深度,要求务必在江水汛期完成钢箱梁吊装。

(4) 钢混结合段钢箱梁上岸。由于梁体吨位较大,上岸技术难度较大。

(5) 钢混结合段混凝土浇筑,由于涉及空间狭窄,无法采用常规施工,为保证混凝土达到密实要求,采用自密实混凝土。

(6) 项目在施工实践中不断努力创新,大量使用各种新工艺、新材料、新技术、新设备。在保证施工质量的同时,提升施工效率,创造了更大的施工效益

重庆三环高速公路复杂技术工程信息采集表

附表 2-15f3ii)

项目名称:永江高速公路　　　　施工单位:重庆永江高速公路责任有限公司

复杂技术工程名称	黄瓜山隧道	长度(m)	3163

黄瓜山隧道是永江高速公路重要的控制性工程,为分离式隧道,两洞净距 25m,左线全长 3145m(K9+596~K12+741),右线全长 3163m(K9+605.31~K12+768.31)。黄瓜山隧道穿越煤层,根据初设图纸设计,瓦斯含量小,属低瓦斯隧道。

1) 软弱破碎围岩(含断层破碎带)地段施工方法

(1) 采用地质素描、TSP203、超前钻孔探测、地质雷达、红外探水等超前地质预测预报手段,了解工作面前方地质、地下水情况,对富水地层采用注浆堵水,并结合超前钻孔限量排水,防止地下水造成塌方,确保施工安全。

(2) 采用控制爆破技术进行开挖,短进尺、弱爆破进行开挖,特别松散的围岩采用局部松动爆破或利用挖掘机、风镐等进行开挖。开挖方法采用小断面开挖,即双侧壁导坑法、中隔壁法(CD 法) 和中隔壁交叉法(CRD 法) ,掘进循环进尺控制在 0.5~1.0m 之间。

(3) 采用超前小导管、管棚、钢架、锚网喷等多种支护手段,构成强支护体系;并根据拱顶下沉、净空位移和钢架内力等监控量测结果评价支护的可靠性和围岩的稳定状态,及时调整支护参数。

(4) 开挖后随即浇筑仰拱,形成封闭结构;复合式衬砌根据监控量测结果确定施作时间。

2) 隧道瓦斯、有害气体地段施工方法

隧道左线有 59m、131m 的穿煤段落,右线有 63m、118m 穿煤段落。根据设计单位提供的地质钻探资料,均为低瓦斯含量段落。因此低瓦斯段的施工成为制约隧道施工安全的主要因素之一。按照现行的公路隧道施工技术规范的要求,瓦斯隧道施工应参照《煤矿安全规程》执行。但是,矿井施工使用长达几十年的防爆型机电设备均较固定。公路隧道施工工期较短,通风空间大且顺直,所以在没有发现超过 0.5% 瓦斯含量和通过瓦斯段以后,没有完全采取煤矿那种安全保护模式。

采用以上措施,确保了隧道按照进度完成施工

重庆三环高速公路复杂技术工程信息采集表

附表 2-15f3iii)

项目名称:永江高速公路		施工单位:重庆永江高速公路责任有限公司	
复杂技术工程名称	打鼓山高边坡	长度(m)	235

  打鼓山高边坡防护工程位于三环高速公路 K45+005~K45+240 段,全长 235m。表层覆盖主要是残坡积层粉质黏土,紫红色~暗红色,呈可塑状,切面稍有光泽,无摇震反应,干强度积韧性中等,含有 5%~10% 的砂,中间是侏罗系中统沙溪庙组砂质泥岩,灰色粉砂质结构,薄~中厚层状构造,主要由黏土矿物组成,含砂质、钙质,质较软,风干开裂,抗风化能力弱。设计为四级边坡,10m 一级,平台宽 2m,设计坡比下面两级为 1∶1,上面两级为 1∶1.25。

  该段路基边坡石方开挖采取自上而下的开挖方式,同时做好边坡开口线上下一定范围内的锁口和锚固工作。对于需要支护的边坡,采用边开挖边支护的方法,永久支护中的系统锚杆和喷混凝土与开挖工作面的高差不大于一个梯段高度,永久支护中的预应力锚索与开挖工作面的高差不大于两个梯段高度。根据岩石特性、现场实际情况及工期要求,地质松散的强风化地段采用人工配合小型挖机刷坡,在岩石较硬的部位采用光面爆破技术施工。土质单边坡深挖路堑采用多层横向全宽挖掘法开挖,土质双边坡深挖路堑采用分层纵挖法和通道纵挖法,单边坡石质深挖路堑采用浅孔梯段控制爆破法开挖,双边坡石质深挖路堑采用纵向挖掘法施工,分层、分段采用深孔或浅孔控制爆破,经此施工方法实施后,各项技术指标均达到设计要求

附录

附表 2-154）

重庆三环高速公路建设从业单位信息采集表

填报省份：重庆市

项目名称：永川至江津段　　通车里程桩号：K0+400~K29+339.932

序号	参建单位	单位名称	合同段编号及起止桩号	主要负责人	备注
1	项目管理单位	中交一公局重庆永江高速公路投资建设有限公司	K0+000~K58+116.9	王秋胜	
2	勘察设计单位	中交第一公路勘察设计研究院有限公司	K39+461.7~K41+145.5	赵刚	
3		中交公路规划设计院有限公司	K0+000~K39+461.7	刘波	
4		中交一公局公路勘察设计院有限公司	K41+145.5~K58+116.9	逄锦程	
5	施工单位	中交一公局路桥华祥国际工程有限公司	一分部 K0+000~K24+500（土建）	罗长青	
6		中交一公局第六工程有限公司	二分部 K24+513~K39+783（土建） K0+000.00~K39+461.7（路面）	张国强	
7		中交一公局厦门工程有限公司	三分部 K39+461.7~K41+145.5（土建）	张利	
8		中交一公局第四工程有限公司	四分部 K41+145.5~K57+622.0（土建,路面）	徐创才	
9		中交一公局北京建筑分公司	全线各收费站点,服务区,停车区,管理中心	杨永洪	
10		中交隧道工程局有限公司	K0+000~K58+116.9（机电）	杨旭	
11		中交一公局交通工程有限公司	K0+000~K58+116.9（交安）	张占彪	
12	监理单位	合诚工程咨询股份有限公司	K0+000~K39+461.7（土建,房建,交安）	石红利	
13		中铁二院（成都）咨询监理有限责任公司	K39+461.7~K58+116.9（土建,房建,交安）	崔宗	
14		重庆市交通工程监理咨询有限责任公司	机电	吕冲	
15	咨询单位	北京华通公路桥梁监理咨询有限公司	K0+000~K58+116.9	于浩	

2-16 长寿湖旅游专用高速公路相关附表

长寿湖旅游专用高速公路建设项目信息采集表

附表 2-16a）

序号	项目名称	规模（km）				建设性质（新、改扩建）	设计速度（km/h）	永久占地（亩）	投资情况（亿元）			资金来源	建设时间（开工~通车）	备注
		合计	八车道及以上	六车道	四车道				估算	概算	决算			
1	长寿湖旅游专用高速公路	9.16			9.16	新建	80	840	4.78	4.76	6.2	自有资金加银行贷款	2009.1.6~2010.5.1	

长寿湖旅游专用高速公路隧道汇总表

附表 2-16b)

规模	名称	桥长 (m)	孔跨布置 (m)	桥底净高 (m)	跨越障碍物 河流	跨越障碍物 沟谷	跨越障碍物 道路	跨越障碍物 铁路	梁式桥 预应力混凝土梁桥 简支梁桥	梁式桥 预应力混凝土梁桥 连续梁桥	梁式桥 预应力混凝土梁桥 悬臂梁桥	梁式桥 预应力混凝土梁桥 先简支后连续梁	梁式桥 钢梁桥	梁式桥 钢梁桥 连续钢梁桥	梁式桥 组合梁桥 预弯组合混凝土梁	梁式桥 组合梁桥 钢管混凝土桁架组合梁	拱式桥 圬工拱桥 现浇混凝土拱	拱式桥 圬工拱桥 预制混凝土拱	拱式桥 钢筋混凝土拱桥 双曲拱	拱式桥 钢筋混凝土拱桥 肋拱	拱式桥 钢筋混凝土拱桥 箱形拱	拱式桥 钢筋混凝土拱桥 桁架拱	拱式桥 钢筋混凝土拱桥 刚架拱	拱式桥 钢筋混凝土拱桥 系杆拱	拱式桥 钢拱桥 箱形拱	拱式桥 钢拱桥 桁架拱	拱式桥 钢管混凝土拱桥 哑铃型	拱式桥 钢管混凝土拱桥 桁架型	拱式桥 钢管混凝土拱桥 提篮型	斜拉桥 钢筋混凝土梁 普通钢筋混凝土梁	斜拉桥 钢筋混凝土梁 预应力混凝土梁	斜拉桥 结合梁 工字钢梁混凝土板	斜拉桥 结合梁 钢箱梁混凝土板	斜拉桥 结合梁 钢管桁架梁混凝土板	斜拉桥 钢梁 钢箱梁	斜拉桥 混合梁	悬索桥 悬带式	悬索桥 钢索式	刚构桥 T形刚构桥	刚构桥 连续刚构桥	刚构桥 门式刚构	刚构桥 斜腿刚构
大桥	江龙湾大桥	160	7×20	7.5~21	√																																				
大桥	凤凰湾大桥	120	5×20	11.5~15.6	√							√																													
大桥	王家湾大桥	108.04(左)/128.04(右)	128.04	2~15	√							√																													
大桥	互通立交面道桥	70	2×25	6.6			√			√																																
中桥	人行天桥	74.34	19+30+19	5~6			√			√																																
中桥	圆弧拱人行天桥	48	1×37	5.1			√																	√																			
中桥	人行天桥	26	1×20	6.5		√	√			√																																
中桥	车行天桥	59.5	2×25	11.4			√			√																																
中桥	车行天桥	66	2×25	14			√			√																																
中桥	车行天桥	59	2×25	5			√			√																																

续上表

规模	名称	桥长(m)	孔跨布置(m)	桥底净高(m)	跨越障碍物			梁式桥					拱式桥					斜拉桥			悬索桥		刚构桥			
					河流	沟谷	道路 铁路	预应力混凝土梁桥		钢梁桥	组合梁桥		圬工拱桥	钢筋混凝土拱桥			钢拱桥	钢管混凝土拱桥	钢筋混凝土梁	结合梁	钢梁	混合梁	悬索桥 带式	钢索悬式	T形刚构桥	连续刚构桥	门式刚构桥	斜腿刚构桥
								简支梁桥	连续梁桥	悬臂梁桥		预应力混凝土组合梁	钢管混凝土桁架组合梁	先简支后连续梁	现浇预制混凝土拱桥	双曲拱	肋拱	箱形拱	桁架拱	刚架拱	系杆拱	箱形拱	桁架拱	提篮型	哑铃型	普通钢筋混凝土梁	预应力混凝土梁	工字梁	钢箱梁	钢桁架梁	混凝土板	钢箱梁	钢桁架梁	混凝土板						

中桥	车行天桥	59	2×25	8.7			√		√																															
	车行天桥	60	2×25	8			√		√																															
	主线桥	40	1×20	14		√		√																																
	跨线人行天桥	40.8	20+20	6.6			√		√																															
	跨线人行天桥	38.29	17.45+20	7.5			√		√																															
	人行天桥	43.8	2×20	6.5		√		√																																
	人行天桥	44.8	2×20	5.5		√		√																																

长寿湖旅游专用高速公路建设从业单位信息采集表

附表2-16c

项目名称：长寿湖旅游专用高速公路　　通车里程桩号：互通式立交及K0+500～K9+162.716　　填报省份：重庆市

序号	参建单位	单位名称	合同段编号及起止桩号	主要负责人	备注
1	项目管理单位	重庆路桥股份有限公司	互通式立交及K0+500～K9+162.716	吴巧,张忠卫,叶大华	"BOT"业主
2	勘察设计单位	重庆市交通规划勘察设计院	互通式立交及K0+500～K9+162.716	崔英明	
3	勘察设计单位	中铁八局集团有限公司	互通式立交及K0+500～K9+162.716	张远东,姜建国	土建施工
4		成都曙光纤光网络有限公司	互通式立交及K0+500～K9+162.716	谢安全,彭彦	机电施工
5	监理单位	重庆锦程工程咨询有限公司	互通式立交及K0+500～K9+162.716	黄雪峰	

2-17 沿江高速公路长寿支线相关附表

沿江高速公路长寿支线建设项目信息采集表

附表 2-17a）

序号	项目名称	规模（km）				建设性质（新、改扩建）	设计速度（km/h）	永久占地（亩）	投资情况（亿元）			资金来源	建设时间（开工～通车）	备注
		合计	八车道及以上	六车道	四车道				估算	概算	决算			
1	沿江高速公路长寿支线（茶店至麻柳嘴段）	16.65			16.65	新建	80		17.1			企业自筹、银行贷款	2009.12～2013.12	占地及投资情况均含主线

沿江高速公路长寿支线桥梁汇总表

附表 2-17b）

规模	名称	桥长(m)	孔跨布置(m)	桥底净高(m)	跨越障碍物	梁式桥（预应力混凝土梁桥）	备注
大桥	张家湾大桥	128.25	4×30		河流	先简支后连续梁 ✓	
大桥	石坝湾大桥	127	4×30		河流	✓	
大桥	白树林大桥	189	6×30		河流	✓	
大桥	梨石冲大桥	244	8×30		河流	✓	
大桥	十八湾大桥	217.6	4×30/7×30		河流	✓	
大桥	大石堡大桥	168.68	5×20/8×20		河流	✓	
大桥	蓝草湾大桥	207.8	7×30/6×30		河流	✓	
大桥	王家湾大桥	148.08	7×20		河流	✓	
大桥	五斗冲大桥	111.08	5×20		河流	✓	
大桥	上姜家咀大桥	99.8	3×30		河流	✓	
中桥	麻柳嘴互通主线桥	97	3×30		河流	✓	
中桥	茶涪路分离式立交	80.58	21+30+21		道路	✓	

附录

沿江高速公路长寿支线建设从业单位信息表

附表2-17c)

项目名称:沿江高速公路长寿支线(茶店至麻柳嘴)　　通车里程桩号:LK0+0000～LK16+649　　填报省份:重庆市

序号	参建单位	单位名称	合同段编号及起止桩号	主要负责人	备注
1	项目管理	重庆中信沪渝高速公路有限公司	LK0+000～LK16+649	张云亭、钟宁	
2	总承包	中信建设有限责任公司	LK0+000～LK16+649	皮尤新	
3		中交第二公路勘察设计研究院有限公司	LK0+000～LK16+649	朱秀忠	
4		中信建设有限责任公司	W5:LK0+000～LK0+700	罗先红	
5		山东省路桥集团有限公司	W6:LK0+700～LK16+649.285	郝红升	
6		新疆北新路桥建设股份有限公司	LM:LK0+000～LK16+649	周军	
7	施工单位	山东省路桥集团有限公司	JA1:LK0+700～LK16+649	杨峰	
8		新疆北新路桥建设股份有限公司	JA2:LK0+000～LK0+700	周军	
9		中铁十二局集团有限公司	JD:LK0+000～LK16+649	胡艳峰	
10		中铁十二局集团有限公司	FJ:LK0+000～LK16+649	李东平	
11		山东省路桥集团有限公司	LH:LK0+000～LK16+649	李淑江	
12	监理单位	重庆市交通工程监理咨询有限责任公司	JL:LK0+000～LK16+649	张伟杰	
13		中国公路工程咨询集团有限公司	JDJL:LK0+000～LK16+649	张毅	
14	咨询单位	重庆交通大学	LK0+000～LK16+649	刘浪	

2-18 开开高速公路相关附表

开开高速公路建设项目信息采集表

附表 2-18a

序号	项目名称	规模（km）				建设性质（新、改扩建）	设计速度（km/h）	永久占地（亩）	投资情况（亿元）			资金来源	建设时间（开工~通车）	备注
		合计	八车道及以上	六车道	四车道				估算	概算	决算			
1	重庆万州至达州高速公路开县至开江（渝川界）段	41.22			41.22	新建	80	4416.48		33.16		项目法人自有资金和银行贷款	2012.8.1~2015.2	

附表 2-18b

开开高速公路桥梁汇总表

项目名称：开县至开江段

规模	名称	桥长(m)	孔跨布置(m)	桥底净高(m)	跨越障碍物			梁式桥						拱式桥								斜拉桥						悬索桥	刚构桥			
					河流	道路	铁路	沟谷	预应力混凝土梁桥			钢梁桥		组合梁桥		圬工拱桥	钢筋混凝土拱桥				钢拱桥		钢管混凝土拱桥		钢筋混凝土梁	结合梁			混合梁	悬索桥(悬带式)	T形刚构桥	连续刚构桥	门式刚构桥	斜腿刚构
									简支梁桥	悬臂梁桥	连续梁桥	简支钢梁桥	连续钢梁桥	预弯混凝土组合梁桥	钢管混凝土桁架梁	现浇/预制混凝土拱	双曲拱	箱形拱	桁架拱	刚架系杆拱	箱形拱	桁架拱	提篮型	哑铃型	普通钢筋混凝土梁	预应力混凝土梁	工字钢梁混凝土板	钢箱梁混凝土板	钢管桁架梁混凝土板	钢箱梁混凝土梁					
大桥	开县互通主线桥	347.6	3×26.5+4× 26.5+5×30		√	√					√																								
	开县互通主线桥	315.6	3×26.5+4× 26.5+4×30		√	√					√																								
	开县互通A匝道桥	236	3×20+4× 20+4×20		√	√			√																										
	开县互通B匝道桥	123	3×20+3×20		√	√			√																										
	开县互通D匝道桥	172	4×20+4×20		√	√			√																										
	镇安大桥	218	5×20+ 5×20T		√				√																										

续上表

规模	名称	桥长(m)	孔跨布置(m)	桥底净高(m)	跨越障碍物			梁式桥 预应力混凝土梁桥			梁式桥 钢梁桥		梁式桥 组合梁桥		拱式桥 圬工拱桥		拱式桥 钢筋混凝土拱桥				拱式桥 钢拱桥		拱式桥 钢管混凝土拱桥			斜拉桥 钢筋混凝土梁		斜拉桥 结合梁			斜拉桥 钢梁	斜拉桥 混合梁	悬索桥 钢悬索带式	刚构桥 T形刚构	刚构桥 桁架刚构	刚构桥 连续刚构	刚构桥 门式刚构	刚构桥 斜腿刚构
					河流	沟谷	道路铁路	简支梁桥	悬臂梁桥	先简支后连续梁 连续梁	简支钢梁桥	连续钢梁桥	预弯混凝土梁	钢管混凝土桁架梁 组合梁	现浇混凝土拱	预制混凝土拱	双曲拱	箱形拱桥	刚架拱桥	桁架拱桥 系杆拱桥	箱形拱	桁架拱	哑铃型	桁架型	提篮型	普通钢筋混凝土梁	预应力混凝土梁	工字钢梁混凝土板	钢箱梁混凝土板	钢管桁架梁混凝土板	钢箱梁混凝土板							
大桥	镇安大桥	212	5×20+5×20T		√			√																														
	竹溪互通主线桥	193	3×25+(2×25+2×27)		√	√				√																											
		195	3×25+(2×25+2×27)		√					√																											
	团凤大桥	536	6×20+5×20+5×20+5×20+5×20+5×20			√				√																											
		558	6×20+5×20+5×20+5×20+6×20			√				√																											
	王家湾大桥	176	4×20+4×20			√				√																											

续上表

规模	名称	桥长 (m)	孔跨布置 (m)	桥底净高 (m)	跨越障碍物			梁式桥：预应力混凝土梁桥				梁式桥：钢梁桥		梁式桥：组合梁桥		拱式桥：圬工拱桥		拱式桥：钢筋混凝土拱桥				拱式桥：钢拱桥			拱式桥：钢管混凝土拱桥		斜拉桥：钢筋混凝土梁		斜拉桥：结合梁			斜拉桥：钢梁	斜拉桥：混合梁	悬索桥		刚构桥			
					河流	铁路	道路	简支梁桥	悬臂梁桥	先简支后连续梁桥	连续梁桥	简支钢梁	连续钢梁	预弯混凝土组合梁	钢管混凝土桁架梁	现浇混凝土拱	预制混凝土拱	双曲拱	箱形拱	刚架拱	桁架拱	系杆拱	箱形拱	桁架拱	哑铃型	提篮型	普通钢筋混凝土梁	预应力混凝土梁	工字钢梁混凝土板	钢箱梁混凝土板	钢管桁架梁混凝土板	钢箱梁		悬索式	钢带式	T形刚构	连续刚构	门式刚构	斜腿刚构
大桥	刘家湾大桥	256	6×20+6×20		√			√																															
	石碗溪大桥	230	6×20+5×20		√			√																															
		233	5×20+6×20		√			√																															
	临江大桥	237	6×20+5×20		√			√																															
		370.5	4×40+5×40		√					√																													
	临江互通A匝道桥	384	4×40+5×40			√	√			√																													
	南河大桥	66	2×30		√			√																															
		374.5	3×40+3×40+3×40		√					√																													
	李家湾大桥	276	6×20+7×20		√			√																															
		256	6×20+6×20		√			√																															

续上表

规模	名称	桥长(m)	孔跨布置(m)	桥底净高(m)	跨越障碍物 河流	跨越障碍物 沟谷	跨越障碍物 道路、铁路	梁式桥 预应力混凝土梁桥 简支梁桥	梁式桥 预应力混凝土梁桥 悬臂梁桥	梁式桥 预应力混凝土梁桥 先简支后连续梁	梁式桥 预应力混凝土梁桥 连续梁桥	梁式桥 钢梁桥 简支钢梁桥	梁式桥 钢梁桥 连续钢梁桥	梁式桥 组合梁桥 预弯混凝土组合梁桥	梁式桥 组合梁桥 钢管混凝土桁架梁	拱式桥 圬工拱桥 现浇混凝土拱	拱式桥 圬工拱桥 预制混凝土拱	拱式桥 圬工拱桥 双曲拱	拱式桥 钢筋混凝土拱桥 肋拱	拱式桥 钢筋混凝土拱桥 箱形拱	拱式桥 钢筋混凝土拱桥 桁架刚架拱	拱式桥 钢筋混凝土拱桥 系杆拱	拱式桥 钢拱桥 箱形拱	拱式桥 钢管混凝土拱桥 桁架型	拱式桥 钢管混凝土拱桥 哑铃型	拱式桥 钢管混凝土拱桥 提篮型	斜拉桥 钢筋混凝土梁 普通钢筋混凝土梁	斜拉桥 钢筋混凝土梁 预应力混凝土梁	斜拉桥 结合梁 工字钢梁混凝土板	斜拉桥 结合梁 钢管桁梁混凝土板	斜拉桥 结合梁 钢箱梁混凝土板	斜拉桥 钢梁	斜拉桥 混合梁	悬索桥 悬索式	悬索桥 钢索带式	刚构桥 T形刚构	刚构桥 桁架刚构	刚构桥 连续刚构	刚构桥 门式刚构	刚构桥 斜腿刚构
大桥	杨河湾大桥	158.5	5×30			√		√																															
	南雅互通主线桥	46	1×30			√	√	√																															
	弯弓滩大桥	580	4×40+4×40+3×40+3×40		√					√																													
	南雅大桥	582	4×40+4×40+3×40+3×40		√					√																													
	八仙洞大桥	678	3×40+5×40+4×40+4×40		√	√				√																													
		852.5	3×40+4×40+4×40+3×40		√					√																													

附 录

续上表

规模	名称	桥长(m)	孔跨布置(m)	桥底净高(m)	跨越障碍物			梁式桥							拱式桥											斜拉桥						悬索桥	刚构桥			
								预应力混凝土梁桥				钢梁桥		组合梁桥		圬工拱桥	钢筋混凝土拱桥				钢拱桥			钢管混凝土拱桥			钢筋混凝土梁		结合梁			钢梁	混合梁	悬索带式	桁架刚构	T形刚构	连续刚构	门式刚构	斜腿刚构
					河流	沟谷	道路	铁路	简支梁桥	连续梁桥	悬臂梁桥	先简支后连续梁	简支钢梁	连续钢梁	预弯混凝土组合梁	钢管混凝土桁架梁	现浇制混凝土拱	双曲拱	箱形拱	刚架拱	系杆拱	箱形拱	桁架拱	哑铃型	桁架型	提篮型	普通钢筋混凝土梁	预应力混凝土梁	工字钢梁混凝土板	钢箱梁混凝土板	钢管桁架梁混凝土板	钢箱梁							
大桥	八仙洞大桥	818	3×40+3×40+4×40+4×40+3×40+3×40		✓				✓																													
	青龙岗大桥	407	7×20+6×20+7×20		✓				✓																													
	开县互通C匝道桥	86	4×20		✓	✓			✓																													
	神仙榜大桥	56	2×20		✓	✓			✓																													
	竹溪互通B匝道桥	100	4×20		✓	✓			✓																													
	平安溪大桥	63	3×20		✓				✓																													
中桥	松林湾大桥	66	3×20		✓				✓																													
	雷家沟大桥	33	1×20		✓	✓			✓																													
		42	1×20		✓				✓																													
	牛园洞大桥	40	1×20		✓				✓																													

开开高速公路隧道汇总表

附表 2-18c)

项目名称：开县至开江段

规模	名称	隧道全长（m）	隧道净宽（m）	隧道分类				
				按地质条件划分		按所在区域划分		
				土质隧道	石质隧道	山岭隧道	水底隧道	城市隧道
长隧道	花果山隧道	2215	10.25		√	√		
	花果山隧道	2275	10.25		√	√		
	段家梁隧道	1345	10.25		√	√		
	段家梁隧道	1340	10.25		√	√		
	双峰山隧道	1263.061	10.25		√	√		
	双峰山隧道	1315	10.25		√	√		
	猴子岩隧道	2513.678	10.25		√	√		
	猴子岩隧道	2517.951	10.25		√	√		
短隧道	小关山隧道	265	10.25		√			
	小关山隧道	265	10.25		√			

附　录

开开高速公路复杂技术工程信息采集表　　　　　　附表2-18d)

项目名称：开县至开江高速公路　　　　　　施工单位：重庆万里万达高速公路有限公司三分部

复杂技术工程名称	猴子岩隧道	长度(m)	2517.95

　　猴子岩隧道是开县至开江高速公路的控制性工程之一，位于开县南雅镇乌龙村，左洞长2513.68m，右洞长2517.95m；左右洞间距18.9~31m，进口端拱顶高程469.56m，终点拱顶高程510.11m。隧道设计速度80km/h，公路设计等级：双向四车道。隧道建筑限界：隧道主洞净宽10.25m，净高5.0m；紧急停车带净宽13m，净高5m；车行横通道净宽4.5m，净高5m；人行横通道净宽4.5m，净高5m。开挖断面根据围岩级别和主洞、紧急停车带、车行横通道和人行横通道不同而各异。

　　由于该隧道下穿西南油田分公司输气管道，最小埋深23m，穿越里程左线K38+497、右线K38+505，按照《中华人民共和国石油天然气管道保护法》的有关规定，必须对隧道开挖爆破进行专项设计，并经专家论证评估后，报有关部门批准实施。根据保护法中影响范围要求，确定以穿越点垂直在隧道的里程两端50m范围内作为控制爆破区段，即左线LK38+447~LK38+547、右线K38+455~K38+555段，各100m为控制爆破段。

　　隧洞岩体受构造影响较破碎，工程地质条件较差，再加上有地面建筑物和需保护的管道，减震要求高，每循环进尺必须控制在1.5m左右，采用分部、分台阶法开挖，增加临空面，将震动强度控制在允许安全值范围内。

　　隧道爆破，根据不同部位的炮眼所起的作用不同，其装药量也不相同。针对该工程，严格控制炸药单耗和控制单段最大药量，严格控制规模，采用合理的爆破参数。爆破参数的选取方法主要有三种：工程类比法、计算法、现场试验法。由于工程的地质条件千变万化，现场施工根据多变情况，采取科学实用的方法初选，再通过现场的试验结果确定参数。

　　通过采用微爆破技术，在确保安全的情况下，顺利通过了天然气管道影响区，也保证了施工进度。

附表 2-18e

开开高速公路建设从业单位信息采集表

项目名称：开县至开江（渝川界）段
通车里程桩号：K0+400~K40+817.951
填报省份：重庆市

序号	参建单位	单位名称	合同段编号及起止桩号	主要负责人	备注
1	项目管理单位	重庆万利万达高速公路有限公司	K0+400~K40+817.951	杜小平、勾军	
2	勘察设计单位	重庆市交通规划勘察设计院	K0+400~K40+817.951	胡百万	土建、路面、交安及机电
		江苏省交通规划设计院股份有限公司	K0+400~K40+817.951	肖广舟	房建及绿化
3	施工单位	中交第一公路工程局有限公司	K0+400~K40+817.951	吴琼、张志新	总承包
		中交一公局海威工程建设有限公司	K0+400~K12+535	张海斌、王颖	一分部
		中交一公局第三工程有限公司	K12+535~K30+109.5	汪强宗、潘登	二分部
		中交公路一局第四工程有限责任公司	K30+109.5~K40+817.951	王树军、王利华	三分部
4	监理单位	北京中通公路桥梁工程咨询发展有限公司	K0+400~K40+817.951	朱甲祥	

2-19 酉沿高速公路相关附表

酉沿高速公路建设项目信息采集表

附表 2-19a)

序号	项目名称	规模（km）					建设性质（新、改扩建）	设计速度（km/h）	永久占地（亩）	投资情况（亿元）			资金来源	建设时间（开工~通车）	备注
		合计	八车道及以上	六车道	四车道					估算	概算	决算			
1	酉沿高速公路	31.102			31.102		新建	80	3618	37.63	35.94		自有资金25%，开发银行贷款75%	2013.7.18~2016.6.15	跨省界的河特大桥重庆端362m由贵州沿德公司设计并建设

酉沿高速公路桥梁汇总表

附表 2-19b

项目名称：酉沿至沿河段

规模	名称	桥长(m)	孔跨布置(m)	桥底净高(m)	跨越障碍物-河流	跨越障碍物-沟谷	跨越障碍物-道路、铁路	梁式桥-预应力混凝土梁桥-简支梁桥	梁式桥-预应力混凝土梁桥-悬臂梁桥	梁式桥-预应力混凝土梁桥-连续梁桥	梁式桥-钢梁桥-简支钢梁桥	梁式桥-钢梁桥-连续钢梁桥	梁式桥-组合梁桥-预弯混凝土组合梁	梁式桥-组合梁桥-钢管混凝土桁架梁	拱式桥-圬工拱桥-现浇混凝土拱	拱式桥-圬工拱桥-预制混凝土拱	拱式桥-圬工拱桥-双曲拱	拱式桥-钢筋混凝土拱桥-肋拱	拱式桥-钢筋混凝土拱桥-箱形拱	拱式桥-钢筋混凝土拱桥-刚架拱	拱式桥-钢筋混凝土拱桥-桁架拱	拱式桥-钢筋混凝土拱桥-系杆箱形拱	拱式桥-钢拱桥	拱式桥-钢管混凝土拱桥-桁架型	拱式桥-钢管混凝土拱桥-哑铃型	拱式桥-钢管混凝土拱桥-提篮型	斜拉桥-钢筋混凝土梁-普通钢筋混凝土梁	斜拉桥-钢筋混凝土梁-预应力混凝土梁	斜拉桥-结合梁-工字钢梁混凝土板	斜拉桥-结合梁-钢箱梁混凝土板	斜拉桥-结合梁-钢管桁架梁混凝土板	斜拉桥-钢梁-钢箱梁	斜拉桥-钢梁-混合梁	悬索桥-悬索桥	悬索桥-悬带式	刚构桥-桁架刚构桥	刚构桥-T形刚构桥	刚构桥-连续刚构桥	刚构桥-门式刚构桥	刚构桥-斜腿刚构桥
特大桥	磨石溪大桥	822	5×40+98+180+98+3×40+3×40	124.5	√																																	√		
特大桥	铜西河大桥	712	3×40+98+180+98+5×40	112	√																																	√		
特大桥	小河大桥	620	4×40+98+180+98+2×40	150	√																																	√		
大桥	酉阳互通A匝道桥	247	25+40+25+3×23+40+23+21	16.5		√		√																																	
大桥	酉阳互通B匝道桥	122	2×36+2×24	9		√		√																																	

续上表

规模	名称	桥长(m)	孔跨布置(m)	桥底净高(m)	跨越障碍物	梁式桥	拱式桥	斜拉桥	悬索桥	刚构桥
	西阳互通C匝道桥	245	2×28+40+28+4×26+26	12	道路 √					
	S210上跨大桥	464	5×30+5×30+5×30	34	道路 √,铁路 √					
	铜鼓大桥	636	2×40+60+110+60+4×40+4×40	91	沟谷 √					连续刚构 √
大桥	五指㘭大桥	158	5×30	26.8	沟谷 √	先简支后连续梁 √				
	梁上大桥	168	8×20	22	沟谷 √	先简支后连续梁 √				
	土田沟大桥	158	5×30	34	沟谷 √	先简支后连续梁 √				
	杨树湾大桥	158	7×20	27	沟谷 √	先简支后连续梁 √				
	后边沟大桥	49	1-40	7	沟谷 √					
	宜居河大桥	516.6	2×115+5×30+4×30	101	河流 √					连续刚构 √

续上表

规模	名称	桥长(m)	孔跨布置(m)	桥底净高(m)	跨越障碍物	梁式桥（预应力混凝土梁桥）
大桥	红岩水库1号大桥	268	4×20+5×20+4×20	21	河流 ✓	先简支后连续梁桥 ✓
大桥	红岩水库2号大桥	532	5×40+4×40+4×4×20+4×20	38	河流 ✓	先简支后连续梁桥 ✓
大桥	龙潭子大桥	388	5×20+6×20+4×40	34	沟谷 ✓	先简支后连续梁桥 ✓
大桥	叶家湾大桥	188	4×20+5×20	23	沟谷 ✓	先简支后连续梁桥 ✓
大桥	孙家湾大桥	188	3×20+3×20+3×20	24	沟谷 ✓	先简支后连续梁桥 ✓
大桥	庙湾大桥	248	4×30+4×30	26	沟谷 ✓	先简支后连续梁桥 ✓
中桥	柳家坝大桥	74	3×20	7	沟谷 ✓	简支梁桥 ✓
中桥	楠木湾大桥	81	20+33+20	11	沟谷 ✓	简支梁桥 ✓

注：表中其他各列（钢梁桥、组合梁桥、拱式桥、斜拉桥、悬索桥、刚构桥等）均无内容。

酉沿高速公路隧道汇总表

附表 2-19c

项目名称：酉沿至沿河段

隧道	名 称	隧道全长(m)	隧道净宽(m)	按地质条件划分		隧道分类		按所在区域划分	
				土质隧道	石质隧道	山岭隧道	水底隧道	城市隧道	
特长隧道	酉阳1号隧道	3833	10.25		√	√			
长隧道	酉阳2号隧道	2826	10.25		√	√			
	铜西隧道	2163	10.25		√	√			
短隧道	小岗坪隧道	519	10.25		√	√			

酉沿高速公路建设从业单位信息采集表

附表 2-19d

项目名称：酉沿至沿河段　通车里程桩号：K0+000～K30+740　填报省份：重庆市

序号	参建单位	单 位 名 称	合同段编号及起止桩号	主要负责人	备 注
1	项目管理单位	重庆万利万达高速公路有限公司	K0+000～K31+102	杜小平、勾军	合资公司
2	勘察设计单位	招商局重庆交通科研设计院有限公司	K0+000～K30+740	李明	总承包
3	施工单位	中交第一公路工程局有限公司	K0+000～K30+740	丁小智、杨杰	
4		中交第一公路工程局有限公司总承包经营分公司	K0+000～K7+760	刘强、孙玉涛	土建一分部
5		中交一公局厦门江工程有限公司	K7+760～K12+916	朱忠辉、王桂军	土建二分部
6		中交一公局第一工程有限公司	K12+916～K19+600	薛文明、潘荣耀	土建及路面三分部
7		路桥华祥国际工程有限公司	K19+600～K30+740	王福来、韩全友	土建四分部
8		中交隧道局有限公司与路桥华祥国际工程有限公司联合体	K0+000～K30+740	史东升、宁建锋	机电交安五分部
9		江西山湖园林建设集团有限公司	K0+000～K30+740	朱占军、王树军	绿化六分部
10		中交一公局北京建筑分公司	K0+000～K30+740	杨永洪、张正哲	房建七分部
11	监理单位	重庆育才工程咨询监理有限公司	K0+000～K30+740	宋镖	

2-20 秀松高速公路相关附表

秀松高速公路建设项目信息采集表

附表 2-20a

序号	项目名称	规模（km）				建设性质（新、改扩建）	设计速度（km/h）	永久占地（亩）	投资情况（亿元）			建设时间（开工～通车）	备注
		合计	八车道及以上	六车道	四车道				估算	概算	决算	资金来源	
1	重庆秀山至贵州松桃高速公路（重庆段）	30.571			30.571	新建	80			21.37		BOT	2014.6～2016.12

秀松高速公路桥梁汇总表

附表 2-20b)

项目名称：重庆秀山至贵州松桃高速公路（重庆段）

规模	名称	桥长(m)	孔跨布置(m)	桥底净高(m)	跨越障碍物			梁式桥					组合梁桥			拱式桥					斜拉桥					悬索桥		刚构桥		
					河流沟谷	道路	铁路	预应力混凝土梁桥(简支梁桥/悬臂梁桥/连续梁桥)			钢梁桥	先简支后连续梁桥	钢管混凝土组合梁	预弯组合梁	现浇混凝土拱桥	预制混凝土拱桥	钢管混凝土桁架拱	圬工拱桥	钢筋混凝土拱桥(双曲拱/肋拱/箱形拱/刚架拱/系杆拱)					钢拱桥	钢管混凝土拱桥(哑铃型/桁架型/提篮型)			钢筋混凝土梁	预应力混凝土梁	结合梁(工字钢梁混凝土板/钢箱梁混凝土板/钢管桁架梁混凝土板)			混合梁	钢梁	悬索桥	悬带式	T形刚构桥	连续刚构	斜腿门式刚构
大桥	秀山东互通A匝道桥	306.58	23+2×37+23+9×20	17.4		√		√																													
	秀山东互通C匝道桥	201.08	6×20+3×25	12.5		√		√																													
	大坝子大桥	166.44	8×20	9.37	√			√																													
	红岩洞大桥	106.08	5×20	6.87	√			√																													
	官城梅江大桥	269.08	13×20	25.93	√			√																													
	张家湾怀渝铁路跨线桥	197.2	3×30+30+40+30	13.2		√		√																													
	桐木坳G319跨线桥	96.08	3×30	6.7		√		√																													
	尖坡大桥	336.5	16×20	25.8				√																													
	邓中大桥	211.04	10×20	22				√																													
	对门坡大桥	247.08	12×20	23	√			√																													
	芷英梅江大桥	432.04	4×30+5×30+5×30	38	√			√																													

续上表

规模	名称	桥长(m)	孔跨布置(m)	桥底净高(m)	跨越障碍物			梁式桥 - 预应力混凝土梁桥				梁式桥 - 钢梁桥	梁式桥 - 组合梁桥	拱式桥 - 圬工拱桥	拱式桥 - 钢筋混凝土拱桥				拱式桥 - 钢拱桥	拱式桥 - 钢管混凝土拱桥	斜拉桥 - 钢筋混凝土梁		斜拉桥 - 结合梁			斜拉桥 - 混合梁	悬索桥	刚构桥			
					河流	沟谷	道路、铁路	简支梁桥	先简支后连续梁桥	连续梁桥	连续刚构桥				箱形拱桥	双曲拱桥	肋拱桥	桁架刚架拱桥	箱形系杆拱桥	提篮系杆型	普通钢筋混凝土梁	预应力混凝土梁	工字钢梁混凝土板	钢箱梁混凝土板	钢管桁架混凝土板		悬索式	钢索带式	T形刚构	连续刚构	门式刚构	斜腿刚构
大桥	店子湾跨线桥	101.08	22+33+20+20	6.8			√	√																								
	新营渝怀铁路跨线桥	317.2	5×30+30+40+30+2×30	18			√	√																								
	灯盏坪S304跨线桥	101.08	20+20+33+22	10			√	√																								
	唐家坡大桥	74	3×20	11.5	√			√																								
	贵溪沟大桥	77.5	3×20	9.5	√			√																								
	官舟大桥	66.08	3×20	6.37	√			√																								
中桥	邓阳坳大桥	37	1×25	5.5		√	√	√																								
	涂家院子大桥	40	1×25			√	√	√																								
	梅江互通M匝道桥	31	1×20			√	√	√																								
	董家大桥	29.02	1×20			√		√																								
	王家大桥	34	1×20			√		√																								

附表 2-20c

秀松高速公路隧道汇总表

项目名称：重庆秀山至贵州松桃高速公路（重庆段）

隧道	名称	隧道全长(m)	净宽(m)	隧道分类				
				按地质条件划分		按所在区域划分		
				土质隧道	石质隧道	山岭隧道	水底隧道	城市隧道
长隧道	谭山2号隧道	1092	10.25		√	√		
短隧道	白岩坡隧道	475	10.25		√	√		
	凤凰山隧道	500	10.25		√	√		
	谭山1号隧道	237	10.25		√	√		

附表 2-21d

S63秀松高速公路建设从业单位信息采集表

项目名称：重庆秀山至贵州松桃高速公路（重庆段）　　　　填报省份：重庆市

序号	参建单位	单位名称	合同段编号及起止桩号	通车里程桩号	主要负责人	备注
1	项目管理单位	重庆铁发秀松高速公路有限公司	全段		江春明	
2	勘察设计单位	中国公路工程咨询有限公司	全段		吴志刚	
3	施工单位	中铁十二局集团	土建全段 K0+000～K30+571		冉隆飞	
4		中铁十二局集团	房建 绿化、机电		冉隆飞	
5		杭州公路交通设施施工有限公司	交安护栏 标识标线		赵剑锋	
6		南京金长江交通设施有限公司	隔离栅		韩兵	
	设计审查单位	招商局重庆交通科研设计院有限公司	全段		张兴来	